Uit Frieslands volksleven van vroeger en later. Volksoverleveringen, volksgebrunken, volksvertellingen, volksbegrippen. Bijeengebracht door Waling Dykstra. With a preface by Hugo Suringar

Waling Dykstra, Hugo Suringar

GUIDE TO FOLD-OUTS, MAPS and OVERSIZED IMAGES

In an online database, page images do not need to conform to the size restrictions found in a printed book. When converting these images back into a printed bound book, the page sizes are standardized in ways that maintain the detail of the original. For large images, such as fold-out maps, the original page image is split into two or more pages.

Guidelines used to determine the split of oversize pages:

• Some images are split vertically; large images require vertical and horizontal splits.
• For horizontal splits, the content is split left to right.
• For vertical splits, the content is split from top to bottom.
• For both vertical and horizontal splits, the image is processed from top left to bottom right.

UIT FRIESLAND'S
VOLKSLEVEN
VAN VROEGER EN LATER.

VOLKSOVERLEVERINGEN,
VOLKSGEBRUIKEN, VOLKSVERTELLINGEN,
VOLKSBEGRIPPEN.

BIJEENGEBRACHT DOOR

WALING DYKSTRA.

EERSTE DEEL.

LEEUWARDEN,
HUGO SURINGAR.

VOORBERICHT.

Acht jaren geleden begon ik aanstalten te maken tot de samenstelling van het hierbij aangeboden boek. Reeds een geruimen tijd had ik bouwstoffen verzameld; ja, eigenlijk heb ik van mijne jeugd af aan mijne aandacht gevestigd gehad op de eigenaardigheden van het friesche volksleven, en in de dertig jaren, toen ik gedurende den winter van tijd tot tijd alle streken van ons gewest bezocht en overal kennissen kreeg, heb ik mij veel daaromtrent laten mededeelen, ook zelf veel opgemerkt, aangeteekend en in mijn geheugen bewaard, aanvankelijk met geen ander doel dan om er bij tijd en wijle gebruik van te maken in mijne friesche geschriften en toespraken.

Zoo had ik reeds een tamelijk goeden oogst vergaderd. Maar toen ik van den uitgever de uitnoodiging ontving om een werk als dit samen te stellen, achtte ik het toch raadzaam nog een beroep te doen op mijne vele friesche vrienden en kennissen en om hulp en medewerking bij hen aan te kloppen. De geest onzer eeuw — zoo schreef ik hun — heeft in het volksleven vele veranderingen bewerkt, ook op het gebied van volksgeloof en volksgebruiken. Wat er van dien aard in den eenen of anderen hoek is blijven voortbestaan zal zeker ook na korter of langer tijd moeten verdwijnen. Zou het daarom niet goed zijn, wat nog te behouden is bijeen te brengen en aan de vergetelheid te onttrekken?

Mijne uitnoodiging is met een goeden uitslag bekroond. Het is mij een aangename plicht, aan allen die met raad en daad dit werk hebben gesteund, hier mijn dank te betuigen.

Zoo is het mij mogen gelukken eene verzameling bijeen te brengen, waartoe wellicht na verloop van geen zeer lange reeks van jaren niemand meer in staat zou zijn. Misschien brengt de lezing van dit boek bij dezen en genen nog wel iets in herinnering, dat hier eene plaats had kunnen vinden. Welnu: dat men er dan op bedacht zij om dit op de eene of andere manier te bewaren.

Zoo zullen er nog wel spreekwoorden zijn te vinden, als b.v.:

Kâld wetter kin ek wol hjit. Koud water kan ook wel heet. — Een koelbloedige kan wel eens driftig worden.

Sa onskildich as in pykje yn 't aei. Zoo onschuldig als een kuiken nog in het ei.

Dy 't him sels weirekkent moat net miene dat oaren him mei telle. Die zichzelf wegrekent, meene niet dat anderen hem meê zullen tellen.

Hy wol gjin bakseil lûke. Hij wil zijn zeil niet intrekken (den strijd niet opgeven, den twist niet bijleggen).

Wen 't so lange duert krycht me der op 't lest 'en mier oan (een tegenzin in), *sei de poep, do hied er fyftich jier mei syn wiif troud wêst.* De mof was vijftig jaar met zijne vrouw gehuwd geweest.

Men heeft mij opmerkzaam gemaakt, dat in deel I, op blz. 64, drie cijfergetallen foutief staan: *f* 11.50 moet zijn *f* 11.20; *f* 65.20 moet zijn *f* 67.20 en *f* 76.70 moet zijn *f* 78.40. En deel II bl. 376*b* staat: *syn noas koeke*, moet zijn: *dyn noas koeke*. — Naar aanleiding van wat gezegd is bl. 120 van het eerste deel *(de Monik)*: „Maar nu is de molen geheel verdwenen" deelde een vriend mij mede: „De molen bestaat nog en draagt nog altijd zijn ouden naam, dien hij waarschijnlijk hieraan te danken heeft, dat hij voor meer dan drie eeuwen dienst deed als korenmolen bij het klooster „Hospitaal van de Sint Joris Ridders." Men ziet dus hier op nieuw hoe de volksoverlevering in strijd kan zijn met de werkelijkheid.

December 1895.   W. D.

Inhoud van het eerste deel.

I. Volksoverleveringen.

II. Volksgebruiken.

Uitgave van HUGO SURINGAR te Leeuwarden.

UIT FRIESLAND'S
VOLKSLEVEN
VAN VROEGER EN LATER.

VOLKSOVERLEVERINGEN, VOLKSGEBRUIKEN, VOLKSVERTELLINGEN, VOLKSBEGRIPPEN.

BIJEENGEBRACHT DOOR

WALING DYKSTRA.

Spoorwegen, gas, petroleum, stoom, dagbladen; ziedaar de vrienden van verlichting en vooruitgang, de groote effen-makers in de menschelijke maatschappij, maar tevens de verstoorders, ja menigmaal de vernietigers van de volkseigenaardigheid.

Deze laatste, wat Friesland betreft, zooveel mogelijk in de herinnering te bewaren, is het doel van 't boek, dat onder bovengenoemden titel staat te worden uitgegeven. In die volkseigenaardigheid is een deel vastgelegd van de volksgeschiedenis, van de volkstrots, van het volksgeloof, van het volksvernuft, van de volkswijsheid, van het volksgeweten, zooals dezen zich in den loop der eeuwen hebben ontwikkeld.

Bij de snelheid waarmeê tegenwoordig alles wisselt, is er gevaar dat binnen een menschenleeftijd het grooter deel van die eigenaardigheid in het vergeetboek zal geraken, wellicht geheel zal tenietgaan.

Met elk bestje, dat thans aan haar praatstoel en aan haar spinnewiel ontvalt, is er kans, dat er tevens een oud volksverhaal wegsterft. Waar zijn de kinderen onzes tijds, die nog in de schemeruren, bij het knappend en flikkerend houtvuur op den haard, luisteren naar grootmoeders verhalen, die, van ouder tot ouder overgeleverd, de aantrekkelijke huivering hebben uitgemaakt van een vroeger geslacht?

Spinnewiel; haard; — waar zijn ook deze dingen gebleven?

Sedert de Gebroeders GRIMM, nu 80 jaren geleden, met hunne verzameling van Duitsche volkssprookjes voor den dag kwamen, is er, door gansch Europa heen, zeer veel van dien aard opgeschreven, en aldus ten minste voor volkomen vernietiging bewaard. Ook in Friesland is dit geschied en in de volksgeschriften is daarvan voor en na vrij wat neêrgelegd.

De heer WALING DYKSTRA heeft zich, uitgenoodigd door den ondergeteekende, sedert verscheidene jaren beziggehouden, eerst met het bijeen garen en schiften van wat er op dit gebied hier en daar is gegeven, en daarna met het opzettelijk doorsnuffelen van Friesland, ten einde gebruiken, overleveringen, sagen, vertellingen, die nog ongeschreven bleven, op te sporen. De vrucht van dien arbeid wordt neêrgelegd in het bovengenoemde boek. WALING DYKSTRA is, naar de ondergeteekende meent, voor de omschreven taak de aangewezen man. Thans is hij gevorderd tot den rijperen leeftijd; van der jeugd af heeft hij verkeerd te midden van het volk, en sedert de jongelingsjaren het meest werkzame aandeel genomen in de vorming van de nieuwe Friesche volksletterkunde. Wei-

nigen hebben meer oog dan hij, juist voor de volkseigenaardigheid, meer gevatheid in het waarnemen
en onderscheiden, terwijl hem van jongsaf de benijd-
bare gave der Gebroeders Grimm is eigen geweest,
om wat hij hoorde van dien aard, steeds op te schrijven in de karakteristieke taal van den verteller of de
vertelster.

En in Friesland, dat zoolang is afgesloten gebleven
van het wereldverkeer, heeft zich veel eigenaardigs
ontwikkeld.

Het wordt dus een kostelijk boek; een boek voor geleerden en voor ongeleerden, maar volstrekt niet geleerd.
Ieder zal het kunnen lezen en genieten naar eigen smaak
en aard. De man van wetenschap zal met belangstelling
kunnen zien hoe de draad, welke zoovele verhalen uit
het Oosten verbindt aan die uit de oudere en nieuwere
Europeesche letterkunde, somtijds is voortgesponnen tot
in Friesland; diezelfde verhalen zullen den man des volks
boeien om hun nuchtere scherts; het zal een boek worden,
aantrekkelijk voor ouden en jongen, voor aanzienlijken
en geringen, voor geletterden en eenvoudigen, voor
menschen, ernstig van aard en voor hen die smaak vinden
in kortswijl; voor leesgezelschappen en bibliotheken, maar
vooral voor persoonlijk bezit; een boek, van belang niet
alleen voor de Friezen maar voor geheel Nederland; voor
Vaderlanders in Oost en West, wellicht evenzeer voor de
mannen in het buitenland, die studie maken van Europeesche „volkskunde", het zoogenoemde *Folklore*.

LEEUWARDEN.   HUGO SURINGAR.

OVERZICHT VAN DEN INHOUD:

I. Volksoverleveringen.

II. Volksgebruiken.

III. Volksvertellingen.

De koekenpan.

Leer om leer.

Drie wenschen.

De afgestreken korenmaat.

Zonder kousenbanden.

De duivel gefopt.

Sterke tabak.

Negen uur naar bed.

Wiegezang zonder einde.

Het doodshemdje.

De hemdsmouw.

Het gouden armpje.

Dokter Faust te Leeuwarden.

Bouwe Oom en Antjemoei.

Hoe de zwijnen wroeten hebben
geleerd.

Het erwtje en het boontje.

Adam en zijn schol.

De haring en de bot.

Drie moffen.

Rooken of niet.

Spreekwoorden.

Een aanhouder wint.

Pas vroeg.

Deze en dan nog een en dan
ben ik aan de laatste toe.

Het kalverstaartje.

De gouden sleutel.

IV. Volksbegrippen.

Tooverheksen en Duivelbanners.

Verschillende tooververtellingen,
die „waar gebeurd" zijn.

Van zwarte katten.

Van kruisvoetstappen.

De pannekoek in een pad veranderd.

Van de Leeuwarder bierbrouwerij.

Naar Pilarum.

Van de Hindelooper kaaig.

Van zieke kinderen.

Van eierschalen en haneneieren.

Van Abe den knecht, die met een
heks getrouwd was.

De oude naaister.

Van den wonderdokter te Bolsward.

Van het tooverpoppetje.

Het spelden- en naaldenkoken.

Van de booze baker.

De proef met de drie kistjes.

De sleutelproef.

Geërfde bloedkoralen.

Kransen in kussens.

Van hekseboter.

Onttooveren.

De betooverde schoenmakersknecht
te Warns.

Duivelskunstenaars.

Koortsbespreken.

De oudsoldaat te Herbaijum.

Het uitzenden van klaverenboer.

Wisseldaalders.

Akke Kaart.

De zwarte spiegel te Amsterdam.

Werken des duivels.

De handtast aan den haard.

De kofschipper van Makkum.

Van den boer te Molkwerum.

Het onweder te Baard.

Heksekringen.

Van plaagbeesten of pestdieren.

Spokende veulens.

De pok.

De wylde wrigge.

De boezehappert.

Het „oudwijf".

De basiliskus.

Spoken.

Spokerij te Leeuwarden.

Man zonder hoofd.

Uilke Annes van Hindeloopen.

Een Makkumer schipper in de Spaansche zee.

Van Koudum naar de Galamadammen, en de schoolmeester in den klokketoren.

De slager van Staveren.

De Halepaden te Wouterswoude.

Het spook op Baansterburen.

Op de Hooidammen.

Het Voorspook:

    Lijkstatie.

    Begangel.

    De doodkist met het witte kleed.

    De lijkwagen met een wit paard.

    Eigen dood.

    De haarlok.

    Brand.

    Hulpgeroep.

    De karnmolen.

Het Vierhuis bij Leeuwarden.

't Wilde horloge.

De wilde lantaarn.

Weerwolven en nachtmerries.

    Van het zingen bij het Roodeklif.

    Van witte levers.

    Van moordenaarsvoetstappen.

Voorteekens.

Voorbehoedmiddelen.

Duivelsroosters en kruisen.

Het Brittenkruid.

Verdorde kalverkoppen.

Van het kalfversmijten.

Het aan bijen dood-aanzeggen.

Van het knippen in een kleedingstuk.

Van het nagelknippen.

Van brood in het slot.

Geneesmiddelen.

Verscheidenheden.

Spreekwoorden, gezegden en rijmpjes,

(ruim een duizendtal).

VOORWAARDEN.

Dit boek zal worden uitgegeven in roijaal formaat, met eene duidelijke letter gedrukt, en in afleveringen van ongeveer vier vel druks, tegen tachtig cents de aflevering.

De afleveringen zullen elkander opvolgen zoo spoedig eene goede uitvoering dit toelaat.

Het geheele werk, waarvan het handschrift nagenoeg gereed ligt, zal in negen of tien afleveringen ongeveer compleet zijn.

De ondergeteekende verlangt, door tusschenkomst van den boekhandelaar

I.

VOLKSOVERLEVERINGEN.

Door het bijeenbrengen dezer Volksoverleveringen heb ik getracht eene eenigszins volledige verzameling te verkrijgen, altijd voorzoover dat iemand mogelijk is. Uit gedrukte en ongedrukte geschriften is hetgeen ik geef meerendeels bijeengegaard en aangevuld met wat ik mondeling heb kunnen opvangen. Bekend en minder bekend zal men hier dus aantreffen; ook het meest algemeen bekende mocht ik niet achterwege laten.

Misschien vinden sommigen hier niet alles wat zij meenden te mogen verwachten. Zoo, om een voorbeeld te noemen: de twintig Vertellingen van de wijze mannen van Ezonstad, staaltjes van domheid en onnoozelheid, zooals men er wel aan de Dokkumers pleegt toe te schrijven. Maar die zijn door Dr. Eeltje Halbertsma vertaald, naar ik meen uit het Engelsch, en op de bewoners der oude langverdwenen Ezonstad toegepast. Dergelijke stukjes zouden m. i. in deze verzameling niet op hunne plaats zijn. Zorgvuldig heb ik trachten te schiften wat tot de friesche volksover- leveringen behoort en wat niet, en alleen het eerste opgenomen. Er kan hierbij verschil van opvatting bestaan, maar ik wil hopen dat mijne monstering niet al te ongelukkig is uitgevallen.

Waar verschillende lezingen eener overlevering bestaan, heb ik gepoogd de meest oorspronke- lijke te geven en versieringen van lateren tijd niet over te nemen. Zoo is er o. a. eene dichter- lijke bewerking van het verhaal omtrent het bouwen der kerk te Dronrijp, door Mr. A. Telting (1829). Naar het mij voorkomt is echter, hetzij onwillekeurig, hetzij opzettelijk, de overlevering omtrent de kerk te Nijland daarbij tepas gebracht. Aan het gedicht komt dit ten goede, maar ik heb thans mijn best gedaan om aan Dronrijp te geven wat aan Dronrijp behoort en aan Nijland het zijne te laten.

Er zijn overleveringen of gedeelten er van die schijnen tehuis te behooren op meer dan eene plaats, soms binnen-, soms buitenlands. Eene soortgelijke als die betreffende den bouw van de Oldehove, b.v., staat in steen uitgehouwen te 's Hertogenbosch. Wat wij weten te vertellen van „De Laars" herinnert aan Grimm's *Kinder- und Hausmärchen*, no. 195, „Der Grabhügel", terwijl er onder de *Schwanke* van Hans Sachs een voorkomt: „Der Bauer mit dem bodenlosen Sack", waarin die zak zonder bodem denzelfden dienst doet als in Friesland de laars zonder zool. Hans Sachs deelt aan het slot evenwel nog verder meè, dat de boer in de biecht het geval aan den pastoor openbaart en hoe en waarom die zak niet bij den boer bleef. Eveneens is er onder de overleveringen in de saksische landen eene die verwant is aan wat hier bekend is omtrent de tarwe, in 1553 te Leeuwarden in bloed veranderd. En, om niet meer te noemen, bij de duivelsprent in de Oudwouderzijl gaan allicht de gedachten naar den tred van het paard Bayard in de rotsen van Couillet en Luik. Maar deze en verdere gelijksoortigheden op te sporen en meè te deelen lag niet in mijn plan, evenmin als het aanwijzen van alle bronnen. Dit onder- nemende, zou ik vreezen iets zeer onvolledigs te voorschijn te brengen.

Omtrent de Steenen Uilenborden ben ik eene opheldering schuldig aan de niet-friesche lezers, die mij misschien van onnauwkeurigheid zouden verdenken op gezag van Van Lennep en Ter Gouw, omdat deze in hun boek „De Uithangteekens" melding maken van een huis aan den weg in Menaldumadeel dat *de Steenen Uilenborden* tot uithangteeken zoude hebben. Hier wordt ongetwijfeld het boerenhuis onder Engelum bedoeld, maar de schrijvers schijnen niet duidelijk ingelicht te zijn. Ook meenen zij dat hier gedacht moet worden aan de oude dobbelprent, die in het Hollandsch wel *uilenbord* wordt genoemd evenals het ganzenspel *ganzenbord*. Maar dat oude spel heet in het Landfriesch *ûlebrief* (uilenbrief), zooals ook het ganzenspel *goezzebrief* (ganzenbrief). — Een friesche boer zou niet weinig lachen als hij hoorde vertellen dat in Holland de kinderen met dobbelsteenen en pepernoten spelen op een uilenbord.

W. D.

Friso, Saxo en Bruno.

Ruim driehonderd jaren voor Jezus geboorte regeerde in de Indische landen, aan de rivier de Ganges, koning Adel. Hij was een nakomeling van Sem, de oudste zoon van Noach. Deze koning had drie zonen, Friso, Saxo en Bruno genaamd. Toen koning Adel overleed was er overbevolking in zijn land, zoozeer dat vele ingezetenen niet aan den kost konden komen. Er moest eene landverhuizing plaats hebben of eene groote hongersnood was te vreezen. Men kwam tot het besluit, bij loting uit te maken wie het land zouden moeten verlaten en wie konden blijven. Het gevolg was dat eene groote menigte volks zich op reis begaf in driehonderd schepen, om een ander land te zoeken. Aan het hoofd dezer landverhuizersvloot stonden de prinsen Friso, Saxo en Bruno, drie flinke jonge helden. Zij gingen de wijde wereld in zonder bepaald reisplan en zonder te weten waar zij terecht zouden komen. Maar zij kwamen weldra in dienst bij Alexander den Groote, koning van Macedonië, den wijdvermaarden veroveraar der oudheid. De drie prinsen vergezelden hem op al zijne krijgstochten.

Alexander had eene bijzondere voorliefde voor Friso, wegens diens dapperheid en oprechtheid. Bij de overwinning op de Thraciërs onderscheidde de jonge held zich zoozeer, dat Alexander hem Hil, de dochter des konings van Thracië, tot vrouw gaf.

Na den dood van Alexander veranderden de zaken; er kwam tweedracht in het land en tengevolge der onderscheiding, die de koning hem steeds had bewezen, had Friso haters gekregen. De drie broeders begaven zich met hun volk nogmaals op reis, om eene landstreek te zoeken, waar zij zich voor goed zouden kunnen nederzetten. Na lang en onder veel tegenspoed en ellende te hebben rondgezworven, kwamen zij eindelijk aan den ingang der Noordzee. Van al hunne schepen hadden zij slechts vierentwintig over. Zij vonden een land zonder steden en dorpen. Niets dat het verblijf van menschen aanduidde liet zich daar zien; alleen een bosch van zeer groote uitgestrektheid trok hunne aandacht. Dit was het bosch Kreil.

Zij begrepen spoedig dat dit woeste onbewoonde land aan niemand toebehoorde en begaven zich aan wal. De bodem bleek niet onvruchtbaar, zoodat zij besloten zich daar te vestigen.

Friso nam met zijne twee broeders, zijne vrouw Hil, zeven zonen en eene dochter, benevens met eene groote menigte volks, het land in bezit en gaf het naar zichzelven den naam Friesland. Hij bouwde daar toen, vooral bij eene rivier die het Flie heette en hare uitwatering in de Noordzee had, een aantal huizen en stichtte er een fraaien tempel, gewijd aan den dienst van den voornaamsten God zijns volks, aan Stavo. Hier ontstond alzoo eene stad die den naam Staveren ontving, in het oudfriesch Starum. Friso beijverde zich om den toestand van het land te verbeteren en het tegen de overstrooming der zee te beveiligen. Want het lag toen geheel voor ebbe en vloed.

De drie broeders met hun volk leefden hier gedurende ongeveer dertien jaar in elkanders nabijheid. Maar er ontstond nu en dan twist onder het volk, over de grenzen van het grondgebied en meer andere zaken. De broeders zagen in, dat het, ter voorkoming van onderlinge verdeeldheid, wenschelijk zou zijn zich verder van elkander te verwijderen. Friso stelde opnieuw eene loting voor om uit te maken wie zouden vertrekken, wie blijven. Maar Saxo en Bruno waren zoo edelmoedig om te verklaren: «Wij zijn de jongsten, wij zullen heengaan.» Zij vertrokken met eenige schepen en een hoop volks naar het Oosten, en zetten zich, niet zeer ver van elkander, neder nabij de rivier de Elbe. Daar lag toen nog eene groote uitgestrektheid lands woest en onbewoond. Saxo gaf dit den naam van Saksen. Bruno trok alras met zijn gevolg nog verder, nogmaals om tweedracht te voorkomen tusschen zijn volk en dat van zijnen broeder. Hij stichtte eene stad, die naar hem den naam verkreeg van Brunswijk (Bruno's wijkplaats). Een achterkleinzoon van Friso, die Gruno of Gryns heette, stichtte later een kasteel aan de rivier de Hunze, en noemde dat Grunoburg. Dit is de oorsprong der stad Groningen.

Friso liet zeedijken aanleggen en hoogten opwerpen, die terpen werden genoemd. Op deze terpen werden de eerste dorpen aangelegd en kerken en heiligdommen gesticht. Van *terp* of *thorp* moet de benaming *dorp* afkomstig zijn. Prins Friso stelde te Staveren eene vereeniging in van heidensche priesters, druïden genaamd, die de godsdienstplechtigheden waarnamen en tevens belast waren met het geven van onderwijs aan de kinderen der aanzienlijken. Ook maakte Friso geordende wetten.

De Friezen breidden hun grondgebied van tijd tot tijd uit. Al het land van het Flie tot aan den Eider namen zij in beslag en zuidwaarts tot aan de Cikambren en de Batavieren. Friso stelde zijne zeven zonen aan tot bestuurders over de zeven landstreken, in welken hij zijn rijk had verdeeld, en die de zeven friesche Zeelanden werden geheeten. Naar aanleiding hiervan werd er ook een landswapen ontworpen, een zinnebeeld dat Friso in zijn schild voerde: in lazuur drie zilveren schuinbalken of stroomen, beladen met zeven pompebladen van keel, geplaatst 2, 3, 2; (de bloesems der pompebladen of waterrozen noemen de Friezen *swanneblommen*, zwanenbloemen). Dit is het oude wapen van Friesland.

Naam en herkomst der Friezen.

Coglio, koning der Franken, had een zoon, genaamd Frisius. Deze werd, met toestemming aller Franken, koning van Friesland, onder voorwaarde, dat hij en al zijne opvolgers onder de Franken zouden staan en tot schatting jaarlijks tweehonderdzestig koeien leveren. Voorts waren de Friezen verplicht als trouwe vrienden en bondgenooten de Franken in alle oorlogen bij te staan. Naar dezen koning Frisius hebben de Friezen hun naam.

Vespasianus, de romeinsche keizer, spaarde na de inneming van Jeruzalem een aantal Joden, maar verdreef hen uit Palestina en zond hen naar de gewesten aan de Noordzee. Deze Joden zijn de stamvaders der Friezen geworden.

Adel.

De oudste der zeven zonen van Friso, Adel geheeten, werd na zijns vaders dood regeerder van Friesland. Aan hem wordt de eer toegekend, dat hij het houden van gastmalen heeft ingevoerd, op welken men bij het rondgaan van den dronk, bestaande in wijn, bier of mede, elkander kuste, waarvan men later zeide: «elkander op zijn platfriesch te kussen». Bij deze gastmalen werden alle gerechten bij elkander op éénen grooten schotel opgedischt. Deze schotel heette de pateele. Men dronk er uit een grooten hoorn, die bij de gasten rondging. De friesche pateele en de friesche hoorn zijn honderden jaren in gebruik gebleven, waaruit een spreekwoord ontstond, dat zeide: «Oan'e fryske petielle is de folle byt», (aan de friesche pateele is de volle beet). — Zij bestond uit deze dertien gerechten: ham, pekelvleesch, spek, rookvleesch, gerookte tong, schapenbout, varkenspootjes, varkenskop, varkensrug, varkensribben, worsten, zwanenbout en eendvogel uit het zout. De hoorn was aanvankelijk eenvoudig een stierenhoorn; later had men de veel grootere van oer-ossen en deze liet men met goud en zilver beslaan.

Steeds werd bij deze gastmalen der oude Friezen een bedekte schotel op tafel gebracht. Men wijdde eenen dronk aan de verslagen bondgenooten en vuurde elkander aan tot het nemen van wraak over hunnen dood. Dan werd het deksel van den schotel genomen; de zeelen, waarmeê de verorberde ossen gebonden waren geweest, waren daarin gelegd. Dit was het teeken dat men wederom op roof en buit diende uit te gaan. Men noemde dit: *It horspil yn de petielle* [1]).

Jutto, Hetto en Schottus.

Jutto, een der zonen van Friso, huwde met Kunera, dochter van Bochus, koning der Kimbren. Hij ontving een goed deel van het Kimbrische schiereiland ten huwelijk en vestigde zich daar met een groot aantal zijner landgenooten. Hij noemde dat land naar zichzelven Jutland, welken naam het tot heden draagt.

Hetto, een andere zoon van Friso, maakte kennis met de Thuringers en Katten. Hij huwde met eene prinses van den besten adel der Katten. De nakomelingen uit dit huwelijk bevolkten Hessenland, welk land dezen naam ontving naar den stamvader Hetto.

Een derde zoon van Friso, die Schottus heette, werd door het lot aangewezen om met een hoop volks zijn vaderland te verlaten. Hij trok naar Denemarken en huwde daar met des konings zuster. Nadat hij gedurende zeven jaren de lage landen aan de Noordzee door zeeroof veel nadeel toegebracht en ook eenigen tijd langs de

---

[1]) Naar mijn oordeel beteekent dit: Het hoorntuig in den schotel. *Horspil* zal *hornspil* moeten zijn; de zegswijze is thans in onbruik. Bij het te boek stellen kan een schrijver, die 't woord niet verstond, bij vergissing de *n* er uit gelaten hebben. Het woord *spil* of *spul* heeft in 't Friesch verschillende beteekenissen, o. a. wordt er ook tuig of gereedschap meê aangeduid.

kusten van Biskaije gezworven had, veroverde hij Albania. En omdat hij Schottus heette, noemde hij dat land Schotland, zooals het
nog heet.

Ubbo.

Ubbo, de zoon van Adel, was de derde prins van Friesland.
Hij bracht het eerst de kennis van het letterschrift onder het volk
en beschreef ook de daden zijns vaders, waarom hij wordt afgebeeld
met een boek in de linkerhand. — Ook in krijgszaken was hij ervaren en geweldig in het hanteeren der wapenen. Daarom draagt
zijne beeltenis in de rechterhand een soort van dorschvlegel.

Om in navolging zijner voorvaderen vriendschappelijke betrekkingen met vreemde koningen en vorsten aan te knoopen, reisde hij
op aanraden zijner moeder en op verlangen zijner onderdanen tot
zijnen grootvader aan moeders zijde, den koning der Sueven, en
vandaar verder geheel Duitschland door. Eene groote menigte
volks sloot zich bij den heldhaftigen prins aan; met dezen kwam
hij aan den Rijn en liet daar eene volksnederzetting achter. Deze
lieden noemden zich Ubbers, waarvan de Romeinen Ubiers maakten. Zij hadden zich gevestigd waar thans de stad Keulen staat,
die daarom aanvankelijk *Colonia Ubiorum* (Volksplanting der Ubiers)
genoemd werd.

Uit het huwelijk van Ubbo met de koningsdochter uit Sueven-
land ontsproten twee kinderen, een zoon, de beroemde Asinga Ascon, en eene dochter, Frouwa, die later huwde met Friso den jongere.
Deze toog met eene legermacht naar de overzijde van het Flie en
noemde het land aldaar naar zijnen naam Friesland of Nieuwfriesland.

Afkomst der Westfriezen.

Ubbo zond omstreeks het jaar 120 voor Christus zijnen schoonzoon Friso den jongere, zoon van Gruno, met eene volkplanting
naar Waterland, waar hij zich vestigde en eene stad stichtte, die
hij ter eere zijner vrouw Vrouwgaast of Vroongeest noemde, welke
naam later veranderde in Vroonen. Deze volkplanters noemde men
Frisiabonen of Frisiabunen. Bonen of bunen, zeggen de oude schrijvers, beteekent boer en tevens huisvader.

Later werd het noordelijk deel van Westfriesland bevolkt. Ongeveer 300 jaren na Christus trok Diederik, zoon van Radboud en

kleinzoon van Ascon, den eersten hertog van Friesland, met vier andere edele Friezen daarheen om er zich te vestigen. Hij bouwde ter eere der godin Meda de stad Medemblik en bracht daarheen den hoofdzetel van het gewest over. De tweede was genaamd Gerard en bouwde een slot, waar thans het dorp Obdam ligt. De derde heette Roeland van Weernesse, waar hij zijne heerlijkheid bezat. De vierde, Kenne of Keno, zoon van Heico, woonde te Bennebroek. De vijfde heette Adelbold en woonde in het dorp Winkel.

Toen Diederik in 334 den titel van koning aannam, trok hertog Haron van Friesland tegen hem op, omdat deze niet kon dulden, dat een zijner voormalige onderdanen eene hoogere waardigheid zoude bekleeden dan hij. Diederik moest voor de overmacht bukken, hij werd bedwongen, doch bleef het land bezitten, onder voorwaarde dat hij de vorsten van Friesland als zijne opperheeren zoude erkennen en nimmer oorlog tegen hen voeren.

Volkplantingen der Friezen.

Toen de Kimbren, 111 jaren voor Christus, naar Italie trokken, gingen ook Jutten en Friezen mede. Tot de Alpen genaderd, sloegen zij daar in het woud hunne tenten op en de Friezen zeiden, dat zij, van Friesland uit gerekend, *op healwei* (spreek uit: *hjelwei* of *helwei*), d. i. op halfweg gekomen waren. En hiervan is de naam *Helvetië*, dien men nog wel aan Zwitserland geeft, afkomstig. De Friezen, die aan de gevechten in Italie ontkwamen, vestigden zich in de landstreek die zij *Helwei* hadden genoemd. Zij vermenigvuldigden daar sterk, waarom een gedeelte hunner later naar de nog onbewoonde Onderalpische velden verhuisde. Daar ontvingen zij den naam van Grisones omdat de Romeinen de voorletter van Frisones met een G verwisselden.

Ook de Hollanders hebben hunnen naam ontvangen van een Fries, die bij Tacitus in het Latijn Ollennius wordt genoemd, maar in zuiver Friesch Holle heette.

De Wilten, die afstamden van de Kleine Friezen, hebben in vereeniging met de Slaven het slot Antonia op de Romeinen veroverd en daar ter plaatse den burcht Wiltenburg gesticht, waaruit de stad Utrecht is ontstaan, en die van Utrecht zijn aldus van der Friezen stam.

Omstreeks het jaar 183 bouwde de friesche hertog Ubbo in Westfalen een slot, dat hij met Friezen bevolkte en Titenburg noemde. Deze naam veranderde in den loop der tijden in Tecklenburg, en zoo heet die landstreek daar nog. Alzoo zijn de Tecklenburgers ook van friesche afkomst.

Een zoon van den frieschen koning Adgillus werd, wegens zijn godsvrucht en zijn ijver voor het christendom, Priester-Jan en ook wel Paap-Jan genoemd. In gezelschap van den Deen Otger en met een gevolg van vele Denen en Friezen ondernam hij eene zeereis en kwam terecht in Ethiopië. Daar voerde hij het christendom in en stichtte het wijdvermaarde keizerrijk van Paap-Jan.

Friezen in Zwitserland.

Er was een oud koningrijk in het land ten noorden, het land der Zweden en Friezen, en over dat land kwamen honger en dure tijd. In dezen nood kwam het volk bijeen en besloot bij meerderheid van stemmen, dat men elke maand zoude samenkomen om te loten. Wien het lot trof, aanzienlijk of gering, man, vrouw of kind, moest dan op straffe des doods het land ruimen. Dit werd een tijd lang volgehouden, maar het bleek geen afdoend middel; voedsel was niet meer te vinden. Toen kwam de raad nogmaals bijeen en verordende, dat nu alle acht dagen de tiende man, door loting aangewezen, het land moest verlaten om nimmer weder te keeren. Zoo had het vertrek uit het noorderland plaats, over hooge bergen en door diepe dalen, met groot weegeklag van bloedverwanten en vrienden. De moeders begeleidden hare onmondige kinderen. In drie gedeelten trokken de Zweden uit, te zamen zestigduizend man, groot als reuzen, met vrouw en kinderen, have en goed. Zij zwoeren, elkander nooit te zullen verlaten en kozen door het lot drie aanvoerders, met name Switer, Swey en Hasius. Twaalfhonderd Friezen sloten zich bij hen aan. Zij werden door hunne krijgshaftigheid rijk in roerende goederen. Toen zij door Frankenland trokken en den Rijn wilden oversteken, kwam dit ter oore aan Peter, graaf der Franken, en aan anderen. Deze rustten zich toe om den tocht te verhinderen en den landverhuizers hunnen weg te versperren. De Franken meenden met hun sterk leger dezen hoop volks gemakkelijk te kunnen dwingen, gelijk men honden en wolven verjaagt, en hun goed en wapenen te ontnemen. Maar de zwervelingen sloegen zich er gelukkig door, maakten grooten buit en baden God

om een land, gelijk aan het land hunner vaderen, waar zij in vrede
hun vee zouden kunnen weiden. Toen voerde God hen in eene
streek die Brockenburg heette. Daar gedijde goed vleesch en goede
melk en ook veel en welig koren. Het volk zette zich daar neder
en bouwde Schwytz, genoemd naar den eersten hoofdman, Switer,
die ook Schwytzer (nfr. *Sweitse*) werd geheeten. Spoedig vermeerderde het volk zoo sterk, dat het dal geen voldoende ruimte aanbood. Menige zware dag kwam er eer het land gewin gaf; maar
het omhakken van het woud was slechts speelwerk. Een deel
der menigte trok in het land naar den zwarten berg, die nu Braun-
eck heet. Men trok over den berg naar het dal waar de Aar
vloeit; daar werd vlijtig dag en nacht gewerkt en werden hutten
gebouwd.

Tusschen de jaren 1777 en 1780 wisten de schaapherders aldaar
nog te verhalen, hoe in oude tijden het volk getrokken was van
berg tot berg, uit dal tot dal naar Frutingen, Obersibenthal, Sa-
nen, Afflentsch en Jane.

Albiona en haar geslacht.

Ten tijde toen Samuel rechter was over Israël, nadat de wereld
2860 jaren had gestaan, was er een koning van Assyrie, Diodictus
genaamd, wiens gemalin Albiona bij het volk in een kwaden reuk
stond. Op zekeren tijd liet zij al hare zusters, twee en dertig in
getal en allen gehuwd aan koningen, vorsten en groote heeren, bij
zich komen. Zij waren 't met elkander eens, dat zij zich niet langer door hare mannen wilden laten regeeren en verbonden zich in
het geheim, dat elk haren echtgenoot om het leven zou brengen
om dan zelve het bestuur in handen te kunnen nemen. Maar de
samenzweering werd ontdekt en de drie en dertig vrouwen met al
de medeplichtigen in een schip zonder roer en zeilen gezet en zoo
aan de wisselingen van wind en stroom prijs gegeven. Zij dobber-
den en zwierven lang op de groote zeeën rond, tot zij eindelijk
aan een onbewoond eiland kwamen, dat zij naar den naam der
oudste zuster Albion noemden en langen tijd hebben bewoond.

Uit deze zusters ontsproot het geslacht der reuzen, dat door
Brutus is verslagen en verjaagd en toen vluchtende de Noordzee
overstak. Aan de friesche kusten gekomen, namen zij dit land ten
deele met geweld in en vermenigvuldigden daar sterk.

Reuzen in Friesland.

In de tijden dat Holland en Friesland door reuzen werden bewoond, had een van deze, met name Lem, zijne woonplaats te Leiden. Eigenlijk was zijn naam voluit Willem, maar bij verkorting noemde men hem Lem of Heer Lem. Hij was sterk, kloek en wijs, zoodat de Wilten hem om zijne dapperheid tot koning kozen. Van dezen Heer Lem stammen de burggraven van Leiden af, en dezen werden in later tijd de heeren van Wassenaar.

Lem had eene reuzin tot huisvrouw, bij wie hij eenen zoon won, Dibbold geheeten, naderhand koning van Westfriesland, dat is het tegenwoordige Noordholland. Ook Dibbold kreeg eene reuzin tot huisvrouw; deze schonk hem eenen zoon, die weêr Lem werd genoemd, en toen hij groot werd, Heer Lem. Hij liet eene sterkte bouwen die hij naar zich zelven Heer Lems stede noemde. De sterkte breidde zich uit tot eene stad, die eerst Heer Lems stad heette, vervolgens bij verkorting Heerlem, en hieruit ontstond de naam Haarlem.

Ten tijde van Heer Lem leefde er in de nabijheid van Haarlem eene reuzin, Walberich, die aan veeweiderij deed. Zij was zoo groot, dat zij om uit Westfriesland naar Engeland te komen, slechts éénen stap behoefde te doen. Eens, toen zij van het veld huiswaarts was gekeerd, terwijl haar vee op de gewone plaats graasde, kwam er een roofschip aan de kust, en de roovers kwamen aan land ongeveer waar nu Scheveningen ligt. Zij roofden het vee uit de weide, droegen het aan boord en zeilden daarop in der haast weg. Walberich zocht den anderen morgen vergeefs naar hare paarden, koeien en schapen, tot zij, eindelijk, zeer ver in zee het roofschip ontdekte. Toen stapte zij in het water, lichtte het vaartuig met éénen vinger op en smakte 't tot den bodem der zee neder. Het nog warme vleesch van het omgekomen scheepsvolk verslond zij, of zoog het bloed er uit. Daarop nam zij hare geheele kudde onder de armen en ging weder naar land. De runderen droeg zij aan de ééne zijde en de paarden aan de andere, terwijl de schapen allen te zamen op haar hoofd rondliepen als in eene weide.

Sterke Jodzert.

Omstreeks het jaar 46 leefde in Friesland een man, een ridder wordt hij genaamd, die acht voet hoog was en daarbij buitenge-

woon sterk. Zijn naam was Jodzerd of Idzerd Jetze, maar in de
wandeling noemde men hem «de sterke man.» Hij droeg twee volwassen mannen, wel te verstaan echte ouderwetsche Friezen, op
zijne armen een mijl ver. In iedere hand droeg hij een ton bier,
en om deze ver genoeg van zich af te kunnen houden, nam hij
dan onder iederen arm eene groote dikke friesche kaas. Een paard
kon hij met de vuist voor den kop slaan, dat het dier dood ter
aarde zeeg. Nog lang na zijnen dood is het de gewoonte gebleven,
dat het volk van iemand die uitmuntte door lichaamskracht zeide:
«Hij is een sterke Jodzert.»

Verritus en Malorix.

In het jaar 59 kwamen een paar Friezen te Rome, door de Romeinen Verritus en Malorix genoemd, maar waarschijnlijk Gerrit
en Murk geheeten en die behoorden tot de geslachten Hermana en
Cammingha. Er was geschil ontstaan over aan den Rijn gelegen
bouwlanden, die door de romeinsche soldaten waren gebruikt,
maar toen deze ze woest en onbebouwd lieten liggen, hadden de
Friezen die in gebruik genomen. De twee genoemde mannen werden door hunne landgenooten naar Rome afgevaardigd om met
keizer Nero over het geschil te onderhandelen. Tijdens hun verblijf in de wereldstad bezochten zij ook den schouwburg van Pom-
pejus. Wat daar vertoond werd ging hun begrip te boven. In
Friesland was toen, en eenige eeuwen later ook nog, komédiespe-
len eene onbekende zaak. Maar onder de groote menigte toeschouwers, in het gebouw aanwezig, merkten onze twee Friezen personen
op in vreemde kleeding, die op verheven eereplaatsen waren gezeten. Op hunne vraag welke personen dit waren, werd hun gezegd,
dat het gezanten waren van volken, die bekend stonden als uitmuntende door dapperheid, trouw en vriendschap jegens de Romeinen. Daarom waren hun die eereplaatsen aangewezen. Toen
zeiden Verritus en Malorix: «Geen volk onder de zon overtreft de
Friezen in dapperheid en trouw.» Zij verlieten hunne zitplaatsen
en zonder naar iets meer te vragen, namen zij plaats naast de andere vreemde gezanten.

De Romeinen duidden hun deze vrijpostigheid niet euvel, maar
zagen daarin een blijk van mannenmoed en zelfvertrouwen. Keizer
Nero schonk hun het romeinsche burgerrecht.

Hengist en Horsa.

Omstreeks het jaar 385, onder de regeering van hertog Udolph Haron, ontstonden er gebrek en hongersnood in Friesland, door overbevolking. Er kwam een groot geroep voor den hertog, dat zijne landen te overvloedig bevolkt waren. Daarom verlangde men dat de oude wetten en de gebruiken zijner voorvaderen, die den volke ieder jaar werden voorgelezen, niet in vergetelheid zouden komen, maar bij deze gelegenheid weder werden vernieuwd en in hunne volle kracht hersteld. Want het was niet mogelijk, dat alle ingezetenen in het land aan den kost konden komen.

Hierop liet de hertog in alle steden, dorpen en vlekken de stoutste, jongste en dapperste mannen en jongelingen oproepen om samen te komen, ten einde deel te nemen aan eene loting, om daardoor aan te wijzen wie het land zouden moeten verlaten om het te verlichten van den overvloed des volks. Getrouw aan de oude wetten, spaarde de hertog ook zijne eigene kinderen niet. En zijne twee zonen Hengist en Horsa behoorden onder hen, die volgens aanwijzing van het lot moesten vertrekken. Zij werden aangesteld als heeren en aanvoerders over het andere volk.

Zij scheepten zich in om naar Brittanje, dat men later Engeland genoemd heeft, over te steken, en met een voorspoedigen wind landden zij daar weldra gelukkig aan.

Koning Vortigern, van hunne komst verwittigd, kwam spoedig tot hen. Hij bemerkte terstond, dat twee jonge mannen, Hengist en Horsa, van hooger afkomst moesten zijn dan de rest; daarom richtte hij, na hen minzaam gegroet te hebben, tot hun de vraag, waarom zij met zulk eene macht van gewapend volk tot zijn land waren overgekomen? Hierop antwoordde Hengist, als de oudste en ook de best bespraakte: «Wij zijn de zonen van Udolph, hertog der Friezen, en evenals al deze mannen die ons volgen, door het lot aangewezen om een ander land te zoeken, zijnde wij met ons beide aangesteld als de aanvoerders van dit volk. Zoo zijn wij uit onderdanigheid aan de wetten onzes lands in zee gegaan en onder leiding van Wodan, dien wij bijzonder vereeren, en de godinne Frigge, hier gelukkig aangeland om u of eenig ander vorst, die onze hulp mocht noodig hebben, onzen dienst aan te bieden.»

Het hooren der namen van Wodan en Frigge maakte op den koning een onaangenamen indruk, want het christendom was toen reeds de godsdienst van Brittanje; maar de komst dezer mannen was hem toch welgevallig, omdat hij hen konde gebruiken ter bestrijding zijner vijanden. «Dient gij mij getrouw en helpt gij mijn land beschermen,» aldus verklaarde hij, «zoo zal uw loon groot zijn.»

Hengist en Horsa met al hunne volgelingen, bestaande uit Friezen en Nedersaksen, zwoeren als mannen van eer den koning trouw. En toen niet lang daarna de Schotten een inval in Engeland waagden, werden dezen door de hulp van het leger van Hengist en Horsa teruggedreven, en koning Vortigern, vroeger altijd overwonnen, werd nu overwinnaar. Hij was zeer dankbaar en begiftigde zijne helpers met fraaie geschenken.

Hengist, begaafd als hij was met een schrander verstand, merkte spoedig dat hij bij den koning hoog stond aangeschreven, maar ook dat deze bij zijn eigen volk niet zeer bemind was. Hij bood aan om nog meer volk uit Friesland te doen komen en dit behaagde den koning zeer. Maar bij zekere gelegenheid nam Hengist de vrijheid, den koning onder het oog te brengen, dat deze hem, een zoon van den frieschen hertog, nog niet naar waarde beloond had, en verzocht hem dus om eene vesting, waar hij met zijne ridders en Friezen gerust en aangenaam zoude kunnen leven. Hierop was het antwoord des konings: «dat de wetten der voorvaderen verboden aan vreemdelingen eenig land af te staan of te schenken. Deed hij dit nu, hij zoude zich daardoor de ongunst zijner onderdanen, de Brittanjers, op den hals halen. Derhalve verzocht hij Hengist niet te letten op de geringheid der giften, maar op 's konings goed hart.»

Hengist liet zich hiermede niet afschepen, maar zeide: «Geef mij dan een plekje gronds zoo groot als ik met een ossenhuid kan omleggen, dan heb ik toch iets.» — Dit was zoo weinig, ·meende de koning, dat hij het verzoek niet mocht weigeren. Maar Hengist sneed een der grootste ossenhuiden in zeer dunne riemen en legde dezen in den vorm van een vierkant of van een ei, dit weet ik niet zeker, om eenen steenachtigen grond; zoo verkreeg hij eene uitgestrektheid, groot genoeg om er eene stad op te bouwen. De koning, die het zoo niet had gemeend, keek wel wat op den neus, maar wilde toch ook niet gezegd hebben dat hij gefopt was en hield zich alsof de zaak volkomen in den haak was. Hengist bouwde nu met allen spoed eene stad, die hij in de friesche sprake Cancastra noemde, welke naam later is veranderd in Lancaster.

Kort hierop kwam er nog een groot aantal Friezen in Engeland
aan, en dezen werden door Hengist in zijne nieuwgebouwde stad
opgenomen. Onder hen bevond zich ook zijne zustersdochter Ronixa,
eene beeldschoone jonkvrouw. Nu noodigde hij den koning uit om
zijne nieuwe stad met hare nieuwe bevolking te komen zien, waaraan Vortigern met veel genoegen voldeed. De stad behaagde hem
zeer en het volk maakte op hem een gunstigen indruk. Het besluit was, dat de koning door Hengist feestelijk werd onthaald. En
terwijl de koning vroolijk gestemd aan tafel zat, trad tegen het
einde van den maaltijd de schoone Ronixa, in een fraai en kostbaar gewaad, binnen. In de hand droeg zij een prachtigen gouden kop, gevuld met kostelijken wijn. Zij neeg voor den koning,
viel hem te voet en zeide: «Du lieaver king, wacht heil!» — De
koning verstond haar niet en vroeg zijnen kamerling naar wat zij
zeide. Deze antwoordde: «zij noemt u koning en wenscht u geluk;
daarom zeg: «Drink heil!» En de koning zeide: «Drink heil!» —
Hierop dronk zij en gaf den beker aan den koning, terwijl zij hem
kuste naar 's lands wijze. Dit was voor Vortigern te veel om er
onverschillig onder te blijven. Hij verliefde op haar en verzocht
aan Hengist terstond om hare hand. Deze beraadslaagde eerst met
zijnen broeder en met andere heeren en raden, en verklaarde toen
dat 's konings wensch konde vervuld worden, als de hoek land, die
Cantuarie heette, aan Hengist voor zijn volk werd afgestaan; waartoe
de koning zich onmiddellijk bereid betoonde. Hij nam de schoone Ronixa tot huisvrouw en had haar zeer lief. De gewoonte heil te drinken en elkander daarbij te kussen is aldaar sedert in zwang gebleven.

Maar al deze handelingen des konings mishaagden niet alleen in
erge mate aan de prinsen zijne zonen, maar ook aan de overige
grooten des lands. Zij verlangden dat hij den Friezen het land zou
doen ruimen, doch hij bleek daartoe ongenegen. Het gevolg was,
dat Vortigern van den troon werd gestooten en een zijner zonen
tot koning verheven. Nu trok men tegen de Friezen op en in een
fellen strijd verloor Horsa, de broeder van Hengist, het leven. Bijna
alle Friezen werden uit Brittanje verdreven.

De nieuw opgeworpen koning werd niet lang daarna door vergif om het leven gebracht en Vortigern beklom op nieuw den
troon. Op aandrang zijner koningin Ronixa ontbood hij Hengist
thans weder naar Engeland, maar in het geheim en met weinig
volks. Deze evenwel kwam daar aan met eene macht van vele

schepen. Dit namen de koning en de grooten des lands zeer kwalijk en spoedig werd er besloten het vreemde volk opnieuw uit het land te verdrijven. Ronixa, dit vernemende, liet haren oom weten wat er gaande was. Hierop zond Hengist boden aan den koning met de verzekering, dat hij niet was gekomen om het land te benadeelen, maar om met zijn volk den koning te dienen, ingeval zulks werd verlangd. Mocht dit den koning welgevallig zijn, dan wenschte hij met den koning te onderhandelen en hij verzocht dezen den tijd en de plaats daarvoor aan te geven.

De koning bepaalde de samenkomst op 1 Mei te Ambren, waar hij dan met zijne heeren, edelen en baronnen tegenwoordig wilde zijn. Hengist beval zijne voornaamste edelen, die hem zouden vergezellen, op den bestemden dag heimelijk elk een goed zwaard bij zich te dragen, en wanneer hij zoude zeggen: «Nimath ure saxa!» (neemt uwe messen), moest elk zijn zwaard trekken en één uit 's konings edelen, die 't naast bij hem stond, doorsteken. Dit geschiedde en er werden op dien dag meer dan vierhonderd van de aanzienlijkste mannen des rijks gedood.

De Friezen herkregen het meeste land en Hengist ging voortdurend zeer wreed te werk, zoo 't heette om wraak te nemen over den dood zijns broeders Horsa. Geen Engelschman, die in zijne handen viel, werd gespaard en zelfs de koning zag zich genoodzaakt te vluchten. Maar deze werd door zijn eigen volk ingehaald en gegrepen. Men gaf hem de schuld van al het onheil dat over het land was gekomen en hij werd in een toren verbrand. De volgende koning evenwel wist Hengist gevangen te doen nemen, en zonder lang beraad liet hij den gehaten tegenstander onthoofden. De Friezen werden verjaagd, verslagen of als slaaf verkocht.

Aan dit alles is het toe te schrijven, dat de engelsche taal zooveel overeenkomst heeft met de friesche.

Twee broeders, Hengist en Horsa genaamd, zusterszoons der zonen van Udolph Haron, voeren, evenals hunne ooms vóór hen, met een machtig leger naar Brittanje. Maar zij sneuvelden. De vloot keerde terug, doch een gedeelte werd door storm overvallen en verstrooid. Na veel omzwervens, onder de zeevoogden Tako Hermana en Douwe Hiddema, landde het overschot aan een onbewoond eiland. Zwervensmoede bleef men daar wonen en noemde het land Friesland. Dezen zijn de stamvaders der Noordfriezen.

Beroald.

De friesche koning Beroald, zoon van Richold den tweede, had geen lust in oorlogvoeren en dacht aan geene zaak minder dan bij de naburen op veroveringen uit te gaan. Hij trachtte alleen zijn rijk te beschermen tegen vreemde indringers en den vrede binnen zijne grenzen te bewaren. Maar de trouwelooze Franken lieten hem geen rust; zij handelden tegenover Friesland zooals zij met andere landen hadden gedaan. Reeds vroeger had dit hebzuchtige en onedele volk, onder voorwendsel den christelijken godsdienst te willen voortplanten, invallen in Friesland gedaan en menige koene Fries was onder de onrechtmatige wapenen gevallen; doch ook Dagobert, de zoon van den frankischen koning Clotarius of Lotrik, was door Iglo Galema gevangen genomen. Beroald liet dezen prins het hoofdhaar afscheren en aldus geschandvlekt aan zijnen vader terug zenden. Dezen smaad wilde Clotarius wreken en daarom viel hij met eene groote legermacht in Friesland.

Bij het dorp Engelum, in Westergo, ontmoette koning Beroald den koning Clotarius en begroette hem met deze woorden: «*Ae! dû âlde skiere bolle, bistdû dér salw?*» (Ha! gij oude grijze stier, ben je daar zelf?) Hij dacht met Clotarius even gemakkelijk te kunnen afrekenen als hij het met Dagobert had gedaan. Nooit of nimmer wilde hij zich buigen voor den scepter der Franken, — dan liever sterven. Maar het geluk der wapenen was dezen keer niet aan de zijde van koning Beroald; hij werd overwonnen en het geheele land verviel onder de frankische tirannie. Deze was verschrikkelijk, want Clotarius liet alle mannelijke Friezen, die grooter waren dan zijn zwaard, ter dood brengen.

De uitvinding van het buskruit.

Er leefde eens een friesche koning, Chimoscus genaamd; deze hanteerde het schietgeweer en maakte daarbij gebruik van een poeder, dat men voor eene uitvinding des duivels hield. Hij had den graaf van Holland en diens twee zonen daarmede doodgeschoten. Nu was des graven dochter, de beeldschoone Olimpia, de eenige erfgename en met haar wenschte de koning zijnen zoon Arbandus te doen huwen. Tot dat einde zond hij gezantschap op gezantschap.

De Hollandsche grooten beantwoordden dit aanzoek gunstig. De jonkvrouw echter was afkeerig van den prins, wiens vader haren vader en hare broeders door een duivelschen vond had gedood, en had bovendien reeds heimelijk haar hart geschonken aan Biremus, een jongeling van hoogen adel.

Arbandus, ziende dat Olimpia noch door smeekingen, noch door geschenken was te vermurwen, heeft haar eindelijk geschaakt. Maar zij wist hem om hals te brengen en ontvluchtte in gezelschap van twee vrienden naar Vlaanderen.

Chimoscus, brullende van gramschap en droefheid, viel in Zeeland, en voerde Biremus gevankelijk naar Dordrecht.

Olimpia zocht hulp en bescherming bij Roeland, graaf van Vlaanderen, en deze trok naar Dordrecht. Daar daagde hij Chimoscus uit tot een tweegevecht onder deze voorwaarden: overwon hijzelf, dan was Biremus vrij; werd Chimoscus overwinnaar, dan zoude Olimpia aan den koning worden overgeleverd. Chimoscus, vertrouwende op zijn schietgeweer, nam de uitdaging aan. De strijders verschenen in het kamp, de koning meende den graaf neêr te schieten, maar deze wist, door zich te bukken, den kogel te ontwijken. Hierop snelde de graaf met het rapier op den koning toe en kloofde hem den kop. Nu wierp hij het schietgereedschap van Chimoscus ver in zee. En omdat niemand buiten den verslagen koning het geheim der uitvinding kende, moest het buskruit later opnieuw worden uitgevonden.

De reus Hidde.

Ten tijde van Karel den Groote leefde een Fries, met name Hidde, groot en sterk van lichaam. Hij begaf zich naar het land van Brunswijk en werd daar door den hertog aangesteld tot opziener der bosschen en boomen. En toen Hidde eens door de wildernis ging, vond hij daar eene leeuwin met hare jongen in het nest. Hij doodde de moeder en bracht de jongen, die hij voor wolven aanzag, aan het hof bij den hertog. Deze vond zooveel behagen in den eenvoud des mans, die het onderscheid tusschen leeuwen en wolven niet scheen te kennen, dat hij hem begiftigde met vele landen nabij de Elbe. De Fries bouwde zich daar een kasteel en noemde het Hiddes-eker, naar zijnen naam.

Het Roodeklif.

Het Roodeklif is eene hoogte, vanwaar men een ruim gezicht heeft op de Zuiderzee. Het ligt ten zuidoosten van Staveren aan de zee, niet ver van het dorpje Scharl. In vroegeren tijd was het veel grooter dan thans; nog in den watervloed van 1825 heeft het veel geleden.

Op den 24 Juni in het jaar 4 onzer jaartelling ontsprong er ongeveer tien schreden ten zuidwesten van dat Roodeklif eene vuur-vlam uit den grond, die drie dagen duurde. En den vierden dag kwam er een groote draak uit die vuurkolk opvliegen, die zich hoog in de lucht verhief «tot eene verschrikkinge voor velen.» Nadat deze draak ongeveer een half uur in de lucht had gezweefd, daalde hij en keerde terug in de diepte vanwaar hij gekomen was. Later heeft hij zich niet meer vertoond.

In het jaar 155, onder de regeering van Ascon, Tabbo's zoon, de eerste die zich hertog van Friesland liet noemen, had er weêr eene uitbarsting plaats van den vurigen put bij het Roodeklif. De brand was nu zeer hevig en duurde acht dagen aaneen. Met veel moeite werd naar de oorzaak van dit verschijnsel gevorscht, maar te vergeefs. Na den achtsten dag hield het branden op en de vuur-poel sloot zich. De algemeene meening was nu, dat deze zoo in-drukwekkende verschijning de aankondiging eener zware volksramp moest geweest zijn en dat er eene besmettelijke ziekte met veel sterfte te wachten was. Doch toen de oppergod Stavo geraadpleegd werd zeide hij, dat men van deze hitte niets te vreezen had, maar na langen tijd zoude er iets kouds volgen, van veel erger beteeke-nis. Dit antwoord der godheid stelde de menschen voorloopig gerust.

Tijdens de regeering van Frieslands derden hertog Titus en wel in het jaar 207, sloegen nogmaals de vlammen uit den grond nabij het Roodeklif, maar nu achttien schreden meer westwaarts. De brand steeg hoog en duurde elf dagen. Op bevel van hertog Titus werd er drie dagen aaneen voor Stavo gebrandofferd ten einde zoo mogelijk van den god eenige inlichting te verkrijgen omtrent de beteekenis van het geheimzinnige vuur. Want het geheele land was vervuld met vrees en beving. Na het einde der offerande ge-bood Stavo, dat men drie kruiken waters uit de Noordzee zoude halen en dit zoute vocht door een gewapenden ridder in den vuur-poel laten werpen; dat zoude het eenige middel zijn om den brand te blusschen. En het geschiedde alzoo.

Als eene bijzonderheid, met eene geheimzinnige beteekenis, werd mij uit Molkwerum medegedeeld, dat men vandaar eene in het zuiden uit de Zuiderzee opkomende bui bijna nooit over het klif ziet gaan. Zij trekt of oostwaarts of westwaarts of scheidt zich in twee gedeelten, die ieder eene zijde kiezen. Het Roodeklif ligt nagenoeg recht zuidwaarts van Molkwerum. De regenbuien schijnen dus nog altijd ontzag te hebben voor de plaats waar eens een vurige draak uit de diepte opsteeg. Maar te Molkwerum heeft men hiervan bij aanhoudende zomerdroogte wel eens veel ongerief. Doch nu vertelt men mij dat te Dantumawoude, Wouterswoude en Driesum hetzelfde verschijnsel wordt waargenomen als men eene bui ziet opkomen als uit het Bergumermeer. Ook op Schiermonnikoog kan het worden opgemerkt dat buien uit het zuiden zelden of nooit over het eiland komen. — Nu weet ik er niets meer van.

Omund de Dwingeland.

Radboud de Eerste, in 672 koning van Friesland geworden, had nog geen jaar geregeerd, toen hij door de Noormannen gevangen werd genomen en naar Denemarken gevoerd. Een deensche stadhouder, Omund geheeten, ontving toen in naam zijns konings het bewind over Friesland. Deze Omund vernederde de Friezen tot den staat van slavernij. Ten teeken hunner dienstbaarheid liet hij hen houten halsbanden dragen. Bovendien moesten zij de deuren hunner woningen in het noorden hebben en zoo laag, dat zij, het huis verlatende, altijd genoodzaakt waren zich voorover te buigen naar het noorden, als een bewijs van onderdanigheid tegenover den koning van Denemarken. — Radboud maakte zich in zijne gevangenschap zoo verdienstelijk jegens den koning, dat deze hem de vrijheid hergaf en in zijne waardigheden herstelde. Aldus werden de Friezen verlost van den dwingeland Omund.

Vele der oudste dorpskerken in Friesland hebben in den noorderzijmuur een toegemetselden boog, waar oorspronkelijk eene opening schijnt geweest te zijn, zoo laag, dat een volwassen man er niet rechtop onder zou kunnen staan. Het volk zegt, dat deze thans met metselwerk gevulde openingen herkomstig zijn uit den tijd van de heerschappij der Noormannen en noemt ze nog Noormansdeurtjes.

Zoutwaterputten.

De Zuiderzee was er nog niet. Daar waar zij thans hare grootste breedte heeft was het groote meer Flevo. Tusschen het tegenwoordige Staveren en Medemblik was ten westen en zuidwesten van het oude Staveren het bosch Kreil. Oud-Staveren en het bosch Kreil zijn nu reeds lang door de zee verzwolgen. Toen dit nog niet gebeurd, was kregen de bewoners dier streek nu en dan voorteekens te zien, dat het eenmaal gebeuren zoude.

In het jaar 164 werd ten zuidwesten van Staveren, nagenoeg een half uur buiten de stad, een put gegraven, waaruit gedurende drie achtereenvolgende dagen eene groote hoeveelheid waters opborrelde als ware het eene fontein. Maar dit water was zout en dit gaf stof tot ernstig nadenken. Ja, dit maakte de menschen zeer beangst, omdat zij vreesden dat het een voorteeken was van den ondergang des lands, even geheimzinnig als vroeger de brandende put bij het Roodeklif. Zij namen de toevlucht tot hunnen god Stavo en brachten offeranden. En nu vernamen zij, dat het water uit den put zoude ophouden te vloeien als het vermengd werd met het bloed van een driejarig kind. Dit deed men en terstond hield de vloed op; de put werd zoo ledig dat er nauwelijks water in was te zien. En nu vond men het verstandigst hem te dempen. De grond waarover het zoute water uit den put was gevloeid bleef drie jaren aaneen zoo dor, dat er niets op wilde groeien, maar was later toch weêr even vruchtbaar als tevoren.

De edellieden uit het aloude friesche geslacht Hopper hadden hunne bezittingen in de nabijheid van Staveren en het bosch Kreil. In het jaar 500 gebeurde 't, dat eene dienstmaagd van Juw Hopper uit een put nabij de adellijke woning een emmer water haalde, en daarin, tot hare groote verbazing, een levenden haring vond. Zij gaf hiervan kennis aan haren heer en nu herinnerde deze zich de voorspelling van Stavo, gedaan bij gelegenheid der uitbarsting van den vuurput bij het Roodeklif: dat dat vuur niemand zoude hinderen, maar later zoude gevolgd worden door iets kouds, waarvan men meer te vreezen had. Juw Hopper, bevreesd geworden, verkocht zijne bezittingen en begaf zich metterwoon naar een veiliger oord. Ter gedachtenis aan het gebeurde voerde hij sedert een gekroonden haring in zijn wapen.

Omstreeks het jaar 808 woonde ten noorden van het bosch
Kreil een edelman met name Iglo Tadema. Deze liet bij zekere
gelegenheid een nieuwen put in zijne landerijen graven. Men was
met dit werk reeds tot eene aanmerkelijke diepte gekomen zonder
dat men water te zien kreeg. De heer liet toen het graven staken,
hopende dat het water wel zoude komen. Den volgenden dag ging
hij er naar zien, maar de put was nog droog. Dit bleef zoo gedurende drie dagen. Daarna kwam er water in, maar bij onderzoek
bleek dat dit zout was. En terwijl Tadema weêr eens in den put
stond te kijken, hoorde hij in de diepte eene stem, die hem toeriep: «Vlied uit dit land!» Hij verschrikte zeer, maar deze stem
en de omstandigheid dat het water zout was, deden hem denken
aan de oude voorspelling van Stavo, waarvan zijn grootvader hem
dikwijls had verteld, altijd daar bijvoegende, dat het land daar nog
eenmaal in zee zoude veranderen. Drie weken daarna overleed Iglo
Tadema. Zijn zoon Juwco, de eenige aan wien hij de waarschuwing
uit de diepte had medegedeeld, verkocht en verruilde nu al de
landerijen zijns vaders en kocht nieuwe bezittingen in Gaasterland.
Zijn neef Sible Tadema nam dit zeer euvel, omdat het geslacht
Tadema van oudsher altijd daar in de nabijheid van het bosch
Kreil had gewoond. Maar hij wist van de stem uit den put niets af.

Radboud.

Koning Radboud, de groote bestrijder van het christendom, is
algemeen bekend. Zijn afkeer van dien nieuwen godsdienst en de
heilige eerbied voor die zijner voorvaderen zullen op zichzelf wel
sterk genoeg geweest zijn; maar zeer zeker begreep hij ook, dat de
invoering van het christemdom allicht gepaard zou kunnen gaan
met het verlies der friesche vrijheid en dit zal hem niet weinig
gesterkt hebben in zijne hardnekkige tegenkanting.

Karel Martel, die de ongeloovigen bestreed, kreeg Radboud toch
eindelijk zoover, dat hij christen zoude worden. De vurige prediking
van den zendeling Wolfram had daar zeker veel toe medegewerkt.
De koning verklaarde zich bereid om door dezen prediker te worden gedoopt. Maar toen hij reeds met den eenen voet in de doopvont
stond vroeg hij: «Mijne voorvaderen, die in het oude geloof gestorven zijn, waar zijn die aangeland?» «Allen in de hel,» was het
antwoord van Wolfram. «Welnu,» hernam Radboud, «al mijne

voorvaders in de hel en ik alleen in den hemel bij een hoopje arme christenen, dat zou mij zeker niet bevallen.» — Hij trok den voet terug en van het doopen kwam niets.

Niet lang daarna viel de tijd in dat men, naar de gewoonte der oude Friezen, een mensch, die door het lot aangewezen werd, aan de afgoden moest offeren. Het lot viel op een schoonen jongeling Odo genaamd. Bisschop Wolfram, dit vernemende, smeekte den koning Radboud om den jongeling. Maar de koning weigerde en zeide: «De knaap moet naar voorvaderlijke gewoonte worden gehangen, want het lot is op hem gevallen. Indien echter de God der christenen hem van den dood kan redden, wil ik hem u schenken.» De jongeling werd gehangen, terwijl de bisschop bij de galg stond, God biddende om den ongelukkige voor den dood te bewaren. En ziet, het stropkoord brak en de jongeling viel ongedeerd op den grond. Wolfram, dankbaar en verheugd, hief hem op, doopte hem en liet hem vervolgens tot priester wijden.

Toen Radboud het wonder zag, kwam de begeerte om gedoopt te worden weder bij hem op. Maar Wolfram kon niet gelooven, dat de koning het werkelijk meende en stond in twijfel. Hij schreef een brief aan bisschop Willebrord om diens meening te vernemen. Deze antwoordde: «Hoe zoude hij kunnen gelooven, die mijn heiligen broeder en medebisschop heeft bespot? Ik heb gezien dat hij met een vurigen keten gebonden was en daarbij vernomen dat hij voor eeuwig veroordeeld is.» Dit liet Wolfram den koning weten, maar Radboud dreef er den spot meê en zeide: «Het kan niet waar zijn, want ik had dezen nacht eene verschijning. Een engel in een gouden gewaad en met een gouden kroon op het hoofd kwam tot mij zeggende: «O, allerdapperste der mannen! koning Radboud! wie heeft u alzoo bedrogen, dat gij van den dienst der goden wilt scheiden? Doe dat niet; houd u aan den voorvaderlijken godsdienst, dan ook zult gij tot het gouden paleis komen, dat u spoedig in de eeuwigheid is bereid. Ontbied morgen den bisschop Wolfram en vraag hem waar de woningen der eeuwige reinheid zijn, van welken hij tot u heeft gesproken. Kan hij ze niet toonen, zend dan van wederzijdsche partijen gezanten en ik zal hun leidsman zijn.» — «O koning!» riep de bisschop uit, «het is de duivel, die u in de gedaante eens engels bedriegt.» — De koning antwoordde: «Ik wil christen worden en mij laten doopen, als mijn god mij die gouden paleizen niet laat zien.»

Om aan des konings wil te voldoen zond de bisschop een zijner diakenen, met eenen Fries, die uit naam van Radboud ging. Toen deze beiden een eind weegs waren gegaan, ontmoetten zij hunnen leidsman, gelijk deze den koning beloofd had. «Haast u,» sprak hij, «ik zal u toonen de heerlijke woning, die voor koning Radboud bereid is.» Zij gingen met hun drieën verder langs een breeden onbekenden weg en kwamen weldra op eene straat van gladde marmersteenen. Nu zagen zij in de verte een kostbaar huis, gebouwd van goud en edelgesteenten. In het huis gekomen vertoonde zich daar een koninklijke troon van onuitsprekelijke kostbaarheid. De geleider zeide: «Ziet hier de woonplaats, die den koning Radboud bereid is.» De christendiaken stond een oogenblik als verpletterd door de schitterende pracht, doch hij begreep spoedig het ware van de zaak en zeide: «Zijn deze dingen uit God, zoo late de Heer ze eeuwig blijven, maar zijn zij des duivels, zoo moge de almachtige God ze terstond vernietigen.» Hierop maakte hij het teeken des kruises, en ziet, de onbekende leidsman veranderde in een monsterachtigen duivel, het prachtige paleis in een hoop stof en vuilnis. De twee mannen bevonden zich te midden van een moeraspoel, waaruit zij niet dan na drie dagen zwoegens zich konden loswerken. In Medemblik, het toenmalig verblijf des konings, teruggekomen, vernamen zij dat Radboud plotseling gestorven was. Zij verhaalden den bisschop en vele anderen hunne ontmoeting en de Fries liet zich doopen.

Koning Karel en de Friezen.

Toen koning Karel uit Frankenland en koning Radboud uit Denemarken Friesland binnen trokken, bezetten zij, in de omstreken van Franeker, met hunne legers ieder eene uitgestrektheid lands en ieder hunner beweerde, dat dat land het zijne was.

Wijze lieden wilden eene verzoening bewerken, maar de vorsten verlangden te strijden. Eindelijk kwam het zoover, dat men 't op de beide koningen gaf. Wie van hen het langst aaneen konde stilstaan zoude 't gewonnen hebben. Zij werden tot elkander gebracht om in elkanders nabijheid te staan, — en zij stonden een vol etmaal stil. Toen liet koning Karel de handschoen vallen en Radboud bewoog zich om hem dien terug te geven. Daarop riep Karel: «Ha! ha! het land is het mijne.» Hij lachte en daarom heet zijne landstreek: «Hochenzie». — «Waarom?» vroeg Radboud, en Karel antwoordde: «Gij zijt mijn *man* geworden.» — Toen riep Radboud: «O! wach! (o wee!)» — Daarom heet zijne landstreek: «Wachenzie». Radboud trok nu het land uit en Karel wilde een gerechtsdag houden, maar hij kon niet, omdat er niet zooveel onbezet land was, dat hij er op rechtspreken kon. Hij zond daarom bericht in de zeven Zeelanden met het bevel hem eene vrijplaats te geven, waarop hij recht zoude kunnen spreken. Men kocht toen met schot en schelling Deldemannes. Daar hield de koning rechtspraak en ontbood de Friezen vóór zich, hen bevelende dat zij hun recht, dat zij wilden houden, zouden kiezen. Zij baden en verkregen eenig uitstel, om voorspraken te kunnen kiezen. Den volgenden dag beval hij hun op nieuw voor hem te verschijnen. Zij kwamen en kozen zich voorspraken, twaalf van de zeven Zeelanden, waarop Karel dezen gebood het recht te kiezen. Doch zij verlangden dat dit nogmaals zou worden uitgesteld. Een dag later ontbood hij hen opnieuw voor zich. Toch wendden zij verhindering voor; zoo ook den vierden dag en eveneens den vijfden. Den zesden dag beval hij hun het recht te kiezen, doch zij zeiden, dat zij het niet konden doen. Toen werd de koning vergramd en zeide: «Nu geef ik u de keus uit deze drie dingen, wat gij 't liefste wilt: dat men u allen doodslaat, of dat gij allen lijfeigenen wordt, of dat men u een schip geeft, zoo vast en sterk dat het eb en vloed kan doorstaan, zonder roer, zonder riemen en zonder touwen, waarmeê men u in de wijde zee zal laten drijven.» — Zij kozen het schip zonder riemen en zonder touwen, en met de eb dreven zij in de wijde zee, zoo ver, dat zij nergens land konden zien. Toen sprak een hunner, die geboren was uit het geslacht van Widekind, die genoemd is de eerste rechter van Friesland: «Ik heb gehoord dat onze Heer God, toen hij op aarde was, twaalf jongeren had en dat hij zelf de dertiende was, dat hij tot hen kwam met gesloten deuren en hen troostte en leerde. Waarom bidden wij niet, dat hij ons eenen dertiende zende om ons het recht te leeren en ons aan land te leiden?» Toen vielen allen op de knieën en baden met innigheid. En toen zij het gebed geëindigd hadden, zagen zij in het achtereinde van het schip een schoonen jongeling zitten. En deze dertiende had een stuk hout (een *gildene axe* staat er in de oudste verhalen) op den schouder en daarmede stuurde hij het schip tegen wind en stroom door de baren, zoodat het zonder eenigen last aan land kwam. Toen zij aan land gekomen waren, wierp hij het hout op de aarde en eene groene zode er boven op, en terstond welde daar eene bron, uit welke het water omhoog sprong. Daarom heet dat land Axenthove. Te Eesweg kwamen zij aan land en zaten rondom de bron. Wat de dertiende hun leerde, dat namen zij als recht aan, maar niemand wist wie de dertiende was, want hij geleek op hen allen. En toen hij hun het recht geleerd had, waren er slechts twaalf. Hierom moeten er dertien rechters in het land zijn, en hun vonnis moeten zij spreken te Axenthove en te Eesweg. En wanneer zij in tweespalt komen, dan moeten de zeven de zes overhalen.

Alzoo is het recht aller Friezen.

Ludger.

Onder de Friezen, die tijdens de invoering van het christendom in deze landen tot evangeliepredikers werden aangesteld, bekleedt Ludger eene voorname plaats. Hij was afkomstig van het dorp Wierum bij Dokkum en werd in 777 tot priester gewijd. Hij was de opvolger van Bonifacius en daartoe bijzonder geschikt, omdat hij de friesche taal kende.

Toen Ludgers moeder geboren werd, was hare grootmoeder, die het oude heidensche geloof nog aanhing, zeer verstoord, omdat al hare kleinkinderen meisjes waren. Zij wilde daarom dit kind aan de goden offeren, en gelastte aan eene der dienstmaagden het in den put te verdrinken. De dienstmaagd stak het kind in een emmer om het aldus in den put neder te laten. Het teedere wicht sloeg hare handjes om den rand van den emmer als om aan het gevaar te ontkomen. Dit zag eene der buurvrouwen en het deerde haar. Zij liep haastig in huis, nam wat honig aan den vinger, snelde daarmede naar het kind en stak haar de zoetigheid in den mond. Hierdoor werd het offeren verhinderd, want volgens den ouden frieschen godsdienst kon een kind, dat iets genuttigd had, niet meer aan de goden worden geofferd. De dienstmaagd liet het kind nu over aan de zorg der buurvrouw. Deze voedde het in het geheim op, noemde het Liafburg en gaf het na den dood der grootmoeder aan de moeder terug.

Deze Liafburg huwde later met Tjadgrim, een wijs man, die te Utrecht in het christendom onderwezen was, en zij werd de moeder van Ludger en van diens broeder Hildegrim.

Bernlef.

Onder de heidensche Friezen bestonden, evenals onder alle germaansche volken, scalden of volkszangers, die in hunne liederen de
roemruchte daden van koningen en oorlogshelden verheerlijkten.
Zij werden onderwezen door de druïden, naar men wil twaalf jaren
lang. Sommigen dier scalden hadden vaste woonplaatsen, anderen
reisden het land door om met hunne zangen den volksgeest op te
wekken, en weêr anderen togen met de helden naar het oorlogs-
veld om daar den strijdlust aan te moedigen.

Slechts een der oude friesche scalden is met name bekend; hij
heette Bernlef, een oudfriesche naam die *kindervriend*. kan beteekenen. Hij leefde in het laatst der achtste eeuw en woonde te Holwerd, sommigen meenen te Holwierda in de provincie Groningen.
Hij was, althans in zijne laatste levensjaren, blind en stond bij het
volk in hooge achting. De prediking van Ludger maakte op Bernlef
zooveel indruk, dat hij tot het christendom overging. Toen zong
de oude scald geen heidensche liederen meer, maar de psalmen der
christenen.

De Bonifaciusfontein.

Even ten zuiden van Dokkum, tusschen twee stukken weiland,
is de Bonifaciusfontein. Eene sloot of beek voert het water tot aan
den weg, die daar langs de stads-buitengracht en vervolgens langs
de trekvaart naar Groningen loopt. Hier, bij den weg, is een kom
of vergaderbak, waaruit het water wordt gehaald. Het zooeven genoemde weiland ligt in de gemeente Dantumadeel onder het dorp
Dantumawoude, doch voor eenige jaren is dit land door het bestuur van Dokkum aangekocht; alzoo is de fontein nu gemeente-
eigendom der stad. Toen is in de vergaderkom een filtreertoestel
aangebracht, een groote pomp er in geplaatst en de kom met planken overdekt. Zoo heeft men daar, zelfs bij langdurige droogte,
nooit gebrek aan zuiver water. In den zomer van 1887 meende
men echter aan dit fonteinwater een onzuiveren geur te bespeuren.
Daarop zijn niet alleen de kom en de sloot, maar is ook de fontein zelve gereinigd. Bij die gelegenheid heb ik gezien, dat daar uit
wel zeven wellen het water onophoudelijk opborrelt. Twee mannen
moesten dan ook onafgebroken eene waterschroef in werking houden, opdat de overige werklieden geen overlast van het water kregen.

Deze fontein nu heeft, niet alleen haren naam, maar ook haar
ontstaan te danken aan den christenprediker Bonifacius, die eerst
Winfried had geheeten en in de achtste eeuw onzer jaartelling
leefde. Hij was een engelsche zendeling, die dertien jaren aaneen
zich met veel ijver toelegde op de bekeering der Friezen. Hierin
was hij tamelijk wel geslaagd, maar toen hij, tot bisschop van
Mentz benoemd, naar Duitschland was vertrokken, begon de zaak
des christendoms in Friesland allengs te verloopen. Een der voornaamste oorzaken hiervan was de tegenwerking van koning Radboud, den grooten hater des christendoms. Op zeventigjarigen leeftijd
kwam Bonifacius in Friesland terug. Zijn pogingen schenen met
een goeden uitslag bekroond te zullen worden; maar ziet! tusschen
Dokkum en Murmerwoude werd de grijsaard met zijne volgelingen
overvallen en vermoord. Wel had hij, het gevaar ziende naderen,
zijn paard ter zijde gedrongen, om de moordenaars te ontwijken,
maar het dier was met de achterpooten in den grond gezakt en
nu had men den berijder spoedig gevat. Toen het paard de pooten
weêr uit den grond had getrokken, ontsprong daar eene fontein,
de Bonifaciusfontein. De heidensche moordenaars behoorden meest
tehuis in het dorp Murmerwoude. Van toen af althans kreeg hun
dorp den naam van Moordenaarswoude, later veranderd in Murmerwoude, in het Friesch *Moarmwâld*. — De bijbel, dien Bonifacius
bij zich droeg, was met het zwaard der moordenaars doormidden gehouwen, doch bij onderzoek bleek, dat er geen enkele letter geschonden was. Het brood, dat onder de reisbehoeften der christenen
werd gevonden, voerden de moordenaars weg als buit, — maar
toen zij dat zouden gebruiken waren de brooden veranderd in
steenen, en dezen worden nog te Dokkum bewaard, evenals de
schedel van Bonifacius, hoewel de bisschop te Fulda begraven is.
De steenen hebben niet alleen den vorm, maar ook de kleur van
het brood behouden, en een oud schrijver deelt meê, dat hij, aan
die steenen lekkende, den broodsmaak nog proefde. — Behalve brood
was er bij den buit ook wijn. Maar deze veranderde in vergif.
Toen de moordenaars zich aan dezen drank hadden te goed gedaan, werden zij uitzinnig, zij vielen elkander aan en sloegen
elkander dood. Zoo werden zij reeds terstond voor het meerendeel verslagen; de overgeblevenen werden kort daarna door een
der stadhouders van koning Pepijn ter dood gebracht. Koning
Radboud nam toen de vlucht. — De dood van Bonifacius werd

door den Hemel gewroken zelfs tot in de klein- en achterkleinkinderen. Nog tot op den huidigen dag worden in Friesland menschen gevonden, die aan hun achterhoofd eenige dikke grijze haren
hebben, niet ongelijk aan den staart van een dier. Deze menschen
zijn afstammelingen der moordenaars.

Vroeger was het gebeurd dat Sint Bonifacius vermoeid en hon-
gerig aan een huis kwam, waaruit hem eene vrouw tegemoet trad.
Hij verzocht haar een bete broods, zij echter verklaarde geen brood
te hebben, en toen de heilige man nog dringender smeekte, zwoer
de vrouw: «Indien ik brood in huis heb, het moge in steen veranderen.» — Maar God strafte haar voor dit lichtvaardig zweren.
Zij had werkelijk een goeden voorraad brooden in huis en deze
werden nu allen tot steenen.

Een andere lezing omtrent de Bonifaciusfontein, ook medegedeeld
door Schotanus, Beschrijving v. Friesland, luidt aldus: Na den
dood van Bonifacius wenschten de Friezen op of nabij de plaats
waar de heilige bisschop was omgebracht een heuvel of terp op
te werpen, om daarop de wijk te kunnen nemen als het zeewater
opkwam. Tevens wilden zij daarop een klooster stichten. Maar nu
was er in den geheelen omtrek geen bron of put die zoet water
opgaf. Van deze zaak werd kennis gegeven aan den stadhouder
Abbo, die door koning Pepijn naar Friesland gezonden was. Deze
kwam persoonlijk met eenig gevolg den toestand onderzoeken.
Men reed te vergeefs den geheelen omtrek rond, en had bijna den
moed opgegeven, toen het paard van een der geleiders met de voorpooten in de aarde zakte. Men schoot te hulp en toen het paard
de pooten had opgetrokken, sprong tot aller verbazing een heldere
waterstraal uit den grond op, die in weinige oogenblikken reeds
eene beek vormde. Het bleek zoet water te zijn; en zoo was er
plotseling, tot aller blijdschap, in den dringenden nood voorzien.
Schotanus zegt aan 't slot zijner mededeeling: «De Hippocrene
van Dockum is in de Stadt aen 't ende op 't Kerckhof.» — De hier
bedoelde fontein, die nog bestaat en ook helder water geeft, heet
de *Fetsefontein*. — Fetse is een friesche mansnaam en sommigen
hebben gemeend, dat de naam Bonifacius zoude beteekenen: de
goede Fetse. De fontein buiten de stad is echter de ware, en het
is daarom, dat de katholieke bedevaartgangers uit verschillende

oorden des lands jaarlijks aan haar een bezoek komen brengen, om van het gezegende water mede te nemen naar hunne haardsteden.

Steen in de kerk te Staveren.

De heilige bisschop Frederik van Utrecht had aan zekeren vromen priester Odulf de kerk van Staveren opgedragen om haar te leiden en voor ketterij te behoeden. Nadat Odulf daar eenigen tijd was geweest, reisde hij naar Utrecht terug, omdat hij in het gezelschap der vrome kanunniken wenschte te leven en te sterven. Bij zijn afscheid vermaande hij in eene roerende prediking der gemeente om toch in de liefde Gods en zijne geboden te blijven. Onder anderen zeide hij: «Ik weet dat gij na mijn vertrek weêr vervallen zult in uwe oude zonden; daarom zullen de ongeloovige Denen dit land komen verwoesten en uwe vrouwen en kinderen gevankelijk wegvoeren.» Ten teeken dat dit zeker geschieden zoude wees hij hun een grooten steen, die voor zijne woning lag, en zeide: «Wanneer gij ziet dat deze steen zonder eenig toedoen van menschen in het Flie wordt geworpen, zullen deze dingen u overkomen. Het onheil zal duren zoolang de steen in de diepte blijft liggen. Maar als gij ziet dat hij zonder menschenhulp weder op het land geworpen wordt, dan zult gij rust en vrede herkrijgen en van de heidenen worden bevrijd.» — En dit alles is geschied zooals de heilige voorzegd had. Als een merkwaardig gedenkteeken wordt deze steen nog ten huidigen dage getoond, zegt de kroniekschrijver.

Magnus Forteman en het roode vaandel.

Magnus Forteman was de eerste potestaat van Friesland en daartoe aangesteld door keizer Karel den Groote in het jaar 808. Hij was het die in 809, in Karels dienst, met zijne Friezen Rome verloste van de Saracenen, en wel het meest door de wonderkracht van het roode vaandel dat hij droeg.

Friso, de stamvader van het friesche volk, had uit de verre landen, vanwaar hij gekomen was, twee merkwaardige zaken medegebracht, namelijk een rood vaandel en eene ijzeren kroon. Hij had beide ontvangen van zijnen vader Adel, deze had ze van zijnen vader Ragau en die weder van zijnen voorvader Sem. Zoo waren zij als dierbare kleinodiën van geslacht tot geslacht overgedragen,

en zij werden nog lang na Friso's dood in Friesland bewaard in
den tempel Tamfane. Volgens sommigen beteekent deze naam:
to âlden fane, voor of ten behoeve van het oude vaandel; anderen
meenen dat Tamfane de naam is eener godin aan wie de tempel
was toegewijd. Wanneer het land in gevaar was of gewichtige
omstandigheden het vorderden, werden de kroon en het vaandel
door de priesters aan de bestuurders des rijks ten gebruike gegeven.
Daarna werden zij weder in den tempel geborgen. De ijzeren kroon
werd na verloop van tijd geroofd door eenen koning van Denemarken. Het vaandel echter hadden de Friezen diep onder de aarde
verborgen. Na het vertrek van den deenschen vorst bleef het daar,
wel vijfhonderd jaren lang.

Toen de heilige Willebrord zich naar Friesland begaf om er
het christendom te prediken, werd hem in den droom door een
engel de plaats aangewezen, waar het roode vaandel was bedolven.
Het werd opgegraven en de bisschop schonk het aan Magnus Forteman.

Dit vaandel had vier merkwaardige eigenschappen. Het was een
behoedmiddel tegen storm en onweder; het beveiligde tegen booze
geesten en tooverkunst; het bezat de kracht om van booze geesten
en van van betoovering te verlossen, en eindelijk verzekerde het de
overwinning.

Magnus Forteman had dan ook de overwinning op de Saracenen
aan het roode vaandel te danken. Uit dankbaarheid begiftigde keizer Karel de Friezen met vele vrijheden en voorrechten en liet
zelfs hunne schilden met zilver en rood goud beslaan. Forteman
schonk toen het vaandel aan den keizer en sedert droeg het den
naam van de *Magnusfane*.

De klokken van Sint-Odolf.

Het vermaarde klooster Sint-Odolf te Staveren, gesticht in de
eerste helft der 9de eeuw, werd in later tijd door de zee verzwolgen. Bij eene zeer lage zee in 1430 en enkele malen later, kon
men de overblijfselen der kloosterkapel op het hooge kerkhof zien.
Nog altijd wordt deze plaats in de Zuiderzee als «het kerkhof van
Oud-Staveren» door de zeevarenden aangewezen en vermeden.

Bij de stichting van het klooster Sint-Odolf had men vergeten
de klokken te wijden. Dit had echter aanvankelijk geene nadeelige
gevolgen. Honderd jaren lang ging het goed. Maar toen werd door

iemand die het bij overlevering scheen te weten, de zaak aan den bisschop van Utrecht verklapt. De prelaat, op het hooren daarvan zeer verbolgen, riep uit: «Dan zijn die klokken voor den duivel!» — Dit was Joost geen dooven gezegd. Hij vloog in woeste vaart naar den toren van Sint-Odolf, haalde de klokken er uit en slingerde ze weg tot aan het dorp Hemelum. Daar sloegen ze een gat in den grond zoo groot dat er wel een boerenschuur in konde staan. Maar de oude hellevorst was met dezen buit zoozeer in zijn schik, dat hij er meer pleizier van wilde hebben. Een neef van hem hield zich op in de nabijheid van Galamadammen en deed daar zaken met eene oude beruchte tooverheks die veel onheil stichtte. En nu gingen Joost en zijn neef elken nacht met de twee klokken aan het kaatsen. Oom zat te Hemelum en neef op Galamadammen; zoo wierpen ze elkander over en weêr de klokken toe en sloegen ze terug evenals men dit met een kaatsbal pleegt te doen. Dit ging goed eenige nachten na elkander. Ten laatste beging de jonge duivel, minder handig en bedreven dan de oude, de lompheid, dat hij een der klokken in het water der Galamadammen liet tuimelen en op eenigen afstand daarvan de andere in het meer de Fluessen. De zware metalen gevaarten drongen door de aardkorst heen en kwamen in de benedenwereld terecht. Sedert hooren de visschers op de Fluessen en de bewoners van Galamadammen soms des nachts een dof gebombam in de diepte. Dan luidt de duivel de klokken van Sint-Odolf. Dit hoort men niet altijd even duidelijk, soms is het nauw hoorbaar, soms tamelijk sterk. Het allersterkst is het gelui, wanneer iemand op een heel lot de honderdduizend uit de Haagsche loterij heeft getrokken. Dan is er vreugde in de hel, zegt J. H. Halbertsma.

Foswerd.

Ameland heette oudtijds Fostaland, omdat de godin Fosta daar een tempel had. Later, na de invoering van het christendom, werd de naam Ameland meer algemeen, maar in de taal des volks bleef het nog lang Fosta- of bij verkorting Fosland. In dien tijd stichtte men daar een klooster, en omdat men niet wist welken naam aan dit gesticht te geven, werden twee monniken op reis gezonden; naar het eerste woord, dat zij zouden hooren, wilde men het klooster noemen. De monniken ontmoetten weldra eenen boer. Op de vraag der geestelijken: «Waar gaat de reis heen, vriend?» was het antwoord: «Foswert.» Dit was de verkorte uitdrukking voor Fosta-waarts of naar Fostaland. — Aldus werd het klooster Foswert genoemd.

In 1090 is dit klooster overgebracht naar Ferwerd, een kwartier ten zuiden van het dorp, waar twee bij elkander staande boeren-huizen nog den naam Foswerd dragen, maar in de volkstaal het Ferwerder klooster worden genoemd.

Okke-Hel.

In de nabijheid van het dorp Pingjum ligt een stuk weiland dat den naam draagt van *Okke-hel*. Daar moet oudtijds een tamelijk breed vaarwater hebben geloopen, dat bij Bolsward in de Middelzee uitkwam en even ten zuiden van het dorp Surich in het Flie, thans de Zuiderzee. Er woonde voor ruim duizend jaren, dus in den tijd toen het christendom in deze landen nog nieuw was, te Pingjum een schipper, Okke genaamd. Hij was een bekwaam en moedig zeeman, maar verbazend ruw. Het christendom had hij wel voor het uiterlijke aangenomen, maar in zijn hart was hij nog den voorvaderlijken eeredienst toegedaan. Wodan de krijgsgod viel beter in den smaak van den krachtvollen, forschen schipper, die voor geen bloedig mesgevecht terugdeinsde, dan de zachtmoedige Jezus.

Eens bevond schipper Okke zich bij stormweder met zijn schip op de Middelzee en zette bij Bolsward den koers op naar Pingjum. Hij en zijne scheepsmakkers worstelden met inspanning van alle krachten tegen wind en golven, met niets dan den dood voor oogen. Maar eindelijk scheen toch de storm een weinig te bedaren. De gezellen van Okke grepen nieuwen moed en riepen elkander toe: «Nu zal het met Gods hulp wel gaan.» — «Wat?» schreeuwde Okke verwoed, *Die* is dood en koud! rep je maar! het moet zon-der hem gaan!»

Hij had dit niet gezegd of een felle bliksemschicht schoot uit, vergezeld van een knallenden donderslag, terwijl een reusachtige golf over het schip rolde en den krachtigen schipper Okke weg-sloeg van bij het roer. Hij verdween voor altijd in de diepte. Ook het schip schijnt vergaan en gezonken te zijn. Althans oude lieden daar in den omtrek weten, dat voor ruim zestig jaren, midden in het weiland «Okke-hel», de top van den mast van Okkes schip

3

nog zichtbaar was en eenige voeten boven den grond uitstak. De daar grazende runderen gebruikten dezen paal om er hunne huid aan te rossen; hierdoor is hij eindelijk bij den grond afgebroken en spoedig daarna was zijne standplaats niet meer terug te vinden.

Frederik, abt van Mariengaard.

De stichter van het klooster Mariengaard, abt Frederik, was reeds in de jeugd anders dan kinderen gewoonlijk zijn. In plaats van luidruchtige spelen, zocht hij de eenzaamheid, tot het opzeggen van gebeden, het bouwen van kleine kerken en altaren, en het nabootsen van kerkelijke plechtigheden.

Zijne moeder Suitburga, eene vrome weduwe, ontving den raad hem te laten studeeren en zij wenschte niets liever, maar het ontbrak haar daartoe aan geldelijk vermogen. Nu gebeurde 't eens dat zij, aan den arbeid zijnde, eene slang zag kruipen met een zilveren, maar verdraaiden ring om den hals. Zij greep het dier en ontdeed het van den ring. Na lang vruchteloos den eigenaar te hebben gezocht, meende zij eindelijk den ring te mogen aannemen als een geschenk van den Hemel, bestemd om de kosten der opleiding van haren zoon te bestrijden.

Het eerste onderricht ontving Frederik van den pastoor te Hallum; vervolgens studeerde hij te Munster, en overtrof daar spoedig zijne medeleerlingen. Maar na eenigen tijd verscheen hem de Heilige Caecilia, zijne beschermheilige, die hem vermaande langer niet alleen aan eigen oefening te denken, en naar Hallum terug te keeren. Daar werd hij, den vereischten ouderdom bereikt hebbende, tot pastoor aangesteld.

Het gebeurde eens dat hij, als pastoor aldaar, bericht ontving, dat in een naburig dorp een catechumenenkind was overleden zonder gedoopt te zijn. Het was toen de gewoonte, dat kinderen, in de vasten geboren, buiten doodsnood tot Paschen toe werden bewaard ten doop. [De vrome priester begaf zich onmiddellijk naar de kerk, waar hij voor het altaar van Maria nederknielde en bad, dat het kind voor korten tijd in het leven mocht terugkeeren ten einde nog gedoopt te kunnen worden. Hij versterkte zelfs zijn gebed met de bezwering, dat hij geen spijs meer zoude gebruiken en geen arbeid meer verrichten, indien zijne bede onverhoord bleef. Een en ander had de gewenschte uitwerking. Het kind herleefde, werd gedoopt en stierf den dag daarna voor goed.

Igo Galama te Ezonstad.

De vijfde potestaat van Friesland, Igo Galama, werd gekozen in 867. Uitstekend krijgsman en vurig beminnaar van zijn vaderland, deed hij al het mogelijke om de inwendige rust en welvaart van Friesland te bevorderen. Het oude gebruik, om wachten langs de zeekust te plaatsen, — door zijne voorgangers veronachtzaamd, — werd door Galama op nieuw ingevoerd, om te waken tegen de invallen der Noormannen en tevens te letten op den toestand der zeedijken, die in dien tijd nog niet zeer sterk waren. Eens te Ezonstad zijnde, waarschuwde Galama de inwoners bijzonder om op hunne hoede te zijn tegen de zoo gevreesde Noormannen, en zeide bij die gelegenheid:

Haadet goede wacht tyan da Nordera oordt,
Want vuyt da Grimma herna comt ws all quaed voort.
(Houdt goede wacht tegen het noorder oord,
Want uit dien grimmigen hoek komt ons alle kwaads voort).

Ezonstad was oudtijds een stedeke aan de Lauwers, gebouwd omstreeks 341, door Odilbald, den zesden hertog der Friezen. In 808 werd deze stad door de Noormannen bijna geheel uitgeplunderd en afgebrand, doch met hulp van het rijke Staveren spoedig herbouwd. De buurt Ezumazijl, aan de Lauwerszee in Oostdongeradeel, is de plek waar de oude stad heeft gestaan. Eenige nederige huisjes onmiddellijk daarbij, dragen nog den naam van *Iezumbûrren*, Ezonbuurt.

De oude noorsche *Vikingen*, letterlijk Wijkkoningen (zie Frithiofsaga) zochten op hunne zeerooverstochten naar *wijk*plaatsen, waar zij met hunne schepen veilig konden liggen. De Noormannen landden dan ook bijna altijd in de Lauwerszee of in de Middelzee.

De gebroeders Joulsma.

In het laatst der tiende eeuw had Friesland veel te lijden van de noorsche zeeroovers. Onder de verdedigers van 's lands vrijheid en veiligheid muntten vooral uit de broeders Britsanus, Ilsta, Jeltse en Hotse Joulsma. Zij woonden op eene stins, Britsenburg genaamd, nabij de Middelzee en niet ver van het tegenwoordige dorp Britsum, dat naar de stins genoemd schijnt te zijn.

In 1291 vond men daar in den grond de fondamenten eener oude kapel, die ten oosten der stins had gestaan, benevens een rooden vierkanten steen met een latijnsch opschrift, waarvan oude schrijvers deze vertaling geven:

„Britzenborgh ben ik ghenand,
Ter eerhen fen Britzanus wel bhecand."

Verder vond men de grafsteenen der vier broeders, met latijnsche opschriften, die vertaald aldus luidden: «Britsanus Joulsma, verdediger van Friesland, ligt hier begraven. Overleden in het jaar 992, den 3 Februari.» — In dit graf vond men een geraamte van $9\frac{1}{2}$ voet lang.

Op den tweeden steen stond:

„Ilsta Joulsma, overleden in het jaar 993.
Ilsta Joulsma, van moede groot,
Leyt hier begraven ende doodt.
Syn broeder Britsanus en hy eenpaar,
Beschermden Friesland menich jaar.
Dus is ter eeuwiger memorie syn
Dit hier gehouwen op desen styn (steen)."

Op den derden las men:

„Jeltse Joulsma die name myn,
Plach den Noordtman verdrietich te syn.
Door my synse t'allen tyden fyn
Wt Frieslant verdreven met fenyn.
So dat de Noordtsche kere dreng
Myn dood begeerde over lang.
    Overleden 998."

En op den vierden:

„Hotza Joulsma was ick gehieten,
Die Friesen mochten myns genieten.
Wtgongh [1]) was door my geraseert
Ende ganschelijk gedistrueert,
Omdat ick, met hulpe van haerder hand,
Den Noortman soo dikwils verdreef met schandt.
Ick was de laetste van myn geslacht.
Siet waartoe heeft my de doodt gebracht.
    Overleden 2 M. 998.

Stem uit de lucht.

Graaf Dirk de Derde van Holland wilde den dood van zijnen vader Arnout op de Friezen wreken en trok daarom in het jaar 1018 met eene groote legermacht naar de oostzijde van het Flie.

---

[1]) Uitgong, eene stad aan de Middelzee, ter plaatse van het tegenwoordige dorp Berlikum.

Keizer Hendrik had hem den hertog van Lotharingen, Godfried met den Baard, en vele andere dappere helden ter hulp gezonden. Toen nu van weêrszijde veel volks slagvaardig tegenover elkander stond, hoorde men plotseling uit de lucht eene verschrikkelijke stem, die riep: «Vliedt! vliedt! vliedt!» Op hetzelfde oogenblik namen de Hollanders de vlucht en liepen een ieder zijn eigen weg, zoo snel mogelijk, zonder zelfs om te zien. En bisschop Adelbold van Utrecht, door graaf Dirk gevankelijk medegevoerd, ontkwam nu en ging over tot de Friezen, die vervolgens in hunnen opstand tegen Holland door hem werden ondersteund.

Het opschrift op de poort te Nijmegen.

Boven eene der poorten van Nijmegen heeft een in steen gehouwen latijnsch opschrift gestaan: *Huc usque regnum Stauriae*, waaronder: *Frisiacum*. De lieden daar, n.l. die latijn hadden geleerd, lazen hier uit: «Doe alle menschen wel al is hij ook een Fries.» (NB. Zij beschouwden dus de Friezen nog wel als menschen!) — Anderen vertaalden: «Tot hiertoe strekt het rijk van Staveren», de oude friesche koningstad. Weêr anderen meenden, dat deze beide vertalingen onjuist zijn en het woord *stauria* moest beteekenen *steur* of *tol*, omdat de Friezen tolvrij waren, welk recht zich ook wel tot den IJsel zal hebben uitgestrekt. Althans nog in het laatst der vorige eeuw wist een burger van Staveren de Nijmegers met oude bewijsstukken te overtuigen, dat die van Staveren vrijdom hadden van tol.

———

Op Ameland heeft in vroeger eeuw eene oude vrouw geleefd, een vroed en welmeenend mensch, die in goeden ernst haren kinderen de les voorhield: «Doe alle menschen wel, al is hij ook maar een Fries.»

Friezen in Amerika.

In het jaar 1030 zijn eenige friesche edellieden aan den Wezer onder zeil gegaan om nieuwe landstreken in het noorden op te zoeken. Zij stevenden IJsland ver voorbij; een gedeelte hunner schepen verging toen in een vervaarlijke draaikolk. De overgeblevenen landden eindelijk aan een hooggelegen land, dat in later tijd Mexico is genoemd. Zij ontmoetten daar vele zwarigheden en hadden zich niet alleen tegen wilde menschenstammen te verweeren, maar ook tegen groote troepen bloedhonden. Doch zij kwamen alle moeielijkheden te boven en zijn de eersten geweest, die goud en zilver in het vaderland hebben gebracht.

Ook het groote en woeste landschap Chili in Zuidamerika is het eerst door de Friezen bevolkt geworden, zoodat de latere inwoners van dat land oorsprongshalve Friezen zouden kunnen heeten. Toen de Spanjaarden de nieuwe wereld veroverden, vonden zij daar in Chili een christen-kruis, dat door het doen van wonderteekenen vermaard was geworden. Zij namen eene der koningsdochters gevangen; deze verklaarde dat de eerste bewoners van Chili Friezen waren geweest en dat zij zelf in rechte lijn van Friso afstamde. De huizen en wapenen waren daar met arenden beschilderd, iets wat ook bij de oude Friezen gebruikelijk was. Verder merkten de Spanjaarden op, dat het woord *chile* of *cile* in de taal van dat land, evenals bij de Friezen, *koud* of *kil* beteekende.

Eene kerk op ossenhuiden gebouwd.

De eerwaardige bisschop Koenraad wilde te zijner gedachtenis aan den westkant van Utrecht eene kerk stichten ter eere van onze Lieve Vrouw. De bodem echter was daar zoo moerassig, dat het fondament geene zuilen kon dragen; het water drong steeds uit den grond. Maar er was onder de bouwlieden een Fries met name Pleberus, die wilde aannemen de grondvesten en zuilen van het gebouw vast te zetten, doch hij eischte daarvoor eene, naar de meening des bisschops, te groote som. Nu gaf de bisschop kostbare geschenken aan den zoon des bouwmeesters, om den jongeling over te halen aan zijnen vader het geheim te ontlokken. Dit gelukte. Nu werden op den wellenden grond ossenhuiden gespreid, hierdoor verkregen de fondamenten en zuilen een stevigen grondslag en de kerk werd voltooid en gewijd.

Maar de Fries Pleberus vatte een doodelijken haat op tegen den bisschop en zinde op middelen om hem te dooden. En als in het jaar des Heeren 1099 de bisschop eens de mis had gelezen en in zijnen tuin de getijden bad, naderde de Fries, trok, door ingeving van den booze, zijn mes en vermoordde hem.

De rampzalige ziel.

In het jaar 1219, toen heer Wido abt van Klaarkamp was, kwam heer Henricus, abt van Aduard, in den quadragesimatijd, d. i. in de vasten, het klooster Klaarkamp visiteeren en bezocht toen ook de zusters in Nazareth. In dien nacht, na afloop der metten, toen hij nog een weinig ging liggen, had hij het navolgende visioen. Het kwam hem voor, dat hij zich bevond in een vertrek met gesloten wanden, waar hij zwaar zuchten hoorde. Maar hij zag niemand. Het weeklagen hield hoorbaar aan, zoodat hij, zich daarover verbazende, uitriep: «Ik bezweer u bij onzen Heer Jezus Christus, zeg mij wie gij zijt.» — Hierop volgde geen antwoord en hij herhaalde den aanroep. Nu was het alsof er iets dicht bij hem naderde. Hij voelde het maar zag niets en hoorde deze woorden: «Ik ben een rampzalige ziel.» — Hij hernam: «Uw zuchten is naar genoeg, echter weet ik niet wat de oorzaak is uwer ellende.» — Zij antwoordde: «Ik ben in de zwaarste pijnen.» — Hierop vroeg de abt: «Wat is de oorzaak uwer straffen?» — «Dat ik mijne kuischheid niet bewaard heb.» — Nu vroeg hij: «Waart gij man of vrouw?» — «Vrouw» luidde het antwoord. — «En hoe is uw naam?» — «Maria,» was het antwoord en hij vervolgde: «Kunt gij geholpen worden?» — Hierop gaf zij geen antwoord, maar tot smeeken overgaande bad zij hem: «Ik verzoek u bij den almachtigen God, dat gij ten minste eenen psalm en bovendien eenige missen laat lezen.» — Toen de heer abt op hare beden zich bereidwillig had verklaard vroeg hij nog: «Zoude ik u kunnen zien?» — Nauwelijks was dit woord over zijne lippen of hij zag voor zich staan een schoon jeugdig meisje, op kloostermanier met geschoren hoofd, in eene donkere pij. Doch toen hij haar nog verder wilde ondervragen, zoowel naar haren staat als naar den toestand van eenige andere zielen, werd zij opontboden. — Hare eerste gezegden en wat hij gezien had deelde hij mede aan den abt van Klaarkamp en verder aan eenige monniken, maar er was niemand die het begreep of uitleggen kon. Het visioen werd ook medegedeeld aan de zusters van Nazareth, doch daar wist men van geene Maria.

Henricus begreep dat zulk een duidelijk gezicht hem zeer zeker niet zonder reden was ten deel gevallen. Bij zijn bezoek aan Sion, evenals Aduard, Klaarkamp en Nazareth een geestelijk gesticht van de Bernardiner orde, deed hij ook daar aan de nonnen mededeeling van zijn visioen en deed onderzoek naar zijne Maria. En ziet, eene der zusters, van moeders zijde eene tante van diezelfde Maria, dit hoorende en zich verbazende, vroeg den abt in het geheim te spreken. Dit toegestaan zijnde zeide zij hem: «Heer, die Maria was eene dochter van mijne zuster en non van de zwarte orde, in een klooster in Friesland, Bredehorn genaamd [1]). Zij is voor acht jaren overleden. Zich eens bevindende in een voorwerk van dat klooster, heeft een geestelijke haar verleid. Maar toen zij bij de bevalling in doodsgevaar verkeerde, liet zij haar vader en moeder met twee harer zusters, die gehuwd waren, en ook de dochter van haar moei uit Sion bij zich komen. Aan deze hare bloedverwanten beleed zij met hartelijk beklag hare zonde en blies daarop den laatsten adem uit. De nabestaanden waren zoo wanhopig omtrent het behoud harer ziel, dat zij geen beneficie voor haar bekostigd hebben.»

De abt spoorde nu de verwanten aan dit verzuim te herstellen en liet zelf in de kloosters, onder zijn toezicht staande, zeer vele psalmen en zielmissen lezen.

Gevecht in de lucht.

In het jaar 1304 hoorde men, tusschen Warns en Scharl, op zekeren nacht tegen twaalf uur een luid geroep in de lucht: «Helpt, helpt, helpt!» Toen de menschen verschrikt uitliepen, zagen zij hoog in de lucht twee gewapende mannen, die elkander bekampten even alsof zij op den vasten grond stonden. Achter ieder dezer strijders stond een groote hoop volks, die door hunne bewegingen lieten blijken, dat zij de mannen aanmoedigden. Dit duurde langer dan een uur. Toen delfde een der strijders het onderspit en de overwinnaar liet zich door de beide tegenover elkander staande volkshoopen de handen reiken. En op hetzelfde oogenblik verdween alles.

Zeemenschen.

In het jaar 130 verschenen er zee- of meermannen aan de friesche kusten en zwommen aan de bochten heen en weêr, uit en in. Twee hunner kwamen aan land en gingen eenigen tijd in Friesland rond, zonder echter aan eenig mensch leed te doen. Te Westerbierum (een thans sinds lang verdwenen dorp) sprongen zij weder in de zee.

---

[1]) In Oostfriesland was een Benedictijner klooster, Bredehorn genaamd.

In het jaar 1305, den 10^{den} Maart, werd in het midden der zee een zeeridder gevangen, die in volle wapenrusting was en zeer fraai en welgemaakt van lijf en leden. Om hem door ieder te laten bewonderen, werd hij door het land rondgevoerd, doch reeds in de derde week stierf hij te Dokkum.

Tegen het einde van 1390, kort voor den dood des hertogs Albrecht van Beieren, graaf van Holland, kwam, bij gelegenheid van een zwaren storm, een wild en ongetemd zeewijf in de Zuider-zee te voorschijn. Door eene opening in den zeedijk is zij in het Purmermeer gedreven, slapende en wakende, van het eene einde naar het andere, zoekende schuilplaats en voedsel op den bodem des waters. Zij droeg geene kleeding, maar was met allerlei water-gewas behangen. Langen tijd zwom zij daar heen en weêr, niet wetende waarheen te gaan, want de opening in den dijk, door welke zij gekomen was, had men gedicht. Vrouwen en meisjes, die van Edam of elders, met schuitjes over de Purmer kwamen varen, om hare koeien te melken, zagen het zeewijf drijvende of zwemmende en verwonderden zich zeer en werden vol angst. Maar toen zij haar meermalen hadden gezien, werden zij moediger. Zij waagden 't, het vreemde wezen naderbij te beschouwen; ten slotte vereenigden zij zich, grepen de meermin aan en trokken haar met geweld in een der scheepjes. Zij brachten haar te Edam in de stad; maar niemand konde hare taal verstaan, en zij verstond de taal der Edammers niet. Maar zij werd gewasschen, men trok haar behoorlijke kleeding aan en gaf haar goede spijs te eten. Zij echter betoonde zich steeds geneigd om weêr te water te gaan, maar werd daarvoor te goed bewaakt. Van allerwege stroomde men toe om het zeldzame schepsel te zien. De Haarlemmers wenschten haar van de Edammers over te nemen en deze namen hierin genoegen. Te Haarlem leerde zij spinnen en leefde daar, tot zij eindelijk stierf. Zij werd op het gewijde kerkhof begraven, omdat zij dikwijls het heilige kruisteeken gemaakt had.

Het doorsneden tafelkleed.

Willem de Vierde, graaf van Holland, sneuvelde in 1345 bij Staveren, en werd met nog acht van zijne legerhoofden in de kerk van het Hartwerder klooster begraven.

Hertog Willem van Beieren, graaf van Oostervant, zat op eenen avond des jaars 1395 met vele vorsten, graven en heeren aan den disch bij koning Karel den Vierde van Frankrijk, en allen waren vroolijk en welgemoed. Daar trad een heraut des konings in de zaal; hij sneed het tafelkleed, dat vóór hertog Willem lag, in tweeën en zeide: «Het betaamt niet dat een vorst of heer, die schild noch wapen heeft, aanzit aan des konings tafel.» — Hierop werd hertog Willem ten hoogste beschaamd en ternedergeslagen. Hij antwoordde: «Ik heb schild en wapen; hoe kunt gij zoo iets zeggen?» Maar een andere heraut zeide: «Heer, gij hebt die niet, want uw oudoom graaf Willem van Holland is niet slechts door de Friezen verslagen, maar ligt zelfs nog ongewroken begraven bij den vijand.»

Deze woorden troffen den hertog diep, doch hij zweeg; hij vertrok uit Frankrijk naar Henegouwen, vreezende onder de oogen zijns gestrengen vaders te komen. Aan dezen schreef hij en smeekte, ja bezwoer hem, die schande van zijn geslacht af te wasschen. Dit beloofde hertog Albert, terwijl hij verklaarde: «Dit zal mijnen kinderen voortaan niet meer voorgeworpen worden; Willems dood wil ik wreken, zoo God mij spaart tot het volgende jaar.» — En dat woord hield hij.

Het doodshoofd op Harkema-state.

Op Harkema-state, vroeger een adellijk slot, thans eene boerenhofstede onder Tjummarum, werd tot voor korte jaren een doodshoofd bewaard. Op de bovenste plank eener kast stond het in een schotel of nap, en hoewel niemand het een huissieraad vond, men dacht er nimmer aan het te verwijderen. Deed men dit, men zoude het huis en de boerderij blootstellen aan onheil en tegenspoed. Ten tijde der kruistochten, namelijk, woonde op de stins een jonker Roorda. Hoewel reeds gehuwd, besloot hij deel te nemen aan een tocht naar het heilige land. Het is begrijpelijk dat dit besluit aan zijne jeugdige gade zeer smartte. Zij keurde 't niet af dat haar man het heilige graf ging helpen verdedigen; zij begreep zeer goed dat zijne eer hem niet toeliet tehuis te blijven, maar de mogelijkheid, dat zij haren echtvriend nooit terug zoude zien, deed haar pijn. Hij troostte haar en zeide: «Gij zult mij terug zien, zoo niet levend, dan dood, en al is het dan ook maar enkel mijn hoofd.»

In Palestina gekomen, gelastte de jonker zijn schildknaap om, ingeval hij in den krijg mocht vallen, zijn hoofd te bemachtigen en daarmede onverwijld naar Friesland te reizen. En zoo geschiedde het. Jonker Roorda viel met eere en de schildknaap bracht het hoofd aan de bedroefde weduwe. Zij bewaarde dit tot aan haren dood en had weten te zorgen, dat het ook later in eere werd gehouden. En toen na verloop van twee of drie eeuwen de oude stins moest plaats maken voor een fraai slot, werd het doodshoofd daarin overgeplaatst. En toen weêr een paar eeuwen later ook het slot moest verdwijnen en vervangen werd door een boerenhuis, werd het doodshoofd ook hierin opgenomen en bewaard tot op onzen tijd.

Ik weet niet hoelang het geleden is, dat op die plaats een nieuwe boer kwam wonen, die den spot dreef met alle vroeger geloof. En om dit een slag in het aangezicht te geven, misschien ook omdat hij dat oude doodshoofd niet meer in de kast wilde houden, liet hij het begraven, op het kerkhof, naar ik meen.

Dat er sedert een tijd van achteruitgang voor den landbouwer is aangebroken, weten wij allen.

In den laatste der kruistochten, ondernomen in 1217, is 't gebeurd, dat de legers der Christenen en Turken tegen elkander overstonden en zich voor den strijd gereed maakten. Een moorsche prins, een vervaarlijk groot en forsch man, trad uit het turksche leger, en daagde met veel gesnork den dappersten ridder onder de Christenen uit tot een kampgevecht. Een friesche jonker uit het geslacht Roorda van Genum verzocht en verkreeg verlof om den pocher tegemoet te treden. De moor dreef den spot met hem; maar de kampstrijd begon. Roorda weerde zich zoo, dat de moor eindelijk, met wonden overdekt, ter aarde viel. Hierop ontstond in het leger der Christenen een luid vreugdegejuich. Roorda hieuw den moor den kop af, stak dezen op zijn zwaard en werd daarop met eerbewijzen overladen.

Naar aanleiding dezer heldendaad werd de jonker tot ridder geslagen en hem toegestaan een moriaanshoofd in zijn wapen te voeren, wat hij en zijne nakomelingen, (namelijk de Roorda's van Genum, niet die van Tjummarum), sedert altijd hebben gedaan.

In Iduna, 7de boek, bl. 144, wordt medegedeeld dat het doodshoofd te Tjummarum in een afzonderlijk kastje betimmerd was en niet van zijne plaats kon worden genomen, of men had eene geduchte spokerij te verwachten. Een lichtzinnig jongeling heeft het eens gewaagd, het doodshoofd weg te nemen en buitenshuis te verbergen. Maar nu brak er in huis een helsch rumoer los, dat aanhield tot de jongeling zijne daad had bekend en het doodshoofd weêr op zijne plaats was gezet.

Val-pert en Sta-pert.

Ten noorden van Wommels, niet ver van het dorp, staat een flink, niet nieuwerwetsch boerenhuis, met in den gevel een witten steen, waarop men met zwarte letters leest: Wal Part. 1741. In dit jaar is het huis gebouwd. Ten zuiden van Wommels stond vroeger een boerenhuis, dat Sta-pert heette; dit is reeds voor jaren afgebroken.

Ter plaatse dezer twee boerenhuizen stonden in den overouden tijd twee adellijke stinsen, en ieder dezer stinsen werd bewoond door een adellijken jonkheer; de een heette Agge, de ander Bokke. En deze twee jonkheeren waren verliefd op eene en dezelfde jonkvrouw, de bekoorlijke Bertha, de eenige dochter van een friesch edelman en de oogappel haars vaders, omdat zij reeds weinige dagen na hare geboorte moederloos was geworden. Bertha was er meê verlegen aan wien de voorkeur te geven. Haar vader stelde daarom aan de minnaars een tweegevecht voor. Wie overwon, zou de hand der jonkvrouw verwerven.

Hevig was de kampstrijd, lang bleef de kans onbeslist. Eindelijk deed Agge het paard van Bokke nederstorten: de berijder had hierdoor verloren. De omstanders riepen: «Daar *valt* Bokkes *pert.*

Agge verwierf dus Bertha, en omdat zijn paard staande was gebleven, noemde hij zijne stins: Sta pert. Die van Bokke werd van toen aan Val pert genoemd, welke naam later verbasterde tot Wal part.

Naar anderen willen, heeft een ridder uit de familie die zich later Stapert noemde, eens op den weg een hollend paard ontmoet, bereden door een aanzienlijk heer. De ridder greep het paard in den teugel en riep: «Sta pert!» Vandaar de familienaam.

De Zuiderzee.

Omstreeks het midden der 13de eeuw konde men nog over een raster of vonder van Staveren naar Enkhuizen gaan, zoo eng was het Flie, de tegenwoordige Zuiderzee, wier uitgestrektheid toenam naarmate het Borndiep of de Middelzee aanslibde. Deze was in de laatste helft dier eeuw tusschen Leeuwarden en Marsum reeds niets meer dan een betrekkelijk nauw vaarwater.

In het begin der 15de eeuw ging men bij laag water nog over een raster van Harlingen naar Terschelling.

Sikke Sjaardema.

Sikke Sjaardema, de achtste potestaat van Friesland, werd tot deze waardigheid benoemd in 1234 of iets later.

De hollandsche graaf Willem de Tweede, die tevens roomsch koning was, zocht ook de heerschappij over Friesland te verkrijgen en wel door list en omkooperij, omdat hij er anders geen kans toe zag. Eerst zocht hij de geestelijkheid te winnen door geschenken en het verleenen van voorrechten, maar toen hij ten slotte dien heeren voorstelde om hem als heer over Friesland aan te nemen, maakten zij zich er af met den graaf te antwoorden, dat hij over die zaak met den potestaat had te onderhandelen. De graaf wendde zich toen tot Sikke Sjaardema met eenen brief, die overvloeide van aanbiedingen van weldaden en gunstbetooningen, ingeval de potestaat wilde medewerken; dan zoude het potestaatschap erfelijk aan het geslacht Sjaardema worden verbonden. Zeer teleurstellend voor den graaf was het antwoord van den eerlijken, vrijen Fries. Sjaardema's brief aan Willem luidde aldus:

«Grootmachtige Koning!

«Wil u niet te vergeefs vermoeien. Meent gij, dat ik om mij en mijn geslacht te verheffen, een verrader wil zijn, en de nakomelingen van die vrijheid berooven, welke onze voorvaderen boven alle goederen geschat hebben? Verre zij van mij een geldgierig en oneerlijk hart! Vaarwel! en wil mij met uwe brieven niet meer begroeten in diervoegen; want ik wil na dezen geene van u ontvangen. Uit onzen huize Sjaardema.»

Om den hollandschen graaf nog meer te grieven, liet Sjaardema eene gouden munt slaan, waarop aan de eene zijde: Sixtus Sjaardema potestas Frisiae (Sikke Sjaardema, potestaat van Friesland), en op de andere: Libertas praevalet auro (vrijheid is meer waard dan goud).

Staveren en het Vrouwezand.

Staveren is de oudste en was weleer de grootste en rijkste stad van Friesland, een machtige koopstad, waar ook de friesche koningen hun verblijf hielden. Maar na de dertiende eeuw begon deze grootheid te tanen en ook watervloeden hebben het grootste deel, het eigenlijke oude Staveren, met het vermaarde klooster van Sint Odolf vernield.

De inwoners muntten oudtijds uit in de zeevaart; hunne zeelieden zijn de eersten geweest, die door de Sont in de Oostzee kwamen. Hierdoor hadden hunne schepen met die van Molkwerum en Hindeloopen daar groote voorrechten. Toen stegen de weelde en pracht er ten top. De kroniekschrijvers vermelden dat de stoepen en de kloppers der huisdeuren er met goud werden beslagen. Het is zeer wel mogelijk dat die rijk met verguldsel werden gesierd, maar het waren de *stoopen* of drinkkannen die men daar met goud liet beslaan. Doch zoo weelderig werden de inwoners, dat zij den naam ontvingen van *«dy forwinde bern fen Starum»*, de verwende (niet: verweende) kinderen van Staveren.

Eene rijke koopmansweduwe aldaar, zond een schip naar Dantzig met last om de allerkostelijkste lading die er zoude te vinden zijn, terug te brengen. De schipper meende uitstekend aan dezen last te hebben voldaan, toen hij tehuis kwam met een lading van de schoonste tarwe. Maar hij werd door de rijke vrouw met smaad bejegend; zij had geheel iets anders verwacht. Zij vraagde hem aan welke zijde van het schip hij de tarwe had ingeladen en hij antwoordde: «Aan bakboord.» «Welnu,» zeide zij, «stort ze dan aan stuurboordzijde in zee.» — De schipper waagde het op te merken, dat zulk een overmoed wel eens konde gestraft worden met armoede. Toen trok de vrouw een kostbaren gouden ring van haren vinger, wierp dien in de zee en zeide: «Zoo weinig kans er bestaat dat ik ooit dien ring zal terug zien, zoo weinig kans bestaat er ook, dat ik arm zal worden.» — Maar korten tijd nadien werd de ring terug gevonden in een visch, die haar tot tafelgerecht zou dienen; en 't is der trotsche weduwe vergaan als 't was voorspeld, zij heeft nog om haar brood loopen bedelen.

Ter plaatse waar de lading tarwe in zee werd geworpen is toen de droogte het Vrouwezand voor de haven geschoten en daarop groeide eene plant waaraan aren kwamen, met de gedaante van korenaren, maar zonder korrels. Staveren is sedert vervallen en ten onder gegaan. En de korenaren zonder korrels groeien daar nog.

Onheilspellende teekenen.

In het jaar 1182 vertoonden zich vier zonnen aan den hemel. Ook zag men gewapende mannen in de lucht en een bloedregen viel op de aarde. — Door een geweldig onweder, dat gepaard ging met een dikke sneeuwjacht, zijn de dijken doorgebroken bij Uitgong aan de Middelzee. Niet lang daarna brandde Uitgong bijna geheel af. Wat er van overbleef werd later door de Noormannen vernield.

Vrouwen redden Leeuwarden.

Op den dag van Sint Simon en Judas hebben eens, voor langen, langen tijd, vijanden de stad Leeuwarden overvallen. Daar nu de mannen juist waren uitgetrokken, grepen de vrouwen oogenblikkelijk de wapenen, gingen de wallen bezetten en drongen eindelijk zoo krachtig op den vijand in, dat deze uit vrees en vol schaamte de vlucht moesten nemen. — In de zestiende eeuw nog werd deze dag jaarlijks feestelijk te Leeuwarden herdacht.

De reine maagden te Franeker.

Het is in den ouden tijd gebeurd, dat de stad Franeker werd belegerd door een machtig leger. De stad was niet bijzonder sterk, maar het krijgsvolk dat er in lag blaakte van heldenmoed. Daar het den vijand niet gelukte de stad te veroveren, werd beproefd door uithongeren de belegerden tot de overgave te dwingen. Dezen echter waren vast besloten tot het uiterste. Het vijandelijk legerhoofd kreeg het te kwaad met zijne krijgsknechten, die aandrongen op betaling der soldij. Het gelukte hem nog telkens, hen tevreden te houden met het uitzicht op plundering der stad. — Binnen Franeker heerschte hongersnood; het volk werd wanhopig en het stadsbestuur was ten einde raad.

Ziet, daar verschenen voor den magistraat twee maagden in het wit gekleed, dragende ieder een brood. «Deze brooden, o Heeren!» spraken zij, «zijn de laatsten die ons overbleven. Zij kunnen ons leven niet lang rekken, noch minder iets beteekenen tot leniging van den hongersnood in de stad. Wij willen op den wal gaan en deze brooden den vijand toewerpen. Dan zal hij denken dat wij geen gebrek hebben en het beleg opgeven.»

De heeren vonden dit plan uitstekend. De maagden beklommen den stadswal, wierpen de brooden naar den vijand en riepen: «*Sokke brek!*» — De vijand verstond dat zij riepen: «*Sokke gjin brek!*» zulke geen gebrek. Nu geraakte het geduld der soldaten ten einde, zij sloegen aan het muiten en de veldoverste zag zich genoodzaakt het beleg op te breken.

Sedert staan ter weerszijde van het wapen van Franeker geen leeuwen, maar maagden.

Oude voorspellingen.

In de dertiende en veertiende eeuwen waren er omtrent vele adellijke familiën oude voorspellingen. Enkele hiervan zijn door de kroniekschrijvers opgeteekend, waaronder deze:

Az Dequama de middelste boekstave verliest,	Wanneer Dequama de middelste letter verliest
En for dy tredde ien othere kiest,	En voor de derde een andere kiest,
Schilt heag achte wezze in prosperearje.	Zal het hoog geacht zijn en voorspoed hebben.
Den houndert en nog feule jierren der ney,	Maar honderd en nog vele jaren daarna
Schilt meast wirde wey	Zal het grootendeels uitsterven
In declinearje;	En te niet gaan.
Mar wer boppe komme,	Maar zich later weder verheffen
As ick wol hab fornomme.	Als ik wel heb opgemerkt.

De laatste potestaat van Friesland heette Julius Dekema, hij woonde in 1494 te Baard. In 1774 overleed het laatste lid dezer familie, Age Bokkes Dekema, landbouwer op Doijum bij Franeker. Onder zijne nagelaten familiepapieren was een stuk van de veertiende eeuw, een soort van dagboek, bewaard in eenen koker. Hierop vond men deze aanteekening: «Ynt jier Dom. Chris. MCCCXIII wier uwz Boke onder it read kruiz.» In het jaar 1313 was onze Boke onder het roode kruis.» Dit wil zeggen, dat Boke behoorde tot de kruisvaarders die een rood kruis op den arm droegen. — Dit is eene mededeeling van Paulus Cornelis Scheltema, die in zijne woonplaats Franeker den naam droeg van Paulus Lieger.

Eene andere oude voorspelling, geldende het Sjaardemahuis te Franeker, luidt aldus:

Az it oast scil deklenearje,	Als het oosten zal afnemen
En it west scil florcarje,	En het westen zal bloeien,
Den scil keallehey	Dan zal kalehey
Wirde ien molkwey.	Worden een melkweg.
Mar az it yn 't oast blieuwt stean	Maar blijft het in 't oosten staan,
Schilt mey Sjaardama wol gean.	Het zal Sjaardema welgaan.

In 1445 werd het oude Sjaardemahuis, staande ten oosten buiten Franeker, afgebroken en het nieuwe gebouwd binnen de wallen aan het westeinde der stad, op eene plaats die destijds *kalehey* werd genoemd. Dit geschiedde tegen den zin van velen, en toen het plan daarvoor bekend werd, kwam men met bovenstaande voorspelling voor den dag. Zij is tamelijk goed bewaarheid. De familie Sjaardema is uitgestorven, het slot afgebroken, en de *kalehey* is een stuk weiland voor melkvee geworden. Later noemde men deze plek het *Sjukkeland*, naar Sjuck van Sternsé, de laatste bewoner van het Sjaardemaslot. Dit land is het terrein waarop thans jaarlijks de groote franeker kaatspartij wordt gehouden.

Groote Rodger en zijne vrouw.

In den overouden tijd woonden groote Rodger, een visscherman, en zijne vrouw in eene armoedige hut op het Roodeklif bij Staveren. Hij was een forsche kerel van acht voet lang en zijne vrouw was slechts een voet korter. Hij vischte op de binnenwateren daar in de nabijheid en ook wel op de Zuiderzee. Het gebeurde eens dat hij, na drie dagen en drie nachten op de wateren te hebben gezwalkt, tehuis kwam; maar de vrouw had geen warme spijs voor hem gereed. Nu werd hij terdege verstoord en zeî: «Wat doe ik met eene vrouw die zoo slecht voor mij zorgt?» In zijn drift greep hij een schippershaak en sloeg haar daarmeê een diepe wond in het been, zoodat zij het bed moest houden wel veertien dagen aaneen. In de eerste dagen kermde zij onophoudelijk van pijn, en Rodger, die spoedig berouw had van zijne daad, verzorgde en verpleegde haar met zooveel nauwlettendheid, dat eene moeder 't niet beter zou hebben kunnen doen. Zoodra de vrouw zich weêr over den vloer kon bewegen, moest hij noodzakelijk zijn werk hervatten, want hij had in twee weken niets verdiend.

Terwijl de vrouw dagelijks in de hut zat, zag zij neder op de Zuiderzee en op de visschersschuitjes die daar langs den oever voeren. Zoo zag zij ook haren Rodger met zijn scheepje naderen. En nu voer de duivel der wraakzucht in haar. Zij bedacht hoeveel smart zij had geleden aan de wond die hij haar had geslagen. Zij nam haar bed op en riep den duivel aan, dat hij het in steen zoude veranderen als zij het liet vallen. Zij wierp het van het Klif naar beneden om Rodger er meê te treffen. De duivel bleef niet

4

in gebreke; in het nedervallen werd het bed een steen, zoo groot als het bed, — die boven op Rodger nederplofte en hem met schip en al medevoerde naar de diepte. Het opborrelen van het water wees nog eenige oogenblikken de plaats aan waar hij gebleven was; maar van hem noch het schip werd ooit iets terug gezien.

Ook de vrouw kreeg berouw. De verdiensten van haren man missende, werden kommer en gebrek haar deel. Verteerd door wroeging en aan ellende ten prooi eindigde zij haar leven.

Men toont bij het Roodeklif nog de plaats in zee, waar groote Rodger met zijn schip is weggezonken.

Het afgehouwen hoofd.

Aan heer Henricus, van 1293—1301 abt van Aduard, is eens, toen hij met de abten van Klaarkamp en Oldeklooster op reis was naar het generaal-kapittel, het groote wonder overkomen, dat het afgehouwen hoofd van zekeren persoon, weder op den romp geplaatst, hen toesprak en de biecht aflegde. De namen der twee anderen die er bij waren, zijn niet zeker bekend.

Eelco Liauckama.

De friesche edelman Eelco Liauckama was in de eerste helft der veertiende eeuw abt van het klooster Lidlum in Barradeel. Hij was een zeer ernstig en ingetogen man, en aarzelde niet, zijne onderhoorige monniken en conversen tot tucht en zedigheid te vermanen en zoo noodig te bestraffen. Te Boxum had het klooster vele landerijen, ja, bijna het geheele dorp in eigendom, onder anderen ook twee kleine conventen of uithoven, Monnikhuis en Ter Poorte. De conversen en leekebroeders bedreven daar den landbouw, maar gaven zich over aan een zeer losbandig leven.

Toen abt Eelco hiervan kennis nam, bracht hij een bezoek aan Ter Poorte en onderhield zijne onderhoorigen met nadruk. Zij veinsden berouw, en beloofden zich te zullen beteren. Maar in hun hart waren zij vervuld met wrok. Des avonds werd ter zijner eer, zoo 't heette, een maaltijd aangericht, waarbij goede wijn niet ontbrak. En nu overkwam het den abt, om meer te drinken dan hij gewoon was en kon verdragen. Al spoedig gevoelde hij zich ongesteld en begaf zich naar zijn slaapvertrek. Ten einde zijne ongesteldheid te verbergen, had hij, wat zijne maag terug gaf, telkens

EELCO LIAUCKAMA,

naar de schilderij van L. ALMA TADEMA, kopy van eene oude schilderij, afkomstig van Liauckama-State te Sexbierum; beide in het Museum van het Friesch Genootschap.

geborgen in de mouw van zijn kleed. Maar hij werd bespied en met hoon en spot en met verwijten overladen. Men eischte, dat hij zijn kleed voor hunne oogen zou uitschudden, en toen hij zijne mouw voor hunne oogen uitschudde, vielen er niets dan welriekende rozen in zijnen schoot. — Maar in dienzelfden nacht werd hij met een knuppel doodgeslagen.

Blinde Simon.

In het begin der zestiende eeuw of iets vroeger leefde blinde Simon, een man, begaafd met een profetischen geest. Hij placht te zeggen dat er een zwaard boven Friesland hing, en hij voorspelde, dat zoowel de kloosters als het geheele land jammerlijk zouden worden verwoest, zoodat monniken, priesters en bagijnen, evenals arme boeren en dorpelingen, zouden zwerven door het land, nauwelijks wetende waar zich te bergen. En dit alles is naderhand zoo geschied. Inzonderheid profeteerde hij over het klooster Ludingakerk. Daar zat hij eens in den koestal en begon toen zeer te klagen en te kermen, zeggende: «O Lunekerk! o, Lunekerk! wat zal u overkomen!» — Gevraagd, waarom hij dat zoo zeide, was zijn antwoord: «Ziet, lieve broeders! de tijd zal komen, dat dit schoone klooster Ludingakerk tot den grond toe verwoest zal worden, en van zijne bewoners zal het afhangen of het weêr een klooster zal worden of niet.» — Nu werd hem gevraagd hoe hij dit wist, en hierop zeide hij: «God heeft mij van mijn uitwendig gezicht beroofd; wat weet gij welke verlichting mij de Heer inwendig heeft gegeven?» — Ook heeft hij gesproken over Oldeklooster: «De poort van Oldeklooster zal omgeworpen worden vóór het einde van dezen oorlog. En wanneer de Oldekloosterpoort wordt nedergeworpen, zal de oorlog spoedig een einde nemen.»

De non van Sion.

Gerbrandus, abt van Klaarkamp, werd op de terugreis van het generaal-kapittel, in 1218, zwaar ziek en bereikte met moeite nog de abdij van Foignies (Ardennes), waar hij kwam te sterven. Op het uur van zijnen dood zag eene non van Sion, in geestverrukking geraakt, dat zijne ziel door engelen ten hemel werd gedragen. Zij noemde ook het huis en de plaats van zijn graf en zelfs het gewaad waarin hij begraven werd. Bovendien zag zij, dat aan zijnen

opvolger Wido twee stokken, namelijk herdersstaven, werden gegeven, waarvan hij de eerste wegwierp, maar de andere behield.

Deze Wido was prior in Klaarkamp geweest en vandaar aangenomen tot abt van Sint Bernard (Aduard). Toen nu Gerbrandus
bovengenoemd, een zeer rechtvaardig en ordelijk man, in hoogen
ouderdom overleed, werd Wido abt van Klaarkamp.

Het kruis aan den hemel.

Toen Oliverius Scholasticus van Keulen het kruis in Friesland en
omstreken predikte, verscheen in het dorp Sutherhusen, onder zijn
spreken, naast de zon een kruis van blauwe kleur. Op Bonifacius-
dag predikte hij in «villa Docheym» (Dokkum) en toen daar vele
duizenden bijeengestroomd waren, verscheen er een groot wit kruis,
uit een balk met een dwarsbalk kunstig samengesteld. — «Dit
teeken zagen wij allen» — dit zijn woorden van Oliverius. — «Het
werd allengs van het noorden naar het zuiden voortbewogen. Bij
dit visioen waren aanwezig onze abt heer Henricus en Winandus
zijn monnik, die zelf dit ook gezien hebben.»

De witte vrouw te Sloten.

Toen heer Jan van Wassenaar in 1523 ijverig medehielp om de
Gelderschen uit Friesland te verdrijven, werd hem bij het beleg
van Sloten op zekeren nacht door eene witte vrouw den dood aangekondigd. Zij verscheen hem als eene spookgestalte van meer dan
menschelijke grootte, terwijl hij de ronde deed langs de wachtpos-
ten, en sprak hem deze woorden toe: «Waarheen, gij kind des
doods? Wat hebt gij in en met Friesland te maken? Hier en nergens anders zult gij omkomen.» — Den volgenden dag werd hij
door een kogel in den arm getroffen, aan de gevolgen waarvan
hij te Leeuwarden stierf op den 4 December 1523.

Skerne Wybe.

Wybe Sjoerds Sirtema van Grovestins leefde in de vijftiende eeuw
en woonde op zijn huis Grovestins of Grouwstins te Engelum. Later, toen de oude stins werd vervangen door een slot, ontving dit
den naam van Sirtemastate. Wybe was een der voornaamste edelen
onder de Vetkooperspartij en werd Skerne (geschorene) Wybe genoemd, omdat hij, tegen de toenmalige gewoonte der edelen, steeds

kaalgeschoren was. En dit niet zonder doel, maar om zich te beter
te kunnen vermommen. Soms liep hij rond als monnik, soms als
gemeen soldaat, een anderen keer was hij boer of schipper, ook
wel bedelaar. Zoo speelde hij den verspieder, om achter de geheimen der Schieringers te komen.

Een zijner openlijke heldendaden was, dat hij in 1497 Folkerus,
de abt van Lidlum, die door Roorda te Tjummarum op zijn stins
gevangen werd gehouden, verloste en de stins in brand stak.

In 1480 woonde op Hottingahuis, te Nijland, Swob Sjaardema,
weduwe van Jarich van Hottinga en nicht van Skerne Wybe. Haar
broeder Sikke Sjaardema van Franeker, een Schieringer, had haar
huis versterkt en uit dezen schuilhoek deed hij nu en dan uitvallen op de Vetkoopers van Sneek en Bolsward. Drie hoofden der
Vetkoopers, waaronder ook Wybe, wie dat begon te verdrieten,
besloten Hottingahuis met geweld aan te tasten. Met een hoop
burgers van Sneek en Bolsward belegerden zij de stins en beschoten haar met kogels uit de groote sneeker busse, zooals zij hun
kanon noemden. Maar zij vorderden weinig of niets. Toen de be-
legering drie weken had geduurd, kwam Sikke Sjaardema met eene
bende volks, in den nacht voor Bolsward en overrompelde de stad.
Hij hoopte daardoor den vijand te verlokken om Hottingahuis in
den steek te laten en naar Bolsward te komen. De Vetkoopers
begrepen dit en zonden slechts een gedeelte van hun leger, waarmede 't gelukte Sjaardema uit de stad te verdrijven.

De inneming van Hottingahuis ging echter niet gemakkelijk; de
stins was sterk. Eindelijk besloot men te beproeven door geduld
het doel te bereiken. Maar Skerne Wybe, altijd bedacht op list,
noodigde zijne nicht uit tot een mondgesprek. Swob begreep dat
zij op hare hoede moest zijn en hield zich ziek; gesteund door
twee mannen kwam zij tot aan de gracht en veinsde niet verder
te kunnen loopen. Door teekenen met de hand beduidde zij Wybe,
dat hij tot haar moest komen. Hij vreesde verraad en vroeg haar:
«Swob nift, is 't lauwa?» Nicht Swob, is het belofte? woord van
eer? En zij antwoordde: «Ja, Wibe miich!» Ja, neef Wybe! —
Vertrouwende op dat woord, ging hij over de valbrug. Maar terwijl
hij met haar sprak, gaf Swob haren geleiders een wenk en de mannen
namen Wybe gevangen. Hiervan bleef het spreekwoord: «Swobs
lauwe,» zinspelende op slecht te vertrouwen beloften.

Wel werd Wybe spoedig verlost, maar het hinderde hem zeer,

dat hij zich door vrouwenlist had laten verschalken. Hij wreekte zich zooveel hij kon op de Schieringers van Franeker, zonder te letten op de gesloten vredes-overeenkomsten. Sikke Sjaardema, de broeder van Swob, liet zich dit niet welgevallen; hij trok met een leger naar Engelum en belegerde Wybe op zijne stins, die met groote bussen werd beschoten. Wybe, die op de sterkte van zijn huis vertrouwde, stond voor een blind venster het werk der belegeraars te bespieden. Daar trof hem een doodelijke kogel. Toen gaf zijn volk de stins over en deze werd door de Schieringers tot den grond toe geslecht. Dit viel voor den 27 Mei 1482.

Nog twee spreekwoorden zijn er van Skerne Wybe in zwang geweest. «Skerne Wybe deed de menschen goed en kwaad beide.» Dit ziet op zijne listige streken, waardoor hij zijnen vijanden veel nadeel en zijnen vrienden veel voordeel deed. — «Hij is een man als Skerne Wybe, buitensporig of niets.» Ook dit zag op het vreemde van zijn karakter. Hij zelf was gewoon te zeggen: *«Net to froed, net to tsjoed,»* niet te goed, niet te kwaad. Dit is tamelijk hetzelfde als: Niet al te rechtvaardig, niet al te goddeloos. Sommige leden van zijn geslacht hebben later deze friesche spreuk rondom hun wapen geplaatst.

Op de boerenplaats te Engelum, staande waar voor eeuwen de stins van Skerne Wybe stond, werden langen tijd op den zolder een harnas en een kogel bewaard. Men zeide dat dit het harnas was, door Wybe zelf gedragen, en dat deze kogel dezelfde was, die hem het levenslicht heeft uitgeblazen. Deze voorwerpen van hunne plaats te verwijderen werd niet raadzaam geoordeeld, het zoude dan op den zolder gaan spoken. — Maar die voorwerpen zijn er thans niet meer.

De twist om Bolsward voorspeld.

In het jaar 1479 stierf Tjaard Jongama, heerschap te Bolsward. Zijn zoon Goslik was toen nog een kind, en nu haalde de stad Bolsward Juw Jongama in, om de stad te regeeren tot de meerderjarigheid van Goslik. Maar Wyts, de moeder van Goslik, nam hierin geen genoegen, en ook sommige heeren der stad wilden even als zij, den ouden Douwe Sjaardema, te Franeker, of Sikke zijnen zoon, tot tijdelijk regent van Bolsward aangesteld hebben. Het stadsbestuur echter meende, dat deze eer aan Juw, als naasten bloedverwant, toekwam. — Wyts trad nu in overleg met Douwe en

Sikke Sjaardama, waarvan het gevolg was, dat Sikke met eene legermacht naar Bolsward trok en Juw Jongama uit de stad verdreef. Hieruit ontstond een familieoorlog, die lang duurde en vele rampen na zich sleepte.

Omtrent dezen twist om Bolsward waren lang te voren verschillende voorspellingen uitgesproken. Peter van Thabor deelt mede, dat Edo Jongama, heerschap te Rauwerd, hem zelf had gezegd, in zijne jeugd van zijne ouders en andere lieden, die het ook weêr van hunne ouders en voorouders hadden, meermalen te hebben gehoord: «Wanneer in Bolsward twee hoofden tegen elkander opstaan, zal daardoor onheil over geheel Friesland worden gebracht.» — Deze twee hoofden waren Goslik en Juw Jongama.

Toen in 1470 in Bolsward een kind met twee hoofden werd geboren, zeiden allen die van de oude voorspelling wisten: «Dit is het teeken van de twee hoofden, die tegen elkander zullen opstaan in Bolsward.» Doch Peter van Thabor verklaart: «ic was toe Boelswert doe dit kynt storf; ende ic saecht begraven toe Oldehoef op 't kerckhof, niet veer van die zuderdoer. Mer bloet en heb ickes niet ghesien.»

Omtrent dezen tijd sprak de oude Goslik Jongama, vader van Tjaard, in een gezelschap, onder het toebrengen van een grooten hoorn bier aan twee anderen, deze woorden: «Twa ief trya wywen sinter commen wt Oesterland in Westerland: da schella al Friesland fordeerra; iefta wrmits hyarrem schel al Friesland fordoeren wirda.» (Twee of drie vrouwen zijn gekomen uit Oostergo in Westergo, die zullen geheel Friesland verderven, of door haar toedoen zal geheel Friesland worden verdorven.) Verder zeide hij nog: «Harinxma folck to Snits habba dier een fan.» (De familie Harinxma te Sneek heeft eene dezer vrouwen.) — Deze was Wyts Jongama, toen nog gehuwd aan Juw Harinxma. Zij was uit Oostergo, geboren te Rinsumageest bij Dokkum. Weduwe geworden, huwde zij met Tjaard Jongama en schonk hem twee kinderen, Goslik en zijne zuster Anske.

In 1494 werd op zekeren nacht omstreeks twee uur, in de nabijheid van Bolsward, een vervaarlijk geraas en getier gehoord, als van strijdende legerbenden. De wacht meende aanvankelijk, dat er werkelijk een gevecht buiten de stad plaats greep, maar 't bleek spoedig dat er niets te doen was. — Doch in hetzelfde jaar brak de familie-oorlog uit.

Groote Pier.

In het jaar 1515 droeg hertog Georg van Saksen zijn recht op het hoofdbestuur over Friesland voor honderdduizend goudguldens over aan Karel van Oostenrijk, graaf van Holland, later Keizer Karel den Vijfde. De Friezen, wie het onder de regeering van den Saks al zeer slecht bevallen was, waren met deze verandering niet ingenomen, want de Hollanders waren van ouds hunne vijanden. Zij zochten hulp bij den hertog van Gelder, die ook met de Hollanders overhoop lag. Deze werd zeer bereidvaardig bevonden, want ook hij wenschte heer van Friesland te worden. Nu stonden weldra Gelderschen en Bourgondiërs, die de Saksers hadden vervangen, in Friesland bloedig tegen elkander over; dorpen en kloosters werden geplunderd en verwoest en de huisman uit zijne bezittingen verdreven.

In dien tijd leefde Groote Pier, dus genoemd omdat hij in lichaamsbouw aanmerkelijk boven de gewone menschen uitstak. Men wil, dat hij een telg was uit het adellijk geslacht van Heemstra. Met meer zekerheid echter weet men, dat hij een eigenerfde boer was te Kimswerd. Ook hier kwam op zekeren tijd een hoop Bourgondiërs branden en wegvoeren wat van hunne gading was. Gelijk vele anderen werd ook Groote Pier van alles beroofd. Dit maakte zijn gramschap gaande en deed hem besluiten voor zijn vaderland te vechten en den vijand te helpen verdrijven of afbreuk te doen. Met vele anderen spande hij samen en bracht een leger op de been van zeshonderd man. Dit ontving den naam van *Arumer Zwartehoop*. Pier en zijn neef Groote Wierd stonden aan het hoofd en bestreden allen, die zij als vijanden van Friesland beschouwden, Saksers zoowel als Hollanders.

De kroniekschrijver Petrus van Thabor, die tegelijk met Pier geleefd heeft, beschrijft hem aldus: «Een groet, swaer man mit grote oghen, grote schouwer ende een groten baert, ende gruweliken van aensyen, sonderlingh als hy toernich was; ende hy was grof ende plomp van spraeck ende wesen; want hy en conste nyet bequaem spreken voert recht ofte voer heeren; mer mit sin groue Fryesche slaghen quam hy mede vort, ende dat gyngh hem alsoe plomp of, dat alle menschen, die daer by stonden, worden beweghen tot lachgen; ende hy was froem ende fel op die vianden, mer hy was redelyk van herten als een Kersten man, want hy hadde een guede meyninck.»

De hertog van Gelder was met de hulp van Pier zeer gediend. De Friezen begrepen niet, dat de hertog hen misleidde, als hij verklaarde niets te bedoelen dan de friesche vrijheid te herstellen. Hij stelde Grooten Pier aan tot hoofd over zijne vloot en gaf hem den titel van Admiraal der Zuiderzee.

Nu hadden de Hollanders veel van Pier te lijden. Talrijk zijn zijne heldenfeiten, meestal gekenmerkt door verregaande ruwheid. Dat hollandsche geschiedschrijvers hem, die alle zeilen blank speelde, zeeroover hebben genoemd, kan niemand verwonderen. Alle hollandsche schepen, die hij op zee ontmoette, waren zijn buit, kleine zoowel als groote, en de bemanning liet hij meestal onbarmhartig verdrinken. Het geluk maakte Pier vermetel en hoogmoedig. Hij liet zich noemen: «De verwoester der Denen, de wreker van Bremen, de aanhouder der Hamburgers en het kruis der Hollanders.» Hij voerde galg en rad in zijn wapen. Hij veroverde en brandschatte Hoorn, Alkmaar, Beverwijk, Nieuwpoort en meer andere steden. De Hollanders, op wie hij het 't meest geladen had, begroette hij aldus: «Ik Groote Pier, Coninc van Frieslant, Hartog van Sneek, Graaf van Slooten, Vrijheer van Hindeloopen, Capitein Generaal van de Zuiderzee:

„Een stuurman ter doodt, Acht de Hollanders bloot.
Al zijnse groot van rade, Zij zijn slap van dade,
Sterc van Partijen, Cranc in 't strijen.
Hoogh van Glorie, Cranc van Victorie.
Maer de Geldersche sterck van teeringe, Slap van neeringe,
Cloec in den Velde, Maer dorre van Gelde.
Vroom van Moede, Maer clein van Goede;
Doch onvertsaegt in 't strijden. Dus wilt u verblijden,
En de Hollanders niet achten, Want zij moeten versmachten,
Want zij zouden 't becopen, Waar 't bestant afgeloopen.
Tegens myn danck Ist zes maanden bestant."

Eens geraakte Groote Pier slaags met een groote overmacht van schepen. Al spoedig werd een zijner schepen genomen en de hoofdman er van verdronken. Hierover in woede ontstoken, viel hij de Hollanders aan met zooveel kracht, dat hij wederom de overwinning behaalde. Elf schepen maakte hij buit en vijfhonderd Hollanders liet hij «de voeten spoelen»; zij werden namelijk bij tweeën ruggelings aan elkander gebonden en zoo in zee geworpen. Daarbij riep Pier zijn volk toe: «*Sjuch feinten ho dy deals kjitten swomme kinne*», zie eens, jongens, hoe die duivelsche vuilikken kunnen zwemmen. — Eén der overwonnenen liet hij leven, omdat deze een

Gelderschman was, want geene anderen dan Hollanders en Bourgondiërs bracht hij ter dood, al behoorden zij overigens tot zijne
persoonlijke vijanden.

*«Búter, brea en griene tsiis, hwa dat net sizze kin is nin rjuchte
Fries.»* (Boter, brood en¦ groene kaas, die dat niet zeggen kan is
geen echte Fries), dit is het shibbolet geweest van Grooten Pier,
want hij wilde geen zijner landgenooten dooden. Sprak iemand
genoemde friesche woorden zonder haperen uit zoo 't behoort, dan
was hij zeker een Fries. — Te Hindeloopen versloeg en verdreef Pier
eens drieduizend bourgondische soldaten, zonder de inwoners eenigen overlast aan te doen. Een andermaal nam zijn volk op de
Zuiderzee een schip, waarin eenige franeker burgers, en onder dezen
ook de vrouwen en dochters van Hessel Martena en Juw Botnia,
zijne vijanden, omdat zij het met den Saks hielden. Maar ook dezen
schepelingen deed hij geen letsel; hij voerde hen naar Sneek en
hield hen daar in verzekerde bewaring. En toen de Gelderschen
met de Bourgondiërs een wapenstilstand hadden gesloten voor een
half jaar, duldde Pier niet, dat gedurende dien tijd aan een Hollander eenig leed werd gedaan.

Tijdens dit bestand bevond hij zich eens met den gelderschen
rentmeester Arkelens te Sloten, terwijl daar eene vrouw uit Holland
met een schip, geladen met rogge, door de stad voer, welke lading
zij te Sneek wenschte te verkoopen. Arkelens wilde haar dwingen
de rogge te Sloten te lossen, haar belovende dat zij er goed voor
betaald zoude worden. Pier, twijfelende aan de welgemeendheid
dezer belofte, begon Arkelens scherp te berispen, en herinnerde
hem aan het bestand, volgens hetwelk men de vrouw, al was zij
eene Hollandsche, geen leed mocht doen. De rentmeester liet nu,
uit ontzag voor den barren man, de vrouw ongemoeid.

Op den duur kon de friesche boer het met de geldersche heeren
niet vinden, «want grote Pier was recht wt, ende gheen plom-
strycker», zegt P. van Thabor; «want hy sach dat de Ghelresse
nyet deden als sy die Fryesen onthieten hadden». — Hij kon niet
alles wat zij deden goedkeuren, vooral wat het heffen van schat-
tingen betrof, «daerom soe seyde die Canseler eens tot grote Pier,
dat hy was een verraeder; ende Pier seide weder totten Canseler,
dat hy dat loech als een Drentske paep als hy was; ende Rauenhey die grymde oeck op Pier, alsoe dat grote Pier eens tot Rauenhey seyde: Du Rauenhey! wolstu my wat doen, soe doet dat eer-

lick als een vroem man, ende nyet als een schelm; hiermede wil
ik dy moeten; ende wees op syn mes. Dit heeft my grote Piers
broeder selver gheseit, dat Pier dese worden mytten Canseler ende
mit Rauenhey selver heeft gehadt. Hierwt mach men bekennen
dat sy hem nyet lieff en hadden, mer sy en dorsten hem neyt aen.»

Eindelijk begreep Pier, dat de hertog van Gelder hem om den
tuin leidde. Nu wilde Pier niet meer vechten. Hij verweet met
harde woorden den Gelderschen het schenden hunner beloften.
Toen hing hij te Sneek zijn zwaard aan den balk en ging daar
stil leven in het laatst van 1519. Niet lang genoot hij deze rust;
hij overleed den 28 Oktober 1520 en werd te Sneek in de groote
kerk begraven. Het zwaard, 2.15 M. lang, wordt thans bewaard in
het friesch museum van oudheden.

Men wil dat Groote Pier zijn zwaard nederlegde, toen het schieten
met vuurwapenen in gebruik kwam, en dat hij zeide: «Nu is met
vechten geen eer meer te behalen, nu kan een jongen een man
dooden.» Maar het is bekend, dat meer dan een halve eeuw vóór
het optreden van Grooten Pier de vuurwapenen in gebruik kwamen
en ook dat hij zelf ze gebruikt heeft.

Eens kwamen een vijftal vreemdelingen, zeer sterke mannen,
wellicht Saksers of Bourgondiërs, te Kimswerd om met Grooten
Pier te stoeien (wrákseljen), ten einde diens kracht te meten. Zij
hadden veel van hem gehoord, maar kenden hem niet. Zij vraagden daarom een boer, die bij den weg aan 't ploegen was, waar
Groote Pier woonde. De ploeger, Pier zelf, nam den ploeg bij den
staart, hief hem op, stak hem recht voor zich uit, wees er meê
naar zijne woning en zeide: «Daar woont Groote Pier!» — Het
stuk lands, waarop dit voorviel, wordt nog in de nabijheid van
Kimswerd aangewezen onder den naam *Fivefal* = Vijfval. De vijf
Bourgondiërs stonden zoo verbluft over de buitengewone kracht
van den boer, dat Pier den tijd had om hen met zijn eikenhouten
ploegstok ieder een slag toe te dienen, die hen voor goed ter
aarde deed zijgen. En hoewel veel praten zijne liefhebberij niet
was, beving Pierboer nu toch de lust om bij elken slag te roepen:
«Val!» — Hiervan, zegt men, ontving het stuk bouwland den
naam Fivefal.

Groote Watse.

Deze, een neef van Grooten Pier, was misschien dezelfde die ook
Groote Wierd wordt genoemd. Nog geen negen jaar oud, wierp hij

twee Vetkoopers-jongens in den *Schotel*, eene kolk te Arum. Dit feit baarde veel opzien en gaf aanleiding tot het spreekwoord: «Ik laat mij niet in den schotel leggen». Groote Watse behoorde, evenals zijne geheele familie, tot de volkspartij, die der Schieringers. Reeds op vijftienjarigen leeftijd trok hij met andere Friezen naar Hoorn, welke stad werd ingenomen, maar door eene groote macht van Kabeljauwschen weder ontzet. Watse was bij de inneming van Staveren, Workum, Hindeloopen en andere plaatsen in Friesland en Noordholland. Aan Hollanders, Saksers en Bourgondiërs sloeg de schrik om het hart, op het hooren en zien van Friezen. Wie dezen in handen viel werd zonder genade doodgeslagen als hij niet zeggen kon: «*Read hirdreekte rjirreljirre*» (rood hardgerookt vleesch eener jonge koe). Dit was toen het shibbolet.

Later nam Groote Watse deel aan de tochten van zijn oom Grooten Pier, en toen deze zijn zwaard aan den balk hing, nam ook Watse afscheid van de huichelachtige Gelderschen. Hij ging te Achlum wonen en overleed in 1535, toen men twee lopen rogge voor een keizersgulden kocht en eene koe voor twee gulden.

Hij was zoo sterk als drie anderen en zeer bedreven in het schieten met groote en kleine vuurwapenen. Ook konde Watse lezen en schrijven, en bovendien was hij *«net op 'e gatsjepanne sâlten»*, niet op een vergiettest gezouten, als wanneer de pekel, het gezond verstand, hem zou ontloopen zijn.

Twee spreekwoorden, die nog in den mond des volks leven, had Groote Watse tot de zijne gemaakt, namelijk: «*It is mei sizzen net to dwaen*» het is met zeggen niet te doen, en: «*Folle wirden folle nin sek*» vele woorden vullen geen zak. Deze lijfspreuken bevestigde hij met zijn leven en daden. Hij was bij de ingezetenen van Achlum en in de omstreken zoo bemind, dat men, wanneer hij ergens kwam, zei: «Open poort! open deur! ruimte bij den haard! Groote Watse komt!»

Shibbolets.

Evenals op hunne vrijheid, zijn de Friezen van ouds fier geweest op hunne taal. Zij schijnen 't altijd merkwaardig gevonden te hebben, dat niet-Friezen de zuivere uitspraak er van moeielijk konden treffen. Daarom hadden zij, vooral in oorlogstijden, gezegdens, waaraan zij landgenooten konden onderkennen. Behalve de reeds medegedeelde shibbolets zijn nog de twee volgende bekend:

*Der is nin klirk sa krol as de Klaerkampster krolhierede klirk;
aller klirken is hi to krol;* er is geen geestelijke zoo loos als de
krulharige geestelijke van [het klooster] Klaarkamp. Allen geestelijken is hij te slim.

Op us finneherne lizze fjouwer klearlottere ljeap-aeijen yn ien nest;
op den hoek van ons weiland liggen vier zuiver-gelouterde kievits-
eieren in één nest. — Dit laatste werd gebruikt, toen in 1500 de
Friezen den hertog van Saksen in zijne residentiestad Franeker belegerden.

Een schip vol duivelen.

In het jaar 1521 werd op zekeren dag bruiloft gevierd ten huize
van Benedix Hegens, een rijken eigenerfde, te Edens in Hennaarderadeel. Hij had eene dochter uitgehuwd aan Simon Fryds, een
bejaard man, die ook rijk was en die te Franeker woonde. Er
waren alzoo ook Franekers op het feest en dezen waren niet zonder
bezorgdheid voor een overval der Gelderschen, die, in weerwil van
het gesloten bestand, niet te vertrouwen schenen. Tegen den avond
stond Benedix met twee anderen uit zijne woning uit te zien, toen
in de opvaart eene opene schuit naderde, bemand met niet minder
dan zestien personen, naar 't scheen allen kloeke mannen, behalve
twee die, ieder van een kloet voorzien, het vaartuig voorwaarts
schoven, de een voor, de ander achter. Benedix beval de twee bij
hem zijnde mannen zich stil te houden, terwijl hij naar buiten ging
om het varende gezelschap te verwelkomen, hopende dat dit geene
vijandelijke bedoelingen zoude hebben. Buiten gekomen, toen het
schip reeds den wal van zijn erf was genaderd, trok het indrukwekkend voorkomen van den achterste der varenden bijzonder zijne
aandacht en overlegde hij bij zichzelven: «Vriend! krijg ik u in huis,
dan wil ik u een vollen hoorn toedrinken». — Toch verwonderde
het hem, dat er bij het geheele gezelschap niemand was dien hij
kende. Zoodra het schip aan wal kwam rezen de mannen op, gereed naar 't scheen, om uit te stappen. Benedix trad hun tegemoet
en stak den voorste de hand toe, terwijl hij zeide: «Weest God en
ons allen welkom!» Maar niet zoodra had hij den naam Gods uitgesproken, of schip en bemanning waren verdwenen. Deze ontmoeting ontstelde den man zoozeer, dat hij zich te bed moest begeven.

Het waren duivelen geweest, die zestien kloeke mannen, en hun
schip was geen vaartuig door menschenhanden gemaakt. Dit was

voor niemand twijfelachtig, maar werd nog bevestigd door den knecht van een der buren. Die jongeling was met een schuitje in hetzelfde vaarwater, toen het vreemde gezelschap naar het huis van Hegens voer. Het maakte op hem onmiddellijk een geheimzinnigen indruk en kwam hem verdacht voor. Om dus maar niets met die mannen te doen te krijgen, ging hij met zijn scheepje eene sloot binnen en liet hen voorbij varen. En vandaar uit zag hij, dat zij na de toespraak van Benedix met een vurige vlam wegvlogen. Dit vuur was door Benedix niet gezien, maar hij besefte met ontzetting dat zijne toespraak hem en de zijnen voor een groot onheil had behoed. «Daerom ysset guet, dat wy God vaeke in onse reden nomen», zegt Peter van Thabor.

Menno Simons.

Deze friesche kerkhervormer, in de volkstaal Minne Simens genoemd, werd geboren te Witmarsum in 1496. Hij leefde in een tijd van oorlogen en geruchten van oorlogen, maar was te zachtmoedig van inborst om daaraan deel te nemen en belust te zijn op krijgsroem; hij wenschte priester te worden.

Op achtentwintigjarigen leeftijd werd hij kapelaan te Pingjum en later pastoor te Witmarsum. Maar door de beweging, die de leer van Luther ook in ons land deed ontstaan, werd Menno aangegrepen, zoodat hij in 1536 afstand deed van het priesterambt. Hij betrok toen eene eenvoudige woning en trad in het huwelijk; en door eenigen, die met hem in godsdienstige meening overeenstemden, werd hij aangezocht om hun prediker te zijn. En hij nam dit aan.

Nu kreeg Menno van tijd tot tijd meer aanhangers, die door hem gedoopt werden, want naar zijne meening was de doop aan kinderen bediend in strijd met de leer des evangelies en dus van geen waarde. Tengevolge hiervan werd hij door 's lands regenten gelijk gesteld met de wederdoopers, en de strenge plakkaten, tegen dezen uitgevaardigd, werden ook op hem en zijne volgelingen toegepast. Zelfs werd er honderd gulden uitgeloofd aan wie hem in handen van den rechter leverde. Dit is echter nooit aan iemand gelukt; eens evenwel zou Menno er bijna ingeloopen zijn. Hij redde zich met een «mennistenstreek». Hij reed in een algemeenen reiswagen, die op den weg werd staande gehouden door mannen, die 't op hem gemunt hadden, maar hem niet kenden. En omdat hij op de voorste bank zat werd tot hem de vraag gericht: «Zit

Menno Simons ook in dezen wagen?» — Nu was liegen hem een gruwel, ook al kon hij zijn leven er meê redden. Wat deed hij? Hij stond op, wendde zich tot de achter hem zittende reisgenooten en zeide: «Zij vragen of Menno Simons ook in dezen wagen zit?» — Het antwoord was: «Neen!» en dit was niet gelogen, want hij stond op dat oogenblik. Nu zeî hij tot de vreemde mannen: «Zij zeggen van neen.» — En de mannen lieten den wagen rijden.

Een andermaal voer Menno met de schuit van Bolsward, toen er te Burgwerd, een dorp, ongeveer een uur verderop gelegen, mannen gereed stonden, om hem te vangen. Onder dezen was echter slechts één die Menno persoonlijk kende en deze werd daarom op den uitkijk gezet. Maar toen het schip langs Burgwerd voer, was de wachter sprakeloos, zóólang, tot het schip te ver was om het in te halen.

Algemeen is het bekend dat de mennisten bijzondere liefhebbers zijn van zoetigheden. Waarom? Het is eens gebeurd dat Menno Simons voor een aantal zijner vrienden zoude spreken in de open lucht. Voor verhevenheid, waarop de prediker moest staan, had men een vol vat stroop op de aangewezen plaats gezet. Misschien achtte men dit veiliger dan een ledig vat, omdat het vaster stond. Maar de spreker was nog niet op de helft zijner rede, toen de bodem onder zijne voeten brak en hij tot aan het middel in de stroop zakte. Dit was een leelijk geval, en de vrienden wisten niets beters te doen, dan hem gezamenlijk af te likken, ten einde hem weêr een fatsoenlijk aanzien te geven. Sedert houden de mennisten zooveel van zoet.

Het kleine kerkje te Witmarsum, voor een aantal jaren afgebroken, waarin Menno zelf moet hebben «vermaand», stond een kwartier gaans ten zuidoosten van het dorp op een geheel met gras begroeid erf. Men ging er heen langs een kleiweg die veelmaals zeer morsig kon zijn. Om vóór het binnentreden de laarzen of schoenen te kunnen reinigen, stond dan buiten de kerkdeur een emmer water met een handschrobber of luiwagen. Want met beslijkt schoeisel binnen te treden, zou strijdig zijn geweest met het begrip van «menniste zindelijkheid».

De menniste hemel is nog steeds volkomen ledig, want een vroegere koster van de Leeuwarder doopsgezinde kerk is daar deurwachter en opzichter, en hij geeft aan niemand toegang, uit een, wellicht overdreven, begrip van zindelijkheid; 't is daar nu rein en 't moet daar rein blijven.

Eene dure koe.

In het jaar 1520 kwam op Sint Pieters avond, zijnde op eenen dinsdag, een boer van Wolsum te Sneek met eene vette koe ter markt. Eenige welgestelde sneeker heeren, waarbij de stads raadsman Andel Hinnes, Pieter Tjepkes en anderen, maakten gading aan het dier, en op hunne vraag, waarvoor het te koop was, eischte de boer acht goudguldens : ƒ 11.50. Maar dit was te veel, meenden de heeren; zij begrepen niet hoe de boer zoo buitensporig kon eischen. Deze integendeel beweerde, dat de koe veel vetter was dan zij uitwendig scheen, omdat zij twee jaren geld (gust) was geweest; hij wilde er voor instaan, dat zij, geslacht wordende, zestig pond smeer zoude opleveren. Nu werd men den koop eens op deze voorwaarden: bleek het slachtbeest geen zestig pond smeer te bevatten, dan zou de boer zijne koe kwijt zijn voor niets; maar kwam er meer dan zestig pond, dan zou hij voor ieder pond meer twee goudguldens ontvangen boven de gevraagde koopsom. Deze bepalingen werden vastgesteld onder getuigen.

Het beest werd geslacht en had 84 pond zuiver vet; voor 24 pond hiervan had de boer dus 48 goudguldens : ƒ 65.20 te vorderen en de geheele koe kwam op ƒ 76.70. — Maar dit was toch wat te kras, beweerden de heeren, en door afdingen brachten zij het zoover, dat de boer zich tevreden stelde met 30 goudguldens boven de koopsom. Niemand loofde dit in de heeren, maar allen waren het eens, dat deze toch een buitengewoon duur slachtbeest hadden ontvangen.

Gemma van Burmania.

Toen in 1555 Karel de Vijfde de regeering overdroeg aan zijnen zoon Filips den Tweede, werden uit alle nederlandsche gewesten regeeringsleden naar Brussel ontboden om Filips te huldigen. Het was Gemma van Burmania van Ferwerd, die hiertoe aan het hoofd van eenige Friezen derwaarts trok.

Volgens de hofzeden van den huize van Oostenrijk moest de eed van getrouwheid knielende voor den koning worden afgelegd. Niemand weigerde dit, behalve Gemma van Burmania, die op fieren toon zeide: «De Friezen knielje allinne for God.» Hij deed den eed staande en de koning liet zich dit welgevallen. Vanhier, zegt men, is de naam «Stânfries» (Staudfries) afkomstig.

Een dure tijd.

In 1521 waren de levensmiddelen duur in Friesland. Een pond roode boter (grasboter) kostte een stuiver en zoo alles naar evenredigheid. Tegen den herfst was de prijs van boter en vleesch weêr dalende, maar de rogge liep steeds hooger, zoodat in 1522 een last rogge in Holland 44 gulden kostte. Dit was een gevolg van den oorlog, dien de keizer met den koning van Frankrijk voerde. In Friesland was de prijs van een lopen (78½ kop) rogge, 44 stuivers, soms iets minder, soms iets meer. Ja, het last kwam zelfs op 50 goudguldens (f 70) of iets meer, en het lopen soms op 50 tot 60 stuivers. De prijs van een lopen garst was in dien tijd wel 25 stuivers, soms zelfs een goudgulden $=$ 28 stuivers. Een roggebrood van 11 pond kwam op 3, ook wel op 4 stuivers, ja, men zeide dat het op sommige plaatsen 5 stuivers kostte. Er was hier en daar op het platteland groote armoede, want de steden wilden van hunnen graanvoorraad niets afstaan. — Het oude friesche pond, gelijk aan ½ kilogram, was toen reeds in gebruik.

Werken en bidden.

Abbe van Sjucksma was van 1520 tot 1529 grietman van Ferwerderadeel. In dien tijd gebeurde het, dat op een der kerktorens zijner grietenij gedurende eenige weken dikwijls een roofvogel zich plaatste op het kruis, waarboven de torenhaan gewoonlijk staat te pronken. Dit verschijnsel bracht angst en vrees over de dorpelingen, want zij beschouwden dien vogel als een aankondiger van groote rampen. De geestelijken drongen daarom aan op het dagelijks in de kerk komen bidden.

De grietman begreep de zaak anders. Eens toen de roofvogel weêr op het torenkruis zat en nieuwe vrees over de dorpelingen in erge mate kwam, liet Sjucksma hen op het kerkhof samenkomen en gebood, dat allen tegelijk onder een luid geschreeuw in de handen zouden klappen. Dit geschiedde en maakte den vogel zoo verschrikt, dat hij wegvloog om niet terug te komen. En nu zeide Abbe van Sjucksma: *Better ien wohey as 't fiifkrûsjen alle dei*, beter één wohei (luid rumoer) dan elken dag het vijfkruisen (het vouwen der handen, waarbij met de tien vingers vijf kruisen worden gevormd). En dit zeggen van Sjucksma werd vervolgens tot een spreekwoord.

Genezing door gelofte.

Omstreeks het jaar 1597 had de kleermaker Cornelis Cornelissen, te Leeuwarden, een knecht, die in de wandeling Maris Schurft werd genoemd omdat zijn hoofd uitwendig vol zat van boosaardige zweren, niet ongelijk aan melaatschheid. Dit was zeker erg genoeg, maar nog veel erger mocht het heeten, dat hetzelfde hoofd inwendig opgevuld was met calvinistische ketterij, die dikwijls door den lasterlijken mond een uitweg zocht, tot groote ergernis van zijn meester en van anderen. Aan zijn uitwendig ongemak leed deze knecht soms zoo hevig, dat de tranen hem uit de oogen werden geperst. Eens hierdoor geheel overmeesterd, troostte hem de vrouw des huizes, dat zij van eene ziekte was genezen door vasten. Nu deed Maris, radeloos van pijn, de gelofte om drie maanden te vasten. En ziet! des anderen morgens kwam hij gezond aan den winkel van zijn baas. Deze verwonderde zich niet weinig, doch Maris deelde hem de afgelegde gelofte mede, en verklaarde tevens, dat hij nu onderricht wenschte te ontvangen in het katholieke geloof. De grootmoeder van Maris, die vol zat van Calvijn en gal, was er zeer tegen dat haar kleinzoon ging vasten en de gereformeerde leer wilde verzaken. Zij viel den jongeling daarover zeer lastig, maar vruchteloos. Hij stoorde zich niet aan haar, doch hij vertrok naar Brabant, om daar meer ongehinderd in zijn geloofsovertuiging te zijn.

Het hemelsche gezicht van Michiel Saeckes te Veenwouden.

Dit is de brief, dien Michiel Saeckes geschreven heeft aan de Wederdooperen, dat zij zich zouden bekeeren; deze brief bevat de woorden des Engels, die met hem heeft gesproken en die hem daarbij met stomheid geslagen heeft:

Den 10 September 1609 is dit geschied, omtrent te 10 uren des daags: Ik zag een groot licht van den hemel, dit had in de eene hand een gloeiend zwaard, in de andere hand eene roede, en de stem zeide tot mij: «Ga tot mijn volk, dat mijn volk niet is, en «zeg tot hen, dat zij hun leven beteren.» Toen zeide ik: «Heere, «daartoe ben ik te onbekwaam.» — «Omdat gij de stem uwes Gods «ongehoorzaam zijt geweest, zult gij stom zijn en niet spreken kun- «nen, tot den tijd, dat de Allerhoogste u wat geeft te spreken. En «gij zult niet drinken dan water en een weinig brood. Deze letteren «beduiden wat: G, F, D, A, H, I, D, H, D, S, J, D, T, D, G. —

«Zeg dat een ieder tot zich zelven trede, hoe hij in oprechte ge-
«rechtigheid wandelt. En nu gij niet vroom wandelt voor mijn
«heerlijke Majesteit, zal ik u kastijden met deze roede, opdat gij
«te beter zoudt weten dat ik u toornig ben; nu, deze roede die
«hangt u over het hoofd; daar hangen bloeddruppelen aan, die be-
«ginnen te druipen op de aarde.»

En toen ik dat zag, verschrikte ik in mij zelven; hoe ik langer
zag, hoe 't telder druipte; toen zeide de stem tot mij: «waarom
«verschrikt gij u van dat druipen? hoe die roede teller druipt, hoe
«die straffe u harder overkomen zal; nu, zeg daarom uwe gemeente
«niet alleen, maar ook diegenen, die vaneen gescheurd zijn: O
«wee, o wee.» — In 't eind: «O wee mijn volk, dat mijn volk
«niet is: o wee, o wee, dat gij zoo zat zijt en nimmermeer hon-
«gert: o wee, o wee, o wee, o wee onder u; dat er geen oprechte
«liefde is, dat moet God in den hemel geklaagd zijn; en nu allen
«die van God geschapen zijn: jong, oud, rijk, arm, laat u raden,
«opdat gij de eeuwige pijn ontgaat; het jammert mij, die woon in
«den Troon der genade, dat mijn volk alzoo harde harten heeft;
«hunne harten zijn harder dan een diamantsteen, die met geen hamer
«gekwetst kan worden; daarom wandelt voor uwen God oprecht,
«zoo zal God in den hemel bij u zijn. Nu is uw naam eerst ge-
«schreven in het Boek des levens; gaat thans voort in vrede, leeft
«met uwen naaste beter dan gij dus lang gedaan hebt, zoo zal
«uw naam niet uitgedaan worden, als gij u wacht van alle onge-
«rechtigheid; want ik trek mij nu op tot mijn Vader en tot uwen
«Vader; neemt malkanderen in liefde waar, zoekt naarstig in de
«Boeken des Heeren; gij zult bevinden wat deze letteren beduiden.»

Hiermede zijt den Almachtige bevolen, en bidt den Heere, dat
hij mijne tong roere, opdat ik spreken moge. — Ik zoude wel wat
meer geschreven hebben van het Goddelijke antwoord, maar ik kan
het nu niet doen, de tijd wil het niet lijden.

Jan Cornelis Femmesz.

In het jaar 1610 gingen twee friesche boeren, Jan Cornelis Femmesz en Thomas Thomaszoon, tezamen eene weddenschap aan,
waarbij bepaald werd, dat Jan een vol jaar geheel alleen zoude
doorbrengen op eene zandplaat in de Noordzee tusschen Terschelling
en Ameland. Deze plaat, drie uren zeilens van de friesche kust
verwijderd, heet de Bosch of het Kamperzand. Zij lag, althans in

dien tijd, bij gewone vloeden meestal droog. Werd dit waagstuk volbracht, dan zoude Jan van Thomas ontvangen wagens, ploegen en meer boerengereedschap, en hetzelfde zoude hij aan Thomas moeten leveren ingeval hij de weddenschap verloor. Ook kon men aan weêrskanten volstaan met betaling in geld der bedoelde goederen.

Op den 11 Juni 1610 voer Jan Cornelis met den schipper Frederik Jetses naar genoemde zandplaat, vergezeld door vrienden en bloedverwanten. Dezen hielpen hem in het bouwen van een houten huisje, dat zoo werd gemaakt, dat het met een vijzel of schroef omhoog kon worden gebracht, al naar den stand van het water. Zoo liet men hem daar alleen. Hij had eenigen mondvoorraad mede en van nieuwe levensmiddelen voorzag hij zich door met het wadnet te visschen. Ook aasde daar een arend op zeevogels en dezen wist Jan hem dikwijls afhandig te maken.

Niet zelden werd de man verontrust door spoken en booze geesten en nog meer had hij te verduren van stormwinden en springvloeden, ja meermalen kwam hij in levensgevaar. Vooral in den nacht tusschen 30 November en 1 December werd de toestand benard, toen de vijzel wegdreef en het water over den zolder van het huisje stroomde. Toen dacht Jan zijn leven te zullen eindigen; hij bond zich aan het houtwerk van het huisje vast om daarmede als het noodig was naar het strand te kunnen drijven. Maar het weder werd kalmer; Jan greep nieuwen moed en herstelde het huisje zoo goed hij kon.

Toen het voorjaar aankwam, ontving Jan veel bezoek van nieuwsgierigen. Ook de robbevangers van de eilanden kwamen dikwijls aanleggen. Eens echter was het zevenentwintig dagen aaneen zoo mistig, dat Jan in al dien tijd geen zeil, veel minder een toren te zien kreeg. Eindelijk, op den 13 Juni 1611, werd hij door schipper Frederik Jetses, vergezeld door eenige andere schepen met volk, teruggehaald, en hij had dus de weddenschap gewonnen.

Balthazar Bekker vertelt in zijn *Betoverde Weereld*, dat hij, als knaap, Jan Cornelis Femmesz gekend heeft, oud, grijs en blind.

De roode doodsvlek.

Onder de Jezuitenzendelingen, die in het laatst der zestiende en de eerste veertig jaren der zeventiende eeuw in Friesland heimelijk werkzaam waren voor de uitbreiding van hun geloof, was pater Anscke Bockes Bruynsma, geboortig van Ipekolsga. Toen woonde te Ylst een deugdzaam en verstandig jongeling, Johannes Barteles, de zoon van welgestelde ouders, en die veel omgang had met pater Anscke. Deze jongeling werd ziek en stierf, na voorzien te zijn van de genademiddelen der kerk. Niemand twijfelde aan den dood, maar een roode vlek op het verbleekte gelaat trok toch de aandacht van allen, die het lijk kwamen zien. Over de beteekenis hiervan raadpleegde men pater Anscke en deze verbood het begraven, doch beval, met hem en met andere geestelijke vaders voor den overledene te bidden. Op den derden dag herleefde de jongeling.

Het gerucht verspreidde zich spoedig, en uit den omtrek kwamen vele nieuwsgierigen, niet alleen om den herleefde te zien, maar ook om het gelaat van den vromen pater Anscke, den wonderdoener, te mogen aanschouwen. Johannes Barteles heeft nog eenige jaren vroom geleefd. Dat hij niet schijndood was geweest bewees hij door de mededeeling, dat het hem gedurende de drie dagen van zijnen dood recht duidelijk was geworden, hoeveel voortreffelijker het katholieke geloof was dan de onheilige leer der mennonieten. Vruchteloos bleven dan ook de pogingen, om hem van het voorvaderlijk geloof afkeerig te maken. Hij voorspelde, dat, tengevolge van het zeer berispelijk leven der geestelijken, alle kloosters, kerken en andere gewijde plaatsen in Friesland zouden worden geschonden en geplunderd, en dat het priesterdom hier tot een zeer gering getal zoude inkrimpen. En deze voorspelling is vervuld.

Vechten of zuipen.

Jonker Sjuck van Burmania woonde in de zeventiende eeuw op zijne state te Stiens, waar hij eens bij gelegenheid van een oproer met plundering werd bedreigd. In allerijl haalde hij zooveel weerbare mannen bijeen als hem doenlijk was en wapende hen met snaphanen en ander vechtgereedschap. Hij sloot de poort en plaatste zich daar, met de gloeiende lont in de hand, naast een geladen kanon. Toen nu de doldriftige oproerlingen het slot naderden, riep hij hun toe: «Staat, mannen, en hoort! Zoodra een uwer bij de poort komt of over de gracht, brand ik los en mijn volk ook; ik zal mijn huis en mijn leven duur verkoopen. In de herberg is bier en drank; kiest nu wat gij wilt: vechten of zuipen!» De ontevredenen kozen het laatste. Zij togen naar de herberg, dronken daar op kosten van Jonker Sjuck en lieten hem en zijn slot verder ongemoeid.

Hiervan bleef een spreekwoord in gebruik: *Fjuchtsje of sûpe, sei Sjuck.*

Tjerk Hiddes.

Tjerk Hiddes, door de Hollanders bijgenaamd *de Fries*, was een boerenzoon van Sexbierum, niet ver van Harlingen, geboren den 6 Augustus 1622. Hij klom op tot den rang van luitenant-admiraal, en sneuvelde in een zeeslag tegen de Engelschen, den 4 Augustus 1666.

Reeds als knaap betoonde hij grooten lust in zeevaren. Het afraden en tegenpraten zijner ouders veranderde hierin niets. Nu kwam er eens een liereman met een houten been in het dorp en deze vroeg bij boer Hidde om nachtverblijf in de schuur. Dit werd hem toegestaan niet alleen, maar eene plaats bij den haard in het woonvertrek werd hem ook gedurende den avond gegund. Deze gastvrijheid der boeren tegenover landloopers en bedelaars was in mijne jeugd nog niet vervallen. Maar boer Hidde wist, dat de verminkte liereman, die thans om zijn brood moest bedelen, vele jaren ter zee had gevaren, en nu verzocht hij den ouden zwerver, om in tegenwoordigheid van den jongen Tjerk te vertellen hoe vol moeiten en gevaren het zeemansleven wel is. Hierdoor hoopte hij zijn zoontje afkeerig van de zee te maken. De oude liereman schetste met sterke kleuren wat hij voor en na had doorgestaan en hoe hij eindelijk in een zeegevecht een been had verloren. De kleine Tjerk was hierbij een en al oor, maar de verhalen van den oude hadden bij hem eene andere uitwerking, dan zijne ouders hadden gehoopt. De lust voor de zee werd er slechts door aangewakkerd. Toen Tjerk eens met zijn vader te Harlingen was en deze hem een oogenblik uit het oog had verloren, vond hij den knaap, na lang en angstig zoeken, terug boven in den mast van een groot schip. — J. H. Halbertsma teekent nog aan: Tjerk Hiddes sprak zeer goed Hollandsch, maar zijne friesche moedertaal hield hij in eere. Toen hem voor het eerst de admiraalsrok werd aangetrokken, zeide hij: «Hwet scil ús Tryn nou sizze?» wat zal onze Trijn nu zeggen? Trijn was zijne vrouw of zijne zuster.

Coehoorn.

Een der dapperste veldheeren en de bekwaamste vestingbouwkundige van zijn tijd was Menno Baron van Coehoorn. Hij werd geboren in 1641 op het slot Lettinga-state nabij Britsum. Zijn vader was kapitein in nederlandschen dienst, en woonde geruimen tijd op de state Bergumerbosch of het Hooghuis bij Bergum. Daar, op een onbebouwd veld met hoogten en laagten, «de Hooge Geesten» genoemd, maakte Menno als knaap zeer vernuftig vestingwerken en schansen in het klein, met loopgraven en holen.

Nog in de eerste helft dezer eeuw wist het volk te vertellen, dat Coehoorn een arme jongen was geweest, die in zijne jeugd als koeherder diende, naar aanleiding waarvan hij later den familienaam Coehoorn aannam. Terwijl hij op de beesten paste, die aan den weg graasden, maakte hij vestingwerken in het klein en stelde legers in slagorde, waarbij hij stokjes gebruikte als soldaten. Nu kwamen daar eens twee generaals langs; zij zagen dat werk en vroegen aan de ouders van Menno, den knaap aan hen af te staan; onder de leiding van deze heeren is Coehoorn geworden wat hij later was.

Eens was hij met meer anderen in Frankrijk krijgsgevangen geraakt. Hij vond op zekeren nacht gelegenheid voor zich en zijne lotgenooten om te ontvluchten; ten einde niet achtervolgd te worden, bedacht hij om de hoefijzers het achterste vóór onder de pooten der paarden te slaan. Toen de vlucht werd ontdekt, zond men ruiters uit. Dezen, eindelijk paardentreden in het zand ziende, meenden de vluchtelingen op het spoor te zijn, maar volgden de richting, door de prent der hoefijzers aangewezen en reden alzoo recht van hun doel af. — Coehoorn is evenwel nooit krijgsgevangen gemaakt.

Bezetenen.

Omstreeks het jaar 1612 had Johannes Hendriks, te Harlingen, onder zijne kinderen een tienjarigen knaap, die door de werking van een boozen geest, waarvan hij bezeten was, soms in het water liep en soms in het vuur. Hij spuwde, gilde en sprak woorden die zijne ouders niet verstonden. Hij braakte vloeken en verwenschingen uit, die in het ouderlijke huis vroeger nooit waren gehoord, want de ouders waren vrome lieden. Des nachts verliet de knaap het bed, begaf zich naar den bovensten zolder van het huis, klom tot in het hoogste punt van het dak en liet zich daar, tot grooten angst zijner ouders, met de handen aan het paalwerk hangen. Op aandrang der paters Jezuiten hadden de ouders, die mennist waren geworden, het plan opgevat, al hunne kinderen te laten doopen, ook den bezeten knaap. Maar nu werd deze door den booze acht dagen achtereen veel verschrikkelijker geplaagd dan ooit te voren. Het was soms als werd hij vaneengereten, het scheen, dat hij het zoude besterven. Maar onmiddellijk na den doop was de kracht des duivels gebroken en het kind kreeg rust. Het bleef alleen nog eenigen tijd zwak en hulpbehoevend.

Tegen het einde van Oktober 1614 heeft de duivel zekeren Dirk Reinses te Sneek overmeesterd. Deze man was katholiek, maar een dronkaard en vloeker. Eens toen hij, reeds beschonken, zijne vrouw om geld vroeg voor nog meer drank, werd hem dit geweigerd. Hierover gramstorig, begaf hij zich naar het huis van Bonne Gerbens den kroeghouder; daar in de schuur wierp hij zich in het hooi en zon op wraak. Hier verscheen hem de duivel, dien echter ieder voor een mensch zou hebben aangezien, als zijn eene voet, die de gedaante van een paardenpoot had, hem niet verraden had. Hij bood Dirk als drinkgeld een muntstuk aan ter grootte van een rijksdaalder. Maar toen de kroeghouder dit in handen kreeg, bevond hij dat de klank van het metaal niet zuiver was; ook kwam het geheel vreemde wapen hem verdacht voor. Kortom, het geldstuk werd in het water geworpen.

Van toen af begon de duivel den drinker in erge mate te kwellen om hem in het verderf te storten. De vrouw van den toenmaligen sneeker burgemeester had zich op aanraden des duivels met een mes van het leven beroofd, nadat zij had ontdekt dat haar man verboden omgang had met de dienstmeid. Dezelfde verleider raadde Dirk Reinses aan ook de hand aan zichzelven te slaan: dan zoude er een allerbekoorlijkst paradijs voor hem openstaan. Dirk echter maakte geen haast om naar dat duivelsparadijs te verhuizen, en daarom sarde de booze vleier: «Ben jij zulk een durfniet? En des burgemeesters vrouw, die duizendmaal rijker was dan gij, heeft mijn raad wel opgevolgd.» — Maar Dirk kon nog niet besluiten. Toch bereikte de booze zijn doel. Op zekeren nacht verliet Dirk heimelijk het bed. Toen de vrouw kort daarna ontwaakte, ging zij terstond zoeken, en vond den man hangende aan een touw.

In het jaar 1630 is het te Ezumazijl gebeurd, dat een vader, behoorende tot de sekte der mennonieten, in dronkenschap vloekende uitvoer tegen zijne dochter, haar toewenschende, dat de duivelen haar in het hart mochten varen en haar opheffen in de lucht. Sedert dien tijd begon Anna, zoo heette het meisje, zich ongesteld te gevoelen en werd spoedig zoozeer door booze geesten geplaagd, dat zij met haar geschreeuw en getier de rust der buren verstoorde. In dien tijd kwam een duivel in menschengedaante in den winkel der ouders eenige kleinigheden koopen, daarbij belangstellend vragende naar den toestand hunner dochter en verklarende : «Na twee of drie dagen zal er bij haar wel een ander kwaad uitbarsten.» — En hij sprak de waarheid, want het werd met Anna van dag tot dag erger. De ouders beproefden allerlei middelen, doch vruchteloos, wànt zij behoorden niet tot de moederkerk. Maar de vader, door den ban buiten de gemeenschap der mennonieten gesloten, en hierover verstoord, wendde zich eindelijk tot de katholieken om hulp. Anna zelf, door een goeden engel geleid, begaf zich tot eene aanzienlijke vrouw, Catharina van der Meulen, echtgenoote van Tzietse Peyma, door wier bemoeiing zij volgens kerkgebruik der katholieken den doop ontving. Blijkbaar mishaagde dit den duivel zeer, want toen zij op het punt stond gedoopt te worden, verbijsterde hij haar, door hevige schokken, het verstand. Toch werd zij gedoopt, waarbij bovengenoemde vrouw in hare plaats antwoordde en den duivel de gehoorzaamheid opzegde. Intusschen vertoonden zich rondom het huis eene menigte katten, die een groot misbaar maakten.

Sedert was Anna rustiger en steeds goed bij haar verstand. Maar nu beging zij de fout, dat zij zich, schoon tegen den zin harer ouders, naar eene waarzegster begaf. Deze verklaarde wel den duivel te kunnen bedwingen, doch niet uitwerpen. De vrouw vatte de hand van het meisje, prevelde iets uit een boek, legde haar streng op, de zaak voor hare ouders geheim te houden en bereidde een drank van welken Anna terstond een goed gedeelte innam; maar zij begon nu op de vrouw te schelden, want zij gevoelde zich betooverd en kon niet van de plaats komen. Toch liet zij zich door de toovenaarster nog twee geheimzinnige papieren geven; het eene, in een lap benaaid, behelsde het bevel aan de duivelen om zich in het meisje rustig te houden en moest aan den hals worden gedragen; het andere, dat open was, bevatte dit gebed:

„Quade! staet stil,
Om den naem Jezus Christus wil,
In den naem des Vaders en des Soons en des Heiligen Geests,
Dat ick verlost mach worden van sulcken quaden geest.''

Dit gebed moest Anna, naar huis terugkeerende, opzeggen op alle kruiswegen en verder zoo dikwijls de duivel haar lastig viel.

Een volgenden keer las de waarzegster Anna's planeet, waaruit zij voorspelde, dat de lijderes in haar negentiende jaar van den booze verlost zoude worden.

Ongeveer negen maanden had Anna met die heks te doen gehad, toen hare aanzienlijke beschermvrouw achter de zaak kwam. Deze nam het meisje nu onder haar onmiddellijk toezicht en riep de hulp in eens priesters, die de hulpmiddelen der kerk te baat nam.

De booze geesten, die in Anna waren gevaren, bleven haar nu en dan zeer kwellen. Een er van, die Petter Stobeler heette, was de geweldigste en wreedaardigste van allen. Soms maakte hij haar lichaam zoo zwaar, dat vier kloeke mannen het niet van den grond konden opheffen, soms zoo stijf dat zelfs geen vinger van het meisje te buigen was, en later weêr zoo slap als een natte doek. Hij zoude des daags voor Driekoningen uitgeworpen worden en maakte toen zulk een misbaar als men nooit zoo gehoord en gezien had. Een groot aantal razende katten vlogen met een afschuwelijk geschreeuw door het huis. Dit waren allen duivelen. Vervolgens zijn er voor en na, doch allen vóór Paschen, nog zeven duivelen uit Anna verdreven. Hunne namen waren, volgens hun eigen opgaaf, waartoe zij door bezweringen werden gedwongen: Brand-indehel, Kyk-indehel, Kyk-deurdeglazen, Voordanser, Blaas-indehel, Rabbeler en Babbeler.

Deze kwelgeesten lieten, terwijl zij zich in Anna hadden genesteld, soms blijken dat zij dingen wisten, die Anna onmogelijk konde weten. Eenige jongelingen, opgemerkt hebbende, dat de duivel erg werd geplaagd wanneer men Anna aalmoezen gaf, beklommen eene verhevenheid waarop een altaar stond, en offerden daar gaven ten behoeve van het meisje. Een hunner echter had dit nagelaten, meenende dat zijn broeder het voor hem waarnam. Maar toen de jongelingen beneden kwamen, lachte de duivel hem uit en verweet hem dat hij niets had geofferd. — Kwamen er onroomschen om Anna te zien, dan riep de booze: «Komt maar hier! gij zijt van ons volk, want gij zijt ketters.» — Een calvinistisch predikant, die ook een kijkje kwam nemen, kreeg te hooren: «Kom hier, dominé met je dobbelsteenen in den zak! laat ons samen eens spelen.» De predikant, een hartstochtelijk dobbelaar, pakte zich spoedig vandaar. — Rechtgeloovigen noemde de booze Gods volk, maar, den naam Gods niet zuiver kunnende uitspreken, zei hij: «Desen is van Gosses volk.» — Zekeren knecht verweet hij, de trouwbelofte aan zijn meisje te hebben geschonden en ook tot des duivels volk te behooren omdat hij ongedoopt was. Dit werkte ten goede, want de jonkman liet zich doopen en huwde het meisje. — Toen de acht booze geesten uit Anna verdreven waren, hield zij zich gedurende eenige maanden rustig en scheen geheel vrij te zijn. Maar toen woonde zij eens de predikatie in eene kerk der ketters bij, en daarna begon de kwelling op nieuw. De hulp van een calvinistisch geneesheer, gesteund door predikanten, was vruchteloos. Toen de paters zich de zaak weêr aantrokken, ontdekten zij dat er nog een duivel in Anna schuilde. Het werk der uitwerping werd aangevangen en de geest gedwongen te verklaren dat hij Hanske Komboven heette. Men slaagde echter niet naar wensch, omdat men niet wist, dat Anna nog kromme naalden en andere toovermiddelen, afkomstig van de waarzegster, in hare kleederen verborgen bij zich droeg. Toen men dit had ontdekt en die voorwerpen waren verwijderd, werd de duivel spoedig verjaagd, maar niet dan nadat hij Anna nog op schrikbarende wijze had gefolterd. De priesters hadden zich in den tusschentijd door Hanske Komboven allerlei dwaasheden op den mouw laten spelden, die zij gretig voor waarheid aannamen omdat hunne ijdelheid er door werd gestreeld. Onder meer verklaarde de aartsleugenaar, dat hij, om de eeuwige heerlijkheid te bekomen, een ladder, staande van de hel tot in den hemel, met sporten zoo scherp als scheermessen, zou willen op en neder klimmen van toen af tot aan den jongsten dag.

Kort na deze uitwerping kwam weer een andere booze geest Anna een stuk goudgeld tot een huwelijkspand aanbieden en toen zij dit weigerde, wierp hij haar tegen den grond. Teneinde gesterkt te worden voor nog zwaarder kampstrijd, biechtte zij op aanraden des bezweerders en genoot het lichaam des Heeren, in weerwil van des duivels krachtige tegenwerking. Door bezwering gedwongen, noemde ook deze kwelgeest zijnen naam Sluit-indehel; zijn makker, naar hij mededeelde, heette Kruip-indehel. Deze mocht zich niet in Anna vestigen, maar kwelde haar uitwendig niet weinig.

Eindelijk, na allerlei getob, omdat Anna nog altijd geheime toovermiddelen bij zich droeg, terwijl zij nu en dan veel te lijden had ook door het loozen van naalden, haarballen en andere soortgelijke voorwerpen, werd zij door de bezweerders voor goed van booze geesten ontlast. Er waren er ook die beweerden, dat zij nooit bezeten was geweest, maar alles geveinsd en gelogen had om opzien te baren en medelijden te wekken. De paters wisten wel beter.

Maar al was het meisje nu niet meer bezeten, toch bracht de duivel haar soms nog slagen toe. Ook bleef zij nog niet bevrijd van hevige beproevingen van kleinmoedigheid; maar door het geloof gesterkt bleef zij steeds verwinster in den strijd. Eerst naar hare ouders teruggezonden, kwam zij vervolgens als dienstmeid in Dokkum. Hier aangetast door de toen heerschende pest, begaf zij zich weêr naar de ouderlijke woning, doch bezweek daar spoedig.

Barend Fokkes.

De friesche schipper Barend Fokkes, die in de 17de eeuw leefde, was een zeer ondernemend, misschien zelfs roekeloos zeeman. Hij deed in 1678 eene reis naar Oost-Indie in drie maanden en vier dagen; in dien tijd, toen de meeste schepen er een half jaar voor noodig hadden, was zulk eene reis een wonder; hij bewees haar, door een pak brieven over te brengen aan den gouverneur-generaal. Hij was buitengewoon groot en sterk, daarbij grof en terugstootend van uiterlijk, en hij kon vloeken dat het daverde. Bovendien had hij een grooten zwarten poedel aan boord; dezen hield men voor den baarlijken duivel, die, vooral bij nacht, den schipper hielp. Eens is hij uitgezeild zonder dat men ooit iets van hem heeft terug gezien of vernomen. De duivel heeft hem ingepakt en veroordeeld om voor eeuwig te varen tusschen Kaap Hoorn en Kaap de Goede Hoop, zonder rust, zonder ooit eene haven te mogen aandoen. Barend Fokkes is alzoo de kapitein van den «vliegenden Hollander», het spookschip waarvan alle zeelieden weten te vertellen.

Men heeft dezen frieschen zeeman een standbeeld opgericht op een onbewoond eilandje, het Kuipertje genaamd, tegenover de reede van Batavia. Barend stond daar met zijn friesche buis en korten broek in steen uitgehouwen, zoodat hij van elk schip, dat de reede van Batavia verliet, kon worden gezien. Toen in 1808 de engelsche admiraal Dourie den toenmaligen gouverneur-generaal Daendels niet durfde aanvallen, had hij evenwel den moed, het beeld van Barend Fokkes in stukken te doen slaan.

Sicco van Goslinga.

Deze was grietman van Franekeradeel, en in den successie-oorlog van 1706 tot 1711 tevens gedeputeerde te velde en ambassadeur van den Staat in Frankrijk.

Bij den vredehandel van 1713 bevond hij zich aan het hof te Versailles. Toen koning Lodewijk XIV en hertog de Richelieu hunne verwondering te kennen gaven, dat zulk een kleine Staat als de Nederlandsche den oorlog zoo lang en zoo goed had kunnen volhouden, zeide deze Fries: «Met friesche trouw en hollandsche dukaten komt men ver.»

De hollandsche dukaten waren van zulk fijn goud, dat zij geheel de wereld door met graagte werden aangenomen. De friesche trouw was even deugdelijk en echt, meende Sicco. Hij zelf had tot lijf-spreuk: «As ik wiste dat myn himd it wiste, den barnde ik it foart op», waarmeê hij wilde zeggen, dat niemand, zelfs zijn meest vertrouwde vriend niet, de geheimen van zijn ambt mocht weten.

Als gedeputeerde te velde hield hij steeds briefwisseling met zijnen vriend Sjuck van Burmania, en wel in de friesche taal, maar met grieksche letters geschreven. Velen dezer brieven werden door den vijand onderschept, maar van den inhoud kon niemand iets begrijpen, zelfs de knapste taalgeleerde niet. Tijdens Goslinga's verblijf aan het fransche hof kwam het gesprek ook op deze brieven en ver-klaarde De Richelieu, dat men nooit den sleutel van dat geheim-schrift had kunnen vinden. Hierop antwoordde Sicco: «Dêr is ek nin kaei fen», daar is ook geen sleutel van. Hiervan bleef lang het spreekwoord in gebruik: «Der wier nin kaei fen, sei Sikke.»

Schenkinsma en Drinkuitsma.

Op de kaart van Leeuwarderadeel, door Schotanus, in 1718 ver-beterd door Halma, worden onder Huizum bij Leeuwarden twee aan-zienlijke huizen aangewezen met de namen Putsma en Drinkuitsma, en op de kaart, door de Staten van Friesland in 1847 uitgegeven, komen die namen ook nog voor. Het slot Wiardastate te Goutum werd oudtijds gebijnaamd Schenkinsma, en het was in dien tijd, dat op deze drie huizen drie gebroeders hebben gewoond, die groot vermaak schepten in het drinken, en zich daarop veel lieten voor-staan. Op hen werden deze latijnsche regels gedicht:

Qui nos tres geminos superat certamine Bacchi
Hic venit Alcides redivivus conteret Hydram.

welke woorden overgezet zijnde ongeveer beteekenen:

Hij die, in drinklust nooit verzaad, ons drie beschaamd deed staan,
Hij ware een tweede Herkules, die Hydra's kon verslaan.

Klaas Kunst.

In de eerste helft der achttiende eeuw woonde in het gehucht Jeslumburen onder Achlum een boer, Klaas Gerrits. P. C. Scheltema noemt hem Klaas Gerrits Wiersma, maar onder het volk heette hij Klaas Kunst, omdat hij iets meer kon dan een gewoon mensch. Hij had het door eigen oefening tamelijk ver gebracht in de wis-, natuur- en sterrekunde; maar het volk hield hem voor een toovenaar. *Hy wielde de wrâld om'e sinne*, hij liet de aarde om de zon draaien, vertelde men, en dit was in dien tijd nog eene zware ketterij. Klaas Kunst is niet zoo vermaard geworden als na hem Jan van der Bildt, Arjen Roelofs en anderen; hij maakte ook geen telescopen of kunstige uurwerken; hij knutselde slechts voor eigen liefhebberij.

Velen schuwden hem als een bondgenoot des duivels en wilden vooral niet bij hem aan huis komen. Klaas was lidmaat der hervormde kerk; maar hij werd aangeklaagd bij den kerkeraad. Sommigen meenden dat iemand, die zulke verdachte kunsten deed als hij, van de gemeente behoorde afgesneden te worden. Dominé, vergezeld van een ouderling, kwam Klaas dan ook een bezoek brengen en onderhield hem er over, dat hij dingen deed, die veel geleken naar duivelskunsten. Klaas zeide: «Ja, dominé, dat zijn dingen waar onnoozele menschen vreemd tegen opzien, maar voor iemand die er het rechte van begrijpt, zijn ze doodeenvoudig. Laat ik u daar eens een proefje van geven.»

Aan weerszijden van den haard, in het woonvertrek, stond tegen den muur, onder den wijden schoorsteenmantel, een steenen pilaster met aan het boveneinde een leeuwen- of saterkop met opgesperden muil. Klaas nam de groote tuitlamp en hield de vlam voor den bek van een der steenen gapers. De vlam werd uitgeblazen, maar dadelijk hield Klaas het glimmende lemmet in den anderen bek, en deze blies de lamp weêr aan. Dominé en de ouderling zaten in sprakelooze verbazing. Klaas zeide: «In den eersten bek had ik nat buskruit gelegd; toen dit ontbrandde ging de lamp uit; in de andere lag droog kruit, dat bij de aanraking met de gloeiende katoenwiek deze weêr deed ontvlammen. Is dat nu duivelskunstenarij, dominé?»

Had Klaas 's avonds gezelschap, dan liet hij uit den haardput aardmannetjes te voorschijn komen, gekleed als ruiters en soldaten, die op kommando excerceerden. Zelfs kon hij een of meer dezer kereltjes iemand bij het lijf laten oploopen. Op zijn bevel verdwenen ze weêr vanwaar ze gekomen waren. Hij had de macht om iemand op den weg te doen staan, zoodat hij vooruit noch terug kon. Hij kon met zijn bootje tegen den wind in zeilen en onder bruggen door zonder zeil en mast neder te laten.

Hij bezat een groot boek, dat steeds aan eene ketting lag met een slot er op. Hieruit had hij al zijne geheimzinnige kunsten. Niemand dan hij mocht in dat boek lezen. Maar op zekeren zondagmorgen was hij naar de kerk en had vergeten het tooverboek en het kamertje waar het boek lag te sluiten. De knecht kon de verzoeking niet weêrstaan het boek in te zien. Maar niet lang had hij dit gedaan, toen hij buiten een vervaarlijk vogelgekras hoorde, en het venster uitziende, ontdekte hij, dat het geheele erf vol zat met zwarte roeken. Hij wilde ophouden met lezen, maar dit kon hij niet, en hoe meer hij las, hoe grooter het aantal roeken daar buiten werd; zelfs het geheele dak der groote schuur werd er meê bezet. Het gelukte hem eindelijk het boek en het kamertje te ontvluchten, en nu wilde hij de roeken verjagen. Maar dezen bleven, niettegenstaande al de beweging en al het geschreeuw van den knecht. Klaas vernam in de kerk wel aan zich zelven dat er tehuis iets gaande was. In het midden der preek ging hij naar huis. De knecht ontving eene duchtige berisping en de boer zette zich tot lezen in het tooverboek; maar hij las van achteren op wat de knecht van voren aan gelezen had. Daarna werd het boek onder het slot gebracht. Nog waren de roeken niet vertrokken. Maar in de schuur stonden twee zakken klaverzaad; dezen werden buiten gebracht en Klaas begon het zaad naar alle kanten uit te strooien onder den uitroep: «Twee man een korrel!» Nu vlogen de roeken bij paren weg, maar niet voor dat al het zaad was uitgestrooid waren ze allen verdwenen.

Klaas Kunst hield veel van aangenaam gezelschap. Eens had hij een paar vrienden bij zich, die van heengaan spraken, terwijl Klaas meende dat zij nog best een poosje konden blijven. Wat deed Klaas nu? Hij liet eene bui opkomen. Het begon sterk te waaien en de regen sloeg tegen de vensterruiten; met zulk weêr konden de twee vrienden onmogelijk vertrekken. Een hunner waagde 't eindelijk de bovendeur te openen om te zien hoe de lucht stond. En denk eens aan! buiten was het even kalm als 't den geheelen avond geweest was. De gewaande bui was niets geweest dan eene kunstenarij van Klaas.

Op een mooien winterdag toen het ijs sterk was had Klaas bezoek van een paar schaatsrijders, die eenige uren van Achlum verwijderd woonden. Dezen vertrokken veel te vroeg naar de meening van Klaas. Zij echter beweerden dat zij niet wel later konden; het was geen lichtemaan, zij hadden tegenwind en reden liefst niet lang bij duister. Nu was er in de opvaart, die van het boerenerf naar de hoofdvaart liep, eene bocht. Toen de twee schaatsrijders op dat punt gekomen waren, konden zij niet verder. Zij weerden zich met armen en beenen zoo dapper mogelijk en werkten zich in 't zweet; zij bleven waar ze waren. Ten einde raad besloten zij terug te keeren. Klaasboer stond op den wal hen af te wachten en hartelijk lachende riep hij: «Hadt ge den tijd, dien ge nu hebt besteed om u af te sloven voor niets, bij mij aan den haard doorgebracht, dat ware veel verstandiger geweest. Rijdt maar weêr heen, nu zal 't wel goed gaan.» — Zij deden alzoo en ondervonden thans geene beletselen.

De studenten te Franeker hoorden natuurlijk ook van Klaas Kunst. Sommigen gevoelden lust om kennis met hem en zijne kunsten te maken en een drietal besloot den boer een bezoek te brengen. Zij kwamen tegen den avond aan en waren van harte welkom. Het gesprek liep weldra over allerlei, echter niet over bovennatuurlijke kunsten. Niemand der studenten had eigenlijk den moed daarover te beginnen. Zij wilden zich liefst niet door den boer laten foppen. Zij kregen den geheelen avond niets bijzonders te zien of te hooren, dan alleen dit: op voorstel van den boer moesten de heeren ook zijn stal met vee zien, gelijk ieder gewoon is te doen, die bij een boer om een praatje komt. Die nu weet dat in een frieschen koestal het looppad achter de beesten is, begrijpt, dat men daar op zijne hoede moet zijn, wil men zijne kleeding onbesmet houden. Toen de studenten met Klaasboer den stal bezochten, had het er veel van, dat de koeien heimelijk een zeker bevel hadden ontvangen: de heeren kwamen alles behalve onbesmet vandaar. Laat in den avond namen de drie vrienden afscheid. Het was nogal duister, doch overigens goed weêr; de weg was bekend en de studenten hoopten binnen anderhalf uur tehuis te zijn. Toch viel de weg hun lang; zij hadden naar gissing reeds meer dan twee uren geloopen, toen ze nog niet te Franeker waren. Eindelijk kwamen ze voor de stad. Jawel! goed toegekeken, dat was Franeker niet; dat was Harlingen. Zij hadden dus den verkeerden weg ingeslagen. Nu spoedig rechtsom gemaakt en regelrecht op Franeker aan. Na weêr tot vervelens toe lang geloopen te hebben zagen ze opnieuw eene stad vóór zich. — Franeker? — Neen, nu nog erger. Dit was Bolsward naar 't hun voorkwam. Ontmoedigd keerden ze terug, hopende met het aanbreken van den dag den goeden weg te zullen vinden. Het daglicht brak aan en wat ontdekten zij? Zij waren nog op het erf van Klaas Kunst. Daar waren zij ook den geheelen nacht niet af geweest. De boer kwam over de staldeur kijken en riep hun toe: «Nu hebben de heeren toch iets van Klaasboer zijn kunsten gezien, niet waar? Gaat nu maar naar Franeker.» En hij sloeg de deur dicht. De studenten vonden thans zonder moeite den weg naar de akademiestad.

Eens liep Klaas langs den trekweg van Franeker naar Leeuwarden. Een zeilend schip in de vaart haalde hem in; er woei eene frissche koelte en 't was vlak voor den wind. Klaas verzocht den schipper hem meê te laten varen naar Leeuwarden, maar de man weigerde; aanleggen was te moeielijk en gaf te veel oponthoud meende hij. «Nu, zeil dan maar,» zei Klaas en stapte door naar Leeuwarden. En de schipper zeilde en de wind blies in het zeil en het water bruiste tegen de boegen op, maar het schip bleef waar het was. Des namiddags, toen Klaas terug kwam, lag het daar nog. «Zeil nu maar verder,» riep hij den schipper toe, «maar wees later wat vriendelijker.»

Een anderen keer bracht hij te Leeuwarden varkens ter markt, die hij verkocht aan lieden uit den Woudkant. Deze dreven de dieren huiswaarts en kwamen aan een punt, waar de weg een weinig onder water stond. Dit was echter zeer wel doorwaadbaar. Maar toen de varkens in dat water werden gedreven, veranderden zij in schoven stroo. De drijvers stonden verbluft, doch besloten spoedig naar Leeuwarden terug te keeren om, zoo mogelijk, den man te vinden, die hen zoo deerlijk bedrogen had. In de stad gekomen, vonden zij Klaas spoedig. Hij lag op eene stoepbank te slapen. Zij wilden hem wakker schudden, maar dit gelukte niet. Ook roepen baatte niet. Een der mannen vatte hem bij een been om hem, zoo noodig, van de bank te trekken. Maar toen trok hij hem met een ruk een been uit, terwijl de boer bleef doorslapen. De man wierp het been op den grond en nam ijlings de vlucht, gevolgd door zijn makker.

Klaas reisde eens in eene streek waar niemand hem kende. Hij ging eene brouwerij binnen om een halfmengelen bier te drinken.

6

In dien tijd waren er in Friesland talrijke brouwerijen, waar men in kon gaan evenals thans in een bier- of koffiehuis. De brouwer vulde de kan en ging er meê naar Klaas om hem een glas vol te schenken, maar toen hij het deksel oplichtte, was de kan ledig. Dit bevreemdde hem zeer, maar hij ging opnieuw de kan vullen. Weêr bij Klaas gekomen, werd de kan nogmaals ledig bevonden. Nu begon de brouwer te vloeken; toch vulde hij de kan ten derdenmale, maar ook ten derdenmale kwam hij bij Klaas met eene ledige kan. Thans was het geduld des brouwers ten einde; hij zei: «Jij bent iemand die meer kan dan goed is,» en hief den arm op om Klaas een slag toe te brengen met de kan. Maar de arm bleef stijf omhoog. Hij wilde Klaas schoppen, maar ook het been bleef stijf achteruit. Dit moest duren zoolang Klaas het goedvond. Daarna ontving deze een halfmengelen bier en alles liep af zoo 't behoorde.

Op zekeren morgen ging Klaas van huis naar de franeker kermis. Zijn weg voerde langs het korenveld van een zijner buren, waar een paar knechts aan het zichten waren. Klaas riep hun toe: «Gij zoudt zeker liever naar de franeker kermis gaan, dan hier staan te zichten?» — «Natuurlijk!» zeiden de knechts; «onze boer staat ook toe dat wij er heen gaan, maar dat beteekent niet veel, want wij moeten eerst dit geheele veld afzichten en dat kunnen wij vóór vanavond laat niet gedaan hebben.» — Klaas zeide: «Komt jongens! gaat maar naar de kermis, ik zal wel voor het zichten zorgen.» Dit had hij niet gezegd of al het koren lag tegen den grond in ongebonden schoven, alsof 't gezicht was. Tehuis komende, om zich te kleeden voor de kermis, vertelden de knechts den boer dat hunne taak af was door de hulp van Klaas Kunst. En de boer zag tot zijne verbazing dat zij waarheid spraken. Maar toen zij des anderen morgens van de kermis terug kwamen, stond al het graan, dat zij niet gezicht hadden, weêr op het land zooals het den vorigen morgen stond.

Op de franeker kermis zag Klaas een paar kunstenmakers, die op straat hunne bekwaamheid toonden. Onze boer droeg een ledigen graanzak en naast hem stond eene vrouw met een mand vol eieren. «Vrouw,» zei Klaas, «doe die eieren in dezen zak, de schade die er van komt zal ik u vergoeden.» Na eenig aarzelen deed de vrouw het, en nu sprak hij den goochelaars toe: «Zijt gij kunstenaars?» — Nu, ja, dat meenden ze wel. — «Slaat dan deze eieren op de straatsteenen in stukken.» — Dat kwam hun niet moeielijk voor, maar nadat zij herhaald en uit al hun macht met den eierzak op de straatsteenen hadden geslagen, bleek dat er toch zelfs niet één ei gebroken was. — Nu sloeg Klaas in eenen slag op de steenen al de eieren stuk en zeide: «Als gij nu nog volhoudt dat gij kunstenaars zijt, slaat dan de eieren weêr heel.» Dit wilden de verblufte mannen maar liever niet beproeven. Klaas deed nog een slag met den zak op de steenen en al de eieren waren weêr heel; de vrouw kon ze terugnemen. — «Zeg nu nooit weêr dat gij kunstenaars zijt,» eindigde Klaas.

Zoo zag hij ook eens een straatgoochelaar, die door een dikken balk zoude kruipen. De toekijkers zagen den man aan het eene einde in den balk verdwijnen en verwachtten nu dat hij aan het andere einde zoude uitkomen. Maar Klaas Kunst zei: «Daar is hij!» en gaf den man een stokslag. Nu zagen allen dat de kunstenaar niet door, maar bij den balk langs kroop. De goochelaar had de oogen der toeschouwers betooverd, maar dit kon hij Klaas Kunst niet doen.

Behalve Klaas Kunst waren er voor en na meer dergelijke duivelskunstenaars onder de landlieden, en wat aan Klaas wordt toegeschreven, gaat ook wel op naam van die anderen. Bij het Bezemmakerszet nabij Suawoude woonde, lang geleden, ook een boer, die meer kon dan een gewoon mensch. Den watermolen, dien hij nabij het vaarwater op zijn land had staan, kon hij op zijn bevel eene wandeling laten doen, en dit deed hij soms bij nacht, tot grooten schrik van de visscherlieden, die daar met hunne schepen lagen; en ergens in de Wouden hebben een paar echtelieden gewoond, die 's nachts, als het veld sterk bedauwd was, daarop konden schaatsrijden, evengoed als anderen het op 't ijs doen.

Eens zal de boerenplaats, op welke Klaas heeft gewoond, afbranden, en dit zal gebeuren, zoodra men om het huis een staketsel plaatst, bestaande uit latten waarvan de koppen roodgeverfd zijn; reeds heeft iemand deze schuur bij nacht in lichter laaie gezien.

Yntje Jans.

In 1722 was Yntje Jans ouderling der hervormde gemeente van Oosterzee en Echten, in Lemsterland. In den laten avond van den 8sten December des genoemden jaars keerde deze man huiswaarts, nadat hij bij zijnen vriend Hancke Romberts eenige uren had doorgebracht in godsdienstige gesprekken, terwijl men ook had gehandeld over zwaren krijg en oorlog; dat dezen waren te beschouwen als straffen des Hemels over der menschen zondigheid, hierin waren de vrienden het eens.

Op den Heerenweg gekomen, hoorde Yntje driemaal achtereen uitroepen: «O, wee!» maar hij zag niemand, voor zich noch achter zich. Nog eens werd er driemaal «O, wee!» geroepen en nu zag hij voor zich drie personen van eene wondervolle gedaante. In den eersten schrik zond hij een kort gebed om bescherming ten Hemel en nu schepte hij moed om de mannen toe te spreken met deze woorden: «Zijt gij van God, zoo spreekt mij toe in Godes naam; zijt gij van den Satan, zoo wijkt van mij.» — Hierop naderde de eerste der drie mannen, «blinkende gelijk de zonne, hebbende in zijne rechterhand een roede, die droop al van den bloede.» — De tweede geleek den dood. De derde had «het fatsoen van een krijgs- man, tot de knieën toe bloedig, hebbende in zijne rechterhand een zwaard, dat droop al van den bloede.» De mannen riepen: «O, wee! o, wee! over Brabant en Vlaanderen, zoo zij haar niet be- keeren van haar zondig leven, van haar stinkende hoovaardije, dronkenschap ende vervloekte afgoderij, zoo zullen zij in een bloed- bad vergaan.» — De eerste sprak: «Zie onder mijnen rechterarm naar het zuidwesten.» — De ziener deed dit en zag het geheele land vol ruiters en soldaten, tot de knieën toe bloedig. Het tweede bevel was: «Zie onder mijnen linkerarm naar het zuidwesten.» Daar lag het geheele land vol dooden, en de mannen riepen: «O, wee! o, wee! o, wee! over Friesland. God de Heere kan de ver- achtingen van zijn Heilig Woord en de verdrukkingen der armen niet langer verdragen.» — Ten derden male luidde het bevel: «Zie onder mijnen rechterarm naar het noorden.» Daar vertoonde zich «eene hooge en verhevene stellagie, op elken hoek uitgesneden met twee vergulden leeuwen, waarop gezeten waren een groot getal schaaphoeders; beneden de stellagie een groote stal vol schapen; zoo heb ik gezien eenige van de herders gekleed met een vreemd habijt, zittende op 't noord van de stellagie, hebbende geen groote liefde tot de schapen, hebbende een deel scheerders met allerlei kleedinge bekleed, hebbende scherpe scheermessen, waarmede zij de schapen de wolle afschoren, dat op veel plaatsen het vel mede afging en het bloed op de aarde vloeide, waarop de schapen zeer begosten te kreunen, totdat ik zag komen een man met een vreemde kleedinge, hebbende een vierkanten hoed op het hoofd, hebbende een grooten korf beslagen met leer, gaande naar de stellagie, gevende aan

de herders op het noord eenige brieven uit zijn korf, om deze
wederom te vollen met de bloedige wolle; toen begosten de schapen een groot oproer tegen haar scheerders te maken, totdat ik
zag komen twee wolven, hebbende een groot deel vossen bij haar,
makende een aanslag op de stalle, waarvan de schapen met haar
herders begosten te vluchten, klagende zeer over haar wreede herders, totdat ik zag komen een ouden leeuw uit een tuin, hebbende
een groot deel jonge leeuwen bij hem, besteken met oranjebloe-
men, vallende met grooten nijd op de wolven met hun aanhang,
totdat hij hen met groote nijdigheid heeft teruggedreven en verslagen, waardoor de schapen met hare scheerders begonnen weer in
groote eenigheid te raken, en de wolle begon weder te wassen.

De blinkende man sprak verder: «Zie onder mijnen linkerarm
naar het noorden.» Daar zag Yntje, «dat de herders waren bekleed
met lange bonte rokken en de scheerders met lange mantels, hebbende houwers aan de zijden; de schapen waren veranderd in burgers en boeren, die in vele plaatsen in Friesland tegen hunne
overheid opstonden.» — Vervolgens werd er geroepen: «O, wee!
o, wee! o, wee! over Duitschland: zoo het zich niet bekeert van
zijn zondig leven en keert weder tot eenigheid, zoo zal God de
Heere het plagen met drieërlei straffen, met krijg en oorlog, duren
tijd en pestilentie, totdat het geheel zal ondergaan.» — Nu was het:
«Zie onder mijnen rechterarm naar het oosten,» en daar vertoonde
zich een groote arend met vergulden vederen, «die al de vogelen
uit de boomen heeft verdreven en ook een schoonen vogel uit zijn
nesten en boomen verdreven had.» — Eindelijk werd den ziener nog
bevolen: «Zie onder mijn linkerarm door naar het zuidoosten,»
waar hij heeft gezien een grooten leeuw, trekkende naar het oosten,
«spoude vuur en vlam uit zijn mond, trekkende tegen den arend,
totdat hij hem ten laatsten overstelpte en overwon, alzoo dat hij
daarna den vorigen schoonen vogel wederom in zijn boomen heeft
geholpen, tot groote vertroostinge van alle andere verdreven vogelen,
die de leeuwen zeer bedankten.»

Ten slotte hebben de drie geheimzinnige mannen den ouderling
aan God den Vader bevolen, en hem gelast, om wat hij daar had
gezien en gehoord, aan alle menschen te openbaren, met de bedreiging, dat indien zij zich niet bekeerden, na verloop van eenige
jaren alle in het nachtgezicht vertoonde en opgenoemde plagen over
hen zouden komen.

De verschijning verdween; Yntje Jans begaf zich naar huis en op zijne legerstede, waar hij, met een bezwaard gemoed over de zaak nadenkende, tot het besluit kwam zijne ontmoeting aan niemand mede te deelen. Maar nu zag hij zich plotseling nogmaals omgeven door een helder licht en daarin «drie Visioenen, vanwaar ik drie zware slagen heb ontvangen, de een op mijn rechteroog, waarvan ik zeer verblind was, de andere twee op de rechterzijde.» — Dit was voldoende om den man, hoewel «met groote weemoedigheid des harten» tot de openbaarmaking te doen besluiten. Hij zond het verhaal zijner ontmoeting in de wereld, met de verzekering aan het slot: «ik ben bereid daarop te sterven.»

Onder het volk in Friesland en zeker ook ver daarbuiten heeft dit stuk algemeene vermaardheid verkregen onder den naam van „het boekje van Yntje Jans." Hoevele herdrukken het sedert zijne verschijning heeft beleefd, laat zich zelfs niet bij benadering bepalen. Het heeft ook voor en na zijne verklaarders gevonden. Zoo was bv. ten tijde der belgische onlusten in 1830/31 de beteekenis der uitspraak: „O, wee! over Brabant en Vlaanderen," enz. voor niemand twijfelachtig. Buitengewone gebeurtenissen, zooals het ontstaan der aardappelziekte, watervloeden, de fransch-duitsche oorlog in 1870/71, enz. brachten het boekje van Yntje Jans telkens op nieuw onder de aandacht des volks. Ongetwijfeld is het bij duizenden en tienduizenden exemplaren verspreid geworden, meest door lieden die men landloopers pleegt te noemen.

Foeke Sjoerds.

Deze man overleed op 58jarigen leeftijd, den 18 December 1770, als schoolmeester te Nijkerk in Oostdongeradeel, na eerst schoenmaker te zijn geweest. Hij begon zijn schoolmeesterschap te Lioessens; aan dezen post was daar toen een vast traktement verbonden van zeventig gulden per jaar. Baas Foeke stond bekend als bijzonder knap en belezen, en daardoor kwam men op het denkbeeld, dat hij de kinderen het a-b-c wel zou kunnen leeren. Hij bleef er vooreerst nog schoenmaker bij. Onder een staand zeil is het gemakkelijk roeien.

Foeke Sjoerds was niet alleen schoolmeester, maar tevens koster; zoo was het toen meestal. Als koster moest hij natuurlijk weten of er in de kerk gepreekt zoude worden of niet. Eens, toen de predikant voor eenigen tijd afwezig was, vroeg een landman aan meester Foeke, of er des zondags namiddags ook geleerd zoude worden. — «Dat weet ik niet,» antwoordde meester. — «Als *gij* dat niet weet,» zei de boer eenigszins verstoord, «wie moet het dan weten?» — «Ja,» hernam meester nu, «er wordt wel *gepreekt*, maar of er *geleerd* zal worden durf ik niet verzekeren.»

GEZICHT VAN DE MAAN-ECLIPS,

zooals deze zich vertoonde op den 30 Juli 1776, 's nachts ongeveer 12 uren; te zien van op Oud-Gallileen,
even buiten Leeuwarden. — Teekening van B. Jelgerhuis.

Wis- en sterrekundigen.

Liefhebbers van de wis-, natuur- en sterrekunde hebben er onder het friesche volk altijd geleefd, en onderscheidene er van zijn beroemd geworden. Omstreeks het midden der 17de eeuw woonde te Amsterdam een friesch wiskundige, Sybrand Hansen Kardinael genaamd, op wien Vondel dit versje maakte:

> „De Vriesche Euclides hangt alleen
> Van cijferletters hecht aaneen.
> Bewaert toch Sybrant met u allen,
> Bewaert dien rekenschat getrouw.
> Viel Kardinael van 't plat, hij zou
> Aen cijferletters stukken vallen."

Personen, die genoeg rekenen hadden geleerd om een almanak te kunnen samenstellen, zijn onder de friesche boeren en burgers nooit zeldzaam geweest. Vandaar zal het gekomen zijn, dat hier vroeger, vooral in de 17de eeuw, bijna even zoovele almanakken werden uitgegeven als thans couranten, allen goedkoop genoeg om te worden uitgevent door almanakkramers, die ze bij honderd duizenden, of zooals men 't noemde, bij muddezakkenvol verkochten. Men had niet alleen Leeuwarder, maar ook Harlinger, Sneeker, Workumer, Hindelooper, IJlster, Heerenveenster, Jouster, Drachtster en Akkrumer almanakken, ja zelfs een Oudkerker en ook een Billandts almanak. Zij werden meest allen te Leeuwarden gedrukt en uitgegeven en droegen hunne bijzondere namen naar de woonplaatsen der makers. De Billandts almanak werd berekend door Ate Lieuwes, architect op het Bildt, de Oudkerker door den schoolmeester Klaes Hendriks Mellema. Van de meesten waren de makers onbekend. De Harlinger en Hindelooper waren zeemansalmanakken en de Akkrumer een «Friesche Boere Almanach oer 't Jier uws Heeren (1671) practicere trog Mr. Jan Sickes, Ljeafhaebber der Stierrekunst yn Akkrum.» — De «Hynlepre Seemansalmenak, mekke fan en stirman oen laand» was geschreven in het Hindelooper Friesch. — De twaalf teekens van den dierenriem ontvingen soms vreemde namen. De Waterman werd genoemd: Pissebed; de Visschen: Pieter Posken; de Ram: Ygle Hirdholle (Hardhoofd); de Stier: Hans Bolle (bul); de Tweelingen: Houk en Ansk (friesche vrouwennamen); de Kreeft: Hette Bryklob (scheefpoot); de Leeuw: Bytlige (bijtzuchtige) Lieuwe; de Maagd: Marij Patsiik (kuslustig); de Weegschaal: Douke Just (nauwkeurig); de Schutter: Hans Pyl; de Steenbok: Harmen de Bok.

De naam van den eenvoudigen franeker wolkammer Eise Eisinga, die het beroemde franeker planetarium ontwierp en vervaardigde, is algemeen bekend. Omtrent hem zijn mij echter geene volksover- leveringen ter oore gekomen.

Wytse Foppes Dongjuma, een ongestudeerd man te Dongjum bij Franeker, en Jan Pieters van der Bildt, een eenvoudige dorpstim- merman te Vrouwenbuurt, die ook wel Jan Kunst werd genoemd, brachten het buitengewoon ver in het maken van telescopen. Hierin werden zij nog overtroffen door Arjen Roelofs te Hijum, een dorpje twee uren noordwaarts van Leeuwarden. Hier was de man geboren den 31sten Maart 1754, en woonde vervolgens op de voorvaderlijke boerderij, met twee zijner broeders en zijne eenige zuster.

Reeds als jongelingen waren de drie broeders Pieter, Albert en Arjen bezig met eenig knutselwerk, wanneer de tijd het slechts toeliet. De vader was een zuinige, nauwlettende boer, maar niet zeer bemiddeld. De liefhebberij zijner jongens beviel hem niet; hij vermaande hen dikwijls, zich liever met hart en ziel op de boer- derij toeteleggen. Soms ook werd hij driftig en sloeg dan al hunne kunstwerken uit elkaar, hopende dat dit hen den moed zoude be- nemen om verder te werken. Maar hierin rekende hij buiten den waard. Na den dood des vaders, in 1770, moesten de broeders wel de zorg voor de boerderij op zich nemen, maar zij lieten daarom hunne liefhebberij niet varen. Des winters, terwijl zij in de schuur het paard voor de dorschrol lieten loopen, maakten zij op eene schut- ting berekeningen, teekeningen en plannen. Wel twintig jaren aaneen gingen zij nooit vóór 's nachts twee uur naar bed. Soms waren zij dan alle drie tot zoo laat bezig aan eenig kunstwerk, soms ook twee hunner en soms slechts één. Des morgens vijf uur toch moes- ten zij weêr opstaan ten behoeve der boerderij. Gingen zij naar het land of kwamen zij er van terug, dan bleven zij altijd op eenigen afstand van elkander; zoo kon ieder voor zichzelven den- ken en liepen zij geen gevaar in onbeduidende praatjes te verval- len. Met de gewone vermaken en uitspanningen bemoeiden zij zich niet en zij hielden weinig omgang. Alle drie zijn ongetrouwd ge- bleven. De jaarlijksche zomerkermis te Leeuwarden bezochten zij altijd, niet om er pret te maken, maar om er iets te zien waarvan zij konden leeren en werktuigen en boeken te koopen. Dat ook zij, evenals vroeger Klaas Kunst, door eenvoudige lieden voor duivels- kunstenaars werden gehouden, ligt voor de hand.

Arjen Roelofs overleefde zijne broeders en is ook het meest van allen bekend geworden. Mijn grootvader wist te vertellen, dat een buitenlandsch geleerde eens in een brief aan Arjen Roelofs den wensch te kennen gaf om hem te bezoeken. Die heer wist zeer goed hoe hij naar Leeuwarden moest reizen, maar dan verder het dorpje Hijum en de woning van den kunstenaar te vinden, dat was iets anders. Welnu, de boer zond den geleerde eene kaart, waarop de weg was aangewezen van Leeuwarden naar Hijum niet alleen, maar ook tot voor de huisdeur der boerderij van Roelofs. De reiziger volgde de kaart, maar, aan het einde er van gekomen, dacht hij dat de zaak fout was, want hij stond voor een zeer een-voudig oud boerenhuis, waarvan de kozijnen geel en de deuren en vensterluiken bruin geverfd waren. Dit was het werk van zuster Atje, de huishoudster; zij bereidde zelf de verf uit gelen en rooden oker, aangemengd met verzuurde karnemelk. De geleerde was verontwaar-digd; hij dacht dat hij gefopt was, of de kaart moest door een lompert gemaakt zijn. Maar 't kwam spoedig terecht, dit begrijpt men.

De grootste telescoop van zijne vinding, door hem alleen ont-worpen, werd bewerkt en voltooid door twee leden zijner familie, eveneens boeren-werktuigkundigen, Sieds Rienks en Roelof Hom-mema, beide te Sint Anna Parochie, die er vier jaren meê bezig zijn geweest. Deze telescoop werd geplaatst aan het observatorium te Leiden.

Het volk weet ook te vertellen van een grooten telescoop, dien Arjen Roelofs eens heeft gemaakt voor koning Willem I. Toen die gereed was, reisde hij er zelf meê naar den Haag om aan den koning de werking er van te toonen. Deze bewonderde natuurlijk het kunststuk, en een der prinsen, een aankomende knaap, die er bij stond, moest er ook door kijken. Maar nu hield de koning zijn hoed voor het glas en de prins verklaarde niets te kunnen zien, waarop Arjen Roelofs zeide: «Dat wol 'k wol leauwe, heite! jimme heit hâldt de hoed er foar.» Dat geloof ik wel, jongen! je vader houdt den hoed er voor.

Arjen Roelofs is overleden den 11^{den} Mei 1828, in hetzelfde huis waar hij was geboren en altijd had gewoond.

Een even zonderling als schrander man was Obe Sikkes Bangma, een boerenzoon van Pingjum, waar hij den 30 Mei 1768 geboren werd. Eenige jaren later vertrokken zijne ouders metterwoon naar Wons, waar Obe zijn eerste schoolonderwijs ontving van een mees-

ter, die tevens huisschilder en glazenmaker was, maar op weten-
schappelijk gebied geen groot licht. De jeugdige Obe, die zeer vlug
van begrip bleek te zijn, bracht het spoedig zoover dat meester
hem niets meer konde leeren. Dit nam echter niet weg, dat zijne
schoolmakkers hem voor onnoozel versleten. Hij was stil en ingetogen, bij het spel der kinderen zoo onhandig dat hij dikwijls werd
bespot; en plaagde men hem wat veel, dan werd hij mismoedig,
niet zelden tot schreiens toe. Zijne makkers noemden hem daarom
«skriemerige» (schreierige) Obe.

Ook toen hij na den dood zijns vaders boerenknecht moest zijn,
eerst bij vreemden en vervolgens bij zijn broeder Jan Bangma te
Arum, bleek hij voor het boerenwerk zeer ongeschikt, en zoo onbeholpen was hij in den omgang met menschen, dat men hem
halfwijze Obe noemde. Zijn broeder evenwel liet hem opnieuw onderwijs geven door den schoolmeester zijner woonplaats, een verstandig man. Deze verklaarde spoedig, dat er in Obe iets anders
stak dan een boer. Zijn broeder geloofde dit gereedelijk: des zomers
zat Obe uren aaneen in den ledigen koestal te cijferen, zonder aan
eten of drinken te denken; soms bracht hij daar geheele nachten
door, zoodat, wanneer het werkvolk 's morgens te vier uren op de been
kwam, ze Obe daar dikwijls nog vonden zitten. Ook zat hij wel in
het holle van den nacht buiten het huis de sterren te beschouwen.

Professor J. H. van Swinden te Amsterdam werd op den jongen
Obe Bangma opmerkzaam gemaakt door den heer van Scheltinga,
die niet ver van Arum een buitengoed bewoonde. Professor wenschte
den jongeling te leeren kennen en hem, indien broeder Jan het
goedkeurde, te plaatsen op de kweekschool voor zeevaartkunde te
Amsterdam. Broeder Jan vond dit zeer aannemelijk en reisde met
Obe naar Amsterdam. Daar voor de heeren komende, konden dezen
moeielijk gelooven, dat die schijnbaar onnoozele bloed zoo'n schrandere bol zou zijn, als er van was opgegeven. Maar 't viel genoeg
meê. Zijne antwoorden waren kort en goed. Drie moeielijke wiskundige voorstellen gaf men hem, voor het bewerken waarvan hij
twee dagen tijd ontving. Maar men stond niet weinig verbaasd,
toen hij twee er van op staanden voet voldoende uitwerkte. Voor
het derde zeide hij wat meer tijd noodig te hebben, maar toen hij
met zijn broeder alleen was, betuigde hij dezen: «Het derde voorstel had ik ook wel terstond kunnen afdoen, maar 'k heb het gelaten, omdat de heeren anders zouden denken dat ik pochte op mijne

bekwaamheid.» — Na verloop van weinige jaren was hij directeur van het Stuurmans-collegie te Amsterdam en examinator van 's Rijks stuurlieden.

Japik Engberts.

In het laatst der achttiende eeuw en in het begin der negentiende leefde een aartsschelm, Japik Engberts genaamd. Ik heb in mijne jeugd wel bejaarde menschen ontmoet, die den man gekend hadden.

Zijn eerste schelmstuk moet hij hebben uitgevoerd als boerenknecht bij een boer in de nabijheid van Rien, een gehucht in Hennaarderadeel, waar jaarlijks eene vroeger nog al vermaarde paardenmarkt wordt gehouden. Eens op den dag van deze jaarmarkt stond Japik op het land te werken, tamelijk ver van huis. In de nabijheid graasde een paard van zijn baas. En nu viel het hem in, op dat paard naar Rien te rijden. Op weg ontmoette hem eene bollenvrouw. Van haar kocht hij een ronde grofweiten bol; deze stak hij op den rug onder het bovenkleed en nu geleek hij een bultenaartje. Te Rien verkocht hij het paard aan den eersten den besten koopman en zorgde zoo spoedig mogelijk bij zijn werk terug te zijn. Den bochel, dien hij weêr van zijne plaats had genomen, peuzelde hij middelerwijl op. Toen hij met etenstijd tehuis kwam vroeg hij den boer: «Hebt gij den bruine uit het land gehaald?» — «Wel neen,» zei de boer, «hij is er immers nog?» — «Zeker niet,» antwoordde Japik, «en dit komt mij verdacht voor; misschien is hij wel te Rien op de markt aangeland.» — «Daar zeg je zoo iets!» zei de boer; «maar dan is 't zaak, er terstond heen te reizen.» Te Rien vonden zij het paard op de markt, en de boer vroeg den koopman hoe hij er aan gekomen was. Het antwoord luidde: «Ik heb het heden morgen gekocht van een klein ventje, die veel gelijkenis heeft met uwen reisgenoot. Ik zoude haast durven zeggen, hij is dezelfde, maar die van heden morgen had een bochel.» — «Nu, dien heb ik niet,» zeide Japik en zwenkte zich in 't rond. — «Neen, daar kan geen sprake van zijn,» hernam de boer, «hij is mijn knecht en den geheelen morgen op het land aan het werk geweest.»

Later begon hij van het stelen bepaald werk te maken en hij schijnt zich toen meest in de omstreken van Drachten te hebben opgehouden. Hij maakte zich berucht en 't kwam zoo ver dat velen hem maar liever tot vriend dan tot vijand hadden. Kwam hij bij een boer vragen om wat kippenvoeder, wat brandstof of zoo iets, het werd hem nooit geweigerd, omdat men er tamelijk zeker van was, dat hij het anders toch kwam stelen. Jaarlijks bezocht hij de paardenmarkt te Rien en misschien wel meer markten en kermissen. Dan maakte hij een praatje met iederen boer, dien hij kende en hij kreeg dan van elk eene fooi. Dit was vanwege de oude kennis, zoo 't heette, maar men wist dat iemand, die 't naliet, op een ongewenscht nachtelijk bezoek van Japik kon rekenen. In dat nachtwerk was hij bijzonder bedreven, en al kwam hij voor een enkelen keer in handen der justitie, hij wist altijd raad. Zoo gebeurde 't eens dat men hem, hoezeer overtuigd van zijne schuld, had moeten vrijspreken. Maar om hem ten slotte nog in zijn eigen woorden te vangen, waarschuwde de rechter hem om voortaan zulke dingen niet meer te doen. Zijn antwoord was: «Japik Engberts is zoo'n groote schelm niet als de heeren van het recht..... denken.» Nu werd hem aangezegd, voor de rechtbank staande, zijne woorden wat vlugger op elkander te laten volgen. En men liet hem gaan.

Eens waren twee gerechtsdienaars met een rijtuig op reis om hem te vangen. Of hij nu er lont van geroken had, zooveel is zeker, dat hij op zijne veiligheid bedacht was. De gerechtsdienaars haalden een wandelaar in, blijkbaar een predikant, en noodigden dezen om mede te rijden. Dit was nu geen loutere beleefdheid; zij hadden overlegd: «Misschien weet dominé wel iets aangaande Japik Engberts.» — Nu, de predikant reed gaarne mede. Al spoedig zeide hij: «Het schijnt dat de heeren iemand willen halen?» — «Ja,» was het antwoord, «misschien kan dominé ons wel eenigszins inlichten. Wij moeten Japik Engberts hebben; kent dominé dien man?» — «Wel zeker, en zeer goed ook. Kennen de heeren hem?» — Het antwoord was: «Neen!» — «Dan wordt de zaak moeielijk,» zeide de predikant, «want hij is een slimmert. Reken er bovendien op, dat niemand hem licht zal verklappen, veel minder aan het gerecht inlichtingen geven. Er komen meer dagen na heden; ik zeg er liefst ook maar niet meer van.»

Men was nevens een heideveld gekomen en dominé had onder het spreken het ongeluk, zijn wandelstok op den weg te laten vallen. Hij was een vlug mannetje; eer de wagen stil hield sprong hij er af, als om den stok op te rapen. Maar hij liet dien liggen en riep den mannen van het gerecht toe: «Zegt nu maar aan de

heeren, dat Japik Engberts met je gereden heeft; hij bedankt je
voor je vriendelijkheid en geeft je dit ten aandenken.» Dit zeggende
wierp hij zijn steek in den wagen, en zeide: «Toont stok en steek
maar aan de heeren, ten bewijze, maar zoekt niet meer naar Japik,
je krijgt hem toch niet.» Daarop ijlde hij het heideveld over. Dit
was veel te oneffen voor het rijtuig; te voet was hij ook niet in
te halen, want hij kon loopen als een haas en had spoedig een
bosch bereikt.

Men zegt dat Japik Engberts eenmaal een brandbrief heeft geschreven. Een rijke boer ontving zulk een brief, waarin hem werd
bevolen om in een bepaalden nacht op eene duidelijk in den brief
aangegeven plaats eene aanzienlijke som gelds neder te leggen; zoo
niet, dan had hij te verwachten dat den een of anderen nacht
zijn huis in brand werd gestoken. De boer bedacht zich: het geld
moest den bepaalden avond op de aangewezen plaats worden nedergelegd, maar drie stevige mannen moesten onmiddellijk daarbij de
wacht houden. Dit gebeurde. De wachters waren op den bepaalden
avond op hun post en een zak met geld lag tusschen het geboomte.
Het was aan een eenzamen zandweg met boomgewas ter weerszijden,
zooals er in de friesche Wouden vele zijn. Het weêr was mooi en stil;
men hoorde de torenklokken der omliggende dorpen het middernachtsuur slaan. Spoedig daarop vernam men op den zandweg een naderend
rijtuig; dit bleek eene opene chais te zijn, waarin een man zat,
een welgekleede boer voorzoover men kon zien. Nevens de plaats
waar de wachters tusschen 't geboomte lagen, zeide de boer: «Hou!»
en hield zijn paard staande. Bedaard klom hij van de chais, ging
bij het paard staan, streelde het dier den hals en sprak het vriendelijke woorden toe. Ook prevelde hij over zaken die hemzelven
aangingen, waaruit men begreep dat hij een man van eenige beteekenis moest zijn. Hij ging tusschen 't geboomte wegens eene
noodzakelijkheid, sprak het paard nogmaals toe, klom weêr op het
rijtuig en reed weg. De wachters hadden dien man geen schrik op
het lijf willen jagen en daarom zich zoo stil mogelijk gehouden.
Verder kregen zij dien nacht geen mensch te hooren of te zien.
Toen zij eindelijk besloten naar huis te gaan en het geld wilden
meênemen, was dit verdwenen; de boer met de chais was niemand
anders geweest dan Japik Engberts.

Weder was het den sterken arm eens gelukt den deugniet in
handen te krijgen. Toen had hij ook een aantal getuigen tegen

zich, en de advokaat, die voor Japik moest pleiten, verklaarde hem na het eerste verhoor, dat hij geen kans zag hem voor de gevangenis te vrijwaren. Japik zei: «Dan weet ik er nog een middel op» en gaf dit aan de hand. De getuigen woonden allen in de Wouden, en de advokaat verzocht hen, om voor hem, als ze weêr voor de rechtbank zouden geroepen worden, wat jonge boompjes meê te brengen. Hij wenschte zijn tuin te omringen met een mantel van boomgewas. Allen betoonden zich bereid, en toen zij weêr te Leeuwarden kwamen, brachten zij, elk voor zich, den advokaat eenige jonge lootjes tehuis. Op zijne vraag naar den prijs zeiden ze eenparig, dat ze er niets voor verlangden; zij hadden ze zoo hier en daar maar bijeengezocht. «Maar is dat dan niemands eigendom?» — «Nu ja, het is strikt genomen altijd iemands eigendom, maar op zoo iets wordt in de Wouden niet gelet.» — Toen nu de getuigen weêr voor de rechtbank kwamen, wraakte de advokaat hen, omdat zij zelven dieven waren, want zij hadden zich eens anders jong boomgewas toegeëigend. Zoo kwam Japik Engberts ook ditmaal vrij.

Het stelen van schapen uit de weide achtte hij beneden zijne kunstenaarswaardigheid; dat was kwâjongenswerk, zeide hij. Toch deed hij eene enkele maal aan dit vak.

Er woonde in Japiks tijd te Drachten een rijke veenbaas, dien ik maar K. zal noemen. Deze had achter het dorp een grooten kamp weiland, waarin hij 's winters meestal een paar beste melkschapen had loopen ten behoeve zijner huishouding. Op zekeren wintermorgen ontdekte men, dat de beide schapen verdwenen en op een iets verderaf gelegen stuk land geslacht waren. De huiden, de koppen en de ingewanden werden gevonden; het vleesch vermiste. Alle onderzoek naar den dader bleef vruchteloos. Ongeveer vier jaren later kwam Japik Engberts op een winterschen zondagmorgen bij den heer K., terwijl diens huisgenooten ter kerk waren, om wat brandstof. — Dat zoude wel lukken, zei mijnheer, Japik moest 's anderen morgens maar met een kruiwagen komen. Ook deze man dacht: «Men moet den duivel te vriend houden.» Hij bood Japik tabak aan en terwijl deze de pijp stopte zeide hij: «Nu zitten we met ons beiden; kom, Japik, vertel eens wat van je snakerijen.»

«Hoor eens koopman,» zei Japik heel stemmig, «dat heb ik voor en na wel gedaan, maar de menschen worden altijd boos als ik vertel; trekken ze geen partij voor zich zelven, dan voor een ander.»

«Boos worden? Dat zou kinderachtig zijn,» zei de heer K. lachende. «Kom, ik schenk je een borrel, vertel dan eens mooi.»

«Dat is wel vriendelijk van u, koopman; ik houd ook wel van een slokje,» zei Japik weêr; «maar vertellen doe 'k liever niet. Ook gij zoudt boos kunnen worden en dan zou ik morgen geen brandstof ontvangen.» Mijnheer zeide: «Ik beloof het je, Japik, ik zal niet boos worden.» — «En mij ook niet verklappen?» vroeg de snaak. — «Wel zeker niet! hoe kun je daaraan denken? Zoo laaghartig zal ik niet zijn.» — En mij morgen even goed brandstof laten halen?» — «Ook dat! stel je maar gerust.»

Japik nam een teugje, haalde diep adem en zeide: «Dan wil ik het toch maar doen, en u een echt mooie grap vertellen.......
Maar niet boos worden, koopman! — Koopman weet zeker nog, dat koopman voor een jaar drie, vier in de weide achter het dorp een paar beste schapen had?»

«Nu was ik reeds boos,» vertelde K. later, «maar ik hield mij goed en dacht: hier moet ik meer van weten.»

«Nu zeide 'k eens tot een mijner kennissen,» vervolgde Japik, «Pieter! koopman K. heeft daar een paar beste schapen in de weide, niet waar? De man heeft dezen herfst eene beste vette koe geslacht en in de pekel gezet, en wij arme sukkels hebben niets. Weet je wat wij moesten doen? Vannacht die twee schapen slachten en er gedurende den winter ieder één van oppeuzelen bij de aardappelen met zandrapen. Hoe vind je dit plan, Pieter? Pieter zei: «Dat vind ik mooi, en als 't jou goeddunkt moet het heden nacht maar gebeuren; van uitstel komt soms afstel.»

«Die deugnieten!» dacht K., maar hield zich bedaard, ook al omdat hij meer wilde hooren.

«Wij begaven ons dan des nachts naar uw weiland,» vertelde Japik verder, «vingen de beide schapen, en omdat het duistermaan was, dreven wij ze maar wat verder in een ander stuk land. Daar hebben wij ze geslacht, zooals koopman zich nog zal herinneren? Wij hadden een paar zakken meêgebracht en sjouwden nu, ieder met een zakvol vleesch en vet op den rug, huiswaarts. Maar al sjouwende dacht ik: De slachtbeestjes zijn best uitgevallen en de winter duurt nog lang; ik zou ze beide wel kunnen verorberen. En nu viel het mij in om te zeggen: «Pieter, merk je wel, dat er volk achter ons is?» Ik liet mijn zak met vleesch vallen en zette 't op een loopen. Pieter deed hetzelfde. Maar hij liep veel harder

dan ik, en dit was volgens mijne bedoeling. Toen hij zoover vooruit was, dat ik hem niet meer kon zien, keerde ik terug. Nu bond
ik de beide zakken vleesch aan elkaâr, en met één op den rug en
één op de borst sjouwde ik naar huis. Toen ik met den buit binnen
de balken was, heb ik smakelijk gelachen, omdat Pieter zich zoo
had laten foppen. — Nu, koopman! wat zeg je?..... Maar gij
wordt daarom niet boos, niet waar?»

K. had moeite zich bedaard te houden, maar zeide: «Wel neen,
Japik, dat is immers de afspraak.» Hij beproefde zelfs te lachen. —
Japik stond op, dronk zijn glas uit en zeide: «Zal ik morgen
vroeg maar met een kruiwagen en een zak komen om wat brandstof, koopman?» — De heer K. dacht, het is nog maar het beste
hem tot vriend te houden, en zeide: «Ja, kom morgen vroeg maar;
niemand wil liefst koude lijden.»

Op een anderen keer sprak Japik met een kameraad af om bij
een boer een paar groote dikke friesche kazen te stelen. Hij wist
de plaats in het huis, waar die te vinden waren en op een zaterdagavond werd de zaak ondernomen. Hij had die twee kazen zeker
wel alleen voor zijne rekening willen nemen, maar hij meende de
hulp van zijn makker noodig te hebben. Bij dag had men reeds
heimelijk het slot eener buitendeur een weinig verknoeid, en toen
de boer sliep, — zij wisten dat hij alleen in huis was, — slopen de
deugnieten naar de kaasplanken. De afspraak was dat ieder een
kaas zoude nemen en Japik zeide overluid: «Verkies je de nagel-
kaas of de andere?» — «St!» suste zijn makker, maar Japik zei
weêr even hoorbaar: «Zeg dan, welke kaas verkies je?» — Daar
komt de boer aansloffen; de kameraad van Japik neemt de vlucht
en de boer in nachtgewaad volgt hem. Terwijl dit gebeurt, werpt
Japik handig een viertal kazen door een draaivenster naar buiten
in het zachte gras. Nu ging hij een weinig terug als kwam hij uit
de keuken, en toen de teruggekeerde boer de buitendeur wilde sluiten zeide Japik: «Laat mij er buiten, als 't u blieft!» — De boer
verschrikte en zeide: «Wat? nog meer dieven?» — «Dieven?!»
zei Japik verwonderd; «ik wou bij je meid komen vrijen en omdat
de deur openstond liep ik in huis, maar, ontdekkende dat alles
duister en in rust was, wilde 'k maar weêr vertrekken zonder gerucht te maken.» — Naar 't den boer voorkomt heeft de man geen
kwaads in den zin, en vertelt nu dat hij een dief had vervolgd
maar niet kunnen inhalen. — «Kwam het daarvan, dat de deur

open stond?» vroeg Japik, «dat is iets anders. Kom, laat mij nu vertrekken, dan kunt gij weêr ter rust gaan. Maar zorg vooral, als ik je raden mag, je sloten en grendels in orde te hebben.» — «Hoor eens, vriend» zei de boer, «wil je mij wel een dienst bewijzen? Wij hebben vandaag drie manden peren geplukt, die staan daar in een ongesloten tuinhok; zou je zoo goed willen zijn die hier even in de vuurhut te brengen? Hier zijn ze veiliger.» — «Met genoegen!» zei Japik. De boer begaf zich weêr ter rust; de drie manden peren gingen den weg op der vier kazen.

Plattelandbewoners hadden schik als zij hoorden vertellen hoe fraai Japik de stedelingen soms konde foppen, en dezen vonden 't vermakelijk als hij de boeren beet nam. Eene oude vette boerin, die te Leeuwarden op de Nieuwestad voor een goudsmidswinkel stond te gluren, rukte hij haar breed gouden oorijzer van het hoofd, en toen op haar geschreeuw de justitie van alle kanten kwam aansnellen, sprong Japik over de gracht alsof het een nietig slootje was. Hij ging aan den haal de stad uit, en als hij het op een loopen zette, kon zelfs geen paard hem inhalen.

Op een anderen keer wandelde hij op een marktdag te Leeuwarden langs de straat en zag zoo goedaardig en vriendelijk uit de oogen, dat niemand kon denken welk een doortrapte schelm hij was. Hij scheen op niets te letten, terwijl er werkelijk niets aan zijne opmerkzaamheid ontsnapte. Daar zag hij op een afstand een weldoorvoeden bakker in zijn winkeldeur staan. Een dikke gouden horlogeketting, op 's mans buik hangende, trok bijzonder Japiks aandacht. Hij stapt den winkel binnen, vraagt eene grofweiten bol en zegt, als de bakker deze in een papier wil wikkelen: «Dat is niet noodig, baas, het is hier eigenlijk om een grap te doen, die mij, nu 't er aan toe komt, maar half bevalt. Maar ik wil ook de weddenschap niet verliezen, en om te winnen moet ik vandaag, met dien bol op den rug onder mijne kleêren, in de stad rondloopen. Wil de baas wel zoo goed zijn mij even den bol onder het kamizool te stoppen?» Meteen boog hij zich voorover over de toonbank en de bakker boog zich voorover over Japik. En de snaak pakte het gouden horloge in, veel vlugger dan de baas zijn vriendendienst kon verrichten. Toen Japik weêr rechtop stond en den bakker zijn rug toonde, stond deze te schudden van het lachen, en bleef dit doen, zoolang hij Japik kon nazien, maar deze verdween spoedig om een hoek.

De woon- of verblijfplaats van Japik Engberts wordt verschillend opgegeven; ieder verteller schijnt zijn eigen omgeving daarvoor aan te wijzen. Ik woonde van 1840 tot 1855 in Hennaarderadeel; daar werd verteld dat Japik Engberts te Rien had gewoond, terwijl anderen hem in de omstreken van Drachten plaatsen. In het begin dezer eeuw woonde te Rinsumageest een beruchte inbreker, Jan Wever genaamd. Misschien hebben sommigen, die dit dorp aanwijzen als de woonplaats van Japik Engberts, hem met dezen verward.

Tot eer van Japik Engberts wordt aangevoerd dat hij geen enkelen moord op het geweten had.

Friesche stijfkoppen.

In het begin der achttiende eeuw woonde te Achlum een boer, Klaas Ymteszoon genaamd. Van hem wordt vermeld, dat hij goed kon lezen en schrijven en ook de zons- en maansverduisteringen berekenen. Hij werkte veel met Klaas Kunst, en geloofde in God, maar vreesde voor duivel noch spook. Hij kon het met den predikant van het dorp omtrent de geloofsleer niet ééns worden, zoodat hij nooit ter kerk kwam. Somtijds ging hij met Eeke den molenaar van Arum naar het *Valkje*, de doopsgezinde kerk te Harlingen.

Klaas Ymtesz stond bij zijn woord en zoude 't nimmer breken al ware 't om zijn leven. Wat hij zeide deed hij. Hij noemde alle aanzienlijken bij hun voornaam, onverschillig wie hij voor had. Hij bleef de oude Standfries in zijne levenswijze, niet minder dan Lieuwe en Wytse Fons, van Franeker, die aan hem verwant waren. Hij stond stijf op zijn stuk en zoude niemand iets toegeven, al ware 't ook den grietman Sicco van Goslinga. Deze was zijn vriend en benoemde hem in 1729 tot mederechter van Franekeradeel. Maar voor deze eer bedankte de boer, zeggende: «Neen Sikke, zoo niet! wel vriend, maar geen bijzitter.»

Hij vond hoofdzakelijk zijn bestaan in het houden van beste springhengsten, en hij verkocht er nooit een. Toutenburg, de keurmeester der hengsten in Friesland, bood hem eens uit naam van den prins-stadhouder duizend gulden voor zijn hengst Feniks. Maar Klaas zei: «Al ware Willem de duivel, toch kreeg hij den hengst niet.» — Om Klaas tot den verkoop te dwingen, keurde Toutenburg den Feniks als springhengst af. De boer, hierover ten zeerste verstoord, liet den hengst terstond snijden en zeide: «Zal ik hem niet houden, Willem krijgt hem ook niet, al ware hij nog

zoo'n groot heer.» — Den volgenden dag kwam Toutenburg terug
om te zeggen, dat hij den hengst wel als vroeger kon blijven gebruiken, tenzij hij hem wilde verkoopen. Maar nu zeide Klaas:
«Hou je mond, duivel! of ik zal je dezelfde behandeling doen ondergaan als den hengst, al stond de prins er bij.» — Waarop
Toutenburg als een bange hond afdroop.

Klaas bestrafte de kwaden en beschermde de goeden. De kinderen
joeg hij met zijn oude zwarte muts in huis, maar hij was anders
heusch en vriendelijk.

Eeke de molenaar van Arum was ouderling der gereformeerde
gemeente van het dorp, toen daar een nieuwe predikant kwam,
naar het begrip van den molenaar niet vrijzinnig genoeg. En Eeke-
baas bleef eenvoudig uit de kerk, iets wat in een lid des kerkeraads,
vooral in dien tijd, onvergeeflijk was. De predikant meende dan
ook den ouderling kerkelijk te moeten vervolgen en klaagde hem
aan bij den grietman Jhr. van Aylva. Deze, geen vriend van kerkelijke acties, ontbood den molenaar en vroeg, waarom hij de kerk
verzuimde. «Mijnheer,» zei Eeke: «ik zal het u maar ronduit zeggen; ik ben dominé een boekje vooruit; hij is nog in den *Catechismus* en ik ben al in 't *Evangelie*.» — Men dient hierbij te weten
dat men destijds in de dorpsscholen een vast stel schoolboeken had:
1. het *A-B-boek* met den haan; 2. den *Catechismus;* 3. het *Evangelie;*
4. het *Boek der Geslachten*, ook het *Slim* (moeielijk) *schoolboek*
genoemd. — De grietman liet het zaakje blauw-blauw.

In de tweede helft der vorige eeuw woonde te Franeker de
laatste telg uit het oude adellijk geslacht van Fons, met name
Wytse. Hij was geheel in geldelijk verval en bediende, evenals
ook reeds zijn vader, den stadspost van bulleman, alias stieren-
houder, waaraan geene groote inkomsten verbonden waren; hij was
een zonderling en tevens een echte Standfries. Toen zijn vader op
sterven lag verlangde hij, dat de oude man zijne legerstede zou
verlaten, zeggende: «War dy heite! fen ús folk is nimmen op bêd
stoarn,» zet u schrap, vader! van ons geslacht is niemand op een
bed gestorven. — Een zijner gezegden was: «Der is gjin swietter
swiet as regear en bihear, mar nin swiet dat sa gau oan 't gêstjen
giet,» er is geen zoeter zoet (geen aangenamer genot) dan het regeeren en beheeren, maar geen zoet dat spoediger tot gisting over-

gaat. — Hij wilde geenerlei giften aannemen. Alleen ontving hij jaarlijks in den jachttijd van den grietman Goslinga, te Dongjum, een haas. Ook kwam hij daar ééns in het jaar op het slot te gast, en dan noemde hij ieder, tot de freules toe, slecht en recht bij den voornaam. Eens was de stadhouder prins Willem de Vierde daarbij tegenwoordig, en, wel ziende dat hij met een zonderling te doen had, vroeg de prins hem wie hij was. En het antwoord luidde: «Wytse Fons, friesch edelman en bulleman te Franeker.»

De stadhouderes, prinses Maria Louisa, die bij de Friezen den eernaam Marijkemui droeg, wenschte den vreemdsoortigen edelman ook te leeren kennen. Toen zij zich eens te Franeker ten huize van een der professoren bevond, liet zij Wytse verzoeken daar te komen, met de bijvoeging, dat zij hem met een rijtuig wilde doen afhalen, ingeval zijne gezondheid niet naar wensch mocht zijn. Maar het antwoord was kortaf: «Als zij mij wat te zeggen heeft, kan ze bij mij komen.» — Welnu, de prinses bezocht hem denzelfden avond. Bij het verlaten der stad hield haar rijtuig stil voor het laatste huis bij de Noorderpoort, waar de edelman woonde. Hij kwam toen bij den wagen en sprak met de prinses bescheiden, maar rond en ongekunsteld. Zij verklaarde gaarne iets te willen doen, om hem het leven eenigszins te veraangenamen, maar hij bedankte voor alles; hij had genoeg, verklaarde hij.

Gedurende zijne laatste ziekte zonden de aanzienlijken der stad hem allerlei spijzen en dranken ter verkwikking, maar hij wilde er niets van gebruiken. Reeds sedert jaren had hij dertig gulden gereed gehouden voor de kosten zijner begrafenis. Dit geld was aanwezig bij zijn overlijden, maar overigens beteekende de nalatenschap niet veel.

Op jeugdigen leeftijd had men hem wel aangespoord om in 's lands krijgsdienst te gaan, maar dan zeide hij, bij zijn vader te moeten blijven en dat de bul hun genoeg opbracht om te kunnen leven. En toen men hem als friesch edelman deel wilde doen nemen aan den landsdag zeide hij: «Daar pas ik niet, want de grootste ben ik niet en de kleinste wil ik niet zijn. En behalve dat: «nin swietter swiet as regear en bihear,» enz.

Hij was zeer goed tehuis in de geschiedenis van Friesland en zoude voor niets ter wereld de gewoonte hebben afgelegd om Friesch te spreken. Hij las in den bijbel, maar nooit in godsdienstige boeken, want dezen hadden naar zijne meening de wereld bedorven. — Wytse Fons bleef ongehuwd en stierf in 1797.

Petrus Camper, van 1749 tot 1755 hoogleeraar te Franeker, werd in 1755 professor te Amsterdam. Een jaar later trad hij in den echt met Johanna Bourboom, weduwe van J. Vosma, burgemeester van Harlingen. Maar zijne gade had een afkeer van het woelig leven der hoofdstad en verlangde naar Friesland terug, waarom Camper in 1761 zijne betrekking nederlegde en op Klein-Lankum bij Franeker ging wonen. Door zijn huwelijk met genoemde weduwe was hij in bezit of althans beheer van vele landerijen gekomen. Nu gebeurde 't eens, dat een zijner boeren uit Oostdongeradeel met paard en sjees op het slotplein kwam rijden. Camper stak het hoofd buiten het venster en riep tamelijk barsch: «Wie heeft u toegestaan om hier op het plein te rijden?» De boer antwoordde niets, maar wendde zijn paard en reed heen. Het doel zijner reis was den landheer huurpenningen te brengen, maar hij nam natuurlijk het geld meê terug. Eenige maanden later hield Camper, op reis door Oostdongeradeel, met zijn rijtuig stil voor het erf van denzelfden boer. De knecht sprong van achter de koets af om de hamei te openen. Maar de boer schoot toe en vroeg: «Wie heeft u toegestaan op mijn erf te komen rijden?» — Camper riep uit den wagen: «Dat heb ik gedaan, ik, de eigenaar.» — «Mijnheer,» antwoordde de boer, «gij hebt het bezit, maar ik heb het gebruik en daarvoor zal ik u betalen wat u toekomt.» — De boer liet een stoel en tafel voor de hamei zetten en daarop telde hij den landheer de verschuldigde huurpenningen toe, terwijl de knecht voor de paarden op den weg stond te wachten.

In vroeger tijd namen boeren en burgers, als zij elkander groetten, geen hoed of pet af, maar voor aanzienlijken en vooral voor den adel deden zij dit wel. In de vorige eeuw gebeurde 't eens, dat een rijke Bildtboer den grietmanszoon, een jonkheer van Aylva, meermalen in het voorbijgaan had gegroet met het afnemen van den hoed, zonder dat de jonker dit terug deed, hetzij uit achteloosheid of uit trots. De boer liet het daarna voortaan ook na, en toen dit des jonkers aandacht trok en hij den boer naar de reden vroeg, ontving hij ten antwoord: «Mijnheer, mijn hoed heeft even goed geld gekost als de uwe.»

Volgens een oud friesch landgebruik behoefde een landman, die in den oogst met een beladen wagen een rijtuig ontmoette, niet uit het spoor te wijken, onverschillig voor wien ook. Het zal zeventig of tachtig jaren geleden zijn, toen een boer te Menaldum, Arjen Osinga genaamd, in den zomer zelf zijne granen van het land naar de schuur reed. Nu ontmoette hij op den weg den grietman met diens rijtuig, maar Osinga verkoos niet uit te halen, zich beroepende op het oude recht der landlieden. De grietman nam dit eerst euvel, maar gaf ten slotte den boer gelijk en deze werd een zijner beste vrienden.

Van een boer te Haskerdijken wordt verteld, dat hij eens, met een beladen boerenwagen rijdende, den grietman Vegelin van Claerbergen in diens rijtuig ontmoette, en ook niet verkoos uit te halen, maar verklaarde:

„Ik bin in boer fen Haskerdiken, Ik ben een boer van Haskerdijken,
Ik hôef for nimmen to wiken. Ik behoef voor niemand te wijken.
Ik hab in pleats mei tritich kij; Ik heb een plaats (boerderij) met dertig koeien;
Ik jou gjin byt om dij.” Ik stoor me niets aan jou.

Soms wordt hier nog aan toegevoegd:

„Ik hab in plaet mei in stander Lyk as in ander,
En in dweil foar de doar Lyk as in oar.”

De man wilde hiermede zeggen, dat hij zijn huis veel netter had ingericht dan de eenvoudige kleine boeren in de zand- en veenstreken zijner omgeving. Bij dezen was een haardplaat, waaronder de haardput om de asch in te vergaderen, een ongekende weelde. Zij hadden het vuur in een ijzeren pot of legden het eenvoudig aan op den vloer. Ook gebruikten zij geen stander of standijzer, zooals de groote lui. Dit was een plat stuk gegoten ijzer in dezen vorm, soms met verheven beeldwerk, soms niet. Het werd tegen den haardwand, achter het vuur geplaatst, ter beschermming der tegeltjes, waarmeê de muur geplaveid was. Zaterdags werd dit standijzer, evenals het overige haardgereedschap, glad geschuurd, waardoor de haard op zondagmorgen een recht feestelijk aanzien had. De kachels hebben «plaat en stander» overtollig gemaakt. — Een dweil voor de deur, waarop men bij 't binnenkomen de voeten konde afvegen, daaraan dachten genoemde kleine Woudboeren ook niet. Geen wonder dus, dat de rijke boer van Haskerdijken zich weinig minder voornaam gevoelde dan de grietman.

De friesche dichter J. C. P. Salverda, geboren te Bolsward 28 Juni 1783, was van 1807 tot aan zijnen dood, 7 Maart 1836,

SCHOORSTEENWAND VAN EENE BOERENWONING
(in de Schrans bij Leeuwarden.)

schoolmeester te Wons nabij Makkum. In dien tijd behoorden kachels nog tot de zeldzaamheden, althans op het platteland. In iedere dorpsschool was een schoorsteen, waaronder 's winters, tot verwarming van het vertrek, een turfvuur werd gestookt. Op een mooien winterdag kwam de schoolopziener H. W. C. A. Visser, predikant te IJsbrechtum, vergezeld van zijn zoontje, een knaap van 10 of 12 jaar misschien, de school van Salverda bezoeken. Het eerste waar bij 't binnentreden de aandacht op viel was, dat boven het schoolvuur een pot met koolrapen, voor Salverda's middagmaal, hing te koken. — »Wat is dit, meester, gebruikt gij de school voor keuken?» — Nu ja, dit viel voor 't oogenblik niet te ontkennen. Maar dit mocht volstrekt niet; de rapen verspreidden een verkeerden geur in het vertrek en zoo meer. Salverda, zonder een woord te spreken, nam den pot met rapen van het vuur en bracht dien bij zijne vrouw. In de school terugkomende, sprak hij den jongenheer aan: «Wat moet jij hier, jongen?» De vader nam het woord: «Hij is mijn zoon, meester en reist vandaag voor zijn pleizier meê.» — «Jawel! maar ik kan gedurende den schooltijd hier geen jongen hebben, die niet tot mijne leerlingen behoort.» — En nu hielp er niets aan, het zoontje moest zich verwijderen en buiten de school op zijn vader wachten.

Winterhelden.

In de kunst van schaatsrijden zijn de Friezen altijd meesters geweest. Het is meermalen gebeurd dat rijders op eenen winterdag de elf steden van Friesland bezochten; in den langen winter van 1890 op 1891 hebben dit meer dan tweehonderd rijders, sommigen vergezeld van rijdsters, gedaan. Het laat zich denken, dat men dan nergens lang kon vertoeven en dat het ijs overal te vertrouwen moest zijn.

De namen van onderscheidene vroeger beroemde friesche hardrijders leven nog in den mond des volks voort. Ieder Fries weet iets te vertellen van Adam hardrijder, die in de vorige eeuw leefde. Men verhaalt dat hij 16 ellen in ééne seconde aflegde. Is dit waar, dan zullen het oude friesche ellen geweest zijn, ter lengte van 0.688 meter. Men zegt ook dat hij eens in de vaart van zijn rijden een sprong deed over eene opening in het ijs, bij de Oude Schouw, ter lengte van 22 voet. Een oude friesche voet is nagenoeg 30 centimeter. En toen iemand hem hierover zijne verwondering te kennen gaf zeide Adam droogjes: «Dat is geen boon waard.»

In zijnen tijd was er te Groningen een pottenbakkersknecht, die
bij zijne stad- en gewestgenooten voor den baas van alle hardrijders
werd gehouden. Een heer van Leeuwarden bezocht toen eens in
den winter een der herbergen te Groningen, waar hij den potten-
bakker aantrof, die genoemden knecht in dienst had. Deze zeide:
«De Friezen hebben den naam dat zij het hardst van allen kunnen
schaatsrijden; maar indien er één Fries is die het van mijn knecht
kan winnen, wil ik een goede geldsom verloren hebben.» De friesche heer zei hierop: «Ik houd u aan uw woord.» — Best! De
dag en het uur werden bepaald, waarop een wedstrijd zoude plaats
hebben, te Groningen op de stadsgracht. Onze Adam werd daarvoor
uitgenoodigd en verzocht des avonds vóór den bepaalden dag te
Groningen te komen, om des nachts voor den wedloop te kunnen
uitrusten. Het geld, waarom werd gewed, zoude hem ten deel vallen indien hij overwinnaar werd. Adam berichtte wel dat hij zoude
komen, maar des avonds toen men hem verwachtte bleef hij weg.
Des anderen morgens tien uur zou de kampstrijd aanvangen, en
was de aangewezen kamper met klokslag tien niet aanwezig, dan
had de leeuwarder heer de weddenschap verloren. Het werd half
tien en Adam kwam niet. De Groningers dachten reeds, dat hij
den strijd niet aandurfde en zich stil zou terughouden. Adams
beschermheer maakte zich zeer bezorgd en dacht: «Als hij nu nog
komt, zal hij te vermoeid zijn om te kunnen winnen.» — Eindelijk,
tegen tienen, daar kwam de man op zijn doode gemak aangereden.
«Mijn goede vriend, wat kom je laat!» — «Ja,» zei Adam, «ik
heb mij van morgen wat verslapen.» — De Groningers stonden
er natuurlijk op, dat de wedloop op den bepaalden tijd zoude aanvangen. De pottenbakkersknecht ontdeed zich van zijne bovenkleeding. Adam niet, hij was daarvoor te bezweet, zei hij. Maar
toen hij den eersten rit verloor, drong zijn heerschap er op aan,
dat ook hij kleêren zoude afleggen. Hij verkoos dit niet te doen.
De tweede rit won hij, ja, maar eventjes. Een derde rit moest
volgen en deze was beslissend. Adam was nog niet te bewegen om
zich te ontkleeden. De derde rit won hij ook, maar al weêr met
moeite, althans naar 't scheen. De Groningers moesten erkennen
dat de Fries overwinnaar was, «maar,» zeiden zij, «dat hij sneller
kan rijden dan onze man, mag eigenlijk niet gezegd worden.» Nu
zeide Adam: «Ik houd niet van grootspraak, maar ik wil jelui nu
toch vertellen, dat ik eigenlijk nog niet gereden heb.» — Nu, dit

was pocherij, zeide men. — «Welnu,» hernam hij, «als mijn tegenpartij er lust in heeft, wil ik nog een rit tegen hem doen enkel uit liefhebberij.» — Dit voorstel werd aangenomen en nu trok ook Adam zijne bovenkleéren uit. De twee rijders gingen tegelijk van streek; toen Adam aan het einde der baan kwam reed hij onmiddellijk terug, en nu ontmoette hij zijn tegenpartij terwijl deze pas het midden der baan had bereikt. «Zieje,» voegde hij nu den toeschouwers toe, «nu heb ik eens een beetje mijn best gedaan.»

In vroegeren tijd stond tusschen Dokkum en Leeuwarden, aan de zuidoostzijde van het vaarwater de Ee, des winters dikwijls veel land onder water. Kwam er dan ijs, dan kon men per schaats van Dokkum nagenoeg recht op Leeuwarden aan rijden, over de Trynwouden en zoo vervolgens. Over dit ijsveld reden in Adams tijd eens twee mannen, ieder achter eene zwaar beladen slede, van Dokkum naar Leeuwarden. Zij werden door een schaatsrijder ingehaald, die zeide: «Ik kan bij deze felle koude haast niet warm worden, ik wil wel eens een poosje zoo'n slede schuiven, dan kunt gij met je beiden aan de andere gaan.» Hiertegen hadden de mannen niets. Maar de onbekende gedienstige schoof zoo geweldig aan, dat de twee stevige mannen tezamen achter ééne slede, moeite hadden hem bij te blijven. Al spoedig konden ze dit niet meer; hij snelde hun vooruit en 't duurde niet lang, toen hadden ze hem uit het oog verloren. Zij keken elkander aan en zeiden: «Als dat de duivel niet is dan weten we er niets van. Maar dan is ook de geheele slede met koopmansgoederen naar zijn grootje.» Ontmoetten zij een schaatsrijder, dien vroegen ze: «Heb je den duivel ook gezien met eene slede vol goederen als deze?» — Maar niemand wist er iets van. Eindelijk te Leeuwarden komende, vonden zij den onbekenden man bij de beladen slede op hen wachten. En nu kwamen zij te weten dat hij Adam de hardrijder was.

Er is vroeger ook een Fokke hardrijder geweest. Van dezen vertelde men dat hij nog nooit zijne partij in 't hardrijden had gevonden. Maar eens gebeurde 't dat hij op een avond bij lichte maan alleen reed en eene lange rechte vaart had af te leggen. En nu kwam hem iemand op zijde, die hem achterin scheen gereden te zijn, zoo hij meende, — maar 't was zijn eigen schaduw. Hij kon volstrekt niet dulden dat de gewaande mededinger hem op zijde zou blijven. Hij deed zijn uiterste best, zoodat het zweet hem langs het aangezicht gudsde, maar 't hielp niets. De ander reed altijd even hard als hij. Eindelijk ging het onder een brug door, — daar miste hij den vreemde naast zich, maar aan de andere zijde der brug was die man er weêr. Nu bleef Fokke staan en zei: «Dat heste woan, divel!» (Dat heb je gewonnen, duivel!) In 't eerste oogenblik geloofde hij tegen den duivel gereden te hebben, en dat deze over de brug gesprongen was, terwijl hij er onder door reed. Dit was hem al te kras, daarom gaf hij 't verloren, en zag nu dat hij zich nutteloos had afgesloofd — tegen zijn eigen schaduw.

Van Kornelis Ynses, een hardrijder van Kubaard, vertelt men, dat hij in zijne jeugd zich in 't schaatsrijden oefende op smalle greppels in het land, om zich zoo te gewennen aan het maken van lange recht-vooruitgaande streken. Als zijne vrouw hem 's middags zei, dat de aardappels kookten en dat zij heel graag wat mosterd bij den maaltijd zou hebben, dan reed Kornelis op schaatsen van Kubaard naar Bolsward (1½ uur gaans) om mosterd te halen en kon terug zijn tegen den tijd dat de aardappels gaar waren. Op hardrijderijen haalde hij meest altijd den prijs. Hij kwam, zoo vertelt men, eens toevallig op een dorp in Groningerland, waar dien dag eene hardrijderij zoude plaats hebben. Hij zat bedaard in de herberg bij 't vuur en gaf te kennen dat hij wel meê van de partij wou zijn. Men kende hem niet en beschouwde hem voor niet bijzonder vlug; hij werd toegelaten. Maar toen hij los kwam begreep men spoedig dat hij daar aller baas was. Toch zou men dien vreemden vent niet gaarne met den prijs zien weggaan. Toen de laatste rit gedaan werd, liet men, schijnbaar bij ongeluk, eene slede op de baan glijden om Kornelis daarover te laten vallen. Maar tot aller verbazing sprong hij in zijne vaart over de slede; hij won nog den rit en daarmede den prijs.

In den winter van 1808 reden drie flinke schaatsrijders op een leeuwarder marktdag van Bolsward naar Frieslands hoofdstad. Het woei stevig uit het noordoosten en men had dus bijna de geheele reis recht tegen den wind in. Men reed daarom achter elkander met zen drieën aan een stok. Dit gaf vastheid in het rijden en spoedig werd dan ook het dorp Wommels bereikt. Daar kwam Kornelis Ynses langs de Kubaarder opvaart, onder het bruggetje door, dat daar in den trekweg is, de drie Bolswarders achterin rijden. Zij kenden den man niet. Als men zelf zwaar tegen den wind op moet schuiven, en er komt dan iemand in uw zog rijden, (dat is onmiddellijk schuins achter u in de luwte), dan valt het nog moeielijker. De drie stedelingen trokken daarom wat harder aan om van den boer ontlast te geraken, maar dit gelukte hen niet. Zij kwamen bij het tolhuis Hulkenstein te Oosterlittens. De Bolswarders vonden goed daar eens aan te leggen, en Kornelis deed eveneens. Toen zij in de herberg zaten, bemerkte hij wel, maar liet dit niet blijken, dat de drie reisgezellen met elkander overlegden om nog eens te beproeven den boer te ontrijden. Men zette de reis voort; zonder praatjes volgde Kornelis weêr en bleef hen onmiddellijk op de hielen. Er werd kracht ontwikkeld van belang, in een ommezien was men te Baard. Nu zeide Kornelis: «Kan ik niet met jelui aan den stok rijden? Dat rijdt wat vaster dan zoo alleen.» Maar hij kreeg barsch ten antwoord, dat ieder zichzelf maar moest redden. — «O zoo?» zei de snaak, «als 't zoo staat, zal ik te Leeuwarden maar gaan zeggen dat gij komt. Goeden morgen!» Hij legde de handen op den rug en snelde hen vooruit met kogelvaart. De Bolswarders zagen dit met verbazing en schimpten op den olijken boer, die hen zoo leuk in het zweet had gejaagd. Hem in te halen, hieraan viel niet te denken; hij was hen spoedig uit het gezicht. Met dat al reden zij ook volstrekt niet langzaam en kwamen spoedig genoeg te Leeuwarden aan. Hier stond Kornelis op den wal voor eene herberg aan de buitengracht, met de handen in de broekzakken en smakelijk uit zijn pijpje dampende hen op te wachten. Hij riep hun toe: «Komt, ben jelui er? Welkom hier! Komt maar in huis, ik heb reeds boerenkoffie voor jelui besteld.» — Kornelis Ynses was toen nog niet vermaard als hardrijder, maar is het spoedig daarna geworden, daar de drie Bolswarders hem aanmoedigden naar stadsprijzen te dingen.

Atse Geerts van Terzool was ook zulk een ouderwetsche hardrijder, en die het lang heeft volgehouden. Hij bloeide in de eerste helft dezer eeuw; er leven nog velen die hem hebben gekend. Van hem vertelt men het volgende: Op zekeren fraaien winterdag kwamen drie boerenknapen de herberg bij de Dille, aan de leeuwardersneeker trekvaart, binnenstormen. Zij waren geheel in 't zweet en achter adem. Een bejaard man die daar zat, zeide: «Wat is het toch dwaas, jongens, bij zulk koud weder je zoo in het zweet te rijden. Dat kan ernstige gevolgen hebben; zoo iets blijft een mensch niet in de kleêren zitten.» — «Gij kunt wel heel best gelijk hebben, man,» zeide een der drie, «maar 't was om gloeiend te worden. Verbeeld je! Wij alle drie zijn zeer goede rijders, dat durf ik zeggen, en daar komt ons op de vaart zoo'n oud boertje met een korten broek achter in rijden en maakt een praatje. Wij meenden hem spoedig te kunnen ontrijden en deden daar ons best op. Maar dat hielp niet, hij bleef ons bij. Mijn maat werd driftig en zeide: «Laten we ons toch schrap zetten, dat wij den oude kwijt geraken.» — Dit scheen de oude gehoord te hebben, hij zeide: «Wilt ge van mij ontlast zijn? Dat kan wel.» — Nu zette hij zich schrap en schoot vooruit. Och, mijn lieve man! het geleek er niet naar, dat wij hem konden volgen.» — Hierop zeide de kastelein: «Dan denk ik, dat gij met Atse van Terzool te doen hebt gehad, hij is zoo 'pas hier voorbij gereden.» — Deze Atse, die op hoogen ouderdom omstreeks 1860 overleed, was tevens een uitstekend springer. In zijn besten leeftijd sprong hij te Gorredijk eens 18 friesche voeten, ongeveer 5 meter, over den vlakken grond. Hij was van beroep praamschipper of schuitevoerder, varende met turf, hooi, riet en dergelijke, en bij dit werk was hij loom van aard. Hij kwam eens bij een der kleine schutsluizen in de nabijheid van Drachten, waar een praam of schuit, hoog opgeladen met hooi, in de sluiskolk lag. Met den schipper hiervan ging Atse eene weddenschap aan, dat hij over de lading hooi en tevens over de kolk zoude springen. Volbracht hij dezen sprong, dan werd het hooi zijn eigendom, zoo niet, dan had hij de volle waarde er van aan den schipper te betalen. Dat Atse winner werd zal men reeds geraden hebben. Men vertelt hierbij dat hij, door de nabijheid van een huis, slechts een korten aanloop konde nemen.

Het aantal hardrijders dat de 19de eeuw heeft opgeleverd, zou haast legio kunnen heeten. De omstandigheid, dat er gedurende de laatste zestig jaren veel meer hardrijderijen op schaatsen werden gehouden dan vroeger, zal hiertoe hebben bijgedragen. Er zouden wel meer dan vijftig namen zijn te noemen van rijders, die zich gedurende korter of langer tijd beroemd hebben gemaakt. Maar van geen hunner heb ik iets hooren vertellen, dat als volksoverlevering kon worden beschouwd. En eene bloote opsomming van namen behoort niet tot mijn doel.

Elias Annes Borger.

Deze begaafde geleerde, kanselredenaar en dichter, was de zoon van welgestelde burgerlieden op de Joure, waar hij den 26 Februari 1784 geboren werd. In zijne jeugd gaf hij reeds blijken van schranderheid, vernuft en oordeel. Ook betoonde hij reeds vroeg lust in het prediken of houden van toespraken. Dit een en ander bezorgde hem onder de spelende dorpsjeugd van de Joure den bijnaam van Lijke Profeet. *Lijke* is de verkleinvorm van den naam *Lijes* en deze weêr de verkorting van Elias. Zoo maakt men in de friesche volkstaal van Jeremias *Mijes*, van Mattheus en Barthololomeus *Tewes* en *Mewes* enz.

Elias Borger leerde latijn bij den predikant Schlikker te Langweer en op zijn zeventiende jaar begaf hij zich alleen en zonder aanbeveling naar Leiden, om in tegenwoordigheid der curatoren van de hoogeschool een onderzoek te ondergaan, waardoor hij eene rijkstoelage kon verkrijgen om de akademische loopbaan te beginnen. Maar de heeren zagen hem niet voor vol aan´ en gaven hem in bedenking of hij niet beter zou doen zich terug te trekken. Hij echter antwoordde eenvoudig: «Ik scil 't ris bisiikje,» ik wil het eens beproeven. Toen werden hem latijnsche en grieksche boeken het onderste boven voorgelegd, en hij las ze even vlot, als lagen zij goed. De jongelui, die aan de latijnsche school geweest en met hetzelfde doel als Borger te Leiden gekomen waren, meenden ook met een botterik te doen te hebben. Om te beproeven of hij werkelijk iets van het latijn verstond, vroegen zij hem in die taal, hoe hij naar Leiden was gereisd. En hij antwoordde: «Ego corbis pericula». Dit moest naar zijne bedoeling voor die gelegenheid worden vertaald: «Ik ben gevaren.» (*ego* ik; *corbis* korf of ben; *pericula* meerv. van *periculum* gevaar). Maar de jongelui begrepen dit niet en lieten verder den frieschen boerenlummel ongemoeid. Het onderzoek liep voor Borger uitstekend af en hij werd student om te leeren voor predikant. In 1807 werd hij reeds doctor in de godgeleerdheid, maar predikant is hij nooit geweest. Men gaf hem maar terstond eene betrekking aan de hoogeschool en na verloop van eenige jaren werd hij professor.

Hij bleef echter de eenvoudige man. Eens reisde hij met de trekschuit naar Utrecht om daar een professor te bezoeken. In de roef kreeg hij onder weg slechts één reisgenoot, een deftig heer, die hem niet kende. Deze, die hem voor een burgerman aanzag, begon een praatje en op zijn vragen kwam hij het doel van Borger's reis te weten. Hij zei: «Dat treft toevallig, bij dien professor moet ik ook zijn.» En iets later: «Als gij nu zoo goed woudt zijn, vriend, even mijn valies te dragen, dan behoef ik geen man van de straat te nemen.» Borger nam dit aan en te Utrecht aan wal gekomen wandelden zij samen naar het huis van den professor. Eer men aanbelde gaf de heer aan Borger een zestehalf tot fooi. Denk eens hoe de man zich ergerde, toen hij, met zijn reisgenoot binnen komende, ontdekte met wien hij te doen had gehad! De drie heeren kwamen met elkander in een geleerd gesprek, maar als de utrechtsche professor zich eens voor eenige oogenblikken omwendde, haalde Borger zijn zestehalf voor den dag en keek bij afwisseling naar het geldstuk en naar den milden gever. Deze was niet op zijn gemak.

Professor Borger liet zich jaarlijks turf leveren door een jouster schipper. Deze, een zijner voormalige schoolmakkers, die hem gekend had toen hij wel Lijke Profeet werd genoemd, was nogal gemeenzaam met den professor. Eens toen hij bij Borger in de studeerkamer was toegelaten, zei hij: «Wat hebt gij het nu toch veel beter dan ik, profester. Ik moet hard werken en zwerven op de baren bij allerlei weêr en wind; en gij zit hier op je gemak wat in de boeken te snuffelen.» — «Ja vriend,» zei Borger, «maar het studeeren is ook niet altijd zoo gemakkelijk als gij wellicht denkt. Dat kost soms veel hoofdbreken. Zie maar eens, hier heb ik een woord, waarop ik al vele dagen heb zitten turen, zonder de juiste beteekenis te kunnen vatten. Het is een chaldeeuwsch woord, en stonden daar nu drie puntjes, dan begreep ik dadelijk de beteekenis; maar er staan wel vier en nu ben ik er af. Je moet begrijpen, dat één zoo'n puntje de beteekenis van een woord aanmerkelijk kan veranderen in die oude vreemde taal.» De schipper bekeek het handschrift aandachtig als met het oog van een kenner en eindelijk riep hij uit: «Dat vierde puntje behoort er niet bij, profester, dat is een muggesch...je.»

Adeldom.

Jhr. Æbinga van Humalda weigerde van koning Willem I den graaflijken titel te aanvaarden. Toen de koning hem na een bezoek bij het afscheidnemen zeide: «Jonker van Humalda, gij zijt graaf,» was het wederwoord: «Dank u, Sire, mijn friesch jonkerschap gaat boven uw graafschap.» — De familie Van Eysinga (van het geslacht van koning Radboud), heeft evenmin eene «verheffing» tot baron gewild. Friesch Jonker «van oude herkomst» gaat, volgens deze familiën, boven alles.

Jhr. mr. M. de Haan Hettema heeft ergens betoogd, dat de titels graaf en baron niet bij den frieschen adel tehuis behooren en dat alle friesche jonkers «hertogen» behoorden te zijn, of jonker te blijven. Maar friesche hertogen zijn er evenmin als er nog Ridders zijn van de Friesche Kroon, eene orde omstreeks het jaar 800 door Karel den Groote ingesteld onder gelofte van verdediging van den christelijken godsdienst. De ridders dezer orde volgden die van den H. Basilius; het ordeteeken bestond in een keizerlijke gouden kroon, gedragen op een wit opperkleed of wapenrok met de zinspreuk: «*Coronabitur legitime certans*, die wettelijk strijdt zal gekroond worden.» — Deze ridderschap vereerde de keizer, te Rome zijnde, aan de daar toen aanwezige friesche krijgers, als belooning voor de overwinningen onder hunnen koning op de Saxen behaald. Ten teeken hunner vrijheid, waren deze ridders om het gelaat tot de ooren toe geschoren.

De toren van Oldehove.

De toren van Oldehove te Leeuwarden heet in de friesche landtaal «Aldehou». Het woordje hou! heeft ook de beteekenis van halt! niet verder!

Genoemde dikke, stompe toren is op een stukje grond komen aandrijven en toen hij de plaats bereikt had waar hij nu staat, zat daar aan den oever eene oude vrouw te spinnen, die riep uit al haar macht: «Hou, âlde! hou!» Halt, oude! niet verder! — De toren gehoorzaamde; hij is daar altijd blijven staan en heeft aan dit geval zijn naam te danken. — Sommigen meenen, dat men hem, toen hij op zijne tegenwoordige standplaats kwam aandrijven, met een draad heeft vastgebonden, om te beletten dat hij verder dreef en om hem te doen dienen voor een baak in zee. Sedert is hij daar blijven staan. — Anderen willen dat hij op een koolblad is komen aandrijven.

Er zijn er ook die gelooven dat de toren wel degelijk gebouwd is. Dezen vertellen, dat de bouwmeester van dit werk iederen dag een braspenning verdiende, dat was tien duiten, nagenoeg $6\frac{1}{2}$ cts. Eens toen deze heer op een middag te huis kwam, vroeg hij zijne vrouw wat er zoude gegeten worden? Zij wees hem op een pot met gekookte groene erwten, dien zij pas van het vuur had genomen en op den vloer gezet om wat te bekoelen. Maar de verontwaardigde man schopte den pot met erwten omver, terwijl hij zeide: «Is dat nu kost voor een man, die iederen dag een braspenning verdienen kan?»

Weggedreven landen.

Geen watervloed is zoo verwoestend geweest als die van Allerheiligen 1570. Niet die, door welken Ezonstad en de stad Wartena
in Oostergo te gronde gingen, zelfs niet die van Marcellus (16 Jan.)
1219, die lang spreekwoordelijk bij de Friezen is gebleven, om iets
verschrikkelijks aan te wijzen: «*It het by Marcellus nin liken,*» het
is bij den Marcellusvloed niet te vergelijken.

Op den eersten November 1570, ten tijde der volle maan, stak
een westerstorm op, die des avonds naar het noordwesten schoot,
twee etmalen aanhield en de zee tot een ongekende hoogte opjoeg.
De dijken stonden onder en braken door; met donderend geweld
rolde de zee over de opengelegde landerijen; huizen stortten in;
gansche huisgezinnen kwamen om. Bij Makkum zeilde een geladen
schip van 70 lasten over den zeedijk ver landwaarts in. Met schepen van acht voet diepgang voer men van Sneek naar de Lemmer
en de Kuinder, alleen kerken en torens mijdende. Groote pollen
veengrond, met huizen en al er op, dreven rond. Eenigen daarvan
werden door wind en golven voortgezweept tot zelfs in het land
van Utrecht; daar hebben zij zich vastgezet als hoogten om en bij
Maarseveen. De eigenaren van het weggedreven land eischten dit
later terug, doch zij werden veroordeeld om die pollen veen binnen
vierentwintig uren te verwijderen, omdat de eigenaren van den
grond, die er nu onder lag, dezen wilden gebruiken. Maar het
bleek dat dit vonnis onuitvoerbaar was, en alzoo is het friesche
veen blijven liggen waar de stormvloed het had neêrgeworpen.

De leeuwarder galgen.

Te Leeuwarden had men in vroegeren tijd twee galgen, een
in de stad en een er buiten; deze stond aan de harlinger trekvaart. Het gedeelte dier vaart, van de stad tot aan het begin der
sneeker trekvaart, heet nog het Galgerak, en een stuk land ten
noorden daarvan de Galgefenne. De galg in de stad noemde men
de soldatengalg, niet omdat deze uitsluitend voor soldaten bestemd was, maar omdat er eens een soldaat aan opgehangen werd.
Het is bekend dat men vroeger de dooden aan de galg liet hangen
tot zij er afvielen. De militaire rechter, die genoemden soldaat ter
dood veroordeeld had, wilde hem, toen hij gestorven was, doen
afnemen en doen hangen aan de buitengalg. Het hof van Friesland

echter weigerde daartoe zijne toestemming. De toenmalige staten-
bode, in de wandeling Keike Pieters genoemd, zeide hiervan: «Et
hof het gelyk; wat hè wij met die soldategalge fannoaden? De galge
an'e trekvaart is 'en galge foar ons en ons kynders.» — Toch werd
de doode soldaat, na drie dagen binnen de stad gehangen te hebben,
naar buiten gebracht. Maar het gezegde van Keike Pieters gaf aanleiding, dat de galg in de stad den naam ontving van soldatengalg.

Het is eens gebeurd op een avond bij lichtemaan, dat een schip
langs de Galgefenne voer en de bij het roer staande schipper, ziende
dat er twee dooden aan de galg hingen, dezen spottend toeriep:
«Jelui moet wat opschikken! er moet nog een hangen.» Hierop
riep eene stem, die van de galg scheen te komen: «Neen, hier
niet, maar te Purmerend!» De schipper verschrikte hevig, doch
verklaarde er niets van te begrijpen; maar een jaar daarna werd
hem dit duidelijk gemaakt. Hij werd overtuigd van een misdrijf,
waarvan de dader langen tijd onbekend was gebleven; hij werd ter
dood veroordeeld en — te Purmerend gehangen.

In vroeger eeuw stond aan de brol te Leeuwarden de kaak, en
de schandpaal werd gekroond met het stadswapen, zijnde een klim-
mende leeuw met geopenden muil. Vandaar dat van hem, die aan
dezen paal zijne straf had ontvangen, gezegd werd: «hij heeft den
leeuw in den bek gezien.» — Later werd dit zeggen overgedragen
op iemand die een geeseling op het schavot had ondergaan.

Arm Dokkum.

Dokkum is onder de elf friesche steden de eenige zonder rechtsgebied buiten hare gracht; daarom wordt zij arm Dokkum genoemd.
Dit is niet altijd zoo geweest. P. C. Scheltema vertelt: «Door het
graven der trekvaart van Dokkum naar Stroobos, in 1656, geraakte
de stad zoodanig in schulden, dat zij haar rechtsgebied buiten de
poorten aan de aangrenzende grietenijen Oostdongeradeel en Dantumadeel moest verkoopen. Van het kapitaal, dat zij overigens nog
negotieerde, moest zij, ingevolge overeenkomst, van iedere honderd
gulden een stooter (12½ cents) rente betalen, en was tevens verplicht jaarlijks een gedeelte der schuld af te lossen. Tot de nako-
ming van dit kontrakt verbond zij al hare tollen en mollen, totdat het kapitaal geheel afgelost zoude zijn.» Dit komt echter niet
overeen met hetgeen men leest in den Tegenwoordigen Staat van
Friesland, II, 252.

Eenigszins in strijd met beide heeft J. H. Halbertsma opgeteekend: «Met het graven der trekvaart van Dokkum naar Leeuwarden, had Dokkum zooveel geld opgenomen, dat het niet betalen
kon. De geldschieters en de stad hadden eene commissie voor den
dusgenaamden «Dokkumer boedel», die lang bestaan heeft en eindigde met de stadsgerechtigheid tot binnen de wallen te beperken.
Een trekschipper bond in dien tijd eens het achtereinde der trek-
lijn te Dokkum aan de waterpoort vast, toen hij naar Leeuwarden
zoude varen, en riep zijn jagertje toe: «Voort!» En toen het paard
niet voort kon, vroeg men hem of hij gek was. «Neen,» zei hij,
«de heeren van den Dokkumer boedel hebben mij gelast om Dokkum te Leeuwarden in den lombard te brengen.»

Een onbekende volksdichter heeft op dezen toestand der goede
stad een versje gemaakt:

Dokkum is een koopstad,   Een koopstad boven maten,
Daer is anders niet te koop   Als spieringen en garnateu.
De huizen die zijn uitverkocht,   De landen zijn vereten. [1]
Op 'e syl [sluis] daer staat 'eu pot;   Die wat heeft die geeft er wat
Voor die arme Dokkumstad.

Sommigen beweren dat zelfs de voormalige torenklokken te Dokkum de armoede der stad uitgalmden. In het gelui der groote klok,
die langzaam en statig bromde, meende men duidelijk te hooren:
«Ar-m Dokk-um! Ar-m Dokk-um!» en in dat der kleine, die veel
vlugger belde: «kan-ikke datte keere? kan-ikke datte keere?»

Het is bekend dat van Dokkum evenals van Kampen allerlei
dwaasheden worden verteld. Beide krijgen ongeveer dezelfde stukjes
op haar rekening en men vindt die terug in de vertellingen, die in
Duitschland omtrent de Schildburgers in omloop zijn. Zij zijn te
algemeen om hier te worden medegedeeld.

De volgende is, geloof ik, een echte Dokkumer. Toen in 1832
de toren van het Sint Bonifaciusklooster wegens ouderdom moest
worden afgebroken (de kerk was reeds in 1578 verdwenen), veilde
het stedelijk bestuur het gebouw op afbraak en wel in twee gedeelten. Het bovengedeelte kon echter geen geld genoeg opbrengen
en werd derhalve ingehouden. Voor het benedengedeelte werd een
goede prijs geboden, de koop werd toegeslagen eu de kooper ontving vergunning om maar met afbreken te beginnen. Het bovengedeelte moest voorloopig blijven staan.

---

[1] D. i. er is zoolang op de waarde der landerijen geteerd dat er niets meer overbleef.

Genomen Harlingers.

In de vorige eeuw lag er op de Zuiderzee buiten Harlingen een wachtschip, om te waken tegen het insluiken van cijnsbare waren. De matrozen der marine, oude harlinger zeelui, waren gewoon in de kajuit te zitten hunne kousjes te breiden.

Omstreeks 1787 brak er tusschen Nederland en Engeland een oorlog uit. Nu gebeurde 't dat een engelsche sloep het wachtschip overrompelde. De man, die op het dek de wacht hield, stak het hoofd in de kajuit en zeide bedaard: «Mannen, leg jimme breiden maar neêr. Wij binne nomen, oude!» [1])

Bedrogene of teleurgestelde menschen, die b.v. op reis iets te laat kwamen bij een schuit of afreiswagen, en dan niet wisten hoe het aan te leggen, noemde men later «Genomen Harlingers.»

Het Tjeukemeer.

Ter plaatse waar thans het Tjeukemeer is, was oudtijds veengrond. Eene vrouw, Tieucke genaamd, stak eens dat veen in brand en de groote waterplas, daardoor ontstaan, heeft naar haar den naam ontvangen.

Anderen zeggen, dat op die plaats weleer een bosch heeft gestaan, dat op zekeren tijd in brand geraakte. Op hetzelfde oogenblik ging daar eene vrouw voorbij met twee emmers melk. Hiermede had zij gemakkelijk den beginnenden brand kunnen blusschen, maar zij verkoos dit niet te doen, omdat zij hare melk te lief had. Hierom werd zij door het volk gescholden voor Tjûke, dat toen ter tijd een scheldnaam was. Het meer, dat ten gevolge van den boschbrand ontstond, ontving zoo den naam van Tjûke- of Tjeukemeer.

Ook zegt men, dat in den langverleden tijd aan het einde eener lange laan, die tot een groot bosch behoorde, twee ongehuwde vrouwen woonden, die van de boerderij leefden. Zij heetten Sjuwke en Margje. Eens, toen zij bezig waren hare koeien te melken, ontstond er brand in het bosch, en omdat er geen water in de nabijheid was, wilden zij den brand blusschen met melk. Maar de vette deelen der melk werden voedsel voor den brand; het geheele bosch brandde weg en alleen aan den westewind hadden de twee boerinnen het te danken dat haar huis en have gespaard bleef. De grond van het verbrande bosch was moerassig en zoo ontstond daar

---

[1]) Dit *oude* hebben de Stadfriezen gemaakt van het landfriesche *áde* (niet **âlde**) = vriend, kameraad, en dit is het oudfriesche *athe*.

langzamerhand het grootste meer van Friesland, dat den naam ontving van Sjuwke-March, later veranderd in 't Sjuwkemar, nog later in Tsjûkemar = Tjeukemeer. Het angstgeroep der vrouwen tegen elkander: »Sjuwke!» — «Marg!» tijdens den brand, heeft aanleiding gegeven tot deze benaming.

Het ontstaan van poelen en meren, waar vroeger bosch- of veengronden waren, is geen onbekende zaak. De streek, waar men meent dat genoemde boerenplaats heeft gestaan, heet nog de Lange Laan. Het land aan de plaats, die 't naast aan het meer ligt, heet «Brandland.» Een lange rei elzen en berken, door den rijweg naar de Lemmer in tweeën gescheiden, noemt men de Brandlandsingel. Deze namen zijn ontstaan door het afbranden van een boerenplaats, of van een molen, die aan het einde van het Brandland aan de Wiel stond. In dezen molen werden veel gesmokkelde waren geborgen, vooral sterkedrank en daaronder meerendeels brandewijn. Bij eene overrompeling werd de molen aan de vlammen opgeofferd. De watermolen, die daar later werd gebouwd, verkreeg de eer de Brandewijnsmolen te worden genoemd.

De Wiel is eene bocht of baai aan den westkant van het Tjeukemeer. Hoe deze is ontstaan, weet de bevolking in den omtrek zeer goed. Het gebeurde eens dat daar een schip met buskruit voer bij sterken wind, zoodat groote baren tegen het schip opsloegen. Maar eensklaps werd het water vlak en effen en daar boven in de lucht zag men een monsterachtigen reus, die met zijn zwaard rechts en links sloeg, nadat hij het schip met buskruit had ingeslokt. Een tweede reus kwam hem bestrijden, maar toen deze vernam dat zijne tegenpartij buikpijn had, kroop hij, van een lichtje voorzien, in diens lichaam, om de oorzaak der kwaal te onderzoeken. Het licht kwam in aanraking met het kruit en nu volgde eene ontploffing, zoo verschrikkelijk, dat hemel en aarde schenen te zullen vergaan. Hierdoor ontstond een moeraspoel, waarin de reuzen verzonken en waarvan later de Wiel is gekomen.

De Koevorde.

De Koevorde, een meertje in Doniawerstal, heet in de volkstaal de «Koevoet.» In vroeger tijden was daar goed droogliggend land; doch eens trapte eene koe met haren voet daar een gat en daarin sijpelde water. De wind speelde er op en deed het gat steeds grooter worden. Zoo ontstond van lieverlede het meertje.

De haring op Ameland.

Op het strand van Ameland was oudtijds de haring zoo overvloedig, dat men dien visch soms bijna met de hand kon vangen. Hierdoor werd op het eiland veel geld verdiend. Maar dit maakte zachtjesaan de inwoners weelderig en zorgeloos. Zij vonden eindelijk dien overvloed van haring lastig en geeselden de diertjes met rijsjes om hen te verdrijven. De haring verdween en kwam nooit terug, en dit heeft veel armoede op het eiland veroorzaakt. Nu worden er door de visschers nog wel eens haringen gevangen met striemen op het lijf.

Het huisje van berouw.

Te Leeuwarden aan den Grachtswal stond vroeger een huis dat het huisje van berouw werd genoemd. Waarom? Dit vertelde men op tweeërlei wijze. De een zeide: De man die 't liet bouwen was uit Oost-Indie gekomen met veel geld; maar terwijl het huis gebouwd werd, ging het geld altemaal op. Toen berouwde 't den man zeer dat hij dat werk begonnen was. — Een ander vertelde: De man kwam met den bouwmeester overeen, dat deze voor elken steen, die aan het huis gelegd werd, een bepaalden prijs zou ontvangen. De timmerman maakte nu, om maar zooveel mogelijk steen te verbruiken, de vensterramen zoo klein, dat de eigenaar van het huis daarna altijd berouw had van het dwaze akkoord.

De staatsman Allard Pieter van Jongstal, welbekend in de vaderlandsche geschiedenis, bouwde in 1640 een prachtig huis nabij Hallum, waaraan hij het grootste gedeelte van zijn vermogen besteedde. Daarom werd dit gebouw onder het volk ook «het huis van berouw» genoemd.

Het wapen van Ameland.

Het wapen van Ameland is in twee halve velden verdeeld; het rechtsche halfveld is van goud, met drie zwarte balken beladen; het linksche is een zilveren halvemaan. De Amelanders hebben dit wapen aangenomen naar aanleiding van een diefstal, door hen op Terschelling gepleegd. Zij hadden in den ouden tijd veel last van rooverij uit Friesland en andere streken; daarom haalden zij op zekeren nacht bij lichtemaan drie balken van Terschelling, om

daarvan eene galg te maken, waaraan zij alle dieven, die hun vee
kwamen rooven, wilden ophangen. Hiervan het rijmpje:

De Amelander schalken   Die stalen drie balken,
Des avonds in den maneschijn,   Daarom zal dit hun wapen zijn.

Het wapen van Wonseradeel.

Het wapen van Wonseradeel is een springend hert met gebroken
hoornen. Dit wapen heeft men daar gekregen naar aanleiding van
het volgende voorval. Er werd in den overouden tijd een hert uit
de groote bosschen verjaagd en door de Wonseradeelers gevangen,
die het de hoornen verbraken. Daarvoor ontvingen zij, als een eere-
blijk, een hert met gebroken hoornen in hun wapen.

Richtjemoeis duin op Ameland.

De oostelijke punt van Ameland heet bij de eilanders het Oerd. [1]
Het is eene onbewoonde, onvruchtbare plek en het minst bezocht
gedeelte van het eiland. Kalk- en steengruis in het zand wijzen
daar nog de plaats aan, waar weleer het welvarende dorp Oosthui-
zen stond. Een duinengroep op deze plek draagt den naam van
Pinke- of Oerder-duinen en één hiervan heet Richtjemoeis duin.
Zeer ouden van dagen hebben daar een oud, bouwvallig, onbewoond
huisje gekend, dat vóór onheuchelijke jaren de verblijfplaats moet
geweest zijn van de laatste bewoonster der Pinkeduinen. Zij heette
Richtjemoei, stond bekend voor eene kol [2] en jutte (strandroofde)
nacht en dag. Haar huisje had zij zelve gebouwd van het schip
dat haar naar het eiland had gevoerd. Bij het huisje stond een
vlierboom, door Richtjemoei geplant, die tot op den huidigen dag
een treurig bestaan voortsleept, niet alleen omdat de bodem daar
zeer dor en droog is, maar ook omdat hem menig takje wordt af-
gerukt, dat als een aandenken wordt medegenomen door bezoekers
die wellicht slechts eens in hun leven het Oerd betreden.

In den *Tegenwoordigen Staat van Friesland* (1786), II, 358, wordt
melding gemaakt van het «zogenoemde Oedemer (lees Oerdmer =
Oerder) huisje», 't welk op 't oosteinde des eilands staat, doch door
niemand bewoond wordt; «dienende 't zelve alleen tot eene herberg
voor lieden, welke in den zomer vermaakshalve naar 't strand ryden;

---

[1] *Oerd* is in het landfriesch de punt of spits van een scherp werktuig, bv. het *oerd*
van het mes, het zwaard, enz.
[2] Heks. *Kollen* is in het platholl. dialect der Amelanders = tooveren, landfr. *tsjoenen*.

gelyk ook voor schipbreukelingen, welke in deezen oord aan land komen.» — Voor meer dan honderd jaar leefde dus Richtjemoei reeds niet meer.

Deinum.

De huizen in het dorp Deinum zijn in eene zeer onbevallige wanorde tegenover of naast elkander gebouwd. In overouden tijd hadden twee zusters het plan opgevat, om daar een dorp te doen bouwen. Maar zij konden het niet eens worden waar en hoe de huizen zouden staan. Om een einde aan dit krakeel te maken, beklommen zij den toren en wierpen van uit de hoogte appels op den grond. Op iedere plaats waar een appel was gevallen, werd toen een huis gebouwd. Vandaar de verwarde bouworde.

Het Tjirkennest.

In de nabijheid van het dorp Jorwerd staat eene boerenplaats die het «Tjirkennest» heet. De tjirk of tureluur is een niet zeer groote vogel, die zich des zomers menigvuldig in de graslanden ophoudt. Twee broeders te Jorwerd wilden oudtijds eene boerenplaats bouwen, maar konden niet tot een besluit komen omtrent de plek waar. Na veel geharrewar kwamen zij overeen om het huis te plaatsen daar waar een van beiden het eerste tjirkennest zoude vinden. Zij gingen nu op een vroegen morgen in het weiland eieren zoeken en op de plek waar het eerste tjirkennest werd gevonden, bouwde men de boerenplaats, die tot heden den naam draagt van «het Tjirkennest».

Pylkwier.

Een *pylk* is in 't Friesch een pen, de slagveder van een vogel, en tevens een pijl. Nabij het dorp Huizum staat een boerenhuis dat Pylkwier heet. In den overouden tijd kregen eens twee reuzen twist en dezen zouden zij beslechten door een tweegevecht. Vuurwapenen waren er toen niet, men zoude elkander beschieten met pijl en boog en wie doodgeschoten werd zou het verloren hebben. Volgens gemaakte overeenkomst nam de een plaats op de Oldehoof te Leeuwarden en de ander op den Domtoren te Utrecht. Zij schoten, maar door den sterken wind kwamen beide pijlen terecht op de plaats waar nu het huis staat, dat naar deze geschiedenis den naam heeft ontvangen van Pylkwier. Toen er nog eene schuur bij stond had deze als windwijzers een paar pijlen.

De Monik.

Te Sneek heeft een oliemolen gestaan, die «de Monik» heette. Een bord, waarop een monnik geschilderd was, hing van ouds altijd in den molen. Toen men eens om eene of andere reden dat bord wegnam en verplaatste, konde men, wat men ook deed, geen olie slaan. Men hing eindelijk het bord met den geschilderden monnik weêr in den molen, en nu was alles weêr in orde. Later heeft men meermalen, om het zonderlinge der zaak, het bord afgenomen en soms zelfs geheel uit den molen gezet; maar men konde geen olie-slaan, wanneer het bord niet *in* den molen hing. Voor veertig jaar was dat bord nog aanwezig. Het hing toen niet in den molen maar buiten er op. Maar nu is de molen geheel verdwenen.

Het Juffershout.

Wat men in andere streken van ons land een vonder noemt, heet in Friesland een hout. Het is eene plank over eene sloot of gracht. Meestal loopt over zulk een hout een voetpad, waarom het bijna altijd van eene leuning voorzien is. Ten noorden van Sint Anna Parochie, daar waar vroeger het slot des stadhouders heeft gestaan, is zulk een vonder dien men het Juffershout pleegt te noemen. Voorheen was daar nu en dan eene in het wit gekleede juffer te zien. Men hoorde er nooit van dat zij leed berokkende, maar mannen, die anders voor geen kleintje, allerminst voor een jongejuffer vervaard waren, ontbrak toch soms de moed om bij avond over het Juffershout te gaan.

Het Kielmoeihout.

Ten zuidwesten van Wirdum, in het voetpad naar Wytgaard, ligt een hout over de Marwerder vaart. Daar is weleer een oud vrouwtje, dat Kielemoei werd genoemd, toen ze naar een der buur-vrouwen uit spinnen zoude gaan, met haar spinnewiel verongelukt. Sedert zat zij 's nachts onder dat hout te spinnen. In vele jaren echter heeft men daar niets meer van vernomen, maar dat hout draagt evenwel nog altijd den naam van Kielmoeihout.

De Juffersbrug te Harlingen.

Bij de sluis te Harlingen is een brug die de Juffersbrug heet. Vroeger wandelde daar iederen nacht eene juffer, wit gelijk sneeuw. Des winters kwam zij uit de bijten van onder het ijs te voorschijn. Zij deed niemand leed, en waagde iemand haar te vragen, wie zij was, hoe zij heette, en waarom ze daar 's nachts heen en weêr liep, dan was haar eenig antwoord: «zij had hare begeerte niet gekregen, daarom waarde zij daar 's nachts rond.»

De vermoeide vaartgravers.

In den tijd toen de dorpen Stiens en Britsum pas gebouwd waren en nog geen naam hadden, werd ten noorden van Stiens de vaart gegraven, die oostwaarts loopt tot in de Dokkumer Ee en de Wurgevaart heet. Dit werk werd uitgevoerd door twee reuzen en deze hadden zich daarvoor schoppen gemaakt van de twee helften eener doorgezaagde modderschuit, in Friesland praam genoemd. Het werk ging voorspoedig van de hand; er kwamen daarbij geene ongelukken dan dit ééne, dat een der gravers eens een schop aarde liet vallen op eene plaats waar hij het niet wenschte. Dit is nog de terp in de nabijheid der boerderij, staande op de plek waar oudtijds Burmania-state stond.

Toen de karwei af was, haakten de reuzen naar wat rust en zij kozen de kerk van een der nieuw gebouwde dorpen om daar wat op te leunen, evenals een aardewerker van de gewone soort soms op een hek leunt. Maar de kerk bezweek onder hun gewicht en zij kwamen met den neus in den modder terecht. Nadat zij zich met moeite weêr op de been hadden gewerkt, begaven ze zich naar de kerk van het nabij gelegen dorp om daarop uit te rusten. Deze was sterk genoeg om hen te dragen, en nu gaven ze aan hunne vermoeidheid lucht door te zuchten: «O, wurge!» O, hoe vermoeid! Wirch (spreek uit wurch) is in 't friesch: vermoeid.

Het dorp waarvan de kerk *britsen* (gebroken) was, ontving nu den naam van Britsum; het andere dien van Stiens, omdat de kerk daar de drukking der reuzenlichamen had doorgestaan, «trochstien.» Naar aanleiding van der reuzen verzuchting werd de nieuwe vaart de Wurgevaart genoemd. Naast haar ligt de Wurgedijk.

De Balkebrug.

In den weg van Stiens naar Hijum ligt over de Wurgevaart de Balkebrug. Onmiddellijk daarbij en wel ten noordwesten der brug stond het Balkeslot [1]). Een voetpad bij Stiens heet tot op den

---

[1]) Op de kaart van Schotanus vind ik nabij Stiens geen Balkeslot, wel onmiddellijk noordoostwaarts van de Balkebrug een huis Rinia, thans sinds lang spoorloos verdwenen. Twee boerenhuizen, een half uur noordwestwaarts van Finkum, bij een brug over de Finkumer vaart, heeten nog Balk-end. Dit staat wel op genoemde kaart.

huidigen dag het Spokepad. Volgens een dichterlijk verhaal in het tijdschrift Forjit my net 1887, spookte daar oudtijds de geest eener adellijke jonkvrouw, die op Balkeslot was overleden ten gevolge van eene hopelooze liefde. Zij beminde een boerenzoon, dien zij niet mocht hebben, en bedankte voor den jonker dien haar vader voor haar had bestemd. — Er spookte vroeger bij de Balkebrug ook een gevild veulen met een gloeienden bindstok in den bek. Een bindstok of pontsjer is de paal of boom dien men op een hoogopgeladen wagen met hooi of veldvruchten bindt, om de vracht vast te zetten.

Dobbe bij Stiens.

In de algemeene dorpsweide bij Stiens is, onmiddellijk bij het voetpad dat door dit weiland loopt, eene dobbe, dit is eene waterkom, waaruit het vee drinkt. Ik weet niet hoe 't er thans meê staat, maar in vroeger tijd was 't niet raadzaam laat in den avond bij duisternis of maneschijn langs die dobbe te gaan, want dan zou 't hebben kunnen gebeuren dat daar iemand het hoofddeksel werd afgevraagd. Van weigeren was geen sprake, aan ontkomen viel niet te denken; men zag zich genoodzaakt met ongedekten hoofde verder te gaan, — om niet iets ergers te ondervinden.

IJlst.

Toen de Phrygiërs of Trojanen, 433 jaren vóór Christus, onder Marconnier in Duitschland bij de Saksers waren gekomen, zakte een deel af naar den zeekant. Een hunner aanvoerders, Gruno, bouwde de stad Groningen en gaf aan Friesland en de Friezen hunnen naam. Zij stichtten eene stad, die ter herinnering aan hun oorspronkelijk land Iliacum werd geheeten. Dit is de stad IJlst.

Dronrijp.

Op de plaats waar thans het dorp Dronrijp staat, stonden in den ouden tijd reeds vele huizen, toen men er nog geen kerk en toren had. De bewoners waren het eens, dat hierin moest worden voorzien, maar over de plaats van het te stichten gebouw kon men het volstrekt niet eens worden. Na lang te hebben getwist, kwamen de partijen in zooverre tot elkander, dat niemand zijn begeerte zoude hebben, maar dat de beslissing der zaak zou worden opgedragen aan een paar ossen. Deze dieren werden aan elkander gekoppeld en zoo liet men ze tegen den nacht loopen waarheen zij wilden. Op de plek waar des anderen morgens de ossen zouden gevonden worden, moest de kerk worden gebouwd. Maar toen men den volgenden morgen naar de beesten ging zoeken, werden ze niet spoedig gevonden. Het had gelukkig dien nacht iets gerijpt (in lichten graad gevroren), daardoor was het gras wit en kon men de voetsporen der ossen nagaan. Weldra dreunde het zware geluid der dieren den zoekers in de ooren en men vond ten slotte het uitgezonden paar in een rietpoel. Daar ging men aan het bouwen en op dezelfde plaats staan thans nog de kerk en toren van Dronrijp. — Omdat het witberijpte gras en het dreunen der ossen hen spoediger had doen vinden dan anders wellicht het geval zou geweest zijn, noemde men het dorp *Dreunrijp*, welke naam later is veranderd in Dronrijp. Hiervan het rijmpje:

„Door 't dreunen van twee ossen in 't reid,
Heeft Dronrijp kregen zijn bescheid."

Reeds sinds zeer vele jaren staat in de kerkbuurt te Dronrijp de herberg waar «Het Wapen van Dronrijp» uithangt, voorstellende twee ossen met de koppen naar elkander toe gekeerd en met eene ketting aaneen gekoppeld.

Nijland.

Het eerste dorp, dat gebouwd werd op den aangeslibden grond der voormalige Middelzee, is Nijland bij Bolsward. Toen men daar kerk en toren wilde bouwen, ondervond men de lastige teleurstelling, dat men, wat den eenen dag was opgebouwd, des anderen morgens afgebroken vond. Ieder begreep dat dit niet het werk van menschen kon zijn en men maakte er uit op, dat men eene verkeerde plaats voor den kerkbouw had uitgekozen. Men koos eene andere plek maar ondervond hetzelfde en toen men dit nogmaals had beproefd, met gelijk gevolg, besloot men een anderen weg in te slaan. Op raad van den geestelijke, tot wien men zich had gewend, liet men eene koe, die men een bakje met kalk en steen aan den hals had gehangen, op een avond loopen waarheen zij wilde. Waar deze des anderen morgens zou gevonden worden, moest de kerk worden gebouwd. Men vond het beest in een rietpoel. Hier ging men aan het kerkbouwen, en het werk kreeg zonder stoornis zijn beslag.

Eene andere lezing luidt aldus:

In het jaar 1275 ondernamen eenige bewoners van het nieuwe

land nabij Bolsward het bouwen eener kerk, iets waarin het friesche volk nooit nalatig is geweest. Maar deze lieden ondervonden
daarbij iets vreemds, want alles wat zij den eenen dag opbouwden
vonden zij des anderen morgens afgebroken, en dit geschiedde tot
driemalen toe. De menschen zagen hierin eene vingerwijzing Gods,
dat zij voor den kerkbouw eene verkeerde plaats hadden uitgekozen.
Den vierden avond spanden zij een paar ossen voor eene slede,
beladen met wat aarde en eenige steenen. Nu sprak een der bouwlieden: «Ga nu in den name Gods! Waar gij morgen gevonden
wordt, daar willen wij onze kerk bouwen.» Den volgenden morgen
ging men uit om de ossen te zoeken en zij werden gevonden op
eene zeer moerassige plaats, hebbende ieder hunner een brandend
waslicht op den kop. De landlieden begonnen zoo spoedig mogelijk
de plaats, waar de ossen waren gevonden, op te hoogen en bouw-
den daar hunne kerk, welk werk niet zonder veel moeite en inspanning ten einde werd gebracht.

Koudum.

Op eene zeer eigenaardige wijze is het dorp Koudum aan zijn
naam gekomen. De heeren, die het dorp hadden gesticht, waren
op een winteravond samen gekomen om te overleggen hoe ze hun
kind zouden doopen. Zij werden 't hieromtrent niet spoedig eens.
Zij zaten in een kring om den haard, waarop een tamelijk groot
turfvuur brandde, want het was koud dien avond. Toch werd de
gloed van het vuur hen op den duur te sterk, vooral voor de
schenen. Daarom riepen ze: «Koud om! Koud om!» — De knecht,
die hen bediende, wist wat dit beteekende: hij moest het gloeiende
haardvuur omhullen met een laag koude turven. Dit hielp wel
voor een oogenblik, maar de koude turven veranderden spoedig in
gloeiende kolen. Dan was 't weêr: «Koud om! Koud om!» Toen
men dit twee-, driemaal had herhaald, merkte een der heeren op,
dat de groote hond, die mede bij den haard zat, achteruit schikte
wanneer 't hem te heet werd. Mijnheer beproefde dit ook, zijne
metgezellen volgden en spoedig erkenden allen, dat dit middel beter
was dan telkens het vuur te vergrooten. En terwijl zij zich nu
vroolijk maakten over hun eigen stompzinnigheid, kwamen zij overeen, dat hun dorp maar *Koud-om* zoude heeten. — Anderen zeggen
Kou-dom = Koedom, dom als eene koe. De naam is later veranderd in Koudum.

De Trynwouden.

In het noordwestelijk gedeelte der tegenwoordige gemeente Tietjerksteradeel woonde oudtijds eene rijke vrouw, die Trijn (misschien Catharina) heette. Zij had zeven kinderen en bezat ook zeven boerenplaatsen van groote uitgestrektheid. Toen de moeder overleed, ging het verdeelen der erfenis gemakkelijk; ieder der zeven zoons ontving eene boerenplaats. Zij kregen nu in het hoofd ieder een dorp te stichten. De oudste der broederen stichtte Oudkerk; zijn broeder Oene noemde het dorp, dat hij bouwde, Oenkerk. Roodkerk, dat onder Dantumadeel behoort, werd door Rode gesticht en Wyns door Wynse. Gieke bouwde Giekerk; Rypke was de heer van Rijperkerk en Tiete van Tietjerk. De zeven dorpen ontvingen gezamenlijk den naam van de Trynwouden, naar de moeder der zeven broeders.

In de Oudheden en Gestichten van Vriesland, I, 288, staat, dat, volgens Hamconius, Sinte Catharina vroeger onder de voornaamste schutsheiligen van Friesland werd gerekend, en naar 't gemeen gevoelen o. a. de Trynwouden naar haar genoemd zijn geweest, hoewel hij liever wil gelooven, dat die naam een anderen oorsprong heeft.

Trynwouden kan ook beteekenen Driewouden, Nieuwfriesch Trijewâlden. Sommigen willen — en hun gevoelen steunt op de naamsaanduiding in oude oorkonden, — dat dit de ware naam is; dan worden er de dorpen Oudkerk, Oenkerk en Giekerk meê bedoeld.

Nog drie dorpen.

In het zuiden van Tietjerksteradeel lagen drie dorpen, die nog geen naam hadden. In een dezer dorpen kwam een dief geloopen, die vluchtte voor de dienaars van het gerecht. Allen die hem zagen, riepen: «Gryp! Gryp!» Maar de dief ontkwam en vlood naar het andere dorp. Daar wilde men hem opvangen en riep men elkander toe: «Sa mar! sa mar!» (Zoo maar! zoo maar!). De dief ontvluchtte ook hier en kwam in het derde dorp. Hier werd hij gevat en nu riep men: «Berg hem! Berg hem!» De schavuit werd achter slot geborgen en het dorp waar hij 't eerst was gezien ontving den naam van Gryp, later veranderd in Garijp. Het tweede dorp noemde men Samar; zoo heet het in 't Friesch nog, maar in 't Hollandsch is het Suameer geworden. Het derde dorp noemde men Berghem, en hieruit is de tegenwoordige naam Bergum ontstaan.

De Bildtdorpen.

De drie dorpen van het Bildt: Sint Anna-, Sint Jacobi- en Lieve Vrouwe-Parochie, werden vroeger veelal de drie Parochiën genoemd. Onder de ingezetenen ging in mijne jeugd het verhaal, dat de hollandsche heeren, die in het begin der 16de eeuw het Bildt hebben ingedijkt en de dorpen gesticht, dezen zouden genoemd hebben naar hunne vrouwen. De eene heette Anna, de andere Jacoba, en Lieve Vrouwe-Parochie was aan beide gewijd.

Akkrum.

Toen het dorp Akkrum nog geen naam had, hebben twee reuzen de vaart gegraven die vandaar naar de Oudeschouw loopt. Het verstand van dat ouderwetsche reuzenvolk was niet in overeenstemming met hun lichaamsbouw. Integendeel waren de meesten hunner aartsdom. De twee vaartgravers werkten, ieder gewapend met een halve modderschuit als schop, er in den blinde op los zonder maatstaf of eenig ander dergelijk hulpmiddel. Toen het werk gedaan was, keek een hunner eens langs de vaart; hij ontdekte dat er ontzachlijk vele krommingen in waren en scheen niet te begrijpen hoe dit kon gekomen zijn. Eindelijk zei hij: «A (aha) krom!» Het dorp ontving nu den naam *Akrom*, later veranderd in Akkrum.

Minnertsga.

Het dorp Minnertsga heet in de volkstaal Minderskea, stadfriesch: Minderska; beide kan beteekenen: minder schade. — «To Minderskea der sloech de man syn wyfke dea, mei in eintsje brea, en dêrom hjit it Minderskea». Te Minnertsga sloeg een man zijn vrouwtje dood met een hompje roggebrood, en daarom heet het Minderschâ. — Het vrouwtje kon, naar de meening van haren man, te veel eten, zoodat hij, toen zij dood was, *minder schade* had dan toen zij leefde. — Ook vertelt men dat daar in den winter eens een schipper lag vastgevroren met zijn schuit vol slechte turf, die niemand hem wilde afkoopen. Toen zei de man: «Ik leg hier tot *miner schâ*.»

IJsbrechtum, Tjalhuizum, Tirns.

In de nabijheid van Sneek liggen de drie dorpjes IJsbrechtum, Tjalhuizum en Tirns, het laatste in de volkstaal Teuns. Drie schatrijke heeren hebben in den ouden tijd deze dorpen gesticht, vermoedelijk alleen om de namen hunner hooggeschatte vrouwen, waaraan die der dorpen zijn ontleend, te vereeuwigen. De vrouw van den eerste heette Brecht, die van den tweede Tjal en die des derden Teune. Deze vrouwennamen zijn nog vrij algemeen, maar zij luiden nu: Brechtje, Tjaltje, Teuntje. De laatste is geen echt-friesche naam, maar ontleend aan Antonia.

Warga.

Toen Warga nog een naamloos dorp was, kwamen daar eens twee reuzen aan, die een verren tocht hadden gemaakt. Zij waren zoo afgemat, dat zij hunne vermoeide leden (warge lea) wat moesten uitrusten. Vandaar de naam Warga, fr. Wargea of Wergea.

Volgens het schrijven van Sibrandus Leo heette dit dorp oudtijds Ruwier, maar omdat de Friezen zich aldaar in een gevecht tegen Willem, graaf van Holland, mannelijk verweerd (fr. ward) hadden, is het van werren of weeren (fr. warren) Werrega genoemd.

Wierum.

Toen men te Wierum de eerste kerk en toren bouwde, zonder nog te weten hoe het dorp zoude genoemd worden, kwam daar een oude vrouw, die vroeg: «Wierom sette jimme de tsjerke en toer sa nei oan 'e sédyk?» Waarom plaatst gij kerk en toren zoo nabij den zeedijk? — «Wierom?» was de wedervraag des bouw-meesters? — «Ja, wierom?» herhaalde zij. — «Nou ja, wierom?» zei hij weêr, omdat hij er eigenlijk geen reden voor wist op te geven. Maar daarmede kreeg het dorp toch zijn naam.

Hantum en Hantumhuizen.

Te Hantum kwam in den ouden tijd eens een mof, die de taal der Friezen nog niet te best verstond. Op zijne vraag hoe het dorp heette, antwoordde men: Hantum. Hij verstond: «hangt hem!» en nam in der haast de vlucht. In het naastbijgelegen dorp komende, vroeg hij weêr naar den naam en 't antwoord was: Hantumhui-zen. Nu verstond hij: «hangt hem in huis» en liep zoo mogelijk nog harder vandaar.

Heraclyt en Democryt.

De state Groot-Terhorne, te Beetgum, eigenlijk Martenastate geheeten, is sedert eenige jaren verdwenen. Toen dit oude kasteel nog bestond, had het aan den algemeenen weg een ijzeren hek

tusschen twee hooge, dikke vierkante palen van gemetselden steen
en op ieder dezer prijkte een hardsteenen beeld, voorstellende een
ouden Griek. Onder het eene las men:

HERACLITVS.

Alwaer de mensch om strydt Is roock en ydelheydt,
Dit is daer Heraclyt So jammerlyck om schreidt.

En onder het andere:

DEMOCRITVS.

En roemt, verwaende mensch, Op 's waerelts eer noch pracht,
Hier wordt uw's herten wensch Van Democryt belacht.

Mijn grootvader vertelde: als de jongens, naar de Belkumer
kermis gaande, des morgens op de heenreis deze beelden beschouwden, dan vroeg hun Democryt: «Waar ga je naar toe, jongens?»
Waarop zij met een vroolijk gelaat antwoordden: «Naar de Belkumer kermis.» — Dan lachte Democryt omdat de kinderen der
wereld zich verheugden in iets nietswaardigs. — Des avonds op
de terugreis keken de jongens niet meer zoo opgeruimd; dan werd
hun door Heraclyt gevraagd: «Waar kom je vandaan, jongens?» —
Met een bedrukt gelaat antwoordden zij dan: «Van de Belkumer
kermis, en al ons zakgeld is op.» — Dan schreide Heraclyt, omdat
de kinderen der wereld hun geld uitgaven voor iets nietswaardigs.

Harlingen.

Harlingen was oudtijds een nietig dorpje op den uitersten rand van
Westergo aan den westelijken zeedijk. Het lag tusschen twee adellijke
stinzen, Harliga en Harns geheeten. Sommigen willen dat er slechts
één stins was, die in 't Hollandsch Harliga en in 't Friesch Harns werd
genoemd. De bodem, op welken deze stins of stinzen en het dorpje
stonden is sinds lang in de zee verzonken. Ten oosten daarvan werd
de stad Harlingen gesticht. Er is eene oude voorspelling die zegt:

Harns en Harliga scille forgaen, [zullen vergaan]
En Almenum scil bliuwe bistaen. [zal blijven bestaan]

Men meent dat door gemelde verzinking de voorspelling is vervuld, maar ik heb menschen ontmoet, die gelooven, dat het tegenwoordige Harlingen in de diepste diepte door de zee wordt onder-
mijnd en eens in die diepte zal verdwijnen. Dat hebben de Harlingers er dan voor, dat zij geen Friezen willen heeten. Het moet
eens gebeurd zijn, dat een Harlinger, in Holland zijnde, gevraagd
werd: «Is u niet een Fries meneer?» En het antwoord was: «Vraag
wel excuus: ik ben een Harlinger.»

Eangwirden.

Toen de gemeente of liever grietenij Eangwirden gesticht was, zeiden de menschen: «Dat is ing wirden,» dat is eng geworden. Daarvan ontving deze, die op ééne na de kleinste der grietenijen is, haren naam.

Kopkewier en Pantjewier.

Op geringen afstand ten noordoosten van het dorp Marrum in Ferwerderadeel staat aan den weg een groepje huizen, dat Kopke-wier heet. Vroeger stond daar ook eene herberg en deze was Kopkewier bij uitnemendheid, maar zij is sedert een aantal jaren verdwenen. De naam is zoo oud dat men den oorsprong er van niet weet. Maar voor honderd jaar of iets vroeger of later was er te Marrum een vernuftig man, die op het denkbeeld kwam, dat waar een *kopke* was, ook een *pantje* behoorde te zijn.

Een kopje en schoteltje, waaruit men thee of koffie drinkt, heet in de friesche volkstaal een «kopke en pântsje» = pannetje. De vernuftige Marrumer dan bouwde ten zuidwesten van het dorp, aan den weg, een huis en noemde dat Pantjewier. En dit huis staat er nog.

Pikeloer.

Bij het dorp Wieuwerd in Baarderadeel is eene opvaart, die daar in den omtrek Pikeloer wordt genoemd. Daar woonde weleer een schipper, die huis hield met zijne eenige dochter Pike. Het meisje heette, naar ik geloof, eigenlijk Pietje, maar haar vader, die veel van haar hield, noemde haar altijd Pike, omdat hem deze naam lieflijker in de ooren klonk. En tengevolge hiervan noemden de dorpsgenooten haar ook nooit anders dan Pike.

Wanneer de vader met zijn schip op reis was en Pike hem terug verwachtte, dan stond zij, lang eer hij tehuis kon zijn, reeds op den wal langs de vaart te turen of zij het schip ook in de verte kon zien. En dan zeiden de buren: «Pike stiet wer op 'e loer,» Pike staat weêr op den uitkijk. Dit gebeurde zoo dikwijls, dat zij van lieverlede altijd Pikeloer werd genoemd. En onwillekeurig ging deze naam over op de vaart, bij welke zij zoo menigwerf stond te loeren. — De goede vaderlievende Pike is reeds lang geleden als een rimpelig oudje ten grave gedaald, maar hare nagedachtenis blijft leven in den naam Pikeloer, dien de vaart nog steeds draagt.

9

Altena en Niettena.

Nabij Dokkum, niet ver buiten de voormalige Hanspoort, staat eene herberg die Altena heet en reeds sedert onheuglijke jaren heeft bestaan. Zij heeft dezen naam, omdat de stichter spoedig begon in te zien, dat hij het huis *al te na* bij Dokkum had gebouwd. De landlieden toch, die de stad kwamen bezoeken, deden geen herberg aan als zij zoo dicht bij hun doel waren, en bij het verlaten der stad gevoelden zij nog geen behoefte tot rusten.

Een ander stichtte daarom, naar ik meen ten oosten der stad, op veel grooter afstand, eene herberg die hij Niettena noemde. Maar deze is reeds sinds lang verdwenen en waar zij heeft gestaan weet niemand. Thans staat wel op den Reidswal, een kwartier ten zuidoosten van Metslawier, aan den weg, een herbergje dat Niettena heet, maar dit is van jonger dagteekening.

Het klokje van Mariëngaard.

Aan den rijweg van Hallum naar het Bildt leest men op het hek eener groote flinke boerenplaats: «Klooster Mariëngaard», ter herinnering aan het klooster van dezen naam, dat in vroeger eeuwen op die plek heeft gestaan. En op genoemde boerenplaats wijst men nog een stuk land aan dat «het oude kerkhof» genoemd wordt. In den vóórakker van dat land ligt een gouden klokje begraven, afkomstig uit het oude klooster. «Maar waarom is dat klokje nooit opgegraven?» — «'t Zal misschien moeilijk zijn de rechte plaats te vinden?» — Integendeel; want wanneer die voorakker daar met gras en klaver is begroeid en 's morgens vroeg het groene veldtapijt met dauw is bevochtigd, dan is daar één plekje, waar geen dauw is neërgeslagen; daar zijn de grasscheutjes droog gebleven. Evenwel groeit dat gras daar even welig als 't andere. Dat is het plekje waar het gouden klokje begraven ligt. En toch graaft men 't niet op. Ieder die weet wat daar achter zit, zal zich wel wachten de handen daartoe uit te steken. 't Is zeker veel langer dan honderd jaren geleden, — mijn grootvader heeft het mij verteld toen ik een jongen was en 't was gebeurd toen *hij* een jongen was — dat drie mannen van de Leie hebben beproefd het gouden klokje van Mariëngaard op te graven. In den nacht bij helderen maneschijn begaven ze zich met spaden gewapend naar het welbekende stuk land «het oude kerkhof».— Vooraf hadden ze zich bij daglicht

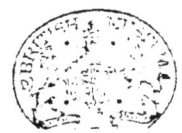

vergewist van de juiste plek en togen met ijver aan het werk. De schat liet zich echter niet spoedig vinden, die scheen er diep in te zitten. Zij hadden reeds een gat gemaakt waar nauwelijks een man uit kon kijken en nog niets gevonden. Men begon er aan te denken het werk maar te staken, toen een hunner, nog wat dieper gravende, duidelijk het klokje hoorde tikken. Dit gaf nieuwen moed. Maar! — toen ze eens even opkeken zagen ze drie witte gestalten naderen, die van het Hijumer kerkhof schenen te komen. De gravers wachtten de komst der nachtwandelaars niet af; half dood van schrik en bijna ademloos kwamen ze te huis. Men vermoedde dat het geesten waren van voormalige monniken uit het klooster, die de gravers hadden verjaagd. Des morgens was het gegraven gat weêr gevuld niet alleen, maar ook evenals te voren met gras begroeid. Niemand kon zien dat daar des nachts in de aarde gegraven was. — Nu begrijpt men licht, dat ieder die dit weet, het wel zal laten om naar het gouden klokje te graven. Het moet daar in het graf met rust gelaten worden.

Op de genoemde boerenplaats zijn in den grond nog kelders, waarin gouden en zilveren beelden begraven liggen. Meermalen heeft men beproefd ook deze schatten machtig te worden, maar evenmin is dat gelukt; kleine mannetjes kwamen telkens het werk beletten. En kwam men overdag op de plaats waar men des avonds of des nachts gegraven had, dan was ook hier de grond geslecht alsof er niets gebeurd was.

Het klooster Mariëngaard was van ouds ver in den omtrek bekend en vermaard om de wonderdadige genezingen, en het waren vooral de grafsteden van de abten Fredericus en Siardus naar welken men ter beêvaart trok, want reeds bij hun leven was er een buitengemeene kracht uitgegaan van deze vrome mannen. Behalve het geval op bl. 34 medegedeeld, dat gebeurd is toen Frederik nog pastoor was, weet men ook, dat Frederik eens, alleen, over ijs naar Bethlehem zou gaan.

Tegen den avond kwam hij bij een plas, die de plaats aan eene zijde begrensde. Midden daarover liep eene vrij breede gleuf, waar niemand zonder plank over kon. De zon ging onder, zwarte duisternis viel, roepen zou niet gehoord zijn en een anderen weg kende Frederik niet. Eindelijk schoot het hem in den zin, om zijne pij zoover mogelijk in de lengte uit te strekken en naar den overkant te werpen, om daar een steunpunt op de ijskorst of het rietbosch te hebben, maar het overige uiteinde spreidde hij onder zijne voeten uit, totdat het natgeworden kleed tot ijs verhard was en hem zoo tot brug zou kunnen dienen. Want het water stroomde daar af naar eene waterloozing in de buurt en kon dus niet bevriezen. Frederik, na den Verlosser aangeroepen en zich bekruist te hebben, stapte eindelijk moedig op de pij en, als ware zij bevroren, kwam hij droogvoets over. Verwonderlijk! Toen hij zijn gewaad ophief, was het eerst vochtig, maar na een korte poos verstijfde het geheel. Toen hij het huis binnen ging zaten er nog eenige broeders zich bij het vuur te warmen. Zij stonden onmiddellijk op, groetten en maakten plaats voor hem omdat hij koud was. Toch vroegen zij hem, hoe hij die plek overgekomen was. «Wel,» antwoordde hij met duiveneenvoud, «met onze natte pij heb ik mij eene brug gelegd, die, door de sterke koude bevroren, begaanbaar werd en zoo ben ik daar als over eene brug heengegaan. Zie hoe stijf zij nog is, en zij kan nu door uwe inschikkelijkheid ontdooien en drogen.» Doch de broeders zeiden tot elkander: «volgens de natuurlijke toedracht der dingen kan het niet bestaan, wat hij daar zegt, wegens den snellen afloop van het water; maar wij weten, dat God, die den profeet Eliza met behulp van Elia's mantel over de rivier de Jordaan bracht, wel bij machte is, om ook dezen knecht Gods een weg te bereiden over een behoorlijke beek door middel van zijne pij!» — De knecht Gods echter, ziende hoe zij over dit feit al te zeer verbaasd waren, verbood het hun, zeggende, dat hij niets verwonderlijks gedaan had.

Ook op andere wijs openbaarde zich de kracht van abt Frederik:

Een meisje, de dochter van Folqulfus, persona van Leeuwarden (Liuwerth), peinsde, wuft van geest en ontstoken zijnde van begeerte naar de wereld, door de inblazingen des duivels onophoudelijk over ontvluchting uit het klooster, en volvoerde dit plan op zekeren nacht. Van den goeden weg op een verkeerd spoor gekomen, had zij plotseling tegenover zich een monsterlijken os, die uit bek en neusgaten vuur blies en haar geen geringen schrik op het lijf joeg. En toen het beest met grooten spoed naderde, snelde zij, hevig ontsteld, met ademlooze vaart terug. En teruggekomen, dankte zij hoogelijk den man Gods, wiens hulp zij had aangeroepen, als ware zij door hem aan den dood ontrukt.

Deze kracht bleef, ook na den dood: Eene deftige vrouw te Meddert bij Holwerd werd zoo waterzuchtig, dat zij zich niet meer kon bewegen en dat haar leven gevaar liep. In hare benauwdheden riep zij vader Frederik, met wien zij bij zijn leven zeer bekend was geweest, aan om hulp. Hij verscheen haar in den droom en toen zij hem op zijne vraag de meest pijnlijke plek gewezen had, raakte hij die zachtkens aan en zei: «Geneze u God, die u geschapen heeft.» Hij verdween, zij ontwaakte en toen men haar naar zekere plaats droeg, kwam er eene breuk op de plek, die in den droom was aangeraakt. Zij verloor dagen aaneen eene ongeloofelijke hoeveelheid vochten, genas tegen aller verwachting, en kreeg daarna nog zonen en dochters.

Zuster Betteke van Bethlehem verhaalt aldus: «Het leek mij in den slaap alsof de man Gods bij mij stond en mij gebood op te staan en hem te volgen. Ik ging achter hem aan naar het refectorium (eetzaal) en lette naarstig op wat hij mij zou gelasten. Daar kromp hij op verwonderlijke wijze in elkaar en veranderde als in een haan. Vervolgens op de manier van hanen opredderende, haalde hij onder tafel de broodkruimels en brokken tot een heelen hoop bij elkaar en zeide: «zie eens, hoe achteloos uwe zusters zijn. Als zij beter opgelet hadden, zouden zij vele armen daarmede hebben kunnen dienen. Zeg nu aan haar, dat zij zich wachten voor zoodanige verwaarloozing, anders zal ik haar met pest, ongeval en hongersnood laten straffen». Zoo sprekende is hij verdwenen. Toen het morgen werd, ging ik naar de eetzaal en, evenals ik hem had zien doen, verzamelde ik alle brokken in één mand en toonde aan de priores hoe deze tot den rand gevuld was. Zij verbaasde zich zoowel over de achteloosheid der zusters als over de mij gedane openbaring, riep allen bijeen in het kapittel, en vermaande allen, af te houden van zulk eene verwaarloozing.»

Jarich, een jonge man van Westerbeintum, werd — het was in den jare 1214 — zoo ziek, dat de zijnen aan zijn behoud wanhoopten. Al zijn bekenden en vrienden en vooral zijn zeer jong vrouwtje weenden met gemor over den ontijdigen dood, die zijn bloeiende jeugd sloopte. Ook de jonge man zelf, als van een slechten afloop bewust, riep in overgrooten angst vader Frederik smeekende aan, om hem niet alleen van den tijdelijken, maar ook van den eeuwigen dood te verlossen. Toch werd hij weggenomen, lag weldra ontzield ter neder, en zijne vrouw, naar landsgebruik alles latende liggen, bereidde zich geheel voor op zijne uitvaart. Doch onder de hand der klagenden en onder het gehuil der vrienden herleefde Jarich en, zijne vrouw roepende, wenschte hij van haar te weten, hoeveel kippen zij had. Zij antwoordde, zij had er vijf. Toen zei hij: «als er vijf zijn en niet meer, zal ik dezen keer niet sterven; dat heb ik vernomen van vader Frederik, die mij in 't leven teruggebracht heeft, mij ontrukkende aan de handen dergenen, die mij haalden. Hij gelastte mij, om voor de teruggave van mijn leven vijf hoenders naar zijn graf te brengen, en gelijk andere pelgrims, het kruis aan te nemen. Laat de kippen nu daarheen gebracht worden, opdat het overige wat hij mij bevolen heeft een gelukkigen voortgang hebbe.» — Toen dat volvoerd was, genas de jonge man; hij trok met de overige pelgrims en met zijne vrienden naar Damiate, en keerde vandaar ongedeerd en gezond terug.

Ook na den dood van abt Siardus hebben vele genezingen plaats gehad, als gevolg en belooning voor aanroeping van dezen heilige, voor belofte van een kaars of geschenk voor zijn graf en memorie. Vele van die genezingen hadden plaats bij de graftombe van Siardus en ook bij die van abt Frederik:

«De vrouw van zekeren Elbodus, vier dagen volkomen van haar verstand beroofd, en bezeten door een zeer boozen geest, is, toen zij gevoerd werd naar de graven van Fredericus en Siardus, in ons aller tegenwoordigheid bevrijd van den boozen geest, en geheel tot bezinning gekomen, woensdag den 20 Juni.»

«Een jongeling van Thumarentum (Tzummarum?) verviel na eene zeer hevige lichaamsziekte in zulk een razernij, dat hij met ijzeren ketenen moest worden gebonden. Op den 18 Juni werd hij gebracht bij 't graf van vader Siardus en op den derden dag kwam hij tot zijn besef, zoodat hij, die zinneloos en gebonden tot ons gekomen was, goed bij zijn verstand heenging, de ketenen bij het graf van vader Siardus tot teeken en betooning van verlossing achterlatende.»

«Een vrouw, bloedverwante van onzen convers Vichardus, werd zes jaren lang met een zware en zwellende verzwering van den buik geplaagd, zoodat zij 's morgens vroeg, 's middags en 's avonds elken dag zulk een zwelling van den buik kreeg, dat twee of drie sterke banden (riemen), krachtig om haar buik gebonden, dikwijls braken, zoodat altoos twee of drie vriendinnen op haar rug moesten gaan liggen om de pijn te verlichten. Met zeer groote moeite kwam zij bij 't graf van vader Siardus en viel daar in slaap. Geheel bezweet ontwakende, voelde zij zich van de verzwering geheel bevrijd op denzelfden dag in Juni.»

«Een knaapje van Hemwerd (Hemert of Hennaard?), ongeveer drie jaren oud, verdronk in een diepe gracht en werd er dood uitge-

haald, doch toen eene gelofte voor hem aan vader Siardus was gedaan, opende hij weldra den mond en de oogen en herleefde op 28
Juni. Het hemd van dit jongske hangt aan het graf van vader Siardus. »

Genezen werden: blindheid, hevige kiespijn, verlamming, anderdaagsche en andere hevige koortsen, buikloop, vliegende tering,
kreupelheid, schurft, stomheid, grauwe staar en andere oogziekten,
hoofdpijn, zware bevallingen wegens vernauwd bekken, enz. Behalve kaarsen en andere geschenken of gedachtenissen werden soms
ook menschelijke beeldjes, in was geboetseerd, geschonken als gelofte-
teekens voor het graf van abt Siardus.

De Drie Dukatons.

Even ten noorden van Leeuwarden, aan het voetpad naar Jelsum,
staat op een klein plekje gronds een eenvoudig huisje, dat den
naam draagt van «de Drie Dukatons». In den noordelijken zijmuur
van dat huis ziet men een gebakken steen, iets grooter dan de
anderen waaruit de muur bestaat, en daarop drie ronde figuren, die
afbeeldingen van oude munten voorstellen.

Hier woonde in den ouden tijd een jongeling, die verliefd was
op een meisje uit den omtrek, waaraan hij zich gaarne wenschte
te verbinden, hoewel zij in karakter nog al van hem verschilde.
Was hij zedig, ingetogen en bescheiden — zij was woest en ruw.
Zij vloekte bij al hare gesprekken als een krijgsheld en had vooral
de gewoonte gedurig den duivel aan te roepen. Hare buren zeiden
vaak: de booze schijnt haar God te zijn, hij zal nog wel eens met
haar wegvliegen. In weerwil hiervan beminde de jongeling haar
van ganscher harte. Zij ontving hem ook, naar friesch gebruik,
bij zich aan huis, maar 't had er toch meer van, dat ze hem voor
den gek hield dan dat ze 't goed met hem meende. Hij echter
scheen dit niet te begrijpen; hij bood haar de trouwpenning aan,
vereenigd in den knottedoek, en zij aanvaardde die. Deze trouwpenning bestond uit drie mooie blinkende dukatons, opzettelijk voor
dit doel uitgezocht. Door 't aanvaarden van dit geschenk had het
meisje zich aan den jongeling verloofd. Het later terug te geven en
verder niets van hem te willen weten, zoude schandelijke ontrouw
zijn. Was een paar eens door den echt vereenigd, dan werd dit
geld slechts in den uittersten nood uitgegeven. — Maar deze wispel-
turige minnares was op dit punt niet zeer nauwgezet, en de minnaar ook niet zoo volkomen blind van liefde, dat hij zich zeker

van zijne zaak durfde achten. — Op een zeer stormachtigen avond
in den herfst zat het meisje alleen in hare woning. De felle wind
deed het huis schudden en kraken; zij echter achtte zich, bij een
goed vuur op den haard, tamelijk veilig. Er werd aan de huisdeur
geklopt. De moedige vrijster aarzelt niet om open te doen en ziet
een jongman voor zich staan, deftig gekleed als een heer van hooge
geboorte. Hij verzoekt binnengelaten te worden om zich voor het
noodweer te verschuilen, en zij weigerde dit niet; want — de jongeling maakte dadelijk en op 't eerste aanzien indruk op haar. Zij
bood hem eene zitplaats aan bij het vuur. Zijn bevallig uiterlijk, zijne
losse manieren en zijn geestige taal hadden voor haar iets wegsle-
pends, en hoewel ze er niets van wist met wien ze eigenlijk te doen
had, — ook toen hij meer vertrouwelijk begon te worden, bood zij
geen weêrstand. Zulk een elegant heerschap leek haar beter dan de
eenvoudige boerenjongen, aan wien ze zich voorloopig verbonden
had. Ja, voorloopig slechts, zij achtte zich even zoo goed als vrij.
Het kwam zoo ver, dat de jongeling een zwaren gouden ring, met
schitterende diamanten bezet, van zijnen vinger trok en aan den
haren stak, waarbij hij het woord van trouwbelofte van haar verlangde. Zij liet zich dat woord ontglippen en bood nu op hare
beurt ook hem een trouwgeschenk aan, bestaande in de drie dukatons, die zij van haren eersten minnaar had aangenomen. Vreeselijke daad voorwaar! — Vreeselijk was ook hare uitwerking. In
het wapen der geldstukken stond een kruis en de aanblik hiervan
deed den eleganten minnaar zoo geweldig schrikken, dat zijn bevallig uiterlijk op eens verdween en hij veranderde in een monster
met een paardenpoot en hoornen op den kop. Met een vervaarlij-
ken schreeuw en ontzettend geweld vloog hij het venster uit, een
afschuwelijken stank achterlatende, die het hevig ontstelde meisje
in zwijm deed vallen. Bij haar ontwaken besefte ze eerst aan welk
gevaar zij als door een wonder was ontkomen; zij zegende de dukatons, die haar aan de klauwen des satans hadden ontrukt en van
den rand des afgronds gered. Sedert dat oogenblik werd zij de
ingetogenheid in eigen persoon, en de minnaar, wiens trouwe
liefde zij met lichtzinnigheid had beantwoord, werd haar nu dubbel
dierbaar. Weldra werd het paar door den huwelijksband vereenigd.
Het huisje, dat de man reeds als jongeling in eigendom had, was
lange jaren hunne woning, en ter gedachtenis aan de wonderge-
schiedenis, waaraan hij zijn geluk te danken had, liet hij in den

zijmuur van het huis een steentje metselen, waarop de drie dukatons zijn afgebeeld. En dit steentje zit daar nog ten huidigen dage.

De Steenen Uilenborden.

Uilenborden zijn de houten driehoeken aan de beide bovenpunten van het dak eener friesche boerenschuur. Er zijn openingen in gesneden om boven in de schuur licht en lucht aan te brengen; ze zijn daardoor tevens een goede toevlucht voor uilen en vledermuizen.

Niet ver van Leeuwarden, onder 't behoor van het dorp Engelum in Menaldumadeel, staat eene boerenplaats die de «Steenen Uilenborden» heet. De schuur dezer boerderij had vroeger uilenborden, niet van hout, maar van gemetselden steen. In overoude tijden, namelijk, woonde op deze plaats een boer dien 't niet voordeelig ging in de wereld, hoe hij en zijne vrouw ook hun best meenden te doen. Het huis en vooral de schuur waren oud en bouwvallig, maar voor 't bouwen eener nieuwe ontbrak het aan geld. Eens op een zeer stormachtigen herfstavond bevond de boer zich alleen op den weg. Hij spoedde zich huiswaarts vol vrees, dat hij zijne oude schuur platgewaaid zoude vinden. Zonder dat hij iets gemerkt had werd hij van achteren ingehaald door iemand, die hem op zijde trad en met hem voorwaarts stapte. Deze man was nogal deftig gekleed; 't scheen wel een heerschap te zijn. «Wel verduiveld, wat waait het!» zei hij, na den boer gegroet te hebben. «'t Is een leelijk weertje voor oude zwakke gebouwen.» — «Dat geloof ik,» zei de boer; «ik vrees ook al het ergste voor mijne oude schuur. Die is zoo bouwvallig, dat ze bij goed weêr pas staande kan blijven.» — «Maar als ge daarvan overtuigd zijt, is het dan niet dwaas, dat ge niet intijds er in voorzien hebt?» — «Ja, wat zal ik daarvan zeggen, mijnheer? 'k Had graag verleden voorjaar een nieuwe schuur laten bouwen, maar om je de waarheid te zeggen, ik heb geen geld daarvoor.» — «Och kom! En is er dan niemand te vinden, die je wil helpen met geld?» — «Niemand, mijnheer! Ik kan geen geld ter leen krijgen.» — «Welnu, goede vriend, dan wil ik je helpen. Ik zie kans om nog dezen nacht, eer morgen vroeg de dag aanbreekt, een nieuwe schuur voor je op te bouwen, kant en klaar.»

De boer verschrikte. Iemand die dat kon, moest meer kunnen dan hem goed was, en voor zulke geheimzinnige dienaars van 't rijk der duisternis was de goede man bang. — «Schrik niet,» zei de vreemdeling. «Ik wil openhartig zijn. Ik ben niemand anders dan de persoon dien men gewoon is «den booze» te noemen. Maar ik ben zoo boos niet als de menschen zeggen. Ik heb reeds menig verlegen mensch geholpen en ook u wil ik helpen. Laat ons een kontrakt sluiten. Gij verbindt u aan mijnen dienst en ik neem op mij in dezen nacht eene nieuwe schuur voor je te bouwen. Die moet geheel afgewerkt zijn, eer morgen vroeg de haan begint te kraaien. Volbreng ik dit niet, dan ben je van mij af en heb ik alle recht en aanspraak op je verloren.» Eerst weigerde de boer ronduit. Maar de listige satan wist hem met schoonklinkende vleitaal aan 't weifelen te brengen — en ten slotte hem over te halen. Het kontrakt werd gesloten.

Tehuis gekomen begaf de boer zich met zijn vrouw te bed; maar de goede man kon niet slapen. Zijne ziel aan den duivel te verkoopen was altijd het ijselijkste geweest wat hij zich kon voorstellen, en nu had hij 't zelf gedaan. Dit verontrustte hem zeer. Al spoedig hoorde hij een oorverdoovend geklop en geraas, met geschreeuw er tusschen door. Hij begreep dat satan met zijn werkvolk aan de karwei begonnen was, en zijn angst steeg ten top. Ook de vrouw werd wakker en vroeg wat dat wel kon zijn? — «O, dat doet die harde wind,» zei de man. — «Neen,» zei ze, «dat kan de harde wind niet doen. Ik hoor allerlei vreemde geluiden en stemmen. Dit is geheel iets buitengewoons.» — De boer kon het geheim niet lang voor zijne vrouw verbergen. Hij vertelde haar de geheele zaak, waarvan ook zij hevig ontstelde.

«Ach!» zuchtte zij, «zoo zijt ge dan nu voor eeuwig verloren? En is daar niets tegen te doen?»

«Wij kunnen er niets tegen doen,» antwoordde hij. «Slechts een gering straaltje van hoop is mij overig gebleven. Is het werk niet geheel voltooid, als in den morgenstond de haan begint te kraaien, dan ben ik vrij. Maar daar moeten we nog een uur of wat op wachten; ik vrees het ergste.»

Nu ging er voor de vrouw een licht op. Zij sprong uit het bed en begaf zich in de nabijheid van het kippenhok, klapte tweemaal in de handen en riep toen luidkeels met eene heldere stem: «Kukelekuuw!»

De gevederde morgenwekker schrikte uit den slaap op. Hij kon niet dulden dat een collega hem vóór was; hij rekte zich uit, klapwiekte en begon te kraaien dat het een aard had.

Eensklaps wierpen alle duivels verschrikt hun gereedschap weg en vlogen onder woedend gevloek vandaar. De nieuwe schuur was voltooid — niet geheel, maar toch bijna. De uilenborden moesten nog aangebracht worden, dan ware de karwei af geweest. Aan de voorwaarden was dus niet voldaan en de boer was vrij. Toen de dag aanbrak beschouwde hij met welgevallen de fraaie nieuwe schuur. De uilenborden ontbraken er aan, maar dat was geen zwarigheid; die maakte de dorpstimmerman. Den volgenden morgen echter waren de nieuwe uilenborden vernield; ze schenen wel door een paardenpoot of zoo iets stuk geslagen te zijn. Men maakte nog eens nieuwe, maar ook deze werden bij nacht op geheimzinnige wijze verbrijzeld. Men begreep nu, dat Joost geen uilenborden, door menschen gemaakt, aan die schuur wou dulden. Men kwam op het denkbeeld om ze van steen op te metselen — en nu ging het goed. Hier scheen de Baas niets tegen te hebben. Later, toen die boer en zijne vrouw al lang dood waren, heeft men wel eens weêr houten uilenborden aan die schuur laten maken, maar ook die waren altijd den volgenden morgen stuk geslagen, en men moest ze dan maar weêr van steen hebben.

Daarom heet die boerenplaats de « Steenen Uilenborden ».

Ruim een kwartieruur gaans ten noorden van Harlingen staat of stond, op de plek waar oudtijds het adellijke huis Bolta-state stond, eene boerenplaats waaromtrent ook het bovenstaande verteld wordt. Tevens wordt zij toegepast op eene boerderij te Dongjum, die in den gevel van het huis een steentje heeft waarop een haan is uitgehouwen. Deze boerenplaats noemt men de *hoanne*, de haan. Maar *hoanne* beteekent ook hoek; dan is de juiste spelling *horne;* dit is misschien de ware naam.

De Laars.

Te Greonterp (spreek uit: Grjonterp) in Wonseradeel vindt men eene boerenplaats die «de Laars» heet. Hier woonde oudtijds een boer die schraal bedeeld was met aardsche goederen en altijd had te kampen met geldgebrek. Dit deed hem dikwijls zuchten en knorrig en ontevreden zijn; het wenschen naar meer geld benam hem niet zelden allen levenslust. Eindelijk verscheen hem eens de duivel, die aanbood hem ruim van geld te voorzien, als de boer daarvoor zijne ziel aan satan wilde verpanden. Maar nu begreep de boer dat hij op zijne hoede moest zijn. De ziel was toch ten slotte het kostbaarste wat hij te verliezen had. Zou hij die verpanden dan moest er al heel wat geld voor komen. Maar veel mooier zou hij 't vinden, wanneer hij den duivel van een flink sommetje kon afhelpen en. tevens zijne ziel behouden. Bij zijn boerenbedrijf deed hij ook nu en dan aan visschen op de meren en poelen daar in de nabijheid, en hield er voor dat werk een paar groote hooge waterlaarzen op na. Zulk een laars vol geld eischte de man voor zijne ziel. 's Nachts te half twaalf uur zou hij zich bevinden voor een der vensters in zijne oude voorkamer, waar niemand sliep. Dat venster zou hij even openen en de laars gereed houden, die dan door den duivel met geld gevuld moest worden, geheel tot aan den bovenrand toe. Werd deze bepaling niet strikt nagekomen, vóór middernacht, dan was 't akkoord weêr uit en de boer bleef vrij. De satan nam dit voorstel aan; hij achtte 't eene kleinigheid zoo'n laars met geld te vullen binnen 't half uur. Maar de boer gebruikte voor zijn doel een oude laars, waar de zool onder weg miste. De duivel paste op zijn tijd en had een zak vol geld meêgebracht, zoo groot dat hij dacht in eens klaar te zullen komen. Misgerekend! De zak werd geledigd in de laars, maar deze werd met het geld pas half gevuld. De duivel vloog heen en haalde meer, maar ook de tweede bezending was ontoereikend. De domme duivel begreep er niets van, dat de laars van den boer een trechter was. En toen de klok middernacht sloeg, was de laars nog niet tot boven toe vol. De duivel was zijn geld vergeefs kwijt, en de boer was eigenaar van een mooi kapitaaltje geworden voor niemendal. Uit pure blijdschap liet hij een knap nieuw huis bouwen, met een steentje in den gevel, waarop een laars was uitgehouwen. Daarom heet dat huis nog altijd «de Laars».

Het kruis in den grond.

In het Oranjewoud wordt eene plaats aangewezen, waar vier boomen in een vierhoek staan op eene kleine verhevenheid, zoodat tusschen de boomen de grond zacht nederhelt en in het midden hol ligt. In deze slechts met gras begroeide holte is een kruis van onbegroeide aarde, ter breedte van ongeveer twee centimeter, over de geheele plek, maar niet verder dan de boomen staan, en zoo gevormd, dat, als men tusschen de boomen staat, men het kruis altijd recht voor zich heeft. Op dit kruis kan geen gras of iets anders groeien; ja, werpt men er iets op, men zal dit kort daarna weêr buiten het kruis vinden. Het moet, in één woord, altijd onbedekt blijven.

In den ouden tijd stond in het Woud een slot, bewoond door twee broeders, beide ridders. Beide waren zij verliefd op een zelfde jonkvrouw, en geen van beide wilde haar aan den ander afstaan. Het gevolg hiervan was dat de broeders, die elkander altijd zeer genegen waren geweest, doodvijanden werden. Op zekeren dag was het tusschen hen tot zulke hooge woorden gekomen, dat zij hunne zwaarden trokken en op elkander inliepen met het doel een kort einde aan de zaak te maken. Vechtende kwamen zij buiten het slot en op de plaats waar nog de vier boomen staan. Hier kwam het tot een bloedig einde. De eene broeder viel door het zwaard des anderen. Niet zoodra echter lag de een verslagen in het gras, of schrik vermeesterde den moordenaar over zijne Kaïnsdaad, — en terwijl hij nederbuigt over het lichaam van den doode, drukt hij zich het zwaard door het hart, zoodat hij kruiselings over den ander henenvalt en den geest geeft.

De wraak des Hemels rust op de plaats van dit vreeselijk bedrijf, en het onvruchtbare kruis in het gras brengt de herinnering daarvan over aan het nageslacht.

Een oud grafschrift.

Een der eigenaardigste grafsteenen op het kerkhof te Stiens dagteekent van het jaar 1750. Toen werden daar begraven Pieter Jurjens en Baukje Pieters. Op beider gemeenschappelijken grafsteen leest men:

> „Een Ljip, een Schries, een Tjirk
> Staen op deese zirk."

Hieronder zijn de afbeeldingen uitgehouwen van drie vogels, een kievit, een griet of grutto en een tureluur. De drie vogelnamen (in het Friesch) waren tevens de namen van drie boerenplaatsen, destijds gelegen op het stienser Oudland, ten oosten van het dorp [1]), die door Pieter Jurjens en echtgenoot werden vermaakt aan de diakonie en de armvoogdij van Stiens. Omstreeks het midden dezer eeuw werd ter eer van dat echtpaar te Stiens een eeuwfeest gevierd en in 1871 de grafsteen hersteld. — In mijne jeugd wist

---

[1]) Het stienser Nieuwland, ten westen van het dorp, is grond, ontwoekerd aan de voormalige Middelzee. Evenzoo het britsumer-, kornjumer- en jelsumer-Nieuwland.

het volk te vertellen, dat onder dien steen begraven waren drie personen met namen Liep, Ljipke of Lipke (mansnaam), Griet of Grietje en Tjerk of Tierk, en dat de afbeeldingen der drie vogels op die namen zinspeelden.

Tarwe in bloed veranderd.

In het jaar 1553 is te Leeuwarden een groot wonder gebeurd. Een bakker had tarwe, om te worden gemalen, aan den Blokhuismolen gebracht. Toen nu de molenaar met malen begon, scheen eerst het meel een weinig rood te worden, maar hij gaf daarop niet veel acht. Doch dit verergerde zoozeer, dat eindelijk het meel volkomen naar gestold bloed geleek, en zoo bleef het. Vele vrome menschen hebben dit gezien, maar toen de toeloop van nieuwsgierigen te sterk werd, heeft de molenaar den molen gesloten. Het roode meel toonde hij aan de overheden der stad en dezen hebben hem bevolen aan niemand iets van de zaak te zeggen.

Behoefte aan een lijkkleed.

Te Leeuwarden merkte men in vroeger jaren bij de Put een huis op met een steen in den gevel, waarop eene trekschuit was uitgehouwen; men zag eene menschelijke gedaante van uit het water achter bij dat schip opklimmen, waarnaar de bij 't roer staande schipper verwonderd omkeek.

Dat huis werd langen tijd geleden bewoond door een trekschipper van Leeuwarden op Sneek. 't Is eens gebeurd, dat die man, op eene reis met zijne trekschuit naar Sneek bij 't roer staande, iemand achter hem hoorde roepen. Hij zag om, en uit het water kwam de geest van een jong kind bij het roer opklauteren. De schipper verschrikte hevig, doch herstelde zich spoedig wat, en waagde 't toen den geest te vragen wat zijne begeerte was. Deze antwoordde met eene wedervraag, of de schipper wilde volbrengen wat van hem verlangd zoude worden. — «Met Gods hulp, als 't mogelijk is, ja!» zei de man.

«Welnu,» zei de geest, «dan moet ge te Leeuwarden in *die* straat gaan, in *dat* huis,» — de naam der straat en het nummer van 't huis zijn niet meer bekend, — «en vraag daar een lijkkleed voor mij, want zonder dat kan ik niet tot rust komen.»

De schipper beloofde dit, en toen hij weer in Leeuwarden kwam was 't zijn eerste werk, het aangewezen huis op te zoeken, dat door zeer aanzienlijke lui bewoond werd. Hij gaf daar zijne boodschap te kennen en het verlangde lijkkleed werd hem ter hand gesteld. Naar Sneek terug varende, werd op dezelfde plaats als den vorigen keer de schipper aangeroepen. De geest van het kind verscheen weêr op het roer en ontving van den schipper het lijkkleed, bedankte hem zeer voor zijne boodschap en voorspelde hem dat hij rijkelijk door God gezegend zoude worden. Daarop verdween het kind in de diepte.

Sedert dien tijd ging het den schipper best in de wereld. Om het geval voor de vergetelheid te bewaren, liet hij het beitelen op een steen, die in den voorgevel van zijn huis werd geplaatst. Die kleine geest was van een in onecht geboren kind, dat, ter bedekking van schande, heimelijk in de sneeker trekvaart was geworpen.

Iemand, die voor ruim dertig jaren nog leefde, vertelde toen, dat het volgende zijn grootvader was overkomen.

Toen deze nog in de fleur van zijn leven was, voer hij eens met zijn scheepje het Vliet, bij Leeuwarden, uit en de Potmarge in. Het was reeds avond en toen hij nevens het tweede aan laatstgenoemd vaarwater liggend stuk land kwam, zag hij op den waterkant een kleinen geest zweven, echter niet van de allerkleinste soort. De schipper, ofschoon hij wel een weinig ontstelde, waagde 't toch te vragen: «Wat doet gij daar?» — «Ik kan niet tot rust komen,» was het antwoord, «indien een goed mensch mij niet helpt.» — «Welnu, ik wil u helpen,» zeide de schipper, «zeg maar wat ik doen moet.» — «Zult gij het dan zeker doen?» — «Zeker! als ik het ten minste *kan* doen,» beloofde de schipper. — «Gij kunt het wel,» hernam de geest; «gij hebt niets te doen, dan de stad van de Potmarge af tot aan de Weaze in te varen; ga dan de stad in en wil den eerste die u ontmoet, toespreken en vragen om een lijkkleed voor mij; want zonder dat moet ik hier eeuwig ronddolen.»

De schipper beloofde het verlangde te zullen doen en ook terstond. Aan de Weaze gekomen bond hij zijn schip vast en ging op den wal, langs de Weaze en vervolgens de Peperstraat door naar het Waagsplein. Hier ontmoette hij eene mooie juffer, die langs den Wirdumerdijk was gekomen en de Sint Jacobstraat zoude ingaan. Haar aan te spreken en te vragen om hetgeen hij ver-

langde, dit was hem te kras en hij liet haar eerst ongemoeid.
Maar, dacht hij, de geest heeft duidelijk gezegd: de eerste die mij
ontmoette moest ik vragen; en hij vermande zich. Hij liep de
juffer na, sprak haar aan en gaf haar zijne boodschap te kennen.
Zij zweeg een oogenblik, maar zeide toen: «Er zal voor gezorgd
worden,» en zij ging verder.

Toen de schipper nu weêr langs de Potmarge kwam varen, stond
de geest daar ook weêr en de schipper vroeg of de zaak reeds in
orde was. — «Ja,» was het antwoord, «maar 't had weinig ge-
scheeld of gij hadt den nek gebroken, omdat gij de juffer voorbij
waart gegaan.»

Sedert had de man den kleinen geest niet weêr gezien.

Nu reeds vele jaren geleden waren de schippers van Workum
op Leeuwarden eens met hun schip op reis. Het was tegen den
avond en reeds schemerdonker. Eensklaps zagen zij op een stuk
weiland aan de vaart iemand naderen, die recht op het schip aankwam. Aanvankelijk dachten zij, dat de oude boer, want zoo zag
hij er uit, meê wilde varen en zij stuurden het schip aan den wal.
Nu gevoelden zij echter aan de rilling, die hen door de leden
ging, dat er iets ongewoons achter schuilde, dat zij met een geest
te doen hadden. De verschijning bleef op den wal en vroeg of zij
eene boodschap voor hem wilden doen. Dan moesten zij naar eene
door hem aangewezen boerenplaats aan de vaart gaan, en daar uit
naam van die en die, zóó en zóóveel el doek vragen. De schippers
namen deze boodschap op zich en de geest zeide, dat hij, als zij
terugkwamen, hen op dezelfde plek zoude afwachten om het verlangde in ontvangst te nemen. De schippers zeilden verder en bij
het aangewezen boerenhuis werd hun zonder eenig tegenstreven het
gevraagde ter hand gesteld. Op hunne terugreis vonden zij op
dezelfde plek aan de vaart den ouden boer wachtende, vragende of
zij de boodschap volbracht hadden. Zij reikten hem het stuk doek
over, hij scheurde het in drieën en gaf aan elk een derdedeel terug,
als loon voor de moeite, zeide hij. Bovendien bedankte hij ten
zeerste, want nu konde hij rusten; hij had reeds jaren zonder
lijkkleed rondgezworven, daar hij niemand vond, bereid om de verlangde boodschap te doen. Daarop zweefde hij weg, en zoolang de
schippers hem naoogden bleef hij zichtbaar, maar toen ze zich even
omwendden was hij verdwenen.

Het linnen, door de schippers verdiend, wordt, zegt men, te Harlingen of ergens elders aan de zeekust, in eene kerk of een weeshuis bewaard.

De veerschippers van Grouw beleefden voor meer dan honderd jaren op een hunner wekelijksche reizen naar Leeuwarden een soortgelijk geval. Eens toen zij bij eene frissche koelte vlak voor den wind zeilende waren, bemerkten zij tot hun spijt, dat het schip niet veel vorderde. «Wat kan hiervan de oorzaak zijn?» zei de een tot den ander, «hangt er misschien ook eene vracht watergewas onder aan het roer?» De stuurman zag eens om, maar verschrikte niet weinig, want op het roer zat het lijkje van een pasgeboren kind. «Willen jelui mij een dienst bewijzen als jelui te Leeuwarden komt?» vraagde 't met een fijn stemmetje. — «Wel zeker! waarom niet?» zeiden de schippers, hoewel ze er eigenlijk niets meê op hadden. — Nu zeide het geestje: «Ga dan morgen om elf uur naar de Wirdumerpoort, blijf daar een poosje staan en vraag aan de eerste vrouw, die u voorbij gaat en dan omziet, om een lijkkleed voor mij. Ik zal het op uwe terugreis komen afhalen,» riep het nog, terwijl het van het roer af in 't water sprong.

Des anderen morgens elf uur stonden de schippers in de poort. Vele menschen gingen hun daar voorbij, maar geen vrouwspersoon dat naar hen omzag. Het begon hun waarlijk te verdrieten, want twaalf uur was hun uur van vertrek uit de stad. Zij dachten er reeds aan, onverrichter zake heen te gaan, toen zij eene juffrouw zagen naderen met een mandje aan den arm. Zij ging de schippers voorbij en zag om. De mannen stonden een oogenblik in beraad; zulk eene net gekleede juffrouw vragen? — Maar een hunner trok de stoute schoenen aan en zeide haar de boodschap van het kind. Terstond opende zij haar mandje, nam er een pakje uit, reikte het den schipper over, en fluisterde: «Geef dat aan het kindje.» En haastig ging zij verder.

Op de terugreis der schippers, op dezelfde plaats van den vorigen dag, sprong het kindergeestje weêr op het roer. Zij gaven het pakje, en terwijl het zeide: «Dat ware bijna mislukt,» verdween het in de diepte en is later nooit meer gezien.

Het verdient opmerking, dat het altijd varende schippers waren die zulke ontmoetingen hadden.

10

Het spook van de Langesloot.

Ginds over Eernewoudes poelen,
    Voor 't waterwild een toevluchtsoord,
Waart langs den rand der Langeslooten
    Een spook waar elk met schrik van hoort.

Een zwarte tabberd om de leden,
    Zoo stapt het 's nachts daar ernstig rond;
Dan schijnt het van berouw te bidden,
    Het hoofd gebogen naar den grond.

Er woonde aleer in Eernewoude
    Een smid, een zeer hardvochtig man,
Die weêuw en wees het hunne ontroofde,
    Waarom hij nu niet rusten kan.

Hij zon altijd op snoode lagen
    En zocht bij advokaten heul.
Hij was een dienaar van den booze,
    Die nu hem pijnigt als zijn beul.

Een schat door schelmerij verkregen
    Vertrouwde hij daar aan den grond,
En lichtschuw als het nachtgevogelt'
    Zoo waart hij daar in 't duister rond.

Bovenstaande regelen zijn eene vrije navolging der vijf eerste coupletten van E. Halbertsma's vers: «De Langesleatmer man,» de man der Langesloot. Het is een tamelijk breed vaarwater dat dezen naam draagt, een der zoogenaamde Kruiswaters in de nabijheid van het dorp Wartena. Van het kruispunt dier kanalen loopt het naar het z.z.o. in de richting van Eernewoude. In het zoogenaamde friesche Waterland heeft men meer breede waters die men sloot noemt. De stad Sloten (fr. *Sleat*) ontleent hieraan haren naam.

Onderscheidene verhalen zijn er in omloop van personen die eene ontmoeting met het spook der Langesloot hebben gehad. E. Halbertsma schildert in zijn gedicht het treurig uiteinde eener jonge visschersdochter, die er het slachtoffer van werd.

Het was op een schoonen zaterdagavond in den hooioogsttijd. De zon neigde naar de kimmen, maar het landvolk was nog druk in de weer op de omliggende hooilanden. Een aakvisscher lag met zijn schip in de Langesloot. Hij zeide tot zijne dochter: «Ik wil morgen vroeg de kerk bezoeken, daarom ga ik van avond nog naar Eernewoude, en gij moet hier de wacht houden. Komt hier een veldarbeider die naar den overkant wil, sta hem ten dienst. Kijk

nu en dan maar eens uit, misschien verdient ge nog een paar stuivers.» En hij ging heen. Er trok met het vallen van den avond
een koude mist over de velden, en achter het hooge rietgewas
aan den oever meende het turende meisje eene menschelijke gedaante te zien. Zij schoof dadelijk het schip naar de overzijde,
maar dit baatte niets, de verschijning stapte met lange schreden
over het vaarwater. Nu wist het meisje, door schrik en angst overmeesterd, een oogenblik niet wat te doen. Maar zij vatte weldra
zooveel moed, dat zij den kloet greep en besloot met het kleine
schuitje naar Eernewoude te varen. Zij schoof uit al hare macht
het schip voorwaarts, maar toen zij even achterwaarts keek door
de dauw, ontdekte zij dat het spook haar op eenigen afstand volgde.
Doornat van het benauwde zweet en rillende van angst kwam zij
te Eernewoude. Maar de vader beknorde haar over hare vrees niet
alleen, doch vooral ook omdat zij de aak en de uitgezette fuiken
onbewaakt had gelaten. Zij kreeg een jongen meê voor gezelschap
en moest met het schuitje naar de verlaten aak terugkeeren. Maar
de schrik had haar te fel geschokt. Twee dagen later was zij een lijk.

De dichter zegt, dat de spokende man van berouw *schijnt* te
bidden. Nu, dit zal wel niets zijn dan schijn, want hij voert soms
streken uit die niet bij een berouwhebbende tehuis behooren.

Eens voer een schipper langs de Langesloot naar Eernewoude.
Het was reeds vrij laat op een fraaien zomeravond; de schipper en
zijn knecht hadden een zwaren dag gehad. Ongeveer op de helft
van het kanaal stuurde de schipper het vaartuig naar den ooste-
lijken wal. Daar wilde hij 's nachts blijven liggen, wat de knecht,
denkende aan het spook, hem ten sterkste ontraadde. De schipper
was een ongeloovige Thomas als er sprake was van spoken. Het
schip werd dus vastgelegd, onmiddellijk aan den wal. De twee
mannen gebruikten hun avondmaal en gingen ter kooi, de knecht
vóór, de schipper achter in het schip. De knecht, hoe vermoeid
ook, kon niet terstond den slaap vatten. Hij had voorgevoel van
een ongeluk. Des anderen morgens, nog voor het opgaan der zon,
terwijl een dikke nevel over het landschap hing, sprong de schipper aan de linkerzijde van zijn schip, dus op den oostwal meent
ge? Neen, hij tuimelde hals over hoofd in het water en verdronk.
Wat was er gebeurd? Het spook had in den nacht het vaartuig
losgemaakt, naar den overkant geschoven en daar aan den westwal
vastgemaakt, terwijl de voorsteven nog naar het zuiden was gericht.

Zoo werd de schipper voor zijn ongeloof met den dood gestraft. Sedert bleef er nooit een schip 's nachts in de Langesloot liggen.

Ook een schaatsrijder werd het slachtoffer van dit spook. Hij reed op een avond bij helderen maneschijn van Eernewoude naar Wartena. Daar ziet hij eensklaps het zwarte spook achter zich. Natuurlijk rept hij zich voorwaarts, maar even snel volgt hem het spooksel. De schaatsrijder spant al zijne krachten in, maar ofschoon hij nog wel een hardrijder is, de zwarte gedaante volgt hem en blijft voortdurend slechts eenige passen achter hem. Doodsangst grijpt den man aan; hij vliegt over het ijs, maar kan toch niet laten nu en dan om te zien. Daardoor merkt hij niet op, dat er vóór hem een wak, eene groote opening is in het ijs. Helaas! hij rijdt er in. Een hoonend gelach klinkt hem in de ooren en het spooksel is verdwenen. De schaatsrijder schiet met het hoofd even boven water dwars door het wak met den hals tegen den scherpen rand van het dunne ijs, dat aan de overzijde ligt. Door de snelle vaart wordt het hoofd gescheiden van den romp, deze schiet onder het ijs door, het hoofd glijdt er over heen naar eene andere opening in het ijs en daar komen de beide deelen weêr zoo goed op elkander terecht, dat de man van het geheele geval niets had gemerkt. Het was ook in den tijd van hoogstens een paar seconden gebeurd. Het hoofd vroor terstond vast. Nu bevond hij zich op den hoek der Rogsloot bij het dorp Wartena. Hier was hij in de gelegenheid om uit het water te komen en weldra stond hij doornat en koud op den wal. Hij begaf zich naar eene bakkerij om zich voor den oven wat op te warmen, wat hem door den bakker, een oude kennis, volgaarne werd toegestaan. Maar nu dooit, zonder dat hij het bemerkt, zijn hoofd los. Hij wil zich snuiten, maar door den ruk aan den neus valt het hoofd voorover in den bak met gloeiende kolen. Hier kon hij niet tegen; en hij vermeerderde dus het getal slachtoffers van den man der Langesloot met één.

De twee advokaten.

Te Beetsterzwaag leefden weleer twee broeders die beide het beroep van advokaat uitoefenden, naar 't schijnt voor gemeenschappelijke rekening, althans zij woonden bij elkander in een en hetzelfde huis. Overigens weet men van hun leven en leefwijze niet veel, dan dat zij elken avond flink beschonken naar bed gingen. Ook zegt men, dat zij wel eens spraken over het leven hiernamaals, en omdat zij hieromtrent in volkomene onzekerheid verkeerden, hadden zij elkander beloofd: die van hen beide het eerst kwam te sterven, zou na zijn dood den ander komen berichten hoe hij het had.

De jongste der twee broeders stierf het eerst. De oudste wist zich in zijne eenzaamheid tamelijk wel te schikken, namelijk zoolang het daglicht scheen. In de duisternis herinnerde hij zich telkens de belofte en dan werd het hem bang. Op een bezoek van den geest zijns broeders scheen hij niet gesteld. Om den angst te verdrijven dronk hij een fermen roes; maar op den duur hielp dit niet genoeg. Op zekeren avond, toen het hem in huis te benauwd werd, liep hij de deur uit, maar kwam er niet levend weêr binnen. De buren vonden hem recht op den rug liggen, maar met den neus in den modder. Het hoofd was op den romp omgedraaid; wie dit gedaan had was voor de buren geen raadsel: niemand dan de duivel zelf. De doode werd begraven evenals zijn broeder ook begraven was; maar nu duurde 't niet lang of de twee advokaten begonnen te spoken.

Op het Olfertsveld, eene plek gronds tusschen Beetsterzwaag en Olterterp, plaagden zij de menschen die 's avonds laat of in den nacht daar langs den weg kwamen. Een zonderlinge angst, die gaandeweg toenam, overviel hen, zoodat men het eindelijk op een loopen moest zetten zoo hard men kon, terwijl men achtervolgd werd door een schaterlach. Menigeen viel aan het einde van het Olfertsveld aamechtig ter aarde; maar men was dan het gevaar te boven, en kon zich spoedig herstellen.

Niet alleen menschen, ook paarden werden geplaagd. Kwam daar 's avonds of bij nacht een met paarden bespannen voertuig langs den weg, dan kon men er zoo goed als zeker van zijn, dat de boel aan 't hollen geraakte. De meeste menners deden zelfs geen moeite om de paarden te bedwingen; zij wisten, er was toch geen houden aan. Begonnen de dieren een weinig met de ooren te trekken, met den staart te slaan of ter zijde te springen, dan dreef de voerman ze maar aan, om er gang in te krijgen. Holde het rijtuig dan met groote snelheid over den weg, dan hoorde men de advokaten weêr schaterlachen uit al hun macht.

Dat men zulk eene spokerij spoedig moede werd, is begrijpelijk; ook, dat men gretig het aanbod aanvaardde van den man, die voor een flinke geldsom op zich wilde nemen, daaraan een einde te maken.

Deze man was Pieter Kapoes, duivelbanner te Oldeboorn. Hij

was oogenschijnlijk hoogst eenvoudig, maar het zat hem dieper
dan men vermoedde. Kwam iemand bij hem om raad, dan had hij
het een dag te voren reeds geweten, dat de man komen zou. Ging
deze dan de omstandigheden vertellen, waarvoor hij hulp zocht, dan
bleek het ten slotte, dat Pieter alles reeds wist. Niet alleen wist
hij meer dan een gewoon mensch, maar hij zag ook meer. Liep
iemand bij nacht met hem op den weg, dan kon hij op een gegeven oogenblik zijn medgezel ter zijde duwen, om eene lijkstaatsie,
die hij zag, voorbij te laten gaan. Hijzelf stond dan zoolang met
den hoed onder den arm. Hij wilde nooit iets aannemen met de
linkerhand, evenmin uit de linkerhand, of het moest geld zijn, dit
maakte verschil.

Deze Pieter Kapoes kwam op een laten avond met twee paarden
voor een boerenwagen op het Olfertsveld. Hij zat op het voorkrat
en achter hem was eene zitplank voor de twee advokaten. En
toen Pieter zeven krachtige woorden had gesproken, waren de spo-
kénde heeren, of zij wilden of niet, genoodzaakt op den wagen
plaats te nemen. Toen dreef Pieter de paarden voort, en dit ging
goed zoolang men op het Olfertsveld was; maar toen het rijtuig
daar buiten kwam, begon het lieve leven. Een der heeren sprong
rechts, de ander links van den wagen, terwijl zij tegen Pieter hunne
vuisten schudden. Met hun beiden pakten zij den wagen aan en
trokken wat zij konden om dien staande te houden, maar 't hielp
niets. Zij beten stukken uit het hout, de een stak zijn been, de
ander zijn arm tusschen de wielspaken en aldus lieten zij zich door
den modder meêslepen, alsof zij beesten waren. Dan weder sprongen ze op den wagen en stampten met de voeten, om den bodem
te verbrijzelen. Maar wat zij deden, en hoeveel drukte zij maakten,
Pieter hield zich als zag en hoorde hij niets. Hij rookte bedaard zijn
kort pijpje, en sprak nu en dan zijne paarden vriendelijk toe om
ze aan te moedigen. Deze dieren hadden het 't zwaarst te verantwoorden; zij zweetten dat er geen haartje aan het lijf droog bleef.

Maar waarom keerden de advokaten niet terug, daar zij blijkbaar
een tegenzin in de reis hadden? Dit was hun ondoenlijk, tengevolge van de bezwerende woorden door Pieter gesproken. Zij mochten
van den wagen springen: in de onmiddellijke nabijheid er van
moesten zij blijven, daar hielp niets aan. Zoolang de paarden hen
konden trekken, moesten zij volgen of zij wilden of niet. En dat
de paarden dit konden, hiervoor had Pieter wel gezorgd. De reis

ging over Drachten, Opeinde, Suameer en Garijp, naar een hooiland onder laatstgenoemd dorp, welk land thans nog het «Advokaten-land» heet. Daar trok Pieter met zijne voeten een kring in het gras, onder het prevelen van woorden. Daarna dreef hij de advokaten binnen dien kring en reed vervolgens naar zijne woonplaats terug.

Daar stonden de heeren op een afgelegen, eenzaam veld en waren veroordeeld om binnen den door Pieter beschreven kring te blijven. Vele jaren heeft het geduurd, dat er op die plek geen grasscheutje konde groeien, omdat het door de advokaten werd vertreden. Ein-delijk is daar weêr gras gegroeid evenals in den omtrek, ten bewijze dat de twee spokende geesten tot rust zijn gekomen. Toen is de plek onkenbaar geworden.

Het spook bij de Schele Pijp.

Op een kwartier afstands van Veenwouden ligt in den weg van dit dorp naar Dokkum eene brug, die nog altijd « de Skilige Piip,» de Schele brug, heet. Een steenen brug of gemetselde boog over het water noemt men in Friesland een pijp, en omdat de vaart daar in schuinsche richting den weg snijdt, ligt de brug scheef over het water. Deze scheefheid zal den vroegeren steenen boog den naam bezorgd hebben van «schele» pijp, en deze naam is tot heden be-houden gebleven, ofschoon men er nu reeds sedert vele jaren een houten brug heeft.

Daar in de nabijheid stond in den ouden tijd een stins of slot, bewoond door een ouden heer, die veel geld had en zeer gierig was. Hij bewaarde zijn geld in een looden kist, die in eene ledige kamer stond, in welke niemand buiten hem den voet mocht zetten. Toch scheen hij zijnen schat daar op den duur niet veilig te achten, althans hij besloot de looden kist met den kostbaren inhoud in den grond te begraven. Op den laten avond van den eersten kerstdag, toen het zeer duister was, bracht hij met behulp van zijnen ezel de geldkist in den tuin, groef met veel inspanning bij het licht eener lantaarn een gat en vertrouwde den schat aan den schoot der aarde. Om zoolang mogelijk de plaats te kunnen zien waar hij zijn dierbaarste pand ter aarde had besteld, nam hij het achterste vóór op zijn ezel plaats, en reed zoo slotwaarts. Maar door de duisternis struikelde de ezel, en de oude heer viel er af om niet weêr op te staan; hij was dood. Ook zijn lijk werd aan de aarde toevertrouwd, — maar zijn geest vond in het doodenrijk geen rust.

Nog lang nadat het slot met het bosch waarin het stond verdwenen was, werd hij in den nacht tusschen de beide kerstdagen gezien, zittende het achterste vóór op een ezel, met een lantaarn in de hand, rijdende rondom den voormaligen slottuin, waarin hij den schat begraven had.

Later verscheen hij te voet, gekleed in een lang nachtgewaad met een roode sjerp om de midden, anderen zeggen: een rooden mantel om de schouders, een witte slaapmuts op het hoofd en muilen met gele hielen aan de voeten. Vroeger leefden er te Veenwouden en in de omstreken menschen, die bij nachtelijk duister of bij maanlicht deze gedaante in de nabijheid der Schele pijp wel hadden gezien.

Soms speelde de oude iemand ook parten zonder zich te laten zien. Op een zomermorgen zeer vroeg begaf een veenarbeider, vergezeld van een jongen, zich op weg naar het veld waar hij zijn werk had. Nabij de Schele pijp gekomen werd deze man zoo maar van den weg opgenomen en in de sloot geworpen, zonder dat hij kon zien wie dit deed.

Een ander, die in den laten avond over de Schele pijp wilde gaan, werd daar, zonder iemand te hooren of te zien, in zijnen loop gestuit. Hij week naar de eene zijde, maar ook daar kon hij niet verder; aan de andere zijde evenmin. Hij beproefde 't bij herhaling, maar te vergeefs. Toen hij eindelijk het ware van de zaak begreep, keerde hij haastig terug en zocht een veilig onderkomen. Het moet ook wel eens gebeurd zijn dat daar een rijdende wagen, met alles wat er in was, over de leuning der brug in de vaart werd gezet. Eens viel de brug zoo maar plotseling neder, onmiddellijk nadat er een bierbrouwer over gereden was.

Evenals de twee advokaten op het Olfertsveld, moest ook deze spokende oude heer zich eindelijk onderwerpen aan de macht eens geestenbezweerders. Hendrik Mients, wijdvermaard duivelbanner te Veenwouden, noodigde zes zijner hier en daar wonende vakgenooten uit, om hem behulpzaam te zijn in het verdrijven van dat spook. Zij voldeden aan zijn verlangen. Op een boerenwagen, met vier paarden bespannen, namen de zeven mannen plaats en reden tegen middernacht naar de Schele pijp. De oude heer wandelde daar al weêr. «Kom ouwe!» zeî Hendrik, die op het voorkrat zat, «nu maar bij ons op den wagen.» — De geest scheen te moeten gehoorzamen; hij sprong achter op den wagen. Nu wilde Hendrik verder rijden, maar dat was mis. De paarden trokken uit al hunne macht, zij snoven en zetten zich schrap en werkten zich in het zweet, maar vorderden niets. In den tijd van een uur waren ze nauwelijks een paar schreden vooruit gekomen. Dit duurde zoo voort tot de torenklok van Veenwouden twee uur sloeg. Nu vloog op eens de geheele boel met duivelsgeweld voorwaarts over slooten en door struiken en struweelen heen in de richting van het dorp Roodkerk. Daar in de nabijheid is een poel, die de Boompoel heet; hier ging het regelrecht op aan. Hendrik Mients liet zich pas vroeg genoeg van den wagen vallen, daardoor bleef hij behouden, maar de anderen waren verloren. Zij stortten met paarden en wagen en al in den poel en verdwenen voor eeuwig. Geen haartje, geen splintertje heeft men ooit terug gezien, van de zes duivelbanners zoomin als van de vier paarden en den wagen. En sedert heeft het bij de Schele pijp ook niet meer gespookt.

Later heeft men gepoogd het geld, eens door den ouden heer begraven, terug te vinden. Men begon te graven en bracht het werkelijk zoover dat men op eene looden kist stootte, die echter steeds lager in de aarde zonk naarmate men dieper groef. Men begreep nu dat het geld zijn tijd daar nog niet had uitgediend.

Het Goddeloos Tolhuis.

Noordwestwaarts van de Schele pijp loopt een oude lage weg, de Goddelooze Singel, tot aan het Goddeloos Tolhuis. Dit is een ouderwetsch particulier tolhuis, tevens kleine boerderij, vroeger ook tapperij, waar men een slokje kon drinken, ja, maar ook onvervalschte melk. Hier wordt tol gevorderd van voetgangers en rijtuigen. De laatsten passeeren er echter zelden, wat niemand kan verwonderen, die slechts een vluchtigen blik slaat op de oude bouwvallige brug onmiddellijk bij het tolhuis. Over deze brug gaande komt men op de spooklaan, die op de door F. Halma verbeterde kaart van Schotanus, uitgeg. 1718, de *Swartzenbergs reed* heet.

Op dit tolhuis woonde weleer een ruwe klant, die van moorden eene liefhebberij maakte, waarschijnlijk ook eene winstgevende zaak. Hoevele moorden hij op zijn geweten had is nooit bekend geworden, maar zeker is het, dat hij den weg daar zeer onveilig maakte.

Nu gebeurde 't eens, toen men de brug daar bij het tolhuis kwam herstellen, iets wat misschien later nooit weêr is gebeurd, dat men gravende in den grond een menschengeraamte vond. De tolhuisbewoner werd gevraagd of hij ook eenig vermoeden had, hoe daar een lijk kon begraven zijn; maar hij wist er niets van, naar hij zeide. Dit geval maakte echter zooveel indruk op hem, dat hij met een strop om den hals zich verhing, zoodat er de dood op volgde. Maar zijne ziel kon geen rust vinden; jaren aaneen heeft deze in de nabijheid van het tolhuis 's nachts gespookt.

Er leven te Veenwouden en in den omtrek nog menschen, die weten dat op het tolhuis een man heeft gewoond die Gerben Godloos werd genoemd. Toen ik eenige jaren geleden daar eens langs kwam en aan de vrouw, die voor de deur stond, den verschuldigden tol betaalde, vroeg ik haar of zij iets wist omtrent den naamsoorsprong van het tolhuis. Zij scheen van het bovenmeêgedeelte niets te weten, maar vertelde dat in de vaart, die langs den Goddeloozen Singel loopt, eens een moord was «gebeurd». Drie personen waren in een scheepje; twee hunner wierpen den derde buiten boot niet alleen, maar duwden hem onder het schip, zoodat hij niet kon roepen en spoedig omkwam. — Ik herinnerde haar aan Gerben Godloos, en nu was haar antwoord: «Ja, Gerben wie al in mâllen-ien, mar hi droech de namme nei 't tolhús, it tolhús net nei him». Ja, Gerben was wel een rare, maar hij ontleende zijn bijnaam aan het tolhuis, het tolhuis niet aan hem.

Het spook van Tusschendijken.

Ten noorden van Bergum, op geringen afstand van het dorp, is een oude zandweg die daar in den omtrek Tusschendijken heet, omdat de landerijen ter weerszijde niet van den weg gescheiden zijn door slooten, maar door opgeworpen wallen of dijken.

Iets ten zuiden van dezen weg staat eene kleine eenvoudige boerderij, tot op den huidigen dag Buitenrust geheeten. Daar ter plaatse heeft in ouden tijd een adellijk slot gestaan, waarop een edelman woonde, die bij uitersten wil aan zijn eenige dochter, juffer Lijs, de verplichting oplegde om aan de streek Tusschendijken eene bidkapel te stichten. Na den dood haars vaders vond zij goed, de vervulling dier verplichting uit te stellen tot zij ouder zoude geworden zijn. Maar nu gebeurde 't eens, dat zij door de oneffenheid van den ouden weg met haar rijtuig omviel en terecht kwam in eene dobbe (een waterkom of kleine vijver), die nog op dit oogenblik aanwezig is. Levenloos werd juffer Lijs uit het water opgehaald en vervolgens begraven zoo 't behoorde, maar hare ziel vond geen rust in het graf omdat zij haar plicht had verzuimd. Zij spookte in het daar aan den weg grenzende bosch, dat nog het *Jiffer-Lyssebosk*, het bosch van juffer Lijs heet, en menigeen uit Bergum en den omtrek heeft haar geest daar bij nacht tusschen het geboomte zien rondwaren. Thans, sedert eenige jaren, schijnt zij tot rust te zijn gekomen, men hoort en ziet ten minste niets meer van haar. Maar op de opgeworpen wallen of dijken langs den ouden zandweg groeit eene plant, de *silene noctiflora*, wier witte bloem bij helder daglicht en zonneschijn kwijnt, maar bij nacht, vooral bij maanlicht, in volle fleur staat; en deze heet daar in de volkstaal de *jifferlysseblom*, jufferlijsbloem.

Het Poepekamp.

Tusschen Hardegarijp en Bergum ligt aan den zoogenaamden Zomerweg een plekje gronds, dat het Poepekamp heet. Genoemde Zomerweg is een oude zandweg, thans in zeer vervallen toestand en weinig meer in gebruik, maar vóór het bestaan van den straatweg van Leeuwarden naar Groningen was hij een gedeelte van den hoofdweg tusschen deze twee steden. Toen kwamen daar vele reizigers langs, met rijtuig, te paard en te voet, niet alleen bij dag, maar ook dikwijls bij nacht. Dit laatste nu was in den ouden tijd niet zonder gevaar. De weg was aan weêrskanten beplant met hoog opgeschoten dicht geboomte en had eenzame gedeelten, waarvan men wist te vertellen, dat er wel eens aanrandingen hadden plaats gehad. Het verstandigste was dan ook, om bij duisternis niet anders te reizen dan in gezelschap van eenige personen, maar dan nog voldoende voorzorgen te nemen tegen kwaadwilligen.

Het zal reeds langer dan driehonderd jaren geleden zijn, althans het was in den tijd, toen de kerkhervorming in ons land nog geen vasten voet had gekregen, maar in Duitschland reeds eenige vorderingen had gemaakt, dat eens een duitsch koopman, een poep (bube), zooals de Duitschers minachtend door de Friezen worden genoemd, zich geheel alleen in den laten avond bij duisternis op reis begaf langs den Zomerweg. Deze onvoorzichtigheid boette de man met het leven. Hij werd door roovers overvallen, vermoord en geplunderd. Des anderen morgens werd zijn lijk door boerenvolk, dat naar het veld ging, gevonden in een poel. Deze menschen wisten niets beters te doen dan terstond van het geval kennis te geven aan den pastoor te Hardegarijp. De geestelijke was oogenblikkelijk bereid meê te gaan en evenzoo de grietman. Uit de papieren, bij den verslagene gevonden, bleek dat hij een Duitscher was, en nu maakte de pastoor bezwaar om hem op het gewijde dorpskerkhof te begraven. Dat de vreemdeling nog een geloovige zoon der kerk was geweest, bleek uit niets; hij kon dus wel een aanhanger der kettersche leer van Luther zijn, en in dat geval was de gewijde aarde niet meer voor hem. Om zich dus voor heiligschennis te vrijwaren, gebood de pastoor het lijk te begraven waar het gevonden was. Dit volbracht zijnde, werd mede op bevel van den pastoor het teeken des kruises op of bij het graf in de aarde gegraven. Vervolgens liet de pastoor alle boeren zijner gemeente onder eede beloven dat eens in het jaar telkens dat kruis daar opnieuw zoude worden uitgegraven. Deze eed was verbindend van geslacht tot geslacht.

De bewoners dier streek zijn later allen protestant geworden, maar het uitgraven van dat kruis is tot op den huidigen dag nooit verzuimd. En het plekje gronds onmiddellijk daarbij heet nog het Poepekamp.

Groote Evert.

Op het heideveld bij Suameer spookte in vroegeren tijd Groote Evert, een geest van reusachtige lengte. Wandelde iemand bij laten avond of in den nacht langs de voetpaden, die over het heideveld leiden, dan kon het gebeuren dat Groote Evert hem ongemerkt achterin liep en zich over den wandelaar heenboog, zóó dat deze onverwachts het leelijke aangezicht van Evert het onderste boven vóór zich kreeg. Verschrikt terugtredende stootte de man tegen de dikke knieën van den reus. Verbeeld u zulk eene ontmoeting bij nacht op de eenzame heide!

Nadere bijzonderheden omtrent dezen Grooten Evert zijn niet te mijner kennis gekomen.

De sleepers op Ameland.

Eens, vele eeuwen geleden, is het gebeurd, dat er een schip bij nacht op de Noordzee voer en dat het scheepsvolk oproerig werd tegen den kapitein. Twee der matrozen vermoordden den man, sneden hem het hoofd af en wierpen hem over boord, terwijl zij tot elkander zeiden: «Nu moge de duivel geven, dat, wie hem opvischt of op het strand vindt, ten eeuwigen dage met hem moet rondsleepen!» — Pas hadden de booswichten dit gezegd, of er stak een hevige storm op, gepaard met donder en bliksem, die het schip naar het strand van Ameland dreef, waar het verging. Alleen de beide moordenaars redden door zwemmen het leven. Zooals gezegd, het was bij nacht en alleen de bliksem gaf nu en dan een oogenblik licht. De schurken wilden beproeven het een en ander, dat van het verongelukte schip was aangespoeld, buit te maken. Aldus rondsluipende dreef eene onzichtbare macht hen naar een voorwerp, zoo even op het strand geworpen. Zij staken er de handen naar uit, en terwijl zij zich voorover bogen, schoten twee armen omhoog, om den hals van ieder der mannen één. Een felle bliksemstraal deed hen tegelijk zien, dat zij zelf het lijk van den vermoorden kapitein hadden gevonden. Met een ontzettend geschreeuw liepen zij nu met het lijk tusschen zich de duinen in en naar het Schorum, dat is de vlakte tusschen Nes en Ballum. Zelf moeten zij nu de vreeselijke verwensching vervullen en voor en na zijn zij door vele menschen gezien.

De polle in het Sneekermeer.

Dwars door het Sneekermeer loopt eene ondiepe strook, die weleer een weg is geweest en tot den huidigen dag de Gravinneweg wordt genoemd. Niet ver van dezen weg ligt in het meer een «polle» of eilandje, de Roekoe genaamd, waarop het duchtig placht te spoken. Geen schipper zou daar overnachten. Deed een onkundige, die van niets wist, dit, dan werden 's nachts zijne touwen van hun plaats gesmeten en de dreggen of spitten uit den grond getrokken en op het dek geworpen.

Rijdende mannen.

De Langemeer is het vaarwater, dat langs het dorp Suawoude oost- en westwaarts loopt. Daar in de nabijheid van dit dorp is het Bezemmakerszet. De naamsoorsprong hiervan is mij onbekend, maar wel weet ik dat het reeds eeuwen aldus heet en dat het eene voor paarden doorwaadbare plaats is in de Langemeer, namelijk in den zomer bij lagen waterstand. Dan maken de boeren van Garijp er gebruik van om met paarden en wagens het hooi uit de lage landen te halen. — Het is gebeurd dat een visscherman, die daar des nachts lag te visschen, een paar mannen te paard langs den weg zag komen, hard jagende. Zij kwamen zoo nabij den rand van het water, dat de visscher al zijn gereedschap liet staan en liggen en haastig de vlucht nam.

De ure is gekomen.

«Mijne grootmoeder,» zei eens een mijner kennissen, «vertelde mij wel: Bij Franeker waren eens twee mannen op den weg. Op eenigen afstand van hen bij eene sloot hoorden zij driemaal achtereen roepen: «De ure is gekomen en de man is er nog niet.» — Terstond daarop zagen zij iemand zeer haastig op die sloot aanloopen. Hij liep er in en verdronk. Hij was een man van Franeker. — Dit moet nu, naar mijne berekening, reeds langer dan honderd jaren geleden zijn. — «Zulke dingen zijn er in ons land wel meer gebeurd,» zeide grootmoeder dan.»

Onheilspellend gejammer.

Tusschen Heerenveen en de Lemmer is een voetpad dat de Gravinnesingel wordt genoemd. Ergens op dit pad is eene plek waar men nu ongeveer honderd jaren geleden, wel twintig jaren aaneen, 's nachts tusschen elven en twaalven, een vreeselijk gejammer en gehuil hoorde. Men zeide, dat dit een teeken was, dat daar den eenen of anderen tijd iemand vermoord zoude worden.

Een gedeelte der Dokkumer Ee of het Grootdiep heet de «Schreiershoek.» Op die plek was het vroeger bij lange na niet pluis en later hoorde men daar nog wel eens schreiende stemmen.

De duivelsprent in de Oudwouderzijl.

In het vaarwater dat van Kollum loopt naar de Nieuwezijlen aan de Lauwerszee onder Engwierum, is, onder het behoor van het dorp Oudwoude, eene zijl of sluis, die in de landtaal de «Aldwâldmer syl» heet. In de hoeksteenen dezer sluis meent men den indruk te zien van een paardenhoef en een menschenvoet. Bij die sluis lagen eens eenige schippers verzeild, zooals men het noemt als die menschen wegens al te sterken wind of tegenwind genoodzaakt zijn rust te nemen op eene plaats waar zij dit liever niet doen. Uit tijdverveling haalden deze mannen daar op den weg allerlei aardigheden uit en kwamen eindelijk overeen om tegen elkander om 't verst te stappen. Nu deed ieder zijn uiterste best, de een was knapper dan de ander. Eene lengte van veertig voeten in drie stappen af te leggen, dat was wel veel, maar nog niet genoeg. Onder veel gevloek en gezwets gaf een der uitmunters te kennen, dat hij over de sluis wilde stappen van een der hoeksteenen op den daar rechttegenoverliggenden. Dit meesterstuk werd volbrácht en bewonderd onder het luidruchtig aanroepen van den duivel. Maar 't was nauwelijks geschied of een ander persoon deed den stap van den eenen hoeksteen op den daar schuins tegenoverliggenden, deze stap was ontzaglijk veel grooter. Men zag niet wie deze stapper was, en hij verdween zonder dat men wist waar hij gebleven was. Het was de duivel zelf. De «divels-printen» waren door den krachtigen stap in de hoeksteenen blijven staan. Zij staan er nog in; ik heb ze met eigen oogen gezien.

Wee-geroep op de Groote Wielen.

De Zwarteweg, oudtijds loopende van Leeuwarden tot aan het buitengoed Toutenburg bij Tietjerk, maakt thans een deel uit van den Leeuwarder-Groninger straatweg, maar heet bij het volk nog altijd Zwarteweg, en het punt, waar vroeger de oude weg eindigde, noemt men nog steeds Zwartewegs-end.

Ongeveer een uur gaans van Leeuwarden is, iets ten noorden van dien Zwarteweg, een poel, de Groote Wielen genaamd.

In het begin dezer eeuw woonde zekere Sake Wessels aan het Wildpad, een oude zandweg nabij het dorp Twijzel, loopende van den Leeuwarder-Groninger straatweg tot aan Veenklooster. Sake, een oud vrijgezel, won voor een goed deel den kost met praten. Hij was koopman, of liever venter langs de huizen met verschillende artikelen van kleine waarde, en deed ook wel, als de tijd van het jaar daartoe geschikt was, aan vogelvangen. Maar hij was ook schriftgeleerd, hij kon uit en over den bijbel praten met eene bekwaamheid, die de menschen verbaasde. En dit was hem zeer voordeelig bij zijn kleinhandel. Ook had hij 't misschien aan zijne godsdienstige gesprekken te danken, dat hij niet voor een toovenaar of duivelbanner werd gehouden. Want hij kon ook de toekomst voorspellen. Ja, wat hij al niet wist en kon, daar had niemand hoogte van.

Deze Sake Wessels nu reisde eens te voet bij laten avond in den maneschijn langs den Zwarteweg. Dit was in dien tijd gedurende den winter geen aangename wandeling, omdat dan op meer dan eene plaats het water op den ouden laaggelegen weg stond. Voor mannen als Sake was dit echter geen overwegend bezwaar. Maar, in de nabijheid van de Groote Wielen komende, klonk hem vandaar gejammer in de ooren. Opziende, ontwaarde hij op den poel eene ontzaglijke menschenmassa, uit het midden waarvan luidkeels en zeer verstaanbaar geroepen werd: «Heere, Heere, wij vergaan!» Waarop de massa in de diepte verdween en de poel weêr hetzelfde aanzien had als altijd.

Toen nu in 1885 de internationale wedstrijd op schaatsen werd uitgeschreven, vreesden velen, die van het visioen wisten, dat het vervuld zoude worden. Volgens het algemeen gevoelen toch was het ijs op de Wielen nog te zwak om de vele duizenden menschen, die men op den bepaalden dag daar verwachtte, te dragen. Het is echter anders uitgekomen en de nachtelijke verschijning, door Sake Wessels gezien, nog niet verwezenlijkt.

Het gedeelte der buitengracht te Dokkum, waarop 's winters bij geschikt ijs hardrijderijen op schaatsen worden gehouden, heet de Driepypsgracht. Men gelooft dat hier bij gelegenheid van ijsvermaak nog eens een groot ongeluk zal moeten gebeuren, want oude menschen te Dokkum weten te vertellen, dat zeer vele jaren geleden op zekeren winter daar een vreeselijk gejammer als van eene menigte menschenstemmen onder het ijs is gehoord.

De bloedvlek te Welsrijp.

In den nacht van den 24 op 25 Augustus 1789 werden te Welsrijp een bejaarde boer en zijne eenige huisgenoote, eene ook reeds bejaarde dienstmeid, wreedaardig vermoord en bestolen. — De daders werden niet ontdekt, maar de groote bloedvlek aan een der schuurdeuren, bij welken des morgens de mishandelde lijken werden gevonden, konde men niet wegwisschen. Wel werd dit bij herhaling en op verschillende wijzen, zelfs door het bestrijken met olieverf, tot drie- viermalen toe, beproefd, maar het duurde altijd slechts kort, dan kwam de roodbruine vlek weêr voor den dag. In mijne kinderjaren, toen ik wel daar in de nabijheid kwam, vertoonde men nog altijd die bloedvlek op de schuurdeur. Ook vertelde men, dat in de Westerend, een gehucht niet ver van Welsrijp, toen nog niet lang geleden een oude smid was gestorven, die op zijn sterfbed had bekend, medeplichtig aan den moord te zijn geweest. — De kinderen van dien man zijn allen arm geworden. «Woekergeld of onrechtmatig verkregen geld en goed duren niet langer dan tot het derde geslacht!»

II.

VOLKSGEBRUIKEN.

Bij de mededeeling der volksgebruiken, kinderspelen en rijmpjes heb ik mij natuurlijk bepaald tot hetgeen ik vond binnen de grenzen van Friesland tusschen het Flie en de Lauwers. Toch zal men hier wel eens iets ontmoeten dat daarbuiten niet onbekend is of geweest is. Evenals elders heeft men ook hier ontleend aan de buren en met wie men verder in aanraking kwam, en dezen hebben een en ander overgenomen van wat hier oorspronkelijk was. Daarenboven wortelen immers vele gewoonten en gebruiken in het voorvaderlijk geloof, dat men met stamverwante volken min of meer gemeen had. Zoo is de „kallemooi," die niet alleen op Schiermonnikoog, maar vroeger ook wel te Hindeloopen werd opgericht, buiten Friesland, bv. in Drente niet onbekend. Dit kan niet bevreemden als men bedenkt dat in deze feestelijkheid misschien nog de herinnering wordt bewaard aan de Edda-mythe van den haan Vidofnir, die, koolzwart en gloeiend van goud, op den hoogen boom, den wereld-esch Ygdrasil zat, als het beeld van de koesterende zon, die de natuur doet herleven na den alles verstijvenden winter. Ook de dans in het wit is misschien aan deze mythe niet vreemd.

Wat omtrent het pinksterbloemvieren hier nog bekend is, heb ik gemeend uitvoerig te moeten meêdeelen als herinnering aan een ook in Friesland wegstervend gebruik, dat in vroeger eeuw vele gemoederen heeft warm gemaakt, vooral in de steden en op het platteland in het tegenwoordige Noordholland, waar de wereldlijke overheid zich er soms tegen verzette wegens onbetamelijke uitspattingen, die er meê gepaard gingen, en de calvinistische kerk geen vrede had met dergelijke overblijfselen van „heidensche superstitie". Het feest, zooals het nog in de eerste helft der vorige eeuw te Schermerhorn werd gevierd, is meer dan eens in prent gebracht, o. a. in het bekende werk van Moubach over de godsdienstplechtigheden. Het ging daar blijkbaar iets anders dan in Friesland. Menige bijzonderheid, door mij verteld, dank ik aan de mededeeling eener bejaarde, thans buiten de provincie wonende Friezin, die in hare jeugd wel „Pinksterbloem" te Makkum is geweest. Evenals in Friesland is men op eene enkele plaats in Groningerland dit feest nog niet geheel vergeten. terwijl in Amsterdam nog elke knaap weet te spreken van luilak de pinksterbloem.

Bij de kermis wordt melding gemaakt van de vertooning van Zeven meiden om één mansbroek. Of deze klucht van frieschen oorsprong is? Ik geloof het eigenlijk niet. Maar tot voor een veertig- of vijftigtal jaren heeft zij hier evengoed een gullen schaterlach aan de vroolijke kermisgangers ontlokt als zij vroeger en later in de andere „Lage landen langs de Noordzee" heeft gedaan, wel tweehonderd jaren lang. Abr. van de Venne gaf er reeds eene afbeelding van in zijn „Belachende Wereld", en in het begin der vorige eeuw was zij in Vlaanderen zoo populair dat er eene volks- of kinderprent van werd gemaakt. Ja, het zou mij verwonderen als zij thans niet meer leefde, want volkskluchten, die zulk een uitgestrekt gebied hebben veroverd als deze, zijn haast onsterfelijk.

Zeer algemeen verspreide gewoonten, die, zoover ik heb kunnen nagaan, geen enkelen bepaald frieschen karaktertrek hebben aangenomen, zijn niet behandeld, zooals bv. de liefhebberij om elkander voor het lapje te houden op den eersten April, wat men in Friesland noemt *Aprilforgek*. Iemand *forgek ha* is iemand voor zot houden, hem voor de grap op eene onschuldige manier foppen, bv.: „Klaas wil zijne vrouw niet langer hebben." — „Hé, waarom niet?" — „Omdat zij naar zijn zin lang genoeg is." — Bij iemand die koeie- en kalverhuiden van de boeren inkoopt wordt des morgens in de vroegte op het venster geklopt en een buurman roept: „Baas! hier is iemand met een huid." — Baas springt uit het bed, schiet zich in de kleêren en opent de huisdeur, maar vindt daar niemand. Op de vraag aan zijn buurman, wie er dan was met een huid, is het antwoord: „Dat was ik, maar denk nu niet dat ik mijn huid verkoopen wil." — Een ander vertelt aan zijn buurvrouw: „De slager verkoopt nu goed rundvleesch voor vier en vijf stuivers." — De vrouw gaat daar op af, maar komt teleurgesteld terug en zegt: „Het vleesch kost negen stuivers." — „Wel zeker! dat heb ik je gezegd; vier en vijf is immers negen." — enz. Zoo iets brengt ook hier op 1 April de goede luim van den gefopte niet in gevaar, want, trekt er al eens een ernstige plooi op het gelaat, een gulle lach verdrijft haar op het hooren van het lakonieke „Aprilforgek." — De aardigheid om iemand om eene onmogelijke of bespottelijke boodschap te zenden moge hier soms op 1 April worden uitgehaald, bij andere gelegenheden ook wel. En iemand op 1 April een briefje op den rug te spelden om daarmede hem voor zot te laten loopen is iets wat misschien nog wel eens onder de jongens plaats heeft, maar anders niet. — Vrij algemeen heeft men gemeend dat de fopperij op 1 April in gebruik is gekomen na de inneming van den Briel door de watergeuzen, op den 1sten April 1572. Maar welk verband zou er bestaan en hoe zou dit gebruik zich dan over een groot deel van Europa hebben kunnen uitbreiden? Volgens de geleerden is de Aprilgewoonte ook veel, zelfs zeer veel ouder dan drie eeuwen. Zij stellen zich voor, dat reeds de heidensche voorvaderen van de Aprilgrappen volop hebben genoten als eene vroolijke herinnering aan de grappen, uitgehaald bij het huwelijk van de reuzendochter Skathi met Niördr, den god van lucht, zee en schippers, zooals noordsche sagen daarvan weten te vertellen De ware oorsprong van het oude gebruik zal wel bezwaarlijk zijn op te diepen.

W. D.

Kerstmis.

Het kerstfeest was oudtijds de grootste feestdag van het geheele jaar. Bij de noordelijke volken, ook bij de oude Friezen, werd het opgeluisterd door het stoken van een groot haardvuur. Hiertoe was nu wel gereede aanleiding, omdat het feest in het koude jaargetijde valt, maar het stond waarschijnlijk ook in verband met de oude heidensche offervuren, uit den tijd, toen men in het laatst van December het jul- of joolfeest had. Het kerstblok speelde bij dat kerstvuur de hoofdrol. Het bestond uit een gedeelte van een boomstam, op den haard gelegd om te dienen als achterwand van het groote turf- en houtvuur dat op de feestdagen moest branden. Zulk een blok verbrandde slechts langzaam en bij gedeelten, het kon dienst doen gedurende den geheelen feesttijd. Het gebruik van «achteraanblokken» was overigens, althans bij de boeren in de boomrijke streken van Friesland, vrij algemeen. Het is nog niet vele jaren geleden dat ik bij een boer in Dantumadeel op den haard in de keuken een tamelijk lange en niet zeer dunne boomstam als achteraanblok voor brandhout zag gebruiken. Het kwam mij voor dat men hem eerst in het midden liet doorbranden om later de twee overblijvende stukken afzonderlijk en beurtelings te kunnen aanleggen. Dit bespaarde de moeite van den boom klein te zagen of te hakken. Maar met het kerstfeest moest er een geheel nieuw, onaangebrand blok op den haard worden gebracht.

Volgens Halbertsma hadden nog in het begin der zeventiende eeuw sommige friesche boeren de gewoonte om in den kerstnacht, als 't middernachtsuur had geslagen, hunne koeien, uit eerbied voor het groote feest, eene gift hooi te geven en op het erf een mand vol hooi te werpen ten behoeve der vogels om er zich in te verschuilen tegen de winterkoude. En wie de moeite wil doen om in den nacht tusschen de beide kerstdagen een bijenstal te bezoeken en er het oor aan een bijenkorf te leggen, zal daarbinnen een zacht en lieflijk gebrom hooren. Dat ongewoon gegons is een weêrklank van het gezang der engelen in Bethlehems velden.

De friesche landlieden gebruikten vroeger weinig of geen wittebrood, dan alleen op feesten en hoogtijden. De zoogenaamde regel-
wegge, thans altijd en overal verkrijgbaar, werd vroeger alleen
gebakken bij gelegenheid van het kerstfeest; men placht die, althans
in Hennaarderadeel en omstreken, sopweggen te noemen. Zij werden
dan gesneden, in melk gekookt en met gesmolten boter en suiker
als middagmaal gebruikt. Deze spijs heette dan *wichsop*, weggesop,
ook wel *weakkewich*, geweekte wegge. Dat een stuk van een vette
gans of eendvogel daarbij zeer goed smaakte wist men van ouds.
Iemand die op den kerstdag geen weggesop en op den nieuw-
jaarsdag geen rijstebrij at, zou vreezen het kind Jezus niet recht
geëerd te hebben. In den greid- of koemelkershoek, de streek ten
zuiden van Leeuwarden en Franeker tot aan Sneek en Bolsward,
bestaat nog de gewoonte dat de bakkers tegen kersttijd een aantal
venters, mannen, vrouwen en groote kinderen, bij de boeren en
dorpsbewoners laten rondloopen om kerstweggen te verkoopen. De
eigenlijke *krystwiggen* waren langwerpige krentenbrooden van verschillende grootte, van fijn tarwemeel met veel krenten. Zij liepen
aan beide einden spits toe, waren over de lengte van den rug ge-
korven en aan de zijden gekarteld. Dit gebak werd gebruikt bij
het ontbijt of de koffie. Men meent dat het oorspronkelijk den ruwen
vorm van een ingebakerd kind heeft gehad, als eene zinspeling op
het Christuskind; het heette toen wiegbrood, waaruit de naam weg
(Fr. *wich*) ontstaan kan zijn. De week na kerstmis noemde men toen
de weggeweek. Gegoede en welvarende menschen hadden vroeger de
vaste gewoonte om van alle venters die tegen kerstmis langs de
huizen kwamen, en er kwamen zeer velen, iets te koopen, want
het waren allen geringe lieden, die tegen het feest gaarne iets meer
dan gewoon wilden verdienen. De voorraad werd daardoor allicht
grooter dan men in een paar dagen kon opgebruiken, maar met
het overtollige werden behoeftige dorpsgenooten verrast. Zoo was
het weleer, maar thans niet meer.

Voorheen hadden op de avonden der beide kerstdagen, ook nog
wel in de daaropvolgende week tot aan nieuwjaar, verlotingen
plaats van weggen, ganzen en eenden. Dit geschiedde in dorpsherbergen en bakkershuizen. Op vele plaatsen werd daarbij in de
herberg voor den vedel gedanst en gingen vrijende paren aan den
zwier. Vechtpartijen waren bij zulke gelegenheden ook niet zeldzaam. Ernstige menschen zagen in dit een en ander ontheiliging

van het groote christenfeest; tengevolge hiervan is het houden van
verlotingen op de kerstavonden sinds lang in meest alle gemeenten
verboden, maar op Ameland nog niet. Het wordt thans nog alleen
toegelaten op Sint-Nicolaasavond, hier en daar, geloof ik, ook op
nieuwjaar. E. Halbertsma vertelt in zijn verhaal «De Jonkerboer»
(begin der zeventiende eeuw), dat op den avond voor kersttijd bij
een boer eene arme oude vrouw aan huis kwam met een aan een
stok bevestigde papieren ster, die zij deed ronddraaien door aan
een touwtje te trekken. Zij zong daarbij een oud liedje, dat niet
wordt medegedeeld, en hoopte ten slotte op een aalmoes, die ook
niet achterwege bleef. — Dit herinnert aan het zingen met de
ster, beschreven en afgebeeld in «De Oude Tijd» 1869, bl. 273,
en dat als eene kindervertooning, zoowel in eene geestelijke als in
eene meer wereldsche opvatting, nog voortleeft tot in sommige
streken van Rusland. Ik heb van zoo iets in Friesland anders geen
sporen gevonden.

Op Ameland vragen op den laatsten kerstdag de jongens ieder een
meisje en huren eene kamer waar zij des avonds in gezelschap bijeen-
komen. De meisjes geven dan koffie en suikergebak en de jongens
brandewijn. Een speelman, een vedelaar, mag daarbij niet ontbreken.

Sint Stefanus.

De 26ste December wordt thans vrij algemeen de tweede kerstdag genoemd, maar vroeger was men in Friesland gewoon te spreken
van Krysttiid en Sint Steffen, Kerstmis en Sint Stefanus. Deze
diaken der apostolische gemeente was de eerste christenmartelaar,
daarom schijnt men den dag volgende op den kerstdag aan hem
te hebben gewijd. Dit denkbeeld wordt althans uitgedrukt in een
latijnsch gezegde der middeleeuwsche kerk, dat in 't nederlandsch
aldus luidt: «Gisteren is Christus op de aarde geboren, opdat heden
Stefanus zoude geboren worden in den hemel.» Evenzoo in het
oudfriesche rijmpje:

Dy hillige Sinte Steffen,	De heilige Sint Stefanus,
Dy mylde Godes druut,	De milde Godes getrouw,
Jerúslim to dy poarte	Jeruzalem tot de poorte
Sa gyng m' him stieten uut.	Zoo ging men hem stooten uit.
Ma smiet him mei ien flintstien	Men wierp hem met een keisteen
Dat flaesk al fen syn bien.	Het vleesch al van zijn been.
Daerom komt Sinte Steffens dei	Daarom komt Sint Stefanusdag
Dy Chrystmoarn nu al sa nei.	Den Kerstmorgen nu zoo dadelijk na.

De oude Friezen vierden feest op den dag van Sint Jan den Evangelist (27 December). Een fraai gekrulde hoorn van een best stuk vee, niet zelden kunstig met zilver beslagen, werd dan gevuld met het lekkerste bier en onder gemeenschappelijk gezang uitgedronken ter eer van den heilige. Een dergelijk feest was ook het besluit van den Sint Steffensdag. Zeer vroeg in den morgen klonk dan reeds het geluid van den Sint Steffenshoorn.

Het uitoefenen der jacht had vóór en gedurende den romeinschen tijd aan elken Fries vrijgestaan en, deels uit nood, deels uit lust, waren de Friezen kloeke jagers geworden. Maar later had eerst de keizer, daarna de geestelijkheid, en eindelijk hadden de Staten het jachtrecht aan zich getrokken, om er zelf van te genieten met een kleinen kring van begunstigden. Doch het geklank van den Sint Steffenshoorn in den morgenstond van den 26sten December was het sein, dat voor één enkelen dag de oude vrijheid herleefd was, want alleen op Sint Steffen mocht elke Fries naar hartelust gaan jagen waar hij wilde. In den vroegen morgen begroette men dan elkander met den roep: «Goe moarn! Sint Steffens hoarn!» Goeden morgen! Sint Steffens hoorn!

Die Sint Steffenshoorn was een meer dan een meter lange, bijna rechte, slanke hoorn, van smalle duigen tezamen gezet. Nog lang na dien tijd bleef op den tweeden kerstdag het gebruik, dat kinderen, toetende op een gewonen koehoorn, langs de huizen liepen om de bewoners met denzelfden blijden wensch te begroeten: «Goe moarn! Sint Steffens hoarn!» Dit was om inzamelen van kleingeld te doen, om, naar het heette, ook den feesthoorn te mogen drinken.

In sommige oude friesche boerenalmanakken las men bij den 18den December: «Nu mei de Sint Jans krûke by 't fjûr.» Nu mag de Sint Jans kruik bij het vuur. Hieruit blijkt dat men, behalve een hoorn, ook een aarden kruik met bier vulde en deze ter verwarming bij het vuur plaatste. Dit althans heeft J. H. Halbertsma ergens aangemerkt. Maar die woorden in den almanak zouden ook eene herinnering aan de huismoeders kunnen zijn, dat de tijd weêr daar was om aan het Sint Jans bier te denken. Want evenals in Engeland, Duitschland en Zweden behoorde in de friesche landen het bierbrouwen, naast het koken en het broodbakken, tot de bezigheid der vrouw. Toch werd onder de landlieden alleen bij feestelijke gelegenheden bier gedronken; hun dagelijksche drank was karnemelk.

Koppermaandag.

Kopper- of koppelmaandag, de eerste maandag na Driekoningen-
dag, heet bij de friesche landlieden vrij algemeen kopermaandag,
natuurlijk omdat men het woord niet begrijpt en op den klank
afgaat. In vele der noordelijke dorpen bestaat bij de kinderen op
straat van ouds de meening, dat zij op dezen dag geraas behooren
te maken. Zij loopen dan het dorp op en neder, kettingen of andere
gedruischmakende dingen over de straat sleepende. Velen stellen
zich ook tevreden met het maken van wat ketelmuziek op oude blikken, ijzeren of koperen voorwerpen. Te Holwerd zingen ze daar bij:

Kopermoandei, blikken tiisdei,	Kopermaandag, blikken dinsdag,
Noch in dei	Nog een dag
Den is kopermoandei wei.	Dan is kopermaandag weg.

Meer is er niet aan vast en de liefhebberij trekt niemands aandacht. Te Grouw doen het schippersknechten of jongens met zware
scheepskettingen.

Op plaatsen waar de scheepvaart eene voorname rol speelt, verhuren zich de schippersknechten op koppermaandag. In vroegeren
tijd, toen de buitenlandsche vaart zeer fleurig was, ging het op
dezen dag vooral te Makkum bijzonder druk toe. De kapiteins
hielden dan zitting in de herberg «Het Schippershuis», en de varens-
gezellen kwamen zich daar aanbieden. Men had bij die gelegenheid
muziek en dans en 't spreekt dus van zelf dat er ook meisjes
kwamen. Ja, de kapiteinsdochters namen evengoed als anderen deel
aan de pret; onderscheid van stand werd daarbij niet in aanmerking genomen.

Sint Pieter.

Op Sint Pieter, den 22sten Februari, heeft men kinderfeest te
Grouw, geheel gelijk aan het Sint Nicolaasfeest elders. En gelijk
men den 5^{den} December Sint Nicolaas-avond noemt, zoo noemt men
te Grouw ook den 21sten Februari Sint Pieters-avond.

Op sommige plaatsen, althans in Dantumadeel, speelde men vroeger op Sint Pietersdag met den loover- of Sint Pietersbal. Men
noemde dit ook «baluitslaan» en het moest geschieden in het
open veld. Men wierp dan eene menigte ballen uit, waaronder één
die de looverbal heette; hij was gemerkt en met loovers versierd.
Na het uitwerpen ontstond er onder de werpers een wedstrijd om

den looverbal te bemachtigen. Dat ging op een loopen, grijpen en grabbelen, stooten en duwen van belang om elkander den prijs te betwisten. Zag men voor een oogenblik zelf geen kans den bal te grijpen, dan gaf men hem een schop om hem aan het bereik van anderen te doen ontrollen. Natuurlijk was er eindelijk één zoo gelukkig het gewenschte voorwerp op te rapen en hij was dan de koning van het feest. Met den gelukkigen winnaar aan de spits ging men het dorp door, waar ieder den stoet trakteerde of eenig geschenk gaf. Wie zich hiervan terughield had wel kans dat hij verbrijzelde vensterglazen kreeg.

Eene andere manier van «baluitslaan», eveneens in de «Dokkumer Wouden» was eene vermakelijkheid die uitging van een jong paar dat op trouwen stond, ter wille hunner vrienden en vriendinnen onder het jongvolk, — altijd op Sint-Pietersdag. In het weiland waar de wedstrijd zoude plaats hebben vond men twee strampels op eenigen afstand van elkander in den grond gestoken. — Een *strampel* is een stuk boomtak in den vorm van een Y of gaffel. Tusschen de armen van iederen strampel was een tamelijk groote lederen bal vastgezet met touwen en linten die er eenige malen omheen waren gewonden en zoo saamgeknoopt dat het losmaken niet gemakkelijk ging. Beide deze ballen heetten looverbal. De te behalen prijs, bv. een nieuw mes met zilveren hecht, zat mede in de omwindselen beklemd. De bruidegom wierp twee ballen uit in van elkander afwijkende richting. De een was bestemd voor de jongens, de ander voor de meisjes, — en nu begon de wedstrijd. De bal moest worden bemachtigd, men betwistte elkander de overwinning totdat eindelijk één de gelukkige werd. Maar dit scheen slechts een voorspel te zijn. Want nu werden de twee strampels met de looverballen uit den grond getrokken en zoover mogelijk weggeworpen. De strijd werd thans veel heviger; het was nu om de prijzen te doen en niet genoeg dat iemand een strampel in handen kreeg, hij moest ook den bal los maken en evenzoo den prijs, terwijl ieder het recht had hem intusschen den boel afhandig te maken.

Te Dantumawoude heeft een liedje bestaan, gemaakt op eene heldhaftige meid, die in de dorpsvaart sprong om den daarin geworpen strampel met bal en prijs er uit te halen. Niemand belette haar daar de koorden en banden los te maken en zij behaalde eene glorierijke overwinning. Van het liedje zijn nog deze regelen bekend:

„Ik heb maar eene schoe,
Nu heb ik vaders muilen aan ;
Ik dans er maar op toe [op los]."

(Eene harer schoenen zal zij in het water verloren hebben.)

De Sint Pietersdag werd van ouds beschouwd als het begin der lente. Om dezen tijd toch moet men beginnen de landerijen te bewerken. Bouwlanden worden dan ook meest verhuurd om ze te aanvaarden op Sint Pieter.

Vastenavond.

Met vastenavond komt de rommelpot voor den dag, doch niet overal in Friesland; ik geloof nergens drukker dan op het Bildt. Daar was althans in mijne jeugd omstreeks en op vastenavond de rommelpot een kinderspeeltuig. Alleen de armste kinderen gingen er meê langs de huizen om centen. Sommigen waren daarbij ook wel zot aangekleed, natuurlijk altijd op min kostbare wijze. Nog in het laatst der vorige eeuw was het bij vele Bildtboeren de gewoonte op vastenavond pannekoeken te bakken; de arme kinderen, die een rommelpot-serenade kwamen brengen, werden op dat gebak onthaald. Hieraan herinnert het friesche spreekwoord : «Ik heb het zoo druk als de pan op vastenavond.»

In Overijsel en op de Veluwe noemt men het speeltuig foekepot, naar het eentoonig geluid *foeke foeke*, dat het kan voortbrengen. De beschrijving er van, voorkomende in *De Oude Tijd* 1871, bl. 88 en 90, is geheel onjuist. Een rommelpot, volgens die beschrijving gemaakt, zou geen geluid kunnen geven. Ik heb als jongen meermalen medegewerkt aan het maken van een rommelpot. Hiertoe zijn minstens vier handen noodig, zes is nog beter. Het stuk varkensblaas, dat men over den pot wil spannen, wordt vooraf met water doorweekt, om het voldoende strak te kunnen spannen. Verder heeft men een riet (geen houten steel) van de dikste soort die men kan vinden, ter lengte van 20 à 25 cm. Aan het eene einde moet een oest zijn en dit oesteinde wordt in het midden van het stuk blaas, zonder het te doorboren, vastgemaakt met een speld en een draad sterk naaigaren, die er stijf om wordt gewonden. Wordt nu het stuk blaas zoo strak mogelijk over den pot gespannen, iets wat noodzakelijk is, dan komt het riet rechtop te staan. Met een touw om den rand van den pot wordt het stuk blaas vastgehecht en is dit weêr droog, dan is het instrument gereed. Met de natte hand of

met een vochtig wollen lapje wrijft men langs het riet op en nederwaarts, hoe sneller hoe beter, en men heeft de verlangde muziek,
waarbij men evengoed kan zingen als bij het geluid eener turksche
trom. Hoe grooter de pot hoe vroolijker hij rommelt. Een vaatje
van omstreeks 5 liter inhoudsgroote is er ook zeer geschikt voor. Het
naargeestig geluid *foeke foeke* krijgt men uit een kleinen pot.

Er bestaan onder het volk vaste rommelpotliedjes die men nooit
hoort dan onder begeleiding van het vastenavond-blaasinstrument.
In *De Oude Tijd* bovengenoemd wordt zulk een liedje medegedeeld
zooals het op de Veluwe wordt gezongen, dat eenige overeenkomst
heeft met twee van de drie die ik heb opgenomen in *In doaze
fol âlde snypsnaren* (Franeker 1882). Het andere luidt aldus:

't Was op een vastenavond
Al op een heiligen tijd,
En raad eens wat er te doene kwam
Al met dat oude wijf.

Dat wijf dat wou niet werken,
Zij wou niet graag wat doen.
't Kwam louter door haar luiigheid;
Zij melkte maar eene koe.

Die koe wou zij verkoopen,
De stal moest ledig staan.
Nu kon dat luie wijf slapen,
Een ander moest werken gaan.

Zij had zoo'n oude smeerpot,
Die noemde zij hossebos,

Die was in drie en dertig jaar
Niet eenmaal uitgerost.

Het huisje dat was dakkeloos
De spanten lagen bloot,
Nu schijnt dat lieve zonnekijn
Dat luie wijf in haar schoot.

De man ging naar de kerke,
Hij klaagde daar zijn nood.
Maar doe hij wêer naar huize kwam,
Doe lag zyn wijf al dood.

Doe raadden hem de menschen
Dat hij moest trouwen gaan.
Maar hij bedacht zyn eigen zin,
Zyn eigen zin dacht hij.

Palmzondag.

De palmzondag onderscheidt zich voor het friesche landvolk in
niets van andere zondagen, dan alleen daar waar het op dien dag
kermis was en dit is slechts langs een klein gedeelte van den rand
der provincie. De friesche almanakken duiden aan, dat het op
palmzondag kermis is te Zurig (Fr. *Surch*), een dorpje aan de Zuiderzee, tusschen Harlingen en Makkum. In de laatste jaren heeft
daar op dezen dag eene schijfschieterij om prijzen plaats en 's avonds
gaat het volk in de herberg dansen en pret maken. Deze kermis
strekt zich van genoemd dorp uit langs den zeedijk tot aan Harlingen. Verder langs de kust van Barradeel tot aan het Bildt. Maar
hier wordt de kermis, al noemt men ze Palmkermis, reeds sedert
jaren op Paaschmaandag gehouden. Ook hier wordt op het strand

naar de schijf geschoten. Langs den Nieuwen-Bildtdijk tot aan het gehucht Nieuwebildtzijl, houdt men zich nog aan den Palmzondag. Wat er op deze kermis te zien is bestaat hoofdzakelijk in koek-hakblokken en kraampjes of stalletjes met koek en snoepgoed. Vroeger werden er groote hoeveelheden gedroogde zeevisch verkocht en genuttigd. De vermakelijkheden bestaan in kaatsen en vooral in tippen. Men bezigt daartoe een naaf uit een wagenrad, in het Landfriesch *toelle*, in het bildtsch dialect *turl* of *tul* genoemd. Een blok van dezelfde hoogte en van ongeveer dezelfde dikte kan ook dienen. Dit wordt in hellende richting op zijn eind gezet, en op de achterzijde van den bovenrand er van een balletje van hard hout met weeke klei vastgehecht. De spelers zijn gewapend met zware knuppels. Hiermede werpt men, op een goeden afstand van het blok staande, naar het balletje om dit zoover mogelijk in rechte richting van zijne plaats te slaan; wien dit het best gelukt is winnaar.

In sommige streken van den greidhoek bestaat eene andere manier van tippen, en gebruikt men een rechtstandig blok ongeveer even dik als hoog. Op het bovenvlak plaatst men een klein kubiek-blokje en daarop legt ieder der medespelers een gelijk getal centen. Dit kleine blokje moet ook met een knuppel worden weggeslagen, doch nu niet om het ver te doen vliegen. Het is hier om de centen te doen. De centen, die door den knuppelslag van het blok vallen, worden door den werper opgeraapt, en men handelt er meê als bij het pikschieten (zie later). Dit tippen doet men ook wel op het ijs. In plaats van den kubus en centen plaatst men ook wel een stuk koek op het blok. Wie de koek er aftipt heeft die gewonnen.

De palmzondagkermis langs den dijk noemt men op het Bildt *Sloffermet*, Slofkermis, en men zegt daar:

Met 'en toffel [muil] en 'en skoe
Gaen wy na Sloffermet toe.

Langs den nieuwen Bildtdijk, evenals langs den ouden, staan onderscheidene groote en kleinere boerderijen benevens een aantal groepjes kleine huizen, bewoond door veld-arbeiders, gardeniers, handwerkslieden, winkeliers en niet te vergeten herbergiers. Op een afstand van twee uren gaans is daar het getal herbergjes en tapperijen groot. In al deze lokalen wordt op palmzondagavond muziek gemaakt, gedanst, gevrijd, gedronken — en ook wel eens gevochten.

Ik heb nooit gehoord dat het gebeurd is, maar wanneer eens een spotvogel het waagde, om bij die gelegenheid daar in een der herbergen te komen met aan zijn eenen voet een schoen en aan den anderen een muil — dat eene bespotting zou zijn van de slof-kermis — dan wenschte ik liefst niet voor zijn leven in te staan.

Zulke lange kermissen als langs den zeedijk had men vroeger meer, bv. te Leeuwarden de marsumerkermis. Deze begon bij de buitengracht der stad en eindigde te Marsum, waar ook kramen stonden. Het was een groote dag zoowel voor de leeuwarder bur-gers als voor de Marsumers, en de weg, die de beide plaatsen ver-bindt — een uur lang — was de beide dagen zwart van menschen.

Nog veel drukker was de bergumerkermis, die zich uitstrekte van Leeuwarden tot Bergum, drie uren gaans, met een bijna onaf-gebroken reeks van sjeezen en andere rijtuigen, tengevolge van de beroemde paardenmarkt aldaar, des morgens langs Leeuwarden naar Bergum gaande en des avonds terugkeerende.

Beide najaarsfeesten duren twee dagen, maar zijn in lange niet meer zoo levendig als voorheen; doch ruw kan het er soms toe-gaan. Nog in de laatste jaren is het gebeurd, dat een jongeling ter gelegenheid van de marsumerkermis op den openbaren weg is doodgestoken, zonder dat de daders zijn ontdekt.

De zoogenaamde palmstokken, met koek, chinaasappelen en ge-bakken zwaantjes van tarwebloem, groene palmtakjes, goud- en zilverpapier, zijn in de friesche dorpen onbekend. Bij uitzondering ziet men ze soms bij kinderen van ouders die familie in de stad hebben en ze vandaar ontvangen.

Vóór den tijd der kerkhervorming werd in het nauwelijks een halfuur van Dokkum gelegen Sionsberg jaarlijks op palmzondag met veel plechtigheid een Mariabeeld van was gemaakt en omge-dragen. De toeloop van menschen te Dokkum was dan zoo sterk, dat er soms gebrek kwam aan bier en brood. Er werd bij die gelegenheid was en vlas aan de Heilige Maagd geofferd en hieruit ontstond het spreekwoord: «Onze Lieve Vrouw van ten Berge heeft alzoo lief vlas als garen.» — De Vlasstraat de Dokkum ontleent hieraan haren naam.

Sionsberg was een uithof van het bagijnenklooster Sion onder Oudkerk. Later werd dit heiligdom eene boerenplaats, die nog be-staat en tot heden de Sionsberg of ook de Bergplaats genoemd wordt.

Paschen.

Het eten van paascheieren is ook in Friesland algemeen. Vroeger was het gewoonte rijstebrij met gesmolten boter, suiker en kaneel daarbij te gebruiken. In vele huisgezinnen brengt men op paasch- zondag voor het middagmaal een grooten schotel met gekookte eieren op tafel, evenals op andere dagen een schotel met aardappelen. Ieder der aanzittenden eet dan zooveel eieren als hij verkiest. Men gebruikt er nu meest wittebrood bij, met of zonder vleesch of ham. Nog altijd zijn er helden, ook wel heldinnen, die er roem op dragen een zoo groot mogelijk getal gekookte eieren te kunnen eten. Er zijn er die voor twintig of zelfs meer niet terugdeinzen!

De paaschos, die versierd rondgaat, is te Leeuwarden nog wel in gebruik; elders in Friesland niet.

Te Nes op Ameland gaan op paaschdinsdag of paaschdrie de kinderen naar de «Paaschduin» te eiersmijten of eierrollen. Dit spel is, geloof ik, elders in Friesland geheel onbekend, maar buiten Friesland en ook buiten Nederland niet. De eieren worden voor dit doel hard gekookt in koffie, in water met uienschillen of in andere kleurstoffen, waardoor de schalen verschillende kleuren aan- nemen. Het spel bestaat hoofdzakelijk in het laten afvallen van hardgekookte eieren langs de hellingen der duinen; breekt er een, dit wordt terstond opgegeten. Ook worden ze wel verloot tegen een halven cent het lot. Vroeger gaf men ten teeken van buur- of vriendschap wel eieren ten geschenke. Evenzoo ruilt men ongelijk gekleurde eieren tegen elkander. Bij de hervormde kerk te Nes vindt men het zoogenaamde Paaschland, een plein waar voorheen op paschen kermis werd gehouden. Daar werden dan ook gekookte eieren ver- loot en verkocht en meer andere vermakelijkheden uitgevoerd.

Paaschvuren worden nog te Nes bij de katholieke kerk gebrand, doch aan dit vermaak nemen alleen katholieke kinderen deel.

«Hoe is paasch zoo in 't land?» of «Paasch is in 't land,» zegt een friesch spreekwoord dat gebezigd wordt als men onverwacht wordt onthaald op iets dat van het alledaagsche afwijkt.

Een ander spreekwoord zegt: «Gij komt met eieren na paschen.» Dit is hetzelfde als: «Gij komt met mosterd na den maaltijd.»

Kermissen zijn er in Friesland niet op paasch; alleen te Molk- werum op paaschdrie.

Komt paschen niet al te vroeg en is het voorjaarsweder niet al te guur, dan begint met dit jaarfeest zoowat het zondagsleven in de open lucht, dat gedurende den zomer elken zondag terugkeert, voor hen die niet op andere wijs uit plezieren gaan. Dit zondagsleven bestaat hoofdzakelijk in wandelen of bij elkander zitten of staan praten. Is een dorp zoo ingericht dat men, van een punt uitgaande, daar weêr kan terugkomen, zonder denzelfden weg te nemen, dan wandelt men een slag om de *bûrren* = de buurt. (Hiermeê wordt in algemeenen zin de meer of min dicht met huizen bebouwde kom van het dorp bedoeld.) Bestaat een dorp hoofdzakelijk uit eene lange dubbele rij huizen, zooals bv. Berlikum, waarvan men spreekwoordelijk zegt: «Het is zoo lang als Belkum,» dan wandelt men de buurt op en neder. Te Holwerd spreekt men van «het blok om», waarmeê bedoeld wordt een tamelijk groot, door den algemeenen weg omringd blok huizen in het dorp. In Hindeloopen was vroeger een graat midden door de straat, zijnde één klinker op den kant gezet, door de geheele lengte der straat. Daarop moesten de hindelooper vrouwen loopen als zij net wilden zijn. En terwijl de vrouwen een bepaalden weg en een bepaalde richting volgden, kwamen de jongmans haar in tegenovergestelde richting tegemoet. — In meest alle dorpen heeft men vaste verzamelplaatsen waar de mannen bijeen loopen. Is er een brug in het dorp dan is deze het uitverkoren plekje, en heeft de brug een of twee banken, zooveel te beter. In de kleine zeeplaatsen heeft men bij de haven een zoogenaamde leugenbank, waar oude zeelieden en anderen samenkomen om met elkander te wedijveren in het opsnijden van wonderverhalen, waarin zij zelf meestal de hoofdrol hebben gespeeld. — In zeer kleine dorpen houden niet zelden eenige mannen bijeenkomsten bij de kerkdeur. Dit was reeds het geval ten tijde van Gysbert Japiks (†1666); althans deze dichter laat een levenslustig jongeling zeggen:

„Scoene wy as âlde ljue	Zouden wij als oude lieden
Skoarje oan' tsjerkeweach, by djoe,	Tegen den kerkmuur staan leunen
Mei in droech forklomme praetsje?"	Met een droog verkleumd praatje?

Te Oenkerk, een niet onbevallig dorpje in Tietjerksteradeel, stond nog voor dertig jaar aan het einde der buurt eene groote linde, waaronder 's avonds oud en jong samenkwam.

De vrouwen zitten meestal bij groepjes voor de huisdeuren.

In vele dorpen in het noorden van Friesland wordt zondagsnamiddags druk gekaatst. Dit gaat meest om een drinkgelag. Het ligt dus voor de hand dat men na afloop van het werk de herberg binnen gaat.

Boelgoed.

Een boelgoed is eene openbare verkooping van roerende goederen. In Groningen, Drente en Overijsel zegt men *boeldag*, in Holland *boelhuis*. Bij een boerenboelgoed wordt niet alleen de huishoudelijke inboedel, maar ook het vee, het boerengereedschap, het aanwezige hooi en de ongedorschte in of bij de schuur opgetaste granen enz. verkocht. Zulk een boelgoed had vroeger nog meer dan thans veel van een feest, vooral wanneer 't voorkwam in of nabij een klein dorp. Ik zeg vroeger meer dan thans; immers volgens de «drankwet» die wij sedert eenige jaren hebben, is de vergunning tot den verkoop van sterkendrank in het klein verbonden aan bepaalde lokalen. Alzoo mogen nu bij een boerenboelgoed geen borrels worden verkocht, en daardoor is voor velen het mooi er af.

Ik wensch zulk een boelgoed te schetsen, niet uit den voorhistorischen, maar uit den voorvergunningstijd.

Het is in den morgenstond van een fraaien dag in het begin van Mei. Op een der boerenerven in de nabijheid van een middelmatig dorp in den «greidhoek» heerscht eene meer dan gewone bedrijvigheid. De groote schuurdeuren zoowel als de hamei (het hek) voor de hieming staan wijd open. Wagens, karren, tonnen, troggen, tobben, kuipen en nog een aantal andere groote en kleinere boerengereedschappen zijn in behoorlijke orde buitenshuis geplaatst en voorzien van met krijt geschreven nommers. Knechts en meiden loopen met drift heen en weder, dan weêr binnen, dan weêr buiten het huis, terwijl andere hier geheel vreemde personen bezig zijn met uit hunne schepen allerlei toestel aan wal te brengen om kraampjes en stalletjes op te richten.

De boer die deze «zathe en landen» vele jaren achtereen heeft bewoond is den vorigen winter als weduwnaar overleden en zijne kinderen, allen reeds gehuwd, zijn met elkander overeengekomen om den boedel te gelde te maken, teneinde tot eene behoorlijke einddeeling te kunnen komen. De notaris aan wien het werk is opgedragen, heeft minstens twee à drie maal eene lange advertentie in de Leeuwarder Courant doen plaatsen met het opschrift in vette letters: «Voornaam Boerenboelgoed», waarin, bij eene opsomming van het aanwezige vee, ook de voornaamste meubelen en boerengereedschappen werden vermeld. Tevens heeft hij in alle herbergen der omliggende dorpen gedrukte biljetten doen ophangen, behelzende dezelfde advertentie in veel grooter formaat.

«Voornaam Boerenboelgoed!» ziedaar een woord dat elken recht-
geaarden boer het hart doet opspringen van welbehagen. In het
voorjaar, wanneer bovengenoemde *Leeuwarder* op haren tocht, dien
zij vroeger slechts tweemaal, thans zesmaal 's weeks door de provincie volbrengt, niet zelden vergezeld wordt door twee, soms drie
«Bijvoegsels» allen voor het meerendeel gevuld met «boelgoeden»
en verkoopingen van gebouwen en landerijen, — dan is een boer
in staat die allen te lezen. Toch vindt hij daar telkens weêr een
bijna gelijk register van «melke-, kalve- en vare (guste) koeien,
hokkelingen (pinken), enter- en twenterrieren (één- en tweejarige
varren), ruinen en merriepaarden, gelde en vole (bevruchte en
onbevruchte) schapen, zeug met biggen; kaasketel, kaaspers, tjen
(beter gespeld *tsjerne* = karn) met koperen hoep, aden en tijnen
(molden, mouden, melkbakken en -vaten), tobben en booitsen (kuipen), harken, vorken, grijpen, kret en mjuksplanken (mestkruiwa-
gen en -planken), ruigscherne (mesthoop), zooveel koes-eten (wintertering voor eene koe) hooi; voorts meubelen en huisgeraden,
kabinet, pulpitum, staartstuk- of stoeltjeklok (nieuwer- of ouderwetsche friesche klok), tafels, stoelen, spiegels, schilderijen, ijzer-,
koper-, tin-, glas-, porselein- en aardewerk, en hetgeen ten dage
des verkoops meer te voorschijn zal worden gebracht.»

In zulk een mengsel van half-Friesch en -Hollandsch zijn de
notarissen in Friesland genoodzaakt dergelijke advertentiën te stellen, willen ze niet voor een groot deel der belangstellende lezers
onverstaanbaar zijn.

Een echte ouderwetsche friesche boer leest de krant alleen om
de «boelgoeden, verkoopingen en advertenties», onder welke laatste
hij uitsluitend de huwelijks-, geboorte- en sterfberichten verstaat.
De lange rij dezer advertentien, steeds in de «Leeuwarder» voorkomende, noemt men in scherts de *skûtelbank* = losse keukenkast,
schapraai, schotelbank. Hierin stellen ook vooral de vrouwelijke
leden van zijn gezin veel belang, omdat daarin nog al eens iets
geestelijks voorkomt en men er ook dikwijls namen van veraf of
naderbij wonende personen en familien in aantreft. Men zegt dat
velen van haar de courant enkel en alleen lezen om de *skûtelbank.*

Is in de nabijheid van een klein dorp een belangrijk boerenboelgoed te wachten, dan ziet elke bewoner reikhalzend den dag
tegemoet die weêr eenige afwisseling in zijn eenzelvig dagelijksch
leven zal aanbrengen. De bakker rekent op een buitenkansje. Niet

alleen denkt hij de bollenvrouw, die gewoon is zijne waren bij de boeren rond te venten, met een goeden voorraad mondkost naar het boelgoed te zenden ten gerieve der aldaar saâmgeschoolde menigte; maar hij verwacht ook dat de boeren in de nabijheid hunne verder afwonende vrienden en vriendinnen zullen noodigen, teneinde gezamenlijk het boelgoed te bezoeken. En bij dergelijke gelegenheden wordt er altijd veel witte- en krentenbrood gebruikt. Vooral ook de kinderen verlangen zeer naar het boelgoed. Voor hen zal het een recht prettige feestdag zijn; zij krijgen dan ook hunne zondagsche kleêren aan. Jonge paren, die op trouwen staan, hopen in het boelgoed vele zaken voor de huishouding te kunnen koopen voor weinig geld. Zelfs jonge meisjes, die met het boelgoed in het geheel niets te maken hebben, begeven zich toch daarheen, nl. des namiddags, alleen maar om te zien en gezien te worden. En in den vóórvergunningstijd was het bij ieder eene uitgemaakte zaak, dat bij een boerenboelgoed een tapper zoo onmisbaar was als een dominé in de kerk. Immers als iemand een slokje meer drinkt dan hij dagelijks gewoon is, dan wordt hij sterk zonder kracht en rijk zonder geld, dan worden de menschen kooplustig en geraken licht in vuur om het niet tegen anderen te laten zitten bij het bieden. Een boerenboelgoed zonder jenever en brandewijn kon men zich in dien tijd niet anders voorstellen dan als een koude droge boel. Nu, geheel er zonder doet men het thans ook nog niet. De getrouwste bieders worden op kosten der verkoopers onthaald, en sommigen willen zeggen, dat de wet op den kleinhandel in sterkendrank bij een boelgoed ook wel in 't geniep overtreden wordt.

Maar toen een kastelein geen vergunning van het gemeentebestuur behoefde, moest hij ze toch wel degelijk hebben van de familie, die het boelgoed liet houden. Het werd hem als een groote gunst aangerekend, als hem op zijn onderdanig verzoek werd toegestaan, in de schuur zijne tapkast op te slaan met de noodige tafels en banken er bij. Want buiten hem mocht niemand dien dag daar sterkendrank verkoopen.

Hoewel het boelgoed is aangekondigd om des morgens te negen uren te beginnen, ziet men reeds vóór achten op de wegen en voetpaden, die naar het terrein der verkooping leiden, eene menigte menschen naderen. Boeren in duffelsche jassen en voorzien van lange, boven met leder omvlochten en met koper of zilver gemonteerde wandelstokken van spaansch riet; veehandelaars met eiken meetstokken, koeiendrijvers met ruwe zweepen, uitdragers en ook uitdraag-

sters, echte manwijven stappende in groote vetlederen schoenen, —
benevens meer andere belangstellenden, begeven zich zoo vroegtijdig
naar het huis des verkoops, teneinde vooraf alles nauwkeurig in
oogenschouw te nemen. Boeren en veehandelaars dringen zich in den
veestal opeen en houden zich daar bezig door de koeien met hunne
stokken te meten, ze te betasten en te beduwen, hare uiers te onderzoeken, haren ouderdom te beoordeelen door de hoornen te bekijken
en eindelijk ze vriendelijk te omarmen, ten einde uit dit alles, elk
voor zich, de vermoedelijke waarde van ieder stuk vee te bepalen
en in een zakboekje aan te teekenen. In andere gedeelten van
het huis zijn uitdragers en verdere gegadigden eveneens ijverig in
de weer met het onderzoeken van de meubelen en huisgeraden en
wat er meer aanwezig is. In de schuur heeft zich om de tafel van
den tapper reeds een gezelschap van altoosdorstigen verzameld,
meest bestaande uit personen, die bij het boelgoed eigenlijk niets
denken te koopen, dan wat er aan die tafel verkrijgbaar is.

De notaris, vergezeld door twee klerken met boeken en schrijf-
behoeften, neemt plaats bij eene tafel voor het venster in het middenhuis. De oproeper loopt het huis door en geeft het sein dat
het boelgoed zal aanvangen, door te roepen: « Wie de kondietsjes
hoore wil! »

« O! » zeggen de boeren, die de gewone voorwaarden eener dergelijke verkooping reeds sinds lang kennen, « dat zal wel weêr 't zelfde
zijn als altijd: betalen is de boodschap. »

De korte voorlezing van den notaris wordt dan ook door slechts
weinigen aangehoord. Men komt daaruit onder anderen te weten,
dat voor posten boven de twintig gulden zes maanden krediet wordt
verleend en al het andere met gereed geld moet worden betaald.
Het boelgoed wordt geopend met de oproeping der koeien. De
oproeper plaatst zich tusschen twee beesten, waardoor hij vanzelf
boven zijn gehoor verheven is. De rij stallen toch, waarop de
koeien staan, is hooger dan het looppad achter het vee. De belangstellenden dringen zich daar telkens opeen bij ieder stuk vee dat
geveild wordt.

De oproeper begint met zijne doordringende stem op zangerigen
toon helder op te dreunen: « Noemer een! 'en zwartbonte melke
koe; die het [heeft] negen weken vóór Mei et derde kalf brocht.
Wie mient die voor honderd-vijfentnegentig gulden? — Vierent-
negentig! — Drieëntnegentig! — Tweeëntnegentig!...

«Mien!» wordt er geroepen.

«Wie is dat?» vraagt de oproeper.

«Pieter Klazes!»

«Pieter Klazes honderd-tweeëntnegentig gulden. Wie verhoogt nog es vijf gulden?' — Vier! — Drie! — Twee! — Een!...

«Mien!»

«Wie is dat?»

«Douwe Japiks.»

«Douwe Japiks 'en gulden verhoogd. Nou staat die koe op honderd-drieëntnegentig gulden. Wie verhoogt nog es drie gulden? — Twee! — een! — 'en half! — 'en oord? — Niemand liever as honderd-drieënegentig gulden? Blieft zoo bij perwisie.»

Thans is het de plicht van den overroeper, den vleugeladjudant in een boelgoed, die op geringen afstand heeft staan luisteren, om den uitslag der veiling aan den notaris over te brengen en wel zoo luide dat ieder in staat is te hooren, dat hij het onvervalscht doet.

Op deze wijze wordt al het vee, worden ook de groote stukken boerengereedschap en de voornaamste meubels voorloopig geveild om daarover in den namiddag *optie* te houden, dat is ze nogmaals op te roepen en dan voor goed aan den meestbiedende af te staan. Aan den eersten «miender» wordt telkens een vooraf bepaald strijkgeld (premie) uitbetaald, terwijl voor iederen gulden, waarmede iemand een artikel «verhoogt» eenige procenten worden toegekend.

Men gaat nu over tot het verkoopen van het kleine goed; de draagbare boerengereedschappen en voorwerpen van geringe waarde zijn het eerst aan de beurt. De notaris en zijn gevolg hebben zich hiervoor geplaatst bij een klein tafeltje op een hooiwagen in de schuur. Ook de oproeper staat op den wagen en laat zijne oogen weiden over de toegestroomde menigte, die reeds met verlangen hem heeft staan aan te staren, want een oproeper, zooals hij behoort, is onuitputtelijk in het verkoopen van alledaagsche grappen. Ook het «joukebier» (gegeven bier) dat is de jenever, die op kosten van den boedel wordt gegeven en in een groot glas onder de omstanders, vooral onder de uitdragers rondgaat, moet den kooplust gaande houden en aanwakkeren.

Omstreeks den middag houdt men rust, hoofdzakelijk om te kunnen eten en drinken, waartoe de notaris met de klerken en den op- en overroeper bij de familie in een afgesloten vertrek worden genoodigd. Boelgoedbezoekers, die geen vriend of kennis in de nabijheid hebben wonen, nemen plaats bij de in en nevens de schuur opgerichte tafeltjes en stalletjes met geboterde bollen en gekookte eieren, waar ook koffie wordt geschonken. Er zijn er ook die zich staande of rondloopende vergenoegen met een dubbeltjes stroopkoek.

Velen die hier enkel uit liefhebberij verschenen zijn, bemoeien zich met de « boelgoederij » weinig of niets, slenteren rond of vermaken zich met drinken en het hakken of eten van koek; ook met koekslingeren, op een stuk weiland naast de hieming. Een voornaam boerenboelgoed heeft op zijne drukste oogenblikken het aanzien van eene kermis in het klein. Eene welvoorziene galanteriekraam is er geene zeldzaamheid en de verleidelijke « rollebol » die tien centen voor één geeft, ontbreekt er niet ; zelfs zakkenrollers sluipen er rond.

Des namiddags om twee uur wordt het boelgoed voortgezet. Voor een opgeschoven raam der voorkamer verkoopt men nu glas-, porselein- en aardewerk en andere kostbaarheden, die hier in groote hoeveelheid voorhanden zijn. Dit gedeelte der verkooping heeft men voor den namiddag bewaard, omdat dan de meeste getrouwde vrouwen opdagen.

Is dit afgeloopen dan moet ten slotte nog de *optie* worden gehouden. De notaris neemt met zijn gevolg weêr plaats op den hooiwagen in de schuur, tot groot gemak van sommige boeren, die, na zoowat den ganschen dag te hebben gepimpeld, liever willen zitten dan staan. En hiervoor is gelegenheid, want de wagen staat niet ver van de tafel des tappers, en de toeloop is minder groot geworden, daar velen, die geen belang in deze tweede veiling stellen, reeds zijn vertrokken. Dit werk gaat nog al vlug van de hand ; op verre na niet alle nommers worden opnieuw verhoogd en loopen dus spoedig af.

Hiermede is het verkoopen gedaan, maar het werk van den notaris nog niet. Hij begeeft zich met zijn hulppersoneel nog eens in het woonhuis en opent daar nu een ontvangkantoor. Alle posten die geen twintig gulden bedragen, moeten thans worden betaald. De hoogere zijn op zes maanden krediet verkocht en daarvoor is « borg » gevraagd. Gewoonlijk wordt de eene vriend borg voor den ander ; de notaris kent zijn volk. Onbekende of onsolide koopers, die geen voldoenden borg kunnen aanwijzen, worden geweigerd.

Het verkochte vee wordt van stal gehaald door de knechten der boerderij, die voor dit werk fooien of ook wel een bepaald loon ontvangen van de nieuwe eigenaars. Deze vertrouwen nu de dieren, ter vervoer naar ieders woning, aan veedrijvers toe. De uitdragers hebben scheepjes om daarin hunne gekochte goederen te laden en de «koeklui» rollen hunne matten weêr op. Van het jongvolk blijft er soms en dan kan dat aan den dans geraken voor den vedel. En in de schuur aan de tafel van den kastelein zit nog een gezelschap dat ook niet aanstonds denkt aan vertrekken. De gesprekken zijn luidruchtig en hartstochtelijk. Men is het blijkbaar niet eens; hoort: er wordt zelfs met vuisten op de tafel geslagen; er is twist en deze loopt hooger en hooger; het is niet onmogelijk dat het nog op een vechten zal uitloopen!

Nu nog iets over koekslingeren. Dit spel is in het noordelijk gedeelte van Friesland, waar de landbouw hoofdzaak is, niet in gebruik; in de Woudstreken evenmin. Maar in den greidhoek wordt, — werd er althans op zondagmiddagen en kermissen veel aan gedaan, liefst op een grasveld en met de beroemde lange deventer koeken van Klopman en Pieterman. Deze koeksoort wordt trouwens in den greidhoek ook veel meer dan elders gegeten. Zulk een lange taaie koek wordt aan een zijner einden stevig met de vuist omvat en dan met een forschen zwaai van den horizontaal uitgestrekten arm zóó weggeslingerd, dat hij den werper bij de hand afbreekt en tot op een aanmerkelijken afstand voorwaarts vliegt. Wie hierin bij herhaling het best slaagt is de grootste meester in de kunst. Twee personen werpen ieder tweemaal met een en denzelfden koek, waarvan het overblijvende stuk den winnaar ten deel valt, terwijl de verliezer moet betalen. De «handeinden», de stukjes die men telkens bij het werpen in de hand houdt, behoudt ieder voor zich.

Met de korte overgebleven gedeelten van iederen koek kan men nog «swikken». In zulk een stuk koek wordt buiten het door de hand omklemde gedeelte een kerf gesneden en zoo zwikt men het weg met vasthouden van het vuiststuk. Zonder kerving zou een kort stuk koek bij het zwaaien niet willen afbreken.

Mei.

De 12de Mei is in Friesland de algemeene verhuisdag, en ook de tijd, waarop huurkontrakten beginnen en eindigen. De Friezen rekenen den 1sten Mei nog naar den ouden stijl, thans den 12^{den} Mei. Dezen dag noemt men Oude Mei, de eerste Mei is Nieuwe Mei. Evenzoo heeft men Nieuwe en Oude Lichtmis, 1^{e} en 12^{e} Februari;

Nieuw en Oud Allerheiligen, 1^e en 12^e November. Men spreekt ook van «tusschen de beide Meien», dat is tusschen den 1sten en 12^{den} Mei. Den elfden Mei noemt men Meiavond. Te Franeker wordt jaarlijks op den elfden Mei eene veemarkt gehouden die des morgens begint en 's avonds is afgeloopen. Maar de boeren daar in den omtrek spreken altijd van naar Meiavond gaan, op Meiavond vee ter markt brengen of gaan koopen. De germaansche volken rekenden van ouds bij nachten en niet bij dagen. Zoo ook de Friezen; zij spraken van twee of drie nachten uit te gaan. Ga ik op maandagmorgen vroegtijdig op reis en keer den daaropvolgenden donderdag des avonds terug, dan ben ik vier dagen van huis geweest, maar volgens de friesche manier van spreken drie nachten. Hiermede zal in verband staan dat zij aan zekere dagen den naam van den avond des volgenden dags hebben gegeven. Zaterdag is in 't Friesch *snjeun*, samengetrokken uit *sinnejoun* = zonavond, en deze naam geldt evenals de hoogduitsche *Sonnabend* voor den geheelen dag die aan den zondag vooraf gaat.

Te Bolsward en elders waren de knapen vroeger gewoon op Meiavond ieder wien zij het konden doen een streep met een stuk krijt op het kleed te geven. Dit was de Meiavondstreep. Zulke dingen, ook wel die nog erger waren, op zekere bepaalde dagen werden in dien tijd beschouwd als dingen die vanzelf spraken.

In verschillende streken van Friesland bestaat het gebruik, dat dienstboden, die moeten verhuizen, twee of drie dagen vóór den 12^{den} Mei den ouden dienst verlaten en den nieuwen eerst op den 13^{den} betrekken. De dagen daartusschen brengen ze in vrijheid door bij ouders of familie. Jonge lammeren, die in de Meimaand worden geboren, heeten Meilammertjes en de dienstmeisjes, die in de dagen harer vrijheid wel eens net gekleed door het dorp komen wandelen, noemt men schertsend ook Meilammertjes. De eerste op den 12^{den} Mei volgende wekelijksche marktdag eener stad wordt druk bezocht door plattelands dienstboden, die men gedurende hunne vrije dagen meestal Meiboden noemt. Zij hebben dan geld op zak, willen gaarne eens de stad bekijken en inkoopen doen. En omdat het volk bij de menschen wil zijn, gaan ook vele jongelui, die geen Meiboden zijn, dan op de stad los, want er is daar bij die gelegenheid in sommige herbergen dansmuziek. Zoo heeft men te Leeuwarden Meivrijdag, te Franeker Meimaandag, te Dokkum Meiwoensdag enz. Te Dokkum heeft men ook nog de Allerheiligenmarkt, de eerste

woensdag na 12 November. In streken waar de boerderijen enkel
bestaan uit melkerij, zuivelbereiding en veefokkerij, hebben de
dienstboden bij de verhuizing in Mei geen vrije dagen, maar in den
ledigen wintertijd eene week vrijaf.

Op Ameland maakten vroeger de kinderen op den eersten Mei
een kroon in den vorm van een hoepel of ring, geheel bevlochten
met madeliefjes, die op het eiland meibloempjes worden genoemd.
Deze kroon werd opgehangen en men hield een rondedans er om
heen, onder het zingen van:

> Raaie, maaie, monke, De kat zat op de honke,
> De kat zat op de schuttelbank, Die verwacht zijn moe.
> Toen kwam er een stukje spek aan drijven, En dat was de kat zijn moer.

Tot besluit dronken de kinderen melk en aten daarbij tweebak.

Langs de oevers van meren en poelen spoelt gedurende den
winter veel drijvend hout, stroo, riet en ander watergewas op het
land en tegen de helling der polderdijken. Men noemt dit goedje
kreek. In het voorjaar, als de waterstand is gedaald en het land
voldoende opgedroogd, wordt dit kreek bijeengezweeld en op hoopen
te drogen gezet om te worden verbrand. En voor dit kreekbranden
is de eerste Mei *(Nijemaeije)* de aangewezen dag. Bijzonderheden
hebben er overigens niet bij plaats.

Pinkster.

In vroeger jaren kwamen op pinksterzaterdag hier en daar in
Friesland, bv. te Franeker, Bolsward en Makkum, jongens met de
pinksterbloem rond. De eigenlijke pinksterbloem, een niet zeer
groote jongen, liep in een zoogenaamden tempel. Deze had den
vorm van een bijenkorf, was samengesteld uit hoepels en stokken
en zoo groot dat er een jongen in kon loopen, die hem dan ook
droeg. De tempel was behangen met palmgroen en bloemen, met
loovers en franjes van wit, gekleurd en goudpapier, met risten uitgeblazen eierdoppen en reepen vensterglas, die tegen elkander
rinkelden en klingelden. Door al dit behangsel was het ventje
daar binnen voor een goed deel onzichtbaar. Hij werd begeleid
door een viertal groote jongens, die eenvoudige kunstbloemen ter
verkoop aanboden, plat, van papier, in vorm meest gelijkende
naar den passiebloem, met dunne platte houten stelen. Nu en
dan schoven zij het groen behangsel des tempels ter zijde en de
knaap daar binnen, gekleed in het wit, met een krans van groen

en bloemen om het hoofd, werd zichtbaar. Hij stak den toeschouwer een napje toe ter verkrijging van fooien. Zoo ging het van huis tot huis.

Een halve eeuw of iets langer geleden bestond er te Makkum eene particuliere naaischool (in Friesland naaiwinkel genoemd), waarop meisjes van den gegoeden burgerstand dit vrouwelijke handwerk leerden. Hier was het de gewoonte dat de meisjes op pinksterzaterdagmorgen vroegtijdig aan den winkel moesten zijn. Des morgens te vier uren ving dan reeds het naaiwerk aan, maar voor sommige, vooral onder de jongste leerlingen, was dit te vroeg en zij kwamen later. Die 't laatste kwam moest trakteeren; zij werd beschouwd als langslaapster en luilak en bij haar aankomst zong men haar toe:

> De Pinksterblom is opgestaan,
> Maar mag wel weêr naar bed toe gaan.
> Sliep uut! sliep uut! sliep uut!

Daarop gaf de naaivrouw vergunning om naar het veld te gaan ten einde de pinksterbloem te tooien. Zij werd versierd met viooltjes, boter- en andere veldbloemen en ontving een krans op het hoofd. Zoo ging men de kleine pinksterbloem vertoonen aan de naaivrouw en de ouders der verschillende meisjes. Deze gaven fooitjes, koek, krentenbrood, kandijklontjes enz. Na afloop van den optocht werd er aan den naaiwinkel pret gehouden, den geheelen dag.

Ook de fabrieksarbeiders te Makkum kwamen met een pinksterbloem voor den dag, althans nog voor ongeveer zeventig jaar. Een zeven- of achttal jongelingen en groote jongens, getooid met hooge spitse bontpapieren mutsen, waarop kleine vaantjes van klatergoud, kwamen achter elkander het dorp in. Twee hunner droegen plat op de schouders een ladder op het midden waarvan een tempel van latwerk stond, waarin de pinksterbloem zat. Deze tempel had den vorm van een kerkje met een koepeltje midden op het dak, en was gekroond met een goudvaantje, grooter dan die op de mutsen der dragers en geleiders. Het latwerk was geheel omwonden met tuinpalmtakjes en in den koepel hing een klokje of schel. Tusschen de touwtjes waarmeê het palmloover was vastgebonden waren van onder tot boven pinksterbloemen gestoken, die, van helder rood en geel papier gemaakt en ook nog met wat klatergoud versierd, vroolijk afstaken bij het palmgroen. Bovendien waren ook overal nog uit gekleurd papier geknipte franjes aangebracht, die wapperden en fladderden op het geringste tochtje. Onder

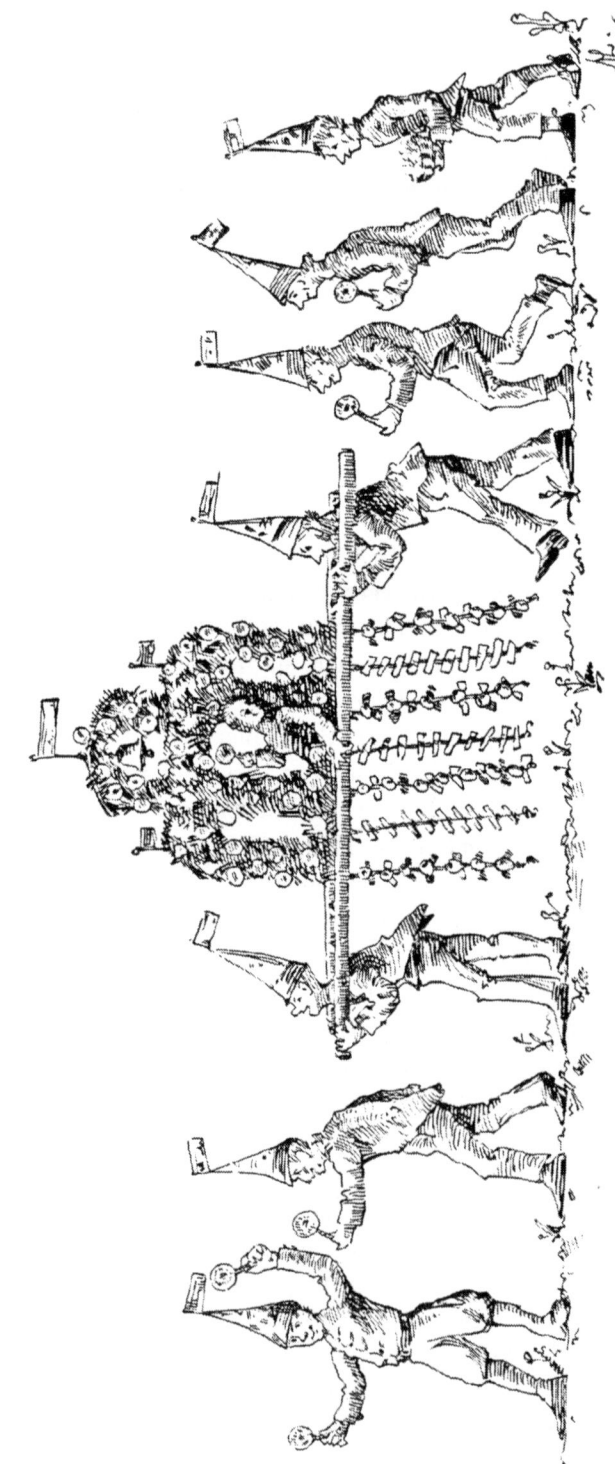

DE PINKSTERBLOEM DER MAKKUMER FABRIEKSARBEIDERS, IN HET BEGIN DER NEGENTIENDE EEUW.

Penteekening van D. LAM, naar eene volksteekening.

den tempel hingen aan beide zijden van de ladder lange touwen, eveneens omwonden met palmgroen. Ook hingen er risten uitgeblazen eierdoppen aan, van allerlei grootte en kleur, waartusschen loovertjes van gekleurd papier. Klinkende glasrepen waren ook aan de nederhangende touwen niet vergeten. In den tempel zat de pinksterbloem, een knaap van zes of zeven jaar, die zich recht gelukkig gevoelde als hij zoo, als in triomf, door geheel Makkum werd rondgedragen. De dragers en geleiders waren niet alleen versierd met bovengenoemde papieren muts, maar hadden zich ook geblanket, of gegrimeerd zoo gij wilt, met roode en zwarte verf, en zij droegen een papieren pinksterbloem in de hand, met uitzondering der ladderdragers en de achterste in de rij, die een mandje droeg met palmgroen, waarin de duiten, die men verzamelde, werden vergaderd.

Dat deze optocht geheel Makkum op de been bracht laat zich denken. Vóór ieder huis hield men een oogenblik stil en de kleine knaap, zijn hoofd door het omhangsel stekende, vroeg: «Een beetje voor de pinksterbloem, als 't je blieft!» — Behalve hetgeen op deze wijze werd verkregen, verkocht men ook papieren pinksterbloemen voor twee, drie of vier duiten. Alle kinderen op straat waren dien dag versierd met zulk een bloem.

Had men zoo des voormiddags het geheele vlek afgeloopen, dan ging men des namiddags nog de boeren in den omtrek bezoeken en het zaakje legde den ondernemers geen windeieren.

Ook te Bolsward en Franeker zijn in vroeger tijd wel dergelijke optochten gehouden. In mijne jongelingsjaren kwamen arme jongens uit Franeker in de omliggende dorpen de pinksterbloem vertoonen, maar deze was altijd veel minder fraai versierd dan de boven beschrevene. De begeleiders, nooit meer dan twee, dikwijls slechts een, droegen evenals de pinksterbloem zelf, over de gewone kleeding een wit hemd, waarop gekleurde papieren, bloemen en franjes waren aangebracht en zij hadden eene eenvoudige papieren muts op het hoofd. Het hoofddoel van den tocht was bedelen. Het gezang daarbij beteekende niet veel; ik heb er niets van onthouden. Maar er is toch nog een liedje bekend, (zie *Johan Winkler* in den Frieschen Volksalmanak 1887), dat gelijk de heer Winkler aanmerkt blijkbaar een samenlapsel van brokstukken uit verschillende oude volks- en kinderdeunen is. Het woord *jierde* is eene verbastering van het oudnederlandsche *ver* = vrouw:

Oude en Nieuwe Hollantse Boeren Lietjes en
Contredansen. *Amst.* Est. Roger. No. 171.

Hier komt on-ze fier-de pinksterblom En hier komt zij haar gan-gen, Is
Met haar roo-de krans al om haar hoed En haar vol-bloeiende wan-gen

dat dan gien fier-de pink-ster-blom, Zij wud it zoo graag d'ris we-ze. Ver-

loor zij dan haar fier-de maag-de-blom, Zij kreeg 'tvan 'tlange jaar niet weêr-om.

Hier komt onze fierde pinksterblom
En hier komt zij haar gangen,
Met haar roode krans al om haar hoed,
En haar volbloeiende wangen!
Is dat dan gien fierde pinksterblom?
Zij wud [wilde] it zoo graag d'ris weze!
Verloor zij dan haar fierde maagdeblom,
Zij kreeg 't van 't lange jaar niet weêrom.
Do 't lange jaar ten ende waar,
Mooi–Jantsje must in 'e krame
Van zoo'n schoone jonge dochter fijn,
Mooi–Jantsje waar haar name.
As mooi–Jantsje dan niet doge [deugen] wil,
Dan wille wij haar graag forkoope,

Brenge wij haar voor de vellemakersdeur,
De vellekes hoog opstroope.
As dat velleke hoog opstroopen is,
Dan is zij nog niet forloren.
De hundertjes hebben dat fleiske al zoo lief
Als de beenderkes uutverkoren.
Uutverkoren in 't gele, gele gras.
Daar zinge de vooglen jong en nas,
Zij zongen as zij dwongen.
Hier komt onze fierde pinksterblom,
Ziet! hoe gaat zij treden.
Hare voetjes treden voort,
Ziet! onze fierde Pinksterblom gaat voort!

Te Molkwerum werd de pinksterbloempret uitgevoerd door meisjes van 12 tot 15 jaar. Des zaterdags zochten de kinderen bloemen die des avonds door een ouderen Molkwerumer tot kroonen werden gereed gemaakt. Twee hoepeltjes, met bloemen en gekleurd papier getooid, vormden eene kleine kroon, bestemd als hoofdsieraad voor de «pinksterbloem.» Drie andere kroonen, een groote en twee kleinere, op dezelfde manier gemaakt, maar daarenboven versierd met groen, vlaggetjes en wimpels, eierschalen, klingelende reepen glas en ledige fleschjes, werden des zondagsmorgens tusschen twee hooge palen boven eene der bruggen in het dorp gehangen, de grootste in het midden. Ieder der ingezetenen beijverde zich om iets bij te dragen tot opluistering en men gaf gaarne een aantal zilveren lepels ten gebruike; een zilveren rinkelbel (rammelaar, kinderspeeltuig) behoorde er ook bij en ten minste drie zilveren beugeltasschen, ouderwetsche tasschen met zilveren sluitbeugel, zooals de friesche vrouwen op zijde droegen.

De pinksterbloem, door het lot aangewezen, werd gehuld in een wit overkleed in den vorm van een lang hemd, voor deze gelegenheid met bijzondere zorg bewerkt. Zij ontving de reeds genoemde kroon op het hoofd en vóór het gelaat een dunne roodzijden doek, die haar onkenbaar maakte, maar niet belette voldoende te zien. Niemand toch mocht weten wie «de bloem» was — maar het was een openbaar geheim. Over de schouders droeg zij een witten band, waaraan met roode linten de zilveren lepels langs haar borst en rug waren gehangen, en iets lager de zilveren rinkelbel om meê te rammelen zoo dikwijls zij het goed vond, alles wederom versierd met bloemen en gekleurde linten of papieren loovers. Aan een band om haar midden hingen de drie zilveren beugeltasschen, een vóór en een aan iedere zijde.

Zoo werd de pinksterbloem door twee meisjes van huis tot huis geleid. Zij was voorzien van een glas met oor, om daarin giften te ontvangen, die dan door de twee geleidsters werden overgebracht in de voorste beugeltasch. De verdere feestgenootjes liepen bij paren gearmd achter de pinksterbloem aan, zingende:

> De pinksterbloem is opgestaan,
> Maar kan wel weêr naar bed toe gaan.

Deze oude deun werd voor ruim eene halve eeuw vervangen door een nieuw lied, denkelijk van een molkwerumer puikpoëet:

Molkwerum is een heel klein dorp,
Ligt aan de zee bevonden.
Waar men het pinksterfeest bevat,
Het is een groote wonder.
Elk pronkt en siert hier met zijn goed
Al van het hoofd tot aan den voet.
Het is maar eenmaal in het jaar
Dat men die vreugd genieten mag.
Men heeft kroonen gehangen
Naar ieder zijn verlangen,
Met vlag en wimpel van papier.
O jongens en meisjes, komt toch hier,
't Is om pleizier te maken.

Des avonds werd er op de brug, onder de kroonen gedanst, door kinderen en jongelieden, ja, soms ook nog wel door gehuwden en meer bejaarden, en voor de ingezamelde giften, gewoonlijk van 10 tot 15 gulden, werd op pinkstermaandagavond door meisjes en jongens pret gemaakt. Maar ook dit alles behoort tot het verledene.

Te Hindeloopen wordt nog in den avond van den tweeden pinksterdag onder de kroonen gedanst, zooals men het noemt. In de nauwe straten van dit zeer oude stedeke worden dan hier en daar kroonen van gekleurd- en goudpapier opgehangen aan groene slingers, die aan de tegenover elkander staande huizen zijn vastgemaakt. Onder deze kroonen kwamen vroeger de jongelieden, thans nog maar alleen de kinderen, des avonds dansen. Aan weêrszijden staan de nieuwsgierigen dat vermaak aan te zien. Wordt het duister dan zetten de naastbijwonende ingezetenen van binnen voor hunne ramen brandende kaarsen.

Ook te Nes op Ameland, waar men, evenals op vele dorpen aan of nabij de zeekust, op pinkster kermis heeft, hadden velen vroeger de gewoonte pinksterkransen, -kroonen en -slingers te maken. De jongens en meisjes die dan gaan kermis houden, hebben nog den eersten zondag na pinkster een napretje. Daarvoor wordt evenals op den laatsten kerstdag eene kamer gehuurd ten koste der meisjes, die ook zorgen voor koffie en zoetigheden, terwijl de jongens den noodigen brandewijn aanvoeren.

Op Schiermonnikoog, waar men eveneens op pinkster kermis viert, wordt alsdan de kalemei opgericht. Dit geschiedt in den vooravond van pinksterzaterdag. De kalemei, in het dialect der eilanders *kallemooi* geheeten, bestaat uit een dikken paal of mast van wel tien meter lang, aan wiens boveneinde een bijna even lange, maar dunner paal is vastgespijkerd. Boven aan dezen tweeden paal wordt een tamelijk groote boomtak gehecht en ook de nederlandsche vlag. Hieronder hangen aan een dwarslat twee flesschen, als het zinnebeeld der kermisvroolijkheid. Maar het eigenaardigste van dezen toestel is een levende haan, die, in een mand opgesloten, boven aan den paal wordt gehangen. Het dier zal straks worden verheven tot hoogste van het dorp en moet dan in zijn eng verblijf eenzaam de pinksterdagen doorbrengen, met den pinksterdinsdag er nog bij. Hiervoor ontvangt hij het noodige voedsel in de mand. Dit alles wordt op den grond gereed gemaakt en dan de paal omhoog getrokken op het pleintje bij de oudste en meestbezochte der beide herbergen. Vier takeltouwen houden hem staande, ten overvloede wordt hij ook nog met een sterk touw aan een dikken boom vastgebonden. Een kuiltje in den grond, waarin hij is geplaatst, behoedt hem van onderen voor uitglijden. Na afloop van het werk, waarmede de kermis als geopend wordt beschouwd, gaat men een weinig te herberg. Dit doet men ook des zondags- en maandags-avonds, maar de dinsdag, pinksterdrie, is de voornaamste kermisdag of liever -avond. Overdag verneemt men geen drukte, alleen de kinderen loopen in kermispronk rond en verzamelen zich meest op het kallemooiplein, waar ook de kramen staan. Het zijn hier geen kramen als op den vastenwal; tegen den blinden

zijmuur van een huis worden door dorpsbewoners een paar over-
dekte stalletjes opgericht uit palen, planken, oude deuren en stukken
zeildoek, die van de dorpsgenooten worden geleend. Kinderen en
zelfs volwassen jongelingen helpen gaarne daaraan mede; de lekkernijen die er worden verkocht zijn hoofdzakelijk koek en pepermunt.

Tegen den avond, als het daglicht nog niet is geweken, komen
er boerenwagens, de eenige rijtuigsoort die de eilander gebruikt,
beladen met vroolijk zingende jongelieden, soms begeleid door de
muziek eener harmonika, door en om het dorp rijden. De haan
daarboven in de mand laat onder dat alles nu en dan zijn helder
gekraai hooren.

Begint het te schemeren dan houdt het rondrijden op en men
gaat reeds eens even in de herberg springen voor het vioolspel
van den eenigen dorpsmuzikant. Maar het eigenlijke kermishouden
begint nog niet. De gemeenteveldwachter komt het bevel brengen
dat de kallemooi moet worden nedergelaten eer het te duister wordt.
En ofschoon dit werk niet geheel zonder gevaar is, wil ieder daarbij
tegenwoordig zijn.

Komt de haan levend en ongedeerd uit de mand, gelijk meest
altijd geschiedt, want men gaat met de meeste behoedzaamheid te
werk, dan wordt hij met gejuich begroet en aan zijne hennen
teruggegeven. Meestal moet de kastelein zijn haan voor den kallemooi leenen; anderen doen het niet gaarne. 't Moet wel gebeurd
zijn dat men, goedschiks geen haan kunnende krijgen, zich genoodzaakt zag er een te stelen, die evenwel na volbrachten diensttijd
aan den eigenaar behoorlijk werd terugbezorgd.

In den laten avond van pinksterdinsdag is het nog eens voor
goed pretmaken. Het lastige voor de meisjes is hierbij, dat van
Maart tot December de meeste jongens ter zee zijn. Toch komen
er dien avond nog wel vrijende paren in de herberg; maar ook
broeders en zusters gaan samen ten dans, ook gehuwde lieden nemen
er deel aan, en een jongeling geleidt wel twee of drie meisjes. In
zijn gewoon zondagspak wandelt hij met zijn meisje door het dorp.
Hij gaat met haar het aan de tapkamer grenzende zijvertrek der
herberg binnen. Daar ontdoet hij zich van jas en vest en staat nu
in het witte overhemd, dat hij niet dan op hoogtijden draagt. Maar
hij gaat verder en trekt ook een broek uit, als wanneer de hagelwitte kermisbroek voor den dag komt. Zoo, geheel in het wit,
gaat hij met zijn meisje tot 's anderen morgens aan den dans.

De meiboom.

Er wordt een nieuwe boerenschuur gebouwd. Men heeft de buitenmuren op de hoogte die zij moeten hebben. Die der zijmuren overtreft nauwelijks de hoogte van een volwassen man; de achtermuur is aanmerkelijk hooger en het andere einde der schuur is verbonden aan het woonhuis. De hoogte van zulk een groot en wijd gebouw bestaat hoofdzakelijk in het kolossale dak. Nu, het geraamte van het dak, samengesteld uit lange palen, staat er ook op. En thans is het de tijd voor den meiboom.

De boer, die de schuur laat bouwen, is iemand die 't goed kan betalen en hij houdt er van dat het spel zijn gerechtigheid krijgt, dit wil zeggen dat alle oude, vaste gebruiken daarbij in acht worden genomen. Hij heeft dan ook aan de timmerlieden een maaltijd beloofd, als zij den meiboom op de schuur zullen hebben gebracht. Hiervoor is de zaterdagavond gekozen, dan toch is men gewoon wat vroeger dan andere dagen op te houden met werken en de rustdag volgt er op.

Dezen avond wordt het werk nog iets vroeger gestaakt. De boer laat twee paarden voor een hooiwagen spannen; zijn knecht zal voerman zijn en acht of tien timmerlieden, groot en klein, nemen plaats. De baas-timmerman zal wel deelnemen aan het avondpretje, maar gaat thans niet mede. Op het erf van den boer staan wel boomen, waaruit een geschikte tak zou kunnen worden genomen, maar dit is niet zoo 't behoort. Bij een in den omtrek wonenden bloedverwant van den boer, bij voorkeur zijn vader of schoonvader, moet de meiboom worden gehaald, liefst bij den laatstgenoemde, want dit is een eerbewijs aan de vrouw des huizes. Een tak, gegroeid op het erf waar zij als kind heeft gespeeld, te brengen op het huis waar zij als vrouw en moeder heeft of zal hebben te waken en te zorgen, misschien al de dagen haars verderen levens, daar ligt zoo iets in dat men geen naam weet te geven. — Wonen de wederzijdsche ouders te ver af, dan gaat men bij een broeder of schoonbroeder, en is ook hiervoor geene gelegenheid, dan bij een goeden vriend van den boer. Maar deze moet dan ook weêr zoo ver afwonen dat de timmerlieden een ritje hebben te maken, want dit is voor hen het mooie van de zaak. De boer bij wien men komt met het verzoek, acht zich hiermede vereerd. Een der groote boomen om zijn erf wijst hij er voor aan. Men kiest een tak, zoo groot, dat een man hem nauwelijks kan dragen. Het gebruik vordert dat ieder der aanwezige timmerlieden beurtelings een poosje moet zagen of kappen, tot de tak los is. Is deze op den wagen gebracht, dan wordt het volk door den boer getrakteerd, en dit brengt hen reeds terstond in een vroolijke stemming. Op de terugreis wordt de meiboom, met het afgezaagde einde op den bodem van den wagen steunende, door een of twee mannen omhoog gehouden. Voor de heenreis heeft men den kortsten weg genomen; thans kiest men een omweg. Onder luidruchtig gezang houdt de wagen voor de dorpsherberg stil. De timmerlieden weten zeer goed, dat zij dezen avond nog gelegenheid te over zullen krijgen om kosteloos te drinken, maar toch wenschen zij even den kastelein te groeten. In een oogwenk is er een menigte volk op de been. Op zaterdagavond is er toch altijd meer drukte in het dorp dan anders, — en nu zijn er «meiboomhalers!» dat gebeurt geen driemaal in een jaar.

Hier en daar achter een schutting of den hoek van een muur staan twee of drie meisjes in zaterdagsch werkgewaad met uitgerekten hals het vroolijk gezelschap te bespieden. Bij iederen grappigen zet steken zij de hoofden bij elkander en schateren het, misschien opzettelijk, wel wat zeer hoorbaar uit. Nu en dan doen zij eene schrede voorwaarts, maar dan volgt onmiddellijk een waarschuwend getik van binnen, aan de vensterruiten der huiskamer. Andere meisjes, die vroegtijdig gereed zijn gekomen en net gekleed boodschappen hebben te doen, gevoelen zich recht gelukkig, het tooneel der vreugde meer van nabij te kunnen beschouwen.

Sommigen van het meiboomgezelschap beginnen eenen dans, of liever maken allerlei vreemde sprongen, en de meiboomdrager, de vaandrig van den troep, zwaait en werkt met het hem toevertrouwde zegeteeken, als hij het kan leveren, bij wijze van eerbetooning, over de hoofden der omstaande meisjes, niet zonder gevaar voor de oorijzerknoppen, waarop de schuchtere lammertjes met een luid gegil — niet van angst — ter zijde stuiven, om zoodra het weinig gevreesde gevaar voor een oogenblik geweken is, de vorige plaats te hernemen. Meisjes met een ander begrip van fatsoen blijven in huis, gluren door de vensters en hebben het druk over het onwelvoegelijke der buurmeisjes.

De meeste der timmerknechten gebruikten meer dan eenen borrel en worden rumoeriger. Er bestaat kans dat een der wildste meisjes door de ruwe knapen zal worden aangegrepen, op den wagen getild en medegevoerd om op een goeden afstand van het dorp op den weg te worden gezet. Zij mag dan te voet huiswaarts keeren.

Is het gezelschap terug, dan wordt de meiboom aan een langen paal gespijkerd waaraan een dwarslat, om hieraan eene flesch en eene uit een plank gesneden houten figuur, die een ham moet verbeelden, op te hangen, als de zinnebeelden van het feestmaal dat volgen zal. Deze toestel wordt naar boven gebracht en op het midden van het hooge dakgeraamte zoo stevig vastgetimmerd dat het weêr en wind kan trotseeren. Het moet daar blijven staan tot het gebouw zoo goed als voltooid is. En als nu de meiboom statig zijne kruin in de lucht verheft, terwijl de houten ham en de groene flesch bevallig door het avondkoeltje heen en weêr worden bewogen, onderneemt een timmermansleerling, een jongen van dertien of veertien jaren, het waagstuk om naar boven te gaan, teneinde van den meiboom een of meer twijgen af te halen. En hiervoor moet hij, op den naad van het dak gekomen, de paal waaraan de mei-boom gespijkerd is, beklimmen als een mast. Legt hij deze proef van timmermansbehendigheid naar eisch af, dan oogst hij uitbun-dige toejuiching. Zijn er onder het gezelschap meer knapen, dan wil meestal de een bij den ander niet te kort schieten. En boven-dien er zit een buitenkansje aan dit werk vast. Van de dus afge-haalde twijgen vereert men, op hoop, er een aan den bouwheer, een aan den baas-timmerman, en, bestaat er gelegenheid voor, zelfs aan de leveranciers van hout en steen. Ook de naaste bloedverwanten des bouwheers komen hiervoor in aanmerking.

In het woonvertrek is nu de maaltijd gereed en het gezelschap wordt binnen genoodigd. Maar men kan niet aan het eten gaan zonder een bittertje vooraf. Is nu de gastheer iemand die het aan-schouwen van beschonken lieden recht vermakelijk vindt, dan bestaat er kans dat sommigen zich het genot van het maal thans gaan bederven. En dit maal, met aardappelen en gebraden versch varkens-vleesch tot hoofdschotels, is toch voor een werkman een waar gastmaal!

Het plaatsen van een meiboom op een in aanbouw zijnde boeren-schuur is nog in gebruik, maar van het meiboomhalen wordt niet altijd meer zooveel werk gemaakt. Men haalt hem meest maar bij een buurman, zoo nabij mogelijk. En aan een maaltijd na afloop wordt bijna nooit meer gedacht. De bouwheer geeft dan aan het werkvolk een fooi, dat is alles. — Op woonhuizen en andere gebouwen plaatst men thans de vaderlandsche vlag.

De eerste steen.

Het geven van een fooi komt, evenals bij het opzetten van den meiboom, te pas bij het leggen van den eersten steen voor een te bouwen woonhuis of ook een of ander publiek gebouw. Men bedoelt hierbij juist niet den eersten steen, die op de fondamenten wordt gelegd; men brengt altijd het muurwerk op eene zekere hoogte eer de plechtigheid plaats heeft. Bij voorkeur wordt een zoontje van den bouwheer voor het werk uitgekozen. Heeft deze geen zoons of geen die nog jong genoeg is om zich voor zoo iets te laten gebruiken, dan moet er een neefje komen. In sommige gevallen is er reeds een kleinzoontje, groot genoeg voor het stukje werk. Wil men alles naar den aard hebben dan wordt den knaap een schootsvel voorgebonden; men geeft hem in de eene hand een steen, in de andere een troffel met wat kalk er op. De vader wijst hem hoe hij doen moet; het jongetje smeert de kalk op de aangewezen plaats en legt den steen er op. De werklieden, die er bij staan, hebben wel opgemerkt, wat de bouwheer heeft gedaan, en een hunner bedankt uit aller naam zeer beleefd den kleinen metselaar voor den bewezen dienst. Zoodra de bouwheer zich heeft verwijderd, wordt de steen opgelicht en men vindt er een goudtientje onder.

Het gebeurt ook, dat de fooi niet onder den steen wordt gelegd, maar aan een der knechts in de hand gestopt, en zij bedraagt ook wel eens minder dan een goudtientje. Iemand die 't goed kan betalen laat op een hardsteentje, dat in den muur moet worden gezet, uithouwen: 18.. *de eerste steen gelegd door N. N., oud ... jaar;* anderen stellen zich tevreden met op den buitenrand van den gelegden steen de voorletters van den naam des eersten steenleggers benevens het jaartal te doen krassen en inzwarten.

Bij het bouwen van een kerk, stads-, heerenhuis of «slot» ging het in alles nog wat voornamer toe. De eerste steen werd dan niet zelden gelegd met een zilveren troffel, die afzonderlijk voor eene enkele gelegenheid werd gemaakt met een familiewapen en inschrift er op gegraveerd. Twee zulke troffels vindt men te Leeuwarden in het friesch museum. Een er van is afkomstig van de van Haren's; de eerste steen aan het slot van deze familie te Sint Anna Parochie is, naar men zegt, er meê gelegd. Met de andere is dit geschied aan de kerk te Idaard, door Arent van Scheltinga, toen hij een knaapje was.

In mijne woonplaats Holwerd en in de omstreken bestaat het gebruik van schoorsteenberooken, waarvan ik elders nooit heb vernomen. Is een nieuw woonhuis inzooverre voltooid, dat het betrokken kan worden, dan ontvangt de eigenaar op eenen avond, in de kamer die voor dagelijksch woonvertrek is bestemd, dèn timmerman met zijne gezellen. Daar wordt dan vuur aangelegd, thans natuurlijk een kachel gezet, om den nieuwen schoorsteen te doen begrijpen, dat hij het aanwezen heeft gekregen om rook door te laten en verplicht is dit naar behooren te doen. Het spreekt van zelf dat daarbij iets moet worden gebruikt.

Komt iemand in een onvoltooid nieuw gebouw een kijkje nemen, terwijl het werkvolk er bezig is, dan heeft hij kans dat er een leerjongen of oude opperman op hem los komt om hem de « voeten te vegen.» Met de pet of iets anders wordt hem het stof van de schoenen geslagen, ook al is het er niet op, onder het uitspreken dezer dichtregelen:

> Ik vraag u met verlof, Uw voeten zijn vol stof.
> Ik ben er toe genegen Om ze af te vegen.
> Eer dat je weg gaat, Denk wat je te doen staat.

Een ander, die meer rond voor de zaak uitkomt, besluit aldus:

> Ik doen et just niet om 't fatsoen,
> Maar 't is mij om 'en fooi te doen.

Het schenken van «balkebier» was vroeger ook hier en daar in gebruik. Dit was een drinkgelag voor de timmerlieden als zij met een nieuw gebouw zoover waren gevorderd, dat de muren de vereischte hoogte hadden en de zolderbalken er op waren gelegd.

Het inwijden van een nieuwen hooiwagen, «wagenberijden» genoemd, is een pretje, soortgelijk als het meiboomhalen, maar eenvoudiger. Het werkvolk van den boer komt, gewoonlijk op een zaterdagavond, met twee paarden het nieuwe voertuig ophalen bij den wagenmaker en deze en zijn knecht rijden meê. De wagen wordt bereden met ongesmeerde assen, hierdoor maakt hij een gekrijsch en gepiep, dat volstrekt niet welluidend is, maar de dorpsbewoners naar buiten lokt. Natuurlijk kan men de herberg niet voorbij; en tehuis gekomen wordt er door den boer getrakteerd.

Huisdrup en vensterslag.

Huisdrup is niet de juiste vertaling van het friesche woord *oesdrip*, in sommige streken *uisdrip*. De benedenrand van een dak, hetzij van pannen of riet, is de *oes* of *uis*. De laagstgelegen rij, over den bovenrand van den muur heenreikende dakpannen noemt men de oespannen en het daaraf druipen van het water is de oesdrup.

In de dichtstbebouwde dorpen vindt men altijd wel hier en daar een paar huizen met een plekje onbebouwden grond er tusschen. Meestal is dit het eigendom van een der beide buren, maar ook niet zelden komt het voor, dat de andere buurman, hoewel geen stroobreedte eigendom aan die zijde van zijn huis hebbende, daartoch het recht heeft van oesdrup en vensterslag.

Oesdrup zou men ook gootrecht kunnen noemen. Maar wanneer de eigenaar van het gebouw daar geen goot onder het dak verkiest te leggen, dan moet de buurman het afdruipen der pannen, evenals van een rietdak, op zijn eigendom dulden. Zie, dat is nu eigenlijk het recht van oesdrup. — Het recht van vensterslag is ook niet geheel hetzelfde als vensterrecht. Waar geen venster is heeft men geen vensterslag noodig, maar men kan ook vensterrecht hebben zonder vensterslag. Van het laatste is thans bijna nooit meer spraak. Voor veertig jaar was het in de dorpen nog vrij algemeen, dat men vensterblinden of luiken van buiten had, niet van binnen. Had nu iemand het recht van vensterslag over zijns buurmans eigendom, dan mocht hij niet alleen vensters hebben die op 's buurmans erf uitzagen, maar hij mocht er ook van buiten luiken voor hebben, die over buurmans grond open en dicht sloegen. En de buurman mocht daar niets plaatsen dat het licht onderschepte of het draaien der vensterluiken verhinderde.

Dit was bijna altijd een overgeërfd recht, dat met geen schriftelijke bewijsstukken kon worden aangetoond en verdedigd. Bij openbaren verkoop van een huis zijn de notarissen dan ook steeds gewoon geweest in de conditiën op te nemen, dat het pand wordt verkocht met al de rechten en servituten als van ouds, zonder die rechten en servituten te omschrijven. Op die manier is de verkooper voor niets aansprakelijk. Maar juist deze omstandigheden zijn oorzaak dat het recht van oesdrup en vensterslag meermalen aanleiding heeft gegeven tot twist en tweedracht tusschen buren. Hadden de partijen dan de dwaasheid hulp te willen zoeken bij de rechtbank, dan ondervonden zij de waarheid van het oude spreekwoord: «Die pleit om een koe, die geeft er een op toe.» — Meestal echter vergenoegden zij zich met elkander te plagen en te tergen, heimelijk elkanders eigendom te beschadigen en nu en dan elkander te schelden. Maar hieruit kon eene veete ontstaan die van de ouders op de kinderen overging.

Vele dier onbeschreven rechten en servituten zijn misschien ontstaan in dien ouden tijd, toen men bij overdracht van vastigheden geen koopacte schreef en van geen kadaster wist. Bij den verkoop van een stuk land gaf de verkooper aan den kooper een stroo, en van een huis een houtspaander. Dit waren de bewijsstukken. Maar om de zaak lang te kunnen onthouden nam men een grooten jongen, die ook later tot getuige zou kunnen dienen, en deze werd dan zoo lang en zoo krachtig aan de ooren getrokken dat hij het zijn leven lang niet kon vergeten.

Vrijen.

Het nachtvrijen, dat door velen, die van elders in Friesland komen wonen, zoo leelijk wordt gevonden, blijft op het friesche platteland nog altijd voortduren en niemand, die als geboren Fries van jongsaf er aan gewoon is, ziet er kwaad of gevaar in. Wel komt het voor dat men van eene bruid zegt, dat zij *heech en dreech* is [1]), maar hier ook niet vaker dan elders.

Het uit vrijen gaan, dat men in sommige streken ook *uit meiden gaan* noemt, geschiedt volgens den algemeenen regel op zondagavond. In Hennaarderadeel en elders werd het ook wel op zaterdagavond gedaan, maar dan zeide men: «zaterdagavondloopers zijn koopers.» Gaat een jonge vrijer op zondagavond wel eens een meisje bezoeken zonder nog aan trouwen te denken: als iemand op zaterdagavond uit vrijen gaat denkt men dat het hem ernst is. Een weduwnaar of oude vrijer bv., die eene weduwe of ook een meisje dat hare vroolijkste jaren achter den rug heeft, gaat bezoeken, doet dit bij voorkeur op zaterdagavond. Op zondagavond toch loopt er wel eens «schiere-aal», zooals men zegt. Dit beteekent, dat er dan veelal jongvolk op de been is, van welks plagerijen de meer bejaarde vrijer last zou kunnen krijgen.

In de meeste streken is het regel dat de vrijer des avonds acht uur bij het meisje aan huis moet zijn; in de Dongeradeelen en de aangrenzende gemeenten is negen uur de klok. Volgens Jac. Scheltema, Volksgebruiken der Nederlanders bij het vrijen en trouwen, zeide men vroeger:

Vrijers die 't meenen
komen voor tienen
en gaan niet voor eenen.

[1]) Onjuist vertaald door *hoog en droog; dreech* = drachtig. In de friesche steden zegt men ook: *hoog en breed.*

Maar in Hennaarderadeel en elders zegt men: «Die na achten komt kan vóór negenen weêr gaan.» Waartoe deze nauwgezetheid? Als een vrijer na achten komt laadt hij de verdenking op zich, dat hij reeds bij een ander is afgewezen en nu een tweeden uitval beproeft. Het gebeurt wel, dat de vrijer dadelijk bij zijne aankomst door het meisje wordt afgewezen, maar dan is òf hij niet veel bijzonders òf zij wat heel grof. Gewoonlijk wordt hij bij het gezin toegelaten. Gaat het meisje bij zijne aankomst opstaan om hem een stoel te zetten en een lange pijp te geven en toont zij daarbij een vriendelijk gelaat, dan staat zijne zaak gunstig. Blijft zij zitten en laat het stoelzetten aan een der huisgenooten over, kijkt zij zuur en spreekt bijna geen woord, neemt zij ook haar oorijzer van het hoofd en klaagt over hoofdpijn, dan weet de vrijer wel hoe laat het is. Denkt hij dan nog bij een ander te kunnen slagen, dan besluit hij haastig te vertrekken. Het gebeurt ook, al komt een vrijer juist niet te laat, dat een ander hem is vóór geweest, die reeds deftig met een lange pijp in het hoofd zit te rooken als een ridder. Dan heeft hij in de meeste gevallen reden om te denken: «Mijn haring braadt hier niet» en spoedig rechtsomkeert te maken. Zoo iets kan er met een vrijer zijn voorgevallen als hij nog later dan kwartier na achten bij een meisje aankomt. Daarom is hij dan in den regel niet welkom. Een flinke vrijer behoort dus op den tijd te passen. Gewoonlijk wordt een fatsoenlijke vrijer, ook al is hij niet bijzonder welkom, niet onheusch bejegend. Maar ook, terwijl hij met het gezin zit koffiedrinken, kan hij op het meisje een gunstigen of ongunstigen indruk maken. Is hij schuchter en zit maar, zonder bijna een woord te spreken, te kijken naar de muurtegeltjes aan den wand, dan denkt zij: «Hij is een steentjes-teller, ik zal mij bij hem vervelen.» Is hij een zwetser en grootspreker, dan maakt hij zich bespottelijk. Een vrijer, vooral als hij wat onhandig blijkt te zijn, of integendeel wat heel vrijpostig is uitgevallen, kan ook het voorwerp worden der plagerij van de aanwezigen. Een ventje van nog geen twintig jaar is meestal niet gewoon een lange goudsche pijp te rooken, maar als hij uit vrijen gaat moet hij het toch doen, dat behoort er zoo bij. Dit staat hem dan echter wel wat onhandig. Is hij bezig uit het vaatje met tabak de pijp te stoppen, dan kan men de aardigheid hebben hem een kopje koffie toe te reiken om hem de handen meer dan vol te geven. Ten overvloede krijgt hij soms een doosje lucifers, vroeger een komfoortje of test met vuur, er nog bij. Hij zit gewoonlijk niet aan tafel maar bij den haard, en er is veel kans dat bij zulk eene gelegenheid de lange pijp in stukken geraakt. Gebeurt dit dan zit hij beschaamd, en merkt hij dan dat de anderen slechts met moeite hun lachen kunnen bedwingen, terwijl een hunner de opmerking maakt dat de pijpenbakker wat veel eieren in het deeg schijnt gedaan te hebben, dan wordt zijn toestand wezenlijk benard. Geniet een vrijer de achting, ook der ouders van het meisje, dan mogen natuurlijk zulke grappen niet worden uitgehaald.

Ten tijde toen de kachels nog niet algemeen in gebruik waren, brandde men vuur op den haard en voor den nacht moest dit in den haard worden geborgen. Deed het meisje dit zoodra de huisgenooten naar bed waren gegaan, dan was dit voor den vrijer weêr een onfeilbaar teeken dat hij « blauw » zou krijgen. Was hij tamelijk welbespraakt, dan beproefde hij nog wel de vrijster van besluit te doen veranderen, doch meestal zonder het gewenschte gevolg. — Maar als hij zoo aan alles kan zien waar het met hem op uit zal loopen, waarom vertrekt hij dan uit eigen beweging niet liever wat vroeger? Daar heeft hij goede reden voor. Tehuis te komen als zijne huisgenooten nog niet te bed zijn, is zeer beschamend; zij toch begrijpen dan wel dat hij een mislukte « meidslag » heeft gedaan. Om negen uur of later in eene dorpsherberg aan te komen is ook niet raadzaam; het volkje dat hij dan daar vindt begrijpt er ook alles van. Daarom wil hij zijn verblijf ten huize van het meisje, ook al ziet hij zijn vonnis tegemoet, gaarne zoo lang mogelijk rekken.

Was de vrijer welkom, dan legde het meisje, zoodra zij alleen waren, nieuwe brandstof aan het vuur. Dan moest zij, alsvorens aan des minnaars zijde plaats te nemen, nog maatregelen nemen tegen de « struners. » Ten tijde toen men nog geen kachels gebruikte hadden ook de meeste huizen te platten lande nog geen blinden van binnen maar wel van buiten voor de vensters. Deze konden wel eens niet zoo goed gesloten zijn of een sterke arm zou ze kunnen opentrekken. Dit gelukte echter maar zelden; toch was er allicht eene reet te vinden waar men door kon gluren. Daarom bracht het meisje voor ieder der vensters in het vertrek een voorhang aan, meestal een vrouwenvoorschoot van dichte wollen stof. Dan zette zij de ouderwetsche olielamp achterover om deze maar zoo flauw mogelijk te doen branden. Achtte zij het raadzaam nog minder licht te doen schijnen voor de menschen, dan zette zij de lamp op den grond in een ledige theestoof of koperen melkemmer. Dan ging zij naast haar vrijer zitten, niet zelden in hetzelfde vertrek waar hare ouders en ook andere huisgenooten te bed waren gegaan. Had de vrijer een fleschje met brandewijn in den binnenzak van zijn bovenkleed medegebracht, wat echter geene algemeene gewoonte was, dan deed het meisje er de suiker bij en aldus maakten zij zich het vrijen zoo lekker mogelijk. — Maar hoor! 't Is of men buiten voor de vensters eenig gerucht verneemt. Zouden er struners zijn? Jawel! Dit was nu iets wat juist niet dikwijls gebeurde, maar in het eene dorp veel meer dan in het andere.

Struners of strúnjagers waren jonggezellen die des zondagsavonds een nachtelijken tocht gingen doen naar boerenwoningen waar zij een vrijer aan huis wisten of vermoedden. Zij hadden geen ander doel dan de vrijende paren hun genoegen wat te vergallen door plagerij. Gewoonlijk kon men, zoo al niet van buiten aan 't een of ander opmerken, dan toch wel vermoeden in welk gedeelte van het huis het paartje zat. Daar werd dan op de vensterblinden getrommeld en men liet scherpe keelgeluiden hooren. Een geestige snaak bootste het kraaien van een haan, het blaffen van een hond of het mauwen van een kat na en dit werd gevolgd door geginnegap zijner makkers. Men klopt aan de deur en verzoekt binnengelaten te worden. De vrijer zwijgt, het meisje antwoordt: «Wij laten bij nacht niemand binnen.» — «Nou, we willen maar even de pijp opsteken.» — «Wij houden geen pijpopstekers.» — Daar laten de struners zich niet meê afschepen, zij houden aan. Hoort men aan de stemmen dat het goede bekenden zijn, dan besluit men hen maar even binnen te laten, anders komt er toch geen einde aan de zaak. Zij worden dan binnen gelaten. Zij steken de pijp op, krijgen wat meê van den brandewijn, of zijn verplicht, — zooals vroeger te Hindeloopen — zelf op koek en wijn te onthalen, maken praatjes en verkoopen grappen, toeven opzettelijk veel langer dan den gelieven aangenaam is, maar trekken toch ten slotte af, om ergens in de nabijheid nog een dergelijk bezoek af te leggen.

Maar onder de struners kan zich ook een jaloersche medeminnaar bevinden. Heeft men de onvoorzichtigheid zoo iemand binnen te laten, dan is er kans dat hij beleedigend wordt en twist gaat zoeken met den vrijer. Wordt hij niet binnengelaten, dan staat hij buiten onder schimpen en schelden op deuren en vensters te slaan en daagt den vrijer uit. Dit kan zoo hoog loopen dat de huisvader of een zoon des huizes het bed verlaat om den brutalen deugniet tot heengaan te noodzaken. En dan is het wel gebeurd, dat de vrijer op den terugweg naar huis werd aangevallen en mishandeld.

Niet zelden maken de struners zich schuldig aan allerlei kattekwaad en baldadigheid. Weet iemand bij het huis op te klauteren om van boven den schoorsteen toe te dekken met een stuk hout dat men op het erf vond: dit is een onbetaalbare grap. Men is dan daarbinnen genoodzaakt het vuur te bergen om niet te stikken in den rook. De springstier van een «greidboer» graast gewoonlijk, vastgezet aan een lange lijn, in een weiland nabij het huis. De struners hebben wel eens den stier vandaar gehaald en aan de huisdeur van den boer gebonden. Daar stond het dier dan te loeien en aan het touw te rukken om zich los te werken. Vonden de moedwillige nachtwandelaars een wagen of kar buiten staan, deze werd in de sloot gereden of op verren afstand van het huis gebracht. Een groote friesche boerenhooiwagen bestaat uit een aantal onderdeelen van verschillende grootte die uit elkander kunnen worden genomen en 's winters in huis geborgen zonder veel plaatsruimte te behoeven. Voor en na is het gebeurd, dat een gezelschap struners zulk een wagen uit elkander nam, bij gedeelten boven op de hooge schuur bracht en daar weêr in elkander wist te zetten. De boer en zijn volk mochten dan des anderen morgens zien hoe zij het gevaarte naar beneden zouden krijgen.

In de bebouwde kom van een dorp gaan de meisjes ook wel uit strunen, maar dan gewoonlijk als de menschen nog op zijn. Doen ze 't later dan zetten zij haar goeden naam op het spel. Weten of vermoeden zij dat een der speelnootjes een vrijer heeft, dan gaan ze, hetzij alleen hetzij in gezelschap, daar aan huis een nietsbeteekenende boodschap maken. Worden ze niet binnen gevraagd, dan zijn ze zoo vrij binnen te komen, nemen den vrijer in oogenschouw, maken een praatje en vertrekken om dan buitenshuis los te barsten in gesnap en gelach. Dit is zeker het onschuldigste strunen ter wereld.

In vroeger tijd, meer dan een halve eeuw geleden, bestond in sommige streken de gewoonte dat er des zondagsavonds bij den boer pannekoeken werden gegeten en kwam er dan een vrijer om de dochter des huizes of om de dienstmeid, dit was 't zelfde, hij kon deelnemen aan den maaltijd, ook al had het meisje niet bijzonder veel met hem op. Gewoonlijk gebruikte men het gebak met vet en stroop, maar kreeg een vrijer boter en suiker op de pannekoek, dan kon hij zich verzekerd houden hoog aangeschreven te staan. Later, toen het pannekoekbakken op zondagavond reeds lang was afgeschaft, bleef de spreekwijs nog bestaan: «Hij krijgt de pannekoek met suiker,» als er sprake was van een vrijer, die aan huis van zijn meisje bijzonder vriendelijk werd ontvangen.

Te Hindeloopen en in sommige dorpen van den Zuidwesthoek werd vroeger de tusschenkomst eener bejaarde weduwe vereischt om eene vrijerij op touw te zetten. Had een jongeling het oog geslagen op een meisje van zijnen stand, dan droeg hij aan zulk eene vrouw op om met den vader de zaak te bespreken, en vergunning te erlangen de jongedochter te bezoeken. Dit werd de eerste maal zelden geweigerd, maar de jongeling wist dan veeltijds nog niets. Het meisje wachtte hem dan op in het *lytshûs* (kleinhuis), dat afgescheiden staat van het eigenlijke woonhuis. De gewoonte bracht mede, dat hij op koek en wijn moest trakteeren en hij gaf haar geld om een en ander te halen. Zij ging dit doen bij de weduwe die in het geval betrokken was, en deze had het verlangde reeds gereed staan. Bleef de vrijster daar wat lang praten, dit was een ongunstig teeken. Kwam zij zoo spoedig mogelijk bij den vrijer terug, dan stond zijne zaak beter. Hij zette dan zijne bezoeken voort, en dit noemde men *koartegeardsjen* = kortegaarden.

Evenals overal in de wereld, komen ook in Friesland wezens voor, die men oude vrijers en oude vrijsters pleegt te noemen. Deze worden hier verwezen tot de voddenmand. Zelfs heb ik meermalen hooren bepalen dat iemand, die op zesentwintigjarigen leeftijd nog ongetrouwd is en geen uitzicht op trouwen heeft, zonder genade in de voddenmand moet. Anderen zeggen dat men tot den achtentwintigjarigen leeftijd den tijd heeft. — Iedere degelijke huismoeder houdt er een voddenmand op na, waarin zij alle nietswaardige lappen en lorren, die de huishouding afwerpt, verzamelt. Is de mand vol, dan mag de dienstmeid het rommeltje verkoopen en de weinige centen die zij er voor krijgt, voor zich behouden. Denk eens aan, welk eene vergelijking! Eene zuinige huisvrouw schudt haar voddenmand wel eens door om te zien of er soms nog iets bruikbaars in is. Vindt zij een geschikten lap dan krijgt deze eene meer eervolle bestemming dan het andere boeltje. — Gebeurt het dat er kort na elkander eenige oude vrijers en vrijsters trouwen, dan zegt men schertsend: «Nu wordt de voddenmand weêr eens doorgeschud.» Men stelt zich bij deze vergelijking voor, dat de

ongelukkigen door eene zeef vallen en zoo in de mand terecht
komen. Deze zeef, zegt men, heeft enkele groote gaten waarvoor
ieder op zijne hoede moet zijn om er niet door te glijden. Bij het
landbouwbedrijf zijn zeven in gebruik van dik perkament, wel sterk,
maar door langdurig, veelvuldig gebruik kunnen ze toch scheuren.
Dan moeten ze gelapt worden. Krijgt een meisje nooit aanzoek van
vrijers, dan wordt zij wel eens geplaagd, vooral op zondagavond,
en schertsend wordt haar het voorstel gedaan: als zij toch eens
wil «opzitten», kan zij wel op blijven zitten de zeef te lappen,
omdat zij anders toch gevaar loopt er door en in de voddenmand
te vallen. — Als te Leeuwarden een meisje achtentwintig jaar wordt
zonder een vrijer te hebben, moet zij naar het *Juffersreedsje*. Waarom?
Dit weet misschien niemand te zeggen. Het *Juffersreedsje* is een
smalle kleiweg nabij de stad aan den zwolschen straatweg. — Ook
zegt men: als iemand achtentwintig jaar wordt, treedt hij het
lange jaar in; ingeval hij dan nog niet getrouwd is en niets doet
verwachten, dat hij eerlang zal trouwen, zal hij wel ongetrouwd
moeten blijven.

Ook op het eiland Schiermonnikoog is het nachtvrijen in gebruik,
hoewel de daargevolgde gewoonten afwijken van die der Friezen
op den vasten wal. In den winter, als de zeelieden, de «zeejongens»,
tehuis zijn, biedt het dagelijksch leven er meer afwisseling aan
dan gedurende den zomertijd. Des zondagsnamiddags houden dan
de getrouwde lieden tot laat in den avond vriendschappelijke bijeenkomsten. De tehuisblijvende jongedochters noodigen dan beurt om
beurt vriendinnen bij zich. Op zulk een gezelschap komen des avonds
vrijers los en wel een gelijk getal als er meisjes zijn. De dochter
des huizes haast zich de jongens stoelen te zetten, want tegen den
winter is in huis alles opgeknapt en de vloer geblauwd; deze moet
zooveel mogelijk worden ontzien. De vrijers nemen plaats rondom
het vuur. Het gesprek is niet terstond levendig, maar het voorstel
om eens gezamenlijk te zingen vindt bijval. Eerst heft men psalmen
of andere kerkgezangen aan en weldra volgen er vroolijker liedjes.
Dit doet men bij schemeravond; als er licht wordt ontstoken komt
de brandewijn voor den dag, dien de jongens hebben medegebracht.
Het gebruik van een zoopje verhoogt de vroolijkheid en al spoedig
neemt ieder der jongens aan de zijde van een meisje plaats. Maar
ook hier komen plagers, alias «struners», die buiten om het huis
veel leven maken en soms hekken en stekken vernielen. Komen

de ouders tehuis, dan moeten de jongelieden scheiden en ieder vrijer gaat met zijn meisje naar hare woning. Zulk eene eerste kennismaking is niet zelden het begin van een aanhoudend verkeer; het gebeurt echter ook dat de vrijer bij de huisdeur wordt afgescheept — met een blauwen scheen.

De minnaar moet ook wel op eene andere wijze met het meisje zijner keuze kennis zoeken te maken. Bij dag haar aan te spreken, al bestaat daartoe gelegenheid, zou hem in 't oog doen loopen omdat het in strijd is met de gebruiken. Op zondagavond bij duister sluipt hij hare woning rond en wil ook dan liefst door niemand worden gezien. Hij hoopt dat zij de deur eens zal openen en even rondkijken, maar 't is best mogelijk dat dit den geheelen avond niet gebeurt. Soms komt hij tot de overtuiging dat zij niet in huis is. Zij zal ergens in het dorp bij een harer vriendinnen of bij verwanten zijn, en hij gaat hier en daar voor de vensters luisteren. Ontdekt hij haar, dan wacht hij geduldig tot zij de deur uitkomt om alleen naar huis te gaan. Nu klampt hij haar aan boord, maar een koel weigerend antwoord is dan soms het loon voor al zijn geduld. Hij loopt een blauwen scheen. Het was reeds een ongunstig teeken, dat zij van huis was gegaan en lang uitbleef.

Maar in de meeste gevallen loopt het beter af. De vrijer treft haar, die hij wenscht te spreken, des avonds om tien uur bij de ouderlijke woning aan. Zijn verzoek om mede naar binnen te mogen gaan wordt ingewilligd, zij geeft hem ook spoedig een kus en weldra zit het paartje zij aan zij. Maar helaas! ook dit geluk blijft niet onverstoord. Zijne makkers, wier gezelschap hij ongemerkt heeft verlaten, zijn op verkenning uitgegaan en vinden spoedig het huis. En nu volgt de plagerij. Er wordt tamelijk onzacht op het venster getikt; blijft dit van binnen onbeantwoord, dan neemt het getik in hevigheid toe. Het is meer geluk dan wijsheid als er geen gebroken glasruiten van komen. Ja, en hierbij blijft het niet altijd; het meisje jammert en klaagt dan, en als de deur wordt geopend pakken de daders zich weg en verdwijnen in steegjes en duistere hoeken, maar zij worden niet opgespoord en hun bedrijf niet ten kwade geduid.

Op Ameland had men vroeger klopavonden, drie in de week; zij werden ook meidenavonden genoemd. De vrijer kwam dan aan de deur en vroeg om zijne pijp te mogen opsteken. Het meisje kwam met een vuurtest; de jongen maakte een praatje en het gevolg was eene vrijerij — zoo hij niet werd afgewezen. — Dit

herinnert aan Justus van Effen's «Kobus en Agnietje» en zegt
ons tevens, dat de Amelanders oorspronkelijk Hollanders zijn, gelijk
trouwens hun dialekt ook duidelijk laat hooren.

Thans, zoo schrijft mij eene vriendelijke hand van het eiland,
gaat het vrijen hier nog al wild toe en er ligt veel waars in het
rijmpje dat men soms hoort zingen:

> De Amelander meisjes die zijne zoo fijn,
> Zij loopen de jongeus na bij maneschijn.

Trouwen.

Van vrijen komt veelal trouwen en trouwen gaat thans door
geheel Nederland op dezelfde manier toe. Toch niet geheel en al.
Velen stellen zich tevreden met het huwelijk volgens de wet, op
het gemeentehuis door een ambtenaar van den burgelijken stand
gesloten; anderen nemen een kerkelijk huwelijk of eene kerkelijke
inzegening daar over heen. Het kerkelijk huwelijk was vroeger
het eenige en het wettige. Was er toen een paar in ondertrouw
opgenomen, dan werd dit aan het einde der godsdienstoefening door
den predikant van den predikstoel afgekondigd en dan zei men:
«Zij zijn geroepen,» en in scherts: «zij zijn van den preekstoel
gevallen.» Ook werd er wel gezegd: «Als men van den preekstoel
valt kan men den nek breken,» door te trouwen kan men wel zeer
ongelukkig worden. De spreekwijs: *«Hja binne roppen»* wordt nog
wel gebezigd als de eerste afkondiging heeft plaats gehad, maar
geraakt in onbruik.

Eigenlijke verlovingsfeesten zijn onder de friesche landlieden
onbekend. Het jonge paar maakt aan de ouders van het meisje
bekend (als de moeder en door haar ook de vader het reeds lang
geweten hebben) dat men voornemens is te trouwen. Dat is alles.
De vrijer vraagt ook wel of de ouders daartoe hunne toestemming
kunnen geven, maar niet altijd. Als hij gelooft, wat meest het geval is, dat daaromtrent geen twijfel bestaat, acht hij de vraag
onnoodig.

Knottedoeken, trouwkistjes of knottedoosjes waren in vroeger
eeuw bij aanzienlijke families in gebruik.

De *knotte* (knoop) was oorspronkelijk een doek, waarin de jongman
eenige geldstukken beknoopte, om dit een en ander het meisje aan
te bieden als hij zich met haar wenschte te verloven. Trok zij den
knoop toe, en nam zij dus het geschenk aan, dan was de verloving

gesloten. Gysbert Japiks laat een sedert jaren gehuwd man tot zijne vrouw zeggen:

't Hûget my of 't hjûd skied', ljeauw', Het heugt mij alsof het heden geschiedde, lieve,
't Nochlik, do 'k dy 't jild tatreau. Het gelukkig oogenblik toen ik u het geld in de handen stopte.

Voor zulk een geschenk werden de fraaiste geldstukken uitgezocht. Gewoonlijk waren het gekartelde drieguldens of dukatons, maar ook wel scheepjesschellingen, dit waren zesstuiverstukken met op de eene zijde een zeilend driemastschip. Het bedrag was in den regel zestig gulden of iets meer. Twintig dukatonnen hadden de waarde van *f* 63. Toen in later tijd de knottedoek werd vervangen door het knottedoosje of trouwkistje, was dit juist zoo groot dat er twintig drieguldens of dukatons op den kant in konden staan. Het was een zilveren doosje in den vorm van een langwerpig vierkant trommeltje met gebogen deksel dat over de geldstukken sloot. Zulk een kistje was aan alle zijden en op het deksel versierd met gedreven figuren, zinspelende op liefde en huwelijkstrouw, waartusschen ook wel eens een familiewapen.

Trouwt een boerenzoon met eene boerendochter, dan moeten de jongelui «boer worden gemaakt» d. i. zij moeten eene boerderij hebben. Een volledig boerenreau en beslag, (gereedschappen en vee) beloopt vele duizenden en de wederzijdsche ouders hebben gezamenlijk daarvoor te zorgen. Ook moet er een deftig meublement zijn, terwijl een degelijk ouderpaar er tevens op gesteld is dat hun kind de ouderlijke woning niet verlaat zonder goed in de kleêren te zitten. Een flink uitzet mag er niet ontbreken. Een boer met vier, vijf of meer kinderen moet dus een man van vermogen zijn om die allen naar behooren voor zijn aandeel «in 't spul» te kunnen zetten, zooals men 't noemt.

Het vieren van een bruiloft op groote schaal behoort bij welgestelde lieden tehuis.. Velen laten het afloopen met eene bijeenkomst van wederzijdsche familieleden en de naaste buren. Maar dan wordt er meestal «voorbruiloft» gehouden; dit noemt men in sommige streken *gearjift*, in andere *feinte-* of *fammebrilloft*, jongens- of meisjesbruiloft. De bruidegom noodigt dan vóór het huwelijk zijne kameraads en vrienden in de ouderlijke woning op een avondfeestje. Evenzoo ontvangt de bruid hare vriendinnen. Zulk een meisjesvoorbruiloft wordt in sommige streken ook wel lastig gevallen door «struners» en dit is geen wonder, want het gaat er daar altijd tamelijk luidruchtig toe en er wordt veel gezongen. Het woord *gearjift*, gaargift, beteekent:

giften samenbrengen. Vroeger brachten de genoodigden op zulk eene bijeenkomst ieder een geschenk meê, dienstig voor de huishouding van het jonge paar. Thans geschiedt dit niet meer, maar worden de geschenken vooraf bezorgd of later gezonden, ook nog wel als de jonggetrouwden hunne woning reeds hebben betrokken.

Op de friesche zandgronden vindt men heidestreken, die als bezaaid zijn met hutten, samengesteld uit ruwe planken, riet en heideplaggen. Dit zijn woningen van behoeftige lieden. Ieder jaar komen er nieuwe bij. Zal daar een paar trouwen, dan ontvangt het, door de hulp van familiebetrekkingen en vrienden, een eigen woning. De een geeft wat planken, de ander riet, de derde voert plaggen aan, de vierde heeft wel een overtollig vensterkozijntje, de vijfde een oude deur, en zoo voorts. Wie geen bouwstoffen heeft weg te schenken werkt mede aan den opbouw. Zie, dat is nu eigenlijk een rechte gaargift. Naar ik meen bestaat dit gebruik bij vele heidebewoners in en ook buiten Nederland.

In vroegeren tijd, toen men alleen het kerkelijk huwelijk kende, deden de heidebewoners het ook daar zonder. De wederzijdsche familie stemde toe in de vereeniging van het jonge paar, en had niemand der buren daar iets tegen, dan werd de hut gebouwd en zoodra deze gereed was hield men bruiloft, na afloop waarvan het huwelijk als voltrokken werd beschouwd. De vrienden gingen naar huis en het jonge echtpaar bleef in de nieuwe woning. Zulk een woning kwam dikwijls in een halven dag gereed en meestal verrichtte men dit werk op een zondag. In sommige streken, bv. op de Surhuisterveensterheide, worden nog wel zulke huwelijken, buiten den burgerlijken stand om, gesloten, waaruit voor het gemeentebestuur en den kantonrechter wel eens moeielijkheden voortvloeien.

In den zomer van 1890 werd in de friesche nieuwsbladen medegedeeld, dat te Zwaagwesteinde een bruidegom en bruid werden gereden door de vlammen van een vuur van stroo en takkebossen. Dit heette de «vuurproef.» — Bij onderzoek is mij gebleken dat dit een oud, door een berichtschrijver opgewarmd stukje is. Jaren geleden schijnt daar te Zwaagwesteinde zoo iets ééns te zijn vertoond als een soort brooddronkenheid. Maar een volksgebruik is het niet.

Op den trouwdag van een jong paar uit twee aanzienlijke boerenfamilies is het geheele dorp met vlaggen versierd. Op de schuur van de ouderlijke woning der bruid, waar de bruiloft zal zijn, wapperen twee vlaggen, ééne op iedere uiterste punt van het dak.

Verder ziet men er een op vele boerenschuren in den omtrek, ook op de molens in de nabijheid, op de schepen in de dorpsvaart, en in het dorp is bijna geen huis waaruit geen vlag is gestoken. Nagenoeg alle bewoners, handwerkslieden zoowel als neringdoenden, hebben belang bij of stellen belang in hen, die heden gaan feestvieren.

Het hoofddorp, waar het gemeentehuis staat, ligt op ruim een uur afstands, en van uit het huis waar de bruiloft zal zijn, behoeft men zijn eigen dorp niet te passeeren. De dorpelingen weten dan ook, dat de «trouwers» des voormiddags langs den kortsten weg naar het gemeentehuis zijn gereden, maar op de terugreis hoopt men den stoet te zien. Een aantal kinderen staat aan het einde van het dorp op den uitkijk om, zoodra in de verte rijtuigen naderen, door geroep de nieuwsgierigen te waarschuwen. Het duurt dan ook niet lang of het geschreeuw van «de trouwers komen er aan!» lokt allen naar buiten en in een oogenblik zijn er honderden menschen op de been.

De optocht komt het dorp inrijden. In de vóórrijdende kapsjees zitten bruidegom en bruid. Het glanzend zwarte paard heeft rozen aan het hoofdstel en op den staart een strik van oranjelint, doorvlochten met de nationale kleuren. Het jonge paar is geheel in het zwart gekleed. De gezonde frissche gelaatskleur der bruid, hare witte kanten floddermuts en halskraagje steken daar gunstiger bij af dan het gebruinde gelaat en de door de zon gebleekte haarpuntjes van den bruidegom, die misschien wel heden voor 't eerst van zijn leven een fijnen cylinderhoed draagt en ook een wit voorhemd met zwarte das. In de andere rijtuigen zitten de ouders en verdere familie, met eenige andere gasten, die als eerbewijs den rit hebben medegemaakt. De achterste twee wagens zijn gevuld met jongelieden van beiderlei kunne, broeders, zusters, neven, nichten, vrienden en vriendinnen van bruidegom en bruid. Dezen zijn reeds tamelijk luidruchtig; langs den weg hebben zij vroolijk gezongen bij de muziek van een harmonica, door een hunner bespeeld.

Met nog een kwartiertje rijdens kan men zijn waar men wezen moet, maar bij de voornaamste dorpsherberg houdt de trein toch stil en allen moeten even uitstappen. De nieuwsgierige dorpsmenigte verzamelt zich om de rijtuigen. Eenige kinderen zijn voorzien van loovertjes, dit zijn fijne knipsels of snippers gekleurd- en goud- en zilverpapier. Terwijl het jonge paar van de sjees stapt wordt de bruid met deze loovertjes bestrooid zoo overvloedig dat de bruidegom er ook een deel van krijgt. Hij gevoelt zich hierdoor

vereerd, tast in den zak en strooit centen. Intusschen zijn er in
de nabijheid eenige geweer- en pistoolschoten gelost. De bruidegom
verzoekt den kastelein te onderzoeken wie dit hebben gedaan en
dan die mannen te trakteeren. — Terwijl de kinderen hun best doen
met op den grond te grijpen en te rapen, met over elkander
te buitelen, elkander af te stooten, ja te worstelen op vechten
af, om ieder voor zich zoovele centen te bemachtigen als slechts
mogelijk is, gaat het bruiloftgezelschap even de herberg binnen,
niet omdat men behoefte gevoelt iets te gebruiken, maar om den
kastelein eene eer aan te doen, op welke men weet dat hij prijs stelt,
en om zich aan de dorpelingen te vertoonen. Men rijdt verder onder
het gejubel der menigte, en nogmaals worden saluutschoten gelost.

In die groote mooie boerenplaats, daar ginds aan den grindweg,
de ouderlijke woning der bruid, zal de bruiloft worden gehouden.
Daar aangekomen, gebruikt het gezelschap in haast een koud maal,
hoofdzakelijk bestaande in wittebrood, vleesch, ham en een kop
koffie. Ieder begrijpt hierbij dat het zaak is zich behoorlijk te bedienen, omdat men op de bruiloft nog veel zal moeten drinken, eer
er weêr aan eten kan worden gedacht.

Voor de genoodigden onder de dorpelingen en de in den omtrek
wonende boeren komt nu de tijd om zich op weg te begeven,
namelijk voor de getrouwde lui. Er is ook jongvolk genoodigd, maar
dit komt later. Het eerste gezelschap wordt ontvangen in de mooiste
der beide groote voorkamers in het nieuwerwetsche boerenhuis.
Bruidegom en bruid hebben daar de eereplaats reeds ingenomen,
zij aan de rechterhand van hem, in het midden achter de lange
aangerichte tafel, onder de bruiloftskroon, zijnde een hoepel omwonden met groen, bloemen en gekleurde en vergulde papierfranjes,
en hangende aan vier eveneens versierde koorden. Naast hen zitten
de wederzijdsche ouders, de vaders aan de zijde des bruidegoms, de
moeders aan die der bruid, en hieraan volgen de verdere familiebetrekkingen. Ook dominé en zijne wederhelft, wanneer deze tot
de gasten behooren, wat meestal het geval is, ontvangen plaats
aan de hoofdtafel, eene eer die ook wel aan meester en zijne vrouw
te beurt valt. De overige gasten plaatsen zich meer achteraf. Zijn
er ongetrouwde zusters, hetzij van bruid of bruidegom, dan dragen
zij voor heden den titel van bruidszusters en zijn verplicht aan tafel
de *honneurs* waar te nemen, bestaande in theeschenken enz. Dit
oude gebruik wordt echter reeds sedert vele jaren niet meer nauw-

keurig in acht genomen; ongetrouwde vriendinnen der bruid verrichten thans veelal dit werk. Men had vroeger ook bruidegomsbroeders, op wie, tijdens de bruiloft, eveneens eenige verplichtingen rustten.

Met thee wordt de rij der genietingen geopend. De mannen rooken uit lange pijpen en de nieuwe jonge echtgenoot is verplicht de *breggemans-piip*, bruidegomspijp, te gebruiken, die de bruidszusters hem hebben geschonken. Dit is nog in gebruik. 't Is eene goudsche pijp, langer dan gewoon, waarop verheven werk is gevormd, meestal bestaande in het met bloem- en looverwerk omslingerde fabrieksmerk van den pijpenbakker. De steel dier pijp is voor deze gelegenheid omvlochten met kunstbloempjes en papieren franjes en op den kop prijkt een zilveren dop, meest altijd in den vorm van een helmet, aan een zilveren kettinkje. Alles heel fraai, maar voor het gebruik is zoo'n feestpijp tamelijk lastig; meestal gevoelt een bruidegom zich er niet meê op zijn gemak, waardoor hij gevaar loopt met zijn stijf ornament er ietwat automaatachtig uit te zien. Het is dan ook meest maar voor den vorm dat er één of tweemaal uit wordt gerookt. Veelal wordt de pijp spoedig nedergelegd, want ook een boerenzoon onzer dagen rookt liever sigaren. Er wordt echter wel zorg gedragen dat de pijp niet breekt, want zij moet bewaard blijven als een aandenken aan den trouwdag. In Dantumadeel en elders ziet men in vele huishoudingen aan den wand in de mooiste kamer een lang smal bruinhouten kastje met een glazen deurtje er voor; hierin staat de versierde bruidegomspijp, waaruit het hoofd des gezins op zijn trouwdag heeft gerookt, te pronk. Het kastje, eigenlijk niets anders dan een hangende pijpelade, is daarvoor afzonderlijk gemaakt.

Is het gezelschap wat stemmig uitgevallen of gevoelen de meesten zich niet vrij genoeg om hardop te spreken, dan kan zoo'n bruiloft gedurende de thee wel eens iets begrafenisachtigs hebben.

Is het theedrinken gedaan, dan begeeft het gezelschap zich naar buiten om het huis en den tuin in oogenschouw te nemen. De mannen gaan ook het vee bekijken, dat bij dergelijke gelegenheden altijd in de onmiddellijke nabijheid van het huis graast. Daar wordt vooraf voor gezorgd, want een rechte friesche boer is trotsch op zijn fraai en degelijk rundvee. Intusschen vinden de bedienden daar binnen gelegenheid om het tooneel te veranderen voor het tweede bedrijf. Het gezelschap wandelt bij groepjes rond en komt na verloop van eenigen tijd weêr naar binnen. Nu dagen ook de

14

ongetrouwde gasten op, jongelingen en meisjes, allen in de uiterste pronk. Vroeger werd dit volkje, althans in sommige streken, wel bij paren genoodigd. Ieder jongeling moest dan het hem toegedachte meisje van haar huis afhalen en nam bij de komst der bruiloft dadelijk naast haar aan de tafel plaats. In sommige Woudstreken schijnt het gebruik te hebben bestaan, dat de meisjes ieder voor zich een jongman ter bruiloft noodigden. Zij moesten dan door de jongmans worden afgehaald, maar zorgden, vooraf niet in den pronk te zijn om zoo de eer aan zich te houden, ingeval de vrijer niet verkoos ter bruiloft te komen met haar, die hem genoodigd had.

Het jongvolk wordt geplaatst in eene andere kamer, die wel wat minder deftig, maar even ruim en zindelijk is als het hoofdvertrek. De jongens en meisjes onder elkaâr, afgescheiden van de getrouwde lui, zijn daar best in hun schik. Maar wie zijn die twee mannen, die daar nog achteraan komen, als alle gasten reeds geplaatst zijn? Zij schijnen niet tot den gegoeden stand te behooren, hoewel zij blijkbaar hun zondagspak aanhebben. Ieder hunner draagt in een groen omhulsel eene viool onder den arm; zij zijn speellui en ontboden om voor een goed loon de bruiloftsvreugde te helpen verhoogen.

In beide met gasten gevulde kamers zijn de tafels gelijk gedekt. Waarmeê? Op iedere tafel prijkt een helderblanke zilveren brandewijnskop gevuld met dikke gesuikerde rozijnen en een zware zilveren lepel er boven op. Kristallen karaffen gevuld met brandewijn staan er bij in gezelschap van den vollen suikerpot en een groote kom met geweekte rozijnen. Verder ziet men op presenteerbladen krakelingen en in stukken gesneden koek, ook stukjes confituur- of amandeltaart.

Reeds vele dagen vooraf heeft men groote kruiken vol eerste soort rozijnen in brandewijn te weeken gezet, na ze vooraf even in water te hebben gekookt. Later moet er meer brandewijn op (hier is geen bepaalde maat van) en wordt er ook suiker bij gedaan, telkens wanneer men den kop opnieuw vult. Ieder die gedurende den tijd toen de jongelui onder de geboden stonden aan het ouderlijk huis der bruid kwam, werd getrakteerd, onverschillig wie hij was, heer of boer, arbeider of dienstbode, veehandelaar, marskramer of koedrijver. Men moest dan de bruid of het jonge paar geluk wenschen met drie lepelvollen, zooals men 't noemt. De Hindeloopers zeggen: *trae sûpen*, drie zoopen of dronken. — De zilveren brandewijnskop, een ovale, geheel met drijfwerk versierde kop ter inhoudsgrootte van nagenoeg een halven liter, stond hiervoor altijd goed voorzien gereed, met den lepel er in. Ieder drinker gebruikt denzelfden lepel, ook bij het ronddrinken onder feestgenooten. Die lepel is dikwijls sierlijk bewerkt, en is het de geboortelepel der bruid, gelijk meest altijd, dan zijn de naam en de dagteekening harer geboorte langs den rand der achterzijde van het lepelblad gegraveerd.

Weldra gaan onder de op nieuw aangezeten bruiloftsgasten de koppen rond met den geliefkoosden frieschen feestdrank, meestal schertsend «brandewijn met boerenjongens» genoemd, ook wel brandewijn met boonen. Het is eene lepelkost evenals brij; van beide zegt men dan ook: «Het is eten en drinken tegelijk.» En nu is de tijd voor het gelukwenschen daar. Ver de meeste gasten maken zich er kort af, eenvoudig met de stereotype woorden: «Jongelui, ik wens jimme veel geluk met jimme huwelijk,» (gedurende den tijd der ondertrouw luidt het: «met jimme voornemens») die telkens door de jongelui met «dankje!» worden beantwoord. Maar van dominé en meester en enkele anderen, waar een «schrandere kop» op zit, verwacht men meer. Dominé is in den regel de man voor eene meer ernstige toespraak en meester voor een gedicht. Deze laatste verwachting wordt echter wel eens teleurgesteld, terwijl een ander, van wien men 't niet verwacht had, soms met een vers voor den dag schiet. De toespraak van dominé wordt afgewacht; dan komt al spoedig het voorstel om eens te zingen. Het lied waarmede ook thans nog wel, maar vroeger meer algemeen, de zang geopend werd, was psalm 133, vers 3:

Waar liefde woont gebiedt de Heer den zegen.

Voorheen, en misschien nog wel hier en daar, behoorde psalm 128 er ook bij. Hierop had men voor gezellige kringen eene «zangswijze», zooals men 't noemde. Ook psalm 100 zong men op zangswijze en wel op dezelfde die men had op: «Al is ons prinsje nog zoo klein» en later op: «Die in Januari geboren is.» Men zong dan aldus:

Juich, aarde! juich alom den Heer! ut ré.   Dien God met blijdschap, geef Hem eer! ut ré.
Kom nader voor zijn aangezicht;   Zing Hem een vroolijk lofgedicht.
Ut ré mi fa sol la.

Verder werd op eene bruiloft niet zelden ook het lied van Hazeu aangeheven:

Gevoel, o mensch, wat waarde God u geeft.

Het jongvolk in de andere kamer houdt van wat vroolijker liedjes; om het echter ook een beetje bedaard aan te leggen begint men daar met: «Gij komt, o stille avond!» Dan volgen «Kolijn een brave boerenzoon,» — «Wat wordt het laat, de klok slaat acht» en nog een paar dergelijke, om daarna te komen tot meer levendige en dartele.

Onder de meer bejaarden schuilen ook snaken en als deze los geraken, beginnen ze liedjes uit de oude doos op te halen, zooals:

Ik ben er die groene langstraatjes   Zoo dikmaals ten ende gegaan,
Dat ik mijn zoetliefje moest laten.   Dat hebbe mijn vrienden gedaan. enz.

En dan:

Ik voer lest over de zee, ga je meê,   Ik voer lest over de zee,
Al met zoo'n houten lepeltje,   Lepeltje, lepeltje jop jop jop.
De stal [steel] brak mids aan twee. enz.

Het zingen wordt afgewisseld door het voorlezen van een vers, aan de jonggetrouwden, soms ook aan de ouders gericht, of het voordragen van eene aardigheid. De kop met brandewijn en rozijnen gaat ondertusschen gestadig rond onder het gebruik van koek of ander zoet gebak. De gesprekken zijn levendig en luidruchtig geworden; vrouwen zoowel als mannen geven zich over aan ongedwongen vroolijkheid. De getrouwden hebben 't niet eens vernomen dat het jongvolk is vertrokken naar den dorschvloer in de schuur. Ook hier is het zoo zindelijk en net dat niemand gevaar loopt met stof, kaf of stroo, veel minder met erger vuil in aanraking te komen. Hier is verlichting aangebracht met hangende lantaarnen. De twee muzikanten heeft men, ieder op een stoel, op een voederkist doen plaats nemen, en het dansen van *schotsedrie* gaat lustig aan den gang. Het kunsttalent der violisten bepaalt zich hoofdzakelijk tot «kris, kras, tralala,» maar men kan er op dansen — springen zoo ge wilt — en dit is voldoende. Men heeft niet vergeten ook den brandewijn met rozijnen naar de schuur over te brengen. Men dient nu en dan weêr een hapje te nemen, men houdt immers niet alle dagen bruiloft; en de muzikanten moeten ook harst op de snaren houden. Er wordt wel gezorgd dat zij rijkelijk hun deel krijgen van den feestdrank. Voor verliefde paartjes, die zich wel eens willen verwijderen, zijn in de groote niet zeer helder verlichte schuur schaduwrijke plekjes genoeg te vinden en onder het drukke rumoer wordt het niet opgemerkt als er soms even een paar verdwijnt. Het zou mij niets verwonderen of er komen uit deze bruiloft weêr andere voort.

Het gezelschap der getrouwden heeft nauwelijks begrepen wat er in de schuur gaande is, of de meerderheid neemt het besluit daar een kijkje te nemen. Enkele ouden van dagen, die niet veel meer met al die gekheden ophebben, blijven zitten. Maar nu wordt het daar in de schuur eerst een leventje. Onder de getrouwden zijn er ook, die nog wel eens gaarne « vijf deuntjes » willen schotsen. De jonggetrouwden nemen al dadelijk deel aan den dans. En ook zij, die daar werkelijk geen plan op hadden, worden door anderen gedwongen en gedrongen om meê te doen onder luidruchtig gepraat en gelach. Zelfs de *govert* komt aan den gang. De govert is een rondedans. Een persoon wordt, in weêrwil van zijn tegenspartelen, door het vrouwelijk personeel met vereenigde krachten genoodzaakt om in het midden te staan. Om hem heen beweegt zich de door hand aan hand gesloten kring, die tevens een bonte regel is, in het rond onder het zingen van:

> Hier hew wij de Govert   Van dezen dezen dans.
> Ik zeg je, lieve Govert,   Steek uit je rechterhand.

De Govert kiest uit den kring iemand van het schoone geslacht, die hij bij zich in het midden haalt. Het zingen gaat zijn gang:

> Is dat jou liefste Janneke?   Vlak voor haar rooden mond.
> Is dat jou hoogste goed?   Den eene moet gij kiezen,
> Ik wensch dat gij het meisje   Den ander weêr verliezen
> Geen overspel en doet,   Al naar jou eigen zin:
> Kom geef haar dan een kusje   Dou er út en ik er in.

Die er 't eerst inkwam gaat er nu uit en neemt plaats in den kring. Hetzelfde liedje wordt herhaald en dezelfde handeling volgt. Het meisje moet zich een vrijer kiezen en na eenige oogenblikken hem weêr verlaten. Het staat hem vrij weêr een ander meisje te kiezen. Dit kan worden herhaald zoolang men er plezier in heeft en het steekt daarbij niet zoo nauw als een handvol spelden. De getrouwden nemen er met de ongetrouwden deel aan, maar niet dan nadat zij hunne gewone bezadigdheid hebben afgelegd. Ook is dit iets wat slechts zelden wordt vertoond. Vroeger zeide men van zoo iets: « De molen gaat door de vang, » en ook: « Ze zijn van 't ketting. »

Eindelijk, als de opgewondenheid ten top gestegen is, wordt er een oude manshoed voor den dag gehaald en op den grond gezet. Vrouwen zoowel als mannen beproeven nu over dezen hoed te springen en ieder die dit onberispelijk doet, bewijst hiermede dat hij nog eenigszins nuchter is. Voor hoogbejaarde lieden geldt het als een bewijs dat zij nog vlug en levenslustig zijn. In het dagelijksch leven kan men zulke vroolijke oudjes soms hooren pochen:

«Ik ben nog zoo heel min niet, ik kan nog wel over den hoed als 't wezen moet.»

Intusschen zijn in de beide feestzalen de tafels beladen met stapels gesneden witte- en krentenbrood, boter, kaas, ham en rookvleesch. Ook is er koffie gezet. De gasten keeren nog eens naar hunne plaatsen terug en doen zich te goed aan de opgedischte spijs en drank, die zich na zooveel beweging heerlijk laat smaken. Na afloop hiervan ontdekt men dat het morgenlicht reeds is aangebroken; men neemt afscheid van de jonggetrouwden en hunne ouders, en zoo zakken de getrouwden zachtjes aan af naar hunne woningen. Maar het jongvolk — — gaat nog eens met vernieuwden moed aan den dans en scheidt niet voor des morgens zeven uur.

Indien gij eenige dagen later diezelfde getrouwde lieden in hun dagelijksch werk kondt zien, zoudt gij niet denken dat die doodbedaarde menschen zoo uitbundig konden feestvieren.

In vroegeren tijd kon bij welgestelde lieden een bruiloft zelfs niet in éénen dag afloopen. Men had dan op den dag van het trouwen de familiebetrekkingen; daarna de buren en bekenden. Voor het jongvolk had men een afzonderlijken dag, altijd na den trouwdag. De zoeteliefsparen hielden dan den daarop volgenden dag nog wel napret door een plezierrit met sjeezen. — «Vlaggebier» werd, en wordt nog wel geschonken. De «vlaggers» die de vlag uit hun huis hebben gestoken ter eer van het jonge paar, worden dan in eene herberg uitgenoodigd, thans echter niet op bier, maar op brandewijn met rozijnen of wat zij anders mogen verkiezen. — Ook de werklieden van den gastheer werden afzonderlijk onthaald, en ten slotte kwamen de arme menschen *to doukslikjen* = deuviklikken. Men stelle zich voor dat iemand met het aflikken van den deuvik van een vat, waarin lekker vocht is geweest, een zoeten mond kan hebben. De werkelijkheid was, dat de armen zich mochten vergasten aan het overschot der spijzen en dranken.

Op den avond van de bruiloft, als deze in vollen gang was, werd ook geschoten, en die gewoonte is nog niet geheel in onbruik. Maar in vroegeren tijd werden de glazen in den voorgevel van het huis stuk geschoten en wie geen geweer had hielp mede door het werpen met steenen. En dit was geene beleediging, integendeel, de vader der bruid achtte zich vereerd als hij werd beschouwd voor iemand wien het bij zulk eene heuchelijke gelegenheid op de kosten van eenige glasruiten niet aankwam. Nog in het begin dezer eeuw,

toen dat glasschieten reeds sinds lang in onbruik was, zeide men
wel van iemand, die knappe dochters in huis had, waarom dikwijls
vrijers kwamen: «Die zullen hem wat aan glazen kosten.» — Van
een mooie rijke boerendochter zeide men nog in mijne jeugd: «*Dér
scille blauwe hynslers om deajage wirde,*» daar zullen blauwe paarden
(appelschimmels) om doodgereden worden. Boerenzoons met kostbare
fraaie paarden voor hunne sjeezen, zouden van ver en nabij op haar
los komen.

Ofschoon het eten van wittebrood vroeger bij de plattelands-
bewoners geen dagelijksch gebruik was, maakten de eerste weken
na het huwelijk hierop eene uitzondering, omdat men dan nog iets
had overgehouden van de bruiloft. Vandaar dat de Friezen de
eerste vier weken na den trouwdag de *bôllemoanne*, wittebroods-
maand noemden; ook de *wiggewiken*, weggeweken, wittebroodsweken.

Bij de geboorte.

Eene geëxamineerde vroedvrouw, vroeger op het platteland eene
zeldzaamheid, heet thans bij het landvolk *froedfrou*. Dit is de friesche
uitspraak van het hollandsche woord. Voorheen had men in een
dorp, vooral als er geen geneesheer woonde, wel zulk eene vrouw
die niet geëxamineerd was en deze heette dan *goedfrou*. Maar dit
was haar zondagsnaam, de dagelijksche naam in de volkstaal was
hoarnwiif = hoornwijf, die echter in haar bijzijn zelden genoemd
werd. Ik heb in mijne jeugd zulk een hoornwijf nog gekend; zij
deed toen alleen dienst als de dokter, die uit een naburig dorp
moest komen, niet tijdig aanwezig was. In vele dorpen worden ook
de naaste buurvrouwen verzocht om tegenwoordig te zijn en zoo
noodig de behulpzame hand te bieden bij de aankomst van een
nieuwen wereldburger. Dit neemt niet weg dat de baker, als de
zaak is afgeloopen, daarvan kennis moet geven niet alleen aan de
goede kennissen, maar ook aan die en de verdere buren. Lieden
van eenige beteekenis, zooals de predikant, de kerkvoogd en dergelijke, laten aan alle gezinnen in het dorp mondeling kennis geven.

Er is eene vaste bepaling van wie bij zulke gelegenheden tot
iemands buren worden gerekend. Het zijn de bewoners der naastbij
staande huizen tot op zekeren afstand aan weêrskanten; verschil
van stand komt hierbij niet in aanmerking. De onderlinge verplichtingen der buren, die van ouds geregeld worden volgens eene onbe-
schrevene maar vaste wet, bepalen zich tot het bieden van bijstand,

hetzij gezamenlijk of beurtelings, bij geboorten, ziekten en ongemakken, sterfgevallen en begrafenissen. Hoogbejaarden, vrouwen in
gezegende omstandigheden, en bij sterfgevallen ook weduwen, zijn
van deze verplichtingen ontslagen. Eene oude vrijster, die een eigen
huishouden heeft, komt bij eene bevalling niet in aanmerking, wel
eene vrouw die nooit moeder is geweest. Bij zulk eene gelegenheid
is het zeker niet raadzaam een te groot gezelschap in huis te halen;
men bepaalt zich dan ook tot de naaste buurvrouwen, maar dit kan
tengevolge hebben dat eene vrouw, die men heeft laten blijven, zich
niet weinig beleedigd acht. Hiervan is echter nooit gehoord als
't er om te doen was bij een zieke te waken of hulp te bieden.
Dan zoekt men liever naar reden tot vrijstelling. Een «woudreis»
(bevalling) bij te wonen schijnt eene liefhebberij der vrouwen te zijn.

Is er bij een burger of boer eene kraamvrouw in huis en verneemt men dat moeder en kind wel varen, dan vragen al spoedig
de vrouwen elkander: «Zou er ook kraamvisite worden gegeven?»
Armen en geringen hunkeren naar zulk eene smulpartij als een
paling naar den dauw. Nu, de buurvrouwen worden meestal genoodigd, ook bij menschen die er overigens niet veel werk van maken.
Maar burgers en boeren die 't goed kunnen betalen hebben gemeen-
lijk meer dan éénen dag kraamvisite.

De echtfriesche naam voor zulk eene bijeenkomst is *wivedei* =
vrouwendag, en hier en daar nog in gebruik. Men plagt de vrouwen, als zij op visite gingen, ook witkoppen te noemen. Vroeger
was het algemeen en thans is het nog hier en daar, vooral in de
Woudstreken, gewoonte, dat de vrouwen op het platteland niet dan
bij bijzondere gelegenheden de floddermuts over het oorijzer droegen.
Zag men net opgeschikte vrouwen met de floddermuts getooid naar
eene kraamvisite gaan, dan zei men: «Er schijnt iets aan de hand
te zijn, er komen witkoppen voor den dag.» Bij zekeren rondedans,
vrij gelijk aan de *govert*, zingt men ook: «Hier hê wy in witkop»
enz.; er wordt dan een meisje bedoeld. Te Holwerd, als men een
vrouw of meisje, van wie men 't niet gewoon is, met de floddermuts
op ziet, zegt men: «*Hja het de stippanne op,*» zij heeft de sauspan op.

De vrouw van een welgesteld dorpsburger is bevallen van een
«jongen zoon.» Dit nieuws is aan velen opzettelijk bekend gemaakt
en heeft zich verder door het geheele dorp en in den naasten omtrek
verspreid. Weldra vindt men het ook op de «schotelbank» in de
Leeuwarder Courant. De kraamvrouw en de kleine bevinden zich

in goeden welstand, ook dit weet men, en al spoedig komen er
buurvrouwen, verwanten en goede kennissen *pop-* of *popkebisjên*,
ook *kreamfrouforsiikjen* genoemd. [1] Getrouwde vrouwen, die, als
zelf moeder zijnde, ervaring hebben opgedaan, vragen naar alles en
nog wat, geven raad en daad en wenschen te vernemen met welke
verkwikkende spijs of drank zij de kraamvrouw kunnen dienen. —
Een kraamkind is *in lytse pop*, groningerlandsch *lutje potje*, klein
kindje. Ook volwassen meisjes en kinderen van buren, familie en
kennissen komen *popbisjên*. Eerstgenoemden krijgen evenals de
vrouwen *in poppeslok*, brandewijn met rozijnen; kinderen worden
onthaald op *in poppebak*, gesuikerde beschuit, en men vertelt hun
dat de *lytse pop* zulke *bakken* heeft meêgebracht. — *Bak*, verkorting van *twiebak*, tweebak, beschuit.

Omdat het met moeder en kind zoo naar wensch gaat, besluit
men om maar spoedig over te gaan tot het houden van kraamvisites.
En maar weinige dagen later is op zekeren namiddag de mooiste
kamer in het huis ingericht voor de ontvangst van een gezelschap
genoodigde vrouwen. Bij een lange tafel, waaromheen tien of twaalf
stoelen staan, zit de kraamvrouw gekleed in haar zondagsgewaad
met oorijzer en floddermuts zoo 't behoort. Op de tafel staan twee
theeserviezen met toebehooren; bij de tafel, naast de stoel bestemd
voor de baker, tegenover de kraamvrouw, staat een theestoof, waarin
een komfoor met vuur, waarop een ketel met water, die zacht en
niet onaardig zingende de dingen afwacht die komen zullen. De
baker beweegt zich in de kamer om van allerlei te beredderen en
kommandeert de meid, die meest buiten de kamer haar werk heeft,
als een officier zijn oppasser. In een hoek der kamer staat de wieg
met een fraai groen kleed er over, waaronder de zuigeling rust.
Eenige minuten vroeger is het kind door de baker bijzonder fraai
aangekleed, omdat het in den loop des avonds, als koning van het
feest, zich aan de vrouwen zal moeten vertoonen of liever laten
vertoonen. Het speldekussen, bij dat aankleeden gebruikt, ligt nog
op de tafel. Dit voorwerp, behoorende tot den inboedel der luier-
mand, die eenige weken voor de bevalling reeds in gereedheid was
gebracht, verdient eenige oogenblikken onze aandacht. De baker
heeft gezorgd de versiering, die er op is aangebracht, ongeschonden
te bewaren. Zij is gemaakt van spelden tot de koppen toe in het

---

[1] *Forsiikjen* beteekent zoowel bezoeken als verzoeken. *Besiikjen* (letterl. bezoeken)
is beproeven iets te doen. Zie hiervoor bl. 109.

kussentje gestoken. De gezamenlijke speldenkoppen vormen in het midden de figuur van een hart en ter weerszijde daarvan de letters B T, zijnde 't geheel omsloten door een randje, alles van spelden- koppen. De letters beteekenen Baukje, Tjeerd, de namen der echt- genooten. Maar waarom niet T B, Tjeerd, Baukje? Men heeft hier denzelfden regel gevolgd die in acht wordt genomen bij het naaien van naamletters op bedlinnen van gehuwden. Stond er T B, zoo redeneerde men, dan zou men kunnen lezen: Tjeerd Baukjes, maar dit heeft geen goeden klank; B T, Baukje Tjeerds, klinkt beter. Ten tijde toen vele menschen geen familienaam hadden, schreef een Fries zijn naam met des vaders naam er achter, en dit is nog zeer algemeen hoewel men nu de «van» er bijzet. Pier Bouwes beteekent dus van ouds Pier de zoon van Bouwe. In de spreektaal ging men soms nog verder en noemde iemand bv. Jan Cornelis Femmesz. Dit laatste was geen «van», neen, men bedoelde Jan, de zoon van Cornelis, die een zoon was van Femme. Ik heb in mijne jeugd een man gekend, die door de dorpelingen meest altijd Pieter Klaas Sipkes werd genoemd, hoewel zijn «van» Bouma was. Hij was een zoon van Klaas Sipkes, zijn grootvader had Sipke geheeten.

De versiering van het kraamspeldenkussen is niet altijd gelijk. Zij bestaat ook wel in eene figuur die een kraamkindje moet verbeelden. Maar deze manier behoort meest in de steden tehuis; landlieden hebben altijd veel van naamletters gehouden.

Twaalf buurvrouwen zijn genoodigd en op den bepaalden tijd komen ze opdagen bij twee- drie- en viertallen kort na elkander. De meesten hebben een kraamgeschenk meêgebracht, de een een langwerpig krentenbrood, de ander een pijpkaneelbolle, een witte- brood zonder krenten, dat geel ziet, omdat er behalve fijn gehakte oranjesnippers veel kaneel in is gebakken. De smidsvrouw, die vroeger voor keukenmeid bij de rijkelui heeft gediend, brengt een door haar zelf gebakken tulband, de vrouw van den schoolmeester een mooie honigkoek, waarop een opschrift in gegoten witte suiker. De melkboerin komt aandragen met een paar pond boter en een flesch schapenmelk, eene winkeliersvrouw met een pond beste blauwe rozijnen en eene andere, die in manufacturen doet, met een lapje stof voor een kleedje voor den jonggeborene. Vrouwen, die iets voornamer zijn en 't goed kunnen betalen, hebben bij den bakker een puik lekkeren tulband doen bakken en vóór de kraamvisite door de meid laten bezorgen. Vrouwen van den behoeftigen stand brengen niets; bij de uitnoodiging heeft de baker haar uit naam der kraamvrouw doen weten dat van haar geene geschenken werden verlangd. Hierbij had men omzichtigheid in acht te nemen; eene vrouw toch, die niet onder de «arme menschen» gerekend wil worden, zou zich door zulk een wenk beleedigd achten.

De geschenken worden aan de kraamvrouw zelve aangeboden. Zij heeft handen vol werk om alles in ontvang te nemen, maar de baker staat gereed om haar van den overvloed te ontlasten en dezen op eene veilige plaats te brengen.

De thee, vooraf reeds gezet, kan dadelijk worden geschonken en weldra gaat uit veertien kopjes (de baker meêgeteld) een geurige walmwolk op. De thee, verzoet door een dik wit kandijklontje, drinkt men liefst zoo heet mogelijk en wordt door blazen verkoeld als zij nog voor tong en lippen onuitstaanbaar wordt bevonden. Al bestaat er tusschen het fijn gekletter der theekopjes en het geluid van zoovele verschillende vrouwenstemmen juist geen harmonie, onder de aanwezigen heerscht toch volkomen vrede, en op ieders gelaat staat te lezen dat men genoegen smaakt. Dat er veel wordt gepraat, ook ten nadeele van anderen, wie zou daaraan twijfelen?

Na verloop van drie uren ongeveer is men met theedrinken opgehouden. Men denke niet dat de vrouwen het in al dien tijd met één klontje hebben kunnen doen. Op aanmoediging der gastvrouw hebben ze zich minstens tweemaal van zoet bediend. Wenscht men eindelijk niet meer te drinken, dan neemt men het nog overgebleven gedeelte van het klontje in den mond en legt het kopje op zijde of geheel omgekeerd in het schoteltje.

Nu is het de tijd om eens een luchtje te scheppen. De vrouwen verwijderen zich, de kraamvrouw houdt zich voorzichtigheidshalve binnen de kamer en de baker maakt van deze gelegenheid gebruik om, geholpen door de meid, het tooneel te veranderen.

Bij hare terugkomst vinden de vrouwen in de plaats van het theegoed, de tafel bezet met twee kristallen karaffen vol brandewijn, daartusschen een dergelijken suikerpot, boordevol met witte strooisuiker, d. i. geraspte melissuiker, en daarnaast een groote kom boordevol met geweekte rozijnen. Dezen zijn nu niet met brandewijn gedrenkt, maar eenvoudig een weinig gekookt. Twee zilveren koppen met gesuikerde brandewijn en rozijnen staan reeds gereed, ieder met een zilveren lepel er in. De jonggeborene, die nog altijd had geslapen, vindt men thans op den schoot der moeder. En nu schijnt er aan ontboezemingen van bewondering geen eind te zullen komen. «Wat een voorlijk (voordeelig) kind!» — «Wat een prachtige jongen!» — «Wat ziet hij er kostelijk uit,» enz. — Zoodra allen weêr hebben plaats genomen worden de koppen met brandewijn rondgegeven, één door de kraamvrouw en een door de baker, ieder voor de helft van het gezelschap, want zij mogen niet tegen de zon om rondgaan. Vóór de eerste dronk den mond ingaat is het regel dat men zegt: «Frou Landstra, «Baukje» of «Frou,» al naar men zich voornaam, gemeenzaam of onderdanig tegenover de vrouw gevoelt, — «ik wensch je veel geluk met den jongen zoon.» — En terwijl hierop de vrouw heel stemmig «dankje» zegt, ledigt de wenscheres den lepel tusschen de lippen. Men is van deze formaliteit in eens voor goed af en spreekt vervolgens weêr wat de geest te spreken geeft. Na verloop van een poosje worden de koppen op nieuw gevuld en rondgegeven en op deze manier kan er in twee, drie uren heel wat van dezen kost worden gebruikt.

Dit drinken uit een gemeenschappelijken kop of beker noemt men omproeven en ook ombrengen $=$ rondbrengen. — Ondertusschen moet ook de jonggeborene door alle vrouwen, de een na de andere, in handen worden genomen. Hierbij wordt de vraag geopperd, bij wie der aanwezigen men misschien het eerst na heden op kraamvisite zal moeten komen? En zij, die naar 't algemeen gevoelen daarvoor de aangewezene is, heeft veel plagerij te verduren.

Tegen den tijd dat aan het rondgaan der koppen een einde zal komen, verwijdert zich de baker om in een aangrenzend vertrek toebereidselen te maken voor het opdienen van brood en ander gebak. En terwijl het gesprek der aanzittende vrouwen weêr recht levendig, ja zelfs zeer vroolijk en luidruchtig is geworden, komt de baker binnen met een gezicht zoo onvriendelijk dat het ieders aandacht trekt. «Kijkt eens!» zegt ze, «schandelijker heb ik 't in lang niet gezien,» terwijl ze een krentenbrood, een der kraamgeschenken, vertoont, waarvan ze eene snede heeft afgenomen. Ieder ziet nu dat het een lange turf is, omhuld met een niet zeer dikke laag brood met krenten. De vrouw, die dit vreemdsoortige gebak als het door haar meêgebrachte geschenk herkent, wordt rood van verontwaardiging en zegt: «Daar ben ik zoo niet meê tevreden; geef maar hier! ik wil er meê naar den bakker.» — Eer men 't kan denken heeft zij de baker het ding afgenomen en snelt de deur uit. Een oogenblik zit men stom van verbazing, maar spoedig laten zich weêr stemmen hooren en verneemt men dat niemand de driftig weggesnelde vrouw voor schuldig houdt. Men begrijpt echter van de zaak niets. Nu, het raadsel wordt spoedig opgelost. De vrouw komt terug met een ander krentenbrood en vertelt: «De knecht van den bakker had het turfgebak voor eigen rekening gereed gemaakt om het ten geschenke te zenden aan eene meid, die voor eenige dagen moeder was geworden. Niet veel langer dan een jaar geleden had dit meisje den bakkersknecht zeer onheusch afgewezen en hierover wilde hij zich thans wreken. En nu had de bakkersvrouw, die van de zaak niet afwist, een der twee voorhandene groote krentenbrooden afgegeven, en ongelukkig het verkeerde.» Dit was nu een dier ouderwetsche grappen, die voorheen heel fraai werden gevonden, hoewel niet dikwijls vertoond. De bakkersknecht was hier geheel alleen de uitvoerder, maar het gebeurde ook, dat eenige snaken voor gezamenlijke rekening zulk een gebak lieten gereed maken. Het was juist niet altijd een gevallen meisje, *dy in hoech-izer ôfriden hie*, zooals men in de volkstaal zegt, dat er meê begiftigd werd, men koos soms ook eene jonge getrouwde vrouw, die zich, nog vrijster zijnde, wel eens wat vreemd aangesteld of zich den haat van een of meer jonggezellen op den hals gehaald had.

De kraamvisite wordt besloten met het drinken van koffie, door bruine kandij verzoet, en het eten van witte en bonte bolle (witte- en krentenbrood), boffert (tulband), met boter, kaas, rookvleesch, ham of zoo iets. Deze spijzen zijn allen gesneden, ook allen tegelijk en wel in groote hoeveelheden op tafel gebracht. Ieder mag toetasten en kiezen naar hartelust. Maar eene gesuikerde beschuit (*sûkertwiebak*) moet altijd op eene kraamvisite het besluit zijn.

Wat nog in het begin dezer eeuw vrij algemeen was, maar thans nog slechts hier en daar voorkomt, is het gebruik van *poffen* op eene kraamvisite. Dit gebak, ook *kraamfrous-poffen* genoemd, bestaat hoofdzakelijk uit deeg van melk en tarwebloem. Iedere pof wordt gemaakt uit twee ronde platgedrukte stukken deeg, die op elkander worden geplakt met een hoopje ruwe suiker er tusschen. Deze smelt bij het bakken en hare zoetigheid doortrekt het geheele gebak, maar dit neemt niet weg, dat men, een pof doorsnijdende, er nog een hart van bruine zoete pap in vindt. De poffen worden, met niet te weinig boter, meest warm gegeten; de bakker moet daartoe weten wanneer ze gereed moeten zijn. — Op de Joure en omstreken zijn de poffen ook bij deftige lieden nog in gebruik, niet alleen op de kraamvisites; maar zoodra men weet dat de kraamvrouw zich wel bevindt laat men haar warme poffen aan huis bezorgen.

Bestaat eene kraamvisite uit verspreid wonende boerenvrouwen, dan worden deze des avonds teruggehaald door hare mannen en ook dezen worden onthaald op de lekkernijen der ruimvoorziene tafel.

Aan plagerij en gekscheeren ontbreekt het veeltijds op zulk eene vrouwenbijeenkomst niet. Eene jonge vrouw, die twee, drie jaar of langer na haar huwelijk nog geen moeder is of staat te worden, of eene wier jongste kind reeds drie of meer jaren telt, raadt men als een heilzaam middel om dezen toestand te doen veranderen, het eten der plassen, de kapjes van het wittebrood, aan. In vroeger tijd, toen de zeden nog ruwer waren, bracht men, althans in het zuiden van Friesland, zulk eene vrouw met de «plasse» naar huis, zooals men het noemde. De geheele vrouwenschaar vergezelde dan die eene naar hare woning; daar werd de tehuisgebleven man uit het bed geklopt en als hij open deed ontving hij van de opgewonden vrouwen, die bij hem in huis drongen, eene vermaning die niet malsch was.

Op Schiermonnikoog werd vroeger kraamvisite gegeven onmiddellijk na de geboorte van het kind, misschien omdat de moeder dikwijls nog denzelfden dag uitging om haar werk te hervatten. Twee uren na de bevalling zaten de buurvrouwen reeds rondom de kraamvrouw vergaderd, ook in het holste van den nacht. — Voor eene behoeftige kraamvrouw ging daar eene vrouw langs de huizen der buren giften inzamelen in haar voorschoot.

In sommige streken heeft men ook *fammens-kreambisiten*, kraamvisites van volwassen meisjes. Volgens J. H. Halbertsma bestond vroeger de gewoonte dat men, als er een jongen ter wereld was gekomen, het kapje van de kaas sneed; dit werd in kleine stukjes verdeeld en ieder dezer bezet met negen kleine spelden. Zoo werden ze aan meisjes gegeven; zij aten de stukjes kaas op en droomden dan den eerstvolgenden nacht van hare aanstaande vrijers. Was het kraamkind een meisje, dan kwamen er jongens de stukjes kaas met spelden halen om een soortgelijk droomgezicht te krijgen.

Bij het afscheid geven de bezoeksters fooien aan de baker. Ook dit wordt van arme vrouwen niet verwacht of verlangd. — Onder de voorname burgers in de steden is het gewoonte, dat de kraamheer aan de baker bij het eerste aanbieden van het kind een fooi geeft. En dikwijls geeft of gaf de kraamvrouw op den negenden dag aan den dokter hare gift voor de genoten hulp in een voor deze gelegenheid gehaakt of geknoopt beursje. Ook wel wordt die gift gebracht door de baker, vóór haar vertrek. Onder de kleine burgers bestaan deze gebruiken niet en bij de plattelandbewoners zijn zij onbekend.

Vroeger werd na voldoende herstelling eener kraamvrouw door de baker een bloemruiker op de beddedeken gelegd en de echtgenoot beschonk haar daarvoor met een geldstuk. Zag men de vrouw weêr te midden van haar gezin, dan zei men: « De ruiker ligt weêr op de deken.» Beleeft eene jonge vrouw dit voor de eerste maal, dan is zij «over het glazen bruggetje gegaan.»

Toen er op de grietenij- en stadhuizen nog geen registers van den burgerlijken stand werden aangehouden, — dat is vóór 1811 — was men gewoon, en het gebeurt nog wel, de geboorte van een kind, evenals ook het overlijden van een nauwen bloedverwant aan te teekenen op de witte schutbladen vóór en achter in den huis-bijbel. Bezat men een Staten-bijbel, (hieronder verstaat men in de volkstaal nog altijd uitsluitend een ouderwetschen folio-bijbel), dan werd deze er bij voorkeur voor gebruikt. Zoo niet, dan koos men moeders kerkboek, een mediaan-octavo bijbel met twee zilveren haken of sloten, niet zelden ook met zilveren beslag om de hoeken en randen en ronde zilveren platen op het plat van den band, een en ander versierd met bijbelsche figuren in giet- of drijfwerk. — Viel er in vroegere dagen eene erfenis te verdeelen onder verre en soms twijfelachtige neven en nichten, dan waren zulke familie-bijbels wel eens het eenige middel tot aanwijzing der deelgerechtigden.

Het geboortebinden.

Het gebruik om iemand op zijnen geboortedag te *binden* wordt thans nog alleen op kinderen toegepast en ook dit is niet meer algemeen. Het verjaardagvieren op de manier der lieden van den «beschaafden stand» komt meer en meer in de mode. Vroeger bond men ook volwassenen. Het verjaargeschenk werd vastgemaakt aan een stevig touw, soms wel aan eene ketting. Dan werd de jarige, eer hij 't kon vermoeden of beletten, door twee of drie personen aangepakt en met dat touw of met die ketting zóó op een stoel vastgesjord, dat hij zonder hulp niet kon los komen. Men zorgde daarbij dat hij het geschenk op den rechterarm kreeg. En dan werd van een der binders dit versje vernomen:

N. N. hoort!
Ik vernaam uw geboort
En uw geboortedag,
Toen uw moeder van u in 't kraambed lag;
Toen uw vader de boodschap bracht
Dat zijn vrouw bevallen is
Van een jonge $\frac{sone}{dochter}$ frisch,
Die vandaag (20) jaar geworden is.
Ik kom u versieren
Met kransen en laurieren;
Ik bind u met hemelsch lof.

Uw dagen nemen immers of [af.]
Uw dagen zijn bij God bekend.
Ik wensch u een volzalig end.
Ik wensch u den vrede.
En alle menschen mede.
Christus is de wijnstok
En wij zijn de ranken.
Geef ons koffie en koek
Dan zullen wij u bedanken.
Of een glaasje wijn,
Dan zullen wij vroolijk zijn.

Soms maakt men het wat korter aldus:

Heden is het uw geboortedag,
Toen uw moeder van u in 't kraambed lag.
Jezus is de wijnstok
En wij zijn de ranken;

Belief je ons wat te geven
Wij zullen u bedanken.
Geef ons dan een zoeten koek met brandewijn,
Dan zullen wij tezamen vroolijk zijn.

De regels in het eerste versje: «Ik kom u versieren Met kransen en laurieren; Ik bind u met hemelsch lof (loof),» doen ons denken dat er voorheen bloemenkransen en groene versierselen bij te pas kwamen. Maar op het Bildt luidt het:

Ik kom op uw geboortedag
En vraag of ik u binden mag.
Ik bind u met geen tak of krans,
Maar met een band van hemelglans. [blauw dus?]

Jezus is de wijnstok
En wij zijn de ranken.
Geef ons koffie en koek,
Dan zullen wij u bedanken.

Achtte men den verjaarde in staat om iets te kunnen geven, dan kwam hij niet los, vóór hij koffie en koek, brandewijn of zoo iets had toegezegd. Dat ook volwassen meisjes zulk eene behandeling moesten ondergaan, laat zich denken. Het binden geschiedde echter meest door vrouwelijk personeel, ook als men een jonggezel voor had. Ouders werden wel door hunne nog niet volwassen kinderen aan den stoel vastgebonden, maar dan natuurlijk op geen ruwe manier. Een kind bond men eenvoudig het geschenk op den arm vast; dit was het werk der moeder of van eene oudere zuster. Het geschenk was gewoonlijk een stuk koek, een fraaie doek of iets anders tot de kleeding of pronk behoorende. En dan zeide men niet: «Ik heb een doek enz. op mijn verjaardag gekregen,» maar: «Moeder heeft mij gebonden met een stuk koek» of een «doek.» Een «stuk koek met twee plassen» geldt altijd voor een uitstekend kindergeschenk, en geen wonder! het is een geheele koek aan beide einden (plassen) ongerept.

In gegoede families ontving ieder kind, hetzij kort na zijne geboorte of later op zijn verjaardag, een geboortelepel. Dit was een

DE STIER CESAR,

vijf jaar oud, geb. 1 Mei 1872, gefokt door S. L. HILARIDES, landbouwer te Pingjum.

PIETERTJE II,

geb. 25 April 1877, gefokt door F. K. Cuperus, landbouwer te Boxum.

zilveren eetlepel waarop de naam, het jaar en de datum der geboorte van het kind werden gegraveerd. Zulk een lepel werd meestal
geschonken door een oom of tante, door de grootouders en ook wel
door de ouders zelf. En het zijn deze geboortelepels die dienst
doen bij het gebruik van brandewijn met rozijnen op een bruiloft
of kraamvisite.

Kinderspelen.

« Uit de spelen der kinderen verneemt men de laatste zuchten
van een stervend volksleven, dat voor eeuwen in kracht was, » heeft
J. H. Halbertsma ergens gezegd. Vele, zoo niet de meeste kinderspelen die thans nog bestaan, maar ook al sterk aan het afslijten
zijn, zijn in overouden tijd waarschijnlijk volksspelen geweest, waaraan
bij sommige gelegenheden, ook wel op godsdienstige feesten, door
volwassenen werd deelgenomen.

Een zeer eigenaardig jongensspel, dat voor jaren vooral in de
streek van Veenwouden tot Drachten bij levenslustige knapen in
den smaak viel, heette **pandjerooven** en moest worden gespeeld op
een weiland, op deze wijze:

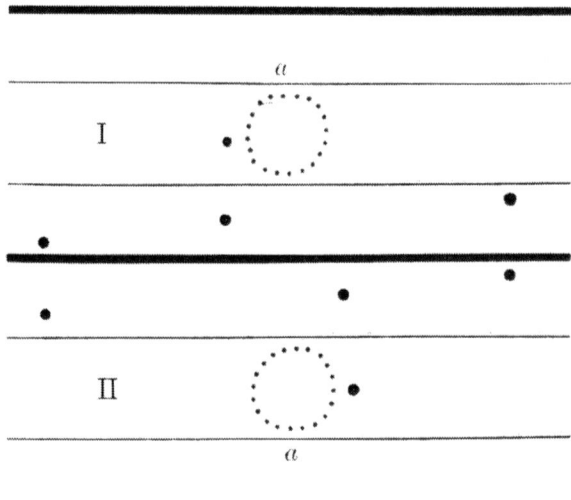

De dunne lijnen
zijn de gruppels
tusschen de akkers
waarin een stuk
land is afgedeeld,
de dikke lijn in het
midden is de grens-
scheiding tusschen
het grondgebied
der twee strijdende
partijen. Bij den
aanvang van het
spel staan in ieder
strijdperk een ge-
lijk getal knapen,
bv. 20, en even zoovele stokjes staan cirkelsgewijs in den grond
gestoken in het midden van ieder perk. Deze stokjes heeten panden
of pandjes. De jongens plaatsen zich in slagorde, verdeeld in groepjes, wier stand op de figuur is aangewezen door punten.

Het doel is elkander de panden te ontrooven, maar bij elken uit-

15

val mag door ieder slechts één worden gehaald. Dit geeft weldra een geloop en gedraaf over en weêr van belang, want ieder is er op uit iemand der tegenpartij, die de grensscheiding overschrijdt, te *tikken*. Gelukt dit dan is de getikte krijgsgevangen en verplicht zich te plaatsen achter den cirkel in het vijandelijk perk bij *a*, vanwaar hij zich niet mag verwijderen, tenzij hij verlost wordt. Ieder voor zich moet er dus op uit zijn een pand te rooven, een vijand te tikken en te zorgen zelf niet getikt te worden. Wie met een geroofd pand op eigen gebied terugkeert, plaatst dit bij of in den cirkel van eigen panden. Een krijgsgevangene kan de vrijheid terugerlangen als hij wordt getikt door een zijner partijgenooten, die zich daartoe ver op vijandelijk terrein moet wagen. Deze strijd kan niet eindigen zoolang niet alle panden van ééne partij zijn weggeroofd, iets wat moeielijk kan geschieden zoolang niet alle manschappen eener partij gevangen zijn genomen.

Het **rasket**-spel, thans niet meer algemeen bekend, werd gespeeld met een houten bordje, waaraan een handvat, en een kort stokje dat op den grond ligt. De knaap doet het bordje op het stokje en haalt het snel naar zich toe, waardoor het stokje een ronddraaiende beweging verkrijgt en op het bordje springt; hierop wordt het, eerst iets opgeheven zijnde, met geweld naar den op een afstand staanden knaap geslagen, die het met zijn bordje tracht op te vangen en terug te slaan.

Het geraas, veroorzaakt door het trekken van het bordje over het rollende stokje, schijnt aanleiding te hebben gegeven tot de benaming *rasket*.

Een soortgelijk spel is **roskepot en plank**, te Leeuwarden bekend. Ook hierbij gebruikt men een houten bordje van ongeveer 1 dM². met een handvat er aan; dit is de «plank». Verder de «keutel», een cylinder van $^3/_4$ dM. lengte en 3 cM. dikte. Vóór den aanvang van het spel trekt men een ring op den grond; deze is de «pot». De eigenaar van de plank speelt het eerst. Hij plaatst zich daartoe in den pot, werpt de keutel met de linkerhand omhoog en slaat haar met de plank weg, maar past op dat de keutel niet door de tegenpartij opgevangen wordt. Hierop wordt gevraagd: «Pot of plank?» — Is het antwoord «pot», dan wordt de plank in den ring gelegd en moet de op een afstand staande tegenpartij met de keutel werpen om de plank te treffen — als hij kan. Gelukt dit, dan is de speler af. — Luidt echter het antwoord «plank», dan tracht de tegen-

partij de keutel zoo dicht mogelijk bij den pot te werpen en de speler
tracht dit te beletten door met de plank de keutel terug te slaan,
als hij kan. Dit kan tot driemaal toe worden herhaald. Dan moet
er echter pot gezegd worden en mist hij nu de plank dan mag de
speler voortgaan. Nu wordt de achterzijde der plank met sterke drukking over de keutel getrokken, waardoor deze op de plank komt
te liggen, en dan wordt weggeslagen. Dit geschiedt tot driemaal
telkens op de plaats waar de keutel is terecht gekomen. Hierna
wordt de afstand tot den kuil in voetlengten geschat. Blijkt de
schatting te hoog te zijn dan is de speler af en het getal rekent
niet meê, ook wanneer de keutel door de tegenpartij opgevangen
wordt. Thans wordt de rand der plank op het achtereinde der
keutel gedrukt om haar op de plank te doen springen. Ook dit
wordt driemaal gedaan. Dan driemaal de keutel op de plank en dan
driemaal de keutel onder den duim, waarna het spel op nieuw begint. — Mislukt een slag, dan is men af. Sommigen slaan, om
het partij wat moeielijker te maken, de keutel eerst met de plank
twee- of driemaal ongeveer drie dM. de hoogte in.

Het **tipelen** geschiedt met een kort stokje, dat in dezer voege op
een steen wordt gelegd, dat men het, door met een langer stok er
op te slaan, omhoog kan doen springen; dan geeft men 't met den
zelfden stok een forschen slag, die het doet vliegen naar de tegenpartij. Deze moet het terugslaan als hij kan.

Het geschiedt ook nog op eene andere manier en wel met
twee harde stokken, de een eens zoo lang als de andere. De kortste
wordt over een in den grond gemaakt kuiltje gelegd en weggeslingerd met het eene einde van den langen stok. De tegenpartij tracht
het vliegend stokje op te vangen, maar dit gelukt niet altijd. Is
hij die het wegslaat bedreven in het spel, dan laat hij het laag
langs den grond snellen of werpt het hoog in de lucht over het
hoofd van de tegenpartij heen, al naar dat deze veraf of nabij
hem staat. — Is de weggeslagen kleine stok niet opgevangen dan
wordt de groote op den kuil gelegd en de tegenpartij tracht nu
deze met de door hem opgeraapte kleine te treffen door er meê te
werpen van het punt af waar het stokje neêrkwam. Treft hij den
stok, dan is de speler af, zoo niet, dan kan deze het werk voortzetten. Hij vat nu den kleinen stok in het midden aan en slaat
hem met den grooten weg. De tegenpartij raapt hem op en tracht
hem zoo na mogelijk bij den kuil te werpen, terwijl de speler

met den grooten stok hem tracht terug te slaan. Mislukt dit en komt de kleine terecht op kleiner afstand van den kuil dan de lengte van den grooten, dan is de speler af. Slaat hij het stokje terug, dan moet hij den afstand tusschen dit en het kuiltje schatten in voetlengten. Blijkt bij meting zijne schatting te hoog te zijn, dan is hij af; anders kan hij overgaan tot de derde beweging. Deze bestaat hierin, dat de speler den korten stok bij een der uiteinden tusschen duim en vinger neemt, met de rechterhand, waarin hij ook den grooten stok houdt. Hij brengt op eens de hand snel omhoog, laat den kleinen stok los en slaat hem in het nedervallen met den grooten weg. — Bij de vierde beweging legt hij den kleinen stok op het midden van den arm, — bij de vijfde op de pols, bij de zesde op den duim, bij de zevende onder den duim en bij de achtste op het uiteinde van den grooten stok. Wegslaan is altijd het doel. De negende en laatste beweging, *de bolle* geheeten, is de moeielijkste. De kleine stok wordt zóó op een steen gelegd, dat hij door een slag met den grooten opspringt, zoo hoog dat men hem door een forschen slag met denzelfden ver kan doen wegvliegen. Hiermede is het spel geeindigd.

Nog een ander tipelspel geschiedt zittende bij de tafel. Men heeft een twintigtal dunne beentjes ter lengte van een vinger, die men over elkander heen laat vallen, waarop men met een ander beentje het één voor, het ander na van den hoop moet wippen, zonder dat een der onderliggenden in beweging komt. Beweegt zich een beentje, dan is partij aan de beurt en die de meeste beentjes afwerpt zoo 't behoort is winnaar.

Haas en hond wordt wel op het ijs door schaatsenrijders gespeeld en te Makkum, althans vroeger, bij maneschijn. Twee, uit een gezelschap knapen, plaatsen zich op het midden der vaart, om de anderen, die door willen breken, te vangen. Die gevangen wordt komt bij de vangers om dezen te helpen. Dit spel wordt ook door volwassen jongelingen gespeeld.

In Oostdongeradeel spelen de kinderen **Dumouriez.** Of dit woord aan den veldheer van dien naam herinnert of van hem afkomstig is? — Vier jongens verschuilen zich voor elkanders gezicht aan de vier zijden van een huis, tuin of zoo iets. Is A het eerst als zoeker aangewezen dan kijkt hij om een hoek en twee jongens loopen gevaar gezien te worden, nl. B en D. — Is het bv. B die gezien wordt, dan roept A hem toe: «*Dumouriez!*» Nu moet B

zoeker zijn, maar hij mag A niet terstond snappen. Hij loopt om
den hoek en verraadt C. Deze verschalkt nu
D enz. Maar ieder heeft het recht van zijne
plaats te loopen om aan de blikken van den
zoeker te ontkomen. Zoo kan het gebeuren dat,
ofschoon elk bij den aanvang eene plaats aan
een der zijden van het huis had ingenomen, er later twee of drie
aan denzelfden kant schuilen. Wie echter 't eerst gezien wordt is
gefopt. Aanhoudend klinkt het geroep «*Du mourjé!* (Dumouriez)»
en steeds draaft men om huis en hof. Dikwijls wordt ook een paal
of schutting als *honk* aangewezen. Wie daar bij staat en die aanraakt is buiten het spel. «Honk» is bij al dergelijke spelen de
vrijplaats, die, eer het spel begint, bij onderlinge overeenkomst
wordt aangewezen. Wordt iemand vervolgd en hij weet honk te
bereiken, dan moet men hem ongemoeid laten.

Er is een afzonderlijk spel dat **tik-en-honk-boartsjen** heet, hetzelfde
als krijgertje spelen. Eén der speelgenooten is dan de tikker. De
anderen zijn voor hem veilig zoolang zij op het bepaalde «honk»
blijven, maar dit is natuurlijk het doel niet. Allen wagen zich
buiten honk, en de tikker moet trachten er een te treffen op verboden terrein. Gelukt hem dit, dan wordt de getikte zijn opvolger.

De oude Leeuwarders hadden om het midden der 18de eeuw en
later nog een jongensspel dat **pike** werd genoemd. Eén knaap stond
voorovergebogen, een ander sprong hem op den rug en zeide:
«Pike doltle rara, fiesje, foesje, fé!» terwijl hij vingers opstak, wier
getal de gebukte raden moest. Bij Roemer Visscher, Sinnepoppen
3e Schok 162, heet het *Pik Olie Graef*. Pike was in de eerste helft
dezer eeuw nog te Leeuwarden bekend, maar het was verbasterd tot
«pikedoltjerave, sonnefoesjefé.» — Een spel dus, soortgelijk aan wat
nog op verschillende plaatsen bekend is, waarbij één, soms drie of
vier knapen, achter elkander en aangesloten, voorover gebukt staan,
terwijl evenveel anderen hen op den rug springen. Die het eerst
springt, moet dit goed kunnen, want in één sprong moet hij op
den voorsten rug komen te zitten. Als allen gezeten zijn, steekt
hij die 't eerst sprong, twee of drie vingers op en zegt: «**Bok, bok!**
hoeveel hoornen heb je op den kop?» Zijn bok moet raden. Raadt
deze goed, dan herkrijgt hij, met al de andere «bokken» de vrijheid; zoo niet, dan wordt de proef herhaald. Ook worden al de
«bokken» springers, zoodra een der laatsten een missprong maakt.

Bok, bok, sta vast! is een jongensspel, waarbij de een over den ander, die in gebukte houding staat, heenspringt, en daarbij zijne handen op diens rug steunt. — «Bok staan» noemt men het voorover gebukt staan, met het hoofd tegen een boom of muur, om den makker het beklimmen van den boom of een hoog venster gemakkelijk te maken.

Botten heet te Hindeloopen het werpen eener munt tegen een muur of schutting, om ze terug te doen springen in een op den grond getrokken kringetje, waarin de spelers hunne centen hebben gezet, om welken gespeeld wordt. Elders noemt men dit *stuiten*, te Leeuwarden ook *spatten*.

Beule, streekbeule wordt te Makkum gespeeld. Daarbij werpen de jongens met centen naar een op den grond getrokken streep. Hij wiens cent ten slotte het naast aan de streek ligt, neemt al de centen tusschen zijne handen, schudt ze dooreen en werpt ze omhoog. Het grootste getal dat met dezelfde zijde naar boven komt te liggen is voor den werper. Met de overblijvenden doet zijn opvolger hetzelfde en zoo verder tot alle centen aan den man zijn.

Spelen, die niet alleen door knapen maar ook door volwassenen worden gespeeld, zijnde meestal spelen om gewin van geld, zullen later worden genoemd, hieronder behoort ook het **kootspel**. Maar een eenvoudig en onschuldig kootspel, dat niets is dan kinderspel, bestaat er onder de dorps- en boerenknapen in den greidhoek. Een rechtgeaard boer ziet natuurlijk niets liever dan dat zijne jongens van kindsbeen af veel op hebben met vee en alles wat tot de boerderij behoort. Hij geeft gaarne toe aan hun verlangen naar een koestal in het klein van hout, wanneer nl. een der grootste knapen zelf niet in staat is zulk een toestel saâm te knutselen. Kooten uit koeiepooten worden daarin geplaatst als koeien, en schenkels als paarden. Niet zelden worden de voorwerpen ook beschilderd, en zwart en witgevlekt, om nog wat meer gelijkenis te hebben met de dieren die zij moeten voorstellen. Een groote greidboer heeft 's winters wel meer dan vijftig runderen op stal en ieder dezer dieren geeft men een afzonderlijken naam, waarin men zich nooit vergist. — Dit wordt ook door de knapen toegepast op hun *beenderenvee*, en dit juist behaagt de ouders bijzonder. Zwartkop, witkop, muis, kamrug, zwarthak, withak, kortuier, drieuier, lakenbonte, herfstkalf en dergelijke zijn zeer gewone koeienamen. Men geeft ze ook menschennamen naar de personen van wie men ze gekocht heeft; want het is niet enkel zelfaangefokt vee wat een boer op stal heeft. Een ontijdig geboren dier heet een slakje en de stier meestal « rosbeier.» Alleen met het opnoemen der namen hunner ingebeelde koeien kunnen boerenjongens zich een heele poos vermaken. Soms worden de diertjes van stal genomen om er meê te kootschieten.

Het spel dat **boefke** heet, wordt het best gespeeld door een flink getal jongens. Twee hunner moeten de anderen krijgen, wanneer deze zich in verschillende richtingen hebben verspreid. Wordt een hunner gevat, dan vraagt men hem het wachtwoord af. Dit is voor de eerste maal gewoonlijk *brood*, en noemt hij dit, dan mag hij weêr vertrekken. Krijgt men hem ten tweede maal in handen dan heeft het wachtwoord veelal een vieze beteekenis, en voor de derde maal is het weêr wat anders. Nu is de gevangene evenwel verplicht mede te helpen om de anderen te pakken.

Het hond- en haasspel werd vroeger te Makkum, waar het *ar, ar, ar,* en ook wel *ar-spel* heette, aldus gespeeld : Een gezelschap knapen vergaderde op de Vuilnisplaats, eene plek bij de sluis te Makkum, waar de schepen vee, hooi, enz. inladen voor Holland en de Zuiderzee-eilanden. Van hier ging men langs de Voorstraat de Waagstreek door naar de Appelmarkt, om vandaar door de Zwaan-steeg op de Vuilnisplaats terug te komen. Dan overlegde men wie hond zoude zijn en kon men dit eens worden, dan was men tot zoover gereed. Gelukte dit niet, dan moest men *bokje* (bokken) wie hond zoude zijn. Het gezelschap ging in een kring staan en hij, die « bokken» zou, midden in den kring. Hij gaf met de hand ieder op zijne beurt een duwtje tegen de borst — dit was bokken — onder het uitspreken van dit rijmpje:

Rients Robberts [Prins Robbert] was een jentelman,   Een jentelman was hij.
Hij had een broek van krenten an,   Een rok van rijstebrij.
Zijn oogen waren vuur,   Zijn bienen waren koek.
Zijn vaêr dat was 'n smid;   Hij viel met 't bien tegen 't ambeld an,
Zijn bil viel uit het lid. [1]

Wie bij het laatste woord den tik tegen de borst kreeg moest hond zijn. De hazen kozen nu het hazenpad langs dezelfde straten en stegen die men was doorgegaan om het jachtveld te bepalen; daarbuiten mochten ze niet komen. Een haas, die gevangen werd,

---

[1] Dit *bokken* noemt men elders *tellen* en doet het met andere rijmpjes, waarvan hierachter eenige meêgedeeld worden.

moest mede voor hond spelen, en had men den laatsten haas gekregen, dan was het spel uit. Men kon het herhalen zoo dikwijls men wilde.

Iets anders ging het **katspel**. Een van het gezelschap werd bij overeenkomst of door middel van «bokken» aangesteld als kat. Ook hij moest de anderen vangen, maar moest dit doen, opspringende en met de voeten tegen elkander slaande. En men mocht de Vuilnisplaats, die met een rij palen omringd was, niet verlaten. Wie er buiten kwam was van het spel af.

Het **smidsketting** of het **kettingsmeden**. Eenige knapen staan naast elkander op een rij, en vóór hen staat er een die de baas-smid is. Een ander komt vragen of de baas hem ook eene ketting kan smeden, maar die moet zeer sterk zijn. De smid verzekert, dat hij eene ketting zal maken, die geen zeven reuzen in stukken zullen kunnen trekken. Maar die moet ontzaglijk veel geld kosten. Dit is voor den besteller geen bezwaar en de baas gaat aan het werk. Hij gaat langs de rij en legt de rechterhand van den een in die van den ander en dan ieders linkerhand weêr in die van een ander. Op deze wijze worden allen aaneengesloten en de ketting is gereed. De besteller komt nu om de sterkte er van te beproeven. Hij drukt met eenige kracht op de aaneengesloten handen, nu van het eene dan van het andere paar. De knapen doen hun best om elkander niet los te laten; maar ten slotte snapt er, hetzij opzettelijk of niet, een paar handen los en de ketting is gebroken. De smid neemt de vlucht, wordt achtervolgd en gevat en krijgt dan slagen zoo 't heet. De smid wordt ook wel verbrand. Door het breken der ketting is de rij in tweeën gedeeld. Deze twee deelen moeten nu tegen elkander trekken, en de partij, die de andere tot zich overhaalt, wint het.

Snoek, snoek, midden in de broek. Twaalf of veertien knapen staan in een kring, nemen elkander bij de hand en heffen de handen op, zóó dat men er, een weinig gebukt, onder door kan gaan. Eén knaap staat in het midden van den kring, een ander er buiten. De buitenstaande roept: «Snoek, snoek, midden in de broek! door welke gaten piept ge?» De binnenstaande antwoordt: «Door het één, door het ander, door allemaal.» — In sommige streken heeft men hiervoor dit formulier: «Snoek, snoek, waar ben-je?» — «Midden in den ring.» — «Piip snût!» — «Alle hoeken en gaten ût!» — Hierop beginnen de twee te krijgertjespelen, elkander

vervolgende dan weêr binnen, dan weêr buiten den kring, altijd
onder de poortjes door, gevormd door de opgeheven armen. Wordt
de voorste door den achterste gegrepen, dan kunnen de twee plaats
nemen in den kring en twee anderen hun spel opvatten.

Knikkeren. Dit kan men doen enkel voor het genot en ook om
winst en verlies van knikkers. Twee, drie of vier personen kunnen
er aan deelnemen. Men maakt eerst een kuiltje in den grond of
krabt met een scherp voorwerp een ring; dit is de pot. Op een
afstand daarvan trekt men een streep «de meet» en vanhier begint
men te knikkeren naar den pot toe, no. 1 het eerst. Deze tracht
zijnen knikker zoo na mogelijk bij den pot te brengen. No. 2 mag
den knikker van no. 1 treffen als hij kan, en gelukt dit, dan is
no. 1 dood, d. i. van het spel af. Gelukt het niet dan is no. 3
aan de beurt. Deze tracht één van de twee vóór hem liggende
knikkers te schieten; mislukt dit, dan heeft no. 4 drie kansen om
er een te treffen. Treft hij niets dan is no. 1, als hij niet dood is,
weêr aan de beurt en ligt zijn knikker nu niet verder dan een span
zijner hand van den pot verwijderd, dan mag hij tweemaal achter
elkander knikkeren, een voorrecht dat ook hem ten deel valt, wiens
knikker in den pot terecht komt. Treft men met den tweeden keer
een knikker dan mag men nog een schot doen. Het doel is altijd
anderen af te maken en wie ten slotte overblijft is winnaar. —
Doet men dit om gewin dan betaalt hij die doodgeschoten wordt
een knikker aan die hem trof. Wordt iemand, reeds gewonnen hebbende, getroffen, dan staat hij zijne winst aan den overwinnaar af
en nog een knikker uit zijn eigen zak bovendien.

Het duitknikkeren gaat aldus: Op een afstand van tien à twaalf
voet (een oude friesche voet is ongeveer 28 cM.) van de meet
maakt men een pot van ongeveer een halfvoet in doorsnede, hierin
zet men door middel van wat zand of stof een cent, vroeger duit,
op den kant. Op ongeveer zes voet afstands zet een ander speler
zijn cent in een pot of op den grond getrokken kring — en zoo
doet ieder medespeler. Nu wordt er eerst geknikkerd om 't verst
en wie dit wint is no. 1. Deze doet nu 't eerst en kan hij zijn
knikker zooveel vaart geven dat deze het achterste potje bereikt,
dan heeft hij straks kans centen uit de voorste potjes weg te nemen.
Wie een cent omver knikt heeft hem gewonnen en mag terstond
nogmaals knikken. Brengt iemand zijn knikker zoo nabij een potje,
dat hij, bij den knikker nederhurkende, over den pot kan reiken,

dan mag hij hem daar binnen plaatsen waar hij wil. Hij plaatst hem dan onmiddellijk tegen den cent, om niet gemakkelijk getroffen te kunnen worden, en komt hij weêr aan de beurt, dan knikkert hij den cent even omver. Het doodschieten komt ook hierbij te pas met dezelfde bepalingen als bij het kuiltjeknikkeren, zoodat ten slotte één de winner wordt van alle centen.

Vooral bij het knikkeren, maar ook bij andere spelen, wanneer 't om winnen of verliezen gaat, nemen of namen althans vroeger de kinderen de toevlucht tot een toovermiddel, als zij hunne kans om te winnen in gevaar meenden te zien. Was de partij gereed zijn knikker af te schieten, dan maakte de ander daar, waar hij den knikker niet wenschte, met den vinger een kruisje op den grond, onder 't uitspreken van het tooverformulier: «Kruiske bitsjoent alles,» kruisje betoovert alles.

Magorje is een jongensspel met knikkers of hazelnoten. Ieder der medespelers zet een gelijk getal knikkers of noten in en deze worden in een rij op den grond gelegd. Eenige schreden van deze rij verwijderd trekt men de maatstreep. Bij wijze van loting wordt uitgemaakt wie het eerst zal spelen. Men werpt naar de rij met zoogenaamde schieters, waarvoor ieder voor zich den grootsten knikker of noot uitkiest. Wordt er een noot uit de rij geschoten, dan heeft de schieter niet alleen deze maar ook alle rechts er naast liggenden gewonnen. Op het linkereinde der rij is het dus altijd gemunt. Hebben allen geschoten dan wordt er weêr bijgezet. Hierdoor is de rij nu eens lang, dan eens kort en het spel kan voortduren tot men er een einde aan verkiest te maken.

Toppen. Een tol heet in Friesland «top» en het spelen er meê «toppen». — Hierbij heeft men verschillende regels en niet overal dezelfde. Een spel dat te Makkum *topdikeljen* heet, gaat aldus. Men trekt op de plaats waar men speelt een kring, waarbinnen ieder zijn tol zóó tracht te zetten dat hij een geruimen tijd gaande kan blijven. Maar heeft één dit gedaan dan tracht een ander met zijn tol den in den kring staanden zóó te treffen, dat beide ver weg spatten. Gelukt dit en geraakt daarbij de treffer van het gaan af dan is de eigenaar verplicht zijn tol binnen den kring te leggen. Deze tol wordt nu het mikpunt van alle anderen en het laat zich denken dat bij dit werk menig tol «blast» wordt, d. i. van het gaan af geraakt, en dezen moeten allen binnen den kring gelegd worden. Rolt er door dit «dikeljen» een tol buiten den kring, dan mag de eigenaar weêr aan het spel meêdoen. Trouwens ieder mag van zooveel tollen gebruik maken als hij bezit, en men kan met dit spel aanhouden zoolang men wil.

Eene andere manier is het over den streep halen. Men maakt op den grond twee strepen ongeveer tien voet van elkander, op één waarvan een tol moet liggen. Biedt niemand den zijnen hiervoor aan, dan zet ieder zijn tol en de eerste die «blast» is moet op de streep. Op dezen richten nu allen hunne tollen en sommige goedgeoefenden weten daarbij met zooveel kracht en behendigheid het tolkoord terug te trekken, dat zij den liggende een eind van de streep doen rollen en zoo nader bij de andere streep brengen. Wanneer hij, wiens tol op de streep ligt, den staanden tol van een ander, door zijn snoer er om te slingeren, weet op te halen en op zijne hand te doen staan, dan mag hij zijn tol van de streep nemen, en den opgehaalden er voor in de plaats leggen. In dit ophalen zijn niet allen even bekwaam. Komt er een blast, dan wordt deze op de streep gelegd en hij wiens tol er reeds op lag, mag nu met zijn snoer, door de beide einden er van in de handen te nemen, beproeven den blasttol zoo hoog te doen opspringen dat hij hem in de hand kan vatten. Gelukt hem dit, dan mag hij zijn tol van de streep nemen en den blasttol er op leggen. Wordt eindelijk de liggende tol over de tweede streep gehaald, dan wordt hij in een klein kuiltje vastgelegd, en ieder medespeler heeft het recht om met zijn tol drie slagen op den liggenden te doen. Een fraaie tol kan hierdoor deerlijk toegetakeld en geschonden worden.

Tandpompen. Dit behoort ook te Makkum te huis en geschiedt met koeietanden. Ieder der medespelers, tien of meer, geeft twee tanden. Die 't eerst speelt krijgt ze allen in de hand — soms zijn er zooveel, dat hij beide handen noodig heeft — en laat ze vallen op den rand van een stoep. Blijft op de stoep een even getal liggen, dan heeft no. 2 een vrijen worp. Werpt deze zóó, dat een oneven getal op de stoep blijft, dan heeft hij alles gewonnen. Is zijn worp ook even, dan gaat men verder tot één het spel wint. Heeft er soms een geen tanden in den zak, maar wel een halven cent, vroeger duit, dan neemt hij elf tanden bij een halven cent. Nu wordt bepaald of het centje achter op de hand of in het midden of op de einden der vingers zal liggen. Legt men het achter op de hand dan wordt er een groote tand opgelegd, maar op de vingers, dan worden al de elf tanden op den halven cent gelegd. Wie er goed op is afgericht weet nu zóó te werpen dat alleen de halve cent op de stoep blijft liggen. Dit is oneven en hij heeft alle tanden gewonnen. In het omgekeerde geval is natuurlijk de halve cent verloren.

Men speelde vroeger met deze tanden ook wel ongeveer op dezelfde wijze als elders met kooten.

Elkander **over de zee zetten** of wippen doen de knapen als zij in hooi of stroo spelen. Een gaat op den rug liggen met de geopende handen boven zijn hoofd uitgestrekt en de voeten omhoog. Een ander, zonder schoenen of klompen aan, gaat op de geopende handen staan en zich voorover buigende met zijne handen of borst steunen op de voetzolen van den liggenden. Zoo weet deze zijn makker op te heffen en over zich heen een eindje ver weg te slingeren.

De zwarte leider (verleider). Bij dit spel wordt één aangesteld als zwarte leider en één als schaapherder. De overigen zijn schapen. De zwarte leider verschuilt zich zonder dat de anderen weten waar. De kinderen staan op een rij en de op eenigen afstand staande herder roept: «Hok uit, mijn schaapjes!» — Antw.: «Wij durven niet.» — Herder: «Waarom niet?» — Antw.: «Om den zwarten leider niet.» — Herder: «De zwarte leider zit gevangen, Tusschen honderdduizend knijptangen, Tusschen zon en maan, Herder, laat je schapen maar gaan.» Nu gaan de kinderen, snelloopende, den zwarten leider zoeken. Ziet hij echter kans om een hunner onverhoeds te bespringen en te *tikken*, dan moet hij, wien dit treft, in het volgende spel de zwarte leider zijn. Wordt hij door de zoekers gevonden en weet hij nu den herder, die op honk is gebleven, vóór de anderen te bereiken, dan blijft hij de zwarte leider. — In sommige streken heeft men bij dit spel «de ruige wolven» inplaats van den zwarten leider.

Mol, mol, waar is de mol? Een der kinderen, die «de mol» is, verschuilt zich; de anderen, hoe talrijker hoe liever, loopen hand aan hand in eene rij naast elkander en zingen:

> Mol, mol, waar is de mol? Naar Amsterdam.
> Wat doet hij daar? Hij kamt zijn haar.
> Laat hem van avond eens thuis komen, Dan zal hij wat hooren;
> De bedstok [1]) op zijn ooren.

Dit liedje wordt herhaald tot zoolang de mol zijn kans gunstig

---

[1]) Een stok, voor de vrouwen onmisbaar bij het opmaken der bedden, toen de bedsteden zoo hoog waren dat men met een trap er op moest klimmen.

ziet en te voorschijn springt. De kinderen gaan snel allen op de
hurken zitten en wie dit niet kan doen eer de mol hem getikt
heeft, moet nu mol zijn. — In sommige streken heeft men het
liedje aldus:

> Louw, Louw, waar is Louw? Louw zit in de peerdestal.
> Wat doet hij daar? Hij kamt zijn haar, enz.

Sjerp is op. Of hierbij gedacht moet worden aan *sjerp* (stroop)
of aan een manspersoon die Seerp (spreek uit *Sjerp*) heet is mij niet
duidelijk. Het spel kan geschiktst worden gespeeld waar eene rij
boomen staat. Vroeger deden de knapen het gaarne op een kerkhof.
De nommers op den kerkmuur die de rijen graven aanwijzen, waren
dan de standplaatsen. Maar het spelen op het kerkhof is thans verboden. Ieder der medespelers neemt plaats bij een boom. Men kan
er om loten welken boom ieder voor den zijnen moet nemen, en ook
om 't hardst loopen, ten einde zoo mogelijk ieder voor zich de
beste plaats bemachtige. Is ieder op zijne plaats, dan roept er een,
die bij honk staat: «Sjerp is op! Sjerp is op!» waarop allen zich
haasten om op honk te komen. Wie de laatste is moet de *brits*
ontvangen. De knapen gaan achter elkander staan met de beenen
wijd vaneen. Door deze poort moet de strafschuldige op handen
en knieën kruipen en 't is hem geraden dit zoo snel mogelijk te doen,
omdat daardoor het getal slagen dat hij krijgt minder groot zal zijn.

Klaverzoeken. Een wordt aangewezen als spook en deze verschuilt
zich. De anderen gaan hand aan hand van honk en zingen aanhoudend:

> Wij zullen uitgaan klaverzoeken; Of er ook een spookje zit!

Dit duurt tot dat het spook wordt vernomen. Dan laten allen
de handen los en ieder spoedt zich om bij honk te komen. Wie,
eer hij honk bereikt heeft, door het spook wordt getikt, moet nu
spook zijn.

Bruinnageltje. Vier kinderen staan bij elkander; twee aan twee
nemen ze elkanders beide handen, zóó dat de armen van het eene
paar dwars over die van het andere liggen. Nu gaan ze zingen:

> Bruinnageltje! Bruinnageltje! Kruip onder mijn gebod!

Dan slaat het eene paar een paar armen om den hals van een
der anderen. Het deuntje wordt herhaald en telkens een paar armen
om een der halzen geslagen, zoodat men ten slotte een elkander
omarmend viertal ziet. Dit begint nu snel op en neêr te springen
onder 't luid zingend herhalen van de woorden: «Hier hê wij
een kattendans.»

Hou op en hou aan. De kinderen gaan bij paren hand aan hand achter elkander staan en steken allen de handen omhoog, zoodat dezen een poort vormen. Het achterste paar gaat door deze poort, zingende:

> Hou op en hou aan, Daar komen wij aan,
> Daar gaan wij door de kousebaan. De kousebaan met knoopen,
> Daar zijn wij door geloopen.

Is dit paar door de poort dan neemt het vooraan in de rij plaats. Een ander van achteren komend paar is reeds weder in aantocht, en wordt ook al weêr door een ander gevolgd. Dit kan men volhouden zoo lang men wil. Hoe langer de poort is, dit wil zeggen, hoe grooter 't aantal paren, hoe mooier 't gaat.

Dit wordt ook eenigszins anders gespeeld: Men vormt een langen, langen regel, jongens en meisjes, achter elkander aan, en elkander vasthoudende, de meisjes bij de kleêren (rokken), de jongens hand in hand, opleggende als bij het schaatsenrijden. Dan loopt men in slangvormige en krakelingvormige bochten onder de opgeheven handen door van het telkens afwisselende voorste paar, onder het zingen van 't bovenvermelde liedje, ook wel aldus:

> Houd op en houd an, Wij loopen al door die kouseban
> Die kouseban met knoopen, Daar zijne wij deurgekropen.

Galop. Twee kinderen loopen naast elkander hand aan hand, zóó dat de beide rechter- en de beide linkerhanden elkander omvatten. Hierbij wordt gezongen:

> Haken en oogen, Tiketakke togen,
> Spjeld [speld] pompier, Niddel [naald] nidder lier.

Telkens als het liedje uit is, zwenkt het paar, zonder de handen los te laten, zoodat de personen van stand verwisselen. Op het Bildt luidt het liedje aldus:

> Haken en oezen, Tiketakke toezen,
> Wit pompier, zwart pompier, Strak komt Paulus Jonas hier.
> Paulus Jonas is zoo'n beest, Hij is vannacht bij de h..... geweest.

Hansje mijn knecht. Voor dit spel wordt er één aangesteld als heer en één als knecht. De overige spelers plaatsen zich naast elkander op een rij na vooraf fluisterend den heer te hebben gezegd wat ieder wil zijn. De een is bv. de gouden halsband, de ander de zilveren kurk, de derde de juweelen ring enz. Staat ieder op zijne plaats dan spreekt de heer den knecht toe: «Hansje mijn knecht!» — *Knecht.* «Wat blieft, mijnheer?» — *Heer.* «Haal mij dit, haal mij dat, Haal mij de gouden halsband weêr.» — De knecht wijst op één in de rij en zegt: «Zie die, mijnheer!»

Hierop zegt de heer: «mis geraden!» of: «wel geraden!» — Is het geraden dan neemt hij de vlucht en «de gouden halsband» vervolgt hem. Kan deze den heer tikken dan wordt hij heer en de getikte moet op zijne plaats staan. Kan de heer op zijne plaats terug komen zonder getikt te zijn, dan blijven beide wat zij zijn, maar «de gouden halsband» moet een anderen naam aangeven.

Pypkeskûl-boartsje, ook *biside-boartsje,* is verstoppertjespelen.

Hintsje bilizze. Eenige kinderen staan in een kring, het gelaat naar het middelpunt gekeerd. Eén loopt rondom den kring met een zakdoek in de hand en zingt:

't Hintsje wol lizze,	't Hennetje wou leggen,
Ik doarst it net sizze.	Ik dorst het niet zeggen.
Kyk efter jou,	Kijk achter u,
Kyk foar jou,	Kijk voor u,
Kyk oan de beide siden fen jou.	Kijk aan de beide zijden van u.

Al rondloopende en zingende laat hij ongemerkt den doek vallen; verneemt degeen, achter wien de doek ligt, dit niet, dan wordt hij door den rondlooper getikt en moet den kring verlaten. Verneemt hij 't wel, dan neemt hij den doek op, vervolgt den rondlooper en kan hij dien tikken eer deze de verlaten plaats heeft ingenomen, dan is de getikte van 't spel af. Zoo niet, dan blijft deze staan en die den doek opnam is nu rondlooper. — Het liedje wordt ook aldus gezongen:

Doekje belegge Kan niemand zegge.
Kyk voor jou, Kyk achter jou,
Kyk an je beide ziden. Het doekje is mij ontgliden.

En ook aldus:

Et hintsje wou leggen	Kyk van achteren,
En dust [durfde] et niet zeggen.	Kyk van foaren,
't Leit nog niet.	Kyk van beide ziden.

Laet et doekje maer gliden, maer gliden.

Stoppenbâlle lit net sjên (laat den verstopten bal niet zien). Hierbij wordt een bal in de kleederen van een der kinderen of op eene andere plaats verborgen. Een ander moet den bal zoeken, terwijl de overigen roepen: *Tige, tige ticht! pas op, dat hij de bal net krycht,* ter dege, ter dege dicht! pas op, dat hij den bal niet krijgt.

Daar zit een in den ketel. Een meisje zit gehurkt neder; haar bovenrok of schort wordt omhoog gehouden door de kinderen die in een kring rondom haar staan. Eén, met een tot een bal saam-geknepen doek in de hand, loopt rondom den kring en zingt:

Daar zit een in den ketel,　　Breng ze aan de lieve meid,
Van molle molle mol,　　Ré, ré! op het kantje van de zee,
Wat zulle we vanavond ete?　　Daar smijt ik mijn baltje heen. —
Zout, zout, zout.　　Die kan naaien, Die kan breien,
Breng de schoentjes wel bereid,　　Die kan alle mooie popkes maken.

Bij het zingen: «Daar smijt ik mijn balletje heen,» werpt hij of zij den doek in den «ketel;» wie der omstaanden dien 't eerst pakt wordt rondlooper, of bij nalatigheid afgetikt.

Anke Tanke Tooverhékse. Een meisje heeft de rol van tooverheks, een ander die van moeder. De kinderen zitten neder op eene plaats die «het huis» heet; de moeder staat er bij. De tooverheks komt en zegt: «Klopperdeklop!» — *Moeder.* «Wie klopt daar aan?» — *Heks.* «Anke Tanke Tooverhekse.» — *Moeder.* «Wat wil die hebben?» — *Heks.* «Een kooltje vuur.» — *Moeder.* «Ga maar naar je naaste buur.» — *Heks.* «Mijn naaste buur is niet tehuis.» — *Moeder.* «Kom dan maar bij mij in huis.» — De heks komt binnen en zegt: «Wat heb je daar mooie kindertjes.» En terwijl de moeder een kooltje vuur gaat halen steelt de heks een der kinderen. Dit wordt herhaald tot de moeder al hare kindertjes kwijt is, en dan wordt zij tooverheks.

Hiltjemoei. De kinderen staan naast elkander op een rij. Een meisje, die Hiltjemoei is, zit op kleinen afstand gehurkt. Een ander, die Blauwdoekjekoop is, komt langs de rij met een zakdoek in de hand en vraagt ieder op zijne beurt: «Wil je ook een mooi blauw doekje koopen?» — «Wat kost het?» — «Een blauw oortje en een kop vol suup [karnemelk].» — «Een blauw duitje, dan neem ik het.» — «Né, dat kan niet.» — Zoo gaat de koopvrouw langs de rij zonder te verkoopen. Nu gaat zij naar Hiltjemoei; deze koopt, maar — heeft geen geld. Zij verzoekt en verkrijgt een paar malen uitstel, maar als de koopvrouw ten derden male komt manen zegt de oude «dat zij nooit betalen wil.» Hierop komt de koopvrouw weêr langs de rij en zegt: «Hiltjemoei wil mij niet betalen; wat zal ik haar doen?» — De een zegt: «De handen afslaan;» de ander: «De beenen afkappen;» de derde: «De ooren afsnijden,» en zoo vervolgens. De koopvrouw gaat telkens naar Hiltjemoei en maakt de bewegingen, alsof zij de gevorderde straf aan haar voltrekt. De laatste in de rij eischt gewoonlijk dat Hiltjemoei in alle korreltjes zal worden gekapt. Is dit geschied dan is zij dood en nu komt de koopvrouw met de boodschap: «Hiltjemoei is gestorven.» — «Wanneer?» — «Gisteravond bij de keers; Hang maar achter an myn eers.» — De een vat de ander achter bij de kleêren aan; zoo gaat de geheele rij achter elkander en loopt rondom Hiltjemoei zingende: «Bombam! Bombam!» — Onverwachts springt Hiltjemoei op, het begrafenisvolkje stuift uiteen en wie nu door haar het eerst getikt wordt is voor 't volgende spel haar opvolgster.

Een spel, alleen voor meisjes, is: **Moeder, mag ik eens op de kamer zien?** — De moeder plaatst zich op een brug of andere af-geperkte plaats, die hare kamer heet. De kinderen komen ieder op hare beurt vragen: «Moeder, mag ik eens op de kamer zien?» — *Moeder.* «De kamer is geschrobd.» — *Kind.* «Dan wil ik mijn kousen en schoenen wel uittrekken.» — *Moeder.* «Kom er dan eens op zonder lachen en spreken.» — Het kind trekt de schoenen of klompen uit en betreedt de kamer, terwijl de moeder allerlei grimassen maakt om het kind te doen lachen, of door het doen van vragen aan het spreken te krijgen. Gelukt het een of het ander, dan wordt het kind weggejaagd en moet hare beurt afwachten om op nieuw te mogen vragen. Wie de proef doorstaat mag blijven. Zijn ten slotte alle kinderen op de kamer, dan maakt de moeder een zandhoopje en daarin een kuiltje; dit is haar brijpot. Zij moet zich even ver-wijderen en verzoekt de kinderen op den brijpot te passen. Maar zij is niet weg of de kinderen schoppen den brijpot uit elkander en vluchtende roepen zij: «Moeder, moeder, de brijpot ligt om!» — De moeder achtervolgt haar en die 't eerst door haar wordt getikt moet in het volgende spel moeder zijn.

Sluiken. Een jongensspel. Men trekt met eene tusschenruimte van ongeveer drie meter twee deugdelijk-dikke strepen dwars over den weg waar gespeeld wordt. Het door deze twee strepen ge-vormde perk heet «de sluik» (Fr. *slûk*, spreek uit *sloek*.) In dit perk staat een knaap. Alle medespelers loopen tegelijk er door en dien de wachter binnen de sluik grijpt, zet hij in het hondengat, een op den grond getrokken ring ter zijde van het perk. Weêr loopen al de vrijgeblevenen, nu van den anderen kant, door het perk en weêr is de wachter er op bedacht een hunner te grijpen. Gelukt dit, dan komt deze in het hondengat en de eerste mag er uit om meê te helpen in het park anderen te pakken. — Nemen de beide «sluikers» er weêr een gevangen, dan wordt de man die thans in 't hondengat staat aangesteld als derde sluiker. De pasgegrepene wordt zijn opvolger in 't hondengat, waar hij moet blijven tot er ook voor hem een plaatsvervanger komt. Op deze wijze komt het

16

eindelijk zoover dat er slechts één knaap vrij is gebleven. Deze moet nu beproeven driemaal achtereen door het perk te loopen zonder gegrepen te worden. Gelukt hem dit, dan heeft hij een schitterend heldenfeit verricht en wordt uitbundig toegejuicht. In dit geval is hij bij een tweede spel de eerste man in het perk. — Wordt hij gegrepen, dan is dit juist geen schande, maar hij heeft toch niet de hoogste eer behaald.

Flitseboer. Een gezelschap knapen stelt een hunner aan als Flitseboer. Deze komt van de meet hinkende op de andere knapen los om zoo mogelijk een hunner te tikken. Maar hij is verplicht hinkende te blijven. Tikt hij er een, deze wordt zijn «zoon» en moet doen als hij. Maar de andere knapen deelen klappen aan Flitseboer uit en evenzoo aan den zoon. De hinkers trekken zich terug naar de meet, maar om opnieuw ter jacht te gaan, anderen te tikken en — zelf slagen op te loopen. Zoo wordt het aantal zoons van Flitseboer steeds grooter. Zij krijgen ten slotte de overmacht, en dan is het spel spoedig uit.

De man in het hok. Een meisje, een oud wijfje voorstellende, zit te breiden. Een ander zit in het hok, een op den grond getrokken perk. Een derde spreekt de breister aan: — Vr. Oud wyfke, oud wyfke, hoe zit je zoo kloek? Antw. Ik breid mijn man een onderbroek. — Vr. Waar is je man? Antw. In 't hondenhok. — Vr. Wat doet hij daar? Antw. Hij geeft de kiepkes wat eten. — Vr. Mag ik ris zien? Antw. Ja, maar der is in kiepke met ien bien; je mot in bitke voorzichtig weze. — Vr. Et klokje luidt; wat dat beduidt? Antw. Myn man is dood. Wie het dat daan? — Vraagster. Ik met al myn gauwdieven. — Zij neemt met de anderen de vlucht. Het oude wijfje vervolgt haar om een van allen te tikken. Gelukt dit, dan moet de getikte voor het volgende spel «de man in het hok» zijn.   (Ameland.)

Daggelhoutjes zijn kleine schijfjes van zwart eikenhout, die door knapen met een stokje naar zeker doel worden geslagen. In het midden zijn ze doorboord om, aan een koord geregen, om hals en schouders gedragen te kunnen worden.

Bij zeker kinderspel, wanneer een der medespelers zich of eenig voorwerp verstopt, moeten de anderen dat zoeken. Naarmate dezen dan de schuilplaats naderen of er verder af zijn heet het, dat ze **rijk** of **arm** zijn. In vele streken is het *vet* of *mager* en *heet* of *koud*. Dit behoort ook tehuis bij het blindemannetjesspel.

Tried troch de nille (draad door de naald). Eenige kinderen staan hand aan hand achter elkander. De laatste man gaat met de rest onder de armen van het eerste paar door, tot allen vastzitten. Hierbij wordt gezongen:

Tried, tried troch de nille, Jelle scil syn dochter fille.

Het besluit is dat de eene helft der partij trekt tegen de andere om elkander tot hare zijde over te halen.

Vlieger-oplaten is in Friesland ook wel een geliefd spel, maar niet overal wordt er even druk aan gedaan. Vele boeren dulden het niet in hunne weilanden en vele gemeentebesturen verbieden het, uit bezorgdheid voor schichtige paarden, in de nabijheid van openbare wegen. Een vlieger heet in Friesland een «draek,» en het spel «draekfleanen» (draakvliegen). Zou die naam misschien door de zeelieden uit Japan naar hier zijn overgebracht? Men heeft daar wel vliegers in den vorm van draken. Hier worden er wel gemaakt, die een man of eene vrouw, ook wel eens een huis moeten voorstellen. Maar de gewone, algemeen bekende vliegervorm is ook hier verreweg de meestgewilde, namelijk de hart-vorm.

Te Hindeloopen had men 's winters op het ijs het **ratelaarspel,** dat op schaatsen werd gespeeld. Een paar uit den hoop plaatste zich midden op de baan der vaart, om anderen in het voorbijrijden te vangen. Ieder die gevangen wordt, voegt zich bij de vangers, die «ratelaars» heeten, om de macht van dezen te versterken. Zoo worden ten slotte allen gevangen en dan is het spel uit. — Het woord «ratelaar» is eigenlijk hetzelfde als ratelwacht.

Ook is er een jongensspelletje, dat **hond in de kerk** heet, waarbij de knapen in een kring zitten en één in hun midden hebben, wien zij altijd van zich af en naar anderen toe duwen. Gelukt het den «hond» een uit den kring naar het midden te trekken, dan wordt deze zijn plaatsvervanger.

De engelsche pop. Een meisje gaat achterover op den grond liggen. Hare kleederen worden haar om de beenen bijeengebonden; achter aan de beenen bij de hielen wordt overdwars een stok gebonden; deze vormt de rechte, stijve, zijwaarts uitgestoken armen der pop. Men trekt deze een jak aan en bindt haar een voorschoot voor. Om het bovendeel van het meisje onzichtbaar te maken, bindt men een voorschoot zoo om hare knieën vast dat dit kleed hare borst, armen, schouders en hoofd kan bedekken. Hare voeten omwikkelt men met een doek, aldus wordt het hoofd der pop gevormd, dat met een meisjeshoedje wordt getooid. Steekt het meisje nu hare beenen omhoog dan gelijkt de figuur eene vrouwelijke gedaante die geknield ligt. De aanwezigen doen haar allerlei vragen en zij antwoordt met knikken en hoofdschudden. Zij maakt dwaze bewegingen, valt plomp voorover op den grond, rijst weêr op, schudt en knikkebolt, en de omstaande kinderen schateren van pret.

Het hinkspel is voor knapen en meisjes beide, maar valt niet bij alle knapen in den smaak, zooals tollen, knikkeren en meer. Het hinkhout is een plat vierkant stukje hout, meestal iets grooter dan een d.M² en nagenoeg een paar centim. dik. Het is gemerkt aan de eene zijde: ⊠ en aan de andere: ⟋ of: ⊓. Het hinken geschiedt meest in het lange perk of «de krite» die in den harden effeuen grond wordt gekrast, of op een vlakken vloer, hout of

steen, met krijt getrokken. Om uit te maken wie het spel zal openen, wordt het hinkhout omhoog geworpen. Onder 't nedervallen raadt er één: «kruis» of «streep.» Is dit geraden dan hinkt de rader het eerst; zoo niet, dan een ander.

Het hinkhout wordt in het vakje 1 nedergeworpen en door den hinker in no. 2 geschopt, dan in no. 3, dan in no. 4, en vanhier regelrecht buiten de voorstreep. Nogmaals begint hij, maar nu van 2 tot 4 en hieruit moet het hout in no. 5. Ligt het daar, dan zet hij den linkervoet in no. 1 en doet een sprongetje, waardoor hij met den eenen voet in no. 3 en met den anderen in no. 4 komt te staan. Hij hinkt in no. 5 en moet nu met een of twee schoppen het hout in no. 8 brengen. Hij hinkt naar 8 om met één schop het hout langs het geheele perk te doen snellen over de voorstreep heen. Dit alles moet geschieden zonder dat zijn voet op een streep komt te staan of het hout op een der strepen blijft liggen. Maakt hij een dezer fouten dan is hij van het spel af. Zoo ook wanneer het hout bij den laatsten schop niet regelrecht over de voorstreep,

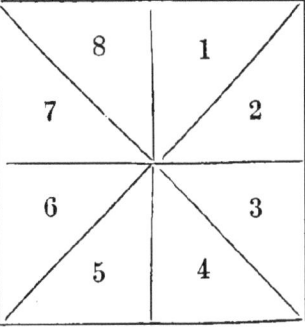

maar in schuinsche richting over een der zijstrepen het perk uitsnelt.

Ook in de regelen van dit spel is hier en daar verschil.

In den Zuidwesthoek heeft men ook nog de vierkante krite, daar meestal «de achtkantige boer» genoemd. Misschien is dit eene verbastering van *it achtkantige boerd*, het achtkante bord.

Hierbij legt de eerste speler het hinkhout in no. 1 en moet, zonder met voet of hout op een streep te komen, het laatste 't geheele perk in het rond brengen tot no. 8. Gelukt, dit dan moet hij evenzoo weêr terug tot no. 1 en dan het hout het perk uitschoppen. Bij genoemde rondreis moet telkens het hout over één streep worden gebracht en niet over twee tegelijk. Dit is de kunst en wie tegen deze bepalingen zondigt is af.

Het langwerpige perk is ongeveer 1.10 meter breed en wel 3.30 meter lang, het vierkante heeft eene oppervlakte van ongeveer 4 M². Te Leeuwarden heeft men het hinkveld in 2 vakken naast elkaar aldus: 6 of 8 kleine vakjes.

Jan Lacherman. Dit is eigenlijk een spel alleen voor meisjes, maar knapen nemen er ook wel deel aan. Eenige kinderen staan op een rij met den rug tegen een muur of schutting. Een meisje staat er voor met het gelaat naar de anderen gekeerd. Zij lacht. De voorste in de rij vraagt: «Waarom lach je zoo blier (blijmoedig)?» Zij antwoordt: «Omdat ik getrouwd ben.» — «Met wien?» — «Met Jan Lacherman; is dat geen goede man?» — «Neen, want hij is een dronken lap.» — Vrouw Lacherman begint weêr te lachen en de tweede in de rij vraagt haar naar de reden. Nu volgen dezelfde vragen en antwoorden, alleen op de laatste vraag wordt anders geantwoord, maar altijd iets geks. — De vrouw lacht op nieuw, de derde vraagt naar de reden en zij antwoordt hetzelfde. Zoo gaat het van de eerste tot de laatste en altijd herhaalt zich hetzelfde, behalve dat op de vraag: «Is dat geen goede man?» telkens iets anders geantwoord wordt, hoe dwazer hoe liever, bv.: «Hij is zoo lui dat hij stinkt.» — «Hij eet je de ooren van het hoofd.» — «Hij is een erge smeerpoets» enz. enz. Vrouw Lacherman ontsteekt eindelijk in toorn en wil zich wreken, maar nu nemen de anderen haastig de vlucht. — En 't spel is uit.

Meisjesspel om te weten wat slag voor een man men zal krijgen. Een strengetje koralen wordt om een der polsen gedaan, dan telt men van koraal tot koraal, onder 't uitspreken dezer woorden:

Edelman, bedelman, dokter, pastoor,
Raadsheer, burgemeester, koning, koopman, generaal of majoor.

Wien men bij de laatste koraal noemt is de aangewezen persoon. Niets is voortreffelijker dan «koning,» niets beschamender dan «bedelman» te treffen. Maar men neemt het niet zoo nauw: is een meisje niet met haren toekomstigen man tevreden, als deze bv. een «bedelman» is, dan dankt zij hem eenvoudig af en raadpleegt de koralen opnieuw.

Bikkelen. De namen der vier bikkels zijn: gattert, stovert, staandert, eskert; de vier zijden der bikkels heeten: eskes, standerkes, gatsjes en bâltsjes. — Eerste spel: eentjert eerst, parket eerst, driltjert eerst, huusket eerst. — Tweede spel: eentjert andert, parket andert, driltjert andert, huusket andert. — Derde spel: eentjert laatst, enz. — Het vierde spel is «goudend,» waarbij men alleen de bikkels die men moet opnemen, mag aanraken. Hierbij behoort dit rijmpje:

<blockquote>
Muuske me floo, Ze bite me zoo,
Byt ze maar weêr, Smyt er 'en gouden bikkeltje neer.
</blockquote>

Een oud workumer bikkelrijmpje luidt:

<blockquote>
Goud, sulver yn 'e nútsdop; Kom, dreikje ris op!
Jagelaar, Fleugelaar! Linksom, omtrom.
Dotte dije meije wol bikomje, Dotte slaen de motte.
Groue kuse Skútsje bole!
</blockquote>

<blockquote>
Ik put er myn water Al uit het triater,
Al uit de paput Daar ik myn water uit hale mut.
</blockquote>

Touwtjespringen. Men maakt onderscheid tusschen touwdansen en bochtspringen. Het eerste is wat door één persoon alleen gedaan wordt met in ieder hand een der uiteinden van het touw. Het laatste, dat meer algemeen touwtjespringen heet, als twee personen een lang touw ronddraaien, waar een derde onder en over springt. Ja, er kunnen ook wel twee of drie tegelijk in (eig. *onder*) de bocht springen, als het touw maar lang genoeg is en flink wordt gedraaid. Men heeft hierbij een paar afwijkingen van het gewone spel. Het «papieren souderke» noemt men het als bij 't ronddraaien het touw den grond niet mag raken. Zoo is het ook bij: «juffrouw, laat je zakdoek vallen, juffrouw raap je zakdoek op.» De springster moet dan al springende haren zakdoek op den grond laten vallen en weêr oprapen. De doek zou door het touw worden weggeslagen, ingeval het den grond raakte. Bij het «geeselen» wordt het touw zoo snel mogelijk rondgedraaid, waaraan natuurlijk de snelheid van het op- en nederspringen geëvenaard moet zijn.

Rijmpjes.

BIJ HET TOUWTJESPRINGEN.

Karolijn zat achter 't gordijn.
Wat deed zij daar?
Zij kamde haar haar.
Zij waschte haar handjes
En droogde ze af.
Stak de handen in de zij,
Knielde er bij,
Stond weder op
En danste gelijk een kermispop.

Blauwe bloempjes op mijn hoed
Zijn zoo wel in alles goed
Zijn zoo wel in kransen.
De juffrouw die moet dansen.
De juffrouw die moet stille staan,
Driemaal in de rondte gaan.
De juffrouw die moet kiezen,
Alweêr een ander kiezen.
Dit zal zijn en dat zal zijn,
Dit zal Jantje [of P.] zijn.

Onder de tafel, waar ik zat,
Daar ik gebradene vischjes at,
Daar ik warme wijntjes dronk,
Dat mij in mijn hartje klonk,
Uit mijn hartjen in mijn mond,
Daar ligt een engelsch schip;
De Franschman is gekomen,
Ze zijn zoo rijk als ik.
Ze dragen een hoed met pluimen,
Van zestig ellen lint.
Nu ga ik eens aan 't tellen
Van een tot tien, twintig, dertig, enz.
(tot 100.)

Ik heb een jasje gekocht,
Naar de lommert gebrocht.
Zoo gezegd, zoo gedaan,
Naar huis toe gegaan.
Ik heb een centje verteerd,
Ik heb het dansen geleerd;
Van inspin,
Spring er dan maar in.
Van uitspuit,
Spring er dan maar uit.
          Dit laatste te Leeuwarden:
Inspin, de bok gaat in;
Uitspuit, de bok gaat uit.

Vijf plat, vijf trap.
Vijf op 'e rechter
Vijf op 'e linker,
Vijf duikend,
Vijf in de rondte.
Vijf uit en in de bocht,
Vijf radje.

Ellef blind,
Twaalf in de rondte,
Dertien duikend,
Veertien schoorsteenwijzend.

SCHOMMELLIEDJES.

Hinkelepink siet op 'e doarsklink.
Helje de flesse, dat ik ris drink.
Is er net yn sa lit hwet helje,
Jan fen Spanje scil 't bitelje.
Jan fen Spanje, swarte man,
Dy skierre syn gat mei dúnsân.
It dúnsân bigoun to kreaken.
Do rieden hja mei nei Marken ta.
Markens hûs is yn 'e brân;
Hwa het dat dien?
Twa lytse alken,
Dy sieten dêr op 'e balken.
Do kaem dêr in mird;
De swarte man dy fage de hird,
Dy brocht it wei
Sa 'n hele gânske dei.
        Vertaling:
Hinkelepink zat op de deurklink.
Haal de flesch opdat ik eens drink.
Is er niets in zoo laat wat halen
Jan van Spanje zal het betalen.
Jan van Spanje, zwarte man,
Die schuurde zijn g.t met duinzand.
Het duinzand begon te kraken.
Toen reden ze meê naar Marken toe;
Markens huis is in den brand;
Wie heeft dat gedaan?
Twee kleine alken,
Die zaten daar op de balken.
Toen kwam daar een bunsing.
De zwarte man die veegde den haard,
Die bracht het weg
Den geheelen ganschen dag.

Ik zat in 't hooi
En ik maakte mij mooi,
Der kwamen twee gezellen,
Die wouwen mij wat vertellen
Van hinkerdepink
Zat op de klink.
Waar is de kan? laat mij ris drinke.
Is er niet in dan zall' we wat hale,
En Jan van Spanje die zal 't betale.
Jan van Spanje, die beste man,
Stootte de kop teugen de tafel an.
De tafel begon te kraken,
Mooi meisje begon te waken.
De bikkel op 'e stien,
De klok slaat ien,
De lui komme út de kerke,
De koeies wirde melke.
En de melk die wou niet skume,
En slik ris op 'e dume.
Hier 'en stoel en daer 'en stoel
En op elke stoel 'en kussen.
Mooi meisje, hou je kinnebak op
En flap er 'en pannekoek tusschen.
Hoog op 'e dompen,
Laag op 'e klompen
Jan, Piet en Bies
En je bent er niet wys.
Je buurman is verdronken,
En alle vlammen vonken.
I — bi — bom — bam!
Pieter en Klaasje timmerman,
Timmer mij 'en hûske
Met 'en gouwen krûske,
Met 'en gouwen hamertje,
En kom maar op myn kamertje.

'En hardere koeiere stoot
En daar met voort,
En daar met op en henen.
Laat drijven de gek,
Hij lust geen spek.
Wat lust hij dan?
'En stuk spek in de pan.
Hoe lekker de gek!
Dan drie vier boerekikkertjes
Al in die boeresloot;
Die zou een appeltje knappen
En beet haar in de poot;

'En hardere zet,
Laat drijven de gek.

Touter [schommel], kabouter,
Klaas armespot,
It liif fol grot [gort],
It liif fol waerme wegge [warm wit-
tebrood].
Hij dust [durfde] it ziin moeke niet zegge,
Hij dust it ziin vader niet klage.
Doe kwam Doede
Al met die skerpe roede
En hij giselde 't kind al om it g.t,
It g.t begon te bloeden.
Bloed, bloed varken,
Riid uus [Rijd ons] nai de marken.
Goslings hoes [huis] stiet [staat] iin 'e
broan [brand],
Hwa [Wie] het dat dien [gedaan]?
Twa [Twee] liitse [kleine] alken,
Dy sieten [zaten] boppe [boven] iin 'e
balken.
De ien'e wier [was] en timmerman,
De tweede 'n skuitsje [scheepje] ma-
ken kan.
Klaas, dèr komt dij mem [moeder]
oon [aan],
As se komt dan komt se hier,
As se drinkt dan drinkt se bier,
As se eet dan eet se brood,
As se sterft dan is se dood.
Dan salle wij har begrave
Achter op it kerkhof,
Dèr leit zo'n mooie blauwe stien,
Al wie 't daar op trapt,
Die trapt al op Maria.
Wat het [heeft] Maria in har hand?
In klein klein boekje.
Wat staat daar in te lezen?
Van vader, van moeder,
Van zuster, van broeder,
Van nichten en van neven.
Al wie niet van dat touterjen wol [wil],
Die moet twee dubbeltjes geven.
(Workum).

KAATSLIEDJE.

Men werpt met een kaatsbal omhoog tegen een muur of schutting en

vangt hem telkens bij het nedervallen
op, onder het opzingen van dit rijmpje:

Heinebal,
Ik hein dy al
Yn ien hån
Yn twa hån
Kliperdeklap! (Men klapt in de handen.)
Rier om de brij,
Ik sit er bij
En laat ze nog verbrande,
Is dat geen groote schande.

Anders:

Kaatsebal,
Ik hein dij al
In één hand,
In twee hand.
Roer omme de brij,
Ik zit er bij.
Van kliperdeklap,
Van één, twee, drie.

Anders:

Kaatsebal,
Ik hein dy al,
Van klapperdeklap,
Van roerom de brij.
Met één hand,
Met twee hand,
Ik klets dij tegen de muur an.

BIJ 'T BOTERKARNEN.

Tsuze, tsuze tsjerne!
Bûter yn 'e herne! [1]
De faem scoe út to meltsen gean.
Do koe se net oer 'e sleat komme.
Ljeap der oer,
Den bist der oer!
't Hountsje woe my bite,
't Katsje woo my klauwe.
Ien, twa , trije,
Dêr sprong de faem der oer.
Eltse stiet in amerfol,
Dat gearret sa wol,
In fet fol, — in wein fol,
Op 't lêst in heel, heel hûs fol.

----

[1] *Ook.* Tsiis, tsiis, tsjerne!
Bûter komt fen reamme, [room]
It gearret sa wol, it gearret sa wol,
Mei eltse stiet in amerfol.

Vertaling:

Kaas, kaas, karne,
Boter in den hoek.
De meid zou uit melken gaan,
Toen kon ze niet over de sloot komen.
Spring er over,
Dan ben je er over!
't Hondje wou mij bijten,
't Katje wou mij krabben.
Een, twee, drie,
Daar sprong de meid er over.
Ieder stoot een emmervol.
Dat gaârt zoo wel.
Een vat vol, een wagenvol,
Op 't laatst een heel, heel huis vol.

TIKKEN.

Ikke, tikke, tizer,
Ik roer geen izer.
Wat roer je dan?
Spek in de pan,
Daar wordt poesje vet van.

Iemand mag niet getikt worden als
hij ijzer met de bloote hand aanraakt.
Doet hij dit niet, dan wel. Gelukt
dit, dan moet hij tikker zijn.

VISCHJES LOKKEN.

Vischje, vischje, kom eens boven!
'k Zal je stoven in mijn oven,
Dat je roept: Oranje boven!

SLAKKEN LOKKEN.

Slakje, slakje kinkhoorn,
Steek je fiveleforis ris op.
Ik zal je huisje niet breken,
Ik zal je glazen niet inslaan.

TELRIJMEN.

Ine mine melle,
Wie zal telle,
Ik of gij?
Ine mine mij?
Onder den molen daar ligt een blok,
Het is gestolen, het ligt er nog.
Ik zal tellen: één, tien, (tot 100.)

Ine mine meke.

Had ik 'en mes, dan zou ik je steke,
Had ik 'en zweep, dan zou ik je slaan.
Meester, mag ik naar school toe gaan?

Neen kind!
Achter de deur daar leit wat zand,
Dat is gekomen van Engeland,
Van Engeland na Duiten.
Koop mij een paar fluiten.
Es dres, schuitje vier, vijf, zes.

Ien twa trije,
De boer scoe my krije,
De faem scoe my slaen
En mem scoe my in tútsje jaen.

Vertaling:
Een twee drie,
De boer zou mij krijgen,
De meid zou mij slaan
En moeder zou mij een kusje geven.

Te Leeuwarden aldus:
Ien twa trije,
De boer scoe mij krije.
Schop mij over 't hek,
[Ook: Ik sprong over 't hek]
En de boer die brak zijn nek.

Oest knoest, ik sla dij op dyn dikke foest.
Al wie het laatste tikje krijgt
Is van het loopen vrij,
V—R—IJ— vrij,
Met de lepel in de brij.
En dat zijt gij.

Eun deun dik,
Zeven kannen strik,
Zeven kannen, bokkebanne.
Eun deun dik,
Gij zijt er eerlijk afgetikt.

Al onder de groene boomen,
Daer ligt 'en hollandsch schip.
De Franschen zijn gekomen,
Zij zijn nog gekker dan ik.
Zij dragen een hoed met pluimen
En broeken met zijden lint.
Wij zullen gaan tellen van onze gezellen.
Tien, twintig, dertig, enz. (tot 100.)

Ick miek mak muis,
Is mijnheer de Wit ook thuis?
Neen, mijnheer is water halen.
Raad eens wat hem tegen kwam.
Twee ijzeren mannen
Met twee potten en pannen;

Twee kinderen zonder ziel,
't Zieltje is in den hemel:
Ik tel één, twee, drie enz. (tot 20.)
(Ameland.)

Tafelbordje in het rond,
Secretaris heeft een hond,
Hond in zee.
Schipper, ga je meê?
De vrouw kookt brij.
Er af zijt gij.   (Ameland).

Anders:
Tafelbordje in het rond.
Secretaris heeft een hond,
Die kan zwemmen door de zee.
Alle vischjes zwemmen meê.
Eet spek en brood zonder nood;
ile pile paf!

Ine mine melle, Wie zal telle?
Kaatje met de kaaie,
Groen van snaaie,
Groen van smeer.
Kaatje met de kaaie lust niet meer.
(Ameland.)

Ine martine martip,
Vijfde kale kip;
Vijfde kale, Boek in de male,
Ine martine martip.   (Ameland.)

———

Eene lange rij vormend en dan ergens omheen trekkend, bv. een boom:
Lange, lange rige,
Koarte, koarte sige,
Trijeris [Driemaal] om 'en kerseblom,
Den komt lange rige werom.

De jongens loopen als dronken op straat te slingeren en te zwaaien, en zeggen dan tot hunne makkers:
Ik bin dronken,
Skeer mij de bonken,
Ik bin gek,
Skeer mij de bek.

Men zit plat op den grond, met z'en tweeën, houdt de handen vast met gestrekte armen en gaat zoo vóór en achterover en zegt:

Sigesage, Sigesage,
Ik zal jou [*Ook:* Heit zal mem] naar
bed toe jage
Met een dikke stok.

Rozen bloeien voor mijn voet,
[*Ook:* Rozebloemen op mijn hoed]
Al mijn Jannekes zijn zoo zoet
Mogen wij eens kussen?
Kussen — jawel! (Het kussen wordt
nagebootst.)

De drie eerste regels worden meermalen herhaald, telkens met een ander
toevoegsel, bv. „Mogen wij eens kuieren?" „Kuieren — jawel!" — en het
kuieren wordt nagebootst. Op deze
manier noemt men allerlei handelingen.

Een in de slooten groeiend water-
gewas, waarvan het ondereinde eet-
baar is, heet in het noorden van
Friesland „hinnebal," of „hanebal."
De knapen gaan ze in den zomer bij
menigte zoeken, en loopen er dan
het dorp meê door zingende:
„Vroutje, vroutje, wil je hinneballen
koopen?
Ze zijn zoo duur in 't land geloopen.
Vijfentwintig voor een speld
Is dat geen goede hinneballengeld?"
Zij worden alleen gegeten
door de kinderen op straat.

Zullen de knapen al spelende het
middagmaal gebruiken, zoo 't heet,
dan is hun gebedje:
Amen is 't gebed.
Die 't honger het die fret [eet].
Moarns ier en jouns let.
[Morgens vroeg en avonds laat.]
As er nou es dieven kwamen,
Die ons de maaltijd ontnamen,
Dat zou mij duvelsch spijten. Amen!

Mijn waarde vader verhaalde:
Als in zijne jeugd (hij was 1796
geboren), een paar jongens op straat
wat wilden spelen, en zij daartoe
meer makkers noodig hadden, dan
liepen ze de buurt op en neêr, met
hun hoed (men wist toen nog van geen
petten) in de eene hand, terwijl zij een
vinger van hun andere hand binnen
in dien hoed staken, en zongen dan
luidkeels:

„Finger inne hoed,
Die met doet!"
Dat gold voor eene uitnoodiging,
en daarop kwamen de jongens bij
elkander, die dan, voor zooverre
ze „met" doen wilden, ook die beweging maakten en dat rijmke mee-
galmden, tot dat ze voltallig waren. —
In mijne jeugd (ik ben van '40) was
dat gebruik geheel verdwenen.
(Johan Winkler.)

Mijn vader speelde in zijne jeugd, van
„Fis, fis, waar biste?
In 't wide, wide water!"
Wij kennen dat spel niet meer.
(Johan Winkler.)

RONDEDANS.
Kom, pater! dou must kiese,
Ho, si soo!
En dou suuste [gij zult] mij forliese,
Ho, ho, pierlalo,
En nog, ho, si soo.
Dan kiest, neemt, de pater eene non
uit de rij die om hem heen danst.
Daarop gaat hij midden in den kring
op éene knie liggen, terwijl de non
op zijn andere knie zitten gaat. De
dansers zingen dan:
Nou spreidt de pater een witte kat,
Ho, si soo,
En alwaar hij met siin non op sat,
Ho, ho, pierlalo
En nog ho, si soo.
Dan kust de pater zijne nonne, één-
maal, zesmaal en de dansers zingen:
Kom, pater, geef diin non een soen,
Ho, si soo,
En al dust-i nog wel zesmaal doen,
Zes, zes, zesmaal doen,
En nog ho, si soo!
Daarop verlaat de jongeling den
kring en het meisje blijft alleen, on-
der 't gezang der dansers:
Nou, pater! nou must heene gaan,
Ho, si soo,
En nou blijft die non allienig staan,
Ho, ho, pierlalo
En nog ho, si soo.
Nu moet de non een pater kiezen:
Nou nonne, dou must kiese,
Ho, si soo,

En dan suuste [zult gij] my forliese,
enz. enz. al door, of totdat
alle nonnen gezoend zijn.

Kinderen van 3 of 4 jaar oud,
achter elkander, en malkaar bij de
kleertjes vasthoudende, zingen daarbij:
Hurre, hurre, hurre, Sjok, sjok, sjok,
Tryn mette bezem En Jan mette stok.

Twee kinderen, die een derde, klei-
ner, tusschen hen in, op de saamge-
strengelde handen gezeten, dragen,
zingen daarbij:
Kakke-stoele-meie,
Al de kinderkes schreie,
As ze dan niet wille
Dan krije se voor de billen.

Een rij kinderen, naast elkander
voortloopende, de handen aaneen en
daarbij zoo veel mogelijk de geheele
breedte der straat beslaande, zingen:
Wij loopen stadig,
Wij wike fur gienien.
Mar wel fur de koning
En anders fur gienien.

Ooievaar, lepelaar, takkedief,
Wanneer si'k dy weer sien?
As de appeltjes rypen
As de peertjes pypen.
Piep sturch! waer biste?
Midden in de ronde kring.
(Er wordt een kring gemaakt).

Als de klok op een ongewoon uur
luidt, zingen de kinders:
De klok die luudt,
Wat dat beduudt?
De boeren die gane de poort uut.

KNIEDEUNTJES.

Op moeders schoot:
Vort, paardje, vort!
Zoo rijden wij naar Dordt,
Van Dordt naar den Briel,
En daar spint het wiel.
En het wiel spint geern,
En Renske heeft 'en bern,
En ook 'en Harm.
En pak hem bij zijn arm
En breng hem naar zijn eigen heit en
memke [vader en moeder] toe.

Hop, hop, peerdtje,
Met syn vlassen steertje,
Met syn koopren schel in 't g.t,
Hé! wat raer peerdtje is dat.
Dan so komme de heeren
Met hun ferwielene kleeren.
Dan so komme de vrouwen
Met heur verwielene mouwen.
Dan so komt de akkerman
Met syn peerdtje achteran.
(Dokkum.)

Fut perdtjes! na de mullen [molen],
Haal ons kindje een zakje met meel.
Dan zal moeder pankoekjes bakke,
Dat zal in 't kindjes mondje smakke.

Fut, fut, perdtje!
Met je vlassen stertje,
Met je ruge pootjes.
Spring maar over slootjes,
Van het slootje in de Griet.
't Kindje is je perdtje niet.

De vader zit bij de tafel, zet het
kind voor zich op de tafel, met de
voetjes op vaders knieën en zingt:
Mijn moeder het gasten genood,
En ik moet peper stampe.
Stampe, stampe, stampe, stampe,
Stampe, stampe, sta-a-a-mpe!!!
Iederen keer bij het woord „stampe"
vat de vader het kind onder de arm-
pjes, heft het op van de tafel, en zet
het, min of meer hevig, met een ruk
neêr, totdat de kleine, half zenuw-
achtig, het uitkraait!

Een liedje, als men een kind op
schoot in slaap sust:
In-din-doosje kwam van Brugge,
Met de pappot op zyn rugge,
In-din-doosje kwam in 't land,
Met 'n gongelstok [wandelstok]
in zyn hand.

Hantsje-plak,
Butter-bak,
Kees [kaas] en brood,
Slaan die arme wever dood.
Laat him nog wat leve,
Hij kan zoo netsjes weve:

Hier 'n draatsje,
Daar 'n draatsje,
Dat gaat nar 't Serivestraatsje [1]).
(Leeuwarden.)

Sommige namen van straten te
Leeuwarden, die op elkander volgen:

Rommedommedom
De Fismerk om.
De Wuttelhaven del,
Gaat dat niet wel?
De Slotmakersstraat,
Met 'n harde faart,
De Put foorbij,
Met 'n koem fol brij,
Nar 't Kroeme-Jat,
Daar 'n oud wiif sat,
Die de brij opat,
En de lepel inne buusse [zak] stak.

In-din-din die kwam van boven,
P.ste in 't vuur dat de vonken stoven,
In-din-din die had een kyn,
Dat waar dronken, lam en blyn.

In-din-din, die rare snater,
Fiel al met siin eers in 't water,
't Houtsje waar nat, en 't foetsje war
glad,
En soo fiel in-din-din op 't g.t.

Dit zingen de kinders op straat in
de goede week:

Palm-palm-donderdag,
Doe de boer in 't vooronder lag:
Palm-palm-vrijdag,
Doe de boer inne brij lag;
Palm-palm-saterdag,
Doe de boer in 't water lag;
Ik der bij,
En dou der bij,
Is dat gien mooie schilderij?

Op saterdag, op saterdag,
Toen de boer in 't water lag,

---

[1]) Serivestraatsje, volksuitspraak van 's Heer-
Iven-straatje, dat is: het straatje van Heer-
Ivo, van Heer Ivo Johannis, de laatste roomsche
priester van de kerk van Oldehove, die in de
laatste helft der 16e eeuw op den hoek van dit
straatje in de Groote-Kerkstraat woonde, en
een man was, bij het volk zeer bekend en bemind. Men rijmde op zijnen naam: „Heer Ief,
Heeft 't volk lief!' — „Hero-Ivo-straatje" staat
thans ten onrechte aan het hoekhuis.

Ik er bij en dou er bij
Waer dat gien mooie schilderij?

Poepen, poepen binne n't djûr.
Achtentweintich om in stûr, [stuiver]
Fiif om in oartsen, [oortje]
Dêr rinne wij mei to boartsjen. [spelen]

Hij kin rime,
Men zou er van swime
Hij kin dichte,
Men zou er de hoed voor lichte.

Roer-om de brij!
Ik zit er bij
En laat se nog verbrande.
Is dat geen skouwe [zeer groote, eigen-
lijk vuile] skande?

Ik wens je feel segen in 't nieuwe jaar!
Foor en achter en allegaar,
Een salig leven, een salig sterven.
Ik hoop dat wij het koningryk erven.
(Ureterp.)

Eibert, Eibert lek,
Ho lang is dij dyn bek?
Saun jellen en in foet.
Den is dyn bek niet goed. (Ureterp.)

Spjeldtsje, spjeldtsje, kom by my!
Ik hab sa'n moai ljeaf dingkje for dy.
[Speldje, speldje, kom bij mij!
Ik heb zoo'n fraai lief dingetje voor je.]
Dat zingen de kinderen als
zij op straat spelden zoeken.

Ik siet op'e hikke en ik lappe mijn
skoech,
Do kaem der in weintsje fol folk oan.
Ik frege hjar oft ik mei ride mocht.
Hja seine fen né, hja seine fen ja.
Do smieten se my in grou-bôlle ta,
Dêr ried ik mei nei Geartsjemoai ta.
Geartsjemoai siet mei 't bern by 't fjûr,
Dêr hinge in poatsjefol brij oer.
Ik frege hjar oft ik ris slikje mocht.
Ja, wol mei de lytse pink,
Mar net mei de folle fûst.

Vertaling:

Ik zat op de hek en ik lapte mijn schoen,
Toen kwam er een wagentje vol volk
    aan.
Ik vraagde hen of ik meê rijden mocht.
Zij zeiden van neen, zij zeiden van ja;
Toen smeten ze mij een grove bolle toe.
Daar reed ik meê naar Geertjemoeitoe.
Geertjemoei zat met het kind bij 't vuur,
Daar hing een potje vol brij over;
Ik vraagde haar of ik eens likken mocht.
Ja, wel met de kleine pink,
Maar niet met de volle vuist.

Ut ré mi fa sol,
De boer die stool 'en bol.
Ut ré mi fa sol la,
De bakker him achterna. .
Ut ré mi fa sol la ci ut,
De boer liep met de bolle fut. [weg]

    Ien twa trije,
De boer woe my krije.
Ien twa trije fjouwer,
De boer is yn 'e hjouwer.
Ien twa trije fjouwer fiif,
De boer het pine yn 't liif.
Ien twa trije fjouwer fiif seis,
De boer is op 'e reis.
Ien twa trije fjouwer fiif seis saun,
    De boer is op it lân.
Ien twa trije fjouwer fiif seis saun acht,
    De boer is op 'e wacht.
Ien twa trije fjouwer fiif seis saun acht
    njuggen tsien,
    De boer het dien.
    Vertaling:
    Een twee drie
De boer wou mij krijgen.
Een twee drie vier,
De boer is in de haver.
Een twee drie vier vijf,
De boer heeft pijn in 't lijf.
Een twee drie vier vijf zes,
    De boer is op reis.
Een twee drie vier vijf zes zeven,
    De boer is op het land.
Een twee drie vier vijf zes zeven acht,
    De boer is op de wacht.

Een twee drie vier vijf zes zeven acht
    negen tien,
    De boer heeft gedaan.

Din, din, din, is Foekjen in?
Né, Foekjen is over 't meer meer meer.
En 't is so koud, en 't is so koud en 't is
    koud- om weêr
En zij het [heeft] maar een dun $\frac{rokje}{broekje}$ an,
En de billetjes komen er deur.

    Hark [Hoor]
Dêr ropt in stark, [ooievaar]
    En dêr yn 't bosk
    Dêr sit in mosk. [musch]

Het regent, het zegent,
De straten worde glad.
Daar kwamen drie boerinnetjes,
Die vielen op haar g.t.

    Waer bist weest?
    In de kerk.
Wat hest daar hoord?
Gods woord.
Wat was 't begin?
Doe was ik er niet in.
    Wat was 'et midden?
Doe satten wy an 't bidden.
    Wat was 't beslút?
Do was ik er al út.

Een twee drie vier vijf,
De bakker sloeg zijn wijf
Al met verbrande bolletjes
De darmen uit het lijf.

    Hier heb je de ham
Van mevrouw van Zwammerdam.
Doe kwam mijnheer van Assendelft,
    Die nam de helft
    Van den ham
Van mevrouw van Zwammerdam.
Doe kwam mijnheer van Hoogerheide,
    Die wou niet lijde
Dat mijnheer van Assendelft nam de
    helft enz.
Doe kwam mijnheer van Apeldoorn,
Die wou een gat in de lessenaar boren

Omdat mijnheer van Hoogerheide niet
wou lijde
Dat mijnheer van Assendelft enz.
Het refrein wordt telkens langer
als bij zoo menig ander stukje.

Magere Jansje, zwart als roet,
Ging eens wandelen zonder hoed;
De zon scheen op haar bolletje,
Toen nam zij een parasolletje,
Parasolletje!

Pietje Pietje prater
Viel met 't g.t in 't water.
Zij zou 'en vischje vangen
En bleef in 't netje hangen,

Tien, tien uren,
De meisjes motte schuren,
De jongetjes motte water ophale,
De kippetjes motte pompe.
Hadden de boeren niet harder geloopen,
Dan waren ze hast verdronken.

Amsterdam die groote stad
Is gebouwd op palen,
Als die stad eens ommeviel,
Wie zou dat betalen?
Ik er bij en dou er bij;
Wat een mooie schilderij.

Aberkoze Maartje! [Ook Abrikoze
Mietje]
Moeder, wat moet ik doen?
Ge moet de koeien melken.
Moeder, ik heb geen schoen.
Trek je vaders laarzen aan.
Moeder, die zijn me te groot.
Snijd er dan een stukjen af.
Moeder, ik ben geen jood.

Hup, myn Janneke!
Hup, myn lieve Tryntje!
Eerst heeft vader met moeder gevrijd,
En nu vrijt vader met Styntje.

Maantje, hoe schyn je zoo helder
Al in de boer zyn kelder?
Tap wat bier voor onzen heer.
Piep! zei 't maantje en 't was er niet
meer.

Sint Niklaas, mijn goeie vriend,
Ik heb zoo lang bij u gediend,
Het eerste jaar een penninkje,
Het tweede jaar een schellingkje,
Het derde jaar een dukaton.
Ankomme jaar komt Sint Niklaas
weêrom.

Sinteklaas bonnebonnebon,
Geef wat in de leege ton.
Geef wat in de huizen,
Maar niet aan katten en muizen.
Geef de kleine kynders wat,
Geef de grooten 'en schop in 't g.t
En laat ze daar met loope,
Daar kinn' ze geen koek voor koope.

Duimeloot zou naar bed toe gaan,
Slikkepot had geen eten gehad.
Ik zal wat hale, zei Langelot,
Uit grootvaders kast, zei Ringeling
Ik zal 't verklappen, zei 't kleine ding.

Ik vond er een kebladtje,
Van liereliereliere,
Ik vond er een kebladtje,
Van lierelierelom.
En wie mag dat wel weze?
Van lierelierliere.
En wie mag dat wel weze?
Van lierelierelom.
(De naam van een meisje wordt genoemd).
Wat wou je met haar doene?
Van liere enz.
Een mooie vrijer geven,
Van enz.
Dan moet je haar maar hebben,
Van enz.

Daar buiten liggen drie Uitersche
schuiten,
Ze binne beladen met klompen en
klonten en kluiten.
Gaan uiter mijn schuit.
Of ik slaan der met klompen en
klonten en kluit.

Daar zit een in de gapzeketel,
Die kan naaien, die kan breien,
Die kan mooie poppetjes maken.
Zal ik er een van hebben?
Neen, neen, nooit!

Dan zal ik de diender hale,
Die zal dy de kop afslaan.
Breng Marijke naar 't kerkhof toe.
Wat het Marijke op 'e schoot?
Een klein lief meisje.
En wat het dat meisje in de hand?
    Een boekje.
    Dood dood biste.
    Leg hem in de kiste,
    Zet hem een kapje op,
    Dan biste 'n fijn minniste.

        Koffie en thee,
        Is dat geen twee?
        Wijn en bier,
        Is dat geen vier?
        Kurk op 'e flesch,
        Is dat geen zes?
        Man op 'e wacht,
        Is dat geen acht?
Een koperslager zonder geld;
Wie heeft er nu geen tien geteld?

Hok en blok en een vierkant hok,
Een hok met zeven gaten.
Hê je wel gehoord van de kleine Sofie?
Die heeft zoo lang geslapen.

Luielak, slapige zak,
    Vroeg opgestaan,
Je magge wel weêr naar bed toe gaan.
Alie, Piet Palie, Piet Pinksterblom.

Hup, mijn Jannetje!
Stroop in 't kannetje.
't Kannetje kost een daalder;
Wie het kannetje stukken breekt
Die moet het weêr betalen.

Elias zat in de kas,
Moeder meende dat 't brood [ook:
            boter] was,
Vader sneed een stukjen af,
En toen was het Elias.
[Ook: Vader stak het in den mond
Arrejasses; paardestr.nt.]

De man die op 'e dyk sat
Met zyn goudene knopen,
Is zyn vrouwtje ontloopen.
Harlingen in de nieuwe straat,
Waar de klok tien uren slaat,

Is er een kindeken gevonden
Met ruftjes [luurtjes] en doekjes be-
            bonden.
Hoe sille wij 'et hiete?
Sinte Sinte Piete.
Hoe sille wij 'et noeme?
Sinte Sinte Thoeme.
Wie sal 't kindje eten geve?
Vader met de lepel.
Wie sal 't kindje drinken geve?
Moeder met de borsten.
Wie sal 't kindje wiege?
Alle mugjes die der vliege.
Wie sal 't kindjes poep útdrage?
Joost met de kruiewagen.

Der siet in lytje fooint op de dyk,
Di lape syn skuwn.
Da koam er in woinfol folk oan riden,
Da friegene him of hi aik in bole
            howwe wue.
Hi sei fan nooi en miende fan ja;
Hjo smietene him lykwol ien to.
Dêr ried hi mooi feur Mosselsmans daer,
Mosselman sei: hwa is dêr feur?
Jeust mooi de kneupen,
Di is syn wyf ontleupen.
Harlingen yn de ni-je sted,
Dêr de klok fjeuwer uwre let;
Dêr is in bern feaun
Yn riften en dokke bibeaun.
Ho scil dat bern hjitte?
Sonte Janne Pjitte.
Hwa scil 't berntsje iten jaen?
Heit mooi de silvren leppel,
Hwa scil berntsje drinken jaen?
Mem mooi de blanke borsten.
En as it stort, hwêr scil 't dan lizze?
Ofter op it tjorkhoof.
Dêr leit in blaauwen steen, dêr moste
            net op trapje.
Den trapest yn Marias skette.
Hwat het Maria dan yn 'e skette?
    Dat bern.
Hwat het dat bern yn 'e haan?
    In lytje buek.
Hwa stiet dêr yn to lôzzen?
Fan heit en mem en soster en bruer.
            (Schiermonnikoog.)

Vertaling:

Er zat een kleine jongen op den dijk,
 Die lapte zijne schoenen.

Toen kwam er een wagenvol volk
 aangereden,
Die vraagden hem of hij ook een bolle
 [wittebrood] hebben wou.

Hij zei van neen en meende van ja;
Zij wierpen hem evenwel een toe.
Daar reed hij meê voor mosselmans
 deur.

Mosselman zei: wie is daar voor?
Joost met de knoopen,
Die is zijne vrouw ontloopen.
Harlingen in de nieuwe stad,
Waar de klok vier ure luidt,
Daar is een kind gevonden
In luiers en doeken bebonden.
Hoe zal dat kind heeten?
Sinte Jan en Pieter.
Wie zal 't kindje eten geven?
Vader met den zilveren lepel.
Wie zal 't kindje drinken geven?
Moeder met de blanke borsten.
En als het sterft, waar zal 't dan liggen?
Achter op het kerkhof.
Daar ligt een blauwe steen, daar moet
 je niet op trappen.
Dan trapt gij in Maria's schoot.
Wat heeft Maria dan in den schoot?
 Dat kind.
Wat heeft dat kind in de hand?
 Een klein boek.
Wat staat daar in te lezen?
Van vader en moeder en zuster en
 broeder.

———

Wat kinderen vóór in hunne school-
schriften schrijven:
(Trijntje Pieters) jong van jaren,
God zal (haar) het leven sparen.
Als (zij) sterft dan is (ze) dood,
Begraven in de roode rood,
Begraven in het diepe dal,
Daar God (haar) eens uit roepen zal.

(Willem Jacobs) zijn boek.
Die het vindt die geeft het weêr
Voor een appel of een peer;

Slaan doet zeer,
Knijpen nog meer.

Meester, meester mot niet kive,
Want myn penne wil niet schrive,
En wat meester meer kyft,
Wat myn penne minder schryft.

Meester Japik Dovekool
Jaagt de kynderkes út de school.

RAADSELS EN AARDIGHEDEN.

Hoe zie je mij zoo aan?
Wat heb ik jou misdreven?
Wat heb ik jou misdaan?
Toen ik niet had wou ik jou wat geven,
Maar nou 'k wat heb kan 'k jou niet
 geven.
Doch God beware jou gezondheid en
 ons het lange leven.
En als ik dan niet heb dan kan ik
 jou wat geven.
 Deze woorden spreekt eene getrouwde vrouw tot iemand wien zij
eens trouwbelofte gegeven heeft. Zij
wenscht deze belofte nog te vervullen,
wanneer de toegesprokene haren tegenwoordigen man slechts overleeft.
 —

Wonder boven wonder!
Hier ligt begraven onder
Myn man en dyn man
En onzer beider moeders man.
 Grafschrift dat Loths dochters op
het graf van den ouden heer plaatsten.
 —

Er staat een man in 't hout,
Die spreekt zoo stout,
En niemand die hem antwoord jout.
 [geeft]
 Dominé op den preekstoel.
 —

De Aldehou Is in heech gebou.
Joust my in stûr Den spring ik er oer.
 Nl. over den stuiver ingeval
 men mij dien geeft.
 —

Hwet hest ljeafst:
Sûpenbrij en dêr net by,
Sûpenbak en dêr net ta,
Sûpenstút en dêr net út?
Het antwoord is: Alles even lief,

want op die manier krijgt men er toch niets van. De beteekenis is dubbelzinnig; de meest gewone: karnemelkspap zonder toespijs, karnemelk met beschuit er in, ook zonder toespijs, en karnemelk met brood er in, — waar niets uit is genomen. Maar 't kan ook beteekenen: 1° dat men er niet bij is of kan, 2° dat men er niet aan mag raken, en 3° dat men er niets uit (of van) krijgt.

> Eerst zoo wit als was,
> Dan zoo groen als gras,
> Dan zoo rood als bloed,
> Dan zoo zwart als roet.
> *Een braambes.*

—

Der sit in jifferke yn 't grien,
Mei in moai read rokje oan.
As men se knypt den skriemt se,
En dôch het se in stiennen hert.

Er zit een juffertje in 't groen met een mooi rood rokjen aan. Als men haar knijpt dan schreit zij, en toch heeft ze een steenen hart. — *Een kers.*

—

Kool is kost, warm moet men ze eten. *Dat* staat in den bijbel.

Ook: stokvisch met roôbutter. *Dat* staat in den bijbel.

—

Twa A-en, twa N-en, twa B-en, Twa O-en, twa R-en, twa D-en. Hwet is dat? — Noordbraband.

—

> Ien en oardeheal,
> Twa en trije en trêddeheal,
> Hofolle is dat?

Eén en anderhalf, twee en drie en derdehalf, hoeveel is dat? — Dit wordt vlug gezegd, zoodat de rader soms moeite heeft 10 tot uitkomst te krijgen. En dit is de slag van de vuurpijl.

—

Hebt ge den koekoek wel eens drie dagen voor Mei hooren roepen?

Wordt hierop geantwoord: „Ja!" — dan zegt de vrager: „Mis! Hij roept altijd „koekoek," en nooit: „Drie dagen voor Mei!"

Ik zal u een stok in de hand geven. Ik zal u zeggen waar gij staan moet en ik zal niet verder dan een voet of drie van u verwijderd gaan staan en gij zult mij geen slag met den stok kunnen geven.

Wie dit niet begrijpt wil 't niet gelooven en het kan een weddenschap zijn. — Ik plaats de persoon met den stok bij eene deur, neem zelf plaats aan de andere zijde der deur en houd deze gesloten.

—

Ik laat iemand een dubbeltje zien en zeg: Dit is voor u, indien gij er over springt als ik het op den kant in den grond zet. Dit wordt natuurlijk aangenomen en ik zet het dubbeltje onmiddellijk tegen een muur of schutting in den grond.

—

Geef iemand een stuk krijt en zeg: Schrijf ergens in het duister op een deur of beschot een getal van hoogstens vier of vijf cijfers; ik zal in het duister gaan zien en zeggen wat gij geschreven hebt.

Wie dit zal uitvoeren moet pas een versche pijp hebben opgestoken, en door hier sterk aan te trekken kan hij de plaats waar de cijfers staan verlichten. (Dit stukje behoort eigenlijk tehuis in den tijd toen er geen lucifers waren.)

—

Wie 't eerst met krijt een streep op eene deur kan zetten. — Men laat iemand die hiervan het fijne niet weet, stil begaan. Hij zet eene streep op eene zijde der deur. — „Ja," zegt de ander, „die streep staat eigenlijk niet op, maar aan de deur." Hij klimt op een stoel en zet een streep op den bovenrand der deur.

—

De kinderen vragen elkander: „Wat heb je 't liefst: een *ijp*, een *ap* of een *op* ?"
Kiest men een *ijp*, men krijgt een knijp.

| „ | „ | „ *ap* „ | „ | „ klap. |
| „ | „ | „ *op* „ | „ | „ schop. |

Waarom reisde Paulus naar de Barbaren? — *Antw.* Omdat zij hem niet kwamen afhalen.

Holderdebolder foar yn 't hûs,
Klypklap efter yn 't hûs,
De kraaier op 'e skerne,
De blaffer by de daem;
Trije broerren bij de efterdoar.
De karn. De dorschvlegel. De haan op den mesthoop. De hond op het erf. De drietandige mestgreep.

Dribbel drabbel dribbelgat,
Hwêr komst dou fen dinne?
Ut de ierde,
Swart forbarnde tsjettelkop.
[Druppel drappel druppelgat,
Waar komt gij vandaan?
Uit de aarde,
Zwart verbrande ketelkop.]
De ketel is het die vraagt, het uit de pomp vloeiende water dat antwoordt.

Oude Maroude
Staat boven in de koude.
Hij heeft vleesch noch bloed,
Nogtans doet oude Maroude goed.
Een molen.
Te Leeuwarden luidt dit:
Oude Maroude
Zat zeven jaar in de koude.
Oude Maroude had vleesch noch bloed.
En oude Maroude waar altijd goed.

Vr. Aste in baerch by de stirt heste, hokker part scoest den ljeafst ha wolle? — [Als ge een zwijn bij den staart hebt, welk deel zoudt ge dan het liefst willen hebben?]
Antw. Het gedeelte van het zwijn, dat ik niet beet heb.

Een jongen geeft zijn makker op te schrijven, op de lei of met krijt op hout:
Ik ben een gezel,
Ik was een gezel,
Ik wensch een gezel te blijven. —
Dan wordt den schrijver verzocht de g g g uit te wisschen en daarna het geschrevene nog eens te lezen.

Ik scil dy hwet fortelle fen in aep, dy scoe 't skoenmeitsen leare. Of kinst dat wol? — Né. — Den bist allike fier as dy aep, dy koe 't ek net, dêrom scoed er 't leare.
[Ik zal u wat vertellen van een aap die zoude 't schoenmaken leeren. Of kent ge dat wel? — Neen. — Dan ben je even ver als de aap, die kende 't ook niet, daarom zou hij 't leeren.]

Weet je wel hoe lang Berlikum is? — Neen. — Och, van het eene einde tot het andere einde.

Men zegt aan iemand: Ga naar buiten, en als gij terug komt, zal u een stuk van een dood zwijn (van een dood schaap of een doode koe) te gemoet komen. — Men werpt hem dan een borstel, een wollen kous of een schoen te gemoet.

Ga naar buiten en ga met den rug tegen den muur dezer kamer staan. Als ik u dan roep zult gij door den muur komen op de plaats waar gij staat. Gaat iemand hiervan de proef nemen, dan laat men hem eenvoudig staan, men roept niet. Komt hij dan eindelijk terug, dan zegt men: Ge zijt te haastig, gij moest gewacht hebben tot ik u riep.

Waarom knijpt de haan de oogen dicht als hij kraait?
Antw. Om te laten zien dat hij zijn les van buiten kent en niet in het boekje behoeft te kijken.

Om vlug te spreken. Drie of meer kinderen zijn bij elkander; de een zegt snel:
Wie klopt daar? zeide hij.
Wie is dat? sprak ik.
Dat, zeide hij, ben ik.
De anderen zeggen op de rij af, hem dit snel na, zonder dat er pauze komt.

Te Veenwouden stelt een der knapen een slager voor, met een vleesch-
bakje in huis komende:

„Dei," sei er. — „Dei," sein wi;
Fleis nedich? — „Ne," sein wi.
„Dei," sei er. — „Dei," sein wi.

Wa wol witte wêr Wytse Watses Wever wennet? Wytse Watses Wever
wennet West Warkum. Wa wol witte
wat Wytse Watses Wever weeft?
Wytse Watses Wever weeft wat
wite wol.

———

Mijn moeders mooie meid maalt
mooie mosterd, met mijn moeders
mooie mosterd-molen.

———

Sjoerd smid sloech syn soan sa
sear; sa sear sloech Sjoerd smid syn
soan. Sjoerd smid syn soan sei: sok
slaen scoe siker sear dwaen.

———

David deed den duivel dansen, doe
de duivel dronken was.

———

Achter in mullens dalen
Daer hangt een zakje met kralen,
Er is geen een zoo wijze man
Die die kralen tellen kan. *De sterren.*
(Ameland.)

———

Te Amsterdam op 'e Jodebrug
Daer legge de tonnen op 'e rug.
Do kwam er een heer met zijn geweer,
Die stak er in en 't deed niet zeer.
Vaten met boter, die door
den koopman worden ge-
stoken om de waar te
keuren. (Ameland.)

———

Daer vloog een vogel vederloos
Op een boom bladerloos.
Toen kwam juffrouw Mondeloos,
Die at den vogel vederloos
Van den boom bladerloos.
De sneeuw viel op een
boom; de zon deed ze
wegsmelten. (Ameland.)

———

Petrus zat bij 't vuur en Poepte.
Maar Petrus poepte niet,
Zoo onfatsoenlijk was Petrus niet.
(Poepte is een mansnaam.)

———

Amsterdam, die groote stad.
Met hoeveel letters spelt men dat?
Met drie: *dat.*

———

Vr. Weet ge 't onderscheid wel
tusschen spek en ham? — *Antw.* Voor
spek doet men den mond open; voor
ham doet men den mond toe.

———

Achter molens duun,
Daer leit in oud peerd bruun,
Zonder kop en zonder steert.
Al syn ribben legge verkeerd.
Een omgeploegd stuk land. (Ameland.)

———

Dou lange dunne,
Waar salste hene runne? —
Dou kaal schoren gat,
An wie vraagste dat?
Eene sloot met water en
een gemaaid veld.

———

Achter beppe tún,
Daer stane twee stelten.
Op die stelten staat 'en ton,
Op die ton daer staat 'en trachter,
Op die trachter staat 'en gaper,
Boven die gaper staat 'en ruker,
Boven die ruker stane twee glazen,
En boven die glazen lope de hazen.
Het menschelijk lichaam.

Wij zijn met ons zeven,
Alzoo oneven.
Zes roepen ons in 't werk,
En één zegt: Ga ter kerk!
De 7 dagen der week.

Tusschen hier en Romen,
Daer stane zeven boomen
Ze benne geen eeken en geen essen,
Je zult et niet raden al ben je met
je zessen.
As je 't rade Zal ik je 'n hoentje brade.
As je 't bedenke
Zal ik je 'n glas bier inschenke.
De Groote beer of Goudenwagen.

De oogst.

Als men in Friesland spreekt van bouw- en greide, dan bedoelt men bouw- en grasland. Een bouwboer, landbouwer in het groot, is ook altijd in meerdere of mindere mate veehouder. Een greid-boer echter gebruikt in het geheel geen bouwland, hij is enkel veehouder en zijn bedrijf bestaat in zuivelbereiding en veefokkerij. Het leven van zulk een greidboer biedt niet veel afwisseling aan. Het verzorgen en melken van het vee, de boter- en kaasbereiding keeren elken dag terug en wat daar tusschen in te doen valt is in den regel evenmin spoedeischend als vermoeiend. Maar als de tijd van den hooi-oogst aanbreekt, moet de greidboer uit zijn ouden stap. Men noemt dezen tijd «de ongetiid,» d. i. de tijd van onrust en ongeregeldheid. Is het weder gunstig dan begint men met het aanbreken van den dag en werkt, met slechts korte tusschenpoozen voor eten en drinken, den geheelen dag hard door tot de duisternis valt. Nu, dit zegt iets in de maanden Juni en Juli. De drukte begint in den voorzomer met de aankomst der duitsche grasmaaiers, in Friesland *mieren*, ook *hantsjemieren* = hannekemaaiers genoemd. Velen dezer mannen hebben hun vasten boer, bij wien zij iederen zomer terugkomen. Zij worden in de schuur gehuisvest, waar een oude tafel en een paar oude stoelen voor hen worden nedergezet en waar zij eene legerstede hebben van hooi, het «poepennest» genaamd. Maaiers, die geen vasten boer hebben, gaan op de markt staan 's maandags te Oldeboorn of op de Joure, 's dinsdags te Sneek, 's donderdags te Bolsward en 's vrijdags te Leeuwarden; zoo doen ook de werklieden, die als helpers in den hooioogst wenschen dienst te nemen. De boeren komen dan op de «poepenmarkt» het noodige werkvolk aanwerven, dat gedurende den drukken tijd dienst moet doen om daarna weder te vertrekken. Evenals op de veemarkt van het vee heet het hier: «De poepen zijn duur» of «niet duur.» Heeft men dag aan dag gunstig weder met helderen zonneschijn, dan rijpt het gemaaide gras zoo spoedig tot hooi, dat er soms nog handen te kort schieten, en dan zoekt men hulp bij de dorpsbewo-ners. Handwerkslieden, dienstmeiden, arbeidersvrouwen, ook wel bur-gerdochters komen dan een of meer dagen den boer helpen in het hooiwerk. Ook het eigen vrouwelijk personeel, uitgezonderd de huis-moeder, gaat meê naar het veld.

Als er zoovele jongelieden, die elkander kennen, bijeen komen, laat het zich denken, dat er wel eens grappen worden gemaakt. Vroeger waren de jongens er op uit om, als men onder het zweelen even rust hield, de meisjes «nieuw hooi te geven,» zooals zij 't noemden. Dit was eene wel wat ruwe aardigheid. Ik herinner mij in een frieschen dubbeltjesalmanak uit de 18de eeuw boven de maand Juli gelezen te hebben:

> „Nu kan de jeugd eens hollebolle   En maken in het veld een kooi,
> En met een dikke Trijn eens rolle   En stoppen die de pels vol hooi."

Maar eene flinke stevige meid wist zich gewoonlijk wel zoo goed te verdedigen, dat zij een niet al te ruwen jongen best kon afweren.

Nog omstreeks het midden dezer eeuw was het gewoonte dat de meisjes bij het hooiwerk hagelwitte voorschoten droegen en de jongens witte broeken en een netten stroohoed met kleurig lint er om op het hoofd.

Worden de groote schuurdeuren geopend voor het inrijden van het eerste hooi, dan gebeurt het niet zelden dat er in de ledige ruimte der schuur zwaluwen komen rondfladderen. Bejaarde boeren, die de taal der dieren verstaan, vertellen dan aan de jeugd, dat deze vogeltjes elkander toetjilpen:

> Forline jier, do ik hjir wier,   Wier dit fek fol en dat fek fol,
> En nou is alles wer forterd, forterd, forterd.

Dat is:

> Verleden jaar, toen ik hier was,   Was dit vak vol en dat vak vol,
> En nu is alles weêr verteerd, verteerd, verteerd.

De laatste regel ook aldus:

> En nou is 't allegearre tireliere liere liere l..l..leech (ledig.)

Is eindelijk de hooioogst afgeloopen, dan volgt het hooimaal. Bij het inrijden der laatste wagenvracht zingen de jongens die daar boven op zitten:

> „Moer, moer, de panne to fjûr!   Moeder, moeder, de pan te vuur!
> De lêste weide hea komt oer."   Het laatste voeder hooi komt over!

Het hooimaal is een afscheidsmaal, dat de boer aan zijn werk-volk geeft. Het bestond van ouds uit spekpannekoeken; of deze gewoonte nog getrouw in eere wordt gehouden is iets wat ik meen te mogen betwijfelen.

Ook op Ameland is het inrijden van het laatste «hooivoer» een pret, waarvoor de schoolkinderen van den meester vrijaf krijgen. Men versiert daar de wagens, die het laatste hooi schuurwaarts voeren, met vlaggen.

In sommige woudstreken is het gewoonte dat op de laatste van

het veld komende wagenvracht boekweit een meiboom wordt geplaatst
en wel een tak van den lijsterbessenboom (fr. *kûtse* of *kwitscbeam*)
met de rijpe bessen er aan. Men schijnt aan dezen boom onheil-
werende kracht toe te schrijven; de greidboeren gebruiken bij voorkeur een stok van dit hout voor *molkenspier*, om de zurende melk
te keuren wanneer zij gekarnd moet worden. Is zij zoo dik geworden, dat de stok er rechtop in staan kan, dan is 't klaar.

Bij den bouwboer wordt de graanoogst gesloten met het inhalen
van paardenboonen, de vrucht die het langst op het veld blijft
staan. Den drogen frisschen oostewind, die in den herfst wel eens
eenige dagen aaneen kan waaien, noemt men «den boonheer,» den
heer die aan de op het veld in schoven staande boonen de vereischte
hardheid geeft. Op het Bildt was het vroeger gewoonte dat op den
laatsten wagen boonschoven, die werd binnengehaald, twee jongens
zaten met een strooman; ook hadden ze wel enkel maar een boon-
schoof, die op een hooivork gestoken omhoog werd gehouden. Zij
zongen dan:

Moer, moer, de pan over 't vuur! Hier hê wij de leste gerven
Boven in de bergen, Boven in de toppe.
Wanneer selle wij soppe? Soppe wij van avond niet,
Dan soppe wij 't heele jaar niet.

De Bildtbewoners noemen dit in hun plathollandsch dialect: *de
lais thús hale*, en het avondpretje, dat er op volgt, heet *laizen*.
Volgens het liedje brengt men de laatste garven boven in den top
van den graanberg. Een klein schuurtje of groot hok noemt men
in 't noorden van Friesland «berg» (bergplaats), maar nooit de
groote friesche boerenschuur, de bergplaats bij uitnemendheid.

De aardappelboeren, in Friesland «gernieren» (gaardenieren) genaamd, volgden vroeger ook wel de gewoonte van het *laizen*. Bij
het einde van het aardappelrooien stak men drie van de grootste
aardappelen op den grijp, fr. *gripe*, eene drietandige vork, waarmeê
men de aardappelen uit den grond graaft. Deze werd door een
jongen op den schouder gedragen onder het gezang:

Moer, moer, de panne moat oer,   Moeder, moeder, de pan moet over [op het vuur],
De lêste ier'appels binne yn 'e koer.   De laatste aardappelen zijn in de mand.

Het koolzaaddorschen.

Het verbouwen van kool- of raapzaad is belangrijk afgenomen
sedert gas en petroleum de raapolie hebben verdrongen. Toch ziet
de reiziger die in de maanden Mei en Juni de friesche kleistreken

doortrekt, nog altijd en zeker met welgevallen nabij en in de verte het geelbloeiende koolzaad blinken tusschen golvende korenvelden en heldergroene vlaslanden. En het dorschen van het koolzaad geeft in Augustus nog altijd eene eigenaardige drukte, afwijkende van het gewone boerenwerk. Een «kleedbaas,» eigenaar van een groot dorschkleed met de daarbij behoorende gereedschappen, trekt dag aan dag bij gunstig weder, altijd aan het hoofd van een gezelschap werklieden, uit om voor de boeren het koolzaad te dorschen. Dit geschiedt op het land waar de vrucht is gegroeid, waarbij men nooit zal vergeten de vaderlandsche vlag te doen wapperen. Bij dit zaaddorschen worden nog altijd oude vaste regels en gebruiken gevolgd, die echter ook al aan het afslijten zijn. Dit kan men het best opmerken als men weet wat thans nog bestaat en dit verge- lijkt met zeker oud stuk uit vroeger tijd, de *tersklaow* (dorschwet) van Achlum.

Te Achlum en Hitsum, twee dorpen in Franekeradeel, woonden nog in de vorige eeuw vele en daaronder zeer aanzienlijke eigen- erfden, dit zijn boeren, die de plaats waarop zij wonen in eigen- dom bezitten en dikwijls nog een of meer daarbij. Onder de eigen- erfde families in Friesland zijn er zeker wier voorouders edellieden waren. De stand der eigenerfden stond tusschen dien der edellieden en huurboeren in. Familiewapens komen bij eigenerfden nog wel voor en zij hadden het recht hunne boter te merken met een klaver. De huurboeren hadden hiervoor een rozetje zonder bepaalden vorm. Dit recht of gebruik is reeds sinds lang vervallen; boterpronkers waarin de klaver gesneden is zijn er genoeg te koop en worden ook door huurboeren gebruikt. — Boven de opperste punt van een uilenbord, zooals er twee boven aan een friesche boerenschuur zitten, ziet men nog dikwijls twee ruw uit hout gesneden zwanen pronken, ruggelings naar elkander gekeerd·aan weêrszijden van het stijltje, waarop een windwijzer staat. Deze zwanen waren vroeger het kenmerk van een eigenerfden gras- of greidboer. Oorspronkelijk duidden zij aan, dat de eigenaar der plaats, edelman of eigen- erfde, het recht had om in de grachten om het huis zwanen te houden.

Onder de eigenerfden te Achlum en Hitsum bestond in de vorige eeuw een in het Friesch geschreven dorschwet. Het oorspronkelijke handschrift heet afkomstig te zijn uit de tweede helft der 16[de] eeuw, maar men meent te mogen gelooven, dat het niet ouder kan zijn dan uit het begin der 18de eeuw. Eenigszins verkort, luidt het vertaald aldus: [1])

De graaf (d. i. de kleedbaas) zal het zaad dorschen te Achlum, te Hitsum, te Doijum en te Beijem, behalve voor de kloosterlieden, wanneer deze zelf gereedschap houden.

De graaf zal Sint Jacob (25 Juli) of op den derden zondag vóór Sint Margriet de wet aflezen.

De graaf zal de kleeden en al het andere gereedschap altijd bruikbaar en onbeschadigd moeten houden en het nimmer aan een ander overdoen, bij boete. Hij zal nieuw tuig moeten aanschaffen en alle schade vergoeden. Elk heeft het recht van toezicht.

De huislieden zullen op den dag der wetlezing loten, wie het eerst, tweed, derd, enz. zal dorschen.

Die het eerst zal dorschen moet het gereedschap van den graaf afhalen; wie gedaan heeft voert het naar den volgende.

De dorsch zal naar landsgebruik aan den graaf staan.

De werklieden zullen naar den graaf hooren en elk zal naar zijn loon werken, of hij zal noodloonen en daarboven twee groot boete aan den fiscaal betalen. Wie door ongesteldheid genoodzaakt is het werk te staken noodloont alleen. [2])

Het werkvolk zal een rechter kiezen en de graaf een opziener en inner der boeten.

Twee kikkers, twee beren en de opziener zullen met hun vijven acht mannen, die vier om vier dorschen en opruimen, van den morgen tot den avond aan den slag houden.

Twee oude skierkerts (grijsaards) zullen het zaad ziften van alle onzuiverheid.

De huislieden zullen, zoodra de skierkerts de vlag aan hebben [3]), een ton bier of twee op het land brengen. Daarna zal de kelk bij elken oploop rondgaan.

De bloedverwanten en vrienden van den boer en andere lieden, die bij den dorsch komen kijken, zullen drie stronken met zaad

---

[1]) Er bestaan vier handschriften die onderling eenigszins verschillen. Het stuk is gedrukt in het *Geschied- en Letterk. Mengelw.* van Mr. Jac. Scheltema, III, 57 vv. en ook door J. H. Halbertsma opgenomen in zijne *Hulde aan Gysbert Japiks*, II, 253; de vier lezingen vindt men in *Bloemlezing uit Middelfriesche Schriften*, door Dr. F. Buitenrust Hettema.

[2]) Noodloonen: zijne afwezigheid aan de andere werklieden vergoeden.

[3]) De zifters kunnen natuurlijk niet aan het werk komen of er moet een gedeelte zaad gedorscht zijn, en ook niet eerder wordt de vlag, die op de „galg", waaraan de zeef hangt, komt te staan, omhoog gezet.

van den stoppel op het land opzoeken en aan den opziener in het kleed geven, bij boete van twee goede penningen.

Al het kwaad, op het land bedreven, zal ook op het land berecht worden, behalve manslag.

Terechtzitting is het als de dorsch gedaan is of de zon onder gaat.

Wie op de eerste oproeping niet voor het recht verschijnt zal één, en na de tweede twee grooten boeten. Wie dan nog niet hoort, wordt door den kodder (stokman) gebannen.

Geldboete wordt gereed betaald aan den opziener, behalve door de werklieden. Deze betalen hunne boeten op den bodem van de bierton, bij de afrekening.

Geldt het vonnis *huid* of *haar* dan wordt het nog denzelfden avond uitgevoerd.

De beren zullen zorgen dat niemand ongezuiverd van schuld het land verlaat, bij boete van dubbele straf.

Wie gestraft is zal den rechter dank zeggen met de kelk.

De werklieden zullen de huislieden dank zeggen voor het bier en wat zij meer gehad hebben.

De graaf zal de huislieden, man en vrouw, tot het maal bidden op den tweeden of derden zondag vóór Sint Laurens, twee uren vóór den middag, met het geld. Wie neen zegt schikt een ander, bij boete van een ton bier.

Op den rekendag zullen alle boeten, door den opziener ontvangen, door de werklieden met hunne vrouwen en meisjes worden verteerd, met hoorngetoet en luidruchtigheid. —

Onderscheidene in deze wet voorkomende bepalingen worden bij het koolzaaddorschen nog in acht genomen. Sommigen moesten noodzakelijk vervallen sedert de jenever voor het bier in de plaats is gekomen. Op het Bildt werd in vroeger jaren, des avonds na afloop van het werk, de vlag op het land verpacht. De pachter werd vaandrig, hij had de eer, voor één dag, tenzij hij op nieuw pachtte, de vlag te mogen dragen als het volk naar het werk ging of er vandaan kwam.

In de wet worden kikkers, beren en skierkerts genoemd, namen van dieren waarmede werklieden, die ieder hun afzonderlijk werk hebben, bij het dorschen worden betiteld. Deze benamingen bestonden nog in mijne jeugd, een halve eeuw geleden, en bestaan nog hier en daar, doch niet algemeen. De kikkers waren de inleggers, die met groote gaffels de over het land verspreid liggende schoven

in het draagkleed brengen en hierdoor onophoudelijk in eene eenigszins springende beweging zijn. De beren zijn de dragers, die het
gevulde draagkleed, een vierkant stuk zeildoek bevestigd aan twee
draagstokken, op hunne schouders naar het dorschkleed sjouwen
en daarin ledigen. Dit is een zeer vermoeiend werk en er worden
groote sterke mannen voor uitgekozen. *Skierkert* is eigenlijk de
spotnaam voor een grijsaard. *Skier* is grijs en de grijze of bonte
kraai, die alleen gedurende den winter bij ons vertoeft, heet in een
groot deel van Friesland *skierkert*, hier en daar ook *skierroek*. Bejaarde mannen, die niet meer zwaar kunnen werken, plaatst men
bij het zaaddorschen aan de zeef. Behalve de genoemde werklieden,
zijn er buiten de eigenlijke dorschers ook nog dwarsbongelers
(dwarsdrijvers). Het dorschkleed is een zeer groot zeil dat op den
inderhaast gemaakten dorschvloer ligt uitgespreid. Het uitgedorschte
stroo wordt door de dorschers buiten het kleed geworpen, maar
ook even spoedig, althans in het begin, door de dwarsbongelers
onder de randen van het kleed gestopt. Deze komen hierdoor schuins
op te staan en dit dient om zoo weinig mogelijk zaad verloren te
doen gaan. Zoo heeft het den schijn alsof de dwarsbongelers tegen
de anderen inwerken. Voorheen noemde men iemand dwarsbongeler,
die in het belang van den boer had toe te zien, dat geen stroo,
eer het goed was uitgedorscht, buiten het kleed werd geworpen.
Bij den aanvang van het dorschen wierp hij een handvol stroo in
de lucht en zeide:

Dêr de wyn komt fen dinne	Waar de wind komt vandaan
Dêr moat it strie hinne.	Daar moet het stroo heen.

Bij het verwijderen en ophoopen van het uitgedorschte stroo
moet men rekening houden met de richting van den wind, om de
dorschers geen last van het stuiven te doen hebben.

Behalve van geldboeten spreekt de oude wet van straffen aan
huid en haar. Die aan de huid waren de *brits*, de *trewinkel* en de
heve. Die de brits moest ondergaan werd door de beren in knielende houding met het hoofd op de knieën van den bijzitter gelegd.
Een ander, die eveneens straf had verdiend, werd door vier mannen aan armen en beenen, achterover liggend, opgeheven en met
zijn achterdeel tegen dat van den geknielde gestooten. De brits is
nog onder de knapen bij hunne spelen in gebruik en heet te
Leeuwarden: «Hamer, bijl en blok.» — Was iemand tot den trewinkel veroordeeld, dan moest hij in dezelfde houding als bij de

brits geknield liggen. Men stortte dan eerst een emmer water over hem uit en daarop werden hem door twee mannen met houten schoppen zoovele slagen toegediend als de rechter goed vond. — Die tot de heve was veroordeeld, werd geworpen op het draagkleed, eenige mannen grepen dit aan, en hotsten hem daarmeê een tijd lang op en neder naar believen des rechters.

De straf aan het haar was erger, wel minder pijnlijk, maar veel schandelijker en werd alleen toegepast op diefstal en andere zedelijke misdaden. Men knipte den schuldige een haarlok af, dit was alles, maar hij werd van het land gejaagd en had zijn eer verloren. Op den rekendag mocht hij niet verschijnen; het geld dat hij verdiend had werd, in een vuilen doek gebonden, hem tehuis gebracht.

Bij de terechtzittingen en strafoefeningen stond ieder met ongedekten hoofde. Wie dit verzuimde was ook strafbaar, maar kon de straf afkoopen.

Had men het laatste in het dorschkleed, dan moest het werkvolk den boer dank zeggen volgens de wet. Dan dorschten acht mannen dat laatste gedeelte af, terwijl de anderen zongen op de maat der vlegelslagen:

It klitst, it klatst,	Het klitst en klatst,
't Giet joun to gast	't Gaat vanavond te gast
Op tsiis en brea	Op kaas en brood
Mei 't hele gea.	Met het geheele dorp.
As wy hondert krije,	Als wij honderd (zakken) krijgen,
Wy scill' 't net swije,	Wij zullen 't niet zwijgen,
Den jout de frou	Dan geeft de vrouw
Us spek en strou.	Ons spek en pannekoeken.
Goed bier dêr by	Goed bier daarbij
Is ek ús flij.	Is ook naar onzen smaak.

Het koolzaaddorschen met vlegels is bij groote boeren reeds lang in onbruik. In de eerste helft dezer eeuw deed men het met vier paarden, die het zaad uit de peulen trapten, thans met eene dorschrol, evenals men ook gebruikt voor het dorschen van granen in de schuur.

In het noordwestelijk gedeelte van Friesland had men geen paarden, maar acht dorschers waarvan vier aan den vlegel stonden en de vier anderen bijwerk verrichtten. Hierin wisselden zij elkander af. Deze acht mannen heetten de ooievaars. De inleggers heetten kikkers, de stelenzoekers sprinkhanen, de dragers beren. De dorschaanlegger en -teller was de procureur, zijn maat de voorschekker. Het afzonderlijke kleine kleed waarin het zaad werd gezift, noemde

men het roekennest, omdat de zifters roeken of schierroeken heetten. De boer voor wien gedorscht werd schikte bij het werkvolk
een schekker, (iemand die het uitgedorschte stroo van het zaad
verwijdert en op eene geschikte plaats brengt), die duivelbanner of
ook dwarsbongeler, en een stroodrager, die hanenbijter werd genoemd.

De jaarlijksche rekendag van het koolzaaddorschen is, volgens
mededeelingen van P. C. Scheltema [1]), in de vorige eeuw te Achlum
eene plechtigheid van belang geweest. De boeren, die koolzaad
hadden laten dorschen, kwamen met hunne vrouwen des morgens
te tien uren aan het huis van den dorschgraaf of kleedbaas bijeen.
Zij vonden hem op hen wachtende, gekleed in een deftig ouderwetsch gewaad. Over de korte wijde broek met franjes op de naden,
en de dikke rolkousen, droeg hij een langen rok, de *paltrok* genaamd, die van boven tot onder was dichtgeknoopt, terwijl om zijn
hals een lange hangdas was geslagen en zijn hoofd gedekt met
een hoogen ronden hoed.

Het feest werd geopend met het «ombrengen» (rondgaan) van den
zilveren kop met brandewijn en rozijnen en daarop werd het gezelschap door den opziener aan tafel genoodigd. Bovenaan nam de
dorschgraaf plaats op een grooten met groen laken bekleeden leu-
ningstoel. Naast hem stond een gelijke stoel, die ledig bleef. Vermoedelijk was deze vroeger de zitplaats voor een der achlumer
edellieden, als beschermheer van het dorschkleed. De verdere gasten
zaten, op banken, en die den hanzebeker nog niet hadden gedronken, werden op een korte bank aan het ondereinde der tafel geplaatst, recht tegenover den graaf. Achter hen was een kleine
tafel aangerecht voor den rechter en zijn bijzitters, dit waren de
beide skierkerts of zaadzifters, — oudsten dus.

Rogge- en wittebrood met boter en zoetemelkskaas werden opgedischt. De hoofdschotels waren twee kommen met pruimenbrij
en daartusschen een groote kom met koudschaal. Deze spijs, thans
niet meer bekend, werd bereid uit bier, brandewijn en eieren, waarin
beschuit (welk gebak toen dichter en steviger was dan thans),
werd gebrokkeld en suiker en kaneel er over gestrooid. De opziener
en de beren moesten bier schenken aan ieder zooveel hij verkoos.

---

[1]) Zie Mr. J. Scheltema, *Gesch. en Letterk. Mengelw.* III, 55, 56. Paulus Cornelis
Scheltema droeg bij zijne tijdgenooten den eernaam van Paulus Lieger, omdat men hem
hield voor iemand, die wel eens verdichtselen van eigen vinding als echte oude stukken of
vruchten van oudheidkundig onderzoek aan den man zocht te brengen.

Terwijl de gasten binnenshuis aldus plechtig aanzaten, vermaakten de werklieden met hunne vrouwen en meisjes zich op de hieming onder het blazen der hoornen, waarbij de groote vlag aan een hoogen staak werd opgeheschen. [1])

Na afloop van den maaltijd gingen de boeren in de rekenkamer, waar zij door den dorschgraaf en den opziener werden gewacht. De boerinnen verlieten ook de groote kamer en nu kwamen de werklieden, om de tafel «schoon te vegen», dat is, zich aan het overgeblevene te goed te doen.

De opziener, die het geld van de boeren had ontvangen, betaalde den arbeiders hun loon uit op den bodem van een ledig biervat. De boeten, die ieder schuldig was, werden afgehouden. Wat er ten slotte van het geld overbleef, telde de opziener met ongedekten hoofde vóór den dorschgraaf op de tafel uit.

Hierop gingen de gasten gezamenlijk naar buiten. Wie voor het eerst de plechtigheid bijwoonden, werden onder de vlag geplaatst en hun werd de hanzebeker aangeboden. Dit was volgens Scheltema een zilveren beker of kelk, met een randschrift in het Oudfriesch, waaruit bleek, dat de beker op den rekendag in 1569, ter inwijding, door Ork van Dojem was geschonken aan den dorschgraaf Juw van Terwisga.

Hadden de nieuwelingen den beker geledigd dan voerde men hen onder een voor het huis van den dorschgraaf staanden grooten lindeboom. Hier bracht de graaf hun den fraaien drinkhoorn toe, die versierd was met drie zilveren banden en aan een zilveren ketting hing. De inschriften op de banden, gedeeltelijk Oudfriesch, gedeeltelijk Latijn, duidden aan dat deze hoorn een geschenk was van de kloosterlieden te Achlum. Ook uit dezen hoorn moesten de nieuwelingen drinken en daarop werd hen door den opziener, ieder op zijne beurt, den hoorn over den schouder gehangen. De dorschgraaf, tusschen den rechter en den opziener en gevolgd door de twee dragers, ging nu op hem aan en bij eene plechtige stilte, terwijl allen blootshoofds stonden, nam hij den nieuweling in het verbond op onder het uitspreken van dit formulier: «U, eerzame en vrome N. N., die voor het eerst dezen rekendag meê hebt ge-

---

[1]) Hoorngetoet diende nog in mijne jeugd om des morgens het werkvolk voor den veldarbeid bijeen te roepen en des avonds was het deze muziek, die het begeleidde bij den terugkeer naar huis; in de veenderijen werd de lawei gestoken, d. i. een seinbord aan een hoogen staak opgezet, om den rusttijd aan te wijzen.

houden, het loon betaald en gedaan zoo 't behoort, nemen wij aan
in den zoen. Leef met ons in vrede, doe niemand kwaad, dan gaat
het u altijd wel.» De opziener ontlastte den ingewijde van den
hoorn en stortte het daarin overgebleven bier op diens hoofd uit,
terwijl hij sprak: «Onze oude vader heeft het zoo gewild; het
zij u tot geluk en zegen, in het hemelrijk en op het aardrijk!»
Een luid gejuich, vergezeld van hoorngetoet, volgde hierop. De
nieuw-ingewijden gaven aan alle boeren de hand en werden door
dezen verwelkomd. Het verder gedeelte van den dag werd in vroolijkheid doorgebracht en het jongvolk ging aan den dans.

In mijne jeugd werd de afrekening van het koolzaaddorschen,
die men toen bij avond in de herberg hield, nog «kooldorschersbier» genoemd. Bij het dorschen op het land werd toen nog wel
bier gebruikt, bij de afrekening, geloof ik, niet veel. Deze houdt
men thans ook wel bij den kleedbaas aan huis, altijd 's avonds, en
er wordt daarbij veel jenever geschonken.

Kermis.

Kunstwegen, stoom, telegraaf, gas en petroleum hebben vele
veranderingen teweeg gebracht in het volksleven en de volksgebruiken. Ook de kermissen hebben dit ondervonden. Het gaat niet
meer zoo druk toe als J. H. Halbertsma omstreeks 1840 schreef
van den besten zondag der bolswarder kermis: «Dan loopt het er
van alle kanten zoo barstende vol, dat men op de hoofden der
menschen gaan kan. Vroeg in den namiddag begint het landvolk
al binnen te stroomen. De boerenknapen, grootmachtig op hooge
chaizen [1]) naast hunne blanke meiden gezeten, rijden de één voor de
ander na, door het stroomend kermisvolk. Men rijdt buiten de stad,
rijdt in de stad, rijdt er weder uit en verklaart zich eindelijk per-
manent door uit te spannen. Men wandelt. Later op den avond
verkleeden zich ook de meisjes in het wit. Nu de eene herberg
uit, de andere in; nu gedanst, gedronken en gezongen, en in de
pauzen Roytske op Tietes schoot het lied van Cecilia met lange
strepen. Aurora beschijnt eindelijk die maagden, bij haar ondergaan
zoo frisch van koonen en zoo hagelwit van gewaad, maar nu het
aangezicht glimmende van het opgedroogde zweet, bepoederd met

---

[1]) Toen de hooge friesche chais of sjees in de laatste helft der 18de eeuw hier bij
de boeren in gebruik kwam, werd zij door ernstige, aan het oude gehechte lieden *helle-
kroade* genoemd, „kruiwagen waarop men naar de hel rijdt."

het zwarte door den dans opgestampte stof, en van top tot teen bevlekt, somtijds begoten met rooden wijn. Dit is het slot? O, neen! Nu beginnen de ware grappen eerst. Men stijgt weder op de chais; rijdt door, uit, in de stad; weder uit de stad. Hier voor de herberg gestaan; daar uitgespannen. Alweder ingespannen, naar naburige herbergen of dorpen gereden en aan elke kapel geöfferd. Nadat dit zoo den ganschen dag gewoeld en gejaagd heeft; nadat er overal de grilligste, soms gevaarlijke kluchten vertoond zijn en 't duizend wonder is dat er geen hals en beenen gebroken wierden, brengt men aan den avond zijne dame thuis. Het scheiden valt bitter en gewoonlijk zit Roytske dan nog den halven nacht òp Tietes schoot. Maakt samen een jonas van circa twee dagen en anderhalven nacht en tusschen de 20 en 30 guldens.»

Dr. E. Halbertsma laat in zijne berijmde vertelling *Murk van Ipecolsga* een boerenlomperd op de leeuwarder kermis met zijn meisje aanzitten aan de open tafel in het eerste heerenlogement der stad. Dit was in de jaren tusschen 1830 en 1840 evenmin een vreemd verschijnsel als dat in dezelfde kermis « de feinten en meiden toe de finsters fan de Keizerskroon (een toenmalige herberg) út laggen te tuten », zooals Tj. H. Halbertsma een leeuwarder burgervrouwtje laat vertellen.

Hoe ging het in dien tijd toe op eene kermis in een tamelijk welvarend dorp?

Het is op een vrijdag in den nazomer, tegen den avond en fraai weder. De dorpsjeugd is bijzonder luidruchtig en helpt druk mede om planken, palen en ander hout uit eenige pas aangekomen schepen te brengen ter plaats waar de kramen — en den mallemolen niet te vergeten — moeten worden opgezet. Mannen en vrouwen, die blijkbaar niet in het dorp tehuis en even blijkbaar niet tot den aanzienlijken stand behooren, sjouwen, sleepen of kruien kisten en manden met koopwaren. Anderen slenteren doelloos rond of gaan bij bakkers en winkeliers iets eetbaars koopen, ook wel bij tappers iets drinkbaars. Net gekleede dienstmeisjes met blijde gezichtjes loopen reeds tusschen al die drukte boodschappen te doen. Voor de ramen van verschillende burgerhuizen hangen slechts een paar bonte doeken, en een voorbijganger, die de vrijheid neemt even naar binnen te gluren, kan daar de huisvrouwen bezig zien met het strijken der schoone glasgordijnen. Sommigen zijn reeds in de weer met het ophangen er van, waarbij wel een timmerman of schilder in het werk wordt gesteld.

Het dorpsveerschip is ook reeds terug van de leeuwarder weekmarkt. Wijn, bier en schiedammer vocht, bij manden- en vatenvol
worden gelost ten behoeve der kasteleins; fruit, pekelharing en
wat niet al voor de kermiskramers; kisten, balen en pakken voor
de winkeliers en verder van allerlei voor de overige dorpsbewoners.

Een der schippers, loopende met een grooten spiegel op den
schouder, trekt ieders aandacht, want dat de spiegel niet alleen groot,
maar ook mooi is, meent men op te merken, wanneer het papier,
waarin hij gewikkeld is, op een der hoeken eens even opwaait.

«Te drommel! wie zou dien moeten hebben?» Jawel! De schipper gaat binnen bij den nieuwen bakker en komt weldra zonder
spiegel terug.

Deze bakker en zijne vrouw, nog jong en met Mei pas gehuwd,
zijn toen van elders gekomen en hebben zich hier in hunne eenige
maanden vroeger gekochte bakkerij gevestigd. Toen in den laatst
verloopen winter de bakkerij «op de borden» [1]) kwam, was Ruurd
de hoogste schrijver en toen zijn bod door een ander met ƒ 100
werd verhoogd, legde hij er nog ƒ 200 op. Zoo werd hij kooper.
Velen zeiden: «Dat is een bullekalf (miskoop).» Ruurd geloofde
het tegendeel.

Het jonge vrouwtje is naar de leeuwarder weekmarkt geweest
in gezelschap van een boer en zijne vrouw, die haar in het rijtuig
hebben meêgenomen. Zij is pas van deze reis terug, heeft zich van
de bovenkleeding ontdaan, de floddermuts afgenomen en een aange-
gesneden stuk koud vleesch op tafel gebracht om zich wat te ver-ver-
schen. Zij is flauw geworden van het heen en weêr loopen den geheelen dag in de stad. Als de nieuwe spiegel tehuis wordt gebracht
is zij er dadelijk bij om den schipper te verzoeken, het stuk in
de mooiste kamer te brengen en op te hangen, voorloopig maar
aan de bedschutting, na van het papier ontdaan te zijn. De mooiste
kamer is op dit oogenblik niet bijzonder mooi, alles staat er van
zijne plaats, ook al omdat het kermis zal worden. Nadat de schipper is vertrokken, bekijkt de vrouw het fraaie voorwerp nog eens

---

[1]) Bij eene openlijke verkooping van vastigheden worden aan de gegadigden « borden, »
ronde of achtkantige zwartgeverfde plankjes uitgereikt, ieder met een stukje krijt er bij. —
Zij worden, nadat ieder zijn bod er op geschreven heeft, zonder dat de een van den
ander iets afweet, bij den notaris teruggebracht. Deze ziet ze na en maakt dan aan
de aanwezigen bekend, wie de hoogste schrijver is. Vervolgens wordt er bij oproeping,
evenals in een boelgoed, gelegenheid gegeven tot verhooging. Vanhier de spreekwijs:
Dat huis of land, die boerenplaats enz. komt op de borden, d. i.: zal publiek worden
verkocht.

met alle aandacht, en roept haar man, die in de bakkerij bezig is: «Ruurd, kom eens kijken, wat mooien spiegel ik gekocht heb.»

«Kom, heb je weêr een nieuw stukje speelgoed?» Met deze woorden komt de lange, dunne bakker in zijn meelig werkgewaad bijna huppelende de kamer in. Zijn lang en golvend blond haar, de wilde oogopslag, het ongedwongene zijner bewegingen en het ietwat geweldige in stem en spraak doen denken, dat hij veel licht in de wereld ziet, maar zijne levensopvatting niet zeer ernstig is. «Ei,» zegt hij, den spiegel beschouwende, «daar heb je ook wel vijf-en-twintig gulden voor betaald.»

«Ja, daar komt nog al iets bij.»

Hij trekt bedenkelijk de schouders op, en zij, hem vleiend in de oogen kijkende, vervolgt:

«We verdienen met de kermis immers ook veel geld, en als we zondag volk krijgen, kan ik dat oude leelijke ding van mijne moeder toch niet meer in deze kamer hebben hangen.»

«Nu Saakje, je hebt gelijk,» zegt de baas. «Als we iets nieuws aanschaffen, ben ik er voor, geen prullen te koopen. We zullen het hier, hoop ik, met de bakkerij wel klaren; we moeten nu weêr den geheelen nacht doorwerken. Heb je nog meer gekocht?»

«Niets dan noodzakelijke dingen. Een groote spaansche vloermat, een paar presenteertrommeltjes, een dozijn tafelmessen, heele mooie voor zes gulden; ook een nieuwen lampballon. Maar nu moet jij, deugniet, met je gekheidmaken de lamp niet weêr omverstooten.»

«Alsof jij, met je plagerij, daar niet veel meer schuld aan hadt dan ik. Wat heb je meer?»

«Een paar grijze kousen voor jou [1]), ook een zijden halsdas en een zijden zakdoek.»

«Uitstekend! je bent een baas van een vrouwtje.»

«Het vrouwtje van een baas, meent ge zeker. Ook een paar edammer kaasjes heb ik gekocht en een ballade — rollade wil ik zeggen, — een paar flesschen bessensap, vijf pond broodsuiker....

«Kom, schei maar uit! heel wat geld heb je zoek gebracht, verneem ik. Maar ik moet naar mijn werk.»

Na zijn vrouwtje te hebben gekust, springt hij als een konijn de kamer uit en neuriet in den gang een lustig liedje. Saakje trippelt naar de huishoudkamer terug.

---

[1]) De korte fluweelen broek met grijze kousen, thans alleen ijscostuum, werd nog omstreeks 1840 door welgestelde landlieden ook in den zomer gedragen.

Een kwartiertje later loopt Ruurd het huis door, brommende op den knecht, die verzuimde takkebossen in den oven te steken, en op de meid, die de melk nog niet heeft afgeroomd. De dienstbaren blijven den baas geene woorden schuldig en even zoo min aan de vrouw, die bij het krakeel ook hare stem laat gelden.

Des anderen morgens wordt het gezelschap nog versterkt met eene werkster, eene vrouw uit de lagere volksklas, die ook wel babbelsnoet, zoo niet helleveeg zou kunnen heeten. Deze zaterdag, voor de kermis, wordt nog meer dan andere door de vrouwen beschouwd als een dag der reiniging bij uitnemendheid. Schrobben, boenen, spoelen, schuren, wrijven, alles gaat even druk. Gebabbel, grappenmakerij, gekibbel, soms nogal hevig, wisselen daarbij elkander af. De baas oordeelt, dat er een slokje bij moet, om den moed niet te verliezen en tevens om de kermis in te wijden.

De werkster wordt er duizelig van en knoeit een kostbaren porseleinen kop aan stukken. Hevige twist tusschen haar en de vrouw, maar deze ziet zich genoodzaakt haren toon te matigen als het wijf dreigt, dat zij des zondagsavonds niet wil komen huisbewaren. Dan toch zou de vrouw niet met haar gezelschap kermisgasten kunnen uitgaan, omdat de meid ook niet verkiest op den besten kermisavond tehuis te zitten.

Het was des avonds na elven eer ze 't huiswerk gedaan kregen. De meid zei bij 't naar bed gaan: «Nu ben ik zoo vermoeid als een oud paard, en dat om die gallige kermis. Als ik nu morgenavond geen vrijer krijg, dan geschiedt mij geen recht.» — Dit was haar avondgebed en dat der vrouw luidde: «De naaister heeft mijn nieuw pakje nog niet gebracht. Heb ik dat morgen vroeg tien uur nog niet tehuis, dan zal ik zeker erg slecht gehumeurd zijn.»

Des zondagsmorgens had men weêr nieuwe drukte. De mooie kamer moest worden opgepronkt. De nieuwe spiegel bekwam nu zijne ware plaats tusschen de ramen aan den buitenwand. De vloer werd belegd met matjes en karpetjes en in het midden daarvan, vlak voor den spiegel, het groote vloerkleed uitgespreid, waarop de nieuwe schuiftafel werd geplaatst, overdekt met een rood damasten kleed. Tegenover den spiegel, aan den binnenzijwand der kamer, stond de mahoniehouten secretaire, waarop behalve eenig porselein en glaswerk, de nieuwerwetsche lamp pronkte met den nieuwen ballon. De presenteertrommeltjes, gevuld met suikergebak en stukjes koek, kregen eene plaats op de tafel achter de groote zilverblanke tinnen koffiekan, waarvóór, in een reusachtig schenkblad, een prachtig koffieservies werd gereed gezet. Toen ten slotte de spiegelgladde stoelen met fijne bonte biezenmatten rondom de tafel waren gerangschikt, konden de baas en de vrouw zich gaan kleeden. De naaister had gelukkig het nieuwe pakje tijdig bezorgd.

De genoodigde gasten, allen boeren en boerinnen en begunstigers van den nieuwen bakker, kwamen weldra opdagen, allen in de kermispronk, de vrouwen bijzonder schitterend. Men was spoedig druk aan de praat onder het genot van koffie met een dik bruin kandijklontje en wat er verder werd rondgediend. De mannen dampten uit lange goudsche pijpen met zooveel ijver, dat weldra het vertrek geheel met blauwen rook was gevuld en de vrouwen het te benauwd kregen. Het wijd openzetten der kamerdeur hielp niet genoeg; de ramen moesten worden opgeschoven en tamelijk hoog ook. Men zat nu te kijk voor het geheele straatpubliek, maar dit was geen bezwaar, allen konden ze zich wel laten zien en zelf zagen en hoorden ze nu ook zooveel te beter wat daarbuiten te hooren en te zien was.

Toen men de paarden en koeien, de mooie kleêren enz. in de gesprekken zoowat had afgehandeld, waren de mannen reeds rood geworden van de warmte en hadden hunne hoeden afgezet. Zachtjes aan begonnen ze te wedijveren in het doen zwaaien van dikke woorden, waarin zij nog sterker werden, toen er na de koffie bitter werd geschonken, terwijl de vrouwen frambozen-brandewijn gebruikten.

De boeren kenden den jongen gastheer reeds genoeg, om te weten, hoe zij zijne ijdelheid konden streelen. «Bakker, reken er op, dat wij vandaag je gastvrijheid eer zullen aandoen,» zei een hunner, die wel eens een «bysfeint» werd genoemd, omdat hij voor bijzonder geestig doorging en zich dit gaarne liet aanleunen. «Het kan van jou wel af, je bent een kerel met geld en je bakkerij hier is een winstgevende zaak.»

«Praat gij maar wat, dan hoor ik wat,» zegt de bakker welgemoed. «Alles is niet zoo 't wel schijnt te zijn.»

«En wat heb je een aardig vrouwtje,» vervolgt de boer, «je hebt zeker wel den slag van het vrijen gehad, anders had je haar niet gekregen, dunkt me.»

«Dat is gebleken,» zwetste Ruurd; «er waren drie die naar hare gunst dongen; maar toen ik er tusschen kwam was 't uitgemaakt. Zij was gek op mij, moet ge denken.»

«Dat is gelogen,» riep Saakje lachend. «Maar ik kreeg medelijden met je en vreesde dat je gek zoudt worden. Je woudt je
van kant maken; toen dacht ik, daar is hij toch te goed voor,
laat ik hem dan maar nemen.»

Hierop volgde algemeen gelach. «Bakker!» zei de bysfeint, «je
vrouw is flink van de tongriem gesneden. Daar wil ik op drinken.»

«Wat mij eigenlijk verwondert,» zei een andere boer: «dat zoo
iemand als baas Ruurd geen paard en sjees houdt.»

«Dank je!» zei Ruurd. «Daar heb ik geen geld voor en nog
minder den tijd om uit rijden te gaan.»

«Kom, dat is immers niet waar. Moet jij altijd in de bakkerij
werken als een ezel om voor den oven uit te drogen? Een tweeden
knecht moet je nemen en zelf als meester de zaak besturen, dat
is vrij wat beter. Je moet immers ook wel eens ergens zijn voor
je zaken. En dan kunt ge zoo nu en dan met je vrouwtje uit
rijden gaan.»

«O, dat zou mooi zijn!» juichte Saakje: «we zijn immers nog
te jong om altijd in huis te zitten.»

«Ja baas, dat moet gebeuren,» zei de boer. «Ik heb wel een
zeer geschikt paard voor je, zoo tam als een schaap. Dat kunt ge
van mij koopen voor niet te veel. Je hebt het dier immers wel in
de wei gezien, dáár aan den weg.»

«Wel mogelijk,» zei Ruurd; «maar dan toch er niet op gelet.»

«Dat is ook hetzelfde; ieder hier weet wel dat het een uitstekend paard is.»

«Ja, dat weten we,» verklaarden de andere boeren. «Maar,
Gauke, wil je dat paard nu van de hand doen? Dat dachten we
niet.»

«Niet omdat ik het dier kwijt wil zijn,» zei Gauke met een
ernstig gelaat. «Integendeel, ik zal het gaarne behouden. Maar
wanneer Ruurd een geschikt rijpaard wenscht aan te schaffen, wil
ik hem met alle liefde genoegen doen. Niet ieder paard voegt hem;
hij bewijst ons vriendschap vandaag, daar wensch ik hem erken-
telijk voor te zijn.»

Zoo praatte Gauke, met het gelaat van Ruurd afgewend, tot zijne
medeboeren en dezen stemden hem gereedelijk toe.

«Te veel geld wil ik ook niet voor het paard vragen,» vervolgde Gauke. «Kom bakker! houd de hand eens op, dan wil ik
je een mooi voorstel doen.»

«Och kom!» zei Ruurd, «daar ben ik niet aan toe. Daar dien ik me eerst wel driemaal op te beslapen. Ik ken dat paard in 't geheel niet.»

«Ja, je kent het wel, je hebt het dikwijls genoeg gezien. En ik verkoop het je zonder kwaad, is dat niet voldoende? Wij zijn hier immers allen dorpsgenooten en kennissen onder mekaar. Deze vrienden weten, dat ik je geen onwaarheid vertel. Het paard is eens door eene sloot gegaan, ja, maar 't was eene sloot bijna zonder water. En met eene ledige aardkar is hij ook eens even aan den haal gegaan. Maar dat zijn toch geen noemenswaardige zaken. Heb je lust hem te koopen, baas Ruurd, dan wil ik een eisch doen; zoo niet: ook goed. Ik ben onverschillig.»

«Maar Ruurd,» zei de bysfeint, «je bent zeker niet zoo bang, dat je geen bod durft doen?»

«Durven is het woord niet,» zeî Ruurd, «maar ik wil niet. Waarvoor zal ik paard en rijtuig houden?»

«Voor je gerijf en je genoegen beide; want je moet wel eens ergens zijn en je wilt wel eens ergens zijn; dan ben je altijd klaar.»

De vrouwen deden haar best om Saakje het mooie van de zaak voor te houden, met de uitwerking, dat ook zij haar man begon aan te moedigen. Hij bleef echter afkeerig. Maar na lang geharrewar, onder het gebruik van een 'stevig glas, kreeg men Ruurd zoover, dat hij geld voor het paard bood, naar zijne meening veel te weinig. Maar nu stond het reeds vast, dat hij eigenaar van het dier zoude worden, al werd de koop eerst toegeslagen toen Gauke, na veel gepraat en geverg, de zekere overtuiging had gekregen, dat Ruurd geen cent meer zoude bieden.

Deze handel had met vele tusschengesprekken zooveel tijd gevorderd, dat intusschen ook het kermisgastmaal afliep.

Eene der boerinnen zeî nog: «Nu moet er ook eene sjees zijn;» maar op eens werd aller aandacht naar buiten getrokken door drie bontgetooide steltloopende kinderen, begeleid door een vioolspelenden vader en eene centenophalende moeder, die op straat vóór het huis verschenen. En na de beschouwing dezer kunstvertooning vond het gezelschap goed, zich eens in het kermisgewoel te begeven.

Wie op straat het eerst hunne aandacht trekt, is de algemeen bekende en gewilde kermisliedjeszanger Albert Bakker, achter zijn draaiorgel en vóór zijne hoogopgehangen schilderijen. Naast hem

zijn zoon die de viool speelt, en aan zijne andere zijde een ge-
huurde zangeres. Zijne vrouw, naar men elkander vertelt eene
domineesdochter, die tegen den zin harer ouders met den amster-
damschen orgeldraaier is getrouwd, gaat onder de omstanders rond
liedjes te verkoopen en centen op te halen. Albert Bakker bezoekt
jaarlijks geregeld alle stadskermissen in Friesland en neemt er nu
en dan eene der aanzienlijkste dorpskermissen bij. Hij verzuimt niet,
ter afwisseling zijner treurig verloopende liefdesgeschiedenissen en
moordverhalen, ten behoeve waarvan de schilder veel roode verf
heeft verbruikt, soms iets voor de Friezen bijzonder aantrekkelijks
te geven. Zoo ziet men thans op het middenvak van een der
drie doeken eene tamelijk groote fraaigevlekte zwartbonte koe.
Daarboven is te lezen dat hier de geschiedenis wordt vertoond
van «Gerrit Sipkes de Jong, Die terstond het bed uitsprong.» Een
groote menigte verdringt zich daar voor de schilderij, want jawel,
velen herinneren 't zich nog levendig, wat in den herfst des vorigen
jaars bij dien boer onder het behoor van de Joure is gebeurd, en
hier in verschillende tafereelen is afgebeeld; hoe de dienstmeid des
nachts vreemd volk in huis vernam; hoe zij luidkeels schreeuwde:
«boer, dieven!» Hoe de man, haastig uit het bed gesprongen, in
den veestal twee vreemde mannen vond, die het ijlings op een
loopen zetten. Hoe hij, ofschoon in nachtgewaad, hen achtervolgde;
hoe er stand werd gehouden in het weiland bij een hek; hoe de
boer werd aangegrepen, maar hoe eene daar grazende koe er bulderend op afkwam om het met hare hoornen voor haren baas op
te nemen, zoodat een der booswichten er het leven bij inboette.
Hoe het gerecht des anderen morgens verscheen en hoe de dienstmaagd het lijk van den verslagene, die als Karl Kenning herkend
werd, bij de haren schudde en zeide: «scoest dou divel ús boer
formoardsje?» duivel, zoudt gij onzen boer vermoorden? Eindelijk,
hoe de boer voortaan op de markten die hij bezocht als een won-
dermensch werd aangezien.

Ook ontrolde Albert Bakker in beeld en lied het verhaal van
«het vrouwtje van Staveren» [1]) en op de daarbij behoorende schilderij zag men de rijke weduwe uit den tijd van koning Radboud

---

[1]) Hij spelde *Stavoren* en sprak uit *Stavooren*, niet alleen om de versmaat, maar ook
omdat hij niet beter wist. En tot op den dag van heden zijn velen, ook onder de Friezen,
nog niet wijzer, evenmin als de beambten aan de friesche spoorstations, die trouwens ook
van Dronreip en Eilst spreken!

— bijna levensgroot — in de kleeding eener friesche juffrouw van omstreeks het midden der 19ᵉ eeuw, overvloedig versierd met goud, geen gele verf! neen, maar echt goud. En daarna kwam iets grappigs: «De bloedige battalje van zeuve meissies om de bakker zen broek. Jantje was 'en liefhebber van de jonge «faamkes» («faamkes» zei hij en niet «meisjes,» dit gold voor eene aardigheid), maar et is hem zuur opgebroke. Hij had wel zeuven aan de hand, daardoor kwam hij tot groote schand.» —

Verder wandelende hoort men het geroep: «Hup! in de rollebol! Hiep! in de rielebiel. Tien centen voor één.» — Daar staat mottige Toon van Leeuwarden achter een tamelijk lange smalle tafel, waarop een houten torentje zonder spits, zijnde een spiraaltrechter met onder een poortje, door hetwelk de rollebol in een metalen bekken terecht moet komen. De rollebol gelijkt een afgedraaiden biljartbal met twaalf geslepen vlakjes, waarop de nommers I—XII. Ter weêrszijden van dezen toestel ligt een vierkante lap zwilk, met witte strepen, verdeeld in twaalf genommerde vakjes. De rollebol wordt boven in den trechter gedaan — de opening is daarvoor juist groot genoeg — rolt in het bekken en daar laat men hem ongestoord tot rust komen. Het nommer, dat dan boven ligt, verplicht den baas om voor iederen cent die op dat nommer is gezet, tien centen uit te betalen. Hij lijdt dus een verlies van 90%. Maar de centen die op de andere nommers staan zijn voor hem. Mottige Toon had bij ieder nommer een rijmpje. No. 1: «De kleine paal is zoo glad as 'en aal»; ook: «Et paaltje van Oosterlittens.» — No. 2: «nou doe ik meê», als hij namelijk wat centen kon opstrijken. — En zoo vervolgens.

Iets verder staat een jood te schreeuwen: «Hup! in de sjandoedelkan, hup! in de koffiekan, zonder tuit of kraan der an.» — Dezen naam draagt een bodemlooze blikken kan met beweegbaar deksel, waarin van binnen een paar dwarsspijltjes in verschillende richting zijn gezet, om de dobbelsteenen te beter te doen kantelen. Op de tafel zijn de nommers 2—12 geschilderd in twee rijen, zoo wijd van elkander dat de bril er tusschen kan. Deze bril bestaat uit een zwarte en een roode schijf, ieder met gelen rand en op de manier als twee brillenglazen aan elkander verbonden. Hieronder leest men: «Als de steenen 9 tellen is rood en zwart verloren.» Op de nommers worden centen gezet, ook op rood en zwart, geloof ik, en de dobbelsteenen, die door de kan worden geworpen, moeten uitwijzen of er gewonnen of verloren is.

Eene jodin bij een tafeltje biedt den gelukzak aan. Op haar zwilk
staat vrouw Fortuna ten voeten uit geschilderd en daar omheen
staan, elk op zijn nommer, allerlei fraaie voorwerpen. Maar daartusschen liggen, ook allen op haar nommer, allerlei nietswaardige
kleinigheden. De gelukzak is een linnen zakje, geheel gevuld met
daarin recht opstaande zwarte stokjes, aan het benedeneinde plat
en genommerd. Vier zulke stokjes kan men trekken voor een dubbeltje, twee voor een stuiver, en trekt men een nommer waarop
een fraaie prijs staat, dan is deze gewonnen. Maar wat men wint
is altijd een prul: prijzen van eenige beteekenis komen er alleen
uit wanneer de jodin, tot aanmoediging, heeft gezegd: «Probeer
et dan eens voor de aardigheid.» — De zaak is, dat de stokjes
aan beide zijden genommerd zijn. De trekker heeft niet zoodra vier
stokjes in de hand of de vrouw is er bij om ze over te nemen, zij
geeft geen gelegenheid dat men zelf ze kan bezien. Ook kunnen
de meesten met wie zij te doen krijgt, niet vlug genoeg met het
romeinsche cijferschrift terecht.

Hé, daar is de man met de kijkkast, ook een oude bekende
uit Leeuwarden, en hier wordt om wafels of koek gedobbeld onder
de 9 en boven de 12. Zie, daar werpt iemand met drie massieve
aan de hoeken afgeronde dobbelsteenen in een houten bak en zegt
vooraf: «er onder.» Nu moet hij minder dan 9 oogen werpen om
iets te winnen; had hij gezegd «er boven», dan moesten er meer
dan 12 oogen zijn. Vijfmaal mag hij werpen voor een stuiver.
Maar hij verliest telkens, want meest werpt hij getallen van 9—12
en die zijn altijd verloren. Er wordt gemompeld, dat misschien
vier hoeken van iederen steen iets meer kunnen zijn afgeslepen
dan de andere vier, met dit beleid, dat daardoor in de meeste gevallen de getallen 9, 10, 11 of 12 worden geworpen. Maar hiervan
wil de kramer niet weten. Hij biedt aan, met twee dobbelsteenen
te laten werpen; dan is het onder of boven de 7 en alleen zeven
is altijd verloren. Nu, die kans is wel eens te wagen, maar niet te
vergeefs zegt het spreekwoord: «Zeven is kramerskans.» Hetzij
dan dat met twee zuivere dobbelsteenen, als zij goed zevenen, het
meest 7 oogen worden geworpen, hetzij dat ook hier de steenen
eene buitengewone geneigdheid hebben ontvangen, gedurig was het:
«Op één oog na, zei de kramer, had je een wafel.»

De vrouwen, na al wandelende zoowat alles gezien en gehoord
te hebben, begeven zich weêr in huis en worden nu door de gast-

vrouw onthaald op thee; daarna gebruikt men weêr frambozen-
brandewijn, en vervolgens koffie en boterhammen met vleesch en
ham, en op dit laatste komen ook de mannen los, nadat zij intusschen de herberg hebben bezocht. Aan het dof aanhoudend gestamp daar op den vloer der bovenkamer, begeleid door het gekras
der vedels, hoort men dat de dans reeds in vollen gang is.

«De skiere-iel bigjint al to rinnen», de schiere-aal begint reeds
te loopen, zegt de bysfeint, als hij reeds paren jongelingen en meisjes
hand aan hand, neen pink aan pink ziet wandelen. En de handel
is ook nog gaande. Troepjes jongelingen treden troepjes meisjes in
den weg en maken een praatje, wat meestal hierop uitloopt dat
zij bij paren verder gaan. De meisjes hebben nu witte voorschoten
voor, en den fraaisten kermispronk voor een minder kostbare bovenkleeding verwisseld. Geheel in het wit heb ik ze nooit gezien, wel
met witte kousen en lage schoenen, waaraan een paar donker-
blauwe of zwarte linten gekruist om de beenen gewonden. De
paren staken nu van lieverlede het wandelen en gaan kamer-op.

De meeste gehuwden verlaten de kermis als het duister wordt,
na eerst in de kramen iets te hebben gekocht voor de tehuis ge-
blevenen. Niet alzoo de bij den jongen bakker saamgekomen vroolijke lieden. Met gastheer en vrouw gaat het naar de herberg, terwijl de zorg voor het huis aan de werkvrouw toevertrouwd wordt.

De bovenkamer der herberg is lang en tamelijk breed, maar zoo
laag, dat iemand van goede mannelijke lengte de zolderbalken met
zijne vingertoppen kan aanraken. Langs de zijwanden staan lange,
niet zeer breede tafels met banken. Aan het einde zitten, op stoelen,
die boven op eene tafel zijn geplaatst, de speellieden, een paar
violen en een klarinet en ten overvloede nog een kromme schoenmaker of snijder met een triangel, die evenwel weinig of niet mede-
speelt. — In het midden langs de lengte der zaal wordt gedanst,
terwijl de schrale verlichting wordt aangebracht door vetkaarsen op
blakertjes, die van afstand tot afstand aan den wand hangen.

Bij aankomst van ons gezelschap is de dans in vollen gang.
Hoofdzakelijk zijn het de voor een uurtje nog wandelende zoeteliefsparen, die er aan deelnemen. Maar daar in dien hoek zitten en
staan een aantal meisjes het dansen aan te kijken. Dezen hebben
geen kermisvrijers, maar de hoop daarop nog niet laten varen en
vormen alzoo een soort van vrijstermarkt. Nu, hare kans is nog
niet verkeken, er zijn ook nog jongens zonder meisjes op de ka-

mer. Deze steken de hoofden bijeen, gluren nù en dan steels-
wijze naar de wachtende lievertjes, komen er al spoedig op af en
vragen ieder eene ten dans. Enkele jongelingen houden zich echter
terug en van hen zegt de bysfeint: «Die hebben twee magen
en geen hart», terwijl de nog overgebleven meisjes elkander toe-
fluisteren: «Dat zijn vrijers, die moeten als de zwavelstokken bij
't bos worden verkocht.» — Maar 't wordt voor die meisjes zachtjes
aan te laat, nog langer te wachten; zij dienen, om haar goeden
naam, te vertrekken en met droge lippen naar bed te gaan.

Ons gezelschap is terecht gekomen in een hoek der kamer, naast
de speellieden, rondom een gewone tafel, waarop een of twee brandende kaarsen van de grootste soort zijn geplaatst. In andere hoeken zitten dergelijke gezelschappen. Er is naast de danszaal nog
wel een kleiner vertrek, maar dit is 't vrijerskamertje. — Op de
vraag: «Wat zullen we drinken?» is het algemeen besluit: rooden en witten wijn door elkander; alleen rooden vindt eigenlijk
niemand lekker, en geen wonder, want de kermiswijn der dorps-
kasteleins is wel eens een beetje heel zuur. Maar men moet in de
kermis toch iets anders hebben dan dagelijks, want, zegt men, «voor
een keer kan een boer wel eens tegen een heer teren.» — Ook
komen er een paar vrouwen boven, ieder met een reusachtigen
trommel, waaruit zij aan de vrouwen en meisjes amandelen en
allerlei zoetigheden te koop aanbieden.

Dit alles geschiedt onder het aanhoudend geraas, gestamp, geroep,
gelach, gezang zelfs, der dansende menigte, gemengd met de muziek
der speellieden. Aan een geregeld gesprek te voeren is geen denken.
Men moet tegen elkander roepen om verstaanbaar te zijn; men
bepaalt zich dan ook tot het afsteken van grappen en snakerijen
en is spoedig uitgelaten vroolijk. De boerin, die in den loop des
daags van eene sjees heeft gerept, klampt den bakker nog eens aan
boord: «Baas, als je nu bij je paard spoedig eene sjees wenscht te
hebben, kunt ge de onze wel krijgen; wij denken aan een nieuwe.»

Saakje neemt het woord; lachend zegt ze: «Ja, dat zou mooi
zijn, als wij je nu van de afgedankte wilden afhelpen!»

Meer komt er niet van, want de bysfeint zegt: «Kom, schik het
wat, we kunnen hier nu geen koophandel drijven; daar moet ge
een nieuwen dag voor hebben, als de kermis is uitgeslapen.»

Aanhoudend wijn te drinken bevalt de mannen niet; zij verlangen naar iets hartigs, en de vrouwen zijn niet afkeerig van een

likeurtje. Zoo komt men aan de geestrijke vochten — en wordt zoo mogelijk nog wat luidruchtiger.

Er wordt maar altijd door schotschedrie gedanst. Deze is de bij de friesche landlieden algemeen geliefkoosde dans en van walsen weet men nog maar alleen van hooren zeggen.

Voor de schotschedrie zijn vier personen noodig, maar er kunnen zoovele viertallen aan deelnemen als de ruimte van het vertrek toelaat. Bij een drukbezochte jongvolkspret is niet zelden het midden eener lange kamer, van de speelmanstafel tot aan het andere einde, geheel ingenomen door een dicht-opeengedrongen dansenden drom, en dan doen er dikwijls aan weêrskanten nog viertallen meê.

Het veraangenaamt den dans als twee viertallen zich vereenigen, nog mooier is het wanneer drie, maar het allermooist wanneer vier viertallen dit doen. Deze beginnen dan met een vierkant te vormen aldus:

De nommers 1 stellen de heeren, de nommers 2 de dames voor. De vier personen van elke rij hebben elkander bij de hand. In de meeste gevallen kommandeert de speelman. De muziek begint: 2/4 maat of dubbel zoo vlug als marschtempo. De rijen a en c komen op elkander toe, twee maten (vier passen) vooruit. — «Op zij!» roept de speelman en a en c gaan in twee maten (vier passen) naar hunne eerste standplaats terug. Hierop doen b en d hetzelfde, nl. eerst vooruit op elkander toe, dan weêr terug. — «Rondo!» klinkt het bevel, de vier rijen vormen een cirkelrij, gaan vier maten (acht passen) naar rechts, vervolgens vier maten naar links en komen dus op de plaats terug. — «Meisjesdans!» of: «Alle mooie meisjes!» — De nommers 1 nemen elkander bij de hand, evenzoo de nommers 2, d.i. heeren met heeren en dames met dames. Bij tweeën dansen allen zoo naar het midden, twee maten heen en twee terug. — «Andersom!» — Gelijknamige nommers laten elkander los, draaien zich om en nemen elk een ongelijknamige. Elke nommer 1 heeft een nommer 2 vast en danst er meê naar het midden, twee maten heen en twee terug. — «Door mekaar!» — De dames, nommers 2, gaan aan den rechterkant achter langs de heeren, die nu in het midden elkaar aan den linkerkant voorbij gaan. Zoodoende wordt er een 8 beschreven. Als de heeren voor de tweede maal elkander in het midden ontmoeten is het: «Meisjesdans!» — De heeren grijpen elkander vast, evenzoo de dames, en dansen naar het midden. Het verschil tusschen dezen en den eersten meisjesdans is, dat nu de heeren in het midden zijn. Weêr klinkt het: «Door mekaar!» en na afloop dezer beweging is ieder op zijne plaats terug. De meisjesdans kan nu weêr volgen en dan komen dezelfde afwisselende bewegingen op nieuw. De dans sluit altijd met een rondo.

Wanneer drie viertallen zich vereenigen kan er geen vierkant worden gevormd, men begint dan met de rondo. Twee viertallen beginnen met voor elkander te staan, op elkander toe te komen en weêr terug te gaan, evenals dit plaats heeft bij het vierkant.

Maar hoe komt een dans, die door vier personen wordt uitgevoerd, aan, den naam van schotschedrie? Men kan als tamelijk zeker aannemen, dat deze dans uit Schotland afkomstig en door zeelieden naar Friesland is overgebracht. Oorspronkelijk moet hij door drie personen gedanst zijn, twee mannen en ééne vrouw of twee vrouwen en één man. In sommige dorpen in het noorden van Friesland wordt dit zelfs nog gedaan. Maar omdat men gaarne bij paren danst, en twee paren een viertal maken, laat het zich verklaren, dat het dansen met viertallen meer algemeen geworden is.

Op openlijke pretten worden gewoonlijk de speellieden door de dansers per «vijf deuntjes» betaald. Men heeft er vijf voor een stuiver. Deze worden, als 't druk loopt, maar zoo spoedig mogelijk, zonder tusschenpoos, achtereen afgespeeld. Dan volgt er een oogenblik stilstand en de eerste violist klopt met den strijkstok op den rug van zijn «kalverbout» alias viool, ten teeken dat men moet betalen. Helpt dit niet genoeg, dan begint hij luid te roepen: «Oud zilver!» — Hij wordt liefst na afloop van iedere vijf deuntjes betaald; er boek van houden kan hij niet en alles onthouden evenmin. De meeste dansers trachten den man niet te benadeelen, maar er wil ook wel eens een paartje zonder betaling wegsluipen. Doch hierop houdt de kromme triangelist het oog. Hij beweegt zich in de pauze onder de menigte, om wegsluipers aan te spreken en hen te herinneren, dat zij iets schijnen te vergeten.

De deuntjes die worden gespeeld zijn meest wijzen van straatliedjes, die de speellieden weten te verwerken voor dansmuziek. Aan het einde van vijf deuntjes neemt men dikwijls, als sein voor de laatste rondo, *Wien neêrlandsch bloed*, dat dan natuurlijk met de noodige vlugheid wordt afgespeeld. Een oud schotschedriedeuntje, dat in mijne jeugd veel dienst deed, geef ik hierbij:

Ik heb er zoo lang al zin aan jou ge-had, Toen ik laatst bij Krelis bij de gort-pot zat, Ik heb er zoo lang al zin aan jou ge-had, Toen ik laatst bij Kre-lis bij de gort-pot zat. Kan je wel dan-sen? Ik zal het je wel lee-ren 'k Zal je de hak-ken met bo-ter gaan be-smeren; Ik heb er zoo lang al zin aan jou ge-had, Toen ik laatst bij Kre-lis bij de gort-pot zat, gort-pot zat, toen ik laatst bij Kre-lis bij de gort-pot zat.

Wat den pas aangaat, ieder maakt dien op eigen manier. De voor- en achterwaartsche zijn gewone looppassen; men begint met den linkervoet. Eene huppelende beweging kan worden verkregen door den voorsten voet eerst gewoon neêr te zetten en dan den hiel op te hippen, tegelijk met een lichte kniebuiging. Men hupt alzoo op één been, terwijl het andere zich naar voren (of achteren) beweegt. In plaats van vier passen voor- of achterwaarts kan men ook tweemaal den driepas voor- of achterwaarts maken. Dit heet de flikker. Wie een mooien flikker weet te slaan is een net en bevallig danser. De zijwaartsche passen, bij de rondo's (vier maten of acht passen heen en even zooveel terug) zijn natuurlijk kleiner en worden huppelend of schuivend uitgevoerd. — Schertsend noemt men de schotschedrie ook «boerenplof», omdat velen er behagen in scheppen al dansende nu en dan oorverdoovend te stampen. Nu is stampen wel iets dat bij dezen dans behoort, maar er zijn vele zaken in de wereld die men goed kan doen en ook leelijk. Zoo dansen in sommige afgelegen streken de ruwste snaken zelfs op klompen. De plof of stamp behoort gemaakt te worden tijdens de laatste van elke acht maten; deze bestaat altijd uit drie achtste noten en een achtste rust. De drie noten geven den stamp aan, zijnde: links-rechts-links, of, voor wie veel leven wil maken, links-rechts en dan met beide beenen opspringen. —

Het vrijerskamertje is intusschen bezet geraakt met vrijende paren die van den dans uitrusten. Anderen uit de geringere klasse nemen plaats bij de tafels langs de wanden en weêr anderen, die hier geene plaats naar hunnen zin vinden, besluiten maar weder langs de kramen te gaan wandelen of een andere herberg te bezoeken.

Het jongvolk in het vrijerskamertje drinkt ook al gemengden wijn, maar blijft er niet bij; er moet wat opwindends zijn. Brandewijn met suiker is wat alledaagsch, dit drinken de dienstboden daar aan de lange tafel ook. Welnu, men laat voor de verandering eens brandewijn met rozijnen komen. Het gezelschap ontvangt gezamenlijk een grooten kopvol, die na geledigd te zijn op nieuw wordt gevuld en misschien later nog wel eens. Dit is nu geen zilveren brandewijnskop, maar een gewone kop van fijn aardewerk, somtijds (zooals in Gaasterland) een tinnen schaaltje, waarbij niet zelden maar een tinnen lepel wordt gebruikt; de rozijnen zijn evenmin behoorlijk geweekt, misschien wat gewasschen, maar overigens zooals zij uit den winkel zijn gekomen.

Inmiddels zit het benedenvertrek, de dagelijksche gelagkamer der herberg, vol getrouwde mannen en oude vrijers, die daar drinkende, rookende en pratende, ook zwetsende, samen kermishouden. Het is volstrekt geen zeldzaamheid als er onder deze lieden twist ontstaat, een enkele reis zoo hevig dat het tot handtastelijkheden komt.

Ons gezelschap op de bovenkamer rijst ook eens van de stoelen op; men heeft besloten vijf deuntjes te dansen of, zooals de bysfeint opmerkt, de beenen eens uit te schudden. — Er is voor het dansen nu ruimte gekomen, doordat de vrijers bij hunne meisjes zijn gaan zitten om «mekaar eens op zijn Friesch te kussen.» — «Zij fluisteren elkander iets toe,» zegt de bysfeint.

Het dansen eindigt echter niet met vijf deuntjes, ook niet met tien; het bevalt hun bijzonder en in het maken van veel leven en geraas geven ze de jongelui niets toe. Vooral Ruurd de bakker is buitensporig luidruchtig. Eindelijk moet er toch aan vertrekken worden gedacht. Laat in den nacht komt het gezelschap weêr in de bakkerij terug, mannen en vrouwen door elkander, als een bonte hoop, allen bijzonder jolig. Alleen de baas des huizes ontbreekt. Waar men hem gelaten heeft weet niemand, zelfs zijne vrouw niet. Het is reeds in den morgenstond, als Ruurd in kennelijken staat door twee mannen wordt tehuis gebracht. Hij had ruzie gehad, was zelfs met iemand handgemeen geraakt en is nu nog zeer slecht gehumeurd. De grofheden, die Saakje van hem te verduren heeft, brengen haar aan het schreien. En dan komt daarna nog het gekochte paard! Dit is het einde der pret.

Eerst met het aanbreken van den dag beginnen de vrijers hunne meisjes huiswaarts te geleiden. Meestal vertoeven ze daar nog een wijle en worden er onthaald op thee met boterhammen. Maar in het vrijerskamertje neemt dan soms nog een nieuw gezelschap plaats, en de meisjes laten daar thee met ontbijt opzetten. Vrijers die wat veel hebben gedronken — en zoo zijn er — maken van dit onthaal wel eens een ietwat onbescheiden gebruik.

Den dag na de kermis wordt in sommige streken de *luihealdei* = luieheiligendag genoemd en op het Bildt *loiloisdag* = luieliedensdag, dag voor luie lieden. Zwierbollen, die den geheelen nacht door kermis hebben gehouden, slenteren het grootste gedeelte van dezen dag nog rond en voeren zoowel op straat als in de herbergen niet veel goeds uit. Te Oosterlittens gaan soortgelijke pretmakers bij meest alle ingezetenen een bezoek brengen om zich te laten trakteeren. Niemand weigert hen binnen te laten, maar de vrouw des huizes heeft dan voorzichtigheidshalve alle vloerbedekking vooraf weggenomen. — Des avonds komen er weêr breede rijen net gekleede meisjes in een recht vroolijke stemming het dorp op en neêr wandelen, en vele mannelijke ingezetenen gaan nogmaals een kijkje nemen in de herberg, maar de kastelein is thans weêr verplicht den tap te sluiten op het gewone uur.

In het vetkaarsentijdvak waren er in vele dorpen beruchte vechtersbazen uit ruwen lust tot vechten, die roem droegen op hun heldenmoed, en eene kermis bezochten, alleen om er te vechten. Behalve een best en liefst niet te klein knipmes, staken zij droog zand in de broekzakken, om daarmeê in 't heetst van den strijd de oogen der tegenpartij vol te werpen; of zij hielden den kop van een aarden pijp in de gesloten vuist verborgen, om zooveel te gevoeliger te treffen, terwijl sommigen zelfs de lange, sterke nagels van duim en vingers zaagswijs uitvijlden, om daarmeê iemand het gelaat te kunnen openrijten. In diezelfde dagen bestonden er ook dikwijls veeten tusschen het jongvolk van twee naast elkander gelegen dorpen. Zelfs gehuwden en meer bejaarden hielden zich daar niet geheel buiten. Bijna ieder dorp had dientengevolge een scheldnaam.

Kwamen gezelschappen jongelui uit de tegenover elkander staande dorpen toevallig in een en dezelfde herberg tezamen, dan gold het noemen van den scheldnaam als eene oorlogsverklaring. Te Berlikum zijn, naar men zegt, vroeger een of twee huizen geweest met in den voorgevel een steentje, waarop eene figuur uitgehouwen, veel gelijkende naar een hond zittende in een schotel of pan. Naar aanleiding hiervan ontvingen de Berlikumers den naam van hondenvreters. Eenige lustige snaken van Sint Anna Parochie bezochten de kermis te Berlikum. Zij wandelden tegen den avond het dorp op en neêr, droge visch etende, toen een hunner naar een der genoemde gevelsteenen een vischvel wierp onder den uitroep: «Daar hond, heb jij ook wat!» Dit werd door Berlikumers gehoord en later in de herberg besproken. Toen ontstond een bloedig gevecht, waarbij de schimpers het onderspit delfden.

De Leeuwarders heetten oudtijds speknekken, een naam dien zij misschien hadden overgehouden uit den tijd der Schieringers en Vetkoopers, toen zij behoorden tot de laatstgenoemde, de rijkste partij. Een rijkaard noemt men nog schertsend of schimpend een speknek. In den eigenlijken zin is het een vet varken. Later zijn de Leeuwarders galglappers geworden. Men had daar een misdadiger veroordeeld om te worden gehangen. Maar de galg, die buiten de stad stond, was door ouderdom zoo zwak, dat zij geen menschelijk lichaam meer kon dragen. Een nieuwe te laten maken, dit liet de stadskas niet toe, daarom werd de oude maar wat opgelapt.

Te Harlingen vervaardigde men in vroeger tijd eene wollen kleedingstof, friesch bont en ook wel harlinger bont genaamd. Om de daarvoor benoodigde wol te zuiveren, deed men ze in groote tobben met water, en dan ging in iedere tobbe iemand blootvoets aan het trappelen. Daarom noemt men de Harlingers tobbedansers. Ook vertelt men, dat zij allen de prent van een ring op hun achterdeel hebben, zijnde de indruk ontstaan door het veelvuldig gebruik van zeker nachtmeubel.

Het stedelijk wapen van Franeker vertoont een klok. De overlevering zegt, dat de Franekers eigenlijk niet met een klok behoorden te pronken, aangezien zij eens uit armoede een torenklok hebben gestolen. Men schold hen dan ook voor klokdieven.

De Bolswarders heeten oliekoeken. Een oliemolen te Bolsward had oudtijds den naam, uitstekende lijn- en raapkoeken tot veévoeder te leveren. Deze worden door de boeren ook schertsend

19

oliekoeken genoemd, en als zij van Bolsward kwamen waren het dus bolswarder oliekoeken. Dit was nu iets waarop de stad roem mocht dragen, maar spotters hebben doen gelooven, dat de goede Bolswarders hartstochtelijke liefhebbers zouden zijn van het gebak dat in Friesland oliekoek, elders oliebol heet. Dit bevalt hun niet.

Te IJlst, oudtijds Der-IJlst en in de volkstaal nog Drylst, wordt eene grove taaie soort moppen gebakken, die daar *kjipmantsjes* heeten. Dit is eene afwijkende uitspraak van het friesche *keapmantsjes* (spreek uit *kjepmantsjes*), koopmannetjes. Wanneer men 's winters op schaatsen te IJlst of in de omstreken komt, wordt men telkens aangeroepen door venters met *Drylster kjipmantsjes*. Dit heeft aan de inwoners van het stadje den naam van kjipmantsjes bezorgd.

Tijdens de stadhouderlijke regeering ving men te Dokkum eens een reusachtige garnaal. Het stedelijk bestuur besloot, dit dier ergens in de stadsgracht aan een ketting vast te leggen teneinde het, als de prins-stadhouder Dokkum met een bezoek kwam vereeren, aan zijne hoogheid te kunnen vertoonen als eene merkwaardigheid der stad. De prins is helaas! nooit te Dokkum geweest en de groote garnaal ligt daar nog altijd geketend. Maar als gij, in Dokkum komende, vraagt naar de plaats waar gij het dier te zien kunt krijgen, dan wil niemand u dat zeggen. En als gij de Dokkumers garnalen noemt, achten zij zich niet gevleid. Het ware van de zaak zal misschien zijn, dat in vroegeren tijd te Dokkum de handel in garnalen nogal levendig was. Althans in het laatst der 17e eeuw had een vischkooper aldaar op zijn uithangbord een garnaal laten schilderen met dit rijmpje er onder:

Men zingt van vloo en luis bij 't ongediert te tellen,
Garnaal verdient meer lof voor voedsel en voor nut.
't Is Dokkums welvaart, want die daer gemeente stut,
Bij 't nut van oesters en ansjovis ver te stellen. [1]

In de *Rimen ind Teltsjes* van Gebr. Halbertsma wordt verteld hoe de groote garnaal te Dokkum is gekomen. Ik vermoed echter dat dit verhaal eene omgewerkte vertelling uit den vreemde is.

De lieden van Staveren noemt men ribbeklauwers. Bij het schaatsenrijden is klauwen het met korte streekjes vooruitscharrelen zoo hard men kan, gelijk de hardrijders plegen te doen. In den overouden tijd, toen men nog geen ijzeren schaatsen had, bond men een paar ribbebeenderen van koeien onder de voeten, om zich daarop langs

---

[1] Van Lennep en ter Gouw, *De Uithangteekens*. 2e dr. III, 221.

het ijs te laten glijden. Voor den wind af ging dit zeker best, maar tegen den wind in heeft men dapper moeten scharrelen om vooruit te komen. Het kan zijn, dat deze manier van doen te Staveren het langst in gebruik is gebleven, en spotters naar aanleiding hiervan de inwoners der verarmde stad hebben verweten, dat zij te behoeftig waren om goede schaatsen te koopen en hen den naam gegeven van ribbeklauwers. In het begin dezer eeuw reden arme jongens te Staveren nog op zulke schaatsen, die men in het zuidhoeksch Friesch *ruskinklen* noemde.

Te Birdaard woonden in vroeger jaren vele schapenslachters, die wekelijks honderden schapen gevierendeeld met wagensvol ver in den omtrek lieten uitventen. Wat er eetbaars was aan de koppen, werd door de ingezetenen van het dorp-zelf opgepeuzeld. Deze tak van bestaan bestaat te Birdaard sinds zeer vele jaren niet meer, maar de Birdaarders heeten nog altijd schapenkoppen.

Te Eernewoude moet het eens gebeurd zijn, dat een der dorpelingen zijn jeukenden rug aan den torenmuur roste en toen hij hiermeê ophield liepen de diertjes zoo talrijk tegen den toren op, dat men 't noodig achtte ze met een bezem er af te vegen. Vandaar dat men het dorp schimpend Luizega noemt, en wanneer soms een snaaksche schipper het waagt naar Eernewoude te varen met een bezem aan den mast, dan krijgt hij het met de bewoners te kwaad, evenals ieder die hen luizeknippers durft te noemen.

Het dorp Suameer heet in de friesche volkstaal Samár en naar aanleiding hiervan noemt men de bewoners schimpend Samaritanen.

Te Oldeboorn zou men eens een nieuwen kerktoren bouwen. De toren van Tjum is de hoogste in geheel Friesland, dit weet ieder, maar te Oldeboorn zeî men nu: «Laat ons er een bouwen die hooger is.» Om dit te kunnen doen diende men de juiste maat van den tjummer toren te kennen. Men zond alzoo een gezantschap naar Tjum, voorzien van een lange lijn, waarmeê men daar den toren ging meten. Na afloop van het werk bezochten de mannen de dorpsherberg. De Tjummers begrepen zeer goed het doel van dat torenmeten en het gelukte hun, ongemerkt van de lijn een flink stuk af te snijden. Het gevolg hiervan was, dat, toen men te Oldeboorn den nieuwen toren voltooid had, deze toch nog korter bleek te zijn dan die van Tjum. Dit geval bezorgde den Oldeboornsters den naam van torenmeters, maar den Tjummers ook evenzeer dien van lijntjesnijders.

De boeren gebruiken soms bij hunne potstruif eene saus van schapenmelk met wat boter er door, die zij lollumer stip noemen. Dit *stip* = doop is een surrogaat voor vet, en mannen die zwaar moeten werken zijn er niet op gesteld. Daarom achten ook de lieden te Lollum zich niet vereerd, indien men hen aanwijst als de bekwaamste bereiders en aartsliefhebbers van het lollumer stip.

De Makkumers heeten strandjutten, ook strandkievitten. Een strandjut is iemand, die langs het zeestrand loopt om buit. Hij laat zich dan ook den naam strandlooper welgevallen. Alles wat aanspoelt is zijne gading, maar van voorwerpen, die eenige waarde hebben, moet hij aangifte doen bij den strandvonder. Daar men echter meent te mogen gelooven dat hij dit niet altijd doet, noemt men hem strandjut, dat ongeveer hetzelfde is als strandroover.

Te Wirdum staat, evenals in meest alle dorpen, de kerk oost en west, maar ten westen heeft zij, in strijd met den vasten regel, geen toren. Er woonden daar oudtijds twee zusters, die gezamenlijk een toren aan de kerk wilden schenken. Maar zij waren het niet eens over de plaats waar deze staan zou, en geen van beide wilde toegeven. Het einde der zaak was, dat ieder der twee zusters een toren voor eigen rekening liet bouwen, de een ten zuiden, de ander ten noorden der kerk. De noordertoren had een spits, de zuider een huisdak. Die ten noorden werd in 1680 afgebroken, en dit moet aan de ingezetenen van Wirdum den naam van torenvreters bezorgd hebben. Want men vond het vroeger niet mooi, en beschouwde het als een bewijs van armoede, een toren af te breken en klokken te verkoopen.

Te Winsum hielden vroeger vele vrouwen uit de geringe klasse zich bezig met het spinnen van wol voor de wolkammers van Sneek en Franeker. De wol werd haar wekelijks toegezonden en zij zonden het gesponnen garen terug in zakjes, *spinpûden* genoemd. Hierdoor ontvingen alle Winsumers den naam van spinpûden = spinzakken.

De torenklok te Baijum is of was vroeger wat klein; zij gaf geen statig brommend, maar een niet zeer sterk klingelend geluid. Men schold de Baijumers voor erwtpotten omdat zij, naar men zeide, een koperen erwtpot voor klok in den toren hadden hangen.

De kermis te Hylaard, evenals die te Hitsum, wordt gehouden in den tijd als de gele pruimen rijp zijn. Venters met dit fruit plachten op deze kermissen los te gaan, die daarom beide pruimen-

kermis heeten; de ingezetenen dezer twee dorpen noemt men prui-
meneters, die van Rinsumageest hondwippers.

Al de schimpnamen die ik hier nog laat volgen hebben eene
dergelijke min of meer onteerende beteekenis. De Sneekers noemde
men duimpjesvreters, ook klokdieven, omdat zij de klok van Ter-
kaple eens hebben weggehaald; de Workumers brijbekken, de inwoners van Sloten brugbedelaars, de Hindeloopers tjeunken, de Balksters
bonte kraaien (Fr. *skierroeken*), de Groningers kluinkoppen. De inwoners van Sint Jacob waren rammenvreters, die van Sint Anna raaps-
koppen, van Vrouwenbuurt wortelkoppen, en van Oude Bildtzijl
vlashalen (vlasstengels). De Stiensers heetten ratten, de Hijumers scha-
penbengels, de Britsumers kalfskoppen, de Cornjumers beschimmelde
koekvreters, de Lekkumers meeuwen, de Hallumers koekvreters, de
Marrumers gibben (torenduiven), de Blijers bellefleuren (naam eener
appelsoort), de Holwerders roekenvreters, de Ternaarders varkens-
vilders, de Wierumers katjes, de Peazensers hondjes, de Hantumers
merg-eters, de Tietjerksters biezensnijders, de Bergumers koeiestaarten,
de Oostermeerders broekophouders, de Eestrumers ossen, de Veen-
woudsters gloenkoppen, de Buitenposters bremsters, de Kollumers
kattenvreters, de Kollumerzwagers paardenvillers, de Rottevalsters
glasdragers, de Heerenveensters poehanen (Heerenveen heet ook het
friesche Haagje). De Akkrumers heetten schijtstoelen, de Ureterpers
aangebreide kousen, de Dragtsters kalverstaarten, de Grouwsters kaas-
verdansers, de Irnsumers katteknuppelers, de Wargasters brugbedelaars, de Boxumers knuppelaars, de Beetgumers bontekraaien, de
Menaldumers beren, de Dronrijpers sleepsloffen, de Minnertsgasters
kalverbouten, de Pingjumers boonschillen, de Arumers mulkruipers,
(mul of molde, in 't Friesch *moude*, is het stof der kleiwegen en bouwlanden), de Spannumers erwtepeulen, de Oosterlittensers roep-eenden,
de Baarders katten, de Bozumers katteknuppelers, de Jorwerders dweil-
stukken, de Weidumers windhonden, de Molkwerumers heksen, de
Warnsers schapendrollen, de Woudsenders drijfpollen, ook eendeknup-
pelaars; de Langweerders dijkwortels (gele penen), de Idskenhuisters
boonenvreters, de Gaastmeerders ottervreters, de Heegers kikkers, ook
brugbedelaars; de Schraarders schapenstaarten, de Parregasters meer-
botten; de Gaasterlanders waren heide-bikkers, de bewoners van het
Waterland waterwulpen, van de Woudstreken woudschapen, van den
Greidhoek sapboeren, van de Bouwstreken kluitschoppers. De Amelanders werden gescholden voor balkendieven.

Harddraverij. Paardenliefhebberij.

Eene dorpskermis duurt gewoonlijk twee of drie dagen. Meest is er een zondag bij en dan is deze de voornaamste dag. Begint het feest op zaterdag, dan wordt het veelal geopend met eene harddraverij, ook wel met kaatsen, soms met ringrijden, in streken met veel water met zeilpartijen en op enkele plaatsen met hardloopen of met tippen. Wordt de zaterdag niet meê gevierd, dan is de maandag voor de volksvermakelijkheden aangewezen, terwijl men des zondagsnamiddags ook wel iets heeft. Het knuppelen van eene kat uit de ton heb ik in mijne kinderjaren een paar malen gezien, later ook het ganzentrekken, toen met een doode gans. Deze volksspelen zijn sedert vele jaren in onbruik.

De langverbeide zaterdag- of maandagmorgen breekt aan. Hoe gelukkig gevoelt zich ieder dorpeling als hij dezen ziet aanlichten met een onbewolkten hemel. Uit het bovenraam der dorpsherberg wordt de nationale vlag gestoken; aan het uiteinde van den stok hangt een krans van groen en bloemen, in het midden waarvan in een wit katoenen netje de prijs die zal worden verharddraafd, en die bestaat uit veertig blinkende rijksdaalders, ook wel tien gouden tienguldenstukken, of zooveel minder als de commissie voor dit doel heeft kunnen bij elkaar krijgen van de ingezetenen.

De keurcommissie heeft zich reeds vroegtijdig, vergezeld van werklieden, naar de harddraversbaan begeven. De «harddraversbaan» draagt dezen naam slechts éénen dag in het jaar en wordt er dan voor getooid. Een gedeelte van den algemeenen rijweg, zonder kromming en zoo nabij mogelijk het dorp, wordt er voor uitgekozen. Op de beide einden worden lange seinpalen in den grond geplant, ieder voorzien van een wipstok met een vlag er aan en een mei er boven op. Een smalle gleuf of streep bij iederen paal dwars over den weg is de zuivere afperking van de lengte der baan. Van het eene naar het andere einde, midden op den weg een rij niet ver van elkander liggende graszoden scheidt de baan in twee helften bestemd voor een paar kampende paarden. Verder worden lijnen langs in den grond geslagen palen gespannen, een omheining vormende waarbuiten de toeschouwers zich moeten houden. Rondreizende duitsche straatmuzikanten hebben zich op de kermis vertoond; men neemt het gezelschap aan om met getoet en geschetter de feestelijkeid op te luisteren. Middelerwijl zijn er reeds harddravers

aangekomen en de eigenaars of berijders moeten bij de keurcommissie aangifte doen van beider naam en woonplaats, alsmede van
de kleur en het geslacht van het dier. De eigenaar teekent daarbij
een op zegel geschreven contract; meest eene onbeduidende formaliteit, maar toch niet altijd. Er wordt een harddraverij aangekondigd
waarvoor alleen paarden, die nog niets hebben gewonnen, worden
toegelaten. Nu heeft iemand een paard dat een klein prijsje heeft
behaald in een achterafhoek van Drente. Hij vertrouwt dat in
het noorden of westen van Friesland niemand dit weet; hij laat
zijn paard mededingen en wint den prijs. Maar de keurcommissie
ontdekt kort daarna het bedrog, weet den schuldige te overtuigen
en noodzaakt hem, den prijs terug te geven niet alleen, maar
bovendien eene boete te betalen.

Is de aangifte der paarden afgeloopen, dan wordt er geloot en
worden de dieren gekeurd, natuurlijk in tegenwoordigheid der geheele commissie. Immers de bepaling luidt dat de paarden «tot
genoegen der keurmeesters» moeten zijn. Deze plechtigheid heeft
plaats vóór de herberg en loopt nog al spoedig af. Aan afkeuring
onderhevige paarden worden eigenlijk nooit aangegeven; pikeurs
en eigenaars van harddravers toch zijn zoo goed paardenkenners
als de beste keurmeester.

Thans is het tijd voor den optocht naar de baan. Op de muzikanten volgen de mededingende paarden, bereden door hunne
pikeurs. De leden der keurcommissie, omringd door een drom van
nieuwsgierigen, komen achteraan. Op het weiland aan weêrszijden
der baan zijn reeds vele toeschouwers saamgestroomd.

Nu begint de harddraverij. De keurcommissie, in twee gedeelten
gesplitst, heeft op beide einden post gevat bij de seinpalen, om
met den wipstok te doen weten welk der twee kampende paarden
het eerst over de streep is gekomen. Eén paar mededingers loopt
tweemaal om het hardst langs de baan — eens heen en eens terug.
Komt hetzelfde paard beide keeren het eerst over de streep, dan
is het andere voor goed van de partij af en het winnende heeft
rust tot de volgende paarden hebben gereden. Zijn er bijvoorbeeld
acht mededingers, dan blijven er na den eersten kamp vier over.
Deze wedijveren weêr tot er twee overblijven en deze dingen ten
slotte samen naar den prijs. Het loopt echter zelden zoo vlot af.
Er kunnen gedurig kampritten komen, die het werk zeer vertragen.
Als beide paarden tegelijk over de streep komen is het «kamp»

en de rit moet herhaald worden. Wint eerst het eene paard een rit
en dan het andere, ook dat is kamp. — Een pikeur heeft gewoonlijk het paard dat hij berijdt zelf gedresseerd. Het dier is dus geheel
met hem vertrouwd, ook gewoon aan zijne stem en aan zijn schreeuwen
en weet dat zijn «hou!» roepen «voorwaarts!» beteekent. En nu
zoekt de rijder soms door dat schreeuwen en «hou!» roepen het
paard zijner tegenpartij in de war te brengen. Is die tegenpartij
echter een even bedreven pikeur, dan is hij op alle kunstmiddelen
voorbereid en weet er de zijne voor in ruil te geven. Maar hieruit kan
twist ontstaan tusschen twee pikeurs en om dit te voorkomen wordt
wel bepaald, dat de heeren langs de baan niet mogen schreeuwen.

Echte liefhebbers van harddraven volgen met gespannen aandacht
den geheelen wedstrijd. Zij zijn vol bewondering wanneer een paard
in flinken geregelden draf, zonder zweem van galoppeeren, de
geheele baan van 80 meters met meer dan gewone snelheid aflegt.
Zulke liefhebbers weten den loop der zaken van het begin tot het
einde, evengoed als de keurmeesters zelf. Zij houden trouwens evenals
dezen aanteekening van elken rit. Men kent die lui van verre.
Zij staan bij vier of vijftallen bijeen om elkander hunne op- en
aanmerkingen mede te deelen, blijven meestal op de plaats waar
zij eens hebben post gevat en verliezen nauwelijks een der paarden
uit het oog. — Die troepjes, die zoo gestadig in het weiland heen
en weêr wandelen, zijn de echte liefhebbers niet; zij komen maar
eens kijken omdat daar zoovele menschen samenloopen. Vooral die
in lange rijen wandelende jonge meisjes in kermispronk zullen morgen van de draverij niet veel weten te vertellen. Ook de getrouwde
vrouwen zullen vermoedelijk meer letten op den spiksplinternieuwen
tooi der meisjes dan op de snelheid der kampende paarden. Maar
wanneer eindelijk de laatste rit zal plaats hebben, verlevendigt toch
ieders aandacht. Het paard, waarvan men reeds heeft voorspeld,
dat het met den prijs zou gaan strijken, komt na een moeie-
lijken strijd eindelijk het eerst over de streep. De pikeur steekt
zijn pet in de lucht, het volk roept «hoera!» de muziek speelt
Wilhelmus en de keurmeesters komen den eigenaar van het paard
en den pikeur gelukwenschen.

Weldra trekt de stoet het dorp weêr binnen. De beide paarden,
die 't laatst langs de baan hebben geloopen, rijden thans voorop;
de andere mededingers zijn reeds afgezakt. De muzikanten bege-
leiden den optocht tot aan de herberg en ontvangen daar hun loon,

FRIESCHE HARDDRAVERS.   Penteekening van Otto Eerelman.

MALLE JAN, de beroemde harddraver uit de tweede helft der 18e eeuw.
Naar eene krijtteekening op steen uit het jaar 1830.

De Harddraver „SOPHIA", zooals zij den Koningsprijs won, 14 Mei 1873.

zij hebben hunne taak volbracht. En nu loopt de bovenzaal der herberg vol. De keurcommissie met de eigenaars der paarden en de pikeurs, voorzoover zij nog aanwezig zijn, nemen plaats aan eene afzonderlijke tafel. Men laat eenige flesschen wijn komen, en de prijswinner bestelt er voor zijne rekening eenigen bij. Maar waarom zijn hier nu zoovele menschen tezamen gekomen? Men wil bij het uitreiken van den prijs tegenwoordig zijn. Men verwacht daarbij eene toespraak, het liefst in de friesche taal. Welnu, nadat er een of twee glazen zijn geledigd, wordt op verlangen van den voorzitter der commissie de prijs binnengehaald. De toespraak bestaat hoofdzakelijk uit toespelingen op paarden en harddraverij, er loopt wat rijmelarij tusschen door, zoo mogelijk ook wat geestigheid en eindigt met zegenwenschen aan den winner, waarbij hem ten slotte de prijs ter hand wordt gesteld. Nu wordt er wijn gedronken en getoost, en wanneer van lieverlede de gasten de commissietafel hebben verlaten, is de officieele plechtigheid afgeloopen; de kermispret natuurlijk nog niet.

Bij eene groote harddraverij, zooals te Leeuwarden, gaat het, gelijk zich denken laat, wel voornamer en luisterrijker toe, maar toch in denzelfden trant. Daar worden in den laatsten tijd, evenals in de meeste groote plaatsen, harddraverijen gehouden « met paard en sjees; » op het land is « met paarden onder den man» gebruikelijker.

Een met goud of zilver rijk versierde zweep was in vroeger tijd de aangewezen prijs. Er wordt nog een « zilveren » zweep bewaard, gewonnen in 1712; ook die van Bergumerdam (1760) en van Wyns (1763) zijn er nog. In 1777 werd, ter gelegenheid van het bezoek van Willem V met familie te Leeuwarden, eene gouden zweep verreden, op welke de wapens, zoo van hunne hoogheden als van de provincie, waren gesneden. Ook de zilveren zweepen, door Sneek (1791), door Franeker (1793) uitgeloofd, worden nog door het nageslacht der winnaars bewaard. Zij zijn versierd met de stedelijke wapens. Eveneens bestaan nog die van het dorp Akkrum (1794) en die van de stad Bolsward (1795), deze laatste met patriottische zinnebeelden voorzien. Ook zweepen uit het begin en de eerste helft dezer eeuw treft men hier en daar nog aan. Een gouden zweep was in 1811 te Leeuwarden de prijs ter eere van de geboorte van den koning van Rome, en nog altijd wordt daar jaarlijks, soms om de twee jaren, eene gouden zweep verharddraafd, sedert koning Willem I door den koning aangeboden en daarom

algemeen de koningszweep genoemd. Deze draverij is de luister-
rijkste in de provincie; ofschoon ook die, welke sedert 1792 vanwege
het bestuur der stad jaarlijks op den eersten maandag der kermis
wordt gehouden, steeds groote belangstelling wekt, maar eene zweep
wordt ook daarbij niet meer uitgeloofd. Langzamerhand werd zij
vervangen door een of ander stuk zilver: een met zilver versierd
paardenhoofdstel, eene koffievaas, een tabakspot, een theepot, pre-
senteertrommels of zoo iets. Had men slechts over eene kleinere
geldsom te beschikken, dan koos men een uurwerk, ook wel een fraai
paardentuig. Voorheen zou men het onkiesch hebben gevonden, den
eigenaar van een harddraver, die toch meest een man van middelen
is, een prijs in geld aan te bieden. Thans is het overal geld.

De friesche landlieden zijn van ouds hartstochtelijke paarden-
liefhebbers geweest; sommigen onder hen wijden zich er bijna
geheel aan; ja, het paard is met den frieschen boer als vereenzel-
vigd. Van bijgeloovigen eerbied er voor, afkomstig uit den voorchristelijken tijd, heb ik echter nooit iets vernomen. Alleen valt
op te merken, dat echte liefhebbers zekere minachting schijnen te koesteren voor witte paarden. Als werkpaarden worden zij
wel gebruikt, en slechts een boer, die 't niet zeer nauw neemt,
spant zulk een dier voor zijn rijtuig. Een wit paard met een zwart,
tezamen aangespannen, placht men schertsend het wapen van Workum (een in links en rechts gedeeld schild, de eene helft met een
zwart, de andere met een gouden veld) te noemen. Zwarte, bruine
en voskleurige zijn meest gewild, donkergrijze of schimmels ook
wel, maar komen minder talrijk voor, evenzoo appelgrauwe. Paarden
met hiervan afwijkende kleuren, zooals geel, vaal, vuilwit, enz.,
gelijk die onder vreemde rassen menigvuldig voorkomen, noemt de
friesche boer « miskleurig. »

Een paard met aanleg voor harddraven wordt uit zichzelven geen harddraver. Het moet worden geoefend, liefst door een pikeur van beroep.

In het laatste gedeelte der vorige eeuw is er een beroemde
friesche harddraver geweest dien men, waarschijnlijk naar aanleiding
van een prinsgezinden naam uit den patriottentijd, «Malle Jan»
had genoemd. Van dit paard bestaat eene afbeelding in steendruk,
niet fraai geteekend en niet fijn gedrukt, maar gemaakt «ter eere
van onzen jongen Prins Willem, toen Zijne Koninklijke Hoogheid voor het eerst van zijn leven met zijnen vader, den Held van

Quatre Bras, te Leeuwarden op de baan kwam (1830) om het harddraven te zien.» Hette Eelkes Altena, burgemeester te Workum, had dit paard aangefokt en in bezit gehouden tot in het achtste jaar. Toen het alle zweepen in Friesland gewonnen had, is het voor acht zakjes zestehalven (eene zilvermunt van $27\frac{1}{2}$ cents; een zakje zestehalven was honderd stuks) verkocht aan Jacob van der Laan, paardenkooper te Amsterdam, en vóór de herberg «De groote stal» te Workum afgeleverd, getooid met zijden kap en dek, waarop fraaie bloemen geborduurd waren. Op dit paard is een rijm gemaakt, waarschijnlijk door Dr. Eeltje Halbertsma, en waarvan de aanhef aldus luidt:

Dit hynsder droech foar fyftich jier	Dit paard droeg voor vijftig jaar
Twa kwasten yn it moannehier,	Twee kwasten in het manenhaar
Mei frissels, lutsen en sok snjit,	Met vlechten, litsen en dergelijke sieraad,
Dêr nou in tysker neat fen wit.	Waar thans een tuischer niets van af weet.
En wol'k dy sizze hwa't hy wier:	En wil ik u zeggen wie hij was?
't Is Mâlle Jan, dat edel dier,	Het was Malle Jan, dat edel dier,
Dat fiif-en-tritich swipen woan	Dat vijfendertig zweepen won
Ta greate ear fen Fryslâns groun.	Tot groote eer van Frieslands grond.
Mar frjeun, al binn' de kwasten wei,	Maar vriend, al zijn de kwasten verdwenen,
Us dravers dogge dôchs yet mei.	Onze dravers dingen toch nog mede.
En Mâlle Jan, al is hij stoarn,	En al is Malle Jan ook gestorven,
Us boeren fokje oaren oan.	Onze boeren fokken anderen aan.
Hwa kin *Apol* en *Morra* [1]) net,	Wie kent Apol en Morra niet,
Dêr mannich baes mei kaem to set?	Waartegen menig meester (harddraver) kampte?

Den 14den Mei 1873, toen de koning in Friesland was, werd te Leeuwarden eene harddraverij gehouden, waarvoor vanwege de provincie een schenkblad met zilveren koffiekan en toebehooren als prijs was aangeboden. Maar deze prijs verviel tot premie, daar de koning den winner een gouden horloge met ketting en aan diens vrouw een breed gouden oorijzer vereerde. De gelukkige winner van dezen prijs was Tjeerd Velstra, destijds te Marsum wonende, met zijn harddraver Sophia. Dit paard was gedurende eenige jaren de snelste draver in geheel Nederland. De later beroemd geworden Thabor heeft voor dezelfde baanlengte, die zij in 19 seconden aflegde, minstens 21 seconden noodig. Sophia won van 1868 tot 1874 32 prijzen en 4 premien. Maar toen in 1875 Sophie niet weder toegelaten werd om naar den uitgeloofden koningsprijs te dingen, uit vrees dat andere eigenaars van harddravers zich zouden terughouden, heeft Velstra zijn paard nooit weder in de baan gebracht.

---

[1]) Namen van beroemde friesche harddravers uit de eerste helft dezer eeuw.

Paardenspellen zijn misschien nergens zoo in trek als in Friesland. In de leeuwarder kermis is het wel voorgekomen dat gelijktijdig twee groote spellen daar hunne tenten hadden opgeslagen en dat ieder per dag twee voorstellingen gaf, die telkens stampvol liepen, hoofdzakelijk van buitenlieden.

Een friesche boer met door hemzelven afgerichte paarden was in 1851, 1852 en 1853 verbonden aan het paardenspel van Wohlschläger, die in deze jaren Nederland bereisde. Wytse Jager bewoonde onder Wartena eene boerenplaats die «de Sayther» wordt genoemd. Dit is eigenlijk de naam van het water, aan welks oever het huis staat op eene afgelegen ingepolderde plek gronds, in het friesche waterland, slechts met een schip genaakbaar. De boer deed aan visschen en jagen. Loopende naast of zittende op zijn paard wist hij de wilde ganzen te naderen, iets wat anders niet gemakkelijk gaat. In het africhten van jachthonden was hij bekwamer dan velen. In de lange winteravonden zou menigeen zich in die eenzame woning hebben verveeld. Jager niet alzoo. In den winter van 1850 leerde hij aan een paard, als veulen aangekocht, zonder bepaald doel, eenige hondenkunstjes, zooals pootjegeven, doodliggen en apporteeren. Het dier, Jonker geheeten, was zeer leerzaam; zoo begonnen Jager en zijne huisgenooten er behagen in te scheppen, zich met Jonker bezig te houden.

Toen in 1851 het groote paardenspel van Wohlschläger in de leeuwarder kermis kwam, voerde Jager zijn kunstig paard in eene praam (opene schuit) naar de hoofdstad, om het, zoo mogelijk, voor grof geld aan genoemden spellebaas te verkoopen. Hij werd daar niet zeer heusch ontvangen, maar liet zich niet onmiddellijk uit het veld slaan, en toen Jonker een paar kunsten vertoond had veranderde de zaak. Van koopen kwam wel niet, maar men werd het eens, dat Jager den laatsten kermisavond met Jonker eene voorstelling in den circus zou geven. Deze slaagde boven verwachting. Nu kwam het tusschen den directeur en den boer tot eene overeenkomst. Nog denzelfden zomer bereisde men de provincie Groningen en iederen kermisavond vertoonde Jonker zijne kunsten. Spoedig was de tent van Wohlschläger te klein. Toch bestond toen hetgeen door het paard werd verricht nog maar in pootjegeven, doodliggen, op kommando loopen, eenige draaiende lichaamsbewegingen maken, een konijn, dat door Jager in de manége werd geschoten, opbrengen, en een pistool afschieten.

In den herfst tehuis gekomen, werd op het boerenerf eene opene manége gebouwd, waarin Jonker verder werd geoefend. Vooral in het springen muntte het dier uit. Hij sprong beter dan de beste paarden van Wohlschläger en onder het springen pakte hij met den bek een doek, die hoog in de tent was opgetrokken. Hij gehoorzaamde alleen aan de bevelen van zijn meester.

In 1852 bereisde Jager met het paardenspel Holland, Gelderland en enkele andere streken van ons land. Overal was de bijval schitterend. Na de tehuiskomst van deze tweede reis werd er eene gesloten manége op het erf gebouwd en werden de oefeningen voortgezet. In Gelderland had Jager een tweejarigen hengst gekocht, dien hij Nelson doopte; deze moest nu ook aan de lessen deelnemen, maar was minder leerzaam. Op dezelfde reis maakte de boer te Haarlem kennis met een heer, die een zweedschen hengst (een hit) bezat, met wien geen mensch terecht kon, omdat hij steeds beet en sloeg. Dit dier weidde afzonderlijk op een kampje lands, en de eigenaar stond hem aan Jager af, mits deze in staat zoude zijn hem te bemachtigen. Nu, dit gelukte; 's anderen daags stond Jager bij de manége met den gemuilbanden hit, die nu kalm en gedwee scheen. Jager noemde hem Cadeau en oefende hem des winters met de twee anderen. Bij Cadeau kwam echter nu en dan de oude Adam boven; hij werd behandeld met een afzonderlijke zweep en was nooit recht te vertrouwen.

Op de derde reis naar Holland ging de vrouw van Jager meê. Jonker had nu touwdansen geleerd als een meisje en deed dit het mooist als de vrouw het touw meê draaide. Het was een koord, gevlochten van dunne wilgentwijgen. Dit was weêr iets nieuws, dat aan de zaak van Wohlschläger goed deed. Een friesche boer en boerin met kunstpaarden, waarbij één dat in het touw kon springen: kon het mooier? — Jonker en Nelson konden ook samen aan tafel zitten eten met servetten voor. Klaver, salade, brood of zoo iets was dan de spijs en zoete melk werd gedronken uit groote bekers. — Levende visschen, rondzwemmende in eene tobbe met water, haalde Jonker er uit. Dit was iets wat Wohlschläger aan geen zijner paarden konde leeren, evenmin als het grijpen van den hangenden doek bij het springen over hindernissen.

Te Haarlem werd het geliefde dier ziek. Het moet aandoenlijk geweest zijn, te zien hoe verheugd het was, toen het bij de terugkomst van de derde reis de Sayther weêr in het oog kreeg. Jonker kwam daar thans om er te sterven; in het volgende jaar bezweek hij.

Op een zijner tochten ontmoette Jager te Workum een paardenkooper, die beweerde dat men van Cadeau's kwaadaardigheid te veel ophef maakte. Zoo'n hit dorst hij wel aan, ook wel al was het ding ongemuilband. Nu, de proef hiervan kon gemakkelijk worden genomen. De koopman stond op eenigen afstand; Jager riep: «Aport Cadeau! breng mij dien kerel.» — Cadeau had spoedig den snoever bij de kladden, schudde hem als een stuk wild en trok hem tegen wil en dank naar zijn baas.

Kaatsen.

Het kaatsen is een spel dat men in den noordelijken hoek van Friesland gedurende den zomertijd op zeer vele dorpen iederen zondag doet, meestal op een weiland. Het gaat dan onder vrienden om niets of om een drinkgelag. Waar men een aantal menschen bijeen wil lokken, aan wie de kastelein hoopt iets te verdienen, en het gelukt niet om de noodige gelden voor eene harddraverij bijeen te brengen, daar kan dit doel ook worden bereikt met eene kaatspartij, want hiervoor is een prijs van dertig met eene premie van twaalf of vijftien guldens reeds voldoende. Alleen zij, die uitmunters in het werk zijn, gaan los op kaatspartijen, waarbij flinke prijzen en premiën worden uitgeloofd. De voornaamste is wel die te Franeker, jaarlijks op het nabij de stad gelegen «kaatsveld» gehouden. — De kaatsballen, van wit of zwart leder, opgevuld met paardenhaar, hebben de grootte van een tamelijken aardappel. In mijne jeugd, toen men ze grooter had, was de grootste soort niet veel kleiner dan een biljartbal.

De regels, die bij het kaatsspel worden gevolgd, zijn niet overal geheel dezelfde, maar groot is het verschil niet. In Oost- en Westdongeradeel kaatst men met parturen van twee personen; elders ook wel, maar meest bestaat een partuur uit drie man. Op het eene einde der kaatsbaan heeft men de stuitstreep A, op het andere het ongeveer vier meter breede perk B. De afstand tusschen A en B wisselt, maar is meest van ongeveer 23 tot 25 meter. De nommers 1, 2, 3 vormen één partuur, 4, 5, 6 het andere. No. 1 slaat op; hij gaat drie of vier schreden achter de lijn, neemt een vluggen aanloop tot die lijn, werpt intusschen den bal uit de linkerhand

en slaat hem met de rechterhand zoo krachtig vooruit, dat hij
binnen het perk komt. Is hij een geoefend opslager, dan weet hij
den bal zóó te richten, dat deze met een flauwen boog juist over de
voorstreep van het perk komt. Hierdoor wordt het aan no. 4, die
den bal staat af te wachten, moeilijk gemaakt dezen naar eisch terug
te slaan. Deze manier van den bal te slaan noemt men een *pripper*
= prikker, en wie hierin het best bedreven is, wordt door zijne
makkers gekozen om voor *best* op te slaan. Maar het is eene kunst,
die door de toeschouwers niet mooi wordt gevonden. Men ziet de
ballen liefst hoog door de lucht vliegen, en no. 4, die den bal
moet terugslaan, is bezwaarlijk in staat dit mooi te doen, als hij
hem op genoemde wijze ontvangt. Bij groote kaatspartijen hebben
de bestuurders dan ook getracht, dezen kunstgreep onmogelijk te
maken, door kort voor de stuitstreep een lijn op zekere hoogte
boven den grond dwars over de kaatsbaan te spannen. De opslager
is dan verplicht, den bal over die lijn heen te slaan, wil hij zijn
slag niet als van onwaarde hebben beschouwd. Maar dit middel
viel niet in den smaak der kaatsers en men heeft er weêr moeten
afzien. — Is de opslager niet gelukkig in zijn werk, komt de
door hem geslagen bal nu eens vóór, dan eens ter zijde van het
perk terecht, dan zijn dat mislukte slagen; een zijner makkers
neemt het werk van hem over en hij mag in diens plaats gaan
staan. No. 4, ook een geoefend kaatser, is op. het ontvangen van
een pripper voorbereid en slaat den bal terug, ook zoo laag mogelijk.
Nu staan no. 1, 2 en 3 gereed om hem op te vangen en weêr
naar het perk te slaan, thans, als het gelukken wil, in schuinsche
richting, om hem zoo mogelijk buiten het bereik der tegenpartij te
jagen. Maar dit gelukt zelden; daarvoor zijn de drie mannen te
rap. Het gaat op een loopen en jagen, op een buitelen soms, om
den bal steeds terug en nogmaals terug te slaan. Komt hij tot
rust achter de stuitstreep A, dan heeft de partij in het perk den
slag, dat is, twee punten gewonnen, en omgekeerd, zoo de bal
achter de voorstreep van het perk blijft liggen. Ware de bal aanvankelijk buiten het perk terecht gekomen, dit zoude de daar
staande partij eveneens twee punten hebben doen winnen. Het is
nu *twee om niet*. No. 1 heeft thans begrepen, dat hij in no. 4 geen
zwakke partij heeft; hij geeft alzoo nu bij het opslaan den bal
eene andere richting, zoodat hij no. 4 te hoog gaat en no. 5 hem
heeft terug te slaan. Slaat deze mis, dan zijn er nogmaals twee

punten gewonnen en het is vier om niet. Wint hetzelfde partuur nog tweemaal twee punten, dan heeft het acht en dit noemt men een *eerst*, waardoor de punten, die het andere partuur mocht gewonnen hebben, verloren gaan. Doch bij het slaan van den vierden bal komt deze na korteren of langeren strijd tot rust tusschen het perk en de stuitstreep, en dit heet eene kaats. De plaats, waar de bal is blijven liggen, wordt gemerkt door een stokje of een steen. Nu moeten de parturen «omgaan» d. i. van plaats verwisselen. Waar tot nu toe no. 1, 2 en 3 stonden, komen 4, 5 en 6 te staan en omgekeerd. Een der drie laatstgenoemden moet thans opslaan en de andere partij «uitslaan» d. i. terugslaan. Deze beijvert zich om den bal verder van het perk te doen nedervallen dan de *kaats* is. Gelukt dit, dan heeft de nu uitslaande partij twee punten gewonnen en in het omgekeerde geval de opslaande partij. Ware geen der parturen nog tot zes punten gevorderd, dan had ieder nog op zijne plaats kunnen blijven tot er een tweede kaats was gekomen, als wanneer de tegenpartij voor beide kaatsen na elkander had moeten strijden.

Het *eerst* is nu behaald en staat vast; men telt op nieuw van nul af. Wint hetzelfde partuur ook het tweede *eerst*, dan heeft dit een *spul* (spel) en wat de tegenpartij ook moge gewonnen hebben, dat wordt niet meer gerekend. Wint deze echter het tweede *eerst*, dan is het *eersten gelijk.*

De opslager komt bij zijn voorwaarts treden soms willens of onwillens even over de stuitstreep, maar dit mag niet. De bal kan zoo nabij een der grenzen van het perk nedervallen, dat het een vraag wordt of hij *in* of *buiten* is; hiervan toch hangt het af wie der partijen den slag gewonnen of verloren heeft. Soms vangt een der kaatsers den bal op, niet met de vlakke hand, maar met den vóórarm, of hij geeft hem in zijnen ijver een stoot met den voet, in het voordeel zijner partij. Zulke feiten, evenzeer in strijd met de regels der kunst als met de voorschriften van het spel, worden soms door de eene partij beweerd als geschied, maar door de andere ten sterkste ontkend. Zoo iets geeft gemakkelijk aanleiding tot twist en bij uitgeschreven kaatspartijen moeten de keurmeesters beslissen. Bij het liefhebberijkaatsen kiezen de toeschouwers partij. Ook kan het een punt van geschil uitmaken of de bal de *kaats* voorbij is of niet. Dikwijls wordt bij zulke kwesties geene der twee partijen in het gelijk of ongelijk gesteld, maar de slag eenvoudig beschouwd als niet gedaan.

Het wordt *spullen gelijk, drie eersten gelijk*. Als de kaatspartij zoover gevorderd is, dat de twee laatst overgebleven parturen tegenover elkander staan, spreekt het van zelf dat men aan weêrskanten met meesters in de kunst te doen heeft. Het wordt nog *zes gelijk en een kaats*. De partijen verwisselen nog eens van plaats; de slag die nu gedaan moet worden is de laatste en beslist de overwinning. Alle zes kaatsers zetten zich nu ter dege schrap en er volgt een harde strijd, maar eindelijk toch wordt een der partijen de winnende. Voor haar is de prijs, de andere krijgt de premie.

Behalve in de Dongeradeelen, gaat het kaatsen met parturen van twee personen ook geheel volgens de medegedeelde regels. Iedere partij heeft dan een man minder, ziedaar het eenige verschil. De in de Dongeradeelen geldige regels, die men elders niet kent, zijn aldus: Er wordt geloot wie tegen elkander zullen kaatsen. De laagste nommers gaan naar de stuitstreep. De persoon die op de stuit staat, kaatst den eersten bal op naar het perk. Iedere bovenslag telt 5 punten; een bovenslag op een tekort of een buitenslag 10 punten. Een buiten- of tekortslag telt hier niet; alleen de eerste slag van ieder spel. Er wordt hier maar één kaats geslagen, doch deze moet tweemaal voorbij worden geslagen en telt dan 5 punten. Een spel heeft 35 punten en wordt in eens uitgekaatst. — Wordt er een kaats geslagen, dan verwisselen de partijen van plaats. Voor een tekort of buitenslag slaat de andere persoon van dezelfde partij den bal op. Er worden gewoonlijk twee of drie partijen gekaatst.

Bij de aankondiging eener kaatspartij wordt niet zelden bepaald, dat de deelnemers door elkander moeten loten. Dan worden de nommers 1, 2 en 3 een partuur; evenzoo 4, 5 en 6, en zoo vervolgens. Wordt er aangifte bij parturen bepaald, dan kunnen drie van de beste kaatsers zich vereenigen om een partuur te vormen. Komen aldus twee dergelijke parturen tegenover elkander, dan kan men de groote kunst te zien krijgen, maar het nadeel is, dat vele kaatsers zich van zulk eene partij terughouden, wel wetende dat zij toch geen kans op winnen hebben. En zoo kan allicht het getal deelnemers gering worden. — Bij door-elkander loten kan een partuur gevormd zijn uit drie kaatsers van zeer uiteenloopende bekwaamheid. Iemand van den derden rang kan dan wel eens medewinnaar zijn, terwijl een bekwamer kaatser niets behaalt. Maar op deze wijze zit er meer avontuur in het spel.

In vroeger tijd was de prijs meest een zilveren bal, ter grootte
van een kaatsbal. Er waren toepasselijke figuren op gegraveerd,
hij was met zand gevuld en voorzien van een ringetje. In mijne
jeugd heb ik bij beroemde kaatsersbazen soms twee, drie of meer
zulke zilveren ballen te pronk zien hangen in de theekast, maar
in het begin dezer eeuw is men begonnen drie zilveren lepels, drie
of zes messen met zilveren hechten, horlogekettingen of zoo iets
uit te loven, en ten slotte is men, evenals bij de harddraverijen,
ook maar overgegaan tot het aanbieden van geld, en bij groote
kaatspartijen soms nog bovendien eene medaille.

Eene herinnering aan het zilveren-bal-verkaatsen blijft voortleven
te Lieve Vrouwen Parochie, waar nog zulk een bal is, die ieder
jaar op nieuw verkaatst wordt.

Op den 30sten Augustus 1794 zou te Beetgum eene kaatspartij
worden gehouden. Het verbouwen van aardappelen was in dien
tijd eene winstgevende zaak geworden en te Beetgum werd daaraan,
evenals in het geheele noorden van Friesland, veel gedaan. Er
woonden daar toen aardappelboeren, in Friesland *gernieren* = gaar-
deniers genoemd, die voor gezamenlijke rekening een zilveren bal
hadden laten maken, ten einde dien bij gelegenheid der dorpskermis
te doen verkaatsen. Ter eere van hun bedrijf lieten zij, behalve
een paar kaatsers en wat landschap, ook een man met een grijp
op den schouder op dien bal graveeren. De grijp is de drietandige
vork, Friesch: *gripe*, Bildtsch: *griep*, waarmeê men de aardappelen
uit den grond graaft. De voorgenomen kaatspartij werd in de
Leeuwarder Courant aangekondigd aldus: «Met consent van de
«Hoog Wel Gebooren Heer G. W. C. D. Baron thoe Schwart-
«zenberg en Hohenlandsberg, Grietman over Menaldumadeel, ge-
«denkt de Castelein H. Folkerts Damsma, bij de Moolen te Beet-
«gum te laaten verkaatzen: Een uitmuntende Zilveren Bal en
«Leepel op Zaturdag 30 Augustus 1794, des Namiddags om 2 Uur
«preacijs, de Liefhebbers worden verzogt op tijd en plaats aldaar.
«Zeg het voort.» Men kon dus verwachten, dat ook mededingers
uit omliggende dorpen zouden komen opdagen. Dit gebeurde, maar
de hartewensch der aardappelboeren was, dat de prijs door Beetgumers mocht worden gewonnen. Hunne hoop werd teleurgesteld. Kaatsers van het nabijgelegen Vrouwenparochie behaalden
de overwinning. Met zichtbaren tegenzin werd hun de prijs
overhandigd. Gesmoorde stemmen wilden zeggen van niet eer-

lijk. Er ontstond twist en zelfs een hevig gevecht. De bewaarder
van den bal sprong uit het raam der bovenkamer van de herberg; hij kwam ongedeerd op den grond en wist zich te verschuilen
onder een waterstoep. Zijne achtergebleven dorpsgenooten konden
den strijd tegen de overmacht niet volhouden, ook zij namen de
vlucht, het dorp uit. De balbewaarder volgde hen langs bouw- en
weilanden; over of door slooten ontkwamen zij en bereikten eindelijk hun dorp, met den behaalden prijs, die in het begin van het
gevecht reeds was platgeslagen.

De bal werd nu beschouwd als een duurgekocht zegeteeken;
men liet hem herstellen en de overwinnaars kwamen op het denkbeeld om, ter herinnering, den prijs aan hun dorp af te staan
onder beding, dat hij ieder jaar op nieuw verkaatst zoude worden
onder dorpsgenooten. Telkens wordt een der drie winners voor den
tijd van een jaar bewaarder van den bal. De inleggelden, van ieder
meêspeler tien cents, zijn voor hem. De bal verkreeg, naar aanleiding der afbeelding er op, den naam van « Ouwe Griep» en het
«Ouwe-Griep-ferkaetsen» heeft sedert den 22sten Augustus 1796 nog
steeds plaats op den eersten zondag na de kermis. — In de eerste
jaren werd de bal op den dag der verkaatsing, uit vrees voor de
Beetgumers, zoo hoog uit het dak der herberg gehangen, dat hij
niet kon worden weggekaapt. Men plaatste er zelfs vele jaren eene
wacht bij. De bal is echter nooit in gevaar geweest. Hij komt
door de jaarlijksche verkaatsing niet zelden in handen van behoeftigen; echter heeft ieder zooveel eerbied voor het gedenkstuk, dat
het als eene bijzonderheid wordt verteld, dat men ééns den bal uit
de bank van leening heeft moeten lossen.

Naar aanleiding dezer geschiedenis werd voor eenige jaren door
den commissaris des konings in Friesland een zilveren bal met inschriften en versieringen geschonken aan de Kaatsvereeniging te
Franeker, om daar jaarlijks te worden verkaatst, op dezelfde wijze
als de «Ouwe Griep» te Lieve Vrouwen Parochie.

Zeilen.

Moge Friesland met recht den naam kunnen dragen van vruchtbaar plekje gronds, het heeft ook zijne minder vruchtbare gedeelten.
Een hiervan is het zoogenaamde Waterland. Dit strekt zich uit
over een gedeelte van Tietjerksteradeel, Idaarderadeel, Utingeradeel,
Doniawerstal en Hemelumer Oldephaert. Daar vindt men groote

en kleine meren, poelen en uitgegraven veenplassen, aan elkander
verbonden door breede wateren, meest allen door de natuur gevormd. Daar liggen landerijen, die niets opleveren dan wat hooi.
Vee kan op die velden niet weiden omdat de grond daarvoor
te los en sponsachtig is. Het hooi wordt, na gezweeld te zijn, aan
den oever van het water gebracht en vandaar per schip vervoerd.
Bij onderscheidene boeren loopt daar eene sloot tot binnen in de
schuur om met het hooi te kunnen varen tot aan de plaats waar
het moet worden opgetast. Is de hooitijd voorbij, dan wordt die
sloot met planken toegedekt. Van sommige dier hooilanden, wier
bodem iets vaster schijnt te zijn, haalt men ook het hooi met
wagens, maar voorzichtigheidshalve bindt men dan de paarden vierkante plankjes onder de hoeven; de dieren zouden anders misschien
wel tot aan den buik kunnen verzinken.

Jagen en visschen, in het voorjaar eieren zoeken, in het najaar
vogelvangen, is daar het werk van iederen boer, en — zeilen is er
schering en inslag. Vrouwen zoowel als mannen weten met schepen
om te gaan, zoo goed als de beste koetsier met paarden en rijtuigen. Een fraai plezierjacht met toebehooren is er een artikel van
weelde, waarmeê men in het openbaar kan pronken, evenals in
andere streken met een fraai rijtuig. Dat er in den mooien zomertijd veel aan plezierzeilen wordt gedaan, laat zich denken. Te
Sneek en ook te Leeuwarden zijn daartoe altijd vaartuigen af te
huren. Zanggezelschappen en dergelijke vereenigingen maken ple-
ziertochten met kleine stoombooten. Een watertocht van Leeuwarden
over Wartena en Eernewoude naar Grouw, en vervolgens langs
Irnsum en de Oudeschouw, naar en over de Sneekermeer, levert
een natuurschoon, dat elders te vergeefs gezocht wordt. Daar is
ook het land der zeilpartijen. Deze worden jaarlijks op luister-
rijke wijze gehouden te Sneek, te Grouw en op meer andere
plaatsen. De navolgende beschrijving van een sneeker zeilwedstrijd
is ontleend aan eene door D. Hansma gegeven in «Friesland en de
Friezen, een handboekje voor reizigers door deze provincie.»

«Nauwelijks is de zon aan den hemel of de geheele stad tooit
zich in feestdos; geen huis bijna waaruit niet eene vlag wappert,
geen inwoner die niet het zondagspak aantrekt, en geen neringdoende, die zijne waren niet op 't fraaiste uitstalt. Om halftien
gaat de muziek, die den feesttrein zal vergezellen, alle straten langs,
door een vroolijke schaar gevolgd.

De boeier *Friesland* van Mr. J. Minnema de With, te Leeuwarden.

«Middelerwijl hebben zich de schepen en booten, die aan den wedstrijd zullen deelnemen, in de stadsgracht vereenigd en in een lange rij ligt de kleine vloot zoo goed ten strijd uitgerust als immer eene vloot zijn kan. Zeil, tuig en mast toonen dat niets gespaard is om naar evenredigheid der grootte de krachten als te verdubbelen. De schepen zijn naar grootte en bemanning in verschillende klassen verdeeld: Vracht- en beurtschepen; boeiers en jachten; vischaken; pramen; groote booten; kleine booten; schouwen (ponten), die elk weêr afzonderlijk door loting verschillende gekleurde nommervlaggen erlangen, die boven aan den hoek van het zeil worden vastgehecht. Langs deze flottille wandelen wij onder het lommerrijk geboomte van den stadswal verder, en zien dan een ware markt van vaartuigen, die zich aanbieden om toeschouwers aan boord te ontvangen. In een bonte rij liggen pramen, beurtschepen, boeiers, turfschepen, schuiten en stoombooten met uitliggende planken langs den wal geschaard. Voor 25 cents, 50 cents, een gulden is er plaats te krijgen, naar evenredigheid van de fraaiheid van het schip.

«Bij het Hoogend verzamelt zich eene groote menigte om den uittocht te zien. De directieheeren met hunne dames gaan zich inschepen en de muziek en de hardzeilers vergezellen hen. Statelijk vaart de groote versierde stoomboot vooruit, moedig volgt haar de vloot der mededingers onder vroolijke muziek en het juichen der vergezellende menigte toeschouwers op den wal. Zoolang de tocht langs de gracht duurt, voegt zich ieder schip, zonder zeil op, naar de stoomboot en rept het volk zich met den kloet om niet achter te blijven. Maar als de brug is gepasseerd, wordt het zeil er bij gehaald en begint reeds een kleine wedstrijd, wie het eerst bij de ligplaats aan de zuidzijde der Houkesloot zal zijn. Dáár, zegt het reglement, moeten de mededingende schepen tegenover de bakens gaan liggen, want daar zal de afvaart aanvangen.

«Maar wij keeren even terug naar de plaats van afvaart, want vermakelijk is het te zien hoe op die markt van schepen deze zich langzamerhand vullen en tot vertrek gereed maken. De vroolijkste, de opgewektste en woeligste gasten ziet men naar 25-cents schuiten spoeden. Jolige paren, zoo opgewekt dat zij bij den sprong in het schip niet nalaten kunnen elkander te kussen. Koppels dienstboden en vrouwen die potverteeren, of levenslustige ouden van dagen, die ook nog eens een ouderwetschen vroolijken dag willen hebben. De meer stemmige paartjes zoeken de 50-cents plaatsen op. De vreemdelingen en de meer deftige boeren, met hunne meisjes en vrouwen, kiezen de stoomboot voor den prijs van één gulden. Of nog deftiger lieden gaan naar de boeiers, waarvan de eigenaar hen met minnelijke ontvangst begroet, nadat de knechten met groote omzichtigheid de dames en heeren over de plank hebben geholpen.

«Enkele familiën vindt men nog die, op oude wijs, voor oud en jong een schip afhuren en met trommels, manden, doeken, jassen, parapluies enz. beladen aankomen, vader bezorgd voor moeder en moeder bezorgd voor vader, en beide voor hun kroost en voor verwanten, die mede genoodigd zijn.

«Enkele jongelieden, schippers in hun hart, kiezen de zeilboot, maar wij hebben hunne komst noch hun vertrek gezien, want de vurige jeugd is reeds lang naar het tooneel van den kampstrijd gevaren.

«Bijna zonder uitzondering zijn alle schepen gevuld geworden. Zij verlaten de legplaats en volgen elkander onmiddellijk om zich onder de groote schare te mengen. Al wat zeilen kan gaat mede, zij het ook gebrekkig, als het gescheurde zeil niet meer toelaat of een onbeholpen schipper met onvaste hand voorwaarts tracht te komen. Maar de besten streven dezen met snelle vaart voorbij.

«Het stoomschip, dat de directie ter bestemder plaats heeft gebracht, komt terug met de muziek aan boord. Deze moet ons vergezellen. Maar hierdoor is de boot zeer vol geworden, eigenlijk te vol voor menschen om zich gemakkelijk te bewegen. De stoomfluit laat voor de derde maal zich hooren, de kapelmeester geeft het sein tot blazen en onder klinkende fanfares wordt van wal gestoken. Weêr geleidt ons eene menigte menschen langs de wallen, maar nu eene andere dan die het directieschip uitgeleide deed; deze is grootendeels ons vooruit naar de meer vertrokken.

«Spoedig zijn wij om de stad gestoomd en de brug doorgevaren. Met eenige moeite zijn wij om de scheepshelling heen en de Houkesloot, een tamelijk breed vaarwater, ingestevend. — «Prachtig weêr, de wind noordwest, ruim bij den wind, geen beter weêr te bedenken, mijnheer. Een goed getal schepen, wij treffen het geheel. Kijk, daar komen waarlijk de kleine booten ons reeds te gemoet. Zie, hoe netjes zij om de ton bij den stoomhoutzaagmolen draaien; 6 is ruim voor, 4 is haar het naaste,» zegt de kenner. «Als 3 haar maar niet inhaalt.» — En toch, zegt de oppervlakkige be-

schouwer, is nommer 1 nog de voorste in de rij, die achter elkander aan komt zeilen, en dan volgt eerst 3, dan 6 en achter haar
is 4. — Wel een groote verwarring, zal men zeggen. Evenwel ter
verklaring diene dat de afvaart niet geschiedt, zooals het te Amsterdam wordt gezien, waar de schepen bij de afvaart in een lange
rij naast elkander liggen en aldus afzeilen. Zulks laat de breedte
van het IJ toe, ofschoon de schepen, naar schippers zin, elkander
nog ruim genoeg dadelijk hinderen.

«Bij alle zeilpartijen in Friesland wordt de afvaart op dezelfde
wijze als te Sneek geregeld, ook te Harlingen en aan de Lemmer,
waar men op zee hardzeilt.

«De Houkesloot is niet breed genoeg om de amsterdamsche
manier van afvaart toe te laten, daarom liggen hier de schepen op
eenige ellen afstands van elkander verwijderd, elk aan zijn aangewezen nommer, en zij zeilen vandaar af om ten slotte weêr op
dezelfde plaats, en, om den prijs te winnen, het eerst bij zijn nommer terug te komen. Wanneer nu no. 6 achter no. 1 aan komt
zeilen, dan is zulks een bewijs dat hij reeds verscheidene nommers
voorbij gezeild is. En als 4 en 3 dadelijk achter elkander aan
komen, is dit een bewijs dat zij 2 voorbij zijn gezeild en dat 4
wel zoo vlug is als 3, maar zij elkander toch zeer nabij zijn. Een
gevolg van deze manier van afvaart is, dat weinige toeschouwers
goed op de hoogte zijn hoe de partij staat. Menig los hoofd be-
kommert zich hierover ook weinig, maar laat, in de drift van het
feestelijk genot, het aan den tijd over, die hem wel bericht zal
brengen wie de overwinnaars zijn. De ijver der schepelingen, die
aan den strijd deelnemen, wordt er niet minder om. Meen echter
niet, dat daar voor het oog van liefhebbers van zeilen geen be-
langwekkende partijen als gespeeld worden en voor kenners geene
kunstvaardigheid wordt ten toon gespreid. O, neen! de kunst van
zeilen wordt dan daar op de Sneekermeer in al hare fijnste schakeeringen beoefend, en zelden is het dat de bekwaamste schipper,
met een goed gebouwd en goed uitgerust vaartuig, niet de overwinning behaalt.

«Niet alle feestvierenden gaan, als wij, per schip om naar den
wedstrijd te kijken of eigenlijk om op eene andere manier van de
pret te profiteeren. De Houkesloot langs varende, zien wij al spoedig aan den kleinen inham, het Top, een tal van menschen zitten
en staan; zij zijn langs den grindweg, van Sneek naar Uitwellin-

gerga, of uit de omliggende dorpen daarheen gegaan om den feesttrein er bij de uitvaart voorbij te zien gaan of de terugkomst te observeeren. Een herberg en warande bieden wel de gelegenheid om zich ook anders te vermaken.

Aan den anderen oever der Houkesloot beweegt zich gedurende eenigen tijd eene talrijke menigte nevens onze stoomboot, maar als zij op een zeker punt gekomen zijn, gaan die menschen landwaarts in en verliezen zich in de verte. De Houkesloot uitgekomen en het Kruiswater verder invarende, zien wij het raadsel opgelost, waar al die menschen gebleven zijn. Op een laag stukje land, geheel omringd van water, zien wij een kermistooneel, zoo woelig en zoo prettig als men zich maar denken kan. Draaimolens, koekblokken, tenten en stalletjes, zoo primitief mogelijk, zijn opgeslagen, en liedjeszangers met draaiorgels, bedelaars en kunstenmakers krioelen, zingen, dansen, schreeuwen daar, met het kleine publiek, zoo door elkander, dat iemand hooren en zien moeten vergaan. Lang nog hoort men die schelle toonen over het water klinken; al die menschen zijn ook gekomen om den zeilwedstrijd gade te slaan.

«De Roekoepolle, een lang eiland van ongeveer 30 ares groot, aan den ingang van de Sneekermeer, is door de natuur aangewezen om als hoofdstation voor de directie en de feestelingen te dienen. Van haar uit kan men het terrein en de bewegingen der schepen gadeslaan en het oog houden op alles wat er gebeurt. Niet zoodra is onze stoomboot het eilandje genaderd of alles maakt zich aan boord tot vertrek gereed. Van eene oostindische reis voor den vaderlandschen wal gekomen, kan er niet met meer drift gezocht worden om den vasten grond te bereiken en wederkeerig om de vrienden af te halen, dan hier. Daar de ondiepte belet om zoo op eens van de stoomboot af aan land te stappen, wordt alle scheepsgelegenheid in de weer gesteld om de aankomenden af te halen. Dikwerf worden er halsbrekende toeren gemaakt, om toch de eerste te zijn. Wij evenwel gebruiken wat geduld, want de directie voorziet spoedig in deze moeielijkheid. Pramen worden nevens elkander gelegd, planken uitgeworpen, leuningen geïmproviseerd en, ja man! wij ouderen van dagen en minder driftigen, wij stappen gemakkelijk aan land.

«Alles is op de polle tot een landelijk feest ingericht. Een fraaie groote tent is er opgeslagen, en alles wat gij aan eten en drinken begeert is er tegen niet zeer hooge prijzen te koop. Overal zijn

tafeltjes en stoelen, waarbij en waarop gij plaats kunt nemen.
Alles is leven en beweging. Velen zijn er die op de bewegingen
der schepen letten en druk de kansen bespreken. Zij zijn opgetogen
van bewondering, wanneer ze 't mogen opmerken dat een jacht of
boot « de boter laat zien. » Sommige mededingers hebben vóór den
wedstrijd hun schip van onderen met bedorven boter of ander vet
besmeerd om het gemakkelijker door het water te doen glijden.
Het is eene eer voor den stuurman, wanneer het jacht al zeilende
de boter laat zien, d. i. zoover op zijde ligt dat de bodem gedeeltelijk boven het water zichtbaar wordt. Anderen bekommeren zich
heel weinig om de kampende zeilers; zij wandelen rond, ontmoeten
kennissen en oude vrienden. Dames en heeren zitten genoegelijk
koutende om de tafeltjes, waar wijn en bier rijkelijk stroomen. De
liefde heeft hier vrij spel en zoo zien wij verscheidene jonge paren
minnekozende langs den oever wandelen of in booten plaats nemen
om een zeiltochtje op de meer te doen of een roeitocht te ondernemen.

« De muziek laat zich door alles heen hooren, en als deze eindelijk, zij het ook toevallig, dansmuziek laat hooren, dan wordt in
een oogwenk het eiland in een balzaal herschapen, en even luchtig
en onvermoeid zweeft het jeugdige volkje over het donzige grasveld van het eiland, als over de gladgewreven planken van de
steedsche zaal.

« Maar aan alles komt een einde. Eenige geweerschoten, uit de
verte gehoord, geven het sein dat de wedstrijd is afgeloopen en de
overwinning behaald.

« Wij hebben iets vroeger ons verwijderd om naar de stoomboot
te gaan en eens rond te zien. Want het eilandje is wel het middelpunt der beweging, maar het bevat toch maar een klein gedeelte van het uit te voeren feestprogramma. Gelijkt het op de
Roekoepolle een landelijk feest, in haar omtrek wordt wel en goed
op het water eene kermis gehouden, die wel eenig in hare soort
mag heeten. De handel, de kunst en de bedelarij worden daarheen
gelokt, waar vele menschen bij elkander komen om zich te vermaken, en weten zich zeer goed naar de omstandigheden te schikken. Pramen, schuiten en schouwen, waarin verkoopers van fruit
en andere snoeperij, liedjeszangers met violen of draaiorgels, en
duitsche straatmuziek, alles woelt en wemelt en roept en raast
tusschen de stoombooten en andere vaartuigen heen, om zijne waar
aan den man te brengen. En of het nog niet genoeg ware, vele

der volgeladen 25-cents schuiten hebben harmonicas en veel spraakwater aan boord, en daar zingt men uit volle borst straatliederen
op eigen hand. Enkele betere en meer harmonieuse toonen treffen
ons oor, als eene oase in de woestijn, want een zanggezelschap
van een groot dorp zingt vierstemmige liederen, te fraai om in
zulk een geraas verloren te gaan.

«Het is een schoone avond geworden. Genoeg koelte om de
zeilen niet geheel slap te doen hangen, maar toch niet zooveel om
snel vooruit te komen. Het geheel vormt dus een groep die zich
zachtkens beweegt. En als dan de zon achter de kerken en andere
hooge gebouwen der stad dreigt weg te schuilen en als ten dank
voor de vreugde, die zij te aanschouwen had, alles nogmaals in
gloed zet en water en schip, ja alles om haar heen met prachtige
kleuren siert, dan mag men dit schouwspel wel treffend noemen.

«Zou men meenen, bij het zien der menigte menschen die zich
op het water bewegen, dat Sneek als leeggeloopen was, men zal
zich zeer bedriegen. Bij de aankomst aan de stad is eene massa
vreemdelingen en ingezetenen tegen den wal als opgestald en dringt
tegen elkander in om alles goed te zien en toch niet te water te
geraken. Zwaar is dan de taak der directie en der politie om orde
en regel te bewaren bij de doorvaart der brug en bij den aandrang
der menigte opeengepakte schepen en menschen. Doch men is
zulks gewend en het loopt veelal zonder geweld en ongelukken af.
Na eenig oponthoud stelt de lange stoet zich in de gracht weêr
in beweging om naar de aanlegplaats bij het Hoogend terug te
keeren. Hij wordt vergezeld met geweerschoten, vuurwerk, muziek,
gezang en gejuich. Dit is wel het laatste, maar niet het minst
opwekkende gedeelte van den tocht.

«Op de aanlegplaats gekomen, spoeden wij ons naar huis om
een weinig te verpoozen van al de drukte. Maar lang kan dit
niet duren, want wij moeten naar de zaal van Agema. Daar zien
wij reeds de directie der zeilpartij met de keurmeesters, de winners
der prijzen en premiën en nog eenige autoriteiten om een lange
tafel gezeten, waarop de prijzen en premiën zijn uitgestald. Deze
bestaan thans in vrij aanzienlijke geldsommen, kostbare zilveren en
kristallen voorwerpen, barometer, thermometer, porceleinen bloem-
vazen enz. Vroeger werden vlaggen, wimpels, zilveren scheerhouten,
kompassen, alles dienstig voor de scheepvaart, uitgereikt. Maar ook
hierin is verandering gekomen; het stoffelijke is voor het ideaal

in de plaats gekomen en het geld voor de eer. Gelukkig is de ambitie er niet onder verloren gegaan. Zij had alleen maar wat zwaarder voedsel noodig. Achter de directie, op het orkest, zitten de muzikanten weêr fanfares en volksdeunen te spelen. Vóór in de ruimte zitten ingezetenen en vreemdelingen broederlijk naast elkander. Eenige dames hebben ook plaats genomen; een nieuwigheid die vroeger niet voorkwam, maar toch bijval vindt.

«Welmeenend en van algemeene toepassing is de toespraak van den voorzitter, die daarna de namen der prijs- en premiewinnaars opnoemt. Hartelijk is de feestdronk die hun gewijd wordt, wanneer onder gepaste toespraak elk het zijne ontvangt.

«Zijn de zoogenaamde officieele toosten van de leden der directie en de bedankjes van autoriteiten en begiftigden afgeloopen, dan geraken de tongen der anderen los en wordt aan ieder, die op eigen trant wenscht te spreken, het woord gegund. Toosten van verschillenden aard wisselen elkander af, de wijn stroomt rijkelijk, en waar zoude het einde zijn als niet de directie en de muziek de zaal verlieten en het sein, te half elf, werd gegeven, dat het feest eene andere gedaante zal krijgen, namelijk die van een algemeen kermisfeest, waarbij een troep zangers en bonte zangeressen op het versierde orkest hunne gaven zullen laten hooren.»

Ringrijden.

Het ringrijden behoort waarschijnlijk op het ijs tehuis, maar men heeft uitgevonden om het ook met paard en sjees te doen. Het is meer een spel van vermaak dan een wedstrijd. Bijzondere eer en roem zijn er niet meê te behalen; prijzen van eenige beteekenis zijn er niet meê te winnen.

Wanneer men geen kans ziet om voor eene harddraverij klaar te komen, of als men op een der ledigste kermisdagen zoo niets heeft en toch wel iets hebben wil, dan zet men eene ringrijderij op touw. Eenige paren jongelingen en meisjes die willen meêdoen, laten zich meest nog al gemakkelijk vinden. Maar ieder paar moet zich van paard en sjees voorzien. Voor boerenzoons heeft dit geen bezwaar; anderen moeten leenen of huren. De makste paarden zijn de geschiktste, want zij moeten zich zonder gevaar ook door de meisjes laten mennen. Aan vele boerendochters is dit wel toevertrouwd, maar voor burgerkinderen is het geheel iets ongewoons. Onder de jongelingen zijn er ook wel, die niet geleerd hebben met paarden om te gaan. Nu, bij de keus der paarden wordt op dit een en ander gelet; zelfs de traagste knollen kunnen daarvoor wel dienen. Een stoet van acht of tien, soms veel meer, rijdende paren komt op de baan. Aan den weg in of onmiddellijk bij het dorp is een paal opgericht en hieraan een platte uit hout gesneden arm met een hand gespijkerd, geheel gelijk aan een handwijzer, zooals men ze dikwijls aan den rijweg ontmoet. Het onderscheid is, dat deze arm in kniertjes draait en daardoor afwijkt als hij van de eene zijde een stoot ontvangt. De mededingers ontvangen ieder een houten degentje ter lengte van ongeveer drie decimeter. Tusschen de vingers der houten hand wordt een koperen ring vastgezet en nu moet men in het voorbijrijden den degen door den ring steken en dezen wegnemen, zóó dat hij om den degen blijft hangen. Valt de ring op den grond, dan is het een verloren stoot. Men begrijpt nu dat in het voorbijrijden het meisje moet mennen, en dat zij kan medewerken aan het welgelukken, door het paard dicht genoeg bij den paal langs te leiden. Zij is daarbij verplicht het dier in den draf te houden; stapvoets geldt niet. De eene sjees na de andere rijdt voorbij de hand, maar de meeste degenstooten zijn mis. Ja, zij treffen wel de hand, maar dit moesten ze juist niet. De paren rijden volgens getrokken nommers achter elkander en aldus krijgt ieder telkens eene beurt. Het mooiste is wanneer de gelegenheid van het dorp een kleinen rondrit toelaat om weêr bij de hand terecht te komen zonder het rijtuig op den weg om te wenden. Er is vooraf bepaald hoevele malen men den ring moet treffen; wien dit het eerst gelukt is de prijswinnaar en de aan hem volgende heeft de premie. De bepaling is ook wel, dat wie in een bepaald getal ritten, bv. twaalf, de meeste ringen steekt, prijswinner is. Hier kan het voorkomen, dat twee of meer met elkander gelijk staan en deze moeten dan op nieuw rijden. Is de zaak beslist, dan gaat men nog wel een rijtoertje maken, maar dit kan niet groot zijn, want het is reeds avond geworden. Men stelt zich daarom ook tevreden met eenige keeren door of om het dorp te rijden. Te Wirdum vooral pleegt het ringrijden luisterrijk toe te gaan.

Na afloop der rijderij begeeft men zich naar de herberg waar de prijzen en premiën zullen worden uitgereikt. Ik spreek hier in het meervoud, want ook de meisjes der winnaars krijgen iets. Is deze plechtigheid afgeloopen, dan geeft men zich over aan de kermispret.

Het hondwippen te Rinsumageest.

Zooals ik hiervoor reeds heb aangestipt, geeft men aan de inwoners van het dorp Rinsumageest schimpend den naam van hondwippers. Zij zijn hiermede ook al niet gediend en toch is hij niet onverdiend. In vroegeren tijd had men jaarlijks op den eersten vrijdag in September te Rinsumageest een paardenmarkt en de twee volgende dagen was het kermis. De paardenmarkt is reeds sinds zeer lang vervallen en de kermis wordt in de laatste jaren ook niet meer gevierd. Toen deze nog bloeide, was de zaterdag, volgende op de paardenmarkt, de dag der hondwipperij, een plechtigheid die nergens elders in Friesland plaats had. Een gezelschap jongelieden had het bestuur over deze zaak. Op den zondag vóór de kermis vergaderde het op de bovenkamer der herberg, waar dan ook reeds de vlag werd uitgestoken. Op de witte baan dezer vlag was de hondwipperij afgebeeld en aan den knop der vlaggestok wapperde een oranjewimpel, als het symbool van der ingezetenen oude gehechtheid aan het huis van Oranje. In genoemde bijeenkomst werden de noodige beschikkingen gemaakt ter goede uitvoering van het werk.

Op den kermiszaterdag woei des morgens te tien uren de vlag reeds weêr uit de herberg en waren de jongelui daar nogmaals vergaderd. Nieuwsgierigen, waaronder vele kinderen, niet alleen uit het dorp maar ook uit de omstreken, zelfs uit de stad Dokkum, verzamelden zich in grooten getale; omstreeks elf uur werd de vlag binnengehaald, de hoofddeur der herberg ging open, onder de vroolijke jeugd ging een gejuich op, de optocht door het dorp zoude beginnen. Drie of vier muzikanten, gewone dorpsspeellui, gingen voor, dan volgde de man die de vlag droeg en daarna het overige gezelschap. Onder het spelen van «Wilhelmus» of «Wien neêrlandsch bloed» trok de stoet voorwaarts en het geheele dorp kwam op de been. Het hoofddoel van dezen tocht was een bezoek te brengen aan allen, die sedert de vorige kermis te Rinsumageest waren komen wonen. Zij zouden op dezen dag als ingezetenen van het dorp worden ingewijd. Hiertoe moesten zij onder de vlag door, zooals men 't noemde, en dit beteekende, dat zij driemaal zich de vlag over het ontbloote hoofd moesten laten zwaaien. Ongehuwden zoowel als hoofden van huisgezinnen moesten zich aan de plechtigheid onderwerpen. Niemand, al behoorde hij tot de

20*

aanzienlijken, zelfs al was hij dominé, werd er van vrijgesteld.
Jonge meisjes allerminst. Dezen betoonden zich wel eens zeer afkeerig en namen de vlucht als de stoet naderde, maar meestal lieten
ze zich niet te ongemakkelijk door een paar vroolijke jongens
vangen, en, hoewel niet zonder voorgewende tegensparteling, onder
het bereik der vlag brengen, tot groot vermaak der opgewonden
menigte. Het verstandigste was, zich goedschiks aan dit oude gebruik te onderwerpen. Weigerde iemand, dan werd hij er toch
zonder veel beleefdheidsvormen toe genoodzaakt. In elk geval ver-
beurde hij met zijn tegenstreven de toegenegenheid der bevolking.
Sloot iemand zich in huis op met het vaste voornemen zich
niet te laten dwingen, dan schroomde men niet, door de vensters
binnen te dringen en het hem zeer lastig te maken, terwijl de
politie bij gelegenheid van dit oude volksgebruik op de hand
der meerderheid was. Ongeregeldheden vielen hoogst zelden voor;
het was altijd op den voordag, wanneer niemand nog veel drank
had gebruikt. De nieuw-ingewijden, die de zaak goed begrepen,
gaven een fooi, en het zoo verkregen geld werd na afloop der
plechtigheid door het gezelschap in de herberg verteerd.

De optocht ging het geheele dorp door en keerde ten slotte
terug naar het punt van uitgang. En nu moest op de steenen
brug vóór de herberg de hondwipperij plaats hebben. Het ging
niet altoos gemakkelijk hiervoor een of meer honden te vinden.
Ieder zorgde den zijne binnenshuis te houden. Groote knapen liepen daarom het geheele dorp af om er zoo mogelijk te rooven
en zoo wist men toch altijd op de eene of andere manier minstens
één hond te bemachtigen.

Op het terrein, zooeven genoemd, stonden twee, ook wel vier
mannen gereed met een lange niet zeer dunne lijn, die zij, op behoorlijken afstand van elkander, ieder aan een einde vasthielden
en een weinig slap lieten hangen. Twee anderen zetten den
hond in het midden dwars over de lijn, wat niet altijd terstond
slaagde; maar was men hiermede gereed, dan werd op het bevel
«Nou maar!» de lijn strak getrokken met zooveel snelheid en
kracht, dat door den schok de hond in de lucht slingerde. Wie
daarbij zijne kermispronk niet bemorst wilde hebben, deed best
zich op een behoorlijken afstand te houden, want de schok werkte
storend op de ingewanden van het dier. Mannen uit de arbeiders-
klasse stonden gereed om den hond in het nedervallen op te vangen.

Plofte hij op de straatsteenen, dit konde zijn dood zijn. Het gelukte niet altijd, den hond hiervoor te behoeden; soms kwam hij
ook ter zijde van de brug in het water terecht. Had men over
meer dan één hond te beschikken, wat meestal niet het geval was,
dan werd het kunststuk herhaald.

Hiermede was de plechtigheid van den dag afgeloopen en men
ging aan het kermishouden op dezelfde manier als overal elders.

Het is reeds langer dan tien jaren geleden, dat dit oude volksgebruik voor goed een einde heeft genomen. De vlag wordt nog
in eene der herbergen van het dorp bewaard; boven het volstrekt
niet kunstige schilderwerk op de witte baan staat: *Vivat de Hon-
dewipperij* 1845. In dat jaar werd er voor het laatst een nieuwe
vlag aangeschaft.

Het inwijden van nieuwe dorpsgenooten was vroeger ook te Holwerd in gebruik, maar alleen onder jongelingen in de herberg;
men noemde dit «kroonen.»

Een gastmaal bij den boer.

In den nazomer, als met den hooioogst de grootste drukte der
greidboeren is afgeloopen en de voornaamste kermissen achter den
rug zijn, begint men beurt om beurt theevisites te houden en
gastmalen aan te richten. De voornaamste dorpsburgers nemen
daaraan ook wel deel. In vroeger tijd kwam zelfs de dominé er soms
bij te pas, maar deze heeren zijn zachtjes aan daarvoor wat te voornaam geworden. Trouwens, het kon er op die bijeenkomsten boersch
toegaan; een echte Fries geneert zich niet.

Vroeger noemde men eene bijeenkomst van genoodigden, ten
huize van een vriend of vriendin, een «gastbod,» althans in het
noordoosten van Friesland, gelijk thans nog op Schiermonnikoog.
Bidden komt meer voor in de beteekenis van noodigen.

Ik verplaats u met uwe verbeelding in het huis van een wel-
gestelden greidboer omstreeks het midden dezer eeuw, waar op
een dag in Augustus «eters» worden verwacht. Men gaat uit
«eten,» althans in de streek tusschen Franeker en Sneek, als men
op het middagmaal genoodigd is, en uit theedrinken of «op bisite»
als de bijeenkomst des namiddags aanvangt.

In het middenhuis, de keuken van den boer, zijn twee dienstmeiden en een werkvrouw druk in de weer. In eene groote platte
roodsteenen pan staat op een komfoor varkensgebraad te pruttelen,

daarnaast worden in éen dergelijke pan, kleiner van omvang maar hooger, peren gestoofd. In een groote koperen schenkketel, hangende boven een brandend vuur, kookt het water met geweld. Niet ver vandaar staat een reusachtige koffiekan, met een buik als een burgemeester, op vulling te wachten. De kleine meid zit aardappelen te schillen en de groote maalt koffie dat het raast. Niet alleen het kokende water, maar ook de wijzer op de klok aan den wand drijft haar tot spoed aan; tusschen elf en twaalf uren zijn de gasten te verwachten. De werkvrouw, net gekleed met het zilveren oorijzer op, staat bruine kandijklontjes te knippen en de vrouw des huizes, ook reeds gekleed voor de ontvangst der gasten, komt uit den melkkelder met een groote porseleinen kom vol room, dik genoeg bijna om met een mes te worden gesneden. De geuren van gebraad, kokende pruimedanten, koffie, kaneel, peper, notenmuskaat en wie weet van welke lekkernijen al meer, waaien iemand tegen, die van buiten de deur opent.

In de ruime voorkamer schikt de vrouw de zaken in orde, voor zoover dit nog noodig is. Deze kamer is pas vertimmerd en geschilderd; de vriendschappelijke samenkomst van heden kan worden beschouwd als de inwijding van het mooie vertrek.

De grootvader van den boer is voor ruim een half jaar overleden. Hij was eigenaar van de plaats en stond er op dat alles, het huis betreffende, zoude blijven zooals het was toen hij zelf de plaats bewoonde. De kindskinderen hadden zich in het oude nest, zooals zij het noemden, reeds eenige jaren met veel tegenzin kommerlijk beholpen, althans naar zij meenden. Toen nu «pake» uit den tijd was gescheiden, werd de kleinzoon eigenaar der plaats. En spoedig waren hij en zijne vrouw overeengekomen, dat er aan het huis eene belangrijke vertimmering moest plaats hebben. De muren waren nog te gaaf en te sterk om het gebouw tot den grond af te breken en er een nieuw vlinderhuis voor in de plaats te zetten. Wel had de vrouw dit eigenlijk veel beter gevonden; de boer had dit echter niet over zijn hart kunnen brengen en zijn haan had in dit geval koning gekraaid. Maar van binnen was toch het huis geheel uitgesloopt en van onder tot boven vernieuwd.

Waar «pake en beppe» in vroeger jaren 's avonds achter de groen sergie bedgordijnen hunne plannen bespraken om zooveel mogelijk de stuivertjes te besparen, — daar ziet men nu een fraai betimmerd beschot met lange deuren, zoo mooi geschilderd, dat iemand er op zou zweren, dat het echt eikenhout is, en zoo glad vernist, dat de vrouwen hare mutsen er in kunnen terecht zetten. In de plaats der oude kruisramen met kleine ruitjes en halve blindjes van buiten zijn nieuwerwetsche vensters met groote ruiten en breede onderdorpels gekomen, en nu heeft men keurig bewerkte paneelblinden van binnen. Ook de oude zoldering met speklatten en vele spijkers en krammen aan de balken, om hammen, worst, varkensribben enz. aan te hangen, heeft plaats gemaakt voor een nieuwe, natuurlijk even fraai geschilderd en geglansd als het andere houtwerk der kamerbetimmering. En nu mogen er geen gerookte stukken van een dood varken aan hangen; wel foei! De blauwe gekalkte wanden, waaraan in grootvaders tijd een theekast, gevuld met ouderwetsch porselein en zilverwerk, en verder een « 's Warelds Loop,» een «Eeuwigdurende Almanach» en zes uiterst kleine «schilderijtjes», wel te verstaan prentjes in lijst en glas, gezamenlijk voorstellende de geschiedenis van den verloren zoon, te pronk hingen, — die wanden zijn nu verborgen achter behangselpapier, iets wat nog in niet vele boerenhuizen gezien wordt. En hieraan mogen nu geen schilderijen, zegge omlijste platen hangen. Dit is geen mode meer, zegt de vrouw. De mode, volgens de uitspraak der aanzienlijkste boerinnen, waartoe zij trouwens ook behoort, is haar wet; kunstsmaak houdt ze er niet op na. — De ouderwetsche wijde schoorsteen, die vroeger gedurende den winter vol spek en rookvleesch hing, volgens pake het mooiste en beste huisraad dat men krijgen kon, is verdwenen, en heeft plaats gemaakt voor een gestukadoorde nis met rookleiding voor een kachelpijp. Een mooie, duitsche klok, die op een veer slaat, is opvolgster geworden van beppes oude stoeltjeklok, zooals er nog te vinden zijn in hutten op de heide. De eikenkast van vroeger, waarvoor op den boer reizende kinderen Israëls vruchteloos goed geld hadden geboden, omdat zij versierd was met antiek snijwerk, is thans vervangen door eene kostbare mahoniehouten secretaire, waarop een kolossale nieuwerwetsche lamp pronkt tusschen fraai porseleinwerk. Tegenover deze secretaire hangt tusschen de ramen een groote spiegel, liefst uit één stuk glas en in breede vergulde lijst. Zoo is de ouderwetsche boerenbinnenkamer vol gemak en gerief veranderd in een pronkzaal, waar een eenvoudig alledaagsch mensch nauwelijks durft binnentreden.

Tafel en stoelen, natuurlijk, wat kostbaarheid aangaat in overeenstemming met al het andere, staan gereed tot ontvangst der
gasten, de gevulde koffiekan staat reeds op hare plaats en de vrouw
ziet reikhalzend uit naar hetgeen volgen moet. Haar man heeft zich
in een ander vertrek gekleed en komt nu binnen. Hij is zonder
jas, in de witte overhemdsmouwen. Op zijn zwartzijden vest hangt
het dikke gouden ketting waaraan het even dikke gouden horloge
is bevestigd, berustende in een der vestzakken. Aan de voeten draagt
de man over de kousen zwartbonte sokken. Een echte friesche
greidboer loopt in huis altijd op sokken, buitenshuis en in den
koestal op klompen. Schoenen draagt hij niet veel en nog minder
laarzen. Zijne behendigheid in het reizen op klompen langs doorweekte kleiwegen is bewonderenswaard, en de vrouw evenaart hierin
den man.

De boer neemt plaats op een der stoelen, en terwijl hij een
lange pijp stopt en opsteekt, deelt hij aan zijne vrouw mede dat
hij reeds gasten in de nabijheid op het voetpad heeft zien naderen.
Een half uur later is het gezelschap, bestaande uit zeven paren,
voltallig. De mannen met hunne lange pijpen schijnen geen
ander doel te hebben, dan het vertrek in den kortstmogelijken tijd
met rook te vullen. De damp der heete koffie vermengt zich met
den rook. De spiegel is, evenals het gladde houtwerk der kamer,
spoedig dik aangeslagen. De vrouw des huizes ziet dit wel met
eenigen tegenzin, maar zij mag niets laten merken en weet dat
het niet anders kan. Twee harer huwelijksspruiten, een knaap van
zes en een meisje van vier jaar, voor dezen dag ook in het zondagspak gestoken, komen de kamer binnensluipen en bij moeder
staan. Zij mompelen, voor de gasten onhoorbaar, haar iets in het
oor. Zij bedelen om klontjes en koekjes, en weten ook dat de
vrouwen zoetigheden voor hen hebben meêgebracht, die door moeder
in een lade der secretaire zijn geborgen.

Het gezelschap is intusschen zoo druk aan het praten geraakt,
dat soms allen tegelijk aan het woord zijn. Dat de nieuwe kamer
met al wat er in is bijzonder de aandacht trekt en bewonderd en
geprezen wordt, spreekt van zelf. Maar een echte boer kan niet
lang praten over iets, wat zijn vak niet aangaat. Over koeien en
paarden, schapen en varkens, melkerij en zuivelbereiding, landver-
koopingen en verhuringen is hij onuitputtelijk. De meeste boerenvrouwen kunnen over dit alles zeer goed meêpraten.

Het koffiedrinken is gedaan; nu worden de mannen onthaald op jenever met bitter of suiker, de vrouwen op frambozen-brandewijn of brandewijn op schillen, misschien ook op brandewijn met mee. In den tijd en de streek waarin ik den lezer heb verplaatst, werd nog wel mee gebruikt. Er woonden hier en daar bijenhouders, die dezen drank bereidden, en lieden van den geringen stand liepen er mede venten. Maar van dezen kreeg men ze dikwijls niet onvervalscht; het beste was dat men ze liet komen van den bereider zelf. Dan had men een donkerbruin, eenigszins kleverig vocht, dik als olie en natuurlijk heel zoet, wel wat al te zoet van smaak, daarom werd het aangemaakt met brandewijn. Ook aldus was het meer een vrouwendrank.

Na het «slokje» volgt er een algemeene opstand; het wordt ook waarlijk tijd om een luchtje te scheppen. Men geeft hierdoor aan de dienstbaren de gelegenheid om de tafel te dekken. Deze is weldra als overladen met allerlei warme spijzen. Want alle gerechten zijn in eens opgedragen. In het midden staat de reeds genoemde roodsteenen pan met varkensgebraad tusschen twee groote kommen met gekookte aardappelen. Hiernaast op het eene einde der tafel een piramide van rijst met rozijnen en op het andere een opgehoopte schotel met weekebolle (wittebrood in melk geweekt) met pruimedanten er in gekookt. Tusschen deze hoofdschotels staan kommetjes met appelmoes en gestoofde peren, borden opgetast met gesneden koud vleesch, schuitjes met gesmolten boter, azijnfleschjes, peperdoosjes, mosterdpotjes, kaneeltrommeltjes (in miniatuur), suikerpotten en wat dies meer zij. Niet zelden komt bij dit alles ook nog een groote tulband (bofferd), die bij den bakker is besteld en door dezen warm aan huis wordt bezorgd tegen den tijd van het middagmaal.

De gasten plaatsen zich rondom de tafel; gastheer zoowel als gastvrouw moedigen aan om toe te tasten en zich te gedragen alsof men tehuis is. Men laat zich dit geen tweemaal zeggen; er volgt eene algemeene drukte, waarbij betrekkelijk weinig wordt gesproken en die niet spoedig begint te verflauwen. De gewoonte, om bij tusschenpoozen eens rechtop te gaan zitten, wat te praten en dan weêr kalm aan het eten te gaan, is den frieschen boer even onbekend als bij het maal iets te drinken. Het werk wordt onafgebroken voortgezet en wie niet van alle opgedischte gerechten iets gebruikt, doet der gastvrouw oneer aan.

Na het eten haasten de mannen zich om de lange pijpen weêr op te steken met de bij dergelijke gelegenheid altijd terugkeerende aanmerking, dat op zulk eene geeseling (het maal) een brandmerk behoort gezet te worden. Stopt er een zijn pijp zoo overvloedig vol, dat de tabaksdraden er bij neêr hangen, dan wordt hem de aanmerking gemaakt, dat hij *in dominys-pypfol* heeft. Men begeeft zich nogmaals naar buiten om hof en tuin te doorwandelen. De mannen gaan in het aangrenzende weiland om het daar grazende rundvee van den gastheer te bewonderen. Enkelen hunner ontsluipen het gezelschap en zoeken de luwte der schuur om zich daar, lang uitgestrekt, in het gras neder te leggen, ten einde wat uit te rusten van den volbrachten arbeid. Na verloop van een kwartier of klein halfuur rijzen ze weêr op, rekken de leden en begeven zich met loomen tred naar de anderen, die nog altijd aan het vee-bekijken zijn. De vrouwen hebben zich verdeeld in twee- drie- of viertallen en wandelen al pratende op het erf, in tuin of boomgaard.

Eindelijk begeeft men zachtkens aan zich weêr naar binnen en nu is het tijd voor de thee. Het theedrinken duurt tamelijk lang; men is dorstig van het middagmaal. Is het eindelijk afge-loopen, dan komt het slokje weêr aan de beurt. Voor mannen blijft het jenever, aan de vrouwen schenkt men een likeurtje. Het blijft thans niet bij een of twee bittertjes; hoe langer het duurt, hoe vlugger de glaasjes worden geledigd; de gastheer vergeet het schen-ken niet en de boeren worden nog luidruchtiger, dan zij den geheelen dag reeds geweest zijn.

Mocht men denken, dat dit het besluit van den dag is, dan heeft men 't mis. Vóór het gezelschap scheidt, moet men nog een kopje koffie met een stukje eten gebruiken. Wel zeker! men heeft niets gehad sedert den laatsten keer en dit is reeds eenige uren geleden. — Men is immers ook uit «eten». De groote dikgebuikte koffiekan verschijnt nogmaals ter tafel en wat hierbij wordt opge-discht, bestaat nu hoofdzakelijk in witte- en krentenbrood, beschuit, boter, kaas, ham en rookvleesch, suiker en mosterd. Na het gebruik van een flinken borrel laat dit een en ander zich alweêr best smaken.

Eindelijk komt toch de tijd van scheiden; het is ongemerkt bijna middernacht geworden. De mannen steken hunne korte pijpen op, terwijl de vrouwen zich naar het middenhuis begeven ten einde zich daar te dekken met omslagdoek en hoed. Zij worden hierbij ijverig geholpen door de meiden en de werkvrouw, omdat deze rekenen op eene fooi, die ook door geene der vrouwen vergeten wordt. Ten slotte bedankt men gastheer en gastvrouw voor hunne vriendelijkheid en men noodigt hen uit, de schade maar eens te komen terughalen. Zij op hunne beurt betuigen, dat men voor niets heeft te danken, maar later het bezoek moet herhalen. —

«Age, komt gij woensdag bij mij eten?» vroeg een landedelman op zekeren zondagmorgen aan den boer-kerkvoogd, die na den kerkdienst bij hem zat koffie te drinken.

«Neen, mijnheer, dat gaat niet.»

«Waarom niet, Age; welk bezwaar is er?»

«Morgen,» zeî Age, «moet ik uit eten; dinsdag krijg ik zelf eters. Drie dagen achtereen uit dik-eten: neen, mijnheer, dat gaat niet.»

Sint Maarten.

Op het feest van Sint Maarten, den elfden November, liepen vroeger de kinderen te Leeuwarden, Grouw, Irnsum, Oldeboorn, Oldeberkoop en andere plaatsen, waar nogal veel katholieken wonen, des avonds met een zelfgemaakten papieren lantaarn op een stok. In dien lantaarn brandde een kaarsje ter eer van Sint Maarten.

Er werd bij gezongen:

Rood rood veugeltje,
Sinte Maartens vleugeltje.
Rood rood rokje,
Sinte Maartens stokje.

De vroului drage rokken,
De manlui drage broeken,
De katten drage staarten.
Van avond is 't Sint Maarten.

Of wel aldus:

Sinte Maarten vleugeltje
Die sat al op 'en keugeltje,
Die sat al op 'en stokje.
Rood rood rokje.

Sinte Maarten is zoo koud,
Hij maakt 'en vuur van turf en hout,
En zit er bij te warremen
Al met zijn bloote arremen.

Of nog anders:

Sinte Sinte Maarten,
De kalvers drage staarten,
De koeien drage horens,
De kerken drage torens,

De torens drage klokken,
De meisjes drage rokken,
De jonges drage broeken,
Die loope in alle hoeken.

In Zuid-Drachten zag men knapen loopen met een kaarsje in een uitgeholde koolraap, zonder te zingen.

Te Oldeberkoop gingen een groot aantal lantaarndragende en zingende kinderen in optocht door het dorp. Een der grootste knapen, de «hoofdman», droeg een gesloten kinderspaarpot; het sleuteltje was vooraf bezorgd bij den bakker, die na afloop van het werk de koek zoude leveren. Hiervoor ging het jonge volkje aan de huizen der ingezetenen bijdragen vragen en natuurlijk hield niemand zich hiervan terug. De bakker opende in tegenwoordigheid van het geheele gezelschap den spaarpot, en de koek werd onder de kleine vriendjes gelijkelijk verdeeld. Ieder der bakkers in het dorp had op zijne beurt de leverantie. — Hier ving het liedje aan:

Sint Martinus bisschop, Roem van alle landen,
Dat wij hier met lichtjes loopen Is voor ons geen schande.

Op Ameland heeft men het rijmpje aldus:

Sinte Martinus bisschop
Komt uit verre landen,
Dat wij hier met lichtjes loope
Is voor ons geen schande.

Hier woont 'n rijke man,
Die ons wel wat geve kan.
Geef ons dan 'n appel of peer,
Dan komme we 't heele jaar niet weêr.

Het oude amelander liedje was:

Sinte, sinte Marten,
De koeien hebben starten,
Ossen horens,
Kerken torens,
Torens klokken,
Mooie meisjes rokken,
Schoenmakers elsen,
Oude wijven pelsen.
Steek, steek bargen [varkens] dood,
Hier op en hier neer,
Hier woont 'n rijke man,
Een rijke man van eere,
Voor Ons Lieven Heere,
Die laat wassen
Koren in de krassen,
Koren in de nieuwe straat.
Vrouwtje, is dat je huisraad?

Vrouwtje woont in Nesse,
Suikerij en zesse.
Zes in de viegen.
Laat er één bij blieven.
Geef mij één, dan blijf ik staan,
Geef mij twee, dan begin ik te gaan,
Geef mij drie geliken,
Dan gaan wij henen striken.
Vrouwtje, vrouwtje, doen open je deur,
Er staan zulke mooie meisjes veur,
Die wouwen zoo graag ris danse,
Om de rozekranse.
Smeet de beker om de heerd,
Vrouwtje, is dat geen dansen weerd?
Wij hebben er een oortjes keers verbrand:
Zelle we niet wat hebbe?

Het slachten.

Het varkensslachten is ook in Friesland een soort van huiselijk feest, maar toch niet in die mate als in vele andere streken. Er wordt veel bij gedronken, maar de vrienden, die een kijkje komen nemen, worden op geen maal onthaald. Het inzouten van rundvleesch voor den winter is ook bij den boer volstrekt niet meer algemeen in gebruik. Het denkbeeld, dat versch vleesch beter is dan pekelvleesch, wint veld. Vroeger moesten zelfs kleine burgers in dorpen en steden wintervleesch inslaan, en dit was eene zaak die heel wat drukte gaf. Eene schets van *het vermaak der slachterij* onder de kleine stadsburgers der vorige eeuw is ons bewaard gebleven in een brief, gedagteekend 19 Nov. 1768, van Pieter Weltevreden, handwerksman te Leeuwarden, aan zijn schoonbroeder in de Wouden. De schrijver is A. Jeltema, boekdrukker te Leeuwarden, die ook een bundeltje gedichten heeft nagelaten.

De inhoud van den brief, in het plat leeuwarder dialect geschreven, geef ik hier in hoofdzaak terug:

Veelgeachte zwager! Uw brief van den zeventienden dezer maand is mij door den veerschipper bezorgd en ik heb hem dadelijk hardop gelezen in tegenwoordigheid mijner vrouw. Begrijpen wij u wel, dan wenscht gij te weten welke plannen wij tegen den aanstaanden winter hebben omtrent de slachterij. Gij meent dat, hoewel ons huisgezin niet groot is, er toch wel eters genoeg zijn om een vierdel rundvleesch met een half varken te kunnen verorberen, en ingeval het ons, wat het geld betreft, niet te best voegt, dan wilt gij ons op eene voordeelige wijze vleesch en spek toezenden. Maar dan moeten wij het op een morgen vroeg, eer de menschen op zijn, van het veerschip afhalen.

Ik moet bekennen, dat uw aanbod zeer vriendelijk is voor een nieuwen zwager. Maar het bevalt mij toch niet. Van een soldaat, die eens bij mijne ouders ingekwartierd was, hoorde ik het gezegde: «Als de menschen het niet zien, heeft men er geen eer van.» Daarom wilde hij de flesch, als hij eens een borrel haalde, niet in den zak dragen, maar liep er meê in de hand. Evenzoo denk ik aangaande de slachterij. Hier komt bij, dat mijn vader er veel van hield zelf te slachten en dit gebeurde jaar op jaar. Ook mijn grootvader was er zoo op gesteld, dat hij wel een vierdelsjaar te voren er over begon te praten, en na afloop er nog een vierdelsjaar over sprak. Hij wist van vele jaren na elkander te vertellen, hoeveel ponden vleesch en vet ieder beest had gehad en zelfs op te noemen welke hoornen en haarkleur, welken kop en pooten de dieren hadden gehad. Hierdoor heb ik reeds als kleine jongen eenige liefhebberij voor de slachterij gekregen. Hadden wij geslacht dan hoorde en zag ik hoe de buren het aan den balk hangende beest kwamen bezien en beoordeelen en daarbij vertelden, hoe voordeelig zij wel hadden geslacht. Hierdoor heeft bij mij zich het begrip gevestigd, dat iemands karakter en fatsoen er zeer onder zouden moeten lijden, wanneer hij niet, ouder gewoonte, als de slachttijd daar was, evenals anderen, met een lange pijp in den mond, in het voorhuis van den slager stond te paradeeren. Dit is iets zoo aangenaams, dat men het niet moet verzuimen al krijgt men dan ook slechts een achtste deel van het beest waarmeê de slager bezig is.

Deze gewichtige redenen zijn het vooreerst, geachte zwager, waarom ik geen gebruik kan maken van uw anders zoo goedgunstig aanbod; want slachten moet ik, al zou ik er mijn laatsten stuiver voor uitgeven, en ik wil het volhouden zoolang ik kan, al zou ik er ook een pandje om naar Janoom (de lomberd) brengen. Maar er bestaat nog een andere reden waarvan gij vreemd zult ophooren.

Ja, het zal u ongelooflijk voorkomen, als ik u zeg, dat wij reeds een vierdel goed koevleesch en de helft van een varken binnen de balken hebben. Gij weet wel, dat het met onze kostwinning wat schraler staat dan met de uwe, daarom zal ik de eer hebben u eens kort en klaar te vertellen, hoe ik aan mijn wintervoorraad gekomen ben.

Verleden jaar (dit moet ik u nog in het voorbijgaan meêdeelen) gaf het al vrij wat moeite en dikwijls dacht ik bij mijzelf: Hoe drommel zal het nu lukken! Want het begon zoo laat in den tijd te worden, dat de meeste menschen het slachten reeds gedaan hadden. Maar gelukkig ging ik op een zaterdagavond eens naar de Linkervleugel (herberg) om een mengelen (liter) bier te drinken. Daar vandaan komende geraakte ik aan het praten met de drie kameraden met wie ik gejast had. Dezen hadden ook nog niet geslacht en dit wachtte daarop, dat zij een vierden man moesten hebben, dien zij in mij vonden. Zij hadden reeds sinds eenige dagen eene zeer goede koe in het oog, waren ook reeds half en half geakkordeerd, en toen ze nu mij gesproken hadden, ging de zaak door. Zij zouden het geld voorschieten en ik zou later mijn aandeel bij termijnen aan hen betalen. Zoo kreeg ik nog best wintervleesch, en doordat wij een goed gedeelte er van in den schoorsteen hingen, hebben we tot laat in den zomer er nog lekker van gegeten. Wirdumerkermis hadden we 't laatste stukje op den schotel en het laatste termijn had ik betaald op Sint Jakob.

Van dien tijd af mijmerde ik er aanhoudend over, hoe ik tegen den aanstaanden winter weêr eenige provisie zou bekomen. Ik dacht, het moet er toch maar weêr met een slingerslag op aan.

Maar laat ik u eerst vertellen van ons varken. Daar had ik het

vreemdste geval meê van de wereld. Nu een week of drie geleden
was ik bij een mijner kennissen, die mij vertelde, dat hij in onderhandeling was met een boer die hem wel een spalling (jong mestvarken) wilde verkoopen. «Daar heb ik wel zin in,» zeî hij tegen
me, «maar ik heb aan een halven genoeg. Wil jij de andere helft
hebben?» — Ik zeî: «Ja..., maar... 't geld!» — «Dat is
geen zwarigheid,» zeî hij, «ik zal het wel voorschieten. Ik heb
ook wel eens een karweitje aan mijn huis, dan zullen we dat samen
wel vinden.» — Ik gaf hem dan mijn woord en liet den handel aan
hem over. Hij werd het met den boer eens voor 28 gulden onder
bepaling dat het varken over de 75 pond (halve kilo's) zijden moest
hebben en kwam het gewicht op 80 pond of meer, dan zou de
boer 30 gulden ontvangen; maar goed spek of geen geld.

Nu duurde 't geen halve week of ze zonden een jongen bij mij
aan den winkel, die mij zeide, dat het varken reeds bij den slager
was en des namiddags om drie uren gedood zou worden. Ik verzocht en verkreeg van mijn baas een halven dag vrijaf en begaf
mij op den bepaalden tijd naar de plaats waar ik moest zijn.
Het beest lag daar voor de deur en zag er goed uit, naar mijn
gering varkensverstand geoordeeld.

Ik werd in huis genoodigd en met den titel van monsjeu Weltevreden aangesproken, terwijl men mij een lange pijp reikte. Ook
werd mij een stoel aangeboden, maar dit was onnoodig, omdat ik
liever wat in 't voorhuis wilde rondstappen en nu en dan op de
stoep uitkijken. De voorbijgangers zagen gedurig naar mij om,
sommigen hunner misgunden mij de eer, want nijdigaards en
kniesooren vindt men overal. Er kwam een straatjongen, die het
varken op den snuit trapte; het arme dier begon te krijten dat het
mij in mijn gemoed zeer deed. Ik zeî: «Kwajongen! scheer je
weg!» Toen hij dat hoorde en mijn pijp zag, wilde hij wel
beenen maken.

Om ook iets te drinken te hebben, kwamen wij overeen om
twee mengelen driebotjes-bier [1]) te laten halen en daar een paar
dikkoppen [2]) jenever boven op. Wij spraken af, dat den volgenden dag het varken zou worden afgehouwen. In den tusschentijd kwam er van mijn werken niet veel, gelijk gij gemakkelijk
denken kunt.

---

[1]) *Drie botjes,* anderhalve stuiver, $7^1/_2$ cent.   [2]) *Dikkop,* $1^1/_2$ maatje.

Maar nu geef ik u eens te raden, hoe zwaar het varken was. Gij zult er van schrikken, als ik u zeg, dat het 51 pond zijden had; 51 pond, man! Strikt genomen kon 't dit nauwelijks halen, de evenaar stond net in 't huisje. De boer heeft ondertusschen reeds 28 gulden ontvangen.

Hoe dit nu zal afloopen weet ik niet, maar wel dat ik geen 14 gulden voor mijn deel wil betalen. Toch moet ik erkennen, dat het spek goed smaakt; wij hebben 't reeds geproefd en mijne vrouw heeft er een aantal sauciezen van gemaakt, die ook wel eetbaar zullen zijn. Maar het gewicht! daaraan ontbreekt te veel. De schade zou nog over te komen zijn, maar 't ergste is het geschimp der spotvogels. Voor een paar dagen ontmoette ik een schoenmakersjongen, die zeî (ik denk dat zijn baas 't hem had ingefluisterd): «Buurman, kijk! daar, die windhond heeft veel weg van jimme spalling.» Over deze schande knies ik nog meer dan over 't geval dat de boer ons zoo heeft beetgenomen. Mijne grootmoeder zeî altijd: «Jongens, 't is beter bedrogen te worden, dan anderen te bedriegen.»

Sedert dien tijd ben ik van streek geweest en kon aan geen werken denken, want ik dacht te veel aan koeieslachten. Hier nam ik eens een stuiverskannetje, daar een halffandeltje (maatje), ook wel eens een dikkop, onder het praten over de slachterij. Mijne vrouw zeî: «Dat wordt duur spek; het varken uit de hand gevallen, jij het werk verzuimen en nog drinken bovendien: dat gaat te erg.» Die vrouwlui schijnen wel gek en niet te begrijpen, dat iemand zoo iets om best doet. Hoe zoude ik anders makkers hebben gevonden, die met mij wilden koeieslachten? Daar was het mij juist om te doen, zooals ik je nu ga vertellen.

Een mijner buren zeî onlangs op een morgen: «Buurman, je hebt nu een knap half varken in 't zout, zou je ook geen zin in een vierdel koevleesch hebben? Er ontbreekt ons nog een man.» — Ik zeî: «Buurman, dat lijkt me best,» en dacht: Maat, of jij praat van knap of niet knap, je bent hier bij den rechten man. — «En het geld,» vervolgde hij, daar kunnen we wel boter, stroop, erwten en andere waren uit je winkel voor nemen.» — Nu, dat stond mij best aan.

Wij namen dadelijk een zoopje op 't goed succes en hij stelde mij voor, dat ik er op uit zou gaan om een beest te koopen van een boer even buiten de stad. Buurman had er met dien man reeds over gesproken. Dit voorstel beviel mij en nog dienzelfden morgen ging ik er op los. Het was regenachtig en de weg was vuil; de wandeling was dus niet erg plezierig, maar ik getroostte mij iets om het doel dat ik beoogde. Ik kwam bij den boer en kocht de koe voor 80 gulden. Dit is zeker veel geld, maar het vette vee is dit jaar duur. Trouwens dit was een schoon dier en flink vet. De boer gaf mij een goeden klodder; ik had ook wat in den zak gestoken; 't was nat en koud weêr, en toen ik bij de stadspoort terug kwam, was mijn zakflesch leêg.

Druipend en met natte klei bemorst, kwam ik tehuis. «Wel zoo,» zeî mijne vrouw, «kousen en schoenen bedorven! het wint op die manier dat het berst.» — Dit vond ik nu eens bijster onverstandig; ik werd een weinig driftig en zeî: «Jij wilt maar klagen en jammeren; maar wij hebben ondertusschen weêr een vierdel koevleesch te wachten.»

Na wat gegeten te hebben ging ik mijn buurman bericht brengen en vertelde hem waarvoor ik met den boer geakkordeerd was, hoe ik mij daarbij gedragen en handjeplak gespeeld had enz. Buurman was best in 't schik en evenzoo de weduwe, die ook een vierdel zou hebben. Buurman nam voor zich alleen de helft.

Des avonds van den volgenden dag zoude het beest worden geslacht; ik had bedongen dat de boer het tegen dien tijd zou laten brengen. Ik ging des avonds (zie je, ik wil er maar niet om liegen) met een halven roes naar bed en sliep 's anderen morgens wat langer dan ik gewoon was. Althans eer wij waren opgestaan werd er verschrikkelijk op de deur geslagen. Daar was de vent met de koe. Ik kan het je niet half zeggen hoe verheugd ik was. Ik had er reeds een dikkop jenever op gereed gezet, waarop ik nu den brenger van het beest trakteerde. Wij bonden de koe aan de leuning mijner stoep, en dat gaf, kan ik je zeggen, een koninklijk aanzien. Fluitende en zingende ging ik naar mijne vrouw, die nog te bed lag, om haar het nieuws meê te deelen en vroeg haar of ze 't beest niet eens wilde gaan zien. Zij begon te zuchten en zeî: «Op die manier gaat de geheele week weêr naar sinjeur.»

Ik dacht, ben jij zwaarmoedig, ik niet. Ik stak mijn pijp op en ging over de onderdeur leunen. Er kwamen al spoedig nieuwsgierigen het beest bekijken, betasten en beoordeelen. Kwam er een goeie kennis, die zeî: «Zoo man, zoo!» dan zei ik: «Ja man, ja!»

en schonk hem een klokje, dat ik in het voorhuis had gereed staan. Allerlei praatjes ving ik van de voorbijgangers op. Er waren er, die mij niet recht mochten lijden, die smaalden: «Kijk, hij wil ook al meê doen net als voorname luî, maar waar zal 't geld vandaan komen?» Anderen, mij gunstiger gezind, hoorde ik zeggen: «Dat is een aardig slachtbeestje; het schijnt dien man nogal goed te gaan.» Daar was ik zoo meê in mijn schik, als had men mij een daalder gegeven.

Wij waren afgesproken, dat in den schemeravond kwart voor vijf het slachten zoude aanvangen. Hoe ik naar dien tijd verlangde, kan ik je niet half zeggen. Gij hadt mij eens moeten zien toen wij eindelijk naar den slager gingen. Alle buren kwamen de deur uit. Een jongen, wien ik de blaas had toegezegd, geleidde de koe aan het hoorntouw en ik liep er naast. Nu zwager! als ik ooit hoogmoedig was, dan is het toen geweest.

Bij den slager aangekomen, wilde ik zelf de eer hebben het beest voor den kop te slaan. Men raadde mij dit af, maar ik stond er op, te meer omdat mijn deelgenoot mij gaarne de eer gunde. Ik nam dan den grooten bijl en trof het dier zoo goed, dat wij beiden met den eersten slag op den grond tuimelden. Het is waar, ik bezeerde een mijner knieën nogal wat, maar dat achtte ik niets. Onder het afstroopen der huid proefden wij eens rond, maar toen het beest geopend werd was het de tijd om op te letten, wat er voor den dag zou komen. Welk eene hoeveelheid scheidelsmeer! [1]) het was verbazend! Hierop werd weêr eens rondgeproefd en toen het beest met allermannenmacht aan den balk opgeheschen. Maar dat waren eerst 'een paar longstallen! [2]) je leven zoo niet, dat verzeker ik je! Dit zeiden ook allen die er bij tegenwoordig waren, vooral zij die meêproefden en daarbij wenschten, «dat wij het vleesch met gezondheid verkonsumeeren mochten.»

Nog denzelfden avond verkocht ik de huid en het vet en kreeg hier en daar nogal eens een hapje; zoo werd het tamelijk laat eer ik tehuis kwam. Mijne vrouw beknorde mij alweêr, maar ik liet haar praten en begaf mij spoedig ter rust.

Toen ik mijn aandeel van het vleesch tehuis zoude krijgen, liet ik de daaraan verbonden werkzaamheden aan mijne vrouw over en

---

[1]) Het vet dat van het gedarmte wordt afgescheiden.
[2]) Nierstallen, het niervet.

ik noodigde eenige vrienden om het te komen kijken bij mij aan
huis. Zij kwamen allen opdagen, want ieder weet wel dat ik van
goed vuur en licht houd. Wij hadden nog maar eenmaal rondgeproefd,
toen de slagersknechts het vleesch kwamen brengen. «Nu, dat ziet
er prachtig uit!» riepen allen. «'t Is om er zoo maar rauw in te
bijten. Al zouden rijke luî er van eten, ja, al was het van eene
koe, die met trommelslag door de stad was rondgeleid, — het
behoefde niet beter.»

Mijne vrouw kwam tehuis met twee briefjes, één van den slager
en één van den kaarsenmaker, waaruit bleek dat de koe 602 pond
vleesch had en 175 pond vet. Bij geluk was de schoolmeester bij
wien mijn zoontje leert ook van de partij. Hij rekende uit dat het
schoone vleesch ons nauwelijks op drie botjes per pond kwam en
dat wij het zeker wel voor zeven oortjes (ongeveer 9 cents) in het
zout konden hebben . . . .

Sint Nikolaas.

De Sint Nikolaas-avond is de avond van den vijfden December.
Eigenlijk geldt de benaming voor den geheelen dag, evenals men
ook den elfden Mei Mei-avond noemt.

Overal in Friesland, in de steden zoowel als in de dorpen, worden sedert onheuchlijke jaren in de laatste weken voor Sint Nikolaas
groote hoeveelheden taaitaai en suikergoed, in den vorm van mannetjes, vrouwtjes, dieren enz. en ook pepernoten gereed gemaakt,
niet alleen door koek- en banketbakkers, maar broodbakkers doen
en deden er aan mede, niettegenstaande bij plakkaten van 1656 en
1661 den bakkers werd geordonneerd geen Sint Nikolaasgoed te
bakken «tot wegneming van superstitie en onnutte verkwisting».
In de laatste week voor het jaarlijksche kinderfeest worden boeren
en dorpsbewoners lastig gevallen door venters, die genoemde waren
verkoopen. Deze lieden kunnen de beste zaken doen als de kinderen naar school zijn, omdat de huismoeders liefst voor de kleinen
geheim willen houden wat zij koopen. Hierop is men echter thans
niet meer zoo nauwgezet als vroeger.

Wat er ten slotte van den gemaakten voorraad overblijft, zoekt
men aan den man te brengen door verloting op den Sint Nikolaas-
avond. De bakkers en de lieden die met het goed loopen venten,
houden dikwijls zulke loterijen in hun eigen huis, of in de herberg.
Daar worden dan niet alleen zoetigheden en andere bakkerswaren

verloot, maar ook ganzen en eenden, schapenvleesch, spek, snoek en paling, kleedingstoffen, gouden en zilveren voorwerpen en andere fraaiheden.

Niet zelden staat op zulk een avond in een en hetzelfde lokaal meer dan één «lotbak,» eene lade uit eene tafel of iets dergelijks, op een tafeltje geplaatst. Achter iederen lotbak staat een persoon met een voorraad van waren die hij zal doen verloten, waarvoor hij de aanwezigen uitnoodigt en aanmoedigt. De goedkoopste loten kosten een cent; zijn er tien centen bijeengebracht dan kan er een tien cents kostende koek, wittebrood, taai- of suikerman worden verloot. Op eendvogels kosten de loten 10 cents, op ganzen nog meer; dit wordt geregeld naar den prijs van de waar. Het gaat bij dat werk gewoonlijk zeer rumoerig toe. De verloter achter zijn bak staat onophoudelijk te roepen: «Wie nog 'n lot?» Heeft hij voor 't oogenblik een voldoend getal verzameld, dan werpen de deel-hebbers beurtelings met dobbelsteenen in den bak en de verloter roept telkens overluid hoeveel oogen er geworpen zijn. Mannen, vrouwen, groote kinderen, jongelingen en meisjes niet het minst, dringen zich om den lotbak opeen. Ieder heeft wat te snap-pen of te roepen. Men klaagt over te veel gedrang, men stoot en duwt van zich af en krijgt stooten en duwen terug. Er wordt ge-praat en gelachen, er worden gekheden verkocht niet zuinig, en er wordt ook wel getwist. Is men in een herberg of kroeg, dan vergeet men niet dat de kastelein ook iets wenscht te verdienen en zijn «spraakwater» bevordert zeer de luidruchtigheid. Te Leeu-warden is van oudsher het middelpunt dezer verlotingen onder den luifel der voormalige stadswaag. Kraampjes worden daar opgesla-gen, voor en om welken tot middernacht de woelende en rumoerige menigte zich ophoudt, beschenen door den walmenden gloed der ouderwetsche tuitlampen, en overstemd door het onafgebroken geroep der venters.

In den vooravond van den vijfden December verschijnt in menig huisgezin, waar kleine kinderen zijn, Sint Nikolaas in eigen persoon, meestal een huisgenoot of een der buren, die zich door vermom-ming onkenbaar heeft gemaakt. Hij mag daarbij nooit vergeten aan een zijner voeten een ijzeren ketting na zich te sleepen en daarmede veel geraas te maken. Met een grove onnatuurlijke stem vraagt hij of er ook stoute kinderen in huis zijn en werpt handen vol peper-noten door het vertrek. De grootste kinderen zijn gewoonlijk onbeschroomd genoeg om de pepernoten op te zoeken, zij hebben het sprookje van Sint Nikolaas reeds als «kool» leeren beschouwen en begrijpen meestal spoedig wie het is die daar voor hen staat. De kleintjes verschuilen zich angstig achter moeder en als deze verklaart, dat de kindertjes altijd zoet zijn geweest, vertrekt de Sint met de waarschuwing, dat zij moeten zorgen steeds goed op te passen, anders zal hij terugkomen.

In sommige dorpen loopen op dien avond talrijke Sinteklazen rond; dit zijn groote jongens, wier vermomming hoofdzakelijk bestaat in een wit hemd over de gewone kleeding, eene mom voor het gelaat en een potsierlijke muts op het hoofd. Zij bezoeken bij twee- en drietallen bijna alle huizen, er mogen kinderen zijn of niet; het is hun om fooien te doen en de aldus verkregen centen gaan zij na afloop van den rondgang verloten.

Te Franeker op het Vliet, eene volkrijke buurt onmiddellijk ten zuidwesten der stad, waren in vroeger jaren schippersknechten en dergelijke personen gewoon op Sint Nikolaas-avond een gemaskerden optocht te houden. Zij werden niet in de stad toegelaten, maar trokken bij fakkellicht, onder hoorngetoet en ketelmuziek, langs de buitenzijde der zuidergracht naar het Kaatsveld, eene minder volkrijke buurt ten oosten der stad. Na daar een of meer herbergen bezocht te hebben, keerden zij naar het Vliet terug. Hun tooi was niet kostbaar, evenmin smaakvol, integendeel eer leelijk en wanstaltig, ook wel onkiesch. De duivel met een zwaren keten aan het been mocht er nooit bij ontbreken.

Op Ameland levert ieder der drie dorpen wel 30, 40 tot zelfs 50 Sint Nikolazen, allen smaakvol, verrassend en met groote verscheidenheid verkleed. Iedere Sint is voorzien van een hoorn om daardoor te spreken en zoo de natuurlijke stem onkenbaar te maken. — Men onderscheidt klein en groot Sint Nikolaas, al naar dat jongelieden beneden of boven de achttien jaren er aan deelnemen. Op den avond van den vierden December hebben de jongeren vrijheid om voor Sint Nikolaas te spelen, maar den volgenden avond mag niemand hunner groot Sint Nikolaas zijn, ja, zich zelfs niet op straat vertoonen. Wie dit waagt, heeft kans te worden afgerost. Deze oude gewoonte wordt streng gehandhaafd. De groot Sint Nikolazen zijn allen voorzien van een stok, dien zij ieder wie nog geen achttien jaar is voor de voeten werpen en hem er over doen springen. Tevens moeten deze jongelieden voor hen zingen.

Vóór de kinderen op Sint Nikolaas-avond naar bed gaan mogen zij «opzetten.» Dit wil zeggen, dat zij ieder voor zich een mandje, bakje of iets dergelijks onder het kabinet of een ander meubelstuk nederzetten in de hoop dat de goedgeefsche Sint die dingen met allerlei geschenken zal vullen. Een schoen of klomp wordt daarvoor, zoover ik weet, in Friesland niet veel gebezigd, misschien vroeger wel. Althans bestond hier en daar de gewoonte dat de kinderen, als zij hadden «opgezet», onder den schoorsteen gingen staan bidden:

> Sinte-Klaas katoentje! Breng wat in mijn schoentje,
> Breng wat in mijn laarsje, Zoete Sinte-Klaasje!

Des anderen morgens vinden de kleinen hunne mandjes enz. niet op de plaats waar zij ze gezet hebben. Sint-oom heeft ze verstopt en nu moet ieder zoeken. Dit veroorzaakt eene ongewone levendigheid, die nog verhoogd wordt als alles is gevonden. Dan moet ieder der kinderen onder den schoorsteen den milden Sint bedanken. Groote kinderen, vooral zij die vóór het feest op meesterachtigen toon hebben durven beweren, dat er van de geheele Sint Nikolaasgeschiedenis niets waar is, zien zich op den heuchelijken morgen wel eens teleurgesteld, als zij in hun mandje niets vinden dan een turf, een bosje bezemrijs en een zakje met zout. Zij zijn dan afgezouten, dat wil zeggen dat zij voor het «opzetten» te groot en te wijs zijn geworden. Het gezegde: «Hij heeft mij met wat mooie praatjes afgezouten», afgescheept, van de hand gewezen, — is onder 't volk algemeen gangbaar.

Jongelingen en volwassen meisjes vinden op den Sint Nikolaasmorgen, als zij zich zullen kleeden, niet zelden een taai-wijfje of -mannetje in een hunner kousen, of vastgenaaid in de mouw van een hunner kleedingstukken. Soms gebeurt het ook, dat van die ouderen de een bij den ander «opzet». Wat er dan soms voor den dag komt, laat zich denken.

Eene jonge boerin, eene weduwe, had een grooten knecht die hare boerderij bestuurde. Deze vroeg op Sint Nikolaas-avond schertsend aan zijne meesteres of hij bij haar mocht «opzetten». — «Goed,» was het antwoord, «zet je schoen maar onder 't kabinet.» Dat die schoen des anderen morgens verdwenen was, had hij verwacht en hij ging aan het zoeken, maar vond hem nergens, tot groot vermaak der boerin en van hare overige dienstbaren. De knecht was niet te best op zijn gemak; want gaf hij het zoeken op, de bespotting der anderen zou zijn deel worden. Eindelijk ontdekte hij de schoen aan den voet zijner vroolijke meesteres, en niet lang daarna trouwde hij haar. Variaties op dit geval komen ook buiten Friesland voor.

Een friesch kinderrijmpje luidt in het Hollandsch overgezet aldus:

Sinte Klaas   Die speelt in alle huizen den baas.
Sintele Zij   Gaat alle huizen voorbij.
Sintele Zoon   Gaat in alle huizen aan (binnen),
Sintele Zuster   Vindt het in alle huizen duister.

Sintele Zij, de vrouw van Sint Nikolaas, met zoon en dochter stelle men zich voor als rondsluipende in de eerste drie avonden na den Sint Nikolaasmorgen, om na te gaan hoe de met geschenken bedeelde kinderen zich gedragen.

Het Sint Nikolaasfeest wordt of werd vroeger in sommige dorpen van Friesland niet gevierd. Te Grouw is nog altijd Sint Pieter, 22 Februari, wat Sint Nikolaas elders is. Te Warns, Molkwerum en Hindeloopen had men vroeger op oudejaarsavond kinderfeest en men noemde dit Schimmelavond.

Gelijk Sint Nikolaas te paard op zijnen avond over de schoorsteenen rijdt, zoo rijdt in genoemde plaatsen op oudejaarsavond een geheimzinnige schimmel, die de kinderen lekkers en andere geschenken komt brengen. In den tijd toen de landlieden nog de ouderwetsche wijde schoorsteenen hadden, zette de schimmel op oudejaarsavond een pot met rijstebrij op de schoorsteenplank, zóóveel dat het geheele gezin er van kon smullen. De kinderen zorgden dan wel, dat zij van hunne brij iets overhielden; dat werd op den haard gezet om den schimmel, als hij in den nacht goeddoende rondging, eenige verkwikking aan te bieden. Zij vonden dan des anderen morgens de brijschotels ledig, maar hunne mandjes en schoenen gevuld.

Het zal wel reeds langer dan tien jaren geleden zijn, toen eene huismoeder te Warns mij vertelde, dat de Schimmelavond daar in verval geraakt en de Sint Nikolaasavond er voor in de plaats wordt genomen. Misschien gaf het ongeduld der kinderen, als zij vernamen, dat kinderen in hunne omgeving nagenoeg vier weken vroeger dan zij werden bedeeld, aanleiding tot deze verandering.

Op Ameland halen de jongelieden in den avond van 31 December allerlei guitenstreken uit. Men heeft er nooit last van dieverij, zoodat de eilanders niet gewoon zijn tegen den avond alles

22

zorgvuldig in huis te bergen, en nu worden draaihekjes, kruiwagens, linnenrekken, brandhout, waschgoed en andere kleine voorwerpen weggenomen en op aanmerkelijken afstand neêrgeworpen en opgehoopt.

In vele plaatsen van Friesland zit men het oudejaar uit, meest met eigen gezin, soms met bezoek. Als het middernachtsuur slaat is ieder om 't zeerst er op bedacht, om het eerst en het hardst te roepen: «Veelgelukzegen (velen zeggen: veelgelukzalig) in 't nieuwejaar!» En nu begint buiten het nieuwjaarschieten. Dit is het werk van jongelieden, die zich op straat of in eene herberg bevinden, en bestaat in het lossen van eenige schoten zoodra het nieuwe jaar is ingetreden.

Volgens Jancko Douwama, Instructie an syn wijff, bestond nog in de eerste helft der 16e eeuw te Leeuwarden en over geheel Friesland de gewoonte, dat jongelieden des avonds van 31 December zich vereenigden om aan de huizen der rijken zingende het nieuwe jaar aan te kondigen. Toen de leeuwarder olderman Tjaard van Burmania dit gebruik verbood, ondervond hij verzet van de aanhangers der saksische partij. Segemon Meltes, een Saks, kwam met den frieschen edelman Frans Mennema op oudejaarsavond voor het huis van Burmania, om hem te grieven, het gebruikelijke lied zingen tot aan de woorden: «Ende de wroegers de moet Godt foerdoemen!» Hetzelfde deden zij bij meester Hemme, Burmania's raadgever, en maakten vervolgens goeden sier ten huize van Mennema.

Klokluiden.

Klokluiden is vooral in het zuidoosten der provincie eene groote liefhebberij. Men vindt daar vele kleine dorpen, bestaande uit eenige verspreide boerderijen en enkele andere huizen, waar geen kerk en toren zijn, maar alleen een kerkhof of begraafplaats is, met een klokhuis er op. Een enkelen keer, zooals te Nijega in Smallingerland, ziet men eene kerk zonder toren, maar een klokhuis onmiddellijk bij de kerk, ook wel eene kerk met toren en toch een klokhuis. Zulk een klokhuis bestaat uit zwaar bintwerk zonder omschot, waar boven in, ongeveer ter hoogte eener kleine dorpskerk, een of twee klokken hangen. Deze worden geluid bij begrafenissen en overigens minstens driemaal daags, ten einde de omwoners op de hoogte te houden van den tijd.

De klokhuizen zijn voor ieder toegankelijk en het valt dus gemakkelijk aan het luiden te gaan als men zulks in den zin mocht krijgen. Dit gebeurt dan ook wel, maar alleen op bepaalde dagen en tijden, niet zonder eenige aanleiding, en uit kracht eener oude gewoonte. In Ooststellingwerf, Schoterland, Smallingerland en Opsterland werden vroeger gansche zomeravonden door in alle klokhuizen de klokken geluid. Het Sint Thomasluiden, alle namiddagen van Sint Thomas, 21 December, tot aan nieuwjaar, is nog in gebruik. In Smallingerland en Opsterland werden ook de dorpstorenklokken geluid op zaterdagavonden en vooral op de avonden van kerstmis en nieuwjaar. Dit is het werk van jongelieden, maar sterkedrank of iets dergelijks wordt er nooit bij gebruikt. Het is zeer natuurlijk dat niet-klokluidende jongelieden, waaronder ook van het schoone geslacht, zich op zulke avonden naar het kerkhof begeven, en geen zeldzaamheid dat er dan eens wordt gevrijd en gezoend. Toen een voormalige burgemeester van Smallingerland het klokluiden verbood, kwam er oproer en toen in het begin van 1892 het gemeentebestuur van Schoterland meende eene der klokken van Oudehorne te moeten verplaatsen naar Brongerga, wekte dit groote verontwaardiging, te meer omdat die klok in vroeger tijd aan de jongelingen van Oudehorne was geschonken ten behoeve van het Sint Thomasluiden. In den nacht is zij door de Oudehornsters teruggehaald en in triomf naar de oude hangplaats gebracht.

Men noemde al dat gelui *pluislieden*, dat is letterlijk pluisluiden. Het friesche woord *pluis* = pluis, heeft de beteekenis van zuiver. Het oorspronkelijke doel van het luiden was, de lucht te zuiveren van booze geesten, evenals men tegen den oogst door het maken van geraas op metalen voorwerpen de musschen van de korenvelden verwijderd tracht te houden. Daarom werd het pluisluiden ook wel duiveljagen genoemd.

Te Nes op Ameland luidt de klok als er jonge paren aan het gemeentehuis komen om te worden getrouwd, en ook als zij in ondertrouw worden opgenomen. Waarschijnlijk opdat de booze vijand de jongelui niet te na kome.

In vele friesche dorpen, waar men van pluisluiden niets afweet, luidt zaterdagsavonds de klok, om den volke te verkondigen, dat er des zondagsmorgens predikdienst is. Is er bij geval des zondags geen voormiddagpreek, dan luidt er ook geen zaterdagavondklok.

Het is onder het volk vrij algemeen, dat men in het klokkengelui verstaanbare woorden meent te hooren. Van de groote en kleine klok in de Oldehoof te Leeuwarden, als zij gelijktijdig werden geluid om de godsdienstoefeningen der protestanten aan te kondigen, heette het dat zij statig uitgalmden: «Gá toch naar kérk toe». — Van de katlijker klokken, die helder klinken en ver worden gehoord, zegt men dat zij luiden: «Ketlik, rykdorp, stoelen en banken». — Op het luiden van vier nabij elkander gelegen dorpen heeft men dit rijm:

> Beetster brommer, Sweagmer sjonger (zanger)
> Olterterpster geane skoan (klinken mooi),
> Mar Súd-Drachten spant de kroan.

Sommige lieden, die scherper hooren dan gewone menschen, merken nu en dan op dat de klok «doodelijk» luidt, en dit beteekent dan, dat er binnen kort eene begrafenis zal komen.

Het luiden der klokken om hagelslag of onweder te verdrijven was in verschillende streken van Nederland gebruikelijk; in Friesland heb ik er nooit van gehoord.

Toen in den nacht van 7 Augustus 1546 over geheel Nederland een hevig onweder losbarstte, werd de Zandpoort te Mechelen in België, die tot kruitmagazijn diende, door den bliksem getroffen en sprong in de lucht. Overal in de omliggende dorpen liepen toen de kosters naar de kerken om de klokken te luiden. De koster van Putte beproefde tweemalen te vergeefs den dorpstoren te bereiken. Eene geheimzinnige macht hield hem tegen en hij riep wanhopig uit: «Dit is zeker het werk van meer dan één duivel». — «Neen!» riep eene stem uit een boom, «Ik ben hier alleen, de anderen zijn naar Mechelen». In denzelfden nacht waren ergens in Friesland eenige kooplieden op den weg en toen dezen zich in de nabijheid van een molen bevonden, hoorden zij een vervaarlijk geschreeuw van duivelen hoog in de lucht. Een hunner riep: «Krombeen! werp dien molen om!» — Krombeen antwoordde: «Ik kan niet, ik heb haast, ik moet naar Mechelen. Kortstaart is nog achter ons, hij zal den molen wel omschoppen.» — Een oogenblik later stortte de molen neder en werd ver weggerukt. Op dit geval werd in Friesland dit rijmpje gemaakt:

> Toen Moentjen, Krombeen ende Koof
> Naer Mechlen vlogen om den roof,
> So vonden zij hier een molen staen,
> Dien vatte de duivel Kortsteert aen.

DE SCHAATSRIJDER.

Naar de ets van REMBRANDT.

Het feest van Hantje Plus.

Dit was in vroeger dagen een schoolfeest op den zaterdag voor kerstmis. Des vrijdagsavonds gingen de kinderen op roof uit om bij de huizen en op boerenerven zooveel oud hout, takken, staketsels, planken weg te kapen als mogelijk was. Ieder bracht zijn buit in de dorpsschool. Te middernacht tusschen vrijdag en zaterdag begon de pret. Er waren onder de grootste kinderen, die den geheelen nacht niet naar bed gingen. Dezen begonnen de klok te luiden. De anderen legden van het bijeengeroofde, midden in de school, waar men voorheen den haard had, een groot vuur aan. Van tijd tot tijd kwamen er meer kinderen bij. Ieder die niet al te arm was bracht twee of drie duiten meê en daarvoor deelde de meester *heiligen* (kinderprenten) rond. Het klokluiden moest onophoudelijk gaande blijven. Brak het daglicht aan dan nam een der jongens een koehoorn en begon te toeten dat het over 't geheele dorp klonk. Al de kinderen draafden dan onder veel geraas heen en weêr uit en in, en zongen:

Hantsje Plus,	Hantje Plus,
Didelomme dus.	Didelomme dus.
Pyp yn 't hoarn,	Pijp in den hoorn,
It wirdt ljochtmoarn.	Het wordt lichtmorgen.
Hei, wost mei?	Hei, wilt ge meê?
It wirdt ljochtdei,	Het wordt lichtdag,
Kinst net sjên,	Kunt ge niet zien,
Nim de lantearne mei.	Neem de lantaarn meê.

Omstreeks het midden dezer eeuw werd dit feest nog gevierd te Garijp, Suameer en Rottevalle, allen in Tietjerksteradeel. Het stoken van een kerstvuur in de school, zonder verdere plechtigheden, was ook op andere plaatsen onder de kinderen in gebruik. Maar nu zijn er kachels en daarmede is het uit met die oude feesten.

Hantje Plus is in de friesche Woudstreken een kinderschrik. Hij houdt zich op in korenvelden en loopt met een kruiwagentje. De kinderen worden gewaarschuwd om niet door het te veld staande graan te loopen; zij zouden anders door Hantje Plus gegrepen worden. Ook kan hij hen wel komen halen als zij zeer stout zijn.

IJsvermaak.

Hartstochtelijke beminnaars van het ijs zijn de Friezen altijd geweest en zij zullen het blijven zoolang zij Friezen zijn. Ver- loopen er soms twee of meer jaren zonder dat de winter bruikbaar ijs geeft van eenig belang, dan is er gemor, vooral onder de jonge- lieden ten platten lande. Weinig bevalt hun de troostrijke bewering dat er geen behoefte meer bestaat aan ijs, omdat de provincie thans is belegd met een net van kunstwegen. De landlieden der lage streken in de nabijheid van meren en groote poelen konden in vroeger jaren gedurende den tijd van hoog water niet dan met vaartuigen hun erf verlaten. Bij natte, mistige, stormachtige winter- dagen is het zwalken met kleine scheepjes over de breede water- velden geen spelevaren, en al waren ook allen, vrouwen zoowel als mannen, van kindsbeen af met dit werk vertrouwd, men deed het niet meer dan noodig was, zoodat in opene winters met lange donkere avonden deze «waterlanders» den meesten tijd in huis op hunne eenzame polle — zoo noemt men een plekje gronds dat geheel door water is ingesloten — moesten doorbrengen. Op de hoo- gere kleistreken waren de voetpaden bijna onbruikbaar en de rij- wegen zoo doorweekt, dat er aan vervoer met wagens niet te denken viel. Handel en verkeer stonden daardoor stil, de landbouw- produkten moesten blijven waar ze waren; gebrek kon men krijgen aan de eerste levensbehoeften. Alleen zij die aan of zeer nabij een vaarwater woonden, konden eenig gebruik maken van de scheepvaart. Kwam er «misweêr» dan zat alles vast.

«Misweêr» is het wanneer de wateren, hetzij geheel of gedeel- telijk zijn toegevrozen, zoodat de scheepvaart gestremd, en het ijs niet sterk genoeg of door groote sneeuwmassa's onbruikbaar is. Zulk een toestand kan dagen, zelfs weken duren. Wien zal het verwonderen dat men als uit den slaap ontwaakte als er geschikt en vertrouwd ijs kwam, en dat de waterlanders van ouds zich over het ijs hebben gewaagd, zoodra er slechts een kraai op kon staan?

Zulk een eerste ijstocht is gewoonlijk naar een niet te ver ge- legen beklante herberg, om daar in de gelagkamer aan den balk te kunnen schrijven: «*Den . . Januari* 18 . . *hier het eerst op schaat- sen geweest N N en N N van N.*» Die *N. N.* worden dan door den kastelein kosteloos onthaald en het krijtschrift blijft den geheelen winter aan den balk. Kan zulk een proeftocht worden volbracht over ondergeloopen land, dan is er meestal geen ernstig gevaar bij. Deze vlakten zijn spoedig toegevrozen en bieden in menigen slappen winter de eenige gelegenheid tot ijsvermaak en daar woelt en schar-relt het jongvolk dooreen bij het baantjerijden en krijgertjespelen. Vooral het laatstgenoemde kweekt vlugheid en behendigheid en die vlakten zijn alzoo de leerscholen der hardrijders.

Aan het baantjerijden nemen ook de meisjes deel, hetzij alleen of dat een jongeling haar noodigt eens op te leggen, dat wil zeg-gen, achter hem mede te rijden, door hare linkerhand te voegen in zijne rechterhand, die hij onbeweeglijk op den rug legt. Ook ziet een flinke rijder zich niet zelden door twee of meer meisjes (gezamenlijk) aangeklampt om haar voorrijder te zijn, en dit wordt niet geweigerd. Snelt hij met haar de baan op, dan staan er soms een of twee drie- of viertallen gereed om zich bij hen aan te sluiten, waardoor een bonte regel van wel tien of meer personen kan worden gevormd. Een voorrijder met twee, drie of vier meisjes achter zich ziet men telkens en evenzoo vier, zes, acht of meer mannen achter elkander, doch niet aan een stok; daaraan rijdt men slechts bij het afleggen van groote afstanden. In snelle vaart en bij massaas tegelijk rijdt men eene baan van willekeurige lengte op en neder; alles doet zijn best het eerst aan het eind der baan te zijn, en daar aangekomen, rept men zich, na slechts korte rust, terug naar het andere einde. Dat dit baantjerijden voor twee, die een goed oog op elkander hebben, eene geschikte gelegenheid is tot nadere kennismaking, laat zich denken.

Op de vlakten moge men, wanneer zij niet te ver van het dorp verwijderd zijn, ook wel hardrijderijen houden; het rechte genot komt niet voor men overal kan rijden waar men wezen wil. Men ver-langt te baantjerijden bij groote herbergen waar 's avonds de viool gaat. Komt dit aan den gang, dan begint het eigenlijk eerst naar een ouderwetschen winter te gelijken. Kom dan maar eens op de Dille tusschen Leeuwarden en Sneek, bij het Abbegaster Ket-ting tusschen Sneek en Bolsward; bij het tolhuis te Oosterlittens, bij de Froskepolle even buiten Leeuwarden, bij Steenhuizen te Birdaard aan de Dokkumer Ee, en op honderd andere plaatsen aan de vaarwaters. Vindt ge 't hier misschien te vol, rijd den af-stand van een half uur gaans verder, daar is weêr gelegenheid om een kijkje te nemen. Maar gij zult het overal vol vinden, zoo vol, dat gij nauwelijks de gelagkamér kunt binnendringen. Wenscht gij iets te gebruiken, gij kunt er om roepen, maar zult lang moeten wachten eer gij 't hebt. De bezige mannen in hunne hemdsmouwen, die zich door 't volk werken om ieder te bedienen zoo goed het hun mogelijk is, hooren u niet vanwege 't rumoer, en hooren ze u, zij laten u toch wachten, omdat gij nog niet aan de beurt zijt. De kastelein en zijne vrouw staan achter de toonbank bij de tapkast, tappende, koffieschenkende en geld ontvangende zoo hard zij kunnen. Heeft de herberg eene bovenzaal, dan klotst het jongvolk den trap op met de schaatsen onder de voeten. Des avonds als het licht is ontstoken, wordt daar gedanst dat de deuren in hare hengsels rammelen en de hanglampen aan den zolder der benedenkamer onophoudelijk in trillende beweging zijn. De brooddronkenste knapen dansen zelfs op schaatsen.

Dit gaat aldus alle avonden zoolang er ijs is, maar vooral op zondagavond, wanneer het meeste jongvolk enkel voor plezier uit baantjerijden gaat; houdt het ijs een week of drie of langer aan, dan raakt het zakgeld op, dan worden de ledige geldbuidels opgehangen aan de groote bruggen, zooals men het schertsend noemt, en de kasteleins in de herbergen aan het ijs hebben allerlei zaken van waarde in pand, tot zelfs zilveren tabaksdoozen en gouden horloges. Dit is iets wat in een echten ouderwetschen winter tehuis behoort.

Wanneer door een der steden of voornaamste plaatsen eene groote hardrijderij op schaatsen is aangekondigd, begint de drukte reeds vóór den middag. En wanneer het ijs vertrouwd is, wordt er alle dagen hier of daar eene hardrijderij van beteekenis gehouden en tevens nog op vele kleinere dorpen van minderen rang. Na den zeer langen winter van 1844 op 1845, toen men den 23sten Maart paascheieren op het ijs at, is men begonnen ijsclubs op te richten. Vroeger moesten er, wanneer het begon te vriezen, plannen worden beraamd om geld bijeen te krijgen, eer men eene rijderij konde uitschrijven. Thans is men gereed zoodra het ijs gereed is.

Mogen sommige steden en groote plaatsen voor Leeuwarden niet veel onderdoen, zoo in het aanbieden van goede prijzen als in het feestelijk opluisteren der zaak, — de hoofdstad trekt met hare hardrijderijen toch altijd het meeste volk. Reeds vroeg in den morgen van zulk een dag haasten zich rondventers door de stad, luide verkondigende, dat zij kunnen helpen aan gedrukte lijsten van de namen der deelnemers in volgorde der door hen getrokken nummers, en gedurende wel drie, vier uren in den voormiddag stroomt

Teekening van J. J. POUTSMA.

bij goed weder en geschikt ijs het volk langs alle hoofd- en zij-
kanalen bij duizendtallen stadwaarts. De eerste hardrijderij te Leeuwarden wordt gehouden zoodra het ijs, bij voldoende hardheid, eene
dikte heeft van 15 cM. en daarbij over de geheele breedte op het
water ligt; zij geschiedt door man tegen man; later volgt er eene
door mannen en vrouwen bij paren, en blijft het ijs bruikbaar,
dan volgt er nog een waarvoor vijfentwintig of dertig van de
best bekende rijders worden genoodigd. Harddraverijen met paard
en bellesleê (ar) volgen als er, door aanhoudend vriezen «stevige
balken onder het ijs liggen.» Eene hardrijderij door enkel vrouwen
komt slechts zelden voor. Internationale hardrijderijen, waarmeê men
in den laatsten tijd is begonnen, behooren niet tot de hier te behandelen stof.

Voor de beide eerstgenoemde wedstrijden worden allen toegelaten
die zich komen aanbieden, maar van ieder wordt een gulden inleg-
geld gevorderd. Vroeger toch lieten vele wel flinke rijders, maar
geen eigenlijke hardrijders zich inschrijven, hoewel zij vooraf konden
berekenen den eersten den besten rit te verliezen. Maar zij hadden
dan het recht om op de bijbanen te rijden, waarvoor van anderen
een gulden als toeganggeld wordt gevraagd. Nu ontvangt hij, die
een ander afrijdt, zijn eigen gulden terug en dien zijner tegenpartij er bij.

Men heeft voor eenige jaren te Leeuwarden eene nieuwe geheel
afgeslotene ijsbaan aangelegd op een weiland dat tegen den winter
onder water wordt gezet. Vroeger had men de hardrijdersbaan aan
de noordzijde der stad op de buitengracht. De breedte dezer gracht
was dan verdeeld in vier banen. De twee in het midden, ter lengte
van 160 meter, waren bestemd voor de hardrijders en met koorden
afgesloten voor het publiek, dat op de buiten- of bijbanen werd
toegelaten: eene bonte menigte van heeren en dames, van boeren
en boerinnen. De opbrengst der bijbanen bedroeg wel eens vrij
wat meer dan duizend gulden, maar het aantal toeschouwers dat
zich de weelde van op de bijbanen te rijden niet veroorloofde, was
toch altijd verreweg het grootst. Bij helder winterweder leverde
de fraai versierde baan met de tenten voor directie en muziek, met
een dichtopeengedrongen massa nieuwsgierigen aan weêrskanten op
den glooienden wal, en eene groote menigte rondrijdenden op de
bijbanen, een indrukwekkend gezicht op. Langs de zijden en aan
de einden der dubbele middenbaan waren ruim veertig hooge staken

in het ijs geplant, aan wier spitsen vaderlandsche, oud-friesche en leeuwarder vlaggen wapperden en aan ieder waarvan een wapenschild was opgehangen. Dit waren de wapens der elf friesche steden en der dertig landgemeenten, vroeger grietenijen. Men kon dus zeggen dat de hardrijdersbaan te Leeuwarden versierd was «op zijn elfendertigst», een gezegde, in vroegeren tijd toegepast op de Statenvergadering van Friesland, die voorheen voor iedere stad en grietenij één vertegenwoordiger had. Dit alles was reeds voldoende om ieder vroolijk te stemmen, maar opgewondenheid maakte zich van de menigte meester, wanneer een paar gunstig bekende hardrijders elkander de zege gingen betwisten.

Niet allen landlieden was het echter uitsluitend te doen om de hardrijderij, maar ook om de stad te bekijken, de fraaie huizen en winkels te begluren, en ten slotte een der herbergen te bezoeken. Deze laatsten vond men, in welk gedeelte der stad ook, allen opgevuld met bezoekers. Maar den afloop van den wedstrijd bij te wonen en ten slotte nog een of meer paren uitstekende hardrijders te zien kampen, hierin stelde toch ieder belang. Was eindelijk het pleit beslecht en liet de muziek het «Wilhelmus» of «Wien neêrlandsch bloed» hooren, dan werd het eene algemeene drukte. De namen der winnaars gingen van mond tot mond, terwijl ieder zich in beweging zette om het terrein te verlaten. De buitenlieden trokken de stad uit, met niet minder haast dan zij des morgens waren gekomen. Een betrekkelijk gering getal toeschouwers volgde den stoet, door directie, winnaars en muzikanten gevormd, naar de concertzaal, waar de prijsuitdeeling zou plaats hebben, maar toch altijd genoeg om die zaal eivol te maken.

Groote liefhebbers van schaatsenrijden vinden bij goed ijs alle dagen, nabij en ver, overvloedig gelegenheid om ergens heen te rijden, waar «iets te doen is», zoo men zegt; en er zijn velen die dit werkelijk doen en hunkeren naar ieder nieuw nummer der Leeuwarder Courant, omdat deze gevuld is met de aankondigingen der rijderijen. Telt men de prijzen en premies, die gedurende ééne week in Friesland worden uitgeloofd, samen, dan verkrijgt men de som van eenige duizenden guldens; ook hier bestaan de prijzen en premies thans altijd in geld. Vroeger waren het meest gouden of zilveren voorwerpen. Maar dat er op een dorp in Groningerland in 1624 een zilveren tabaksdoos is verhardreden, zooals E. Halbertsma vertelt in: *De Winter fen 1624 yn it Wetterlân*, meen ik te mogen betwijfelen. Er werden toen zeker op de dorpen nog geen hardrijderijen om kostbare prijzen gehouden, allerminst om een zilveren tabaksdoos, in dien tijd bij boeren en dorpers een ongekend voorwerp van weelde.

Op den 1sten en 2den Februari 1805 had te Leeuwarden eene hardrijderij plaats tusschen 130 vrouwen, om een gouden oorijzer tot prijs en een streng gitten met een gouden kroontje [1]) tot premie. Dit schijnt het eerste gouden oorijzer geweest te zijn, dat in Friesland verreden is.

Hardrijders van den tweeden en derden rang, die nog niet in staat zijn groote prijzen van ƒ 100, ƒ 150 en meer te bemachtigen, vinden overvloedig gelegenheid om kleine van ƒ 20, ƒ 30 of ƒ 50, die op de dorpsrijderijen worden aangeboden, op te halen en zoo een goede wintertering te bekomen.

Het is bekend dat men in Friesland een anderen trant van schaatsenrijden heeft dan in Holland en in het buitenland. Legt de Hollander zich bijzonder toe op bevalligheid en zwier, het hoofddoel van den Fries is, snel vooruit te komen. De echte friesche schaatsen, die hoofdzakelijk gemaakt worden te Ylst, Warga, Grouw, Oudkerk, Oosterlittens en op enkele andere plaatsen, zijn daarop dan ook bijzonder ingericht. De ijzers, gebogen volgens een straal van 3.35 M., hebben eene dikte van 3 mM., naar achteren smal afloopende tot op eene dikte van 2 mM. De smalle snede van het ijzer wordt zoo geslepen dat de binnenkant iets hooger is dan de buitenkant, hierdoor staat onder het rijden het vlak der snede op het ijs, terwijl de kanten alleen dienen voor het «afzetten». Bekwame rijders letten er op dat de schaatsen niet te weinig maar vooral ook niet te veel ijs houden, dit wil zeggen, dat nooit de geheele lengte van het ijzer, van de hiel tot de teen, het ijs mag raken. Het hout eener friesche schaats loopt langs den geheelen naar boven gebogen hals. — Maar al maakt een Fries geen werk van het hollandsch schoonrijden, wanneer een flinke friesche schaatsenrijder met een flinke rijdster achter zich langs de breede ijsbaan zwiert, zal niemand kunnen beweren dat dit niets bevalligs heeft.

Vroeger, toen Friesland nog geen spoorwegen had, was het voor de landjeugd eene bijzondere liefhebberij 's winters op schaatsen de stad Groningen te bezoeken. Men reed dan op de terugreis over

---

[1]) Een vrouwen-halssieraad, meer in den vorm van een blad dan van eene kroon, waaraan de koralen of gitten, die men om den hals droeg, waren vastgehecht.

de Leek (Fr. *de Like*), een groningerlandsch dorp, om ruwe kunstbloemen, die er door geringe lieden worden gemaakt van hulsttakjes,
gekleurd papier en klatergoud, leekebloemen [1]) (Fr. *likeblommen*)
genoemd, als een aandenken te koopen.

Op iemand die op éénen winterdag al de elf steden van Friesland
bezocht, maakte zeker dichter in de vorige eeuw dit rijm :

> De knaap was lang berucht
> Voor 't baasje, dat gelijk een vogel door de lucht
> Kon vliegen over 't ijs. 't Is Pier die de ellef steden
> Van Friesland op één dag heeft in het rond gereden,
> En nog zijn maal met vrede at in den Oliekoek,
> Te Bolsward in de stad bij Vetlap van der Hoek.

Eene geliefkoosde winterdrank der landlieden was vroeger, toen
Friesland vele bierbrouwerijen had, de boerenkoffie. Zij werd
bereid uit bier en brandewijn met notemuskaat en suiker en werd
heet gedronken. Lag er mooi ijs in het water, dan kon men in
alle «ijsherbergen» boerenkoffie bekomen. Reeds in het begin dezer
eeuw is deze drank geheel in onbruik geraakt, waarschijnlijk omdat de nieuwerwetsche bieren er minder voor geschikt zijn dan de
echtfriesche van vroeger. Maar in het noordoosten van Friesland
en in het Westerkwartier van Groningen drinkt men 's winters nog
«heet bier», bereid als boerenkoffie, doch met kaneel in plaats van
notemuskaat. Het wordt uit ponsglaasjes gedronken; voor boerenkoffie gebruikte men, evenals voor eigenlijke koffie, kopjes en
schoteltjes.

Bij het ringrijden, dat betrekkelijk weinig wordt gedaan, hebben
de mededingers een voorrijder, die achter een met eenig gewicht
beladen slede rijdt, en te zorgen heeft dat ieder der mededingende
paren met gelijke snelheid voorbij de houten hand met den ring
rijdt. Aangezien hij beide handen aan de slede moet hebben, heeft
hij een doek bij wijze van sjerp om het midden gebonden, waaraan
de ringrijder zich met de linkerhand vasthoudt om met de rechter
den degen te kunnen hanteeren. Ook hij heeft een doek om zijn
midden, waaraan zijn meisje zich moet houden, omdat hij nu niet
als naar gewoonte kan «opleggen».

---

[1]) Oorspronkelijk schijnt de leekebloem eenvoudig een takje hulst te zijn geweest,
welk gewas op de friesche klei en in het Waterland slechts in den lateren tijd en als
sierplant voorkomt. — Het friesche woord *likeblom* kan ook lijkbloem beteekenen. Deze
woordspeling komt treffend uit in E. Halbertsma's Dichtstukje *De Likeblommen*, in 't
nederlandsch vertaald door J. J. A. Goeverneur.

Men had vroeger een rijmpje, dat werd toegepast op iemand die
bij alle volksspelen de uitmunter was, luidende:

Hy kneppelt de kat út 'e tonne,	Hij knuppelt de kat uit de ton,
Hy skoert de goes fen de kroane,	Hij rukt de gans van de kroon,
Hy het de papegaei rekke,	Hij heeft den papegaai geraakt
En de ring stekke.	En den ring gestoken.

Het papegaaischieten is dus hier ook in gebruik geweest. — Het
spreekwoord: «*Hy het de papegaei sketten*» is nog algemeen, maar
wordt ironisch toegepast op iemand, die een leelijke fout heeft begaan.

De «slingerslede» is ook in Friesland niet geheel onbekend.
Men plant midden op eene uitgestrekte ijsvlakte een paal van een
manshoogte of iets lager. Hieraan bevestigt men een lange lijn met
een zoo ruimen strop, dat zij, ronddraaiende, niet om den paal wordt
gewonden. Aan het uiteinde der lijn wordt een slede gebonden en
op deze neemt iemand plaats. Een vlugge schaatsenrijder schuift
de slede zoo snel mogelijk vooruit, zorgende dat de lijn steeds gespannen blijft. Hij beschrijft natuurlijk een cirkel en even natuurlijk
heeft hij een gedeelte daarvan tegenwind. Is hij door dit gedeelte
heen, dan laat hij met een krachtigen duw de slede los en deze
vliegt nu met groote snelheid rond.

De kat op notedoppen behoort, als ik het wel heb, reeds lang tot
het verleden. Door middel van pek wist men eene kat onder ieder
harer pooten een notedop vast te hechten. Zoo zette men het dier
op eene gladde ijsvlakte en vermaakte zich als zij, geheel stuurloos,
met groote snelheid door den wind werd voortgedreven. Dat zij,
wie weet hoe ver van huis op het land moest terecht komen om
daar misschien van gebrek te sterven, daaraan dacht men dan niet.

Niet alleen voor een Fries, maar ook voor eene Friezin is het
eene oneer en tevens een hartzeer niet te kunnen schaatsenrijden.
In het eigenlijke Waterland vindt men zulke misdeelden dan ook
niet talrijk, maar zij zijn er toch. Zich in eene slede langs het ijs
laten rijden doet eene Friezin noode. Komt er een man met eene
vrouw in de slede op de baan, dan spotten de schaatsenrijders:
«Hij gaat met een zeug naar den beer.» — Hindeloopen maakt
op dit punt een uitzondering. Hier is het rijden op fraai beschil-
derde priksleedjes een eigenaardig vermaak voor vrouwen en meisjes.

Ziet men eene lange vrouw achter een kleinen man rijden, dan
spot men: «Dat is een poep met eene mars op den rug.»

Hebben ouderwetsche vechtersbazen soms den overmoed gehad,

om in eene herberg vol menschen hun zakmes aan den balk te
steken, om met den eersten den besten die het afnam te gaan
vechten, — zoo hing een knappe schaatsenrijder wel eens zijne
schaatsen op. Wie deze afnam moest tegen hem hardrijden. —
Er bestaat onder het volk eene vertelling, die men elken winter,
als er mooi ijs is, kan hooren, zij het soms iets gewijzigd. In een
ijsherberg, waar eenige schaatsenrijders waren bijeengekomen, zat
een kereltje bij den haard een hoog woord te voeren, terwijl hij
zijne schaatsen aan den balk had gehangen. Niemand kende hem
en men achtte 't dus raadzaam die schaatsen maar onaangeroerd
te laten. Maar er verscheen iemand die bekend stond als een zeer
beste rijder. Hij keek eerst naar de schaatsen en toen naar het
ventje. Zonder lang beraad nam hij de schaatsen en reikte ze den
kleinen man toe, terwijl hij zeî: «Nu moet je tegen me hardrijden.» — «Wel zeker!» was 't antwoord, «maar laat de kastelein
wat bier brengen, dan kunnen we eerst eens drinken en wat praten.
Wie ten slotte den strijd verliest moet het gelag betalen.» — Hier
had de ander niets tegen; maar terwijl zij zich het bier goed lieten
smaken, begonnen de twee reismakkers van het mannetje den ander
te vertellen welk een held die kleine was; hij had nog nooit tegen
iemand een rit verloren. Kortom, zij praatten zoo lang dat de tegenpartij het opgaf en zeide: «Nu, maar ik heb er geen plezier in
mij hier beschaamd te laten maken door zoo iemand. Dan wil ik
maar liever het gelag betalen en het hardrijden zullen we maar
laten.» — «Ook al goed!» — Toen nu de drie vreemdelingen
gingen vertrekken volgden allen hen naar buiten; men moest
den kleinen baas zien rijden. Maar hij nam plaats in eene slede
die daar op het ijs stond en zeî, haastig vertrekkende: «Ja, vrienden, dat ik nooit tegen iemand een rit heb verloren is de volle
waarheid, want schaatsenrijden kan ik niet.»

Aanteekeningen omtrent strenge winters, die men voor en na
hier beleefde, komen bij de friesche kronijkschrijvers meermalen
voor. In 1076 begon de winter den 11 November en was voor den
hollandschen graaf Dirk V het middel om met zijne legers over
het toegevrozen meer Flevo in Friesland te vallen.

In 1081 begon het te vriezen op den 18 October en dit duurde met
behoorlijke gestrengheid en met veel sneeuw, tot 24 Februari 1082.

Van den winter in 1554 leest men in de kronijk van Occo van
Scharl: «Anno 1554 mocht men vermidts den seer herden ende

swaren vorst ende strengheydt des winters, van der Schellinck af in Vrieslant gaen; ooc zijn ter selver tyt van Medenblic, twee mannen gegaen over ijs te Staveren dat is gewisselyc, ooc mochtmen van Amsterdam te Campen met hencksten ende sleeden over ijs vaeren, dat oock niet gheschiet alle jaeren.»

In 1571 begon de vorst den 10 October en hield aan tot Lichtmis 1572. Er viel toen in den voorwinter zooveel sneeuw, dat de stadsgracht te Franeker er geheel meê gevuld was, schuins tot aan de kruin van het bolwerk. Men kon daar zoo maar over loopen en hierdoor ontstond de vrees dat de spaansche kolonel Caspar de Robles de stad, die aan de staatsche zijde was, zou overvallen. Daarom werd noodig geacht zooveel mogelijk bijten te maken teneinde de sneeuw met water te kunnen besproeien om er een gladde ijslaag op te doen vriezen. De burgemeester liet dit bij monde van den stadsroeper aankondigen met deze woorden:

Elck coom op zijn bidt en begiet dat selve glad   Soo glijdt de Colonel
Met zijn zwart vel Van boven del [neder].

In 1586 vroor ook de Zuiderzee dicht. Hiervan maakte de spaansche veldheer Taxis, die in Gelderland gelegerd was, gebruik om aan den zuidkant in Friesland te komen met 600 ruiters en 2500 voetknechten. Hij hield toen langs een goed deel der provincie een moord- en plundertocht, tot hij gestuit werd te Boxum nabij Leeuwarden, waar toen (17 Januari n. stijl) de vermaarde boxumer slag plaats had.

In den winter van 1608 werd er, volgens Winsemius, bij Harlingen op zee kermis gehouden. Ook toen kon men met paard en slede van Harlingen naar Amsterdam rijden. De engelsche kapitein Georg Flud, die met eene compagnie soldaten te Harlingen in garnizoen lag, liet zijn volk in volle wapenrusting op zee exerceeren.

10 Januari 1740 begon het zoo streng te vriezen, dat de menschen nauwelijks het hoofd buiten de deur dorsten steken. De vorst hield aan tot den 10den Maart. Onderscheidene menschen bezweken door de felle koude en nog veel meer kregen bevrozen ooren, neus, handen of voeten, ja, soms het geheele aangezicht. Toen kon men de Zuiderzee met paarden en sleden gebruiken zoo men wilde. Van Harlingen tot Enkhuizen was het kermis op zee. Menigten menschen reisden daar dagelijks heen en weêr, en niet alleen op schaatsen en met paard en slede, ook met priksleedjes, onderanderen eene vrouw van Molkwerum, Rinsk Jolles, met haar man,

Nanne Abes, die op schaatsen was. De Friezen kwamen niet te vergeefs aan den anderen wal. De Enkhuizers hebben later verklaard, dat aldaar in eene week voor veertigduizend gulden aan goud en zilver was verkocht, hoofdzakelijk aan de Friezen.

Den 4 Februari 1828 ging men over de Lemmer naar Enkhuizen. — In 1838, toen het vriezen ook na nieuwjaar begon, was het kermis op zee bij Harlingen. Ook was er toen dagen aaneen drukke overgang over het ijs op de Wadden tusschen Holwerd en Ameland, soms van 20 tot 50 sleden met paarden, ook met paard en sjees en zelfs hooiwagens, bespannen met twee paarden en beladen met tien of twaalf personen; en in Januari 1891 heeft men dezen overtocht, zoowel met paard en slede als te voet, weder kunnen maken.

Winter zonder ijs.

> In 't Waterland was 't naar gesteld
> En kwijnde Friesland's jeugd.
> Geen ijs, vier winters wel geteld,
> Wien drommel zoo iets heugt!
> „Het rijden," riep men, „'t is verbruid!
> We zullen 't glad verleeren
> O, kwam de winter weêr eens uit,
> Wat zouden wij ons weren!"

Dit is de door J. J. A. Goeverneur vertolkte aanhef van E. Halbertsma's gedicht: «De winter in het Waterland». Ja, als de winter niet uitkomt, maar wel uitblijft, dan is het leven der greidboeren op hunne eenzaam gelegen hoeven, bijna ongenaakbaar langs de doorweekte, hier en daar onder water staande kleiwegen en voetpaden, zeker wel wat eentoonig, vooral in de nabijheid van kleine dorpen, die geenerlei afwisseling aanbieden. Maar ook in de grootere dorpen kende men tot in het midden der 19de eeuw nog geene tooneelvoorstellingen of dergelijke vermakelijkheden op de bovenkamer der herberg. In dien tijd wensch ik den lezer alweêr te verplaatsen.

Daar aan de overzijde der trekvaart, in die tamelijk groote, volstrekt niet nieuwerwetsche boerenhuizing, woont Douwe Sakes, een bejaard man, die de boerderij drijft met drie zijner kinderen, een zoon en twee dochters. De overigen zijner kinderen zijn getrouwd. Het is een voorrecht voor Douwe en de zijnen dat zij wonen aan eene vaart waar dagelijks wel viermaal een trekschuit voorbij komt, waarmeê zij alzoo gemakkelijk eens een reisje kunnen maken. Bij het huis behoort een overhaal, die de bewoners verplicht om voor een paar centen voetgangers met een pont of schuitje over de vaart te brengen, en een algemeen voetpad loopt naar het dorp, welks grijze stompe toren zich verheft op den achtergrond van het kale waterige landschap, dat overigens rijk gestoffeerd is met verspreide boerenhuizen, — een bewijs van de vruchtbaarheid des bodems.

Wij zijn in den greidhoek. Douwe Sakes heeft meer dan vijftig stuks rundvee op stal, waaronder zeker wel veertig beste melk-koeien. Ja, maar deze zijn thans niet allen melk, de meesten staan droog, d. i. men heeft het melken gestaakt en alzoo de jadders laten opdrogen, omdat de dieren na verloop van eenige weken moeten kalven. Dit is de ledige tijd, waarin het boerenvolkje uit-vanhuizen gaat of uitvanhuizers ontvangt. Bij Douwe zijn ook reeds twee neven en eene nicht aangekomen. Deze bezoeken gaarne hun oom, omdat hij een gezellig man is, dien men altijd met genoegen hoort praten en vertellen. Hij heeft ook meer in zijn hoofd dan slecht-weg, want hij houdt er nog al van in oude kronieken te snuffelen.

Het avondwerk, voor vrouwen en mannen beide, is afgeloopen en men schaart zich rondom de tafel om het avondmaal te gebrui-ken. Er wordt een schotel met opgewarmde kool opgedischt en Sytske, de oudste dochter des huizes, zegt: «Ik weet niet of onze uitvanhuizers hiervan houden, maar zij zijn onverwacht gekomen, nu kon ik niet best iets anders gereed krijgen.»

Ieder verklaart het opgedischte gaarne voor lief te nemen en hierop zegt Douwe schertsend: «Dat doet me genoegen, want anders ware ik misschien haast in staat geweest om te doen wat Groote Pier eens heeft gedaan. Men vertelt, dat, terwijl deze met de zijnen aan tafel zat kool te eten, er een Bourgondier binnen kwam. Wat die in den zin had weet ik niet, maar wel dat deze lieden geen vrienden van Pier waren. De vent had dan ook de onbeschoftheid in de op tafel staande spijs te spuwen, maar onmiddellijk hierop werd hij door Pier in den nek gegrepen en met zijn gezicht in de heete kool geduwd, zoo onzacht en aanhoudend, dat de deugniet, toen de boer hem weêr oprichtte, niets had te praten: hij was dood.»

Terwijl men zich over deze grap vroolijk maakt wordt de deur geopend en die binnenkomt is een netgekleede dienstmeid die de eerste jeugd reeds achter den rug schijnt te hebben, belast met een in een bontgekleurden doek gewikkeld pakje.

«Hé, daar is Jetske! Hoe kom jij zoo laat?»

«Ja, ik had hier veel vroeger kunnen zijn, maar heb mij in het dorp opgehouden, daar heb ik nog al goede kennissen zooals gij weet. Ik meende ook mijn uitvanhuizers-week later te zullen krijgen, maar 't is anders uitgekomen.»

Jetske heeft bij Douwe als meid gediend, toen zijne jongste dochter nog niet veel kon doen, en komt nu jaarlijks in den winter nog een paar nachten uitvanhuis. Zij wordt verzocht zich maar wat af te takelen, d.i. van hoed, omslagdoek enz. te ontdoen, en aan tafel plaats te nemen.

Onder het eten vragen de meisjes haar of zij met Mei in haren tegenwoordigen dienst zal blijven. «Of ga je misschien in den langen dienst (het huwelijk)?»

«Foei! praat me daar niet van,» zegt Jetske, «ik heb me op Mei besteed bij een boer onder Tjum, die woont op Titlum.»

«Op Titlum onder Tjum?» zegt Douwe nadenkend. — «Ja, Titlum, dat is op zijn boersch; de naam is eigenlijk Teetlum. Maar dat is 't zelfde. Weet gij wel, dat daar een paar honderd jaar geleden een gouden bruiloft is gevierd, die nog niet vergeten is? Onlangs heb ik er nog van gelezen; ik wil u dat eens vertellen. Het was in 1664 en het gouden echtpaar waren Lieuwe van Teetlum en Aafke Heeres. Deze menschen behoorden tot de nogal aanzienlijke lieden en Teetlum was het oude stamslot van Lieuwe. Het feest duurde van zondag tot zondag, volle acht dagen, met den meiboom en de vlag op de schuur. De gezamenlijke kinderen, klein- en achterkleinkinderen, die daar bijeen waren, maakten met de aangehuwden, een getal uit van honderd en veertien. Lieuwe had zijn besten os er vroegtijdig genoeg op vetgemest en toen dit beest geslacht werd schatten de vrienden het op ruim duizend pond. De gastheer had ook voor deze bruiloft een drinkbeker laten maken van zestig lood echt spaansch kluitzilver. Aan spek en vleesch, pruimen- en rijstebrij en koude spijzen was geen gebrek. Na afloop van het feest, toen het huis wat opgeredderd en bezemschoon gemaakt was, bracht men naar de stad vijf ledige wijnvaten, drie brandewijnvaten en een groot aantal biervaten. Alleen ten behoeve der doukslikkers had men nog voor dertig man bollen laten bakken.

«Bij die bruiloft was Lieuwes kleinzoon Heere Thijsen als negenjarige knaap tegenwoordig. Ik noem dien man, omdat ik van hem

ook wel wat weet te vertellen. Hij heeft.langen tijd als landbouwer geleefd op de bouwplaats Lytselollum, onder den klokslag
van Franeker.

«In 1732 kwam hij eens tehuis met een zakvol aardappels, toen
kartoffels genoemd, om zijne vrouw te verrassen. De verbouw van
aardappels was toen nog een nieuwtje; niet vóór 1771 ging het
eerste schip, geheel met aardappels geladen, uit Friesland naar
Amsterdam; in honderd jaar kan er dus vrij wat veranderen. Nu,
Rinskmoei wist niet hoe ze deze dingen, die ze nooit eerder had gezien, moest koken. Zij sneed ze fijn evenals rapen en wortelen en deed
ze in den pot met een stuk spek er bij, denkende dat ze ook even
zooveel tijd zouden noodig hebben om gaar te worden. Maar toen Rinsk
er naar kwam kijken was het goedje tot pap gekookt. Nu roerde
zij er meel door en deed het in de koekepan om er een struif van
te bakken; maar dit gebak werd door niemand lekker gevonden.
De vrouw bracht het zonder lang beraad naar de varkens en verzekerde nooit weêr met kartoffels te doen te willen hebben.

«Die Heere Thijsen werd een kras oud man. Toen hij over de
tachtig was, reed hij nog schaatsen als een jong man, en sommigen
vertellen dat hij een dier Friezen is geweest, door wie het hollandsche spreekwoord ontstaan zal zijn, dat zeide: « Gij kunt den
Fries gelooven, want hij heeft zijne haren met den vinger aangeraakt.» — Gij moet weten, dat de Friezen in vroegeren tijd bij het
afleggen van een eed, de linker hoofdharen iets naar voren trokken
en daarop de vingers der rechterhand legden.»

Jelmer, een der twee neven van Douwe, neemt nu 't woord. «Zulke
statige lieden als die Heere Thijsen er een schijnt geweest te zijn,
waren niet alle Friezen; ik ten minste heb wel gehoord van een
heel ander slag menschen. In de Dokkumer Wouden (Dantumadeel)
vertelt men elkaar, dat daar, in de vorige eeuw, een dominé Salmasius heeft gestaan; wanneer juist wordt er niet bij verteld, maar
dat hij er gestaan heeft is zeker. Of ze het kunnen bewijzen, dat
weet ik weêr niet. Van hem zeide men dat hij was «geleerd en
verkeerd.» Hij was ongehuwd en ging soms laat in den avond met
de feinten uit strúnjagen, maar preekte elken zondag dat het een
aard had. En «in den grond» was hij naar veler oordeel, een
best man.

«Toen hem eens gezegd werd, dat hij wel wat meer diende te
studeeren, antwoordde hij dat dit niet meer noodig was, want dat

het hem onverschillig was over welken tekst hij moest preeken,
ook zonder vooraf er op te studeeren. Men had maar een papiertje,
waarop een tekst geschreven was, op den preekstoel te leggen.
Nu, dit gebeurde. Maar dominés kameraden wisten het ook; zij
verwisselden heimelijk het tekstbriefje voor een stukje onbeschreven
papier. Dominé, op den preekstoel gekomen, bekeek het papiertje
eerst aan de eene en toen aan de andere zijde, waarop hij na
slechts weinig beraad zeide: «Hier is niets en daar is niets. Uit
niets heeft God de wereld geschapen.» En hij preekte over het
scheppingsverhaal. — Er worden ook guitenstreken van hem ver-
haald: Eens op den zondag van Bergumerkermis had hij 's namiddags te preeken, maar dominé gevoelde meer trek om naar Bergum
te gaan. De armen wilde hij echter niet benadeelen. De opgekomen
toehoorders overziende zeide hij: «Honderd slaperige boeren, honderd duiten; honderd duiten is een dertiendehalf. Dien zal ik wel
geven; ik ben liever te Bergum in de merk (kermis), dan hier in
de kerk.» En zoo ging hij.

«Op een anderen keer maakte hij met zijn vroolijke kameraden de
afspraak dat hij in de kerk een deel zijner hoorders zou doen schreien
en tegelijk een ander deel laten lachen. Nu was het «jongvolk»
gewoon in het ééne einde der kerk plaats te nemen en de meer
bejaarden aan het andere einde; de preekstoel was in het midden
tegen een der zijwanden. Dominé ging met het gelaat gekeerd
staan naar het oudere gedeelte der toehoorders. Het was in den
pruikentijd en nu had hij een dikke lok paardehaar achter aan
zijne pruik gehecht; deze staart maakte bongelend alle bewegingen
mede, en intusschen werden de ouderen tot schreiens door de preek
bewogen, want dominé Salmasius kon aangrijpend preeken. —
Wanneer hij beginnen wilde sloeg hij met kracht op den bijbel, als
om de aandacht te vragen, maar zijne kameraden staken daar spelden
in met de punten naar boven. Toen nu dominé weêr ouder gewoonte
begon, verschrikte hij van de speldeprikken, en vloekte: «de duivel!» ... maar vattende wat er gaande was, herstelde hij zich terstond en hernam: «De duivel, zeide ik, die was een menschen-
moorder van den beginne.» En dit werd het onderwerp zijner preek.»

Intusschen is de maaltijd afgeloopen. Sytske heeft de koffie inge-
schonken. «Als gij over dominées begint, zegt Sake, de zoon van
boer Douwe,» daar weet ik ook van te vertellen. In vroeger tijd
was er een te Boornbergum, die zei eens aan het einde zijner preek:

«En nu nog iets. Boeren van Boornbergum! Ik zeg niet dat gij dieven zijt; maar ik raak toch al mijn eendjes kwijt.» — En te Schingen had men voor ongeveer zestig jaar een predikant, die ook van snakerijen hield, maar ten slotte om zijn ergerlijk leven werd afgezet. Hij was een liefhebber van de jacht. Op zekeren dag nam hij te Dronrijp plaats in de franeker trekschuit. Nauwelijks gezeten, kwam een ander binnen en zeî: «Welzoo, dominé, u hier? Ik meende al dadelijk, in den stuurstoel komende, zoo'n geestelijk luchtje te vernemen.» Dominé antwoordde: «Dan hebt ge zeker wel een fijnen reuk. Ik wil een jachthond gaan koopen. Zoudt gij daar misschien ook voor willen dienen? Dan behoef ik niet naar de stad.» Een ander medereiziger, die dominé niet scheen te kennen, zeide: «Ik vind het niet goed dat een dominé met een gewonen hoed op reis gaat. De heeren behooren overal met de steek voor den dag te komen, dan kan men altijd weten met wien men te doen heeft.» — «Misschien hebt ge wel gelijk,» zeî dominé. «En ik begrijp nu al dadelijk dat gij geen dominé zijt, want gij draagt een pet.» — «Neen,» zeî de man, «ik ben kaaskoopman.» — «Welzoo! Maar dan moest gij immers een uitgeholde kaas op het hoofd dragen, dan kon men steeds zien met wien men te doen had.»

«Met de franeker trekschuit, waarvan Sake sprak, ben ik ook eens door Dronrijp gevaren,» hernam Jelmer. «Een weinig ten westen van het dorp staat aan de vaart een tichelwerk, daar werd mijn aandacht getrokken door een steen in den muur van een huis, waarop is uitgehouwen een schuitje met twee personen er in die elkander bij de kladden hebben. Zoo in het voorbijvaren kon ik het niet duidelijk waarnemen, maar de schipper vertelde mij, dat het tichelwerk met de bijstaande huizen Oorbijt wordt genoemd, welke naam eigenlijk behoort aan de iets verder staande hoeve. Daar stond oudtijds een slot, dat ook reeds Oorbijt heette. Het is eens gebeurd dat twee knapen, op dat slot tehuis behoorende, uit spelevaren gingen, doch midden op het water twist kregen en handgemeen werden zoo hevig, dat de een den ander een oor afbeet. Dit geval is op den steen afgebeeld, met dit bijschrift:

Door den nijd wordt twist geboren,
Door 't gebijt het oor verloren. »

«Ja,» zeî Douwe, «als men zoo reist, ziet of hoort men hier of daar allicht iets dat de aandacht trekt. Toen ik, nu vele jaren geleden, voor 't eerst van mijn leven te Staveren kwam zag ik

daar aan een huis een ankertje uithangen. Op mijn vraag wat dit
beteekende werd mij gezegd, dat daar een koopvaardijkapitein woonde,
die door dat teeken te kennen gaf dat hij nog geen vracht had;
dit was vroeger, naar men mij meêdeelde, op meer zeeplaatsen gebruik. — Eens te Grouw zijnde, hoorde ik op straat den dorps-
omroeper zijne stem verheffen. Maar toen ik zeî: «Er schijnt iets
nieuws aan de hand te zijn», kreeg ik koel ten antwoord: «O,
het beteekent niets, hij roept maar «Al degene....» Als hij begint met: «Hoort, burgers, hoort!...» dan spitsen wij onze ooren,
want dan volgt er iets belangrijks, waarvoor de man ook beter
betaald wordt dan voor «Al degene». — Een rijmpje kan men
hier en daar ook nog al eens lezen, maar vroeger veel meer dan
thans. Ongeveer twee uren gaans ten oosten van Heerenveen ligt
aan de Compagnievaart het gehucht de Bontebok. Hier staat eene
herberg waar «De bonte bok» uithangt en onder de afbeelding
op het uithangbord las men vroeger:

> Vrienden, ik ben een bok, Een bok ben ik geheeten,
> Menigeen is een bok, Maar hij wil 't niet weten.

Op een huis te Berlikum stond lang geleden:

> Adam en Eva, gesteld in het groene paradijs,
> Aten hun buikje vol van de lekkerste spijs,
> Maar zij werden verleid van den schelmschen droes.
> Hier verkoopt men kool, wortelen, rapen en groen warmoes. »

«Nu hebben wij allen iets opgedischt,» zegt Jelmer, «maar
weten de meisjes ook niet wat?» — Waarop Lutske, de nicht van
boer Douwe zeî: «Het gaat hier thans over oude stukjes en ik
heb te Mantgum, waar ik een paar dagen doorbracht, ook zoo iets
gehoord, laat ik dat maar eens vertellen. Waar nu Mantgum ligt
moet oudtijds eene stins hebben gestaan, die, nu ongeveer zeshonderd jaar geleden, bewoond werd door twee adellijke zusters, Mantua
en Gezina geheeten. Er stonden daar toen reeds zoovele huizen,
dat er wel eene kerk diende gesticht. Mantua wenschte deze te
plaatsen recht tegenover de stins, maar Gezina verklaarde zich hier
tegen, om het onbelemmerd uitzicht te behouden. — «Ja, ik weet
wel,» zei Mantua, «gij zijt een «schil-aard,» gij hebt een aard en
neiging om steeds met mij van meening te verschillen. Maar ik
blijf bij mijn besluit; wilt gij niet meêdoen, dan sticht ik voor
mijne rekening de kerk alleen.» — «Ga uw gang,» zeî Gezina,
«maar dan sticht ik er ook eene.» — En zoo geschiedde. Mantua

bouwde hare kerk en noemde het dorp Mantgum. Gezina deed een half kwartier zuidwestwaarts eene kerk verrijzen en zeî toen: «Mijne zuster heeft mij een schil-aard genoemd; welnu, zoo noem ik mijn dorp.» Deze naam is later Schillaard geworden.» — «Ja,» zegt Douwe, «de vrouwen deden oudtijds nog al eens wat. Men vertelt dat de stad Bolsward haren naam heeft naar Bolswina, dochter van koning Radboud en gemalin van Hariald of Harald. Zij stichtte de stad na den dood van haren man. — Maar 't komt mij 't beste voor, dat wij nu het vee gaan aflichten, en dan naar bed. Ik denk morgen vroeg op reis te gaan om een paar nachten te uitvanhuizen bij mijne oudste dochter, die getrouwd is met Eelke Sjuks. Gij weet, zij kan om hare kleine kinderen niet van huis».

«Maar,» zegt Froukje, Douwes jongste dochter, «ik wil eerst nog iets vertellen. Dat heb ik van meesters zuster uit Groninger-land, die verleden week hier was. Te Groningen in eene herberg zat een boer uit Westdongeradeel te praten met een boer van Ha-ren. Zij pochten tegen mekaar ieder op de voortreffelijkheid van het gewest zijner inwoning. Eindelijk zei de Fries: «Wij zullen ieder een rijmpje maken van zes dorpen uit eigen omgeving; wie dit het kortste doet zal vrij gelag hebben.» — «Aangenomen!» was het antwoord; en de Fries rijmde:

> Holwerd en Hantum, Ternaard en Brantgum,
> Wierum en Nes; Dat zijn er zes.

De groninger boer gaf hierop terug:

> Helpen en Haren, Drie Laren [Noord-, Mid- en Zuid-Laren]
> En Onnen. Dat is gewonnen!»

«Hier was de friesche boer verliezer,» zei Douwe; «dit was in Groningen ook niet meer dan billijk.»

Sake heeft de lantaarn reeds aangestoken, de mannen gaan ge-zamenlijk naar den koestal om het vee hooi te geven en alles na te zien. In den vooravond bij het voederen heeft men met de uit-vanhuizers reeds ieder beest afzonderlijk bezien en besproken; alzoo kan het werk nu tamelijk kort afloopen. Jelmer tuurt naar de met krijt geschreven figuren aan de balken boven de koeien en zegt: «Omke heeft nog de ouderwetsche manier van aanteekenen voor het kalven der koeien?»

«Ja, Jelmer, dat doe 'k alleen voor 't genoegen van mijn ouden buurman, die wel eens komt aanloopen. Hij is aan deze manier gewoon en begrijpt ze het best,»

«Maar ik begrijp ze niet.»

«O, 't is heel eenvoudig. Zooals gij weet komt het kalven gewoonlijk tusschen Lichtmis en Mei. Nu beteekent een driehoek
Lichtmis, de lange streepjes er onderaan zijn weken, een kort of
een liggend streepje is een halve week. Deze twee figuren bv.

△ △ beteekenen beide dat eene koe vierdehalve week vóór Mei
moet kalven.»

De meisjes hebben intusschen in huis opgeredderd — en een
kwartier later ligt het geheele gezelschap in rust.

Den volgenden dag is het zaterdag. Nadat Douwe met de eerste
trekschuit is vertrokken pakken de meisjes het zaterdagswerk aan.
Lutske en Jetske zijn hierbij geen ledige toeschouwsters en allen
zijn 't eens dat men dit werk heden wat vroeger dan gewoonlijk
moet trachten gedaan te krijgen. De jongmans hebben nu in het
woonvertrek geen heil en op de vraag wat men zal doen wordt
besloten, maar eens aan het kootschieten te gaan.

Hiervoor is een vaste effene bodem noodig en deze vindt men in de
schuurreed, het als een dorschvloer dichte en vlakke wagenpad langs
de hooivakken in de schuur. Men doet het ook in den koestal, bij gunstig weder in de open lucht, zelfs op het ijs; maar zoodra dit geschikt
is voor schaatsrijden, wordt er aan kootschieten niet meer gedacht.
Kooten uit koeiepooten worden er voor gebruikt; men kan spelen
om centen, of om wat men wil; jongens doen het om stukjes pijpen-
steel of dergelijke kleinigheden. Drie, vier of meer personen kunnen er aan deelnemen; het getal kooten dat men heeft wordt gelijk
onder de spelers verdeeld. Hier zijn nu 3 spelers en 42 kooten.
Deze worden allen achter elkander, met de tusschenruimte van
ongeveer een handbreedte op hun plat einde gezet. De speler plaatst
zich aan het vooreinde dezer rij, gewapend met een schenkel uit
een achterkoeiepoot, aan de onderzijde glad geslepen om te beter
over den vlakken grond te kunnen glijden. Dezen werpt hij in
schuinsche richting voorwaarts, met het doel, dat de schenkel, langs
den grond slierende, de achterst staande kooten om zal werpen en
wel een zoo groot mogelijk getal. De omgeworpenen neemt de
speler op als buit, wanneer namelijk een of meer der achtersten in
de rij niet zijn blijven staan. Is dit wel het geval dan moet hij al
de omgeworpene weêr opzetten en bij ieder een cent neêrleggen.
Zoo werpt ieder beurtelings met den schenkel. Elke koot die in

de rij wordt omgeworpen moet weêr worden opgezet telkens met een cent er bij. Die aan het achtereinde der rij vallen zijn buit, benevens de er bij liggende centen. Zijn op deze wijze alle kooten buit gemaakt dan moet hij die minder heeft dan veertien de ontbrekende koopen van wie meer heeft dan zijn oorspronkelijk getal. Dit spel, ook «sjoelen» genoemd, wordt soms met eenige wijziging gespeeld, en behoort in den greidhoek tehuis.

Nadat men zich hiermeê eene goede poos heeft beziggehouden wordt men binnengeroepen en, terwijl men daarheen optrekt, begint Jelmer te vertellen:

«Ik heb eens op Veenwoudsterwal bij Veenwouden een spel gezien, dat elders in Friesland niet bekend is, maar in de provincie Groningen ook voorkomt. Het heet **Treffen en veilen** en is een hazardspel. Het gaat niet zelden om grof geld. Drie, vier of vijf personen spelen het met drie dobbelsteenen. Door het lot der hoogste oogen wordt beslist wie *boer* zal zijn; de anderen zijn *houders*. De boer vraagt nu bv. «Wie houdt mij een stuiver?» — «Ik!» zegt A. en werpt vijf cents op den grond. De boer werpt zijne vijf cents er bij. — B. zegt: «Ik houd drie centen,» en bij zijne drie werpt de boer drie. — C. kan zeggen: «Ik houd vier centen» — en zoo vervolgens; ieder kan wagen zooveel hij verkiest, de boer moet tegen ieder opspelen. — Wint de boer, dan strijkt hij al het geworpene op — en hiermeê is 't uit. Verliest hij, dan krijgen de houders ieder het dubbele van hunnen inzet — en de boer is boer af. De rechtermaat, d. i. de man die het dichtst aan zijne rechterzijde staat, wordt zijn opvolger. De regel van het spel is aldus: De boer werpt met de drie dobbelsteenen zoo dikwijls tot hij twee of drie gelijke oogen werpt. Is de som der oogen dan boven 10, zoo wint de boer en hij blijft boer; maar is de som der oogen 10 of minder, dan heeft hij verloren, geld en boerschap beide. Onder de «misworpen» zijn er die namen hebben, bv. 2, 3, 4, tref ze met plezier; 3, 4, 5, de merrie; 4, 5, 6 de ruin.

«Wilt gij een eenvoudiger spel, dan hebt gij: **Er over in den zak;** hierbij wordt met centen naar een op den grond getrokken streep geworpen. Ieder der medespelers werpt een cent uit en hij, wiens cent ten slotte het naast voor de streep ligt, heeft de centen die in den zak, d. i. over de streep liggen, gewonnen. De vóór de streep liggende blijven het eigendom van hen die ze hebben uitgeworpen. — Wat wilt gij van die twee?»

Maar de meisjes hebben het woonvertrek opgeknapt, de koffie dampt en een goed stuk echte deventerkoek met *loerre* ligt voor ieder gereed. «*Loerre* of *loerreman* noemt gij dat eten,» zegt er een; maar wat gij ons voorzet is immers kaas? «O,» zegt Sytske, nu bemerk ik wel dat gij een vreemdeling in den greidhoek zijt. 't Is de kaas die wij maken, als 't in den herfst op 't laatst loopt, en die zeer week en naar alle zijden uitzakkende is, zooals gij ziet, ja, bijna drijvende en dus even ongeschikt ter verzending als voor den handel. Maar daarom is zij toch wel smakelijk; tast maar ter dege toe. Doch hier is nog wat voor de jongens: voor ieder een nap met aardappels, om die te schillen, dat wilt gij immers wel? want hiervoor hebben wij meisjes op zaterdag geen tijd.» — Nu, dit wordt niet geweigerd, maar, terwijl er over en weêr grappen en snakerijen worden afgestoken, duurt het niet lang of er vliegen aardappelschillen over de tafel naar de meisjes, die ze even vlug terug zenden. Dit geeft aanleiding tot handtastelijkheden, waarbij men niet op de stoelen blijft zitten. Als een der jongmans ook Jetske wil aanpakken wordt er geroepen: «Pas op! handen van de tafel! *it is forsein flêsk* (verkocht vleesch).»

«Wat? Is Jetske verloofd? En zij heeft zich immers op Mei weêr besteed.»

«Ja, zij wil nog een jaar dienen om nog wat meer geld bijeen te krijgen. Dan is haar vrijer ook van de soldaterij af. Hij is remplaçant en heeft al zijn geld in de spaarbank gebracht. Geloof maar dat zij ieder een mooi spaarpotje hebben.»

Jetske hoort dit glimlachend aan en zegt: «Praat jimme maar wat, dan hoor ik wat».

Na het eten verwijderen de jongmans zich weêr en vragen elkander af, wat men nu zal uitvoeren. De een stelt voor: «Opsmijten met centen.» De ander zegt: «Ik wil liever pikschieten.» En de derde: «Er is niet zoo groot verschil tusschen deze twee; laat ons dus eerst het een doen en dan het ander.» — Dit wordt goedgekeurd en men begint met opsmijten.

Men werpt daarbij met centen naar eene op den grond gemaakte streep. Die 't naast aan de streep werpt is de eerste die de gezamenlijke centen tusschen de handen neemt en omhoog werpt. Die met «leeuw» boven vallen zijn de zijne. Dan neemt de volgende speler de rest en werpt op, om de weêr met den «leeuw» boven vallenden voor zich te nemen. Dit doet men beurtelings totdat alle centen aan den man zijn gekomen.

Men smijt ook op, om een geschil bij het spelen ontstaan te beslechten. De een werpt een cent omhoog, de ander raadt: «leeuw» of «letter». In den tijd der duiten was dit «kruis» of «munt».

Om door raden een verschil te beslechten steekt een der partijen zijne gesloten vuisten, in één waarvan hij een boon of ander klein voorwerp houdt, voor zich uit. De eene vuist houdt hij stil, de andere beweegt hij daarop ronddraaiende, alsof hij een handboor draait, en zegt: «*Izegizegeane, yn hokker hân de beane, dy 't omgiet of dy 't stilstiet?*» — Izegizegeane (onverklaarbaar, alzoo ook onvertaalbaar,) in welke hand de boon, in die ronddraait of in die stilstaat? — Van het goed of verkeerd raden hangen voor de partijen winst en verlies af.

Een soortgelijk spel als het opsmijten is het pikschieten. Ieder legt hierbij een gelijk getal centen op een baksteen. Van zekeren afstand werpt men met een anderen steen naar dit centenaltaar, de «pik». De centen die er daarbij afvallen neemt de smijter op, schudt ze ook tusschen de handen en werpt ze ook omhoog; die met den leeuw boven vallen zijn eveneens voor den werper. De anderen worden weêr op de pik gelegd en de volgende speler doet nu een worp. Zoo gaat men door tot de laatste cent is gewonnen. Men doet dit ook wel op het ijs, bv. bij aanhoudenden dooi op de nog droge plaatsen. Ook dit spel wordt verschillend gespeeld. Te Makkum dient of diende althans vroeger een breede koeierib in plaats van een steen voor pik. Hierop legde ieder der medespelers een cent. Zestien, achttien of twintig schreden van de pik verwijderd maakte men de meetstreep, en ieder had een halven baksteen om meê te werpen, of zooveel mogelijk te rollen, waarvoor men de hoeken van den steen in het ruwe afrondde. Het spel ging op dezelfde wijze als boven beschreven is, behalve dat ieder werper zijn steen moest laten waar deze lag, tot zijne beurt terugkwam. Werd zijn steen inmiddels getroffen door dien van een ander, dan moest hij zijne winst aan dezen werper afstaan. Was alles van de pik af, dan had ieder nog een vrijen worp op den steen van hem die de laatste centen had gekregen, en die hem trof won diens winst. — Het ligt voor de hand: bij dit pikschieten is de eerste worp de begeerlijkste, wat bij het kootschieten juist niet het geval is. Om uit te maken wie eerst en dan vervolgens zal werpen, heeft men verschillende wijzen van loting. Bij het pikschieten bv. door het opwerpen van een cent, waarbij leeuw of letter wordt geraden. Te Makkum door het werpen naar de pik. Wiens steen het naast daarbij terecht komt heeft no. 1, en zoo verder. Het strootjetrekken is ook wel in gebruik. Men snijdt zooveel strootjes, allen van verschillende lengte, als er spelers zijn. Het langste geldt voor no. 1, enz. Zij worden in de gesloten hand gehouden zóó, dat de einden allen even ver zichtbaar zijn, en ieder trekt op zijne beurt. Waar bij paren moet worden geloot, heeft men de strootjes ook bij paren van gelijke lengte.

Met deze spelen slijt men den namiddag tot men gaat theedrinken. En nu wordt het dambord voor den dag gehaald, bij velen zeer geliefd, zeker omdat er onder de friesche landlieden altijd zeer uitmuntende «dammers» zijn geweest. Men damt hier altijd overhoeks; met de dammen slaat men over alles.

Het dambord wordt ook gebruikt door kinderen voor wolf- en schaapjagen. Een der spelers heeft daarbij één schijf, deze is de wolf. De tegenpartij heeft vijf schijven, de schapen. De kunst is nu voor de schapen om den wolf in te sluiten, als wanneer hij geslagen is; voor den wolf om door de schapen heen te breken en plaats te nemen op een der randvakken vanwaar de schapen gekomen zijn. Hij is dan *dam* en alzoo in staat de schapen spoedig weg te pakken.

Gelijk overal, is ook hier het kaartspel bij velen altijd schering en inslag geweest, maar ook door velen is het geschuwd als goddeloos. Zoo ook het dobbelen. Dit vindt men alleen onschuldig als kinderspel om pepernoten, zooals bij het ganzenspel, en hieraan wordt wel door volwassenen deelgenomen. Aan dobbelen om geld wordt trouwens niet veel meer gedaan. Nog in het begin dezer eeuw deed men op het Bildt veel aan het zoogenaamde «spekloten», een dobbelspel waarbij nu juist geen spek te pas kwam. Het ging om geld en om gelijk of de helft meer *(lyk of helte mear)*. Hierbij kon grof worden verloren, vooral wanneer bij herhaald verlies de speler werd geprikkeld om vol te houden, telkens om verdubbeld bedrag, want dikwerf zeî dan op een gegeven oogenblik de tegenpartij: «Ik schei er meê uit.»

Een ervaren speler wil geene andere dobbelsteenen gebruiken dan die goed «zevenen», waarbij de oogen zoo staan, dat de 1 en de 6, de 2 en de 5 en de 3 en de 4 elkanders tegenvoeters zijn.

Op den ganzenbrief heeft men den goeden (5 + 4) en den kwaden (6 + 3) negen, geluk of ongeluk in het spel aanduidende.

Spreekwoordelijk zegt men van een neringdoend huis, dat een gunstigen of ongunstigen stand heeft: Het staat op den goeden — of op den kwaden negen.

Aan een damspel kunnen slechts twee personen deelnemen, en Pier, juist geen hartstochtelijk liefhebber, laat het gaarne aan zijne makkers over. De meisjes zeggen: «Dat dammen is een leelijk spel; dan zitten er twee tegenover mekaar sprakeloos op het dambord te turen, nu en dan een schijfje verschuivende, en dit kunnen ze uren aaneen volhouden. Wat heeft men er aan daar bij te zitten?»

«Laat hen maar dammen,» zei Pier, «ik wil intusschen nog iets vertellen. Gisterenavond hebben we grappen van dominees gehoord; nu, er was ook eens een pastoor, die hield een toespraak in het latijn bij het lijk van een ouden schatrijken boer. Niemand der aanwezigen verstond er iets van, dan alleen een verloopen student, die later vertelde, dat de inhoud van het gesprokene hierop neêrkwam:

Daar leiste, ouwe stinkert! Ik doen et om dyn klinkert,
Maar waar dyn arme ziele vaart, Weet ik net zoo min als 'n oud paard.

Zoo was er ook eens een advokaat, die gaf zijn client, een boer, een in 't latijn geschreven briefje meê aan den advokaat der tegenpartij. De boer liet den dominé dat latijn eens lezen en deze zeî: de beteekenis is:

Pluk gij de gijn (den uwe) En ik de mijn (mijn client),
Totdat ze beide mager zijn.

«Nu weet ik genoeg» zeî de boer en zag van de pleiterij af.

«Bedenk je die stukjes misschien zelf, Pier?» vroeg de guitige Froukje; «dan ben je haast even knap in 't rijmen als die schoolmeester van Dunega [1]) die soms deze verzuchting liet hooren:

O, Dunegea! o, Dunegea! dou sitst my yn 'e lea.
Hie 'k oars myn brea, nooit waerd ik master to Dunegea.
(O Dunega, gij ligt mij zwaar in de maag.
Had ik eene andere kostwinning, ik werd nooit schoolmeester te Dunega.)

«Schoolmeesters zijn er ook al in soorten,» hernam Pier. «Te Hitsum had men vroeger zoo'n ouderwetschen a-b-c-man, die, als hij soms te Franeker kwam, bij 't verlaten der stad nooit het herbergje «De laatste stuiver», voorbij kon komen. Daar zat hij

---

[1]) Douiaga, in de volkstaal Dunegea, een dorpje met 170 inwoners in Doniawerstal.

dan bij Idsoom den kastelein te praten en te drinken totdat hij, eindelijk vertrekkende, eenige stuivers armer was geworden. Hiervan kwam dit rijmpje:

"Ids-om, blitsum!" sei master fen Hitsum,
"Dy Lêste stûr, hwet is dy djûr".

Pier begon nu uit oom Douwe's tabaksvaatje een versche pijp te stoppen, maar eer hij 't kon denken kwam over zijn schouder een meisjeshand met een vluggen greep den steel van zijn langen gouwenaar wegrukken, en toen hij er verbaasd naar omzag, werd het geroofde hem in een aantal kleine stukjes tegen het lijf geworpen. Dit was het sein voor eene schermutseling die plotseling tot zulk een hevigheid steeg, dat het dambord met schijven en al van de tafel werd gevaagd. De spelers sprongen onthutst op, maar besloten dadelijk, in plaats van meer te dammen, ook te ravotten met de «fammen». En nu kwam er vooreerst geen einde aan den strijd. Jetske had intusschen de goedheid de over den vloer verspreide damschijven weêr bijeen te zamelen.

De drie nog in huis zijnde kinderen van Douwe Sakes zijn allen oppassend en berekend voor hunne taak. Daarom kunnen zij veel van vader verkrijgen en hij heeft er dan ook geen bezwaar tegen gehad, dat zij op den zaterdagavond als hij van huis zou zijn, bij de uitvanhuizers eenige jongelieden uit het dorp en de verdere omgeving zouden noodigen te koffiedrinken, na het avondeten.

Men hoopt dus thans een plezierigen avond te hebben, want het gezelschap kan nog al talrijk worden. De bakkersknecht zal wel friesche boekjes met grappige stukjes en mooie «sangkjes» meêbrengen en buurman Abe de harmonika niet vergeten. Zingen kunnen allen wel. Niet veel later dan acht uur zijn de genoodigden aanwezig. Nu wordt er koffie gedronken, niet weinig, en de deventerkoek evenmin vergeten als het bruine klontje. Er worden stukjes voorgelezen, grappen verteld en liedjes gezongen. Zoo komt ongemerkt weêr de tijd waarop het vee moet worden afgelicht, en hieraan nemen alle mannelijke gasten deel. In het woonvertrek terugkomende vinden zij de tafel opgeruimd. De meisjes, die in den vooravond naar het dorp zijn geweest, en toen ook pepernoten hebben meêgebracht, stellen voor, omdat er geen ganzebrief bij de hand is, eens Antjemoeis-gat te spelen. Niet allen weten wat dit is en nu wordt er eene figuur als de volgende met krijt

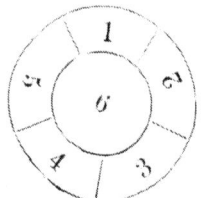 op de tafel geteekend. Men speelt met één dob-
belsteen en het geheele gezelschap doet meê.
Ieder heeft bij het begin een gelijk getal pepernoten en moet op het nommer dat hij werpt
een pepernoot zetten, tenzij het reeds bezet is; in
dat geval neemt hij de pepernoot er af. Alleen
het nommer 6, het eigenlijke Antjemoeis-gat, maakt eene uitzondering; wie 6 werpt moet altijd inzetten, dit kan dus een vette
pot worden. Wie zijn getal pepernoten heeft verspeeld, heeft nog
een vrijen worp en wint hij dan niets, dan is hij van het spel af.
Op deze manier blijft er ten slotte één over, die winner is van
alles wat op het spel staat en daarmeê ook van alles wat de gezamenlijke medespelers hebben bezeten. Om op nieuw te kunnen
beginnen moeten zij van hem koopen.

Dit spel valt niet bijzonder in den smaak der jongmans en Jelmer
zegt: «Wie kan zeven centen op een achthoek verstrijken?» terwijl
 hij deze figuur op de tafel teekent. Hij doet het voor
zoo 't behoort en ieder meent het ook te kunnen doen,
maar menigeen komt er nooit meê klaar. Het geheim is
dat men telkens met een cent van een onbezet punt langs
de lijn naar het tegenovergestelde punt moet strijken en daar de
cent plaatsen, terwijl het punt waar men van uitging telkens den
volgenden keer moet worden bezet; Sake kan dit maar niet begrijpen, en hij wil dus wat anders gaan doen. «Ik zal jelui wat vertellen,» zegt hij, «van een schilder die mooie portretten kon maken,
maar ook een echte pempelaar was; hij had vijf avonden in de kroeg
zitten drinken zonder te betalen; eindelijk wenschte de tapper geld
te zien, maar de schilder zei: «Geld heb ik niet, kastelein, maar
voor hetgeen ik je schuldig ben wil ik je portret maken.» Dit
voorstel beviel den kastelein. Hij zeì: «Zie hier je rekening. Den
eersten avond heb je 6 glaasjes gedronken, den tweeden 4, den derden
3, den vierden 6 en den vijfden 7.» — De schilder nam krijt,
schreef op eene schutting de vijf cijfers onder elkander aldus:
trok een kromme lijn er achter en zeide: «Ziedaar je portret
kastelein!»

Men gevoelt lust om van de stoelen op te staan en een
der meisjes zegt: «we moeten eens zolderstappen.» Ja, dit
vindt bijval. In het kozijn eener geopende binnendeur wordt een
wit gordijn van dunne stof gespannen, en daarachter een brandende

kaars op den grond geplaatst. Nu stapt iemand over deze kaars,
en 't is of zijne schaduw van den grond op den zolder stapt. Voor
velen der aanwezigen is dit nieuw en dezen moeten het allen zelf
doen en ook zien.

Maar op eens trekt een aanhoudend luid geblaf van den grooten
hond buiten op het erf aller aandacht. «Er schijnt volk in de nabijheid te zijn,» zegt Sake, «laat ons onderzoeken wat er te doen
is.» — De meisjes blijven bij de huisdeur, de jongmans gaan verder
en ontdekken spoedig op het weiland naast het erf een paar mannen met een hond; een hunner draagt een polsstok, de ander een
flinken knuppel. Op het vernemen van menschen roept de een:
«Zouden we de pijp eens mogen opsteken?» Sake, die de stem
meent te herkennen, antwoordt: «Wel zeker! komt maar nader.» —
De mannen, een paar bekende arbeiders uit het dorp, worden binnen
gevraagd en onthaald, niet alleen op een pijp tabak, maar ook op
een stuk deventerkoek en, bij uitzondering, een borrel. «Wij zijn
uit bunsingjagen geweest,» vertellen ze nu, «maar hebben niets
gevangen. Vernemende dat hier nog volk op was, wenschten we
wel een weinig te rusten, maar om den hond durfden we niet op
het erf komen.» — «Den halven nacht rond te zwerven, zonder
iets te vangen, dat is wel om den moed te verliezen,» merkt een
der jongelingen aan. — «Zeker is het dat,» antwoordt een der
jagers. «Wij doen het werk niet genoeg om er voldoende bedreven
in te zijn. Mijn zwager in den bouwhoek is er knapper in. Ik weet
ook zeer goed welke kunstgreep hij er bij bezigt, maar beken eerlijk den moed niet te bezitten om het op die manier te wagen.»

«Er is misschien gevaar bij?» wordt hem gevraagd.

«Nu, een beet van een bunsing in de hand zou iemand zeker
slecht bekomen. Mijn zwager trekt aan de linkerhand een groote
grove wollen want, stevig om den pols vastgebonden. Het uiteinde
is opgevuld met hooi, afval van vlas of zoo iets, terwijl de man
voor de veiligheid zijner vingers de hand gesloten houdt. Geeft nu
zijn hond door blaffen te kennen een bunsinghol gevonden te hebben, dan wordt de linkerhand in het gat gestoken, het dier bijt
in de want en laat niet los, al wordt de hand teruggetrokken.
Dan ontvangt het beest, zoodra de kans goed is, met een korten,
maar dikken stok, zoo mogelijk een doodelijken slag op den kop.
De gewone manier is evenwel den bunsing uit het hol te drijven;
maar de hond moet er op afgericht zijn, het gevaarlijke dier zóó

bij den kop te grijpen, dat hij het dood bijt zonder de fraaie pels te beschadigen, en zulk een hond bezitten wij natuurlijk niet.»

Het gesprek loopt verder over 't vangen van allerlei gevogelte, van otters en ander gedierte. De andere jager vertelt: «Verleden herfst was ik bij mijn broeder in Gaasterland, toen daar het lijstervangen in vollen gang was; zoo iets had ik nog niet bijgewoond, het begint met October. Weken vooraf — zeî mijn broeder — heeft men reeds drukte met het verzamelen van lijsterbessen, die tot lokaas moeten dienen, en het maken van zoogenaamde beugels waarin men de lijsters verstrikt. Hiervoor is paardenhaar onmisbaar en de lijstervanger moet 't geheele jaar door hierop bedacht zijn. Op een goeden voet te staan met stalknechts is dus gewenscht. De beugels zijn wilgentakken, in driehoekigen vorm gebogen en voorzien van een dubbelen of driedubbelen paardeharenstrik, met een trosje lijsterbessen er in gehangen; aldus worden zij in het kreupelhout vastgezet. Ik vernam verder, dat een lijstervanger om den broode duizenden zulke beugels uitzet. Elken morgen moet hij er bij rond, voorzien van paardehaar en lijsterbessen. De gevangen vogels worden ingepakt, de ontredderde strikken hersteld en de beugels op nieuw van aas voorzien. Eerst tegen den avond keert hij huiswaarts, bijzonder in zijn schik, wanneer er ook kranslijsters [Friesch: *beflyster* of *ring-lyster*] bij de vangst zijn, of als de noordewind hem gunstig is geweest.»

De bunsingjagers trekken weêr af en nu zegt Sake: «Deze ken ik voor een paar goede mannen, maar ook zijn er, die, al vangen ze geen enkelen bunsing, toch huiswaarts keeren met een goeden buit van eenden, kippen, konijnen en zelfs van katten. Die zullen niet komen vragen om de pijp op te steken; doet het blaffen van den hond bij nacht onraad vermoeden, dan verlaten wij soms het bed en gaan buiten op den uitkijk, om te doen weten dat wij waken.»

De meisjes opperen de vraag: «Wat zullen we nu verder doen?» en al spoedig wordt er pandverbeuren voorgesteld. — Ja, dat is goed, maar welk dan? — Laat ons maar «Smidtje». — Hoe gaat dat in zijn werk? — De eerste van het gezelschap zegt: «Dag baas!» — de tweede: «Dag smid!» — de derde: «Dag baas!» — de vierde: «Dag smid!» — en zoo verder beurt om beurt. Is men eenmaal rond dan herhaalt de eerste: «Dag baas!» — de tweede: «Dag smid!» — En nu zegt de eerste: «Doe gelijk als ik!» Hierop maakt hij allerlei grillige bewegingen; hij klapt in de handen, stampt met de voeten, strijkt een zijner handen vlug over de dij heen en weêr en houdt de andere stil, hij trekt een leelijk gezicht, huilt, lacht, zingt, enz. Ieder van het gezelschap is verplicht hem alles nauwkeurig na te doen; wie hierin te kort schiet verbeurt pand.

Een ander stelt **De joodsche groenmarkt** voor. Dan ontvangt ieder den naam eener groente- of fruitsoort, bv. kool, wortelen, rapen, appels, peren. De pandontvanger is hofmeester en zegt: «Ik kwam laatst op de joodsche groenmarkt, daar zag ik een korfje met rapen staan. — «Dat mist mijnheer,» zegt rapen, «het was kool». — «Dat lieg jij!» zegt kool, «het waren appels,» of: «het was mijnheer de hofmeester zelf.» — «Dat mist u,» antwoordt deze nu en noemt weêr iets anders. Wie als hij wordt genoemd, binnen drie tellen niet een ander noemt verbeurt pand. Evenzoo hij die tot den hofmeester zegt: «Dat lieg jij!» of op eene andere wijze hem grof bejegent.

De **witgekropte duif** is een versje dat men elkander regel voor regel nazegt, bij het overhandigen van een sleutel. Wie in het nazeggen hapert verbeurt pand.

> Hier heb je den sleutel van de witgekropte duif;
> Op zijn kop draagt hij een kuif.
> In zijn hart een diamant,
> Daar staat alles in geplant:
> Mijn naam en mijn zoetliefjes naam;
> Mijn naam is . . . . . Sytske,
> En mijn zoetliefjes naam is . . . . . onbekend.

Wie onnoozel genoeg is om den laatsten regel naar waarheid in te vullen wordt uitgelachen en geplaagd.

Ook **de sleutel van den bibelebontschen berg** en **van Sint Andries** worden gespeeld, en ook dit:

«Ik verkoop mijn potje.» — Wat potje? — «Groen.» — Wat is er in? — «Pap.» — Wat pap? — «Slabbabbertjes-pap van drie lepels in een opsnap; slobber op, die slabbabbertjes-pap!»

Ieder vraag en ieder antwoord gaat afzonderlijk van mond tot mond; wie in het vlot nazeggen hapert verbeurt pand.

Daar legt Jetske de beide wijsvingers uitgestrekt op de tafel en zegt:

> Daar komen twee soldaatjes an;
> De een heet Piet en de ander heet Jan.
> Weg Piet! — Weg Jan!
> Kom Piet! — Kom Jan!

Bij de woorden: «Weg Piet!» neemt zij de één, bij «weg Jan!» de andere vinger weg. Bij «kom Piet! kom Jan!» laat zij ze vlug na elkander terug komen. Dat moeten allen haar nadoen. Wie zich vergist heeft pand verbeurd.

Abe stelt thans voor om eens echt ouderwetsch te worden. Hij vraagt of al de meisjes hare kousenbanden willen geven? — Wat wilt gij dan daarmede? — «Dan zal ik die allen aan elkander knoopen, het eene einde door het oog van een sleutel steken en dan om het onderstel der tafel binden. Gij gaat allen om de tafel zitten een liedje zingen, terwijl de sleutel geheimzinnig voortgeschoven wordt van den een naar den ander. Is het couplet uit, dan heeft hij of zij die den sleutel vóór zich heeft een pand verbeurd.» De meisjes kijken elkander eens aan, en schudden het hoofd. — «Ik weet wat de kortste klap is,» zegt een der meisjes: **«Alle fûgels fleane**, dat kennen we allen.»

Aangenomen. Het gezelschap neemt in een bonten regel plaats. Jetske wordt aangesteld als oproepster en pandontvangster, tevens vrijgesteld van pandverbeuren, uit eerbied voor het: *Hannen fen 'e tafel! it is forsein flêsk.* — Ieder legt zijne beide wijsvingers op den rand der tafel. Jetske roept: «Alle vogels vliegen!» beide handen opheffende. Wie dit niet vlug genoeg nadoet heeft pand verbeurd. Vervolgens roept zij: «Alle tafels vliegen . . . . . varkens vliegen!» — Wie hierbij de handen opheft verbeurt pand. Noemt zij een vogelsoort of vliegend insect, men moet de handen opheffen, maar de vingers op de tafel houden wanneer zij een ander dier of een voorwerp noemt, dat niet kan vliegen. Zij spreekt vlug, noemt nu eens een of tweemaal een vogel, dan weêr iets anders en legt het er op toe om ook den nauwlettendste in de war te brengen. Wie drie of vier panden, al naar vooraf is bepaald, heeft gegeven, speelt niet verder mede. Zoo komt men ten slotte aan het pandlossen.

De spaansche biechtstoel zegt er een. Leg daartoe twee stoelen voorover op den grond met de bovenranden of knoppen tegen elkander aan. Laat de veroordeelde hierop zitten, terwijl twee anderen de benedeneinden steunen. Ondervraag hem nu over allerlei zonden en onderzoek of hij zich daaraan schuldig kent of niet, en laat op een onverwacht oogenblik de stoelen los —: en hij heeft zijne straf ondergaan.

Wilt gij wat anders, doe dan: **Klink op, klink neêr.** De veroordeelde, knaap of meisje, gaat naar de deur en zegt:

Klink op, klink neêr:
Die mij lief heeft haalt mij weêr.

Wijs voor het terughalen van een knaap een meisje aan, van een meisje een knaap, tenzij iemand zich vrijwillig aanbiedt.

Ik zit in den put kan iemand worden opgelegd te zeggen. — «Hoe diep?» vraagt men. — Vijf, — tien — of meer voet. — «Wie moet u er uittrekken?» — De veroordeelde noemt iemand. — «Ieder voet zijn Ioon,» d.i. een kus.

Een ander wordt verplicht naar het venster te gaan en te zeggen:

Ik sta hier voor de glazen, Ik hoor de winden blazen,
Ik hoor het aan den wind, Dat mijn liefste mij nog bemint.

Een der aanwezigen vervult den plicht van «liefste» door hem of haar af te halen.

Priëeltje bouwen. De knaap of het meisje gaat in het midden der kamer staan en op de vraag: «Wie zal met u priëeltje bouwen?» noemt hij of zij een zij of hij. Deze gaat tegenover den eerste staan; zij geven elkander de hand, heffen de ineengesloten handen op en vormen zoo een poort, waar al de anderen onder door moeten gaan en gepaard, de een na den ander, met opgeheven ineengesloten handen blijven staan. Zoo heeft men ten slotte een mooien bonten regel. En zoo gepaard neemt men weêr rondom de tafel plaats.

Voor **it beginetútsje**, de bagijnekus, moet men twee personen hebben. Men kan eerst een jongeling en daarna een meisje veroordeelen of omgekeerd. Hem gelast men vóór een stoel op de knieën te gaan liggen, en haar: achter denzelfden stoel te knielen en door eene opening in de rugleuning hem den mond toe te steken om zich te laten kussen.

Op de zee dansen. Weet iemand niet wat hier achter steekt dan laat men hem een poosje in verlegenheid. Weet hij 't wel, dan schrijft hij met krijt op den vloer «*De Zee*» of «*De C*» en voert daarop een dansje uit.

Het rondje doen beteekent voor een jonggezel dat hij alle aanwezige meisjes, en voor een meisje dat zij alle knapen moet kussen.

Zeker kan men zich met zulk een spel lang bezighouden zonder zich te vervelen. Toen het vroolijke volkje zich eens afvroeg, hoe laat het wel zou zijn, was de nacht reeds zoover gevorderd, dat de boerenknapen zeiden: «Vijf uur in den morgen moeten we beginnen het vee te voederen; nu nog naar bed te gaan is de moeite niet waard; wij draaien door.»

Dit vindt geen tegenkanting. De harmonika moet nog eens

dienst doen en men danst schotschedrie tot den tijd van scheiden.

Des zondagsmorgens slapen de vriendjes een gat in den dag, welteverstaan, voor landlieden. Het theedrinken met ontbijt, des morgens om zeven uur, ging voorbij, maar kort na elven wordt de gevulde koffiepot op tafel gebracht en nu zijn allen bij de hand. — Levendig en vroolijk zijn alweêr de gesprekken, bij de herinnering aan de laatst ondervonden genoegens.

Er komt een jongen de Leeuwarder Courant brengen. Jelmer, niet ongenegen om een grap uit te halen, vernemende dat deze knaap zoowat ieders boodschaplooper is, gevoelt lust met het ventje een loopje te nemen.

«Jongetje,» zegt hij, «ga eens bij den mollenvanger vragen of hij ons zijn wormval wil leenen voor een dag. Wij willen morgen uit poeren (puieren) gaan, daarvoor moeten we wat wormen vangen.»

De jongen kijkt hem onbeschaamd aan en zegt: «Meen je dat ik niet wijzer ben? Fop wien ge wilt, maar mij kunt ge niet beet hebben. Dan zoudt ge mij ook wel naar den smid kunnen zenden om de steenschaaf en de rechte winkelhaak. Baas smid zou dan zeker zeggen: die dingen zijn bij den kuiper en deze: zij zijn bij den wagenmaker. Die kool ken ik wel, evengoed als de hooischaar, de dichte gaatjespan en het naaldensmeer voor den kleêrmaker; dit is echter geen kool, maar jenever. Ga gij als ge wilt naar den bakker om de pepernootschaar, — maar voor zoo iets moet ge mij niet hebben.» — «Ja, Jelmer,» zeî nu Sake, «reken er maar op, dat dit ventje uitgeslapen is. Hem zult gij ook niet *onder de koer wei sjonge* (onder de korf weg zingen) zooals gij dat een ander eens hebt gedaan.» — «Wat is dat?» vroeg de jongen. — «Dan moet gij gehurkt onder een groote mand zitten en wanneer ik dan begin te zingen, zult ge er geen drie minuten onder blijven.» — «Met zingen zult ge mij er nooit onder weg krijgen, als ik niet wil.» — «Dan krijg je van mij een dubbeltje, en wanneer je 't verliest behoef je mij niets te betalen.» — «Dat is gemakkelijk te wagen,» zeî de jongen.

Men gaat gezamenlijk buitenshuis. De jongen wordt met een mand overdekt en ongemerkt een emmer water in de nabijheid gebracht. Jelmer begint te zingen:

Daar was laatst een meisje loos, Die wou gaan varen, die wou gaan varen,
Die wou gaan varen voor matroos.
Zij nam dienst voor zeven jaar. . . .

Klets! de emmer over de mand geledigd. De jongen springt verschrikt op en schreeuwt: «Dat is gemeen! dat is..... Het luid
gelach der omstanders overstemt hem; schimpende en scheldende
trekt hij af.

Na het eten vinden de drie jongmans goed eens naar het dorp
te gaan, en de meisjes beginnen de letterdoeken, die Sytske voor
den dag heeft gehaald, te bekijken. Deze zijn nagelaten door moeder, de overleden vrouw van Douwe Sakes, en er zijn nog al oude
bij, ja, maar ook betrekkelijk nieuwe, want ook Sytske en Froukje
hebben letternaaien geleerd en in hare kinderjaren ieder zulk een
doek vol gewerkt. — Een letterdoek is een lap fijn linnen waarop
vroeger de meisjes leerden letters in verschillende vormen en kleuren
te borduren; ook boompjes en bloemen, mannetjes en vrouwtjes,
vogeltjes en andere dieren, alles in een bepaalden vorm, zeer stijf
en hoekig. Wilde in vroeger tijd eene moeder op het platte land
hare dochters eene nette opvoeding geven, dan moesten deze na het
gewone naaien ook letternaaien leeren, en had een meisje haar
letterdoek vol, dan werd die tot een aandenken bewaard, ook wel
in lijst en glas gezet en aan den wand gehangen. Verschillende
kleuren waren alleen in gebruik voor den letterdoek; voor het
benaaien van linnengoed nam men zwarte zijde, zoo echt dat zij
niet verbleekte.

Onze drie vrienden brengen in het dorp een bezoek aan den
bakker, tevens herbergier in het klein. Daar vinden ze in de tapkamer een ringhaak. Aan eene schutting of aan den wand han-
gend houten bord is een haak bevestigd, ongeveer 1.5 meter
boven den vloer. Op eenigen afstand hangt aan een koord een
ring aan den zolder. Men moet dezen ring naar den haak doen
slingeren, zóó, dat hij er in hangen blijft. Wien dit bv. in tien-
malen het vaakst gelukt, is winnaar van het spel, dat **ringkje-**
smiten = ringetjewerpen wordt genoemd.

Hiermede vermaken zij zich een poosje, maar Jelmer en Pier,
ongeoefend als zij zijn, kunnen niet opspelen tegen Sake en den
bakkersknecht. Deze, die zich nog al iets laat voorstaan op zijn
spierkracht, stelt nu voor in de turfschuur te gaan **risskrinkeljen**,
d. i. om het verst te stappen of te springen over den vlakken
grond zonder hulp van een stok. Dit wordt ondernomen, maar
de voorsteller blijkt spoedig in dit werk aller meester te zijn. Nu
begint hij met zware gewichten te werpen, waarin ook niemand

met hem kan wedijveren. Een ijzeren gewicht van 25 kilo (*fyftich-pounswicht*) heft hij met één hand op en met een forschen zwaai van den arm zet hij het bijna ter manshoogte horizontaal tegen den muur, waar hij het sterk duwende eenige oogenblikken vast houdt.

De bakkersknecht toont den vrienden nog een paar gewichten ieder van vijf kilogram en zegt: «Deze worden gebruikt door onzen onder-knecht. Hij is een ventje van zeventien jaar, maar niet grooter dan menige jongen van veertien. In vertrouwen gaf hij mij onlangs te kennen dat hij wel eens uit vrijen zou wenschen te gaan, maar vreesde daarvoor te klein te zijn. Nu heb ik hem gezegd, dat hij, om zoo spoedig mogelijk langer te worden, alle dagen eenige malen eene poos met de handen aan de schuinstaande ladder moet gaan hangen met aan ieder voet een tienponds-wicht. Dit doet hij nu getrouw. — Maar vertel dit niet verder; de vent zou geen kop heel kunnen houden, wanneer 't onder 't jongvolk kwam. Er zijn hier in het dorp een paar van die gekke meiden, die verstaan iets van de dichtkunst, zoo ze meenen; zij bedenken stukjes op alles wat zij bespottelijk vinden, en op dezen bloed gingen ze ook zeker een «sangkje» maken. Dit nu wil ik liever niet; hij is een goede jongen».

Lachende komt men weêr in de tapkamer en Jelmer zegt: «Ik wou dat hier een sjoeltafel stond.» En op de vraag wat hij be-doelt deelt hij meê: «In dorpsherbergen in Oostdongeradeel, Kol-lumerland en Dantumadeel, ook in sommige te Dokkum, vindt men de sjoeltafel. Het is eene lange, smalle tafel met opstaande randen, behalve op het eene einde. Niet ver van het gesloten einde is dwars over de breedte een schutting waarin vier poortjes. De speler staat aan het open einde der tafel en werpt met houten schijfjes van 6 à 7 cM. middellijn, die glijdende of «sjoelende» langs de lengte der tafel door een der poortjes moeten gaan, wat natuur-lijk niet altijd gelukt. Om het gemakkelijk «sjoelen» te bevorderen wordt over de oppervlakte der tafel een weinig droog zand ge-strooid. Ieder der medespelers werpt op zijne beurt bv. tienmaal achtereen. Wie de meeste malen hiervan een schijfje door een poortje doet gaan is winnaar. Maar het maakt ook nog verschil door welk poortje; hiervoor zijn deze genommerd 1, 2, 3, 4.»

«Dit spel kennen we hier niet,» zegt de bakker-kastelein, «maar wij hebben hier iets, dat, voor zoover ik weet, alleen in den greidhoek tehuis behoort; dat is bollesnijden. Daar moest ge maar eens meê aan den gang. Ik heb van het gebak van gisteren nog wat bollen overgehouden.» Dit vindt bijval.

Een bolle is een wittebrood met of zonder krenten. Op een op den grond liggende gladgeschaafde plank wordt een niet zeer hooge of dikke bolle gelegd. De snijder plaatst zich schrijlings over de plank, gewapend met een groot broodmes, dat hij met beide handen vasthoudt. Hij doet er één slag meê, die ten doel heeft de bolle in de grootste breedte of lengte door te snijden. Gelukt dit dan heeft hij de bolle gewonnen, mislukt het, dan moet hij het gebak betalen en heeft er geen deel aan. Men doet dit wel in herbergen, maar een dorpsbakker, al heeft hij geen herberg, is er ook op uit om zondagsnamiddags eenige rondslenteraars in zijne bakkerij te lokken en zoo het overgeblevene van zijn zaterdagsch baksel aan den man te brengen. Bij gebrek aan bollen kan eene niet al te zachte koeksoort ook dienen.

Terwijl men na afloop van dit spel nog wat zit te praten, vertelt de reeds bejaarde bakker: «Van mijn vader heb ik meermalen gehoord, dat in zijne jeugd hier in Friesland ook nog aan **klootwerpen** werd gedaan. Dit was het werpen om verst, met houten ballen, niet altijd van gelijke grootte. De kleinste waren bezwaard met lood, dat er in werd gegoten, waarvoor de bal op verschillende punten moest worden doorboord. Ook in dit spel waren uitmunters, die wel eens, van makkers vergezeld, een naburig dorp kwamen bezoeken en daar den bal ophingen om anderen tot een wedstrijd uit te dagen. Zulk een strijd kon eenige uren duren; ten slotte kon de winnende partij een hoog woord voeren en de verliezende zich troosten met: «hierna beter». Niet zelden was eene vechtpartij het besluit.

«Te Boornbergum, zoo vertelde de baas verder, heb ik als jongeling wel meêgedaan aan het **eierslaan**. De boeren in die streek houden gewoonlijk een groot aantal kippen. Deze leggen hunne eieren soms op afgelegen plaatsen, waar ze dikwijls in belangrijke hoeveelheden worden gevonden — wanneer ze reeds bedorven, dus waardeloos zijn. De jongelui gebruiken ze dan voor het eierslaan. Ieder medespeler legt een cent in, en de eieren worden op een rij, ongeveer twee voet van elkander, ieder in een hoopje los zand bedolven. Op een afstand van ongeveer vijftien schreden is de *meet*, waar men van uitgaat. Ieder op zijne beurt gaat op die meet staan,

krijgt een blinddoek voor, een stok in de hand en wordt dan door
zijne makkers driemaal in het rond gedraaid. Nu gaat hij op de
eiers los, maar neemt niet zelden een verkeerde richting, hij trapt
soms wel een ei stuk, maar dit geldt niet. Hij doet een slag met
den stok en, hetzij hij mis of raak sloeg, men neemt hem den
blinddoek af, een ander is aan de beurt. Zoo dikwijls er een ei
wordt stuk geslagen of getrapt komt er een ander voor in de
plaats, tot het voor één spel bestemde getal is opgebruikt. Wie
dan eerlijk in den blinde de meeste eieren heeft stuk geslagen, ontvangt den prijs, namelijk de ingelegde centen. Het **eiertrappen** is
weêr iets anders; het geschiedt ook met bedorven kipeieren of aan-
gezette eieren van kraaien of andere vogels. Zooveel medespelers,
zooveel eieren. Men maakt met het lot uit wie 't eerst enz. zal
trappen. De eieren worden in een rij op den grond gelegd, met
tusschenruimten van iets meer dan een voetslengte. De speler moet
langs deze rij loopen over de eieren stappende zonder er meê in
aanraking te komen, veel minder er een te breken. Mislukt hem
dit, dan is hij van het spel af. Volbrengt hij de wandeling naar
eisch, dan mag hij weêr meê doen op zijne beurt. Telkens wanneer
er een ei is stukgetrapt worden de afstanden tusschen de overblijvende vergroot. De baan houdt altijd dezelfde lengte. Heeft men
deze aanvankelijk af te leggen in zeer korte stapjes, ten slotte moet
men 't met een flinken aanloop in lange schreden doen; want men
mag tusschen twee eieren telkens niet meer dan één voet zetten.
Het is wel raadzaam zich bij het stappen van klompen of schoenen
te ontdoen; maar men waagt er dan een paar vuile kousen
aan! Het spel duurt tot alle eieren verbrijzeld zijn; wie de minste
fouten begaan heeft is winnaar. — Bij gebrek aan eieren voeren
jongens dit spel uit met hunne petten.»

Tegen den tijd van het veevoederen begeven de drie vrienden
zich weêr huiswaarts en na afloop van dat werk brengen zij in
gezelschap der vriendinnetjes den avond alweêr genoegelijk door.
Om negen uren krijgt Jetske vergunning naar bed te gaan, ook
omdat zij 's anderen morgens met de eerste schuit wenscht te
vertrekken, teneinde nog een paar dagen bij familie door te brengen.
En nu is voor de anderen de gelegenheid om drie vrijende paren
te vormen zeker al te geschikt om het niet te doen.

Des maandagsvoormiddags keert boer Douwe in zijn gezin terug.
Nu heeft hij veel te vertellen omtrent de bloedverwanten die hij

heeft bezocht en wat hij op zijne reis heeft gehoord en gezien. — Terwijl hij hiermeê het gezelschap onderhoudt, rondom de koffietafel gezeten, wordt de huisdeur geopend en eene flauwe muziek, snarenspel schijnt het te zijn, laat zich hooren. Het jongvolk stormt naar de deur; daar staat een reizend muzikant, een arme jongen, bespelende de «bonge op 'e stôk.» — Zijne muziek heeft niets bevalligs, maar het instrument, dat hij verklaart zelf te hebben gemaakt, moet men bekijken. Op een lange smalle reep hout, vóór ter breedte van den hals eener viool, achter wel eens zoo breed, is een varkensblaas vastgekneld door middel van vier snaren van bindgaren, waaronder op het midden der blaas (Fr. *bonge*) een houten kam is gezet, evenals op een viool, maar veel grooter. Met een lompe paardeharen strijkstok bespeelt de knaap de grove snaren, waaraan de knapste violist niet in staat zou zijn geweest zelfs de eenvoudigste zangwijs te ontlokken.

Als de jongen, na eenige centen ontvangen te hebben, is vertrokken, maakt men zich vroolijk over het koddige speeltuig, en dit geeft Douwe aanleiding tot de opmerking: «Op het gebied van muziek en zang hebben de friesche landlieden nooit uitgemunt, — *Frisia non cantat* [de Friezen zingen niet] zegt het oude spreekwoord — maar liefhebbers er van zijn er onder hen altijd geweest. In mijn jongenstijd vertelde mijn grootvader, dat hier in vroeger jaren een man reisde met een noordsche balk, een speeltuig met snaren, die hij tokkelde met een ganzenpen, terwijl het instrument op zijne knieën rustte.»

«O,» zeî Jelmer, nu begrijp ik waarom «Doaitse mei de noardske balke» zingt: *Mei de pin poen ik myn snaren* (met de pen tokkel ik mijn snaren).»

«Ik heb er eens over gesproken,» hernam Douwe, «met onzen ouden meester, die een knap muzikant is en veel heeft gelezen over allerlei dingen. Hij vertelde, dat de verschijning van het eenvoudige, daareven door Jelmer genoemde liederboekje [1]), friesche taal- en oudheidkundigen heeft aangespoord om te onderzoeken of de noordsche balk in Friesland nog bestaat. De drie exemplaren, in 't bezit van het Friesch Genootschap, zijn nog bij dorpsbewoners gevonden. Aan de ruwe bewerking ziet men dat zij gemaakt zijn door geen zeer kunstige werklieden. Het speeltuig, meest gelijkende naar

[1]) Doaitse mei de Noardske Bâlke. Frysk Lieteboek fen W. D. Voor 't eerst verschenen 1848.

een citer, is een holle doos van 101 cM. lang en 8 cM. diep, terwijl de grootste breedte 23 cM. is. In het deksel zijn twee ronde openingen waarin een vijfstralige ster is uitgespaard. Bij een van de drie is een lompe strijkstok, waaruit blijkt dat het ook strijkinstrument was, maar 't zal wel meest zijn getokkeld, ook met de vingers. Misschien evenwel is die strijkstok er toevallig bij, zonder er bij te behooren. — De metalen snaren, die op alle drie ontbreken, waren (minstens een vijftal) over de geheele lengte der doos gespannen en werden aangehaald of losser gemaakt door middel van houten pennen of schroeven als bij eene gewone viool. Het moet een oud noorsch speeltuig zijn, maar is ook in Scandinavie sinds lang in onbruik. In het begin der negentiende eeuw waren op IJsland nog slechts zeer enkele personen die het konden bespelen. »

«Nu,» zegt Pier: «ik meen wel eens gehoord te hebben dat hier in het land nogal knappe psalmzingers konden gevonden worden?»

«Dat er van deze kunst veel werk werd gemaakt is waar,» antwoordt Douwe. «Iemand die b.v. den 90sten psalm en nog enkele andere onberispelijk zuiver konde zingen gold voor een bekwamen zanger. Kende men de melodie van een psalm niet voldoende, dan moest men om haar te leeren eerst «sol-mi-zingen», met de noten en niet dadelijk met de woorden beginnen. Ik heb in mijne jeugd een man gekend die psalm 1 vers 1 uit het hoofd kon zingen «op noten en woorden tegelijk», zooals hij het noemde. Dit was in zijne schatting het toppunt van geestelijke zangkunst; het ging op deze wijs: .

Wel-sol za-la lig-sol hij-mij die-sol in-fa der-mij boo-fa zen-ré raad-ut
Niet-ut wan-mij delt-fa noch-sol opt-sol pad-la der-sol zon-mij daars-fa staat-sol, enz.

«Dat had ik toch wel eens willen hooren,» zegt Froukje lachend.

«Zeker zou het u allen zonderling in de ooren hebben geklonken,» vervolgt Douwe, «want de man sprak de lange i uit als ij. Dit deden in mijne jeugd nog alle ouderwetsche lieden. Mijn grootvader vertelde: toen hij schooljongen was noemden ze de q *kou*, de u *ou* en de w *dûbbel-ou*. Kwam het aan de letter l toe, dan heette het: «*De tsjommer toer is de langste*» de tjummer toren is de langste. — Genoemde kunstzanger, die les in het rekenen gaf en tevens dichter was, heeft een handschrift nagelaten, dat helaas (?!)

tezoek is geraakt. Het was eenig in zijne soort; niet minder dan
de spraakleer van Siegenbeek en Weiland in rijm. De titel
luidde aldus:

> Dit boek dat brengt ons wel ter zake
> De kunst van ons nederduitsche sprake.
> Het is just ook in rijm gesticht
> Door A. K. Prenting opgericht.
> Een werkman van de vroegere tijden,
> Nu een leermeester hier bezijden,
> Woonachtig op het Bildt omtrent,
> Te Vrouwen Prochie wel bekend.

De «van» Prenting had hij aangenomen omdat hij ook «*print-
sjeknipper*» was, d.i. kunstenaar in het maken van papieren knipsels met de schaar».

Onder deze gesprekken is het weêr tijd geworden voor het
middagmaal, dat bij de landlieden nog altijd met recht dezen naam
kan dragen. En als dit is afgeloopen maken ook de drie nog overgebleven uitvanhuizers aanstalten tot het vertrek. Na wederzijdsche
betuigingen dat men met veel genoegen bijeen is geweest, en volgaarne elkaar eens weêr zal zien, krijgen de jongelui een zakvol
zegenwenschen en groetenissen aan familie en kennissen meê op
reis — en zij nemen afscheid.

Uitvanhuis gaan en uitvanhuizers ontvangen kan men niet den
geheelen winter. Er zijn zelfs velen die er niets aan doen. Men
heeft dan ook altijd raad geweten om gedurende den wintertijd met allerlei huiselijke bezigheden den tijd te korten. De
boerenknapen, vooral in den greidhoek en de Wouden, leerden
breien en boendermaken. In waterrijke streken ligt het voor de
hand dat men aan het breien van netten doet. Sommigen hadden
eenige bedrevenheid in het snijden van messenhechten, pijpuitha-
lers en andere kleine voorwerpen van hout of been. Iemand die
fraaie voetstoven met snijwerk konde maken was iets knapper dan
gewoon, en ze zijn er nog die in dit vak zeer verdienstelijk werk
kunnen leveren. Was zulk een kunstenaar verloofd, dan vergat hij
niet een uitstekend mooie stoof voor zijn meisje te maken. —
Evenals elders was vroeger des winters het spinnen een dagelijksch werk der friesche vrouw. Boerendochters zoowel als dienstboden werden er in geoefend. Dit behoort thans voor goed tot
het verleden.

Friesche volksdracht uit het begin der negentiende eeuw.
Teekening uit de school van W. B. VAN DER KOOI.

Kleeding.

Een eigenaardige friesche kleederdracht bestaat er niet meer, behalve dat het oorijzer nog in gebruik is. Maar slechts zelden gebeurt het nog, dat welgestelde ouders hunne dochter een breed gouden «opzetten» zooals men 't noemt. Reeds voor jaren hebben vele getrouwde vrouwen dit hoofdsieraad afgeschaft en zij die zich nog tooien met oorijzer en floddermuts gaan daarbij overigens gekleed naar de mode van den dag. Het is met het oorijzer gegaan als met meer zaken: door overdrijving is het ten val gebracht.

Oorspronkelijk, in vroeger eeuwen, was het eenvoudig een halve ijzeren ring door de vrouwen om het hoofd gedragen ten einde het haar bijeen en in orde te houden, en met aan ieder einde een knopje, dat om het oor was gebogen. Men begon deze ringen, die ook «hoofdijzer» werden genoemd, vervolgens van zilver en nog later van goud te maken, terwijl van tijd tot tijd de vorm werd verfraaid. Thans heeft men smalle en breede oorijzers, zoowel zilveren als gouden. Ik geloof dat de breede eerst ontstaan zijn in het laatst der achttiende eeuw. Aanvankelijk was aan een breed oorijzer de beugel, die van blad tot blad het achterhoofd omsluit, niet breeder dan hoogstens 4 cM. In onze eeuw heeft men niet alleen dezen beugel, maar ook de bladen van tijd tot tijd verbreed. In de voorspoedige jaren tusschen 1840 en 1870 ontstond hierin een wedijver onder de weelderige, steeds rijker wordende boeren, en het oorijzer werd ten slotte als een nauwe om het hoofd sluitende gouden helm (twee ronde platen, verbonden door een beugel, die om het achterhoofd sluit) met boven eene opening die met een halvecent was te bedekken. Toen brak eene beweging uit ter afschaffing van het oorijzer. Zelfs werd de Schrift er bij aangehaald om te bewijzen dat men geen oorijzers dragen moest. Er was wel tegenkanting, maar de beweging ging voort; en toen weldra de zeer vette jaren werden opgevolgd door even magere, toen was menig huisvader er best meê ingenomen, dat 's lands wijze en 's lands eer hem niet meer noodzaakten tot het koopen van overdreven groote en breede gouden oorijzers voor zijne dochters. En nu stel ik mij voor dat er na verloop eener halve eeuw nog slechts enkele bejaarde vrouwen zullen zijn die oorijzers dragen.

In mijne kinderjaren leefden er nog oude lieden die de kleederdracht van het laatst der vorige eeuw aanhielden. Deze, hoewel in

24*

het hoofdzakelijke niet uitsluitend Friesch, had wel iets eigenaardigs.

De mannen droegen groote steken en ook platte driekante hoeden, zooals nog voor dertig jaren door predikanten werden gedragen. Het opperkleed van boeren en eenvoudige burgers was het zoogenaamde rokje, niet veel langer dan even over de heupen, van grijze of zwarte serge, bij uitzondering van zwart laken, zonder kraag en werd onder de kin vastgemaakt met haak en oog, terwijl de rij platte breede, met een zijden weefsel overtrokken knoopen, langs den zoom van het eene en de rij knoopsgaten langs den zoom van het andere voorpand, evenmin als twee dergelijke knoopen op ieder der vaste mouwopslagen dienst deden. Men droeg geen halsdoek of das, maar het tamelijk breede witlinnen hemdopzetsel, waarop met witte zijde bloempjes of vogeltjes waren geborduurd, omsloot den hals, vóór dichtgehouden door een paar holle, halfkogelvormige met gouddraadwerk versierde losse, gouden knoopen, iets meer dan 1 cM. in middellijn en vereenigd door een ringetje. Het rokje liep naar onder wijd uit en liet alzoo het grootste gedeelte zien van de twee rijen zilveren knoopen op den blauwgrijsof rooddamasten hemdrok. De knoopen waren meestal plat en achtkant, maar ook wel rond, ter breedte ongeveer van 2.5 c.M., terwijl op ieder een paardrijder, d.i. een man op een galoppeerend paard, in ruwe omtrekken was gegraveerd. Men had ook zilveren hemdrokknoopen in halvenkogelvorm. Deze waren van dezelfde grootte en bewerking als de gouden halsknoopen.

De op de heupen rustende korte broek, zonder draagbanden, was gewoonlijk van manchester (eene dikke fluweelsoort) en bij hoogtijden van laken; altijd zwart. De nauwsluitende pijpen werden om de knieën vastgehecht met zilveren gespen. De mannen droegen altijd zwarte kousen, gewoonlijk gestreept, maar in den rouw en bij kerkplechtigheden ongestreept. Op de lage schoenen hadden zij groote zilveren gespen, gebogen liggende over de geheele breedte van den voet.

De vrouwen droegen toen over het kleine, maar zware oorijzer, de zoogenaamde duitsche muts, een kantmuts met eene soort waaier naar voren, evenals de floddermuts een geplooiden sluier naar achteren over den nek heeft. Hierover droegen zij een soort strohoed, in Friesland *kape* (kap) genoemd, met een klein bolletje en een naar voren en ter zijden uitloopenden rand van wel een halven meter breedte. Een keelband aan het bolletje werd onder de kin vastge-

Kleedij en hoofdtooi der Friesche dames in het begin der negentiende eeuw.
Naar de schilderij van W. B. v. D. KOOL. 1823.

maakt met gouden haken, en een tamelijk breed gekleurd zijden
lint, aan beide zijden van den rand vastgehecht, hing neder tot
op de hoogte der borst. Hieraan kon men de hand slaan om het
gevaarte in evenwicht te houden. De breede rand was gevoerd en
omboord met bontgekleurd chits; in den rouw met eene donkere stof.
Het nauwe, keurig sluitende jakje met korte mouwen, wier om-
gebogen groote puntige opslagen *baerge-earen* (varkens-ooren) werden
genoemd, was boven zeer laag uitgesneden, teneinde den oost-
indischen bonten halsdoek te doen uitkomen. Hierboven schitterde
het met echte gitten of donkerbruine glazen koralen bezette gouden
kroontje, waaraan twee of drie strengen bloedkoralen om den hals
waren gehecht. De doorschijnende witspenalen wanten, waarmede
de armen waren overtrokken, werden opgehouden door sneeuwwitte
even onder de jaksmouwen uitkijkende ondermouwtjes, met boordjes
er om en kleine gouden knoopjes er aan. De lange punt van het
nauwe keurslijf, waarom het jak sloot, reikte over het voorschoot
en was voorzien van een gouden punthaak. Deze diende waarschijnlijk slechts ter versiering. Was in deze kleeding het bovendeel der vrouwen zeer tenger, onder hadden ze de noodige breedte.
Het was de tijd der hoepelrokken. Aan iedere zijde was op de hoogte
der heupen een halve ijzeren hoepel horizontaal opgeheven, waarop
de rokken rustten, die verder recht nederwaarts hingen. Was de
vrouw in de pronk, dan droeg zij een smal bont kleingeruit voorschoot,
zoodat men aan de eene zijde de zilveren beugeltasch en aan de
andere het zilveren bras kon zien hangen. De eerste was een niet
te kleine tasch van bonte stof, trijp of chits, met voering van gekleurde zijde met een beugel of sluiting van zilver, zoo breed en
lang mogelijk en met drijf- of graveerwerk versierd. Het een met
het ander geleek meest naar eene portemonnaie in het groot. Door
een zilveren keten, waaraan een platte breede zilveren haak, kon
zij tusschen de kleederen worden vastgehecht. In de tasch had de
vrouw, behalve haar zakgeld, gewoonlijk een zilveren naairing en
reukdoosje (lodderijn-doosje, eau-de-la-reine-doosje), waarin een
sponsje, dat met reukwater werd gedrenkt eer men van huis ging.
In de kerk liet eene vriendelijke vrouw onder de hoorderessen,
die met haar op eene rij zaten, dit doosje van neus tot neus gaan,
evenals op eene visite de groote romer met drank, zoo niet de
brandewijnskop, van mond tot mond ging. Ook de zakdoek had
zijne plaats in de beugeltasch en verder al wat de vrouw daarin

verkoos te bergen. — Het zilveren bras, ook het zijdzilver genoemd, bestond uit een fraai bewerkten naaldenkoker, een schaar met fraai bewerkt zilveren handgreep en een met rood trijp overtrokken speldekussen gevat in een breed zilveren ring met uitgesneden randen. Ieder dezer voorwerpen hing aan een dubbele zilveren ketting van ongeveer een halven meter lengte, welke kettingen boven waren vereenigd aan een zilveren haak, gelijk aan dien der beugeltasch. Ook de vrouw droeg gekromde schoengespen op den voet, maar kleiner dan die der mannen. Kwam eene vrouw voor den dag met grijze kousen, dit was geene zeldzaamheid, maar het werd aangezien als een teeken van pronkzucht.

Een zeer eigenaardige kleederdracht hadden nog tot in de eerste jaren der negentiende eeuw de vrouwen te Hindeloopen, vroeger zeer waarschijnlijk ook die te Staveren en in de nabijgelegen dorpen. Althans een hindelooper meisje werd, als zij zes jaar was geworden, getooid met het *staivers-haed*, staverensche hoofd, hier kapsel. Haar hoofdhaar werd dan naar voren gekamd met een scheiding in het midden, en aan elke zijde doorvlochten met een langen witten band. Deze vlechten, waarover nog een witten haarband van drie oude ellen lengte, werden netjes op de kruin gekronkeld of als een krans om het hoofd gelegd en gedekt met een mutsje van oostindisch bont. Verder droeg het kind over hoofd en ooren een breed zijden lint, soms doorweven met goud en zilver, dat de aan de muts gespelde dunne paardeharen kunstlokjes een weinig zichtbaar liet. — Op veertien- of vijftienjarigen leeftijd werd het *staivers-haed* vervangen door den breeden gesteven hoofd- of zondoek met nederhangende slippen en op bijzondere wijze geplooid. — De overige kleeding was verschillend naar den tijd van het jaar. 's Winters droeg men over het onderste keurslijf van laken of andere wollen stof, met mouwen van zware gebloemde zijde, verschillend van kleur en met wollen voering, een zwart bratten keurslijf zonder mouwen, onder de borst geregen met rooden of gelen — in den rouw zwarten zijden veterband ter lengte van acht tot tien oude ellen. De hiervoor gebruikte gouden rijgpen werd aan de bovenste sluiting, bij ongehuwden ter linker-, bij gehuwden ter rechterzijde bij den veter ingestoken alzoo tot sieraad dienende, soms ook vervangen door een grootere, torentje genaamd, voor 't gebruik ongeschikt. De boezem, door het overlijfje opengelaten, werd geheel bedekt door een tot aan de kin reikend vier-

ZEL JE SO KLIJD NEI MOKAERUM TO PIKJEN?
(ZULT GIJ ZOO GEKLEED PER PRIKSLEEDJE NAAR MOLKWERUM GAAN ?)

OUD-HINDELOOPER VROUWENKLEEDING.

kant lapje van geruit oostindisch bont, dat aan den hals een smalle zwarte boord zichtbaar liet, waaraan bij ongehuwden links, bij gehuwden rechts een rood streepje. — Het bovenkleed bestond in een jakje met lange mouwen en korten schoot, van voren open en los zoodat rijgsel en voordoek zichtbaar bleven. Des zondags had het een langen schoot en was van 't fraaiste chits, soms met zilver- en gouddraad doorweven. In den pronk hingen de beide punten van den zondoek niet plat, maar omgekromd naar beneden, en droeg men vóór het voorhoofd een gouden, enkele een juweelen haarnaald, bij ongehuwden met het breede einde naar de rechter-, bij gehuwden naar de linkerzijde. — De zeer wijde aan het boveneinde geplooide wollen bovenrok was altijd zwart, en hieronder droeg men een rok van rood of karmozijn laken, beneden omzoomd met een breede zwartfluweelen strook. Als voorschoot droeg men dagelijks een blauw wollen boezelaar met een bovenstuk van oostindisch bont, een vierde el breed; 's zondags een bonten boezelaar met zijden banden van gelijke kleur. Ter rechterzijde hiervan hing een zilveren, soms gouden beugel met zijden tasch; ter linkerzijde droegen ongehuwden aan een zilveren haak en ketting een half-zilveren schaar, een zilveren doosje, een in zilver gevat speldekussen enz. Na het trouwen werd dit tuigje vervangen door een zilveren ring met sleutels. — Van het voorjaar tot het najaar liep men in de mouwen, van het najaar tot het voorjaar in het jak, 's Zomers werd bovendien het wollen onderst keurslijf vervangen door een dergelijk van chits, ook met chitsen mouwen, gevoerd met fijn linnen.

Des dinsdags vóór den zondag, waarop een meisje in de kerk zoude trouwen, werd zij getooid met de bruidsvlecht of het wit-snoer, bestaande in een band om het hoofd, het haar gevlochten met band, eene muts met opening er bovenin, waarop het gevlochten haar opgerold werd gelegd; hier overheen de voorvlechter van zwaar linnen met rood laken overtrokken en zwaar bestikt, die voorovergebogen zat en van achteren een driekant flipje met tandjes had. Twee zwarte lokken hingen aan iedere zijde der oogen; twee losse vlechten van zwart garen en wit lint, in elkander gevlochten, werden beneden om den voorvlechter rondgelegd en eindelijk een fraaie doek als een sluier om het hoofd geslagen. Deze sluier was van fijn kamerdoek met breede zoomen aan wier punten, aan beide zijden van het hoofd, kleine witte «akertjes», (van garen gevlochten kwastjes) werden gehangen. Overigens droeg de bruid het gewone pronkgewaad; alleen op den trouwdag was het lange jak zwart en de borstlap van rood laken. — Eerst op den dinsdag na het trouwen werd de bruidstooi afgelegd voor het kleed der getrouwde vrouw. Nu werd de voorvlechter overtrokken met zeer fijn fransch kamerdoek en van boven met kantwerk gesloten. De gewone zondoek, hier overheen gelegd, was eenigszins grooter en meer schuins gericht dan vóór het trouwen.

De kleeding der hindelooper mannen verschilde weinig of niet van de algemeene dier dagen.

Winkels en magazijnen opgepropt met allerlei manufacturen waren voor honderd jaren en wat later veel minder talrijk dan thans. Een winkel waar hoofdzakelijk mannenkleedingstoffen werden verkocht noemde men toen lakenwinkel en de man die aan het hoofd er van stond, lakenkooper. Deed men meest in vrouwenartikelen, dan had men een bontwinkel. Onder «bont» verstond men vrouwenkleedingstoffen in allerlei kleuren. In vele dorpen waren winkels, waar men beide verkocht; dan had men een kleedingwinkel (Fr. *klaeijingswinkel*). De baas van zulk eene zaak ging meestal met een groot, zwaar pak op den rug zijne waren bij de boeren rondventen, terwijl de vrouw tehuis den winkel bediende. Eene vrouw ging ook wel «met de bontkorven loopen». Zij sjouwde dan met twee manden, hoog opgeladen met vrouwengoederen, aan een juk bij de boeren rond. Zulk een man noemde men pakdrager, ook wel pakkoopman en ter onderscheiding van anderen Klaas Pak, Douwe Pak, Pier Pak, enz. Zulk eene vrouw, bontvrouw (Fr. *bontwijf*) geheeten, ontving allicht den naam van Trijn Bont, of Lutske Bont.

De duitsche lapjeskooplieden, waarmede Friesland thans zoo rijk gezegend is, waren voor honderd jaren of iets vroeger nog onbekend. Heb ik het wel, dan was Hans Hannekemaaier de stamvader van dit geslacht. De grasmaaiers uit Westfalen, Hannover en aangrenzende streken, die elken zomer Friesland in menigte kwamen bezoeken, schenen op te merken, dat het linnen, hier te lande door de dorpswevers voor de boerenvrouwen vervaardigd, veel grover was dan de beste soort in hun land. Sommigen hunner brachten, als zij kwamen grasmaaien, een of meer stukken fijn doek mede en verkochten het aan de boerinnen, die er zeer op gesteld bleken te zijn. De leepsten dezer «Buben» (van welk woord de Friezen *poepen* maakten) begrepen spoedig, dat met den linnenhandel meer te verdienen zoude zijn dan met grasmaaien, — en zij werden venters met fijn doek, waarbij zij vervolgens ook andere kleedingstoffen voegden. De friesche landlieden noemden hen fijndoekdragers. Er waren toen ook kousendragers (*hoasdragers*) die gebreide wollen artikelen en wollen garen, en dekendragers (*tekkendragers*) die beddedekens en aanverwante artikelen verkochten. De opgenoemde benamingen waren eigenlijk zondagsnamen. In de volkstaal heetten die mannen — altijd in hunne afwezigheid — *fyndoekspoepen, hoaspoepen* en *tekkenpoepen*.

Voor vijftig jaren nog droegen deze kooplieden, meestal forsch gebouwde mannen, een groot, zwaar, boven het hoofd uitstekend pak op den rug, om de klanten onmiddellijk te bedienen. Op den dikken stok, waarvan zij altijd voorzien waren, was met kerfjes de oude friesche ellemaat gesneden, terwijl zij, om aan den eisch der wet te voldoen, eene geijkte halve nederlandsche el bij hunne goederen in het pak hadden.

De nakomelingen dezer mannen begonnen zachtjes aan «ganz grossen Herrn» te worden; het sjouwen met zware pakken schaften zij af en gingen met monsters en stalen bij de klanten rond. Dit had het voordeel, dat zij grooter verscheidenheid van artikelen dan vroeger konden aanbieden, iets wat bij de toenemende weelde onder de landlieden zeer wel te pas kwam. De drie genoemde vakken werden toen ook vereenigd en alleen de naam *fyndoekspoep* is tot op den huidigen dag blijven leven. Toch nadert deze ook zijn einde; men noemt de heeren nu meestal lapkekooplui of *lapkepoepen*.

Een ouderwetsche pronkkamer.

Ouderwetsche pronkkamers kon men ook vóór zestig jaar of iets later in sommige boerenhuizen nog te zien krijgen. Het zoogenaamde middenhuis, de keuken der boerderij, is nog bij vele boeren het dagelijksch woonvertrek. Hieruit kwam men in een naar voren loopenden gang, die aan het einde in den gevel de lijkdeur had. Tegen deze deur van binnen stond gewoonlijk een zoogenaamde schotelbank, een breede kast, onder gesloten met deurtjes, boven open, in den trant van een winkelopstand. Onder was de bergplaats van potten, pannen, ketels enz. die men niet dagelijks gebruikte. Boven waren op en aan de planken allerlei blank geschuurde voor-

werpen te pronk gezet en gehangen, zooals: koperen lampen, olie-
kannen, peperbussen, tinneborden, pannekoekbakkersgereedschap,
haardkettingen, tangen, enz. Grof glas en aardewerk prijkte daar
meestal tusschen in. In dezen gang was de deur der voor-, zegge
pronkkamer. Op deze deur stond wel niet geschreven: «trek uwe
schoenen uit, want de plaats waarop gij treedt is heilige grond,»
maar een timmerman of schilder, die geroepen werd om in die
kamer iets te verrichten, had wel te zorgen er ongeschoeid binnen
te gaan. De vloer van roode, gele of groene estrikken of tegels,
was in den gang langs het midden gedekt met een lange smalle
spierwitte dweil evenals een looper, maar in de kamer geheel belegd
met fijne biezen matten. Dit was voor zestig jaar nog nieuwerwetsch.
Thans zijn reeds sedert vele jaren tapijten en karpetten algemeen
in gebruik. Vroeger legde men hier en daar op den naakten steenen
vloer fijne witte dweilen, bv. voor de deuren en voor de meubels,
en verder waar 't pas gaf. Deze dweilen werden bij het gebruik
der matten niet afgeschaft, men legde ze toen over de matten heen.
Tegen den binnenmuur, waarin de deur was, stond eene groote
eikenhouten kast, met fraai gesneden pilaren en met veel snijwerk.
Het slotplaatje op een der deuren was van zilver. Op de kroonlijst
dezer kast waren vijf roodbont geschilderde porseleinen «stelten»
geplaatst. Ik geloof dat het woord *stelt* eene verbastering is van
stel. Het was nl. een stel van vijf vazen van welke drie den vorm
hebben van vazen, maar de twee andere hooge en naar evenredigheid nauwe bekers zijn. Men had ze van porselein, rood- of
blauwbont beschilderd, en ook van aardewerk; deze waren meestal
blauwbont. Tusschen de kast en de kamerdeur hing de stoeltjeklok,
eene hangklok aan weêrszijde van de wijzerplaat versierd met een
tamelijk grooten bontpapieren waaier met goudpapieren rand. Onder
de klok stond een groen geschilderd houten staketsel niet breeder
en wijder dan de klok zelf, ter bescherming van de nederhangende
gewichten. Boven de kamerdeur hing een panrek, een houten, met
bloemen en loovers beschilderd rek, waarop twaalf fraaie, allen gelijk
geschilderde porseleinen borden (fr. *pannen*) pronkten. In een boeren-
keuken had men destijds ook veelal een panrek, voor de steenen,
tinnen, blikken en houten borden, in dagelijksch gebruik; evenzoo
een lepelrek.

Tegenover genoemden binnenwand der pronkkamer was de buiten-
zijmuur, waarin twee vensters. De gevel, aan weêrskanten van den

schoorsteen, had veelal ook een of twee vensters, doch niet altijd. De buitenblinden of luiken bleven meest gesloten, want nauwlettende vrouwen merkten op, dat bij helderen zonneschijn in een lichtkolom, die door eene reet naar binnen dringt, ontelbare uiterst fijne stofdeeltjes wriemelen. Dit deed haar gelooven, dat de zonneschijn dat stof aanvoerde of tenminste in opschudding bracht. Kamerdoeksche glaskleeden (gordijnen) met fijne franjes langs den benedenzoom, en gazen onderkleedjes hingen voor de niet zeer groote vensters met kleine ruiten. Moest de kamer eens worden bekeken, of had men er iets te doen, dan werd er vooral niet meer licht gemaakt dan hoog noodig was. Tusschen de ramen hing of liever stond, een weinig voorover, op een paar in den muur geschroefde platte, verguld looden knoppen met verheven werk, een tamelijk groote spiegel met hollen in het glas geslepen rand, en in eene smalle, een weinig gebolde bruinhouten lijst, boven gebogen en gesierd met een zoogenaamde kroon, een uit hout gesneden vaasje, waaruit gebladerde ranken op- en zijwaarts gingen. Onder den spiegel hing in vergulden lijst en achter glas, eene kleine letterprent in boekdruk. Hierop las men:

's Waerelds Loop.

De Redelijkheid is uit de Waereld gereisd. De Oprechtheid slaapt. De Vroomheid heeft zich verstoken. De Gerechtigheid kan den Weg niet vinden. De Helper is niet tehuis. De Liefde ligt krank. De Goedaardigheid zit gevangen. Het Geloof is merkelijk veranderd. De Deugd loopt bedelen. Het Krediet is verminderd. Het Geweten hangt aan den wand.

Het Geduld overwint alles.

Aan iedere zijde van den spiegel hing eveneens eene omlijste prent; het waren gekleurde kopergravures ter grootte van ongeveer 21 bij 17 cm., in de volkstaal bekend als: «De goede en kwade man en vrouw.» Zie hiernaast wat zij te lezen gaven en op welke wijze.

Op eene andere plaats hing nog eene soortgelijke versiering, een «Eeuwigdurende Almanach» met verschillende maand- en dagcijfers.

Tegen den gevelwand naast den haard stond een theekast van notenhout; beneden ingericht als kastje voor linnengoed en kleine kleedingstukken, boven een glazenkast, waarin van allerlei te pronk gezet. Aan de andere zijde van den haard hing nog een theekast, in zooverre gelijk aan de andere, dat alleen het benedengedeelte ontbrak; daarom was dit een «hangende» theekast, en men noemde het meubel aldus, omdat hetgeen er in ten toon werd gesteld voor 't meerendeel behoort tot wat men begrijpt onder den algemeenen naam «theegoed», als: trekpotten, roomkommen, kopjes en schoteltjes, theebussen van porselein met zilveren dop of geheel van zilver, verlakte of zilveren theetrommeltjes. Ook de brandewijnskop had daar zijne plaats en evenzeer eene bontgeschilderde porseleinen koe met vergulden horens en een dergelijk paard met vergulde hoeven en staart. Aan de vergulden randen der witte kastplankjes hingen met strikjes van zijden lint, zilveren geboortelepels en roomlepeltjes, een zilveren rinkelbel, en bij een kaatsersbaas, als zegeteekenen zijner bekwaamheid, zilveren ballen.

Onder de hangende theekast was een stevige latafel geplaatst, een kastje, langwerpig vierkant, met gebuikte voor- en zijwanden, ter hoogte van eene tafel en met drie laden, en daarover een wit kleedje gespreid, waarop weder van allerlei werd te pronk gezet.

Hiernaast stonden eenige fraai besneden stoven opgestapeld, de bovenste was de kerkstoof der vrouw, met koperen hengsel en koperen knopje aan het deurtje. Want voor een kerkstoof moest een deurtje zijn, anders zou men niet altijd zonder gevaar er meê over straat kunnen gaan. Een steenstoof was er ook bij. Deze had tot deksel een los in een raam liggenden steen van hetzelfde fabrikaat als de muurtegeltjes, blauw beschilderd met een bijbelsch tafereel, of een landschap met vee, en in ieder der vier hoeken een hartvormig en in het midden een rond gat. Ook deze stoof had een hengsel, omdat zij wel dienst deed als kerkstoof voor den man. Niet ver vandaar stond eene fraai verlakte blikken of, als de

Die trouwt een echte Vrouw   Die niet zijn vrouw bemint
Die zich niet eerlijk houdt   Zijn naam gelooft my vry

Hij die dit leest

EEN GOEDE MAN

of komt te aanschouwen

Zorgt	Bemint		Die dit ziet		Van	Leeft
voor zijn	zyn		en goed kan lezen		elk	braaf en
Kroost	Wyf		Moet niet van		bemind	Bly
			de dwaaste			
Troost	Gekyf		wezen.		Vrind	vry
weinig	veel				vindt geen	Last nooit
Geeft	Maakt				Die	van

Die zal zich wel

EEN KWADE MAN

Aan 't beste houen.

Heeft zelden veel berouw   Is ook niet Godes Vrind
Op 't laatst zyn Ooren klouwt   Is pest der Maatschappy.

Die Mensch is pryselyk   Die 't Huwelyk blameert
Hy doet ook wyselyk   Die Overspel hanteert

Die dit beschouwt

EEN GOEDE VROUW

En wel in ziet

Een	Een		Die dit		Een	Die
dierbaar	groot		versje goed kan		Steun in	wordt
Pand	Pleisier		lezen Moet gewis		Huis	geacht
			geen domoor			
brand	dier		wezen.		Kruis	veracht
Stoke-	Monster-				droevig	wordt
Een	Een				Een	Die

Die vindt vermaak

EEN KWADE VROUW

Of groot verdriet.

Die eene Vrouwe trouwt   Die is een Dwaze Zot
Die zich steeds Eerlyk! houdt   Doet tegen Gods Gebod

dorpstimmerman een kunstenaar was; een min of meer fraai besneden houten theestoof, waarin een groengekleurd steenen komfoor met een koperen schenkketel er op.

Was de haard in zomerrust, dan waren plaat en standijzer glanzend zwart geverfd. Het haardscherm, een staand bord van minstens 1 M. hoog en half zoo breed, dat, als er gestookt werd, aan de eene zijde van het vuur stond om het dwarrelen van den rook te beletten, en tevens dienst te doen voor droogrek, stond dan op den haard vóór het standijzer. De groote wijde schoorsteenmantel was omkranst met een geplooid schoorsteenkleed van bonte stof (rabat), ongeveer 2 dM. breed. Daarboven, op de lijst van den schoorsteenmantel, pronkte eene rij bonte borden, waarvóór eenige dergelijke kommen (Fr. *koppen*) waren geplaatst.

Dezelfde versiering zag men ook op de lijst (Fr. *richyel*) boven de bedsteden aan de zijde der kamer tegenover den haard. Aan de bedschutting hingen bovendien nog fraaie kommetjes of schaaltjes, in wier voet men een gaatje had geboord om ze aan een touwtje te kunnen ophangen. Groen saaien gordijnen met rabatten, waaraan franjes van een iets lichter groene kleur, hingen voor de bedsteden. Van de eene bedstede waren die een weinig opengeschoven; daar achter stond het bankje of trapje, wegens de hoogte der bedsteden noodig om op het bed te klimmen. Over het bankje waren gedeeltelijk ontvouwen beddelakens gehangen, het een iets lager dan het ander, zoodat de figuren en letters, met zwart zijdegaren daarop geborduurd, allen te zien waren. Verder was het bankje bijna tot aan den zolder opgestapeld met kussens in hagelwitte sloopen, evenzeer versierd met zwart borduursel, terwijl de doorschijnende breede naad (*binwirk* = binnenwerk) even het degelijke gestreepte tijk liet zien. Dit heette het pronkbed. Van de kostbare dekens die aan weêrskanten van het bankje lagen opgevouwen, kon men niet veel zien; van het bed zelf nog minder. Dat toonde de vrouw alleen aan bijzondere vriendinnen.

Tusschen de twee bedsteden was een holle kast, de spijskamer. In een huishoudkamer diende zij ook voor provisie- en bij lieden met slechts eene kamer, tevens voor pronkkast. In de pronkkamer was die kast van binnen dikmaals helder rood geschilderd en gevuld met meest niet zeer kleine voorwerpen van porselein-, glas- en aardewerk, koper-, tin- en blikwerk, maar zij diende ook daar nog wel voor spijskamer. De vrouw bewaarde daarin trommels, kruiken,

flesschen en allerlei lekkernijen, die alleen bij bijzondere gelegenheden, bv. visites, werden opgedischt. Men fluisterde dat sommige
vrouwen in haar eentje in de halfdonkere kamer daarvan ook wel
eens wat smulden.

Gedraaid houten stoelen, bruin gekleurd en geglansd, met fijne
biezen matten, met rechtopstaande rugleuningen en vaasjes op de
opstokken, voltooiden, met de langwerpige vierkante tafel op kantige
pooten, het ameublement. De oude tafel met dikke gedraaide pooten
was reeds naar het middenhuis verplaatst voor dagelijksch gebruik.

De kamer was geheel opgezet met muurtegeltjes, «steentjes» genoemd, of, minder kostbaar, slechts ter halver hoogte en dan verder
met kalk gepleisterd en gewit, of alleen dit laatste. Maar onder den
schoorsteen had men altijd van onder tot boven tegeltjes; deels
wit, deels met schilderwerk in blauw. Op de oudste soorten ruw
geschetste bijbelsche tafereeltjes, op de lateren, ter weêrszijde van
het standijzer, hier een springend paard, daar eene koe of een hond en
eene kat, ieder geschilderd op zes steentjes. In een der kruispunten van
deze zat niet zelden een blankgeschuurde koperen knop, om daaraan haardgereedschap te hangen. De «groote kast» was voor zestig,
zeventig jaar in een boerenpronkkamer reeds eene zeldzaamheid en
meest vervangen door het kabinet. Heeft dit boven een paar deuren en
beneden drie laden, de kast had slechts eene lade, maar stond ook
op veel hooger pooten dan het kabinet. Beide hadden evenwel
achter de deuren planken en laadjes. Het benedenste vak is gevuld
met saamgevouwen mans- en vrouwenkleedingstukken, voor 't meerendeel behoorende tot het zondagsgewaad, maar ook die men
alleen draagt bij gelegenheid van avondmaalsviering of op eene begrafenis. De middelste twee vakken zijn beladen met rolletjes
linnengoed, alles hagelwit, gedeeltelijk beddegoed, gedeeltelijk lijf-
dracht, doch het meeste is ongebruikt. Het vrouwelijk personeel
spint gedurende den winter vlas. In het voorjaar laat de vrouw een
stuk doek weven, en is dit gebleekt, dan worden er steeds nieuwe
beddelakens, kussensloopen, hemden enz. gemaakt. Deze worden
fraai benaaid, zooals men 't noemt, d. i. met gitzwarte boompjes, mannetjes, vrouwtjes of koetjes en schaapjes en letters voorzien — en
dan bij het oudere in de kast geborgen. Eenmaal 's jaars, na afloop
der groote schoonmaak, wordt dit alles gewasschen en in de frissche
buitenlucht gedroogd. Dan hangt het voor ieders oog te kijk, en
menige vrouw bewondert den prachtigen voorraad. Daarna ver-

dwijnt het weêr in de kast. — Het linnengoed ligt op de planken zoover achterwaarts, dat de met zilver beslagen kerkboeken hunne plaats er vóór kunnen hebben. Evenzoo het gouden horloge van den boer en andere zaken van waarde. En dan bleef er achter het linnen op de planken ook nog ruimte over. Men hoorde in die dagen wel zeggen: «Die lui hebben wat achter 't linnen.» Een boer kende toen geen effecten. Spaarde hij wat, dit werd in tonnetjes, doosjes of zakjes achter het linnen in de kast of het kabinet geborgen. — Op de bovenste plank is niet veel ruimte, maar daar liggen, wat verder achterwaarts geschoven, toch ook nog rolletjes goed, die met spelden schijnen vastgehecht. Dit is het «leggersgoed» of «doodgoed» — voor ieder lid des gezins het laatste gewaad.

Spijs en drank.

De geschiedschrijvers melden, dat de strandbewoners onder de oudste Friezen zich voedden met de eieren van zeevogels en met een schraal soort van boonen, die in de dorre zandduinen opschoten, en dat tot in de middeleeuwen, het gewone voedsel van den armen Fries bestond uit haverbrij en haverbrood, terwijl de rijke zich op roggebrood vergastte; gerstebier, mede, honigwater en appelwijn waren zijne dranken. Slechts bij misgewas werden vleesch en melk gebruikt. Over die tijden spreek ik hier niet.

In het «dagelijksch eten» is veel verandering gekomen, ook nadat in het laatst der achttiende eeuw de aardappel algemeen in gebruik kwam. Voor dien tijd waren rapen en wortelen (peenen), erwten en boonen de meest gewone spijzen. Rapen en wortelen werden fijngesneden en gekookt met spek of vleesch er in. Bij het opscheppen werd het laatste er uitgenomen en onder de aanzittenden door den huisvader (ook wel door de moeder) verdeeld. Men had niet een bord om uit te eten (Fr. *itenpanne*) vóór zich, maar een gedraaide houten schijf met een middellijn van nagenoeg 1.5 d.M., waarop men zijn spek of vleesch kon leggen. Die houten schijven, bij de friesche landlieden «tafelborden» genoemd, werden door duitsche venters verkocht met nappen, houten lepels, enz. Ieder eter kreeg een tinnen lepel met rond blad en hiermeê kon hij uit den algemeenen schotel scheppen naar hartelust. Of hij ging «eten op zijn oud friesch», d.i. met de tien geboden. Wilde hij zijn spek of vleesch klein snijden, dan diende hij zelf van een mes voorzien te zijn. Nu ja, ieder droeg in dien tijd een goed zakmes bij zich. Nog voor dertig jaren was in Hennaarderadeel en elders het gezegde: «Hij zal vandaag het mes bij den boer op tafel leggen» algemeen gebruikelijk als iemand uit eten ging naar een boer.

Groene en witte erwten at men op dezelfde wijze; hierin werd veelal gerookt spek gekookt. Grauwe erwten gebruikte men wel met uitgebraden dobbelsteentjes spek, die met het vet daar over werden gestrooid, terwijl het volk at. Evenzoo at men ook duiven- en paardenboonen, maar de laatste waren in minachting. Een boer die zijn volk daarop wat veel onthaalde, kwam in opspraak. — Op feestmaaltijden had men wel grauwe erwten gekookt met rozijnen. Groene erwten met gesmolten boter besproeid, golden ook voor een lekkernij. Evenzoo gort met rozijnen er in gekookt. Eenvoudig gort met vet en stroop, ook wel met dobbelsteentjes spek, behoorde tot de dagelijksche spijzen. Zeeuwsche witte boontjes met boter en suiker was in den zuidwesthoek van Friesland een gastmaal.

Arme lieden aten wel *grienmank*, d.i. letterlijk vertaald, groen mengsel. In koude winterdagen, als er gebrek werd geleden, gingen arme huisvaders, voorzien van een zak, langs de boeren om een middagmaal op te schooien. Dan gaf de een hem een schep groene erwten, de ander witte, de derde grauwe, de vierde een schep boonen. Dit een en ander kwam door elkander in den zak, werd ook door elkander gekookt en gegeten, en deze spijs werd «grienmank» genaamd. Het eigenlijke «grienmank» was het gewas van een veld, dat met erwten en boonen door elkander bebouwd was; de stevige boonenstengels dienden dan tot steun voor de zwakke erwtenplanten: de naam ging van het gewas over op de vrucht. Die dit schooiden werden, ter onderscheiding van bedelaars van beroep, warmmaalloopers genoemd. In later tijd paste men dezen naam toe op rondreizende fijne kwezels, die bij vrome lieden op een goed middagmaal aasden en daarvoor zalvende redeneeringen en lange gebeden in ruil gaven.

Groote boonen, ook slofferboonen genoemd, at men zoowel in den winter als in het voorjaar, wanneer ze nog nieuw en groen waren. En toen vorken bij het landvolk nog tot de onbekende dingen behoorden, maakte ieder op eigen hand, voor het eten van groote boonen, een gepunt stokje gereed, waaraan men in één prik twee, drie of meer boonen kon rijgen om ze zoo naar den mond te brengen, na ze in vet en wat mosterd te hebben gedoopt. Potstruif

was vooral bij het boerenwerkvolk een geliefde spijs. Het werd
bereid uit boekweitengort in melk gekookt en met boekweiten-
meel aangemengd tot het zoo stevig was dat het als een berg in
den grooten schotel kon worden opgehoopt. In dezen berg maakte
de vrouw een kuil die met vet werd gevuld. Soms kwam er stroop
bij. Soms had men ook «lollumer stip» en men kreeg spek of
vleesch op het bordje. Het was ook hierbij weêr «schep op maar»
en iedere lepelvol werd in den kuil gedoopt. De vrouw zorgde dat
deze steeds voldoende gevuld bleef. Men begrijpt dat bij deze wijze
van eten een ronde of achtkante tafel, zooals men toen veel had,
geschikter was dan de langwerpig-vierkante van later tijd.

Behoeftige huismoeders maken wel potstruif van enkel meel in
kokend water geroerd. Dit noemt men «gloeiend meel», schertsend
«gloeiende dauw» en ook «luiewijvenkost». Eene dergelijke goedkoope spijs voor arme lieden is «roggenprip», eene potstruif van
ongebuild roggemeel in water gekookt.

Pannekoeken behoorden niet tot den dagelijkschen kost maar
waren reeds eenigszins een lekkernij. Op een oogstmaal of bij dergelijke gelegenheden onthaalde de boerin het werkvolk er op met
sneedjes spek er in gebakken. Anderen aten ze zonder spek, met
wat vet en stroop, ook wel met boter en suiker, maar dan was
het wel degelijk eene lekkernij. Toen men nog geen vorken kende
sneed de eter een pannekoek mét het mes en dan moesten duim
en voorvinger der linkerhand te hulp komen.

Na erwten en boonen at men bij den boer meestal brij. «Eerst
brij en dan erwten, dat deugt niet,» zeide men spreekwoordelijk
als iemand eene zaak verkeerd aanving. En men had in het begin
der negentiende eeuw een liedje dat aldus begon:

Als hier een pot met boonen stond   En daar een pot met brij,
Ik wist wel wat ik kiezen zou   De boonen of de brij.
Ik zou de boonen laten staan   En met de brij naar bed toe gaan:

Wel te verstaan, na ze gegeten te hebben.

Men kookte brij van melk of karnemelk met gort of meel. In
de warme zomerdagen gebruikte men ze koud en dan had men
ook wel «sûpe en stút». Dit was koude karnemelk met broodjes
van roggebloem, die men «stúten» noemde, er in gebrokt, en wat
stroop er door geroerd. In den voorwinter, na den slachttijd, had
men *pânsebrij*, brij met koepens er in. In lappen goedgereinigde
koepens benaaide men gort, en deze bundels wierp men in de kuip

met karnemelk, die een boer altijd heeft. Gewoonlijk komt er elken morgen nieuwe, daar werden ze telkens weêr in gedaan tot men ze wilde gebruiken. Dan was de gort uitgeweekt, het stuk pens werd in zeer kleine stukjes gesneden en het een met het ander in karnemelk gekookt tot het brij was. Appelbrij, schijfjes van zure appels in water gekookt, waarin men onder sterk roeren meel mengt of ook wel gort, wordt na voldoend kooken gebruikt met wat stroop er in en is nog bij vele landlieden een geliefde kost.

Niet alleen des middags, ook des avonds voor het naar bed gaan had men warme spijs. Niet zelden bestond die alleen in brij, waarbij een snede roggebrood met boter en kaas werd rondgediend.

Een kost dien men ook spoedig gereed kan hebben is spek en eieren met elkander in de pan gebraden. Dit wordt met mosterd-saus gebruikt. Het dient meest voor mannen die een geheelen dag in wind en weder moeten zwalken, zonder tijd of gelegenheid voor een middagmaal, bv. jagers. Volgens P. C. Scheltema noemde men deze spijs ook *kampersteur*, en wel naar aanleiding van het volgende geval. De inwoners van Kampen wilden den stadhouder, dien zij binnen hunne wallen verwachtten, op steur onthalen. Zij hadden daarvoor reeds een grooten steur gevangen, maar de komst van Zijne Hoogheid werd uitgesteld. Men besloot daarom den visch tot aan des prinsen komst in den IJsel te laten zwemmen. Om hem tijdig te kunnen ophalen, bond men den steur eene bel aan. Toen de prins kwam, wilde men in allerijl den steur vangen, maar deze liet helaas! zich niet vinden. Om nu in der haast iets gereed te krijgen, wist men niets beters dan Zijne Hoogheid te onthalen op gebakken spek en eieren met mosterdsaus.

Iets zeer smakelijks, ook spoedig gereed, waarom men er wel onverwachte gasten op onthaalt, noemt men hier « gebraden honds-votjes ». Een beschuit of snede oudbakken wittebrood dompelt men in melk en bakt het dan in de pan in boter, tot het aan beide kanten bruin is. Het wordt bestrooid met witte suiker. Men noemt het ook *gau en swiet* (spoedig en lekker) of boerenwafels, en in sommige stre-ken van Holland heet het «gewenteld brood» of «wentelteefjes».

Bargemarge, varkensbeuling, dikke worst van roggebrood, stroop, rozijnen en varkensreuzel, was vooral vroeger een gewilde kost.

Met den aardappel kwam het eten met vorken in gebruik, evenzoo de gewoonte dat ieder der aanzittenden een afzonderlijk bord om uit te eten ontving, doch deze was tot na het midden dezer eeuw nog niet algemeen, misschien is zij het tot heden niet. In achterafstreken op den zand- of veengrond zette men op de naakte tafel een breeden houten hoepel, meestal de ring van een versleten *teams* (paardeharen melkzeef). Hierin werden gekookte aardappelen geworpen en opgehoopt, terwijl de aanzittenden hunne uitgebreide armen langs den rand der tafel hielden, om te zorgen, dat de afrollende aardappels niet op den met zand bestrooiden vloer terecht kwamen. De hoop werd door de vrouw met de hand wat afgeplat om de koekepan met uitgebraden spek, zwart en berookt zooals zij van het vuur kwam, er boven op te kunnen zetten. De vrouw had voor ieder der aanwezigen een gelijk getal sneedjes spek uitgebraden, deze schoof zij op den rand der pan, voor ieder het zijne. In het spekvet doopte ieder zijne aardappels, die hij met de vork uit den hoop pikte. In netter boerenhuishoudingen ging het wel op denzelfden trant, maar toch ietwat anders toe. Daar werden de aardappels in een steenen schotel opgedischt, een zindelijk steenen kommetje met vet stond er in voor algemeen gebruik, en ieder eter had een houten bordje voor zijn vleesch of spek.

Het is nog geen dertig jaren geleden toen ik eens bij een kastelein in Gaasterland het middagmaal gebruikte tegelijk met het gezin. De hoofdschotel was aardappels. Ieder ontving een kleinen schotel in de plaats der meergemelde houten bordjes; onze portie pekelvleesch werd daarin gelegd. Tusschen iedere twee personen stond op de tafel een «lokje», zijnde een steenen bakje, van buiten groen, van binnen geel verglaasd, gevuld met vet en saus om de aardappels er in te doopen. Ik doopte met den gastheer in hetzelfde lokje, de vrouw met een der kinderen en de meid evenzoo.

De kleine schotels of etenspannen die men toen gebruikte werden te Makkum gebakken op dezelfde fabriek die de muurtegeltjes leverde. Zij liepen eenigszins hol toe en stonden op een kleinen ringvormigen voet. Van buiten waren ze geel, van binnen wit verglaasd en versierd met blauwe ringen en lovers, terwijl in het midden meestal eene spreuk te lezen was, bv. «Dat smaakt lekker», — «Eet met smaak vrienden», — «Honger is de beste kok», — «Vlijt geeft brood». Groote schotels of kommen, waarin het hoofdgerecht werd opgedischt, waren er van hetzelfde fabrikaat en hierin was ruimte voor uitgebreider spreuken, zooals: «De morgenstond heeft goud in den mond», — «De boerenstand doet nut in 't land», —

« Een vroom gemoed is 't hoogste goed », — « Stekeldoornen steken zeer, kwade tongen nog veel meer », — « Bidden niet terecht gedaan, slimmer dan te laten staan ». — Deze soort schotels zijn reeds sinds vele jaren in onbruik, en hebben plaats gemaakt voor maastrichtsch aardewerk.

Onder de plattelandbewoners in Friesland wordt veel roggebrood gebruikt. Vroeger (thans niet meer) hadden de vaste arbeiders bij den bouwboer den kost, boven hun loon. Zij ontvingen dan tweemaal daags, 's morgens en 's namiddags, thee met een snede roggebrood. Ieder mocht dit zelf snijden zoo dik hij verkoos, en dit was twee, drie vingers; ook het smeren met boter werd overgelaten, maar de kaas werd door den boer zelf gesneden. Kwam er in den nawinter een tijd waarin de boer geen boter maakte, dan moest men 't er zonder doen. Voor het werkvolk boter te koopen, daar viel niet aan te denken. De kaas werd dan wat dikker gesneden. Maar op de kaas was men, vooral bij den bouwboer, die veel werkvolk gebruikte en geen kaas maakte, ook al zuinig. Het spreekwoord zeide: *Brea by 't licht, tsiis by 't wicht*, brood bij het licht, kaas bij het gewicht. Op een flinke snee roggebrood kwam het niet aan, maar kaas moest men spaarzaam gebruiken.

In dien tijd brachten velen boeren 's winters, als er gedorscht werd, een partijtje rogge bij den bakker om er brooden voor in ruil te krijgen. Het brood werd dan op den kerfstok gehaald. Zoo noemde men een lang plat hout als een dikke liniaal met platte zijden. De bakker had er een en de boer had er een, passende op dat van den bakker. Bij het halen van brood bracht men den kerfstok meê; deze werd op dien van den bakker gelijk gelegd en in beide te gelijk voor ieder brood eene kerf gesneden. Was de kerfstok vol, dan telde men de kerfjes en de zaak werd vereffend. De boer bracht weêr rogge, de kerfstokken werden aan beide zijden glad geschaafd en de rekening begon op nieuw. Ik weet niet hoeveel brooden de boer voor een mud of lopen (4/5 mud) rogge ontving, maar wel, dat uit een mud ongeveer 20 brooden van 5 kilogram werden gebakken. Het spreekt, dat de bakker iets moest overhouden voor zijne moeite. In den greidhoek haalden vroeger de hannekemaaiers hun brood ook wel op den kerfstok.

De kerfstok heette in het Friesch *breaprikke*. Een *prikke* is een korte niet zeer dikke stok. Dit en de hollandsche benaming doen ons vermoeden, dat het oorspronkelijk een *stok* is geweest waarin

men kerfjes sneed. Het spreekwoord: «De kerfstok is ijzer» beteekent: geen krediet meer.

In vroeger tijd gold bij de landlieden de leer: «*Bûter en tsiis
tagelyk op 't brea, dat is to bot*, boter en kaas tegelijk op het brood,
dat is te grof, en in Noordholland zeide men:

Zuivel op zuivel, Is het werk van den duivel.

Op de schrale zandgronden der woudstreken en in de heidestreken, waar men van ouds gewoon is wat zuiniger te leven dan op
de vette klei, is deze leer nog niet geheel in vergetelheid; eene
snede roggebrood heet daar een *brogge*. Is er boter op gesmeerd dan
is 't een «bûterbrogge» (Hd. *Butterbrod*), alleen met kaas, een
«tsiisbrogge». Soms smeert men er enkel wat keukenstroop op, dan
is het een «sjerpbrogge». Men eet het ook met gebraden of schijfjes
koude gekookte aardappelen en noemt het dan een «ierdappelbrogge».
Behoeftige vrouwen daar bereiden eene spijs die zij potjekaas
noemen. Van frissche karnemelk wordt het bovenopstaande water
afgegoten en de rest wordt in een schoonen zak buiten gehangen
om uit te druipen. Het dikke dat overblijft noemt men in Holland «hangop», in Groningen «wrongel» en wordt in den warmen
zomertijd door meergegoeden gebruikt met stroop of suiker; de
heidebewoner roert er wat zout door en smeert het dan op zijn
roggebrood voor boter en kaas tegelijk. Eene andere bereiding van
potjekaas is deze: een mengsel van karnemelk en zoete melk wordt
te vuur gezet; stremmende geeft het een dik vlies, dat wordt afgenomen; men herhaalt dit totdat er geen vlies meer wil komen.
Het verzamelde wordt met zout gekneed.

Zoete-koek-eters zijn de Friezen altijd geweest, en zijn dit thans
niet minder dan vroeger. De lange deventerkoek komt zelfs bij
hunne spelen te pas. Men gebruikt ze meest bij koffie, veelal
zooals ze van den verkooper komt, maar ook met boter besmeerd,
of men eet ze met zachte kaas. Bakkers in Friesland hebben dikwijls te vergeefs beproefd de deventerkoek na te maken. Mijn
grootvader vertelde, dat de deventerkoekbakkers zelf het geheim
niet kenden, maar dat dit berustte bij het stadsbestuur. Had de
bakker een stuk deeg tot op zekere hoogte gereed, dan kwam er
van stadswege iemand in de bakkerij met een bus, waaruit hij eene
hoeveelheid kruiderij in het deeg mengde, en het er zoo door
werkte, dat de bakker nooit kon te weten komen wat het was. Ook
zeide men, dat de deventerkoek zijn eigenaardigen lekkeren smaak

verkreeg doordat hij over zee naar Friesland werd gebracht, en een spreekwoord zeî: *Dominys en dimterkoeke moatte wy út de freamdte ha, oars doge se net* (dominé's en deventerkoek moeten we hier uit den vreemde laten komen, anders deugen ze niet).

Drachtster-koek kan ook niet door ieder man van het vak zoo maar worden nagemaakt. Zij is met veel kruiderij zeer dicht en daardoor duurzaam. Eene bijzondere lekkernij, vooral voor vrouwen en kinderen, is spekkoek, eene fijne soort honigkoek, ook groninger-koek genaamd, hoewel zij overal in Friesland veel wordt gebakken, — met in de beide zijden van ieder koek drie of vier platte sneedjes sucade, welk goedje door het volk spek genoemd wordt. Verder kent men dokkumer-taaitaai (een Sint-Nicolaas-gebak), en de smullers weten te spreken van franeker-drabbelkoeken, makkumer-krakelingen, amelander-plattekoeken, sneeker-bollen en workumer-langekoek. Pepernoten en krakelingen waren en zijn handelsartikelen van betrekkelijk belang. In 1662 waren zij het onderwerp van een hevig geschil tusschen bakkers en koekbakkers.

Beschuit werd hier in de achttiende eeuw ten platten lande nog weinig of niet gebakken en even zoo weinig gegeten. De «Tweebaksmarkt» te Leeuwarden was de aangewezen plaats, waar de zoogenaamde «tweebaksluiden» uit Noordholland hun gebak — toen een artikel van weelde — ter markt brachten.

Aan sommige spijzen en eetwaren geeft de volksmond nog bijzondere namen. Vrouwen van den mingegoeden stand bereiden wel eens een kost, dien zij *wyld appelsmots*, wild appelmoes, noemen, bestaande uit meel, azijn, water en stroop naar verkiezing. Paardevleesch heette vroeger dokkumer *ljirre* (rookvleesch); een kat is een kollumer haas; nuchter kalfsvleesch, nuchter beu, wordt bolswarder-kabeljauw genoemd en ook schranzer stokvisch. In het gebuurte de Schrans bij Leeuwarden werden voorheen 's voorjaars eene menigte nuchtere kalveren geslacht. Dit vleesch heet ook hokvisch, visch uit het hok. Uien, die te Berlikum veelvuldig verbouwd worden, heeten berlikumer-spek, ook wel jodenspek. Boerendreck was voor tweehonderdvijftig jaren bekend als een mengsel van wijn met suiker, kaneel en witbrood.

De dagelijksche drank der landlieden was vroeger karnemelk. Dit dronk men bij het eten van brood en verder wanneer men dorst had. Des winters stond er steeds een pot met karnemelk op den haard om die altijd warm te hebben. Bier gebruikte men alleen

26

bij bijzondere gelegenheden, maar een boer, die niet al te arm was, had meestal een vaatje bier in voorraad, voor vrienden of gasten. In den winter dronk men 't heet. Van ouds was bier de drank der aanzienlijken en der burgerij. In 1435 waren in Leeuwarden wel veertig brouwerijen en toen mocht daar geen ander bier worden gedronken dan dat in de stad zelve gebrouwen was. Het bier speelde eene rol in de friesche maatschappij: volgens een gildekeur van 1482 moest de betaling van boeten in baargeld, en «niet als voorheen, in bier» zijn; te Workum moest de olderman van het kuipersgild aan dat gild twee tonnen van het beste bier geven, om op te drinken des zondags na Sint Maarten *ad obitum*; een vreemde kuiper, die binnen Workum wilde werken, moest onder anderen betalen aan het gild een vetten ketel met zijn toebehooren, zijnde een ton dubbel kuit(bier). «Te bier gaan» beteekende hetzelfde als uit pretmaken gaan. De spreekwijs «Hy giet mei in faem to bier» voor: hij gaat met een meisje kermishouden, was nog gebruikelijk in de eerste helft dezer eeuw, toen er bij het pretmaken der jongelieden reeds sinds lang aan geen bierdrinken meer gedacht werd. Wanneer een houder van een of meer springhengsten jaarlijks zijne begunstigers in eene herberg bijeenriep, ten einde betaling te ontvangen, dan onthaalde hij hen op bier en men noemde zulk eene bijeenkomst: «hengstebier». Evenzoo had men «kooldorschersbier» als de baas van een kooldorscherskleed met boeren en werkvolk afrekening hield. Bij de scheepstimmerwerven had men «vlotbier», waarop het werkvolk werd onthaald als er een nieuw vaartuig te water was gelaten. Zelfs van de maan, als zij voor eenigen tijd ophoudt haar licht te laten schijnen voor de menschen, zeide men: «het maantje gaat te bier».

Koffie en thee kwamen hier in de laatste helft der vorige eeuw in gebruik, doch niet terstond als dagelijksche drank en niet zonder verzet; ouderwetsche lieden scholden den thee- of trekpot *bankerotspot*.

Al wordt kauwen van tabak door velen smakelijk gevonden en al werd bij de oude Hollanders het rooken «toebackdrincken» genoemd, voor eigenlijke spijs of drank is dit kruid zeker nooit gebruikt. Maar zoolang het tabakrooken algemeen in gebruik is geweest, hebben de Friezen er druk aan meêgedaan. Tot in het laatst der vorige eeuw droeg een friesche rooker een aarden pijpje met zeer kleinen kop, en een steel ter lengte van 15 cM. of iets meer in een houten pijpdoos of -bewaarder bij zich, in denzelfden trant als de étuis waarin men thans fraaie sigarenpijpjes bewaart, maar met langer steel. Zulk een pijpbewaarder was niet zelden van buiten fraai besneden; men had ze ook met koper- en zelfs met zilverbeslag. De meesten waren gemaakt voor slechts één pijp, sommigen ook voor twee. Was de pijpdoos dik en zwaar, dan deed zij somwijlen dienst als wapen, als korte knods. Verder had men lange smalle koperen tabaksdoozen, geheel versierd met graveerwerk, soms zeer fraai, gewoonlijk echter niet fijn. Meestal waren het bijbelsche voorstellingen.

In de eerste helft der negentiende eeuw was het *fjûrgûd* (vuurgoed, vuurslag) een onmisbaar gereedschap voor iederen werkman, wien het eene behoefte was geworden nu en dan bij zijn werk op te steken. Het bestond uit den tondelpot, ook dikwijls tondeldoos geheeten, het vuurstaal en een vuursteen. De tondelpot was een cylindervormig koperen doosje, zoo wijd dat een gewone goudsche pijpekop er in kon worden gestoken; boven had het een dichtsluitend dekseltje en onder een bodem die op- en nederwaarts kon worden geschoven. Het deksel was met een kettingje aan den bodem verbonden. Het vuurstaal had den vorm van een langwerpigen, platten schalm eener keten, zoo wijd dat men er den vinger door kon steken, terwijl men er meê sloeg op den vuursteen, die met het geopende tondeldoosje in de andere hand werd gehouden. — Tondel brandde men van witlinnen lappen, die onmiddellijk gedoofd werden: één vonk deed het glimmen. De lucifers-zwavelstokjes hebben de tondeldoos op den achtergrond geschoven. Het aanstekerskomfoortje van koper of blik, soms ook van zilver, met of zonder houten steel of voet, dat in ieder huis en vooral in iedere herberg voorhanden was en waarin men steeds doorgebrand vuur hield ten gerieve der rookers, is reeds lang en voor goed buiten dienst gesteld.

Lang voor de bekende doorrookerspijpekoppen bekend werden, bezat menig rooker de gave om eene gewone goudsche pijp fraai te doen doorrooken. Werklieden en boeren hadden voor dagelijksch gebruik altijd een zoogenaamd smeugeltje, een gouwenaar afgebroken op de lengte van een palm ongeveer. Men vond het fraai, als door aanhoudend rooken de steel en de kleinste benedenhelft van den pijpekop zachtglanzend donkerbruin waren geworden, terwijl het bovengedeelte scherp afgebakend de gewone kleur had behouden.

Boerenkrijt.

De friesche landlieden rekenden vroeger met zoogenaamd boe-
renkrijt op deze manier: vier gulden achttien stuivers en anderhalve cent,

$$\begin{array}{c} \text{I I I I} \\ \text{X V I I I} \\ \text{— O — C} \end{array}$$

Dé bovenste rij zijn guldens, de middelste stuivers en de onderste
gedeelten van een stuiver, bv.:
— een halve stuiver.
O een duit, later cent.
C een halve duit of penning, later halve cent.
 Kreeg men honderdtallen dan kwamen deze eene rij hooger dan
de guldens te staan. — Maar deze oude regel werd niet altijd
nauwkeurig in acht genomen, men schreef ook dikwijls vijfentwintig
of meer stuivers op een rij en als 't te pas kwam op twee.
 Een dorpswinkelier of bakker had niet zelden op eene schutting
of deur eene tamelijk uitgebreide boekhouderij, op deze wijze:

Kl. P. X I I o o o o | Lijs Klomp | Doede Schroor I I I V—
V I I I— V o c | I I —V I I I I o | V I o o o V X I o o o c

Deze Kl. P. had eerst voor dertien stuivers en vier centen gehaald, later voor acht en een halven stuiver en nog later voor vijf
stuivers en anderhalven cent.
 Meestal was een en ander zoo wonderlijk, ordeloos gerangschikt,
dat niemand dan de boekhouder zelf dat cijferschrift kon ontraad-
selen. Kwam er iemand iets op de hoofdsom afbetalen, dan werd
er zooveel uitgewischt als de afbetaling bedroeg.

Dood en begrafenis.

Eene echte ouderwetsche boerenbegrafenis behoort thans tot de
zeldzaamheden. Volkomen van het begin tot het einde komen ze
zeker niet meer voor zooals in de eerste helft der negentiende eeuw,
toen de tegenwoordige regeling van het postwezen nog tot de
onbekende zaken behoorde.
 Ik verplaats u met uwe verbeelding naar een klein dorpje in
den friesschen greidhoek tusschen Franeker en Sneek, omstreeks
1850. Het ligt op een terp te midden van een onafzienbaar veld
van graslanden, doorsneden met slooten en kleine vaarten, en waar-

op eene menigte boerenplaatsen verspreid staan alsof zij uit den
zak zijn geschud. Het eigenlijke dorpje bestaat uit een kerk en
toren met slechts weinige huizen. Het is in den volsten zin van het
woord een stil dorp. Iemand moet er geboren en opgegroeid zijn om
het leven er niet zeer eentonig te vinden. De inwoners mogen dan
ook van geluk spreken als zij behoorlijk eensgezind onder elkander
zijn. Want men kijkt elkander dagelijks in de kaart en doet dit
met evenveel belangstelling als een stadsburger de groote vragen
van den dag nagaat.

Soms wordt toch de eentonigheid afgebroken door iets buitengewoons en niet het minst wanneer er eene voorname boerenbegrafenis zal plaats hebben, eene plechtigheid die onder de kleine
dorpsbevolking natuurlijk tot de zeldzaamheden behoort.

De oude boer daar op die gansch niet nieuwerwetsche plaats is
overleden. Het is geen treurig sterfgeval, want de man was oud
en afgeleefd, zijne kinderen zijn allen getrouwd en in eigen zaken.
Hij was een der rijkste en aanzienlijkste boeren in den geheelen
omtrek. Op ieder der groote schuurdeuren zijner boerderij is dan
ook op den groenen grond een witte zandlooper geschilderd, zoo
groot als de hoogte en de breedte der deur slechts toelieten,
ten teeken dat hij niet alleen bewoner maar ook eigenaar der plaats
was: een eigengeërfde boer dus. Vóór '48, toen de grietmannen nog
bestonden, was hij reeds assessor der grietenij en later wethouder
der gemeente. Verder was hij kerkvoogd, oud-lid van den kerkeraad, van de schoolcommissie, van het collegie van zetters, van het
polderbestuur enz. Hij laat een paar beste groote boerenplaatsen
na, benevens nog een aardig hoopje geld.

Het is niet noodig geweest, nu hij gestorven is, de sleutels aan
den naasten buurman toe te vertrouwen, zooals men pleegt te doen
bij het sterven van een weduwnaar, vrijgezel of weduwe, die geen
nabestaanden of alleen nog jonge kinderen in huis achterlaat; een
paar van de kinderen wonen in de nabijheid, en daarenboven leven
zij allen in vrede en eensgezindheid. Zij begrijpen dat de eer van
den overledene en tevens de hunne vordert, hun vader op echt
friesche wijze d.i. met de van ouds gebruikelijke staatsie ter aarde
te bestellen.

De oude man had, toen hij zijn einde voelde naderen, daaromtrent zelf reeds eenige bestellingen gemaakt. Het eerste wat men
heeft te doen is de buren aan te zeggen. Daartoe wordt een der

dienstboden gezonden naar den naasten buurman en deze is verplicht het sterfgeval aan zijne buurtgenooten bekend te maken en hen te noodigen tot het doen van burenplicht. Voor het «afleggen» van den doode, het bekleeden van het lijk met het doodsgewaad, waartoe, wanneer het verlangd ware geworden, vier of zes der naaste buren zouden geroepen zijn, worden hier, ingevolge de bestelling van den overledene, zes arbeidersmannen genomen, die ieder een gulden moeten verdienen. Het bed, waarop de overledene is ontslapen, wordt met al zijn toebehooren weggenomen en het bekleede lijk op het stroo gelegd, in afwachting dat de kist gereed zal zijn, want dood-kisten vooruit gereed te maken of evenals meubelen ter verkoop in voorraad te hebben, is op het friesche platteland eene onbekende zaak. De afleggers worden onthaald op brandewijn en moeten nog eens terugkomen wanneer het lijk in de kist zal worden gelegd.

De buurmannen hebben zich intusschen naar den dorpstoren begeven om den doode te beluiden. Dit is een gebruik dat in de noordelijke landbouwstreek van Friesland niet bestaat. Het oor-spronkelijke doel er van was vrij zeker het verdrijven van booze geesten uit de lucht. Ook meen ik, dat het onder katholieken wel beschouwd werd als het bellen der dooden aan de poort van Sint Pieter. Protestanten beschouwen het meer als eene bekendmaking aan de omwonende bevolking.

Eene dorpskerkvoogdij, die over voldoende fondsen te beschikken heeft, stelt er eene eer in, dat niet alleen het kerkgebouw en den toren steeds in goeden staat worden gehouden, maar ook dat de kerk voorzien is van een knap orgel en dat in den toren een paar flinke klokken hangen. Kan men bij dood en begrafenis en andere bijzondere gelegenheden slechts één klok laten luiden, dat klinkt zoo armoedig! Op het vroeger zoo nietige dorpje Schingen maakte men dit schimprijmpje:

Schingen één klok, Zeven huizen en een varkenshok.

Twee klokken in eenen toren zijn altijd van ongelijke grootte en van ongelijken klank. Bij het beluiden van een doode evenals bij de begrafenis laat men eene der beide 't eerst aanslaan, en heeft deze eenige slagen gedaan, dan valt de tweede in. Voor een doode van het mannelijk geslacht begint de groote klok het eerst, voor eene vrouwelijke de kleine.

Na afloop van dit werk worden de luiders ten huize van den dorpswinkelier, meestal ook zoowat kastelein, onthaald op koffie met eenvierde lange deventerkoek. Had het luiden des namiddags plaats gehad, dan zou er thee in plaats van koffie zijn geschonken.

Bij eene begrafenis als deze is het burenplichtdoen een buitenkansje, omdat er iets aan zit, zooals men 't noemt. Bij onbemiddelde menschen wordt er niets voor betaald, en verzuimt iemand te komen of een plaatsvervanger te zenden, dan werd vroeger een schelling boete van hem gevorderd; te Holwerd thans 15 cents. Deze boeten worden onder de aanwezige buren verdeeld. Het doen van burenplicht strekt zich soms ook uit tot het waken bij eenen zieke, doch niet anders dan bij lieden van den geringen stand.

Men ziet ook reeds den leedbidder op reis gaan.

De leedbidder, ook wel leedzegger of leed-aanzegger genoemd, is iemand, die de vaste gebruiken, vóór en na eene begrafenis in acht te nemen, alsmede de geijkte termen, bij het leedbidden te bezigen, nauwkeurig kent en tegelijk de vereischte handigheid bezit om alles met ongedwongen losheid uit te voeren; ook de noodige bespraaktheid om aan de menschen, die hij in zijne betrekking bezoekt, behoorlijk verslag te kunnen geven van de laatste ziekte des overledenen, de gemoedsgesteldheid der nabestaanden met betrekking tot het verlies, met de daarbij behoorende omstandigheden. In de meeste dorpen was wel een voor dit werk geschikt persoon te vinden. Meestal was het een schriftgeleerde schoenmaker of snijder, een marskramer of bolleventer, die aan zoo'n leedbidderij een buitenkansje had.

Iemand door een brief eene «bekendmaking van overlijden» te doen toekomen, dat kon gaan bij een frieschen boer die zich aan den ouden regel hield; maar eene uitnoodiging ter begrafenis per brief werd in den tijd waarin ik den lezer heb verplaatst, voor ongepast gehouden. Men was er in de meeste gevallen ook volstrekt niet zeker van, dat een afgezonden brief tijdig aan het adres zou worden bezorgd.

Op den dag van het overlijden werd de leedbidder aan het «sterfhuis» ontboden, en nadat hij de opgegeven adressen op een lijstje had, begon zijn gewichtig werk. Het eerste wat hij te doen had was bij den timmerman of wagenmaker de doodkist te bestellen; deze moest hier plat verheven zijn en als vulsel onder het bekleedsel moest hop worden gebruikt; en bij den bakker ging hij aan voor het «leedgoed». Zulk een man in functie zag er altijd min of meer geestelijk uit, al droeg hij geen hoogen gesluierden hoed

en al stak hij niet van top tot teen in zwart laken, gelijk de lijk-
boden in de stad. Als hij in zijn stemmig zondagspak met hoed
en stok het dorp uitstapte als leedbidder, werd hij met geheel
andere oogen beschouwd, dan wanneer hij in zijn dagelijksch gewaad
met de handen in de broekzakken over straat kuierde. Een snaak
moest het zijn, die bij 't zien van den stemmig gekleeden man
durfde zeggen: «Hij is zoo bruin alsof hij in krenten is opge-
stoofd». De menschen, die zulk een bode des doods aan huis kregen,
beschouwden hem met zekeren eerbied en onthaalden hem op allerlei
nat en droog. Men zoude 't als eene soort heiligschennis hebben
beschouwd, hem zonder eenige verkwikking te laten vertrekken.
Hij had alzoo weinig reiskosten te maken; hij deed alles te voet af
en zijn loon was een gulden per dag. Waren de familiebetrekkingen
van een overledene zeer talrijk, en woonden velen er van ver af en
op verschillende plaatsen, dan zond men twee leedbidders uit.

Terwijl zoo de man uren ver in den omtrek de rondreis deed,
werd ook zijne vrouw aan het sterfhuis in dienst genomen. Behalve dat het gansche woonhuis gereinigd moest worden, waren er
nog vele zaken te regelen en te beredderen. Niet alleen de naast-
bestaande, maar ook de verre bloedverwanten werden tot de plechtigheid gebeden, behalve nog vele goede kennissen, tezamen wel
meer dan honderd personen. Men rekende echter dat er wel eenigen
zouden wegblijven en had alzoo bij den bakker voor negentig
personen «leedgoed» laten bestellen. De goede kennissen waren in
de eerste plaats de naaste buren en verder allen tot wie de overledene bij zijn leven in eenige betrekking had gestaan, ook de
timmerman, die de kist maakte, en de bakker die het leedgoed
bakte. Meende iemand voor zulk eene uitnoodiging in aanmerking
te moeten komen, en hij werd voorbij gegaan, dan achtte hij zich
beleedigd. Voor de familie was het eene oneer wanneer genoodigden
zonder zeer grondige redenen wegbleven.

De «voorgang» bij eene begrafenis was en is in den regel nog
altijd de taak van den predikant. Bij gebreke van dien of wanneer
men hem uit hoofde zijner godsdienstige richting niet verlangt, iets
wat vroeger niet zelden het geval was, werd bij voorkeur iemand
gekozen die eenige schriftuurlijke kennis bezat en vooral goed bespraakt was. Want de «voorganger» eener begrafenis is niet alleen
geroepen om achter het lijk op de reis naar en om het kerkhof
vóór te gaan. Wil hij de algemeene goedkeuring wegdragen, dan

houdt hij, eer het lijk ten huize uitgedragen wordt, eene ernstige
«aanspraak» bij de kist. Vervolgens, als de stoet in het sterfhuis
is terug gekeerd, moet hij voorgaan in het bidden en danken en
het voeren van stichtelijke gesprekken. Als voorgangster voor de
vrouwen werd vroeger altijd de predikantsvrouw gekozen. Was zij
verhinderd, dan kreeg eene bijzondere vriendin van de overledene,
of eene der buurvrouwen de eer; in elk geval moest het eene vrouw
van onbesproken wandel zijn. Op sommige plaatsen werden alsdan
voor de predikantsvrouw een paar van de mooiste begrafenisbollen
uitgezocht en haar thuis gezonden. Ook aan bloedverwanten, die
verhinderd waren te komen, deed men dit. — Thans sedert een
aantal jaren doen de meeste predikantsvrouwen niet meer hieraan.
Op vele dorpen denkt men er zelfs niet meer aan zulk eene mevrouw daartoe uit te noodigen. [1]

De dag der begrafenis is aangebroken. De genoodigden zijn verzocht te tien uren te komen, en hebben daarbij de kennisgeving
ontvangen dat men om elf uur het lijk zal «aantasten». Op zulk
een dag nu was in een klein dorp de geheele bevolking uit haar
ouden doen. Bijna alle ingezetenen stonden op de eene of andere
wijze met de begrafenis in betrekking, en van de weinigen die er
niets meê te maken hadden, kon de aandacht onmogelijk geregeld
bij den dagelijkschen arbeid bepaald blijven. Tamelijk vroeg in den
morgen heeft men reeds den bakker met zijn knecht het dorp zien
uitgaan, beide beladen met een juk waaraan twee groote korven
hingen, hoog opgevuld met wittebrood en krentebollen, om aan het
sterfhuis te worden geleverd. De timmerman is bezig met eene
praamslading schamels en planken die voor zitplaatsen zullen dienen.
Niet allen toch die verwacht worden, zal men stoelen kunnen aanbieden. Het ontbrekende tafel- en keukengereedschap voor dien
eenen dag is bij de buren geleend. De winkelier van het dorp
bezorgde koffie, thee, kandij, zoetemelksche kaas, tabak en pijpen.

---

[1] Nog in het begin der negentiende eeuw werd eene predikantsvrouw dikwijls „pastoorske"
genoemd. Vroeger was dit algemeen. Later werd zij juffrouw en nog later mevrouw! In de
achttiende eeuw nog sprak men zelfs in de steden van burgemeesterske, secretariske, dokterske,
rektorske, ontvangerske, enz. Te Franeker lieten alleen de professorsvrouwen zich „mevrouw"
noemen. De vrouw van professor Winter achtte dezen naam voor zich te hoog; zij liet
zich altijd „vrouw Winter" of „profersterske" noemen. De benaming van „jongeheer"
of „jongejuffer" was in dien tijd onbekend. Professor Hautecour was te Franeker de eerste
die in 1720 zijne vrouw „mevrouw" liet noemen. Mevrouw van Goslinga, de grietmanske
te Dongjum, eene vrouw van ouden frieschen adel, nam dit zoo euvel, dat zij allen omgang met mevrouw Hautecour afbrak. Vrouw Winter is ongetwijfeld eene echte Friezin
geweest en mevrouw Hautecour — wie weet waar die vandaan was?

De naaste buurman is verplicht een hooiwagen met twee paarden te schikken met een voerman er bij, teneinde de lijkkist naar de begraafplaats te rijden. Het gebruik laat niet toe, dat een overledene met zijn eigen rijtuig grafwaarts wordt gebracht. In den regel moeten de andere buren ieder een man leveren, maar hier is eene zware kist te vervoeren, daarom heeft men uit ieder huis twee gevraagd. Welnu, geen knecht of arbeider die bij deze begrafenis niet gaarne «burenplicht» wil doen; ze weten immers dat er hier iets aan hangt, meer dan gewoonlijk. Tegen elf uren staat de lijkwagen reeds op het erf en de buur*mannen* [1]) verzamelen zich voor de «lijkdeur», de hoofddeur van het huis, maar die niet anders geopend wordt dan wanneer een lijk moet worden uitgedragen [2]). De kleinsten en zwaksten uit den hoop heeft men naar den toren gezonden om de klokken te luiden.

Van lieverlede komen de genoodigden aan het sterfhuis. De naaste familiebetrekkingen worden ontvangen in de kamer waar het lijk staat. Zij nemen plaats rondom de kist, aan wier hoofdeinde de oudste kinderen van den overledene zitten. De kist moet altijd oost en west staan met het hoofd naar het westen, onverschillig in welke richting de kamer loopt. Ook zijn aan het hoofdeinde twee plaatsen open gelaten voor dominé en juffrouw, gewoonlijk de laatst aankomenden. Er is slechts weinig licht in deze kamer. Zoodra de oude man den laatsten adem had uitgeblazen heeft men de vensterluiken gesloten, slechts zooveel licht toelatende als noodig is om de voorwerpen eenigszins te kunnen onderscheiden. De spiegel aan den wand is met een zwarten doek overtrokken om het beeld van de lijkkist niet te kunnen weêrkaatsen omdat er anders spoedig een tweede sterfgeval in het huis zoude volgen. Om dezelfde reden heeft men de aan den wand hangende schilderijen (prenten in lijst en glas) omgekeerd, de op latafel, secretaire of pulpitum te pronk staande voorwerpen met een zwarten doek bedekt, de klok stil gezet, de vogelkooi verhangen, het gereedschap verplaatst, en, omdat deze doode het hoofd des huizes was, zijn scheermes omgekeerd over den spijker gehangen. Dit een en ander blijft zoo tot men met het lijk is vertrokken. De spiegel wordt zelfs niet

---

[1]) Niet *buur*mannen. Buur*mannen* klinkt deftiger; men hoort deze benaming ook niet anders dan bij gelegenheid eener begrafenis. Bedeelden noemen de diakenen of voogden van wie zij giften ontvangen, ook wel eerbiedshalve de *mannen*.

[2]) Hier en daar bestond ook het gebruik, dat men een bruidspaar bij gelegenheid van het huwelijk deze deur uit en in liet gaan — natuurlijk gevolgd door de bruiloftsgasten.

eerder ontbloot dan 's avonds of den volgenden dag. — De «uiterlijke» (verre) familie en de goede vrienden nemen plaats in de andere vertrekken. Zoodra dominé en juffrouw zijn aangekomen beginnen de vrouwen zich voor de reis gereed te maken door het omslaan van het zwarte «regenkleed», dat hoofd, rug en armen geheel bedekt en vóór met de hand wordt vastgehouden.

De dorpsklok heeft elf uren geslagen. De buurmannen begeven zich door de lijkdeur naar binnen, de naastbijwonende vóór. Met de pet in de hand aan den ingang der kamer gekomen zegt hij nauw hoorbaar: «Vrinden, de ure is verloopen, benne er ook nog meer vrinden te verwachten?» — Deze vraag wordt door den oudsten zoon van den overledene kortaf met «neen» beantwoord, en nu kunnen de buurmannen overgaan om «het lijk aan te tasten». Het eerste wat zij doen is het deksel halverwege van de kist af te schuiven, ten einde de nabestaanden in de gelegenheid te stellen den overledene nog eens te zien. Hoewel de meesten dit reeds bij hunne aankomst hebben gedaan, dringt men toch nog eens rondom de kist opeen om een laatste afscheid te nemen; sommigen misschien om te zien hoe mooi de kist van binnen is bekleed met wit lijnwaad, met zwart lint in de hoeken en aan den bovenrand.

Nu begint de oude predikant, geen tien jaar jonger dan de overledene boer, zijne toespraak nadat het geheele gezelschap is opgestaan en de vrienden uit de andere vertrekken zich zoo dicht mogelijk vóór den ingang der kamer hebben gedrongen. De spreker eindigt met een gebed. Hierna wijken de nabestaanden eenigszins terug om de buurmannen ruimte te geven. Deze sluiten nu de kist die thans omhangen wordt met het dik zwart lakensch baar- of kistkleed en daarna uitgedragen en op den wagen geplaatst. Twee vrouwen van de naaste familie nemen plaats op den lijkwagen vóór de kist. Eene weduwe was hier niet, deze zou in sommige streken plaats hebben moeten nemen op de kist.

Ook andere rijtuigen zijn ingespannen, vooral ten behoeve van dominé en de zwakste vrouwen. De trein zet zich in beweging: de buren aan de zijden van den stapvoetsrijdenden lijkwagen; op dezen volgen de andere rijtuigen en vervolgens een lange sleep van «begrafenisvolk», nu echter nog niet zoo streng volgens graad van familiebetrekking en ouderdom als dit straks bij het om 't kerkhof gaan zal geschieden. Men zorgt dat men den «lijkweg» volgt. Ieder boerenhuis namelijk dat niet aan den algemeenen weg staat, heeft een vasten lijkweg, voor twee of meer nabij elkander staande huizen gewoonlijk dezelfde. Een lijkweg, daarvoor van ouds aangewezen, is niet altijd de kortste, maar met een lijk op den wagen mag men geen anderen weg nemen. Iemand kan een ander, die 't recht niet heeft over zijn land te rijden, daarvoor vergunning verleenen, zonder van zijn recht afstand te doen. Maar gaf hij deze vergunning voor een lijkwagen, hij zoude daardoor voor het vervolg zijn recht om te kunnen weigeren verbeurd hebben; de weg over zijn land zou voor altijd lijkweg en tevens een vrije weg zijn. Evenzeer zou dit het geval zijn wanneer ook zonder vergunning, hetzij uit onkunde of uit onachtzaamheid, een lijk werd vervoerd langs een weg die tot op dat oogenblik geen lijkweg was.

Terwijl de stoet het dorp tot op geringen afstand nadert, beginnen de klokken in den dorpstoren te luiden. Het eerste gelui, dat slechts kort duurde, heeft reeds plaats gehad, bij wijze van aankondiging, tegen den tijd waarop het lijk moest worden aangetast. — Het zwaarmoedig gebrom der klokken blijft nu aanhouden. Aan den ingang van het kerkhof gekomen wordt de kist door de buurmannen van den wagen getild en op de lijkbaar gezet. Thans begint de eigenlijke lijkstaatsie. Op de schouders van een achttal krachtvolle mannen wordt de baar met de lijkkist rondom het kerkhof gedragen, gevolgd door den stoet van in het zwart gekleede mannen en vrouwen, die het met schelpgruis geplaveide pad, hetwelk om den buitenrand der graven loopt, bijna geheel in de rondte inneemt, zoodat de achtersten in de rei eigenlijk vóór de lijkbaar gaan inplaats van er achter. De dorpsbewoners zijn gedurende deze plechtigheid allen op de been gekomen. Men vraagt elkander af wie onder de volgers van het lijk deze is en wie die, en beoordeelt of ieder voegzaam gekleed is of wel naar den regel op zijne plaats gaat. Sommigen houden zich bezig met het begrafenisvolk te tellen, wat hier een getal geeft van ruim negentig personen. Maar hoe groot dat getal moge zijn, de mannen, zoowel als de vrouwen loopen altijd achter elkander, nooit twee en twee naast elkander. Een oud man maakt de opmerking dat het volk bij het rondgaan om het kerkhof «tsjispelt»; dit wil zeggen, dat sommigen nu en dan ter rechter- of ter linkerzijde al loopende buiten de rij wijken, en volgens denzelfden ouden man is dit het voorteeken van: «spoedig weêr eene begrafenis op dit kerkhof.»

De dragers plaatsen een paar malen de baar met het lijk op den grond om zich even te verpoozen, waardoor natuurlijk de geheele stoet wordt staande gehouden. Nadat de optocht eenmaal het pas gegraven graf is voorbijgegaan, is men weder daarnevens gekomen. [1]) De buurmannen plaatsen nu de baar naast het graf en maken aanstalten om de kist neder te laten. Zij gaan echter tot dit werk niet over voordat elk der nabestaanden even in het graf heeft gekeken. Vervolgens blijven de vrienden in eerbiedige houding staan, totdat de grafkuil weder met aarde gevuld is. Nu steken de buren de spaden in den grond, ten teeken dat het werk volbracht is, en nemen eerbiedig de petten af. Het graf verder in orde te maken wordt aan den doodgraver overgelaten. Hierop gaat de stoet nog eenmaal rondom het kerkhof en herneemt dan den weg naar het sterfhuis, de buurmannen gaan thans achteraan. De klokken luiden nog eene poos na, tot de stoet een eind weegs van het dorp is verwijderd. De laatste toonen versterven in de lucht, de stilte keert terug en de achtergebleven toeschouwers zeggen weemoedig: « Die is er weêr geweest ».

De dienstbaren in huis hebben het intusschen druk gehad. In alle vertrekken, van de voorkamer af tot den veestal toe, zijn lange tafels aangericht met zitplaatsen er bij. Op ieder der tafels prijkt op geringen afstand van elkander een aantal kleine piramiden, samengesteld uit twee krentebollen en één wittebrood, benevens bolletjes boter en blokjes kaas. Voor de mannen heeft men tevens lange pijpen en tabak; ook kommetjes voor koffie zijn overal op de tafels geplaatst.

In de voorkamer heeft het daglicht weêr vrijen toegang; alle vensterluiken zijn open. Het huis sluiten, ook na de begrafenis, zooals men in de steden doet, is op het land eene onbekende zaak. — In de genoemde kamer staan de mooiste tafels en daar heeft men stoelen. Hier verzamelt zich de naaste familie met dominé en juffrouw aan het hoofd. In de andere vertrekken, waar men voor 't meerendeel op banken bij ruwe tafels moet aanzitten, nemen de meer verwijderde bloedverwanten en verdere genoodigden plaats, terwijl de buurmannen fatsoenshalve naar den stal zijn gegaan. Hierbij wordt echter geene bijzondere nauwgezetheid in acht genomen; ieder voorziet zich ten slotte van plaats zoo goed hij kan.

[1]) In dorpen, waar men, ook wat de kerkleer betreft, zeer aan het oude is gehecht, moet een doode driemaal rondom het kerkhof worden gedragen, eenmaal voor den Vader, eenmaal voor den Zoon en eenmaal voor den H. Geest.

Om te beginnen wordt een pijp tabak opgestoken. Weldra wordt hier en daar een gesprek aangeknoopt, waarbij de laatste levensdagen van den overledene en de toespraak van dominé de hoofdonderwerpen worden. Maar dit duurt niet lang. De bedienden komen berichten dat dominé zal gaan bidden. Velen van die zich buiten de kamer bevinden dringen weêr vóór de geopende deur der voorkamer opeen. De meesten echter blijven op hunne zitplaatsen en vergenoegen zich met de pijpen neder te leggen, den hoed af te zetten en te zwijgen. Niet zoodra echter komt het bericht, dat het bidden is afgeloopen, of de messen worden getrokken en men valt op den aanlokkelijken voorraad aan. Tafelmessen zijn niet in voldoend getal aanwezig, maar de meeste mannen hebben daar op gerekend, en zijn voorzien van een goed zakmes. Het ernstige van de plechtigheid moge bij de naaste bloedverwanten en de gasten in hunne onmiddellijke nabijheid den eetlust eenigszins beteugelen, over het algemeen kan dit niet onder de aanzittenden worden opgemerkt. Met eenen ijver die kon doen vermoeden dat die menschen een paar dagen hebben gevast en tevens in de meening verkeerden dat zij misschien niet genoeg zullen kunnen krijgen, wordt alles verorberd. Sommigen der mannen doen de moeite om al etende een bol in stukken te snijden en zoo te zorgen dat het werk onafgebroken kan voortgaan. Nu en dan gebruikt men een kommetje koffie, maar men is er blijkbaar niet op gesteld om met het gebruik van dezen alledaagschen drank den tijd te verspillen, en evenmin met veel spreken. Eten is nu de hoofdzaak. Binnen weinige minuten is de voorraad die aanvankelijk op de tafel prijkte als weggevaagd; doch de dienstbaren, over wie de leedbidder en zijne vrouw het opperbevel voeren, zorgen telkens dat men niet behoeft te wachten. Vooral de krentebollen zijn gewild. De buitengewone graagte in het eten is niet alleen op te merken bij menschen van wie men denken kan dat zij zich doorgaans zuinig moeten behelpen. Goedgevleeschte boeren en boerinnen gaan hen vóór en laten aldus zien waaraan zij hunne breede lichamen en welgevulde, glanzende wangen hebben te danken.

Eindelijk ontvangt dominé de verzekering, dat het eten voor goed gedaan is; nu houdt hij het dankgebed. Hierop worden weêr de pijpen opgestoken en gaat de een na den ander opstaan en naar buiten om zich een weinig te vertreden. Daarna wordt thee geschonken. Het begint echter reeds naar den avond te loopen en de verstafwonende gasten maken zich voor het vertrek gereed, na afscheid te hebben genomen in de voorkamer. Na de thee wordt niets meer aangeboden. Ten slotte blijven alleen de erfgenamen van den overledene achter.

Onder een «leed» verstond men reeds sinds lang het middagmaal, hetzij warm of koud, dat bij eene begrafenis werd gegeven, want in de woudstreken en ook in den bouwhoek werden warme spijzen met ham en warm bier — althans in den winter — opgedischt. Mijn grootvader vertelde, dat men er wel grauwe erwten met rozijnen at. Zonder een dergelijk maal was het eene begrafenis «zonder leed». De bollen die voor zulk eene gelegenheid werden gebakken noemden de bakkers «leedbollen»; deze bestonden uit gekruiste krentebollen, van binnen letterlijk zwart van krenten, fijne bollen, regelweggen of franschebrooden. De laatste drie waren verschillende vormen van wittebrood, allen van hetzelfde deeg, maar niet overal gelijk. De bakker rekende ieder persoon op een en een halven bol. Zeker waren er mannen die nog meer genoten, de meeste gasten echter, vooral vrouwen en kinderen, gebruikten veel minder. Maar er behoorde ten slotte ook iets over te schieten, want het overgeblevene werd gegund aan de armen van het dorp, die daarvoor op het erf bijeen liepen, en dan wel in den koestal werden toegelaten. Dit noemde men in den noordhoek «ketelschrappen» en stond gelijk met het «deuviklikken» bij eene bruiloft.

In sommige dorpen werden alle ingezetenen ter begrafenis verzocht en de uitnoodiging geschiedde dan wel door den predikant op zondag na afloop der preek, wat natuurlijk niet altijd kon. J. H. Halbertsma vertelt van een ouderwetschen echtfriesschen dorpspredikant die eens vóór het uitgaan der kerk aan de gemeente zeî: «*Frjeonen, ik forsiikje jimme takomme freed to bigraffenisse, mar der wirde nin bôllen jown*». Vrienden, ik verzoek jelui aanstaanden vrijdag ter begrafenis, maar er worden geen bollen (geen «leed») gegeven. Wie daarop aasde kon dus tehuis blijven. En daarop azen deden velen. Ook vrouwen en kinderen deden hun best. Ik hoorde eens van zekere vrouw, die op de begrafenis van haar oom Klaas, van wien ze niet kon erven, tot haar twaalfjarigen jongen zeî: «Je moet nu maar goed eten, mijn jongen! dit is 't laatste van Klaas-oom.» En een arme zandschipper, die — het zal nu ongeveer zestig of zeventig jaren geleden zijn — ingevroren geraakte, acht lange weken achtereen, op de opene vlakte, antwoordde op de vraag hoe hij het al dien tijd had kunnen redden zonder eenige verdienste: «O, ik heb het geluk gehad, drie beste begrafenissen te treffen; daar ben ik met vrouw en vier kinderen heengetrokken, zoo ben ik kostelijk door den winter gekomen.»

Te Ureterp en omstreken, niet ver ten zuidoosten van Drachten, hebben de bewoners van ouds, evenals te Hindeloopen en Molkwerum, veel oorspronkelijks gehad, in taal en zeden beide. Thans is hiervan ook daar niet veel meer op te merken. Het zal nog nauwelijks tien jaren geleden zijn, toen daar eene welgestelde oude boerin overleed, een zoon nalatende die oud vrijgezel was. Men wist: deze was er op gesteld, dat de begrafenis zoude plaats hebben, geheel volgens de oude gebruiken. Maar deze waren reeds zoo verouderd dat de meesten ze nooit hadden gekend. Had iemand den ouden vrijer eenige inlichtingen gevraagd, dan zou zijn antwoord geweest zijn: «Ieder moet de gebruiken kennen.» — Eén er van namelijk was, dat hij als nabestaande geenerlei inlichting, geene aanwijzing, geene orders mocht geven, evenmin eischen stellen. De buren waren verplicht te zorgen dat alles zijn beslag kreeg. Zelfs de dienstboden des huizes mochten niet worden gebruikt. Gelukkig was er onder de buren eene oude vrouw die de «gebruiken» op haar duimpje had.

Zoodra de boerin was overleden klopte de naaste buurman aan het venster bij den naasten buurman ter andere zijde van het sterfhuis (het was nacht), berichtende dat de oude buurvrouw uit den tijd was gescheiden en de vrouw des huizes zou moeten komen om het lijk meê «af te leggen». — Twee mannen en twee vrouwen werden hiertoe vereischt. Eene der vrouwen moest het doodlaken «omnaaien», d.i. met lange steken zoomen. De naald waarmeê dit geschiedde mocht later niet meer worden gebruikt en werd dus met den draad, die er in was overgebleven, weggemaakt.

Het «beluiden» moest geschieden door de buurmannen die, rechts en links, drie, vier huizen verder van het sterfhuis verwijderd woonden. Het maken van het graf en het klokluiden bij de begrafenis was het werk der verstafwonende buren. De «beluiders» gingen na afgedaan werk naar den naasten buurman «het sterfhuis voorbij» — en na het tweede luiden naar den naasten buurman aan de andere zijde. Dan ontvingen zij telkens koffie met «leedkoek»; ieder een halven koek. De bakkers waren beide «eigen dorpslui» en dus ontving ieder zijn deel van de levering. Maar iemand, die

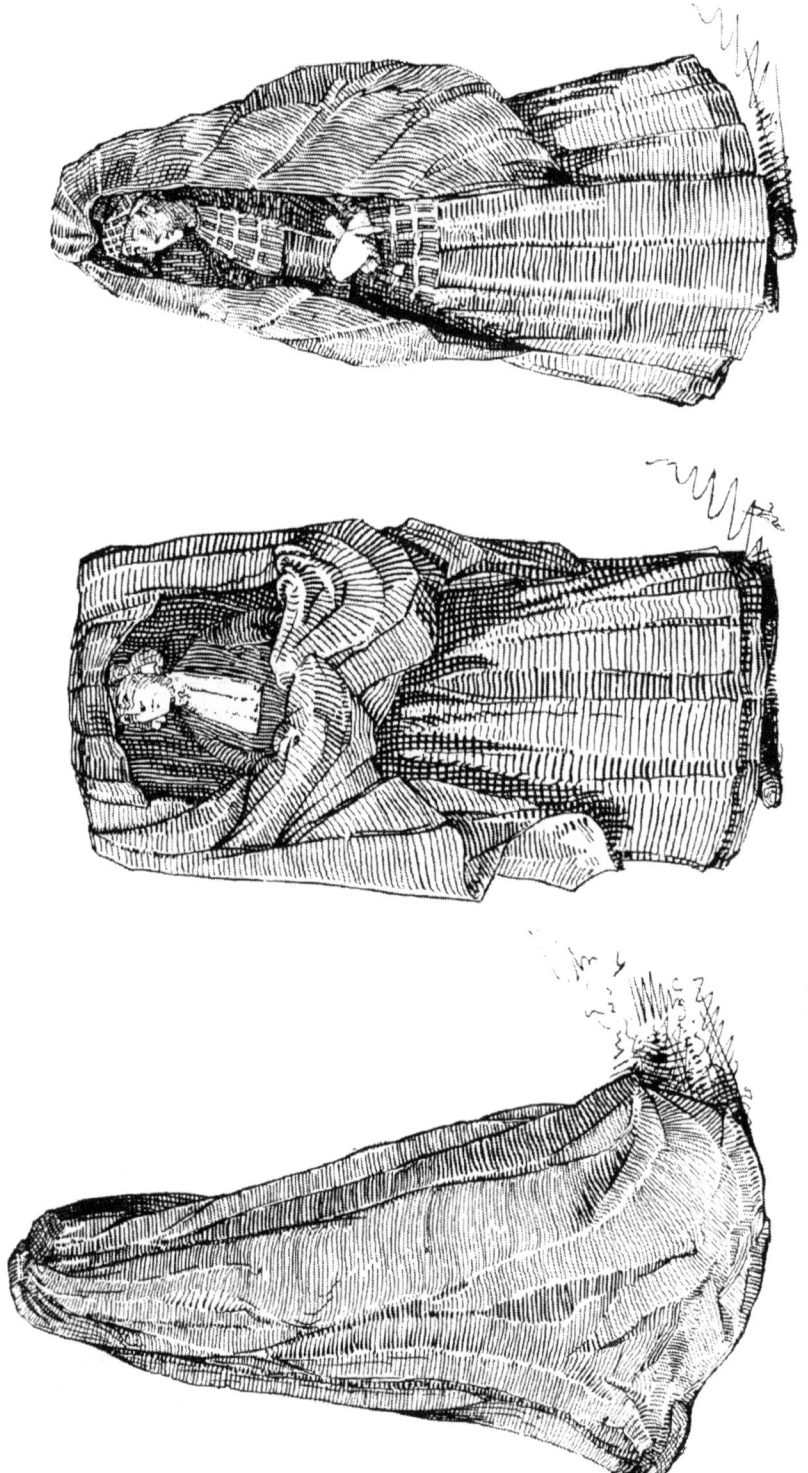

HET ROUWKLEED DER FRIESCHE VROUW.

Naar eene gravure van B. PICART, 1733.
Bij begrafenissen te platten lande
nog in gebruik.

Het regenkleed over de kape, zooals dat
gedragen werd tot in het begin der
negentiende eeuw.

Zware rouw te Hindelopen. Naar eene
volksteekening uit de eerste helft der
negentiende eeuw.

geen twee jaren in het dorp had gewoond, zou als vreemdeling zijn beschouwd en behandeld. De koek moest van denzelfden prijs zijn als de leedkoek, die aan de buurmannen op den begrafenisdag aan het sterfhuis werd aangeboden, maar langer van stuk, dus van eene mindere soort. Het was eene afzonderlijke koeksoort, die leedkoek, maar ik weet er niets bijzonders van mede te deelen.

Een voornaam punt was ook de kist. Het moest eene zware eikenhouten kist zijn, en het was een punt van overweging of de handvatsels blank gevijld, zwart gekleurd of met een zwart floers overtrokken zouden worden. Men had niet met een schrale kas te doen, een hooge rekening in te dienen was geen bezwaar, maar er moest iets voor 't geld worden geleverd. — Ook voor de « leed-bollen » bestond een vaste prijs. Gesteld, den bakkers werd aan-gezegd om voor dertig huisgezinnen « leedgoed » te bakken, dan moesten zij weten dat een huisgezin bij deze gelegenheid werd gerekend op twee personen of drie bollen, die tezamen achttien stuivers moesten kosten. Men had zes soorten van brood. en van iedere soort werd een gelijk getal gebakken. « Krintehalskes » waren krentebrooden in blikken vormen gebakken, verder waren het ge-kruiste krentebollen, bollen van fijne roggebloem met en zonder krenten, fijne bollen van tarwebloem, en regelweggen.

Wat na afloop der begrafenis overbleef werd hier eveneens ver-deeld onder de armen, doch ook wel onder vrienden en buren. De manden waarin het brood ten sterfhuize was aangebracht, mochten niet worden terug gehaald, en de dienstboden der overledene moch-ten ze evenmin terug brengen. Dit was de plicht der naaste buren, die de waren ook van den bakker hadden afgehaald. Zijn er twee bakkers, dan heeft ieder buurman voor één te zorgen. Is er slechts één, dan wordt overlegd wie van hen de taak zal vervullen. Dit gebruik bestond ook in Tietjerksteradeel. Leefden nu toevallig die twee buren met elkander in onmin, dan kon 't gebeuren dat de broodkorven jaar en dag in 't sterfhuis ergens bleven staan. In andere streken was het terugbrengen van ledige manden en derge-lijke zaken het werk der bedienden, die gewoonlijk ook al geene bewoners van het sterfhuis waren.

Den bakkers werd « leed gezegd ». Was er eene begrafenis waar-aan zij bollen leverden, dan verzuimden zij niet daar « leed van te nemen », dit wil zeggen, zij kwamen ter begrafenis, doch voegden zich bij de buren, niet bij de « vrienden ». — Op deze wijze werd

27

meer in het dorp «leed gezegd», doch velen bleven dan tehuis.

Is het lijk gekist, dan blijven de buren nog met de aanwezige bloedverwanten, bij deze gelegenheid «de vrienden», genoemd, uitrekenen hoeveel koffie, thee, kandijklontjes, buurkoeken, tabak, pijpen, enz. er noodig zullen zijn, en zorgen hiervoor; rookvleesch en ham zijn wel in huis. Een der buren gaat bij kerkvoogden veertig stoelen uit de kerk ter leen vragen en het kistkleed bestellen. Is dit daar niet verkrijgbaar, dan moet hij bij de «buitenvoogden» (armvoogden) zijn, of anders bij de hervormde diakenen. De huurprijs is verschillend, gewoonlijk een halve gulden of iets meer, hoogstens een gulden; maar het geldt thans eene deftige begrafenis, misschien zit er hier een rijksdaalder aan.

Ieder der buren doet wat voor de hand ligt, zonder er op te letten of de een wat meer doet dan de ander. Op den dag der begrafenis zaten des morgens vroeg vijf mannen koffie te malen, anderen stookten het vuur en weêr anderen regelden de rest.

De begrafenis zelf verliep vrij gelijk als elders. De buurmannen hielden zich achteraf en ontvingen koek inplaats van witte- en krentebrood.

Begrafenissen «zonder leed» worden meest gehouden des namiddags één of twee uur. Daarbij wordt thee geschonken en later koffie met een groot stuk zoetekoek. Deze wordt bij zulk eene gelegenheid in sommige streken ook «leedkoek» genoemd.

Namiddagsbegrafenissen, die thans meer voorkomen dan vroeger, waren te Makkum van ouds reeds regel. Daar had men nog in het begin dezer eeuw zes vaste bidsters, allen weduwen, twee waren gereformeerd, twee doopsgezind en twee roomsch katholiek. Kwam er een lid eener welgestelde familie te overlijden, dan werd dit aan alle ingezetenen van het dorp bekend gemaakt. Minder gegoeden deden het alleen aan de medeleden hunner gemeente. Dit bekendmaken, «omzeggen» genoemd, geschiedde zoo spoedig mogelijk. Maar op den dag vóór de begrafenis ontvingen de bidsters eene lijst met de namen dergenen die moesten worden genoodigd om den overledene de laatste eer meê aan te doen. Daarbij waren meestal eenigen die gevraagd werden als «vriend te huis». Dezen volgden den lijkstoet naar en van het graf, maar betraden het sterfhuis niet. Bloedverwanten, nabestaanden en sommige anderen werden verzocht om als «vriend in huis» te komen. Deze gingen meê binnen. De verre verwanten en die geene verwanten waren, vertrokken na het theedrinken. De bloedverwanten bleven koffiedrinken.

Te twee uren 's namiddags verliet men met het lijk het sterfhuis; de tocht duurde bijna een uur. Terug gekomen stond de thee gereed; de mannen rookten uit lange goudsche pijpen. Dit hield aan tot nagenoeg vijf uur. Dan werd er deventerkoek en zoete-melksche kaas op tafel gebracht. Ieder ontving eenvierde koek en kaas naar believen. Wat men van de koek niet opat werd in den zak gestoken. Dit geschiedde ook elders, bv. in Hennaarderadeel.

Bij het «omzeggen» droegen de bidsters bij het bidden ter begrafenis en bij het «te hove» brengen, de groote «kape» met het zwarte regenkleed er over, evenals de vrouwen die het lijk volgden. — Zeer jonge kinderen worden bij avond begraven. Daarbij noodigt men weinig of geen gezelschap; er worden geene klokken geluid en er gaan geene vrouwen meê naar het kerkhof.

Het dorp Molkwerum werd vroeger het friesche doolhof genoemd. De huizen stonden daar verward door elkander en hierdoor waren de doorgangen, vooral bij de hoeken, soms zoo eng dat de lijkdragers de doodkist onderhands moesten dragen en niet op een baar. Acht mannen dragen de kist aan twee lange stokken, die ieder steken door twee ringen aan de einden van twee touwen, op welke de kist rust.

Het lijk eener kraamvrouw werd voorheen overal in Friesland onderhands gedragen, de baar steunde daarbij op de armen, niet als naar gewoonte op de schouders. Dit gold voor een eerbewijs, en men spreidde een witten doek over het zwarte lijkkleed.

Te Woudsend bestaat de gewoonte dat het lijk van een jonge-ling of jongedochter door jongelingen, vrienden en kennissen wordt gedragen. Dit is iets wat meer plaats grijpt, maar hier heeft ieder der dragers een palmtakje in den mond, evenals te Leeuwarden de drager van een zeer jong kind. Bij het graf gekomen leggen allen, op drie na, hun palmtakje op de kist. Dan werpt ieder der dragers drie scheppen aarde in het graf — ook dit wordt meer gedaan — en de drie overgebleven palmtakjes worden later op het graf geplant. Van dit eerbewijs met palmtakjes heb ik elders niet gehoord. In vroeger tijden, bij pestziekte, hadden de dragers onder de lijkbaar een takje wijnruit als voorbehoedmiddel in den mond.

Zelfmoordenaars begroef men weleer onder den drup van het dak der kerk, omdat men hun geen eerlijk graf gunde. Een dorpskerkhof is verdeeld in rijen graven, van den kerkmuur af naar het pad dat om het kerkhof loopt of eigenlijk de buitenrand ervan is. De graven liggen allen oost en west. Maar onmiddellijk bij den kerkmuur, onder den aanhoudenden kouden drup, zijn geen graven.

De Hindeloopers gaan bij eene begrafenis tamelijk snel, in tegenstelling van de meeste landfriezen, die zeer langzaam daar henen treden. Men bezigde daar platte, ongekleurde kisten. Hoe meer dienaren daar bij eene begrafenis, hoe rijkelijker de belooning. Men verhaalt er van den lijkstoet eener rijke dame die uit wel duizend menschen bestond en ieder van deze ontving tien gulden.

Een rijk edelman of grondbezitter werd wel door zijne huurboeren naar het graf gedragen. Ter herinnering ontving ieder dan een zilveren lepel, waarop de naam enz. van den overleden heer. Zoo iets kwam in de eerste helft der negentiende eeuw nog voor en «begrafenislepels» worden in sommige families nog bewaard.

Is eene begrafenis «zonder leed», dan geeft de familie wel aan ieder der buurmannen een fooi, bv. 50 cents, ook wel een gulden.

De graven op een kerkhof zijn meest bijzonder eigendom en voor het overige behooren ze aan de kerkvoogdij. Men kan graven koopen en verkoopen evenals andere vastigheden; men kan ze ook huren. Dit geschiedt voor tien, ook wel voor veertien jaar, ook korter, men noemt dit eene «rotting» huren. Na verloop van genoemden tijd is het graf weêr ter beschikking der kerkvoogden.

Wat den rouw betreft: geheel in het zwart gekleed is het teeken van zwaren of diepen rouw. Mannen dragen bovendien een rouwvlies van matzwarte stof om den hoed, en aan de pet een roosje van zwarte tule. Een weinig wit mag er ook bij gedragen worden. De floddermuts der vrouwen, gewoonlijk van gebloemde kant, is in den rouw van effenwitte tule. In lichten rouw draagt men blauw, grijs en zwart bont. Dit is zwart met wit, waarbij het zwart de overhand heeft; heeft het wit de overhand, dan noemt men 't witbont. Rood, bruin, groen en geel met hunne schakeeringen worden in den rouw niet gedragen. Alleen te Hindeloopen droegen de vrouwen in den lichtsten graad van rouw bontgoed, dat op een witten grond blauwe en roode strepen of ruiten had. Volgens het oud gebruik gaan kinderen over hunne ouders twee jaren in diepen en twee jaren in lichten rouw. De rouw voor een weduwe of weduwnaar is even lang. Hertrouwt men binnen dezen tijd, dan wordt alle rouw afgelegd. Men vertelt van eene weduwe, die thuis kwam van de begrafenis van haar man, en door een buurman van den wagen werd geholpen; deze zeide haar: «Nu had ik overlegd dat gij mettertijd maar mijne boerinne moet worden,» waarop de treurende weduwvrouw antwoordde: «Dat zou anders wel goed zijn, maar gij komt wat te laat, ik heb mij zoo straks verzeid aan die mij op de kist heeft geholpen.» — In den Zuidhoek rouwde vroeger een kind drie jaren over vader of moeder. Van een broeder of zuster rouwt men een jaar diep en een half jaar licht. Van een oom of tante een half jaar of iets langer licht.

Sterft een molenaar of een zijner naaste betrekkingen, dan wordt de molen in den rouw gezet. Gewoonlijk staat de molen, als hij rust, «in het kruis», aldus: $\times$; bij fabriekmolens heet dit zondagsrust, en pleizierrust, wanneer het werkvolk eens een dag vrijaf heeft. Bij gebrek aan wind en ook des nachts staat hij «op de roede», aldus: $+$; en in den rouw aldus: $\times$. Moet een molen stilstaan wegens vertimmering, dan staat hij in den timmerrouw aldus: $\curlyvee$. Deze regelen gelden ook voor een watermolen, en is een poldermolenaar nauwgezet, dan zet hij den molen in rouw bij het overlijden van een polderbestuurder, zelfs van diens vrouw. [1]

In sommige streken heeft men bij het «afleggen» van een lijk altijd een paar vrouwen voor de verrichtingen met naald en draad; meer algemeen is echter de regel dat mannen door mannen en vrouwen door vrouwen worden bekleed. Vroeger geschiedde het aanzeggen der buren, bij het overlijden eener vrouw, door eene vrouw. Nog ouder was het gebruik, dat de rondzegster bij dat werk het «regenkleed» om had. Gegoeden onder de buren doen het werk niet zelf, maar zenden een plaatsvervanger. In de meeste dorpen zijn onder de geringe klasse genoeg mannen, die in dit werk eene zekere bedrevenheid hebben.

De doodkist hoort men nog dikwijls *deafet* $=$ doodvat noemen. Het is ook eigenlijk geen kist, maar een bak, boven open, met een schuifdeksel er op. Men heeft hiervan drie vormen, altijd zwart: plat-verheven d. i. met het deksel uit drie planken samengesteld in dezen vorm $\bigwedge$; deze is meest in gebruik, en wordt van het beste eikenhout gemaakt en hoe dikker zooveel te deftiger. De

---

[1] In het friesche Waterland zet een boer, wanneer hij een stierkalf heeft gevangen, zijn watermolen in het kruis; dit is voor den slager in het dorp het teeken dat hij het kalf moet komen halen. Dikwijls verkoopt een greidboer de nuchtere stierkalvers, die hij gedurende het voorjaar zal krijgen, vooruit aan een slager, voor een bepaalden prijs per stuk, onverschillig hoeveel er komen.

scherpverheven kist van eene goedkoopere houtsoort, en waarbij de twee planken van het deksel rechthoekig tegen elkander opstaan, wordt gebruikt door weiniggegoeden die zelf de begrafeniskosten betalen. Eindelijk de platte kist, nog goedkooper, en waarvan het deksel slechts uit ééne plank bestaat en die alleen dient voor dooden op kosten van een armbestuur ter aarde besteld. Een zware kist heeft, behalve een gladgeschuurd ijzeren handvatsel op ieder einde, twee aan iedere zijde; die van lichter hout slechts een.

Lijkbaren zijn thans overal eenvoudig zwart; alleen langs de westelijke zeekust, te Makkum, Workum, Hindeloopen en Staveren zijn er nog met gekleurd schilderwerk en met randschriften op de lange zijden, soms ook nog tusschen de stokken. Deze baren zijn afkomstig uit den tijd der gilden, en toen waren versierde baren meer algemeen. Zoo had men voor ruim tweehonderdvijftig jaren ook dergelijke te Franeker, waarop de bakkerij «volkomen geconterfeit» stond.

Van het oude schippersgilde zijn er te Makkum drie groote en eene kleine, beschilderd met een gezicht op Makkum uit vroegeren tijd, gevat tusschen afbeeldingen die herinneren aan het bedrijf. Op de twee groote en de twee kleine baren van het wevers- en timmermansgilde zijn de versieringen reeds bijna onkenbaar door den ouderdom. Al deze baren zijn nog steeds in gebruik bij het begraven van aanzienlijken zoowel als van geringen, mits ook de laatsten willen betalen wat daartoe staat: de somma van 90 cents. Het komt er dan niet op aan, welk bedrijf de doode heeft uitgeoefend; alleen voor iemand die tot de schipperij heeft behoord, neemt men altijd eene schippersbaar. Voor wie niets kan of wenscht te betalen zijn «ongeschilderde», d. z. effenzwarte, die in den mond des volks «blinde» baren worden genoemd.

Zes groote en twee kleine baren zijn in de Geertruidakerk te Workum. De grootschippersbaar met het jaartal 1806, beschilderd met groote schepen, zoogenaamde buitenvaarders, op zee bij storm en bij stilte, en verder met kompas, verrekijker, kaarten, enz.; ook staat er afgebeeld de Hoop met het anker en op de rechterhand een vogel. Een schippersbaar voor de kleine vaart, 1805, is op dezelfde wijze versierd, maar hier brengt de storm het niet verder dan tot een flinken bries. Evenzoo op eene kleinere baar voor de kleine vaart, 1806, terwijl eene andere kleine, 1791, met doodshoofd en beenderen tusschen de stokken, overigens alleen lucht en wolken geeft te zien. Eene andere baar vertoont in verschillende tafereelen een veld met ploegers; het oogsten, de markt te Workum, het hooien, grazend vee en in het verschiet Workum van den zeekant gezien. De zesde baar draagt het jaartal 1756 en is beschilderd met smids-, horlogemakers- en zilversmidsgereedschap. De zevende baar, 1791, vertoont den metselaar, timmerman, huisschilder en glazenmaker in hun arbeid, maar ook de dood met de zeis. De achtste baar, 1781, is van het dokters- en chirurgijnsgilde. Zij geeft te zien eenerzijds eene apotheek, eene ziekenkamer, eene operatiekamer waar vier personen een patient aan het hoofd opereeren, met een instrument dat veel gelijkenis heeft met eene groote timmermansboor. En op de keerzijde een opengeslagen boek, vijzels en meer apothekersgereedschap, de barmhartige Samaritaan, twee geleerde chirurgijns en ook de dood.

Al deze baren hebben op- en randschriften van ernstigen aard, meest aan de psalmen ontleend, die van het chirurgijnsgilde natuurlijk ook spreuken in het latijn. Behalve deze acht is er nog een baar zonder versiering, zonder opschrift. Afzonderlijk gezet, wordt zij niet gebruikt dan wanneer er op stadskosten wordt begraven, maar ook dan nog niet altijd. Men zegt dat zij vroeger dienst deed voor misdadigers en zelfmoordenaars.

Te Hindeloopen bestaat nog een bakkersbaar, met het opschrift:

Proeft eedt Anno 1666.

Het koren 't welk uit de aard' sproeit is voedsel voor den minsk
de molen die het malen doet, de bakker naar zijn winsk;
de bakker kneyt en backt voor minsken onderhout
dees baar die is gemaekt voor bakkers jong en oudt.

Als Adam door den fal, voor Godt stondt naekt en bloodt
sijn hij en wij te saem gewezen tot den doot;
maar lof sij Jesu Christ, ghij voede Adam groodt
die door U bietter doot ons bringht in Abrams schoot.

Te Staveren zijn twee baren, eene groote en eene kleine, afkomstig van het vroegere visschersgild. De tegenwoordige visschersvereeniging wordt ook veelal het visschersgild genoemd. De groote baar heeft tot opschrift: « d' Visschersbaer Anno 1688 ». De lange zijde aan weêrskanten geeft de stad Staveren te aanschouwen, zooals die zich eertijds uit zee vertoonde. Men ziet daarop aan de noordzijde den korenmolen, die als baken dienst deed en gestaan heeft waar later een houten baken is verrezen. Aan de zuidzijde ziet men de sinds lang verdwenen˝zoutkeet. Kofschepen zeilen op zee.

Het opschrift der kleine baar «d' Visschers kinderbaer», is geflankeerd met gevleugelden zandlooper en doodshoofd met been-deren. In het midden het wapen van Staveren (een paar gekruiste bisschopsstaven.) De lange zijden vertoonen hetzelfde tafereel als op de groote baar. Het randschrift is ontleend aan Pred. XII : 1. De korte zijden der beide baren zijn versierd met een zeilend schip. — Deze baren worden steeds onderhouden en nog gebruikt wanneer een lid van een visschersgezin begraven wordt.

UIT FRIESLAND'S VOLKSLEVEN.

UIT FRIESLAND'S

VOLKSLEVEN

VAN VROEGER EN LATER.

VOLKSOVERLEVERINGEN,
VOLKSGEBRUIKEN, VOLKSVERTELLINGEN,
VOLKSBEGRIPPEN.

BIJEENGEBRACHT DOOR

WALING DYKSTRA.

TWEEDE DEEL.

LEEUWARDEN,
HUGO SURINGAR.

Inhoud van het tweede deel.

III. Volksvertellingen.

IV. Volksbegrippen.

III.

VOLKSVERTELLINGEN.

Wie voor dertig of veertig jaren in Friesland zich bezighield met het verzamelen van volks-vertellingen als in deze afdeeling worden medegedeeld, vond maar bij weinigen bijval; over 't algemeen genomen noemde men het „al wat heel kinderachtig, zich met zulke kinderrelletjes en dwaze spookhistories te bemoeien." — Men is intusschen voortgegaan met verzamelen en uit den mond des volks op te schrijven, waaraan ik het mijne heb meêgedaan. Hierdoor was ik thans in staat de navolgende verzameling bijeen te brengen.

Evenals bij de Volksoverleveringen is ook hier alleen dat opgenomen wat bepaald in Friesland tehuis behoort of wat op de groote reis van eeuwen en door alle hemelstreken heen, hier eene eigenaardige schakeering heeft ontvangen. Zoo is hier vertelsel dat ik mededeel onder 't opschrift „De wereld wil vergaan" eene variatie, misschien wel een oudere vorm van Grimm's Bremer Stadsmuzikanten, en de oude boer die het voor zestig jaar en vroeger aan zijne kleinkinderen ver-telde, wist van Grimm en zijne vertellingen niets af. Het werd mij thans medegedeeld uit Kollu-merland; ik heb het in mijne kinderjaren ook gekend maar kon het niet meer teruggeven. Evenzoo vond hier eene plaats de Asschepoester gelijk die in deze streken verteld wordt, zoo geheel ver-schillend van die bekend is uit Moeder de Gans. Deze friesche Asschepoester zal kunnen bevestigen of aanvullen de studie van dien Engelschman, die nu eenige maanden geleden niet minder dan 345 lezingen over deze vertelling heeft kunnen samenbrengen.

In de volksvertelling spiegelt het volk zich af met zijne goede en minder goede eigenschappen. Een karaktertrek schijnt wel heel de wereld door te zijn, dat met leugen en bedrog vrij luchtig wordt omgesprongen, zoodat aan dezen dikwijls eer en voordeel zijn verbonden en de zwakke het van den sterke wint. Hoe zou anders een verhaal als van grooten Oege en kleinen Oege, dat, naar 't zeggen der geleerden, uit het oude Egypte is overgekomen, hier populair hebben kunnen blijven tot op den huidigen dag?

De vrouw wordt niet steeds van de meest gunstige zijde bekeken. Het volk schijnt overal te hebben begrepen, dat de slang uit het paradijs best kon worden gemist om de vrouw te verleiden tot kwaad. Niet alleen in het friesche vertelsel van „Bouwe-oom en Antjemoei" is het de vrouw die door onmatig wenschen al den verworven rijkdom plotseling verspeelt. In Duitschland, in Rusland, in Normandië, en wie weet waar meer, heeft men dergelijke vertellingen, altijd in een eenigszins ander kleed.

Als tegenwicht en als om de vrouw eenigszins in haar eer te herstellen, worden haar dikwijls groote schranderheid en gevatheid toegekend. Dit komt vooral sterk uit in de twee vertellingen: „De schrandere boerendochter" en „Van een heer en een boer". Merkwaardig is het dat hetzelfde motief met geringe wijziging voorkomt in 't Serbische en in de Saga van Regnar Lodbrog, al is de verdere inkleeding daar geheel anders dan hier

Waar zulk eene sterke verwantschap bestaat tusschen wat het volk hier en elders vertelt, is het niet vreemd dat wat in den volksmond van geslacht tot geslacht is overgeërfd, niet zelden zijne geschiedenis heeft. Zoo is onze vertelling van het Vrouwtje, dat een houten duitje vond, na verwant aan de nederlandsche van de oude vrouw Dribbel en het duitsche: „Der Herr der schickt den Jochem aus", door onzen Van Zeggelen bewerkt als: „Baas Jochem stuurde Joosje in 't veld", terwijl men meent dat het oorspronkelijk een hebreeuwsch [misschien nog ouder] referein is „Een geit die vader kocht voor twee stukjes geld" met de bedoeling om aan te toonen, dat men niets om niet ontvangt. Soms doet de vertelling ook dienst als allegorie, die men in het genoemde hebreeuwsche referein meent te vinden. Dan zouden de Joden, Jehova, en volken als de Assyriers, Babyloniers, Per-sen, tot kruisridders en Turken toe, zijn bedoeld. Daar worden dus volken van verschillende tijd-perken in ééne gedachte vereenigd en och, met de tijdrekenkunde neemt de volksvertelling het zoo nauw niet. Het lied behoudt den eens aangenomen vorm, aan maat en rijmslag gebonden; het verhaal, dat in vrijen vorm van mond tot mond gaat, neemt nieuwe elementen op en verliest er oude; in elk geval maakt het geen zwarigheid om denkbeelden in verschillende eeuwen tehuis behoorende saam te koppelen. Dit is blijkbaar ook geschied in menige vertelling die hier inheemsch is.

In de volksvertelling vertoont het volk zich zooals het is. En nu moge waar zijn, wat wel eens is gezegd, dat het Volk de grootste, de verhevenste, de meest vindingrijke dichter der wereld is ook het plompboerige ontbreekt nergens.

De verwantschap tusschen onze volksvertellingen en die van elders, in en buiten het vaderland, op te sporen en aan te wijzen, dit ligt niet op mijnen weg. Bij de lezing van „Eene nicht in Am-sterdam" wordt men als vanzelf herinnerd aan „Nieuwsgierige Aagje van Enkhuizen", die wel tot model schijnt gediend te hebben voor Huygens klucht van Trijntje Cornelis. Het verhaal van de twaalf duivelen-studenten te Franeker leeft ook in het Limburgsche, maar speelt daar in veel jonger tijd. „De afgestreken korenmaat" kent men tot over onze grenzen in het Platduitsch. De geschiedenis van het schaap, dat bij herhaling wordt gestolen en telkens aan den eigenaar weêr verkocht, komt ook voor in Lithauwen, en daar wordt hetzelfde schaap zelfs driemalen gestolen. Ook de „heinproef" is buiten Friesland bekend. Men vertelt dat zij in praktijk werd gebracht door den vroegeren nachtportier van de *Grande Chartreuse*, broeder Anselmus, een Parijzenaar, die voorheen in de eerste kringen verkeerde en in 1891 stierf. Hij nam deze proef om te ontdekken of ook vrouwen in mansgewaad trachtten binnen te sluipen.

De overblijfselen van de oude volksmeeningen, door het christendom onderdrukt, worden ook in de volksvertelsels aangetroffen Men kan er uit leeren hoe het christelijk onderwijs is begrepen, aan-genomen en bewaard, hetzij in zijne leerstellingen, hetzij in zijne zedeleer. De oudere theologie met de oppergoden zit meer in de legenden: die goden werden voor de latere geslachten helden. Maar de mindere goden zijn blijven leven voor het volk; zij zijn het eigenlijke „duivelengilde", waarvan oude afzweeringsformulieren spreken. En dat zij lang blijven leven, ook in Friesland, blijkt wel uit het geschilderde glas, dat voorheen gezien werd in de kerk te Sint Nicolaasga, waarop een hoorn met dit onderschrift: „Dit is Roordama blancke hoorn, die d'onderaerdsche [de aardmanne-tjes] hem geleverd hebben."

W. D.

Van grooten Oege en kleinen Oege.

Er waren eens twee broeders die heetten beide Oege. De een was groot en sterk, maar zeer dom en lomp; de ander was een klein en nietig ventje, maar zeer leep en verstandig. Groote Oege was rijk, hij had wel dertig koeien; kleine Oege was arm, hij had maar eene koe. En zij hadden ieder een oude grootmoeder bij zich inwonen voor huishoudster.

Eens kwam er een bedelaar bij kleinen Oege om een aalmoes. De kleine man zeî: «Ik kan u niets geven, ik ben zelf arm, maar ga naar mijn buurman, die is rijk.» — De bedelaar ging nu bij grooten Oege vragen, maar deze zeî: «Denk je, dat ik je wat geven kan? Ik heb moeite genoeg om zelf aan den kost te komen.» — «En je buurman zegt, ge zijt een rijke boer,» zeî de bedelaar. — Dit maakte den grooten domkop wrevelig, hij zeî: «Wil die kleine leelijkerd mij de schooiers op het lijf zenden? Dat zal ik hem betaald zetten.» — In zijn dollen drift liep hij naar den weg waar de koe van kleinen Oege liep grazen, trok zijn zakmes en sneed het beest den hals af. Kleine Oege dorst hier niets tegen doen; hij vilde de koe, zoutte het vleesch in en begaf zich des namiddags op weg naar de stad om daar de huid te verkoopen.

Zijn weg leidde door een groot bosch; op eene eenzame plaats gekomen, zag hij van verre eenige gauwdieven onder eenen boom zitten geld tellen. Eerst verschrikte hij, maar hij herstelde zich spoedig. Hij sloeg de koehuid om zoodat zijn gansche lichaam bedekt was en de hoornen boven zijn hoofd uitstaken. Aldus naderde hij de roovers en begon vervaarlijk te schreeuwen. De mannen namen verschrikt en met overhaasting de vlucht en lieten hun geld in den steek. Kleine Oege pakte dit heel vlug in; hij kon den hoop nauwelijks dragen. Om de koehuid bekommerde hij zich niet meer maar keerde naar huis.

Hij liet grooten Oege het geld zien en zeî: «Kijk nu eens aan hoe duur de koehuiden in de stad worden betaald; zooveel geld heb ik voor de mijne gekregen.» «Dat kan niet waar zijn,» zeî de groote ongeloovig. — «En vanwaar zou ik dan zooveel geld hebben?» vroeg de kleine.

Groote Oege meende in te zien dat het toch wel waar moest zijn; hij zeî: «Als 't zoo staat ga ik al mijne koeien slachten.»

En hij deed het werkelijk, en verzocht zelfs den kleinen snaak om hem te helpen, wat deze gaarne deed. Toen de beesten allen waren gevild laadde groote Oege op zijn breeden sterken rug eene vracht koehuiden zoo groot en zwaar als hij maar torschen kon en ging er meê naar de stad. Onderweg vernam hij niets van gauwdieven of iets dergelijks, en kwam ongehinderd in de stad. — Daar liep hij langs de straat en schreeuwde zoo hard hij kon: «Koehuiden koop! koehuiden koop!» — De straatjongens riepen elkander toe: «Wat scheelt dien lompen boer? Hij lijkt wel gek!» Zij wierpen hem met slijk en maakten 't hem zoo lastig dat hij spoedig de stad verliet zonder zijne huiden te hebben verkocht.

Toen hij terug kwam was hij woedend op kleinen Oege. «Je hebt mij bedrogen, leelijkert!» zeî hij, «maar dat zal je slecht bekomen; vannacht als ge te slapen ligt zal ik je vermoorden.»

Kleine Oege lachte alsof hij wilde zeggen: «Dat doe je toch niet,» maar eigenlijk achtte hij den dolkop er best toe in staat. Daarom zeî hij 's avonds tot zijne grootmoeder: «Beppe, ik kan daar op dat bed niet meer rustig slapen, want er zijn muizen in het stroo, die maken 's nachts zoo'n leven. Gij zijt doof en hebt daarvan dus geen last; zouden wij niet kunnen ruilen met slaapplaatsen?»

Grootmoeder was goedig en had er niets tegen. Maar Oege zorgde zijne muilen te plaatsen voor het bed waar zij altijd hadden gestaan en die van grootmoeder ook.

Des nachts kwam groote Oege; hij wist wel waar de slaapplaats van kleinen Oege was en zonder het te weten of te willen doodde hij de oude grootmoeder.

Kleine Oege stond 's morgens zeer vroeg op; wat gebeurd was had hij verwacht. Hij droeg het doode mensch in een schuitje, nam ook een mandje met eieren meê en voer toen naar de stad. Daar gekomen plaatste hij de doode vrouw op een stoel op de markt en zette het mandje met eieren naast haar. Nu ging hij om een hoekje staan oppassen wat er zou gebeuren.

Het duurde niet lang of daar kwam een heer voorbij wandelen; hij keek naar het mandje en vroeg: «Wat kosten die eieren, vrouw?» Geen antwoord. — Nogmaals: «Wat kosten die eieren, vrouw?»

Alweêr geen antwoord. De man bracht zijn mond aan haar oor en riep hard: «Wat kosten die eieren, vrouw?» Zij zweeg. Hij werd driftig, en terwijl hij zeî: «Kun je niet spreken, oud nest?» gaf hij haar een duw dat zij van den stoel viel en bewegingloos op den grond bleef liggen.

Daar kwam kleine Oege aangeloopen roepende: «Gij hebt mijn oude grootmoeder doodgeslagen, dat zal ik bij den rechter aangeven.» «Hou je stil!» zeî de heer: «hier is mijn geldbeurs, neem die.» «Je geldbeurs! Denk je dat ik voor zulk een kleinigheid mijn oude grootmoeder wil missen?» «Nu, je zult meer hebben; stop dat lijk maar weg en kom meê naar mijn huis.» Daar was 't Oege juist om te doen. Hij bracht beppe weêr in het schuitje, dekte haar goed toe en ging met den heer naar diens huis, waar hem eene aanzienlijke som werd toegeteld.

Op de terugreis begroef hij zijn oude grootmoeder op eene eenzame plaats. Toen hij tehuis kwam keek groote Oege verbaasd op en zeî: «Leef jij nog? Ik heb je immers vermoord.» «Ja, dat kun je wel meenen,» zeî kleine Oege, «maar daar was ik te wijs voor. Je hebt mijn oude grootmoeder vermoord en ik heb haar vandaag in de stad verkocht. Kijk eens hier, welk een hoop geld ik voor haar heb gekregen.» «Nu maar, dat lieg je nu weêr,» zeî groote Oege; «ik laat mij niet voor de tweede maal zoo iets wijs maken.» «Zou ik dat liegen? Weet je dan niet dat in de stad geleerde lui wonen die lijken koopen en opensnijden om te weten hoe een mensch van binnen is?» Ja, daar had groote Oege wel eens van gehoord. Hij zeî: «Het scheelt mij niet veel of ik maak mijne oude grootmoeder ook dood.» En waarlijk! hij deed het. Met het doode mensch op den rug sjouwde hij naar de stad. Daar deed hij weêr evenals met de koehuiden; langs straat loopende riep hij: «Oude beppe koop! Oude beppe koop!» — Maar het verging hem zoo mogelijk nog slechter dan den eersten keer. Hij werd zoo danig uitgejouwd en met slijk geworpen dat hij zich spoedig moest wegpakken.

Ten uiterste vertoornd kwam hij tehuis en zeî: «Je hebt mij immers al weêr bedrogen, leelijke schurk! Maar nu zal ik je verdrinken, dat je voor goed verdronken raakt.» Hij pakte kleinen Oege, eer deze 't had verwacht, bij den kraag, stopte hem in een zak en liep met hem weg naar de zee. Maar onderweg schoot hem te binnen dat hij een langen stok diende te hebben om den zak onder water te kunnen duwen en ver van den oever af te houden.

Ter zijde van den weg waren twee slootgravers aan het werk; dezen vroeg hij of zij even op zijnen zak met goed wilden letten, terwijl hij een stok ging halen. De slootgravers, een weinig nieuwsgierig, openden intusschen den zak om te zien wat er in was en daar zagen ze kleinen Oege. Deze zeî: «Hij wil mij verdrinken, laat mij loopen en vul den zak met slijk en steenen.» — De mannen deden dit gaarne en de kleine snaak nam de vlucht.

Groote Oege kwam terug, slingerde den zak weêr op den rug en ging zeewaarts. Het duurde niet lang toen liep het vuile water uit den zak langs zijn lichaam naar beneden. « Ja, » zeî hij bij zichzelven, «ik wil wel gelooven dat je 't benauwd hebt, maar je zult je lot nu niet ontkomen.» — Bij de zee gekomen plonsde hij den zak in het water en deze zonk oogenblikkelijk naar de diepte. «Ik had waarlijk geen stok behoeven te halen,» zeî hij. Verheugd dat hij nu voor altijd van den kleinen deugniet was ontslagen keerde hij huiswaarts.

Kleine Oege sloeg den weg in naar de stad, peinzende hoe hij nu aan den kost zoude komen. Het gelukte hem onderweg een kraai te vangen, dien hij in een zak stopte en meênam. Nabij de stad zag hij een heerenhuis dat voor een der buitendeuren een luifel had en onmiddellijk daarboven een venstertje. Oege klom op de luifel en zag door het venstertje in een vertrek dat de keuken bleek te zijn. De meid was bezig een gebraad gereed te maken en de knecht bakte een poffert. Oege gevoelde wel trek om daarvan meê te smullen, want hij had honger. Maar 't scheen dat die twee daar verboden werk verrichtten, want toen ze nabij de keuken gerucht van menschen vernamen bergden ze haastig en eenigszins angstig gebraad en poffert beide in de kast. Oege klom weêr naar beneden en klopte aan de deur. De heer des huizes deed zelf open en vroeg den kleinen man wat hij verlangde. «Mijnheer,» zeî Oege, «ik heb in dezen zak een waarzeggenden geest en nu kom ik vragen of mijnheer daarvan misschien ook gediend wenscht te zijn.» Onderwijl kneep hij den vogel zoo fel dat deze een angstig geluid liet hooren. «Daar versta ik niets van,» zeî mijnheer. «Dat weet ik,» zeî Oege, «maar ik versta het wel. Alleen hij die dezen geest in eigendom heeft verstaat zijne taal, anderen niet. Gesteld ik verkocht hem aan u, mijnheer, dan zoudt gij hem kunnen verstaan en ik niet meer.» «Dat is zeer merkwaardig,» zeî mijnheer, «maar wat zeî hij dan zooeven?» «Hij zeî, dat er een lekker gebraad in de keukenkast staat,» antwoordde Oege. «Als 't waar is,» zeî mijnheer, «zult gij er op worden onthaald; we zullen 't onmiddellijk onderzoeken. Maar laat den geest nog eens iets zeggen.» Oege liet den kraai op nieuw schreeuwen en mijnheer vroeg: «Wat zegt hij nu?» «Hij zegt, dat er ook een poffert in de kast staat.» «Kom, daar moeten wij 't rechte van weten,» zeî mijnheer. De kast werd geopend en het bleek waarheid te zijn wat de geest gezegd had. Mijnheer behoefde niet te vragen hoe die spijzen daar gekomen waren; de knecht en de meid stonden bedremmeld. Zij werden niet alleen hard bekeven, maar ook weggejaagd en Oege werd onthaald op den poffert met het gebraad. «Maar,» zeî mijnheer, «nu moest gij mij dien waarzeggenden geest verkoopen.» «Mijnheer, dat gaat niet,» zeî Oege schouderophalend, «ik heb anders niets om den kost meê te verdienen.» De heer hield echter aan en bood eindelijk zoo buitensporig veel, dat Oege besloot zijne kraai af te staan. Maar nu achtte hij 't ook raadzaam haastig te vertrekken en reisde naar huis.

Groote Oege was buiten zich zelven van verbazing toen hij den kleinen man weêr levend vóór zich zag. «Wel verbruid! hoe heb ik het toch met jou?» riep hij uit. «Ik heb je immers verdronken.» «Ja, je hebt mij verdronken,» zeî kleine Oege. «En toen ben ik in de andere wereld gekomen, daar heb ik een vrachtje geld meê vandaan genomen, zooals gij hier zien kunt. Het ligt daar overal op den weg zoo maar voor het grijpen.» «Ik zou moeten denken dat je mij weêr wat voorliegt,» zeî groote Oege, «maar ik heb je toch met mijn eigen handen in het water geworpen en met mijn eigen oogen heb ik gezien dat je in de diepte der zee zijt weggezonken. Daarom valt hier waarlijk aan geen bedrog te denken. Als het daar in die andere wereld zoo staat als gij zegt, zou ik er ook wel eens voor een poosje willen zijn.» «Welnu, gij kunt er komen, langs denzelfden weg dien ik gegaan ben. Gij moet in een zak; maar ik kan u niet naar den zeeoever dragen.» «Dat is geen zwarigheid. Span mijn paard maar voor de kar. Ik kruip in een zak en ga op de kar liggen; als gij dan maar zoo goed wilt zijn mij naar de zee te rijden en in het water te werpen.» «Dezen dienst wil ik je wel bewijzen,» zeî de kleine schelm. De groote domoor werd naar de zee gereden en in het water geworpen. Hij verdronk — voor goed ook. Hij is nooit terug gekomen.

Kleine Oege werd nu bezitter van alles wat zijn broeder naliet, En hij heeft nog lang en gelukkig geleefd.

Asschepoester.

Een rijk heer had drie dochters; de oudste daarvan was zijn voorkind. Zijne vrouw, haar stiefmoeder, mocht dat meisje niet lijden en de vader zelf eigenlijk ook niet. Eens gingen de zusters met haar drieën uit wandelen, en de oudste liep in het midden. Toen zeiden alle menschen: «Die in het midden loopt is de mooiste.» — Hare zusters hoorden dit en zeiden: «Jij moet aan de linkerzijde loopen.» — Zij deed dit, en nu zeiden alle menschen: «Die aan de linkerzijde loopt is de mooiste.» — Hierop zeiden de zusters: «Jij moet aan de rechterzijde loopen.» — Zij deed het weêr, en alle menschen zeiden: «Die aan de rechterzijde loopt is de mooiste.»

Tehuis gekomen vertelden de zusters wat zij hadden moeten hooren en dit hinderde de ouders zeer. Zij kwamen overeen om zich van het gehate meisje te ontdoen. Aan een hunner bedienden droegen zij op een rijtuig in te spannen, met haar naar het bosch te rijden en haar op eene eenzame plaats te vermoorden. Ter voorkoming van bedrog werd hem bevolen een harer vingers en een stukje van haar tong meê terug te brengen. Toen de knecht aan de juffer meêdeelde dat hij met haar een rijtoertje moest maken, was zij zeer verblijd. Zij trok haar fraaiste kleêren aan en pronkte zich op met al haar goud, zilver en juweelen. Zij reden ver weg en toen zij eindelijk midden in het groote bosch waren, zeide de knecht, dat hare ouders hem bevolen hadden haar te dooden. Hierop begon zij jammerlijk te schreien, zij viel den knecht te voet en smeekte hem haar te sparen. Hij had deernis, maar zeî: «Ik ben verplicht om bij mijne terugkomst een uwer vingers en een stukje van uw tong aan uwe ouders te toonen: hoe red ik mij daar door?» — Gelukkig zagen zij op eenigen afstand een galg waaraan een doode hing. De knecht spoedde zich daarheen om zich van hetgeen hij noodig had te voorzien. Daarop reed hij huiswaarts, maar was genoodzaakt het meisje aan haar lot over te laten.

Zij ging alleen de wijde wereld in, zonder te weten waarheen. Na lang loopen kreeg zij een adellijk slot in het oog en dacht: «Wie weet of ik daar geen werk kan vinden?» Hare fraaie kleederen en hare kostbaarheden verborg zij in een hollen boom en ging naar het slot, waar zij vroeg om een dienst, al was het maar als asschepoester. Nu ja, daarvoor kon men haar gebruiken. Zoo diende zij daar als asschepoester en genoot van niemand eenige achting of toegenegenheid.

De heer en de vrouw van het slot alsmede hun zoon gingen 's zondags altijd getrouw ter kerk, met gevolg van bedienden, en dan bleef asschepoester alleen tehuis. Maar zij wenschte ook gaarne eens naar de kerk te gaan. Daarom zorgde zij op een zondagmorgen vroegtijdig met haar werk gereed te zijn. Zoodra de huisgenooten vertrokken waren haalde zij hare mooie kleêren uit den hollen boom, kleedde zich, stak een prachtigen gouden ring om den vinger en begaf zich ter kerk. Zij zocht eene plaats zoo na mogelijk bij dien van den zoon van haren heer. De jonker zag haar met de grootste bewondering en begreep niet wie die mooie jonkvrouw kon zijn. Zij reikte hem haar reukdoosje toe en hij achtte zich daardoor zeer vereerd. Zij verliet de kerk vroeger dan de anderen, verborg hare fraaie kleêren weêr in den hollen boom, en toen de huisgenooten terugkwamen was zij weêr op hare plaats als asschepoester.

De heer en de vrouw en hun zoon vroegen elkander af of zij de mooie jonkvrouw kenden, die men heden voor het eerst in de kerk had gezien? Maar niemand wist wie zij was; allen moesten erkennen nimmer te voren schooner jonkvrouw te hebben aanschouwd.

Een paar dagen later werd de jonker ongesteld. Hij hield zijn bed, maar wilde niemand mededeelen wat hem scheelde en hij verkoos ook geen geneesheer te ontvangen. Zijne moeder maakte hem keur van spijzen gereed, maar niets smaakte hem. Hij at in het geheel niet. Eindelijk gebood de moeder aan asschepoester eene heel lekkere brij te koken. Het meisje deed dit en toen het kooksel gereed was deed zij den prachtigen ring, dien zij des zondags in de kerk om den vinger had gehad, in de brij. Toen nu de jonkheer van de brij at, kreeg hij dien gouden ring in den lepel en zag terstond dat het de ring was van de onbekende jonkvrouw des zondags in de kerk. Daarop zeide hij, dat hij de eigenares van dien ring bij zich wenschte te zien; zij zoude hem kunnen genezen. Dit werd aan asschepoester medegedeeld en deze beloofde te zullen zorgen dat de bedoelde jonkvrouw spoedig bij den jonker kwam.

Zij haalde haar pronkgewaad weêr uit den hollen boom, tooide zich er mede niet minder fraai dan op den bewusten zondag en verscheen zoo voor de legerstede van den zieke. Nu zagen de vader, de moeder en de zoon alle drie dat asschepoester zelve de jonkvrouw was, die zij in de kerk hadden gezien. Men vroeg haar hoe zij aan

die kostbare kleeding kwam en zij vertelde hoe 't haar was vergaan. Nu bekende de jonker wat hem schortte. Verliefd geworden
op de onbekende jonkvrouw wist hij niet waar haar te vinden. Hij
smeekte zijne ouders om hunne toestemming voor zijn huwelijk
met asschepoester en zij gaven deze gewillig. Spoedig daarna reisden de twee gelieven naar de ouders der bruid en deze waren zeer
verblijd toen zij haar kind terugzagen.

Toen zijn de jonker en asschepoester getrouwd en zij hebben
samen lang en gelukkig geleefd.

Van een jongen en een reus.

Er was eens een jongen die niet wilde deugen, daarom joeg zijne
moeder hem weg en hij nam dienst als koksjongen op een koop-
vaardijschip. Maar hij verviel spoedig in ongenade bij het scheepsvolk, want hij voerde allerlei streken uit en was zoo slordig
in zijn werk dat niemand wilde eten uit de schotels die hij had
omgewasschen. Op zekeren tijd kwamen de matrozen overeen om
den deugniet in een vat te bekuipen en dan in zee te werpen.
Maar hij had hun gesprek afgeluisterd en nam zijne voorzorgen.
Hij voorzag zich van tien broodjes, tien houten pinnetjes, een boor
en een hamer. Des anderen morgens pakten de matrozen hem bij de
kladden, bekuipten hem in een groote ton en wierpen hem zoo in zee.

Toen hij reeds een zeer lange poos gedreven had kreeg hij lust
om te weten waar hij was. Hij boorde een gaatje in den bodem
der ton, gluurde daar door, maar zag niets dan water en lucht.
Hij sloeg het gat weêr dicht met een pinnetje en at een broodje
op. Nu had hij nog negen pinnetjes en nog negen broodjes. Hij dreef al
weêr en hij dreef al weêr en eindelijk had hij weêr heel lang gedreven. Toen boorde hij weêr een gaatje en keek daardoor, maar
hij zag nog niets anders dan water en lucht. Hij sloeg het gat
weêr dicht met een pinnetje en at weer een broodje. Nu had hij
nog acht pinnetjes en nog acht broodjes. Zoo dreef hij al maar
door, en als hij dan weêr een heel lange poos gedreven had, dan
boorde hij weêr een gaatje en keek daar door, sloeg het weêr dicht
met een pinnetje en at weêr een broodje. Dit deed hij zoo dikwijls
dat hij eindelijk maar drie pinnetjes en drie broodjes over had. En
nog altijd had hij niets gezien dan water en lucht. Maar eindelijk
vernam hij tot zijne blijdschap, dat het vat aan den grond stootte
en bleef liggen. Nogmaals boorde hij een gaatje, keek daar door

en zag nu dat zijn vat op het strand lag. Maar hoe thans aan wal te komen? Daarop wist hij geen raad. Doch daar op het strand speelden een viertal vossen en nu gebeurde 't dat een dezer dieren nabij het vat kwam en met zijn staart tegen den bodem sloeg, zóó dat eenige der staartharen door het gaatje naar binnen kwamen kijken. De jongen, niet loom, sloeg dadelijk een pinnetje in het gaatje en nu zat de vos met zijn staart aan het vat vast. Het dier trok wat het trekken kon en maakte daarbij allerlei sprongen, — totdat eindelijk de bodem uit het vat barstte — toen was de jongen verlost.

Hij begaf zich op goed geluk landwaarts in, maar al spoedig ontdekte hij onraad. In de verte naderde hem een vervaarlijk groote reus. De jongen, als altijd op list bedacht, vulde zijne zakken met kleine keisteenen en klom toen in een boom. Hij zat een broodje op te peuzelen toen de reus bij hem kwam. — «Jij zit daar wel mooi,» zeî deze, «wat eet je?» — «Noten,» zeî de jongen. — «Heb je er ook eene voor mij?» — «Met alle plezier,» zeî de jongen en gaf hem een keisteentje. — «Die noot kan ik niet kraken,» zeî de reus. — «Dat valt mij van je tegen,» zeî de jongen. — «Ik eet ze als brood; zie maar!» En hij beet in een broodje. — «Als gij zoo sterk zijt,» zeî de reus, «zal ik je wel kunnen gebruiken in mijne boerderij. Wil je mij dienen als knecht?» — Zeer gaarne,» was 't antwoord, «want ik ben zoekende om werk.» — De reus zeî: «Blijf dan maar zitten, ik zal je wel dragen.»

Hij trok zonder veel moeite den boom, waarin de knaap zat, uit den grond, legde den stam op den schouder en liep er meê weg, terwijl de knaap in de wiegelende takken zat. Zoo kwamen zij bij een grooten zandheuvel tegen wiens voet aan eene zijde een ontzaglijk groot en zwaar steenblok was gewenteld. De reus schopte met zijn groven voet dien steen ter zijde en toen vertoonde zich de ingang van een groot hol. Zij gingen binnen en langs een langen onderaardschen weg bereikten zij de boerderij van den reus. Hij woonde daar met zijne oude vrouw. De boom werd op het vuur geworpen en toen werd er het vleesch van een geheele koe in éénmaal over gekookt. Nadat zij dit met hun drieën hadden opgepeuzeld moest de knaap aan het werk.

De reus had al zijn boerengereedschap van klinkklaar ijzer en alles was groot en zwaar. Maar de knaap had zich voorzien van een vijltje en zoo dikwijls hij alleen was hield hij zich onledig met het bijna doorvijlen van een of ander voorwerp en de hierdoor ontstane gleuf smeerde hij dicht met klei. Was hij dan met dat goed aan het werk, dan brak er gedurig iets en dan zeî hij: «Het gereedschap, baas, dat gij er op na houdt is niet sterk; ik kan er niet meê werken of het breekt; gij moet het mij sterker laten maken.» Dit deed de reus, maar het hielp niet veel; onder de handen van den knecht was alles spoedig weêr gebroken.

De reus zeî ten laatste: «Ik geloof waarachtig dat je sterker bent dan ik; maar nu moet je ook eens tegen me brij-eten. Dat zult ge moeten verliezen, denk ik.» «Laten wij het beproeven,» zeî de knaap, en hij bond heimelijk een grooten zak voor zijn lichaam. Toen het eten zoude beginnen zeide de reus: «Ik wil je zooveel vooruit geven, dat jij een gewonen eetlepel kunt gebruiken en ik zal een potlepel nemen.» Maar de knaap zeî: «Ik verlang niets vooruit te hebben, geef mij ook een potlepel.»

Toen ze nu aan het eten waren goot de knaap wel tienmaal zooveel brij in den zak dien hij voor zijn lijf had, als hij in zijn maag kreeg. De reus echter slokte de brij naar binnen bij pot- lepels vol. Het kwam zoo ver dat hij wel gaarne wilde ophou- den· met eten, maar dit was hem te min, want de knaap hield maar aan. Eindelijk wierp de reus den potlepel weg; hij zeeg achterover op den grond en zeide steunend: «Ik moet het je maar gewonnen geven, want ik kan niet meer. O, mijn buik! ik weet geen raad!» «Nu ja, ik ben er ook erg genoeg aan toe,» zeî de knaap, «waar is een mes? Ik wil mijn buik opensnijden.» De reus zag hem verbluft aan, maar de knaap nam een mes en sneed den zak dien hij voor zijn buik had open, en de brij stroomde over den vloer. Toen de reus zag dat het den snaak niets hinderde zeî hij: «Kan dat zoo? Dat heb ik nooit geweten.» «Wel zeker kan dat zoo,» zeî de knaap; «ik zou je raden het ook te doen.» «Ja, geef maar hier dat mes.» De reus sneed zijn dikken buik open en de brij liep er ook uit, maar hij was spoedig dood.

Nu zeide de knaap tot het oude reuzenwijf: «Thans ben ik hier de baas en gij moet doen wat ik u zeg.» Dit beviel de oude niet. Zij dacht bij zich zelve: «Onder zulk een nietig ventje wil ik niet bukken; ik ga hem liever dezen nacht van kant maken.» Hij hoorde, tot zijn geluk, dat zij in haar eentje tamelijk hardop daar- over sprak. En wat deed hij nu? Inplaats van 's avonds naar bed te gaan legde hij een ijzeren pot op zijn hoofdkussen en stopte de dekens daar heel netjes om toe. Des nachts kwam het reuzenwijf met een grooten bijl. Zij zag den pot voor het hoofd van den knaap aan en sloeg er zoo geweldig met den bijl op dat de ijzeren pot in stukken sprong. «Zie zoo!» zeî ze, vergenoegd heengaande, «nu zal ik van jou geen last meer krijgen.» Maar des morgens zette ze een paar groote oogen op toen de jongen gezond en wel voor den dag kwam en haar vriendelijk «goeden morgen» wenschte. Zij hield zich dom en zeî: «Goeden morgen, jongen! heb je van-nacht goed geslapen?» «Anders heel goed,» zeî hij, «maar ik heb wat hoofdpijn gekregen. Ik droomde dat er iemand mij met een grooten bijl op het hoofd sloeg. Dit was natuurlijk niet waar, maar toen 'k wakker werd had ik toch erge hoofdpijn en 't is nog niet over. Als ik maar wat te drinken krijg zal 't wel beteren.» Het reuzenwijf dacht: «Als jij zoo taai bent, knaap, wil ik niet meer met je omgaan, je bent me te gevaarlijk. Ik loop liever weg om een veiliger plaats op te zoeken.» En zij deed dit.

Nu kon de knaap alles wat daar was als zijn eigendom beschou-wen. Maar hij had geen lust om daar zoo geheel alleen in de benedenwereld te blijven wonen. Daarom pakte hij zooveel geld en kostbaarheden bijeen als hij kon dragen en begaf zich op reis om zijne moeder op te zoeken. Deze had het armoedig en was zeer verheugd toen zij haren zoon terugzag met zooveel geld. En toen hebben ze samen nog lang en gelukkig geleefd.

De aardmannetjes.

Er was in den overouden tijd eens een boerenarbeider die Sjoerd heette en omdat hij gebocheld was noemde men hem altijd Sjoerd Bult. — Het gebeurde eens dat Sjoerd en zijne vrouw op een avond, toen de maan reeds was opgekomen, van den veldarbeid terugkeer-den naar het dorp waar hunne woning stond. Om den weg wat te bekorten waagden zij het recht over het midden van een koren-veld te gaan. — Maar zij waren niet ver daarop gekomen toen zij eenig gegons, gelijkende naar een zacht babbelen en lachen, meen-den te hooren. En jawel! eene menigte aardmannetjes, zoo talrijk als mieren, kwamen uit de holle gruppen van het bouwland naar boven klauteren en op het echtpaar toe. De vrouw begon luid te jammeren, de kereltjes stoorden zich daaraan niet, maar maakten zich gereed voor een rondedans. Daar zagen ze de mestgreep die Sjoerd op zijn schouder droeg. Zulk een greep is een vork met drie tanden. Denkt men de twee buitenste tanden weg, dan heeft men het figuur van een kruis. Hiervoor hadden de aardmannetjes ontzag en zij riepen elkander toe: «Laat ze maar! laat ze maar! Ziet ge niet de mestgreep daar?» De vrouw wilde de vlucht nemen, maar Sjoerd bleef staan. De mannetjes naderden hem en vroegen: «Hoe is je naam?» — «Mijn naam is Sjoerd,» was het antwoord. «Wil je met ons dansen, Sjoerd?» — «Dat kan ik niet tegen jelui volhouden,» zei Sjoerd. — «Dan willen we uitscheiden zoodra jij het verlangt,» riepen de kereltjes. — «Beloven jelui me dat?» — «Wij beloven het!» — «Willen jelui het bezweeren?» — «Wij willen het bezweeren.» — «Bij het heilige kruis» — «Ook dat willen we,» zeiden de dwergen. «Dan neem ik het aan,» zei Sjoerd. Zijne vrouw nam de greep en liep weg. Nu ging men aan het dansen dat het een aard had. Sjoerd verbaasde zich over de rapheid der kleine snaakjes, maar was zelf ook genoodzaakt op en neêr te springen zoo snel hij maar kon. De dwergen zongen er bij:

Maandag, dinsdag, woensdag,
Maandag, dinsdag, woensdag.

Daar bleef het bij, altijd maar weêr hetzelfde. «Hou!» riep Sjoerd, «schei eens even uit.» — En toen allen stilstonden zeî hij: «Dat liedje van jelui is niet volledig. Wil ik het je eens verder leeren?» — «Ja, verder! verder!» schreeuwden de mannetjes. Nu zong Sjoerd:

Maandag, dinsdag, woensdag,
Donderdag, vrijdag, zaterdag.

«Mooi! mooi! mooi!» gierden allen. «Doe 't nog eens!» Sjoerd herhaalde:

Maandag, dinsdag, woensdag,
Donderdag, vrijdag, zaterdag.

De dwergen schaterden het uit van pret. «Donderdag, vrijdag, zaterdag!» en sprongen door en rondom elkander als dwazen. Toen ze ophielden riepen ze Sjoerd toe, die naar den adem stond te hijgen: «Wat verlangt gij? Wilt ge rijk worden of mooi?» — «Is 't ernstig gemeend?» zeî Sjoerd. — «Wel zeker! anders mogen wij veroordeeld worden om alle hier in den omtrek te veld staande korenhalmen te tellen.» — «Maakt dan,» zeî Sjoerd, «dat ik van mijn hoogen rug ontlast word.» — «'t Is wel» was het antwoord. Zij pakten hem aan, hieven hem op en met aller mannenmacht wierpen ze hem als een kaatsbal de lucht in. Duizelig en zuizebollend kwam hij weêr op den grond terecht, en ziet! zijn bochel was verdwenen. In allerijl spoedde hij zich huiswaarts.

Zijne vrouw zat zeer bedroefd tehuis; zij dacht niet anders dan haar man des anderen morgens dood op het korenveld te zullen vinden, vermoord door het kleine satansgebroed. Maar hoe verwonderd keek zij toen Sjoerd binnen kwam rechtop als een welgemaakt manspersoon. En wat zagen de menschen in het dorp vreemd op, toen zij des anderen daags Sjoerd zagen loopen zonder bochel. «Hoe ben jij op eens zoo welgemaakt geworden?» vraagden ze hem. — «Daar begrijp ik zelf niets van,» was zijn antwoord.

Nu woonde er in hetzelfde dorp een schele roodharige snijder, die Semme Stamelaar genoemd werd, omdat hij soms erg kon stotteren, vooral wanneer hij boos was, en dit was hij nog al eens, want hij was kwaadaardig van natuur. Ook was hij zeer gierig. Hij durfde nauwelijks zelf zijn bekomst eten en gunde anderen menschen niets. Toen hij hoorde dat Sjoerd, die hem nog huishuur schuldig was, zoo mooi was geworden, haastte hij zich den armen man een bezoek te brengen en vroeg: «Hoe ben jij zoo veranderd?» — «Ik heb vannacht mijn bochel weggezweet, zeî Sjoerd. «Geen malligheid!» zeî Semme, «vertel mij het ware van de zaak of je moet dadelijk met je heele boeltje dit huis uit.» — «Dan wil ik het je zeggen,» antwoordde Sjoerd en vertelde alles zoo 't gebeurd was.

Toen de maan des avonds was opgekomen nam Semme zijn mestgreep en ging naar het korenveld. Daar dansten de aardmannetjes en zongen:

Maandag, dinsdag, woensdag,
Donderdag, vrijdag, zaterdag.

— «Hou!» riep Semme, «dddaar behhoort nog iets bbbij.» — «O! die stotteraar!» riepen de mannetjes spottend, en Semme werd woedend. «Ikik wil jelui llliedje aanvullen, mmaar ddan wil 'k wwat verdienen.» — «Zing dan maar meê,» was 't antwoord en het begon weêr:

Maandag, dinsdag, woensdag,
Donderdag, vrijdag, zaterdag,
En dan zzzzo . . . . .

«Zzzzo» schreeuwden de kereltjes. — «Ondag,» schreeuwde de snijder. «Een ondag is er niet,» werd hem toegeroepen, «dat is geheel verkeerd.» De snijder zweette van angst en riep: «Zzzzondag!» — «O, zondag! zondag! ja, dat is goed. Nu, verder, het liedje moet rond. — «Ik ben rond,» stotterde Semme, «'t liedje is nu uit.» — «Och kom!» meesmuilden de dwergen. «Nu, dan je wensch! Sjoerd had de keus tusschen schoonheid en rijkdom.» — «Jawel, en Sjoerd heeft schoonheid gekozen en rijkdom laten blijven. Welnu, ik verlang wat Sjoerd heeft laten blijven.» — «Goed zoo!» was het schaterend geroep. Zij pakten den snijder aan, hieven hem op, wierpen hem heen en weêr en omhoog wel een halfuur aaneen. Eindelijk kwam hij weêr met zijne voeten op den grond terecht en toen had hij gekregen wat Sjoerd had achtergelaten — een bult!

Toen de dorpelingen hem des anderen morgens daarmeê zagen loopen, lachten allen hem uit. Kwaadaardig van woede kwam hij bij Sjoerd in huis en brulde: «Nu dadelijk de achterstallige huishuur betaald of het huis uit, zonder genade.» Sjoerd verloor thans ook het geduld. Driftig sprong hij op en zeî: «Morgen zal ik je betalen, en nu spoedig de deur uit of ik trap je er uit.» Dit deed den snijder terugdeinzen, want Sjoerd was sterker dan hij.

Zoodra het weêr avond was geworden begaf Sjoerd zich opnieuw naar het korenveld, voorzien van de mestgreep en tevens van een graanzak, en alle aardmannetjes waren verheugd toen ze hem zagen. «Dansen!» riepen ze. — «Wel zeker!» zeî Sjoerd, «en ik zal jelui vóórzingen.» — Daar ging het:

> » Maandag, dinsdag, woensdag,
> donderdag, vrijdag, zaterdag
> En daarbij de zondag nog. »

De mannetjes gierden het uit van pret. Zij dansten en sprongen als dol van plezier en van alle zijden kwamen er nog meer opdagen. Zij krioelden dooreen als mieren en zongen:

> » Beste Sjoerd, door jou, door jou
> Hebben wij de vrijheid nou. »

— «Wat bedoelt ge daarmeê?» vroeg Sjoerd, en het antwoord was: «Wij moesten bij lichtemaan alle avonden hier op het veld komen dansen, tot er iemand kwam die ons liedje geheel wist aan te vullen. Dat hebt gij gedaan en nu mogen wij wegzinken in de diepte, naar ons eigen rijk, dat zich uitstrekt onder landen en zeeën. Houd nu den zak open.»

Sjoerd voldeed aan dit bevel en de dwergen vulden den graanzak met kleine zakjes goudgeld. Hierop verdwenen zij en Sjoerd zeulde met zijn vracht, die om het even niet licht was, naar huis. Maar toen hij daar den zak opende, vond hij er niets in dan aardkluiten, steentjes en dorre bladeren. Zijne vrouw werd angstig en verlegen, maar Sjoerd nam wat wijwater, dat hij in den zak liet druppelen, en ziedaar! alles was opeens weêr veranderd in goud en edelgesteenten. Nu was Sjoerd een schatrijk man en behoefde niet meer afhankelijk te zijn van den gierigen schelen snijder.

Van een jongen die lezen en schrijven leerde.

Er was eens een jongen die konde niet lezen en niet schrijven, maar hij wilde 't gaarne leeren. Hij vond echter niemand die hem onderwijs wilde geven. Eindelijk ontmoette hij een heerschap die hem in zijn dienst wilde nemen en dan hem lezen en schrijven leeren. De jongen nam dit met blijdschap aan. Toen hij een half-jaar bij den heer gediend had was hij reeds tamelijk gevorderd in de kunst. Nu beval de heer hem, hij moest eens opschrijven hoe men zich in allerlei dingen veranderen kan. Dit stond te lezen in een groot boek, dat de heer hem gaf. De jongen zag daar vreemd tegen op. Maar toen hij alles opgeschreven had, leerde hij het van buiten, en toen hij alles in zijn hoofd had, kreeg hij lust om zich ook eens te veranderen. Hij veranderde zich in eene koe en legde zich in het weiland van een der boeren neder. Toen de boer des anderen morgens in het veld kwam zag hij daar eene vreemde koe. Er kwam niemand opdagen, die zich als eigenaar van het dier liet gelden, daarom vond de boer goed er meê naar de markt te gaan om het te verkoopen. Hij deed alzoo en verkocht de koe voor een goeden prijs aan een veehandelaar. Deze begaf zich met het beest aan een touw op weg naar zijne woonplaats. Maar toen zij eene poos hadden geloopen werd de koe halsstarrig en deed zulke krachtige rukken aan het touw dat het brak. Zij nam de vlucht naar een boschje waar zij zich voor het oog des koopmans konde verschuilen en veranderde zich daar weêr in een jongen. De jongen liep den man tegemoet en toen deze hem vroeg of hij ook eene koe had gezien, antwoordde hij: «Neen», en ging verder.

Maar hij vond deze kunst zoo mooi, dat hij zich kort daarna in een paard veranderde. Dit werd gekocht door den heer die den jongen het lezen en schrijven had geleerd. Maar niet lang had hij het dier op stal gehad of hij merkte wel dat het niemand anders was dan zijn voormalige leerling. Hierover was hij zeer verstoord, want hij wilde niet dat iemand buiten hem de kunst zoude kennen. Hij nam het paard van den stal en ging er meê naar den smid om het te laten beslaan. Toen dit werk afgedaan was zeî de heer: «Baas, maak nu eens een groot stuk ijzer gloeiend en geef mijn paard daar een paar flinke brandmerken meê». — Zoo wilde hij den jongen straffen.

II.   2

De smid stak een groot ijzer in het vuur, maar eer hij daarmeê gereed was veranderde de jongen zich in een haas en snelde weg zoo hard hij kon. Eensklaps veranderde de heer zich nu in een hond en liep den haas na om dezen te vangen. Maar eer hij dit kon doen veranderde de jongen zich in een vlieg. Hierop maakte de heer zich tot een zwaan en wilde zoo de vlieg vangen, maar dit gelukte niet, de vlieg bewoog zich te vlug heen en weêr. Boven een tuin gekomen veranderde de jongen zich in een gouden ring die in den tuin nederviel. Juist op dat oogenblik wandelde daar een meisje, en zij vond den ring. De heer die in een zwanenhuid stak veranderde zich nu in een koopman en wendde zich tot het meisje met de vraag of zij den ring wilde verkoopen. — «Neen», zeî ze en tegelijk had ze 't ongeluk den ring te laten vallen en nu veranderde de ring eensklaps in een gortkorrel. En de koopman werd een haan die de gortkorrel wilde oppikken. Maar eer hij dit kon doen veranderde de gortkorrel in een vos, die den haan den kop afbeet.

Dit was het loon daarvoor, dat de heer den jongen lezen en schrijven had geleerd.

Van een dienstmeid en een gauwdief.

Een edelman en zijne vrouw, die op een eenzaam slot woonden, gingen voor een lange poos op reis en lieten de dienstmeid alleen tehuis met een klein hondje.

Het slot stond zoo afgelegen dat er dikwijls een dag verliep waarop men geen mensch te zien kreeg. Maar de meid had veel gezelligheid aan het hondje; tegen hem praatte zij als tegen een mensch. Op zekeren avond zei ze: «kom, mijn hondje, wij zijn hier nu met ons beiden, nu willen we vanavond maar eens pannekoeken eten.»

Maar onder het kabinet lag een groot forsch man, die ongemerkt in huis was geslopen, en deze zeî: «Neen, je bent hier niet met je beiden; ik ben er ook.»

De meid verschrikte wel hevig, maar herstelde zich spoedig; schijnbaar kalm en vriendelijk zeide ze: «Welnu, dan moet jij ook maar meê pannekoeken eten.»

Nu kwam de man van onder het kabinet. Zij aten samen pannekoeken en na afloop van den maaltijd zeî hij: «Ik ben hier eigenlijk gekomen om flink te stelen, want ik wist dat je alleen tehuis zijt. En als je mij nu behulpzaam wilt zijn, dan gaat alles goed, maar zoo niet, dan moet ik je eerst van kant maken.»

«O, ik wil je gaarne helpen,» zeî de meid, «want ik heb hier een zoo slechten dienst dat het niet veel erger kan. Ik heb er reeds aan gedacht om zelf met een goeden buit er van door te gaan.»

Zij ging nu met hem het geheele huis door, en al het geld en alle kostbaarheden van goud, zilver en juweel, die zij maar konden vinden, brachten ze bijeen en stopten er zakken meê vol.

«Nu dienden die zakken wel goed te worden dichtgebonden,» zeî de gauwdief; heb je geen touw?»

«Touw?» zeî ze, «jawel! In het zomerhuisje, dat daar in den tuin staat, hangt overvloed van touw. Als gij zoo goed wilt zijn daar iets van te halen, wil ik nog eens zoeken om geld; ik meen nog eene verborgene plaats te weten.»

Niets kwaads vermoedende liet hij zich de deur openen en het zomerhuisje wijzen, en ging daarheen. Maar toen hij terugkwam was de deur gesloten en hij mocht er buiten blijven. Hoe hij begon te vloeken, te schelden en geweld te maken, het hielp niets. Dit inziende, zakte hij eindelijk af. Maar de meid ging niet naar bed, want zij vreesde dat het hiermede niet zoude afloopen. In het holle van den nacht kwam de gauwdief terug, met eenz estal kameraden. Nu begonnen zij den dorpel der deur te ondergraven. Maar de meid, die begreep wat er gaande was, stond aan de binnenzijde gewapend met een grooten, scherpen bijl. Zoodra het gat groot genoeg was om een mensch door te laten, meende een der mannen naar binnen te kruipen; doch de meid nam haar slag waar en hieuw hem den kop af. Toen zijne kameraden opmerkten dat hij niet vorderde, trokken zij hem terug en zagen nu met groote verbazing dat hij zijn hoofd had verloren. Nogtans waagde een tweede naar binnen te kruipen, maar ook hij verloor den kop. En toch ondernam ook een derde het waagstuk. Maar nu was de meid wat te haastig, zij sloeg eer het tijd was, zoodat de man slechts een schijfje boven van zijn hoofd kwijt geraakte. «Trekt terug! trekt terug!» riep hij en zijne makkers trokken hem terug. — Nu gaven de gauwdieven den moed verloren en gingen heen.

De twee afgehouwen koppen zette de meid als zegeteekenen op het kabinet te pronk, en toen de edelman en zijne vrouw terugkwamen, hoorden zij het verhaal der meid met verbazing aan en waren van meening, dat zulk een moed en vastberadenheid buitengewoon behoorde te worden beloond. Zij beschonken het meisje met zooveel geld dat deze onbezorgd konde leven en nu ging zij alleen in een net huisje wonen.

Al spoedig kreeg zij vrijers bij de menigte, maar zij wilde met niemand te doen hebben, want zij dacht: «zij komen maar om mijn geld.» — Maar eens kwam een net gekleed jonkman met paard en sjees haar bezoeken, en op dezen verliefde zij terstond. Hij stelde haar voor met hem uit rijden te gaan en zij liet zich spoedig overhalen. Zij nam plaats naast hem op de sjees en zij reden samen heen. Zij vroeg hem waarheen zij zouden reizen, maar dit wilde hij haar niet recht duidelijk maken. Zij reden zoo lang tot het avond werd en toen begon hij te zingen:

> » Het maantje schijnt zoo helder,
> Mijn paardje, loop wat snelder!

Ach, mooi meisje, berouwt het je niet?» — «Neen,» zeî ze, «waarom zou het mij berouwen? Dan had ik niet meê moeten gaan. Zijn we er haast?» — «Nog een eindje,» zeide de vrijer. Toen zij nog eene poos hadden gereden woei hem zijn hoed af en nu zag zij dat hij een zilveren plaatje in den vorm van een dekseltje boven op het hoofd had. Dit gaf haar te denken en zij begreep dat hij niemand anders was dan de gauwdief, dien zij eens een schijfje van het hoofd had afgeslagen. Hij zette den hoed weêr op en even daarna zong hij weêr:

> » Het maantje schijnt zoo helder,
> Mijn paardje, loop wat snelder!

Ach, mooi meisje, berouwt het je niet?» — «Neen,» zeî ze, «waarom zou het mij berouwen? Dan had ik niet meê moeten gaan. Zijn wij er haast?» — «Nog een eindje,» was 't antwoord. Ten laatste kwamen zij bij een zeer groot huis dat eenzaam midden in een groot bosch stond. En de vrijer zeide: «Nu zijn wij er!»

Hij bracht haar binnen en leidde haar een trap op naar boven. Daar waren een aantal kamers op een rij; de gauwdief zeide, zij moest al die vertrekken maar eens bezien, en toen liet hij haar alleen. De kamer waarin zij het eerst kwam was geheel behangen en versierd met goud- en zilverwerken. Daarop volgde een die hing vol prachtige kleêren, en een derde was van onder tot boven behangen met moordpriemen, scherpe messen, pistolen en meer dergelijk gereedschap. Daarop kwam zij in een kamer waar een ontzaglijk groot vuur op den haard brandde en daarboven hing een monsterachtig groote ketel vol kokende olie. In de daaraan volgende kamer zat een oud vrouwtje te darmscheiden en die zeide: «Het mag u wel spijten dat gij hier zijt, want het kan best gebeuren, dat ik binnen kort uwe darmen ook zal moeten scheiden en dat uw vleesch in dien grooten ketel met olie zal worden gekookt.»

Het meisje antwoordde niets, maar wandelde verder. Nu kwam zij eindelijk in een kamer die de grootste was van allen. Daar waren vijftien vensters naast elkander en voor veertien daarvan hing een lijk. Zij ging voor het vijftiende staan en dacht: «Zou hier misschien mijne plaats zijn?» Maar zij nam een kort besluit, schoof het raam op en sprong er uit. Zij kwam in een oude gracht terecht en klauterde spoedig aan den overkant op den wal. Nu liep zij snel vandaar, maar wist niet waar zich te bergen, want zij vreesde ieder oogenblik te zullen worden vervolgd. In de verte zag zij een boer die een wagen beladen met hooi reed. Zij haalde hem in en smeekte, haar onder het hooi te verbergen. «Dat wil ik gaarne doen,» was zijn antwoord, «maar hoe leg ik het aan?» Het meisje zeî: «Werp eerst het hooi van den wagen, leg er dan een landhek op, zoodat ik mij er onder kan verschuilen en laad daar het hooi weêr over heen.» Zoo gezegd, zoo gedaan; het werk werd met den meesten spoed verricht en de boer reed bedaard verder. Maar weldra werd hij ingehaald door drie mannen, ieder met een blanken sabel in de vuist. Zij vroegen hem of hij ook eene meid had zien loopen, zus en zoo. — Neen, hij had niets gezien. — Of zij dan wel met hunne sabels naar welgevallen in zijn hooi mochten steken? — Ja, waarom niet? — Zij staken met de sabels aan alle kanten in het hooi, maar stootten telkens op het hek en dan meenden zij op den bodem van den wagen te zijn. Zoo geloofden zij eindelijk daar niet te zullen vinden wat zij zochten, en keerden terug.

De boer bracht eerst zijn hooi tehuis en toen reed hij met het meisje naar hare woning, en het meisje beloonde hem uitermate goed.

Onwijze Geert.

Er was eens een boer die drie zonen had, de jongste heette Geert en was onwijs. Die menschen hadden een tamelijk groote boerderij, daardoor was hunne schuur altijd behoorlijk gevuld met hooi en stroo. Nu gebeurde 't op zekeren tijd dat de voorraad stroo in de schuur sterk verminderde. Eerst letten zij daar niet op, maar al spoedig trok het hunne aandacht en toen zeiden zij: «'t schijnt wel dat er van ons stroo gestolen wordt, we dienen er de wacht bij te houden.» De oudste zoon ging het eerst een nacht in de schuur zitten waken. Al spoedig hoorde hij eenig gerucht op de schuur, en nu kwam er een vervaarlijk groote menschenvoet door het dak, gevolgd door een grooten arm en hand. Deze greep de bossen stroo en beproefde hunne zwaarte. Een vijftal werden weggenomen, toen verdween eerst de groote hand door het dak en daarop de groote voet. Toen de wachter dit 's anderen morgens aan zijne huisgenooten vertelde, zeiden zij: «Je bent een sukkel! je moest hem immers het wegnemen van stroo hebben belet.» — «Jawel! alsof dat maar zoo gemakkelijk ging,» zeî hij. «Ga jij dan ook eens waken,» voegde hij zijn broeder toe.

Nu, dit gebeurde. Den volgenden nacht ging de tweede broeder in de schuur zitten oppassen. Hij was er niet lang geweest, toen kwam er een vervaarlijk groote menschenvoet door het dak, gevolgd door een groote hand. De zwaarte der bossen stroo werd weêr beproefd, daarop een vijftal weggenomen en nu verdween eerst weêr de groote hand door het dak en daarna ook de groote voet. De wachter in de schuur verkeerde in doodsangst en toen hij dit des anderen morgens vertelde, werd hij uitgelachen.

«Nu is de beurt aan mij,» zeî Geert, «ik zal het beter doen dan gij beide.»

«Nu, dat kan men denken,» zeiden de broeders, «ge zijt immers niet wijs.»

Maar Geert zeî: «Ik weet hoe we 't moeten aanleggen. Pak mij maar midden in een bos stroo en bind het goed om mij vast, leg mij dan bij de andere bossen stroo, vóór de hand. Dan zal de reus mij wegpakken en ik zal meer van hem te weten komen.»

Hiertegen hadden de broeders geen bezwaar. Toen Geert nu, in een bos stroo bepakt, een poosje in de schuur gelegen had, kwam er weêr een groote voet door het dak, gevolgd door een groote hand, die naar de bossen stroo greep. Toen hij dat te pakken kreeg, waarin Geert verborgen zat, hoorde deze den reus mompelen: «Dat is een beste, die moet ik vooral hebben.» Nu werd het Geert toch wel een beetje benauwd om het hart. De reus nam nog vier andere bossen stroo, trok zich uit de schuur terug, bond het gestolen stroo in een touw, slingerde dit vrachtje op zijn rug en liep er meê weg, — dus ook met Geert.

Na een korte voetreis — want hij maakte groote stappen, — kwam de reus bij zijn huis, dat midden in een zeer groot bosch stond. Hij bracht het stroo in een vertrek waar een groot vuur op den haard stond te branden en niet ver van dat vuur wierp hij zijn vracht op den grond.

«Drommels!» dacht Geert, «zou hij plan hebben mij op dat vuur te verbranden? Daar moet ik mij dan toch eens op bedenken.»

De reus mompelde bij zichzelven: «Zoo! nu ben ik voor dezen keer weêr klaar,» terwijl hij zich naast den haard op den grond uitstrekte en weldra sliep dat hij snorkte als een varken.

Geert begreep dat nu de tijd voor hem was gekomen om te handelen. Hij kroop uit het stroo, nam den grooten bijl die bij den haard lag en hieuw met inspanning van al zijne krachten den reus den kop af. «Zie zoo!» zeî hij, «de grootste zwarigheid is uit den weg. Laat mij nu eens onderzoeken welke menschen hier wonen.» Hij kwam in een kamer, geheel behangen met gouden en zilveren versierselen. «Neen!» zeî hij bij zichzelven, «die zaken heb ik niet noodig.» Hij ging van de eene kamer in de andere, maar hij ontmoette geen menschen. Wel zag hij in ieder vertrek allerlei verschillende kostbaarheden, maar niets dat hem aanstond. — Eindelijk kwam hij in de schuur en in den stal. Daar zag hij prachtige rijtuigen, sierlijk paardentuig en — wat het mooiste van alles was — eenige keurig fraaie paarden. Dit een en ander viel in zijn smaak, en hij geraakte opgetogen van vreugde.

De vader van Geert had een paar paarden, die zeer snel konden draven, daarom ging de man daarmeê wel naar harddraverijen en dan gingen de twee broeders van Geert meê, maar deze moest altijd thuis blijven. «Hij is onwijs,» zeiden ze dan, «maar hij kan goed op het vee passen.» — 's Avonds tehuis gekomen, vertelden zij dan van mooie paarden, van harddraven en fraaie prijzen en wie die hadden gewonnen. Dan was Geert altijd zeer verlangend om zoo iets ook eens te zien. Daarom was hij zoo bijzonder in zijn schik toen hij in den stal van den reus een aantal kostelijke paarden vond. Hij beschouwde alles wat daar was als zijn eigendom en toen hij den geheelen boedel nauwkeurig had doorgekeken ging hij de ouderlijke woning opzoeken.

Daar werd hij bestormd met allerlei vragen, maar Geert vertelde niet veel en hield zich nog onnoozeler dan hij werkelijk was.

Op zekeren morgen zeide de vader: «Jongens, wij zullen vandaag

weêr uit harddraven gaan.» — «Mag ik nu ook eens meê, vader?»
smeekte Geert. Maar vader zeî: «Neen, jongen; er moet iemand op
het vee passen en dat is niemand beter gewoon dan gij.» Dit antwoord beviel slecht aan Geert, maar hij dacht: «Ik kom er wel!»
Zoodra zijn vader en zijne broeders vertrokken waren, reed hij op
een van zijns vaders paarden naar het reuzenhuis in het bosch.
Daar nam hij het prachtigste van alle paarden die er op stal stonden, tuigde het sierlijk op en kleedde zich zoo fraai mogelijk. Want
kostbare kleêren waren er in dat reuzenhuis ook zeer overvloedig.
Zoo reed Geert naar de stad waar eene harddraverij zou zijn. Hij
kwam nog juist vroeg genoeg om deel te kunnen nemen aan den
wedstrijd en liet zich inschrijven met een vreemden naam. En wie
daar dien dag met glans en glorie den prijs won, was niemand
anders dan onze Geert. Even onbekend als hij gekomen was vertrok hij, en niemand kon zeggen wie hij was en waar hij tehuis
behoorde.

Des avonds, toen zijn vader en zijne broeders tehuis kwamen, was
Geert reeds weêr in werkgewaad en op zijne plaats. Op zijne
vraag hoe 't met de harddraverij gegaan was, vertelde de vader
met groote verbazing, dat een vreemde jongeling met een prachtig
paard, dat ook zeer prachtig was opgetuigd, den prijs had gewonnen. Nooit had men een paard zoo snel zien loopen als dat dier.
Maar van den berijder wist men niets; niemand kende hem. «Ware
ik er maar bij geweest,» zeî Geert, «misschien had ik hem gekend.» — «Nu ja,» zeiden zijne broeders, «jij zoudt vreemde menschen kennen! jij zit immers altijd tehuis.»

Eenigen tijd daarna zou er op eene andere plaats eene harddraverij worden gehouden. Toen Geert verzocht nu eens meê te mogen
gaan, kreeg hij als altijd een weigerend antwoord. Nu hield hij
zich alsof hij boos werd en daarop beloofde de vader hem dat hij
den volgenden keer meê zou gaan.

Maar ook thans nam Geert aan den wedstrijd deel als een onbekende, evenwel met een ander paard, dat ook anders getuigd was,
en zelf was hij ook geheel anders gekeed, maar toch was alles
weêr even prachtig en schitterend als den vorigen keer. Ook nu
won Geert den prijs, waarna hij zich weder als de onbekende
verwijderde.

Des avonds was hij weêr tijdig op zijne plaats als boerenknecht
en bij de tehuiskomst der anderen was zijne eerste vraag: «Wie

heeft vandaag den prijs gewonnen?» — «Ja,» zeî zijn vader, «'t is vreemder dan vreemd. Er is weêr een onbekende jongeling meê gaan strijken.» — «Zeker dezelfde van den vorigen keer,» zeî Geert. «Waarlijk niet,» zeî vader, «deze was geheel anders gekleed en had een geheel ander paard.» — «Dat is merkwaardig,» zei Geert onnoozel.

Weêr eene poos later kwam er nogmaals eene harddraverij. Nu ging Geert met zijnen vader in de sjees op reis daarheen en zijne broeders bleven tehuis. Geert mende het paard en reed het bosch in, den weg op naar het reuzenhuis. «Wat ga je nu doen?» zeî vader. «Een kleinen omweg maken,» zeî Geert. Dit beviel den ouden man niet, maar Geert wist hem toch in zoover te bepraten, dat hij toestond een halfuurtje er aan te wagen, meer niet. Bij het reuzenhuis gekomen, liet Geert zijn vader alles zien wat daar te zien was en zeî toen: «Dit is nu mijn eigendom.» — «Kom, zotteklap!» zeî de vader. «Wij moeten verder reizen.» — «Hoor mij eerst aan,» zeî Geert. «Gij weet, vader, dat de reus die ons stroo kwam stelen, mij heeft meêgenomen; maar ik heb hem gedood en ben daardoor eigenaar geworden van dit huis met alles wat er in is.» Nu vertelde Geert zijnen vader alles zooals 't gebeurd was en de oude man verwonderde zich zeer. In den stal toonde Geert hem de paarden, die de prijzen hadden gewonnen, in een der kamers de prijzen zelf en in een andere de kleêren die hij als berijder had gedragen. De oude man kon nu niet meer twijfelen aan de waarheid van hetgeen Geert vertelde. Zij gingen dien dag niet naar de harddraverij. Aan de broeders van Geert werd nu ook de zaak verteld en toen verplaatsten zij hunne boerderij naar het reuzenhuis in het bosch en daar bleven zij voortaan wonen.

De tooverflesch.

Er was eens een arme boer, die met zijne vrouw en een getalletje nog jonge kinderen, eene kleine hoeve bewoonde, waarop man en vrouw beide steeds vlijtig werkten. Maar het liep dien menschen niet meê in de wereld, integendeel zij werden jaar op jaar armer. Eindelijk hadden zij nog slechts ééne koe en om de landhuur te kunnen betalen zouden ze dit beest moeten verkoopen. Dit was zeker een moeielijke zaak, maar 't moest toch geschieden, wilden ze niet van de hoeve verdreven worden. De boer begaf zich dan op een marktdag met de koe op reis naar de stad, onderweg mismoedig peinzende over zijn treurig lot. Op een eenzaam gedeelte van den weg kwam hem een dwergachtig mannetje op zijde, met een zonderling uiterlijk, dat op den boer geen gunstigen indruk maakte. Het mannetje vroeg hem of hij de koe wilde verkoopen en op het bevestigend antwoord van den boer hernam het: «Verkoop haar dan maar aan mij.» — Nu ja, dit zou kunnen, wanneer men 't slechts eens konde worden over den prijs. Nu haalde de dwerg een ledige flesch van onder zijne kleeding te voorschijn en zeide: «Deze flesch geef ik je voor de koe.» — Natuurlijk vond de boer dit aanbod te bespottelijk om er zelfs maar aan te denken. Doch het mannetje zeide: «Gij zult verstandig doen als ge den koop toeslaat. Deze flesch zal je gelukkig maken als ge haar gebruikt zooals ik je zal zeggen. En blijft ge weigeren, dan geef ik je de verzekering dat je nog armer zult worden dan ge nu reeds zijt.»

De dwerg zag er wel naar uit om iemand te zijn die meer kon dan een gewoon mensch, en de boer liet zich overhalen om het aanbod aan te nemen, waarop de kleine hem zeide hoe de flesch gebruikt moest worden. Toen bij zijne tehuiskomst de vrouw vernam hoe haar man zich had laten beetnemen, naar zij meende, begon zij hevig uit te varen. Maar de boer zeî: «Bedaar even vrouw! Maak maar spoedig de tafel ruim en schoon en leg er een wit kleed op, dan zult ge zien wat er gebeurt.» De vrouw voldeed hieraan. Nu plaatste de boer zijne flesch op den grond en sprak: «Flessche, flessche, doe je werk!» — Hierop kwamen een tweetal heel, heel kleine mannetjes de flesch uitkruipen, die met allen ijver aan het werk gingen om de tafel te dekken met gouden en zilveren borden en schotels, gevuld met allerlei heerlijke spijzen. Zilveren messen, lepels en vorken kwamen er ook bij, en toen het werk gedaan was, kropen de mannetjes weêr in de flesch. De boer en de zijnen smulden lekker van het opgedischte en toen na afloop van den maaltijd de mannetjes de tafel niet kwamen afnemen, begreep de vrouw, dat zij het moest doen en zij borg het goed in de kast. Den volgenden dag kregen ze weêr een nieuw stel kostbaar tafelgereedschap en dit herhaalde zich alle dagen als de boer maar beval: «Flessche, flessche, doe je werk!» — Hij vond goed die gouden en zilveren voorwerpen te verkoopen en voor het geld kocht hij paarden, koeien en schapen, nieuw boerengereedschap en ook nieuwe kleêren en huismeubels.

Dit trok spoedig de aandacht van zijnen landheer. Deze kwam hem eens bezoeken en zeî: «Vanwaar heb jij op eens zooveel welvaart?» — Dat doet niets ter zaak, mijnheer,» zeî de boer, «maar als gij dit plaatske, dat ik van u in huur heb, aan mij wilt verkoopen, dan zal ik het u op staanden voet betalen met klinkende munt.» — «Nu, maar hier schuilt iets achter,» zeî mijnheer, «en als je mij nu de waarheid niet zegt, ga 'k je bij den rechter aanklagen en dan kan het wel eens slecht met je afloopen.» — Dit vreesde de boer ook en hij vertelde de waarheid. Maar nu zeî de landheer: «Die flesch moet je aan mij verkoopen.» — Ja, maar daar viel niet aan te denken, zeî de boer. — «Dan klaag ik je aan als een toovenaar van de ergste soort en dan heb je kans levend verbrand te worden.» — Dit dreigement deed den boer bedenken dat hij eigenlijk ook reeds geld genoeg had en hij verkocht de tooverflesch aan den landheer.

Maar van dien tijd af liep het den huisman met zijne zaken op nieuw tegen. Hij werd van dag tot dag armer en na verloop van eenigen tijd was het weêr zoover gekomen, dat hij nog slechts ééne koe had en deze zou, om in den nijpenden geldnood te voorzien, verkocht moeten worden. Hij ging als vroeger met het beest op weg naar de stad, maar hoopte den dwerg te ontmoeten en van dezen eene tooverflesch, gelijk aan de vorige, in ruil te krijgen. Dit gebeurde. De dwerg ontmoette hem op dezelfde plaats en zeî: «Kom, heb je weêr een koe te verkoopen?» — «Ja,» was het antwoord, «en als gij het beest wilt nemen voor een dergelijke flesch als ik vroeger van je gehad heb, dan ben je mijn man.» — «Dit kan lukken,» zeî de dwerg, «hier is de flesch; gij weet hoe zij gebruikt moet worden.» — Verheugd begaf de boer zich met de flesch op den terugweg en tehuiskomende riep hij: «Vrouw, maak maar spoedig de tafel schoon en leg er een wit kleed op; we zijn weêr gered.» De vrouw deed het, de man zette de flesch op den grond en riep: «Flessche, flessche, doe je werk!» — O, verschrikkelijk! Twee groote, sterke mannen, ieder gewapend met een stok, kwamen uit de flesch te voorschijn en begonnen in het vertrek alles kort en klein te slaan niet alleen, maar zij ranselden ook den boer en zijne vrouw duchtig af. Na zoo een poosje huisgehouden te hebben, verdwenen de mannen weêr in de flesch. — Toen de boer een poosje daarna van den ergsten schrik bekomen was, begon hij spoedig te denken: Deze flesch moet de landheer ook hebben. Hij wist dat mijnheer een groot gezelschap van heeren en dames bij zich op het slot had en begaf zich derwaarts. De landheer kwam hem in eigen persoon te woord staan en vernemende dat de boer weêr een tooverflesch had, liet hij den man in de zaal komen om aan het geheele gezelschap de werking der flesch te laten zien. De boer zag de eerst verkregen flesch daar op eene kast staan en dacht: Die moet weêr de mijne worden. — Op verzoek van den landheer zette de huisman de nieuwe flesch op den grond en riep: «Flessche, flessche, doe je werk!» — Daar kwamen, tot groote ontsteltenis van allen, de twee mannen weêr voor den dag. De landheer werd het eerst afgerost. Vervolgens kregen ook al de anderen hunne beurt. Er ontstond een verschrikkelijk tumult. Mijnheer riep in zijnen angst: «Boer, kommandeer die mannen weêr in de flesch!» — «Goed,» zeî de boer, «als gij de andere flesch weêr aan mij wilt afstaan.» — «Neem ze maar! Neem ze maar!» riep de landheer. De boer nam de gewenschte tooverflesch van de kast en liet de andere, waarin de twee mannen zich teruggetrokken hadden, achter.

Sedert dien tijd leefde de boer met vrouw en kinderen rijk en gelukkig.

Hans Nooitvervaard.

Er was eens een arme knaap die Hans heette. Zijn vader was schoenmaker, maar Hans had geen lust in dit handwerk. Dikwijls, als zijn vader even afwezig was, ging Hans spelen met de kleinere kinderen, of viel bij zijn werk in slaap of voerde allerlei kattekwaad uit. Eens toen hij weêr op de schamel zat te luieren, zag hij op den wand onmiddellijk bij hem eene menigte vliegen zitten. Hij nam een lap leder, sloeg daarmede op de diertjes los en — ziedaar! hij had er zeven doodgeslagen. «Jongens!» dacht Hans, «dat is toch een heldendaad van belang, zeven in één slag te dooden! Als ik dat aan de menschen vertel, zullen ze zich niet weinig verbazen.» Hij bedacht zich een weinig en had spoedig een plan gereed. Hij maakte zich een lederen muts, daar naaide hij letters op van pikdraad, deze woorden:

> Hans Nooitvervaard sloeg, klein en groot,
> In éénen slag wel zeven dood.

Nu ging hij, buiten weten van zijn vader, de wijde wereld in en reisde heel ver, zonder te weten hoe hij aan den kost zou komen. Toen hij op zekeren dag nabij een groot slot in het gras te slapen lag, kwam een bediende van het slot daar langs. Deze, het versje op de muts van Hans gelezen hebbende, wekte hem

en zeide: «Is het de waarheid wat ik daar op je muts lees?» —
«Wel zeker is dat de waarheid,» zeî Hans, «ik heb zeven in éénen
slag gedood.» — «Dan denk ik dat wij je kunnen gebruiken,» zeî
de knecht. «Heb je lust meê te gaan naar mijnen heer?» — «Ja,»
zeî Hans en volgde den knecht naar den heer van het slot. Deze
zeide hem: «In een mijner bosschen houdt zich een groote beer
op, waarvan ik veel last en schade heb. Hij breekt 's nachts in
mijn schapenstal en rooft menig schaap. Ziet gij kans dat wilde
dier te dooden? Dan zal ik je goed beloonen.» — «Ik denk dat
het wel gaan zal,» zeî Hans; «maar dan moeten den eerstvolgenden
nacht de schapen op eene andere plaats worden geborgen. Ik wil
mij in den schapenstal verschuilen en daar moet een pan met gebraden spek staan om den beer op den reuk te doen afkomen.»

De heer gaf bevel dat alles moest gedaan worden zooals Hans
het verlangde. Deze begaf zich des avonds, toen alles in rust was,
naar den schapenstal; gewapend met een grooten bijl, verschool hij
zich nabij de plaats waar de pan met spek stond. De deur liet
hij half open. Het duurde niet lang of het ondier kwam op den
reuk van het spek af, maar toen hij daarvan lekker dacht te smullen, ontving hij van Hans een slag met den bijl, dat hij duizelde,
ter aarde viel en spoedig den geest gaf.

Toen de edelman des anderen morgens vernam hoe uitstekend
Hans zijne taak had volbracht, wenschte hij den dapperen knaap
bij zich te houden. Hiertegen had Hans niets, want een lui en
lekker leven viel in zijn smaak. Maar toen dit een jaar geduurd
had, bekroop hem toch weêr de lust tot reizen. De heer beschonk
hem met een goede som gelds en Hans ging op nieuw de wereld
in. Het versje op zijne muts verlengde hij nu op deze manier:

Hans Nooitvervaard sloeg, klein en groot,
In éénen slag wel zeven dood,
En een wilden beer
Velde hij dood ter aarde neêr.

Hij reisde weêr vele dagen aaneen en kwam eindelijk in de nabijheid van een groot en prachtig paleis. Hij legde zich daar weêr
aan den weg te slapen, en toen hij sliep kwam een van 's konings
bedienden daar voorbij en las het versje op de muts van Hans.
Hij wekte den zwerveling en vroeg: «Vriend, hebt gij dat alles
uitgevoerd?» Hans antwoordde toestemmend en nu zeî de hofbediende: «kom dan meê naar den koning, deze heeft thans juist
behoefte aan zulk een held.»

Hans was terstond bereid en nu zeide de koning: «Drie reuzen houden sedert eenigen tijd verblijf in mijne bosschen en bedrijven van allerlei ten nadeele van mij en mijne onderhoorigen. Ziet gij kans die gedrochten te dooden? Dan zal ik u overvloedig beloonen.»

«Hans zeide alweêr: «Ik denk dat het wel gaan zal. Maar, koning, dan moet gij onder de hooge boomen, die hier vóór het paleis staan, eene tafel laten aanrechten rijkelijk voorzien van spijzen en daarbij dertig flesschen wijn.» — «Best!» zeî de koning, «het zal gebeuren.» Hans had eigenlijk niet veel lust in deze onderneming, maar spoedig was zijn plan gevormd. Hij nam een zakvol kleine keisteentjes, en toen 's avonds alles in rust lag, klom hij daarmede, tevens gewapend met een dikken knuppel, in een der boomen, waaronder de tafel was aangerecht. Tegen middernacht verschenen daar drie reuzen, zoo vervaarlijk groot dat het Hans waarlijk een weinig benauwd om 't hart werd. Een der reuzen bromde : «Het schijnt wel dat ze hier een smulpartijtje gehad hebben. Nu, dit overschot komt ons goed te pas. Als er nog maar wat in die flesschen overgebleven is.» Jawel, die waren allen vol. Zij gingen aan het eten en drinken, niet zuinig. Maar het duurde niet lang, toen kreeg een der reuzen een keisteentje tegen den kop. Hij keek om zich heen, maar begreep niet vanwaar dat kwam. Een tweede steentje trof hem; nu werd hij boos en zeî tot zijn maat, die naast hem zat: «Dat is tweemaal, maar de derde maal moet er niet bij komen of ik zal zien wat ik met je te doen heb.» De ander beweerde zijn onschuld, maar toen de eerste weêr aan het eten ging, werd hem nogmaals een steentje tegen het hoofd geworpen. Nu was het «pak aan!» Er ontstond eene vechtpartij, waaraan weldra ook de derde deelnam en waarvan het einde was, dat een der drie het met den dood bekocht. — De twee anderen zetten de smulpartij voort alsof er niets gebeurd was, maar spoedig werd altijd dezelfde reus weêr door een steentje getroffen. Hij ontstak weêr in woede en viel zijn makker aan, die zich wel met kracht verweerde, maar ten slotte ook het leven er bij inschoot. De overblijvende meende nu rustig te kunnen zitten; maar jawel! Hans hield niet op hem met steentjes te werpen. De reus begreep nu toch dat zij van boven kwamen en spoedig kreeg hij Hans in 't oog. — «Ha, ha, manneke, doe jij dat?» riep hij en begon in den boom te klimmen. Hans rekende er op dat de reus erg beschonken was en zoodra de reus daarvoor hoog genoeg geklommen was, sloeg

Hans hem met den knuppel zoo geweldig op zijne grove handen, dat hij van pijn den boom losliet en achterover op den grond stortte. Hij viel met zijn kop op den harden bodem en was spoedig dood.

Toen de koning des anderen morgens dit zag, was hij zoo opgetogen, dat hij Hans zijne dochter tot vrouw aanbood en daarbij zooveel geld als de jonge held maar verlangde. Hans was van beide niet afkeerig. Eerst liet hij zich een zeer fraaie muts maken met een gouden plaat er vóór, waarop gegraveerd werd:

> Hans Nooitvervaard sloeg, klein en groot,
> In éénen slag wel zeven dood;
> En een wilden beer
> Velde hij dood ter aarde neêr.
> Drie reuzen heeft hij ook verslagen,
> Nu geniet hij 's konings welbehagen. [1]

»Zijne ouders beschonk hij met zooveel geld, dat zij onbezorgd konden leven. Aan het paleis werd zijne bruiloft met staatsie gevierd. Toen de oude koning stierf, werd Hans Nooitvervaard koning van dat land en hij heeft met zijne koningin lang en gelukkig geleefd.

Het wonderpaardje.

Er was eens een arme wever, die met zijne vrouw en twee zonen nauwelijks aan den kost kon komen. De knapen konden nog niets verdienen, maar eten konden zij als mannen. De oudste was een leepert, wel bedacht op zijn voordeel. De jongste, die Stoffel heette, was goedaardig, maar scheen een droomer, een sul.

Op zekeren dag zeide de oudste: «Vader, weef mij een broek, en moeder bak mij een pannekoek; ik wil op avontuur de wereld ingaan.» En zijn vader weefde hem een nieuwe broek, en zijne moeder bakte hem een dikken pannekoek, en hij ging op avontuur de wereld in.

Eenige dagen later zeî ook Stoffel, de jongste: «Vader, weef mij een broek, en moeder, bak mij een pannekoek, ook ik wil op avontuur de wereld ingaan.» Daar hoorden de ouders vreemd van op. Moeder zeî: «Wou jij droomer op avontuur de wereld ingaan? Daar ben je niet geschikt voor.» — En vader vond het ook bespottelijk. Maar Stoffel liet zich niet van zijn stuk brengen, hij hield aan tot

---

[1] Oorspronkelijk: Hans Neaforfeard Sloech, lyts en great,
Saun yn ien slach dead. En in wyld dier
Forskoerde er mei hûd en hier. En trije reuzen het er forslein
Nou is er de keaing syn trouste feint.

zijne ouders zeiden: «Nu, laat hem maar gaan, hij zal wel spoedig terugkeeren.» En vader weefde hem een nieuwe broek en moeder bakte hem een dikken pannekoek. Toen nam hij afscheid van hen en ging de wijde wereld in.

Toen hij reeds lang, zeer lang had geloopen, kwam hij voor een wijd water. Aan de overzijde van dit water zag hij een oud vrouwtje in een heel klein schuitje, dat scheen niet veel grooter dan een notedop. — «Vrouwtje, vrouwtje!» riep Stoffel, «wilt ge mij over het water halen naar den anderen kant? Dan wil ik je de helft van mijn pannekoek geven.» — «Neen, dat doe ik niet,» riep het oude vrouwtje. — «Och, doe het maar, vrouwtje!» schreeuwde Stoffel terug. — «Je wilt me bedriegen, kwâjongen!» raasde zij. «Als je eerst maar over het water bent, dan geef je me niets.» — «Zeker wel!» hernam Stoffel, «ik wil je de helft van den pannekoek wel vooruit geven.» — «Ja, je kunt wel mooi praten, dat hoor ik. Verleden week is je broer hier evenzoo aangekomen met praatjes en beloften, en toen hij over het water was, stak de deugniet de tong uit en riep: «Ik groet je, vrouwtje! je krijgt niets, hoor! ik kan mijn pannekoek alleen wel op.» Toen heb ik hem nageroepen: «Jongetje, jongetje! dat zal je betaald worden gezet. De beren uit het bosch zullen je verslinden.»

«Maar vrouwtje!» riep Stoffel, «ik zal je waarlijk niet bedriegen; ik wil je eerlijk betalen.» — «Nu, dan wil ik je overhalen,» zeide het vrouwtje, en met ongelooflijke snelheid roeide zij over het water. Maar haar schuitje was zoo onnoozel klein, dat er nauwelijks twee menschen in konden plaats nemen. Stoffel wilde haar vooruit betalen, maar dit was niet noodig, zei ze. Zij roeide weêr, en in een ommezien bracht zij hem naar de overzijde.

Toen Stoffel haar nu eerlijk de helft van zijn pannekoek had gegeven, nam zij zijn rechterhand en las hem daaruit de toekomst voor. Want zij was een tooveres. Zij zeide: «Hoor mij aan, mijn jongen! Je bent een eerlijke knaap; je zult met des konings dochter trouwen.» Stoffel dacht: «Dan zou het al vreemd moeten loopen, maar men kan niet weten.» Welgemoed reisde hij verder en bereikte spoedig het bosch waardoor de weg liep. Dezen volgende kwam hij bij eene plek waar de grond zeer bebloed was. Dit deed hem verschrikken, en niet zonder reden, want iets verder gaande vond hij een pannekoek en de broek van zijnen broeder, verscheurd en bebloed. — Zoo was het met den ondeugenden jongen afgeloopen. Stoffel werd aangedaan en schreide, terwijl hij dacht: «Zoo loont het kwaad zijn meester. »

Ongeveer een uur was hij verder geloopen toen hij een klein, allerliefst paardje zag naderen. Hij greep het dier in de manen, klopte het zachtjes met de platte hand op den nek en streelde het langs den rug. Stoffel dacht: «Dit paardje komt mij heel mak voor, ik kan er wel op rijden, dat is minder vermoeiend dan loopen.» Hij sprong er op en het dier liep gewillig waarheen Stoffel het leidde.

Tegen den avond kwamen zij samen bij een groot kasteel en Stoffel hoopte daar te kunnen overnachten. Hij reed over de brug op het plein en naar het huis. Voor de deur zat de heer van het kasteel op eene bank. Stoffel groette hem vriendelijk en vroeg beleefd om nachtverblijf; hij wilde zich wel vergenoegen met in het hooi te slapen. Het heerschap was een vriendelijk man, en zeî: «Zeer goed, vriendje, je kunt hier den nacht overblijven. Breng je paard maar op stal en kom dan hier bij mij terug.» Stoffel deed alzoo en nu leidde het heerschap hem binnen. Zij kwamen in eene prachtige zaal, waar alles blonk en schitterde van goud, zilver en juweelen, en de vloer was belegd met kostbare tapijten. Er werd Stoffel een stoel bij de tafel aangewezen, het heerschap nam tegenover hem plaats en nu kreeg de arme jongen daar te eten en te drinken van alles wat maar lekker en kostelijk was. Stoffel was nog nooit zoo heerlijk te gast geweest. «Ben je arm, mijn jongen?» vroeg hem het heerschap. «Dat juist niet,» zeî Stoffel en begon te rinkelen met de dubbeltjes die hij in zijne zakken had. «Hoe komt ge daaraan?» vroeg het heerschap, den knaap strak in de oogen ziende. Maar Stoffel antwoordde vrijmoedig: «O, mijnheer, ik ben rijk, want ik heb een paardje dat geld lost.» «Kom, kom!» zeî het heerschap lachende, «nu wilt ge mij foppen. Dat kan immers niet.» «Kom dan maar meê,» zeî Stoffel en zij gingen samen naar den stal. «Houd nu je hoed er maar onder, mijnheer!» Maar het heerschap zeî: «Dank je vriendje! ik wil mijn nieuwen hoed niet bemorst hebben.» «Doe 't gerust mijnheer!» zeî Stoffel en het heerschap zeî: «Dan wil ik het wagen, en loopt het op bedrog uit, dan krijg jij een geducht pak slagen.» «Aangenomen!» zeî Stoffel en op zijn bevel ging het klingklingelekling, en het paardje begon zich te ontlasten van eene groote menigte geld, niet alleen dubbeltjes, maar ook schellingen, guldens en daalders, ja zelfs goudstukjes. Het heerschap kreeg zijn hoed zoo vol dat de bodem

II.

er uit borst en het geld in de stalgrup terecht kwam. — «Dat paardje moet ik van je koopen; wat vraagt ge er voor?» — Maar Stoffel zeî: «Dat gaat niet; mijn paardje en ik zijn kameraads, wij kunnen zonder elkander niet leven.» — Toen zeî het heerschap: «Dan weet ik iets anders voor je. De koning van ons land is zeer om geld verlegen. Hij heeft laten bekend maken: wie hem een kamer vol geld kan bezorgen, mag met zijn eenige dochter trouwen.» «Daar heb ik wel zin in,» zeî Stoffel. «Goed,» zeî het heerschap, «maar we moeten thans naar bed.» — Stoffel verkoos bij zijn paardje in den stal te slapen.

Des anderen morgens ging Stoffel in gezelschap van het heerschap op reis naar de stad waar de koning woonde. Daar begaven ze zich naar het paleis en kwamen in de zaal waar de koning op zijn troon zat. — «Koning,» zeî Stoffel, «ik weet raad om u aan geld te helpen. Wilt ge mij dan met uw dochter laten trouwen?»

Zulk een boerenlummel met de prinses laten trouwen, dat scheen den koning nu wel wat vreemd toe. Hij vroeg het heerschap: «Kent gij dien mensch?» — De edelman begon te vertellen van het wonderpaardje en toen wenschte de koning daar ook iets van te zien. Zij gingen naar buiten en op Stoffels bevel ging het weêr: klingklingelekling, en weldra lag er een hoop geld op het plein. Nu was het akkoord spoedig gesloten. Stoffel mocht met des konings dochter trouwen en de koning ontving het wonderpaardje.

De arme wever en zijne vrouw hadden sedert het vertrek hunner zoons geen vroolijk oogenblik beleefd. Er waren reeds eenige jaren verloopen en nog altijd betreurden zij hunne kinderen, van wie ze taal noch teeken hadden vernomen. Stoffel, meenden ze, zou wel verongelukt zijn; de oudste kon wel fortuin gemaakt hebben, maar dan had hij zeker uit grootschheid zijne arme ouders vergeten.

Toen gebeurde 't op zekeren dag, dat op den weg voor hunne hut een prachtig rijtuig stilhield. Uit de koets stapten een heer en eene dame, zoo buitengewoon fraai en deftig gekleed, dat de oude lui het nog nooit zoo hadden gezien. Het paar meldde zich bij hen aan, en ziedaar, het was hun zoon Stoffel met zijne prinses. Eerst herkenden de ouders hun zoon niet, maar toen deze zeî: «Vader, weef mij een broek en moeder, bak mij een pannekoek,» toen was 't klaar. Nu was de vreugde groot en aan de armoede der ouders kwam een einde, want Stoffel nam hen meê naar de hofstad en daar hebben ze nog lang en gelukkig geleefd.

De twee gelijke broeders.

Er was eens een visscher, die ging naar den vijver te visschen en toen hij zijn net onder water liet zakken werd het plotseling zoo zwaar, dat hij dacht een grooten visch te hebben gevangen. Maar toen hij het net optrok was er geen visch in, maar wel een klein overdekt potje. Hij nam het potje en deed het deksel er af. Nu steeg er een dichte roode walm uit en plotseling stond er een ontzaglijk groote man achter den walm, die zeide: «Visscher doe mij weêr in het potje, anders loopt het niet goed met je af.» De visscher zeî: «Hoe zal ik je er in krijgen? Ge zijt zoo groot en het potje is zoo onnoozel klein.» De geest antwoordde: «Beproef het maar, het zal wel gaan en het zal je niet tot nadeel zijn. Doe je mij er weêr in, dan zult ge zooveel visch vangen als ge nog nooit gevangen hebt. En in het net zult ge ook een kistje vinden, dat moet gij in zes deelen splitsen. Een deel daarvan geeft gij aan uwe vrouw, een aan uw paard en een aan uwen hond. De overblijvende drie deelen begraaft gij onder den drup van het dak. Maar pas op! dat je niet in het kistje ziet voor ge er meê in uw huis zijt. » De visscher tastte in den walm, duwde hem met beide handen naar beneden, en zoo gelukte het spoedig den geest in het potje terug te persen. Handig werd het deksel er op gedaan en voldoende gesloten, — en hij wierp het potje weêr in het water, gelijk hem bevolen was.

Toen hij op nieuw het net uitwierp en weêr optrok, ving hij niet alleen een groote menigte visch, maar ook onder in het net het beloofde kistje. Zeer verblijd begaf hij zich naar huis; maar onderweg kon hij zijne nieuwsgierigheid niet bedwingen. Hij waagde 't het deksel van het kistje even op te lichten en wilde er in kijken, maar — nu was hij op eens stekeblind. Dit maakte hem zeer treurig; op het gevoel af moest hij den weg vervolgen en tehuis gekomen vertelde hij zijne vrouw wat hem wedervaren was. «Maar,» zeide hij ten slotte, «wij moeten toch volbrengen wat de geest mij bevolen heeft, anders zou het nog erger met ons kunnen gaan.»

Hij verdeelde het kistje in zes stukken, gaf een er van aan zijne vrouw, een aan zijn paard en een aan zijnen hond. De drie overblijvende stukken begroef hij onder den drup van het dak. Nu was er geen jaar verloopen of des visschers vrouw werd moeder van twee jongens, die zoo sprekend gelijk aan elkander waren dat men geen onderscheid kon zien. En het paard kreeg twee veulens, de hond twee jongen en onder den drup van het dak groeiden twee sabels, twee pistolen en twee geweren uit den grond op. En toen dit alles er was werd de visscher weêr ziende, waarover hij zich zeer verheugde.

Toen de twee knapen groot waren geworden zeî de visscher: «Gij kunt niet altijd tehuis blijven, gaat daarom de wijde wereld in en uw geluk beproeven.» — Hij gaf ieder hunner een paard, een hond, een sabel, een pistool en een geweer. Hierop namen zij afscheid en trokken heen. Zij hadden reeds een zeer langen weg afgelegd toen zij aan een dicht woud kwamen en de een tegen den ander zeî: «Broeder, wat heb ik een honger! het eerste wat mij voorkomt wil ik schieten.» — Pas had hij dit gezegd of een beer kwam brommende op hem af. Hij legde aan, maar de beer richtte zich op en zeide: «Lieve jager, schiet mij niet, ik wil je twee jongen brengen.» Hierop liet hij 't geweer zakken, terwijl de beer terug ging en eenige oogenblikken later twee jongen bracht.

De broeders trokken verder en toen zij weêr een groot eind weegs hadden afgelegd zeî de eerste tot den tweede: «Broeder, wat heb ik een honger! het eerste wat nu voorkomt wil ik schieten.» Hierop kwam er een wolf uit het bosch te voorschijn; de jager legde op hem aan. De wolf sperde zijnen muil op en zeide: «Lieve jager, schiet mij niet, ik wil je twee jongen brengen.» Hij sprong terug en kwam weldra opdagen met twee jonge wolfjes. Al weder reisden zij verder en de twee jonge beren en de twee jonge wolven liepen met de twee honden achter hen. Na opnieuw een grooten afstand te hebben afgelegd zeî de eene broeder weêr tot den ander: «Broeder, wat heb ik een honger! het eerste wat mij nu voorkomt wil ik toch schieten.» — Nu ontmoette hen een leeuw, waarop de jager aanlegde, maar ook de leeuw zeî: «Lieve jager, schiet mij niet, ik wil je twee jongen brengen.» Ook hij volbracht zijne belofte door het brengen van twee jongen.

Nu had ieder der broeders een paard, een hond, een beer, een wolf en een leeuw. Zij trokken verder het bosch door, totdat zij bij een grooten boom kwamen, die juist op een kruisweg stond. Hier zeide de een tot den ander: «Broeder, wij kunnen toch niet altijd bij elkander blijven; ik wil linksaf gaan, ga gij rechtsaf. Doch in dezen boom steek ik mijn mes. Na verloop van een jaar willen wij hier weêr zijn; is een van ons beide er dan niet, dan zal het lemmer van dit mes aantoonen hoe 't met hem is. Is het lemmer nog glad en glimmend als op dit oogenblik, dan leeft hij; is het roestig, dan is hij dood.» — Hierop namen zij afscheid.

De broeder, die rechtsaf gereisd was, kwam weldra buiten het bosch en spoedig daarop in eene groote stad. Daar luidden de klokken zonder ophouden en de geheele stad was met rouwfloers behangen. De reiziger, die hiervan niets begreep, vroeg den waard, bij wien hij zijn intrek had genomen, of misschien de koning van dat land overleden was? «De koning is niet overleden,» zeî de waard, «maar morgen den dag moet des konings dochter worden uitgeleverd aan veertien reuzen, en dan zal zij worden verslonden door een draak met veertien koppen. Zoo niet, dan zoude er een groot kwaad over het geheele land komen. De koning heeft ook reeds sedert geruimen tijd doen uitroepen, dat wie de reuzen bedwingt en den draak verslaat, de prinses zal mogen trouwen en na des konings dood het koninkrijk erven. Vele ridders hebben dit beproefd, maar zij zijn allen ongelukkig omgekomen. Heden is het de laatste dag; morgen moet de prinses haar lot ondergaan.»

De reizende jager dacht ernstig na en des anderen morgens begaf hij zich vroegtijdig naar den koning. Hij bood aan, de reuzen te bekampen en verzekerde dat de prinses niet in hunne handen zoude vallen. De koning meende: «er hadden reeds zoovelen zich gewaagd, altijd met noodlottig gevolg; dat onnoodig verspillen van jeugdige levens stond hem tegen, het was 't raadzaamst dat de jonge vreemdeling van zijn plan afzag.» — Deze liet zich echter niet terughouden. Hij trok naar den drakenberg, maar des konings dochter reed, in een koets, die met zwart floers behangen was, ook derwaarts. Toen hij op de hoogte van den berg kwam, ontmoette hij een reus, die hem hoonlachend toevoegde: «Wat wou jij hier, nietige aardworm?» tegelijk gaf hij den jongeling een duw, die hem bijna ter aarde deed storten. Maar de jongeling zette zich schrap en hieuw met zijn wondersabel den reus een arm af. Zijne dieren vielen hierop den plompaard aan, wierpen hem neder en nu sloeg de jager hem den kop af. Spoedig ontmoette hij den tweeden reus, dien hij ook versloeg, evenzoo al de anderen, tot aan den veertienden toe. Deze lag ook reeds ter aarde, maar toen, ziende dat al zijne makkers waren verslagen, smeekte hij om lijfsbehoud, onder belofte den sleutel van het drakenhol te zullen aanwijzen. De jager nam hierin genoegen en de reus bracht hem in het dichtste van het bosch bij een rotswand.

Daar zag hij den sleutel aan een steen hangen, maar er wies eene plant voor, wier ranken dicht aan en door elkander groeiden als een tralienet, en deze plant was zoo giftig dat wie haar slechts aanraakte, onmiddellijk moest sterven. Zeer voorzichtig stak hij daarom twee vingers door eene opening tusschen het loof der plant om den sleutel weg te nemen, maar de reus gaf hem een stoot waardoor hij een blad zoude hebben aangeroerd, indien hij niet in tijds had teruggetrokken. Nu trok hij zijn sabel en hitste zijne dieren op den reus aan. Zoo dwong hij dezen om hem den sleutel in handen te geven. Daarna liet de jager hem door zijne dieren ter aarde werpen en hij sloeg hem den kop af.

Hierop begaf hij zich naar het drakenhol. Aan den ingang zat eene oude vrouw, die hem niet wilde binnen laten. Hij sloeg haar echter zonder veel omslag het hoofd af, maar nu kwam de draak toegeschoten en spuwde uit al zijne veertien koppen vuur en vlam. Thans zonk den jager bijna de moed in de hakken, doch hij riep zijne dieren aan, deze overmeesterden spoedig den draak, wierpen hem tegen den grond, waarna de held hem alle veertien koppen afsloeg.

Haastig begaf hij zich naar de koningsdochter, die nog in den zwarten wagen zat. Hij deelde haar mede dat hij al de reuzen en ook den draak verslagen had en dat zij alzoo verlost was. Zij was zeer verblijd, noodigde hem, naast haar plaats te nemen en naar de hofstad te rijden, waar zij nog denzelfden avond de bruiloft wenschte te vieren. Maar hij zeide: «Ik ben nog te jong. Ik wil eerst nog een jaar in de wereld rondreizen en dan kom ik terug.» Toen gaf zij hem tot aandenken haren omslagdoek. Hij sneed de tongen uit de veertien drakenkoppen, wikkelde die in den doek der prinses en trok met zijne dieren vandaar.

De koningsdochter werd evenwel op de terugreis naar de stad door haren koetsier, die alles wat er gebeurd was op een afstand had gadegeslagen, schandelijk bedreigd. Als zij niet wilde zweren, aan haren vader te zullen vertellen, dat hij, de koetsier, de reuzen en den draak had verslagen, en dan met hem wilde trouwen, dan zou hij haar vermoorden. Zij smeekte hem met een vloed van tranen om genade, maar te vergeefs, en om haar leven te redden moest zij beloven wat hij verlangde. Spoedig kwamen zij in de hofstad aan, waar zij met gejuich werden verwelkomd. De koning kwam hen tegemoet rijden en de koetsier verhaalde, dat hij de reuzen en den draak verslagen en alzoo de prinses verlost had. De koning was er voor, terstond bruiloft te vieren, maar de prinses verzocht van haren vader een jaar uitstel voor haar huwelijk; de doorgestane doodsangsten hadden haar te zeer verzwakt. Dit kon de koning wel billijken; maar toen het jaar verstreken was, juist op den dag af, werden er aanstalten voor de bruiloft gemaakt. Alle klokken luidden den geheelen dag en alle huizen waren behangen met veelkleurige tapijten en andere versierselen.

Denzelfden dag kwam de jager met zijne dieren ook in de stad, en in de herberg vroeg hij weder, wat die buitengewone drukte beteekende. De man vertelde hem: «Het is heden een jaar geleden dat de koetsier des konings de prinses van den dood heeft gered, door veertien vervaarlijke reuzen en een afschuwelijken draak te verslaan. En nu viert hij vandaag met haar bruiloft.» Hierop zeî de jager: «Daar moet ik ook een stuk vleesch van hebben.» De waard meesmuilde en zeî: «Ik wed om honderd daalders dat je 't niet krijgt. Ik zou niet weten hoe je 't zoudt krijgen.» «Is het je meenen met die weddingschap?» vroeg de jager. «Wel zeker!»

De jager zond nu zijnen beer naar het paleis des konings. Het dier liep daar heen en weêr, maar wist toch in het paleis te komen en daar achter den stoel van des konings dochter plaats te nemen. Hij begon zachtkens te brommen; zij zag even om en werd zeer verblijd, want zij herkende den beer. Zij liet hem met haar naar hare kamer gaan en vroeg wat hij verlangde. De beer vertelde haar, dat zijn heer in de stad was aangekomen en gebraden vleesch van des konings tafel wenschte te hebben. Terstond beval zij aan den kok dat hij den beer eene hoeveelheid vleesch zoude meêgeven, en daarmede begaf bruintje zich naar de herberg.

«Zie je,» zeî de jager tot den waard, «ik heb de weddenschap gewonnen. Maar ik wil ook koek hebben zooals de koning ze zelf eet.» — «Nu, maar dat gaat toch niet aan,» zeî de waard, «daar verwed ik mijn geheele huis op.» — «Aangenomen!» zeî de jager en hij zond zijnen wolf naar des konings paleis. Deze wist zich ook den weg te banen tot de bruiloftszaal. De prinses merkte ook hem spoedig op en vernam naar het doel zijner komst. Hij zeide, dat zijn heer koek wenschte te hebben gelijk de koning dien zelf at. Maar nu werd hij ook door den koning opgemerkt en op diens vraag, hoe dat dier daar kwam, deelde zijne dochter hem meê wat de wolf verlangde. De koning beval nu dat oogenblikkelijk de jager zelf aan het hof moest worden gehaald. Het duurde niet lang of deze verscheen en werd zeer vriendelijk ontvangen; want dit had de prinses haren vader aangeraden.

Hij moest nabij den koning aan tafel gaan aanzitten. Toen zij nù aten en dronken, werden ook de veertien afgehouwen drakenkoppen op de tafel gebracht. De jager zeî: «Dat zijn gruwelijke dieren; zouden zij ook tongen hebben?» — «Wel zeker!» zeide de koning, «tongen moeten ze hebben, waarmeê zouden ze anders vuur spuwen?» — Maar de koetsier zeî: «Neen, ze hebben geen tongen.» Nu haalde de jager den doek te voorschijn met de drakentongen er in. Hij paste ze in de drakenbekken en zij pasten volkomen. De koetsier, dit ziende, viel van zichzelven en werd de zaal uitgedragen. De jager hield nu bruiloft met de koningsdochter en toen het feest was afgeloopen, bracht men den koetsier op een berg. Daar werd hij in een ton met spijkers geslagen en zoo liet men hem naar beneden rollen.

Eenige dagen later stond de jager midden in den nacht van zijne legerstede op en zag het venster uit. Daar zag hij in het naastbijgelegen bosch een vuur branden. Door nieuwsgierigheid gedreven ging hij met zijne dieren daar op los. Een belangrijken afstand had hij reeds afgelegd, toen vond hij eene oude vrouw bij een vuur zitten, aanhoudend jammerende: «Uwe dieren zullen mij kwaad doen.» — Hij verzekerde haar dat zij van zijne viervoetige metgezellen niets te vreezen had. Zij echter gaf hem een rijsje en verzocht hem de dieren daarmeê te slaan, om ze op een afstand te houden. Hij deed dit, maar op hetzelfde oogenblik waren de dieren in steen veranderd. Hij zelf werd door het wijf met een rijs geslagen en nu was ook hij een steenen beeld. Toen de schoonzoon des konings niet aan het hof terugkwam en niemand wist waar hij gebleven was, ontstond er groote droefenis. Alle klokken werden weêr geluid, alle huizen werden met rouwfloers behangen en de koningsdochter schreide nacht en dag. Om dezen tijd was echter de broeder van des konings schoonzoon bij den grooten boom op den kruisweg in het bosch gekomen. Hij had gezien dat het mes op de zijde vanwaar zijn broeder was afgereisd geheel roestig was. Vreezende, dat hem een groot ongeluk overkomen zou zijn, was hij denzelfden weg afgereisd dien zijn broeder was ingeslagen. Alzoo kwam hij ook in de hofstad en toen hij met zijne dieren de poort binnen kwam, ontstond er groote vreugde. Hij werd naar het koninklijk paleis geleid; daar viel hem de prinses om den hals uitroepende: «Wat ben ik verheugd u weêr te zien. Ik dacht zeker dat ge verongelukt waart en ik u voor altijd zou moeten missen.»

Hij begreep dat hier eene vergissing in het spel was en men hem voor zijn broeder hield. Maar hij liet niets bemerken. Misschien dacht hij wel: «Zoo kan ik misschien te weten komen waar hij is heen gegaan en wellicht hem nog redden.» — Des nachts kon hij niet slapen. Hij stond van zijn leger op en zag het venster uit, en zag, evenals kort geleden zijn broeder had gezien, in het naastbijgelegen bosch een vuur branden. Hij ging met zijne dieren daar op aan en vond ook de oude vrouw. Zij jammerde weêr: «Uwe dieren zullen mij kwaad doen,» en wilde hem een rijsje geven om hen te slaan. Maar hij had de versteende dieren reeds zien staan; hij trok zijn sabel en zeî: «Wacht, heks! ik zal je helpen. Jij hebt zeker ook mijn broeder gedood.» Hij wilde haar den kop afslaan, maar zij smeekte hem hartroerend om haar toch het leven te laten en beloofde dat dan ook terstond zijn broeder weêr levend zoude zijn. Hij bewilligde en nu gaf zij hem een flesch, daaruit moest hij op ieder der versteende lichamen een paar droppels gieten. Dit deed hij en terstond kwamen zijn broeder en de dieren in het leven terug. Zij vielen elkander van blijdschap om den hals, «maar» zeiden ze tot elkander: «wij kunnen die oude booze heks niet laten leven, zij mocht ons nog eens kwaad doen.» — Zij pakten haar aan en wierpen haar in het brandende vuur. Doch, hoewel zij te midden der vlammen lag, deerden dezen haar niet. Nu begrepen de broeders, dat het wijf ergens eene betoovering aan zich moest hebben. Zij haalden haar uit het vuur, trokken haar de kleêren van het lijf en toen zij haar de muts van het hoofd rukten, vloog de duivel daar van onder weg. En toen zij nu weêr in het vuur werd geworpen, brandde zij als pek en zwavel.

De broeders keerden daarop terug naar de stad. Zij verhaalden elkander hun wedervaren, sedert zij elk huns weegs waren gegaan. De tweede vertelde den eerste, hoe hij de poort was binnengekomen en men hem met gejoel naar 't paleis des konings had geleid; ook hoe de prinses hem had omarmd en hij zich had gehouden alsof hij haar man was. Dit maakte den jeugdigen echtgenoot zoo jaloersch, dat hij den sabel trok en zijn broeder het hoofd afsloeg. Maar toen de onthalsde daar voor hem lag, kreeg hij berouw, bedenkende dat zijn broeder hem het leven had gered. Gelukkig schoot hem nu te binnen dat de flesch met wonderolie van de heks nog niet ledig was.

Hij zette zijn broeder het hoofd weêr op den romp, smeerde den hals met druppen uit de flesch, en aldus herleefde de doode. Zij gingen thans gezamenlijk naar het hof des konings. En toen de koning, de vader der prinses, kwam te sterven werd zijn schoonzoon koning van het land en deze benoemde zijn broeder tot oppersten generaal.

De ijzeren man.

Een krijgsman, die vele jaren in den oorlog had gediend, kreeg eindelijk zijn bekomst er van en nam zijn ontslag. Nu ging hij de wijde wereld in om zijn geluk te beproeven, zonder eigenlijk te weten waarheen hij wilde reizen. Zoo kwam hij in eene eenzame wildernis bij een rots, waarbij eene oude vrouw, naar 't wel scheen, de wacht hield. Hij vroeg haar of zij ook wist hoe hij aan geld en mondkost zou kunnen komen. «Dat zal gemakkelijk gaan,» antwoordde zij, «als gij mij maar wat wilt helpen.»

In de rots was eene opening en daarin een lange trap naar beneden, die ook kon worden weggenomen en de oude vrouw zeide: «Ga dezen trap af, dan zult gij, in de diepte een gang door-gaande, in een kamer komen, waar gij niets zult vinden dan zil-vergeld. Laat dit onaangeroerd en ga door naar eene andere, waar overvloed van goudgeld opgehoopt ligt. Ook dit moogt gij niet aanraken; maar ga verder, dan komt gij in de derde kamer, en daar ligt op eene tafel een ijzeren man uitgestrekt. Hef even zijn hoofd op, dan zult gij daar onder een tondeldoos met vuurslag vinden. Neem dit weg en leg het hoofd weêr neder zooals het heeft gelegen. Is dit gedaan dan moogt gij zooveel goudgeld nemen als gij maar kunt meêdragen. Kom dan weêr boven en stel mij de tondeldoos met het vuurslag ter hand; het geld moogt gij behouden.»

De oude soldaat, die geen vrees kende, stond niet lang in beraad, maar daalde den trap af. Hij bevond alles zooals de oude vrouw gezegd had. Hij nam de tondeldoos met het vuurslag in bezit, voor-zag zich daarop ruim van goudgeld en zocht toen den trap weêr op. Maar toen hij naar boven wilde gaan, riep de oude vrouw hem toe, dat hij haar eerst het vuurslag-gereedschap moest geven. Hij zeide, dit te zullen doen als hij boven was. Nu wilde zij den trap optrekken, maar hij, niet loom, greep de onderste trede, klom er op en was spoedig boven. Het oude wijf was boos, zij beval hem haar spoedig het vuurgereedschap af te staan, of zij zou hem in de diepte terug werpen, waar hij dan verhongeren kon. Maar de krijgsman, in plaats van dit bevel op te volgen, gaf haar een pak slagen dat ze niet meer staan kon, en liet haar toen aan haar lot over.

Hij ging thans naar de naastbijgelegen stad; daar legde hij zijn soldatenpak af en kleedde zich als edelman. Hij nam zijn intrek in de voornaamste herberg, huurde een knecht voor zich alleen en leefde zeer rijk. Maar dit had nog maar weinige weken geduurd, toen bezat hij reeds geen rooden duit meer. De knecht, geen sober leven gewoon, had nu 't plezier er af en liep weg. De waard, altijd zeer vriendelijk en voorkomend, mits hij naar eisch betaald werd, begon nu ook een anderen toon aan te slaan. Hij sloot den soldaat in een kamertje op, om bij den rechter te onderzoeken, hoe hij met zulk een oplichter — naar hij zeide — had te handelen.

De soldaat had in zijne gevangenis niets dan een armzalig bed, een tafeltje en een stoel. Het eten en drinken was uiterst slecht. Vuur mocht hij in zijn vertrek niet hebben; hij kon dus ook niet rooken, en daar was hij een hartstochtelijk beminnaar van. Liet hij den waard eens bij zich komen en verzocht hij iets beter bediend te worden, dan werd hij onder een vloed van vloek- en scheldwoorden met een pak slagen bedreigd. Wat zou hij doen? Geduldig dragen was maar het beste.

Op een avond zat hij te peinzen; het was duister en men onthield hem het zoo gewenschte licht. Nu herinnerde hij zich dat hij het vuurslag-gereedschap uit de onderaardsche gewelven nog had. «Laat mij vuur slaan,» dacht hij, dan kan ik toch eens rooken. Hij sloeg vuur, en ziedaar! zonder dat hij iets vernomen had, stond de ijzeren man voor hem en vroeg wat hij begeerde. De soldaat verschrikte, maar de man zeide: «gij hebt mij met het vuurslaan opgeroepen, en kunt nu van mij verkrijgen wat gij verlangt.» — «Welnu, dan maar een zak vol goudgeld,» zeî de soldaat.

De ijzeren man verdween, maar kwam na weinige oogenblikken terug met een zak vol goudgeld. Nu klopte de soldaat op de deur, teneinde bedienden te doen komen. De waard zond er twee op af met het bevel: «Ransel dien levenmaker duchtig af, dan kan hij leeren zich rustig te houden.»

De bedienden openden de deur en zetten groote oogen op; de soldaat zat goudgeld te tellen. Nu was spoedig de vriendschap op nieuw gesloten. De soldaat betaalde gaarne wat meer dan hij schuldig was en de waard was weêr de voorkomendheid in eigen persoon.

De oude krijgsman was nu nog veel rijker dan te voren. Hij

mocht den ijzeren man oproepen zoo dikwijls hij wilde en kon geld krijgen zooveel hij verlangde. En hij leefde weêr rijk en voornaam.

Nu gebeurde 't eens dat de koning eene groote geldleening liet uitschrijven. Er werd zulk een groote som gevraagd, dat ieder dacht, het kan er niet komen. Maar de rijke oude soldaat ging naar den koning en zeî: «Die som gelds kan ik alleen wel schikken en niet om u te leenen, maar ik schenk ze u.» Zulk een aanbod en zulk een rijkdom verbaasden natuurlijk ieder, en de schatrijke man werd het voorwerp der algemeene bewondering en vereering.

Nu had de koning een zeer mooie dochter en de oude soldaat verliefde op haar. Hij kon haar echter bezwaarlijk ten huwelijk vragen omdat men hem zoo weinig kende en hij zich liefst niet naar waarheid bekend maakte. Hij klaagde zijn nood aan den ijzeren man en vroeg hem of hij haar 's nachts niet heimelijk bij hem kon brengen. — Niets was gemakkelijker en het gebeurde nu iederen nacht. De prinses klaagde bij haren vader dat zij 's nachts als zij sliep uit haar bed werd opgenomen en naar een ander huis overgebracht, zonder dat zij zeggen kon hoe dit ging en wie dit deed. De koning en zijne wijzen gaven haar den raad, dat zij op de deur van het onbekende huis een kruis moest schrijven, als zij er weêr uitgebracht werd. Zij deed dit. Maar toen men door dit middel des anderen morgens het huis dacht te vinden, ontdekte men dat op alle huisdeuren kruisen stonden. Dit had de ijzeren man gedaan. Nu gaf de koning haar den raad, een kluwen wollen garen meê te nemen, deze in het vreemde huis te laten vallen en den draad in de hand te houden als zij weêr naar het paleis werd gebracht. Dan zou men, dien draad volgende, het huis zeker vinden. Alweêr mis! Des anderen morgens liepen er draden naar alle huizen, er lag een spinrag van garen door de stad. Den derden dag zeî de koning, zij moest een zakje met meel meênemen en dit uitstorten voor het huis waarin zij ongevraagd gebracht werd. Ook dit werd gedaan en nu zeide de ijzeren man: «Laat het geheim nu maar ontdekt worden.» — Het uitgestorte meel wees des anderen morgens het huis aan. En dit was het huis van den schatrijken man, die het land uit den geldnood had gered. De koning zeide hem, dat hij zoo niet had behoeven te handelen; hij konde met alle liefde de prinses tot zijne vrouw krijgen. Dit geschiedde en zoo werd de arme soldaat van weleer een machtig prins. Zij leefden genoegelijk, want geld hadden ze nooit gebrek.

Zij waren reeds zeven jaar getrouwd geweest, toen zij op zekeren avond genoegelijk bij elkander zaten. Daar stond op eens de ijzeren man achter hen. Hij zeide: «Reeds zeven jaren gelukkig geweest en in al dien tijd niet aan mij gedacht! Maak je gereed, neem afscheid van alles wat je lief is en volg mij. De tijd van ons beider ongeluk is daar, als gij niet nauwkeurig volbrengt wat ik zal zeggen.» De prins werd zeer verschrikt. Toch deed hij wat de ijzeren man verlangde; zij gingen samen op reis. Zij kwamen bij dezelfde rots, waaruit de prins eenige jaren geleden het vuurslaggereedschap had gehaald. De ijzeren man zeide: «Heden avond komen hier zes geesten met een groot zwaard om mij het hoofd af te slaan. Drie andere geesten komen met eene kist waarin zij mijn lichaam zullen bergen. Zorg gij dan mijn hoofd er bij te leggen op de plaats waar het behoort; dan zijn wij gered. Doet ge 't niet, dan zijn wij verloren.» De prins deed zooals hem gezegd werd en zoodra alles was volbracht, stond er een schoone jonge prins achter hem. Deze vertelde dat hij de ijzeren man was geweest en ten gevolge eener verwensching jarenlang in den staat van betoovering had moeten doorbrengen. Zij reisden nu tezamen welgemoed naar de hofstad.

Onwijze Hans.

Eene arme weduwe had drie zonen. De jongste heette Hans en was onwijs. Eens zeî de moeder tot hare jongens: «Een uwer zal wel een dienst moeten zoeken als boerenknecht. Hier valt niet veel te verdienen, wij kunnen zóó met ons vieren niet meer aan den kost komen.» De drie broeders moesten dit toestemmen en de oudste ging uit om een dienst te zoeken. Maar hij was nauwelijks eene week van huis geweest, toen kwam hij terug en nu miste hij zijn neus en zijne ooren. Op de vraag, hoe dat gekomen was, antwoordde hij: «Ik heb lang moeten loopen zonder een boer te vinden die een knecht noodig had. In de eerste drie dagen gelukte dit niet, maar toen vond ik een man, die mij wel in zijn dienst wilde nemen. Hij bood mij ook een goed loon aan, maar maakte daarbij de bepaling, dat wie van ons beiden, hij of ik, het eerst boos zoude worden, zich neus en ooren moest laten afsnijden. Ik vond dit wel zeer dwaas, maar ging toch de overeenkomst aan, want ik stelde mij voor, dat de boer, die zulk een vreemde voorwaarde stelde om twist en tweedracht te voorkomen, een vredelievend man zou zijn. Maar het bleek juist het tegendeel te zijn. Hij was een rechte dwarsdrijver die mij plaagde, lastig viel en berispte over allerlei onbeduidende zaken. Ik begreep spoedig dat hij 't er op toelegde om mij boos te maken; daarom was ik op mijn hoede en hield mij lang goed. Maar eindelijk maakte hij het toch zoo, dat ik mijn geduld verloor en, eer ik er aan dacht, driftig en boos werd. En nu was er geen genade, ik moest mij neus en ooren laten afsnijden. Het spreekt vanzelf dat ik bij dien boer niet langer in dienst wilde blijven; daarom kom ik nu tehuis.»

Nu zeî de tweede broeder: «Het zou mij toch verwonderen, als ik het tegen dien mensch niet zou kunnen volhouden in het bewaren van mijn geduld. Ik wil mij ook bij hem in dienst besteden.» — Hij ging heen en werd knecht bij denzelfden boer onder dezelfde voorwaarden. Hij hield het wel eenige dagen langer vol dan zijn broeder, maar ten slotte verspeelde hij toch ook neus en ooren en kwam bij zijne moeder terug.

En nu zeide de onwijze Hans, dat hij het ook eens met dien vreemdsoortigen boer wilde beproeven. «Kom,» zeiden zijne broeders, «laat dat maar na; gij zijt geheel ongeschikt om met dien man om te gaan.» — Hans stoorde zich daar niet aan; hij begaf zich op reis en werd knecht bij denzelfden boer, natuurlijk ook weêr onder de voorwaarde: wie 't eerst boos wordt moet neus en ooren missen.

Den eersten morgen reed de boer uit en zeide: «Hans, als ik van avond tehuis kom moet de put gedempt zijn, die daar in het weiland is, en ook zoo 't behoort.» — «'t Is wel, boer,» zei Hans en toen de boer met het rijtuig uit het gezicht was, begon Hans met het werk. Hij dempte den put niet met aarde, maar met boerengereedschap: wagens. karren, ploegen, eggen, spaden, hooivorken, kortom alles wat hij maar vinden kon. Toen de put daarmede ten slotte nog niet gevuld was, doodde Hans eenige koeien en wierp die er nog boven op. De boer keek des avonds bij zijne tehuiskomst leelijk op, maar zijn toorn moest hij bedwingen, want hij dacht aan zijn neus en ooren.

Den volgenden morgen reed de boer weêr uit en zeide: «Hans, als ik van avond naar huis kom moet het wagenpad (de *reed*) van den hoofdweg naar mijn huis wit geplaveid zijn.» — «'t Is wel, boer,» zeî Hans. En hoe legde hij dit werk aan? Alle koeien en kalveren en alle schapen en geiten die wit van haar of vacht waren, ook alle witte ganzen, eenden en kippen maakte hij kapot en met deze dieren plaveide hij het wagenpad. De boer werd hierdoor des avonds in het naar huis rijden niet weinig bemoeilijkt en hij was nog slechter op zijn gemak dan den vorigen avond; maar boos worden dorst hij niet.

Den derden morgen, toen de boer alweêr uitreed, zeî hij; «Hans, als ik van avond tehuis kom moet er naast mijn huis een groot helder licht branden.» — «'t Is wel, boer,» zeî Hans. Des avonds, tegen den tijd waarop de boer terug te verwachten was, stak Hans de kleine schuur, die nabij de groote stond, in brand. De boer kon nu wel niet klagen dat dit licht te klein was, maar bijzonder tevreden over de handelwijze van den knecht was hij toch ook niet. Hij zorgde echter wel, althans oogenschijnlijk, kalm te blijven.

Des daags daaraan zond hij Hans naar het veld te werken op een tamelijk grooten afstand van het huis. En toen de tijd voor het middagmaal daar was, vergat men Hans te roepen. Deze begreep spoedig wat men met hem voor had en nu ging hij ongemerkt naar huis, sloop in de schuur en haalde vandaar een zak rogge. Hiermede ging hij naar den bakker, die hem voor dien prijs gaarne een goed middagmaal verschafte. Des avonds, toen Hans in huis kwam, zeî de boer: «daar staat wat eten voor je.» — «Niet noodig, boer,» zeî Hans, «ik heb reeds gegeten, en iets beters ook.» — Hij vertelde den boer, op diens vragen, wat hij gedaan had. Nu liep de man haastig naar den bakker en zeide: «gij moet niet weder graan van mijn knecht koopen, want hij ontsteelt het mij.» «'t Is wel, boer,» zeî de bakker.

Den volgenden dag ging het evenzoo. Hans stond op het veld te werken, maar werd niet bij het middagmaal geroepen. Nu stal hij een zak tarwe uit de schuur, ging er meê naar den stijfselmaker en deze gaf hem daarvoor zooveel spijs en drank, dat hij voor den geheelen dag genoeg had. Des avonds van zijn werk tehuis komende bedankte hij weêr voor den kost, dien men hem voorzette en vertelde den boer wat hij gedaan had. De boer ging daarop naar den stijfselmaker en zeide: «gij moet niet weder tarwe van mijn knecht koopen, want hij ontsteelt ze mij.» — «'t Is wel, boer,» zeî de stijfselmaker.

Toen het een dag later al weêr op dezelfde manier ging, haalde Hans een zak gerst uit de schuur, ging er meê naar den bierbrouwer en verkocht het daar voor een goeden maaltijd. De boer ging, toen hij dit des avonds te weten kwam, ook den brouwer waarschuwen, dat hij niet weder gerst van Hans moest koopen.

Maar hij begon te begrijpen, dat deze knecht hem te slim af was en het beste zoude zijn zich van hem te ontslaan.

«Hans,» zeide hij, «mij dunkt, we moeten maar afrekenen, dan kunt gij naar uwe moeder gaan.» Maar Hans zeî: «dat gaat zoo niet boer; er valt thans nergens veel te verdienen; ik wil bij u blijven tot de koekoek weêr roept.» Hier kon de boer niet veel tegen zeggen, maar die tijd was hem nog wel wat te ver af. Hij kocht in de stad voor een stoter een houten koekoek, dien men het geluid van den levenden vogel zoo aardig kan laten nadoen. En toen het een paar dagen later mooi weêr was, liet hij zijne vrouw met het kinderspeeltuig in een boom klimmen. Daar ging het nu: «koekoek! koekoek! koekoek!» — «Hans!» zeî de boer, «hoor je 't? de koekoek roept, nu moet je vertrekken.» — «Ja waarlijk!» zeî Hans, «waar zit die koekoek?» — «Daar in dien boom; hoor maar!» Hans, niet traag, haalt een schietgeweer en paf! hij schiet den vogel dood — wel te verstaan: de boerin. Nu werd de boer op eens zoo woedend dat hij Hans wel had kunnen vermoorden, maar deze riep: «je moet je neus en ooren kwijt!» — Er was geen lievemoederen aan, de boer moest zich aan de straf onder-.werpen en bovendien den knecht zijn volle loon uitbetalen.

Hans kwam vroolijk en wel met een mooi sommetje geld weêr bij zijne moeder tehuis.

De reis naar de koningsdochter.

In den overouden tijd is er eens een koningsdochter geweest, die zoo bijzonder verstandig en welbespraakt was, dat alle wijze en geleerde mannen, die met haar aan het redekavelen kwamen, haar ten slotte het laatste woord moesten laten. Toen deze prinses zoover kwam met de jaren, dat zij wel een man wenschte te hebben, was haar vader van meening dat haar toekomstige echtgenoot haar in wijsheid en welsprekendheid behoorde te evenaren. Daarom liet de koning door zijn geheele rijk bekend maken, dat een jongeling, die in staat was met vernuftige reden zijn dochter vast te praten, haar tot zijn vrouw konde krijgen. Al spoedig kwamen een aantal begaafde jongelingen in de hofstad om de proef te wagen. De meesten hadden een zeer hoogen dunk van eigen bekwaamheid, maar de een na den ander moest met een blauwe scheen afdruipen.

Er woonden in dat land ook drie broeders in één gezin. Twee daarvan hadden veel geleerd en wisten bij alle voorkomende gelegenheden bijzonder goed wat zij moesten zeggen of zwijgen. Maar de jongste, die Jan heette, was onwijs. De twee geleerde broeders besloten ook naar de hofstad te reizen en te beproeven of zij de prinses met vernuftige strikvragen niet tot zwijgen zouden kunnen brengen. En onwijze Jan zeî: «Dan ga ik ook meê.» — De broeders lachten en zeiden: «Wat wou jij daar doen? Je bent immers onwijs.» — «Dat doet er niet toe,» zeî Jan, «ik ga toch meê.»

Den volgenden dag gingen ze met hun drieën op reis, ieder op een paard. Niet lang hadden ze gereden toen ze een dooden vogel aan den weg zagen liggen. «Hou!» zeî Jan; hij sprong van zijn paard om den vogel op te rapen. «Dwaas!» zeiden zijne broeders, «wat wil je met dat kreng doen?» Jan zei: «Ik steek het in mijn tasch, het kan wel komen te pas.» Zij reden verder en na verloop van eenigen tijd zag Jan een deuvik op den weg liggen. «Hou!» zeî hij, sprong van zijn paard en nam den deuvik op. «Wat wil je nu toch met dat ding?» zeiden zijne broeders. Jan zeide: «Ik steek het in mijn tasch, het kan wel komen te pas.» Na nog een eind weegs gereden te hebben zag Jan een hoepel op den weg liggen. «Hou!» zeî hij, sprong van zijn paard en nam den hoepel op. «Nu dat weêr,» zeiden de broeders; «wat denk je wel met dat ding te kunnen doen?» Jan zeide maar weêr: «Ik steek het in mijn tasch, het kan wel komen te pas.»

Zij kwamen ten langen leste in de hofstad en meldden zich aan bij het paleis des konings. De oudste der drie broeders werd het eerst bij de prinses toegelaten. Zij zat alleen in een kamer waar een groot vuur op den haard brandde en wees hem een stoel bij het vuur aan. Het was daar zeer warm. De prinses sprak geen woord; dit bracht den vrijer wel eenigszins in verlegenheid. Na eene poos gezwegen te hebben zeide hij, om het gesprek aan den gang te brengen: «Wat is het hier warm!» — «Ja,» antwoordde zij, «maar in mijn hart is het nog veel warmer.» Hij wist niet wat daar op te zeggen en spoedig kreeg hij den wenk zich te verwijderen.

De tweede broeder kwam er even ongelukkig vandaan, en nu was de beurt aan onwijzen Jan. Hij nam zijn tasch met alles wat er in was mede; hij moest ook bij het groote vuur plaats nemen en begon al spoedig te zweeten, waarom hij zeide: «Wat is het hier warm!» — «Dat is het,» antwoordde de prinses, «maar toch nog niet half zoo warm als in mijn hart.» — «Welzoo?» zeî Jan, terwijl hij den dooden vogel uit de tasch haalde, «dan zou ik dezen

II.   4

vogel er wel in kunnen braden.» — «O neen!» zeî zij, «dan zou
het vet er uit loopen.» — «Geen zwarigheid,» zeî Jan, «ik heb
wel een deuvik, dien ik er in kan slaan; kijk maar hier!» — «O,
maar dan zou het bersten,» hernam zij. «Welnu, daarvoor kan ik
dezen hoepel er om slaan,» zeide Jan. Hierop wist de prinses niet te
antwoorden; zij gevoelde zich overwonnen en riep wanhopig: «Vader! vader! het is verloren!» — «Neen,» zeide Jan, «het is gewonnen, waar al de anderen een vergeefsche reis om hebben gemaakt.»

Ieder erkende dat onwijze Jan aanspraak had op de hand der
koningsdochter en zij met hem behoorde te trouwen. Nu, dit gebeurde dan ook. En toen de oude koning kwam te sterven was onwijze
Jan troonopvolger. Hij stelde zijne twee broeders aan als zijne eerste
staatsdienaars en zoo hebben ze samen lang en gelukkig geleefd.

De veelgeloovende koningsdochter.

Er was eens een koning, die had eene dochter die met niemand
wilde trouwen of hij moest haar iets kunnen vertellen wat zij niet
konde gelooven. Wie haar iets vertellen kon waarop zij zeggen
moest: «dat is niet waar!» die zoude haar man worden en na
haars vaders dood koning van het land zijn. Maar geloofde zij alles
wat een vrijer haar vertelde, dan moest hij worden onthoofd.

Er waren reeds velen opgekomen om het met deze koningsdochter
te beproeven; want zij was zeer schoon. Maar welke wonderlijke
en onmogelijke dingen men haar ook had verteld, zij had alles
geloofd en al de vrijers waren een kop kleiner gemaakt. Eindelijk
kwam er een oude afgedankte soldaat in de stad, die wilde zich
ook aan het proefstuk wagen. De prinses verheugde zich reeds bij
voorbaat, dat het aantal koppen, die pronkten op de punten van
het ijzeren hek voor de poort van haar paleis, met één zou kunnen
worden vermeerderd en zeide: «welaan, vertel op!»

De oude bedacht zich niet lang; hij begon:

«Ik heb veel gereisd in verre landen en ben ook eens in den
hemel geweest. Toen ik daar alles nauwkeurig had doorgekeken en
bezien, wenschte ik weêr naar de aarde terug te keeren, maar ik
kon den weg niet vinden. Terwijl ik daarnaar zoekende was kwam
ik bij een hakselmaker, dien ik vroeg: «Goede vriend, gij zult mij
wel kunnen helpen; weet ge mij niet te zeggen waar hier de weg
naar de aarde is?» — Hij opende een luik in den vloer en zeide:
«Laat u daar door neder, dan komt ge vanzelf op de aarde.» —

«Ja, maar,» zeg ik, «dat is zulk een vreeselijke diepte: als ik mij zoo maar laat vallen, zal ik hals en beenen breken.» — Nu wees de man mij op een grooten hoop stroohaksel, dat hij reeds had gesneden, en dat was zoo fijn als stof. «Knoop al die stroodeeltjes aan elkander,» zeî hij, «dan krijgt gij een koord waaraan ge u kunt laten zakken.» — Ik volgde dien raad, knoopte al het haksel aan elkander, bond het koord aan het luik vast en liet mij voorzichtig afglijden. Maar toen ik aan het einde van het koord was gekomen, — toen was ik nog op verre na niet op den grond. Zoo hing ik daar nu spartelende in de ijdele ruimte tusschen hemel en aarde. Wat te doen? Eerst wist ik geen raad, maar spoedig kwam ik op een inval. Ik haalde mijn mes uit den zak, sneed het koord boven los en liet het boveneinde naar beneden vallen. Zoo kon ik mij nu op nieuw laten glijden tot ik weêr aan het einde van het koord kwam. Maar ook nu was ik nog zeer ver van den grond verwijderd en ik kon niet op nieuw het touw boven los maken, omdat ik dit reeds eenmaal had gedaan. Er was dus geen andere uitweg dan maar op goed geluk af naar beneden te springen. Ik deed dit, maar het was een vervaarlijk groote sprong en toen ik met de aarde in aanraking kwam was de schok zoo hevig, dat ik tot aan mijne armen in den grond schoot. Daar zat ik nu zoo vast als een muur. Lang, zeer lang had ik daar zoo in den grond vast gezeten, toen er een vos zeer bedaard mij voorbij kwam loopen. Ik pakte hem bij den staart, waarvan hij zoodanig verschrikte — want hij had mij niet gezien — dat hij een geweldigen sprong deed en zoo mij uit den grond rukte. Maar ook de kracht waarmede hij zijn staart terugtrok, was zoo hevig, dat ik met kogelsvaart van achteren in zijn lichaam opschoot.»

De prinses had dit alles kalm en bedaard aangehoord en — zij geloofde 't ook. Daarom vertelde de oude soldaat verder: «Toen ik daar nu in den buik van den vos was, vond ik goed een beetje rond te wandelen. Zoo kwam ik bij een kerk, daar ging ik binnen en daar stond op den preekstoel een dominé te preeken zoo aandoenlijk en hartroerend, dat de pannen op het dak er van ratelden.» — Hij zweeg weêr, en nu vroeg de prinses: «Hé, wat preekte die dominé dan?» — «Die preekte,» zeî de soldaat, «die preekte, dat gij, koningsdochter, waart een h....» — «Dat is niet waar!» liet zij zich in drift ontvallen. En nu was er niets aan te doen; zij moest den ouden soldaat tot haar man nemen en behouden zoolang hij leefde.

Van onwijzen Jan en zijne broeders.

Er was eens eene arme weduwe die drie zonen had; de jongste daarvan heette Jan en was onwijs. Op zekeren dag zeî de moeder tot hare zonen: «Wij kunnen zóó niet langer met elkander aan den kost komen; een uwer dient op reis te gaan om werk te zoeken.» — De broeders zagen in dat hunne moeder gelijk had en de oudste der drie ging op reis om werk te zoeken.

Hij reisde eenige dagen aaneen toen het hem gelukte een boer te vinden, die hem werk konde verschaffen. Hij nam dit werk aan en zoude er een tafeltje «dek-je» meê verdienen. Als men tot dat tafeltje zeide: «Tafeltje, tafeltje, dek je!» dan stonden er plotseling allerlei heerlijke spijzen op. Toen nu de knecht het stuk werk had afgedaan, begaf hij zich met zijn tafeltje op de terugreis naar de ouderlijke woning, bij zichzelven denkende: «nu behoeven we tenminste geen honger meer te lijden.» Hij kon in eenen dag niet tehuis komen en des avonds vroeg hij aan een oud vrouwtje, dat in een klein huisje woonde, of zij hem niet konde herbergen. «Ja,» zeî het mensch, «herbergen kan ik je wel, maar ik kan je niets te eten geven, want ik ben doodarm.» — «Dat is geen zwarigheid,» zeî de zwerver, «daar zorg ik voor.» — Hij zette zijn tafeltje in haar woonvertrek en op zijn bevel: «Tafeltje, tafeltje, dek je!» was het onmiddellijk voorzien van zooveel spijs en drank, dat zij beide er van verzadigd konden worden. De oude vrouw wees den jongeling eene slaapplaats; hij begaf zich ter rust en zette het tafeltje voor zijn bed. — Maar nu bezat die oude vrouw een tafeltje, dat voor het uiterlijke geheel gelijk was aan dat tafeltje «dek-je.» Des nachts toen hij sliep verwisselde zij de tafeltjes, en des anderen morgens vertrok hij — zonder het te weten — met een tafeltje dat het zijne niet was. Tehuis komende zeide hij: «nu behoeven we niet meer honger te lijden.» Hij zette zijn tafeltje in de kamer neder en zeide: «Tafeltje, tafeltje, dek je!» Maar er kwam niets op. Hij riep nogmaals: «Tafeltje, tafeltje, dek je!» doch vruchteloos; want hij had het rechte tafeltje niet. Nu begreep hij, dat het oude wijf zijn tafeltje gestolen moest hebben.

Den volgenden dag zeide de tweede der drie broeders tot den oudste: «gij hebt u laten foppen; ik zal nu op reis gaan om werk te zoeken, maar dan beter oppassen.» — Hij ging de wereld in en kwam bij een boer, die hem werk kon geven; hij nam dit aan en

daar zou hij een schaapje «schud-je» meê verdienen. Als men tot
dat schaapje zeide: «Schaapje, schaapje, schud-je!» dan schudde het
zich en dan viel er eene menigte van allerlei kleingeld uit zijn vacht. —
Na afloop van het werk wilde ook deze broeder naar zijne moeder
terugkeeren. Hij begaf zich met zijn schaapje op reis, terwijl hij
dacht: «nu behoeven wij niet meer hard te werken om een soberen kost te verdienen.» — Ook hij kon in eenen dag niet tehuis
komen en des avonds vroeg hij ook bij een oud vrouwtje, dat in
een klein huisje woonde, of zij hem niet konde herbergen. «Jawel»
was het antwoord, «maar niet voor niemendal, want ik ben arm.» —
«Dat is geen zwarigheid,» zeî de reiziger, «ik zal u wel aan wat
geld helpen.» Toen zeî hij tot zijn schaapje: «Schaapje, schaapje,
schud je!» En het schaapje schudde zich en er viel eene menigte
van allerlei kleingeld uit zijn vacht, en het oude vrouwtje kreeg dat
om eetwaren te gaan koopen. — Toen zij tezamen gegeten en gedronken hadden wees de vrouw den jongeling eene slaapplaats; hij
begaf zich ter rust na het schaapje voor zijn bed te hebben vastgebonden. Maar nu bezat deze oude vrouw een schaapje, dat voor
het uiterlijke geheel gelijk was aan het schaapje «schud-je.» Des
nachts, toen hij sliep, verwisselde zij de schaapjes, en des anderen
morgens vertrok de jongeling, zonder het te weten, met een schaapje
dat het zijne niet was. Tehuis komende zeide hij: «nu behoeven
wij niet meer hard te werken om een soberen kost te verdienen»
en hij beval zijn schaapje: «Schaapje, schaapje, schud je!» Maar
het schaapje schudde zich niet en er kwam ook geen geld voor
den dag. Hij riep nogmaals: «Schaapje, schaapje, schud je!» doch
vruchteloos, want hij had het rechte schaapje niet. En nu begreep
hij, dat het oude wijf zijn schaapje moest gestolen hebben.

Hierop zeide onwijze Jan: «jelui hebt je beiden laten foppen;
nu wil ik op reis gaan om werk te zoeken.» De broeders zeiden:
«dat loopt met jou toch op niets uit, je bent immers niet wijs.»
Maar Jan ging toch op reis. Hij reisde eenige dagen achtereen,
toen het hem gelukte een boer te vinden, die werk voor hem had.
Hij nam het aan en hij zoude er een zak met knuppels meê verdienen. Als men tot die knuppels zeide: «Knuppels, knuppels, uit
den zak! Sla dezen of dien op zijn jak!» dan sprongen zij uit den
zak en sloegen er op los. — Toen Jan zijn werk afgedaan had
begaf hij zich weêr op reis naar huis en dacht bij zichzelven: «nu
heb ik toch een zak met knuppels.» — Hij kon ook al niet in

eenen dag tehuis komen en kwam des avonds, evenals zijne broeders, bij een oud vrouwtje dat, in een klein huisje woonde, en vroeg haar of zij hem konde herbergen. «Jawel,» zeî ze, «maar niet voor niemendal, want ik ben arm.» — «Dat is goed,» zeî Jan, «ik heb wel iets in dezen zak, daar kan ik je meê betalen.» Nu haalde het vrouwtje een tafeltje voor den dag, zette dat in het midden der kamer en zeide: «Tafeltje, tafeltje, dek je!» en toen was het plotseling beladen met zooveel spijs en drank, dat zij beide zich konden verzadigen. Maar Jan dacht: dit is zeker het tafeltje van mijn broêr. Des avonds wees het vrouwtje hem een slaapplaats; hij begaf zich ter rust en legde den zak met knuppels voor zijn bed. De vrouw, nieuwsgierig wat er in dien zak mocht zijn, wilde het des nachts onderzoeken. Maar Jan vernam haar en riep:

> „Knuppels, knuppels, uit den zak!
> Sla dat oude wijf op haar jak!» [1]

En dadelijk sprongen zij uit den zak en sloegen er op los. De vrouw jammerde: «ach, houd op! houd op!» Jan zeî: «ik houd niet op of je moet mij het tafeltje geven, dat je mijn broêr ontstolen hebt.» — «O, dat is goed! neem het maar!» kermde zij.

Des anderen morgens vervolgde Jan zijn reis, beladen met den zak met knuppels en tevens met het tafeltje «dek-je.» — Den tweeden dag kon hij nog niet tehuis komen en 's avonds vroeg hij weêr bij een oud vrouwtje, dat in een klein huisje woonde, of zij hem konde herbergen. «Jawel,» zeî ze, «maar niet voor niemendal, want ik ben arm.» — «Dat is goed,» zeide Jan, «ik heb wel iets in dezen zak, daar kan ik je meê betalen.» — «Nu moet ik nog wat eten koopen,» zeî het vrouwtje, «maar ik heb daarvoor geen geld genoeg.» Al sprekende haalde zij een schaapje voor den dag, en zeide: «Schaapje, schaapje, schud je!» En het schaapje schudde zich en eene menigte van allerlei kleingeld viel uit zijn vacht. — Jan dacht: dit is zeker het schaapje van mijn broêr. Na den maaltijd begaf hij zich ter rust en legde den zak met knuppels voor zijn bed. De vrouw, nieuwsgierig wat er in dien zak mocht zijn, wilde dit des nachts onderzoeken. Maar Jan vernam haar en begreep haar doel. Hij riep:

> „Knuppels, knuppels, uit den zak!
> Sla dat oude wijf op haar jak!»

Dadelijk sprongen de knuppels uit den zak en sloegen er op los. «Ach, houd op! houd op!» jammerde de oude vrouw. Jan zeî: «Ik

---

[1] Oorspronkelijk: „Kneppel, kneppel, út de sek! Slaen dat âld wiif foar de bek!»

houd niet op of je moet mij het schaapje geven, dat je mijn broêr ontstolen hebt. «O, dat is goed! neem het maar!» riep zij in haar angst.

Den derden dag, ook nog belast met het schaapje, kwam Jan tehuis. «Nu zijn we geholpen,» zei hij; ik heb een tafeltje «dek-je» en een schaapje «schud-je.» — «Dat is zeker niet waar?» zeiden zijne broeders. Maar Jan zette zijn tafeltje in het woonvertrek en zeide: «Tafeltje, tafeltje, dek je!» En dadelijk stond het tafeltje gedekt met allerlei spijs en drank. Hierop zeide hij tot zijn schaapje: Schaapje, schaapje, schud je!» Het schaapje schudde zich en eene menigte van allerlei kleingeld viel uit zijn vacht.

Nu riep de oudste broeder: «dat is mijn tafeltje!» en de tweede: «dat is mijn schaapje!» En zij wilden Jan de beide voorwerpen afhandig maken. Maar Jan zeide:

*Knuppels, knuppels, uit den zak!
Sla mijn beide broeders op hun jak!*

De knuppels sprongen uit den zak en sloegen er op los. De broeders schreeuwden om het hardst: «ach, houd op! houd op!» Jan zeî: «ik houd niet op of gij moet verklaren dat het tafeltje en het schaapje mij behooren.» De oudste broeder riep: «het tafeltje is het uwe!» en de tweede: «het schaapje is het uwe!» — Toen liet Jan de knuppels weêr in den zak gaan.

Onwijze Jan werd nu zeer rijk en hij moest zijne moeder en zijne broeders aan den kost helpen. Zoo leefden zij samen lang en strang, zeven jaren lang, en als zij niet gestorven zijn leven ze nog.

Een hymphamp-houvast.

Er was eens een arme knaap, die verhuurde zich als knecht bij een boer, voor een grauwe erwt in het jaar. Toen het jaar om was en de boer aan zijne dienstboden hun loon uitbetaalde, vroeg hij den knaap, of deze ook niet wat geld wilde hebben. Maar de knaap zeî: «neen, ik verlang niets anders dan een grauwe erwt.» — «Ga dan maar naar de schuur,» zeî de boer, «en zoek de grootste erwt die gij vinden kunt.» De knaap deed dit. Hij zocht een erwt zoo groot als een knikker; toen nam hij afscheid van den boer en vertrok. Nadat hij eene poos geloopen had kwam hij voorbij een boerenhuis, waarbij hij een prachtigen haan op het erf zag rondstappen. «Dien haan zoude ik wel gaarne willen hebben,» zeide hij tot de meid, die daar aan het werk was.» — «Dat geloof ik!» zeî de meid, «maar gij kunt niet half den prijs betalen, waarvoor de boer den haan zou willen missen.» De knaap zeide: «ik heb hier een grauwe erwt, die wil ik voor den haan werpen, met dit akkoord: pikt hij de erwt op, dan ben ik haar kwijt, maar laat hij de erwt liggen, dan zal de haan voor mij zijn.» De meid lachte en zeide: «nu, dat akkoord durf ik wel aannemen zonder den boer te vragen; toe maar!» De knaap wierp zijn erwt voor den haan en deze pikte de erwt op. De meid gierde het uit van lachen, maar de knaap begon te schreien en wierp zich op den grond, terwijl hij jammerde: «dat was mijn zuurverdiende loon waarvoor ik een geheel jaar gewerkt heb, dat ben ik nu zoo maar kwijt.» Zoo hield hij maar aan met schreien en klagen en bleef den geheelen dag daar op het erf liggen. Dit verveelde eindelijk den boer; hij zeî: «ik kan dat gekerm niet langer aanhooren; kom, jongen, neem dan liever den haan, en maak spoedig dat ge hier vandaan komt.»

De knaap sprong op van blijdschap. Hij ving den haan, nam hem onder den arm en reisde vandaar. Den volgenden dag kwam hij voorbij een prachtig heerenhuis, waarin een rijke edelman woonde. Op een grasperk vóór het huis zag hij daar een gouden bok grazen. Met den knecht, die daar aan het werk was, maakte hij een praatje en zeide: «ik wil mijn haan wel eens met dien bok laten vechten, met dit akkoord: als de bok mijn haan doodt ben ik hem kwijt, maar moet de bok den strijd verliezen, dan zal hij de mijne zijn.» «Dat voorstel durf ik wel aannemen,» zei de knecht; «laat hen maar vechten.» Het kostte niet veel moeite de twee dieren aan het vechten te brengen. Zij vochten hevig en het duurde niet lang of de haan was dood. De knecht lachte van plezier, maar de knaap begon te schreien en weeklaagde: «dat was mijn zuurverdiende loon, waarvoor ik een geheel jaar gewerkt heb, dat ben ik nu zoo maar kwijt.» Hij wierp zich op den grond, hield maar aan met klagen en schreien en bleef zoo den geheelen dag op het plein liggen. Toen dit den edelman eindelijk begon te vervelen, zeî deze: «ik kan dat gehuil en gejank niet langer aanhooren; kom, jongen, neem dan maar liever den bok en pak je spoedig vanhier.»

Nu was de knaap buiten zichzelven van blijdschap, en terwijl hij zich met den bok op reis begaf zeide hij: «ik heb het wel gedacht, dat een grauwe erwt een goed loon zou zijn.»

Den dag daarna kwam hij bij een boerenhuis waar eene meid en een knecht op het erf aan het werk waren. «O!» riep de meid den knaap toe, «wat heb je daar een mooien bok; mag ik dien wel

eenige haren uit het lijf trekken?» — «Ja,» zeî de knaap, «ga je
gang maar!» Zij greep met beide handen den bok in het haar,
maar hoe vreemd! hare handen bleven daarin vast zitten. Zij kon
ze niet los krijgen, ze deed wat ze deed, en was genoodzaakt tegen
wil en dank meê te loopen. Zij riep aan den knecht, dat hij haar
zou helpen. Nu, hij hield van deze meid meer dan van zijn eigen
zuster, hij schoot toe en pakte haar met beide handen van achteren
in de kleêren. Maar nu zaten ook zijne handen vast en hij moest
evenals zij in gebogen houding meêloopen. Niet ver vandaar kwam
het gezelschap langs eene schuur, waar een paar werklieden aan het
dorschen waren. Deze zagen lachende het zonderlinge gezelschap
voorbij trekken en een hunner riep: «ik zou wel lust hebben, dien
vent met de graanschop voor zijn broek te slaan.» — «Welnu,
ga je gang!» zeî de knaap. De dorscher kwam toegeloopen en gaf
den kromloopenden boerenknecht een slag met de schop. Maar niet
alleen bleef de schop vast zitten, de dorscher kon ook den steel
er van niet loslaten. Hij riep zijn makker te hulp, deze kwam,
pakte hem aan, maar zat nu ook vast, evenals al de anderen.

De knaap leidde welgemoed zijn bok met al den aankleve van
dien naar de stad waar de koning woonde. Des konings eenige
dochter was toen reeds een geruimen tijd zeer zwaarmoedig geweest.
Niemand wist wat daarvan de oorzaak was en niets kon haar op-
vroolijken. Gedurende een geheel jaar had zij niet gelachen. Toen
de knaap met zijn gevolg in de stad aankwam, was daar pas te
voren bij trommelslag bekend gemaakt, dat iemand, die de prinses
aan het lachen zou weten te brengen, met haar zoude mogen trouwen. Allerlei snaken en potsenmakers hadden dit reeds vruchteloos
beproefd, anderen gingen dit nu weêr beproeven, doch altijd met
hetzelfde ongunstig gevolg. De knaap, dit vernomen hebbende, zond
voor een fooi iemand naar den koning om dezen te doen weten,
dat hij, de knaap, in de stad was aangekomen met een hymp-hamp-
houvast [1]), en vergunning verzocht om dit spektakel, eenig in zijn
soort, aan de prinses te vertoonen. Deze vergunning volgde oogenblikkelijk met het beleefd verzoek er bij, dat de vertooning zoo
spoedig mogelijk mocht plaats hebben. En toen nu de knaap met
zijn stoet de vensters voorbij trok, voor welken de zwaarmoedige

---

[1]) Eene opeenstapeling van hoekige voorwerpen, die zich moeilijk laten samenvoegen en
alzoo een onbehagelijke, soms ook eene ietwat potsierlijke massa vormen, noemt men in
't Friesch een *hymphamp*.

prinses naar buiten zat te staren, begon zij op eens zoo uitermate te lachen, dat zij haast niet kon uitscheiden. En zoodra de konings- dochter lachte, waren de boerenmeid en de knecht en de twee dor- schers weêr los en vrij en zij mochten huiswaarts keeren.

De prinses bleef sedert dien tijd vroolijk en opgeruimd, en de koning was daarmeê zoozeer in zijn schik, dat hij den armen knaap met haar liet trouwen. En toen de oude koning kwam te sterven, werd zijn schoonzoon koning en zijne dochter koningin. En toen kwam er een katje met een witten snuit en die blies het vertelseltje uit.

Avonturen van een soldaat.

Er was eens een soldaat, die Jan heette, die had nog twaalf stuivers traktement te goed, maar toen hij er op aandrong dat hem dit geld zou worden uitbetaald, kreeg hij ten antwoord: dat hij moest wachten. — Hiermeê was Jan niet tevreden, hij zeî tot zijn kapitein: «als gij blijft weigeren ga 'k naar den koning om recht te vragen.» De kapitein zei: «als je wegloopt ben je deser- teur en dan zullen we je wel krijgen.» — «Dat doet er niet toe,» zeî Jan, «recht wil ik hebben al is 't om mijn leven.»

En hij begaf zich op reis, want wat hij zich eenmaal in het hoofd had gezet, dat voerde hij ook uit. Toen hij een halven dag geloo- pen had, was hij vermoeid en ging aan den weg zitten rusten. Er kwam een heerschap langs dien weg, die Jan vroeg wie hij was en waarheen hij reisde. Jan vertelde zijne omstandigheden en nu zeî de heer: «wij kunnen samen reizen, ik ga ook naar de hofstad.» Jan vond dit heel goed en zij gingen verder. Toen 't avond werd, waren zij nog ver van de hofstad en de heer zeide: «in de nabij- heid is eene herberg, waar wij kunnen overnachten.» — «Dat zou heel mooi zijn,» zeî Jan, «maar ik heb geen geld op zak.» — «Dat beteekent niets,» zeî 't heerschap, «ik betaal voor beide.»

Zij kwamen in de herberg en lieten zich spijs en drank opdis- schen. Zij werden bediend door des kasteleins dienstmaagd en toen deze zich even had verwijderd zeî Jan: «die meid ziet zoo treurig, mij dunkt er moet haar iets op het hart liggen; daar wil ik haar naar vragen.» — «Och kom!» zeî het heerschap, «daar heb je niets meê te maken; laat die meid kijken zoo ze wil.» — Jan zeî: «ik wil haar toch vragen.» — En hij deed het ook. Het meisje wilde hem eerst niet zeggen waarom zij treurig zag, maar op zijn aan- houdend vragen zeide zij eindelijk: «Ik ben bezorgd over u beide, want uw leven is hier in gevaar. Twaalf roovers hebben hier hun tehuis. De gasten die hier verblijven worden door hen beroofd en vermoord; zij verdwijnen spoorloos. De wreedaards hebben mij als jong meisje hierheen gevoerd en ik zoude gaarne ontvluchten als ik niet vreesde achterhaald en vermoord te worden.»

De heer was zeer beangst en wilde terstond vertrekken; maar Jan zeî: «dat is ook niet zonder gevaar; wij blijven hier en ik wil beproeven die mannen onschadelijk te maken.» Alleen durfde de heer niet afreizen, maar hij wenschte toch wel een veilige schuilplaats te hebben en de meid wees hem een kamertje met een bed. Vervolgens overlegde Jan met haar hoe er gehandeld moest worden. Zij vertelde, dat de roovers, als zij omstreeks middernacht tehuis kwamen, aan het drinken gingen, en dat vooral de hoofdman, wanneer hij door den wijn bevangen was, haar ook niet ongemoeid liet. «Welnu,» zeî Jan, «als gij doen wilt wat ik je zeg, dan wil ik beproeven die mannen klein te krijgen.» Zij beloofde dit en Jan zeî: «Zorg dat zij van avond meer wijn drinken dan gewoonlijk. Hebben zij de hoogte en wil de hoofdman jou aanpakken, tracht hem dan te ontvluchten, maar zoo, dat het licht uit geraakt. Dan sluipt ge de kamer uit, sluit de deur goed en wacht verder maar.»

De roovers kwamen op den gewonen tijd tehuis, maar dronken meer dan gewoon en werden in hooge mate beschonken. Het gelukte de meid het licht te blusschen en de woestaards op te sluiten. Dezen begonnen in de duisternis te vloeken, te schreeuwen, te slaan en te vechten. Toen dit eene poos geduurd had, werd het stil en de soldaat zeî: «neem nu het licht, we zullen de zaak eens onderzoeken.» Zij bevonden, dat het meerendeel der roovers dood was en de overigen zoo zwaar gewond, dat niemand hunner in staat was op te staan. De kamer werd weêr gesloten en men begaf zich ter rust om te slapen zoo goed het wilde gaan. Des anderen morgens vervolgden Jan en zijn heerschap hunne reis, nadat zij de meid een goede geldsom hadden gegeven om hare ouderlijke woning te kunnen opzoeken.

De reizigers konden ook dien dag de hofstad nog niet bereiken en des avonds kwamen zij weêr in eene herberg om er te overnachten. Maar de kastelein zeide: «Ik heb reeds zooveel bezoek gekregen, dat ik slechts één uwer kan herbergen. Ja, ik zou gemakkelijk nog meer gasten kunnen aannemen, want eenige schreden van hier staat nog een huis, ook mijn eigendom en ook voor herberg ingericht, maar daar spookt het. Iemand die het beproeft daar een nacht door te brengen komt er niet levend uit. Men zegt, dat de spokerij verdreven zoude zijn indien het eens iemand mocht gelukken drie nachten na elkander in het huis door te brengen. Voor en na hebben onverschrokken mannen beproefd aan dezen eisch te voldoen, maar het heeft aan allen het leven gekost. En zoo bleef de spokerij tot nu toe aanhouden.

Jan de soldaat zeî: «Dat is een kolfje naar mijn hand. Ik wil het ook beproeven. » De kastelein zeî: «Jij moet het weten. Ik mag het niet aanraden; maar mocht het jou eens gelukken wat zoovelen is mislukt, dan wil ik je gaarne zeer goed beloonen; maar ik kan niet voor je leven instaan.» Jan zeî: «Ik wil het wagen, als gij maar zoo goed wilt zijn mij het een en ander te verschaffen, waarmeê ik mij gedurende den nacht kan bezig houden. Ik wensch te hebben: licht en wat brandstof, een pot met beslag en een koekepan, en verder drie flesschen wijn, wat tabak en een lange pijp.» De kastelein voldeed aan het verlangen van den soldaat en gaf hem ook een vaandel meê, dat hij des anderen morgens kon uitsteken indien hij nog leefde.

Jan begaf zich in het gevreesde huis, ontstak daar in eene der kamers licht, maakte vuur aan op den haard en begon pannekoeken te bakken. Maar telkens als hij er eene gaar had en in den schotel meende te doen, vloog de pannekoek den schoorsteen uit. Hij troostte zich eindelijk maar met het rooken van een pijp tabak en het drinken van een glas wijn. Met klokslag van middernacht werd er krachtig op de kamerdeur geslagen. Jan riep: «wie hier moet zijn, kome binnen!» Hij had dit pas gezegd of hij werd zoo onzacht afgeranseld, dat hooren en zien hem verging en hij eindelijk bewusteloos bleef liggen. Toen hij des anderen morgens tot zichzelven kwam, gevoelde hij nog pijn in alle ledematen. Maar hij stak de vlag uit en de kastelein kwam vernemen hoe 't hem was vergaan.

Jan had behoefte aan spijs en drank en dezen werden hem verstrekt. Den tweeden avond waagde hij zich er op nieuw aan en alles ging weêr gelijk, alleen met dit verschil, dat hij nu een nog duchtiger pak slagen kreeg dan den eersten keer. Des anderen morgens was hij half dood en hij dacht: «als 't zóó moet, zal ik den derden nacht er onder bezwijken.» In den loop van den dag wandelde hij het veld in, waar hij eene oude vrouw ontmoette die hem vroeg, waarom hij zoo mismoedig keek. Jan vertelde haar het geval. Zij zeî: «Dan kan ik je raad geven. Als er weêr op de deur wordt geslagen moet je roepen: «Alle goede geesten komen binnen!»

Jan volgde den raad der oude vrouw. En nu kreeg hij geen slagen, maar eene onzichtbare hand greep de zijne en leidde hem naar
eene andere kamer. Daar lagen drie lijken in doodsgewaad op den
vloer. Daar naast stond eene kist opgehoopt vol geld. «Begraaf
deze dooden,» zeî de geest, «geef een derde van dat geld aan de
armen en een derde aan de kerk; dan is het overige derdedeel voor
u. Dan zullen de geesten rust hebben en dit huis niet meer bezoeken.»

Toen de kastelein des anderen morgens vernam hoe 't nu gegaan
was en ook die kist vol geld te zien kreeg, hinderde 't hem zeer,
dat hij er niets van mocht hebben. Maar Jan zeî: «Het geld kan
toch wel in je familie blijven, kastelein. Ik ben het met je dochter
eens geworden; wij wenschen samen te trouwen, indien gij er niet
tegen zijt. Als ik van de hofstad terug kom, kan 't huwelijk voltrokken worden.» De kastelein zeî: «Dat je met mijn dochter wilt
trouwen is mij wel; maar wat wil je nu nog in de hofstad doen?
Dat is om twaalf stuivers immers de moeite niet waard.» Jan zeî:
«Dat is nu juist niet om de knikkers, maar om het spel. Ik moet
er heen.» En hij reisde er heen. Maar men had er daar reeds
kennis van gekregen dat Jan deserteur was; hij werd gevangen
genomen en veroordeeld om te worden opgehangen. Doch juist op
den dag toen het vonnis zou voltrokken worden schonk de koning
gratie. Want zie, het was de koning zelf geweest, die met den soldaat een paar dagen had gereisd en door dezen voor den dood was
bewaard in de rooversherberg. Zijne Majesteit beloonde Jan nu met
eene belangrijke geldsom en wilde hem ook met een aanzienlijk
ambt begiftigen. Maar Jan zeî: «Daar ben ik de man niet voor,
Sire! Zoek daarvoor liever iemand die meer geleerd heeft dan ik.
Ik ga trouwen met mijn meisje en word kastelein in het spookhuis.»
En zoo geschiedde het.

Eene oude spookvertelling.

Er was eens een boer bij wien de knechten altijd wegliepen omdat het in den koestal, waar zij moesten slapen, erg spookte. Des
nachts dadelijk na twaalf uur hoorde men daar eenig gestommel op
den zolder. Dan kwamen er vier mannen den trap af. De voorste
hunner droeg een brandende kaars, de tweede een tafeltje, de derde
en de vierde ieder twee stoelen. Zij gingen door den koestal in de
schuur; ongeveer een kwartieruurs vertoefden zij daar en kwamen

dan terug zooals zij er heengegaan waren. De boer behielp zich met werklieden, die 's avonds naar huis gingen; een inwonenden knecht kon hij niet meer krijgen. Maar eindelijk liet de man bekend maken: wie hem van de spokerij konde ontlasten zou rijkelijk worden beloond. Het duurde nogal even eer zich voor dat werk gegadigden kwamen aanbieden; maar eindelijk kwam er een jongmaatje, Hans geheeten, die wel eens een nacht in den koestal van den boer wilde doorbrengen. Dit gebeurde en des anderen morgens vertelde hij: «Ik heb van mijn bed af de spokerij begluurd; nu weet ik echter het rechte van de zaak nog niet, maar daar hoop ik wel achter te komen. Den volgenden nacht ga ik in de paardenkrib liggen, vanwaar uit ik in de schuur en op den dorschvloer kan zien.

Dit gebeurde. Des avonds, in plaats van naar bed te gaan, vlijde Hans zich in de paardenkrib neder. De spokerij ging des nachts haar ouden gang, maar Hans zag nu, dat het tafeltje op den dorschvloer werd nedergezet, de kaars er op en de stoelen er om geplaatst. Een der mannen ging naar een der dikke stijlen die het dak eener boerenschuur dragen, opende daarin een deurtje en haalde er een laadje uit. Dit was gevuld met geld, dat op het tafeltje werd uitgestort, en de mannen gingen met hun vieren zitten het geld te tellen. Toen 't gedaan was zeide een hunner, die de hoofdpersoon scheen te zijn: « Vrienden, het is er nog, tot den laatsten duit toe.» Hij vouwde de handen en de anderen deden dit ook. Hij opende nogmaals zijnen mond en bad: «Heer! wanneer zullen wij rust vinden? Hebben wij nog niet genoeg geboet?» Hierop stonden allen op; ieder nam wat hij te dragen had en langs hunnen gewonen weg gingen ze weêr naar den zolder.

Zoodra de dag was aangebroken wekte Hans den boer. «Kom meê,» zeî hij, «die lieden hebben overlast van geld. Dat mag immers niet langer!»

Het laadje werd spoedig gevonden en voorzichtig geledigd. Het geld werd geteld en hoeveel er was weet ik niet, maar wel dat Hans met de helft er van meer dan tevreden was als belooning voor zijne moeite.

Den volgenden nacht gingen Hans en de boer beide in de paardenkrib liggen. De vier mannen verschenen weêr en toen de hoofdpersoon het laadje ledig vond zeide hij duidelijk hoorbaar: « Heer, ik dank u! Nu kunnen wij rusten.» De drie anderen zeiden hem deze woorden na. Hierop gingen zij, ouder gewoonte, naar den zolder terug, maar hebben zich later nooit meer laten zien. Met de spokerij was het gedaan.

De spookkamer.

Er was eens een arme schoenmaker die had geen werk; daarom ging hij op reis om werk te zoeken. Den eersten avond kwam hij in een dorp waar 't jaarmarkt was. In de herberg was veel volk bijeen en op zijne vraag of hij daar in huis kon overnachten, kreeg hij een weigerend antwoord; alles was vol en bezet. Dit was voor den reiziger eene groote teleurstelling, want hij was zeer vermoeid en de duisternis viel in. Op zijn herhaald en dringend vragen zeî de kastelein eindelijk: «ja, vriend, om je de waarheid te zeggen, ik heb nog wel eene kamer ledig; maar daar kunt ge toch den nacht niet doorbrengen.» «Hé, waarom niet?» «Omdat het daar spookt. Niemand heeft het daar nog een nacht kunnen uithouden. Mannen, wien het evenmin aan moed als aan kracht ontbrak, zijn teruggedeinsd voor den onzichtbaren geest, die het licht uitblaast telkens kort nadat het is aangestoken.» De reiziger zeî: «welzoo? nu, dat wil ik ook beproeven als ge mij er twee brandende kaarsen wilt geven.» — «Zeker wil ik dat,» zeî de hospes, «en bovendien krijgt gij eten en drinken ook.»

De schoenmaker ging in de ledige kamer bij de tafel zitten en gebruikte met smaak hetgeen hem was opgedischt. Er verliep meer dan een uur, zonder dat er iets bijzonders voorviel. Toen sloeg de dorpsklok elf uur — en een zijner kaarsen werd uitgeblazen; maar met de nog brandende stak de schoenmaker haar dadelijk weêr aan. — Na verloop van een kwartier werd de andere kaars uitge-blazen, maar ook door den bewaker even spoedig weêr aangestoken. Dit gebeurde tot viermalen toe en eenige minuten later sloeg de klok twaalf uur. Nogmaals werd een der kaarsen uitgebluscht en in een hoek der kamer hoorde de reiziger een zucht. Ook meende hij daar eene lichtende verschijning te zien. Hij hield de hand voor de kaarsvlam, zoodat die hoek der kamer verduisterd werd en nu zag hij duidelijk op den witten wand de gedaante van een men-schengeraamte, dat hem scheen te wenken. Door het wegnemen zijner hand werd de muur weêr verlicht en de verschijning onzicht-baar. De schoenmaker plaatste nu het licht achter het haardscherm en het geraamte vertoonde zich op nieuw. Hij trad er op toe en waagde te vragen: «wat is uwe begeerte?» — Het antwoord was:

«Wees niet bevreesd, maar hoor mij aan. Gij kunt mij verlossen. Wilt of durft gij niet, dan moet ik nogmaals wachten tot er iemand komt, die moediger is dan gij. Verlost gij mij, dan zult gij met de uwen voorspoedig en gelukkig zijn. Wat is uw besluit?» — «Ik wil u verlossen indien ik slechts kan.» — «Gij kunt het. Kniel neder en sla een kruis. Door het teeken des kruises ben ik vervloekt, ik moet er ook door verlost worden.» De schoenmaker voldeed aan het bevel en het spooksel vervolgde: «Het is nu honderd jaar geleden, dat ik als koopman hier op de jaarmarkt kwam en vele zaken deed, zoodat ik ten slotte in het bezit was van eene aanzienlijke geldsom. Deze kamer had ik gehuurd. Maar toen ik den laatsten nacht hier te slapen lag, bracht de kastelein mij om het leven. Hij telde mijn geld uit op de tafel, maar toen hij het weêr in den buidel had geborgen ontwaakte zijn geweten; hij snelde weg en sloot de kamerdeur zorgvuldig. Den volgenden nacht om twaaf uur kwam hij vol berouw hier terug; hij knielde bij mijn lijk en zwoer, van het geld, waarom hij mij vermoord had, nooit een penning te zullen uitgeven. — Vervolgens bemetselde hij mijn lijk benevens het geld hier in den muur. Niet lang daarna verkocht hij de herberg en begaf zich in een klooster. Maar mijne ziel kon niet·tot rust komen, want niemand kon voor mij bidden omdat men van mijn dood niet wist, en de moordenaar had ook bezworen, dat ik niet verlost zoude worden dan nadat er iemand kwam, die het zoude wagen een nacht in deze kamer door te brengen en doorstaan dat ik tot vijfmaal toe het licht uitblies. Gij hebt dit proefstuk volbracht, nu kunt gij mij verlossen en het geld, dat met mij is verduisterd, zal uw loon zijn. Koop dit huis en zoodra gij hier woont, open dezen muur, dan vindt gij mijn geraamte. Breng dat naar het kerkhof, leg het gebeente daar op den kalen grond; zoodra het de aarde aanraakt zal het stof zijn en verstuiven voor den wind. Dan heeft mijne ziel de eeuwige rust.»

De reiziger deed zooals hem bevolen was. Hij werd eigenaar en bewoner van de herberg en opende toen den binnenmuur der spookkamer op de hem bekende plaats. Het geraamte stond daar nog rechtop. Hij legde de beenderen voorzichtig in eene mand en bracht die in het holle van den nacht naar het kerkhof. Daar op den grond gelegd zijnde, verstoven zij, zoodat er des anderen daags geen spoor van te vinden was. Vervolgens nam hij den verborgen schat in bezit en liet den gebroken muur herstellen. Het ging hem in

zijne herberg zoo voorspoedig, dat hij na verloop van weinige jaren
de zaak met voordeel van de hand kon doen, en teruggaan naar
zijne geboorteplaats om daar zijne dagen in vrede te slijten.

Drie goede levenslessen.

Er waren eens een jongeling en een meisje, die trouwden samen
omdat zij elkander lief hadden, maar zij waren arm; als ze niets
verdienden hadden ze niets. En nauwelijks eene week na hun huwelijk stond de jonge man al aan den weg op den uitkijk, of er iets
te verdienen mocht vallen, want hij had geen werk. Toen kwam
daar een fraaie koets aangereden waarin een deftig heerschap zat.
Dit rijtuig hield nevens den jongen werkman stil en de heer riep
hem toe: «Hebt gij niets te doen, vriend?» — «Neen mijnheer,»
was het antwoord. — «Wilt ge dan mijn knecht zijn, om overal
met mij te reizen? Dan kunt ge duizend gulden in het jaar verdienen.» — «Dat neem ik zonder beraad aan,» zeî de jonge man,
«maar dan wil ik eerst even naar huis gaan om afscheid van mijn
vrouwtje te nemen.» — «Daar heb ik geen geduld voor,» zeî het
heerschap, «je moet dadelijk meê gaan — of blijven.» — «Dan
dadelijk maar meê,» zeî de man. Hij nam plaats in den wagen en
deze reed verder. En tehuis wachtte zijn jong vrouwtje hem met
smart, en toen hij lang uitbleef was zij in duizend angsten en vreezen.

Zoodra de nieuwe knecht met zijn heer in een groote stad kwam,
werd hij gekleed zooals de bediende van een voornaam heerschap
behoort gekleed te zijn. De heer was steeds best over hem tevreden en het beviel den knecht in zijn dienst uitstekend. Zij reisden samen naar allerlei vreemde landen, de geheele wereld door.
Maar toen dit zestien jaar aaneen zoo geduurd had, begon het toch
den jongen man te verdrieten. Hij verlangde naar zijn dorp terug
te reizen om te vernemen of zijne vrouw nog leefde en hoe zij het had.

De heer betaalde hem zijn loon, samen zestienduizend gulden, en gaf
hem op den koop toe nog drie goede levenslessen. De eerste was:
Verlaat, als gij in den vreemde reist, nooit den koninklijken weg.
De tweede: Vraag nooit naar dingen die u niet aangaan. En de
derde: Wanneer gij eens zeer boos wordt, bedwing dan uwen toorn
tot den volgenden dag en bedenk dan wat u te doen staat.

De knecht bedankte zijnen heer voor het ontvangen geld en de
goede lessen, waarop hij de reis naar huis aanvaardde. Niet lang
had hij gewandeld, toen hij in gezelschap kwam van eenige koop-

lieden die op reis waren naar de naastbijgelegen stad. Zij kwamen bij een uitgestrekt bosch, waar de algemeene weg met een grooten bocht buiten omheen slingerde. Maar recht door het bosch liep een voetpad en de kooplieden zeiden: «Als wij dit nemen is de reis veel korter.» De heerenknecht volgde hen, maar niet ver was hij het bosch in, toen hij zich de eerste les van zijnen heer herinnerde. En hij keerde terug. De anderen lachten hem uit, maar dit hinderde hem niet; hij koos den koninklijken weg. Het was des avonds reeds laat, toen hij in de stad aankwam. Daar heerschte groote ontsteltenis omdat er bericht was aangekomen, dat in het nabijgelegen bosch eenige reizende kooplieden door roovers waren overvallen en vermoord.

Den volgenden morgen ging hij verder en liep den geheelen dag, totdat hij des avonds bij een adellijk slot kwam. Daar klopte hij aan en verzocht er den nacht te mogen overblijven. De slotheer weigerde dit niet, maar liet den reiziger bij zich in de eetzaal komen om onmiddellijk deel te kunnen nemen aan het avondmaal. Toen dit zoude aanvangen, opende de heer eene kast, waaruit eene jonge vrouw te voorschijn kwam, die aan de tafel plaats nam en mede at zonder een woord te spreken. Na afloop van den maaltijd ging zij weêr in de kast en de heer sloot de deur. «Wie mag toch deze vrouw zijn?» dacht de reiziger, maar hij waagde 't niet er naar te vragen, gedachtig aan de tweede les van zijn heerschap. — Des anderen morgens bij het ontbijt ging het eveneens. Daarna dacht de reiziger weêr te vertrekken, maar nu vraagde de slotheer: «waart ge niet nieuwsgierig te weten wie de derde was die met ons at en dronk?» — «O!» was het antwoord, «daar heb ik niet naar willen vragen, omdat het mij niet aanging.» — «Dat was verstandig en ook gelukkig voor je,» zeî de heer. «Hadt ge 't gedaan, dan hadt ge niet levend dit slot verlaten. Maar als gij nu belooft te zullen zwijgen, dan wil ik je de zaak vertellen. Die jonge vrouw is mijne gade, die mij eens ontrouw is geweest, en sedert houd ik haar steeds opgesloten, want dat kwaad vergeef ik haar nooit.» — «Mijnheer,» zeî de reiziger, «laat ons dan toch, voor ik vanhier ga, samen een paternoster voor haar bidden.» — Hiertegen had de heer niets, maar hij zeî: «ik heb dat in lang niet gedaan, zeg jij 't mij maar vóór.» Dit gebeurde en het ging goed, maar toen de reiziger de woorden: «Vergeef ons onze schulden gelijk ook wij vergeven onzen schuldenaren,» had uitgesproken, zweeg het heerschap. En daarop zeî hij: «Je hebt waarlijk gelijk. God moet mij mijne zonden vergeven, ik vergeef ze ook aan mijne vrouw.» Hij liet haar uit de kast komen en schonk haar vergiffenis. Zij was zeer verblijd en de reiziger ontving van den heer een mooi sommetje geld.

De reiziger kwam weêr tehuis, maar kende zijn dorp niet meer; alles was daar veel veranderd. Hij ging in de herberg en zijne vraag of hij daar een paar weken tehuis kon zijn, werd toestemmend beantwoord. Maar zijne kleederen waren vuil geworden en hij verlangde eene waschvrouw. De kastelein zeî: «Hier naast woont eene vrouw die daarvoor bekwaam is en zij is hulpbehoevend ook. Zestien jaren geleden is zij door haren man verlaten, toen zij nauwelijks eene week getrouwd waren geweest. Maar zij is hem altijd trouw gebleven. Zie, daar komt zij juist hierheen.» Ja, zij die daar binnen kwam was zijne vrouw; hij herkende haar, ofschoon zij veel was verouderd. Hoezeer het hem moeite kostte zich te bedwingen, wist hij zich onbekend te houden en sprak met haar als een vreemd heerschap. Zij nam op zich zijne kleederen te reinigen en volbracht dit naar wensch.

Na verloop van eenige dagen ging de reiziger naar de woning der arme weduwe — zooals men daar meende met het voornemen zich aan zijne vrouw bekend te maken en haar weêr tot zich te nemen. Voor hij binnen trad gluurde hij door het venster ... en zie! daar zat zij aan de zijde van een jongen matroos, dien zij hartelijk liefkoosde. Hij werd zeer boos en raapte een steen van den grond om daarmeê den jongeling te treffen. — Maar daar herinnerde hij zich de derde les van zijnen heer; hij liet den steen vallen en keerde naar de herberg terug. Daar vertelde hem de kastelein: «De zoon der arme vrouw, die uwe kleêren heeft gereinigd, is zooeven van een lange zeereis teruggekeerd!» Die jonge matroos, dien hij met een steen had willen dooden, was dus haar zoon en — alzoo ook de zijne! Dit denkbeeld deed hem rillen maar hij hield zich kalm en zeide: «Laat die vrouw met haar zoon van-avond hier komen.» — Dit gebeurde. De vrouw vertelde opgetogen dat haar zoon, haar eenig kind, terug was gekomen. En de vreemde reiziger zeide: «welzoo, jongeling, ben jij de zoon van deze vrouw? verlang je nooit eens naar je vader?» — «Mijn vader» antwoordde de matroos, «die mijne moeder zoo schandelijk heeft verlaten? Wanneer ik hem ontmoette zou ik in staat zijn hem te

dooden.» — «Foei, dat is hard!» zeî de reiziger, «als je vader nu
eens rijk terug kwam en hij wilde weêr goed maken alles wat hij
jegens je moeder misdreven heeft?» — «Dat is om 't even,» zeî
de jongeling, «ik zou hem niet ontzien.» — «Maar je kent je vader
immers niet eens; gesteld dat ik je vader was, zoudt ge mij dan
ook kwaad willen doen?» — Nu lachte de matroos en zeî: «neen,
zeker niet, want gij zijt zoo vriendelijk en zoo goed; mocht mijn
vader zóó zijn ....» — «Welnu, jongen! ik ben je vader. Beste
lieve vrouw, ik ben je man, die je voor zestien jaar verliet. Ik heb
je veel leed en verdriet berokkend, maar nu ben ik in staat je gelukkig te maken en hoop dat te doen!»

Hans zonder zorgen.

Er was eens een molenaar, die had boven zijn huisdeur het opschrift: «Hans zonder zorgen.» — Nu gebeurde 't, dat de koning daar voorbij reed en dit opschrift las. «Welzoo vriendje!»
zei Sire bij zichzelven, «weet gij van geen zorgen? dan wil ik er
je eens aan helpen.» — Hij ontbood den molenaar en toen deze
verscheen zeî de koning: «Ik heb gemeend dat gij ook moet weten
wat zorgen zijn, daarom wil ik u een raadsel opgeven. Kunt gij
dat voldoende oplossen, dan is alles goed en wel, maar zoo niet:
dan zult gij niet langer heer en meester van uwen molen kunnen
zijn, maar hem aan mij moeten overdragen. Mijn raadsel luidt aldus:
«Gij moet bij mij aan het paleis komen, niet op een zondag en
niet op een anderen dag, niet bij daglicht en niet bij duister, niet
naakt en niet gekleed, niet te voet en niet te paard.» Toen de
koning dit gezegd had reed hij vandaar.

En nu was Hans de molenaar niet meer zonder zorgen. Nacht
en dag peinsde hij over dat raadsel; hij wist er maar geen mouwen
aan te passen, hoe hij 't moest aanleggen om aan 's konings eischen
te voldoen en zonder schade van de zaak af te komen. Zoo had
de man nu een zware vracht zorgen op zijn gemoed. Eindelijk sprak
hij er met zijn knecht over en zeide: «als gij mij dat raadsel
kunt oplossen, wil ik je gaarne met mijn dochter laten trouwen —
ik weet dat dit uw beider wensch is, — en dan wil ik den molen
aan u in eigendom overdragen.»

De knecht, een schrandere bol, vond het raadsel niet zoo heel
moeilijk. Hij zeî: «Ik zal u zeggen, baas, wat gij doen moet. Gij
gaat naar den koning op *freed*. Andere dagen heeten maan*dag*,

dins*dag*, woens*dag*, donder*dag*; maar *freed* [1]) is alleen *freed*, dus geen *dag*. Dan zorgt gij aan het paleis te komen in den schemeravond, als het daglicht is verdwenen en de duisternis nog niet gekomen. Gij ontkleedt u geheel en slaat dan een vischnet om uw lichaam, dan zijt ge niet naakt en niet gekleed, en gaat dan rijden op een ezel; dan zijt ge niet te voet en niet te paard. »

De molenaar handelde geheel naar het voorschrift van den knecht, en toen hij nu zoo bij den koning kwam, erkende deze, dat het raadsel naar eisch was opgelost. Hij gaf den molenaar de vrijheid om het opschrift: « Hans zonder zorgen » boven de huisdeur te laten staan. En Hans gaf toestemming tot het huwelijk van den knecht met zijne dochter.

Van een jongen en een heer.

Er was eens een arme jongen die diende bij den boer voor zwij-nenhoeder. Op zekeren dag, toen hij het toezicht had op eenige biggen, kwam de heer van het nabijgelegen slot daar voorbij en vroeg hem: Van wie zijn die biggen, jongen? » « Van de zeug, » zeî de knaap. « Het komt mij voor, dat je geen onnoozele bloed zijt, » zeî de heer, « je moet morgen bij mij komen eten, dan zullen we samen meer praten. Je moet het niet nalaten; precies negen uur moet je aan het slot zijn. » — « Best, mijnheer! ik zal het onthouden. »

Deze heer was iemand die van grappen hield. Zijn doel was den knaap voor den gek te houden zooveel hij kon. De knaap begreep dit zeer goed en was daarom op zijne hoede. Hij wist dat de heer een kwaden hond had en hij dacht: zoodra ik morgen vroeg mijne voeten op het slotplein zet, wordt die hond op mij losgelaten, daar moet ik op voorbereid zijn. Hij zette des nachts een hazenstrik uit en het gelukte hem daarin een haas te vangen. Met dit dier in een zak begaf hij zich des morgens naar het slot. Jawel! zoodra hij het plein opliep, kwam de hond op hem los. Maar hij liet den haas uit den zak springen; de hond liet zich hierdoor afleiden, vervolgde den haas en de knaap kwam ongehinderd aan de deur van het slot. Hij klopte aan, maar zonder gevolg; hij klopte bij herhaling, men liet hem wachten. Hij begon te kloppen met groot

---

[1]) Onder de namen van de dagen der week zijn in het Friesch drie zonder het ach-tervoegsel *dei* = dag: *Freed, Snjeun, Snein,* vrijdag, zaterdag, zondag. *Snjeun* heet in sommige streken der provincie: *Saterdei*; en *Snein* te Hindeloopen *Sendei,* maar *Freed* is algemeen. Men spreekt van *sneins* en *deis,* 's zondags en op werkdagen.

geweld en nu riep de heer van binnen: «Wie is daar voor?» — «De deur!» antwoordde de knaap. Nu opende mijnheer de deur en gaf zijne verwondering te kennen, dat het ventje zoo ongedeerd daar gekomen was, en toen de knaap vertelde hoe hij het had aangelegd, zeî mijnheer: «je bent mij te slim af.»

Toen de tijd voor het middagmaal daar was liet de heer den knaap tegenover zich aan tafel plaats nemen. Er werd schelvisch opgedischt. Op een schotel lagen twee visschen, een groote en een zeer kleine. De heer nam de groote voor zich en liet den knaap den kleinen nemen. Deze, inplaats van aan het eten te gaan, hield het vischje voor zijn oor en scheen aandachtig te luisteren. «Waarvoor doe je dat?» vroeg mijnheer. «Mijn broêr is zeeman,» was 't antwoord, «en ik heb in langen tijd geen bericht van hem gehad; nu vraag ik den visch of hij, toen hij nog in zee zwom, ook iets van mijn broêr heeft vernomen.» «Nu, wat zegt hij?» vroeg mijnheer. «Hij zegt, hij weet er niets van, want hij is nog maar slechts eenige weken oud. Maar die groote daar, die is veel ouder, die zal er zeker meer van weten.» «Vraag dien ook eens,» zeî mijnheer en schoof den knaap den grooten visch toe. De snaak hield ook dezen visch voor zijn oor en luisterde. «Wat zegt deze?» vroeg mijnheer. «Hij weet er ook niets van, daarom wil ik hem maar opeten.» En de jongen smulde den grooten visch op.

«Daar heb je mij gefopt,» dacht mijnheer, «dat moet ik je, bij welzijn, betaald zetten.» — Toen de maaltijd was afgeloopen vroeg hij den knaap: «lust je wel wijn?» «'k Heb dien nooit geproefd,» was het antwoord, «maar ik denk dat ik hem wel zal lusten.» «Ga dan met den knecht naar den kelder,» zeî mijnheer; «hij zal je op wijn trakteeren. Daarna moet je maken dat je weg komt.» Maar mijnheer had den knecht ingefluisterd, dat hij den knaap wel een dronk wijn kon geven, maar hem daarna moest afranselen met de karwats.

Hiervan had de knaap iets gemerkt en hij was op zijn hoede. In den kelder lagen drie vaten naast elkander, ieder met eene andere soort wijn. «Laat mij deze maar eerst proeven,» zeî de knaap, trok den deuvik uit een vat en wierp dien weg, terwijl hij den wijn in eene kan liet loopen en proefde. «Deze bevalt mij niet, laat mij een anderen probeeren.» De knecht beknorde hem omdat de deuvik er niet was, en zag zich nu genoodzaakt den duim in het gat te steken om den wijn niet te doen wegvloeien. De knaap

trok een ander vat open en wierp den deuvik weêr weg. De knecht
bekeef hem hierover, maar hij zeî: «ik dacht er niet aan.» En
toen hij de kan weêr gevuld had, zag de knecht zich opnieuw genoodzaakt ook in de opening van dat vat een duim te steken,
zoude 't niet leêg loopen. Hij gebood den knaap de deuviken te
zoeken, maar deze zocht de karwarts en begon den knecht te slaan.
De arme bloed schreeuwde jammerlijk en riep de hulp van het
heerschap in. Deze, meenende dat het de knaap was, die afgerost
werd en zoo schreeuwde, riep terug: «ja, zoo gaat het goed;
ontzie hem maar niet, hij heeft wat verdiend.» — «Daar dan!»
riep de knaap en sloeg er nog eens op los. Ten slotte stopte hij
de twee gevulde kannen met wijn onder zijn kiel en maakte zich
uit de voeten. De knecht moest op zijn post blijven tot hij verlost werd.

De schrandere boerendochter.

Er is in den ouden tijd eens een boer geweest, die een paard
had dat een veulen ter wereld moest brengen. Hij reed er meê
naar een heer, daar bond hij het paard aan een boom vast en zeide
tot den heer: «ik weet dat dit paard heden een veulen moet werpen, en nu zoude ik gaarne zien dat gij met uw volk daar het
toezicht op wildet houden, tot ik terugkom, want ik heb andere
bezigheden. «Zeer goed,» zeî de heer, «dat willen we doen.» Toen
de boer des avonds terugkwam en den toestand van zijn paard
onderzocht, zag hij dat het een veulen geworpen had en vroeg den
heer waar dit was. «Welk veulen?» zeî de heer, «het paard heeft
geen veulen gebracht.» «O zoo?» zeî de boer, «maar ik weet het
wel beter en gij komt er zoo niet af, dat zeg ik je.» De heer
wilde er niet verder over praten, maar hield zich vriendelijk en
liet den boer in huis komen. Deze zag het veulen in een hoek
staan. Hij werd boos en zeî: «hoe kunt ge nu nog zeggen dat
het paard geen veulen geworpen heeft?» — «Dat is geen veulen
van het paard,» was 't antwoord, «maar van den boom waaraan
het paard was vastgebonden.» — «Maak dat een ander wijs,» zeî
de boer, «maar ik ga je morgen bij den koning aanklagen.»

Hij ging des anderen daags naar den koning en vertelde dezen
het geval. De koning gebood, dat beide, de boer en de heer, bij
hem moesten komen. Dit geschiedde. Maar de heer was een gunsteling van den koning; hij werd niet gestraft, en mocht vooreerst
het veulen behouden. Doch de koning gaf hun raadsels op. Wie

dezen voor den eerstvolgenden zondag zoude geraden hebben, aan hem zou het veulen worden toegewezen. De raadsels luidden aldus: «Wat is vetter dan vet? — Wat klinkt meer dan metaal?»

Beide vonden deze vragen moeilijk te beantwoorden, maar zij moesten zich er op scherpen. De boer deelde ze, toen hij tehuis kwam, aan zijne dochter mede. Deze zeide terstond: «dat is niet moeilijk» en zij onderrichtte haren vader hoe hij moest antwoorden.

Toen de twee mannen des zondags weêr voor den koning kwamen, werd de heer het eerst gevraagd: «wat is vetter dan vet?» «Boter,» was 't antwoord. — «Dat is mis,» zeî de koning. Zeg nu eens: «wat klinkt meer dan metaal?» Nu antwoordde de heer: «ik heb een klein tafeltje van fijn hout, als men daar op slaat, klinkt het meer dan metaal.» — «Dat is weêr mis,» zeî de koning. En nu vroeg hij den boer: «wat is vetter dan vet?» — «De aarde,» was 't antwoord, «want daaruit komen alle vruchten voort.» — «Goed geantwoord,» zeî de koning; «en wat klinkt meer dan metaal?» — «Gods woord,» zeî de boer, «want dat klinkt door de geheele wereld.» — «Ja zeker!» zeî de koning; «ge hebt mooi geantwoord; maar dat heb je niet van je zelven: wie heeft je zoo wijs gemaakt?» — «Mijne dochter» zeî de boer. «Wel zoo?» zeî de koning, «als dat meisje zoo verstandig is, dan moet zij eens hier komen: niet te voet en niet te paard, niet gekleed en niet ongekleed.»

De boer nam op zich haar dit te zeggen en vertrok. Toen zij bij zijne tehuiskomst vroeg hoe 't gegaan was, antwoordde de vader: «zeer goed, maar ik heb het veulen nog niet; en nu staat het nog erger, want de koning heeft bevolen dat gij bij hem moet komen: niet te voet en niet te paard, niet gekleed en niet ongekleed.» «Hoe kon de koning dat bevelen?» vroeg zij, «kent hij mij wel?» — «Dat weet ik niet,» antwoordde de vader, «maar toen ik de raadsels goed had geraden, vroeg hij wie mij zoo wijs had gemaakt, en toen ik jou noemde verlangde hij dat gij bij hem zoudt komen, zooals ik gezegd heb. «Welnu,» zeide zij, «als de koning dat beveelt, moet ik trachten aan zijn verlangen te voldoen.»

Zij voorzag zich van een net, dat zij om haar lichaam sloeg, en op een bokje, dat zij gekocht had, reed zij bij schemeravond naar des konings hof. Toen zij daar aankwam, verbaasde de koning zich over haar vernuft en zeide: «gij zult de mijne worden als ge wilt.» «Ja,» zeî ze, «dat wil ik wel; maar dan wil ik het eerst aan mijn vader vertellen.» — «Neen, dat niet,» zeî de koning, «maar als gij met mij trouwen wilt zal het in de volgende week gebeuren; vooraf wil ik eens met je uit rijden gaan het land door.» — «O!» zeî ze, «daar heb ik wel lust toe.»

Op een schemeravond, terwijl de koning afwezig was, ging zij in stilte naar haren vader en zeide hem: «Morgen zullen wij hier langs den weg komen rijden. Dan moet gij op het land gaan zitten hengelen. Vraagt de koning u dan of ge gek zijt, dan antwoordt gij: «kan een boom een veulen werpen, dan kan ik ook visch op het land vangen.» Daarna vertrok zij weêr met allen spoed. Toen zij des anderen daags met den koning voorbij haars vaders hoeve reed, zat de landman nabij den weg midden op het veld met een hengel en deed alsof hij vischte. De koning vond dit bespottelijk en riep: «ben je gek, kerel?» — «Zeker niet!» was 't antwoord, «kan een boom een veulen voortbrengen, dan kan ik ook visch op het land vangen.» Nu vroeg de koning aan het meisje: «heb jij je vader zoo wijs gemaakt?» Zij wilde dit eerst tegenspreken, maar dit baatte niet en nu zeide de koning: «hier zult ge deze schade bij hebben, dat ik niet met je wil trouwen; maar gij zult bij mij blijven wonen en dan kunt ge krijgen wat ge maar hebben wilt.» Hierin nam zij genoegen. De koning verwachtte dat zij zoude zeggen: «dan wil ik het veulen hebben.» Maar dit deed zij niet.

Zoodra zij de gelegenheid geschikt vond, gaf zij den koning ongemerkt een slaapmiddel in. En toen hij daardoor in een vasten slaap viel, liet zij een rijtuig inspannen en den koning daarin mede naar haars vaders woning vervoeren, waar hij te bed werd gebracht. Toen hij eindelijk ontwaakte, zag hij verwonderd op en riep luidkeels: «waar ben ik toch?» Het meisje kwam hierop aan en de koning vroeg haar: «waar heb je mij gebracht?» Zij antwoordde: «Gij hebt gezegd, dat ik kon krijgen wat ik hebben wilde. Welnu, ik wilde u hebben, daarom heb ik u meêgenomen naar mijns vaders huis.» Nu verwonderde de koning zich nog meer dan vroeger over hare schranderheid en besloot terstond dat zij zijne vrouw zoude worden. Kort daarna zijn zij getrouwd en hebben samen lang en gelukkig geleefd. Als ze niet gestorven zijn leven ze nog.

Van een landheer en een boer.

In den overouden tijd, toen alles geheel anders in zijn werk ging dan thans, waren er eens een landheer en een boer, die samen een groot stuk bouwgrond in eigendom hadden. De boer had dit van zijne ouders geërfd, maar hij had slechte tijden beleefd en alzoo het hoofd niet boven water kunnen houden. Hij had hulp gezocht bij den landheer en deze betoonde zich welwillend, maar was den eenvoudigen boer te slim af. Het kwam zoover dat mijnheer mede-eigenaar werd van het stuk bouwgrond niet alleen, maar hij verkreeg ook het recht om te bepalen wat er jaarlijks op gebouwd zou worden. Men kwam overeen dat het eerste jaar de boer zou hebben wat in den grond en de landheer wat boven den grond groeide; het tweede jaar zou 't anders-om gaan en zoo vervolgens. Nu werd er 't eerste jaar kool verbouwd en de boer kreeg niets dan waardelooze wortels en stronkels. Het tweede jaar waren 't rapen en de sukkel moest zich met het loof tevreden stellen.

Maar was deze boer onnoozel, hij had een zeer schrandere dochter. Zij zag wel in, dat haar vader door den landheer bedrogen werd en gaf hem den raad, zich hierover te beklagen bij den graaf. Niet dan na eenig tegenstreven ging de man hiertoe over. De graaf was een jong en vroolijk man, die geen ding ter wereld bijzonder ernstig opvatte. Toen de boer hem verteld had hoe de vork in den steel zat, begreep hij zeer goed dat de landheer schuldig was, maar ongenegen om met dezen in ongelegenheid te komen, vond hij best zich met een kunstgreep van de zaak af te maken. Hij beval den boer met een week terug te komen, en dan hem deze drie vragen te beantwoorden: «Wat is vetter dan vet? — Wat is dieper dan diep? — Wat klinkt nog meer dan metaal?»

De landheer werd aangemaand om op denzelfden tijd voor den graaf te verschijnen ter beantwoording derzelfde vragen. Voor zoo iets was mijnheer nu juist de rechte man niet, maar hij liet zich onderrichten door zijne vrouw en hoopte alzoo wel klaar te komen. — De boer kwam zeer mismoedig tehuis; hij vreesde dezen wedstrijd te zullen verliezen, omdat de landheer veel knapper was dan hij. Maar zijne dochter sprak hem moed in en gaf hem aan de hand, hoe hij de vragen had te beantwoorden.

De twee mannen verschenen voor den graaf en den landheer werd het eerst gevraagd: «Wat is vetter dan vet?» — Antwoord: «Varkensreuzel driemaal uitgebraden.» — «Wat is dieper dan diep?» — «De zee, waarin men soms geen grond kan vinden.» — «Wat klinkt nog meer dan metaal?» — «Twee fijne metalen bekkens tegen elkaar geslagen geven een dubbelen klank.»

Nu was de boer aan de beurt; hij zei: «Vetter dan vet is de

aarde, want uit haar komt alle vettigheid voort. — Dieper dan diep is het menschelijk hart, want dit is ondoorgrondelijk. — En wat meer klinkt dan metaal is Gods woord, want dit klinkt zelfs in dat onpeilbare hart.»

De graaf zeide: «Gij hebt beide mijne drie vragen beantwoord, maar de ware antwoorden gaf de boer. En nu is mijne uitspraak, dat hij voortaan alleen het beheer zal hebben over het stuk bouwgrond.»

De landheer kon vertrekken, maar alvorens den boer te laten gaan, vroeg de graaf hem hoe hij aan die mooie antwoorden gekomen was. — «Mijne dochter heeft ze mij geleerd,» was 't antwoord. En nu luidde 't bevel van den graaf: «Dan moet ook zij mij komen bezoeken: niet bij dag en niet bij nacht, niet naakt en niet gekleed, niet te paard en niet te voet, niet in een wagen en niet over het water.»

Hoe verblijd de boer was over 's graven uitspraak omtrent den bouwgrond, toch kwam hij niet vroolijk gestemd tehuis, omdat de eischen aan zijne dochter gesteld hem onuitvoerbaar toeschenen. Zij echter meende er wel aan te kunnen voldoen.

Toen de tijd daar was ontdeed zij zich van hare kleêren en sloeg een vischnet om haar lijf. Op een ezel reed zij naar het grafelijk slot, waar zij in den schemeravond aankwam. Zijne Hoogheid stond alweêr verbaasd over hare schranderheid. En toen hij zich vervolgens met haar onderhield, steeg zijne bewondering ten top, ja, hij verliefde op haar. In zijne opgetogenheid zeî hij: «Zie hier nu maar vrij overal rond, en wat u het beste bevalt moogt ge meênemen naar huis, wanneer gij vanhier vertrekt. Geef maar bevelen aan mijne bedienden; zij moeten doen wat gij verlangt.»

Terwijl de graaf nu recht verheugd naast de boerendochter aan tafel zat en zich den wijn goed liet smaken, wist zij ongemerkt een slaapmiddel in zijn beker te moffelen. Eenige oogenblikken later viel de graaf in een diepen slaap. Nu liet zij een rijtuig inspannen, waarin de slapende op haar bevel werd nedergevleid; zij nam bij hem plaats en liet hem zoo naar haars vaders woning voeren. Bij zijn ontwaken zag hij verwonderd om zich heen en op zijne vraag, hoe hij in die boerenwoning terecht gekomen was, antwoordde het meisje: «Gij hebt mij gezegd, heer graaf, wat mij in uw kasteel het beste beviel, mocht ik meênemen naar huis. Welnu, dit heb ik gedaan, want onder al uwe schatten was er niets dat mij zoozeer beviel dan gijzelf. Ik hoop dat ge 't mij niet ten kwade

zult duiden; het is maar een grap.» — «Neen,» zeî de graaf, «het
is volstrekt geen grap. Het is ernst: gij zult de mijne zijn en ik
de uwe.» — En zoo geschiedde het. Niet lang daarna was de
schrandere boerendochter gravin.

De pruimejongen.

Een arme daglooner woonde in een eenvoudige hut, met zijne
drie zonen, die allen reeds nagenoeg volwassen waren, hoewel hij
hen nog steeds jongens noemde. Bij de hut groeide niets, dan een
enkele pruimeboom. Maar deze had de eigenschap dat hij 't geheele jaar door vruchten droeg, mooie lekkere vruchten ook.

Nu was de koning van dat land een liefhebber van pruimen, en
eens, in het midden van den winter, kreeg hij het plotseling in
het hoofd, dat hij pruimen wou eten. Die waren echter nergens te
krijgen en dit verdroot den koning zoo, dat hij door 't geheele
land bekend liet maken: wie hem een mandvol mooie lekkere pruimen kon bezorgen, zou met de prinses, zijne dochter, mogen trouwen. De arme lieden, die den wonderboom hadden, hoorden dit
ook, en de oudste der drie jongens zeî: «daar wil ik op los.» —
Hij plukte een mandvol mooie pruimen en begaf zich op reis.
Onderweg ontmoette hem eene oude vrouw, die vroeg: «wat heb
je in die mand?» «Padden, oude heks!» zeî de jongen norsch
en ging verder, terwijl de vrouw mompelde: «dan hoop ik dat het
de mooiste padden zullen zijn, die men ooit gezien heeft.» De
jongen stoorde zich hieraan niet. Hij kwam in de hofstad bij het
koninklijk paleis, waar hij, na zijne boodschap gezegd te hebben,
werd toegelaten. De koning zat juist met de koningin en de prinses aan den maaltijd; de pruimen waren dus zeer welkom. Maar
toen de mand werd geopend, kropen er een groot aantal dikke
vette padden uit. De koningin en de prinses schrikten hevig en
ontvluchtten gillende het vertrek. De koning, in woede ontstoken,
gaf den jongen een schop dat deze op den grond tuimelde en meer
zou gekregen hebben, had hij zich niet haastig uit de voeten gemaakt. Tehuis gekomen vertelde hij, dat de koning hem, schandelijk
genoeg, de pruimen had afgenomen, zonder er iets voor te willen
geven. Zijn vader geloofde dit niet, maar zeî: «je zult ze wel zelf
hebben opgepeuzeld, want je bent zoo'n slok-op, dat weet ik wel.»

Nu besloot de tweede zoon met pruimen naar den koning te
gaan. Hij begaf zich op weg en ontmoette dezelfde oude vrouw,

die hem vroeg: «wat heb je in die mand?» «Eikels, ouwe bes!»
was zijn antwoord, waarop zij zeî: «dan hoop ik dat het de mooiste
eikels zullen zijn, die men ooit gezien heeft.» De jongen kwam bij
het paleis en werd ook bij den koning toegelaten, maar bij 't openen van de mand kreeg men geen pruimen, maar eikels te zien,
prachtige mooie eikels wel, doch oneetbaar. De koning ontstak in
toorn en de jongen, begrijpende wat er volgen zou, nam ijlings de
vlucht. Tehuis gekomen behielp hij zich evenals zijn broeder met
leugens, . die echter ook al niet voor echte munt werden aangenomen. En toen nu de jongste broeder er aan dacht om met pruimen
naar den koning te gaan, zeî de vader: «daar kan niets van komen; jij bent altijd een onbeholpen lummel geweest; jij zult nog
slechter reis maken dan je beide broeders.» — De jongen hield
toch aan en 't gevolg was dat ook hij 's anderen morgens met
een mand vol pruimen op reis ging. Onderweg ontmoette ook hem
de oude vrouw, die vroeg: «wat heb je in je mand?» «Pruimen voor den koning, moedertje,» was zijn vriendelijk antwoord,
waarop zij antwoordde: «dan hoop ik dat dit de mooiste pruimen
zullen zijn, die men ooit gezien heeft.»

Aan 's konings paleis werd de knaap niet zeer vriendelijk ontvangen, want de koning had bevolen den eersten den besten lummel, die weêr pruimen kwam aanbieden, gevangen te zetten. Maar
deze knaap zag er niet kwaad uit en toen hij aan de bedienden had
getoond wat zijne mand inhield, gaven zij den koning daarvan kennis en nu werd ook deze pruimejongen in de zaal geleid. Hier
werd de mand geopend en de koning en zijne gemalin en dochter
waren opgetogen, toen hun daaruit pruimen als eieren, sierlijk geel
en heerlijk glanzend tegenblonken. Zij begonnen terstond er van
te smullen, zonder verder op den jongen te letten. Toen de koning
eens even opkeek zeî hij: «sta jij daar nog? waar wacht je op?»
— «Op mijn loon, sire!» — «Ja, dat is waar ook. Wat kosten
die pruimen?» — «Wat u er voor beloofd hebt, sire.» — «O,
jawel! wou jij met mijn dochter trouwen, jongetje, en dan vervolgens koning worden, hé? dacht jij verstand van regeeren te hebben?» — «Ik ben nog niet te oud om te leeren, sire!» — «O, zoo!
nu, maar ik dien dan toch eerst wel eens te beproeven of er wat
schranderheid in je zit. Ik wil je iets te doen geven.» De koning
fluisterde een zijner bedienden iets in het oor, waarop deze vertrok
en weldra terugkeerde met een gesloten mand. «In deze mand,»

zeî de koning tot den jongen, «zijn twaalf konijnen, die moet gij op het veld hoeden, drie dagen na elkander, en telkens 's avonds met zonsondergang hier terug brengen. En zoodra er een ontbreekt, is je kans verkeken en je kunt heengaan. »

Een bediende begeleidde den jongen naar het veld; daar werden de konijnen losgelaten en de bediende vertrok. De diertjes liepen hier en daar en verdwenen de een na den ander in het aangrenzende bosch. De jongen begreep spoedig, dat de koning dit middeltje had bedacht om van hem af te komen en besloot maar huiswaarts te keeren. Op den weg ontmoette hem dezelfde oude vrouw, die hij reeds vroeger had gezien. Zij sprak hem aan en hij vertelde haar hoe 't met hem stond. «Geen zwarigheid!» zeî ze, «ik weet raad; ziehier een zilveren fluitje; zoodra gij er op blaast komen de konijntjes bij je.» Hij ging naar het grasveld terug, blies op het fluitje en alle konijntjes kwamen op hem aanhuppelen. Nu was hij gerust; hij liet zijne beestjes gaan waar zij wilden en zocht eene schuilplaats in een boschje van vlier en ander boomgewas. Hier hield hij zich bezig met het maken van een klapbus uit een vliertak met een stempel van ander hout; kogeltjes of proppen sneed hij uit taaie boomwortels, die hij uit den grond groef. Nauwelijks was hij hiermeê gereed, toen iemand in jachtgewaad, vergezeld van een hond hem naderde. Het was des konings opperjagermeester, een man met een dik rood gelaat en een grooten neus, waaraan te zien was, dat de baas wel eens een glaasje dronk. Hij wenschte te bewerken dat de jongen de prinses niet zou verkrijgen, omdat hij zelf een goed oog op haar had. Hij vroeg: «wat moet ik je betalen voor een van die konijnen?» — «Die zijn niet te koop,» was 't antwoord, «maar wel te winnen.» — «Te winnen? hoe dan?» — «Dat zal ik je zeggen. Ik heb voor mijn klapbus tien propjes gereed gemaakt, die wil ik verschieten op je tronie, en zoo dikwijls ik je neus tref, zult gij een mijner konijnen mogen nemen.» — Eerst werd de jager boos, doch bedenkende, dat hij met deze grap zeker een of meer konijnen in bezit zou krijgen, sloeg hij toch toe. De jongen ging aan 't schieten, en 't was telkens raak, want hij was geoefend in dit werk. Alleen den neus had hij nog niet getroffen, toen reeds negen proppen verschoten waren. Nu besloot hij dat leelijke knolgewas er ook een te geven. Dit gelukte, en — hij had een konijn verloren. De jager begaf zich met het diertje op den arm op weg naar de stad; maar nog niet

ver was hij, toen de jongen op zijn fluitje blies. Het konijn begon
zoo te woelen en te krabben, dat het onmogelijk te houden was;
het nam de vlucht en toen de jager zijn hond aanhitste om het
te vangen, liep deze een anderen weg op.

De jongen kon alzoo al de twaalf konijnen naar het paleis brengen. De koning prees hem hierover, maar had het toch eigenlijk liever anders gehad. Evenzoo zijne dochter, die geen zin had
in dien boerenlummel en die daarom besloot den volgenden dag te
beproeven hem een konijn afhandig te maken. Zij kleedde zich als
eene eenvoudige boerendienstmeid, en met een melkemmer aan de
hand kwam zij langs het grasveld waar de konijnenhoeder zat.
Hij herkende haar, doch hield zich dom. Zij maakte een praatje en
vroeg of hij een zijner konijnen wilde verkoopen? — «Te koop zijn
die eigenlijk niet, kind,» zeî hij, «maar gij kunt er een van krijgen
voor een kus.» — Dit werd der prinses nu waarlijk te erg; maar
bedenkende dat hij haar aanzag voor een meisje van zijnen stand
en zij het dus kon doen als boerendeern, zonder dat hare eer als
prinses er meê gemoeid was, besloot zij toe te geven, om maar aan
een konijn te komen. En zoo geschiedde het. Maar toen zij zich
met het beestje verwijderd had, blies de jongen op zijn fluitje; het
rappe dier ontsnapte haar en zij mocht het nakijken. Ten tweeden-
male kon de knaap des avonds de twaalf konijnen naar het paleis
brengen. Zoo had de koning het toch waarlijk niet verwacht, veel
minder gewenscht, en hij zon op een middel om zich van den jongen, die leeper scheen te zijn dan hij er uitzag, te kunnen ontslaan.
Des anderen daags kleedde de koning zich als een zijner geringste
hofbedienden en begaf zich aldus naar het veld waar de konijnen
werden gehoed. De hoeder herkende hem, maar hield zich dom.
De gewaande hofbediende knoopte een gesprek aan en gaf te kennen, dat hij wel een konijn wenschte te koopen. — «Die zijn niet
te koop,» zeî de jongen, «maar wel te winnen.» — «Op welke wijze
dan?» — «Ik zal het je zeggen. Gij zijt een dienaar des konings;
vertel me nu eens, welke houding gij aanneemt als ge voor den
koning moet verschijnen?» — «Dan maak ik eerbiedig een diepe
buiging.» — «Welnu, stel je dan voor dat ik de koning ben en
dat je voor mij moet verschijnen.» — «Wat zeg je daar, lomperd!»
riep de koning in drift; maar de jongen bleef zich gelijk en zeî:
«eene buiging voor mij, een konijn voor u; zoo niet, ook goed.»
— Na eenig bedenken besloot de koning toch toe te geven. Hij

maakte eerbiedig eene diepe buiging voor den jongen en bekwam een konijn. Dat hem dit door het fluitje weêr afhandig werd gemaakt, behoef ik wel niet te vertellen. De jongen kon dus ook den derden avond al de konijnen naar het paleis brengen en het proefstuk was naar eisch volbracht. Hij verzocht nu bij den koning te worden toegelaten en dit werd niet geweigerd. Maar toen hij zoo vrij was, in tegenwoordigheid der prinses en van alle hovelingen, den koning er op te wijzen wat nu aan de beurt was, zeî deze minachtend: «Ei, ei! geloof je dan werkelijk, dat ik je met mijne dochter zal laten trouwen? dat kun je denken! een zakjevol gekheid!» — De jongen, in 't minst niet vervaard, antwoordde: «Een zakjevol gekheid kan ik u wel leveren, sire; drie groote zakkenvol ook wel.» — «Goed! ik houd je aan je woord! drie zakken moeten hier komen en jij moet ze vullen met gekheid.» — «Om u te dienen, sire,» zeî de jongen: «Eerste zak. Er was eens een jongen die had twaalf konijnen te hoeden op een grasveld en mocht er niet een van verliezen. Er kwam iemand bij hem, een opperjagermeester, naar 'k meen, die hem een konijn afhandig wenschte te maken, en stemde er daarom in toe dat hem, voor een konijn, tien proppen uit een klapbus op zijn vollemaansgezicht zouden worden geschoten, wat ook geschiedde....» — «O! o!» riep de koning, «stop dien kerel in een zak, dan hebben we reeds één zakvol gekheid.» En het geheele gezelschap lachte luidkeels. De jongen vervolgde: «Tweede zak. Er kwam bij dien konijnenhoeder ook eene boerenmeid, misschien was 't wel eene verkleede prinses, die wenschte een konijntje te koopen, en de hoeder zeî, dat zij er een kon krijgen voor een kus. Zij nam dit aan....» — «Wat?» riep de koning zijne dochter toe, «je hebt toch niet....» — «Ach ja, lieve vader!» borst zij uit, want zij had geen tegenzin meer in den geestigen jongeling. — «De prinses in den zak!» werd er nu ook geroepen, maar daar bleef het bij en de jongen vervolgde: «Derde zak. Er kwam ook iemand, gekleed als een geringe hofbediende; of hij 't ook was blijft de vraag.....» — «Kom, schei nu maar uit,» zeî de koning, die niet verlangde tot den zak verwezen en uitgelachen te worden. 't Is thans duidelijk dat ge geen domkop zijt en 't komt me voor, dat mijne dochter reeds verliefd is op je. Dus gij moogt haar trouwen en mettertijd mijn opvolger worden....» Al de aanwezigen borsten uit in vreugdegejuich, gepaard met handgeklap. En niet lang daarna werd de bruiloft gevierd.

De listige schapendief.

Er was eens een man, die leefde eenige jaren als dief en was zoo bekwaam in zijn vak dat hij altijd uit de handen van het gerecht wist te blijven. Maar eindelijk kreeg hij toch een tegenzin in dit handwerk en besloot een eerlijk man te worden. Hij verhuurde zich bij een boer als knecht en gedroeg zich zoo goed en naar genoegen van zijn baas dat deze veel van hem hield. Eens toen zij bij elkander zaten te keuvelen, begon de knecht te vertellen van zijne vroegere schelmstukken en listige streken. Deze waren zoo vreemd en wonderbaar dat de boer ze niet best konde gelooven. Hij zeide ten slotte: «Als gij werkelijk zoo knap zijt als gij zegt, zoude ik daarvan wel eens een proefje willen zien.»

Hiervoor bood zich spoedig de gelegenheid aan. Een slagersknecht uit de stad kwam van den boer een schaap koopen en begaf zich daarmede steêwaarts. Thans zeide de boerenknecht: «Als gij er nu plezier in hebt, boer, en het mij toestaat, dan zal ik dien man onderweg zijn schaap ontstelen zonder dat hij het ziet.» De boer achtte dit onuitvoerbaar, maar stond de proefneming toe. De knecht nam een paar schoenen, die nog verre van versleten waren, en langs zijpaden tusschen het geboomte wist hij den slagersknecht vooruit te komen. Weêr op den algemeenen weg komende, wierp hij daar de schoenen neder, den een ongeveer drie honderd schreden van den ander verwijderd. Nu verschool hij zich in het kreupelhout. De slagersknecht kwam waar de eerste schoen lag, maar omdat hij den tweeden niet zag, was die eene hem 't oprapen niet waard en hij ging verder. Spoedig vond hij den anderen; nu speet het hem dat hij den eersten had laten liggen en besloot met gezwinden pas terug te gaan om den schoen te halen. Het schaap, dat hij op de schouders droeg, legde hij op den grond en bond het de pooten vast, zoodat het niet kon wegloopen. Maar bij zijne terugkomst vond hij de plaats ledig. Nu was goede raad duur. Kwam hij zonder schaap bij den baas, dan werd hij weggejaagd, dit begreep hij. Hij keerde naar den boer terug, vertelde dezen zijn ongeluk en kocht op krediet een ander schaap zoo hij meende, maar 't was hetzelfde, dat hij een uur vroeger reeds betaald had.

Zoodra hij was vertrokken, bood de boerenknecht aan, hem op nieuw het schaap afhandig te maken, zonder dat hij het zoude ontdekken. De boer had er schik in en zeide: «Ga je gang maar, je krijgt eene belooning als je 't doet, maar 'k vrees dat het dezen keer zal mislukken.» De voormalige gauwdief echter achtte zich zeker van zijne zaak, hij snelde weêr den slagersknecht vooruit en verschool zich in het bosch, waardoor de weg liep. Toen hij den slagersknecht hoorde naderen, begon hij te roepen: «Blae! Blae!» — zoo natuurlijk als ware hij al zijn leven een schaap geweest. De slagersknecht, dat hoorende, dacht: «Daar zal het schaap zijn dat ik kwijt ben geraakt. Hij scheen er niet aan te denken, dat hij het dier de pooten aan elkander had gebonden. Hij wilde zich op het geluid af tusschen het geboomte begeven, maar met een schaap op de schouders ging dit niet. Hij zag zich dus genoodzaakt zijn levende vracht weêr op den weg te leggen. Hij zocht in het bosch, maar vond geen schaap, en hoorde 't ook niet meer. En toen hij na eene poos vruchteloos zoekens, het op den weg gelegde maar weêr wilde opnemen, was ook dat nogmaals verdwenen.

Hij wist geen raad. Mismoedig ging hij huiswaarts en toen hij den baas vertelde hoe 't hem gegaan was, werd deze zoo verstoord, dat hij den hals wilde wegjagen zonder hem een penning loon uit te betalen. Echter, voor het hiertoe gekomen was, kwam de listige boerenknecht het verloren schaap den slager bezorgen.

Nog dommer dan dom.

Er was eens een boer die een zeer domme vrouw had. Op zekeren herfst slachtte hij een vet varken en nu meende de vrouw dat zij maar alle dagen spek moesten gaan eten zooveel zij konden. De boer evenwel zeî: «Dit gaat zoo niet goed, we moeten het spek sparen voor den kouden winter.»

Eenigen tijd daarna, toen de boer een dag op reis moest, zeî hij tot zijne vrouw: «Als hier vandaag een beestenkooper komt wil ik de minste twee van onze koeien wel missen. Het zijn de twee zwartbonte, die onderaan in de rij op stal staan. En daar moet ik honderddertig gulden voor hebben, tegen lager prijs moet ge ze niet laten gaan.» — «Heel best,» zeî de vrouw, «ik zal wel oppassen, dat ik me niet laat foppen.»

Ongeveer een uur nadat de man vertrokken was kwam er bij de vrouw een bedelaar voor de deur, die geheel verkleumd scheen. Het was guur herfstweder en de stumperd was gekleed in een dunne gescheurde oude plunje. — «Ben jij misschien de koude winter?» vroeg hem de boerin. — «Wel zeker,» was 't antwoord, «dat kunt ge wel zien, ik ben de koude winter in eigen persoon.» — «Nu, dan heb ik iets voor je,» zeî ze. «Wij hebben onlangs een vet varken geslacht, maar toen ik van het spek wilde gebruiken voor den middagpot, zeî mijn man: «Dat gaat niet goed; we moeten het sparen voor den kouden winter. Dus, dan wil ik het je maar meêgeven.» — Hier had de bedelaar niets tegen en hij nam afscheid, beladen met twee groote zakken, volgepropt met spek.

Vervolgens kwam ook de beestenkooper. Toen de boerin hem zeide dat zij twee koeien te verkoopen had, gingen zij samen naar den veestal en waren 't over den prijs spoedig eens. Maar toen de koopman de koeien wilde ontbinden om er meê weg te gaan zeî de vrouw: «Ho, ho! niet zoo haastig; je moet mij immers eerst betalen.» — «Hé ja, dat is waar ook,» zeî de man, «dat zou ik warempel hebben vergeten.» Hij tastte in den broekzak, toen in den anderen en zeî bedremmeld: «Dit is een leelijk geval; ik ontdek, dat ik mijn geld tehuis heb laten liggen.» — «Welnu, dan laat je eenvoudig de koeien staan.» — «Ja, maar hoor eens, vrouw: ik weet, geloof ik, beter raad. Ik wil je waarborg laten houden; ik neem slechts eene der koeien meê en laat de andere staan tot onderpand; dan kom ik je morgen het geld brengen en de andere koe afhalen.» — «O!» zeî ze, «als je 't zoo bedoelt, dan is het mij wel,» en liet hem vertrekken met eene koe.

Toen de boer des avonds weêr tehuis was, vertelde hem de vrouw: «De koude winter is hier van morgen geweest en ik heb hem het spek maar meêgegeven.» — «Wat zeg je daar?!» — «Ja, die arme ziel was zoo bibberkoud, dat ik hem vroeg of hij misschien de koude winter was. Hij zeî «ja,» en omdat jij hadt gezegd dat wij ons spek moesten sparen voor den kouden winter, heb ik 't hem maar laten meênemen; nu zijn we van dat zaakje af.» — De boer werd ter dege boos; hij zeî: «Ik wist wel dat je dom waart, maar zoo erg had ik het toch niet verwacht. En is de beestenkooper ook hier geweest?» — «Ja, en ik heb de twee koeien verkocht ook, voor honderddertig gulden.» — «En waar heb je 't geld?» — «Ja, zie je, de man had zijn geld tehuis vergeten.» — «Dan heeft hij natuurlijk de koeien ook niet meêgenomen.» — «Dat zou hij gedaan hebben, hâd ik het hem niet knaphandig belet. Ja, ik heb wel op mijn tellen gepast. Eene koe heeft hij meêgenomen en de andere, ook nog wel de kleinste, die 't minste vreet, heb ik gehouden tot onderpand. Nu komt hij morgen het geld brengen, en

doet hij 't niet, dan houden wij de koe. Heb ik dat niet leep overlegd?» — De boer verbleekte. Hij hief zijn stok tegen de vrouw
op, maar zij viel op de knieën en jammerde: «Heb ik nu slagen
verdiend? en ik meende zoo goed opgepast te hebben!» — De man
liet den opgeheven stok zinken en zeî: «Ik zou in staat zijn je dood
te slaan, maar ik weet, je bent niet kwaad, alleen zoo door en door
dom, dat, als er nog dommer menschen in de wereld zijn, ik die
wel eens zou willen zien. Ik ga nogmaals op reis, nu voor een dag
of drie. Ontmoet ik dan menschen, nog dommer dan jij, dan zal ik
je alles vergeven en met je huishouden zoo goed het gaan wil. Zoo
niet, dan krijg je met den stok.»

Den volgenden dag begaf de boer zich weêr op weg en kwam
tegen den avond in eene eenvoudige dorpsherberg, waar hij kon
overnachten. Des anderen morgens stond hij tamelijk vroeg op, en
in de gelagkamer komende, waar de kastelein en zijne vrouw hun
slaapstede hadden, zag hij dat ook zij aanstalten maakten om op
te staan. In hun bed stond een ladder, steunende tegen een zolderbalk. De kastelein klom daar op zoo hoog hij kon en zijne vrouw
hield zijn broek geopend omhoog om hem er in te laten springen.
Maar dit mislukte herhaalde malen. De boer zag dit met verbazing
en zeî: «Heb je elken morgen zooveel moeite, man, om in je broek
te komen?» — «Wel zeker,» was 't antwoord, «hoe zou ik anders?»
De boer trachtte hem nu te beduiden dat het veel gemakkelijker
kon, maar dit hielp niet. Weêr op den weg zijnde dacht hij: «die
zijn nog dommer dan mijne vrouw.»

Hij was ongeveer een uur verder gewandeld, toen hij op den weg
een boerenwagen zag naderen, waarop eene vrouw stond het paard
te mennen. De wagen was half volgeladen met knollen, terwijl de
vrouw een mand, geheel met knollen gevuld, op haren rug had
gebonden. De boer dacht: «die is zeker ook al niet bijzonder snug-
ger,» en om dit te beproeven begon hij midden op den weg op en
neêr te springen en met de armen te zwaaien, alsof hij wilde gaan
vliegen. Zij hield haar paard staande en riep: «wat heb je toch
ten doel, man, met je vreemde beweging?» — «Ik ben uit den
hemel gevallen,» was 't antwoord, «en nu beproef ik om weêr naar
boven te komen, maar 't gelukt niet; och goede vrouw, zou jij met
je wagen mij niet even er heen kunnen rijden?» — «Hoe kunt ge
mij zooiets vragen?» zeî ze, «ik weet den weg immers niet. Maar
ben jij uit den hemel gevallen, vriend? Dan weet je misschien ook

wel iets af van mijn man, die er voor een paar jaar is heenge-
reisd.» — «O ja, ik heb hem gisteren nog zien wandelen; maar
't schijnt hem niet te best te gaan: hij was sober gekleed, en zijn
jas was kaal en verschoten.» — «Wel, wat je zegt! Dan zou zijn
nieuwe zondagsrok, dien hij kort voor zijn dood gekregen heeft en
nu bij mij ongebruikt in de kast hangt, hem daar wel te pas komen. Zoudt gij zoo goed willen zijn, vriend, dien voor hem meê te
nemen?» — «Neen vrouw, dat gaat niet. We mogen daar geen
aardsche goederen binnenbrengen. Alles wat iemand van dien aard
meêbrengt wordt hem bij de poort afgenomen.» — «Dus ook geen
geld?» — «Geld is iets anders,» zeî de boer. «Dat kan men gemakkelijk in zijne kleeding verstoppen, ˉzoodat de oude Petrus het
niet opmerkt.» — «Welnu, ik heb verleden week mijn koren verkocht; had mijn man het geld, dat ik daarvoor ontving, hij zou er
veel genot van kunnen hebben. Zoudt ge dat niet voor hem kunnen
meênemen, vriend?» — «Nu ja,» zeî de boer, «om je een plezier
te doen wil ik 't daar wel eens meê probeeren.» — «Goed; ik rijd
dadelijk terug om het te halen.» — «Doe dat, vrouw, ik zal hier
op je wachten. Maar, zeg eens: waarom sta je op den wagen inplaats van te zitten, en waarom werpt ge dien mandvol rapen niet
bij de anderen inplaats van ze te dragen?» — «Wat denk je wel,»
zeî ze, «dat ik geen zorg draag voor mijn paard? Deed ik zooals
gij zegt, de vracht zou voor het dier te zwaar zijn.» — Zij reed
huiswaarts en kwam spoedig terug met een dikgevulden geldzak,
dien zij den boer overreikte, hem tevens bedankende voor den dienst.

Weêr tehuis gekomen zijnde, vertelde zij haren zoon, die nu van
den veldarbeid was teruggekeerd, van hare ontmoeting met den
vreemden man. — De lummel zeî: «Dat is toch zonderling. Ik
heb altijd gedacht, dat in den hemel niemand aan iets gebrek had.
Maar ik zou dien vreemden man wel gaarne eens willen spreken.»
— «Welnu,» zeî de moeder, «spring haastig te paard en jaag hem
na; misschien kunt ge hem nog inhalen.» — Hij deed alzoo en
kwam spoedig op de plaats waar de boer zich ter zijde van den
weg in het gras had nedergevlijd om het geld eens te tellen. De
paardrijder riep hem toe: «Zijt gij de man die uit den hemel is
gevallen?» — «Neen,» zeî de boer, «die is zoo pas van hier en
daar ginds dien hoogen terp opgegaan, om zoo spoedig mogelijk
weêr in den hemel te kunnen zijn. Maar als je vlug rijdt, haalt
ge hem nog wel in.» — «Jamaar,» zeî de lummel, «ik weet den weg

niet en ken den man niet. Och, goede vriend, zoudt gij niet even hem na willen rijden en hier terug brengen? Dan ga ik zoolang in het gras zitten rusten, want ik ben vermoeid van het werken en het paardrijden bevalt mij slecht.» — «Nu ja,» zeî de boer, «dan moet ik dat maar even voor je doen.» — Hij besteeg het paard, reed weg — en kwam niet terug. — De lummel bleef geduldig zitten wachten tot den avond en toen hij weêr bij zijne moeder kwam zeî hij: «de man uit den hemel zal zeker te veel haast gehad hebben om terug te keeren, en ik denk dat hij ons paard ook heeft meêgenomen.» — «Nu, dat is goed,» zeî moeder, «dan kan je vader daar ook nog wat genot van hebben.»

De boer kwam bij zijne vrouw terug en zeî: «Nu heb ik toch ontdekt dat er nog dommer menschen zijn dan jij. Daardoor heb ik in de plaats van de slechte koe, die jij je hebt laten afpraten, een best paard gekregen, en nog geld toe, veel meer dan het spek waard was, dat jij hebt weggeschonken. Dus je krijgt geen stokslagen en ik wil voortaan met je huishouden zoo goed ik kan.»

Hiermeê is 't vertelsel uit en die 't het laatst verteld heeft leeft nog.

Van een gravin en gauwdieven.

Er was eens een graaf, die woonde met zijne jeugdige gravin op een oud slot dat zeer eenzaam en afgelegen stond. Nu gebeurde 't eens dat het land in oorlog kwam en de graaf werd opgeroepen om als veldoverste tegen den vijand uit te trekken. Hij moest nu zijne jonge gravin alleen op het slot laten en hierover was zij zeer treurig. De graaf echter begreep dat men zich in de omstandigheden behoorde te schikken. Hij trachtte zijne vrouw te troosten met de hoop op eene spoedige terugkomst, overladen met roem en eer.

Treurig en mismoedig zat de jonge verlatene vrouw dagelijks van den morgen tot den avond in de zaal, en niets konde haar eenig genoegen verschaffen. Zij stelde zich voor, dat haar gemaal niet levend zou terugkeeren, en bleef hij leven, hoe lang zou de oorlog dan nog wel kunnen aanhouden? Dikwijls bleef zij tot diep in den nacht zitten lezen, want den slaap kon zij toch niet vatten.

Zoo zat zij eens weêr laat in den avond alleen te mijmeren bij een flauw schijnend licht. Het liep reeds tegen middernacht en zij had hare dienstboden ter rust laten gaan. Daar werd zij onverwacht gestoord door het geluid van voetstappen op den trap. Eerst verschrikte zij, maar herstelde zich spoedig en besloot om, wat er ook mocht gebeuren, hare tegenwoordigheid van geest niet te verliezen.

De deur werd geopend en twaalf forsche mannen stapten de zaal binnen, allen gewapend met stokken en sabels. Een hunner droeg eene lantaarn. Die vooraan ging scheen de hoofdman te zijn; hij droeg zekere onderscheidingsteekens en een ijzeren stekelband om den hals. De gravin had zoodra niet opgemerkt, dat die man iets meer was dan de anderen, of zij sprong overeind, snelde op hem toe en omhelsde hem, terwijl zij riep: «Gij zijt mijn liefste! gij zijt mijn liefste!» Dit was eene zoo onverwachte ontmoeting voor den rooverhoofdman, dat hij voor een oogenblik vergat, waarom hij daar gekomen was, namelijk om te rooven en te moorden. Hij liet zich wegslepen door hare vleiende woorden en hare mooie oogen. De andere gauwdieven riepen: «Vrouwenbedrog! Vrouwenbedrog!» — «O neen! geen vrouwenbedrog,» zeide de gravin; «mijn ridder heeft mij verlaten en voor vast beloofd dat hij minstens eens in de week een bericht zoude zenden; nu is hij reeds sedert vele weken afwezig en nog ben ik zonder eenige nieuwstijding. Dit zegt mij duidelijk, dat hij mij vergeet. Daarom heb ik het besluit genomen, dat de eerste man die mij hier zou komen bezoeken, mijn liefste zoude zijn. En nu zijt gij mijn liefste, ja, gij zijt mijn liefste!» En zij streelde en liefkoosde hem. En zijne manschappen zeiden weêr: «Vrouwenbedrog! Vrouwenbedrog!» Maar de hoofdman zeide: «Edele vrouw, hoor mij aan! Is het waar dat gij mij als uw liefste kiest, bewijs dit dan met daden. Gij zult begrijpen, dat wij zijn gekomen om hier iets weg te halen. Dit zoude ons zeker zonder eenige hulp zeer goed gelukt zijn; maar hebben wij iemand die ons aanwijst waar de voornaamste schatten te vinden zijn, dan gaat het zooveel te gemakkelijker.» — «Welnu, mijn liefste, dat wil ik doen,» zeide de gravin, terwijl zij een grooten sleutelbos voor den dag haalde, «volg mij met uwe mannen; ik zal u de schatten aanwijzen, als gijlieden u de moeite van het meênemen wilt getroosten. Het geld en de kostbaarheden, die hier zijn, nemen wij meê, en dan kan dit oude nest van een slot mij niets meer schelen. Ik zal u volgen waar gij ook gaat, want gij zijt mijn liefste. Kom meê.» Daarop snelde zij den trap af en de gauwdieven volgden haar. Zij bracht de mannen beneden, opende eene groote zware kelderdeur en zeide: «Achter in dezen kelder staat een ijzeren kist met geld; die kunt gij met u twaalven wel er uit dragen en dan hebben we reeds een begin.» De hoofdman begaf zich zonder eenige vrees in den kelder; de anderen aarzelden en zeiden alweêr: « Vrou wenbedrog! Vrouwenbedrog! » — Doch de hoofdman beval hen te volgen en zij moesten gehoorzamen. Een hunner scheen echter de wacht te willen houden en bleef voor den ingang staan. Doch geheel onverhoeds gaf de gravin hem zulk een krachtigen stoot in den rug, dat hij voorover in den kelder tuimelde. En nu was 't: klap! de deur op slot. Daar zaten de gauwdieven opgesloten in een kelder met een steenen gewelf en zware ijzeren tralies voor de zeer kleine vensters. Aan ontkomen viel niet te denken. Drei gementen hielpen even weinig als vloeken, schelden en razen.

Maar wat moest de gravin doen? Zij had geen andere dienst baren dan twee maagden en een reeds bejaarden knecht. Dezen wekte zij spoedig, maar zij dorst niemand uitzenden om hulp, om dat zij vreesde dat de gauwdieven buiten het slot wachten hadden uitstaan. Goede raad was duur, maar de gravin liet den paardenstal, op geringen afstand van het slot, in brand steken. In het dorp werd daarop de klok geklept en weldra was al het boerenvolk uit den omtrek op de been. Boden werden naar de hoofdstad afgezon den om soldaten en gerechtsdienaars, en de gauwdieven werden naar de gevangenis vervoerd. De rooverijen, van welken men in de om streken veel had gehoord, hielden daarmede op.

Kort daarna keerde de graaf uit den oorlog terug. Toen hij vernam in welk gevaar zijne vrouw had verkeerd en hoe zij zich er uit had gered, toen achtte hij haar nog hooger dan voorheen, maar hij besloot tegelijk voortaan meer mannelijk dienstvolk op het slot te hebben.

Van een dominé en een dievenkapitein.

Reeds veel meer dan honderd jaren is het geleden, dat er op eene eenzaam staande pastorij een predikant met zijne vrouw en kinde ren woonde. Zijne gemeente bestond uit niets dan verspreid wo nende boeren en arbeiders, waarvan niet een in de onmiddellijke nabijheid der pastorij. Nu gebeurde 't eens dat op zekeren avond in den laten herfst, bij nattig en mistig weder, een man te paard zich bij de pastorij aanmeldde. Hij verzocht beleefd daar te mogen overnachten. Zijn doel was, vertelde hij, naar de naaste stad te reizen, maar de weg was tengevolge van het natte weder zeer slecht, en de duisternis zoo dik, dat men land en water niet van elkander kon onderscheiden. Mocht men hem willen herbergen, dan was hij gaarne bereid alles voldoende te betalen. De man was goed gekleed en welgemanierd, waarom dominé begreep het verzoek niet te mogen weigeren. Hij zeide: «een fatsoenlijk man herbergt gaarne een fatsoenlijk man en van betalen mag daarbij geen sprake zijn.» Er was wel geene stalling, maar het paard konde geplaatst worden in het tuinhuis, en den reiziger wees men eene slaapkamer aan, waar hij zijne reisbagage konde bergen. Vervolgens werd hij uitgenoodigd in de huiskamer tegenover dominé plaats te nemen bij den haard. Spoedig was nu de vreemdeling met den predikant en diens vrouw in een druk en onderhoudend gesprek, want hij bleek iemand te zijn die veel gereisd had en de wereld kende. Na afloop van den avondmaaltijd gaf de vrouw te kennen, dat zij wegens haar zwak gestel behoefte had aan rust, en nu stelde dominé zijnen gast voor nog een uurtje te praten. Hij bracht thans het gesprek op de eenzaamheid van dominé's woning en vroeg of het nogal veilig was in die streek. «O ja,» zeide dominé, «van stelen hoort men hier nooit.» — «En toch,» zeide de gast, «werd mij heden verteld, dat zich in den omtrek eene dievenbende ophoudt.» — «Ik heb er niets van gehoord,» hernam de predikant, «maar er kan hier wel iets zijn wat ik niet weet, want er gaat dikwijls een dag voorbij zonder dat ik iemand spreek.» — «Welnu, gesteld dat het zoo ware, dominé, zoudt gij dan niet bevreesd zijn in deze eenzaamheid? Wat zoudt gij beginnen, wanneer gij in den nacht werdt overvallen?» Nu hernam dominé: «tegen de overmacht van velen zou ik niets kunnen doen. Maar bevreesd of bang ben ik nooit. In mijne jonge jaren was ik, als 't op lichaamskracht aankwam, tegen twee personen berekend, en één kerel zoude ik nog wel aandurven. Komen mijne eigendommen en vooral mijne vrouw en kinderen in gevaar, dan zal het mij niet aan moed ontbreken om mij tot het uiterste te verdedigen. Maar behalve dat, mijnheer, ik ben predikant en sta in het vaste vertrouwen, dat ik leef onder de hoede van een hooger macht. Zie, daardoor leef ik hier altijd rustig en welgemoed in mijne eenzame pastorij.»

Deze woorden maakten zichtbaar indruk op den vreemdeling. Hij zeide: «Dominé, gij hebt mij heden zeer vriendelijk onthaald; bovendien heb ik eerbied voor uwe mannelijke taal. Daarom wil ik oprecht jegens u zijn. Ik kan u verzekeren, dat de dievenbende waarvan ik sprak, werkelijk bestaat. De dieven weten dat gij in den laatsten tijd eene aanzienlijke som gelds en vele kostbaarheden hebt geërfd. En om u de waarheid te zeggen: ik weet het ook.» Nu haalde de man een papier voor den dag waarop alles wat dominé aan geld, goud- en zilverwerken en andere kostbaarheden in huis had, nauwkeurig stond aangeteekend. «En nu bestaat het plan, u dit alles dezen nacht afhandig te maken.»

Dominé verbaasde zich niet weinig. «Maar,» zeide hij, «aangezien gij dit alles zoo weet, moet ik haast wel denken, dat gij gekomen zijt om mij tegen de roovers te beschermen.» — «Het eigenlijke doel mijner komst was dit niet,» antwoordde de vreemde; «om u de waarheid te zeggen, dominé, ik ben de kapitein der bende.» Nu was dominé's verbazing nog grooter. Maar hij herstelde zich spoedig en zeide: «mijnheer, wat moet ik hiervan denken? hebt gij misschien een grap met mij voor?» — «Volstrekt niet,» zeî de man ernstig, «ik ben werkelijk niemand anders dan de hoofdman eener dievenbende.»

De predikant staarde den man sprakeloos aan; deze vervolgde: «wees gerust, dominé! er zal u geen leed worden gedaan. Ons plan was, u dezen nacht alles af te halen. Maar mijn volk gehoorzaamt mij zoo volkomen, dat niemand hunner een vinger zal uitsteken tegen mijn bevel. Wij hebben niet alleen zeer strenge wetten, maar mijne mannen zouden allen voor mij door het vuur willen gaan. Thans zijn wij afgesproken dat ik, hier nachtverblijf verkrijgende, op een bepaald tijdstip het raam mijner slaapkamer zal openen om daar een man of vier binnen te laten en dan het rooverswerk te beginnen, terwijl buiten rondom het huis wachters worden geplaatst. En gij zoudt door de minste tegenweêr uw leven in gevaar brengen. Het tijdstip waarop mijne manschappen hier zullen komen is niet meer ver af. Maar, eerwaardige man! uw gullé vriendelijkheid en openhartige mannelijke taal hebben zooveel indruk op mij gemaakt, dat ik ben besloten, dit plan niet uit te voeren. Het spelen van zulk een valsche rol tegenover zooveel oprechtheid kan ik niet van mij verkrijgen. Ik verzeker u dat u geen speld zal worden ontvreemd en geen haar gekrenkt. Maar wees gij dan zoo goed, getrouw te volbrengen wat ik van u verlang.» «Laat mij slechts weten wat dit is,» zeide de predikant. De kapitein gebood dat op de tafel in zijne slaapkamer eenige gouden en zilveren kostbaarheden moesten worden geplaatst, en schreef, terwijl dominé zijn bevel volbracht, op een groot stuk papier deze woorden: «Alles wat hier in huis is moet onaangeroerd blijven; niemand mag iets wegnemen.» — Dit papier, voorzien van 's kapiteins handteekening, werd op dezelfde tafel gelegd en nu begaf de kapitein, na een raam geopend te hebben, zich ter rust. Dominé mocht dit ook doen, maar aan slapen kon hij niet denken. Hij verschool zich op eene plaats waar hij konde hooren en zien wat er in des kapiteins slaapkamer gedaan en gesproken werd. Zoodra het middernachtsuur had geslagen, kwamen vier mannen het raam in. Een hunner nam het papier van de tafel op, las het en zeide: «Tegenbevel! wij kunnen rechtsomkeert maken!» — «Dat is vreemd!» zeî een ander, «maar dan wil ik toch eene kleinigheid voor mij zelf nemen.» — «Doe dat niet als ge uw leven liefhebt,» zeide de eerste dreigend, «gij weet dat alles nauwkeurig is opgeschreven.» Dit hielp en de mannen trokken weêr af zonder iets, hoe gering ook, mede te nemen. De kapitein kwam uit zijn bed, sloot het raam en blies het licht uit. Nu was alles stil en er gebeurde verder niets. De predikant bracht met zijne vrouw, die hij met het gebeurde in kennis had gesteld, een slapeloozen nacht door. De morgenschemering was nauwelijks aangebroken of zij waren op de been. De dievenkapitein noodigde hem uit om samen te onderzoeken of buitenshuis ook iets verkeerds was uitgevoerd. — Alles bleek volkomen in orde, alleen ontbrak ééne kip; maar dominé noemde dit eene zaak van geene beteekenis.

Hierop nam de kapitein afscheid; hij reisde liefst niet bij helderen dag. Dominé en diens vrouw begaven zich des avonds onbezorgd ter rust. En toen zij des anderen morgens het hoofd buiten de deur staken, werden zij vreemd verrast. Aan een der boomen in den tuin hing een doode kip en daar naast — een doode man. Zoo had de kapitein den kippendief doen straffen.

De heinproef. [1])

Er was eens een huurboer, die had een nieuwen landheer gekregen. Kort daarna kwam eene deftig en fraai gekleede vrouw de woning van den boer bezoeken. Zij maakte zich bekend als de nieuwe landvrouw — vrouw van den landheer. De boerin ontving haar vriendelijk en beijverde zich haar zoo goed mogelijk te onthalen. Toen haar man des avonds van zijn werk tehuis kwam, bevreemdde dit geval den boer wel wat, maar hij zeide dit niet en was

---

[1]) Het friesche woord *heinen* is: iets opvangen dat valt of glijdt of door iemand wordt toegeworpen.

ook zeer beleefd en vriendelijk. Toch trok het zijne aandacht, dat de vrouw bijzonder groot en forschgebouwd was en in haar doen en spreken wel wat ongemanierd. Maar hij kende haar niet, hij had de nieuwe landvrouw niet eerder gezien.

Des avonds begon het hard te regenen en werd het buiten zeer duister. Een man te paard bevond zich op den weg, en op eenigen afstand het licht eener boerenwoning ziende, besloot hij daarheen te rijden. Maar op de «reed» van den boer (het wagenpad van den algemeenen weg naar het boerenhuis) wilde het paard niet vooruit; het dier scheen telkens te steigeren voor iets verdachts. Ook de man meende in den onderwal der sloot naast het wagenpad mans-hoofden en zelfs wapens op te merken. Na veel moeite kwam hij toch op het erf. Hij klopte aan, maar ontving op zijn verzoek om nachtverblijf een weigerend antwoord, omdat de boer zijne land-vrouw aan huis had. Of de vreemdeling al aanbield, de boer meende te moeten blijven weigeren. Eindelijk zeî de reiziger fluis-terend, dat hij den boer misschien voor een groot onheil zou kun-nen bewaren. Toen liet de boer den man binnen komen en wees hem eene plaats bij den haard aan, terwijl het paard naar den stal werd gebracht. Toen de reiziger de landvrouw zag en hoorde kreeg hij nog meer argwaan en gaf den boer ongemerkt een teeken om mede naar den veestal te gaan. Daar gekomen, deelde de man zijne vermoedens mede. De boer zeide nu, dat hij het zijne ook al van die vrouw had gedacht; maar hoe achter de waarheid te komen? «Wel,» zeî de reiziger, «hebt gij geen appels in huis?» — «Zeer zeker.» — «Geef mij daarvan eenigen,» vervolgde de man, «ik steek die in mijne zakken en zijn wij weêr bij het gezelschap, dan vraag ik of men van een appel gediend zal zijn. Van mijne zit-plaats af werp ik ieder der aanwezigen een toe, ook de landvrouw. Let er dan op! Is zij eene vrouw dan slaat zij, om den appel te heinen (op te vangen), de knieën vaneen waardoor zij haren schoot verbreedt. Maar hebben wij met een man te doen, dan zal hij de knieën tegen elkander slaan. Blijkt het dat de gewaande landvrouw een man is, dan laten wij niets merken. Ik pak hem onverhoeds aan en gij springt dadelijk bij, want hij zal wel gewa-pend zijn.»

Met de noodige appels voorzien, kwam men terug. En toen de vreemdeling zoo vriendelijk was ieder der aanwezigen een appel aan te bieden, weigerde niemand, ook de landvrouw niet. Zij was

de laatste wie hij er een toewierp. En ja! zij sloeg de knieën te
zamen om den appel te «heinen». Nu had men zekerheid, maar
hield zich bedaard. Doch de reiziger stond op om eens buiten te zien
naar het weder. Maar achter den als vrouw vermomden gauwdief
komende, greep hij diens beide armen vast. De boer sprong te hulp
en te zamen konden zij den schavuit wel vermeesteren. Onder de
vrouwenkleeding was allerlei moordtuig en ook een moordenaars-
fluitje. Aan handen en voeten gebonden werd de gauwdief voorloopig aan kant gelegd. Verder werd dwars over het pad of den gang
achter het op stal staande vee een lijn gespannen, even boven den
grond. De boer en zijne knechten plaatsten zich goed gewapend op
de stallen tusschen de koeien. De reiziger opende de staldeur en
blies op het fluitje, waarna hij zich verschool. Weldra kwamen de
gauwdieven, die langs het wagenpad in het riet hadden gelegen,
den stal binnen, maar over de gespannen lijn tuimelden zij voorover en werden door de op wacht staande mannen met dikke
knuppels begroet. Toen de nachtelijke bezoekers allen machteloos
op en over elkander lagen werd er licht bij gehaald en nu ontdekte men dat men met eene bende zwaargewapende moordenaars
had te doen gehad.

Een emmer in de gracht.

Het was op zekeren dag in den laten herfst, tegen den avond
en nog niet duister, toen een onbekend persoon aan een boerenhuis onderdak en nachtverblijf kwam vragen. Het was in den tijd
toen de boeren aan zoo iets gewoon waren. Rondzwervend volk
van allerlei slag was toen veel talrijker dan thans, en gemoedelijke
landlieden meenden een christenplicht te doen als zij arme vreemdelingen herbergden en van spijs en drank voorzagen.

De zwerveling van wien ik begon te vertellen vond alleen de
boerin met een paar nog jonge kinderen tehuis. De mannen waren
aan den veldarbeid. Zij liet den vreemdeling binnen en gaf hem
plaats bij den haard, waarnaast een pot met pasgekookte rijstebrij
stond, bestemd voor het avondmaal van het gezin. Toen nu de
man klaagde, dat hij koud was en ook den geheelen dag nog niet
veel te eten had gehad, was de gulhartige vrouw terstond bereid
hem een schotel warme brij op te scheppen en vóór te zetten.
Hierop had zij iets buitenshuis te verrichten, maar zij was daar
slechts eenige oogenblikken geweest, toen een harer kinderen bij

haar kwam geloopen en zeide: «mem, die man heeft suiker in onze brij gedaan, een geheel zakjevol heeft hij er in uitgestort en er doorgeroerd.» Dit kwam de vrouw zeer verdacht voor. Maar hoe achter het ware van de zaak te komen? Zij vond er spoedig iets op uit. Zij wierp een emmer in de gracht, liep toen naar binnen en zeide: «och, goede vriend, zoudt gij mij wel een dienst willen bewijzen? Ik was bij de gracht bezig mijne emmers te boenen; een ervan is mij ontvallen en zoover naar de overzijde gedreven, dat ik hem niet kan bereiken. Zoudt gij niet willen beproeven den emmer terug te krijgen? Er ligt daar bij de gracht wel een lange stok, dien gij er voor kunt gebruiken.»

Dit kon de man niet wel weigeren; hij ging heen om den emmer op te visschen. Den schotel met brij had hij ongeveer tot op de helft ledig gegeten. De boerin goot nu het overgeblevene in den brijpot en schepte daaruit eene gelijke hoeveelheid weêr in den schotel. Na verrichtten arbeid kwam de vreemdeling terug en begon opnieuw te eten. Maar nu duurde 't niet lang of hij werd ongesteld in zoo erge mate dat zijn leven in gevaar scheen. De boer en zijne knechten waren inmiddels tehuis gekomen en haastig werd iemand naar het dorp gezonden om den dokter en tegelijk den grietman te halen. De beide heeren kwamen. De dokter verklaarde dat de man vergiftigd was, maar slaagde er in hem van den dood te redden. En nu door den grietman onder handen genomen, bekende hij dat hij het geheele boerengezin had willen vergiftigen om dan ongehinderd te kunnen stelen.

Een slimme boerendochter.

Een boerendochter in de Wouden zoude eens naar de stad gaan voor boodschappen. De weg was lang, misschien wel twee uren gaans, maar dit was voor haar geen bezwaar, want zij was jong en sterk en moedig. De weg was ook eenzaam en dit was in vroeger tijd — want het is reeds heel lang geleden — dikwijls niet zonder gevaar. Toen het meisje op het eenzaamste gedeelte was gekomen, werd zij ingehaald door een paard en sjees waarin een man zat. Nevens haar hield hij stil, groette haar vriendelijk en vroeg of zij niet een eindje meê wilde rijden. Zij weigerde dit niet en nam naast hem plaats. Hij was bijzonder vriendelijk en wellevend en onderhield zich, onder het rijden, met haar op recht aangename wijze. Maar toen op zeker oogenblik zijn jas open woei, ontdekte zij met schrik, dat hij moordpriemen onder zijne kleederen droeg. Zij wist zich echter goed te houden, maar zon nu op een middel om hem te ontkomen. Zij reden een alleenstaand boerenhuis voorbij; hier liet zij ongemerkt haar zakdoek op den weg vallen en een eind verder veinsde zij tot de ontdekking te komen, dat zij een kostbaren zijden doek verloren had. Omziende zag men op een afstand den doek liggen en het meisje verzocht van het rijtuig te worden gelaten ten einde dien te halen. Haar plan was naar het boerenhuis te gaan om hulp en raad. Maar haar reisgenoot was beleefd; hij zeide: «Ik ga den doek voor u halen, als gij maar zoolang de teugels vasthoudt en zorgt dat het paard niet met u wegloopt.»

Hierdoor was zij nu volstrekt niet in verlegenheid gebracht, want evenals vele boerendochters in vroeger tijd, had zij zeer goed paardenmennen geleerd. Zij wachtte tot hij nabij den doek gekomen was, toen reed zij weg in vollen draf. Wel liep hij haar schreeuwende en vloekende na, maar haar inhalen kon hij niet. Ook gaf hij spoedig den moed verloren, want zij naderde de stad en hij scheen er niet op gesteld haar daar te volgen. In de stad werd het gerecht met de zaak in kennis gesteld en nu bleek, dat in de zitbank der sjees, behalve moordwerktuigen, zakken met geld en voorwerpen van groote waarde verborgen waren. De boerendochter was blijkbaar aan een groot gevaar ontsnapt, maar de gauwdief werd niet gevonden.

Rechtspraak.

Een boer, die, omdat hij zeer nabij de stad woonde, daar dikwijls kwam in zijn dagelijksch gewaad, om de eene of andere boodschap, liep eens op straat een matroos op zijde die er niet vroolijk uitzag. De boer nam de vrijheid naar de reden hiervan te vragen en nu zeide de matroos: «Ja vriend, ik sta voor een leelijk geval. Ik heb verschil met een herbergier. Ik ben dien man een stooter ($12\frac{1}{2}$ cts) schuldig en hij vordert van mij honderd gulden. Voor veertien dagen heeft deze zaak hier voor de rechtbank gediend; toen is er geen uitspraak gedaan; maar vandaag moeten we er weêr voor, en nu komt de beslissing. Ik meen reeds begrepen te hebben hoe de rechter de zaak beschouwt en vrees daarom, dat ik in het ongelijk gesteld zal worden. Honderd gulden betalen kan ik niet en dan loopt het op gevangenisstraf uit.»

Deelnemend verzocht de boer nadere inlichting en de zeeman vervolgde: «het is ruim vijf jaren geleden dat ik van hier als gewoon matroos in zee ben gegaan. Den avond vóór ons vertrek liep ik een herberg in en gebruikte daar zes gekookte eieren, waarvoor ik een stooter moest betalen. Maar nu ontdekte ik dat ik geen geld bij mij had. «O! dat is niets,» zeî de kastelein, «je komt hier wel eens weêr.» Zoo dacht ik zelf ook, want ik wist toen niet, dat ons vertrek zoo nabij was. Dit ging echter des anderen daags haastig toe en ik vergat den kastelein te betalen. Wij hadden eene ongelukkige reis; wij vielen in handen van zeeroovers en werden gevangen genomen. Vijf jaren heb ik in vreemde landen moeten rondzwerven tot ik eindelijk, nu eenige weken geleden, hier terug kwam. Een der eersten wien ik een bezoek bracht was mijn oude kennis de kastelein. Ik wilde mijne schuld betalen en meende dit met een stooter te kunnen doen. Maar, jawel! de man had eene rekening voor mij, waarop was uitgecijferd, dat van die zes eieren zes kippen hadden kunnen komen, en deze hadden een groot aantal eieren kunnen leggen. Een gedeelte daarvan had men kunnen nemen voor het aankweeken van jonge kippen en deze hadden allen weêr een groot aantal eieren kunnen leggen. Dit had, naar 's mans berekening, hem in vijf jaar eene zuivere winst kunnen opleveren van honderd gulden. En nu vordert hij deze som van mij.» — «En denkt gij,» vroeg de boer, «dat de rechter u zal veroordeelen tot betaling?» — «Ja, dit vrees ik.» — «Dan wil ik je advocaat zijn,» zeî de boer; «ga jij maar naar de rechtbank; ik zal even later komen.»

Toen de matroos met zijne tegenpartij weêr voor den rechter stond, kwam de boer, zonder hoed en zonder bovenkleeding haastig de zaal binnenstormen en riep: «Heer rechter! mag ik wel een woord spreken voor dezen matroos?» Dit werd toegestaan. «Maar,» zeî hij, «ik heb haast, want ik heb een pot met boonen over het vuur hangen te koken, en die moet ik, als ze gaar zijn, nog zaaien.» — «Kom, kom!» zeî de rechter, «wat ben jij een domme boer? Kunnen gekookte boonen ook groeien?» — «Kom, kom!» hernam de boer, «wat ben jij een domme rechter? Kunnen van gekookte eieren ook kuikens komen?» En even haastig als hij gekomen was, trok hij weêr af. De matroos werd vrijgesproken.

Te Bolsward is het gebeurd dat twee niet zeer groote knapen, die op het kerkhof liepen spelen, overeen kwamen om slagertje te spelen. Een hunner zoude de slager zijn en de ander het slacht-beest. Laatstgenoemde gedroeg zich in zijne rol zoo 't behoorde; hij liet zich door den ander op den grond werpen en in bedwang houden. Nu scheen de kleine slager toevallig een tamelijk goed mes bij zich te dragen en hiermeê meende hij te moeten doen wat hij wel van een werkelijken slager gezien had. Hij verwondde zijn kameraad zoo dat deze den geest gaf.

Dit geval baarde natuurlijk groot opzien. De ouders van het gedoode kind eischten recht en verlangden dat de dader de dood-straf zoude ondergaan. De rechter meende echter dat men hier met eene daad van kinderlijke ontoerekenbaarheid te doen had. En toen men zich hiermede niet liet afwijzen, stelde hij voor, de proef te nemen en liet den kleinen slachter voor zich komen, bood hem met de eene hand een mooien driegulden aan, met de andere een prach-tigen grooten appel en liet hem de keus. De knaap nam den appel. Nu moest men erkennen, dat men te doen had met een kind in het verstand, en men had niets meer tegen eene vrijspraak. Het mes, dat op een zilveren ring rondom het hecht den naam Ippe Willems Soon laat lezen, werd ter eeuwige gedachtenis gehecht aan den gevel van het stadhuis.

Eens, zeer lang reeds geleden, zat er te Sneek een leidekker op het dak van het stadhuis te werken. De man scheen zich een oogen-blik niet goed vast te houden, hij stortte naar beneden en kwam terecht op een straatmaker, die, geknield, bezig was de straat te herstellen. De straatmaker werd door den hevigen schok gedood; de leidekker had niet het minste letsel bekomen. Maar nu eischte de familie van den straatmaker, dat de leidekker zoude gestraft worden als moordenaar, zij het ook onder verzachtende omstandig-heden. De rechter beweerde dat hier niets was gebeurd dan een ongeluk, en er aan geen straffen viel te denken. Toen echter de familie op straf bleef aandringen, zeide de rechter: « Welnu, hoort dan mijn vonnis: een der bloedverwanten van den straatmaker klimme op het dak van het stadhuis; de leidekker ga gebukt op den grond zitten op dezelfde plaats waar de straatmaker zat toen het ongeval gebeurde. Die daar boven is late zich vallen en zorge dan zóó op den leidekker neder te storten dat deze eveneens gedood wordt. »

II.   7

Doodslaap.

Zeker boer had een zoon, die zeer lui en slaperig was. Des morgens was hij bijna niet uit het bed te krijgen en dit maakte zijn vader dikwijls zeer driftig en boos. Op zekeren morgen, in een tijd toen het met de boerderij zeer druk liep, was de luiaard al weêr even moeielijk tot opstaan te bewegen. En de vader, toen hij, voor de zooveelste maal bij het bed komende, den jongeling nog altijd slapende vond, riep in een vlaag van gramschap: «Nu, slaap dan maar tot in alle eeuwigheid door; het is afgezworen dat ik je weêr zal roepen.» En de zoon, de dekens dichter om zich toe trekkende, viel op nieuw in een diepen slaap. En hij sliep door, altijd maar door, tot hij eindelijk tot een hoopje stof en pulver samenviel.

Twee zusters.

Er waren eens twee zusters. De eene was eene nijdige spin, baat-zuchtig en afgunstig in erge mate. De andere was vriendelijk en zachtmoedig; zij ontving daarvoor een gouden kruis ten geschenke, — het gouden kruis van Venasdon. De booze zuster kon dit niet ver-dragen; zij mishandelde hare brave zuster dagelijks en toen zij eens samen over het kerkhof gingen, stiet zij haar in een geopend graf en bedekte haar met aarde. Toen nu de koster bij die groeve kwam, hoorde hij met een benauwde stem roepen:

> Ach kosterlief, ach kosterlief! Wat lig ik hier versmoord;
> Om 't gouden kruis van Venasdon Lig ik hier al vermoord.

Toevallig kwam ook haar broeder daarbij, en nu was het:

> Ach broederlief, ach broederlief! Wat lig ik hier versmoord;
> Om 't gouden kruis van Venasdon Lig ik hier al vermoord.

De booze zuster, vernemende dat er iets gaande was, kon niet nalaten ook te komen zien. Nu luidde het:

> Ach zusterlief, ach zusterlief! Wat lig ik hier versmoord;
> Om 't gouden kruis van Venasdon Lig ik door dij vermoord.

Hierop namen de twee mannen een kort besluit. Zij haalden de brave zuster uit het graf en stopten de booze er in.

Eene moedige dienstmeid.

Voor vele jaren woonde er bij een dorpspredikant eene dienst-meid, die zoowel om hare deugd als door haar uiterlijk bij de jon-gelingschap in den omtrek hoog stond aangeschreven. Aan bezoeken van vrijers had het haar dan ook nooit ontbroken en zij had ten slotte aan een hunner de voorkeur gegeven. Maar nu en dan werd haar door betrouwbare vrienden en vriendinnen medegedeeld, dat haar vrijer niet zoo oprecht en welmeenend was als zij geloofde. In gezelschap zijner kameraden liet hij zich zelfs over haar uit op eene wijze, die voor haar beleedigend was. Aanvankelijk meende zij deze aantijgingen te moeten beschouwen als kwaadsprekerij, maar eindelijk bleek haar de waarheid. En nu was haar besluit genomen. Toen hij haar weêr op den gewonen tijd kwam bezoeken werd hem de deur gewezen. Alle betuigingen van onschuld hielpen niets: zij bleef onverbiddelijk. Nu veranderde zijne liefde in haat. Hij ging heen met de bedreiging: «daar zal ik je een poets voor spelen, die je niet in de kleêren zal gaan zitten.»

De predikantswoning, een zeer ouderwetsch gebouw, waarvan men in het dorp ook wel eens vertelde dat het er spookte, stond een weinig afgezonderd op een erf, dat van den algemeenen weg was gescheiden door een muur, waarin eene poort. Elken avond tegen den tijd dat het gezin ter rust ging, moest de dienstmeid deze poort sluiten. De afgedankte vrijer wist dit zeer goed. Hij nam nu een zijner vertrouwde kameraden onder den arm om hem behulpzaam te zijn. Hij wilde het meisje zoo doen verschrikken, dat zij er voor geheel haar leven genoeg van had. Op een avond bij helderen maneschijn begaven zich de twee in alle stilte naar de pastorie. Zij ontdeden zich van hunne bovenkleeding, waaronder zij voor deze gelegenheid een geheel wit gewaad droegen. De kameraad plaatste zich aan de binnenzijde der poort ruggelings tegen den muur. De wraakgierige minnaar klom op zijne schouders en zoo vormden zij tezamen eene lange witte gedaante. De dienstmeid kwam de deur uit, om, ouder gewoonte, de poort te sluiten. Zij zag het spook en verschrikte wel, maar begreep weldra wat er gaande was en wie hier de hoofdrol speelde. Eenige oogenblikken beschouwde zij de lange figuur aandachtig, toen zeî ze bij zichzelve, maar hoorbaar genoeg: «dit is iets vreemds! twee witten boven elkander, dat heb ik meer gezien; maar twee witten en daar nog een zwarte bovenop, dat heb ik nooit gezien.»

De kameraad die onder stond dacht: «als daar nog een zwarte boven op staat, kan dat niemand anders zijn dan de duivel.» Zonder zich te bedenken zette hij 't op een loopen en deed hierdoor zijn makker zeer onzacht tuimelen.

Nooit bang.

Het geloof aan spoken en duivelverschijningen met alles wat er aan vast is heeft een overgangstijdperk gehad, dat zal zijn ingetreden toen de denkbeelden omtrent het oude volksbijgeloof, door Balthazar Bekker en anderen aan het licht gebracht, zich van lieverlede onder het volk begonnen te verspreiden. Men kon dat oude geloof zoo maar niet in eens laten varen. Nog in mijne jeugd waren er velen die ronduit verklaarden volstrekt niet bijgeloovig te zijn, maar er was toch wel iets, meenden zij, dat zich niet liet wegredeneeren. Men vertelde dan: «Mijn vader heeft het zus en zoo beleefd; mijn oom heeft deze of die geheimzinnige ontmoeting gehad; een kennis mijner tante heeft dit of dat onverklaarbaars ondervonden.» Steêvast werd daar dan aan toegevoegd: «Dat waren in 't geheel geen leugenachtige menschen, ver van bijgeloovig.» — Dat geesten van afgestorvenen 's nachts op bepaalde plaatsen kwamen spoken werd als bijgeloof verworpen, maar het bestaan van den persoonlijken duivel viel, meende men, niet te ontkennen, omdat de Heilige Schrift daarvan duidelijk genoeg melding maakte. Toch waren er ook helden, die driestweg durfden zeggen: «Als er een duivel is wil ik hem wel eens zien. Ik vrees hem niet, eenvoudig omdat hij niet bestaat. Ik ben nooit bang al bevind ik mij in het holle van den nacht moederziel alleen op eene eenzame plaats, men moge er van vertellen dat het er spookt of niet.»

Zulk een held was een zekere schoenmaker te Franeker, ten tijde toen daar de hoogeschool bloeide. Werd er gesproken over spokerij, voorgespens, ontmoetingen met den duivel of zoo iets, dan beroemde de baas draadtrekker er zich op, dat hij van dat alles niets geloofde en nooit bevreesd werd. Eenige studenten besloten zijn heldenaard op de proef te stellen. Zij gingen eene weddenschap met hem aan. Hij moest een nacht in de kerk doorbrengen in de onmiddellijke nabijheid van een doodkist met een lijk er in, en om de weddenschap te winnen, mocht hij nooit kleinmoedig worden, er gebeurde wat er gebeuren wilde.

Dat een doode, na gekist te zijn, tot den dag der begrafenis in de kerk werd geplaatst, was iets dat vroeger wel meer plaats greep.

De schoenmaker werd 's avonds te elf uren door de heeren naar de kerk geleid. Teneinde zich niet te vervelen had hij eenige paren oude schoenen, die gelapt moesten worden, benevens het noodige gereedschap en leder meêgebracht. Naast de doodkist ging hij zitten schoenlappen bij het licht eener vetkaars; zoo werd hij alleen gelaten. Een poosje ging alles goed; maar zoodra op de klok in den toren de laatste slag van middernacht was gevallen, werd het deksel der kist halfweg afgeschoven, de doode rees op en plaatste zich in zittende houding. De schoenmaker, zonder in het minst bevreesd te zijn, zeide: « Wat zullen we nu hebben? Hoor eens! die dood is moet dood blijven.» Meteen gaf hij met zijn schoenmakers-hamer den gewaanden doode een slag voor het hoofd, die dezen achterover deed zijgen.

De schoenmaker had de weddenschap gewonnen, maar een der studenten zijn leven er bij verspeeld.

Onder de studenten te Franeker was eens een flinke forschgebouwde jongeling, die snoefde op lichaamskracht niet alleen, maar ook op zijn ongeloof aan spoken en duivelarij. Voor iets van dien aard zoude hij nooit bevreesd kunnen worden. Onder zijne kameraden waren er, die hieraan twijfelden. Tien hunner kwamen met elkander overeen de proef te nemen. Aan een kleêrmaker in de stad droegen zij op om voor ieder hunner een gelijk pakje te maken, waarmede zij zich als duivelen konden vermommen. Natuurlijk werd de snijder tot stipte geheimhouding verplicht, maar met dat al weet men dikwijls niet hoe een geheim kan uitlekken. Ik weet ook niet hoe de student, dien men wilde bang maken, er achter kwam, maar hij kwam er achter. En nu wist hij den kleêrmaker wel te bepraten om ook voor hem een pakje te maken, geheel gelijk aan de andere tien. En dit mocht de baas nu om niets ter wereld aan de andere heeren verklappen.

Alles kwam op tijd gereed. En toen de student op zekeren avond met voldoenden grond een bezoek van tien duivelen op zijne kamer verwachtte, stond hij — ook in duivelskostuum — achter de kamerdeur hen af te wachten. Het duurde niet lang of zij kwamen den trap op. En toen zij nu achter elkander de kamer binnen stapten, voegde de bewoner zich ongemerkt in hun midden. Tien stoelen waren er op de kamer, daar was voor gezorgd, — maar geen elf. De zwarte mannen namen plaats, maar één moest blijven staan. Onwillekeurig ging ieder voor zich aan het tellen en men ontdekte, dat er geen tien maar elf personen aanwezig waren. Vanwaar die elfde? Sommigen der heeren maakten zich beangst en dachten: de elfde zou wel eens de duivel in eigen persoon kunnen zijn. Maar *wie* hij dan was kon men onmogelijk weten, want voor 't uiterlijke waren allen gelijk. Veel tijd om zich hierover te kwellen werd hen niet gelaten. De kaars die op de tafel stond te branden werd uitgeslagen zonder dat men zag wie dit deed. De student, dien men had willen bang maken, begon nu klappen uit te deelen, rechts en links. Er ontstond eene verwarring van belang. Ieder zocht naar den uitgang der kamer en de heeren kwamen, de een na den ander, den trap af op eene wijze, die zeker geen verstandig mensch voor de verkieslijkste zou kunnen houden.

Drie vrijers.

Zeker dorpsmeisje had drie vrijers aan de hand. Dit is nu iets wat eigenlijk nooit voorkomt, maar het zou toch kunnen gebeuren. Dat een meisje gedurende eenigen tijd twee vrijers aanhield, daarvan heb ik wel eens gehoord, maar dit werd haar dan juist niet als eene eer aangerekend. Het meisje waarvan ik vertel scheen er van te houden elken zondagavond een anderen vrijer te hebben. Zij kwamen alle drie, ieder op zijne beurt, om de drie weken. Waagde 't soms een hunner binnen den voor hem bestemden tijd te komen, met het doel een zijner medeminnaars den voet te lichten, dan kon hij onverrichter zake terugkeeren, maar mocht daarom met evenveel genoegen op den vasten tijd zijn bezoek hervatten. Het is begrijpelijk dat ieder der drie vrijers voor zich hoopte, eens de overwinning te behalen. Niemand slaagde hierin; eindelijk besloot de meid een einde aan het spelletje te maken.

Ik wil de vrijers maar Jan, Piet en Klaas noemen. Toen Jan zijne beminde eens weêr bezocht en evenals altijd onuitputtelijk was in liefdebetuigingen, daarbij verzekerende dat hij om haar bezit alles zou willen doen, toen zeî zij ten slotte: «Welnu, om mij daarvan het bewijs te leveren, moet gij doen wat ik u zal zeggen. Heden over drie weken moet gij, in plaats van mij te bezoeken, des nachts kwartier voor twaalven in het wit gekleed eene kist, zoo groot dat gij er in kunt liggen, op het kerkhof brengen. Gij moet er dan ook werkelijk in gaan liggen met het deksel wel dicht maar ongesloten, en vóór kwartier na middernacht er niet uitkomen, noch uwe stem laten hooren, onverschillig wat er gebeure. Volbrengt gij dit, dan zal ik de anderen afdanken.» Met blijdschap nam de vrijer de uitvoering van dit proefstuk op zich.

Den volgenden zondagavond kwam Piet op zijne beurt de beminde bezoeken. En toen hij ook alweêr het oude liedje zong, zeide zij: «Gij hebt mij dat nu al zoo dikwijls voorgepraat, maar als het ernstig gemeend is, moet gij 't mij bewijzen. Ik zal u zeggen wat gij doen moet. Heden over veertien dagen moet gij des nachts· tien minuten vóór twaalven naar het kerkhof gaan, in het wit gekleed en voorzien van een zakje met pruimesteentjes en een hamer. Gij zult op het kerkhof eene kist vinden staan. Dan moet gij eerst op iederen hoek van het deksel dier kist een pruimesteentje met den hamer verbrijzelen en vervolgens de nog overigen op verschillende plaatsen langs den rand van het deksel. Mocht gij daar de eene of andere ontmoeting krijgen, ga dan op de kist zitten. En die zitplaats moet ge vóór kwartier na middernacht niet verlaten, onverschillig wat er moge gebeuren en gij moet bij dat alles zwijgen als het graf. Volbrengt gij dit naar eisch, dan weet ik dat gij moed in het lijf hebt en ik zal gelooven aan de oprechtheid uwer liefde.» Ook deze vrijer verheugde zich in het vooruitzicht dat hij nu eindelijk de overwinning zou behalen.

Weêr eene week later werd het meisje door Klaas bezocht; dezen zeide zij: «Ik verlang een overtuigend blijk van de trouwe liefde die gij zegt voor mij te koesteren. Heden over acht dagen moet gij des nachts vijf minuten vóór twaalven naar het kerkhof gaan, van top tot teen gehuld in het zwart, voorzien van een tamelijk langen en niet al te dunnen ketting. Dezen laat gij bij uwe komst op het kerkhof rammelend sleepen; zoo loopt ge wat heen en weêr op het pad langs de graven. Gij zult daar eene kist zien staan en zoodra het middernachtsuur slaat, gaat gij naar de kist, steekt uwen ketting door het hengsel en trekt de kist van hare plaats om haar zoo mogelijk buiten het kerkhof te sleepen. In dit werk moogt gij u door niets hoegenaamd laten verhinderen, en wat er moge voorvallen, gij moet altijd hardnekkig blijven zwijgen. Volbrengt gij dit naar eisch, dan zal het mij een blijk zijn dat gij mij waarlijk bemint en ik wil de uwe zijn.» Klaas verklaarde evenals de twee anderen dat haar voorstel hem zeer welgevallig was.

Den avond, waarop het zonderlinge tournooispel zoude plaats hebben, was het volle maan, dit had het liefje wel berekend. Het huis, waarin zij verblijf hield, was het eenige dat in de onmiddellijke nabijheid van het kerkhof stond en haar kamertje gaf daar uitzicht op. De vrijers begrepen alle drie zeer goed, dat zij door de geliefde bespied zouden worden en dus op hun tellen hadden

te passen. Het zaakje werd begunstigd door fraai stil weder.
Op den bepaalden tijd kwam Jan in het wit gekleed met eene
kist aandragen, die hij midden op het kerkhof nederzette. Hij zal
wel gezorgd hebben, dat zij niet luchtdicht was, althans hij kroop
er in, haalde het deksel toe, afwachtende de dingen die komen
zouden. En dat er iets komen zoude daar rekende hij op. En er
kwam werkelijk iets. Hij hoorde zachte voetstappen naderen. Er
werd op de kist geslagen, eerst op den eenen hoek, toen op den
anderen, ja, op alle vier hoeken. 't Had er veel van dat er spijkers in het deksel werden geslagen. Vervolgens op nog meer
plaatsen. Verduiveld! de kist werd voor goed dichtgespijkerd —
meende Jan. Maar Piet sloeg er zijne pruimesteentjes op stuk, dit
was het. En na volbrachten arbeid ging deze op de kist zitten.

Het duurde niet lang of er verscheen eene zwarte gedaante op
het kerkhof, die een ketting achter zich na liet sleepen. Hij naderde de kist tot op korten afstand en stapte daar heen en weder.
De witte daar op de kist zat volstrekt niet op zijn gemak, maar
de zwarte was dat evenmin bij het denkbeeld dat hij zoo aanstonds
bij de kist moest komen en trachten die weg te trekken. De klok
in den ouden toren liet den eersten slag van twaalven hooren. Klaas
vermande zich en naderde de kist. Met bevende handen stak hij de
ketting door het hengsel. De witte gedaante liet hem gelukkig ongemoeid. Hij begon te trekken, maar 't gaf niet veel. Toch kreeg hij
met een forschen ruk de kist van hare plaats. Maar dit was te veel voor
Jan daar binnen, want hij had den ketting ook wel hooren rammelen. Hij begon te schoppen en te slaan en riep: «Ik wil er uit.»
Piet sprong verschrikt op en riep: «Verduiveld, wat is dat?» De
kist vloog open, Jan verrees er uit, de twee anderen namen de
vlucht en Jan pakte zich ook spoedig weg.

Alle drie hadden dus de hand van het meisje verbeurd. Maar
toen zij elkander na verloop van eenige dagen spraken, waren zij
't tamelijk spoedig eens: dat men zulk een liefje maar liever moest
vergeten dan zich om haar doodtreuren.

De moedige dienstmeid van Oostermeer.

Het dorp Oostermeer in Tietjerksteradeel heeft evenals honderden
andere dorpen een kerk en toren. Maar deze staat niet midden in
het dorp, iets wat anders volgens een friesch spreekwoord een noodzakelijk vereischte is. Te Oostermeer staan kerk en toren op eeni-

KERK EN KLOKHUIS TE OOSTERMEER.
Naar eene teekening van 1721.

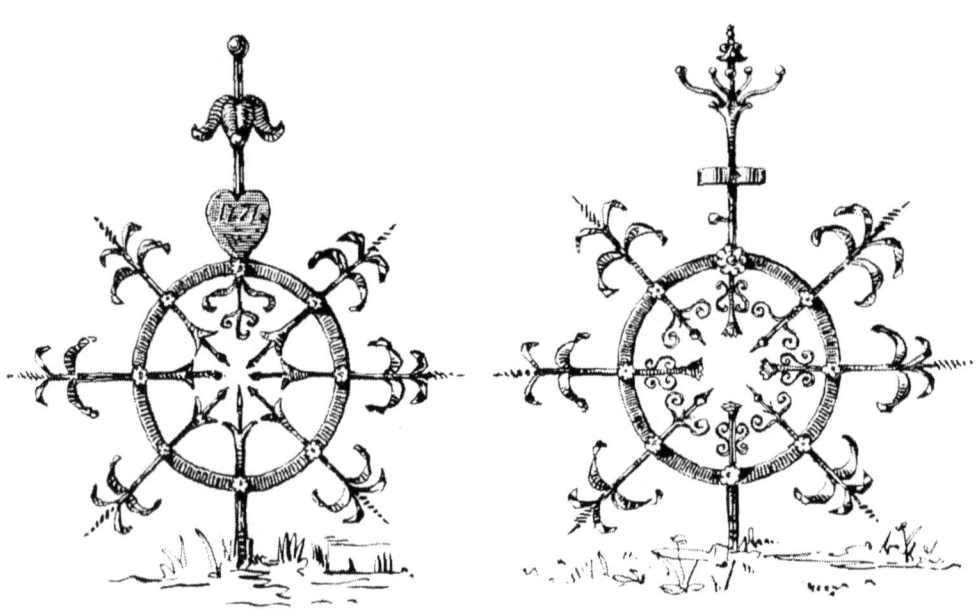

GRAFKRUISEN OP HET KERKHOF TE EESTRUM.

gen afstand buiten het dorp, geheel alleen tusschen het geboomte waarmede 't kerkhof is omgeven.

Zeer vele jaren geleden woonde daar in den omtrek een bejaarde boer, die zijne zaak dreef met zijnen oudsten zoon en eene huishoudster, eene flinke degelijke meid van den geringen stand. Wij zullen haar Lysbeth noemen. Zij had een vrijer, Sipke geheeten, een beste brave vent, maar de zoon van arme ouders. Hij was boerenknecht, en ging hij trouwen, dan zou hij werkman moeten blijven om altijd te zwoegen voor een niet zeer rijkelijk loon. Zeker geen schitterend vooruitzicht. Toch wenschte hij niets liever dan met zijne Lysbeth te worden vereenigd. Maar zijne aanzoeken daartoe wees zij steeds van de hand. Zij hield veel van Sipke, ja, zij beminde hem; maar in het huwelijk zag zij bezwaar. Zij vreesde daardoor in bekrompen omstandigheden, misschien wel in armoede te zullen vervallen. Zoo verliep er eenige tijd toen de jongeling ziek werd. De menschen zeiden, hij kwijnde ten gevolge van hopelooze liefde. De ziekte verergerde en eindigde met den dood. Lysbeth betreurde hem van harte, maar dat zij schuld aan zijnen dood zoude hebben, dit kwam niet in haar op.

Het was den volgenden winter op oudejaarsavond, toen het weder onstuimig was. De boer en zijn zoon zaten bij den haard en Lysbeth bij de tafel, eenigszins verwezen en als in gedachten verzonken. «Kom Lysbeth,» zeî de boer, «het is koud, haal ons wat hout uit de schuur.» Zij stak eene lamp aan en ging heen. Maar heel spoedig was zij terug, doch zonder hout, want de lamp was in de tochtige schuur uitgewaaid. «O!» zeî de zoon van den boer, «nu zijt ge bang geworden. Was de booze misschien in de schuur?» «Bang?» sprak zij fier, «spreek me niet van bang! Daar wil ik niets van weten. Ik wil nog op dit oogenblik overal gaan waar gij mij zendt, als het maar niet is naar eene plaats waar geen fatsoenlijk meisje komen mag.» — «Wel zoo!» zeî hij, «zoudt ge misschien ook nu nog naar het kerkhof van Oostermeer willen gaan, om daar een bezoek te brengen aan het graf van Sipke?» Dit voorstel had zij zeker niet verwacht. Maar zij hield moed en antwoordde: «Waarom niet? Denkt ge misschien dat ik een kwaad geweten heb?» — «Welnu,» hernam hij, «ik geef u een gulden als gij het doet. Maar ik moet morgen vroeg kunnen zien, dat gij er werkelijk geweest zijt; daarom zal ik u een stok meêgeven, dien moet gij daar in den grond steken.»

Hij haalde uit den veestal een bezemsteel. Zij nam dien van hem aan en begaf zich door het barre weder op reis, denkende: « Een gulden kan ik niet spoediger verdienen. » Zij kwam op het kerkhof en bij het graf van hem dien zij eens had lief gehad. Zij stak den stok daar in den grond en meende oogenblikkelijk terug te keeren, maar — zij werd onder bij haar kleed vastgehouden. Verschrikkelijk! zij trok en zij trok, maar kwam niet los.... Ik zal niet beproeven den angst te beschrijven die haar toen aangreep.

De boer en zijn zoon zaten tehuis op hare terugkomst te wachten. Zij vonden, dat Lysbeth wel zeer lang uitbleef. Toen 't nog wat geduurd had zeî de boer: « zij mag wel een ongeluk hebben gekregen in de duisternis; wij moeten er onderzoek naar doen. »

De twee mannen begaven zich naar het kerkhof. Zij vonden haar op den grond nedergezegen; daar lag zij verkleumd en als dood. Zij beurden haar op, maar haar kleed zat nog vast. En wat ontdekten zij nu? Zij had den gepunten stok door den rand van haar schort gestoken. De mannen brachten haar zoo spoedig zij konden naar huis. Daar werd zij met de meeste zorg verpleegd. Maar toen Lysbeth weêr tot haar zelve kwam, was zij, helaas! krankzinnig. — En dat is zij gebleven.

Het paaltje van Oosterlittens.

Bij het kienspel en ook wel bij andere gelegenheden noemt men in Friesland het nommer 1 « het paaltje van Oosterlittens. » Vanwaar deze benaming? Laat ik u dit eens vertellen.

Er woonde in den ouden tijd te Oosterlittens een schoenmaker die geen ruim bestaan had. Hij was vlijtig en oppassend, zijne vrouw was zuinig en bekwaam voor de huishouding; maar de menschen hadden een getalletje kinderen en zoo kwamen zij altijd maar sober rond. De baas verloor echter den moed niet, want het lag altijd voor vast bij hem, dat den eenen of anderen tijd zijne levensomstandigheden beter zouden worden. Zijne vrouw noemde dit dwaasheid, maar wat zij gelukkig vond: haar man zondigde er niet op door zich aan luiheid over te geven.

Nu gebeurde 't, toen zij op een morgen samen aan het ontbijt zaten, dat baas zoo zeide: « Wat heb ik heden nacht een bijzonder helderen droom gehad. Er werd mij aangezegd, dat ik te Amsterdam op de Papenbrug mijn geluk kan vinden. » — « Gelukkig, dat het hier zoo ver af is, » zeide de vrouw, « anders zoudt gij dwaas genoeg zijn om er op los te gaan. Een droom is immers een drog.»

Baas sprak er niet meer over, maar hij kon dien droom den geheelen dag niet uit de gedachten zetten. Dit gelukte hem niet voordat hij des avonds in slaap viel..... Het mocht wat! Hij droomde den volgenden nacht alweêr, dat hij te Amsterdam op de Papenbrug zijn geluk kon vinden. Hij was van meening, dat dit toch wel iets konde beteekenen, maar sprak hij er met zijne vrouw over, dan lachte zij hem uit en verzocht hem er van te zwijgen, want het was haar al te zot. «Een droom is een drog» zeî ze dan. Met dat al: den derden nacht droomde de man alweêr hetzelfde en even klaar en helder als de twee vorige keeren. Toen zeî hij des morgens: «Nu valt er niets meer tegen te praten, vrouw, ik ga naar Amsterdam.» En zijne vrouw mocht doen wat zij wilde om hem dit besluit uit het hoofd te praten, het hielp haar niets. Baas begaf zich op reis.

Te Amsterdam aangekomen liet hij zich aanwijzen waar de Papenbrug was, — en daar wandelde hij nu maar wat rond. Wat hij er eigenlijk zoude vinden, daar kon hij zich geen denkbeeld van vormen. Den eersten dag vond hij er ook werkelijk niets. Den tweeden dag herhaalde hij zijne rondwandeling op en bij de Papenbrug, soms stond hij ook lange poozen stil; maar hij vond alweêr niets. Zijne dwaasheid begon hem reeds half te berouwen, maar de baas schoenmaker was er de man niet naar, om spoedig den moed te laten zinken. Den derden dag deed hij hetzelfde wat hij de twee vorige dagen had gedaan. Maar nu werd hij tegen den avond aangesproken door een bedelaar, die zeî: «Ik heb opgemerkt, vriend, dat gij nu reeds drie dagen achtereen hier rondloopt of stilstaat; wat zoekt ge hier, als ik vragen mag?» — «Wat ik hier zoek, kunt gij mij niet geven,» antwoordde de baas kortaf. — «Dat weet ge zoo niet,» hernam de bedelaar; «als je mij niets wilt zeggen kan ik zeker niets doen.»

«Nu dan,» zeî baas, «toen ik nog tehuis was heb ik drie nachten achtereen gedroomd, dat ik hier op de Papenbrug mijn geluk zoude vinden.»

De bedelaar begon te lachen en zeî: «Wel, mijn goede man! ben jij nog zoo onnoozel dat je aan droomen gelooft? Ik niet hoor! Ik heb kort geleden drie nachten achter elkander gedroomd, dat te Oosterlittens in Friesland, in het bleekveld van den schoenmaker, die tegenover de kerk woont, een ketel met geld begraven ligt, onder een paaltje dat daar moet staan. Maar ik zal niet zoo gek zijn, daar heen te reizen.» Dit hoorde baas met groote verbazing, maar hij wist zich bedaard te houden en zeide: «Nu, het zal ook maar het beste zijn, dat ik weêr naar huis reis.» Dit vond de bedelaar ook, en nu ging deze zijns weegs.

Vol verlangen begaf baas zich op de terugreis, die hem zoo mogelijk nog langer viel dan de heenreis. Tehuis gekomen voorzag hij zich spoedig van eene spade, begon in zijn bleekveldje te graven en had het paaltje, dat daar tot sieraad stond, spoedig verwijderd. Zijne vrouw, die tengevolge zijner mislukte reis naar Amsterdam reeds slecht gehumeurd was, begon hem nu hevig te beknorren. Maar toen baas, na eenig zwoegen, een ketel met geld uit den grond te voorschijn haalde, toen veranderde het kompas. «Wat zeg je nu?» zeî baas, «mag het nu niet gezegd worden, dat ik te Amsterdam op de Papenbrug mijn geluk gevonden heb?» De vrouw moest dit toestemmen.

De gelukkige echtgenooten kwamen overeen de zaak voor hunne dorpsgenooten geheim te houden en voortaan wel minder sober, maar toch even eenvoudig en werkzaam te blijven leven als zij altijd gewoon waren geweest. En zoo deden zij ook. De ketel dien zij met het geld hadden gevonden was een ijzeren waterketel, en de vrouw nam hem in huishoudelijk gebruik. Er stond ook een opschrift op, maar dit trok weinig hunne aandacht, omdat zij het niet konden lezen; het was in een vreemde taal. Juist hierdoor kon het ook geen argwaan wekken bij de buren, die wel eens bij hen in huis kwamen. Maar op zekeren tijd kreeg baas een bezoek van den predikant zijner gemeente. Deze nam plaats bij den haard, terwijl de gevonden ketel boven het vuur hing. Dominé bekeek het opschrift en zeide weldra: «Hé baas, waar heb je dien ketel vandaan?» — «Dien heb ik gekocht van een koopman in oudroest,» loog baas; «er staat ook «lezen» op, maar daar kan ik natuurlijk niets van begrijpen. Dominé zal het wel kunnen lezen.» — «Lezen kan ik het wel,» zeide dominé, «maar de bedoeling er van begrijp ik niet; het is Latijn en in het Hollandsch vertaald luidt het: Onder dezen ketel ligt nog een ketel.» — «Daar begrijp ik ook niets van,» zeide baas heel onnoozel. Maar bij zichzelven dacht hij: «Dat zou drommels mooi zijn!» en hij wenschte niets vuriger dan dat dominé maar vertrok. Terstond daarna ging baas op nieuw aan het graven, nu natuurlijk veel dieper dan den eersten keer.

En hij vond waarlijk nog een ketel met geld gevuld. Thans was onze schoenmaker een welgesteld man. Om de geschiedenis van zijn geluk in aandenken te houden, liet hij een paaltje van hardsteen maken en in zijn bleekveld planten op de plaats waar hij de twee ketels met geld uit den grond had gehaald en waar vroeger slechts een houten paaltje stond. Langer dan honderd jaren na den dood van den schoenmaker en zijne vrouw heeft, naar men zegt, het steenen paaltje nog op dezelfde plaats gestaan. En omdat het nommer 1 zoo sprekend op het paaltje geleek, gaf men dat nommer den naam van «het paaltje van Oosterlittens».

Kees Mosterd.

Voor onheugelijke jaren woonde er in Amsterdam een man die bij ieder bekend stond onder den naam van Kees Mosterd. Hij droeg dezen naam omdat hij dagelijks langs de huizen mosterd liep venten. En het scheen dat zijne waar, die hij in een paar vaatjes aan een juk droeg, van eene uitstekende hoedanigheid was, want wie er eens van gebruikt had, wilde nimmer weêr anderen mosterd hebben dan van Kees. Het was dan ook verbazend hoeveel mosterd de man verkocht en men was algemeen van meening, dat hij juist geen kostwinning had, maar wel degelijk een geldwinning.

Kees Mosterd had drie kinderen. De oudste er van was een zoon met name Jan, een flinke jongeling naar lichaam en geest, want Kees had hem veel laten leeren. Nu gebeurde 't op zekeren avond dat Jan met zijn vader alleen zat en zeide: «Vader, ik zou wel haast willen trouwen.» — «Welzoo!» zeî vader, «nu, daar heb ik niets tegen. Heb je reeds eene bruid gekozen?» — «Ja zeker,» zeî Jan, «maar ik weet volstrekt niet of zij mij zal willen hebben. Ik ben verliefd op des burgemeesters dochter.» — «Die keus is waarlijk niet verkeerd,» zeide Kees, «maar aangezien het meisje er niets van afweet, dient er werk van de zaak te worden gemaakt. Ik wil oogenblikkelijk gaan en er den burgemeester over spreken.»

Kees kleedde zich, begaf zich op weg en belde bij den burgemeester aan. Mijnheer opende zelf en zeî den eenvoudigen man vriendelijk goeden avond. Maar 't laat zich denken, dat hij vreemd ophoorde toen de mosterdman hem vertelde, dat diens zoon met mijnheers dochter wenschte te trouwen, en de vader daarvoor mijnheers toestemming kwam vragen. De burgemeester, die een gulhartig man was, vatte de zaak van de grappige zijde op en zeî schijnbaar ernstig: «Wel man, dat is eene zaak van gewicht; daar kan ik niet dadelijk over beslissen. Eerstdaags zal ik u mijn besluit laten weten.» Hiermeê was Kees voorloopig best tevreden en tehuis gekomen vertelde hij zijn zoon, dat hij, hoewel nog in het onzekere, toch geen bepaalde weigering had ontvangen.

De burgemeester was ook in zijn schik, niet zoozeer omdat hij gelegenheid had gevonden om van zijn dochter af te komen, als wel omdat hij het geval recht grappig vond. Hij wilde er een vroolijken avond van hebben. Hij noodigde eenige kennissen bij zich en liet Kees verzoeken, op denzelfden avond met zijn zoon bij mijnheer te komen. De goede lieden wisten niet dat zij daar voornaam gezelschap zouden ontmoeten, maar zij trokken toch hunne beste kleêren aan, en begaven zich naar het huis van den burgemeester. Mijnheer liet hen binnen komen en zeide dat hij bezoek had gekregen, maar dit behoefde hen niet te hinderen in de bespreking hunner zaak, hij had voor die heeren geene geheimen. Kees vond ook, dat dit in dit geval onnoodig was, omdat er geen schelmerij achter stak. De aanwezige heeren waren zichtbaar in eene geschikte stemming om zich recht te verkneukelen met de praatjes en het gedrag der twee eenvoudige burgerluidjes. Zij waren door den burgemeester op de hoogte der zaak gebracht. Deze begon, nadat Kees en Jan ieder een pijp hadden opgestoken: «Gij hebt voor uw zoon om de hand mijner dochter gevraagd, vriend!» — «Jawel mijnheer,» zeî Kees, «dat heb ik.» — «Maar gij zult mij moeten toestemmen,» vervolgde mijnheer, «dat het met trouwen alleen niet goed is. Wij dienen ook te vragen hoe de jongelui aan den kost zullen komen.» — «O! als dat de zwarigheid is,» zeî Kees, «ziedaar!» En hij wierp een tweeguldenstuk op de tafel. «Als ik mijn zoon twintigduizend zulke stukken meê geef, en gij rust uw dochter op dezelfde manier uit, mijnheer, dan zullen zij voorloopig wel kunnen leven, denk ik.»

Mijnheer keek al een weinig op zijn neus. Hij wist niet wat er van te denken, of 't ernst of gekscheeren was van Kees. «Maar,» zeî hij, «kent je zoon mijne dochter wel?» Kees zweeg, maar keek Jan aan. Deze zeî: «Zeker mijnheer, ik ken haar wel.» — «Kom,» zeî mijnheer, «laat ons daar eens de proef van nemen.» Des burgemeesters dochter had, in overleg met haren vader, dienzelfden avond eenige vriendinnetjes bij zich genoodigd. De meisjes, die in een aangrenzend vertrek bijeen waren, hadden zich voor deze gelegenheid opzettelijk allen gelijk gekleed. Mijnheer vervolgde: « Wij zullen de kamerdeur wijd openzetten; vijf juffers zullen daar één voor één voorbij gaan; kent Jan mijne dochter, dan moet hij kunnen zeggen wie van de vijf zij is.» Het geschiedde alzoo en Jan vergiste zich niet.

Mijnheer had eigenlijk het tegendeel gewenscht. Ja, hij wenschte ook reeds bij zichzelven, dat hij de grap maar niet was begonnen. Hij zon op een middel om Kees in het nauw te brengen ten einde zich van den man te kunnen afmaken. « Maar hoor eens, goede vriend,» zeî hij weêr, « het is nog niet voldoende als het jonge paar zooveel geld heeft. Mijne dochter behoort volgens haren stand een aanzienlijk huis te bewonen, een huis dat hier in Amsterdam ontzaglijk veel geld zal moeten kosten.» — « Ook daar is raad toe,» zeide Kees. « Dan moet die mijnheer, die daar in den hoek zit, maar verhuizen.» Meteen wees hij op een der heeren van het gezelschap. « Ik verhuizen?» vroeg deze verbaasd. « Welja,» zeî Kees, « gij hebt het huis dat gij bewoont, in huur van Geert Zout, den man die al mijne huizen voor mij verhuurt, omdat ik zelf daarmeê geen moeite kan hebben. Het huis dat gij bewoont behoort mij, evenals dat van den man die naast u zit.»

Zoo stopte Kees Mosterd telkens des burgemeesters mond; deze wist ten slotte geene bedenkingen meer. Geld, dat alles kan dwingen, bezat Kees in overvloed, dit begon mijnheer te begrijpen. En het eindigde hiermeê, dat de burgemeester van Amsterdam toestemming gaf tot het huwelijk zijner dochter met den zoon van den mosterdman, alleen onder deze voorwaarde, dat Kees voortaan niet meer met een paar mosterdvaatjes aan een juk langs de huizen zou loopen venten. Dit wilde Kees wel beloven, want hij kon zeer goed leven zonder iets te doen voor den kost.

Kort daarna werd Jan, de zoon van Kees Mosterd, de schoonzoon van den burgemeester. En nu duurde 't niet lang of hij bekleedde een aanzienlijken stadspost, waarvoor hij uitstekend bekwaam was, omdat zijn vader hem in zijne jeugd zooveel had laten leeren.

Eene nicht in Amsterdam.

Nog in het eerste derdedeel dezer eeuw, toen stoombooten nog onbekend waren, ging eene reis uit Friesland naar Amsterdam veel moeilijker dan thans. Toen was het in vele dorpen, waar geen groothandelaars woonden, eene zeldzaamheid, wanneer er eens iemand naar Amsterdam was geweest. Het werd ook niet zonder gevaar geacht, dat een onervaren dorpeling zich daaraan waagde; want men hoorde hier soms leelijke dingen vertellen van die groote stad met zijne nauwe stegen, waarin allerlei gespuis zich ophield. Iemand die daar den weg en de spraak niet kende, liep groot gevaar om zeer verkeerd terecht te komen. Bedriegers en oplichters zouden hem in het ootje kunnen nemen, hij zou het met slechte vrouwen te kwaad kunnen krijgen, ja, hij zoude ook in een herberg kunnen worden gelokt en daar met lage middelen overgehaald om zijn naam te teekenen, waardoor hij zich tegen zijn zin verbond voor den krijgsdienst in Indië of op het oorlogschip.

In dien tijd is, naar men wil, een jongeling van Makkum eens leelijk te Amsterdam in de fuik geloopen. Hij woonde als eenig kind bij zijne ouders in huis. Zij waren beste brave lieden, zeer welgesteld ook, maar hadden hunnen zoon niet veel kennis laten maken met de wereld en hare begeerlijkheden, allerminst met hare gevaren. Zij hadden eene nicht in Amsterdam, hierover werd in huis dikwijls gesproken en men hield ook steeds briefwisseling met haar. Zij drong er daarbij wel op aan, dat haar neef, de zoon des huizes, haar eens zou komen bezoeken. De ouders waren hier niet bijster op gesteld, de zoon had er echter wel lust toe, en ten slotte kwam men overeen dat hij de reis toch maar zoude ondernemen, en wel met het beurtschip van Makkum op Amsterdam, dat steeds een dag of drie in de hoofdstad vertoefde.

De schipper nam op zich te zorgen dat de onbedreven reiziger kwam waar hij moest zijn. Maar zoodra het schip te Amsterdam aan was, had de schipper natuurlijk allerlei zaakjes te beredderen eer hij er aan kon denken de stad in te gaan. De jongeling vond daarom goed maar een eindje rond te wandelen. Hij scheen er echter weinig op te rekenen, dat Amsterdam zooveel grooter is dan Makkum. Na een poosje wandelens zich even bezinnende, was hij reeds zoover gekomen, dat hij niet recht wist hoe de ligplaats van het beurtschip terug te vinden. Daar komt een fraaigekleede juffer op hem toe, die hem vriendelijk aanspreekt met: «Dag neef!» Hij keek verwonderd op en vroeg: «Ben jij mijn nicht?» — «Wel zeker! kom jij maar spoedig meê naar mijn huis.» — «Maar ik begrijp niet hoe je mij kent. Wij hebben elkander immers nooit gezien.» — «O! ik zag het op eens, dat jij mijn neef moest zijn.» — En zoodra zij begreep waar hij vandaan kwam, vertelde zij, altijd even lief en vriendelijk, dat zij op weg was gegaan om hem van het schip af te halen.

Hij vertelde nu, dat hij bij haar wenschte te verblijven tot het schip weêr naar Makkum vertrok. En zij was daar uitstekend meê in haar schik. Zij bracht hem in een nette woning en onthaalde hem kostelijk. Nicht wenschte natuurlijk gaarne bijzonder veel te weten van alles wat zijne ouders, haar oom en tante betrof, en neef vertelde wat hij maar wist. Zoo vervlogen de uren snel en eindelijk kwam de tijd om ter rust te gaan. Zij bracht hem in een slaap-vertrekje waar alles keurig was ingericht. Hij sliep weldra als een roos. Maar toen hij in den vroegen morgen even ontwaakte, ont-dekte hij, dat nicht met al hare zorgzaamheid toch nog een nood-zakelijk meubeltje had vergeten. Hij vond best maar even naar buiten te gaan; het kamertje was gelijkvloers en onmiddellijk bij de voordeur. Dus hij deed het. Maar toen hij weêr binnen wilde gaan vond hij, tot zijne groote verbazing, de deur gesloten. Hij klopte, maar 't scheen niet gehoord te worden. Hij klopte harder, op de deur, op de vensters, maar zonder gevolg. Het was eene nauwe stille straat waar nicht woonde; hij zag of hoorde geen mensch. Ja, daar naderde eene vrouw, van de arbeiders-klas naar 't scheen, met een nog zeer jong kind op den arm. Op hare vraag, hoe hij daar zoo stond op zulk een ongelegen uur, vertelde hij haar het geval.

«O!» zeî het mensch, «dat komt wel terecht. Ik ben hier in de buurt zeer goed bekend. Als jij zoo goed wilt zijn mijn kind even aan te nemen, dan ga ik een straatje omloopen; zoo weet ik bij de achterdeur van dit huis te komen en zal dan je nicht wel wekken. Deze deur zal zeker vanzelf op slot geslagen zijn.» Zon-der zijn antwoord af te wachten, duwde zij hem haar kind in de armen en verdween om den hoek der straat. Hij stond nu eene poos geduldig te wachten, maar vernam niets, binnenshuis even-min als daar buiten. Hij begon weêr te kloppen, met geweld ook; maar 't hielp hem niets. Nicht scheen maar door alles heen te slapen. De gedienstige arbeidersvrouw kwam ook niet terug. Zijn toestand werd hachelijk; hij kon dat arme schaap van een kind toch ook niet op de straatsteenen neêrleggen.

Eindelijk kwamen er menschen op de been, die hem duidelijk maakten dat hij gefopt was. Het ontbrak nu gelukkig niet aan hulpvaardigen, die zorgden dat de ongelukkige neef behoorlijk ge-kleed weêr bij het Makkumer beurtschip kwam.

II.   8

Het is reeds een aantal jaren geleden toen iemand te Makkum mij mededeelde, dat het bovenstaande eene ware geschiedenis is. Hij die dit zeide had, naar zijn zeggen, in zijne jeugd den reiziger naar Amsterdam gekend.

Een zilveren vloer.

In mijne jeugd vertelde men in Friesland, dat in Amsterdam een schatrijk heer woonde, die in zijn huis een kamertje had dat gevloerd was met op den kant staande gekartelde drieguldens. En deze muntstukken waren er zoo vast en stevig in gezet en sloten zoo zuiver ineen, dat de eigenaar ieder, die 't wilde beproeven, de vrijheid gaf om er één uit te trekken. Gelukte dit, dan mocht hij, die 't kunststuk had uitgevoerd, de geheele bevloering wegnemen en al de drieguldens als zijn eigendom beschouwen. Men zeide dat dit wel was beproefd, maar altijd vruchteloos.

Evenzoo vertelde men in dien tijd te Leeuwarden, dat daar een onderaardsche gang was, van uit de Waag (nabij de Langepijp) onder den Wirdumerdijk door tot in de Wirdumerpoort. Na het afbreken dezer poort was de opening aan die zijde gesloten. De gang was ten behoeve van de verdediging der stad, en daarom gevuld met wapenen en geld. Daarom werd ook de nog bestaande toegang in de Waag geheim gehouden. Er was ten minste geen schoolknaap, die dien toegang ooit had gezien, maar het plaveisel van den Wirdumerdijk lag ten gevolge van dien gang zeer gewelfd, en als men op de juiste plekken in die straat stevig stampte met den voet, kon men duidelijk den hollen klank van het gewelf vernemen.

Eene dagtaak.

Er was eens een oude vrijer die koophandel dreef in vee en landbouwproducten en daarmede een aardig vermogen had gewonnen. Maar hij was gierig en daarom ongetrouwd gebleven, want hij vreesde dat eene vrouw allicht meer geld zoude verspillen dan hem lief was. Maar nu kreeg hij op zekeren tijd een nieuwe huishoudster, eene gezonde levenslustige meid van nog geen dertig jaar. Deze wist het zoo aan te leggen, dat hij haar tot vrouw nam. Niet lang echter na den trouwdag verweet hij zich reeds dat hij eene dwaasheid had begaan. Zijne jonge vrouw was van geringe afkomst en nu zij in ruimer omstandigheden was gekomen, bestond er groot gevaar, dat zij te rijk zou willen leven. Lekker smullen, zich fraai kleeden en ook in huis allerlei pracht ten toon spreiden, zijn dingen die zulke ijdele schepsels gaarne doen, dacht hij. En het kwam hem raadzaam voor, daartegen zoo mogelijk maatregelen te nemen. Haar den geheelen dag aan het werk te houden, zoodat zij voor onnoodige liefhebberijen geen tijd had, dit zoude misschien een goed middel zijn om het gevreesde kwaad af te weren. De koopman ging meest elken morgen op reis voor zijne zaken en keerde dikwijls niet voor 's avonds laat terug. De vrouw had alzoo ruimschoots gelegenheid, om buiten zijn weten iets uit te voeren wat hem niet welgevallig kon zijn. Dit wilde hij trachten haar te beletten.

En wat deed hij nu? Telkens, als hij voor een dag op reis ging, schreef hij haar eene dagtaak voor en hij zorgde wel, dit lijstje zoo goed te vullen, dat zij den ganschen dag bijna geen oogenblik ledig kon zijn. De koopman was sinds lang gewoon zich altijd met huishoudelijke zaken te bemoeien en alles tot in de bijzonderheden na te gaan. Hierdoor was hij ingewijd in alle geheimen der huishouding en wist zeer goed met hoe veel, of liever met hoe weinig eene vrouw konde rondkomen, en deze kennis diende hem tot leidraad bij het samenstellen der dagtaak.

De jonge vrouw had verstand en overleg genoeg om eene huishouding te besturen. Zij had werken geleerd en was er niet afkeerig van. Zij legde zich er op toe om alles te doen wat haar door haar man werd voorgeschreven. Maar!.... het was haar wel tegen de borst en zij wachtte slechts op eene gelegenheid om hem zijne gestrengheid betaald te zetten.

Het huis van den koopman stond een weinig afgezonderd en eenzaam op een erf, dat omgeven was met een niet zeer wijde maar tamelijk diepe gracht, en over deze lag een plank of vonder, waarlangs men op den algemeenen weg kwam. Deze plank was door veeljarigen dienst zoo ongaaf en zwak geworden, dat een minder zuinige eigenaar reeds lang voor een nieuwe zoude hebben gezorgd. En op zekeren morgen, toen hij weêr op reis zoude gaan, brak de plank terwijl hij er over liep, en in een ommezien stond hij tot aan de borst in het water. Hij zag geen kans om zonder hulp er uit te komen en begon hard te schreeuwen aan zijne vrouw. Zij kwam niet spoedig, maar toen hij aanhield en steeds harder riep, opende zij eindelijk even de deur, stak het hoofd naar buiten en vroeg verwonderd: «Wat is er toch?» — «Moet je dat nog

vragen?» snauwde hij haar toe, «je moet mij helpen uit de gracht
te komen.» — «Ja maar,» zeî ze, «dan moet ik eerst mijn lijstje
voor vandaag eens nazien.» Zij ging weêr naar binnen, kwam na
eenige oogenblikken terug en zeî: «Het is mij voor vandaag niet
voorgeschreven dat ik iemand uit het water moet helpen, dus ik
doe 't u ook niet.» Zij sloot de deur en liet hem aan zijn lot over.

Hij begreep nu dat hij zichzelven moest helpen of in de gracht
blijven. Niet dan na zeer veel inspanning gelukte het hem op den
wal te komen. Hij liep buiten het huis om, de achterdeur in, naar
de keuken, waar hij zijne vrouw vond, en zeide: «Help mij nu
maar spoedig de natte kleêren uittrekken en bezorg mij droge.»
Zij greep weêr naar het lijstje, zag het na en zeide: «Ook dat
is mij heden niet voorgeschreven, dus ik kan er mij niet meê bemoeien. Belet mij maar niet meer, ik zoude anders mijne dagtaak
niet ten einde krijgen.» En zij liet hem alleen. Hij moest zich
trachten te redden en hij deed dit, maar kreeg toch een harde koorts
en moest naar bed. Een en ander bracht hem tot beter inzien en
spoedig overlegden man en vrouw, dat zij meer geluk zouden smaken, wanneer ieder op zijn gebied bleef, en men elkander niet wan-
trouwde. Hieraan hebben zij zich in het vervolg gehouden en zij
hebben nog lang gelukkig geleefd.

Drie gebochelde broeders.

Er waren eens drie broeders zoo volkomen aan elkander gelijk,
dat niemand eenig verschil bij een hunner kon opmerken. Zij
waren drielingen, geloof ik; zeker weet ik, dat zij alle drie gebocheld waren. Zij woonden bij elkander in één huis en deden
gezamenlijk hun best om den kost te verdienen. Maar deze was
meest sober, en een hunner zeî ten slotte: «Ik wil toch eens beproeven of ik 't niet beter kan krijgen; ik ga de wereld in.» Hij
begaf zich op reis en kwam na verloop van eenige dagen in dienst
bij eene rijke boerin, die weduwe was en zooveel van hem begon
te houden, dat het hem spoedig gelukte haar tot vrouw te krijgen.
Nu kon hij een gemakkelijk en lekker leven hebben, en toen zijne
broeders dit te weten kwamen, werden zij belust om daar ook meê
van te genieten. Zij kwamen hunnen gehuwden broeder dikwijls
bezoeken, hoofdzakelijk om maar eens goed te kunnen eten, terwijl
zij andere hulp ook niet versmaadden. Maar dit begon de vrouw
spoedig te verdrieten en zij besloot zich door een kras middel van

de klaploopers te ontslaan. Op zekeren dag, toen haar man op reis was, liet zij de twee broeders bij zich verzoeken, met de bepaling, dat de een een half uur later moest komen dan de ander. En toen nu de eerstkomende tot aan het huis was genaderd, werd hij aangegrepen door een armen drommel, die door de vrouw was omgekocht om den bultenaar van kant te maken. Hij voerde den stumperd naar een eenzaam veld, wierp hem daar in het water, liet hem verdrinken en keerde toen terug om zijn loon te ontvangen. Maar de vrouw zeî: «Je hebt slecht je plicht gedaan; de man zit reeds weêr bij mij in huis. Kijk maar!» — Jawel! Maar het was de tweede broeder, die intusschen was aangekomen. De arme man vloekte en zeî: «Dan moet ik 't nog eens overdoen.» Ook deze bultenaar werd weggevoerd en onderging hetzelfde lot als zijn broeder. Ten tweedemaal terugkeerende, ontmoette de moordenaar op het erf den man des huizes, die van de reis terugkwam. — «Verduiveld!» riep hij uit, «reeds tweemaal heb ik je verdronken en nog leef je! Dat zal me toch benieuwen!» — Eer de goede man het kon denken, werd hij aangegrepen, om eenige minuten later te worden gezonden naar het rijk der visschen. Zoo waren nu de drie bultenaars allen opgeruimd. Toen de vrouw het rechte van de zaak kwam te weten, speet het haar toch wel een weinig, dat zij haar man zoo door eene vergissing was kwijt geraakt.

Van eene boerendochter die bijziende was.

Er was eens een oude boer die ontzaglijk veel geld en goed had en geene andere kinderen dan eene dochter. Deze had zeker gemakkelijk een vrijer naar haren zin kunnen krijgen, had zij maar geen hinderlijk lichaamsgebrek gehad. Zij was namelijk buitengewoon sterk bijziende; vooral bij lamplicht kon zij de voorwerpen zelfs in hare nabijheid moeilijk onderscheiden. Menig knappe jongeling had in haren rijkdom aanleiding gevonden om haar een bezoek te brengen, maar als zij dan, ten gevolge van haar slecht gezicht, allerlei vergissingen en onhandigheden beging, dan kreeg hij opeens een tegenzin in haar en herhaalde zijn bezoek niet. Dit was zeer lastig voor het meisje, want zij wou zoo graag een flinken vrijer hebben. Zij was dus altijd bedacht op middelen om de vrijers, die haar kwamen bezoeken, in den waan te brengen, dat hare bijziendheid niet half zoo erg was als velen schenen te meenen.

Op zekeren zondagavond kwam eens weêr een vrijer opdagen.

Het was in het begin van den herfst en de geheele zomer was voorbij gegaan zonder dat zij eenig bezoek had gehad. Andere meisjes waren met hare vrijers uit rijden geweest naar naburige kermissen, maar zij had altijd tehuis moeten zitten. Daarom was dit bezoek haar hoogst welkom en het eerste waar zij over dacht, was het vinden van een middel om bij den jongeling in een goed blaadje te blijven. Met hare moeder, die eene scherpzinnige vrouw was, overlegde zij de zaak, en deze had spoedig iets gevonden om den vrijer te doen gelooven, dat het meisje een paar oogen had als de beste. De moeder ging naar 's lands wijs aan het panne-koeken-bakken, en men was afgesproken dat zij, terwijl de dochter en de vrijer aan het eten waren, ongemerkt tusschen hare bezig-heden in, een kleine naainaald op de tafel zoude leggen. Het meisje zoude 't dan doen voorkomen alsof zij die naald op een afstand zag.

De plaats op de tafel waar de naald zoude liggen was nauw-keurig bepaald en de maaltijd begon. Niet lang waren het meisje en haar vrijer naast elkander aangezeten, toen zij zeide: «Hé, moeder, daar bij u op de tafel ligt een naaldje.» — «Waar dan, kind?» vroeg de moeder. «Kijk daar!» antwoordde de dochter, terwijl zij ver langs de tafel reikte en de naald opnam. Dit ont-ging des vrijers aandacht niet. «Wel verbruid!» dacht hij, «men heeft mij altijd verteld dat deze meid zoo bijster slecht ziet; maar dat is immers niet waar. Zij moet integendeel een paar oogen hebben als een valk.» Het middel had dus goed gewerkt.

Zij kregen van de moeder ieder weêr een pannekoek op den schotel. De vrijer bediende zich van de rol boter, die daarvoor op de tafel stond, en schoof ze vervolgens het meisje toe. Deze bemerkte dit niet, maar toen zij onwillekeurig even opkeek riep zij plotseling: «Leelijke kat! wat doe jij op de tafel?» terwijl zij de rol boter zulk een stevigen klap gaf, dat deze op den grond terecht kwam. Zij had de rol boter voor de oude witgrijze kat aangezien.

Nu was de kans verkeken. Toen de tijd van vrijen daar was maakte de vrijer verontschuldigingen en vertrok om nooit terug te keeren.

Om rijk te worden.

Frederik en Lijs waren een paar echtelieden, die met hard wer-ken den kost moesten verdienen. De man deed steeds geduldig en welgemoed zijn best, maar de vrouw was altijd knorrig en

ontevreden. Zij wilde 't gaarne beter hebben in de wereld en
kwelde dagelijks hare hersenen om het middel te vinden hoe
daartoe te geraken, terwijl zij dikwijls haren man bekeef, omdat
hij aan zoo iets nooit dacht. Op zekeren avond hadden zij — wat
zij trouwens elken avond deden — zich tezamen ter rust begeven.
Frederik sliep weldra dat hij snorkte, maar Lijs kon den slaap
niet vatten, want zij lag weêr te malen over 't zelfde waarover
zij altijd maalde. Langer dan een uur had zij getobd, toen zij
Frederik met den elleboog in de zijde stompte om hem wakker
te maken. «Wat wil je?» mompelde hij op een toon die zeide:
«Laat me toch slapen.» — «Word wakker!» zeî Lijs, «ik heb een
middel gevonden waarmeê wij rijk kunnen worden.» Nu werd hij
beter wakker en vroeg: «Wat is dat?» — «Ik zal het je zeggen,»
zeide zij, «let maar goed op. Als ik eens een gulden vind, dan
moet jij mij daarbij een verdienen en dan wil ik er ook een bij
ter leen vragen. En wordt er ons dan ook nog een gegeven, dan
heb ik vier gulden, niet waar?» — «Ja, dat komt uit,» zeî Frederik. «Met dat geld ga ik naar de markt en koop een kalfje.
Dat zal grooter worden en opgroeien tot eene koe, die ons weêr
een kalfje zal brengen, — en dat kan ik dan verkoopen....» —
«Ja, waarlijk!» zeî Frederik. «Eene koe! dat zou mooi zijn. En
als die dan een kalfje krijgt, kan ik ook eens melk drinken.» —
«Wat zeg je daar?» zeî Lijs verstoord; «jij melk drinken? ben
je gek? neen, de melk krijgt het kalfje om er vet van te worden.
Schiet er iets over, daar karn ik boter van. Begrepen?»

«Nu, dat is mij ook wel,» antwoordde hij weêr; «maar voor een
enkelen keer mag ik toch wel een beetje melk drinken. Denk er
aan dat je ook een gulden van mij krijgt.» — «Niets zul je hebben, zeg ik je!» snauwde Lijs hem toe; «geldmaken is mijn doel,
maar jij, trage zorgelooze man, zoudt alles wel willen opmaken.
Ik zal wel wijzer zijn; ik wil eens wat vooruit komen in de wereld.»

Frederik werd ook wat driftig. «Hoor eens, vrouw!» zeî hij, «als
wij eene koe hebben, dan wil ik soms wat melk drinken.» — «En
ik zeg je, dat je niets krijgt,» zeî Lijs ter dege verstoord. «Lijs,
hou je stil!» riep hij weêr, «en anders: pas op!» — «Wat is dat?
durf jij mij te dreigen, jij lomperd!»

De twist werd gaandeweg heviger en liep ten slotte nog op een
vechten uit. — Of Lijs des anderen daags of kort daarna een
gulden heeft gevonden, hiervan meldt de geschiedenis niets,

Een dag baas.

Zekere boer had een knecht, die reeds eenige jaren bij hem had gewoond en hem zeer trouw diende. De knecht hield veel van den boer en de boer had met den knecht op; zij waren vrienden. Eens zeî de boer tot den knecht: «De tijd is er weêr, dat wij er over moeten spreken of gij een volgend jaar bij mij zult blijven wonen of niet. Ik wil je wel in mijn dienst houden.» — «En ik,» zeide de knecht, «wensch wel in uw dienst te blijven. Maar ik vraag een weinig verhooging van loon. Niet dat ik meer geld verlang; de som die ik jaarlijks verdien is voldoende. Ik verlang geheel iets anders. Boven mijn loon wensch ik één dag in het jaar de baas te zijn, en dien dag moet ik zelf kiezen. Dan moet al uw werkvolk mij gehoorzamen evenals zij dat gewoon zijn u te doen. En ook gij zelf moet dan doen alsof gij mijn knecht waart en mijne bevelen uitvoeren.» De boer lachte en zeî: «Dat kunt ge niet meenen. Dat is toch al te dwaas.» — «Het is mij volkomen ernst,» hernam de knecht; «en als ge 't niet kunt toestaan zal ik zeer zeker met Mei uw dienst verlaten. Ik wensch u niet te benadeelen ten bate van mij zelven; ik wil alles zijn ouden gang laten gaan. Ik heb er alleen maar zin in om eens één dag de baas te zijn.» Zij hebben daar, geloof ik, nog al lang tezamen over onderhandeld, maar 't liep toch hierop uit, dat de boer den eisch van den knecht inwilligde. Deze zoude één dag in het jaar de baas zijn.

Het was op zekeren dag in het volgende jaar, niet in den druksten tijd der boerderij, toen de boer des voormiddags van zijn erf stapte om naar het dorp te gaan, waar hij een gedeelte van den dag dacht te blijven. Maar de knecht riep hem terug en zeî: «Hier moet je komen, ik heb iets voor je te doen.» — «Wat is dat?» vroeg de boer verbaasd. «Ja,» zeî de knecht, «ik wil vandaag de baas zijn. Dus kom maar spoedig hier en help mij den grooten hooiwagen buiten de schuur trekken.» — De boer wilde zijn woord niet breken. De wagen werd naar buiten gehaald en bespannen met twee paarden. Toen dit gedaan was, zeî de knecht: «Volg mij nu naar de voorkamer.» Daar stond een tamelijk groote kast, die meestal ledig was. De knecht beval den boer deze kast met hem aan te pakken, weg te dragen en op den wagen te helpen laden. Zij was nogal zwaar. De vrouw zeide met een eenigszins angstig gelaat: «Wat moet dat nu beteekenen? Ik wil die kast daar houden.»

Maar zij werd niet gehoord, de kast kwam op den wagen. De boer en de knecht namen plaats op het voorkrat en reden weg. Zij reden snel en waar de weg wat oneffen was, stommelde de wagen zoo, dat de kast bijna scheen te dansen. De boer begreep het doel der reis niet en op zijne vragen daaromtrent ontving hij ontwijkende antwoorden. Na zoo een heele poos te hebben gereden, kwamen zij bij eene hooge brug, die over een breed en diep vaarwater lag. Midden op de brug hield de knecht de paarden staande en zeide: «Nu moeten wij de kast van den wagen af in het water werpen; pak maar aan!» Doch eer zij nog hadden aangepakt, kwam er binnen in de kast een erbarmlijk gejammer: «O, doe dat niet! o, doe dat niet!» gepaard met schoppen en stompen van geweld. De deur der kast, die gesloten was, sprong open, zóó dat de spaanders er na vlogen. En wie stak er nu het hoofd uit? Niemand anders dan de landheer van den boer, die deemoedig smeekte hem niet ongelukkig te maken. Dit werd hem beloofd, onder voorwaarde dat hij voor den boer de biecht moest afleggen. Deze kwam hierop neder, dat mijnheer bezoeken bij de vrouw aflegde, als de baas afwezig was. De knecht had dit reeds lang geweten, de boer had het nooit willen gelooven. Nu had de knecht dit middel er op uitgevonden om zijn baas de oogen te openen.

Door het rinket.

Voor vele jaren woonde te Gorredijk eene smidsvrouw, die gaarne van haar man ontlast wenschte te zijn en naar niets meer verlangde, dan naar het uur van zijnen dood. Een snaak, die het in 't geheim met den smid eens was, gaf haar den raad om haren man iederen morgen op warme broodjes te trakteeren. Daar zoude hij blind van worden en eindelijk wel sterven. Daar luisterde het laffe wijf naar alsof er haar lauw water in de ooren werd gegoten. En spoedig was haar besluit genomen: de smid zoude er aan gelooven, hij zou den zachten warmebroodjesdood sterven. Als zij des morgens de bakkershoorn hoorde, dan. snelde zij als een wilde draak de deur uit en haalde voor een schelling warme broodjes. De smid hield zich alsof hij nergens van wist en zeî tot zijne vrouw, die anders zoo vinnig als een schaar was: «Hé lieve, hoe komt Paasch zoo in 't land? Je wordt mild.» — «Ja,» zeî ze, «baas, wij hebben lang genoeg gesobereerd, wij willen 't er eens wat ruimer van nemen. Jij moet er zoo zwaar voor smeden, mij dunkt jij moogt het ten minste wel goed hebben.» En de smid, een groote 'slungel, was, evenals de meesten zijner zwarte kameraden, een man aan het aambeeld, maar ook een man aan den disch. Hij verslond als een leeuw elken morgen twintig warme broodjes.

Eindelijk begonnen ze hem toch tegen te staan, en toen hij merkte, dat het zijne vrouw op den duur ook wel wat te grof ging, klaagde hij dat zijne oogen hem schemerden. Hij dronk zijn dage- lijkschen borrel ook niet meer, omdat hij wel eens gehoord had dat dit kwaad voor het gezicht was. Dit stond de bijgeloovige vrouw bijzonder aan en zij beklaagde hem ook nog, die valsche slang! — Zoo sukkelde het er een paar dagen zoowat heen. Maar den derden dag, toen de smid des morgens opstond en zijn broek wilde krijgen, tastte hij in het turfvat. Hij wilde zijne schoenen aantrekken en greep den ouden kater bij den kop. En toen hij zijn pruik wilde opzetten, had hij den aschveger in de hand. Verbeeld u met welk een genoegen de vrouw dit alles zag; maar zij hield zich meêwarig en bezorgd, terwijl zij zeide: «Ach hé, baas, kunt ge niet meer zien?» — «Neen, Lijs,» zeî hij; «en nu wenschte ik wel dat ik maar dood was. Maar hoe kom ik dood? Ik heb wel eens van meester Ipe hooren zeggen, dat verdrinken de gemakke- lijkste dood is. Maar ik durf het zelf niet te doen; daarom moet jij mij helpen, lieve!» — «Foei! welke leelijke praat is dat, baas! Zoo moet je niet,» zeide 't valsche wijf, «je kunt licht nog wat beteren. Ik wil eens naar meester Baltes gaan, die heeft zulk uit- stekend oogwater.» — «Hoor eens!» zeî de smid, «ik wil dood, dat heb ik mij nu eenmaal in het hoofd gezet. En jij moet me helpen.» — «Dat is nu wel een weinig erg,» zeî de vrouw, «maar het is zooals je zegt, baas: een blind mensch is een ongelukkig mensch. Zóó heb je toch ook niets aan je leven. Toch ijs ik er van als ik er aan denk. Maar hoe moet het dan, baas?» De smid zeide: «Ik heb het zoo overlegd: je moet mij op den rand der vaart leiden, daar zal ik stil blijven staan en dan moet jij met een aanloop mij in het water storten.»

Zoo gezegd, zoo gedaan. Des anderen daags, toen de sluiswachter juist aan het schutten was, leidde Lijs haren man naar den kolks- wal. Nu ging zij eerst eenige schreden terug en liep toen met kogelsvaart op hem toe. Maar de baas, niet dom, week een paar stappen ter zijde en nu snelde zijne vrouw hem als een zwaluw voorbij en tuimelde plompverloren in de kolk der schutsluis. Zij begon te schreeuwen en te jammeren zoo verschrikkelijk, dat hooren en zien iemand verging: «Ach, lieve baas! help mij toch!» — «Ja, lieve,» zeî de smid, «ik zou je wel helpen, maar ik kan je niet zien, ik ben blind.» — «Help! help!» riep zij voor het laatst, ter- wijl zij in het water wegzonk.

De sluiswachter, opgeschrikt door het erbarmelijk schreeuwen van Lijs, kwam naar buiten en riep den smid toe: «Dit gaat wat erg, buurman! Moet het zoo, man?» — «Ja man,» was 't antwoord, «zij is er zelf ingevlogen en wilt gij haar opvisschen, dat moogt ge doen; maar ik wil er geen hand naar uitsteken, want zij wilde mij er in rammeien.»

De sluiswachter greep zijn langen haak en vischte in de kolk, maar de stroom had de vrouw door het rinket getrokken en nu kwam zij aan de buitenzijde der sluisdeur weêr opduiken. Nu sloeg de man den haak in hare kleeding, trok haar op den wal en bracht haar halfdood bij den smid in huis. Deze goot haar een romer Beerenburg in den hals, en zorgde verder, dat zij droog goed aan kreeg en naar bed werd gebracht. De smid was nu op eens van zijne blindheid genezen. Nog denzelfden avond gebruikte hij zijn borrel weêr. En de vrouw was sedert dien tijd zoo gedwee, dat men haar om den vinger konde winden.

Mannen! die onhandelbare vrouwen hebben, laat ze door het rinket vliegen. Het helpt, hoor!

E. HALBERTSMA.

De koekenpan.

Klaas was een arme schoenmaker, die maar een karig bestaantje had, al verdiende zijne vrouw Trijn ook iets meê door dagelijks ijverig te spinnen. Hun middagmaal was altijd sober en hierover mopperde Klaas dikwijls. Hij hield bijzonder veel van pannekoeken, maar had ze zoolang zij getrouwd waren niet gegeten. Het bleef een vurige wensch, nogmaals pannekoeken te kunnen eten, al was het slechts voor één enkelen keer.

Nu gebeurde 't dat zij een buitenkansje kregen door ééns iets meer te verdienen dan gewoonlijk, en nu kwamen man en vrouw overeen om pannekoeken te eten. Alles wat hiervoor noodig was werd bijeengehaald, maar ten slotte ontbrak hun nog het voor- naamste: zij hadden geen koekenpan. Hiervoor was geen anderen raad dan dat Trijn bij de buren ging vragen om een te leenen. Nu ja, een der buurvrouwen bezat wel een koekenpan en was be-

reid die ten gebruike af te staan, maar zij maakte er deze voorwaarde bij: «Dan moet je bij het terugbezorgen der pan, een paar
pannekoeken voor mijne kinderen meêbrengen.»

Trijn beloofde dit en nu was ze gereed. Er werden pannekoeken
gebakken en vervolgens gegeten. Klaas smulde recht lekker, ze
smaakten Trijn ook heerlijk en — eer ze er aan dachten was het
geheele baksel op. Zij hadden nog wel meer gelust. «Maar,» zeî
Trijn, «hoe maak ik het nu met buurvrouw? Ik heb haar een
paar pannekoeken voor de kinderen toegezegd.» — «Daar moet jij
voor zorgen,» zeî Klaas, «dat gaat mij niet aan.» — «Zoo, gaat
dat jou niet aan? Jij koudt wel een paar pannekoeken minder
hebben gegeten. Het is niet meer dan billijk, dat jij de pan terug
brengt.» — «Ik dank je hartelijk! Ik wil met dat brutale buurwijf
niets te doen hebben.»

Het liet zich aanzien dat er een tamelijk hevige twist zoude
ontstaan, maar Klaas gebruikte zijn verstand en zeide: «Hoor eens,
Trijn, we kunnen mekaar wel allerlei leelijke dingen verwijten,
maar goed beschouwd hebben wij beide even veel en even weinig
schuld aan het geval. We hadden wat meer meel moeten koopen,
maar de penningen die we hadden te besteden, lieten dit niet toe.
Nu wil ik een voorstel doen. We gaan beide aan ons werk zitten,
en zwijgen. Wie van ons het eerst een woord spreekt, zal verplicht
zijn de koekenpan aan buurvrouw terug te brengen.»

Trijn nam hierin genoegen en eenige oogenblikken later zaten
ze beide zwijgend te werken. Klaas op zijn drievoet trok aan den
pikdraad dat het een aard had en fluitte daarbij een lustig deuntje.
Trijn deed in een anderen hoek der kamer haar spinnewiel snor-
ren en bracht daarbij onophoudelijk een suizend geluid met hare
lippen voort. De lust en aandrang om een woord te spreken kwam
bij beide wel nu en dan boven, maar de een zoo goed als de ander
wist zich telkens te bedwingen. De zaak werd moeilijker toen er
een buurman kwam met een ouden schoen in de hand. Hij zeide:
«Baas Klaas, zoudt ge vandaag dezen schoen wat kunnen herstellen?» Klaas nam den schoen aan, knikte toestemmend en fluitte.
De buurman wilde blijkbaar een praatje maken, maar kreeg op
alles wat hij zeî geen ander antwoord dan hoofdknikken als 't ja,
en hoofdschudden als 't neen moest zijn, en dit altijd fluitende.

Buurman wendde zich tot Trijn: «Wat scheelt je man, Trijn?
Hij schijnt wel gek geworden te zijn.» Trijn spon door en deed

met hare lippen: *psss, psss, psss*, maar sprak geen woord. «Wat,»
zeî buurman, «kunt gij ook al niet praten? Dat is leelijk genoeg.
Weet je 't nog, Trijn, toen we beide nog ongetrouwd waren ben
ik eene poos je vrijer geweest. Wat heb ik toen wel aangename
uren aan je zijde doorgebracht en wat kondt ge toen aardig babbelen. Kunt ge dat nu niet meer? Laat ik dan eens beproeven het
je op nieuw te leeren.» Hij nam een stoel, plaatste zich aan hare
zijde en maakte de beweging alsof hij haar wilde kussen. Dit was
voor Klaas te veel; hij riep: «Hou! nu is 't ver genoeg!» En
Trijn klapte van blijdschap in de handen terwijl ze riep: «Ha! jij
hebt het verloren; jij moet de koekenpan terugbrengen!»

Wat zou de goede man doen? Hij zag zich genoodzaakt met de
koekenpan de deur uit en naar de booze buurvrouw te gaan en
Trijn achter te laten in gezelschap van haren vroegeren minnaar.

Leer om leer.

Een arme jongen diende bij een boer voor onderknecht. Gedurende den zomer kon de boer hem best gebruiken; in den wintertijd echter was er weinig voor hem te doen. Maar omdat zijne
ouders zeer arm waren, hield de boer hem des winters ook maar,
alleen voor den kost. Hiermede meende de man een groote wel-
daad aan den knaap te bewijzen en verzuimde niet, dit den armen
sukkel van tijd tot tijd te laten gevoelen.

Onder de huishoudelijke wintervoorraad van den boer speelden
rapen zoowat de hoofdrol. Minstens driemaal in de week bestond
de middagpot uit rapen. Die werden dan vooraf fijngesneden en
aldus gekookt. Maar als de meid het druk had, ging dat fijnsnijden
wel ietwat haastig toe. Zoo gebeurde 't, dat onze arme jongen op
zekeren middag aan tafel in zijn schotel een stuk koolraap kreeg
ongeveer zoo groot als een vuist. «Wel verbazend!» zeî hij, «wat
een dik stuk raap.» — «Een dik stuk raap? Het is immers een
stuk spek,» voegde de boer hem toe. «Nu boer,» antwoordde de
knaap bescheiden, «dat kunt gij niet meenen. Gij ziet even goed
als ik, dat het een stuk raap is.» — «Kom, kom, jongetje!» zeî
de boer met een streng gezicht, «je moest me maar wat minder
tegensnappen. Het is spek, zeg ik je, en als het je niet bevalt ga
dan maar bij je ouders in den kost, hoor! Ik kan je wel missen.»
De knaap proefde nu eens van het stuk raap en zeî daarop:
«Waarlijk, de boer heeft gelijk. Ik heb verkeerd gezien. Het is

spek. Maar zulk een groot stuk kan ik niet verteren, ik moet er een gedeelte van terug geven.» — «Kom,» zeî de boer, «peuzel het maar op, het is je gegund.» Het is begrijpelijk dat de knaap door de andere dienstboden werd uitgelachen.

De zomer kwam en de hooi-oogst met zijne drukte. Dan zijn er bij den boer dikwijls handen te weinig. De arme knaap was gansch geen luiaard. De boer zoude hem toen niet gaarne hebben gemist. Het gebeurde eens dat de knaap in de schuur boven op een hooggeladen wagen met hooi stond om dien te helpen ledigen. De boer had zijne bezigheid op den grond. De knaap zag een grauwe kat loopen en riep: «Kijk, boer! daar loopt een haas.» — «Ben je mal, jongen?» zeî de boer, «dat is immers een kat.» — «En ik zeg dat het een haas is,» hernam de knaap. «Kom,» zeî de boer, «maak nu geen grappen, maar werk.» — «Ik zal voor u niet meer werken,» was 't antwoord; «als gij volhoudt dat dat een kat is, ga ik terstond naar onzen buurman; ik weet dat hij mij gaarne zal aannemen voor een goed loon.» — «Ja, maar,» zeî de boer, «zoo is 't niet bedoeld. Ik zie nu wel dat je gelijk hebt; het is een haas.» — «Mooi zoo!» riep de knaap vroolijk; «dat waart ge nog aan mij schuldig:

Toen de raap was spek,   Moest ik houden den bek;
Maar nu de kat is een haas,   Nu speel ik den baas.

Drie wenschen.

Er waren eens een paar arme lieden, die met werken den kost moesten verdienen en zij hadden een zoon, die nog te klein was om te kunnen werken. Deze menschen waren vlijtig en zuinig; zij hadden altijd werk en waren er dus voor lieden van hunnen stand niet zoo heel erg aan toe. Maar man en vrouw beide waren wat ontevreden uitgevallen. Zij wenschten altijd om meer. Zij zouden gaarne het geld wat minder schaars willen hebben, om wat ruimer en tevens wat gemakkelijker te kunnen leven. Hierover waren ze gedurig aan het morren.

Nu gebeurde 't eens dat vader, moeder en zoon op een avond in hun kamertje zaten bij het licht van een brandend vuurtje, — toen er op eens een witte juffer in het vertrek verscheen. Zij verschrikten wel wat, maar dit bedaarde spoedig toen de verschijning hun vriendelijk toesprak en zeide: «Nu moogt gij alle drie ieder een wensch doen: vader één, moeder één en het zoontje één.»

Dit had de witte juffer nauwelijks gezegd of zij verdween. — Een poosje zaten de goede lieden elkander sprakeloos aan te kijken. Het zoontje was de eerste die het zwijgen afbrak en zeide: «Moeder, mag ik nu het eerste wenschen?» — «Ja,» zeî de moeder, «dat is goed, maar pas op! wensch nu niet verkeerd.» — «Neen,» zeî de knaap: «ik wou wel dat ik een mandje vol kooten had.» Hij had het niet gezegd of ziedaar! een fraai mandje gevuld met mooie gladde kooten stond vóór hem op den vloer. — Maar zijne moeder was zeer verontwaardigd en riep uit: «Domme jongen! hoe krijg je 't toch zoo zot in je hoofd? Ik wou dat jij je mandje met kooten aan je neus hadt.» Deze wensch werd ook vervuld; de knaap had het mandje met kooten aan zijn neus hangen. Zóó was 't niet gemeend, maar dit hielp niet. Of hij aan het mandje rukte en of zijne moeder hem hielp rukken, het zat voor goed aan den neus vastgegroeid, en 't rukken er aan deed den knaap zooveel pijn, dat hij 't uitschreeuwde.

Wat nu te doen? Het was toch een leelijk vooruitzicht, levenslang onder de menschen te moeten rondloopen met een mandjevol kooten aan den neus! Nu, de vader had zijn wensch nog te doen en nu zat er niets op dan dat hij maar wenschte, dat het mandje weêr van den neus mocht afvallen. Hij wensche dit en het gebeurde.

«Ach, hoe jammer!» zeî de moeder met een zucht, «nu hebben we alle drie gewenscht en nu hebben we nog niets.» — «Ja,» zeî de jongen, «ik heb een mandjevol mooie kooten, dat is altijd mijn verlangen geweest.

De afgestreken korenmaat.

Een boer zat in geldnood. Nu kwam de duivel bij hem en stelde voor, hem een korenmaat opgehoopt vol geld te brengen; dit moest de boer binnen zeven jaren terug betalen, maar hij kon dan volstaan met een rechtafgestreken volle maat. Voldeed hij hieraan niet, dan was zijne ziel aan den duivel verkocht. De boer nam het voorstel aan. Het duurde niet lang of de duivel kwam aandragen met een zakvol geld. Dit werd in de korenmaat geworpen en deze werd daarmeê zoo opgehoopt vol, dat er niets meer bijgevoegd kon worden. Wat deed nu de boer? Hij nam een stok en streek de maat recht af. «Zie zoo!» zeî hij tot den duivel: «neem gij nu wat in de maat is terug, dan heb ik binnen de zeven jaar aan het akkoord voldaan, en wat ik er afgestreken heb is het mijne; daar ben ik meer dan voldoende meê gered.»

Zonder kousebanden.

Op de Leije woonde voor vele jaren een man die nooit kouse-banden droeg. In zijn jongen tijd had hij zich aan den duivel ver-kocht voor den tijd van twintig jaar. Toen die tijd verstreken was, kwam Joost om hem te halen, juist op een morgen toen de man pas uit het bed was opgestaan en zijne kousen zat aan te trekken. «Kameraad, nu moet je meê,» zeî de duivel, «je tijd is om.» — «Dat weet ik heerschap,» zeî de man bedremmeld, «maar gun mij nog zooveel tijd dat ik mijne kousebanden ombind.» — «Nu, dat wil ik je wel toestaan,» zeî de booze; «doch maak wat spoed.» En wat deed nu de leeperd? Hij bond in het geheel geen kousebanden om en voegde den duivel toe: «Zoolang ik geen kousebanden om heb, moet je mij met rust laten, dat heb je beloofd.» — De gefopte duivel droop af. En de man zorgde wel, dat hij voortaan zonder kou-sebanden liep. Zoodra hij die omdeed werd hij ingepakt, dit wist hij.

De duivelsprent te Stiens.

Te Stiens woonde in den overouden tijd een boer, die zich aan den duivel had verkocht. Toen nu de tijd op eenige minuten na verstreken was, verscheen de booze in het woonvertrek. De knecht, die den boer iets had te vragen, opende even de kamerdeur, maar keerde haastig en verschrikt terug, toen hij den zwarten man zag. Hij liep naar de vrouw en zeide: «De duivel is bij den boer in de kamer.»

Dit kwam de vrouw ongelooflijk voor, maar om zich te over-tuigen sloop zij naar de kamerdeur en legde haar oor voor eene reet, om af te luisteren wat daar binnen gesproken werd. En nu hoorde zij iemand met eene afschuwelijke stem zeggen: «Maak nu dat je klaar komt, je tijd is dadelijk om.» — «Ja, zacht wat!» zeî de boer; «je wilt toch, hoop ik, nog wel zoolang wachten tot ik mijn wambuis heb dichtgeknoopt?»—«Nu ja, dat kan wel.» — «Goed!» zeî de boer. «En nu knoop ik het in eeuwigheid niet dicht.»

Te laat zag de duivel in dat hij zich had laten beetnemen. Hij werd woedend en vloog met zulk een dolle vaart het venster uit, dat hij tegen den muur van des buurmans huis stootte en daarin met zooveel geweld zijn paardenhoef sloeg, dat de indruk er van vele jaren daarna in de steenen heeft gestaan, juist zoolang als de muur in zijn ouden staat is gebleven. Voor veertig jaar was de duivelsprent daar nog te zien.

Sterke tabak.

De duivel ontmoette eens een soldaat, die een geweer had. «Drommels!» zeî Joost, «wat heb jij daar een mooie tabakspijp.» «Ja,» zeî de soldaat, «wilt ge daar eens uit rooken?» — «O ja, heel graag.» — «Goed, maar dan moet ik haar eerst stoppen.» — De soldaat laadde het geweer met kruit en lood, liet den duivel den loop in den mond nemen en brandde los. «Brrr!» zeî Joost schudkoppende, «wat is dat verschrikkelijk sterke tabak.»

Negen uur naar bed.

Zekere boer met een talrijk gezin was gewoon in den wintertijd des avonds na het eten met zijn volk kaart te spelen. Dit duurde soms tot laat in den nacht, want allen waren hartstochtelijke spelers. Maar een boer, die orde in zijne zaken wil houden, behoort 's avonds te negen uren met zijn gezin ter rust te gaan, omdat men 's morgens vroeg weêr op de proppen moet zijn. Behalve dat is het kaartspel, naar men immers zegt, eene uitvinding des duivels.

Nu, bij genoemden boer gebeurde 't op een zekeren avond, toen ze weêr ijverig aan de gewone liefhebberij zaten, dat daar een vreemdeling zich kwam aanmelden, die om nachtverblijf verzocht. Dit werd niet geweigerd, en men bood hem een stoel aan bij den haard. Niet lang had hij gezeten, toen hij zeide ook een liefhebber van het kaartspel te zijn. Niemand had er tegen dat hij in den kring aan tafel werd toegelaten. Maar die man was hen allen te knap af; hij won altijd. Een poosje had het geduurd, toen er een kaart onder de tafel viel. Men nam de handlamp om op den grond te lichten. En tot hun grooten schrik ontdekten zij nu, dat die vreemdeling een paardepoot had. Hij bleef ook niet meer stil zitten, maar begon op eene erbarmelijke wijze huis te houden. Hij wierp alles het onderst boven en roste de kaartspelers een voor een duchtig af. Hierop vloog hij weg, terwijl hij riep: «'s Avonds negen uur naar bed!»

Sedert deed men daar in huis niets meer aan kaartspelen, want als men des avonds bij elkander om den haard zat, kwam er, als de tijd daar was, eene stem uit den koestal, die riep: «Negen uur!» — «Dat is goed!» antwoordde de boer dan en ieder begaf zich zoo spoedig mogelijk naar bed. Maar 't gebeurde eens, dat men daar in den wintertijd «uitvanhuizers» had. Het waren

verafwonende bloedverwanten: men maakte des avonds in huis wat
pret en 't jonge volkje was nog al luidruchtig. Op den gewonen
tijd werd er weêr geroepen: «Negen uur!» en de boer antwoordde:
«Dat is goed!» Maar zij gingen nu toch niet naar bed. Het duurde
echter niet lang of de welbekende vriend kwam weêr voor den dag
en begon evenals vroeger geweld te maken. Of de pretmakers zich
ook haastig wegpakten en onder de dekens kropen!

Later is er op die plaats een boer komen wonen die 's avonds
veelal in den bijbel zat te lezen. Toen werd dat roepen van «Negen
uur!» niet meer gehoord.

Wiegezang zonder einde.

Te Nijega woonde in den overouden tijd eene vrouw, die zich
aan den duivel had verkocht onder voorwaarde, dat zij hem, als
hij haar kwam halen, een kunststuk ter uitvoering zoude opleggen.
Kon hij dan dat werk niet volbrengen, dan was zij vrij.

Toen de booze op den bepaalden tijd kwam, zat de vrouw haar
kind te wiegen. Hij maande haar aan, dat zij zich wat vlug voor
het vertrek had gereed te maken. «Ja,» zeî ze, «maar jij moet
eerst den wiegezang, dien ik zal beginnen, tot het einde toe uit-
zingen. Zij begon te zingen: «Nane, nane, nane; Nane, nane, nane,»
en toen zij zweeg begon hij: «Nane, nane, nane; Nane, nane, nane.»
Maar wanneer kwam het einde van dezen zang? Er was eenvoudig
geen einde aan; de duivel moest maar altijd doorzingen en hij
heeft zoolang gezongen dat hij eindelijk van vermoeidheid dood
viel. Toch schijnt hij ook weêr levend geworden te zijn, want
later, als iemand in dat huis begon te zingen: «Nane, nane, nane,»
dan kwam terstond de duivel en zong hetzelfde meê.

Ik geloof dat het huis te Nijega, waar dit is voorgevallen, niet
meer bestaat, anders zoude men zich kunnen overtuigen, dat hetgeen ik verteld heb de waarheid is.

Het doodshemdje.

Eene moeder had een kind, dat zij hartstochtelijk liefhad. Dit
kind kwam te sterven en nu was de moeder zoo treurig, dat zij
alle nachten op haar bed lag te schreien in plaats van te slapen.
En dan zag zij in een hoek der duistere kamer haar knaapje, en
hij schreide ook. En als zij eens hare tranen afdroogde en voor
eenige oogenblikken het schreien liet, dan zag zij dat zijn gelaat

ophelderde. Toen dit eenigen tijd zoo geduurd had, kwam op zekeren nacht het kind met zijn doodshemdje in de hand. Hij klom bij zijne moeder op het bed, ging aan het voeteneinde zitten en zeide: «Moeder, schei toch uit met schreien. Al uwe tranen vallen in mijn kistje, en mijn hemdje is er doornat van geworden, ik kan het zoo niet aanhebben. Houdt gij aan met weenen, dan zal het in plaats van op te drogen nog natter worden en ik kan in mijn graf niet rusten. Daarom, moeder, ween niet meer.» Dit maakte zooveel indruk op haar dat zij oogenblikkelijk het schreien liet. Den volgenden nacht kwam het knaapje terug; nu had hij het hemdje weêr aan en zeide: «Mijn hemdje is reeds op een klein hoekje na weêr droog. Moeder, ik kom u goeden nacht zeggen, ik zal nu gerust en zoet in mijn graf kunnen sluimeren.»

De hemdsmouw.

Er was eens een oud vrouwtje, dat zich altijd bezig hield met spinnen en strijken. Eens had zij een stuk linnen gereed, daar wilde zij een hemd van maken. En zij naaide dat hemd en had het des avonds gereed op ééne mouw na. Toen dacht ze: dat doe ik morgen. Maar 's anderen morgens, wat zij ook deed, zij kon die mouw niet in dat hemd krijgen. Toen zuchtte zij bij zichzelf: «Altijd spinnen! altijd naaien! en nog maar een hemd met ééne mouw!» Maar toen stierf haar man en toen dacht ze: «Nu zal hij dat hemd aan hebben, dan ben ik er af.» En zoo deed zij. Maar den eersten nacht, toen haar man op het kerkhof lag en zij op haar bed, ging de huisdeur open en haar man kwam binnen. Met zijn ééne hand wees hij naar zijn anderen arm en zeide met een grove stem: «Vrouw! mijne mouw!» — Dit gebeurde drie nachten na elkander, maar toen nam zij eene hemdsmouw meê en legde die op haar beddeplank. Toen kwam de man weêr en hij zeî weêr: «O vrouw, mijne mouw!» — Hierop nam zij de mouw van de beddeplank, wierp die naar haren man, en zeide: «Daar heb je 'm!» En toen was 't goed.

Eene oude workumer vertelling, medegedeeld door Joh. Winkler.

Het gouden armpje.

Er waren eens een heer en een juffrouw, die hadden een kind, dat met slechts één armpje ter wereld was gekomen. Daarom lieten de ouders een gouden armpje voor hun kind maken. Maar dit kind kwam te sterven, toen het ongeveer drie jaren oud was. Terwijl nu het lijkje boven aarde stond, opende de dienstmeid heimelijk het kistje en stal het gouden armpje. Maar toen het kind begraven was, kwam het elken avond bij zijns ouders huis spoken. Dan liep het daar om de deur en jammerde: «Mijn armpje! mijn armpje!» Toen de ouders eens ter sluiks het geestje gingen zien, ontdekten zij dat het maar één armpje had: het gouden armpje ontbrak. Maar zij hadden den moed niet, om het kind te vragen, wie het ontbrekende armpje had weggenomen. Daarom bevalen zij de dienstmeid, dat zij het zoude doen. De meid ging des avonds voor de deur staan wachten; het spookje kwam op het gewone uur en jammerde als altijd: «Mijn armpje! mijn armpje!» — De meid vroeg: «Wie heeft dat?» — «D o u!».....

(Bij het met verheffing van stem uitspreken van het laatste woord grijpt de verteller een der aandachtige toehoorders onverhoeds aan, om hem te doen verschrikken.)

Dokter Faust te Leeuwarden.

Dokter Faust, de vermaardste van alle toovenaars, wiens naam ieder kent, heeft zich ook eene poos te Leeuwarden opgehouden. Hij had daar zijn intrek genomen in het Hooghuis, weleer eene herberg in de nabijheid van de oude boterwaag, naast de tegenwoordige Lombardstraat.

Op zekeren tijd kwam hij bij een barbier in de Amelandsstraat om zich te laten scheren. De baas, die, naar het uiterlijk van den persoon oordeelende, meende te begrijpen dat hij met een voornamen klant te doen had, ging moedig aan het werk. Hij zeepte in en begon te scheren, maar hoe hij zich weerde, hij kon geen gedaan werk krijgen. Had hij de eene zijde der kin afgeschoren, dan botte daar de baard weêr uit, terwijl hij met de andere zijde bezig was. Toen hij zoo een heele poos gewurmd had zonder verder te komen, begon het mijnheer Faust te verdrieten. Onder schelden en gevloek rukte hij den baas het mes uit de hand, sneed zich den kop af, zette dien op de tafel, schoor met onnavolgbare handigheid zichzelven en zette na volbrachten arbeid het hoofd weêr op zijne plaats. — «Ziezoo,» zeî hij, «ik kan het beter dan jij, hé? Maar je hebt toch je moeite er van gehad, daarvoor wil ik je beloonen.» En hij duwde den verbaasden barbier een gouden dukaat in de hand. Zeer verblijd ging de man naar binnen om zijne vrouw te laten zien, welk een buitenkansje hij had gehad. Toen hij echter de hand opende, had hij daarin geen gouden dukaat, maar een koperen duit. «Drommels!» zeî de baas, «dit is zeker eene vergissing; ik wil dat heerschap dadelijk gaan opzoeken.» Hij ging naar het Hooghuis, destijds de voornaamste herberg der stad, waar hij hoopte den aanzienlijken vreemdeling te zullen vinden. En dit gelukte ook. «Wat nu?» vroeg Faust toen hij den barbier zag. «Ja, mijnheer,» zeî de baas, «mijnheer heeft zich zeker vergist; mijnheer zeide mij een dukaat te geven en, zie mijnheer, het is maar een duit.» — «Dat is vreemd,» zeî Faust, «dat begrijp ik niet. Nu, daar heb je een anderen, maar let nu goed op wat je krijgt.» En de barbier zag duidelijk, dat hij nu een echten gouden dukaat kreeg. En toch, toen hij er meê tehuis kwam was het weêr een koperen duit. «Nu,» zeî hij, «als dat zuiver toegaat, dan weet ik er niets van.» En hij wierp den duit weg zoover hij kon.

Dokter Faust vertelde aan de menschen te Leeuwarden, dat het daar in de stad krielde van toovenaars en heksen. En dit wilde hij bewijzen. Hij zou op de Langepijp, — een lange en breede steenen brug in Leeuwarden, — gaan staan met een dikken bundel stroo onder den arm. Daar zouden alle toovenaars en heksen der stad bij hem komen en een stroohalmpje uit zijnen bundel trekken. Ieder slechts één. Allen zouden wel zeer goed zorgen er geen twee te nemen. En als hij op die manier zijn geheelen bundel stroo zoude kwijt geraakt zijn, dan zouden er nog velen van 's duivels dienstvolk om hem rondloopen, die allen ook gaarne een strootje hadden willen nemen. De uitvoering van dit kunststuk werd hem echter niet toegestaan, omdat des burgemeestersvrouw ook eene heks was, naar men zeide.

Doch men konde hem niet altijd beletten leelijke dingen uit te voeren. Op zekeren morgen was door zijne tooverkunst het geheele Waagsplein overdekt met bloed, zoo hoog, dat de menschen tot aan de enkels er door moesten waden. Dit deed het stadsbestuur besluiten, den toovenaar te gelasten de stad te verlaten, den eerstvolgenden dag op een bepaald uur. De stadsgerechtsdienaren en de wachters bij de poorten moesten toezien, dat dit bevel stipt werd opgevolgd. Nu, op het bepaalde uur verschenen op het stadhuis vier boden, ieder van een der vier stadspoorten, allen verklarende, dat zij Faust de stad hadden zien verlaten. En nu bleek, dat hij op één en dezelfde minuut alle vier stadspoorten was uitgegaan. Toch was hij, blijkens het volgende, kort daarna weêr in de stad — of hij was er niet uit geweest.

Kort voordat het banvonnis tegen dokter Faust was uitgevaardigd, kwam hij op een avond laat in zijne herberg en gelastte den knecht hem de laarzen uit te trekken. Met de eerste laars ging dit zeer gemakkelijk, maar met de tweede wilde 't niet gelukken. De knecht trok wat hij trok, de laars zat onwrikbaar vast. Eindelijk zeî dokter: «Trek nu nog eens uit alle macht.» — De knecht deed dit en — daar trok hij waarlijk mijnheer het geheele been uit het lijf. De knecht stond verbluft; mijnheer vloekte en schold. Het geheele huis kwam in opschudding, maar dat baatte niets. Het uitgetrokken been lag op den grond en mijnheer zat met één been op den stoel. Gelukkig voor hem behoefde hij zoo niet te blijven zitten. Och neen, hij bewoog zich op één been even gemakkelijk als op twee, daarom bekommerde hij zich over het ongeluk niet veel. De waard had het uitgetrokken been achter slot geborgen en weigerde, toen Faust de stad uit moest, het terug te geven, zoolang de toovenaar niet anders wilde betalen dan met gouden dukaten, die na verloop van eenige oogenblikken veranderden in koperen duiten. Dokter maakte zich hierover niet bezorgd: hij vertrok zonder te betalen en zonder het been. Toch kwam hij na verloop van eenigen tijd terug, om eerlijk te betalen en zijn been in ontvangst te nemen. Maar de waard, denkende dat de snaak nooit terug zoude komen, had het been maar in het water geworpen. «Nu, dan zijn wij effen,» zeî Faust. «Ja,» zeî de kastelein, zich gelukkig rekenende dat hij er zoo afkwam. Faust vertrok en op straat zag men hem weêr op twee beenen loopen evenals andere menschen.

Bouwe-oom en Antje-moei.

Bouwe-oom en Antje-moei woonden onder een ouden aschpot. Eens ging Bouwe-oom naar de zee te visschen en toen ving hij een mooi vischje. «Ach, Bouwe-oom,» zeide het vischje, «laat mij zwemmen, laat mij zwemmen! dan zult gij alles hebben wat gij maar wenscht.» — «Goed,» zeide Bouwe-oom, «dan wil ik eerst mijne vrouw gaan vragen.» Hij wierp het vischje weêr in zee en ging naar huis. Nu was zijne vrouw van meening, zij moesten maar een groot mooi huis hebben. Bouwe-oom ging weêr naar de zee

en riep: «Pieterman! Pieterman! waar ben je?» Het vischje heette
Pieterman. «Hier ben ik,» riep het vischje. «Mijne vrouw wil niet
zooals ik wil.» — «Wat wil je vrouw dan?» — «Zij wil een groot
mooi huis hebben.» — «Ga maar heen,» zeî het vischje, «het staat
er al.» En toen Bouwe-oom tehuis kwam, hadden zij een groot mooi
huis. Maar toen wilde Antje-moei mooie kleêren hebben en mooie
huismeubels en ook veel geld. Bouwe-oom ging weêr naar de zee
en riep: «Pieterman! Pieterman! waar ben je?» — «Hier ben
ik,» riep het vischje. «Mijne vrouw wil niet zooals ik wil.» —
«Wat wil je vrouw dan?» — «Zij wil mooie kleêren hebben en
mooie huismeubels en veel geld.» — «Ga maar heen,» zeî het
vischje, «het is er al.» En toen Bouwe-oom weêr tehuis kwam,
hadden zij alles wat hij gevraagd had. Nu wilde Antje-moei nog
een hoogen berg bij het huis hebben, zoo hoog, dat zij hare handen in de wolken konde wasschen. Bouwe-oom ging weêr naar de
zee en riep: «Pieterman! Pieterman! waar ben je?» — «Hier ben
ik,» riep Pieterman. «Mijne vrouw wil niet zooals ik wil.» —
«Wat wil zij dan?» — «Zij wil een hoogen berg bij het huis
hebben, zoo hoog, dat zij hare handen in de wolken kan wasschen.» Nu zeî het vischje:

«Loop, zot! Wilt gij boven God?
Kruip dan maar weêr onder den ouden aschpot.»

En toen Bouwe-oom nu weêr tehuis kwam, woonde Antje-moei
weêr onder den ouden aschpot.

Hoe de zwijnen wroeten hebben geleerd.

Er was eens een oud vrouwtje, dat vond een houten duitje.
Toen was zij zeer verblijd, maar zij wist niet wat zij er voor
zoude koopen. Eindelijk vond zij goed, maar eens een pannekoek
te bakken. Zij ging naar den boer om wat melk te halen en naar
den molenaar om wat meel, en daar maakte zij beslag van. Zij
zette de koekenpan op het vuur en deed het beslag er in. Maar nu
schoot haar te binnen, dat zij vergeten had stroop meê te brengen.
Zij ging heen om dit in den winkel te koopen, terwijl de pannekoek halfgaar bakte. Maar zij bleef zoolang uit en de pan werd
op het vuur zoo heet, dat de pannekoek van benauwdheid opsprong
en den schoorsteen uitvloog. Hij kwam neder op den weg en rolde
voort zoo hard hij kon, zonder te weten waar hij terecht zou komen.
Er kwam hem een man tegemoet, die zeide: «Pannekoek, pan-

nekoek, waar kom jij vandaan?» Hij antwoordde: «Ik ben uit de heete pan gesprongen en ik ben eene oude vrouw ontvlucht, en ik zal jou ook wel ontkomen.»

Iets verder ontmoette hem een hond, die vroeg ook: «Pannekoek, pannekoek, waar kom jij vandaan?» En hij antwoordde: «Ik ben uit de heete pan gesprongen en ik ben eene oude vrouw ontvlucht, en ik zal jou ook wel ontkomen.»

Er ontmoetten hem nog meer anderen, die altijd hetzelfde vroegen en hij gaf altijd hetzelfde antwoord. Eindelijk ontmoette hem een zwijn, dat zeî ook al weêr: «Pannekoek, pannekoek, waar kom jij vandaan?» En de pannekoek zeî weer: «Ik ben uit de heete pan gesprongen en ik ben eene oude vrouw ontvlucht, en ik zal jou ook wel ontkomen.» Nu zeide 't zwijn: «Durf je wel op mijn rug gaan zitten?» — «Hé ja, waarom niet?» zeî de pannekoek en sprong op den rug van het varken. «Durf je wel op mijn nek gaan zitten?» zeî het zwijn. «Ja, ook wel,» zeî de pannekoek en sprong op den nek van het varken. «Kom nu ook eens op mijn kop.» — «Nu, wat denk je, dat ik dat niet durf?» En de pannekoek kwam op den kop van het zwijn. «Ik moet zeggen, je durft wel iets te wagen,» zeî het varken, «maar nu wed ik toch, dat je niet op mijn snuit durft gaan zitten.» — «Och kom, wat zou dat?» zeî de pannekoek en ging op den snuit van het varken zitten.

«Hap!» zeî nu het zwijn, beet de ééne helft van den pannekoek af en vrat die op. De andere helft viel op den grond en kroop in de aarde weg. Het zwijn, om ze te zoeken, begon met zijn neus in de aarde te woelen en wroette zoolang dat de neus aan stuk ging. Zijn baas wilde dat wroeten niet hebben en stak hem een ijzeren ring door den neus. Zulk een ring dragen de zwijnen nog altijd en als zij nu met den neus in de aarde wroeten is hun die ring wel hinderlijk, maar zij willen 't toch niet laten, want zij zoeken nog altijd naar de andere helft van den pannekoek.

Het erwtje en het boontje.

Er waren eens een erwtje en een boontje en een strootje en een kooltje vuur, die gingen met hun vieren uit wandelen. Toen kwamen ze voor een wijd water en ze wisten niet hoe ze daar over zouden komen. Maar nu ging het strootje dwars over het water liggen, van den eenen wal tot den anderen. Het erwtje ging er eerst over heen en toen ging het boontje er over heen,

Toen zoude het kooltje vuur er ook over gaan, maar toen hij op 't midden was geraakte 't strootje in brand en het kooltje vuur viel in het water. — Hierover begonnen het erwtje en het boontje zoo te lachen dat de buik hen opberstte. — Maar het boontje heeft toch sedert altijd rouw gedragen over den dood van het kooltje vuur.

Adam en zijn schol.

Adam hield veel van visch. Eens had hij eene menigte visschen gevangen en op den oever nedergelegd. Terwijl hij nu bezig was die visschen bijeen te verzamelen, kwam hij te vallen, want de grond was glad van het slijm der visschen. Hij viel met zijn achterdeel midden op een schol, die daardoor geheel plat werd. Adam had een broek met nopjes aan, daardoor kreeg de schol vlekjes op de huid, zooals men die tot heden toe er nog op ziet. En de schol is sedert ook altijd plat gebleven.

Waarom honden elkaar beruiken?

Weet gij dit niet? Luister dan aandachtig. — Er was eens een tijd, dat alle dieren konden spreken en dus de honden ook. Toen werden de honden zeer hardvochtig behandeld door de kinderen der menschen en tegenpruttelen baatte niet. De honden verkropten daarom hun leed, maar eindelijk kwamen zij toch te hoop om te beraadslagen. Opstand tegen den sterkere? Wat zou die baten? Een beklag bij de Goden, aan wie toch ook de kinderen der menschen ondergeschikt zijn? Dit werd verstandiger geoordeeld. Een gezantschap trok dus naar de wereld der Goden. Hun werd daar eene wachtplaats aangewezen in een hoek onder het gewelf voor den raad der goden. Daar was het wachten, wachten — de Goden hadden het druk — steeds wachten. Toen overkwam het den honden, dat de natuur hun te machtig werd en dat zij het niet konden weêrstaan om aan den drang daarvan te voldoen. Maar nauwelijks verspreidde zich de geur, of toorn barstte los onder de Goden en de honden werden naar buiten en naar beneden geschopt. — Met blijde spanning stond het gansche hondengeslacht op aarde reeds de terugkomst van het gezantschap af te wachten. Groote ontsteltenis dus op het vernemen van den ongewenschten afloop! Maar een nieuw gezantschap werd afgevaardigd, en, omdat men vreesde dat de natuur zich ook bij deze honden niet zou laten bedwingen, werden alle leden dier zending zorgvuldig van achter

volgestopt met welriekende specerijen. Aldus ging het met nieuwen
moed naar de gewesten der Goden. Inmiddels deden de andere
honden hun best zich voorloopig maar weder te schikken in het
harde lot dat de kinderen der menschen hun bleven bereiden. Op
eene gunstige uitkomst meenden zij thans zeker te kunnen rekenen.
En geduldig bleven daarom de honden wachten en wachten, —
doch het heerlijk geurende gezantschap is tot heden niet teruggekeerd. De honden wachten dus nog, maar elken nieuwen dag die
over hen aanlicht, hopen zij op de gelukkige wederkomst hunner
gezanten; en om te weten of die hoop eindelijk in vervulling is
gekomen, ruiken alle honden malkander steeds onder den staart.
— Nu weet gij het; onthoud het dan.

De wereld wil vergaan.

Er was eens eene kat die zat onder den stoel van haar vrouw,
toen deze een zeker geluid liet hooren, waardoor poes zoo hevig
verschrikte, dat zij haastig de vlucht nam, denkende: nu wil de
wereld vergaan. Zij ging in de schuur en maakte een wagentje
van stroo. Toen ving zij twee ratten, die spande zij voor het
wagentje en reed er zoo snel mogelijk meê weg. Er kwam haar
een greep, (de drietandige vork voor aardewerk) tegemoet, die riep:
«Katje, katje, hoe jaag je zoo?» — «De wereld wil vergaan,» zeî
de kat. «Hoe weet je dat?» — «Ik zat onder mijn vrouws stoel,
daar hoorde ik het eerste gekraak.» — «Mag ik meê?» — «Ja,
spring maar achter op mijn bank, mijn peerdjes zijn wat krank,
mijn wagen is wat zwak, maar breek hem mij niet.» — «Neen,»
zeî de greep en sprong in het wagentje.

Toen zij een eind verder waren gereden, kwam hun eene stopnaald tegemoet, die riep: «Katje, katje, hoe jaag je zoo?» — «De
wereld wil vergaan.» — De stopnaald, na hetzelfde gevraagd en het
zelfde antwoord bekomen te hebben als de greep, verzocht ook
meê te mogen rijden — en dit werd toegestaan. — Iets verder ontmoetten ze een ei, dat alweêr dezelfde vragen deed en dezelfde
antwoorden ontving en ten slotte meê mocht rijden. — Nog iets verder
ontmoetten zij een haan, die, na het gewichtige nieuws vernomen
te hebben, op zijn verzoek ook werd opgenomen.

Zij reden al verder en verder tot het eindelijk duister werd.
Toen zagen zij in de verte een lichtje branden, daar reden zij op
aan en kwamen bij een huis, maar er was niemand in. De reizigers

waren vermoeid en ieder op zijne manier zocht eene rustplaats. De greep legde zich neder op een paar latten, die boven de deur aan de zolderbalken waren gespijkerd. De stopnaald nestelde zich tusschen de biezen eener stoelmat. Het ei verschool zich in de gloeiende asch op den haard en de kat nam plaats in het turfvat. De ratten kropen in het zwavelstokkenbakje en de haan ging op de hanebalken zitten.

Nu was dit een huis dat door gauwdieven werd bewoond. Deze waren, toen het duister was geworden, uitgegaan om te stelen. Laat in den nacht kwam een hunner tehuis om vuur aan te maken, maar hij vond alles duister, want poes had het licht uitgeblazen. Hij wilde turf uit het vat nemen, maar de kat krabde hem in de handen. — «Wat is dit?» zeî hij, «ik moet licht hebben.» Hij wilde een zwavelstok uit het bakje nemen, maar toen beten de ratten hem in de vingers. — «Verduiveld! wat is dat?» jammerde hij en ging op den stoel zitten, maar kreeg hierdoor een gevoeligen prik van de stopnaald. Hij had toch een zwavelstok bemachtigd en wilde nu licht maken. Maar toen hij de zwavelstok aan de gloeiende asch in brand stak, spatte het ei uit elkander, zoodat de dief asch en vonken in de oogen kreeg waardoor hij half blind was. Nu werd het hem te erg; hij nam de vlucht, maar bij het uitgaan der deur stompte hij tegen het kozijn, zoodat de greep van boven viel en hem de hielen wondde. Zijne kameraden waren juist bij het huis aangekomen, maar hij riep hun toe: «Komt er niet in! alles is hier betooverd.» — «Dat is wel jammer,» zeiden zij, «wij hebben zoo'n mooien voorraad eten meêgebracht.» — Hierop riep de haan boven in het huis: «Koekelekoe! smijt mij ook een stukje toe!» — Dit deed de dieven zoo geweldig schrikken, dat zij in allerijl de vlucht namen, met achterlating van hunnen buit. En zij kwamen nooit terug.

De haring en de bot.

Een aantal visschen zoude eens tegen elkander om 't hardst zwemmen. Toen was de bot vóór en daaraan de haring. Maar de haring, die de oogen in de zijden van haar hoofd heeft en alzoo niet vooruit kan zien, meende de voorste te zijn. Daarom zong zij:

«Haring, haring spant de kroon   Boven alle visschen schoon!»

Dit hinderde de bot zeer. Al zwemmende zag zij naar den haring om en riep: «Bot is ook visch!» Doch nu stootte zij met den kop tegen een zeedijkpaal, zoodat zij een scheeven bek kreeg. Sedert worden alle botten geboren met een scheeven bek.

Van het oude vrouwtje dat een houten duit vond.

Onvermijdelijk moest dit overoud sprookje bij eene vertaling veel van zijne naïveteit verliezen. Daarom heb ik noodig geoordeeld het oorspronkelijke er naast te plaatsen.

Der wie ris in âld âldwyfke, dy foun in houten skeissen. Hja wist net hwet se dèr for keapje scoe, en do kocht se der in baerchje for. Mar dy baerch woe net nei hûs of hy moast nei hûs ta dragen wirde.

Do gyng it âldwyfke nei de houn ta en sei: «Houn, wost ek baerch bite? De baerch wol net nei hûs of hy moat nei hûs ta dragen wirde.»

«Né!» sei de houn.

Do gyng 't âldwyfke nei de stôk ta: «Stôk! wost ek houn slaen? Houn wol gjin baerch bite en de baerch wol net nei hûs of hy moat nei hûs ta dragen wirde.»

«Né!» sei de stôk.

Do gyng 't âldwyfke nei 't fjûr. «Fjûr, wost ek stôk barne? Stôk wol gjin houn slaen, houn wol gjin baerch bite en de baerch wol net nei hûs of hy moat nei hûs ta dragen wirde.»

«Né!» sei 't fjûr.

Do gyng 't âldwyfke nei 't wetter. «Wetter, wost ek fjûr út-eaze? Fjûr wol gjin stôk barne, stôk wol gjin houn slaen, houn wol gjin baerch bite en de baerch

Er was eens een oud vrouwtje, dat vond een houten duitje. Zij wist niet wat zij daarvoor zou koopen, en toen kocht ze er een bigje voor. Maar dat zwijn wilde niet naar huis of het moest naar huis gedragen worden.

Toen ging het oude vrouwtje naar den hond en zeî: «Hond! wilt gij ook een zwijn bijten? Het zwijn wil niet naar huis of het moet naar huis gedragen worden.»

«Neen!» zeî de hond.

Toen ging het oude vrouwtje naar den stok. «Stok, wilt ge ook hond slaan? Hond wil geen zwijn bijten en het zwijn wil niet naar huis of het moet naar huis gedragen worden.»

«Neen!» zeî de stok.

Toen ging het oude vrouwtje naar het vuur. «Vuur, wilt ge ook stok branden? Stok wil geen hond slaan, hond wil geen zwijn bijten en het zwijn wil niet naar huis of het moet naar huis gedragen worden.»

«Neen!» zeî het vuur.

Toen ging het oude vrouwtje naar het water. «Water, wilt ge ook vuur uithoozen? Vuur wil geen stok branden, stok wil geen hond slaan, hond wil geen zwijn wol net nei hûs of hy moat nei hûs ta dragen wirde.»

«Né!» sei 't wetter.

Do gyng 't âldwyfke nei de okse. «Okse, wost ek wetter sline? Wetter wol gjin fjûr út-eaze, fjûr wol gjin stôk barne, stôk wol gjin houn slaen, houn wol gjin baerch bite en de baerch wol net nei hûs of hy moat nei hûs ta dragen wirde.»

«Né!» sei de okse.

Do gyng it âldwyfke nei de line. «Line, wost ek okse bine? Okse wol gjin wetter sline, wetter wol gjin fjûr út-eaze, fjûr wol gjin stôk barne, stôk wol gjin houn slaen, houn wol gjin baerch bite en de baerch wol net nei hûs of hy moat nei hûs ta dragen wirde.»

«Né!» sei de line.

Do gyng it âldwyfke nei de mûs. «Mûs, wost ek line kapje? Line wol gjin okse bine, okse wol gjin wetter sline, wetter wol gjin fjûr út-eaze, fjûr wol gjin stôk barne, stôk wol gjin houn slaen, houn wol gjin baerch bite en de baerch wol net nei hûs of hy moat nei hûs ta dragen wirde. »

«Né!» sei de mûs.

Do gyng 't âldwyfke nei de kat. «Kat, wost ek mûs fange? Mûs wol gjin line kapje, lîne wol gjin okse bine, okse wol gjin wetter sline, wetter wol gjin fjûr ût-

bijten en het zwijn wil niet naar huis of het moet naar huis gegedragen worden.»

«Neen!» zeî het water.

Toen ging het oude vrouwtje naar den os. «Os, wilt ge ook water slinden? Water wil geen vuur uithoozen, vuur wil geen stok branden, stok wil geen hond slaan, hond wil geen zwijn bijten en het zwijn wil niet naar huis of het moet naar huis gedragen worden.»

«Neen!» zeî de os.

Toen ging het oude vrouwtje naar de lijn. «Lijn, wilt ge ook os binden? Os wil geen water slinden, water wil geen vuur uithoozen, vuur wil geen stok branden, stok wil geen hond slaan, hond wil geen zwijn bijten en het zwijn wil niet naar huis of het moet naar huis gedragen worden.»

«Neen!» zeî de lijn.

Toen ging het oude vrouwtje naar de muis. «Muis, wilt ge ook lijn knagen? Lijn wil geen os binden, os wil geen water slinden, water wil geen vuur uithoozen, vuur wil geen stok branden, stok wil geen hond slaan, hond wil geen zwijn bijten en het zwijn wil niet naar huis of het moet naar huis gedragen worden.»

«Neen!» zeî de muis.

Toen ging het oude vrouwtje naar de kat. «Kat, wilt ge ook muis vangen? Muis wil geen lijn knagen, lijn wil geen os binden, os wil geen water slinden, water eaze, fjûr wol gjin stôk barne, stôk wol gjin houn slaen, houn wol gjin baerch bite en de baerch wol net nei hûs of hy moat nei hûs ta dragen wirde.»

«Ja!» sei de kat.

Do gyng de kat efter de mûs, de mûs efter de line, de line efter de okse, de okse efter 't wetter, it wetter efter 't fjûr, it fjûr efter 'e stôk, de stôk efter de houn, de houn efter 'e baerch, en 't âldwyfke sei: «Hûrre! hûrre!» do wie de baerch yn 'e skûrre.

wil geen vuur uithoozen, vuur wil geen stok branden, stok wil geen hond slaan, hond wil geen zwijn bijten en het zwijn wil niet naar huis of het moet naar huis gedragen worden.»

«Ja!» zeî de kat.

Toen ging de kat achter de muis, de muis achter de lijn, de lijn achter den os, de os achter het water, het water achter 't vuur, het vuur achter den stok, de stok achter den hond, de hond achter het zwijn, en het oude vrouwtje zeî: «Hurre! hurre!» toen was het zwijn in de schuur.

Drie moffen.

Drie moffen mochten ieder een wensch doen. De eerste wenschte «immer zu schlafen»; de tweede «Speckfett zu trinken». En nu zeide de derde niets te kunnen wenschen, want zijne twee makkers hadden hem «al das Gute für die Nase weggenommen.»

Nog drie moffen.

Drie moffen, pas in Friesland aangekomen, kwamen met elkander overeen, dat zij de friesche boerentaal wilden leeren. Het beste wat zij konden doen was, naar hunne meening, maar nauwkeurig op te letten wat de boeren zeiden en dat te onthouden.

Zij kwamen voorbij een huis, daar riep een jongen zijnen vader toe: «Sjuch, heit! trije poepen!»

Een van het drietal dit hoorende zeî: «Trij poepen — das wol ich enthollen.»

Iets verder zat nabij den weg eene meid de koe te melken en riep tot het beest: «Om kou!»

De tweede mof zeî: «Om kou — das wol ich enthollen.»

Weêr iets verder was een timmerman bezig eene plank te schaven. Toen hij gedaan had keek hij er op langs en zeî: «Dat is rjucht.»

«Dat is rjucht — das wol ich enthollen,» zeî de derde mof.

Nu was er een man vermoord en men zocht naar den dader of de daders. Twee .gerechtsdienaars ontmoetten onze reizigers en vroegen of zij misschien ook wisten, wie de misdaad had gepleegd.

«Trij poepen» zeî de eene mof.

«Welzoo? Dan ben jijlui die zeker. Waarom hebt ge dat gedaan?»

«Om kou,» zeî de tweede mof.

«Om eene koe! jawel! Nu, dan zult gij moeten hangen.»

«Dat is rjucht,» zeî de derde mof.

De rechter meende ook dat dit recht was; de drie leeperds werden verwezen tot de galg.

Dit was nu wel wat erg; ja, maar 't is maar een vertelsel.

Van een meisje en een ruiter.

Er was eens een meisje dat vrijde met een ruiter. Zij wist niet hoe die ruiter heette en evenmin wie hij was. Eens op een avond kwam hij bij haar te paard, en vertelde haar dat hij een mooi groot slot had, daar wilde hij haar heen brengen; maar het was heel ver weg. En toen nam hij haar bij zich op het paard en reed met haar weg, zeer ver, zeer ver, door den duisteren nacht, zoo snel, zoo snel, dat geen vogel zoo snel kon vliegen. En de ruiter zong:

> Het maantje dat schijnt er zoo helder,
> Het paardje dat loopt er zoo snelder,
> Zoetliefje, zoetliefje, berouwt het je niet?

Eindelijk kwamen zij aan het slot. En toen trouwden ze en hebben bruiloft gehouden. En het meisje is nooit weêr bij haar vader en moeder teruggekomen.

Raad eens, wat is dat?

Dat meisje had de tering en die ruiter was de Dood.

Een prediker.

Zeker man moest prediken, maar hij kon niet. Toch werd hij er toe gedwongen en toen zeî hij:

> Als alle boomen één boom waren,
> Als alle waters één water waren,
> Als alle steenen één steen waren;
> Als die steen dan in dien hoogen boom lag,
> Als die dan viel in dat diepe water,
> Wat zou dat een grooten plof geven. Amen!

Rooken of niet.

Eene arme weduwe had een grooten jongen, die veel van rooken hield, maar zijne moeder wilde 't hem niet toestaan, omdat naar hare meening rooken tot niets deugde. Zij was een ernstig mensch, maar kon niet lezen, daarom moest haar zoon elken dag haar iets uit den bijbel voorlezen. En nu bedacht hij, om vergunning voor rooken te krijgen, deze list: als hij een bijbelsch geschiedverhaal las, liet hij, zoo dikwijls 't maar wat pas gaf, er tusschen invloeien: «Ende sy rookten ende sy smookten.»

Toen de moeder dit bij herhaling hoorde, vroeg zij met belangstelling: «staat dat er?» — «Wel zeker, moeder.» — «Nu, maar als de menschen in dien ouden tijd reeds rookten, dan moogt gij het ook wel doen.»

De list was dus gelukt en dit verleidde den knaap om des anderen daags nog een stap verder te gaan. Toen las hij: «Ende sy rookten ende sy smookten ende sy dronken een slok.» Dit kwam de moeder nu toch verdacht voor. Zij deed onderzoek naar de zaak bij haar buurvrouw, en het bleek, dat de snaaksche knaap haar bedrogen had. En nu werd hem het rooken verboden voor altijd.

Spreekwoorden.

Een aanhouder wint.

Een meisje kreeg eens een vrijer, dien zij om bijzondere redenen voor dien keer niet konde ontvangen. Zij zond hem weg, maar meende hem duidelijk genoeg te laten blijken, dat hij gerust terug mocht komen. Hij scheen echter volkomen ontmoedigd te zijn en kwam niet terug. Nu gebeurde 't eens dat zij den jongeling op den weg zag naderen. Zij nam een spantouw (touw waarmeê men eene koe de achterpooten samenbindt als men haar wil melken), sloeg dit om een boom en terwijl zij de beide einden vasthield, raspte zij den boomstam met het touw zoo hard zij kon. De vrijer haar naderende zeî: «Wat doe je nu?» Zij zeî: «Ik wil den boom doorzagen met het spantouw.» — «Kom,» zeî hij lachend, «dat denkbeeld is te dwaas.» — «Zeg dat niet,» zeî zij weer, «een aanhouder wint; begrijp je!» Hij begreep, herhaalde spoedig daarna zijn bezoek en was welkom. Vanhier het spreekwoord: «Een aanhouder wint, zeî de meid en zij wou den boom doorzagen met het spantouw.»

Maakte Job ook zoetemelksche kaas?

In vroeger tijd, toen de landerijen niet half zooveel opbrachten als thans, was niet zelden eene pastorie tevens boerderij en de predikant veehouder en zelf gebruiker der pastorielanden. Zulk een predikant preekte op zekeren zondag over het geduld van Job. Uit de kerk tehuis komende was zijn eerste werk, te zien naar het partijtje zoetemelksche kaas, dat hij in den melkkelder had staan en den volgenden dag zou afgeleverd worden. En nu ontdekte hij, dat door onachtzaamheid der dienstmeid eene deur had opengestaan, tengevolge waarvan alle kazen gebarsten waren. Thans begon hij uit te varen, zoo onstuimig, dat zijne vrouw goedvond hem onder het oog te brengen, dat hij wel eens mocht denken aan het geduld van Job. — «Wat praat jij van het geduld van Job,» snauwde hij haar toe, «maakte Job dan ook zoetemelksche kaas?» — Hiervan kwam het spreekwoord: «*Makke Jop ek swietmâlks-tsiis?*»

Pas vroeg.

In den tijd toen men deugnieten, die iets verdiend hadden, nog strafte met geeseling en brandmerk en ook wel met bannissement, leefde in Friesland een man die Bouwe Ates heette. Wat deze man bij zekere gelegenheid had uitgevoerd, weet ik niet, maar wel, dat hij werd veroordeeld om gegeeseld en gebrandmerkt te worden en daarna het land d.i. de provincie te ruimen. Het eerste gedeelte der straf onderging hij te Leeuwarden, en den volgenden morgen werd hij weggezonden met het streng bevel: te zorgen binnen den kortstmogelijken tijd buiten de grenzen van Friesland te komen. Onderweg vroeg de man bij een boer om eene kleine lafenis. Deze was vriendelijk en gul en vroeg: «Waar komt de reis vandaan, man?» — «Van Leeuwarden,» zeî Bouwe Ates. «Wel zoo! ben je gisteren ook bij 't geeselen geweest?» — «Jawel, boer, daar ben ik bij geweest.» — «Ik niet,» zeî de boer, «ik had er bij willen zijn, maar kwam even te laat; toen ik kwam was 't reeds gedaan.» — «En ik kwam pas vroeg,» zeî Bouwe Ates, «ik kwam juist toen 't beginnen zou.» Hiervan is het spreekwoord overgebleven: «Pas vroeg, zeî Bouwe Ates en hij kwam toen 't beginnen zou,»

Deze en dan nog een, dan ben ik aan den laatste toe.

Zekere oude vrouw gaf aan hare familie te kennen, dat zij nog wel een man wenschte te hebben. Toen men haar zeide, dat zij daarvoor te oud was en zij het tegendeel beweerde, kwam men met haar overeen: als zij drie pruimesteentjes in stukken konde bijten, dan zou zij een man hebben. Zij ging met het karweitje aan het werk, en toen haar na verloop van eenige minuten gevraagd werd hoever 't er meê was, zeide zij: « Ik ben er bijna meê klaar. Als ik dezen, waarmeê ik nu bezig ben, kapot heb en dan nog een, dan ben ik aan den laatste toe. » Hiervan kwam het spreekwoord: « Deze en dan nog een, dan ben ik aan den laatste toe, » zeî het oude wijf toen ze drie pruimesteentjes in stukken zou bijten. »

Het kalverstaartje.

Er was eens een man, die groef zijn tuintje wat om en toen vond hij daar een houten doosje. In dat doosje vond hij een kalverstaartje — en ware dat kalverstaartje wat langer geweest, dan zou mijn vertelseltje ook wat langer geweest zijn.

De gouden sleutel.

In zekeren winter, toen er veel sneeuw lag, werd een arme jongen door zijne ouders uitgezonden met eene slede om brandhout te halen. Toen hij nu in het bosch de slede opgehoopt vol had geladen met doode takken, wilde hij, voor hij naar huis terugkeerde, een vuurtje maken om zich wat te warmen. Hij ruimde daarvoor de sneeuw wat weg en vond toen op den grond een gouden sleutel. Dadelijk dacht hij: waar een sleutel is moet ook een slot zijn. En verder zoekende vond hij ook onder de sneeuw een ijzeren kistje. In dit kistje kon hij in 't eerst geen slotgat vinden; maar na lang zoeken vond hij het toch. Laat ons nu wachten tot hij het kistje geopend heeft, dan zal ik vertellen welke wonderbaarlijke dingen er in opgesloten waren.

IV.

VOLKSBEGRIPPEN.

„De Godzaligheid is tot alle dingen nut." Van de waarheid dezer woorden zijn onze vaderen blijkbaar vervuld geweest, lang eer die woorden als eene uitspraak van den grooten Heidenapostel tot hen werden gebracht. Het kan niet anders, of met groote innigheid heeft hun geloof zich gehecht aan de Onzienlijke dingen, want sporen er van leven nog bij ons volk tot den huidigen dag.

Maar de christenzendelingen hadden omtrent het Onzienlijke een geheel ander begrip. Tegen het oude geloof druischte het nieuwe in; het eerste moest worden overwonnen, liefst vernietigd; het nieuwe werd hier geplant, soms met beleid en bezadigd overleg, dikwijls met zwaard en vuur. Langs dezen weg verkreeg de christelijke kerk hier mettertijd vasten voet en macht, en verbreidde zij hare leer ten koste van het oude geloof. Evenals elders kwam zij hier tot bloei, zoozeer, dat ieder dorpje zijn geestelijke had, terwijl tal van kloosters verrezen; en reeds vroegtijdig had de Kerk in Mariengaarde hier eene plaats ter beêvaart, als een friesch Kevelaar of Lourdes der middeleeuwen.

Maar toen in de 15e en 16e eeuwen, door al de germaansche landen heen, de geest woei die het protestantisme vertegenwoordigt, en deze allengs te algemeen werd om zich niet overal te openbaren, hielp het ingetreden verval der kerk het protestantisme, trots vervolging, vooruit. „De gang dezer zaken is in Friesland over 't geheel dezelfde als overal in den lande, zegt Prof. J. Reitsma, ofschoon de toestanden hier scherper geteekend zijn dan in 't overige Noorden: de sporadische verschijning van twijfeling en verzet tegen Rome; de plotselinge doorbraak van het Anabaptisme, en toen deze stroom in hare eigene bedding was afgeleid, de stille groei der hervorming, eindelijk aanwassende tot de algemeene beweging onder het volk, dat vrijheid eischte op het gebied van staat en godsdienst; de snelle en gevreesde reactie onder den vereenigden druk van Escuriaal en Vaticaan; dan zucht de kerk onder het kruis, totdat na zwaren en afwisselenden strijd de eerste zegepralen worden behaald."

Na de scheuring zag het er aanvankelijk ontredderd uit. „Het volk zonder leidsman, de kudde zonder herder — aldus schrijft de Vicaris Apostoliek aan den Paus; — waar pastoors zijn gebleven, zien dezen aan dat de gemeente ronddoolt, omdat zij hun plichten niet durven waarnemen." Van vervolgster was de katholieke kerk vervolgde geworden. Onder den druk der plakkaten, door geheime zendelingen ondersteund, de inzaten nu en dan in tweespalt met die zendelingen, was zij echter spoedig druk in de weer om van het verloren terrein te herwinnen wat mogelijk bleek, met vaste hand alles nieuw organiseerende; is het wonder dat die kerk er voorshands niet aan dacht den ouden strijd tegen wat er nog was overgebleven van het „heidendom," op nieuw aantebinden?

En die hervorming waren toegedaan? Toen in 1580 hun kerk een lichaam werd, waren de brandstapels voor de ketters nauwelijks gedoofd, en het zwaard dat hen had moeten onthalzen te nauwernood in rust. De nieuwe kerk had aanstonds te doen met een groot getal van „dezulken die te voren tot geen godsdienst behoord hadden," degenen die door de katholieken „politieken" werden genoemd en onder welken dezen later vele zielen hebben gewonnen; en verder met dien grooten hoop, die, als het schuim op de baren der zee, gestuwd wordt waarheen de wind van het oogenblik hem drijft, om straks te worden gejaagd naar de tegenovergestelde zijde.

Reeds aanstonds bij het opkomen der ketterij waren er groepen van sectarissen ontstaan, die in den loop der tijden soms groote afmetingen aannamen, en der rechtzinnige kerk veel hoofdbrekens hebben gekost. Voeg daarbij de nooit ophoudende, soms geweldige twisten over kerkelijke leerstukken, en 't is duidelijk dat ook de friesche hervormde kerk geene aandacht heeft kunnen schenken aan het bestrijden van volksbegrippen, die nog stamden uit den voorchristelijken tijd. Wel was de kerk met grooten ijver in de weer om sommige oude volksgebruiken te doen verdwijnen: het avondluiden; het beluiden der dooden; het waken en kaarsbranden in het sterfhuis; de lijkpredikatie; drinkgelagen op de hooge christelijke feestdagen en bij het meiboomhalen; het beieren op de katholieke feestdagen; zelfs het Sint Nicolaasfeest; maar alleen voor zoover of omdat die gebruiken haar hinderden als eene herinnering aan het katholieke geloof.

In het begin der zeventiende eeuw behoorde het uitwerpen van den duivel en het duivelbezweren tot de heilige werkzaamheden van den katholieken geestelijke. Pater Willebrordus van der Heyden toont aan, hoeveel zorg en inspanning die arbeid soms kostte.

Hij deelt ook een brief mede van den priester Herman Scheffer, in 1638 te Leeuwarden gevangen gezet om des geloofs wil, eerst in het torentje, later in een onderaardsch hol, in de wandeling het hondegat genaamd, en die daaruit ontsnapt is met behulp van vrienden, die met breekijzers hem een doorgang hebben verschaft. In dien brief zegt Heer Scheffer onder meer: „Op den 1 November, ouden stijl, ongeveer te twee uren in den nacht, kwam onverwachts een bode roepen aan den overdekten gang; hierdoor verschrikt, en uit den slaap nog nauwelijks tot mij zelven gekomen, heb ik, dewijl ik wegens de heeschheid der stem en de weerkaatsing van het onderaardsch verblijf eenigermate beducht was, dat de Duivel mij in mijne droefenis nog zoude bespotten, ongeveer een kwartier gewacht met antwoorden. Toen eindelijk mijn redder in drift mij toevoegde: zwijgt gij en veracht gij ons, ofschoon wij niet zonder gevaar voor eer en leven hier gekomen zijn? eerst toen heb ik geantwoord."

De katholieke geestelijkheid klaagde wel dat het geloof aan de duivelbezweringen bij de ketters teloor ging, maar dit belette toch niet, dat de bekende predikant Sibrand Vomelius in 1591 eene vertaling in het licht zond van „Een boeck van de Spoken oft Nacht-gheesten, mitsgaders van 't groote onghewoonlijck geraes ofte ghetier ende verscheydene voorwittinghen ofte beduydingen van toecomstighe dinghen," in 1571 uitgegeven door den zwitserschen predikant Ludov. Lavater tegelijk in het latijn en het fransch; eene vertaling, die met zooveel belangstelling werd ontvangen, natuurlijk in de eerste plaats of alleen door hervormden, dat zij in 1610 te Amsterdam werd nagedrukt en in datzelfde jaar te Franeker herdrukt, terwijl bovendien in 1683 te Gorinchem en in 1687 te Leiden nog eens het latijn werd uitgegeven. In dat boek wordt verklaard dat „spoken zijn niet de zielen van afgestorvenen (gelijk sommigen hebben gemeend) maar dat het zijn goede of kwade engelen, of anderszins heimelijke en verborgen werken Gods," en in een naschrift predikt Vomelius zelf, dat de duivelen als gevallen engelen, bij het begin der wereld geschapen, een kennis en voorwetenschap hebben van eenige [niet van alle] dingen, welke zij dan of korts of lange jaren te voren, aleer zij geschieden, door hunne valsche profeten, droomers, waarzeggers, of waarzegsters kunnen voorzeggen, welken zij zelf met hunne spelen en spoken ook kunnen voorspoken. — Het verbod van de Staten van Friesland, in 1584, „dat geene duyvel-besweerders, waerseggers, hantskijkers, botterbelesers, sullen het landt mogen deurlopen, haer brieven yemandt te coope bieden," zal dan ook minder eene zaak des geloofs dan der politie zijn geweest.

De kerk liet het bestrijden van volksmeeningen, die niet in onmiddellijk verband stonden met hare leerstukken, aan derden. De astrologie vond een tegenstander in den frieschen edelman Sixtus van Hemminga van Berlikum, die in 1583 een boek schreef waarin hij op redelijke en proefondervindelijke gronden haar bestreed. Maar dat boek was in 't latijn en de schrijver gaf het te Antwerpen uit; hij schijnt in deze streken weinig bijval te hebben gehad, want als medestander noemt hij alleen den geneesheer Tiara van Workum. En toen Balthasar Bekker omstreeks honderd jaren later zijn beroemd en berucht werk: „De betoverde wereld" aan het vaderland schonk, brak er een storm los in de heerschende kerk en werd de schrijver als predikant ontzet.

Ook in de negentiende eeuw verloochent de Fries zijn ouden aard niet, om vervuld te zijn met belangstelling voor de geestelijke zaken. De verschillende stroomingen in de protestantsche kerk teekenden zich hier nogmaals scherp af. De herhaalde afscheidingen wiesen hier tot breede golvingen; de beweging in tegenovergestelden zin, van het „moderne" leven, niet minder: de Protestantenbond is een kind van friesche teelt; de beide stroomingen raakten blijkbaar velen even diep in het gemoed. De Zwijndrechtsche broederschap heeft hier eene enkele vertakking gehad en de Bond van vrije christelijke gemeenten heeft hier evengoed hare medestanders als de Unie van gedoopte christenen. Evenals vroeger de Mennisten, zoo splitsen zich thans de Gereformeerden in tal van kleine groepen, meest zonder krakeel; 't is der gemeente niet om de wereld maar om de zaligheid. Zoo is er in het zuidoosten der provincie eene secte der „Kinderen Gods," waarvan de grond schijnt gelegd door de volgelingen van een zekeren van Houten, — vanwaar? wanneer? blijven nog vragen. Die kinderen Gods laten zich leiden door den „Geest." Zij erkennen, zij waardeeren wel den bijbel als een wegwijzer voor den ongeloovige, maar hebben hem niet noodig, daar God zich rechtstreeks openbaart aan het hart, en wie door God zelf in het hart is gegrepen, heeft daaraan genoeg: „gestaltelijke" menschen dus. Allen die niet met hen meêgaan zijn verloren, want „Sodom moet uit Loth" en „vele menschen hebben een gestolen gouden tong."

Wat in deze afdeeling wordt medegedeeld is voor het meerendeel niet een uitvloeisel van de verkondiging des Evangelies; maar sedert men begrijpt, dat verschijningen als die bij de profetes van Endor in het Oude Testament; dat de godspraken der Pythia's bij de oude Grieken; dat de heksen-processen der middeleeuwen; dat het mesmerisme uit het laatst der achttiende eeuw; dat de biologie en het hypnotisme van onze dagen allen schakels zijn uit ééne keten van het menschelijk denken, is men begonnen zaken en meeningen, als in de volgende bladzijden worden behandeld, met een ander oog te bezien en te beschouwen als bijdragen tot de kennis van het innerlijk leven van lang vergane voorgeslachten. Om deze reden neem ik met groote belangstelling kennis van het „waarom" van zoovele volksgebruiken, -voorstellingen en -meeningen volgens de leer van Lang, Mannhardt, Pfannenschmidt, Tylor, Sloet tot Oldhuis, Knappert en zoo vele anderen, die soms geheel anders is als de meening der vroegere geleerden: Grimm, Wolff, Halbertsma en de hunnen. Het geloof aan eene zeer dichterlijke opvatting van het leven door onze voorvaderen neemt door de nieuwe opvatting eer toe dan af, en dit maakt het bestudeeren van deze zooveel te aantrekkelijker. Maar meer dan nu en dan kennis nemen van der geleerden onderzoekingen op dit gebied, kan ik niet; daarin meê te spreken is nog minder mijne zaak. Het veld van onderzoek is gelukkig ruim. Het verzamelen, schiften en rangschikken van bouwstoffen is de eerste stap tot kennis, en ik heb gemeend best te doen, door alles wat ik bij het volk gevonden heb meê te deelen, zoo nauwgezet mogelijk, en niets daarvan op te schrijven onder den invloed van eene te voren overlegde leerstelling; dan toch ware er gevaar geweest voor eenige kleur, die schade kon doen aan de juistheid van het beeld.

Zwarte katten vervulden steeds eene groote rol in verband met tooverij en vooral met heksen, en zij doen dit blijkens 't geen ik daarover ga mededeelen nog. Balthasar Bekker vertelt van eene vrouw, „die van 't volk was dat zich soms bij den kattendans vinden liet." Men wil dat de kat, die aan Freyja geheiligd was, door de christenpriesters in verband is gebracht met den booze, omdat, wat den heiden heilig was geweest, den christen een gruwel moest worden. Opmerking verdient het, dat de Hindoe-soldaten in Britsch-Indie militaire eer bewijzen aan elke zwarte kat, omdat zij gelooven dat de ziel van een engelsch officier er in is overgegaan. — Ook moet het de aandacht trekken, dat hier nergens sprake is van den Bloksberg en de reis der heksen daarheen; het volk in het laaggelegen vlakke Friesland weet daar niet van.

Het verhaal over het genezen van kiespijn door het uithalen en vertoonen van een wormpje, deel ik mede omdat het geloof aan dat wormpje over geheel Europa en tot in Azie verbreid is. In China draagt, volgens Edw. Clodd, de reizende tandarts een worm in den stok, waarmeê hij den zieken tand aanraakt; „dan klopt hij zacht op den stok en de worm treedt te voorschijn, tot tevredenheid van den lijder."

Wat nu het „geloof" van 't tegenwoordige geslacht, en niet bepaald alleen van het eigenlijke dusgenoemde „volk" aangaat: vijftig jaren geleden schreef G. Kylstra in den Frieschen volksalmanak: „Daar zijn velen die met tsjoensters en duivelbanners den draak steken en lachen, zoolang zij bij dominé of meester of op 't „Nut" zitten te praten, maar die, als hun kind ziek is, toch hun buurman naar Oldeboorn schikken; of als zij geen boter kunnen karnen, een kring voor den huisdorpel trekken; of als de merrie het in 't lijf heeft, die willen genezen met een bezweringsformulier. Zulke zaken zouden veel minder plaats grijpen, als de menschen werkelijk zoo weinig geloofden aan spoken en tsjoensters als zij wel voorgeven." Dat er thans geen streken in Friesland zouden zijn, op welken de aangehaalde woorden nog kunnen worden toegepast, zou ik niet durven beweren.

Het is somtijds moeilijk, bijzonderheden te weten te komen, in de kennis waarvan de lezer waarschijnlijk evenveel belang zou stellen als ik zelf. Niet altijd is mij dit geheel mogen gelukken. De reden is karakteristiek uitgesproken door een mijner vrienden, wien ik om wat naders verzocht betreffende eene zaak in zijne woonplaats: „bijzonderheden, schrijft hij, zijn mij daarvan niet bekend; daartoe zou men de zaak *uit de verte* moeten zien!"

Eene verzameling Spreekwoorden is aan het slot dezer afdeeling geplaatst. Daar behoort zij eigenaardig thuis. Raakt de inhoud dezer afdeeling hoofdzakelijk het geloof in het bovenzinnelijke, in de spreekwoorden is de som begrepen van der Friezen praktische wereldwijsheid, terwijl ook daar nog in menig gezegde een eigenaardig volksbegrip wordt uitgesproken.

W. D.

Tooverheksen en duivelbanners.

Het geloof aan den duivel en zijne groote macht ten kwade speelt de hoofdrol bij alle volksbijgeloof. Dat menschen met hulp van den booze allerlei bovennatuurlijke dingen kunnen uitvoeren, dat men daarvoor een verbond met den duivel moet sluiten waarbij men zijne ziel aan hem verpandt, werd vroeger algemeen aangenomen, en dit geloof is nog niet uitgestorven. Toovenaars en heksen waren de voornaamste handlangers van Satan om de menschen allerlei kwaads te berokkenen, zonder dat men wist vanwaar dit kwam. Tooveren heet in Friesland *tsjoenen* en een heks of tooveres een *tsjoenster*. Het friesche woord *tsjoed* is «kwaad»; *tsjoenen* is dus «kwaaddoen» en een *tsjoenster* eene «kwaaddoenster». Van *tsjoenders* hoort men in Friesland hoogst zelden, maar zij zijn (of waren) er wel. Daarentegen is er altijd spraak van duivelbanners, nooit van duivelbansters. De duivelbanner is zoo goed een duivelskunstenaar als de anderen, maar hij werkt hen tegen. Hij geneest kranken die lijden tengevolge van betoovering, hij ontmaskert eene heks die iemand eene kwaal heeft berokkend, maakt haar ongelukkig en veroorzaakt zelfs soms haren dood. De heks is, volgens haar contract met den Baas, verplicht in zeven jaar minstens één mensch of dier dood te tooveren. Mislukt haar dit, dan moet zij sterven. De duivelbanner hindert haar in dit werk, door menige prooi uit hare macht te verlossen, iets wat hem niet moeilijk valt, als men maar vroegtijdig genoeg zijne hulp komt inroepen.

Duivelbanners plachten de menschen wel eens voor den gek te houden. Bij een dezer heeren, die in de nabijheid van een dorp woonde, meldde zich eens een boer aan met de vraag: «Woont hier de duivelbanner?» — «Neen,» was 't antwoord, «maar ik wil hem je wel even wijzen.» Hij wees naar het dorp en zeî: «Kijk! je ziet daar een huis, grooter, hooger en mooier dan de andere huizen; daar woont de duivelbanner.» De boer ging derwaarts en kwam — bij den dominé!

Om de tooverkunst te kunnen leeren is het eerste en voornaamste

wat men te doen heeft: God en alle heilige engelen af te zweren,
hen voor eeuwig vaarwel te zeggen en den duivel met zijnen aanhang trouw te beloven. De heksen komen wel in de kerk, natuurlijk uit schijnheiligheid, maar zij zorgen daar zoo mogelijk altijd
plaats te nemen met den rug naar den predikant gekeerd. Zij bezitten
allen het vermogen om zich in eene kat te veranderen. Toen ik
als jongeling in Hennaarderadeel woonde, gebeurde 't eens dat men
te Wommels gedurende eenigen tijd nu en dan eene fraaie zwarte
kat met vier witte pooten opmerkte. Niemand wist aan wien deze
poes eigenlijk toebehoorde, daarom had men er geen al te goed
oog op. Nu kwam er eene arme oude vrouw te overlijden, en toen
de buurvrouwen het lijk zouden «afleggen», ontdekten zij, dat het
mensch onder haren gekleurden overrok een gitzwarten rok droeg,
waarop vier witte lappen waren genaaid, vóór twee en achter twee.
Sedert werd die zwarte kat met witte pooten niet meer gezien.

Men zegt, dat ook onder de echte natuurlijke katten tooveressen
voorkomen. Die bezitten dan het vermogen om zich in een oud
wijf te veranderen. Grauwe grijsgestreepte katten, in Friesland
sipertse katten genoemd, werden veel voor tooverkatten gehouden.
Verder geloofde men dat sommige heksen geene vrouw tot moeder
hadden gehad. Als een haan, zeide men, den ouderdom van zeven
jaren bereikt, legt hij een ei, op veertienjarigen leeftijd herhaalt
hij dit, — en zoo vervolgens. Werd zulk een hanenei uitgebroed,
dan kwam er eene heks als kuiken te voorschijn. Hoe dit hanen-
kind onder de menschen werd gebracht, heb ik nooit hooren vertellen.

Het is raadzaam, van een onbekende vrouw geen appel of eenig
ander fruit ten geschenke aan te nemen, of men moet er een stuk
afsnijden en dat wegwerpen, eer men 't andere opeet. De geefster
toch zoude eene heks kunnen zijn, en dan zoude men zonder genoemde voorzorg eene levende pad in de maag krijgen. Ook moet
men een tooveres op drie harer achtereenvolgende vragen geen
«ja» antwoorden, want doet men dit, dan is men in hare macht. Vuur
of zout ter leen geven is eveneens zeer gevaarlijk. Men doe dit
niet dan aan vertrouwde personen.

In een der friesche dorpen waren voor vele jaren de heksen zeer
talrijk, vertelde men, en men was bedacht op middelen, om die gevaarlijke wezens te kunnen onderkennen. Nu weet men, dat tooveressen een sterken afkeer hebben van kruisen. De dorpsjeugd kwam
daardoor op het denkbeeld om dwars over den voetstap eener vrouw,

als zij over straat liep, een tweeden voetstap te zetten met een klomp, zooals de dorpsjongens meest dragen. Zoo vormden zij dan een kruis en eene tsjoenster zoude terstond moeten blijven staan, terwijl onschuldigen ongestoord zouden doorloopen.

Dit middel schijnt zeer deugdelijk te zijn geweest, maar de heksen vonden een tegenmiddel uit. Zij bewerkten, dat iedere vrouw, die over straat ging, schrikte en onwillekeurig staan bleef, als een jongen onmiddellijk achter haar hard met den klomp op den grond stapte. Op die wijze zou men bijna alle vrouwen voor heksen gaan houden. De dorpsveldwachter bemoeide zich dan ook aldra met de zaak en liet de zonderlinge liefhebberij der jongens niet meer toe.

Zeker man werd door een buurvrouw, eene oude bes, verrast met een pannekoek, dien zij hem thuis bracht om hem eene kleine versnapering te bezorgen, naar ze zeî. Maar deze oude vrouw had men reeds lang verdacht van tooverij; daarom at de man den pannekoek niet op, maar zette hem in de kast met een bord er over. Een paar dagen later, toen men er naar ging kijken, was de pannekoek in een dikke pad veranderd. Had de man het gebak gegeten, dan had hij de pad in zijn maag gekregen. Men verbrandde nu de pad in het haardvuur, nadat alle vensters gesloten waren. Terwijl dit gebeurde liep de heks, erbarmelijk jammerend, om het huis.

De heksen, gelijk reeds gezegd is, veranderen zich in katten. Zekere jongen zag elken avond een groote kat bij zijn ouders huis rondsluipen. Hierop had hij geen goed oog. Daarom voorzag hij zich van een dikken stok en gaf, toen de kans gunstig was, de kat een duchtigen slag op den kop. Des anderen morgens had zijne oude buurvrouw eene wond aan het hoofd. Zij en niemand anders was de kat geweest.

Het zal wel haast vijftig jaren geleden zijn, toen zekere burgerlieden te Stroobos veel last hadden van ratten op hunnen zolder. Daar werd dus een val gezet. Des avonds in de huiskamer zittende hoorde men het toeslaan van den val. Men ging naar boven. Eene prachtige, volkomen zwarte, maar onbekende kat zat met den rechtervoorpoot in den val beklemd. Hierom was het nu niet te doen en zoo voorzichtig mogelijk verloste men poes uit haren pijnlijken toestand. Gelukkig was de poot niet gebroken. Den volgenden morgen wachtte men de oude werkvrouw te vergeefs en weldra liet zij weten dat zij in dien nacht haar rechterarm zoo erg bezeerd had, dat werken haar onmogelijk was.

Ook was er eens een man, die op zekeren tijd de geheele kleeding zijner vrouw op den vloer zag liggen. Nu kwam er een groote kat en kroop in die kleêren. Hij wilde haar verdrijven met een flinken schop. Maar denk eens aan! het was zijne eigene vrouw, die hij schopte.

Eenige jongens te Wirdum, op zekeren avond ijverig spelende, werden daarin verstoord door de verschijning eener groote zwarte kat. Deze was eene heks, die moest er aan gelooven. Zij werd vervolgd met steenen en knuppels, en aan een harer achterpooten zoo goed door een steen getroffen, dat zij na tweemaal over den rug te zijn gerold, zich angstig verschool onder een hoop takken. Nu woonde daar destijds eene oude vrouw, die altijd voor eene heks werd gehouden, misschien wel omdat zij wat ruw en grof was in haar spreken en doen. En toen deze des anderen morgens voor den dag kwam, was zij kreupel.

Vrouwen die, met een paar korven aan een juk, wittebrood en kleingebak bij den boer gingen uitventen, werden ook dikwijls voor tooveressen gehouden. Men zeide, dat zulk eene heks des avonds, als het duister geworden was, hare korven op den weg plaatste, het juk er dwars over legde, hier op ging zitten en zoo naar huis reed. Te Garijp woonde voor vele jaren zulk eene bollenventster, van wie men vertelde dat zij met aan ieder arm een bollenmand door de lucht konde vliegen. En dit bleek werkelijk zoo te zijn. Een jager, die in den laten avond in den herfsttijd met geweer en weitasch huiswaarts keerde, zag, niet zeer hoog in de lucht, een gedrochtelijken vreemdsoortigen vogel vliegen. Hij brandde er op los en — hij had den vogel een vlerk afgeschoten, maar wat kwam er uit de lucht vallen? Een mand met nog een paar bollen er in. Waar de verminkte vogel zelf bleef wordt niet gemeld, maar men wist nu toch voor vast, dat de altijd verdachte oude vrouw eene tooverheks was.

Een op Amsterdam varende friesche schipper, die een toovenaar was, wilde op een nacht door de lucht naar Gorredijk varen, doch zond vooraf zijn knecht ter kooi. Toen nu het schip op iets hards stootte en de knecht riep: «Wat is dat?» riep de schipper terug: «O, dat is de haan van den Oldeboornster toren.» — Een andere even knappe schipper had op zulk een luchtreis zijn zoon aan boord. Deze riep op eens: «Vader, het zwaard raakt den grond.» — «Neen, dat heb je mis,» was 't antwoord, «het was de haan van den Oudkerkster toren.»

Te Leeuwarden was, nu reeds zeer lang geleden, eene bierbrouwerij, waarin iederen nacht een aantal katten bijeen kwamen en poot aan poot dansten. De brouwer, hiermeê zeer slecht gediend, gebood zijnen knecht een grooten ketel vol water op het vuur te koken en dat water de katten, als zij weêr kwamen dansen, op het lijf te werpen. Dit werd gedaan. Een ontzaglijk groote ketel werd met water gevuld en op het vuur gezet, waarbij de brouwersknecht de wacht hield. Pas was het middernacht geslagen of het gezelschap verscheen en de dans begon. Maar nu komt de knecht en stort zoo snel hij kan het kokende water over de danseressen uit. Weg waren ze. Maar 't ergste kwam achteraan. Des anderen morgens moest de vrouw van den brouwer het bed houden, omdat zij overdekt was met brandwonden.

Iemand, die bij nacht op weg was, kwam eens nabij eene heksenbijeenkomst. Hij zag de heksen dansen en hoorde haar zingen:

» En zullen wij   En willen wij,
En zullen wij hem wippen?   Als de oude grijze grauwe komt,
Dan zullen wij hem knippen! «

De man vluchtte in eene nabijstaande boerenwoning.

De heksen bestrijken zich met tooverzalf en vliegen dan, onder het uitspreken eener tooverspreuk, den schoorsteen uit. Een boer ontdekte op zekeren nacht dat zijne vrouw het bed had verlaten. Hij zag haar onder den schoorsteen staan, bezig zich te besmeren, en vroeg wat zij uitvoerde. Zij zeî: «Ik ga een reisje maken; wil je meê? Dan moet je zeggen: «Er uit en er over, naar....» (zij noemde de plaats waar 't naar toeging). — De boer vergiste zich echter en zeide: «Er uit en er door, naar....» Maar dit bekwam hem slecht, want nu vloog hij door alles heen wat op zijn weg stond, niet altijd zonder pijn.

Te Molkwerum veranderden de heksen zich niet alleen in katten, maar ook in hazen, die zeer vroeg, eer de dag aanbrak, de koeien in de weide molken, zoodat de boer des morgens de jadders ledig vond.

Eene heks te Leeuwarden toog dikwijls des nachts uit, in gezelschap van andere tooveressen, waarschijnlijk om feest te vieren. Zij trokken dan door de lucht, ieder een bezemstok berijdende, naar Pilarum. Dit is eene plaats, die zeven mijlen aan gindsche zijde van Madrid ligt.

Het dorp Molkwerum werd voorheen wel eens «het Heksershol» genoemd omdat, naar men zeide, het aantal tooveressen daar groot was. Deze dames kwamen soms laat in den avond bijeen achter den zeedijk bij het hooge zand, en staken dan in melkmouden (friesch: *aden*) over zee naar Spanje of ergens anders heen, ter feestviering. Voeren ze op die manier soms over een meer, dan hadden zij wel eens een kloet noodig en hiervoor gebruikten zij dan een stopnaald. Men vertelt ook dat eene heks 's nachts koud als een steen in haar bed ligt, terwijl hare ziel op reis is. Ook heeft zij geen schaduw.

Het is veel langer dan honderd jaren geleden, toen de knechts van de Hindelooper *kaaig*, het beurtschip van Hindeloopen op Amsterdam, opmerkten, dat, als het schip te Hindeloopen aan wal lag, des morgens de touwen geheel verkeerd waren vastgemaakt, namelijk met een oudewijvenknoop, ook «knoffelknoop» genaamd, die — geheel in tegenstelling met den echten «schippersknoop» — van zelf los gaat wanneer men aan het touw trekt. Ook de schipper zag dit en vroeg wie van hen het zoo slordig had gedaan, dat het wel het werk van een oud wijf scheen te zijn. De knechts verzekerden, dat zij des avonds de touwen vastmaakten zoo 't behoort; hoe dit 's morgens veranderd kon zijn wisten zij niet. Maar de groote knecht dacht er het zijne van. Hij was gewoon, als het schip aan den wal lag, in zijne woning te slapen, doch besloot nu, om zoo mogelijk achter het geheim te komen, een nacht in het schip door te brengen. Hij ging des avonds om negen uren aan boord in de kooi liggen, maar zorgde, niet in slaap te vallen. Drie uren ongeveer had hij zoo doorgebracht, toen het hem voorkwam, dat de touwen werden losgemaakt en de zeilen geheschen. Dit was nu toch iets wat hij niet verwacht had, en voor geen geld ter wereld zoude hij het op dat oogenblik hebben gewaagd de kooi te verlaten. Het duurde niet lang of het schip scheen in vliegende vaart de baren te klieven, zoodat alles schudde en kraakte. De schippersknecht dacht: «wat ik nu zal moeten beleven, dat mag de drommel weten, maar ik kom zoo niet op het dek.» — Dit duurde naar zijne berekening niet veel langer dan een half uur, toen werd alles stil. Het drukke geloop en gewerk, dat hij gedurende dien tijd op het schip had vernomen, hield plotseling op; weldra hoorde hij niet het minste geritsel meer, het schip lag stil. Toen hij een weinig van zijne ontsteltenis was bekomen, begreep hij toch er meer van te moeten weten. Hij was voorzichtigheidshalve gekleed in de kooi gaan liggen en sloop nu op de kousen naar het luik, nauwkeurig luisterend of hij ook eenig gespuis hoorde, maar 't was doodstil. Hoewel nog ietwat beschroomd, waagde hij 't het luik zoover te verschuiven, dat hij zijn hoofd er door kon steken en naar buiten zien. Het eerste waar hij zich over verbaasde was, dat het helder licht was als bij dag. Hierdoor zag hij dat het schip aan den wal lag in eene hem geheel vreemde landouw. In zijne nabijheid zag hij boomen van eene soort, die hij niet kende, prachtig groenend en beladen met goudgele appelen. Hij begreep volstrekt niet in welken hoek der wereld hij terecht was gekomen, en konde bezwaarlijk gelooven, dat hetgeen zijne oogen daar zagen, werkelijkheid was. Maar nergens, waarheen hij ook rondkeek, ontdekte hij een menschelijk wezen. Eindelijk greep hij moed, en beproefde aan wal te komen; dit gelukte zeer goed. Haastig begaf hij zich naar den naastbijstaanden boom en schudde aan een der takken, die daarop terstond eenige der fraaie appelen liet vallen. In allerijl bergde onze zeeman dezen in zijne zakken en spoedde zich toen naar het schip terug. Na het luik zorgvuldig te hebben gesloten, sloop hij weêr in de kooi. Niet zeer lang had hij daar gelegen, toen hij nogmaals voetstappen op het dek vernam. De touwen werden losgemaakt, de zeilen bijgezet en het ging weêr van wal. Het schip kliefde door het water alsof de duivel zelf aan boord was. Dit was misschien ook wel het geval. Ongeveer een half uur duurde weêr de reis, toen scheen men op nieuw aan wal te komen. De zeilen werden geborgen en de touwen vastgemaakt en toen dit werk was afgeloopen, werd alles op het schip weêr doodstil alsof er niets was gebeurd. De schippersknecht bleef echter in zijne schuilplaats tot het aanbreken van den dag. Toen begaf hij zich naar buiten; het schip lag op zijne gewone plaats te Hindeloopen aan den wal, en alles er op was volkomen in orde, maar de touwen, waaraan het gebonden lag, waren wederom verkeerd vastgemaakt. Nadat hij alles nauwkeurig had nagezien en de touwen gebonden zoo 't behoorde, begaf hij zich huiswaarts. In de nabijheid zijner woning komende, zag hij eene vrouw om den hoek van een huis verdwijnen en hij dacht: «Wie dat wel zijn mag?» Want dat de heksen des nachts het schip gebruikten om naar een onbekend land te reizen en daar feest te vieren, dit stond nu bij hem ijzervast. De steeg voorbij komende, welke de vrouw was ingeslopen, stond zij hem na te gluren. Hij wendde zich even om en zag haar aan, terwijl hij een zijner buitgemaakte oranjeappelen voor den dag haalde en haar toonde. Op dit gezicht werd de vrouw bleek als eene doode en zakte ineen. Drie dagen later was zij een lijk. [1])

Een paar arbeiderslieden in den Zuidwesthoek van Friesland hadden een kind, een meisje dat niet voordeelig groeide, eer eenigszins ziekelijk was. Dit kwam, naar men vermoedde, omdat de moeder geen zog had en alzoo het kind met pap en koemelk moest voeden. Het wicht scheen hier niet tegen te kunnen, althans volgens het oordeel van den dokter; maar verstandige buurvrouwen waren van meening, dat er wel iets anders achter kon schuilen. De dokter beproefde allerlei middelen tot herstel van het kind, doch zonder gunstig gevolg. Soms scheen het wel iets beter te worden, maar dan was het ook al spoedig weêr bij het oude. Op den duur ging het achter- inplaats van vooruit. Eindelijk achtte de dokter noodig het kind geitenmelk te doen drinken. De behoeftige ouders hadden geene geit, maar het gelukte hun toch zooveel geld bijeen te zamelen dat zij eene melkgevende geit konden koopen. Toen nu het zieke kind dagelijks geitenmelk dronk, begon het zichtbaar te beteren en men had alle reden te hopen dat het geheel zoude herstellen. Maar wat werd nu het geval? De geit, die aanvankelijk overvloedig melk gaf, scheen na verloop van eenige weken ongesteld te worden en het melkgeven verminderde. Kwam men des morgens om het dier te melken, dan stond het te rillen en te bibberen, als had het de koude koorts in 't lijf, en men verkreeg telkens kleiner hoeveelheid melk. Niemand begreep wat het dier scheelde; men wendde ook alle middelen aan tot herstel, doch zonder vrucht. De toestand van het beest verachterde merkbaar en eindelijk stierf het. Het zieke kind ging nu ook weêr achteruit. De ouders deden alles wat zij konden, maar 't hielp niet; zij moesten hun kind verliezen. Maar wat had nu eigenlijk aan de geit den dood gedaan? Het is bekend dat een heks niet altijd de macht heeft om een kind, op hetwelk zij 't heeft gemunt, regelrecht dood te tsjoenen. Dan zoekt zij echter de ouders op eene andere wijze kwaad te doen. Naar men zeide was er een heks in de nabijheid, die 's nachts de geit uit haar hok haalde en er op reed naar de gewone nachtelijke bijeenkomsten. Onderscheidene menschen, die daar in den naasten omtrek woonden, hadden haar wel zien rijden, nadat men eerst een

---

[1]) Dit geval wordt ook in veel beknopter vorm verteld van een beschonken man, die op zekeren avond bij ongeluk in een aan wal liggend schip terecht kwam en er wilde slapen, maar eene gelijke reis maakte als de hindelooper schippersknecht.

vreemd gejank had gehoord. Dit had hen dan het bed doen verlaten om te zien wat er gaande was. En dan zag men klaar en duidelijk de heks op de geit rijden, waarbij zij het dier tot eene meer dan natuurlijke snelheid voortzweepte. Geen wonder dat de geit na zulk een tocht van afmatting stond te beven als van koude en op den duur onder die marteling bezweek.

Het is ook aan de heksen te wijten, als de hoenders windeieren leggen. De schalen, die deze eieren behoorden te hebben, worden door haar weggenomen en gebruikt voor schuitjes om er meê over zee en meren te varen. Het is daarom raadzaam, als men eieren gegeten heeft, de schalen, eer men ze wegwerpt, in stukken te breken, anders konden de heksen ze voor schuitjes gaan bezigen. — Potlepels, (Fr. *sleeven*) worden door de heksen evenzeer als vaartuigen gebruikt.

Balthasar Bekker deelt in *De betoverde wereld* mede, dat hij als predikant te Franeker, dus tusschen 1666 en 1674, daar kennis gemaakt en zich veel bemoeid had met een jongeling, die zelf verzekerde omgang met een boozen geest te hebben. Deze haalde hem 's nachts uit het bed en bracht hem, langs een fraaien weg, dien hij bij dag nooit zag, bij een feestelijke bijeenkomst van mannen, vrouwen en duivels. Daar ging het dan recht vroolijk toe en werd men onthaald op allerlei spijzen en dranken. Eerst had dit plaats in het huisje, dat buiten Leeuwarden bij de galg stond en gediend zal hebben voor bergplaats van gereedschappen enz. Dit nietige gebouwtje was dan bij die gelegenheid veranderd in eene prachtige zaal. Later werd het nachtfeest gehouden op een stuk weiland even buiten Franeker, dat hij Bekker aanwees. In dit land was een waterkom of put, waarin altijd, behalve bij langdurige zomerdroogte, water stond. Maar wanneer de duivel met zijn gevolg daar feestvierde, stond, volgens den verteller, die put vol vuur en vlam, waar de duivelen doorheen vlogen alsof het niets was.

Hoe eene heks hare slachtoffers wist te pijnigen leert het volgende: Een boer, die kort geleden op eene andere plaats was komen wonen, werd door zijne vrouw verrast met de geboorte van een jongen zoon. Aanvankelijk was dit kind gezond en zag het er kostelijk uit, — maar dit veranderde spoedig. De boer had een vasten arbeider; deze kwam iederen morgen tegen vijf uren om aan het dorschen te gaan. En niet lang daarna begon het kind onrustig te worden; dan schreide het hevig en aanhoudend, het scheen veel pijn te lijden. Dit duurde telkens tot bijna zeven uren. De ouders wisten er geen raad meê. De boer zeî: «Het is toch vreemd, dat dit altijd begint als Abe begint te dorschen. Zou die man te vertrouwen zijn? Wij kennen de menschen hier nog niet voldoende.» De man zinspeelde op tooverij en de vrouw achtte 't ook niet onwaarschijnlijk dat er zoo iets achter schuilde. Zij zeide: «Zou het niet goed zijn als gij Abe daar eens over onderhieldt?» De boer achtte dit wel raadzaam. Hij sprak met Abe over de zaak, maar deze bezwoer bij hoog en laag dat hij de zwarte kunst niet verstond en evenmin wist waaraan het kind van den boer leed. Den volgenden morgen zond de boer Abe naar het veld te werken, en toen de man nu even voor zevenen in zijne woning kwam om gereedschap te halen, vond hij den vuurpot op den haard vol gloeiende kolen. De vrouw scheen een groot vuur gestookt te hebben en hij vroeg haar naar de reden daarvan. Zij had aardappelen voor het varken gekookt, zeî ze. Maar dit was niet waar, want die waren den vorigen avond reeds gekookt. Abe kreeg er een schuin oog op en dacht: «verduiveld! zou ik eene heks hebben getrouwd? Dat moet ik beter weten.» Des avonds zeide hij tot den boer, dat hij om bijzondere reden den volgenden morgen wat later dan gewoonlijk bij zijn werk zoude komen. En den volgenden morgen ging hij op den gewonen tijd de deur uit, maar sloop er ook weêr in, om door een reet in de kamerdeur te begluren wat zijne vrouw zoude uitvoeren. Daar zag hij nu, dat zij een turfvuur aanzette zoo groot als een stoel, en toen dit met kracht brandde, haalde zij twee poppen voor den dag. Een er van drukte zij met de voetjes tegen den heeten ijzeren vuurpot, terwijl zij zeide: «Jij bent Griet van den turfschipper; ik zal je kwellen, omdat je vaâr ons erg slechte turf voor goed geld heeft verkocht.» Nu nam zij ook de tweede pop en deed er eveneens meê, onder het prevelen dezer woorden: «En jij bent de kleine Fokke van onzen boer; ik zal je pijnigen, omdat je moeder een stuiver meer dan den marktprijs voor een pond boter neemt. Ik zal dat schraapzuchtige volk tergen tot in het vierde geslacht.» Hierop opende Abe de deur en zeide: «Dit is voor het laatst, vrouw! daar kan je maar «donder!» op zeggen.» De vrouw verschrikte zoo hevig dat zij in 't eerste oogenblik wel stom scheen. Maar spoedig smeekte zij, de zaak geheim te houden. Nu, dit beloofde hij; zij was toch ten slotte zijne vrouw. Hij begaf zich weder naar den boer, en daar gekomen was 't eerste, wat hij vroeg, hoe het met den kleinen Fokke was. «O! van morgen veel beter dan anders,» werd hem geantwoord; «hij heeft maar een weinig geschreid en nu slaapt hij als eene roos.» — «Ja,» zeî Abe, «'t kan zijn dat hij van nu aan wel betert. Hij is misschien 's morgens wat koortsig geweest.» Dit kwam den boer ook zeer waarschijnlijk voor, «want,» zeide hij, «het kind had altijd vuurheete voetjes, terwijl het zoo schreide.» — «Mijne vrouw,» zeide Abe nu, «wenscht zaterdagavond wel boter te hebben; maar dien stuiver boven de markt, daar pruttelt zij bijster over. 't Is in den winter.» — «Welnu!» zeî de boerin, «dan moet ik dat wat schikken.» Abe ging weêr aan zijn werk. Zijne vrouw kreeg des zaterdagsavonds de boter een stuiver goedkooper en de kleine Fokke groeide sedert dien tijd als kool.

Op de Broek onder Akkerwoude woonde weleer eene oude naaister, die wel eens een dag naar een der boeren in den omtrek ging om naaiwerk te verrichten, en 's avonds keerde zij dan meest naar haar huis terug. Nu gebeurde 't eens in den winter, toen het water dichtgevrozen lag, dat in die streek drie rietsnijders nog laat in den avond op het veld aan het werk waren. En nu zagen zij de oude naaister langs het ijs rijden in een klein wagentje met een zwart kalfje er voor. Juist nevens de drie werklieden bleef het rijtuig staan, om even te rusten, naar 't scheen. Nu riep een der rietsnijders: «Breekt er wat?» Daar scheen het kalfje zoo van te verschrikken, dat het met wagentje en naaister en al wegvloog zoo snel als de wind.

Het is in 't laatst der achttiende eeuw geweest, dat er te Bolsward op het Hoog een paar gehuwde lieden woonden met een talrijk kroost. Hieronder was een kind van omstreeks negen maanden, dat steeds sukkelde, en men meende 't er voor te mogen houden, dat kwade menschen daar de hand in hadden. De moeder had eene vriendin harer jeugd, die ook getrouwd was, maar geene kinderen had. Zij woonde met haren man in de nabijheid, namelijk in de Witheerensteeg. Evenals niet zelden voorkomt, hield deze kinderlooze vrouw veel van kleine kinderen. Geen wonder dus dat zij hare vriendin, die in zoo'n drukke huishouding zat, dikwijls een bezoek bracht. Vooral vernam zij steeds met veel belangstelling naar het zieke kind. Ook de beide mannen gingen vriendschappelijk met elkander om. Aan het zieke kind werd natuurlijk gedaan wat doenlijk was. Medicijnen, door den dokter voorgeschreven, gebruikte men altijd door, doch niets hielp. Eindelijk verklaarde de dokter, dat hij niets meer aan de kwaal kon doen, hij achtte 't echter noodzakelijk dat het kind zog van eene andere vrouw kreeg. Wilde ook dat niet helpen, dan was er geen raad meer. De moeder achtte zich hierdoor beleedigd. Zij had altijd volop zog en al hare kinderen, behalve dit eene, waren flink opgegroeid en bloeiden als rozen. De dokter scheen wel gek. Haar man was van dezelfde meening en aangezien het kind vrij zeker betooverd was, vond hij maar 't best naar een duivelbanner te gaan. Des anderen morgens begaf hij zich op weg, voorzien van een fleschje met water van het zieke kind. De wonderdokter dien hij wilde bezoeken woonde op een aanmerkelijken afstand van Bolsward, zoodat de man niet voor den avond terug kon komen. Hij vond den dokter gelukkig tehuis. Deze beschouwde met aandacht het water in het fleschje, terwijl hij allerlei vragen deed, waarop de man zonder eenige achterhoudendheid antwoordde. Zoo bracht hij den duivelbanner behoorlijk op de hoogte der omstandigheden en kwam deze onder meer ook te weten, dat eene vriendin der moeder van het zieke kind daar dagelijks aan huis kwam en steeds medelijdend allerlei versnaperingen medebracht voor de lijdende kleine. De man ontving van den dokter een zakje met kruiden, waarmeê de wieg van het kind moest worden uitgerookt, en een fleschje medicijn, waarvan men driemaal daags, 's morgens, 's middags en 's avonds, het kind een lepeltjevol moest ingeven. Daarbij werd hem opgelegd, zich onderweg nergens op te houden, maar zich haastig huiswaarts te spoeden. Verder, dat men moest zorgen bij 't uitrooken der wieg alle deuren en vensters goed gesloten te hebben. Bovenal moest hij er op letten, wie hem, als hij nu met de geneesmiddelen in den zak in de nabijheid van zijn huis kwam, tegemoet zoude komen en schijnbaar belangstellend naar den toestand van zijn kind vragen. «Want,» zeî de duivelbanner, « het gebeurt dikwijls, dat eene heks er den reuk van krijgt als men ter genezing van het betooverde kind den rechten weg is ingeslagen. En dan is zij er op bedacht om zoo mogelijk dat werk te doen mislukken.» Na betaald te hebben wat van hem gevorderd werd nam de man, met de medicijnen in den zak en 's dokters lessen in het hoofd, de terugreis aan. Angstig gejaagd, waagde hij 't niet, onder weg ook maar een kwartiertje rust te nemen; toch was het reeds duister toen hij te Bolsward de Sneekerpoort binnen kwam, gelukkig zonder eenig gevaar te hebben ontmoet. Langs het Hengstepad ging hij voorbij het Jongemahuis, ook Hooghuis genoemd, en voorbij het stadhuis de Witheerensteeg op naar het Hoog, waar zijne woning was. Pas was hij in genoemde steeg gekomen, toen hem eene vrouw ontmoette, die in het duister zoo dicht langs hem voorbij liep, dat zij met haar elleboog tegen zijne zijde stootte of eigenlijk tegen het medicijnfleschje, dat hij daar in den binnenzak had. Nu wilde het geval, dat hij in denzelfden zak ook een sleutel geborgen had, en deze deed het fleschje kneuzen, zoodat de medicijn verloren ging. Tehuis komende deelde hij aan zijne vrouw het ongeval mede en deze zeî dadelijk: «Die vrouw kan, dunkt mij, niemand anders geweest zijn dan onze vriendin; zij is hier pas vandaan gegaan en scheen eenigszins gejaagd.» — «Ach God!» zeî de man, «daar zou men 't beste van hopen.» — «Waarom toch?» vroeg de vrouw eenigszins onthutst. De man vertelde nu waarvoor de duivelbanner hem had gewaarschuwd. Maar het zou hem toch leed doen als hunne vriendin eene heks bleek te zijn en de bewerkster van de ziekte huns kinds. En afgaande op des wonderdokters mededeelingen, begon hij toch te gelooven dat het wel waar zou kunnen zijn. Men kon het kind nu wel geen geneesmiddel toedienen, maar meende toch het uitrooken der wieg niet te moeten nalaten. Laat in den avond werd dit werk ondernomen, nadat men alle deuren en vensters zorgvuldig had gesloten en zelfs de slotgaten dichtgestopt. Want eene heks kan door een klein gaatje als 't moet. Alleen de schoorsteen mocht openblijven. De kruiden van den dokter wierp men in een komfoor met vuur, dat onder de omgekeerde ledige wieg was geplaatst. De kamer was spoedig gevuld met een bijna verstikkenden rook en tegelijk met een ondragelijken stank. Zoo dik werd de rook, dat de lamp ging kwijnen en dreigde uit te dooven. Middelerwijl jammerde en kreunde het zieke kind onophoudelijk. En terwijl dit alles op het hevigst was, werd er buiten aan de voordeur van het huis gedraaid. Deze zat goed genoeg op het nachtslot en werd natuurlijk niet geopend. Maar spoedig daarop hoorde men achter het huis op de plaats een hartverscheurend en rumoerig kattengejammer. Toen de kruiden verglommen en versmeuld waren, klaarde de rook, die een uitweg door den schoorsteen vond, een weinig op. De katten gingen zwijgen of trokken heen en het zieke kind werd rustig, zoodat de ouders konden gaan slapen. Des anderen morgens ging het verhaal dezer gebeurtenis als een loopend vuurtje door Bolsward en spoedig wist ieder te vertellen, wie de tsjoenster was die hier de hand in het spel had. Haar man, hoewel niemand het hem zeide, begon er ook iets van te bemerken. Hij was gewoon iederen zaterdagavond in de herberg *de Valk* te komen, waar hij dan een vast gezelschap burgers van zijnen stand aantrof. Hier werd het hem vrij verstaanbaar te kennen gegeven, dat zijne vrouw voor eene heks werd gehouden. Dit ergerde hem zeer, en mede op aanraden zijner vrienden besloot hij, middelen aan te wenden om zoo mogelijk achter het ware van de zaak te komen. Bij dag boorde hij, terwijl de vrouw even afwezig was, een gat in den zolder zijner woonkamer en wel boven de plek waar zij gewoon was te zitten. Den volgenden zaterdagavond ging hij op den gewonen tijd de voordeur uit, maar sloop om het huis heen, de achterdeur, die hij op een kier had gezet, weêr in en verder zoo stil mogelijk den trap op naar den zolder. Vanhier kon hij zijne vrouw bespieden. Allereerst ging deze de vóór- en achterdeuren sluiten, en in de kamer teruggekomen opende zij een kastje, waarin zij, voorzoover hij wist, niets anders had dan haar eigen kleeding. Thans echter haalde zij daaruit een poppetje voor den dag, ter grootte als waarmeê de meisjes spelen, maar dit was evenals een bakerkindje in luiers gewikkeld. Met dit poppetje ging zij bij den haard zitten en begon het met groote spelden te prikken, overal waar zij het maar prikken kon. Tegelijk zorgde zij, het haardvuur goed brandende te houden. Nu en dan zag zij naar de klok, want zij moest rekening houden met den tijd waarop haar man gewoon was terug te komen. — Welk doel was er bij dit speldeprikken? Dit: was er op dat oogenblik ergens, onverschillig op welken afstand, een kind lijdende ten gevolge harer tooverij, dan gevoelde dit al de prikken die zij in het poppetje deed, en kon, zoolang zij daarmeê aanhield, niet ophouden met erbarmelijk te krijten en te schreien. — Tegen den tijd der terugkomst van haren man bergde zij het gereedschap weg en zorgde het avondmaal gereed te zetten alsware er niets gebeurd. De man sloop even behoedzaam als hij gekomen was naar beneden en de achterdeur uit. Bij de voordeur klopte hij aan en werd door de vrouw binnengelaten en ontvangen even vriendelijk als altijd. Hij echter had aanvankelijk niet veel praats, maar al spoedig verzocht hij om den sleutel van het kastje daar in den hoek. Niet zonder verbazing zag zij hem aan en zeide

niet te begrijpen dat hij iets in dat kastje te doen kon hebben.
«Geef mij maar eerst den sleutel,» zeî hij, «dan zal ik meer zeggen.» Zij was er niet spoedig meê gereed, maar hij bleef steeds
sterker aandringen. «En vertel me nu eens,» zeî hij, «wat je eigenlijk in dat kastje hebt.» — «Dat is je wel bekend,» antwoordde
zij: «ik heb er mijne geheele kleederdracht in. En — nu ja — als
je 't weten wilt, ook nog een poppetje, dat ik onlangs op de straat
heb gevonden.» — «Dat poppetje wensch ik te zien; 't verwondert
mij dat je mij daar nooit iets van gezegd hebt,» zeide hij, terwijl
hij het kastje opende. Tamelijk spoedig vond hij daar een rolletje
goed, waaruit, toen hij het loswikkelde, het tooverpoppetje te
voorschijn kwam. Hij bezag het nauwkeurig, en vroeg hoe het
kwam dat het ding overal met spelden scheen beprikt te zijn. De
vrouw wist daar niets van, naar ze zeide, en verzocht hem haar
het poppetje maar terug te geven, zij wilde er een meisje van een
harer kennissen meê verrassen. — De man beduidde haar, dat daaraan niet viel te denken. «Ga jij maar naar bed,» zei hij, «ik wensch
hier nog een kwartiertje bezig te zijn. Ik begrijp nu wel eenigszins op welke manier jij kleine kinderen verrast. Het poppetje krijg
je niet terug.» Zij begon te schreien en zeî, dat hij een onver-
standige dwarskop was, maar zij ontkleedde zich toch en ging te
bed. — Hij herstelde het vuur op den haard en zette er een goed
aantal turven bij, zoodat het weldra flink begon te branden. En
nu wierp hij het tooverpoppetje te midden der vlammen. Pas had
hij dit gedaan, of de vrouw daar achter de gordijnen begon te ste-
nen en te kermen van pijn. Haar man vroeg: «Wat scheelt er aan?
Ik begrijp niet dat je 't daar zoo te kwaad kunt hebben.» — Maar
haar gejammer nam steeds toe; zij kromp van smart. En toen
eindelijk het poppetje geheel was verbrand, was de vrouw een lijk.

Te Bolsward woonde voor zeer vele jaren een jonge schipper,
die gehuwd was met eene schippersdochter. Zij hadden twee kinderen, die voordeelig opgroeiden en, zooals 't dikwijls gaat, al spoedig
volgde de derde. De baker, die zij bij zulke gelegenheden in dienst
hadden, was eene, die hare menschen bijzonder naar den mond wist
te praten. Velen zijn daarmeê gediend; zoo ook de bedoelde jongelui. Eerst ging alles naar wensch, maar na verloop van eenige
dagen werd het met den jonggeborene zichtbaar minder. Het kind
zag er niet te best uit en was steeds lastig en krijterig. Het werd

sukkelend. Nog slechts weinige weken was dat kind oud, toen de
ouders metterwoon vertrokken naar een naburig dorp. Het zieke
kind verachterde steeds; men liet er wel een dokter bij komen,
maar 't hielp niet. De ouders kwamen dan ook langzamerhand tot
de overtuiging, dat het kind betooverd moest zijn. Verstandige
buurvrouwen waren 't hiermede eens en gaven allerlei raad en
inlichting, maar weinig wat iets kon baten. — Er woonde in dien
tijd te Bolsward een man, van wien men vertelde dat hij iets
meer kon dan een gewoon mensch, zoo iemand dien men wel duivelbanner noemt, maar wien deze naam juist niet welgevallig is. De
schippersvrouw besloot dien man over haar sukkelend kind te raadplegen. Op een goeden dag, toen het kind tamelijk goed was, reisde
zij er meê met het veerschip naar Bolsward. Bij den wonderdokter
toegelaten, gaf zij hare boodschap te kennen. Hij beschouwde eene
poos het kind aandachtig en zeide toen: «Je hebt wel wat lang
gedraald met bij me te komen, moedertje! Het is toch wel jammer,
dat men altijd komt wanneer het bijna te laat is. Nu, je moet
zorgen eene goede hoeveelheid water van het kind te behouden.
Dan moet je een nieuw hol steenen kookpannetje uit den winkel
halen, met een pakje stevige spelden. Deze doet gij in het pannetje en giet het water daarop; de spelden moeten er goed onder
staan. Dan brengt gij den boel boven een flink brandend vuur aan
het koken, en dan kan 't wel zijn dat er iemand bij je buiten om
het huis komt loopen. Woont echter de pleegster van het kwaad
op tamelijk verren afstand van uwe woonplaats, dan komt zij niet.
Maar alsdan zal zij in haar eigen huis, zoolang gij het water laat
koken, eene bijna ondragelijke pijn moeten doorstaan, zoodat zij het
uitschreeuwt. Begint het kind van dien tijd af te beteren, dan zal
het wel spoedig geheel klaar zijn. Het is ook mogelijk dat het
niet betert, omdat ge zoo laat bij mij gekomen zijt. In dat geval
moet je in de volgende week terugkomen, dan zal ik andere
middelen beramen.» — De vrouw reisde met haar kind terug,
en zoo spoedig doenlijk deed zij wat de dokter had bevolen. Zij
zorgde nauwkeurig in alles volgens diens voorschrift te handelen.
Zij liet het water koken tot het geheel was verdampt en daarmeê
was natuurlijk het werk afgeloopen. Maar zij had, terwijl het water
kookte, geen oud wijf bij haar huis vernomen en geen kattengejammer gehoord. Zij moest dus denken dat de tsjoenster van haar
kind niet in de nabijheid woonde. Maar wat het gelukkigste was:

het zieke kind begon van het eerste uur af te beteren. Ongeveer drie maanden later was het reeds een jongen alsof hij uit den dijk was gedolven. Het was nu in het fraaiste van den zomer en alle dagen mooi weêr; daarom besloot de schippersvrouw hare familie en kennissen te Bolsward te gaan bezoeken. Zij was nu trotsch op haren prachtigen jongen, die de tooverij zoo schitterend had beschaamd, en wenschte hem wel hier en daar te laten zien. Evenals den vorigen keer reisde zij met het schip naar Bolsward. Toen zij daar in den voormiddag aan wal stapte, was de eerste, die zij ontmoette, een dochtertje van de reeds genoemde bloemzoete baker. Het meisje, dat boodschappen ging doen, vroeg aan de jonge vrouw hoe 't haar en haar kind ging, en deze vroeg aan het meisje hoe 't hare moeder de baker ging. «Thans zeer goed,» zeide 't kind, «maar 't zal een maand of drie geleden zijn, toen heeft zij eens op een dag zulk een verschrikkelijke pijn gehad, dat het om niet uit te houden was. Zij stond des morgens gezond op en na verloop van een paar uren begon het, en zóó hevig, dat wij er geheel van werden ontsteld. De dokter werd gehaald, deze schreef een recept, toen kregen we een fleschje met goed uit de apotheek, daar moest moeder onmiddellijk vijftien druppels van innemen, en bedaarde de pijn niet, dan na verloop van een half uur weêr vijftien druppels. Maar wij hebben haar wel viermaal moeten ingeven eer de pijn bedaarde. Toen was 't plotseling over. Nu is moeder heel goed; gij komt haar zeker even groeten? Zij heeft dikwijls naar uw jongetje gevraagd.» — «Ik weet niet of ik er den tijd voor zal hebben,» zeî de vrouw, het meisje verlatende. Maar zij dacht bij zichzelve: «Dat valsche wijf behoeft niet te denken, dat zij mijn knaapje opnieuw in de schaar zal krijgen.» Zij kon wel nagaan, dat juist op denzelfden tijd, toen zij haar vreemdsoortig kooksel te vuur had, de baker dien hevigen aanval van pijn had gekregen. Zij herinnerde zich nu wat de duivelbanner haar had gezegd, en het werd haar zoo klaar als de dag: niemand dan die lieve, vriendelijke baker kon de heks zijn, die haar kind had betooverd. Zij vertelde dit aan een ieder en de baker was sedert als tooveres gebrandmerkt.

«Ik geloof niet aan heksen en tooverij,» zeide iemand in Doniawerstal, «maar ik wil een geval vertellen, dat waarlijk gebeurd is, hoe vreemd het moge schijnen: «Mijne grootouders woonden voor zestig, zeventig jaren te Dijken, toen het met twee hunner kinderen, jongens van omstreeks vier en vijf jaren, niet naar wensch ging. Tjebbe zat altijd met de hand bij de kleêren in en op zijn keel te krabben en Watze schreeuwde en raasde steeds op eene erbarmelijke wijze. Het spreekt van zelf dat daar een dokter bij werd gehaald; maar zonder gevolg. Een tweede geneesheer bracht even weinig hulp aan. Op herhaald aanraden van kennissen en familie besloot pake eindelijk naar den duivelbanner in de Knijpe te gaan. Hij was geen man, die met dergelijke dingen ophad, maar in den nood doet men soms iets waartoe men anders niet zou komen. Het eerste wat de duivelbanner hem toevoegde, was: «Zoo! heb ik je daar al? Ik had je nog eerder verwacht, het staat niet zoo best bij u aan huis.» En zoo meer. Hij vertelde alles juist zooals 't was, ook dat Watze altijd raasde. «Maar,» zeide hij, «de jongen zal nu wel wat rustiger zijn.» — Van dat oogenblik af, gelijk vervolgens bleek, was het kind rustig. Toen pake zoude heengaan zeî de wonderdokter: «Je moet vanavond de kussens, waarop de kinderen slapen, eens nazien, dan zult ge wel iets vinden.» — Dit deed hij, maar vond niets bijzonders. — De medicijnen die pake meêkreeg hielpen ook niet veel. De kinderen werden juist niet minder, maar beterden ook niet merkbaar. Toen kwam op zekeren dag eene vreemde vrouw, niet ouder dan dertig jaren ongeveer, met wat koopwaren in een mandje aan den arm, bij de deur. Beppe ging er heen en nu was het: «Dag, vrouw! alles wel, hier?» Zonder nadenken antwoordde beppe: «Ja, dat gaat wel.» — «Neen vrouw,» zeî nu de vreemde, «dat moet je niet zeggen, dat is niet waar. Het is hier niet goed.» En nu begon zij op te lezen, volkomen zooals alles was. Dit trok beppes belangstelling en zij vroeg: «Weet gij daar raad voor?» En toen dit bevestigend werd beantwoord, moest pake er bij komen. De vreemde vrouw kwam in huis; zij wist haarfijn te zeggen hoe 't met de kwijnende kleinen stond en zeide ten slotte: «Met het vee staat het ook niet goed.» — Dit alles wist mijn vader nog heel best en hij heeft het meermalen verteld: de koeien waren ook betooverd. Men ging in den stal en de vrouw wees de zieke koeien aan, daarbij zeggende: «Die kan ik genezen en die, maar die niet.» En dit is later volkomen volgens haar zeggen uitgekomen. — Pake moest nu een boor nemen en gaten boren in de kozijnen der deuren en vensters, en nadat de vrouw eenig poeder in die gaten had gedaan, moest pake er pinnen in slaan en hij mocht niemand hare plaatsen laten zien of doen weten. In het woonvertrek terug-

gekomen zeide de vrouw: «Die het je doet heeft hier veel verkeering gehad. Zij is tegenwoordig geweest bij de geboorte van
dat kind en van dat, maar bij de anderen niet.» Pake en beppe
begrepen nu, dat hun oude baker bedoeld werd, die, zooals zij wel
wisten, ontevreden was omdat zij in den laatsten tijd daar niet was
gebruikt. Zij scheen dus haar wraak te koelen aan de jongste twee
kinderen. De vrouw zeide verder: «Morgen zal hier iemand komen
om wit goed, maar geeft het haar niet, want anders zou ik niets
meer kunnen doen.» Den volgenden morgen omstreeks tien uren
kwam er iemand, het was de oude baker, met een potje en verlangde, gelijk wel meer gebeurde, wat melk. Beppe nam het potje
om er melk in te doen, maar bedacht zich even en zeî: «Ik wil
eerst mijn man eens gaan vragen.» En het antwoord van deze
was: «Wij kunnen vandaag geen melk missen.» De kinderen beterden vervolgens van dag tot dag, en de vreemde vrouw kwam nu
en dan hoogte nemen. Op zekeren dag gaf zij beppe een zakje met
kruiden en zeî: «Dit goed moet je op dien dag en dat uur verbranden, zoo en zoo.» Beppe deed dit, maar tijdens de verbranding kwam de oude baker bij haar in huis geloopen, schreeuwende
en jammerende: «O! wat heb ik een pijn! wat heb ik een pijn!»
Beppe beklaagde haar niet veel, maar wees haar spoedig de deur.
Na verloop van nog eenigen tijd waren de kinderen volkomen hersteld. De vreemde vrouw kwam nogmaals terug en verklaarde hare
taak voor afgedaan. Op pakes vraag, wat hij haar schuldig was,
antwoorde zij: «Niets; ik moet dit werk twee jaren doen, maar
mag er niets voor nemen, ook voor de medicijnen niet. Maar ik
ben roomsch-katholiek, en zoo gij iets geven wilt, doe het dan
aan de katholieke gemeente te Sint Nicolaasga.» Dit heeft pake
toen gedaan, maar van de vrouw hebben zij later nooit weêr iets
vernomen. — «Ik geloof niet aan heksen en tooveren,» zoo besloot
de verteller, «maar dit is toch werkelijk zoo gebeurd. Mijn vader
heeft het ons meermalen verteld; hij wist het nog zeer goed. Hij
was, toen het gebeurde, een knaap van ongeveer acht jaren en had
wel medicijnen van Langweer moeten halen.»

Ongeloovigen zeggen: «Ieder mag mij betooveren als hij kan,
mits hij moet me niets ingeven; een mensch vergiftigen is geen
kunst.» — Anderen zeggen: «Allerlei gekke dingen te gelooven
is kinderachtig, maar alles te verwerpen gaat ook niet aan. Dat

er iets [bovennatuurlijks] bestaat en dat er menschen zijn die meer kunnen dan hun goed is, geloof ik wel.» — «Ik geloof er niet aan,» zeî eene moeder tot een tsjoenster, «maar als je mijn kind betsjoent sla ik je met een ijzeren pan de hersens in.» — Echte geloovigen zeggen: «De Schrift leert ons dat er van oudsher duivels-kunstenaars en tooveressen geweest zijn, en als men mij nu kan aantoonen waar de laatste tsjoenster gebleven is, dan zal ik gelooven dat ze er thans niet meer zijn — maar eerder ook niet.»

Men kookte ook olie met spelden en naalden er in, om eene tooveres te ontdekken en tegelijk te pijnigen. Was iemand daarbij in het bezit van een bezempjestuiver [1]) en een klavervier, dan kon hij de tooveres te zien krijgen; zij had dan, alleen voor zijn oog, een braadpannetje omgekeerd op het hoofd. Het gebeurde ook, dat, terwijl men bezig was met zulk eene kokerij, de heks in haar huis een ongeluk kreeg, door van den zolder of op eene andere wijze te vallen en daarbij een arm of been te breken. Zij was dan voor haar leven geteekend.

In de kerk kan men de heksen leeren kennen als men door een vingerring de aanwezige vrouwenschaar begluurt. De dienaressen des satans zal men dan gekroond zien met een paar hoorntjes. Nog eene andere manier om eene tooveres te ontdekken is deze: men neemt drie van slootjes voorziene kistjes van verschillende grootte, zoodat zij in elkander passen als een nest doozen. De slootjes moeten kruissleuteltjes hebben. In het kleinste, dus binnenste kistje plaatst men een theekopje of glaasje met water van den betooverde en daarin legt men minstens drie roggekorrels. Zoodra deze ontkiemen moet de tooveres bersten of zij moet zich vertoonen in de onmiddellijke nabijheid der woning van den betooverde. Nog in de laatste helft der negentiende eeuw is op die wijze in Dantumadeel eene oude vrouw ontdekt, zoodat zij later altijd als een tooveres werd aangezien.

Van ouds heeft men, met verschil in de toepassing, zekere bovennatuurlijke kracht toegeschreven aan de woorden die het eerste vers van het Evangelie van Johannes uitmaken: 𝕴𝖓 𝖉𝖊𝖓 𝖇𝖊𝖌𝖎𝖓𝖓𝖊 𝖜𝖆𝖘 𝖍𝖊𝖙 𝖂𝖔𝖔𝖗𝖙/ 𝖊𝖓𝖉𝖊 𝖍𝖊𝖙 𝖂𝖔𝖔𝖗𝖙 𝖜𝖆𝖘 𝖇𝖎𝖏 𝕲𝖔𝖉𝖙/ 𝖊𝖓𝖉𝖊 𝖍𝖊𝖙 𝖂𝖔𝖔𝖗𝖙 𝖜𝖆𝖘 𝕲𝖔𝖉𝖙. Om te weten of eene vrouw, die men van tooverij

---

[1]) Eene vroegere zilvermunt van een stuiver, waarop de pijlenbundel der Vereenigde Nederlanden was geslagen. Deze pijlenbundel heette in de volkstaal een bezempje. Zulke stuivers kwamen niet talrijk voor, daardoor kregen zij waarde als amulet of zoo iets.

verdenkt, werkelijk eene heks is, en of iemand, die aan eene verdachte kwaal lijdt, betooverd is of niet, doet men het volgende:
In een meest gebruikelijk kerkboek der protestanten (omdat dit
voor het doel het geschiktste formaat is) legt men een kruissleutel
op Ev. Joh. I vs. 1, zóó dat de ring of het oog des sleutels
buiten het boek ligt. Men slaat het boek toe en bindt er een band
of snoer om, zoo vast, dat men het aan den sleutel kan opheffen.
Twee personen, tegenover elkander zittende, drukken den uitgestrekten voorsten vinger hunner rechterhand tegen elkander, na
eerst den sleutel, met het boek er aan, over een der vingers gehangen en vervolgens op het punt van aanraking geschoven te
hebben. Zoo wordt het boek hangende gehouden. Nu vraagt een
hunner: « Is N.N. eene tooverheks?» En de ander antwoordt: « Wel
zeker niet!» Is de bedoelde vrouw geene heks, dan blijft het boek
bewegingloos hangen. Is zij het wel, dan laten de houders, zonder
het te willen, den sleutel van de vingers glippen en het boek valt.
— Zoo kan men ook vragen: «Is N.N. betooverd of niet?» En
het orakel antwoordt op dezelfde wijze. Evenzoo: «Is hij te genezen of niet?» Dit is de sleutelproef (*kaeiproeve*) die ook op eene
eenigszins andere wijze wordt genomen door één persoon. Deze
neemt dan een touw, steekt het door het oog van den sleutel,
knoopt het dubbel aaneen en doet den sleutel in het midden, steekt de
handen aan beide zijden door het dubbele touw en draait het eenige
slagen om. Nu steekt hij het einde van den sleutel tusschen de bladen
van het kerkboek eveneens bij Ev. Joh. I, vers 1. Dit een en ander
zoo vasthoudende zegt hij: *In den beginne was het woord en het woord
was bij......* hier noemt hij in de plaats van *God* den naam der vrouw
of des mans dien men van tooverij verdenkt. Heeft hij den waren naam
genoemd, dan draait de sleutel van zelf om en de schuldige is ontdekt.

Iemand die niet kan zweeten, kan maar voor vast aannemen dat
hij betooverd is. Zoolang een kind goed kan zweeten heeft men
zekerheid dat het niet betooverd is.

Een best middel om te kunnen weten, dat een sukkelend kind
betooverd is, bestaat hierin, dat men drie geërfde bloedkoralen aan
een roodzijden draad rijgt en zóó samenbindt, met drie knoopen er
op, dat zij als een klaverblad naast elkander zitten. De draad met
deze koralen bindt men om den hals van het zieke kind, en is dan
na verloop van vierentwintig uren een der drie bloedkoralen buiten
de knoopen gesnapt, dan is het kind betooverd.

Niet ieder evenwel is in het bezit van geërfde bloedkoralen, maar wat men altijd kan doen: het kussen, waarop iemand dien men voor betooverd houdt, slaapt, openen en den inhoud onderzoeken. Vindt men daarbij zoogenaamde kransen, dan is de zaak uitgemaakt; want deze zijn het werk van tooveressen. Het is daarom zeer aan te raden, dat men kleine kinderen eens in de week een schoon hoofdkussen geve. Daardoor beneemt men de heks den tijd om er kransen in te maken. Die kransen bestaan meest uit einden lint of band, lapjes linnen of beddetijk, waaraan een aantal vedertjes zijn vastgehecht. Ik heb er eens een gezien, die werd gehouden voor een vogel zonder kop, staart en pooten; het was een vlechtwerk van gekromde vedertjes, die met de schachten naar binnen om een middelpunt waren saâmgepakt. Heeft men kransen in een kussen gevonden, dan is het zeer raadzaam, deze te toonen aan den duivel- banner, dien men gaat raadplegen. Deze geeft dan gewoonlijk den raad, die dingen te verbranden met gesloten deuren, want ook dit zal de heks noodzaken bij het huis te komen waar de verbranding pláats heeft. Een mutsje, eenigen tijd gedragen door het kind dat men voor betooverd houdt, kan den wonderdokter ook veel licht geven. Zout rondom de wieg op den vloer gestrooid, en een bijbel onder de wieg gelegd, zijn zeer goede middelen om een kind voor betoovering te vrijwaren.

Ieder kan voor zichzelven en de ouders kunnen voor hunne kin- deren een voorbehoedmiddel tegen betoovering aanwenden, namelijk: altijd het hemd het achterste vóór dragen. Ook is het zeer goed — zoo niet beter — duivelsdrek in de kleêren te benaaien. Varkens laat men het innemen.

Het karnen bij den boer kan ook betooverd zijn. Dan schuimt en bruist de melk de karn uit, maar de boterafscheiding blijft achter. Lieden, die 't beter meenen te weten dan anderen, zeggen, dat dit veroorzaakt kan worden door gebrek aan zindelijkheid bij de boerin, ook door sommige planten, die in het weiland kunnen groeien, en misschien het allermeest door een ziekelijk ongemak dat eene of meer der melkgevende koeien kunnen hebben. Maar de geloovigen weten wel beter: het is het werk van kwade men- schen. Om dit kwaad te verdrijven, hangt men een zakje met kruiden, door een duivelbanner verstrekt, in de karn. Om het te verhoeden is het zeer goed, in den koestal vóór de koeien een klein zakje met duivelsdrek te begraven. Nog beter wordt het geacht, dit te doen onder iederen deurdorpel van het huis. Vandaar het gezegde:

> «Duivelsdrek, op drempel of varkenstrog bevestigd, is echt;
> Want dit beneemt aan de heksen hecht en recht.»

De lavas of lubbestok, *ligusticum levisticum* (Friesch *lobbestrûk*) is eene kwalijkriekende plant, die ongeveer een meter hoog opschiet. Deze plaatsen de boeren voor de vensters van den melkkelder, om de geheime krachten der heksen af te weren en zoo te zorgen dat het boterkarnen niet door tooverij ondoenlijk worde gemaakt. Vroeger bestond onder de boeren het gezegde: «Als wij de boter op het land vinden is de karn betooverd.» — In den tijd toen men weinig of niets deed om schrale onvruchtbare landerijen te verbeteren, vond men soms in laaggelegen oorden op magere weilanden eene paddestoelachtige stof, die voor het oog veel geleek naar boter en dan ook «hekseboter» werd genoemd. Zij was namelijk door de heksen uit de betooverde karn genomen en weggeworpen of verloren. Dat dit goedje, behalve het uiterlijk aanzien, alle eigenschappen van boter miste, verwonderde niemand, want dit was het gevolg der tooverij [1]. Meest zijn het arme oude vrouwen die beschuldigd of verdacht worden van hekserij. Men vertelt wel, dat zij 's avonds maar een ledige beurs buiten aan de huisdeur hebben te hangen, om die 's morgens met geld gevuld te vinden, maar zij schijnen toch over het algemeen karig door den Baas bedeeld te worden. Spotvogels zeggen daarom: «Die menschen hebben er niet veel aan, dat zij den duivel dienen, de Baas laat ze toch maar altijd arm blijven en in behoeftige omstandigheden leven.» — In mijne jeugd hadden eens, bij het armhuis mijner geboorteplaats, een paar oude vrouwelijke verpleegden twist, en een hunner riep: «Pas op! of ik zal je betsjoenen

---

[1] Deze *heksenboter*, in ons land wel *traalboter*, in Engeland *fairy bûtter*, in Zweden *trullsmêr* of *trullskid* genoemd, is eene slijmzwam (*Myxomyceet*) waarvan een gele (*Aethalium*) in bosschen en op broeiende run, een witte (*Spumaria alba D. C.*) op gras woekert. Het snel voor den dag komen van deze en dergelijke voorwerpen heeft aanleiding gegeven om hun ontstaan aan geheimzinnige oorzaken toe te schrijven, waarop ook namen als spokenspog, en sterreschot, sterverschot of sterresnuitsel wijzen. Onder den laatsten naam worden verschillende dingen verstaan, ook een donkergroen gelei-achtig wier, *Nostoc commune*, dat, na regen, soms in groote menigte op den grond waargenomen wordt. Ook is wel als sterresnuitsel eene slijmerige massa beschouwd, die, bij onderzoek, uit halfverteerde en door watervogels in de vlucht uitgebraakte kikvorschen bleek te bestaan. — Van dienzelfden aard is ook het geloof omtrent bloedregen, ontleend aan een mikroskopisch kleine roode wier, die in dakgoten enz. langen tijd droog kan liggen en dan na regen plotseling herleven en zich vermenigvuldigen (*Haematococcus pluvialis*). Men zou hier nog bij kunnen voegen zoogenoemd uit de lucht gevallen of meteoorpapier, dat bestaat uit lagen gedroogde draadwieren, die van een uitgedroogden waterbodem losraken.

dat je de pooten uitsteekt,» d. i. sterft. Die arme sloof wilde ook nog iets beteekenen, zij trachtte ontzag in te boezemen door het geloof, dat zij de macht bezat om iemand ongelukkig te maken!

Men dwong soms eene heks om iemand, dien zij betooverd had, te zegenen en daardoor te onttooveren. In den winter van 1676 ontving eene vrouw te Kolderwolde in den laten avond een bezoek van twee mannen van Oudega, die met een bootje waren gekomen en haar zeiden dat zij meê moest. Zij had eene vrouw te Oudega betooverd door vervloeking en moest haar onttooveren door haar te zegenen. De beschuldigde zwoer bij hoog en laag, dat zij van geen tooveren wist, maar dit hielp niet; zij werd in de boot gesleept, naar Oudega vervoerd en daar bij de betooverde vrouw in huis gebracht. Daar stond een groot turfvuur op den haard te branden en de vermeende tooveres kreeg het aan hare keus: de zieke, zegge de betooverde vrouw, te zegenen of op dat vuur te worden verbrand. Zij begreep dat zegenen het beste zou zijn. Men zeide haar de woorden voor, die zij had uit te spreken, en zij zeî ze na: *In den naam des Vaders, des Zoons en des Heiligen Geestes.* Dit was echter nog niet voldoende. Zij ontving van een der mannen een slag in het aangezicht, die haar den neus deed bloeden. Dit bloed werd in een kopje opgevangen en aan de zieke vrouw ingegeven. Eerst nu was deze voor goed onttooverd.

Een schoenmakersknecht te Warns werd betooverd door eene vrouw van Molkwerum, terwijl hij bezig was haren voet te meten voor een paar nieuwe schoenen. Zij maakte van deze gelegenheid gebruik om zijn hoofd, dat toevallig ongedekt was, te beademen. Spoedig hierop werd de man ongesteld, maar niet dan na veel dokteren en meesteren begreep men, dat hij betooverd was. De beschuldigde vrouw werd nu met vriendelijke praatjes bij hem in huis gelokt, terwijl daar eenige ruwe mannen bijeen waren gekomen. Na de deuren en vensters gesloten te hebben, dwongen die mannen haar den betooverde te zegenen met de woorden: *In den naam des Vaders, des Zoons en des Heiligen Geestes.* Tevens werd zij tot bloedens toe mishandeld, ten einde den lijder iets van haar bloed toe te dienen.

Een schipper, die altijd met een knecht voer, terwijl zijne vrouw aan wal woonde, verkeerde sedert geruimen tijd in het ongelukkige geval, dat hij nooit met zijn schip kon zeilen. Al woei er een flinke bries, al was de wind hem gunstig: de man mocht zeil bijzetten zooveel hij wilde, het schip bewoog zich niet. Wilde hij het van de eene plaats naar de andere doen varen dan moest hij werken en hard ook. Hij begreep zeer goed dat er tooverij achter schuilde, maar wie hem deze kool stoofde, wist hij niet te vermoeden. Zijn knecht deelde natuurlijk in het moeielijke van de zaak, en het ligt voor de hand, dat deze zulk een dienst verliet zoodra hij kans zag eene betere plaats te verkrijgen. Het gevolg hiervan was, dat de schipper dikwijls een anderen knecht moest nemen en zoo kreeg hij ook eens een rechten woestaard in zijn dienst. Vloeken en zweren en alles wat grof en onbeschoft was behoorde bij hem tehuis; ook zeide men, dat hij omgang met den booze had. Toen deze bij gunstigen wind de zeilen opheesch, zeî de schipper: «Ja, dat kunt ge wel doen, maar het zal niet baten.» — Zoo kwam het ook: het schip wilde alweêr niet zeilen. De knecht begon geweldig te vloeken en schreeuwde, terwijl hij zijn zakmes trok: «daar zal de duivel in slaan als wij niet zullen zeilen.» Met het mes in de vuist stoof hij het vooronder in en rukte er een paar planken uit den vloer. De ruimte daaronder plegen vele schippers de hel te noemen. Als razend van woede begon de knecht daar met zijn mes in de inhouten — het paal- en balkwerk, waaruit het geraamte van een schip bestaat — te snijden en te hakken dat er de spaanders na vlogen. Toen hij weêr op het dek kwam was zijn mes bebloed. De schipper beefde van angst, maar de knecht zeî: «Nu zullen we zeilen.» — En jawel! toen alles gereed en in orde was, zeilde het schip dat het een aard had. — Kort daarna kwam de schipper weêr tehuis. Hij vond zijne vrouw te bed liggen en in zwachtels en doeken, want haar geheele lichaam was bedekt met wonden, die met een mes schenen te zijn toegebracht; ja, zij scheen den dood nabij. — Zij en niemand anders was de heks die het schip van haren man betooverd had. Zij mocht hem niet lijden en zag gaarne dat hij telken reize maar zoolang mogelijk van huis bleef, daarom had zij bewerkt dat het schip niet konde zeilen. De kerven en snijdingen, door den knecht in het hout gemaakt, hadden haar getroffen en haar genoodzaakt het schip te onttooveren.

Duivelskunstenaars.

Duivelskunstenaars zijn lieden, meestal mannen, die allerlei dingen weten uit te voeren, welke aan een gewoon menschenverstand bovennatuurlijk voorkomen. Welke kunstenarijen men aan hen toeschreef,

is reeds medegedeeld in het hoofdstuk over Klaas Kunst. Iemand,
die uit liefhebberij wat aan de natuurkunde, of ook aan goochelarij
deed en daarvan proefjes toonde, werd al spoedig voor een duivelskunstenaar gehouden. Kunstjes met de kaart waren in de eerste plaats
verdacht, — ook het kaartspel zelf. Vooral streng rechtzinnige
Gereformeerden hielden en houden speelkaarten in letterlijken zin
nog voor eene uitvinding des duivels. Dat goochelaars, koord-
dansers en soortgelijke kermiskunstenaars door de hulp des duivels
hunne wonderwerken deden, stond ontwijfelbaar vast. Reizende
goochelaars werkten dit geloof ook wel opzettelijk in de hand. Ik
hoorde zulk een man bij de uitvoering zijner kunsten eens prevelen:
«Mundus vult decipi,» (*deecepi* zeî hij eigenlijk). Later zeiden sommige der toeschouwers: «Pas op! die vreemde woorden! daar stak
wat achter.» — Er was een boek verkrijgbaar — ik kan niet
zeggen waar — dat «*De zwarte kunst*» heette en altijd verzegeld
werd verkocht. Door dit te lezen werd iemand met den duivel
vertrouwd, maar ook voor hem beveiligd. Waar is het, dat enkelen onder het volk het *Tooverboek* van *Simon Witgeest*, (uitgeg.
te Amsterdam 1695,) in bezit hadden, en werd dit ontdekt, dat
was voldoende om hun den naam van duivelskunstenaars te bezorgen. Was zulk een geheimzinnige kunstenaar tevens wonderdokter,
dan verkreeg hij den naam van duivelbanner. Hij bezat dan het
vermogen om allerlei betoovering onschadelijk te maken en te doen
ophouden, en kwalen te genezen waarmeê de knapste dokters geen
raad wisten. Van zulke wonderdokters vertelde men ook nog in de
laatste helft der negentiende eeuw, dat zij boeken (misschien ook
handschriften) bezaten, die van ouders tot voorouders in hunne
familie waren geweest en nergens voor geld verkrijgbaar. Allerlei
ziekten en ongemakken werden den menschen op het lijf gezonden door den booze. De koorts was een booze geest, die in
eigen persoon op vaste tijden iemand kwam plagen, gedurende
eenige uren. Vroeger heette zij in Friesland de *tsjinst*, dat is: dienst.
Zoolang iemand in een koorts lag, was hij in den dienst of onder
de heerschappij van een demon. Knappe duivelbanners konden de
koorts «bespreken», d. i. bezweren of uitdrijven. Maar zij moesten
haar dan eene plaats kunnen aanwijzen, waar zij hare plagerij kon
voortzetten, op dezelfde wijze als Jezus de booze geesten in de
zwijnen liet varen, Luk. 8 : 32. Zekere boer, die aan de derdendaagsche koorts leed, raadpleegde een duivelbanner en deze zeî: «Ik

kan je de koorts wel afnemen, maar dan moet ik haar op een ander overbrengen. Heb je misschien ook iemand, dien je wel eens wat kwaads gunt?» — De boer zeî: «Ja, dat kon wel zijn, maar dit gaat toch wel wat te ver. De derdendaagsche koorts is een groote plaag, die durf ik mijn ergsten vijand niet toe te wenschen.» — «Welnu,» hernam de wonderdokter, «wil ik haar dan in je pereboom brengen?» — Als dit kon gaf de boer hiervoor zijne toestemming. Toen de man tehuis kwam, stond de pereboom met slap nederhangende bladeren te rillen en te beven, als iemand die een erge koorts heeft. De boer bleef vrij van de koorts, maar de pereboom bestierf het.

. Het volgende, mij verteld door een man die anders wel bijgeloovig was, maar dit toch moeilijk als een onomstootbaar feit durfde aannemen, doet uitkomen, dat men zich eene afzonderlijke soort booze geesten voorstelde, die «koorts» heetten. Een werkman, zoo luidt de mededeeling, liep tegen den avond langs den voet van den zeedijk tusschen Harlingen en het dorp Zurich. Op de kruin van den zeedijk zag hij niet ver van zich af iets zweven als een paar kleine donkere wolkjes. Dit waren een paar koortsen en de eene zeî tot de andere: «Ben jij op 't oogenblik buiten dienst? Ik ook. Waar denk je nu op los te gaan?» — «Ik wil,» was 't antwoord, «een bezoek brengen aan Klaas N. (dit was de man zelf, die 't gesprek afluisterde). Die zal van avond sûpenbrij (karnemelks-pap) eten; dan sluip ik, terwijl hij eet, in een lepel brij en laat mij daarmeê heel gemakkelijk naar binnen glijden.» — «Ei, ei!» dacht Klaas, «'t is goed dat ik 't weet; nu kan ik op mijn hoede zijn.» — Bij zijne tehuiskomst had zijne vrouw de brij reeds gereed. Klaas nam plaats aan tafel, schepte zijn bord vol brij en deed alsof hij dadelijk aan 't eten zou gaan. Maar in plaats van den eersten lepel pap naar binnen te happen, ledigde hij dien in een zijner laarzen, die hij pas had uitgetrokken. Nog eenige lepels vol liet hij denzelfden weg gaan en hing toen de laars aan den schoorsteenwand bij den haard. Nu duurde 't niet lang of de laars begon te schudden en te rillen; daar zat de koorts in. Klaas at lekker zijn bekomst en bleef ongedeerd.

Nog in het begin der negentiende eeuw woonde te Herbaijum bij Franeker een oudsoldaat, die wijd vermaard was als wonderdokter. Hij was nog een ouderwetsche soldaat van vóór den tijd van den gedwongen krijgsdienst, toen allerlei gespuis, vreemd en eigen, dienst nam. Ruw van zeden en zeer onbehagelijk van voorkomen, sprak hij daarenboven een gebroken Duitsch, voor eenvoudige lieden nauwelijks verstaanbaar. Dit een en ander was voldoende om velen ontzag, ja, vrees in te boezemen voor den geheimzinnigen bullebak, dien men daardoor ook voor een duivelskunstenaar hield. Men zeide dat hij zijn roem als wonderdokter verworven had, toen hij nog als landlooper rondzwierf. Volgens de gewoonte dier dagen verzocht en verkreeg hij op zekeren avond nachtverblijf bij een boer. Daar vernam hij spoedig dat de vrouw des huizes kreunende te bed lag. Op zijn vragen werd hem geantwoord, dat de vrouw reeds lang had gesukkeld met een kraambeen. De boer had daar veel geld aan verdokterd, maar geen baat gevonden. En nu was het zoover ge- komen, dat het been moest worden afgezet. Den volgenden dag zouden professoren van Franeker dat werk komen uitvoeren. De oudsoldaat vroeg den boer of deze er ook nog iets voor over zoude hebben, ingeval het afzetten voorkomen kon worden. — «Wel zeker heb ik dat!» zeî de boer, «daar zoude ik nog gaarne mijne beste koe aan opofferen.» — «Misschien moet het daar wel toe komen,» zeî de soldaat, «heb je bij geval eene koe op stal, die binnen kort moet kalven?» — «Jawel.» — Nu, die koe moest levend worden opengesneden, het ongeboren kalf er uit genomen, ook opengesneden en om het zieke been gelegd. De boer zeî: «Het is wel afgrijselijk, maar ik heb er reeds zooveel vruchteloos aan ten koste gelegd, dit moet ook gebeuren.» Alles geschiedde met den meest mogelijken spoed. En toen des anderen daags de pro- fessoren kwamen, stonden zij verbaasd over de verandering ten goede, die het been had ondergaan. De amputatie kon voorloopig worden uitgesteld. Jawel! het been beterde van dag tot dag en was tamelijk spoedig volkomen genezen. Sedert dien tijd bleef de oudsoldaat als wonderdokter te Herbaijum. Als iemand den oud- soldaat kwam raadplegen, was de man bijna altijd voor eenige oogenblikken afwezig. Eene oude huishoudster bracht den bezoeker dan in een wachtkamertje en hield hem aan de praat, door allerlei vragen omtrent den toestand van den patient voor wien hij kwam. Na verloop van eenigen tijd kwam de dokter, zoo 't heette, tehuis en wist reeds alles wat de man wilde vertellen. Menig onnoozele bloed was dan geheel verbazing en ontzetting, om zich aldus in de onmiddel- lijke nabijheid en onder den invloed van een vertrouwde des duivels te bevinden. Maar sommigen mompelden, dat de dokter aan de andere zijde van een dun beschot het gesprek had zitten af te luisteren. —

Tusschen 1840 en 1850 reisde in de omstreken van Franeker nog eene landloopster, die voorgaf eene dochter van den oudsoldaat van Herbaijum te zijn. En dit beweren legde haar geen windeieren.

In het dorp Wartena leefde in 't laatst der achttiende en ook nog in de eerste helft der negentiende eeuw eene welgestelde boerenfamilie, die, naar men geloofde, in het bezit was van eene geheime geneeskunst. Onderscheidene mannelijke leden dezer familie deden aan dat werk en moesten het zich dan ook laten welgevallen, dat zij door het volk duivelbanners werden genoemd, zij mochten op dezen naam gesteld zijn of niet.

Te Opeinde heeft, in de tweede helft der negentiende eeuw, een wonderdokter gewoond, zeer onmanierlijk in zijne taal, en niet alleen zeer bekwaam tegenover menschen maar ook tegenover dieren, want een lok haar van eene zieke koe of een ziek paard stelde hem in staat, de kwaal te herkennen en de noodige geneesmiddelen voor te schrijven. De zoon schijnt de goede eigenschappen te hebben geërfd en den roep van het wonderdokterschap in de familie te houden, meer evenwel in een wijderen kring, dan in de naaste omgeving.

Eveneens was nog voor korte jaren eene beroemdheid van eenige beteekenis als duivelbanner, zekere Sjoerd Kuiper in de Knijpe bij Heerenveen. Hoewel oogenschijnlijk in armoedige omstandigheden, leed hij toch zeker geen gebrek, want hij had eene goede praktijk. Lijders aan kwalen, waarmeê men vruchteloos jarenlang had «gedokterd», en vooral betooverden kwamen dagelijks bij Sjoerd hulp en raad vragen, uit alle oorden des lands en zelfs wel van daarbuiten. Op verzoek bezocht hij ook de lijders in hunne woning. Bij zijn overlijden schijnt de kracht der gezondmaking op zijn broeder te zijn overgegaan.

Voor korte jaren nog was er in Ooststellingwerf een persoon, die zwerende vingers konde «bespreken». Indien het kwaad niet te ver gekomen was, genas hij een vinger zonder eenige pijn. Hij nam het aangetaste lid voorzichtig tusschen duim en vinger, draaide er een paar malen omheen, onder 't uitspreken van eenige onverstaanbare woorden, en ontvluchtte dan plotseling den lijder, teneinde dezen de gelegenheid te benemen zijn helper te bedanken. Dit laatste mocht niet geschieden, omdat het de bezwering krachteloos zoude maken. Kort na deze kunstbewerking verdween de pijn in den vinger en het ongemak was spoedig genezen.

Onder landloopers en schooiers waren duivelskunstenaars en geneeskundigen van lageren rang. Algemeen hadden deze lieden den naam dat zij honden konden bespreken, d. i. bezweren. Menige boer, die van belang iets te verliezen heeft, en ook menigeen, die gaarne den schijn daarvan aanneemt, heeft op zijn erf een bulhond, die iederen onbekende op een eerbiedigen afstand houdt. Maar onder landloopers, ook onder venters met koopwaren, zijn er, die onbeschroomd op een boerenerf loopen, omdat zelfs de kwaadaardigste hond hen ongemoeid laat. Zoo iemand behoeft een hond maar goed in de oogen te zien; het prevelen van een paar onverstaanbare woorden doet daarbij ook wel dienst. Verder wil men dat sommigen dezer mannen onder in hun stok een verholen holligheid hebben, gevuld met leeuwenvet. Dit nu behoeft een hond slechts te ruiken, om met ingetrokken staart af te druipen.

Een duitsch koopman of venter in nappen, houten lepels, muizenvallen, enz. vertelde mij eens, hoe hij het bij een boer had verkorven. Rookende uit een halfafgebroken goudsche pijp, waarvan de kop op dat oogenblik gloeiend heet was, stapte hij op een boerenerf. Daar kwam een groote hond op hem los; hij hield het dier den heeten pijpekop voor; de hond wilde daarop bijten, maar brandde den bek en liep jankend heen. Niemand had het gezien en 't liep dien keer zoo af. Maar de hond was natuurlijk gedurende eenige dagen niet als gewoonlijk en men begreep spoedig, dat de nappenkoopman hem iets moest hebben gedaan. Toen deze na verloop van eenige weken weêr zijne waren kwam veilen, liet wel de hond hem ongemoeid, maar de boer schold hem voor toovenaar en beval hem haastig te vertrekken om nooit terug te komen.

Tot de geheime kunstenaars van lageren rang behooren ook zij, die den klaverboer, wel te verstaan de speelkaart die zoo heet, kunnen uitzenden om een flesch jenever. Het moet een donkere avond zijn; er zit ergens — niet in een herberg of kroeg — een gezelschap aan het kaartspel. Maar men heeft er niets bij te drinken, en dit vindt men onaangenaam. Hetzij nu dat men geen zakgeld heeft, of dat het naaste huis waar drank wordt verkocht te veraf is, men moet zich met niets tevreden stellen. Een der aanwezigen geeft echter te kennen, dat hij wel kans ziet een flesch jenever te krijgen, als hij namelijk den klaverboer er om uitzendt. Maar dan moet een ander de flesch, als zij gebracht wordt, aannemen; dit mag hijzelf niet doen. In negen van de tien gevallen is er

niemand die dit aandurft. Is er echter wel zoo iemand, dan opent
de duïvelskunstenaar even de buitendeur en werpt de speelkaart in
de duisternis, met het bevel, dat zij een flesch jenever moet gaan
halen. Spoedig daarop zegt hij : «Nu is 't de tijd.» Weêr wordt
de deur even geopend, de aannemer steekt den arm naar buiten,
er wordt hem eene flesch in de hand gegeven en haalt hij die
naar binnen, dan ziet men, dat de uitgezonden kaart op de kurk
ligt. De uitzender schenkt een glas vol en ledigt het over zijn
linker schouder buiten de deur en zegt : «Dat is voor den brenger.» De inhoud der flesch kan nu verder zonder gevaar worden gebruikt. — Deze grap is wel eens vertoond. Dan werd er
werkelijk eene flesch jenever gebracht, namelijk door iemand, met
wien het vooraf was afgesproken. Maar dan waren er ook altijd in
het gezelschap, die van dien drank geen druppel durfden te gebruiken. De jenever die van den duivel kwam was hen te gevaarlijk,
al was de echte Schiedammer hun dit niet.

In het boschrijkste gedeelte van Friesland leeft een vogel, die
op vaste tijden des jaars rondom de boomen loopt, met den bek
op de stammen tikt en meestal er een gat in boort. Wordt hij
niet verjaagd, dan blijft hij bij den boom tot hij het gat weêr
dicht heeft gemaakt. Vliegt hij dan weg en komt hij terug met
een worteltje in den bek, dan springt op eens het gat weêr open. —
Velen gaan in het geheim er op uit om zulk een «springworteltje»
te bekomen, want dit heeft het vermogen om alle sloten te doen
losspringen. Het beste middel ter verkrijging er van is : onder den
boom een witten doek op den grond te leggen ; daar zou de vogel
het worteltje op kunnen laten vallen. Men wil dat sommige dieven
in het bezit zijn van een springworteltje. Zij kunnen dan gemakkelijk in alle huizen komen niet alleen, maar ook, als 't te pas
komt, de gevangenis ontvluchten.

Nu en dan komen er onder het volk personen voor, van wie
men niet recht weet hoe zij aan den kost komen. Zij werken
weinig of in 't geheel niet ; zoover men kan nagaan verdienen ze
niet veel, en zij leven toch, en dikwijls niet armoedig. Zoo iemand
verdacht men vroeger spoedig, dat hij zich aan den duivel had
verkocht en dat deze hem van geld voorzag. Ook wel dat hij vrijmetselaar was. Het geloof, dat een vrijmetselaar nooit om geld behoeft verlegen te zijn, omdat de broeders altijd elkander helpen,
is nog niet uitgestorven, evenmin de meening, dat in hunne geheime

bijeenkomsten de duivel voorzitter is en hen helpt bij het uitvoeren van allerlei gruwelen. Men weet ook, dat daarbij maaltijden worden gehouden en vertelt elkander, dat er wel eens kinderen worden gegeten.

Om een lui en lekker leven te kunnen hebben was er vroeger ook een wisseldaalder te bekomen. Onder de toen in omloop zijnde munten was een zilverstuk van dertig stuivers of ƒ 1,50, dat een daalder werd genoemd. Het kwam echter niet veel voor. De bijzondere eigenschap van den wisseldaalder bestond hierin : wanneer de bezitter iets kocht, dat minder dan een daalder kostte en hij gaf zijn geldstuk daarvoor uit, dan kreeg hij natuurlijk kleingeld terug, en na verloop van weinige minuten had hij den daalder weêr in den zak. Hij kon het stukje herhalen zoo dikwijls hij wilde en op die manier altijd ruim voorzien zijn van geld. Men ziet, dat het voordeelig was steeds voor hoogstens een stuiver of een dubbeltje te koopen, dan kreeg men telkens achtentwintig of negenentwintig stuivers terug. Het ligt voor de hand dat zoo iemand nog al dikwijls een borrel kocht en gemakkelijk een losbol kon worden. Beging hij de domheid, iets te koopen dat juist een daalder kostte en daarvoor zijn wonderstuk uit te geven, dan kreeg hij 't niet terug, en was 't voor altijd kwijt. In den nacht tusschen 30 April en 1 Mei was er beter dan anders gelegenheid om zich aan den duivel te verkoopen en ook om een wisseldaalder te bekomen. Hiervoor had men het volgende te doen : Met een kat in een zak moest men zich te middernacht naar een kruisweg begeven en uitroepen : «Wie koopt er mijn haasje? Wie koopt er mijn haasje?» Dan verscheen de duivel en vroeg : «Welk soort van dier heb je in den zak?» Het woord kat mocht niet worden genoemd en daarom was het antwoord : «Een haas.» — «Wat vraag je er voor?» — «Een daaldertje maar! een daaldertje maar!» — De koop werd gesloten. De duivel kreeg den zak met de kat er in [1] en de ander, onder het zweren van eeuwige trouw aan den booze, een wisseldaalder. De duivel liet de kat weêr loopen, maar zij was van dien tijd af eene tooverheks. — Krijgt de bezitter van een wisseldaalder een tegenzin in het duivelsche ding, dan kan hij het ook aan een ander overdragen, maar deze moet dan weten vanwaar het muntstuk afkomstig is en denzelfden eed zweren, dien de eerste bezitter vroeger gezworen heeft.

---

[1] Sprenger van Eyk meent, dat het spreekwoord : »Hij heeft een kat in den zak gekocht,» hiervan afkomstig is. En dat klinkt niet onwaarschijnlijk.

Tot de duivelskunsten behoort ook het waarzeggen. Dit is meest, zoo niet altijd, het werk van vrouwen. Onder de landloopsters van vroeger dagen kwamen vele waarzegsters voor. Maar ook in de steden en in sommige dorpen woonden zulke sybillen. Er waren, — ja, ze zijn er nog wel — kaartlegsters en kopjekijksters. Laatstgenoemden beschouwden met veel aandacht het koffiedik, dat overbleef in een pas uitgedronken koffiekopje, en voorspelden daaruit de toekomst van hem of haar, die de koffie had gedronken. Van handkijkerij heb ik in Friesland nooit meer gehoord, hoewel Halbertsma er nog melding van maakt in zijne *Rimen ind Teltsjes*.

Nog in de laatste helft der negentiende eeuw woonde op het Vliet, eene buitenbuurt van Leeuwarden, eene zeer befaamde kaartlegster, bekend onder den naam van Akke van 't Vliet, of ook Akke Kaart. Zij werd druk geraadpleegd, niet alleen door inwoners van Leeuwarden, maar ook door het landvolk uit den omtrek. Men zeide dat Akke in 't geheim ontboden werd bij aanzienlijken in de stad, of dat die er 's avonds heengingen. Doch 't waren hoofdzakelijk dienstmeisjes, die van hare gaven gebruik maakten, meest des zondags na de kerk, of als er wat «zwaars» op het gemoed drukte, ook wel onder kerktijd en met verzuim van den dienst, maar dit was toen erg zondig, en dan zal 't hart benauwd geweest zijn. Het kon dan gebeuren dat zulk eene dienstbode dagenlang bleef onder den invloed van wat zij daar had mogen vernemen. — Het eerste bericht van Akke's dood kreeg ik toen ik mij ergens in eene dorpsherberg bevond en daar toevallig ook een handelsreiziger uit Leeuwarden kwam. Deze vertelde, dat Akke van 't Vliet was overleden en een «raar» uiteinde had gehad. Toen het met haar op het laatste liep, zoo vertelde de man, gebeurden er in hare bedstede zulke vreemde dingen, dat de aanwezigen de vlucht namen. En toen dezen na verloop van eenigen tijd het waagden in het vertrek terug te keeren, vonden zij Akke dood, met het hoofd het achterste vóór op den romp: «de duivel had haar den nek omgedraaid.» — Dit is iets wat de duivel meer pleegt te doen met zijne dienaren, nadat hij hen jaren aaneen volop voordeel en genot heeft laten hebben. 't Gebeurt ook wel dat zulke lieden spoorloos verdwijnen. Nu, reeds meer dan vijfentwintig jaren later, zijn er nog vrouwen, die huiveren op het hooren van Akke's naam.

Op het Schavernek te Leeuwarden heeft, gelijktijdig en nog na Akke eene dergelijke vrouw geleefd en gewerkt. In het gehucht

Nieuwebrug ten noorden van Heerenveen woont nog eene waarzegster, niet minder vermaard, zeker ook niet minder bekwaam, dan
in haar tijd Akke van 't Vliet, en alzoo eene waardige opvolgster van deze. Zij wordt dan ook steeds Hinke Kaart genoemd,
welken naam zij zich laat welgevallen, want zij is de vriendelijkheid zelve. Evenals Akke, en vooral als de vrouw op het Schavernek, ontvangt Hinke wel bezoek van aanzienlijken. Zij is gehuwd
en haar man speelt, wanneer het soms te pas komt, wel de rol van
handlanger. Haar eenvoudige doch knappe woning staat aan den
grooten weg. Het is schemeravond. Twee meisjes, beide met het
voorschoot om het hoofd geslagen, schijnbaar voor den tocht, maar
werkelijk omdat zij zich wat schamen, sluipen de huisdeur in. Zoodra de bezoeksters het doel harer komst hebben tekennen gegeven,
wordt het licht ontstoken. Alles in het vertrek ziet er, evenals de
vrouw zelf, proper uit; zij is het beeld eener zindelijke arbeidersvrouw, maar ter dege bespraakt. Hinke gaat zitten bij de tafel en
de meisjes worden verzocht tegenover haar plaats te nemen. Uit de
tafellade haalt Hinke een spel kaarten van 32, en terwijl zij dit met
verwonderlijke vlugheid schudt, verzoekt zij met ernstigen aandrang,
dat op alles wat zij zal vragen naar waarheid worde geantwoord,
omdat liegen haar werk geheel kan verijdelen.

Nu is echter slechts een dezer meisjes gekomen om te worden
ingelicht omtrent de toekomst. De andere is meêgegaan voor gezelschap. Sytske heeft de drie kruisjes reeds op den rug. Zij dient
voor huishoudster bij een winkelier op een dorp in de nabijheid,
waar zij reeds als meid in dienst kwam, toen de vrouw des huizes
nog leefde. In die dagen had de meid een vrijer, dien zij gaarne
mocht lijden, vooral omdat hij tien pondematen goed land in eigendom had; dat hij wat stijf en houterig was en geen slag van praten
had, dit beviel haar minder. Toen de vrouw overleed was Sytske
reeds zoo bekwaam in het bedienen van den winkel, dat de baas
haar gaarne in zijn dienst hield, ook met verhooging van loon. De
toon op welken hij dit te kennen gaf, maakte op Sytske den indruk
alsof er iets meer achter stak en dat hij misschien na verloop van
tijd haar wel tot vrouw zou willen nemen. Om dit in de hand te
werken, maakte zij terstond aan de vrijerij met Japik een einde. Er
verliep een jaar en nog een, maar de baas, die ook wel twintig
jaar ouder was dan zij, scheen aan niets minder te denken dan aan
een huwelijk met Sytske. Zij, dit begrijpende, wenschte nu wel

weêr de verkeering met Japik te hernieuwen. Eens in de week kwam hij bij haar in den winkel een halfpond tabak halen, en zij trachtte hem nu met vriendelijke woorden en glimlachjes hare bedoeling te doen begrijpen. Maar hij begreep niets, althans naar 't scheen; hij was steeds kort van stof en vertrok zoodra hij bediend was. Zij schreef dit aan zijne stugheid toe; inderdaad was het schroomvalligheid. Zij was hem reeds verder dan op halfweg tegemoet gekomen, iets wat eigenlijk voor een meisje niet betaamt, maar wenschte toch nog wel verder te gaan, indien zij slechts eenige zekerheid had. Ter verkrijging daarvan besloot zij eindelijk Hinke de waarzegster te raadplegen. Maar alleen de geheimzinnige vrouw te bezoeken, hier zag ze tegen op. Vandaar dat een harer vriendinnen haar vergezelde.

Of de vriendelijke praatzieke waarzegster op de hoogte is van Sytske's geschiedenis? Zij verzoekt het meisje eene kaart te trekken. Zij spreekt nu eene soort onzuiver Hollandsch, 'meest gelijkende naar Stadfriesch, want de dagelijksche volkstaal is voor hare kunst te onheilig. — Sytske trekt de hartenaas. — «Het huis» zegt Hinke, «nu maar weêr». — De tweede kaart is de klaverheer. — «Dit lijkt ook goed; nu nog een derde.» — Hierop wordt de hartentien getrokken; «dit is de volle trouw,» zegt de waarzegster. De getrokken drie kaarten worden weêr tusschen de andere gestoken, het spel opnieuw geschud en vervolgens de 32 kaarten in vier rijen van acht op de tafel gelegd. Nu zit Hinke eene poos met een ernstig gelaat op de kaarten te turen, terwijl Sytskes geheele aandacht op haar gevestigd is. Hinke breekt het zwijgen af: «Nu kan ik je verklaren dat ik in lang niet iemand hier heb gehad, die zoo blier (vriendelijk, lieftallig, aanminnig) in de kaart ligt.» — Op Sytskes vraag, wat dit beteekent, is het antwoord: «Zie maar hier. De hartenvrouw — die zijt gij — ligt daar, en op dezelfde rij de klaverheer. Nu is het duidelijk dat uw beider levensweg dezelfde is. Klaverheer is iemand met donkere oogen, die veel over u peinst. Vreesde hij niet eene weigering, er zou u binnen kort een huwelijksvoorstel worden gedaan. Tot een huwelijk moet het eenmaal komen; zie maar: tusschen de klaverheer en de klavervrouw ligt «de volle trouw.» — «Het huis» ligt naast de klaveracht en dit beteekent, dat gij met uwen aanstaande niet ver van het water zult wonen. Hij is een bedaard persoon, die de eerste jeugd reeds achter den rug heeft. Er verloopen nooit twee zondagen zonder dat gij hem spreekt. Hij is niet geheel onbemiddeld en gij zult met hem voorspoed hebben, want gij (de hartenvrouw) ligt vóór «geld en goed». Ook voor het overige zult gij gelukkig met hem leven.» — Sytske betaalt de waarzegster, en met haar vriendin weêr buiten zijnde zegt ze: «Nu, als we dan toch voor mekaâr in de wieg zijn gelegd, moet het ook maar spoedig gebeuren.» Niet onduidelijk geeft zij verder te kennen, des noods zelf het huwelijksaanzoek te zullen doen. — Een half jaar later was zij, naar ik vernomen heb, reeds met Japik getrouwd.

Bij het waarzeggen wordt eene zekere methode gevolgd, waarvan de hoofdzaak is, dat iedere kaart eene vaste beteekenis heeft, b.v. water, vuur, lucht, land, bosch, huis, geld, geluk, enz. Naar aanleiding van de ligging der kaarten, boven, onder, tegenover of nevens elkander, maakt de waarzegster hare gevolgtrekkingen zoo 't heet.

In den tijd toen de meeste menschen in Friesland, aangaande Amsterdam een geheel ander begrip hadden dan thans, vertelde men elkander hier, dat er in die groote stad, onder meer geheimzinnigheden, ook een *zwarte spiegel* bestond, eene inrichting, waarover Heintje met den paardenpoot het beschermheerschap bekleedde. Daar liet men hoofdzakelijk ongehuwden in de toekomst zien. Een jonggezel kon daar zijne toekomstige levensgezellin en een meisje den voor haar bestemden echtgenoot in levenden lijve komen aanschouwen. Wie zich daar aanmeldde, werd allereerst in een zijkamertje gebracht en geblinddoekt. Dan werd hij rugwaarts weggeleid langs een naar 't hem voorkwam bochtigen gang. Als hem de blinddoek werd afgenomen, bevond hij zich in een tamelijk ruim ledig vertrek, waar hij alleen werd gelaten. Deze kamer was schemerachtig verlicht, niettegenstaande er geene vensters waren. Maar een der wanden, en wel die, naar welken hij gekeerd stond, was van enkel glas, zoo helder als kristal. Daarachter was eene zaal zichtbaar, prachtig versierd met groen en bloemen, als in een fraaien tuin. Niet lang duurde 't of hij vernam in de verte een wegslepend gezang, dat hem met behagelijken weemoed aangreep, zoodat hij zich als in een tooverwereld verplaatst gevoelde. Het gezang kwam langzaam nader en scheen eindelijk in de bloemenzaal te zijn. Jawel! dan kreeg hij zijne toekomstige bruid te zien, met zoovele kinderen aan hare zijde, als zij eens samen zouden krijgen. Zij naderde tot in de nabijheid der glazen tusschenwand, knikte hem toe met een vriendelijken glimlach, maar zwijgende, en ging dan weêr achterwaarts om tusschen het groen te verdwijnen. Hij werd opnieuw geblinddoekt en weggeleid zooals hij gekomen was, en weldra bevond hij zich weêr buiten in de koude werkelijkheid. Was de verschijning, die hij gezien had, het beeld van een meisje, dat hij kende, dan wist hij dadelijk wat hem te doen stond. Maar hij kon ook eene hem geheel vreemde te zien krijgen. Dan moest hij wachten tot deze hem op den levensweg ontmoette. Zoodra dit gebeurde kon hij denken : zij moet de mijne worden. — Een meisje kon op dezelfde wijze haar toekomstigen man in dien zwarten spiegel te zien krijgen. Maar het kon ook gebeuren, dat iemand, die in den zwarten spiegel keek, daar geene met groen en bloemen versierde zaal zag, maar een rouwzaal, behangen met zwarte gordijnen. Hij hoorde dan ook geen zielverrukkend gezang, maar alles was stil als het graf. En nauwkeurig toeziende, zou hij in die zwarte sombere zaal zijn eigen doodkist hebben kunnen zien staan. Dit wilde nu juist niet zeggen, dat hij binnen kort zou moeten sterven, maar dat hij in ongehuwden staat zijn leven ten einde zou brengen. De moeite van naar eene vrouw te zoeken konde hij zich dus besparen.

Het meisje of de jongeling, die daar in den zwarten spiegel vertoond werd, was werkelijk de geest van hem of haar, die bestemd was met den toeschouwer in den echt te treden. Gesteld dat het meisje, 't welk getoond moest worden, op dat oogenblik in Friesland of waar dan ook was, dan viel zij, zoodra haar geest te voorschijn trad, buiten kennis. Hare ziel moest voor eenige oogenblikken het lichaam verlaten, om zich te Amsterdam aan haren toekomenden echtvriend te laten zien. Lang duurde dit niet, want de ziel vloog heen en terug met de snelheid van den bliksem. Maar zoolang zij bewusteloos nederlag, verkeerden de bij haar aanwezigen in grooten angst, omdat zij met geenerlei middelen in het leven terug te brengen scheen. Kwam zij weêr tot zichzelve, dan herinnerde zij zich, gedroomd te hebben, dat zij met haar man en kinderen in een fraaien tuin wandelde.

In later tijd kwamen er in Friesland tentjes op de kermissen met opschriften als : *Spiegel der Liefde — Spiegel des geheims*, enz., waar men ook de liefhebbers in de toekomst liet zien. Het volk noemde zulk een tent altijd «de zwarte spiegel».

Zeker meisje, wier vrijer zeeman en op reis was, deelde eens aan eene vriendin mede, hoe verlangend zij was om den geliefde

weêr te zien, ofschoon zij wist, dat hieraan vooreerst nog niet viel
te denken. De vriendin echter zeide, dat hiertoe wel gelegenheid
bestond; te Leeuwarden in het Ruiterskwartier woonde eene vrouw,
die door tooverkunst haar den vrijer kon laten zien. Te zamen
gingen zij daarheen, en de vrouw was dadelijk bereid aan haren
wensch te voldoen. In het midden van een niet zeer sterk verlicht
vertrek plaatste zij een tobbe gevuld met helder water. Het meisje,
dat haren vrijer wenschte te zien, had maar in dat water te turen,
en ja! daar zag ze hem klaar en duidelijk, zoodat er geen twijfel
overbleef. Zij zag hem zittende op het dek van een schip, een
appel te schillen en te eten. Hieraan kon zij weten dat hij nog gezond was. Na verloop van eenige weken kwam de matroos tehuis
en bracht zoo spoedig mogelijk een bezoek aan zijn meisje. Op
haar belangstellend vragen naar zijne ondervindingen op reis en of
hij altijd gezond was gebleven, antwoordde hij: « Ja, gezond ben ik
altijd geweest, behalve dat ik eens een toeval heb gehad, waarvan
ik nog nooit het rechte begrepen heb. Toen dacht ik waarlijk dat
ik om zeep zou gaan. We lagen te Amsterdam aan wal, ik zat op
het dek een appeltje te eten, toen viel ik zoo maar op eens van
mezelven. Ik wist niet dat ik in de wereld was en allen die 't
zagen hielden mij voor dood. Maar het duurde slechts kort, toen
kwam ik weêr bij en gevoelde mij zoo frisch alsof er niets gebeurd
was. » Het meisje vertelde hem nu haar wedervaren bij de tooveres te
Leeuwarden en spoedig begreep men, dat hij als dood op het schip
had moeten liggen, terwijl zijne ziel van Amsterdam naar Leeuwarden toog.

Ook zonder hulp van anderen bestaat er gelegenheid om een
blik in de toekomst te werpen. Jongelingen of meisjes, die den nog
onbekenden toekomstigen gezel of gezellin huns levens wenschen
te zien, doen het volgende. Des avonds als men zal gaan slapen
legt men zijne kousebanden gekruist onder het hoofdkussen. Heeft
men het hoofd op dit kussen nedergelegd, dan zegt men zacht en
langzaam :

«Op dezen band, dien ik hier leg,
Op deze woorden die ik zeg, —
Is er een zoetlief voor mij in 't leven,
Hoop ik, dat God mij in den droom moog' geven,
Zoo hij gaat, zoo hij staat
Al in zijn dagelijksch gewaad.»

Dan krijgt men in den droom hem of haar te zien of — een doodkist!

Men zal kunnen denken dat de Friezen het hollandsche rijmpje van elders hebben overgenomen. Dit kan waar zijn, maar ontwijfelbaar is het ook, dat het volk in zaken van geloof meer waarde toekent aan eene vreemde dan aan de eigen volkstaal. Hollandsch spreken noemt men te Holwerd *sneins praten*, zondagsch praten, de taal spreken die men zondags in de kerk hoort. Toen Luther den bijbel in de volkstaal overzette, werd dit door de roomsche geestelijkheid gebrandmerkt als heiligschennis. Evenmin vindt de friesche vertaling van het Evangelie van Mattheus, door J. H. Halbertsma, bijval bij echte oudgereformeerde Friezen. Ik herinner mij den tijd, toen het als eene zeer verdachte nieuwigheid werd beschouwd, dat bijbel en testament werden gedrukt met latijnsche letter. Men noemde dit «krantedruk» en vond het heiligschennend, den bijbel met dezelfde letter te drukken als de krant. De oudhollandsche letter en de spelling van 1619, de «zwarte druk», zooals men die noemde en in den zuid-oosthoek van Friesland nog noemt, wilde men behouden: aldus was de bijbel uit den hemel gevallen.

Kan iemand drie vrijdagsmorgens aaneen, drie geheele roggekorrels (die onder den molensteen ongedeerd zijn gebleven) in een roggebrood vinden, dan zal hij of zij die haar of hem het eerst ontmoet de huwelijkscandidaat zijn.

Ook in appelpitjes zit voorspellende kracht. Neem een door vocht gladgemaakt appelpitje tusschen duim en vinger en doe het door sterke drukking wegspatten na het uitspreken der woorden :

Sprútsje sprút !
Hokker (naar welken kant) woont myn vrijer (of vrijster) út ?

De richting die het pitje neemt wijst de kompasstreek aan, waarin de nog onbekende zoetelief verblijf houdt.

Werken des duivels.

Dat de duivel niet alleen zijne dienaren, die bij contract hunne ziel aan hem hadden verpand, ten slotte een onzachten dood deed sterven, maar ook andere verstokte zondaars duchtig kon kastijden, ja, soms nekte, daarvan heeft men meermalen gehoord. Het volgende is door een vriend te Makkum uit den mond des volks opgeschreven :

Er woonden weleer te Bolsward een man en vrouw, die geene kinderen hadden. De vrouw was zuinig en oppasssend, altijd ijverig in hare huishouding, maar de man was verslaafd aan den drank en aan het kaartspel. In nuchteren staat werd hij door zijne vrouw soms ernstig onderhouden en dan beloofde hij telkens beterschap, maar hij hield geen woord. Het kwam zelfs zoover, dat hij bij zulk eene gelegenheid zichzelven verwenschte en zeide: «De duivel moge mij van lid tot lid verscheuren, zoo ik mij nu weêr dronken drink!» Nu ging het ook een poosje goed, maar de man kon niet volhouden. Hij geraakte op zekeren avond in de herberg met eenige kameraden aan het kaartspel, en ten slotte kwam hij zeer laat en beschonken tehuis. Hij begaf zich naar de keuken en legde zich daar op de haardplaat neder. Zijne vrouw, reeds te bed, had hem wel vloekende en brommende in huis hooren komen, maar gedacht: laat hem maar zelf een rustplaats zoeken. Maar toen zij des anderen morgens in de keuken kwam, vond zij niets dan op de haardplaat een hoopje asch; dit was alles wat van haren man was overgebleven. En aan den witten wand bij den haard zag men den zwartachtigen afdruk van eene hand. Men vreesde al dadelijk dat dit een handtast des duivels was, en dit werd bewaarheid, toen men poogde de figuur met witkalk onzichtbaar te maken. Hoe dikwijls men dit herhaalde, de prent liet zich altijd na korten tijd weêr zien. Wel honderd jaar later stond die handtast daar nog. — Dat de duivel zelf den man had doen verbranden stond vast!

Dit is blijkbaar eene onjuiste lezing van de geschiedenis, die door Balthasar Bekker in zijn *Betoverde Wereld*, Boek IV, bl. 160, v.v., wordt medegedeeld als voorgevallen in 1681. Douwe Sydses, een metselaar te Bolsward, zoo luidt het daar, kwam den 24 Juni des avonds te half elf, toen zijne vrouw reeds te bed was, dronken tehuis en legde zich, gekleed zooals hij was, geholpen door zijn stiefdochter, in de keuken op kussens te slapen, ver genoeg van den haard verwijderd, waarin trouwens het vuur ook onder de asch was bestopt, en zonder dat er licht in het vertrek brandde. En toch, toen hij in den nacht verschrikt ontwaakte en opsprong, stonden zijne kleederen van het hoofd tot de voeten in brand. In zijnen angst riep hij: «O God! wees mij armen zondaar genadig!» — en terstond waren de vlammen gedoofd. Hij had brandwonden bekomen, doch behield het leven; maar hij geloofde zelf, en al het volk met hem, dat de duivel hem in brand had gestoken en dat door zijn inroepen van Gods hulp het werk des satans was verstoord. — Hiervan wil Bekker niets weten; hij beweert dat iemand die zulk eene overmatige hoeveelheid spiritus had ingezwolgen als Douwe Sydses, wel op natuurlijke wijze in brand kon geraken.

Het verhaal des volks, dat ongetwijfeld van mond tot mond is gegaan, zonder dat men Bekker had gelezen, en zoo tot op onzen tijd bewaard bleef, levert een bewijs, wat de volksdichting van eene ware gebeurtenis weet te maken.

Te Makkum woonde in vroegeren tijd een kofschipper, bekend als een goddeloos man, die met zijn schip zulke buitengewoon snelle reizen kon maken, dat hij, naar men meende, daarbij geholpen moest worden door iemand, van wiens hulp een gemoedelijk christen liefst niet gediend wil zijn. Het liep dan ook hier op uit, dat deze schipper, toen hij eens op de terugreis was met eene lading balken van Riga, door den duivel van boord werd gehaald. Hij zeilde met een gunstigen wind en een flinke koelte in de Noordzee. Het scheepsvolk had den geheelen voormiddag reeds gedacht en gezegd: «Wat er met onzen kapitein aan de hand is, begrijpen wij niet.» Hij zat in de kajuit en daar werd zoo druk gepraat, alsof er een talrijk gezelschap bijeen was. Toch kon hij er slechts alleen zijn: midden in de Noordzee kon toch niemand bij hem aan boord komen, meenden ze, althans niet zonder dat zij het zagen. Er had hen dien dag ook nog geen enkel schip gepraaid. Toen eindelijk de kok het middageten gaar had, beval hij den jongen den kapitein te gaan zeggen, dat het maal gereed was, en hem te vragen wanneer hij verkoos te eten. — De jongen had niet veel lust om daar op los te gaan. Hij was vreesachtig van aard en had den geheelen voormiddag het volk hooren mompelen en fluisteren en daaruit begrepen, dat het in de kajuit niet pluis moest zijn. Hij aarzelde dus. Maar weigeren het bevel op te volgen, dorst hij ook niet; want deed hij dit, dan zoude er zeker eene zeer onwelgevallige touwplechtigheid aan hem worden voltrokken. Schoorvoetend ging hij naar de kajuit en keek eens om het hoekje der deur. Maar met den luiden kreet «och Heer!» deinsde hij terug en kwam bevend als een riet bij den kok. Deze, denkende dat de jongen een opstopper van den kapitein had ontvangen, greep hem bij den arm en vroeg vrij barsch wat er te doen was. De stumperd was zoo ontsteld, dat hij als sprakeloos was en eerst nadat de kok een vriendelijker toon had aangeslagen, vertelde de knaap dat er iemand bij den kapitein in de kajuit was, een deftig gekleed

heer in een rooden rok. Dit bericht deed al het scheepsvolk ontstellen. Een deftig heer in een rooden rok! En die was midden in
de Noordzee aan boord gekomen, zonder dat iemand het had vernomen! Dit was een verdacht geval. De stuurman was eerst tamelijk ongeloovig, maar na de herhaalde verzekering van den koksjongen zeide hij: «Mannen, ik heb jelui allen leeren kennen als
menschen met moed in het lijf, die ook als 't noodig is de vuisten
weten te gebruiken. Maar dit is een bijzonder geval. Toch dienen
wij de zaak te onderzoeken. Voor een of twee afzonderlijk is dit
echter niet raadzaam: wij moeten met mannenmacht er op los.» —
De kok wilde zich verontschuldigen: hij diende naar 't eten te zien.
Maar dit hielp hem niet, hij moest meê, al zou hij dan ook met
den jongen de achterhoede uitmaken. — Men ging gezamenlijk naar
de kajuit, keek de deur in, maar zag... niets! De kapitein was er
evenmin als een heer in een rooden rok. Men zocht in alle
hoekjes, men onderzocht des kapiteins kooi, maar hij was er niet.
Men zocht en zocht, doch alles vruchteloos. De kapitein was verdwenen: er moest iets buitengewoons met hem zijn voorgevallen en
niemand der aanwezigen twijfelde er aan, dat de heer in den rooden
rok de duivel in eigen persoon was geweest. De stuurman merkte
op, dat een der kajuitspoortjes openstond, en nu begreep men, dat
de duivel door die opening met den kapitein moest .weggevlogen
zijn, toen het volk de kajuit naderde. Van de eerste ontsteltenis
bekomen, besloot men. het schip zoo spoedig mogelijk in een behouden haven te brengen en aan de reeders kennis te geven van de
zaak. Dit geschiedde; het scheepsvolk ontving afrekening en ieder
hunner besloot voor vast nooit weêr een reis meê te maken op
dat schip.

De vriend van Makkum, die mij deze geschiedenis mededeelde,
voegt er bij: «Toen ik in 1829 te Koudum woonde, ontmoette ik
daar een tachtigjarigen neef van mijn grootvader, die lang had
buitengevaren. Hij vertelde, een der opvarenden van dat kofschip
geweest te zijn, toen de duivel den kapitein weghaalde. Maar hij
noch een zijner kameraden had sinjeur den roodrok gezien.

Een jonggehuwd man, die zijn vrouwtje hartstochtelijk beminde
en wederkeerig door haar innig werd bemind, had het ongeluk,
haar door den dood te verliezen. Hij betreurde haar diep niet
alleen, maar wenschte en zuchtte onophoudelijk, dat zij weêr levend

mocht worden en terug komen, ook toen zij reeds begraven was. Brachten vrienden en kennissen hem onder 't oog, dat zulk wenschen dwaas en tevens zondig was, hij hield er toch meê aan. En na verloop van eenigen tijd, jawel! daar kwam zijne jonge vrouw werkelijk bij hem terug, gezond en vroolijk als vroeger. De man was zeer verheugd; zij leefden eenige jaren gelukkig en kregen kinderen. Maar toen gebeurde 't, dat de vrouw toevallig een kruis te zien kreeg, en wat bleek nu? Dat zij niemand anders was dan de duivel in eigen persoon, die zich in eene jonge vrouw veranderd en zoo den man bedrogen had. Dit was de straf voor zijne dwaze wenschen.

Met dit verhaal komt overeen wat J. H. Halbertsma vertelt (*Rimen ind Teltsjes*) van een ruwen boer, die in den ouden tijd te Molkwerum woonde. Deze kon zoo vloeken en tieren, dat het op zekeren tijd zijne vrouw te bang werd; zij liep van hem weg en kwam niet terug. Toen men naar haar ging zoeken vond men hare muilen bij den Molkwerumer zijl, eene sluis daar in den zeedijk, maar haar lijk werd niet gevonden. Na verloop van zeven dagen echter stapte zij weêr bij haren man in de woning. Zij zeide hem niet weêr te zullen verlaten, indien hij haar wilde beloven niet weêr zoo te zullen vloeken. Hij beloofde en het verbond was gesloten. Zij bleek nu echter van natuur en geaardheid veel veranderd te zijn. Was zij vroeger zuinig, oppassend en nauwlettend in haar werk, nu was zij verkwistend, ordeloos en lichtzinnig; maar ook zeer toegevend jegens haren man en zijne nukken. Zij leefden tamelijk genoegelijk eenige jaren aaneen en hadden zoo zachtjes aan negen dochters gekregen. Deze groeiden op tot ijdele loshoofden, pronkzuchtig, verkwistend en zorgeloos, niet minder dan de moeder. De zaken van den boer gingen alzoo den kreeftengang. Nu gebeurde 't eens, dat de dienstmeid eene lompheid beging, die wat schade veroorzaakte. De boer ontstak hierover zoo in toorn, dat hij op nieuw begon te vloeken. De meid vluchtte de deur uit naar het vee en de vrouw begaf zich naar den melkkelder. Zij kwam niet terug en toen de boer haar ging zoeken, vond hij hare kleederen op een hoopje liggen, maar zij was nergens te vinden. Niemand had haar gehoord of gezien, zij was spoorloos verdwenen; — zij was de duivel zelf geweest. De eigenlijke vrouw van den boer had zich in de Molkwerumer zijl verdronken en haar lijk was in zee gespoeld. De negen dochters der nagemaakte vrouw

bleken in het vervolg allen tooveressen te zijn. Ook de kinderen
die deze ter wereld brachten werden tooveressen; evenzoo de klein-
en achterkleinkinderen, die later kwamen. Zoo was Molkwerum
gedurende eene lange reeks van jaren eene kweekplaats van heksen
bij uitnemendheid.

In verschillende streken kan men ook hooren vertellen, hoe de
duivel soms uitspattende zondaren of erge spotters door zijne plagerijen of eene ongewenschte ontmoeting met hem tot bekeering
kan brengen en doen veranderen in ware geloovigen, die dan de
ingetogenheid zelve worden. Op die manier werkt de satan eigenlijk zichzelf tegen, maar zulk eene uitwerking is waarschijnlijk ook
niet overeenkomstig zijne bedoeling.

Op de kermis te Baard is het vele jaren geleden gebeurd, dat
het jongvolk zich in de herberg uitbundig vermaakte met dansen
en zingen. Nu kwam er een buitengewoon zwaar onweder op, maar
de lichtzinnige jeugd wilde daarom het dansen niet staken. De
overmoedigsten dreven er zelfs den spot meê, dat zij in het licht
van den bliksem konden dansen. Doch toen dit een poosje geduurd
had, kwam de duivel en begon buiten op de vensterbank te dansen
op één poot!

In Oostdongeradeel moet het gebeurd zijn dat een jongeling zich
naar een duivelbanner begaf, om door dezen te worden ingewijd
in de geheimen der tooverkunst. Maar de gruwelijke eed, die daartoe van hem gevorderd werd, deed hem terugdeinzen. In plaats
daarvan zwoer hij den duivel en zijn dienst af, waarop de duivelbanner voor zijne oogen verdween, en de jongeling was sedert een
bekeerde ziel.

Toen ik te Spannum woonde was daar een jongeling van niet
al te best allooi, die op zekeren tijd, naar 't scheen, de aandacht
der dorpelingen op zich wilde vestigen en zich eenigszins merkwaardig wenschte te maken. Hij kwam eens van eene reis laat in
den avond tehuis, schijnbaar zeer ontdaan en gejaagd. Hij vertelde: «Op een eenzaam gedeelte van den weg, waarlangs hij was
gekomen, was hem een geheimzinnig wezen op den rug gesprongen, waarbij het een paar behaarde klauwen over zijne schouders
sloeg. Hij zette het op een loopen, maar dit hielp niet. Eerst
toen hij den naam des Heeren begon aan te roepen, verliet hem
het monster.» De volgende dagen liep hij als een half onnoo-

zele in het dorp rond. Een bekommerde zondaar, in wien de bekeering werkte, wilde hij voorstellen. Maar hoewel meest allen
daar rechtzinnig-gereformeerd waren, niemand bemoeide zich veel
met dezen mensch. Men scheen geen goed oog op hem te hebben.
Zijne onderneming had dus niet de gewenschte uitwerking; zijne
bekeering liep met een sisser af, hij bleek al spoedig nog dezelfde
zondaar te zijn, die hij altijd geweest was.

Er is een friesch spreekwoord dat zegt: «De duivel is in het
koren.» In overdrachtelijken zin is de beteekenis, dat er voor een
oogenblik nogal wanorde is ontstaan in het huisgezin of in het
werk waarmeê men bezig is. In eigenlijken zin werd het vroeger
gebezigd, als in het te velde staande graan brandaren voorkwamen.
Dit zijn zwarte aren, niets bevattende dan eene lichte roetkleurige
stof (secale cornutum of moederkoorn). Men beschouwde dit als
een werk des duivels. Dat hij het is, die wel eens onkruid tusschen de tarwe zaait, wist men immers uit het Evangelie.

Tot de werken des duivels behooren ook de kol- of heksekringen
die men wel in graslanden vindt. In Friesland noemt men zulk een
kring een *tsjernpaed* = karnpad, wegens de groote overeenkomst
met het cirkelvormig pad, waarop het paard rondloopt voor den
karnmolen, waardoor de karnpols, die in de karn de boterafscheiding moet bewerken, in beweging wordt gebracht. Zulk een kring
is soms geheel kaal, onbegroeid even alsof dat ronde pad zooveel
betreden wordt, dat er geen gras kan groeien. Het volksgeloof
zegt dan ook, dat er 's nachts een wit paard, ook wel een veulen
in rondloopt. Nu, paard of veulen, dit maakt geen groot verschil,
het is toch de duivel. Een boer, die zulk een karnpad in zijn land
heeft, dient altijd op zijne hoede te zijn, want hij verkeert aanhoudend in het gevaar, dat hij met de zuivelbereiding van streek
kan geraken. Daar toch is het de booze vijand met zijn nachtelijken cirkelgang om te doen. Behalve op meer andere plaatsen
was er vroeger tusschen Poppingawier en Terzool zulk een karnpad,
waarvan men vertelde, niet alleen dat er een paard of veulen in
rondliep, maar ook dat er gekarnd werd. Elders noemt men deze
kringen hekse- en ook wel tooverkringen. Men gelooft daar dat de
heksen er 's nachts in ronddansen, maar hiervan heb ik in Friesland nooit gehoord.

In de nabijheid van Heerenveen spookte vroeger 's nachts een veulen. Zeker iemand, die wat veel te snappen had en ook wel eens wat veel dronk, was eens op een avond laat te Heerenveen en had nog een eind weegs alleen te loopen, eer hij tehuis was. Men herinnerde hem aan het spokende veulen, dat hem zou kunnen ontmoeten. Hij beantwoordde dit met spot en zei: «Als ik dat veulen ontmoet, spring ik er op, werp hem mijn kouseband voor toom in den bek en rijd op het beest naar huis.» Zonder hier verder over te denken, begaf hij zich op weg; maar aan het punt gekomen waar, volgens zeggen, het veulen zich altijd liet zien, schoot het hem te binnen wat hij gezegd had. Te gelijk stond ook het veulen vóór hem; hij wilde ontwijken naar de rechterzijde, maar het veulen bleef vóór hem; naar de linkerzijde: weêr hetzelfde. Waar hij zich wendde of keerde, het spookdier stond altijd vóór hem. Eindelijk waagde hij het op het beest te springen, en nu snelde het met hem weg. Hij is ook tehuis gekomen; maar hoe en wanneer? — — dat wist hij zelf niet.

Op den Leppedijk, niet ver van Oldeboorn, spookte voorheen een gloeiend veulen. Eene boerenmeid was op zekeren avond wat laat in het dorp gebleven en toen haar gezegd werd, dat het veulen haar wel kon ontmoeten, zeî ze, dat zij hem dan haar kouseband in den bek zou doen en op hem naar huis rijden. Maar toen zij, op den weg gekomen, het veulen eensklaps vóór zich zag met den bek wijd opengesperd, toen liep zij zoo hard zij kon om tehuis te komen.

Op andere plaatsen kwamen gevilde veulens of kedden voor. Tusschen Hijum en Hallum spookte voor vele jaren ook een veulen. Kwam iemand des nachts langs dien weg, dan kwam het veulen hem op zijde en liep meê tot aan zeker punt; dan ging het spooksel terug zonder iemand kwaad te doen. Maar op zekeren nacht keerde een boerenknecht, die uit vrijen was geweest, huiswaarts. De boer, bij wien hij diende, woonde juist aan dat gedeelte van den weg waar het veulen altijd liep. De vrijer kreeg het dier ook op zijde en toen hij op het erf stapte, waar hij moest zijn, was het verdwenen. Maar voor de deur komende, waar hij gewoon was aan te kloppen, lag daar het veulen voor zijne voeten. Hij liep het huis om naar de andere zijde, waar ook eene deur was, om daar aan te kloppen. Daar vond hij waarlijk het dier weêr liggen, dwars voor de deur. Onbedacht riep hij uit: «Dat duivelsche ding!»

Daarop ontving hij een slag, zoodat hij duizelend op den grond
tuimelde. Toen hij opstond was het spook verdwenen en de deur
werd hem geopend. Sedert is dat spokende veulen daar niet meer
gezien.

Vroeger vertelde men van een zeker duivelachtig wezen, dat
plaagbeest en ook wel pestdier werd genoemd. Dit was een zwart
vierpootig dier met oogen zoo groot als theeschoteltjes, die in de
duisternis gloeiden en fonkelden als vuur. Dit dier waarde 's nachts
rond en bracht menschen en dieren de pest en andere zeer gevreesde plagen aan. Een zekere boer ontmoette bij nacht met zijn
voertuig een plaagbeest op den weg en kon toen de paarden niet
meer vooruit krijgen.

In Westdongeradeel woonde weleer een boer die veel last had
van een plaagbeest. Was de man 's avonds bij duister op weg
naar zijn huis, dan kwam hem meest altijd zulk een spookdier op zijde. Het vergezelde hem tot aan zijn erf. Eens zelfs was
het meêgegaan over het bruggetje, dat aan den weg over de gracht
lag. Maar dat was dan ook alles; eigenlijk kwaad deed het hem
niet. Hij zorgde altijd een stuk roggebrood bij zich te hebben,
waarop hij 't beest dan onthaalde. Dit scheen daar smaak in te
vinden, nam het gretig aan en liet den boer ongedeerd. Maar de
man was toch altijd ontsteld als hij in huis kwam. Zijne dienstmeid vond dit wel wat dwaas en schroomde ook niet voor hare
meening uit te komen. Zij zeide spottend: «Als mij zulk een dier
op zijde kwam, sprong ik hem op den rug om zoo er op naar
huis te rijden.» — Nu, het gebeurde dat ook zij bij duister op
weg was naar huis. En eer zij iets had vernomen, zette het plaagbeest haar de voorpooten op de schouders en duwde die voor haren
roekeloozen mond. Inplaats van er op te rijden, moest zij, aldus
met het leelijke beest belast, naar huis loopen.

Op Schiermonnikoog is het vele jaren geleden gebeurd, dat een
visscherman met een grooten zak onder den arm uitging om naar
zijne netten te zien. Op den terugweg zag hij op het eenzame strand
een rooden haan loopen, die zeer tam was; het beest liet zich
grijpen en in den zak stoppen. Maar toen de man verder ging
werd de zak op zijn rug zachtjes aan zoo zwaar, dat de visscher
eindelijk de vracht niet meer kon torschen en op den grond liet
vallen. Opeens verdween de haan, een lichten blauwachtigen rook,

die afschuwelijk stonk, achterlatende; de visscher bestierf het bijna van schrik, want hij begreep dat hij 't met den booze te doen had gehad.

Balthazar Bekker vertelt een merkwaardig staaltje van spokenvrees bij een frieschen dorpspredikant zijner kennis. Deze dominé wandelde eens met zijn nog niet volwassen zoon tegen den oogsttijd langs een korenveld, toen de jongen op eens uitriep: «o, *heite, in pestdjier!* (o, vader, een pestdier!)» meenende het monster aan de overzijde van het volwassene graan te zien. De vader zag het ook, niet zonder grooten angst, want het dier had een zeer langen snavel, naar 't hem toescheen, en de zoon riep: «o, *heite, hy het al in man op!* (hij heeft reeds een man opgeslokt.)» — Wat het was? Een schoenmaker met een kalfsvel over het hoofd geslagen.

Een ander helsch gedrocht is de *pok*, die den broeibrand in het opgetaste hooi brengt. Des winters, wanneer men van een blok hooi alle dagen iets afneemt ter voedering van het vee, ontdekt men soms, dat midden in zulk een blok van onderen naar boven een zwarte streep loopt, soms recht, soms slangvormig, bestaande uit verkoold hooi. Men meent, dat de booze geest langs deze baan door het hooi is gekropen, met het doel den boel in brand te steken, maar dit is mislukt, omdat het vuur niet tot uitbarsting heeft kunnen komen.

De *wylde wrigge* is een booze geest, die de dienaren van het kwaad wel eens rijk maakt om hen steeds goddeloozer en daardoor ongelukkig te doen worden. Van iemand die niet door zijn deugd en wijsheid, maar door een gunstigen samenloop van omstandigheden rijk is geworden, zegt men wel: «Alle geluk is hem door de wilde wrigge (het blinde geluk) het venster ingeworpen.»

De *boezehappert* (boeman) is een waterduivel, die kinderen, als zij op den kant van het water spelen, naar beneden trekt, om hen te doen verdrinken, wat hem ook dikwijls gelukt.

De duivel huist niet alleen in katten en vleermuizen maar ook in insekten. In een rondvliegende groote bromvlieg of groote rups ziet men soms een boozen geest, van wien niet veel goeds te verwachten is. Zekere groote zwarte tor heet in Friesland, althans onder de kinderen, «oudwijf». — Te Hijum liepen voor eenige jaren enkele kinderen de openstaande dorpsschool in, eer het nog schooltijd was, en vonden daar zulk een tor. Zij riepen: «Daar is een oudwijf» en anderen die 't hoorden riepen elkander toe: «Er is een oudwijf in de school». Dit ging onder de nog buiten spelende kinderen van mond tot mond en werd opgevangen door eene buurvrouw, die er uit begreep, dat er eene verdachte oude vrouw, wel te verstaan eene heks in de school moest zijn. Zij deelde dit aan anderen mede en weldra was het door het geheele dorp bekend. Eenige dagen later ging onder de geloovigen in de omliggende dorpen het gerucht, dat in de openbare school te Hijum de duivel op schrikbarende wijze had huisgehouden.

Van een luiaard zegt men: «Hij heeft Evert, ook wel: den Evert op den rug.» Gevoelt iemand zich ten gevolge der weêrsgesteldheid of iets anders loom en weinig werklustig, dan zegt hij schertsend: «Ik heb Evert op den rug.» Deze Evert is een booze geest. In Overijsel zegt men: «Den Evert sal him holen,» de duivel zal hem halen. Vergelijk hiermede «Groote Evert,» hiervoor Dl. I, 156. — In sommige streken van Friesland noemt men luizen «everwijfjes»; misschien zal dit evertwijfjes moeten zijn, de vrouwtjes, de lievelingen van den slaapgeest, of zijne dienaressen om slapenden en slaperigen te plagen. Men zegt ook, als een klein kind slaperig wordt: «De slaapluisjes bijten hem».

In 1558 was zekere Onno Leeuwe met Jan Bakker en eenige anderen op de friesche Wadden varende, toen zij in de nabijheid van Ameland een zeewijf kregen te zien, dat bijna op het droge was geraakt. De varenslieden schoten op haar met een roer, waarop zij begon te krijten; men begreep hieruit dat zij getroffen was, maar zij verdween in de diepte. Toen men iets verder gevaren was kwam zij onmiddellijk bij het schip weêr naar boven schieten, klemde zich met beide handen aan het scheepsboord vast en toonde den schepelingen een afgrijselijk gelaat. Dit geschiedde bij klaarlichten dag; van gezichtsbedrog dus geen sprake.

Verneemt men 's avonds buitenshuis eenig gedruisch, door den wind veroorzaakt; hoort men dat er iets omver waait of eene deur open of toeslaat, dan zegt men: «Dat doet de molenaarsknecht». Dit dient vooral om tegenstribbelende kinderen naar bed te praten, maar het ligt voor de hand, dat hierbij ook alweêr kan worden gedacht aan een geheimzinnig wezen, een boozen geest. Ook vertelt men dat er 's avonds kinderdieven rondsluipen en het dus raadzaam is een veilige schuilplaats te zoeken, dat is het bed. Ook zonder dat het bijzonder hard waait, kan er door den tocht in een huis wel eens eene deur opengaan. Dan zegt men ook schertsend: «Dat doet de molenaarsknecht», maar ernstige menschen weten wel, dat het iets kwaads voorspelt. Dat de wind wel meer als eene persoonlijkheid wordt beschouwd meende ik eens op te merken, toen ik mij bij windstilte in het postschip bevond tusschen Schiermonnikoog en den frieschen wal. Het ging uiterst langzaam vooruit en ieder verveelde zich. De schipper aan het roer bestudeerde de lucht en zeî eindelijk ietwat mismoedig: «Die ouwe wind wil ons maar niet te hulp komen». — Die oude wind, die den schipper zoovele uitstekende diensten bewijst, maar met zijne nukken hem ook zoo deerlijk kan plagen!

Men kende hier voorheen ook den basiliskus. Dit beest had zeer gevaarlijke oogen, niemand kon daar in zien, zonder oogenblikkelijk te sterven. In het jaar 1413 werd te Oldeboorn een put gegraven. Toen men hiermede zoover was gevorderd dat men water kreeg, rees er zulk een verpestende damp uit op, dat twaalf mannen, vier vrouwen en twee kinderen er van stikten. Spoedig begreep men, dat deze damp uitging van een basiliskus, die zich in het onderaardsche water bevond. Iedere glasblazerij, zeide men, moest telkens het zevende jaar stil staan, anders ontstond daar een basiliskus. Zeker eigenaar eener glasblazerij beschouwde 't voor dwaasheid wat men vertelde omtrent het ontstaan van zulk een dier. Hij liet zijne fabriek het zevende jaar doorwerken, maar! het duurde niet lang, of het ondier was in den kelder. Nu was goede raad duur. Niemand durfde zich aan dat dier wagen; men kon het immers niet aantasten zonder het in de oogen te zien. Maar een schrandere bol kwam op een gelukkig denkbeeld. Hij was van meening, dat de basiliskus, wanneer deze zichzelf in de oogen zag, ook zou moeten sterven. Men moest hem in een spiegel laten zien. Nu liet men een man geblinddoekt, met een tamelijk grooten spiegel voor zich, in den kelder gaan. De basiliskus kwam daar op af, zag in den spiegel zijn eigen beeld in de oogen en — was dood! — Gewis was dit een groot geluk en tevens eene nuttige les voor den ongeloovigen eigenaar der glasblazerij!

Spoken.

Spookverschijningen zijn in den regel geesten van afgestorvenen, die in hun graf niet kunnen rusten omdat er vóór of bij hun dood iets is geschied of niet geschied, wat niet of wel had moeten geschieden. Komen de levenden te weten waar het aan hapert, en weten zij in de leemte te voorzien, dan houdt de spokerij op. Voorbeelden hiervan zijn medegedeeld onder de Volksoverleveringen. Vroeger heb ik wel eens rechtzinnig-gereformeerden ontmoet, die schenen te begrijpen dat dit spokengeloof in strijd is met de leer hunner kerk, die zegt dat de ziel bij den dood onmiddellijk verhuist naar de plaats harer bestemming voor de eeuwigheid, dat is, naar den hemel of naar de hel, uit geen van welke plaatsen zij ooit kan terugkeeren. Zij gelooven echter wel, dat men de gedaante van een afgestorvene als geestverschijning kan te zien krijgen, maar dan is het een booze geest, een demon, die zich aldus vertoont, om de menschen te verschrikken of te bedriegen. Dat dit niet het oorspronkelijke volksgeloof is, blijkt duidelijk genoeg uit de zooeven aangeduide voorbeelden. Toch gelooft men ook wel aan verschijningen van booze geesten. Sommigen beweren dat de spoken bij helderen maneschijn zwart, en in het nachtelijk duister wit zijn. Krijgt iemand een spook te zien, dan kan hij te weten komen of hij met een goeden dan wel met een kwaden geest te doen heeft, wanneer hij slechts den moed bezit — eigenlijk behoort er christelijke geloofsmoed toe — om dit formulier uit te spreken:

> »Biste van den Heere, zoo spreek!
> Biste van den booze, wijk van mij!«

In de meeste gevallen trekt het spooksel dan haastig af. Verschijningen van de soort, bedoeld in het eerste gedeelte van het formulier, schijnen niet dikwijls voor te komen. Visioenen als dat van Yntje Jans en Saeckes (zie I, 83, vv.) zijn uiterst zeldzaam. Is de verschijning toevallig een witte paal of zoo iets, deze spreekt niet en wijkt niet; natuurlijk! hij is van de menschen. — Valsche spookverschijningen, namelijk van levende personen, komen ook voor, en deze gaan voor het formulier ook wel op de vlucht. — Het middernachtsuur wordt nog dikwijls schertsend *hynystemiddei* (paardenmiddag) genoemd, wat oorspronkelijk wel hetzelfde zal zijn als spookuur. Er zijn menschen geweest, waarschijnlijk vrome menschen, die eenen doode konden «vermanen» d. i. de schim van een doode, die op aarde verscheen, naar hare verblijfplaats terugwijzen. Anderen verkeeren in het geloof, dat zij het na den dood aan hunne verkiezing zullen hebben om te komen spoken of niet. Er zijn grijsaards of oude vrouwen, die, in onmin met familie of nabestaanden levende, in een twist met dezen soms spoedig gereed zijn met de bedreiging: «Past op! neemt u in acht, of ik kom na mijn dood hier spoken.»

Op den Eewal te Leeuwarden was het in vroeger tijd bij lange na niet pluis. Dikwijls liep daar 's nachts een zwarte hond. Al werd hij verjaagd, hij kwam steeds terug. Vooral bij de Zuipsteeg was het onveilig. Daar lag een groote balsteen, en men heeft meermalen gehoord, dat de hond dezen heen en weêr rolde. Wie des nachts daar langs liep, had zeer op zijne hoede te zijn; men deed best er dan in het geheel niet te komen. Men werd daar door eenen aandrang, dien men tegenstaan noch overwinnen kon, naar den waterkant en in het water gedreven. Er werd niets gezien, maar vele menschen hebben daar hun leven moeten laten. Een jood, die op een laten avond door de Zuipsteeg kwam, kreeg een duw in den rug, zonder te weten vanwaar, want hij zag niemand. En nu werd hij aangepord en voortgedreven, zoodat hij steeds harder recht op het water aan moest trippelen en eindelijk er in tuimelde. Sedert er gaslicht in de stad is, heeft men van zoo iets weinig meer gehoord en nu is het water daar gedempt.

Op de breedzijde van de Nieuwestad te Leeuwarden reed weleer een gloeiende wagen, die zijn weg nam over de Duco Martenapijp. Anderen hebben langs de Kelders over de Brol een wagen hooren rollen, maar niet gezien; weêr anderen een heel klein wagentje over de Amelandspijp zien rijden.

Iemand, buiten Leeuwarden wonende en voor zaken naar de stad geweest zijnde, kwam in den laten avond terug. Hij stapte rustig langs de Olde Galileën, maar even verder zag hij nevens de kalkfabriek het land geheel bezet met katten, die echter spoedig verdwenen. Maar nu werd het niet beter: want daar begonnen zoo waar alle schragen op de kalkfabriek te dansen, dat het een aard had. De man zette het natuurlijk op een loopen.

Op het Vliet te Leeuwarden heeft een windmolen gestaan, waarop men nooit roode zeilen durfde leggen, omdat men er zeker van meende te zijn, dat hij dan in brand zoude vliegen.

In de Harlinger-Leeuwarder trekvaart verdronk eens een oude trekschipper, een zeer ruw en goddeloos man. Men had hem nooit anders gezien dan met een ruigen muts op het hoofd, en deze muts spookte nu 's nachts op de plaats waar de schipper is verongelukt. Iemand, die dit niet wilde gelooven, ging op zekeren nacht te dier plaatse aan den waterkant zitten. Met klokslag van middernacht vliegt hem eensklaps de ruige muts om het hoofd en wel zoo, dat hij er tot over de ooren en tot de kin toe in steekt. En wat het

leelijkste was, men kon de muts daar niet weêr vandaan krijgen;
de man moest zijn leven lang daarmeê blijven loopen. Men heeft
er gaten in gemaakt voor oogen, neus en mond. — De muts spookt
sedert niet meer.

Aan een jongeling van Sexbierum is het volgende overkomen:
Op een zaterdag- en zondagnacht, toen hij uit vrijen was geweest,
ontmoette hem op den weg bij Lankum, een buitentje nabij Franeker, een man zonder hoofd. De vrijer moest over een dam gaan
en daar ging de verschijning hem strijkelings voorbij. De vrijer
zette 't op een loopen en kon dus geene nadere mededeeling doen
omtrent de werkzaamheden van dien man zonder hoofd.

In zeemansspookverschijningen speelt jonker Hein van Paardenpoot meestal de hoofdrol. Hij of iemand zijner familie zal het ook
wel geweest zijn, die schipper Uilke Annes van Hindeloopen eens
doodelijk beangst maakte.

Het is zeker reeds langer dan honderd jaren geleden, dat de
hindelooper veerschipper Uilke Annes zich, vergezeld van zijn hond,
op den avond voor kerstmis naar den zeeoever begaf om vogels
te schieten. Zijne vrouw Bauk had gezelschap, haar nicht Rintk
Abada van Molkwerum was «uitvanhuis» gekomen om de kerstdagen over te blijven. Hij wilde jacht maken op de wilde ganzen,
die in dezen tijd van het jaar dikwijls in groote troepen uit het
noordwesten komen overvliegen. Zee-eenden en duikers zou hij ook
niet versmaden. Hij wenschte nicht Rintk met kerstmis op gevogelte
te onthalen. Het gelukte hem echter niet spoedig, iets onder schot
te krijgen. Op het strand langs de zeepalen heen en weêr sluipende
met het geladen geweer onder den arm, vernam hij wel ganzen,
maar zij waren altijd te ver af. Of hij ze niet goed genoeg kon
zien of dat hij wat vreesachtig was? Het laatste zou het geval
kunnen zijn, want ieder wist, dat het toen ter tijd daar, in den zoogenaamden Stinkhoek, niet zuiver was, nl. van spokerij.

Reeds meer dan eens was Uilke gereed geweest om er op los
te branden, maar telkens schenen de ganzen onraad te bemerken. Zij
begonnen dan beweging te maken en te snateren, als om elkander
te waarschuwen, waarop het geheele gezelschap de vlucht nam.
Dit stemde den man natuurlijk onaangenaam en tot vloekens toe.
Dien avond zonder vogels tehuis te komen, dit liet zijn eergevoel
niet toe, hoe koud het ook was en hoe duister het ook werd.
Want telkens op nieuw vernam hij gevogelte in de nabijheid.

Eindelijk scheen het dat er een troep hem nader kwam dan tot
nu toe gebeurd was. Maar al hoorde hij de vogels duidelijk, zien
kon hij ze nog niet. Zijn hond, die hem steeds ter zijde bleef,
scheen ook iets te vernemen: deze werd onrustig. Uilke had moeite
het dier stil te houden, en dit was toch noodzakelijk: een weinig
gegrom van den hond zoude alles kunnen bederven. Eindelijk meende
Uilke de vogels te zien en de hond geeselde met zijn staart als
wilde hij zeggen: «Pas op! zij naderen.» Maar, terwijl de jager
besloot er een schot aan te wagen, waren de vogels plotseling weêr
afgetrokken. Zoo duurde 't eene geheele poos; de verveling greep
Uilke aan. Maar.... hoor!.... ja zeker! de vogels komen weêr
nader. «Zwijg hond!» — Maar hoe nu? De hond scheen angstig
te worden; en terwijl Uilke hem hierom nauw hoorbaar beknorde,
zag hij de vogels meer en meer naderen. «Drommels!» zeî hij bij
zich zelven, «ik geloof er is een zwaan bij. Die eene is zoo wit
en steekt zoo bij de anderen af, hij is ook veel grooter en nadert
sneller.» De hond gromde aanhoudend en scheen zich geweld aan
te doen om het blaffen te laten, waartoe zijn baas hem steeds dringender aanmaande. De witte vogel naderde nog meer en werd ook
zachtjes aan grooter, ja, al spoedig kreeg hij zulk een omvang, dat
Uilke nog nooit zoo'n grooten vogel had gezien. Hij werd waarlijk
bijna zoo groot als een mensch en kwam recht op den schipper af.
Hij scheen over het water te zweven; maar zie! nu wordt hij weêr
kleiner. De drommel mag weten wat dit te beteekenen heeft!

In deze oogenblikken doemden bij Uilke allerlei herinneringen
op van geestverschijningen; de angst maakte zich van hem meester,
maar de oogen kon hij niet afhouden, van wat nu eens nader
scheen te komen en dan weêr scheen te deinzen. Rillende en bevende niet alleen van koude, zoude hij gaarne het hazenpad hebben gekozen, maar de knieën knikten en de beenen weigerden voor
een oogenblik hunnen dienst, terwijl de hond als ineengekrompen
zich achter hem verschool. Maar de verschijning kwam zoo nabij,
dat Uilke eensklaps met een luiden angstkreet de vlucht nam; de
hond was hem spoedig vooruit. Hoe snel de schipper mocht loopen,
de verschijning haalde hem in. Toen de man al loopende eens over
den schouder keek, was het spook onmiddellijk achter hem. In
hetzelfde oogenblik snelde 't hem voorbij en vooruit. En bij het
hekje, waar Uilke door moest om tehuis te komen, bleef de witte
gedaante stand houden. Nu werd de toestand hachelijk. Een andere

weg was er niet, en op den zeedijk blijven staan kon hij niet. Door het hekje te gaan alsof er niets te doen was!.... Het denkbeeld alleen deed hem ijzen. Doch toen hij, na een poos besluiteloos gestaan te hebben, nauwkeurig toekeek, scheen het spooksel in den grond weg te zinken. Nu waagde de man het toch om met een flinken aanloop door het hekje te komen. Hij was daar bijna gestruikeld over zijn hond, maar hield zich toch op de beenen.

Schipper Uilke, wiens aangehuwde kleinzoon, thans een oud man, mij het geval mededeelde, bleef altijd gelooven dat hij iets bovennatuurlijks had gezien. Trok iemand dit in twijfel, dan zeide hij: «Wat men zelf ziet en ondervindt is geen goochelspel.»

In zeker dorp in de Wouden spookte 's nachts op het kerkhof de predikant, die voor eenigen tijd overleden was. Over dit kerkhof liep een algemeen voetpad, iets wat in vroeger tijd geene zeldzaamheid was. Nu gebeurde 't, dat drie jongelingen in het holst van den nacht langs dit pad kwamen. Twee hunner, die aan geen spokerij geloofden, zeiden spottend: «Nu moest dominé ons eens verschijnen, dan zouden we zien, wie het sterkste is: hij alleen of wij met ons drieën.» — De derde der wandelaars, geen ongeloovige, zweeg. Nauwelijks waren zij eenige schreden verder of een holle grafstem klonk hen in de ooren en, daar stond dominé voor hen. Oogenblikkelijk voerde hij de twee spotters meê; hun kameraad nam ijlings de vlucht en kwam met den schrik vrij. Toen de twee des nachts niet tehuis kwamen ging men des anderen morgens naar hen zoeken, overal en langs verschillende wegen. Maar hoeveel moeite en welke middelen men aanwendde, men vond de twee jongelingen niet terug. Vier weken verliepen er, toen kwamen zij ongedeerd weêr bij de hunnen tehuis. Maar waar zij geweest waren? Dit kon niemand te weten komen. De predikantsweduwe wenschte wel iets te vernemen omtrent den toestand van haren overleden man. Doch ook hierover bewaarden de twee gestraften het diepste zwijgen. Maar zij waren sedert dien tijd geen ongeloovige spotters meer.

Een heuvel in de nabijheid van Rijs in Gaasterland wordt de Spookberg genoemd. Het is nog geen lange jaren geleden, dat een vrijer, in den nacht van zijn meisje komende, zijn weg nam door het bosch over deze hoogte, als de kortste weg naar zijne woning. Maar bij de Spookberg gekomen, zag hij van uit het bosch eene gedaante naderen, meest gelijkende naar een kalf, grauw-grijs van kleur. Op geringen afstand voor den jongeling snelde het spook dwars over den weg. Niet zoodra was het weêr in 't geboomte verdwenen of de vrijer nam de vlucht, vreezende dat het spookdier hem zou volgen.

In de nabijheid van Bakhuizen is het voor korte jaren nog gebeurd, dat twee mannen op een zaterdagavond bezig waren in het veld een wagen hooi op te laden. Dit was het laatste wat zij van den hooioogst hadden binnen te brengen, daarom wilden zij 't gaarne nog doen. Maar, hoezeer in 't langste der zomerdagen, was het reeds duister geworden; ook trok er een dikke damp op over het veld, zoodat de twee mannen elkander niet meer konden zien. Nog een klein hoopje hooi moest er op den wagen, dan was 't gedaan. Hij die op den grond stond om het zijn makker toe te steken riep: «Pak aan!» maar ontving geen antwoord. Hij riep nog eens, maar vruchteloos. Bij onderzoek bleek hem, dat zijn makker was verdwenen en nu begaf ook hij zich huiswaarts. Daar gekomen vernam hij dat de zondag was ingetreden. Het laatste hooi moest tot 's maandagmorgens op het veld blijven.

Het is vroeger gebeurd, dat iemand in den laten avond op den weg van Galamadammen naar Koudum alleen gaande, werd aangegrepen en in de sloot geworpen, — door wien? Daar begreep hij niets van. Hij kwam zeer laat en doornat tehuis. Aangezien hij een man was, wien men eigenlijk niets van beteekenis konde ontrooven, was het algemeen gevoelen dat hij met den duivel te doen gehad moest hebben. De schoolmeester van Koudum echter dreef den spot er meê en zeide: «De man is dronken geweest en heeft zich niet kunnen besturen, dat is alles.» — Maar spotters krijgen spottersloon. Meester was gewoon elken avond om acht uren het uurwerk in den dorpstoren op te winden. Hij zette dan de lantaarn bij zich op den uurwerkzolder neder en begon te draaien, om de zware gewichten, waardoor het uurwerk liep, omhoog te brengen. Hierbij was hij gewoon altijd een liedje te zingen als om zich het werk te verlichten. Op den avond toen hij zoo had gespot met die duivelsgeschiedenis daar op den weg, was hij ook weêr ouderge-

woonte boven in den toren aan het draaien en zingen. Toen dit
een poosje geduurd had meende hij achter zich iets te hooren. Hij
zag om, en ja! daar stond bij den muur eene groote ruigbehaarde
gedaante met een paar hoornen op den kop. En aan den eenen
hoorn hing meesters lantaarn. Meester verschrikte natuurlijk, hij
was op dat oogenblik zelfs sprakeloos. Gelukkig ging het wezen
op den aanblik van meester achterwaarts, den steenen trap af, altijd
met de lantaarn aan een hoorn hangende, en aanhoudend den kop
schuddende. De daling ging snel, het spook was spoedig buiten
den toren. Met vaart snelde het monster langs het steenen pad over
de Konijnenbuurt, waar het een jong meisje, dat boodschappen ging
doen, bijna omver liep en zoo deed schrikken dat het kind bijna
niet weêr tot zichzelve was te brengen. Vervolgens rende 't spook
het slot voorbij en langs van der Haars bosch naar het binnen-
dijkster bosch, waar het scheen te verdwijnen, althans het licht der
lantaarn werd niet meer gezien. Meester was daar in het duister
op den uurwerkzolder blijven staan en aanvankelijk zoo bedremmeld dat hij een poos niet scheen te weten wat te moeten doen.
Tot bezinning gekomen kwam 't hem 't verkieslijkst voor naar beneden te gaan, den toren te verlaten en te sluiten. Maar hij stond
in het stikduister. Hij bevond zich wel niet op onbekend terrein,
maar het zoeken naar de trap had toch zijn gevaar. Het gelukte
den man echter behouden buiten den toren te komen, en nu ontdekte
hij, dat het geheele dorp op de been was. Onderscheidene menschen
vertelden hem dat zij met hun eigen zondige oogen den duivel
hadden zien wegsnellen met een lantaarn op den kop. «O!» zeî
meester, «dan is hij ook bij mij in den toren geweest en heeft mijn
lantaarn medegenomen om mij van de trap te doen vallen en den
nek te doen breken. Dit is hem Goddank mislukt.» Hij voorzag
zich opnieuw van licht en verzocht een paar mannen om mede in
den toren te gaan teneinde te onderzoeken hoe de zaken daar geschapen stonden. Dit geschiedde en men bevond alles in de beste
orde; alleen het uurwerk was nauwelijks half opgewonden. Het was
zeker goed dat men dit ontdekte, want anders ware misschien des
anderen morgens in de vroegte de torenklok blijven staan en zouden velen, die gewoon waren in hun bed den klokslag van zes, zeven
of acht uren af te wachten, met hunne zaken van streek zijn geraakt en wellicht het geheele dorp in de war. Dit feit werd natuurlijk in de eerste dagen door het geheele dorp druk besproken. Er

waren er die het voor meester maar eens zeer nuttig en leerzaam oordeelden, dat hij, de spotter, die van tooveren, spoken en dergelijke dingen niets wilde weten, eens eene ontmoeting met den duivel had gehad, vooral nu hij er heelhuids was afgekomen. Het ergste had, geloof ik, niemand hem gewenscht. De lantaarn van meester werd teruggevonden bij het bindijkster bosch, maar de vier glazen waren gebroken. Er woonden toen in Koudum reeds meer van die nieuwlichters, die alles uit de natuur wilden verklaren. Dezen meenden al spoedig te begrijpen, hoe het met die duivel-verschijning was toegegaan. Zij vertelden aldus: «De dokter van het dorp had voor zijne jongens eene geit gekocht van een werkman die te Bindijk woonde. Toen de winterdagen aankwamen, werd dit dier bij het paard van den dokter op stal geplaatst. Maar de twee dieren leefden daar niet in vrede en de geit was natuurlijk de zwakste partij. De vroegere eigenaar zeide nu dat hij bij zijn huis nog wel een plekje gronds had, waarop het dier genoeg voedsel konde vinden om het leven te behouden. Daar werd nu de geit des daags aan een touw vastgezet om zoo te kunnen grazen en 's avonds weêr in den stal gebracht. Nu was op den avond, toen het bovengemelde gebeurde, de geit haren geleider, een niet zeer grooten jongen, ontkomen en had de vlucht genomen. Des avonds, toen meester bezig was het uurwerk op te winden, scheen de geit door de openstaande deur in den toren gesprongen en de trap opgeklauterd te zijn. Boven gekomen schijnt zij zich terstond met de op den grond staande lantaarn bemoeid te hebben, waardoor een harer hoornen door den ring geraakte, waaraan de lantaarn gedragen werd. Juist op het oogenblik toen meester even omkeek moet de geit gesteigerd en op hare achterpooten gestaan hebben. Het overige kan men er wel bij denken.

Velen in Koudum namen echter deze verklaring niet aan als de ware. Zij hielden vol, dat zij den ketting, dien de duivel aan zijn poot had, duidelijk genoeg op de straatsteenen hadden hooren rinkelen. Daar bij het bindijkster bosch moest de booze in den grond zijn verzonken. De wijze mannen beweerden, dat het rinkelen op de steenen was gekomen van de ijzeren bout, die vastzat aan het einde van het lange touw dat de geit aan den hals had. Deze bout werd in den grond gestoken als men het dier op het land liet grazen. — Nu ja, maar op die manier kan men alles wel wegredeneeren, niet waar?

Een makkumer schipper, een rechte woestaard, die God noch
duivel vreesde zooals men wel zegt, zeilde eens met zijn schip in
de Spaansche zee, met een harde reefskoelte, die hand over hand
toenam, zoodat het ten laatste woei alsof hemel en aarde zouden
vergaan. De stuurman had reeds herhaalde malen gezegd: «Schipper, willen wij er niet nog een reef in steken?» Maar hij stak
dan zijn hoofd buiten de kajuit en schreeuwde zoo hard hij kon:
«Neen, staan laten wat staat!» — Het werd zoo erg, dat het schip
bijna onder water door scheen te gaan, maar van reven mocht geen
sprake zijn. Eindelijk werd het nacht en stikdonker. Nu riep de
stuurman het volk, dat met hem de wacht had toe: «Zie, zie! wat
nadert daar te loevert van ons?» Het volk zag en staroogde en
eindelijk zeî de bootsman: «Als ik het zeggen mag: dat lijkt wel
de vliegende Hollander.» — Toen het scheepsvolk dit hoorde, zonk
aan sommigen de moed in de hakken. Geheel verslagen staarde de
een den ander aan, enkelen sloegen een kruis en de meesten dachten, dat hun laatste uur nabij was. Juist stak de schipper weêr
het hoofd buiten de kajuit en riep: «Wat hebben we daar?»
De stuurman ging op hem toe en zeide: 't Heeft veel van den
vliegenden Hollander; ik begrijp anders nìet wat het kan zijn.»
«Welnu,» zeî de schipper «is dat het geval, dan zullen wij het
eerbewijs geven, anders zou hij kunnen denken: Wat lomperd is
die daar?» — En eer iemand er aan dacht was een der draaibussen
geladen; even snel haalde de schipper een brandend hout uit de
kombuis en stak daarmede het kruit in het zinkgat aan. Het schot
knalde, ieder dacht, dat deze verregaande overmoed van den kapitein hun aller dood zoude zijn. Maar toen de rook was opgetrokken
zag men den vliegenden Hollander niet meer; de wind begon te bedaren; het werd zoo kalm, dat toen de wacht was overgenomen,
de overigen zich onbezorgd in de kooien ter rust konden begeven.
Des anderen morgens bleef het goed weder. Na verloop van eenige
dagen kwam het schip in de Middellandsche zee. Reeds den eersten
morgen zag het scheepsvolk bij schemerdonker in de verte eene
bemande boot naderen, waarop men geen goed oog had. Men hoorde
in dien tijd daar op die hoogte dikwijls van zeerooverij, daarom
dacht men terstond aan zoo iets. Het weder was fraai en bestendig,
het schip zeilde langzaam; men kon nauwelijks merken dat het
vorderde. De boot kwam inmiddels nader. De schipper zeî: «Ik
weet het niet, mannen, maar dat volkje daar komt mij verdacht

voor. Jelui moet mij even behulpzaam zijn; wij moeten onze maatregelen nemen. Vult twaalf ledige wijnflesschen met buskruit en
brengt ze hier. De kok moet zorgen, dat ik een paar half verbrande
glimmende stukken hout bij de hand heb. Komen die mannen hier
om ons in te pakken, dan wil ik hen een groet overbrengen van
den vliegenden Hollander.» — Ieder was ijverig in de weer om
met het een en ander zoo spoedig mogelijk gereed te zijn. Het
duurde maar weinige minuten of de bemande boot was bij het
schip. De schipper zeî: «Zoodra zij ons op zijde komen en gij
zeker van uwen worp kunt zijn, werpt dan de flesschen met kruit
in de boot en bukt u oogenblikkelijk, om niet door glasscherven
te worden getroffen, want ik laat onmiddellijk het gloeiende hout
volgen. Heeft dit de gewenschte uitwerking en is er geen schip van
hen in de nabijheid, dan zullen zij ons verder wel met rust laten.» —
Zoo kwam het ook uit. De boot was nauwelijks op zijde van het
schip of de flesschen werden er in geworpen, gevolgd door de brandende stukken hout. De ontploffing voldeed aan de verwachting.

Te Staveren · woonde zeer lang geleden een slager die zijn vak
in het groot uitoefende. Gedurende een goed gedeelte van het jaar
slachtte hij wekelijks een aanzienlijk getal vette beesten, waarvan
het vleesch werd ingezouten ten behoeve der groote koopvaardij-
schepen. Het ligt in den aard der zaak dat dit werk ook een gedeelte van het jaar stilstond en dan deed hij aan den veehandel.
Hij was dan soms dagen aaneen op reis om overal waar hij kon
het geschiktste vee op te koopen. Had hij hiervan een goed aantal
bijeen, dan reisde hij er meê naar Amsterdam, bracht het daar ter
markt en deed dan niet zelden goede zaken.

Zoo was hij eens weêr gereed om uit Amsterdam naar Friesland
terug te keeren, voorzien van eene aanzienlijke geldsom. Maar nu
had toevallig het beurtschip van Staveren op de heenreis averij
gekregen en konde alzoo niet op den gewonen tijd terugvaren. De
koopman besloot dus om met de hindelooper kaaig te gaan. Van
Hindeloopen naar Staveren had hij dan nog twee uren te wandelen;
maar aan dit werk was hij wel gewoon en de weg niet zeer eenzaam; dus dit was geen groot bezwaar.

Des avonds stak men van wal, en toen de koopman niet lang
daarna op de kooi lag en nog eens over zijne zaken nadacht, verheugde hij zich vooral in het vooruitzicht dat hij behoorlijk intijds

tehuis konde zijn. Maar nu schoot hem te binnen, dat het vrijdag was en de zeelieden niet gaarne eene reis op vrijdag aanvangen omdat dit licht een ongeluksdag kan zijn. Al dadelijk vond hij het opmerkelijk, dat er den geheelen dag eene flinke koelte had ge- waaid, en thans waren ze nog niet eens het IJ uit en de wind ging reeds liggen. Het schip vorderde niet veel, de koopman mij- merde over allerlei dingen en kon den slaap niet vatten. Hij dacht er aan, naar boven te gaan, toen het schip eensklaps een hevigen stomp kreeg, zoodat alles scheen te zullen barsten. De koopman schrikte en was spoedig gekleed op het dek. Daar was veel geroep en gevloek. De kluiffokstok van een grooter schip stak dwars over het beurtschip en nu gaf het veel moeite om zich daar van onder weg te werken. Eene engelsche bark was in de duisternis tegen het hindelooper schip aangevaren, en alleen aan de windstilte had men het te danken, dat er geen ernstiger ongelukken waren gebeurd. De zaak kwam nu wel weêr terecht, maar gaf veel oponthoud. De dag brak aan, maar nog altijd geen voldoende wind: het schip vorderde weinig of niets. De koopman werd onge- duldig en meende dat iemand daarvan den duivel moest inkrijgen. Maar de schipper zeî, het was iets dat hun niet door menschen werd aangedaan, en vond het zeer ongepast en onverstandig den duivel er in te betrekken, want waar deze zijne klauwen in stak, daar maakte hij leelijk werk; daar zou de koopman nog wel eens ondervinding van kunnen krijgen, meende de gemoedelijke schipper. De windstilte bleef aanhouden, zoodat het schip meest voor anker moest liggen, daar men niet tegen den stroom op kon zeilen, tot men in den namiddag langzaam vorderde en toch eindelijk Staveren in het gezicht kreeg. Nu had men wel tot nabij de haven van Staveren kunnen varen om door 't opsteken van een seinvlag een sloep te doen komen, die den koopman van het veerschip afhaalde. Maar de schipper achtte dit niet raadzaam, omdat onder den wal de wind altijd veel minder sterk is. Zoo liep alles den koopman tegen. Zijn ongeduld uitte hij met woorden en gebaren, die het scheepsvolk en vooral den schipper zeer ergerden. Hij begon te gelooven dat de dag, op welken het beurtschip van Amsterdam was afgevaren, een ongelukkige vrijdag was geweest.

Tegen den avond wakkerde de wind nog wat aan, maar het was toch reeds schemerdonker, toen men te Hindeloopen in de haven kwam. De koopman, hoe gaarne hij naar huis wilde, zag er wel

wat tegenop om alleen en met eene zoo belangrijke som gelds op
zak langs den zeedijk van Hindeloopen naar Staveren te gaan. Op
de langdurige reis over de Zuiderzee was er ook al over gesproken,
dat men daar bij het Hoogezand, niet ver van de Molkwerumerzijl,
laat in den avond wel onaangename ontmoetingen konde krijgen
met heksen, spoken en dergelijk gespuis. Waarom nam de man
geen rijtuig? vraagt men misschien. — Ja, daartoe ging men in
vroegeren tijd niet zoo spoedig over dan thans. Vrij zeker zal daarvoor destijds in Hindeloopen ook geen gelegenheid hebben bestaan.
De wegen waren gedurende een groot gedeelte van het jaar voor
rijtuigen onbruikbaar, zoodat «voermanderij», zooals men in Friesland zegt, in weinigbeduidende plaatsen geen bestaan kon opleveren.
De man ondernam dus de reis te voet. Het was wel duister, maar
toch nog niet zoo laat, of hij zou lang vóór het eigenlijke spookuur het verdachte punt achter den rug kunnen hebben, meende hij.
Hij was toch geen kind meer en bovendien voorzien van een stevigen eiken stok. Hij stapte met flinken tred voorwaarts, maar toen
hij de plaats van het Hoogezand begon te naderen, werd hij toch
wel een weinig ongerust en liep wat minder vlug. Het duurde ook
niet lang of hij zag op geringen afstand vóór zich eene witte gedaante en een dergelijke zwarte zich. met snelheid op de helling
van den zeedijk bewegen, alsof zij samen aan 't krijgertjespelen
waren. Hij kon evenwel niet anders dan maar voorwaarts stappen.
De twee gedaanten wemelden rusteloos om hem heen, dan waren
zij wat verder van hem af, dan weêr wat nader bij. Hij begon te
gelooven dat het een paar heksen moesten zijn en hield den stok
gereed om de eerste de beste, die hem onder den slag zoude komen,
gevoelig te raken. Maar zoo na kwamen ze hem niet. Iets verder
komende, meende hij iemand te zien, die bij den dijk opkwam naar
de kruin waar hij zelf liep. Nu dacht hij: «twee heksen en daar
de duivel bij als derde man, dit wordt toch te erg.» En hij zette
't op een loopen. Toen dit een poosje geduurd had, waagde hij het
om te zien. Nu zag hij niets en dit deed hem hopen, dat hij verder ongehinderd zijn weg zou kunnen vervolgen. Iets moediger en
rustiger stapte hij weêr voorwaarts. Maar, in de nabijheid der Molkwerumerzijl gekomen, zag hij weêr iemand bij den zeedijk opkomen.
Zijn moed werd weêr zwakker, maar hij zeide toch groetende:
«'navend!» Dit bleef onbeantwoord. Hij dacht: «daar staat toch
iemand,» en vervolgde zijn weg. Het duurde niet lang of hij zag

beneden zich op de helling van den dijk weêr iemand staan. Hij
zeî weêr «'navend!» maar ook thans werd er gezwegen. — «Dat is
toch wel duivelsch!» zeî hij tot zich zelf. Toen hij in de nabijheid van Staveren kwam, scheen zijn moed te herleven en hij dacht:
«Zie ik nu nog eens zoo iemand aan den dijk staan en hij zwijgt
op mijn groeten, dan sla ik hem met den stok op zijn kop, zoo
zeker als wat.» — Nauwelijks had hij dit gedacht of zie! daar stond
er weêr een. De koopman zeî weêr «'navond!» maar ontving geen
wedergroet. Nu sloeg hij, met kracht ook; maar op den harden
kop, dien hij trof, spatte zijn eiken stok in tweeën, zoodat hij slechts
een gedeelte in de hand hield; de geslagene liet geen geluid hooren. — Dit deed den man zoo hevig ontstellen, dat hij erbarmelijk
begon te schreeuwen, zoo hard, dat sommigen, die zich nog op den
weg bevonden en het gejammer in de verte hoorden, daar angstig
van werden. De koopman snelde, zoo vlug zijne beenen hem wilden
dragen, naar Staveren en kwam geheel ontsteld bij zijne vrouw tehuis. De vreemde ontmoeting had den man zoozeer geschokt, dat hij
des anderen daags het bed moest houden. Nu kwamen er allerlei
praatjes, want de lieden, die het gejammer op den zeedijk hadden
gehoord, vertelden daarvan en nu was men 't spoedig eens: de
koopman moest daar door den duivel afgeranseld zijn. Hij zelf
vertelde het geval geheel anders: hij had den duivel op den kop
geslagen. De helft van zijn stok werd gevonden aan den zeedijk
niet ver van de Molkwerumerzijl, bij een steenen paal, zooals er
eenige aan den dijk stonden op gelijke afstanden van elkander.

In de nabijheid van het boomrijke dorpje Wouterswoude zijn
voetpaden, die men de *Halepaden* noemt. Hier spookte nog geen
veertig jaren geleden een naakte man. Vele jaren vroeger was hij
ook reeds gezien. Hij vertoonde zich meest in de maand Augustus,
als de veldvruchten van het land waren gehaald, en dan zoowel bij
dag en bij schemeravond als bij nacht. Er waren toen velen in
dien omtrek, die hem gezien hadden. Het was een man met goed-
gevleesde ledematen en glad zwart hoofdhaar, dat hij behoorlijk
had gekamd. Wie of wat hij was wist niemand, maar algemeen
hield men het er voor, dat hij iemand was, die na den dood geen
rust vond vanwege zijn op aarde bedreven kwaad; wie hem hadden
gezien, verklaarden eenparig, dat hij steeds verdween in eene dobbe
of waterkom, in de nabijheid der Halepaden.

Te Oudemirdum spookte nog in September 1890 een man zonder hoofd.

Bij een boerenhuis op Baansterburen onder Rauwerd werd vroeger ook een spook gezien. Daar stond 's nachts een oud vrouwtje bij het draaihekje, door hetwelk men op en van het erf kwam. Dit hekje kon men nooit des nachts gesloten houden, men deed wat men deed. Al werd het 's avonds met zorg gesloten, des morgens stond het altijd open.

Nog altijd is het op de Hooidammen, tusschen Sint Nicolaasga en Doniaga, gansch niet pluis. Johannes Reinders kwam op zekeren avond laat uit het veld, toen ging het landhek, waar hij door moest, vanzelf open en toen hij er door was vanzelf weêr dicht. Op de Hooidammen gekomen, kreeg hij op eens een zwaar knellend gewicht op een zijner schouders. Iets later sprong dit over op het andere schouder, en toen de man de dammen gepasseerd was, gevoelde hij zich weêr ontlast.

In Legemeer liep voor jaren 's nachts een witte juffer. Een paar jonge loshoofden, die op een zondagavond er op uit gingen om, naar zij spottend zeiden, die juffer een bezoek te brengen, zijn leelijk weggekomen. — Aldus eindigt wel meer eene spookgeschiedenis. Het slot laat iets te raden over en wil zeggen: Weest maar niet te lichtzinnig tegenover zoo iets.

Omstreeks het midden der 17e eeuw verscheen eene overledene vrouw, ongeveer een jaar na haren dood, aan haren schoonzoon, die echter in zijne ontsteltenis, zeer tot zijn spijt, vergat te vragen naar het doel harer komst. — Eene poos later vond hij zijne schoonmoeder in haar bed liggende. Nu was hij kalmer en waagde te vragen wat zij verlangde, waarop zij het bed verliet en in een glanzend wit gewaad voor hem stond. Dit en het onmiskenbare van hare gelaatstrekken deed hem op nieuw ontstellen. Zij sprak: «Er is in de familie twist ontstaan bij de verdeeling mijner nalatenschap; ik verlang dat gij vrede hebt onder elkander en eerlijk en onbaatzuchtig mijne goederen verdeelt.» De schoonzoon beloofde. De verschijning verdween en kwam niet terug, want aan haar verlangen werd voldaan.

Ten tijde van keizer Lotharius werd men in Friesland veel geplaagd door geesten en spoken. Zij woonden op de spits van een kleinen heuvel in een kunstig hol, dat door geen menschenhanden was gemaakt. Gewoonlijk werden zij witte wijven genoemd. Aangaande hare uiterlijke gedaante wist men niet veel. Nachtelijke wandelaars, veehoeders, vrouwen en kinderen werden dikwijls door deze witte wijven weggevoerd naar hare holen en onderaardsche gangen. Daaruit hoorde men niet zelden zuchten, snikken en kindergeschrei. Zorgvuldig bewaakte men daarom zwangere vrouwen en kinderen, opdat dezen niet door de witte vrouwen zouden worden weggehaald. — Balthazar Bekker schrijft: «van de gewone en voorname spokerij zijn onder de witte wijven allernaast als de oudste van degene die ook hier te lande tehuis behooren.»

Later noemde men ze witte juffers, die echter een geheel ander karakter vertoonden dan de vroegere witte wijven. Zij stonden de kraamvrouwen hulpvaardig bij, brachten bij nacht verdwaalden op den rechten weg, betoonden zich in allerlei opzichten liefderijk jegens de menschen en deden ook aan waarzeggerij. Ook waren hare woningen niet zoo afschrikwekkend en steeds in de nabijheid van dorpen of steden. Meestal waren die woningen heuvels of met boomgewas omzoomde kuilen. Soms woonden twee of drie tezamen. Kwam iemand in de nabijheid van zulk een heuvel of kuil, of begaf hij zich daar binnen, dan vernam hij wonderlijke dingen, waaromtrent evenwel steeds het diepste zwijgen werd bewaard.

Vijftig jaren of reeds langer is het geleden, toen op zekeren avond twee schippers met hunne vaartuigen naast elkander, eigenlijk achter elkaar, in den Tjonger aan wal lagen. Een schipper alleen zou het niet gewaagd hebben daar te overnachten. Het was immers bekend, dat daar iederen avond een spook langs den met laag hout begroeiden oever wandelde. Het was een heldere zomeravond. De schippers zaten met hunne vrouwen elk op het dek van hun schip, met elkander pratende; de mannen meenden het spook gezamenlijk wel aan te durven. Maar opeens verschrikten zij toch, de mannen zoowel als de vrouwen, want langs het houtgewas aan den oever en daar een eind boven uitstekende, zagen allen het spook naderen, met groote schreden voorbij en verder gaan. Na korte beraadslaging, wat te doen, werd de scheepsplank uitgelegd, de twee schippers gingen aan wal en zetten het spook na. Maar niet ver waren zij gekomen, toen een hunner reeds den moed liet zakken en wenschte terug te keeren. Alleen dorst de ander de reis ook niet verder aan. Zij oogden het spook nog een poosje na, tot het bij een der bochten in den Tjonger over het breede water stapte en daarop in de verte verdween. Zij begaven zich toen weêr naar boord, maar nooit hebben die schippers weêr in den Tjonger overnacht.

Een veer, waar men met een schuitje of pont menschen over het water brengt, heet in Friesland een overzet, ook wel overhaal. Komt men van den kant waar het overzettershuis (veerhuis) staat, dan laat men zich overzetten, komt men van de overzijde, men laat zich overhalen.

Voor ongeveer vijftig of zestig jaren was ergens in Friesland zulk een overzet, dat toen meestal door een meisje bediend werd. Het gebeurde op zekeren avond, dat zij aan de overzijde der watervlakte een man zag naderen, blijkbaar met het doel om te worden overgehaald. Zij begaf zich met haar schuitje daarheen en schoof het op de geschiktste plaats aan wal om den reiziger te laten instappen. Er was geen ruimte tusschen het schip en den wal, en toch, toen de man scheen te willen instappen, verdween hij opeens. Hevig verschrikt en wel beseffende dat zij met eene spookverschijning te doen had, nam het meisje den terugtocht aan. De afstand, dien zij had af te leggen, was in een half kwartier wel over te varen, maar zij was zoo van de wijs, dat zij bijna twee uren op het water heen en weêr voer, onophoudelijk met kracht en inspanning het scheepje voortschuivende. Eindelijk tehuis gekomen, was zij spoedig een lijk.

Eene afzonderlijke soort spokerij is het voorspook. Tusschen de jaren 1840—1860 woonde in Leeuwarden, nabij het Vliet, eene schoenmakersvrouw, die, langs de huizen gaande, kon ruiken waar binnen kort een doode zou zijn. Het voorspook bestaat evenwel meest in nachtgezichten, die een voorspellend karakter hebben en zeer zeker moeten nakomen. Ook gebeurt het, dat men iets komt te hooren zonder te zien. Dit is het wat men in 't Hollandsch wel voorgespens en in 't Friesch *foartsjirmerij* noemt. Menschen, die met een helm geboren zijn, krijgen voorspellende nachtgezichten; voorgespens kan worden gehoord door ieder, die in het huis of nabij de plaats is, waar het gebeurt.

De helm is een vlies dat een pasgeboren kind als een koolsblad over het aangezicht ligt. Wordt dit vlies er afgetrokken van boven naar beneden, dan ziet de persoon in het vervolg altijd naar boven en zal voorteekens in de lucht kunnen zien. Neemt men den helm

af van beneden naar boven, dan zal de persoon, als hij tot zijn
verstand is gekomen, zijne aandacht meest aan aardsche dingen
wijden en verschijningen op den grond zien. — Het wordt gewoonlijk niet als een gewenscht voorrecht beschouwd, voorspellende nachtgezichten te kunnen zien. Daarom zijn ouders en nabestaanden er
op uit, bij de geboorte van een kind met een helm het vlies onmiddellijk te verbranden, dan heeft het niet de evengemelde uitwerking; wél als het bewaard blijft. Bakers beschuldigt men wel,
dat zij er behagen in schijnen te scheppen zulk een helm te bewaren, en wanneer de baker het helmvlies in de pap beroert en
het aldus door het kind laat nuttigen, dan wordt het zienersvermogen van den met een helm geborene in later tijd nog sterker.
Dit zienersvermogen bestaat hoofdzakelijk in het vooruitzien van
lijkstaatsies, branden, verdrinken en verzinken. Zulke vooruitzieners
weten altijd, wie er in hunne omgeving binnen kort moet sterven.
Zij zien iemand, wiens dagen geteld zijn, eenigen tijd te voren
loopen met het hoofd onder den arm. Krijgen zij bij nacht een
geheelen begrafenisstoet te zien, wat niet zelden gebeurt, dan onderkennen zij duidelijk de personen, die achter het lijk loopen, zelfs
de vrouwen, door de om hare hoofden geslagen regenkleeden heen.
Personen, zonder helm geboren, kunnen zulk eene lijkstaatsie niet
zien, al is zij onmiddellijk bij hen. Het is daarom raadzaam om,
als men bij nacht of laat in den avond op weg is, niet in het
wagenspoor te loopen, want werd men toevallig door eene onzichtbare lijkstaatsie ontmoet, dan zou men onzacht ter zijde worden
geslingerd, omdat men zulk een stoet niet in den weg mag loopen.
Het kon ook gebeuren, dat zoo iemand stilzwijgend genoodzaakt
werd vóór op den lijkwagen te klimmen, langs of over de doodkist,
die er op staat, naar 't achtereinde van den wagen te gaan om dan
er af te worden gestooten en onzacht op den grond te tuimelen.
Dit moet meermalen voorgevallen zijn op den ouden kleiweg, die
van het dorpje Zwichum naar den rijksstraatweg loopt, waar bij
een boerenhuis een plekje gronds ligt, dat het *Eisinga-kerkhof* wordt
genoemd. Daar is het vroeger nooit zuiver geweest. Liep iemand
daar bij nacht, dan kon hij onverwachts een wit veulen in vliegende vaart zich voorbij zien snellen, waarna het plotseling verdween. Ook kon men daar een oud vrouwtje met een mandje aan
den arm ontmoeten. Van haar gold het eveneens: nauwelijks verschenen of ook weêr verdwenen.

Een lijkstoet noemt men in het zuiden van Friesland een *begangel*. Hierin ligt de beteekenis van begaan, meêgaan, meêdoen om een overledene de laatste eer te bewijzen. In sommige streken wordt het woord alleen gebruikt voor het visioen eener begrafenis. Menschen die zulk een visioen nu en dan te zien krijgen, waren vroeger minder zeldzaam dan thans. Zoo iemand gevoelde zich 's nachts soms door een geheimzinnige macht gedrongen om het bed te verlaten en naar buiten te gaan, enkel om een *begangel* te zien. Een dergelijke ziener zag eens in den nacht een begrafenistrein het erf van eenen hem welbekenden boer afkomen. Het merkwaardige hierbij was, dat de lijkwagen was bespannen met een zwart en met een wit paard. Dit nu was geheel tegen den regel; een wit paard wordt nooit voor een lijkwagen gebruikt. Hierbij kwam dat geen der naaste buren van den boer een wit paard bezat. Hij zelf wel, maar het is een even vaste regel, wanneer in een boerengezin iemand sterft, dan mag het lijk niet door eigen paarden naar het kerkhof worden gereden. De naaste buurman is verplicht een hooiwagen met twee, liefst zwarte paarden en een man te schikken om den doode grafwaarts te rijden. Het nachtgezicht duidde natuurlijk aan, dat er in het gezin van den boer eerlang iemand zoude sterven, maar dat witte paard was iets onverklaarbaars. Na verloop van eenigen tijd stierf de boer. Op den dag der begrafenis kwam de lijkwagen op het erf. De kist werd daarop gezet en de weduwe nam daarbij plaats. Maar toen men meende weg te rijden, was een der paarden onwillig. Het dier begon te springen en te steigeren en was niet tot bedaren te brengen. Men ging een ander paard halen, maar dit vertoonde dezelfde nukken, en toen men 't ook nog met een derde beproefde, ging het niets beter. Men neme in aanmerking dat deze geschiedenis in den frieschen greidhoek tehuis behoort, waar de meeste boeren niet meer dan twee paarden houden, sommigen slechts één. Men zag zich, ten einde raad, genoodzaakt, het witte paard van den overleden boer voor den lijkwagen te spannen.

Op eenigen afstand van een dorp in Dantumadeel woonde voor jaren een gezin, bestaande uit man, vrouw en eenige kinderen. Het gebeurde dat de man ernstig ziek werd, en de vrouw hoorde dag aan dag een ekster schateren in de omheining van den tuin. Wat zij ook deed, zij konde dat gehate dier nooit veel langer dan een kwartier uit het geboomte verwijderd houden. Op zekeren morgen

komt Sape, de mollenvanger, even bij Uilke in huis geloopen en
vindt den man doodziek. Hij kon geen toespraak meer hebben.
Sape wenkt bij zijn vertrek de vrouw des huizes om hem te volgen naar het achterhuis. Daar gekomen zeî hij: «Het gaat verkeerd met je man, vrouw!» — «Och ja,» zuchtte zij, «er is geen
hoop meer; er is onophoudelijk een ekster in den tuin.» — «Binnen
drie dagen is alles afgeloopen,» zeide Sape; «ik heb eene openbaring gehad. Ge weet, dat ik met een helm geboren ben.» — «O
ja!» snikte de vrouw, «en die verschijningen komen altijd uit,
niet waar?» — «Wel zeker,» zeî Sape, «altijd; 't is met mij nog
nooit gemist. Het was gisteravond even voor tienen toen ik de
lijkstaatsie zag. En schrik nu niet, mensch! maar 't ging vreemd.
Ik moet eerlijk zeggen, dat ik het zelf niet recht begrijp. Hier in
den geheelen omtrek heeft niemand een wit paard, en toch was
de lijkwagen bespannen met een wit en een zwart paard. De witte
was dartel en de knecht van uwen buurman kon het gespan niet
in bedwang houden. Het geraakte op hol. En 't is waar wat ik je
zeg, vrouw, bij de vierde boerenplaats hiervandaan ging de gansche
boel de sloot in. Ik hoorde gejammer. Een kwartier later was alles
weêr op den weg, de paarden waren verwisseld, en verder ging
het goed, zoo 't behoorde.» — «Ge maakt mij bijna radeloos,» jammerde de vrouw. «Gij moet zorgen niet op den wagen te gaan
zitten,» zeî Sape; «maar wat zeg ik? Er komt geen mensch op
den wagen. Dat heb ik immers gezien.» — En hij vertrok. De
vrouw overlegde bij zich zelve, dat het onmogelijk waar kon zijn.
Onder de boeren van het dorp had immers niemand een wit paard.
Uilke overleed den volgenden dag. De naaste buurman beloofde
het lijk grafwaarts te zullen rijden. Maar zie! den dag vóór de
begrafenis reisde de man naar de paardenmarkt te Norg en kwam
des avonds tehuis met een wit paard, dat hij gekocht had. De
vrouw van Uilke ontstelde toen zij dat dier zag. Zij ging nog
denzelfden avond naar den buurman om hem te verzoeken, het witte
paard toch niet meê voor den lijkwagen te spannen. «Wel zeker
niet!» zeî de man, «daar denk ik niet aan.» Den volgenden morgen
kwam de knecht van den buurman de weduwe berichten, dat een
der zwarte paarden ongesteld was geworden en het witte dus meê
voor den lijkwagen moest. De vrouw zag zich genoodzaakt toe te
geven, want voor één paard was de reis te moeilijk. Maar met
allen aandrang verzocht zij den knecht, toch vooral de meest mo-

gelijke voorzichtigheid in acht te nemen. De knecht beloofde dit
en verzekerde bovendien, dat het paard mak was. Het was om één
uur des namiddags toen de lijkwagen afreed gevolgd door den begrafenisstoet. Niet lang had men gereden, toen door een rukwind het
zwarte kleed van de op den wagen staande doodkist afwoei en om
de ooren der paarden ging fladderen. De paarden gingen aan den
haal. En wat Sape voorzien had gebeurde, alles juist zooals hij
het had gezien.

In 1865 is het gebeurd dat een boer in de nabijheid van Poppingawier het verschijnsel eener begrafenis te zien kreeg. Hij zag
dat een doodkist met een wit laken er over, ten teeken dat er het
lijk eener kraamvrouw in lag, de hoofd- of lijkdeur van zijn huis
werd uitgedragen. «Dat zal mijne vrouw niet gebeuren,» zeide hij
bij zichzelven. En den volgenden dag liet hij die deur uit den
muur nemen en de opening dichtmetselen. Eenigen tijd daarna vertrok deze boer metterwoon naar elders. Zijn opvolger op de plaats
te Poppingawier vond de weggenomen deur met het kozijn nog
bewaard. Hij achtte 't beter en gerijfelijker, dat zij weêr in den
muur werd gezet. Kort daarna overleed zijne vrouw in het kraambed en zij werd die deur uitgedragen, op dezelfde wijze als de vorige
boer het vooruit gezien had.

Sommige menschen zien hun eigen dood vooruit. Het is reeds
langer dan tweehonderd jaren geleden, dat de predikantsvrouw te
Pietersbierum, op zekeren nacht naast haren man te bed liggende,
midden in het vertrek eene doodkist zag staan. Zij was eene moedige vrouw en tevens nieuwsgierig: zij verliet het bed om te zien
wie er in de kist mocht liggen. En tot haren niet geringen schrik
zag zij daar haar eigen beeld in doodsgewaad. Zij wekte haren
man en verzocht hem ook te zien. Hij zag echter niets, berispte
haar over hare dwaze inbeelding en gaf haar den raad te gaan
slapen. Zij begaf zich wel weêr te bed, maar kon niet rusten en
evenmin het oog van die kist afhouden. Het duurde niet lang of
er kwam een man, gekleed in een rooden hemdrok binnen de
kamer. Hij nam eenige schroeven van den schoorsteenmantel en
schroefde het deksel op de kist. Nu werd er een witte doek
over gehangen, waarop de dragers kwamen en de kist weghaalden.
Daar nu de vrouw zich in zwangeren staat bevond, maakte dat
gezicht haar nog meer beangst. Haar man, die niets had gezien,
schreef alles toe aan ziekelijke verbeelding. En met dien man in

den rooden hemdrok was het tenminste gekheid, meende hij, omdat er in het geheele dorp niemand was, die zulk een kleedingstuk droeg. De bevalling der vrouw, die kort daarop volgde, liep voorspoedig af. Zij bracht een flinken jongen ter wereld en toen deze na verloop van een paar weken naar de kerk werd gedragen om te worden gedoopt, was hij, naar toenmalig gebruik, bekleed met een rood omhulsel, dat men in Friesland *kapruft* noemde. Dominé zei schertsend: «Dat zal de roode hemdrok zijn, vrouw, dien gij eens in uwe verbeelding gezien hebt.» Met de daaropvolgende Mei kwam een timmerman uit een ander dorp zich te Pietersbierum vestigen. Deze was gewoon dagelijks in een rooden hemdrok rond te loopen en zoodra de predikantsvrouw hem zag zeî ze: «Dat is de man, die toen in dien nacht mijn doodkist heeft dichtgeschroefd». Na verloop van een jaar moest zij weêr bevallen en nu bezweek zij in het kraambed. De predikant, die zich haar nachtgezicht herinnerde, wilde de kist in een ander vertrek hebben geplaatst. Maar dit ging niet, omdat men daar wegens de nauwte van den gang den zwaai door de kamerdeur niet konde maken. Het lijk moest in de slaapkamer staan. De schroeven voor de kist wilde hij niet, als naar vaste gewoonte, op de schoorsteenmantellijst, maar in de vensterbank gelegd hebben. Ook beval hij dat er geen witte doek over de kist mocht worden gehangen. De timmerman in den rooden hemdrok moest bij de begrafenis burenplicht meê doen. De mannen, die de kist zouden dichtschroeven, konden daar niet te best meê terecht. De timmerman schoot toe, nam van de schoorsteenlijst nog een paar schroeven, die men er toch had neêrgelegd, en volbracht het werk naar behooren. Toen de kist uitgedragen zoude worden, meende eene der aanwezige vrouwen, die van des predikants bevel niets afwist, dat de zaak nog niet in orde was. Zij nam haar witten zakdoek en hing dien over de kist. Het vooruitgeziene *moest* nakomen, dit bleek. (Halbertsma, *Rimen ind Teltsjes*.)

Een schipper, in den nacht bij kalm weder zeilende, hoorde iets achter van zijn schip in het water ploffen. Onderzoekende, kon hij niet ontdekken, dat er eenig voorwerp op het dek ontbrak. Toch was er eene polsende beweging in het water zoo geweldig, dat geen snoek van de grootste soort zoo iets zou kunnen doen. Dit gewoel, gepaard met gespat, ging achter het schip om, dwars door de vaart naar den wal, en daar hield het op. Dit was reeds een lange poos geleden, toen dezelfde schipper bij dag langs hetzelfde vaarwater voer. Zonder er aan te denken, wat hem daar wedervaren was, deed de man een mispas en stortte van het schip af. Het vaartuig lag te hoog boven het water om er op te klimmen; de schipper zag zich genoodzaakt dwars door de vaart naar den wal te komen. En nu hoorde hij in het water geheel dezelfde beweging als in dien nacht toen hij niets had kunnen ontdekken. Hij begreep nu dat het toen gebeurde voorspook was geweest.

Een boerenknecht, die volgens gewoonte in den koestal sliep, werd op zekeren tijd nacht op nacht in zijn bed verontrust. Omstreeks middernacht werd hij wakker en gevoelde dan een even onverklaarbaren als onweêrstaanbaren aandrang om buiten de bedstede te kijken. Hij deed dit en zag op het einde van den stal drie mannen bij het licht van een klein lampje bezig met het bekleeden van een lijk. Hij mocht zich dan weêr terugtrekken en trachten op nieuw in te slapen, dit wilde niet best gelukken. Om één uur werd alles stil en scheen het werk afgeloopen, maar de nacht van den beangsten knecht was bedorven. Ook bij dag plaagde hem de gedachte aan het nachtgezicht zoo, dat hij geen lust had in zijn werk, slechts weinig at en zichtbaar vermagerde. Maar toen het visioen nacht op nacht terugkwam, begon de jongeling te denken: «Ik moet er meer van weten». Des avonds voor het naar bed gaan voorzag hij zich van eene schaar, en toen de verschijning weêr daar was, vermande hij zich, verliet het bed en ging driest op de plaats toe waar de drie mannen zwijgend met het lijk bezig waren. Hij waagde 't het lijk een lok hoofdhaar af te knippen, nam deze meê, legde ze op de beddeplank en begaf zich op nieuw ter rust. De drie mannen waren onder dit alles ongestoord voortgegaan. Des anderen morgens bij het ontbijt begon de dienstmeid den knecht uit te lachen. Zij zei: «Wie heeft jou onder de schaar gehad en zoo vreemd in je haar gehakt? Of heb je misschien muizen in je bed?» De knecht verbleekte, zag in den spiegel en werd angstig. Hij begreep dat hij des nachts zichzelf een haarlok had afgeknipt. Hij viel op een stoel, werd zoo bleek als kalk en kon in de eerste oogenblikken geen woord spreken. De meid riep den boer en de vrouw. Zij vreesde dat de knecht een beroerte had gekregen. Maar deze kwam spoedig tot zichzelf, en toen de boer in de keuken was gekomen, begon de knecht te vertellen. En aan het slot van zijn verhaal zeide hij: «Nu wensch ik wel dadelijk mijn verdiende loon te ontvangen, want ik kan hier niet langer blijven». — De boer kon dit verzoek billijken; hij betaalde den knecht, deze vertrok en zocht een dienst op verren afstand vandaar. Jaren verliepen. De geschiedenis van het nachtgezicht geraakte zachtjes aan in vergetelheid. Maar nu gebeurde 't eens dat de boer zijn voormaligen knecht te Leeuwarden op de markt ontmoette en bij die gelegenheid hem uitnoodigde om in den volgenden winter gedurende de kerstdagen uitvanhuis te komen. De knecht nam dit eerst in ernstig beraad, maar ten slotte beloofde hij te zullen overkomen. Hij kwam ook op den bepaalden tijd en zijne vroegere slaapplaats in den koestal werd hem ook nu weêr aangewezen. Hij gevoelde zich toen reeds een weinig onwel. Hij konde niet slapen en, hoe vreemd, hij zag daar 's nachts weêr dezelfde verschijning van vroeger. En op andere plaatsen waar hij voor en na gewoond had, was hem zoo iets nooit overkomen. Geen wonder, dat hem dit schokte. Zijn plan was den tweeden kerstdag weêr te vertrekken, maar dat kon niet; hij was ziek. Des namiddags was hij reeds zooveel verergerd, dat hij, volgens des dokters meening, niet naar een ander bed kon worden overgebracht, maar daar in den koestal moest blijven. Nog denzelfden avond overleed hij; de ziekte was besmettelijk, de boer kon dus het lijk niet in zijn woonhuis nemen. Er werden drie mannen gehuurd om het te bekleeden en dit geschiedde op dezelfde plaats waar de overledene bij herhaling dat werk vooruit had gezien.

Eene bejaarde weduwe woonde sedert den dood van haren man in bij haren gehuwden zoon, wiens huis ietwat eenzaam stond. De oude vrouw had haar slaapplaats op een klein bovenkamertje en daarnaast sliepen een paar groote jongens, kleinzoons van haar. Het gebeurde eens, dat zij op zekeren nacht een poosje slapeloos was en even overeind ging zitten. Nu meende zij op den trap zachte voetstappen te hooren als van iemand die op kousen liep of behoedzaam was om niet gehoord te worden. Eerst dacht zij, dat een der jongens naar beneden was geweest. Doch toen de persoon boven kwam ging hij niet naar de plaats waar zij sliepen, maar opende even de deur van haar kamertje, zuchtte zwaar en ademhaalde snel en trok zich toen weêr terug. De oude vrouw ontstelde; zij wist niet wat te moeten denken en hield zich eene poos doodstil. Bij verder nadenken meende zij te mogen gelooven dat er wel een vreemde met verkeerde bedoelingen in huis geslopen kon zijn. Zij wekte daarom de jongens en bracht het zoover, dat weldra ook haar zoon en het verdere mannelijk personeel des gezins op de been was. Men doorzocht het geheele huis, maar vond niets wat reden gaf tot ongerustheid. Men begaf zich weêr ter rust; er viel dien nacht verder niets bijzonders voor; des morgens bij daglicht zag men nog eens alles na, maar vond geenerlei grond voor het vermoeden, dat er iemand, die er niet behoorde, in huis was geweest. Maar nu werd de oude vrouw op nieuw angstig en riep uit: «Och Heer! dan hangt er ons zeker iets boven het hoofd. Hier zal iets gewichtigs moeten gebeuren, want zoo zeker als ik leef heb ik van nacht gehoord en gezien wat ik verteld heb». De huisgenooten geloofden dat het inbeelding geweest zoude zijn en niets te beteekenen had. Men beleefde een zeer strengen winter en toen deze voorbij was, werd de oudste dochter des huizes, een aankomend jong meisje, zoo verkouden, dat men er bijna geen raad meê wist. Men deed wat men kon, maar om verkoudheid naar een dokter te loopen, daar dacht men vroeger niet aan. Men had er wel huismiddels voor. Men besmeerde een stuk grof papier met kaarsvet en legde dat de lijderes op de borst. Verder liet men haar spekvet met keukenstroop er doorgeroerd oplikken. Maar deze middelen hielpen thans niet. Een goede kennis vertelde, dat men een kind voor hetzelfde ongemak een zwaluwennest om de keel had gelegd; dit was ongetwijfeld een uitstekend middel, maar dat kind was gestorven, omdat men het middel te laat had toegepast. Nu, met dit jonge meisje waren ook alle middelen, die men aanwendde, vruchteloos. Op een zondagnacht tusschen elf en twaalf uren meenden de ouders te zien, dat het met hun dochtertje niet lang meer konde duren. De moeder vooral was zeer aangedaan. Zij droeg op zondag een zacht schoeisel en daarmede ging zij nu de trap op om grootmoeder te waarschuwen. Zij stak even haar hoofd binnen het slaapkamertje, maar was zoo ontsteld dat zij bijna geen woord kon spreken. De oude vrouw begreep echter wat er aan de hand was; zij kwam naar beneden. Een uur later was het kind overleden. En nu zeide grootmoeder: «Dat komen daar straks bij de trap op, met het verdere, was geheel hetzelfde als waarom ik in het begin van den winter op zekeren nacht u allen heb gewekt en ongerust gemaakt. Ik heb het toen ook reeds gezegd, dat hier in huis iets moest gebeuren.»

Personen met een helm geboren zien bij nacht ook wel een huis, een molen of ander gebouw in brand staan. Zijn ze dan in de gelegenheid de muren van zulk een gebouw te betasten en zij bevinden ze koud, dan zal het niet afbranden; maar er zal zonder brand een nieuw gebouw voor het oude in de plaats komen. Zijn integendeel de muren warm, dan moet het afbranden. Dit zal binnen een kort tijdsbestek gebeuren als het voorspook vóór middernacht gezien wordt. Ziet men 't na middernacht, dan duurt het lang, soms jaren, eer de brand komt. Dit is ook van toepassing op andere nachtgezichten. Wanneer de begangel op de graven staat en geen mensch haar ziet, zien haar toch de paarden, die langs het kerkhof rijden. Zij worden dan schichtig, maken wilde sprongen en kunnen licht gaan hollen, indien de voerman niet op zijn hoede is.

Een geestenziener te Eernewoude zag, op het breede water waaraan dit dorpje ligt, eene stoomboot varen toen nog niemand er van droomde dat er van Drachten op Leeuwarden stoombooten in de vaart zouden worden gelegd. Zoo heeft men ook hier en daar het razen van spoortreinen gehoord, jaren voordat er sprake was van spoorwegen in Friesland.

In het noorden van Ferwerderadeel meende men zeer lang geleden op zekeren avond de letters O W N in de lucht te zien. Iemand met een profetischen geest las daaruit: O Wee Nederland! — Maar een snaak was van meening dat de beteekenis ook kon zijn: O Wij Narren!

Vóór de overstrooming van het zeewater in 1825 zag men soms in de nabijheid van Dijken in Doniawerstal 's nachts eene witte verschijning, meestal met de ellebogen rustende op een landhek. Na de overstrooming is dit spook niet meer gezien.

Een of meer personen, wanneer zij bij nacht of laten avond op weg of nog even buitenshuis zijn, kunnen dan soms op eenigen afstand een angstig hulpgeroep hooren, dat van een nabijzijnd vaarwater of meer schijnt te komen. Gaat men daar op af, dan ontdekt men, dat er niets is. Maar nu komt de winter; het water bevriest en het volk begint te schaatsrijden. Dan zijn het meestal dezelfde personen, die op dezelfde plaats hetzelfde hulpgeroep weder hooren. Doch nu komt het in werkelijkheid van menschen, die door het ijs zijn geraakt en in doodsnood verkeeren. Zulke door voorspook aangekondigde ongelukken hebben meestal een doodelijken afloop.

Handwerkslieden hooren soms bij nacht in hunne werkplaats, als daar niemand is, een leven alsof er minstens twee of drie per-

II.   15

sonen druk in de weer zijn. Het komt meest voor wanneer er in zulk een werkplaats buitengewone drukte op handen is, waarvan men op 't oogenblik nog niets weet of vermoedt. Timmerlieden, wagenmakers en meubelmakers zijn op de dorpen ook altijd doodkistenmakers als 't zijn moet. Het was vroeger geene zeldzaamheid, en het zal nog wel eens voorkomen, dat genoemde handwerkslieden het altijd eenige weken vooraf te weten komen, wanneer in het dorp een sterfgeval te wachten staat. Zij hooren dan 's nachts in hunnen winkel geklop en geschaaf en merken aan alles wel dat daar een doodkist wordt gemaakt, niet in werkelijkheid, maar zij zijn er zeker van dat dit eenige weken later zal geschieden. En dit mist ook niet. Eens echter hoorde men bij zulk eene gelegenheid een stomp tegen het kozijn der voordeur. Dit was onverklaarbaar, omdat deze deur tamelijk ver van de werkplaats verwijderd was. Maar niet lang daarna stierf een bij den baas inwonend persoon. En toen nu op den dag der begrafenis de kist het huis werd uitgedragen, stompten de buren bij ongeluk daarmeê tegen het kozijn der deur.

Sterft een lid der familie van iemand die doodkistenmaker is, hetzij het sterfgeval in zijn gezin is of er buiten, dan mag hij zelf de kist niet maken, dit ook niet door zijne knechts laten doen en evenmin het hout er voor leveren. Dit alles behoort aan een anderen baas te worden opgedragen. Ik geloof echter dat dit gebruik thans niet meer zoo getrouw wordt nageleefd als vroeger. — Het is reeds langer dan vijftig jaren geleden, toen een boer te Finkum, zijne vrouw door den dood verliezende, zelf kisthout in de stad ging koopen en naar huis rijden. Verder liet deze gierigaard, door een daarvoor gehuurden timmermansknecht, de lijkkist in zijne schuur maken. Dit was iets waaraan velen zich ten zeerste ergerden.

Eene vrouw te Boyl, geloovende aan «voorloop» of «werkgeesten», zooals men het daar noemt, verzekerde, dat zij op zekeren nacht eene pastorie aldaar had hooren bouwen, en dit had plaats eer er nog sprake van was, dat Boyl eene afzonderlijke gemeente zoude worden. Dit geschiedde in 1860.

In sommige boerenhuizen hoort men 's nachts of 's avonds de karnmolen gaan. Dit komt meest voor in zeer oude huizen, waar gedurende misschien wel meer dan anderhalve eeuw honderdduizenden ponden boter met hulp van den karnmolen zijn gemaakt. Onversaagde lieden hebben 't wel gewaagd op zoo iets los te gaan om het te onderzoeken. Maar dan vonden zij alles stil en op zijne plaats. Waren zij echter in het woonvertrek teruggekeerd, dan begon het werk opnieuw. Het is niet raadzaam zulk een onderzoek te doen zonder licht. Wie dit waagde, zou veel kans hebben een slag of stoot te ontvangen die raak was, zonder te weten vanwaar of van wien hij deze begroeting kreeg.

In het Vierhuis, eene knappe boerderij onder den klokslag van Leeuwarden, placht het ook schrikbarend toe te gaan. Daar was vroeger een kamertje, door de bewoners het blauwe kamertje genoemd, omdat het blauw geschilderd was. De deur van dit kamertje kon men nooit gesloten houden; men mocht haar sluiten zoo men wilde, men vond haar na verloop van wat korter of langer poos altijd weêr open. — Ik geloof dat er zulke kamerdeuren meer zijn; maar hier begreep men nooit wie 't gedaan kon hebben, dit was het vreemde van de zaak. In den koestal dezer boerderij was het ook niet pluis. Iemand die daar als knecht had gediend, vertelde later, dat hij er vreeselijke nachten had doorgebracht. Wanneer hij soms· moest waken bij eene koe, die op kalven stond, dan werd er in het boveneinde van den stal gevloekt en geketterd dat het was om van te ijzen, terwijl er met stukken hout en andere voorwerpen werd rondgeworpen als ware er een razende aan het werk. Hij zag dan wel niets, maar kon het toch zoo benauwd krijgen, dat hij te bed kroop, waar hij lag te zweeten van angst.

Omstreeks 1830 is het gebeurd, dat aan een aanzienlijk huis aan het Vliet bij Leeuwarden eene arme vrouw belde, eene bekende leeuwarder schooister, Mone geheeten, die ook voor eene tooveres werd gehouden. Toen haar bellen onbeantwoord bleef, herhaalde zij dit; nu werd even de deur geopend en haar toegesnauwd: «Al bel je tot den jongsten dag, je krijgt toch niets, wij geven niet aan de deur.» — De bedelares vertrok, maar de huisschel bleef klingelen, soms hevig ook, en dit hield aan, nacht en dag door. Zelfs de stoelen in het huis, de borden in de kasten, ja, de spijskommen 's middags op tafel waren in trillende beweging. — Het schijnt toch weêr opgehouden te zijn; later hoorde men er niet meer van.

In Februari 1876 ging er op eens een verbazingwekkend gerucht uit van eene arbeiderswoning, staande in het veld aan een smallen kleiweg, niet ver van het dorp Hijum in Leeuwarderadeel. Dit huisje werd bewoond door een echtpaar met een zoontje, een

tengeren, ietwat ziekelijken knaap van negen of tien jaren. De
menschen, behoorende tot de gereformeerde gemeente, waren zeer
eenvoudig van verstand. In de bedstede, de slaapplaats der ouders,
was tegen de voetschutting eene krib getimmerd, waarin de knaap
sliep. Dit komt op het platteland veelvuldig voor, maar gewoonlijk
slapen in zulk een krib veel jonger kinderen. Nu gebeurde 't op
zekeren nacht, dat de moeder uit den slaap werd opgeschrikt door
een doffen slag tegen de voetschutting, gepaard met gerinkel van
het theegoed en glaswerk, dat aan de andere zijde der schutting
op de kastplanken stond. «Doe jij dat, Klaas?» riep zij haar
zoon toe. «Neen,» zeî Klaas. Dit antwoord deed haar hevig ontstellen, want nu stond het vast dat er iets bovennatuurlijks was
gebeurd. Zij kon den ganschen nacht niet meer slapen en den
volgenden morgen, ja den geheelen dag was zij nog zoo van de
wijs, dat zij aan ieder, die met haar in gesprek kwam, het geval
vertelde. Maar 't bleef er niet bij. Den volgenden nacht kwamen
er meer dan één zulke slagen tegen de schutting en later alweêr.
Weldra verspreidde zich nu het gerucht ver in den omtrek, en
nieuwsgierigen zoowel als belangstellenden trokken er 's avonds op
los om iets naders van de zaak te vernemen. Maar alleen vertrouwde geloovigen werden binnengelaten; anderen mochten rondom
het huis loopen luisteren om zoo mogelijk iets op te vangen. De
knaap ging 's avonds vroegtijdig naar bed en weldra begon het
gebons. Het hoofd der christelijke school, waar Klaas lager onderwijs ontving, onderzocht de zaak nauwkeurig en verklaarde ten
slotte er niets van te begrijpen, maar, meende hij, iets buitengewoons was het zeker. Er werd ook een wonderdokter geraadpleegd
en deze verstrekte medicijnen, die echter geen gewenschte uitwerking hadden. In het hoofdkussen vond men, toen het geopend
werd, tooverkransen, die voor een goed deel waren samengesteld
uit de hede, waarmeê men reten in den buitenmuur der bedstede
had dichtgestopt, maar die daaruit spoorloos was verdwenen. Eindelijk kwam, op last van den burgemeester, ook een veldwachter
onderzoek doen. Deze zeî zonder omhalen: «Niemand dan de
knaap zelf maakt dat geklop.» — Hij gaf den sluwen deugniet
eene strenge berisping over zijne fopperij, maar — — werd door
de geloovigen niet geloofd. Toch nam spoedig daarna het geklop
een einde.

In het noordoosten van Schoterland, vooral in de omstreken van

Jubbega, zijn moerasachtige heidevelden, waaruit nogal veel wilde lantaarnen opstijgen. Zij blijven meest boven de plaats waaruit zij ontstaan, maar ziet men soms in de duisternis zulk een lichtje over den weg zweven, dan zal er binnen kort een doode in het dorp zijn.

Het kleine torretje, dat in het hout van meubelen en betimmeringen binnenshuis een getik kan maken als van een horloge, noemt men in Friesland het «wilde horloge».

De glimvlieg, die bij dag fraai groen is met glimmenden weêrschijn en bij nacht lichtend, noemt men de wilde lantaarn. Een zwerm van deze lichtende diertjes kan men soms in de duisternis zien vliegen en dit is dan eigenlijk een wilde lantaarn. Uit de verschijning hiervan voorspelt men evenmin iets goeds als uit het tikken van het wilde horloge. Ook de uit modderige sloten en moeraspoelen opstijgende lichtende dampen noemt men wilde lantaarn.

Oudtijds huisde te Molkwerum een onderaarsch hokkeling, d. i. een kalf van een jaar oud of iets minder. Zoo dikwijls in een huis iemand sterven zoude, vertoonde dit kalf zich buiten voor het venster en zag er door, gewoonlijk kort voor het sterfgeval en zonder aanzien des persoons. Het was de duivel in eigen persoon, die onder deze gedaante verscheen.

Op Ameland bestaan er nog woutermannetjes, die de menschen, als zij bij nacht door de duinen loopen, met spelden in de beenen prikken. Ook zijn er «rijdende tafeltjes», dat zijn vierkante tafeltjes, die 's avonds over het veld wandelen. Men ziet soms ook bij maanlicht oude vrouwtjes over de duinen gaan met groote kasten, «kévis», op den rug. Omtrent «de sleepers» is de overlevering reeds medegedeeld, I, 156.

Nog eene bijzondere soort wezens, die de menschen op geheimzinnige wijze komen verschrikken en plagen, zijn de weêrwolven en de nachtmerries, personen van vleesch en bloed, die spokenwerk verrichten.

Wanneer een paar gehuwde lieden zeven zoons krijgt, zonder eene dochter er tusschen in, dan is een der zeven een weerwolf. Meermalen heb ik hooren vertellen, dat de jongste der broeders die het zevental vol maakt, de weerwolf is. Anderen zeggen, dat de duivel de geschiktste uit de zeven kiest.

De weerwolf moet eens in het jaar zijne menschelijke woning

verlaten en dan in de gedaante van een zwarten wolf of een plaagbeest rondzwerven, meest in woedende razernij, vooral op het zien van iets roods. Hij kan daarbij wel een ongeluk krijgen, ook soms door menschen worden geslagen met harde of scherpe voorwerpen. Hiervan kan hij een teeken aan zijn lichaam overhouden en het kan ook invloed uitoefenen op zijn karakter en geaardheid, zoodat hij in het vervolg altijd beschouwd wordt als een zonderling, een «rare vent», van wien men geen hoogte kan krijgen.

Ondtijds, zegt men, aten de weerwolven menschenvleesch en zij konden daarvan nooit verzadigd worden.

Iemand die het vak van metselaar tegelijk met dat van timmerman uitoefende, noemde men vroeger schertsend of schimpend een weerwolf, welke naam dan de beteekenis van alverslinder zal hebben gehad. Thans is de vereeniging dezer vakken op het platteland in Friesland algemeen.

Bij een zevental zusters uit één gezin, waar tusschenin geen broeders zijn geboren, is ééne nachtmerrie. Deze is verplicht nachtelijke tochten te doen om menschen of dieren te plagen. Zij bezoekt iemand op zijne legerstede en gaat hem dan op de borst zitten, zoodat hij het benauwd krijgt en zich niet kan omwentelen zoolang zij hem niet verkiest te verlaten. Zij plagt ook wel op stal staande paarden. Dezen springt zij op den rug en dit schijnt de dieren benauwd en beangst te maken. In of nabij den stal slapenden hooren het soms hoe onrustig de dieren kunnen zijn. Men begrijpt dan wel wat er gaande is, maar nooit heb ik er van gehoord dat men daar op af is gegaan. Zij houdt zich dan bezig met het vlechten der manen van het paard; dit doet ze mooi, zegt men, en hieraan zien de menschen des morgens dat zij in den stal geweest is.

Om de nachtmerrie af te weren moet men 's avonds zijne muilen het achterste voor zetten, dat is, met de hielen naar de bedschutting gekeerd. Dan moet men ruggelings op het bed klimmen en meel strooien op den stoel, die voor het bed staat. De nachtmerrie mag niets hoegenaamd meênemen uit het huis dat zij 's nachts bezoekt. Zij kan dit trouwens ook niet; krijgt zij daar onwetend iets aan zich wat zij niet heeft meêgebracht, dan moet zij blijven staan waar ze staat, tot de dag aanbreekt en zij ontdekt wordt. Een bemeelde stoel dient zij dus zorgvuldig te mijden; een weinig meel aan voeten of kleeding zoude haar aan de plaats kluisteren.

Ook zegt men, dat zij niet over droge roggekorrels kan komen. Daarom legde zeker iemand 's avonds een stuk droog roggebrood voor zijn bed. Een groot mes of ander snijdend werktuig op de beddeplank te leggen, is ook zeer doelmatig. Eene nachtmerrie heeft ontzag voor scherp. Paarden, die op stal door haar worden gekweld, strooit men 's avonds meel op den rug. Ook hangt men wel seizen en sikkels boven hen; dan kan de nachtmerrie geen paard beklimmen zonder groot gevaar van het hoofd te kwetsen.

De «Zwarteweg», tusschen Leeuwarden en Hardegarijp, is altijd zeer eenzaam geweest. Men kan daar nog een uur gaans wandelen zonder huizen te zien, anders dan in de verte. Vroeger, toen hij een oude zandweg was, werd er van allerlei verteld en dit veranderde niet onmiddellijk toen hij als rijksstraatweg aan weêrskanten met dicht geboomte was beplant. Men zegt, dat daar eens iemand een schreienden jongen ontmoette en op de vraag, waarom hij schreide, antwoordde de knaap: «*Ik bin bang, dat ik bang wirde scil*», ik vrees dat ik bevreesd zal worden. Zoo berucht was die Zwarteweg.

Zeker schipper vertelde, dat hij op een morgen tusschen vier en vijf uren bij het aanbreken van den dag langs den Zwarteweg ging, toen eensklaps kort vóór hem, van tusschen het geboomte, eene juffer te voorschijn kwam, gekleed in «klarebare» zijde. «O, schipper!» riep zij, «wat ben ik blijde een mensch te zien», waarop zij wegliep, zoo snel ze kon. — Deze juffer was, verklaarde de schipper, eene nachtmerrie, die haar tijd verzuimd had en zich nu moest haasten, omdat zij reeds veel te laat tehuis zoude komen.

In de nabijheid van het Roodeklif hield zich eens een man van Staveren onledig met het zoeken van zwanenvederen langs den zee-oever. Daar hoort hij op eens een liefelijk gezang uit zee opkomen. En wat ziet hij? Eene bekoorlijke jonge vrouw, varende in een molde of melkbak, waarbij zij twee koeschenkels tot roeiriemen gebruikte. Aan land gekomen, verborg zij haar draagbaar schuitje met de beenderenriemen onder het wier tusschen de zeewering. Hierop ging zij het land in; de man konde niet zien waarhenen, maar zij verdween. Hij haalde nu het vaartuigje met de twee schenkels van onder het wier en begroef het in een plekje bouwgrond op het Roodeklif. Zij kwam na verloop van eenigen tijd terug en smeekte den man om haar gereedschap. «Dan moet je mij zeggen wie ge zijt,» zeide hij. Zij zeide: «Ik ben eene bakkersdochter van Enkhuizen, maàr ik ben een nachtmerrie en wat ik nu doe *moet* ik doen. Geef mij mijn scheepje met de roeiriemen terug, dan zal er overmorgen een stuk spekkoek voor je op de Zijl liggen. De Zijl is de zeesluis te Staveren, maar in de volkstaal wordt er ook dikwijls de onmiddellijk daarbij staande sluiswachterswoning, tevens herberg, meê bedoeld. Zoo ook hier. De man voldeed aan het verlangen der nachtmerrie en zij stak weêr van wal. Twee dagen later haalde hij het stuk spekkoek bij den sluiswachter af. — Deze jonge vrouw-nachtmerrie was getrouwd met een duivelbanner.

Men zegt, dat er vrouwen zijn, die een witte lever hebben. Een man, met zulk eene vrouw getrouwd, kan niet lang blijven leven. Gebeurt het soms dat eene vrouw herhaalde malen trouwt en telkens haren man tamelijk spoedig door den dood verliest, dan rijst bij het volk in hare omgeving het vermoeden dat zij een witte lever heeft, en men gelooft dat ongehuwde mannen best doen, niet naar de hand van zulk eene weduwe te dingen.

Verder gelooft men dat een mensch, en een dier ook, manslachtig, d. i. moordlustig kan worden, als hij op den weg of op straat toevallig in de voetstappen treedt van iemand, die pas een moord heeft bedreven. Deze kwaal kan niet genezen worden dan door het eten van een stuk brood, dat gesneden is met hetzelfde mes, waarmeê de moord is gepleegd.

Voorbehoedmiddelen.

Bij het vroeger algemeene geloof dat de duivel de macht bezat en gaarne gebruikte om den mensch op allerlei wijzen te plagen en ongelukkig te maken, lag het voor de hand, dat men steeds bedacht was op het aanwenden van middelen om hem te weren of zijn werk te verijdelen.

Vóór of op den ingang der kerkhoven had men een liggenden rooster van ijzeren staven in een houten raam. Deze moest dienen om het vee en den duivel van het kerkhof te weren. De ijzeren staven lagen zoover van elkander dat het vee er niet over konde gaan, zonder groot gevaar van te struikelen, en met den duivel, die immers een paardenpoot heeft, stond het evenzoo. Veelal plaatste men boven den rooster een houten kruis, dat horizontaal op een rechtstandigen paal gelegd, om een spil konde ronddraaien, ten einde één persoon tegelijk door te laten. Wanneer nu de rooster goed in orde was en ieder, die op of van het kerkhof ging, zorgde het kruis van zich af en wel «met de zon om» te draaien, dan kon de duivel niet op het kerkhof komen om de heilige aarde te ontwijden. Hiervan het oude friesche spreekwoord: «*As de roaster klear is scil de divel net ter stea komme*, als de rooster in orde is zal de duivel niet ter stede (op de gewijde plaats) komen.» Overdrachtelijk wil dit zeggen: als eene zaak goed geregeld en in orde is zoo 't behoort dan zal niemand er inbreuk op kunnen maken en men er geen moeilijkheden meê krijgen. De kerkhofroosters zijn thans verdwenen. Eenige kruisen als boven beschreven, staan nog te Stiens tusschen de omheining van het kerkhof, maar roosters zijn er niet. Te Vrouwenbuurt heette in mijne jeugd de brug, waarover men op het kerkhof komt, de Roosterbrug. Thans is het de «Oosterbrug», zeker omdat men de beteekenis van den ouden naam niet meer begrijpt. Deze brug had roosters van opgespijkerde latten, maar een kruis was er niet op.

Te Workum woonde voor vele jaren eene vrouw die op zekeren tijd kwam te erven van eene oude tante. Zij wilde 't kistje openen, waarin de overledene haar goud en zilver en ook haar geld bewaarde. Maar zij kon den sleutel niet in het slot krijgen. Bij onderzoek bleek, dat het slot volgepropt was met brood. De meid, die bij de tante had gediend, zeide: «Ik weet wel wat dat beteekent, ik heb het zelf moeten doen; toen de oude vrouw op sterven lag, gebood ze mij dat slot vol kleine kruimpjes brood te stoppen, dan had de duivel geen macht over haar geld en goed, zeî ze.»

Toen, vier, vijf jaren geleden, in het visschersdorp Moddergat zich het gerucht verspreidde, dat Jack de Ripper daar in den omtrek zich ophield, schenen de eenvoudige lieden zich dien vrouwenmoorder ook voor te stellen als iemand die door kleine gaatjes kon, althans zij stopten 's avonds de sleutelgaten der huisdeuren dicht met brood.

Ik heb eens hooren vertellen van een man, die altijd een rijsje in de mouw had, omdat hij, alleen zijnde, wel eens door den duivel werd geplaagd, en dan den plaaggeest met het rijsje kon afweren.

Bij de herstelling van een dorpskerktoren in 1888 voorspelde eene oude vrouw, dat daar een werkman met grijze kousen van den toren zou vallen: om niet de kans te loopen die ongelukkige te zijn, trokken alle werklieden zwarte kousen aan zoolang dat werk duurde.

Bij sluiswachters bestaat of bestond vroeger wel de gewoonte om in het water drijvende bosjes stroo op te visschen en op den wal te werpen. Hierdoor werd voorkomen, dat tooveressen zulke bosjes stroo als vaartuigen gebruikten. Dat zij dit gaarne deden is eene uitgemaakte zaak; het dorp Stroobos heeft er zijn naam van gekregen.

In verschillende streken bestaat bij boeren, schippers, visschers en anderen nog de gewoonte om geen werk van eenige beteekenis op een maandag te beginnen. Men gelooft dat er drie ongelukkige maandagen in een jaar komen en omdat men niet weet op welke datums zij vallen, is het raadzaam zich steeds voor den eersten werkdag der week in acht te nemen. Het maaien der graslanden, het zichten der granen, het binnenhalen van hooi of veldvruchten en wat dies meer zij, men zal er liever dan op maandagmorgen, op zaterdagnamiddag meê beginnen. Al doet men er dan ook slechts weinig aan, het begin is gemaakt en dit schijnt voldoende om het kwaad af te weren.

Onder de schippers zijn er velen, die, nadat zij gedurende den winter rust hebben gehad, nooit op een maandag, maar altijd op een anderen werkdag voor 't eerst uitvaren. Evenzoo staat het met de visschers, althans op de binnenwateren. Onder dezen zijn er ook, die op nieuwe nog ongebruikte fuikstokken onder en boven een kruis snijden. Zonder dezen maatregel zouden de fuiken, die aan zulke stokken in het water werden gezet, door de waterduivels worden betooverd, en inplaats van aal en paling zou men er vergiftige slangen in krijgen.

Voor allen die in het voorjaar hun werk op nieuw beginnen, is het van groot belang, dat zij de eerste zwaluw, die zij zien vliegen, op de rechterzijde aanzien, want dit beteekent geluk, het omgekeerde ongeluk.

Er komen ook drie ongelukkige vrijdagen in een jaar. Tegen dezen is men ook wel op zijne hoede, maar het schijnt dat hierop niet zoo nauw wordt gelet als op de maandagen.

Aan het brittenkruid of de waterpatig heeft men sedert overoude tijden de kracht toegeschreven van een bliksemafleider. Men trok deze plant uit het water en hing ze in huis aan den wand. Hierdoor meende men voor het onweder beveiligd te zijn. Dit gebruik bestond nog in de laatste helft der achttiende eeuw. De wortelbollen van dit gewas hebben wel eenige overeenkomst met turfkluiten, die in 't Friesch *brietten* of *britten* worden genoemd. Men zegt dat hiervan de turven of *britten* in het friesche wapen afkomstig zijn en meent zelfs dat het koninkrijk Brittanje van deze friesche *britten* zijn naam zal hebben gekregen. Wie 't niet gelooft betaalt een daalder!

De bewoners van den frieschen Zuidhoek hangen een bosje aren van het Vrouwezand aan een zolderbalk in hun woonvertrek, ter gedachtenis aan de gestrafte brooddronkenheid van het vrouwtje van Staveren en tevens om voor tegenspoed bewaard te blijven.

Het hemelloof, eene soort huislook, ook Sint Janskruid genoemd, hangt men, in een bosje gebonden, aan den zolder in het woonvertrek, waar het blijft doorgroeien, terwijl de nederwaarts hangende takjes zich naar boven krommen. Zoolang het loof niet verslapt, sterft er niemand in huis.

Om veeziekte af te wenden, moet men koppen van nuchteren kalveren, hoe meer hoe liever, boven in de schuur achter de uilenborden brengen, om ze te laten verdorren.

Er zijn personen, die een ziek beest kunnen genezen door het met de vlakke hand over de huid te strijken onder het opzeggen van het Onzevader.

Als de koeien ontijdig, d. i. te vroeg kalven, zegt men in Friesland, dat zij het kalf verleggen of versmijten. Zulk een ontijdig geboren kalf is meestal dood; het kan echter ook levend zijn, maar heeft dan niet veel levensvatbaarheid. Daarom doet men best het dadelijk den kop af te snijden, den romp te begraven vóór of onder den drempel der deur van het hooivak, en den kop op te hangen in de schuur aan de daklatten boven den zolder van den koestal, bij voorkeur boven den stal der middelste koe. Komt men in de gelegenheid, meer zulke kalfskoppen te verkrijgen, die hangt men naast de eerste. Deze koppen verdrogen en men laat ze daar hangen, want zij verhinderen het kalfversmijten der koeien. In Dantumadeel zegt men dat zulk een op te hangen kalfskop, om de gewenschte uitwerking te kunnen hebben, behoort gewikkeld te worden in een nieuwen, nog nooit gebruikten blauwen doek. — Tegen het kalfverleggen spijkert men ook een hoefijzer aan de staldeur. — Als men in de nabijheid van drachtige beesten met vuurwapens schiet of zwermers afsteekt, komen er misgeboorten. — Wanneer eene merrie een veulen werpt, is het raadzaam, dat men de nageboorte, hier de *haem* of *ham* genoemd, in een hoogen boom hangt, hoe hooger, hoe beter. Dit zal ten gevolge hebben, dat het veulen, eens paard geworden, hoog stapt en mooi draaft.

Eene zwangere vrouw moet, als zij in de laatste dagen loopt, het haar niet laten knippen, anders zou haar kind het aardsche tranendal moeten intreden met een geheel haarloos hoofd. Ook moet zij niet onder eene drooglijn doorloopen; dit zou de vrucht doen smoren; evenzoo wanneer zij over een graf stapt. Het eten van koffieboonen, van droge boekweit of rijst kan hetzelfde tengevolge hebben. En nooit moet zij eene hand uitsteken om iets, hoe gering ook, te nemen wat het hare niet is. Haar kind zou daardoor diefachtig worden: bij een boomgaard waarvan eenige appelen over de omheining hingen, stond eene jonge zwangere vrouw te praten met een paar buurvrouwen, waarbij eene bejaarde, die veel ondervinding had. Deze, ziende dat de jonge vrouw een appel wilde plukken, greep haar bij den arm en zeî: «Hou! als jij belust zijt op fruit, zal ik voor je plukken, je doet het zelf niet.»

De borstjes van een pasgeboren meisje moeten worden uitgeknepen, anders zal zij, eens moeder wordende, geen zog en zelfs geene behoorlijke tepels hebben. — Heeft men een klein kind in huis en alzoo eene wieg over den vloer, dan moet men nooit aan de ledige wieg schommelen; dit zou den spoedigen dood van het kind tengevolge kunnen hebben. — Krijgen in één en hetzelfde huis twee kinderen na elkander denzelfden naam, dan kunnen zij niet groot worden. — Schootkinderen moet men niet voor den spiegel houden, omdat dit voor de kleintjes levensgevaarlijk is.

Heeft eene linnennaaister aan het einde van den dag een nieuw hemd zoover gereed gekregen, dat er nog slechts eene der mouwen aangezet moet worden, dan moet dit noodzakelijk nog denzelfden avond geschieden, zij het dan ook voorloopig met spelden. Anders zou des nachts zekere verdachte «iemand» het komen doen. En sterft in dat geval de persoon, die het hemd krijgt te dragen, dan zal hij een doodshemd aankrijgen waaraan een mouw ontbreekt. — Evenzoo moet men een spinnewiel 's nachts niet laten staan met de snaar om het rad. Er zoude anders iemand kunnen komen en aan het spinnen gaan, van wiens hulp men niet gediend wenscht te zijn.

Draagt iemand een nieuw pasgemaakt hemd, dat nog nooit gewasschen is, en valt hij dan in het water, dan zal hij moeten verdrinken. Om dit te voorkomen is het voldoende, een nieuw hemd doornat te maken en weêr te drogen alsvorens het in gebruik te nemen.

Heeft iemand die op sterven ligt een kleedingstuk aan, dat op zondag is gemaakt, dan zal hij niet tot sterven kunnen komen, tenzij er eerst een knip met de schaar in zulk een kleed worde gemaakt. Een dokter te Oosterwolde vertelde, dat hij eens een kind van geringe lieden onder behandeling had, dat niet te behouden was. Hij ontving dan ook op zekeren dag bericht van het overlijden en bezocht spoedig daarop de moeder. Deze vertelde, dat het kind een benauwd uiteinde had gehad, want het kon niet tot sterven komen. Haar buurvrouw, die er bij tegenwoordig was, had gevraagd, of het kind niet iets aan had, dat op zondag gemaakt was. De moeder ontkende dit eerst, maar zich bedenkende schoot haar te binnen, dat zij op een der rokjes van het kind eens op zondag een lapje had gezet. Dit kleedingstuk werd nu onmiddellijk verwijderd en het kind kon sterven. Dokter vroeg: «Als ge dit niet gedaan hadt, zoude 't kind dan nog geleefd hebben?» — «Ja, natuurlijk, maar nog altijd in doodsstrijd.» — Wie op zondag de nagels knipt, moet na zijn dood het afgeknipte terug zoeken. Evenzoo hij, die op zondag het haar laat knippen.

Sterft een bijker (bijenhouder), dan moet men dit in den bijenstal bekend maken en terstond alle daar staande korven met bijen een weinig verschuiven, anders zullen ook de bijen sterven. — Om dezelfde reden moeten uit de kamer, waar iemand overlijdt, terstond de vogels, die er zijn, verwijderd worden; zij verkeeren altijd in het gevaar, dezelfde kwaal te krijgen, waaraan de overledene bezweek, vooral wanneer deze tering was.

Wie met een spokebloem (wilde papaver) in den mond komt te vallen, zal het besterven. Het is daarom raadzaam, nooit zulk eene bloem in den mond te nemen. Anderen vertellen hetzelfde van de waterlelie, de bloem der pompebladen, bij de Friezen *swanneblom* genoemd. En sommigen gelooven dat de onverlaat, die zulk een bloem in de handen houdende breekt, de vallende ziekte zal krijgen en er wellicht aan sterven.

Giet men iemand, terwijl hij slaapt, koud water over den blooten rug, waardoor hij schrikkende ontwaakt, dan krijgt hij later zetten (vallende ziekte). — Iemand in het aangezicht te blazen, kan hem ook dit ongemak berokkenen.

Drink geen water waarin eieren gekookt zijn; dit doende zoudt ge wratten in het lijf krijgen. — Terwijl de torenklok slaat, geen vinger opsteken! daar zou u kwaad van overkomen. — Een roggebrood moet men niet aansnijden op het einde waar de bakker zijn naamstempel heeft gedrukt, want dit doende snijdt men den bakker den kop af — wat zeer nadeelige gevolgen kan hebben. — Iemand die moedwillig op zijn brood trapt, zal eenmaal gebrek moeten lijden. Evenzoo hij die goede spijs versmaadt. Wie een ander «rakkert» noemt is voor eeuwig verloren. (Wie tot zijnen broeder zegt Raka! zal strafbaar zijn, enz.).

Als men 's morgens bij het opstaan terstond zingt of fluit, zal men in den loop van den dag slecht gehumeurd zijn, en wie 's avonds in zijn bed ligt te fluiten, heeft kans dat de duivel bij hem komt. — Bij nacht geld te tellen of in den spiegel te zien, verwantschapt iemand met den booze, en staat men wat lang voor den spiegel zichzelf te bewonderen, dan zal men een oorveeg kunnen krijgen zonder te weten van wien; vooral 's avonds bij lamplicht is dit gevaarlijk. — Iemand die, in den maneschijn loopende, voor de grap, tegen zijn eigen schaduw begint te praten, heeft hetzelfde te duchten. — In den maneschijn te slapen is ook niet raadzaam, omdat men hierdoor een gelaat zou kunnen krijgen dat op de maan gelijkt.

Selderij, peterselie en andere fijne groenten moet men zaaien bij lamplicht, om ze naar wensch te doen gedijen. — Als vrouwen onder sommige omstandigheden over jonge koolplanten stappen, zal daardoor de rups worden geweerd.

Wagenwielen zullen gemakkelijker loopen, wanneer men de assen smeert tegen de zon om.

De vlierstruik plant men nog dikwijls, vooral in de Woudstreken, tegen den gevel van het huis, aan een hoek of tusschen de ramen. Maar een zwarte kat, een zwarte hond en een zwarte haan behoeden met hun drieën het huis voor tooverij.

Voorteekens.

Waar men des avonds vóór het naar bed gaan het laatst aan denkt, daar droomt men des nachts van.

Er zijn menschen, die, wanneer zij op de linkerzijde liggen te slapen, droomen van dingen, die tot het verleden behooren, maar op de rechterzijde liggende, van toekomende dingen of althans van iets, dat beteekenis heeft voor de toekomst en ook nakomt.

Droomt iemand dat hem de tanden uitvallen, dan sterft er binnen kort een zijner kennissen. Zoo ook, wanneer hij droomt van visch of van schoon linnengoed.

Droomt men van vette aal, dan komt er in den omtrek een

sterfgeval. Anderen zeggen: dan moet een onzer nabestaanden sterven. Weêr anderen voorspellen alleen dat men ter begrafenis zal worden verzocht, en dit kan geschieden bij den dood van een kennis, zoowel als van een familielid.

Droomt men van een bruiloft, dit beteekent eene aanstaande begrafenis in de familie, en omgekeerd beteekent het droomen van eene begrafenis, dat men eerlang eene bruiloft zal bijwonen.

Het droomen over hondengeblaf beteekent sterven. Zoo ook het droomen over paarden. Dit kan ook de beteekenis hebben van groot nieuws, dat men te hooren zal krijgen en tevens dat men met valsche menschen omgaat. Dit laatste is altijd de beteekenis van droomen over katten.

Droomt iemand dat hij vliegt, dan zal hij worden opgehangen.

Droomen over geld is een voorteeken van twist. Ook kan het beteekenen, dat men iets zal verliezen tengevolge van onverwachte nadeelige omstandigheden.

Als vrienden of vriendinnen elkander een speld geven, versteken zij de vriendschap en er zal vijandschap volgen. — Het ronddraaien van een mes op tafel voorspelt twist. — Wordt in een gezelschap rookers bij herhaling eene lange goudsche pijp gebroken, dan zal er twist ontstaan.

Geeft een vrijer zijn meisje of het meisje haren vrijer een mes ten geschenke, dan wordt de liefde afgesneden.

Liggen op tafel twee messen of vorken kruiswijs over elkander, dan komt er twist.

Zet het afloopend smeer eener brandende kaars een krul, dan zal er een ongeluk gebeuren.

Ligt in de spijskast of op de tafel een brood op zijde, dan ligt de kostwinning op zijde en er ligt ook een schip in zee op zijde.

Het vallen van gereedschap beteekent dat er drukte in huis op handen is.

Jeukt iemand de neus, hij krijgt brandewijn of misschien twist. Het kan ook zwarigheid beteekenen. Hij kan ook iets te ruiken krijgen dat kwalijk geurt.

Wanneer het vuur op den haard gaat spatten en knetteren, ontvangt men binnen kort bezoek.

Valt van een opgestapelden turfhoop een gedeelte af, zoodat de turven over den zolder rollen, dan krijgt men onverwachte gasten. Evenzoo als er eksters om het huis vliegen.

Een gloeiend puntje van de pit eener lamp of kaars naar iemand toegekeerd, beteekent, dat hij een brief zal ontvangen. Wanneer van de pit eener brandende kaars of tuitlamp eene vonk afvalt, heeft men binnen kort een brief te verwachten. (Men bedenke hierbij dat in vroeger dagen bij vele menschen het ontvangen van een brief eene zeldzaamheid was).

Jeukt iemand de rechterhandpalm, hij zal geld ontvangen; jeukt de linker, hij zal geld moeten uitgeven.

Het kittelen der neusgaten beteekent dat men spoedig een bezoek zal ontvangen van iemand wien men zelden ziet. — Gloeien iemand de wangen dan wordt hij ergens in de nabijheid besproken. Gloeit een meisje de rechterwang, dan wordt zij geprezen; maar gelaakt als de linkerwang gloeit. Het suizen der ooren beteekent ongeveer hetzelfde. Zoo ook het jeuken van een oor.

Als iemand in huis al spelende een stoel op één poot laat ronddraaien is er drukte te verwachten door veel bezoek, meer dan het hoofd des gezins aangenaam is.

Drijft in iemands kopje thee een steeltje horizontaal, hij zal een brief ontvangen; drijft het rechtstandig, er zal een ongeluk gebeuren. Een rechtstandig steeltje beteekent ook dat men een bezoek te wachten heeft. Voor een meisje beteekent het een vrijer, die kort of lang van gestalte zal zijn al naar het steeltje kort of lang is. Krijgt zij dit op een zondagnamiddag in hare thee, dan komt de vrijer reeds denzelfden avond.

Komt op de thee bij het inschenken een luchtbelletje drijven, dat naar het midden trekt, dan komt er geld. Speelt de persoon wien dit aangaat, in de loterij, dan is de trek aanstaande.

Komt er 's morgens aan het eerste haardvuur toevallig een hoekturf, dit beteekent dat men in den loop van den dag bezoek van vreemden zal krijgen. Hetzelfde heeft men te verwachten, wanneer reeds vroeg op den dag de huiskat zich ijverig reinigt.

Vindt de boer in zijnen stal zes liggende koeien op een rij allen met den kop naar denzelfden kant gericht, dit voorspelt hem dat hij binnen kort bezocht zal worden door iemand, die in geen zes weken bij hem aan huis is geweest. Deze zal de deur inkomen naar welke de koppen der zes liggende koeien zijn gericht.

Het jeuken der oogen beteekent schreien.

Ziet men den eersten ooievaar of zwaluw op de rechterzijde aan, dan krijgt men een gelukkigen zomer. Het tegenovergestelde voorspelt ongeluk. Van den ooievaar vertelt men ook: ziet men hem voor 't eerst, terwijl hij staat, dan zal men den zomer meest tehuis doorbrengen; ziet men hem in de vlucht, dan zal men veel reizen en uit plezieren gaan. — Verder zegt men: «Waar de ooievaren nestelen, sterven geen menschen, ook geene kraamvrouwen». Maar dit is eene woordspeling: immers de ooievaren nestelen in de hoogte, op plaatsen waar zelden een mensch komt.

Een klein spinnetje, dat soms in een vertrek naar beneden komt zakken, is een gelukspinnetje. Daalt het tot voor iemands gelaat, dit voorspelt hem geluk, vooral wanneer het voor den middag geschiedt; 's namiddags kan het wel ongeluk beteekenen. Wie zulk een diertje doodt, wordt ongelukkig.

Men moet niet met den vinger naar de maan of naar de sterren wijzen: de vinger zou stijf kunnen worden; anderen zeggen: men zou een houten vinger krijgen.

Heeft men op zijn huis een ooievaarsnest waarin ook zwaluwen nestelen, dit brengt geluk aan.

Gelukbeentjes zijn kleine witte beentjes, hard en glad, zooals er twee in een schelvischkop zitten. Zulk een beentje, steeds bij zich gedragen, waarborgt geluk. Verliest men er een, dan zal men iets vinden. Ook wie een gelukbeentje in zijn schoen of klomp doet, zal iets vinden.

Op de plaats waar men een klavervier vindt, zit geld in den grond begraven. Wie een klavervier bij zich draagt, is gevrijwaard voor ongelukken en kan tevens alle tooverij zien.

Aan het roepen van den roerdomp kan men den prijs der rogge weten. Elke roep dien hij doet is een gulden het lopen (eene voormalige korenmaat van 80 liter), en doet hij een klein roepje na, dat is een halve gulden.

Ontvangt een meisje in haar stoof een kool vuur die nog rookt, dan krijgt zij een weduwnaar tot man.

Wie een dwarl in het hoofdhaar heeft, krijgt eene rijke vrouw.

Ongehuwde mannen, die gaarne een pijp tabak of sigaar aan eene brandende lamp of kaars opsteken, zullen eene slordige vrouw krijgen.

Is in een gezelschap eene vrijster de eerste die iets van een onaangesneden pond boter snijdt, dan zal zij binnen het jaar bruid zijn.

Een vrijer, die een knoop aan den broek laat zetten, terwijl hij dien aanheeft, wordt nog in geen zeven jaar bruidegom.

Een meisje, haar kouseband verliezende, verliest haren vrijer.

Koude handen en het zachte knappen der vingergewrichten bewijzen dat iemand verloofd is.

Stort eene vrijster of jonge vrouw bij ongeluk vocht in haren schoot, dit beteekent: een «woudreis» binnen het jaar.

Eet een meisje of jonge vrouw kapjes van wittebrood, dan krijgt zij dikke borsten.

Bij jeugdige ongehuwde personen duidt het aantal witte stipjes op de nagels hunner vingers, en dat der vouwen in hunne handen het getal kinderen aan dat zij zullen krijgen.

Uit de trekken in de handpalm leest men: «Memento mori!»

Iedere witte stip op de nagels wijst eene uitgesproken leugen aan.

Wil iemands haar niet branden, dan is hij veeg = doodsgevaarlijk. — Menschen, die al loopende ter zijde van den weg of het pad wijken, zijn veeg. — Zoo ook hij die op eene begrafenis onder den spiegel komt te zitten. — Krijgt een kind, terwijl het aan de moederborst zuigt, een aanval van stuipen (tormijn), en blijft het zog der moeder vast zitten, dan zijn beide veeg. — Komt iemand onverwacht in een gezelschap, waar men juist bezig is over hem te spreken, dan zegt men: hij is nog niet veeg. Zoo ook wanneer men iemand ziet loopen of staan, nadat men pas over hem heeft gesproken. Wanneer iemand iets onderneemt, doet of zegt wat men in het geheel niet van hem gewoon is, zegt men, dat hij zeker veeg is. — Gaat aan een gezond mensch eene koude rilling over de leden, dan loopt er op dat oogenblik iemand over zijn toekomstig graf. — Bloedt iemand drie droppels uit den neus, dit beduidt dat een zijner bloedverwanten of vrienden binnen kort zal sterven. — Vliegen er zwarte kraaien om den schoorsteen, dan heeft men een sterfgeval in huis te verwachten.

Springt in den morgenstond een ekster om het huis rond, dit voorspelt ongeluk of een sterfgeval. Zeker man zag op een morgen zulk een vogel voor zijn venster en verloor kort daarop een kind. Later kreeg hij weêr een dergelijk bezoek, en zijne vrouw werd ziek. Nu nam hij zijn schietgeweer, doodde den vogel en redde zoo het leven zijner vrouw. Thans zag hij in, dat hij op die manier zijn kind ook had kunnen behouden.

. Een zwarte hond, die bij avond om het huis loopt snuffelen, voorspelt den dood.

Als des avonds een uil schreeuwt of een hond *spoekgûlt* =spookhuilt (op zijn achterdeel zit te janken, met opgeheven kop) dan is er in de buurt een sterfgeval te verwachten. Genoemde dieren zitten aan den weg waarlangs de begrafenistrein zal komen. De kop van den jankenden hond is gericht naar het huis, waarin de dood zal komen.

Blijft in den nacht de huisklok staan, dan zal er een ongeval komen, waarop men geheel onvoorbereid is: in den regel een sterfgeval. Hetzelfde heeft men te wachten, wanneer de wekker eener friesche huisklok in den nacht afloopt vóór den bestemden tijd, of zonder dat men er op had gerekend. Als het klokswicht valt met den kop naar de deur, dit beteekent een sterfgeval, met den kop van de deur af: een bruiloft.

Het maken van zijn testament kan iemands sterven verhaasten. Ook als hij «vernoemd» wordt, d. i. als men zijn naam aan een jonggeborene in de familie geeft, kan dit voor hem dezelfde uitwerking hebben.

Velen meenen te kunnen hooren dat het luiden der torenklok soms iets anders klinkt dan gewoonlijk. Zij zeggen dan, dat de klok «doodelijk» luidt, of: «er hangt een doode aan de klok», en vragen elkander af: «wie zou nu weêr aan de klok hangen?» Dit wil zeggen: Wie zou nu binnen kort moeten sterven? Want hiervan is dat «doodelijk» luiden het voorteeken.

Ziet men op het gelaat van een lijk de trekken der blijmoedigheid, dan noemt men het een «*bliere deade*» = blijmoedigen doode. Dit verschijnsel is een bewijs van het «wel aanlanden» der ziel van den overledene, maar voorspelt tevens dat er spoedig meer sterfgevallen in de familie zullen voorkomen.

Heeft men een krekel in huis en laat deze zich dikwijls hooren, dit voorspelt, evenals het horlogetikken van het houttorretje, eerlang een sterfgeval in huis.

Wie voor iemand bestemd is tot zijne wederhelft, met die zal hij eens *moeten* trouwen; en waar hij sterven *moet*, daar zal hij sterven.

Laat men zwaluwen in of aan zijn huis nestelen, dan heeft men daar welvaart op te verwachten. Wie ooievaars of zwaluwen stoort of hunne nesten vernietigt, zal worden gestraft met rampen en plagen. Ook houtduiven moet men niet van zijn schoorsteen verjagen, want zij brengen vrede en geluk aan.

Komt er een zwarte vogel van buiten tegen het vensterglas vliegen, dan volgt er een sterfgeval. (Ameland.)

Als een muziekinstrument in huis bij nacht toonen laat hooren, komt er ongeluk.

Springt er een rat over boord van een schip, terwijl het uitvaart, dan zal het schip vergaan.

Krijgt iemand op zijn ziekbed de hik, dan is hij voor dit leven verloren.

Menschen die, als zij zich te slapen leggen, de handen boven het hoofd samenvouwen, zullen den dood in het water vinden.

Wordt van een tweelingspaar één ziek, dan gevoelt ook weldra de ander zich ongesteld. Sterft de een, dan zal de ander niet lang meer leven. — Eene vrouw die een tweelinge is, zal vrij zeker ook tweelingen ter wereld brengen.

Het neusbloeden eener zwangere vrouw is een zeker teeken dat haar kind bij de geboorte zal sterven. — Het prikkelen der borsten eener zogende vrouw, terwijl zij van haar zuigeling verwijderd is, bewijst haar dat het kind tehuis ontevreden is omdat het naar zog verlangt. — Slaat een pasgeboren kind niet dadelijk de oogen open, dan is het veeg. — Begint het niet dadelijk te schreien dan zal het een idioot zijn. — Heeft een jonggeboren kind een scherpe bovenlip, dan zegt men: het heeft een broodlip. Het zal dan, groot geworden, veel van brood houden en over het algemeen een liefhebber van eten zijn. Men voorspelt aan zulk een kind een lang leven. — Een buitengewoon voordeelig opgroeiend kind wordt niet oud. Vooral een zoogenaamd wonder, dat vroeger dan anderen reeds knap kan praten en daarbij blijken geeft van buitengewone schranderheid, is gevaarlijk om te sterven eer het groot is. — Kleine kinderen die, als men ze te slapen legt, zich omwentelen om op den buik te liggen, worden niet oud. — Wie als bakerkind de spruw niet heeft gehad, zal deze op zijn sterfbed krijgen.

Weêrteekens.

De friesche landlieden teekenden voorheen in den almanak sommige dagen aan, die zij «merkeldagen» noemden. De volksmeening was, dat het weder op zulke dagen besliste over dat der volgende weken. Zoo zegt men nog: «Lichtmis donker, dan wordt de boer een jonker. Lichtmis licht, dan wordt de boer een knecht.» — En bij velen staat het vast: als het op Sint Jan (24 Juni) regent, dan regent het veertig dagen aaneen, wat eigenlijk zeggen wil, dat er onder die veertig dagen geen enkele geheel zonder regen zal zijn.

Evenzoo, als het regent op Sint Margriet (20 Juli) dan kan men rekenen op natte dagen, zes weken aaneen. Daarom noemde men deze heilige dan ook p.. Margriet. Als Sint Lourens het hoofd goed staat, houden wij mooi weêr. Wanneer het op 10 Augustus fraai weder is, kan dit wel eenigen tijd stand houden. — Is het weder eene poos zoo wisselvallig en veranderlijk, dat het zich aan geenerlei regel schijnt te houden, dan zeggen de weêrprofeten nog: «Alle oude merken zijn uit», alle vaste teekens, waarnaar men gewoonlijk omtrent de toekomst van het weder iets kan bepalen, zijn thans feilbaar.

Begint de winter met quatertemper, hij zal tot quatertemper duren. — Wanneer op Allerheiligen de zon schijnt, is er een open winter te verwachten. Vriest het op Allerheiligen dan heeft men op Kerstmis sterk ijs. Op Allerheiligen (1 November) en op Sint Stefanus (2e kerstdag) is het weder gelijk. — Een der oude gezegden is ook: Een groene Kerstmis geeft een witte Paasch. Is de winter zoo zacht, dat op Kerstmis de weilanden groen zien, dan zal in het vroege voorjaar, dus ook op Paasch, het veld met sneeuw bedekt zijn. — Mist heeft vorst in de kist, zegt het spreekwoord, en als het mistig is komt er honderd dagen later een vorstige nacht; maar anderen voegen er bij: «*Of is de faer fan onwaer*» of is de vader van onweder, d. i. van onstuimig weder.

Wanneer eikenhouten meubelen zacht knappen, heeft men in den winter vorst, in den zomer droogte te verwachten. Kraken des winters de in het water liggende schepen, dit voorspelt strenge vorst. — Wanneer in den laten herfst de spinnen verdwijnen, zal het gaan vriezen. Ook wanneer men des winters een put in de open lucht ziet walmen. — Hoe meer sterren men 's avonds ziet, hoe strenger het vriest. — In den laten herfst roode vlekken op het borstbeen van een gekookten of gebraden eendvogel, voorspellen een winter met vorst. Zitten ze op 't voorste deel van het been, dan wordt de voorwinter, op 't achterdeel, dan wordt de nawinter vorstig. Is het been vlekkeloos, dan komt er een zachte winter.

Verdere teekenen van koude en vorst zijn: het blauw branden van een turfvuur; het nederdalen — binnenshuis — van spinnen in den winter; het samenscholen der leeuwrikken in troepjes op het veld of in de vlucht. Dit laatste kondigt strenge koude aan. — Als bij het malen van koffie het maalsel in den molen ronddwarrelt, beduidt dit harden wind of koude.

Vriest het ruig, dat is, wanneer alles met ijzel wordt bezet, dan is de vorst niet aanhoudend. — Gaat de zon in den winter achter een bank onder, dan komt er sneeuw. Zoo ook wanneer op stal staande koeien met de pooten op het stalhout kloppen.

Zijn 's winters bij vriezend weder de eenden en tamme ganzen ·rustig, dan zal de vorst aanhouden; maar beginnen zij leven te maken en over 't veld te vliegen, dan is er verandering van weder ophanden. — Ziet men in het voorjaar de kieviten bij troepjes samenscholen en komen zij in de nabijheid van bewoonde huizen, dan blijft de koude aanhouden. Doen zij dit in den herfst, dan is de winter in aantocht. — Overwintert hier een ooievaar, dan zal de winter zacht zijn.

Wanneer de kwartiermaan achterover ligt als een schuitje, noemt men haar een sleêjager, omdat zij een vorst voorspelt, die het ijs sterk genoeg zal maken om er op te rijden met paard en slede. Staat zij recht op haar punt, dan voorspelt zij regen en men noemt haar een pisser. — Bij verandering van de schijngestalte der maan kan er licht verandering van weder komen; staat de vorst een dezer veranderingen door, dan houdt zij zich minstens nog eene week staande en kan ook verder doorgaan. — Als de eene maan het weder aan de andere overgeeft, komt er geen einde aan. Dit wil zeggen: als bij verandering der maangestalte het weder niet verandert, blijft het daarna lang aaneen gelijk. — Met nieuwemaan moet de wind veranderen of de wereld zoude bersten.

Voorteekenen van dooiweder zijn: het bulderen van den wind op den schoorsteen; een ruwe lucht, een kring om de zon of om de maan. — Wanneer het water in den theeketel op het vuur de kookhitte nadert en dan behagelijk zingende zachtjes raast, dit beteekent ook dooiweêr. — Beginnen in het vroege voorjaar de mollen te wroeten, dan zal de winter spoedig aftrekken.

Op den avond van den eersten kerstdag legt men vóór het naar bed gaan twaalf verschgesneden uienschijfjes op een rij naast elkander en op ieder een klein hoopje zout. Zij stellen de twaalf maanden voor; de eerste in de rij is Januari, de tweede Februari, enz. Den volgenden morgen kan men zien in welke maanden van het aanstaande jaar er droogte of nat weder zal zijn. Is het hoopje zout droog gebleven, dat beteekent droogte in die maand waarop het ligt; is het gesmolten, dat voorspelt vochtig weder. Het zout kan ook half of iets meer of minder dan half gesmolten zijn; dit duidt afwisseling van nat en droog weder aan.

Sneeuw die in Maart valt is eene andere soort dan de gewone. — Maartsch sneeuwwater wordt als oogwater gebruikt. — De protestanten vertellen onder elkander dat voor het wijwater hetwelk de katholieken gebruiken, uitsluitend maartsch sneeuwwater wordt gekozen. — Maart heeft, zeggen de Amelanders, negen mooie dagen, Februari zeven. Anderen weten dat in Juni altijd eenige koude dagen komen. Ook heeft men opgemerkt, dat er in een jaar slechts drie zaterdagen komen, waarop de zon niet schijnt. Dit stemt echter niet overeen met het oude rijmpje: Er is geen zaterdag in het jaar, of de zon schijnt eens helder en klaar.

Met den vrijdag wil aanhoudend slecht weder wel eens verbeteren. — Zulk vrijdagsweêr, zulk zondagsweêr. — Komen op vrijdag reizende scharenslijpers door het land, dan wil het gaan regenen.

Een ring om de zon, daar schreien vrouw en kinders om (omdat er veel slecht weder op volgt), een ring om de maan kan spoedig vergaan. — Wanneer op den middag de zon straalt of schoort, is er regen te verwachten. — Licht er een balk voor de zon, d. i. een wolk, die alleen het onder- en bovengedeelte der schijf zichtbaar laat, dan zullen er eenige nattige en winderige dagen komen. — Gaat de zon onder in een fuik, d. i. loopen er van het oosten naar het westen strepen door de lucht, uitgespreid als een fuik in wier punt de zon ondergaat, dan komt er binnen drie dagen regen. — Schijnt er 's avonds een vreemde zon of bijzon, d. i. een gedeelte van een regenboog nabij de in 't westen dalende zon, dan heeft men aanhoudende droogte te verwachten. Schijnt de vreemde zon des morgens, dan komt er regen en wind. — Als 't regent en tegelijk de zon schijnt, zijn de heksen aan het pannekoekbakken. Anderen zeggen: dan is 't kermis in de hel.

Zeevogels op den bouw (het bouwland), het weêr getrouw. Zeevogels op het *grien* (groen, weiland), het weêr *gemien* (gemeen, slecht). Ook: zeevogels op de greide, wil regen bereide. Zeevogels op den bouw, 't geeft weêr in betrouw (vertrouwbaar). — Als de Harlinger burgers (zeemeeuwen), ook wel Amelander hennen genoemd, in het land komen, is er onstuimig weder te verwachten.

Roept de koekoek vóór den eersten Mei, dit voorspelt een vroegen zomer. Maar op den eersten Mei moet hij roepen, indien hij 't niet vroeger gedaan heeft. — Zingt de huiszwaluw reeds bij het aanbreken van den morgen, dan kan men een mooien dag verwachten. Kweelen deze diertjes des morgens slechts weinig, dan

wordt de dag niet helder. Zwijgen zij geheel, men verwachte regen.
Als in den zomer de zwaluwen laag vliegen, komt er regen. —
Duiven en kippen, zich voor den regen verschuilende, zeggen ons:
het is een losse kortstondige bui. Laten deze vogels zich onbekom-
merd nat regenen, dan is het een regen voor den geheelen dag. —
Rustig, hoog in de lucht drijvende ooievaars brengen fraai weder
meê. — Als de weêrlammertjes blaten is er noordenwind en bijge-
volg goed weder te verwachten. Des zomers bij laten avond, wanneer 't reeds schemerdonker is, hoort men soms op een afstand,
verder dan men zien kan, over het veld een geluid als het zacht
geblaat van een lam of geit. Velen hebben de diertjes, die dit geluid maken, nooit gezien en vertellen elkaâr dat het weêrlammertjes
zijn. In waarheid zijn het watersnippen, die snorrend door de lucht
vliegen, maar niet in de nabijheid van menschenwoningen komen.

Als bij aanhoudende droogte de kikvorschen beginnen te kwaken,
komt er regen. Anderen voorspellen uit het gezang dezer friesche
nachtegalen droogte en noordenwind. — Komen na een donderbui
de kikkers voor den dag, dan zal het onweder niet dadelijk op
nieuw beginnen. Kwaken zij gedurende een onweder steeds door,
de bui zal spoedig afzakken; zwijgen zij, dan houdt het weder
aan. Doodt men een kikvorsch, dan komt er regen.

Als een hond of kat gras vreet, komt er regen, en laat het vee
in de weide een onrustig geloei hooren, dan volgt er onstuimig
weder, evenzoo na buitengewone luidruchtigheid van spelende kinderen, vooral van doofstommen. — Een zware blauwe bank in het
noorden geeft na drie dagen regen. — Eene ster, nabij de maan,
voorspelt onstuimig weder; zoo ook wanneer de weêrhaan op den
toren heen en weder en soms snel in het rond draait. — Verder
wordt er regen voorspeld als het «leeft» op het veld, als nl. de lucht
beeft en golft bij warmen zonneschijn; als uit den schoorsteen
eener smederij of bakkerij de rook nederslaat, en ook wanneer 't
eene oude vrouw onder de kousebanden jeukt.

In kale boomen donder, dit geeft een weêr van wonder, nl. ruw,
onstuimig weder. — Komt aan den zeekant een onweêrsbui op, terwijl
in zee het getij afloopt, dan zal de bui afzakken. Bij een opkomend
getij komt de bui over en barst los. — Heeft het na een onweder
niet gewaaid, dan is het niet afgewaaid, en het komt spoedig terug.

Als iemand bij een onweder hard loopt, slaat de bliksem hem
in de hielen.

Na de hondsdagen komen drie kattedagen, nog meer te vreezen dan hunne voorgangers, die algemeen in een slechten reuk staan, wegens hunne onvastheid van karakter.

Noorderstof, daar komt mooi weêr af. Op een stofregen uit het noordwesten volgen zonneschijn en eenige mooie zonnige dagen. — Ziet men meermalen op eenen zomerdag windhoozen in de lucht, dan volgen eenige mooie dagen. — 's Morgens de dageraad rood, 's avonds water in de sloot. 's Avonds de lucht rood, 's morgens mooi weêr aan boord. — Als er zomerdwarrelwindjes waaien, is het weder onvast. — Als bij zomerdroogte de riet- en stroohalmen knappen, is de droogte aanhoudend.

Is in het voorjaar des morgens de wind zuidoost, dan is hij des avonds noordoost. — Zoo de wind op Paasch waait, zoo waait hij tot aan Pinkster. — In sommige streken van Friesland noemt men den melkweg aan den hemel de windstreep, aan welken men des avonds ziet uit welken hoek des anderen morgens de wind zal waaien. De richting dezer streep langs het hemelgewelf des avonds, wijst de richting van den wind voor den volgenden morgen aan.

Geneesmiddelen.

Er is een tijd geweest, toen de menschen veel meer gekweld werden door de koude koorts dan thans, vooral in Friesland. Menschen die anderhalf jaar, ja twee jaren aaneen en soms nog langer met de derdendaagsche koorts sukkelden, waren toen niet zeldzaam. Het spreekwoord: «Inbeelding is erger dan de derdendaagsche koorts», is nog niet in onbruik, maar wordt thans minder goed begrepen dan vroeger. Men had ook de anderdaagsche koorts, daarbij kreeg iemand om den anderen dag een koorts, maar deze toestand duurde hoogstens eenige weken. De derdendaagsche koorts was hardnekkig. Dan was iemand twee dagen aaneen schijnbaar gezond en den derden dag had hij de koorts. Kwam deze altijd op denzelfden tijd van den dag terug, zelfs op dezelfde minuut, of iets vroeger, dan was dit een teeken dat zij hare bezoeken vooreerst nog niet zoude staken. Begon zij te verspringen, zooals men 't noemde, dan was er hoop dat zij weldra voor goed zoude wegblijven. De dubbele derdendaagsche koorts, die gelukkig zelden voorkwam, was nog erger; dan had men tegen één vrijen dag twee dagen na elkander de koorts. Eerst begon men te geeuwen en zich te rekken, dan kreeg men eene koude rilling over het lichaam dat men moest klappertanden. Hierbij had men een onverzadelijken dorst, maar heete dranken noch sterke verwarming van het vertrek hielpen iets tegen de inwendige koude. Hield deze op, dan werd men vuurheet en kon men eene poos zeer ziek zijn. Dit eindigde gewoonlijk met achterlating van zware hoofdpijn. Sommige lijders waren in het begin der koorts grappig en lachlustig of begonnen te zingen, dus eenigszins ijlend. Anderen wilden eten en ook niet weinig. Zij hadden de vreetkoorts, zoo men zeide, en dit achtte men een bedenkelijk verschijnsel, want zoo werd de koorts gevoed.

Zeer verklaarbaar is het, dat men tot wering of verdrijving dezer plaag bedacht was op allerlei middelen.

In het begin dezer eeuw kwam bij de geneeskundigen de kina in gebruik. Het volk was daar niet bijzonder meê ingenomen. Men meende door het gebruik daarvan eene andere kwaal te zullen krijgen. Daarom zeî men: «*Kine is sk . . . of kwine.*»

Mijn grootvader had eene vertelling van een koorts en een spin. Deze ontmoetten elkander, knoopten een gesprek aan en vertelden van hunne omstandigheden. De koorts zeî: «Ik heb in den laatsten tijd met een lastigen man te doen. 't Is een ijzersmid die, zoodra hij verneemt, dat ik in aantocht ben, den voorhamer neemt en daarmeê op het aambeeld begint te slaan met zooveel geweld, alsof dat groote dikke stuk ijzer tot gruis verbrijzeld moet worden. — Zoo iets valt nu volstrekt niet in mijn smaak en ik weet dan niets beters te doen dan den man zoo spoedig mogelijk weêr te verlaten. Maar dit is geheel in strijd met mijne bedoeling.»

De spin zeide: «Mijne tegenwoordige woning bevalt mij ook niet. Ik ben tehuis bij eene kraakzindelijke juffrouw, die geen webbetje of ragje kan zien zonder naar den ragebol te grijpen. Zoo kom ik dikwijls in levensgevaar en weet in het gansche huis bijna geen veilig hoekje te vinden.» — De koorts zeî: «Laat ons ruilen met woningen.» En dit geschiedde. Nu hadden beiden 't veel beter naar den zin. De spin kon in de werkplaats van den smid zich ongestoord bewegen en gerust leven. Zoodra de juffrouw door de koorts werd bezocht, liet zij zich bedienen, koesteren en verplegen.

Er zijn wel ruwe knapen geweest, die zich tegen de koorts wilden verzetten op dezelfde manier als de smid het deed, maar zonder het gewenschte gevolg. Zij was den sterksten man te sterk. De meesten gingen spoedig over tot het gebruik van allerlei geneesmiddelen, door vrienden en kennissen aangeprezen.

Haarlemmer-olie en berenburger kruiden, op jenever of brandewijn getrokken, zijn heilzaam voor alles, dus ook ter verdrijving der koorts. Brandewijn met peper wordt voor hetzelfde doel gebruikt.

Een rauwe ui, 's morgens in het nuchteren gegeten, kan zeer nuttig werken. De sterke geur hiervan kan de koorts doen opschrikken en uit hare vaste zitplaats doen springen, zoover, dat zij die niet terug kan vinden en dus moet wegblijven. Het volksspraakgebruik zegt dat de koorts in een mensch «beworteld» kan zitten en dan even moeielijk te vernietigen is als een onkruid, welks wortels diep in de aarde dringen. De uiengeur schijnt haar met wortel en tak te kunnen verdrijven. Misschien om dezelfde reden prijst men ook aan: een wijnflesch te vullen met fijngesneden uien, daarop azijn te gieten en hiervan, als 't getrokken is, 's morgens een eetlepelvol in te nemen. Anderen schrijven voor: Karbendiks of karmediktus (*carduus benedictus*), op brandewijn getrokken, 's morgens in 't nuchteren in te nemen. Helpt dit niet, dan: karbendiks, gentiaan, knoppen van aalst, bittere aloë en spaansche peper, alles te zamen op brandewijn. — Vijgen op brandewijn getrokken zijn ook een best middel. Vijgen zoo maar op te eten, bij groote hoeveelheden in eens, kan ook wel helpen. — Bloem van zwavel in te nemen, elken morgen zooveel als op een dubbeltje kan liggen, is mede zeer goed. Een ei, in azijn geklutst, 's morgens te gebruiken is niet minder best.

Zilverblad, zilverkruid, zilverschoon, *potentilla anserina* (Fr. *blyk* of *blikgat*, ook schimpend eernewoudster klaver) is evenzeer een middel tegen de koorts. — Madeliefjes, in vele streken van Friesland schapebloempjes, ook koeiebloemen en fennebloemen genoemd, worden gegeten als middel tegen de koorts. Men gebruikt den eersten dag drie bloempjes, den volgenden vijf, dan zeven, dan negen. Hiermeê heeft men de hoogte en gaat terug op zeven, vijf, drie. Doet dit de koorts niet dadelijk verdwijnen, men herhale het middel. Vlierbladeren op dezelfde wijze gebruikt, hebben dezelfde uitwerking.

Maar het onfeilbaarste middel van allen was vroeger een potje van Smallenee, een gehucht nabij Drachten. Hier wonen nog altijd lieden die een koortsmiddel bereiden om in te nemen, dat in zalfpotten wordt verkocht. Niet alleen door geheel Friesland, maar ook in de aangrenzende provinciën wordt er veel gebruik van gemaakt, maar nergens minder, naar men zegt, dan in de naaste omgeving der plaats waar men 't bereidt. Ik heb dat goedje nooit gezien,

veel minder geproefd, maar personen die er kennis meê hadden
gemaakt, heb ik hooren verklaren, dat vanwege den afschuwelijk
walgelijken smaak een mensch de koorts op het lijf zou kunnen
krijgen, alleen maar bij de gedachte dat middel te moeten gebruiken. Volgens eene ergens gevonden oude aanteekening bestaat het
uit zes lood beste kina, een halflood fijngemaakte karmediktus, voor
een stuiver kruidnagels en eenvierde lood spaansch wormkruid, door-
eengemengd in bier en eenigszins zoet gemaakt met wat keukenstroop. Een koortslijder gebruikt hiervan dagelijks vijf- of zesmaal
een stukje ter grootte van een kastanje; een kind beneden tienjarigen
leeftijd half zooveel.

Er werden ook middelen aan de hand gedaan, die met al de
andere den spot schenen te drijven, b.v. des morgens putwater
drinken en daarmeê aanhouden, altijd door maar aanhouden, dan
blijft ten laatste de koorts wel weg, al duurt het ook twee jaar
of langer. Of: neem een roggebrood van vijf oude ponden (2½ kilo),
kruim dit zeer fijn in een emmer putwater, neem van dit mengsel
elken morgen een eierlepelvol, dan zal als de geheele hoeveelheid
is opgebruikt, de koorts u wel verlaten hebben. Men zorge maar
geen te kleinen emmer te nemen.

Een pootig middel is: tegen den tijd dat de koorts te verwachten
is, een pekelharing, nadat deze goed overgoten is met azijn, op te
eten met huid en haar, met kop en staart en ingewand en al, en
dan gedurende de koorts niet drinken, geen droppel drinken. —
Evenzoo: als de koorts begint, een dikken vetten spekpannekoek,
vooral met veel spek, naar binnen te werken. Dan wordt men dien
keer nog eens zeer ziek, maar is dit voorbij, dan is men ook voor
goed van de koorts af. Dezelfde uitwerking heeft het, als men zich
tegen de aankomst der koorts zoozeer bedrinkt, als een mensch
maar doen kan.

Zekere dorpssmid sukkelde sinds geruimen tijd met de derdendaagsche koorts, zonder dat zijn dokter hem er af wist te helpen.
Eindelijk, toen zij elkander eens ontmoetten, zeî baas: «ik ben de
koorts kwijt, dokter!» — «Kom! dat verheugt me; dan hebben
mijne pillen toch eindelijk geholpen.» — «Dat nu juist niet,» zeî
baas, «ik heb zelf een middel uitgevonden: groene erwten heb ik
gekookt met een dik stuk oud gerookt spek er in, en bij 't eten
er bovendien nog veel vet bij gebruikt. Dit bekwam mij nu niet
al te best; ziek als een hond ben ik er van geweest. Maar nu

gevoel ik me zoo gezond als een visch en de koorts blijft weg. » — Dokter schreef in zijn zakboekje: «groene erwten gekookt met oud gerookt spek en dan gegeten met veel vet; probatum middel tegen de derdendaagsche koorts.» Kort daarna werd deze geneesheer geroepen bij eene juffrouw, die een poosje aan de koorts had geleden. Hij schreef haar het nieuwe middel voor en zij gebruikte het, maar bezweek er onder. Toen schreef dokter bij het vroeger aangeteekende: «voor een grofsmid, niet voor eene juffrouw».

De opgenoemde middelen, houden zich allen op den natuurlijken weg, maar er zijn ook toovermiddelen, b.v. het innemen van aarde van een kerkhof. — Door altijd het hemd het achterste vóór te dragen, kan men de koorts, evenals betoovering en de nachtmerrie, afweren, of verdrijven wanneer men ze reeds heeft. — Men kan de koorts verbranden door zijn naam met krijt op een turf te schrijven en deze in het haardvuur te zetten. — Wind het vlies van een hoenderei om uwen duim, houd het er om totdat het vanzelf geheel verdwijnt, en dan zijt ge de koorts kwijt. — Men kan de koorts ook in zijn kouseband beknoopen en dan wegwerpen.

Hiervoor, II, 177, is reeds medegedeeld, dat een duivelbanner iemand de koorts kan afnemen, maar haar dan in een ander voorwerp, hetzij dood of levend, moet overbrengen. Zooiets kan iemand zelf ook doen: hij snijdt daartoe een stokje uit een boom, en nu komt het er op aan, dat hij juist wete hoevele malen hij de koorts heeft gehad, want even zoovele kerfjes moet hij in het stokje snijden. Dan steekt hij dit ergens aan den weg of bij een voetpad in den grond. Komt er dan iemand, die het stokje weg- en meêneemt, dan krijgt deze de koorts en de plaatser van het stokje is er van ontlast. Is iemand eindelijk voor goed van de koorts ontlast, dan moet hij b.v. hedenmorgen in 't nuchter 1 lepelvol ijskoud water drinken, morgenvroeg 2, overmorgen 3, en dan weêr 2, 1, 2, 3, 2, 1, 2, enzoovoorts. Dan blijf de koorts voor goed weg.

Eene andere kwaal, die vroeger veel meer voorkwam dan thans, is de schurft, Friesch *rude*. Dit ongemak was niet alleen zeer lastig, maar ook schandelijk, omdat het ontstaan er van werd toegeschreven aan verwaarloozing en onzindelijkheid van slordige huismoeders. Het kwam dan ook meest voor bij arme lieden. Maar de kwaal was besmettelijk en werd dus wel eens overgebracht in een burger- of boerengezin, hetzij door arme dienstboden of door omgang met werklieden van de allergeringste klasse. Zij was echter niet ongeneeslijk, wanneer zij slechts doortastend werd bestreden. Alleen zeide men, dat, wanneer een kind *rudig* werd geboren, en dit was het geval wanneer tijdens de geboorte de moeder met de kwaal was besmet, het gedoemd was levenslang met de «zoëte klauw» gekweld te blijven. Wanneer in een fatsoenlijk gezin iemand dit ongemak kreeg, dan moest hij zich zooveel mogelijk van de huisgenooten afzonderen en 's nachts in de schuur op eene klamp hooi slapen. Ieder nam zich dan gaarne voor hem in acht, niet alleen omdat men de besmetting vreesde, maar ook om den geur der zalf te ontgaan, met welke hij werd behandeld. Deze zalf werd door den geneesheer voorgeschreven, maar in het stadsweeshuis te Leeuwarden waren «potjes» verkrijgbaar, niet veel minder vermaard dan de «koortspotjes» van Smallenee. — Door het meiwater te gaan kan de schurft ook wegnemen. Men moet dan tusschen 11 en 12 Mei, onmiddellijk na klokslag van middernacht, een bad nemen in een nabijzijnd water, minstens zoo diep dat men pas het hoofd er boven kan houden. Het is voldoende eenmaal dwars van den eenen wal naar den anderen te gaan. Is het water te diep en kan de lijder niet zwemmen, dan moeten vrienden op den wal, met een touw, hem voor verdrinken bewaren. Een sterk geloof is, als de kuur zal helpen, tevens een noodzakelijk vereischte. — Een schurft schaap kan op dezelfde wijze worden genezen, mits op meiavond, dat is op den 11^{den} Mei na zonsondergang. Het worde dan door de vaart getrokken onder water door. Te Welsrijp weet men daar meer van. — Een ander toovermiddel ter verdrijving van dit ongemak was de *rudebân* $=$ schurftband, een in de lengte opgerolde doek, waar men iets tusschen stopte. Wat? dit werd geheim houden. Deze doek werd op de hoogte van den navel om het bloote lijf gebonden. Het laat zich denken, dat niemand het waagde, onderzoek naar den geheimzinnigen inhoud te doen!

Kiespijn komt in Friesland dikwijls voor. Men kan er echter van verschoond blijven, door altijd een oude paardekies in den zak te dragen. Men kan er ook iets tegen innemen, b.v. een maatje jenever en dertig druppels haarlemmerolie, om daarmeê onder de dekens te kruipen. Uitwendig op de wang worden gelegd: zakjes met roggebloem en blauwsel, of pap van roggebrood, azijn en mosterd; het laatste ook afzonderlijk — of lapjes met zeep, soms met wat peper er door, achter de ooren. — Ook spoelt men met brandewijn, en is dit getrokken op pokhout, zooveel te beter, of men druppelt er een weinig jenever in. — Tegen roos in het tandvleesch spoelt men met een aftreksel van kamillen. — Men vult de zieke kies soms met was of brandt haar uit met een gloeiende priem. — Een levende kikvorsch op, of zoo mogelijk in de kies geduwd, kan genezing aanbrengen. — Ook geeft men wel eens den raad: met den mond vol water bij of over een tamelijk sterk vuur te gaan liggen, met de wang, waarachter de kwade kies zit, naar den gloed gekeerd, en dit vol te houden tot het water in den mond begint te koken. Maar beter uitvoerbaar is: een stuk lood op den blooten rug te dragen met zoovele onevene gaten er in als men gave kiezen in den mond heeft. — Vrij algemeen is nog het geloof, dat in zulk een ongave kies een made of wormpje zit. Ruim dertig jaren geleden heb ik eens op de markt te Franeker een paar joden gezien, die, staande op eene verhevenheid, met veel geschreeuw kleine fleschjes met bruin vocht aanboden, als een onfeilbaar middel tegen kies- en tandpijn. Aan kiezentrekken deden zij niet, maar een kiespijnlijder noodigden zij uit tot hen te komen. Iets van dat bruine vocht werd hem in den mond gegeven, om dit een poosje in de pijnlijke kies te houden en dan uit te spuwen op den ingedeukten bol van een ouden vilten hoed. Een der mannen roerde met de punt van een mesje in dat speeksel en bracht er een kleine made uit te voorschijn, die getoond werd aan allen die nabij genoeg stonden om het te kunnen zien. Het heette, dat dit uit de holle kies was gekomen, en een meer overtuigend bewijs voor de echtheid van het middel behoefde men zeker niet. De fleschjes werden dan ook met graagte gekocht voor een kwartje het stuk. Verflauwde de kooplust, dan zagen de heeren om naar een nieuwen patient.

Sommige leden der adellijke familie van Heemstra bezitten de geheimzinnige gave om kiespijn weg te nemen. Omstreeks het einde der achttiende of het begin der negentiende eeuw moet die gave in deze familie gekomen zijn. Een harer leden reisde met de veerschuit in den zuidwesthoek der provincie. Onder de medereizigers was eene lijderes aan kiespijn. Dit werd haar afgenomen door een anderen reiziger, een gezeten boer. Baron van Heemstra wenschte die kunst ook te kennen; de boer was aanvankelijk ongenegen tot het geven van onderricht, maar eindelijk beloofde hij, na vooruitbetaling van f 25, aan het verlangen te zullen voldoen, onder voorwaarde, dat het geheim streng bewaard zou blijven bij de familieleden. Toen de boer zijne mededeeling had gedaan, meende baron van Heemstra te zijn gefopt, maar het tegendeel bleek hem later voldoende. — In October 1862 was ik, met mijn vriend T. G. v. d. Meulen, te Leiden aan huis van een lid dezer familie, in gezelschap van Dr. Elte Martens Beima, die zoovele jaren achtereen den frieschen almanak berekende. Het gesprek kwam op het geheimzinnige kiespijn-afnemen, en toen vertelde baron van Heemstra: «Als men mij een briefje zendt met naam, toenaam en familienaam van een kiespijnlijder, benevens het jaar en den datum zijner geboorte, dan is, zoodra ik het geschrevene heb overgezien, de kiespijn geweken. Vraagt men hoe dit toegaat? Ja, hoe gaat het?» — Op onze vraag aan Beima, hoe hij over de zaak dacht, was zijn antwoord: «Ja, wat zal ik zeggen? Ik doe in de natuurkunde, en dit is bovennatuurkunde.» — Een heilzaam spoelwater voor mondongemakken, niet bepaald voor kiespijn, kan worden samengesteld uit een romer brandewijn, een romer azijn, een half ons beste witte suiker en een ons gestooten aluin, gesmolten in zooveel heet water dat men een halve fleschvol heeft. — Ter genezing van scorbut (in de volkstaal *scheurbuik*) wordt het kauwen van saliebladeren aanbevolen, — en voor pijn in de keel het gorgelen met aluinwater.

Voor jichtlijders is zeer heilzaam het dragen van een jichtring om den vinger. Zulk een ring moet gemaakt zijn van een oude op een kerkhof gevonden doodkistschroef, en den lijder worden gegeven, maar hij mag er geen dank voor zeggen. Sommigen achten 't voldoende, als hij de schroef zooals zij gevonden is, maar in den zak draagt. — Een zeer goed jichtmiddel is ook een dun platgeslagen stuk lood, met zoovele gaatjes er in als men jaren oud is, op den blooten rug tusschen de schouderbladen te dragen. Kraaiensap neemt men er voor in. — Ter verdrijving der jicht leggen duivelbanners iemand knoffelbanden, dat zijn tooverbanden van wit kalfsleder, die om heupen, dijen of armen, waar men de meeste pijn gevoelt, worden gespannen en met tooverknoopen vastgemaakt onder het prevelen van eenige onverstaanbare woorden. Eene moeder van tweelingen kan dit werk ook doen, evenzoo eene vrouw die op zondag geboren is. Na verloop van eenigen tijd bevindt men dat de banden niet meer strak zitten, maar zijn uitgerekt. Dan moet een der huisgenooten van den lijder ze weêr strak naaien, maar wel zorg dragen dit niet kruislings te doen. Het moet worden herhaald, totdat ten slotte de banden spoorloos ver-

dwenen zijn. — Het friesche woord *knoffelen* heeft in verschillende
gevallen de beteekenis van knoeien. Van iemand, die bezig is met
iets waarbij hij blijkbaar niet op de handen wil worden gezien,
zegt men: «Wat beknoffelt hij daar?» Op die manier knoffelde
de duivelbanner ook met zijne tooverbanden. — Tegen rheumatiek
drage men een stukje aluin in den zak.

Betoovering onschadelijk te maken, althans bij kleine kinderen,
door middel van hanenbloed, is in het noordoosten van Friesland
nog niet geheel in onbruik. Dit is het werk eener bejaarde vrouw
die «van het woord» is, geene tooveres, maar kennende het bezweringsformulier waarzonder de wondermiddelen krachteloos zijn.
Men hakt een levenden haan den kop af, de vrouw neemt den
romp onder den arm en laat uit den hals het bloed op het hoofd
van het betooverde kind druppelen, terwijl zij het formulier uitspreekt. Dit is een onverstaanbaar gemompel. De genezing moet
volgen. — In vroeger jaren kwam het ook voor, dat een levende
haan of kip, bij voorkeur een zwarte, in een pot werd gekookt
om eene tooveres te ontdekken en haar werk te verijdelen.

Een boerenzoon in de nabijheid van Holwerd leverde eens voor
zijnen vader vette beesten af aan een koopman te Birdaard, waar
het vee moest worden ingescheept. In de schuur der dorpsherberg,
waar de dieren werden saamgebracht, ontdekte men dat een der
ossen, die op den beijsden weg had gestruikeld, over de koot was
gegleden, d. i. het enkel van een der voorpooten was ontwricht.
Dit ongemak is door doelmatig duwen en wrijven nogal gemakkelijk te herstellen, maar niet ieder heeft hiervan den slag. De
veehandelaar ontbood een bejaard man uit het dorp, die de gave
bezat dergelijke kwalen te kunnen «bespreken». Deze toog aan
het werk, onder het mompelen van een formulier, daarbij zorgende
dat men hem zoo weinig mogelijk op de vingers kon kijken. De
koopman en zijn medgezel, benevens eenige anderen, stonden er bij
met ongedekten hoofde. Alleen de boerenzoon verkoos dit niet te
doen, tot ergernis der geloovigen. Dit gebrek aan eerbied belette
echter niet de genezing — waarvoor vijftig cents moest worden betaald.

Pijn in het gebeente, vooral in de gewrichten, ook ontstaan door
vallen of stooten op iets hards, waarvan geen wond is gekomen,

II.   17

geneest men door sterk wrijven met merg uit een hambeen, hoe ouder hoe liever. Men gebruikt dit vet bij gemis van *griene troch-geaple salve* (groene doordringende zalf), ook beulzalf genoemd, omdat zij door den voormaligen scherprechter, meester Dirk, te Leeuwarden, die in het begin der negentiende eeuw nog leefde, moet uitgevonden zijn. Voor verstuiking aan hand of voet, waardoor opzwelling ontstaat, is azijn met zout een best waschmiddel. Of men wrijve in met «manenvet», d. i. paardevet genomen aan den wortel der manen. — Voor dergelijke ongemakken is het bestrijken met *nochteren flibe* (speeksel des morgens, voor dat men iets heeft gebruikt) ook zeer goed.

De vlierstruik is van ouds onder het volk beschouwd als eene soort wonderboom vol geneeskracht, vooral wanneer zij groeide op een *bientsjekau*, beenderenkooi, knekelhuis. Schilt men den bast er af van boven naar beneden, dan is het afkooksel er van een heilzaam braak- en ook zweetmiddel. Schilt men van beneden naar boven, dan werkt het middel laxeerend. — Een aftreksel van vlierbast wordt ook als oogwater aanbevolen. Vliertakken in huis bevorderen de gezondheid. Gedroogde vlierbloesem, in den trekpot op heet water getrokken, noemt men vlierthee en wordt gebruikt om het zweeten te bevorderen. — Jenever op vlierbessen getrokken is ook een zweetmiddel. — Heeft men koude gevat, dan drinke men, om aan 't zweeten te komen, heete anijsmelk, d. i. melk met anijszaad er in gekookt.

Het kwaadzeer op het hoofd kwam vroeger veel meer voor dan thans. Te Bakhuizen in Gaasterland heeft een man gewoond, die aan het zeestrand nabij het Roodeklif een briefje had gevonden, waarin het recept voor een afdoend middel tegen die kwaal. Hiermede hielp hij velen, maar het geheim is met hem ten grave gedaald. — Er waren vroeger ook lieden, meestal schoenmakers, die zich beschikbaar stelden om zulke hoofden te trekken. Dit geschiedde aldus: Een pikpleister zoo groot dat hij den geheelen schedel kan bedekken tot aan ooren en nek, wordt den lijder op het hoofd geplakt en dan gaat hij op een bankje staan. Aan den rand van den pleister zijn touwtjes gehecht en deze worden aan den zolder bevestigd. Geheel onverwacht wordt het bankje weggetrokken; de lijder komt met de voeten op den grond terecht, maar door den schok wordt de pleister losgerukt, blijft aan den zolder hangen en heeft alle onzuiverheid van het hoofd meêgenomen. Dit middel is kras maar afdoende en er is bijgeloof noch bedrog bij.

Wratten verdrijft men door ze te wrijven met de binnenzijde
der peulen van jonge roomsche boomen. Ook door ze 's morgens
als men nog nuchter is te strijken met zijn eigen speeksel. Dit is
ook goed voor ziekelijk aangedane oogleden. — Men kan wratten
evenzeer doen verdwijnen door een draad naaigaren kruislings er over
te wrijven en dan in den draad zoovele knoopen te leggen als men
wratten heeft. Begraaf dezen draad, bij voorkeur onder een drempel
waarover gij dikwijls gaat, en de wratten zullen verdwijnen. Dit
doen zij ook als men die strijkt over de huid van een lijk. In
de Woudstreken wrijft men haar in met het sap van den zoogenaamden zuren klaver.

Wanneer men erg uit den neus bloedt, kan men dit stelpen
door papier te kauwen. Een draad roode keulsche naaizijde, om den
hals gebonden, heeft dezelfde uitwerking, maar dit moet men laten
doen door eene vrouw, die tweelingen ter wereld heeft gebracht of
zelf tweelinge is. Mislukt dit echter, dan kan men ook een stimp-
hecht in de hand nemen. Hiervoor kan dienst doen een zilveren
of beenen meshecht, beide bij voorkeur ouderwetsch, met drijf- of
snijwerk er op. Dit koude voorwerp houdt men stijf omklemd tot
de hand warm wordt. — Bloedt men uit het rechterneusgat, dan
moet men om den linkerpink een dun touwtje laten binden; om den
rechterpink als 't linkerneusgat bloedt. — Van den natuur- en
sterrekundigen Fries Elte Martens Beima vertelde men bij zijn
leven, dat hij de gave bezat om het bloeden uit den neus te doen
ophouden als hij zijn hoed afnam en zoo warm op het hoofd van
den bloedenden persoon zette. Er zijn meer menschen die dit
kunnen. — Spinrag stuit het uitvloeien van bloed uit eene wond.
Tot stelping eener bloeding, ontstaan door het scheermes eens
onhandigen barbiers, legt men er een papiertje op, bij voorkeur
van een tabakzak, of wat tondel of ook wat schraapsel van een
ouden viltenhoed. Voor dieper, erg bloedende verschgesneden wonden, wendt men gekauwd gras aan. — Versche weversbladen
(weegbree), eenigen tijd in water gelegd, genezen opene wonden
en verzweringen, vooral beenwonden. Met de zachte zijde opgelegd
heelen zij, de nerfzijde houdt open en trekt uit. — Ongeneeslijke
zwerende beenen zullen nog genezen kunnen worden als men het
zieke deel steekt in den buik van een pas opengesneden levenden
hond of kat; dergelijke armen of beenen zijn ook te genezen
door ze te steken in een zakvol levende kikvorschen. — Dui-

zendwonderkruid op brandewijn getrokken heelt wonden. — Verwondt men zich aan de tanden van een hooivork, dan zorge men de vork niet in den grond te steken, want hierdoor zou de wond gaan rotten; steekt men de vork in een stuk spek, dit zal genezing bevorderen. — Op wonden, ontstaan door het steken met een spijker, een vork of de punt van een mes, legge men de helft van een gespleten grooteboon. — Brandt men zich aan vuur, men legge met den meesten spoed koud schraapsel van een rauwen aardappel op de wond. Voor brandwonden van water of ander vocht acht men keukenstroop beter. — Om een ettergezwel in de borst eener kraamvrouw spoedig te doen doorbreken, legt men er een waterpannekoek op, van beslag waarvoor water inplaats van melk is gebruikt. Met hetzelfde doel bezigt men voor een ettergezwel aan hand of vingers koekdeeg, rauw gerookt spek of groene zeep.

Lappen die men van wonden of ettergezwellen neemt om te worden weggeworpen, moet men niet verbranden, want dan zou de wond niet willen heelen. Voor gespleten handen, tengevolge van winterkoude, gebruikt men als smeersel koegal; voor winterhielen, als pleisters, gebraden rapen en voor bevrozen armen rotte appelen. Voor winterhanden ook «kattespoor». Eene meid, die bij dokter Eeltje dit goedje kwam halen in een fleschje, zeî: «Dit ziet geel, in een stads-apotheek krijg ik het wit». «Dat zal waar zijn,» zeî dokter, «maar dit is van maartsche katten en juist daarom veel beter.» — Ringvuur, sprenkvuur, herpes, geneest men met geërfd zilver. Men strijke de huid, waar zij is aangetast, er driemaal daags meê en dan telkens driemaal tegen de zon om. Huislook is tevens een goed middel tegen dit ongemak, wanneer men het wrijft met de dikke vleezige bladen, zoodat deze sap afgeven. — Puisten op het aangezicht verdrijft men door die zoo dikwijls mogelijk in het heldere licht der maan met den drogen vinger te wrijven. — Lijders aan kliergezwellen of klierachtigen uitslag moeten éen floretten bandje onder de kleêren om den hals dragen en dit om de drie weken vernieuwen. Aardwormen, in de koekepan gebraden en tot poeder gemaakt, worde om de drie uren ingenomen, telkens een tweegrams poeder. — Lijnkoekpap is zeer goed op steenpuisten. — Wortels van de klisplant (Fr. *kladdeboskwirtels*), in den zak gedragen, weren steenpuisten af of verdrijven die. Sommigen achten 't beter, kliswortels op den buik te dragen. Weêr anderen noemen wortels van brandnetels, of prijzen aan: drie galnoten in den zak te dragen. Deze moeten worden gegeven zonder dat er dank voor mag worden gezegd. Als inwendig middel schrijft men voor: schraapsel van op het vuur geroosterde doodsbeenderen. Ook looden hagels of, als deze niet helpen, een weinig buskruit.

Aarde schuurt (reinigt) de maag; sommigen zeggen: zand doet het nog beter. Men neemt aan dat eens menschen maag zeven pond aarde of zand kan verdragen. Een oud leeuwarder dokter liet den kinderen wel zand op hunne boterhammen strooien. Tegen engelsche ziekte wordt nog soms water gedronken waarin zand is geroerd, of men laat de kinderen zand eten. Voor het zuur in de maag eet men fijngestampt krijt of drinkt men het afkooksel of aftreksel van hondspeterselie, Fr. *hounestank* of *pipekrûd* (omdat kinderen er fluitjes, pijpjes van maken); dit kan dienen voor kleine kinderen en volwassenen beide; het kruid, gekauwd als tabak, is ook goed. Gekookte oude grauwe erwten, iederen morgen in het nuchteren gegeten, is een zeer goed middel. Ook gebruikt men daarvoor een beschuit doorweekt met brandewijn; evenzoo brandewijn of jenever op berenburger bitterkruiden, zoo sterk mogelijk getrokken. — Knoppen van aalst (alsem) op brandewijn getrokken, of ook nu en dan een glaasje anijs (likeur) met suiker, wordt gebruikt tegen koude op de maag; fijngestampte eierschalen met boomolie of cognac tegen maagpijn — of men legt tot genezing een hennepwatte (Fr. *hinnippôlle*) op de maag. — Heeft men een haar op de maag, dan is het eten van een pekelharing met *hom en grom* (met ingewand en al) een afdoend middel. — Voor bloedzuivering gebruikt men gedurende de maand Maart, des morgens bij het ontbijt, inplaats van thee, sassafras, eveneens in den trekpot getrokken, en met wat zoethout er bij tegen den leelijken smaak; dit verhoedt, dat men in den nazomer, als de stoppels bloot komen, galkoortsen of andere ongesteldheden krijgt.

Berkwater, sap van den berkenboom, dat zich in het voorjaar gemakkelijk laat aftappen, geneest wonden, ook het graveel en andere ongemakken der blaas. Bremerheide, brem of bezemkruid, als thee getrokken, wordt gebruikt tegen storing in de waterontlasting.

Voor stuipen der kinderen (tormijn) moet men hun kattebloed laten drinken. Sommigen zeggen: hoe meer hoe beter, anderen achten een aantal droppels voldoende. Maar er zijn er ook, die het bloed van den vader des kinds nog veel heilzamer achten. Een man die, het middel niet kennende, wel vier kinderen aan stuipen had verloren, behield er later twee door in het leven. — Ligt een nog zogend kind in stuipen, dan moet de moeder niet in de nabijheid komen. — Ter voorkoming van stuipen legt men een ui in de wieg van den zuigeling, of men legge huislook, omwonden met een lapje van een lijkkleed, op de polsen van het kind.

Tot genezing van den dauwworm is het zeer goed eene tortelduif in de kamer te hebben; liefst hangt men deze in een kooi of hok boven de wieg van het kind. (In de uitspraak der friesche woorden dau = dauw, en dou = duif is geen groot verschil. Velen hier vatten het woord zoo op, alsof het in 't Hollandsch vertaald moest worden door «duifworm». Dat er echter ook wel aan dauw wordt gedacht bewijst het volgende: Leg het hemd van een kind dat aan dauwworm lijdt een nacht, wanneer het sterk dauwt, buiten 's huis op het gras. Trek des anderen morgens het lijdende kind dat van dauw doornatte hemd aan en het ongemak zal verdwijnen).

Een kind, dat wormen heeft, smere men drie vrijdagen achtereen rondom den navel met groene zeep. — Zaadkorrels van koraalpioenen, aan een draad geregen, bindt men kleine kinderen om den hals om het tandjeskrijgen te bevorderen. — Is een kind in het tandwisselen en er wordt hem een tand getrokken, dan werpe hij dien onder een in de kamer staand meubelstuk, daarbij zeggende:

Muisje, muisje mouwe!
Geef mij een nieuwen tand voor een ouwe.

Dan zal hij spoedig een nieuwen tand terug krijgen.

Tegen den kinkhoest geve men huisslakken, gesmolten in suiker; van het alzoo verkregen papje moet het kind gedurig likken, — of van een ei met schaal en al in azijn opgelost en wat suiker er door geroerd. Suiker, gesmolten in een uitgeholden rammenas, is ook zeer goed.

Een kind, dat moeilijk spreken leert, moet men de tong van onderen los knippen. Doet men dit aan eksters, kerkkraaien en raven, dan zal men deze vogels gemakkelijk praten kunnen leeren. Van hier het spreekwoord: Hij of zij is goed van den tongriem gesneden.

Tegen hoofdpijn drage men een zakje indigo in hoed, pet of

muts. Ook is daartegen aan te raden, nooit anders dan op vrijdag de nagels der vingers en teenen te besnoeien. — Om het uitvallen van het hoofdhaar te voorkomen, late men dit niet anders knippen dan bij wassende maan. Tevens trekke men des morgens bij het aankleeden steeds de eerste kous aan den linkervoet. — Er zijn lieden die iemand de huig kunnen lichten, door aan diens haren te trekken. Het geheim is: te vinden welke haren men moet hebben, want van sommige haren boven op het hoofd zijn de wortels aan de huig verbonden. — Zout en suiker doen de huig inkrimpen. — Een wollen kous, 's nachts om den hals gebonden tegen keelongemakken, kan juist zulke ongemakken veroorzaken. Een natte doek 's nachts om den hals verdrijft oorsuizing, keelpijn en de huig. Gorgelen met saliewater verdrijft de keelpijn. — Het eten van droge beschuit of broodkorst kan hevig hoesten en evenzoo aanhoudend hevig niezen doen bedaren. — De hik kan men doen ophouden door driemaal achtereen te zwelgen zonder te ademhalen, — en het steken der milt door de vuisten zoo stijf mogelijk ineen en op elkander te knijpen. — Varkensgal is een geneesmiddel voor winterhanden en zwerende vingers.

Tegen oogziekte draagt men een lange streng roode keulsche zijde om den hals, en voor oorpijn plakt men de helft van een doorgesneden ui op het oor, of, wanneer de pijn het gevolg is van gevatte koude, giete men een paar droppels warme olie daarin. — Wie gouden ringen in de ooren wil dragen, moet zilveren vooraf laten gaan, anders begint de oorlel te rotten. Maar het rotten der oorlellen leidt oog-ongemakken af en ter bevordering hiervan worden ook wel oorringen gedragen.

Heeft men kramp in de kuit, druk er met een ijskouden sleutel of ander stuk ijzer op, dan wijkt het ongemak terstond. Het innemen van terpentijn met boomolie geneest allerlei kramp.

Eenen lijder aan vallende ziekte plakt men eene levend opgesneden duif op het hoofd «in den naam des Vaders, des Zoons en des Heiligen Geestes». Alle geneesmiddelen, voor dergelijke lijders bestemd, moeten, om er zegen op te kunnen verwachten, in éénen nacht worden overgebracht, onverschillig vanwaar ze komen. Men moet zulke lijders niets laten eten van een kop, noch van visch, noch van slachtdieren, noch van gevogelte. Dit laatste geldt ook voor kinderen die «koppig» (stijfhoofdig) van natuur zijn. — Menschen die buiten zichzelven zijn van drift, houde men een pas aan het vuur geschroeid stuk leder of penneschacht onder den neus. De reuk hiervan zal hen doen bedaren. Ook zegt men: Wie driftig wordt moet tot tien, wie zeer boos wordt tot honderd tellen, dan komt hij vanzelf tot kalmte. — Om een dronkaard te genezen, geve men hem jenever of brandewijn te gebruiken, waarin een aal gesmolten is.

Van een hopeloozen zieke, die met den dood worstelt, zegt men soms dat hij niet tot sterven kan komen. Dit wil zeggen: hij moet sterven, maar er is nog het een of ander dat hem dit belet. Om het hem nu gemakkelijk te maken, bindt men hem eene levende duif op het hoofd.

Een koebeest, lijdende aan klauwzeer of een dergelijk ongemak, geneest men door een graszode, op welke het dier met den zieken poot heeft gestaan, uit het weiland te steken en deze op de schoorsteenplank te leggen. Het ongemak is genezen als de zode geheel is uitgedroogd. — Wanneer eene zeug, die biggen werpt, een blaar heeft, waaruit zij bloedt en waaraan zij kan sterven, dan vangt men het bloed op in een nieuwe steenen pan en brengt het op het vuur aan 't koken; hierdoor zal het bloeden ophouden. — Eierschalen, bij het vuur gedroogd en daarna fijn gewreven, zijn goed ter verdrijving van den maagworm bij paarden.

Nog in het begin der negentiende eeuw reisden in Friesland leprozenbedelaars om aalmoezen in te zamelen. In de friesche volkstaal zeide men dat deze menschen *lazerich* waren, gekweld door dezelfde plaag als de arme Lazarus in de bekende gelijkenis van Jezus: zij waren melaatsch. Zij hadden een houtje met een klep, lazarusklep genaamd; hiermede sloegen zij, om zich te doen hooren, onophoudelijk, en ook op de onderdeur van ieder huis. In het houtje was een ronde holte, waarin men tot gift een muntstukje kon leggen. Had de arme sukkel dit ontvangen, dan ging hij zwijgend verder. Men zeide hier, dat deze menschen, om van hunne kwaal verlost te worden, zeven jaren achtereen gegeven brood moesten eten, zonder om een aalmoes te vragen of er dank voor te zeggen. — Van een drukke babbelaarster zegt men nog: *De mûle giet hjar as in lazerusklap*, zij rept haar mond als een lazarusklep.

Verscheidenheden.

Volgens het friesche kindergeloof komen de pasgeboren kinderen uit de Wouden, zooals men de houtrijke streken der provincie noemt. Zij groeien daar als appelen aan de boomen, op wier takken zij heen en weder huppelen, als de moeder met de baker er een komt halen, en roepen dan: «Neem mij!» «Neem mij!» — De reis wordt gedaan in een scheepje met een wit zeiltje en een paar witte zwaantjes er voor. — De benaming van «Woudreis» voor bevalling is ook onder volwassenen algemeen en men vertelt elkander in goeden ernst, dat eene kraamvrouw een «zware» of een «gemakkelijke reis» heeft gehad. — In het noorden der provincie heet het, dat de kleine kinderen in de Wouden uit den hollen boom (boom van Vrouw Holle) worden gehaald en door de turfschippers medegebracht. Even buiten het dorp Bergum ligt, een weinig ter zijde van den weg, een reusachtige steen, een zwerfblok van buitengewone grootte, de *poppesteen* geheeten. De ouders daar in den omtrek vertellen hunne kinderen, dat de *lytse popkes* onder dien steen vandaan komen. Kinderlooze vrouwen gaan daarheen ter bedevaart. En in de omstreken van Harlingen zegt men, dat de kinderen gehaald worden bij den *steenenman*, zooals de grenspaal wordt genoemd, die even ten zuiden van Harlingen op den zeedijk staat, ter gedachtenis aan Caspar de Robles. Onverbasterde Landfriezen, die geene uit Duitschland of Holland afkomstige kindersprookjes hebben gelezen of hooren vertellen, weten van den ooievaar, die kleine kindertjes brengt, niets af.

«Iedere nieuwe wereldburger brengt voor zijne ouders duizend guldens meê» en dikwerf voor zijn reeds vroeger hier aangekomene broertjes en zusjes en hunne vriendjes en vriendinnetjes *sûkerbakken*, gesuikerde beschuiten. Worden zij hierop onthaald, dan zegt de «kraamheer» plagend: «Nu ben je bezig den kleinen pop het g.. af te likken». — Vraagt een hunner waarom moeder het bed moet houden, dan wordt hem verteld, dat zij niet loopen kan omdat zij een spijker in den voet heeft gehad (dit hebben we onder kraamvisite). — Wordt een kind des avonds slaperig, dan zegt men: «het zandmannetje komt den kleine zand in de oogen strooien»; en wil het niet naar bed: «dan zal de vrouw met de blauwe mouwen het komen weghalen». — Vindt eene moeder op het lichaam van haar kind eene blijvende vlek, waarvan zij de oorzaak niet begrijpt, dan noemt zij dit een *spoeketaest*, tast van een spook, alsof het kind op die plaats door een geest zou zijn aangegrepen, waarvan een onuitwischbaar spoor is achtergebleven.

De schijngestalten der maan hebben invloed op de geslachtsbepaling van in wording zijnde wereldburgers. — Wie op een zondag is geboren, is een ongelukskind. Anderen zeggen, dat zulke kinderen pronkers en pronksters worden; weêr anderen dat laatstgenoemde menschensoort op zaterdag ter wereld komt. — Wie zijne ouders plaagt zal door zijne kinderen geplaagd worden en wie ongedoopt sterft, wordt een zwerveling tusschen hemel en aarde. — Het drieenzestigste levensjaar is het moordjaar, dit wil zeggen dat op dien leeftijd de meeste menschen sterven. Het kleine moordjaar is de dertigjarige leeftijd. — Zoo dikwijls er eene ster verschiet sterft ergens een mensch; ook: komt er een kinderzieltje in den hemel. — Waterzuchtige menschen ondervinden bij nieuwe en volle maan dat het water hun «opkomt» evenals dit in zee het geval is.

Trouwen in bloedverwantschap geeft op den duur een zwak geslacht. — Onder de onverbasterde Friezen zijn iemands broedersen zusterskinderen niet zijne of hare neven en nichten, maar zijne of hare oom- of tantezeggers. Trouwt zijn of haar broeder of zuster eene weduwe of weduwnaar met kinderen, dan zijn de aangehuwde kinderen des stiefvaders of -moeders geen bloedverwanten zijner of harer broeders en zusters, maar noemen hen toch oom en tante, en worden hunne *koude* oom- en tantezeggers genoemd. Zoo ook een koude zwager of koude *snoar* = schoondochter of -zuster. Kinderen die dezelfde grootouders, maar niet dezelfde ouders hebben, zijn neven en nichten, en de kinderen hiervan neefs- en nichtskinderen. Nu zegt men: neven en nichten mogen wel trouwen, maar neefs- en nichtskinderen niet. Dit is eene woordspeling; kinderen uit het huwelijk van een neef en nicht zijn immers ook neefs- en nichtskinderen. — Iemands kwade eigenschappen en karaktertrekken erven meer over op zijne kindskinderen dan op zijne kinderen.

Heerscht er eene slepende ongesteldheid, bv. koorts of griep, dan zegt men in Friesland: Er gaat een *gorre* rond. Iemand die aan zulk een ongemak sukkelt heeft de *gorre* en men zegt ook: Hij wordt van of door de *gorre* gereden. Evenzoo heet het, als men meent dat iemand door een boozen geest wordt geplaagd: Hij wordt door den kwade gereden. — Tering en meer kwalen zijn besmettelijk voor jongeren dan de lijder, voor ouderen niet. — Teringachtige menschen bedragen het goud en de koralen niet mooi. Dit wil zeggen dat bij hen door het dragen de glans er van niet toeneemt. — Roesten de sleutels, die iemand bij zich draagt, dit is een teeken van deugd, niet zoozeer van de sleutels, maar van iemand. — Het vleesch van den eenen mensch heelt bij verwonding spoediger dan dat van den ander. De een zegt: «mijn vleesch heelt spoedig», terwijl men bij den ander opmerkt dat het zijne niet zeer heelzaam is. Er wordt hierbij niet zoozeer aan verschil in de gezondheid van het lichaamsgestel gedacht als wel aan iemands bijzondere vleeschsoort.

Brengt men een moordenaar bij het lijk van den verslagene, dan ontspringt zijn neus en begint te bloeden. Hierdoor zou men een onbekenden moordenaar kunnen ontdekken. — Als «Paulus», dien men verdacht van iemand te hebben overhoop gestoken, de pet afzette, zag men dat zijn hoofd afgeplat was alsof het bovenste van den schedel was weggenomen.

Wanneer nieuwe schoenen, als men er in loopt, kraken, is dit een teeken dat zij nog niet betaald zijn. Zoo ook een nieuw kleedingstuk, waarin nog besteldraden zitten terwijl men het aan heeft. — Kan iemand zijne twee klompen even gemakkelijk aan den linker- als aan den rechtervoet dragen, dan is of wordt hij den duivel te slim af. — Kan een jeugdig persoon het doorstaan, dat een ander, hem het hoofd tusschen de handen beklemmende, van den grond opheft, dan is hij of zij in staat het huis te bewaren, d. i. alleen tehuis zijnde alles naar den eisch in orde te houden. — Wanneer een bakkersknecht, het roggebrood tredende, den bodem uit den baktrog trapt, moet de bakker zijn dochter, ingeval hij er eene heeft, den knecht tot vrouw geven.

Wil iemand iets zeggen en het is hem op het oogenblik vergeten *wat*, dan is wat hij zeggen wilde een leugen. — Als de klok slaat en tegelijk de haan kraait, terwijl iemand een scheef gezicht trekt, dan blijft het scheef staan (Ameland). — Slapen iemand de voeten, dan moet hij niet gaan loopen, omdat dan de beenderen broos zijn en hij dus licht zijne beenen zou kunnen breken. — Men moet niet roemen over den langen duur van iets breekbaars, of tevens driemaal met den knokkel van den wijsvinger der rechterhand op de tafel kloppen. — Iemand die honderd boerenplaatsen bezit is verplicht eene kerk te bouwen. Daarom zorgt men het bij negenennegentig te laten, of men bouwt een hofje, zooals indertijd Jhr. Vegelin van Claerbergen het hofje Fribourg stichtte.

Wanneer men 's morgens in een bedauwd weiland witte suiker strooit, wil de melk van de daar grazende koeien niet boteren. Dit is het werk van wangunst of wraakzucht, die eens anders schade bewerkt, zonder hem met open vizier te durven bestrijden. — Voor paarden en koeien zijn, omdat zij zulke groote oogen hebben, alle voorwerpen veel grooter dan voor den mensch. Vandaar dat het moedige sterke paard zich door den mensch, die hem een reus schijnt, gedwee laat leiden en hevig kan schrikken voor een niets-beteekenend ding. — In den kerstnacht, met klokslag van midder-nacht, rijst al het op stal rustende vee gezamenlijk op, terwijl dan voor een oogenblik alle water verandert in wijn.

Wil men een hond kwaadaardig van natuur maken, dan moet men buskruit in zijn voedsel doen. — Beschutters (honden bij de lange jacht) worden met de kunst geboren. — Een dolle hond sterft niet voor zons-ondergang. Dit vertelt men ook van toegemaakte paling. De slang en de adder, doodgeslagen, sterven niet voor goed dan met zons-ondergang. — Bezeert een mol haren snuit dan sterft zij binnen zes uren — en een rat (rot) die gewond wordt, moet levend verrotten.

De eerste zwaluw die men in het voorjaar ziet, noemt men het zwaaltje-voorbode, omdat zij schijnt aan te kondigen, dat haar reis-gezelschap spoedig zal aankomen. — De ooievaars die op een boe-renschuur nestelen, werpen wel eens een ei of een dood jong naar beneden, ook soms een hunner slagvederen. Men zegt dat dit de huishuur is die de vogels den boer betalen voor hun verblijf op de schuur. Zien de kinderen den ooievaar met den bek op- en nederwaarts klepperen, dan meenen zij dat hij een gebed doet vóórdat hij zijne kinderen gaat spijzigen. Het is nog altijd een raadsel waar de ooievaars den winter doorbrengen. Het schijnt wel in een heel ver-afgelegen zuiderland te zijn. Lang geleden is het gebeurd dat een boer, die een ooievaarsnest op zijne schuur had, een dezer vogels, tegen den tijd van hun vertrek in den nazomer, een halsband omdeed, waarop met duidelijke let-ters «Friesland» stond. Toen deze ooievaar in het volgende voor-jaar terugkwam bleek den boer, dat er nu op den halsband stond geschreven:

Waar deze ooievaar heeft gezeten
Heeft men nooit van Friesland geweten.

Opmerkelijk is het, dat men daar de hollandsche taal wél kende.

«Ik heb Harings Tryn zoo goed met de tang op den kop geslagen, dat zij is doodgebleven», zeî eene huismoeder tot haar
buurvrouw, die belangstellend kwam vernemen hoe het was afgeloopen met eene groote pad, die zich had verscholen in een diepe
huishoudkast. — De pad was dus dood, maar Harings Tryn lag
met eene hoofdwonde te bed. Zij was dezelfde, bij hare dorpsgenooten als tjoenster bekend staande werkvrouw, die een rol ver-
vulde in het hiervoor, II, 153, meêgedeelde verhaal van de poes in
de rattenklem te Stroobos.

Wie in den tuin last heeft van zijns buurmans kippen, moet
gort koken in pekel en dit over den tuin strooien. — Wil men
een kip laten broeden, dan dient men er op te letten dat uit
eieren, die het kuiltje aan de zijde hebben, jonge hennetjes komen; hebben ze 't kuiltje op het einde, dan krijgt men haantjes.
— Voert men een kip met eierdoppen, dan is er veel kans dat
zij het eiervreten leert, d. i. de gewoonte aanneemt haar eigen
eieren op te eten.

Op Ameland en ook in andere streken van Friesland gelooft
men dat de koekoek tegen den winter een havik wordt. — Hangt
iemand een stuk bijenwerk in zijne boomen, dan zal zijn buurman geen zwerm kunnen vangen. — Als men in een vliegenden
bijenzwerm met zand of aardkluiten werpt, zet hij zich terstond
ergens op neder. — Hebben de bijen des daags veel honig gewonnen, dan zingen zij des avonds, maar zwijgen wanneer de oogst
schraal is geweest.

In de zandstreken legt een zorgvuldig hovenier de afvallende
vruchten aan den voet van den boom, om den wortel te herinneren
dat de takken vrucht hebben gedragen.

Als er geen r in de maand is, d. i. in de zomermaanden Mei—
Augustus, hebben de huiskrekels vleugels en kunnen vliegen. In
deze maanden deugen de schelvisch, de kabeljauw en de haring
niet, de zwart- of donkerhuidige zeevisch wel. — Velen eten gedurende dezen tijd geen mosterd; men kan dan zijn eigen adem
niet zien en de bunsingvellen hebben geen waarde.

De roodschonk, eene in het wild groeiende plant met rooden stengel, heeft op haar blad een roode vlek. Er stond zulk eene plant onder het kruis van Jezus; er viel op haar blad een droppel van het heilige bloed. Sedert heeft de roodschonk die roode vlek.

In een schrikkeljaar, zegt men, zitten de boonen allen juist andersom in de peulen dan in andere jaren. Sommigen zeggen, dat het niet waar is; ik heb het nooit onderzocht. — Op een goed volwassen blad of lover van de haverplant staat een B en dit beteekent *bistefoer* = beestenvoeder, zegt men in Westdongeradeel. — De boeren spreken schertsend van «klaver-een», een gewas dat eigenlijk niet bestaat, maar men bedoelt er magere grascheutjes meê. Van schrale graslanden zegt men: «Er groeit veel klaver-een; ook: eernewoudster klaver». De omstreken van Eernewoude plachten niet zeer vruchtbaar te zijn.

Amelander achtendeelen.

Op Ameland bestaat nog eene zeer eigenaardige verdeeling van landerijen. Voor onheugelijke tijden werd er ten oosten en zuiden van Ballum een stuk gronds ingedijkt, dat werd afgedeeld in 576 gelijke plekjes, die men nog achtendeelen noemt. Deze grond behoorde aan twee familien en een klooster, eigenlijk een uithof van Foswerd bij Ferwerd [1]).

Men spreekt nog altijd van het Foppen-eg, het Jelmara-eg en het Monniken-eg. Elke eg beslaat 192 achtendeelen. Deze verdeeling in eggen is broederlijk geschied, elk kreeg evenveel hoog-, evenveel laag-, evenveel bruikbaar en evenveel onbruikbaar land, en dan altoos in deze volgorde: Foppen-eg, Monniken-eg, Jelmara-eg, de gansche «miede» rond. — De miede is de algemeene naam voor het geheele veld, dat aan alle zijden is omringd door een zodendijk ter hoogte van ruim een meter, aan den buitenkant zeer steil, om onbeklimbaar te zijn voor vee.

Maar vóór en in 1825 is een aanzienlijk deel van den dijk verzwolgen en de polder door het aanleggen van een nieuwen goeden wal verkleind. Nogtans werd de behouden grond op nieuw in 576 achtendeelen verdeeld, zoodat ieder toenmalig bezitter evenveel schade leed. Elk achtendeel en evenzoo elk onderdeel er van is kenbaar

---

[1]) Een voetpad, het *Muntkepad* (Monnikenpad), verbond Foswerd met het « Munnikenhuis » te Ballum; men kon destijds met behulp van een plank of polsstok naar den vasten wal komen. Het voetpad is op het eiland nog herkenbaar.

aan een walletje, een steen, een paal of iets dergelijks. Het spreekt van zelf dat een achtendeel, tengevolge van de genoemde verandering, thans minder omvang heeft dan vroeger. Men rekent thans drie achtendeelen op een hectare.

Ook is het gebied van menigeen buitendijks nog te vinden. Kan nu bewezen worden, dat een stuk gronds aldaar indertijd binnendijks heeft gelegen, dan moet daarvan kadastergeld worden betaald, omgeslagen op den «Boerenstand» naar evenredigheid van het tegenwoordig bezit binnendijks.

Door vererving wordt elk achtendeel nog dikwijls in tweeën, drieën, ja soms zelfs in vijftien of nog meer brokjes verdeeld. De een moet dan pad en rit over eens anders gebied maken en omdat dit over nog ongemaaid hooiland niet mag, worden de dorpelingen bij driemaal herhaald klokgeklep opgeroepen om in de open lucht te beraadslagen welk deel van de miede het eerst «vallen» zal. Zulk een deel heet een lot en moet in den regel na drie dagen gemaaid zijn. Gemiddeld maakt men zes «lotten» van de gansche uitgestrektheid. Met het binnenhalen van het hooi is ieder weêr vrij.

Is het nagras klaar, dan wordt wederom bij onderling overleg bepaald wanneer de «vrijgang» zal beginnen, als wanneer het vee «her en der» mag loopen. Wie dan nog late vruchten, zooals boonen of aardappelen te velde heeft, moet ze omschutten of op zijn omheind erf halen, wil hij ze behouden.

Buitendijks ligt tegenwoordig driemaal zooveel gronds als daarbinnen, ongerekend de duingronden, het omland en de Bosch. De buitenweide, «grie» (Landfr. *greide* = grasland) genaamd, is massaal verdeeld in «grazingen», ook 576 in getal. Een grazing is de weide voor eene koe of een paard, voor een rier (var) of twee hokkelingen of kalveren. Veulens en lammeren worden, als zijnde tijdelijke eters, niet gerekend. Elke grazing doet thans 75 cents jaarlijks.

Het gebruik van een achtendeel binnendijks, hetzij als bezitter of als huurder, verzekert het recht op een grazing buitendijks. De grazingen worden alzoo stilzwijgend mede verhuurd of ook verkocht bij de achtendeelen. Wie meer vee houdt dan hij achtendeelen gebruikt, moet «grazinggeld» bijpassen, en omgekeerd. Men mag ook grazingen verhuren aan andere dorpen. Wie drie achtendeelen bezit mag één schaap houden. Houdt hij er meer, dan moet hij bijbetalen, of omgekeerd. — Het hoeden van al het weidende vee geschiedt in vijven: 1° de schapen, 2° de melkkoeien beoosten Ballum, 3° dezelfden bewesten Ballum, 4° de rieren, 5° de kalveren. Het hoedgeld wordt per beest omgeslagen. De melkkoeien, de kalveren en de schapen komen telken avond tehuis, de rieren blijven nacht en dag buiten.

Het oppertoezicht over Ballums landerijen berust in handen van drie «rechters», gekozen door en uit den «Boerenstand», eene vereeniging van landbouwers. Niet elke eg heeft een afzonderlijken rechter, maar de drie regeeren gezamenlijk het geheel. Tot hunnen werkkring behooren o. a. het oproepen tot en het leiden van de vergaderingen, het vaststellen en innen van den omslag in hoed-, grazing- en kadastergeld, het toezicht op 't aanleggen en onderhouden van dijken, waterkeeringen, sluizen, hekken en stekken, het tellen van het vee, enz. Ook het aankoopen van fokstieren en hengsten ter veredeling van den veestapel. Iets van ingrijpenden aard moet met algemeene stemmen worden aangenomen.

«Omland» noemt men stukken gronds, die voor en na nog aan de duingronden of de grie zijn onttrokken. Zij liggen niet op achtendeelen; stuk voor stuk heeten ze «hiemen». Omland is uitsluitend bouwland. — De «Bosch» is het erf van het voormalige slot van Cammingha, het zoogenaamde «Heerehús» bezuiden Ballum, gesloopt 1826—1829. De Bosch ligt evenmin op achtendeelen.

Er zijn ook nog terplanden geweest, geen onderdeelen van achtendeelen, zooals ik ergens vond aangeteekend, maar meer onbruikbare woeste hoogten, die afzonderlijk verhuurd werden.

Rondom Hollum is oorspronkelijk een weinig minder land ingedijkt dan bij Ballum, maar Hollums grond is ongeschonden gebleven, zoodat hier de achtendeelen iets grooter zijn dan te Ballum. Ook de Hollumer polder ligt in 576 achtendeelen, maar heeft eggen (ook «twier» genoemd), ieder van 96 deelen, en ook zes rechters. Deze eggen heetten Foppema-, Hillema-, Harmana-, Denega-, Weerts- en Sents-eg. — Omdat Hollum meer dan driemaal zooveel inwoners telt als Ballum, is de kans op versnippering der achtendeelen door vererving daar veel grooter. Alzoo zijn de afzonderlijke lapjes grond, toebehoorende aan verschillende eigenaren, er soms zeer klein. Iemand haalde van zestien stukjes hooiland slechts één matige wagenvracht hooi. Van den vuurtoren gezien gelijkt Hollums binnenland meest naar een grooten tuin met bedjes en perkjes.

Stemhuisjes. Hanestemmen.

Hier en daar vindt men op het friesche platteland nog een kleine veldarbeiderswoning, die «stemhuisje» wordt genoemd. Deze gebouwtjes zijn ontstaan in de achttiende eeuw, toen het stemrecht, ter benoeming van grietmannen en verdere grietenij- en dorpsambtenaren, predikanten en schoolmeesters, verbonden was aan een hornleger (eigenlijk: legerplaats voor het hoornvee, bij uitbreiding het erf waarop het woonhuis met schuur en stalling staat, behoorende tot eene boerenplaats). Werd dit huis afgebroken en hierdoor de plaats als 't ware ontbonden, dan was, zoolang deze toestand bleef bestaan, de stem «slapende», er mocht geen gebruik van worden gemaakt. Men kon haar weêr doen ontwaken door op het hornleger een huis te bouwen en er eenige landerijen aan toe te voegen. Het kon gebeuren, dat bij eene ophanden zijnde verkiezing een der partijen berekende, ééne stem te weinig te hebben om te kunnen overwinnen. Dan werd, onder strikte geheimhouding, in den nacht vóór den stemdag, op een hornleger met slapende stem in allerijl een huisje gebouwd, eenvoudig en bekrompen, maar 't moest bewoonbaar zijn, d. i. een buitendeur, een venster en een haardstede hebben. Ook zegt men dat er stalling voor twee koeien in moest zijn, maar 't werd er gewoonlijk niet zeer nauw meê genomen. Veelal werd zulk een stemhuisje spoedig weêr afgebroken, doch ook wel in voldoenden staat gebracht om te blijven bestaan.

Nabij het gehucht Tsjynzerburen, onder Roordahuizum, staat nog een stemhuisje, dat er, volgens de overlevering, gebouwd is in één nacht midden in den winter, terwijl de kleiwegen zoo goed als onbruikbaar waren. Er moest een nieuwe dorpsrechter worden benoemd. Een der partijen, zich te zwak kennende, maar wetende, dat op een voormalig hornleger aldaar een of meer slapende stemmen lagen, besloot een stemhuisje te bouwen. — Er werden twee flinke paarden voor een hooiwagen gespannen, hiermeê ging men de noodige bouwmaterialen van Grouw halen en vervolgens met mannenmacht aan het werk. Toen de buren des morgens het hoofd buiten de deur staken, zagen zij daar een huisje, waarvan de schoorsteen reeds rookte. Bij nader onderzoek bleek, dat daarbinnen eene vrouw zat pannekoeken te bakken. Het huis werd dus ook bewoond!

II.   18

Nog vroeger waren er ook hanestemmen. Verkocht iemand eene boerenplaats, dan behield hij, om stemgerechtigde te blijven, het hornleger aan zich en verhuurde dit aan den nieuwen eigenaar «voor eeuwig», tegen eene zeer onbeduidende huursom, bv. een paar hanen in het jaar; vanhier de naam. Alzoo kon het voorkomen dat iemand, die niets bezat dan enkel een hornleger, stemgerechtigd was, terwijl sommige bezitters van een aantal landerijen geene stem hadden. — Toen bij eene tienjarige herziening van het reglement bepaald werd, dat iemand, om stemrecht te hebben, niet alleen het hornleger, maar ook de bijbehoorende landerijen moest bezitten, terwijl er bovendien een huis op moest staan, toen vervielen de hanestemmen en konden er slapende stemmen zijn.

De ronde schoorsteen.

Niet ver van Rauwerd staat aan den sneeker straatweg een boerenhuis dat van ouds «De ronde schoorsteen» heet omdat, in strijd met de stévaste gewoonte, een der schoorsteenen op het huis rond is gemetseld inplaats van vierkant. Hier woonde vele jaren geleden — denkelijk alleen des zomers — een adellijk jonker, wiens geestvermogens op verre na niet in evenredigheid waren met zijn geldelijk vermogen. Het volk noemde hem «de gekke», omdat hij wel eens zonderlinge streken uitvoerde en soms aanzienlijke geldsommen daarbij verspilde.

Dit heerschap ontmoette eens op den weg nabij zijn huis een armen jongen, die liep venten met wat kramerijen. Op de beleefde vraag van den knaap of hij mijnheer soms iets zou kunnen verkoopen, was het antwoord: «Ja, ik wil alles koopen wat je in je mandje hebt; zeg maar wat het kost.» — De som werd genoemd en dadelijk betaald niet alleen, de jongen kreeg nog bovendien eenige guldens met deze opdracht: «Koop daarvoor nieuwe koopwaren en doe daarmeê je voordeel, maar van alles wat je er meê wint moet ik de helft hebben.» De kleine koopman beloofde dit, nam verheugd afscheid en ging verder, en mijnheer dacht niet meer aan hem. Een paar weken later kwam de knaap zich aanmelden bij het huis «De ronde schoorsteen», te kennen gevende, dat hij mijnheer eenig geld had te brengen: volgens hem de zuivere helft van wat hij met het geleende had gewonnen. Dit verraste den jonker. «Kom,» zeî hij: «het voldoet mij dat je zoo eerlijk zijt. Dat geld verlang ik niet; ik wil er je liever nog iets bij geven; ziedaar!

Breid nu den handel maar wat uit; ik hoop en verwacht dat het je goed zal gaan.» Sedert liet de kleine koopman zich niet meer zien of hooren. Jaren waren er verloopen, toen de jonker zich eens te Amsterdam bevond en daar zijne aandacht vestigde op een fraaien winkel. Terwijl hij voor de ramen stond, kwam de koopman naar buiten: «Mijnheer, ik ben blijde u hier te zien. Gij zult u zeker nog herinneren, eens steun te hebben verleend aan een marskramertje. Die ben ik. Ik heb met uw geld voorspoed gehad, en wanneer gij nu zoo goed wilt zijn binnen te komen, wil ik u het geleende terugbetalen met interest op interest». — «Kom», zeî mijnheer lachende, «waar maal je nu over? Ik heb je dat geld niet geleend maar gegeven, en daarmeê uit!» — Toch kwam hij in den winkel, en kocht het een en ander, als een aandenken.

· De eikeboom bij Kippenburg.

In de eerste helft der negentiende eeuw kwam er af en toe in Gaasterland een scharenslijper, die, om zijne bruine gelaatskleur en koolzwarte haren, de *swarte skearsliper* werd genoemd. Men vertelde dat hij een zoon was van den duitschen gauwdief Schinderhannes, die zich in het laatst der achttiende eeuw zoo berucht heeft gemaakt.

In dienzelfden tijd is er op den weg naar Balk bij schemeravond eene drieëntwintigjarige boerendochter van Harich vermoord. Vrij algemeen verdacht men den zwarten scharenslijper, maar spoedig bleek, dat iemand uit de buurt van Wyckel de dader was.

Aan den weg van Kippenburg naar Balk staat een zware eikeboom in wiens bast kort na den moord met groote letters — nog altijd duidelijk leesbaar — de woorden **Moord niet** zijn gesneden. Bij dezen boom werd het lijk der vermoorde gevonden. De stam was met bloed bespat en de bloedvlekken waren onuitwischbaar.

Toen voor eenige jaren het gemeentebestuur daar een aantal boomen liet vellen, omdat zij te na aan den weg stonden, werd genoemde eik gespaard.

———

Een veelvraat, die alles op kan, heeft *in troch-itene mage*, zegt men. Er worden geen vraten geboren, maar wel gemaakt. Zijne moeder heeft hem van kind af aan altijd de maag zoo vol mogelijk gepropt. Hij heeft deze gewoonte steeds aangehouden; hierdoor is eindelijk de maag doorgezakt en er is een bijmaag ontstaan. Nu heeft de man een doorgegeten maag, die ontzaglijk veel bergen kan. — «Mijn vader heeft zulk een maag gezien op de snijkamer», vertelde mij iemand onlangs.

Het is zeer af te raden uit eene sloot te drinken, omdat men, dit doende, kiemen of eitjes van waterdiertjes kan inslikken. Het is wel eens voorgekomen, dat een mensch op die manier een levend vischje of een levenden kikvorsch in de maag had gekregen. Zoo iemand is nooit te verzadigen met drinken en moet het ten slotte besterven.

De wormen die menschen, vooral kinderen, soms in de maag kunnen hebben, liggen 's morgens, zoolang iemand nog niets gebruikt heeft, met den bek open. Dan is het zaak deze ongewenschte gasten iets toe te dienen dat hun slecht moet bekomen, anders gezegd een middel in te nemen om ze te verdrijven. Begint iemand, dit niet gedaan hebbende, te eten, dan voedt hij de wormen en zij blijven in goeden welstand. — Bekend is het, dat sommigen als «wormverschrikker» 's morgens in 't nuchter een borrel nemen.

Het zal misschien een jaar of twaalf geleden zijn, dat in de veenkolonie Appelscha zekere gehuwde vrouw in de meening verkeerde dat zij en haar zuigeling betooverd waren. Zij beweerde eene slang in haar lichaam te hebben en liet 's avonds haar man alleen, om bij een harer familieleden te gaan slapen. Op haar eigen bed durfde zij zich niet ter rust begeven, omdat zij in de kussens vederkransen had gevonden, doorvlochten met haar van haar eigen hoofd. Deze dingen waren ook voor de buren voldoende bewijzen van tooverij.

Een ingezeten van Holwerd wandelde op zekeren morgen tamelijk vroeg buiten het dorp, toen hem een werkman in zondagsgewaad op zijde kwam. Deze vertelde: «*Ik wol ris nei de wonderdokter yn Kûkherne, ik hab in ierdapeldaem yn 'e mage.* Ik wil eens een bezoek brengen aan den wonderdokter te Kuikhorne, ik heb een aardappeldam in de maag».

Hij geloofde dat ten gevolge het veelvuldig eten van *ierapels mei 't bleate gat*, aardappelen met te weinig vet en in 't geheel geen vleesch of spek, zich een dam van aardappelbestanddeelen in zijne maag had vastgezet. Dat de man een inwendig ongemak had is zeker; hij is er later aan bezweken.

SPREEKWOORDEN EN GEZEGDEN.

(Die in het boek zelf zijn besproken en opgenomen, zijn hier niet dan bij uitzondering weder genoemd.)

---

abbekaet.

De divel het alle abbekaten op syn hân. De duivel heeft alle advokaten op zijn hand.

In bryk pleit freget in kwea abbekaet. Een schuins pleidooi vereischt een listig advokaat.

Hy moat in goed abbekaet ha as er 't rêdde scil. Hij dient een bekwamen advokaat te hebben, zal hij 't klaren. (Van een zieke voor wiens herstel niet veel hoop is.)

Fen abbekaterij rint hast gjin minske frij. Van advokaterij (eene zaak anders voor te stellen dan zij is) loopt bijna niemand vrij (men doet er zelf in of wordt er het slachtoffer van).

Frouljue, abbekaten en eigenbaet habbe follen yn 't onleech laet. Vrouwen, advokaten en eigenbaat hebben velen in het ongeluk gebracht.

Abbekaten fiskje ljeafst yn tsjokwetter. Advokaten visschen liefst in troebel water.

Hy het fingers as in abbekaet, hij heeft vingers als een advokaat. — Hij is handig in het grijpen.

aei.

As wy thús binne ite wy ús eigen aeijen. Tehuis eten wij onze eigene eieren (leven we niet op kosten van een ander, kunnen we hulp van anderen missen).

De wirden binne goed, mar de hin leit aeijen. De woorden zijn goed, maar de hen legt eieren. (Daden beteekenen meer dan woorden.)

Dy 't aeijen het kin doppen meitse. Wie eieren heeft kan doppen maken. (Wie geld heeft kan iets doen, zich eenige weelde veroorloven.)

Dat binne Lûkes-aeijen. Dat zijn Lukaseieren (uitvluchten, voorwendsels). — In de oude kerk te Jutrijp, afgebroken in 1808, was onder den predikstoel de evangelist Lukas afgebeeld, zittende op eieren te broeden.

Hy riedt der nei as de bline nei 't aei. Hij raadt of gist er naar als de blinde naar het ei. — Ook: *Hy slacht* (slaat) *er nei as de bline nei 't aei.*

Hy naem it goez-aei en liet it moskaei lizze. Hij nam het ganzenei en liet het musschenei liggen. — Een klein voordeel offerde hij aan een grooter op.

In aei is in aei, sei Sytse, mar ik ha ljeaver de greate as de lytse. Een ei is een ei, zei Sytse, maar de groote neem ik liever dan de kleine.

In aei is in aei, sei de boer, do naem er 't goez-aei en liet it mosk-aei lizze. Een ei is een ei, zei de boer, toen hij het ganzenei nam en het musschenei liet liggen.

Het er aeijen, hy scil wol doppen meitse. Heeft hij eiers, hij zal wel doppen maken. (Heeft hij geld, hij zal het wel weten te verteren.)

In aei yn e' hannen en dat stikken. Een gebroken ei in de handen (een netelig zaakje).

It goez-aei fleane litte om 't mosk-aei to fangen. Het ganzenei laten glippen om het musschenei te verkrijgen.

It scil altyd wol 't ien of 't oar wirde: in geld aei of in dea pyk. Het wordt zeker het een of het ander: een onvruchtbaar ei of een dood kuiken (in elk geval niets).

In heal aei is better as in lege dop. Een half ei is beter dan een ledige dop.

It aei is kniesd. Het ei is gekneusd .(hij of zij acht zich beleedigd).

It aei wol wizer wêze as de hin. Het ei wil wijzer zijn dan de hen (het kind wijzer dan zijne ouders).

Men moat net tofolle aeijen onder ien hin lizze. Men moet niet te veel eieren onder één kip leggen (nl. ter uitbroeding).

Myn dochter het hjar aeijen yn 'e wâl lein. Mijne dochter heeft haar eieren in den wal gelegd (geen goed huwelijk gedaan).

Men moat in pankoek net om in aei bidjerre en in teltsje net om in ljeagen. Men moet een pannekoek niet om een ei bederven en een vertelsel niet om een leugen.

Wol bret, sei Jan Flapper, toalve aeijen en trettsien piken. Wel gebroed, zei J. F., twaalf eieren, dertien kuikens. (Bespotting van een snoever.)

As de sé-aeijen stjonke, den stjonke se mear as de lân-aeijen. Als zee-eieren bedorven zijn is het erger dan met land-eieren. (Het bankroet van een zee-handelaar is meestal zwaarder dan dat van een burgerkoopman.)

As dat aei ris brekt hwet scil 't den stjonke. Als dat ei eens breekt zal het erg stinken. (Verkeert de vriend-schap van twee die niet deugen in vijandschap, dan komen er leelijke dingen aan 't licht.)

As er in aei lein het, moat er 't bikea-kelje, lyk as in hin. Als hij een ei gelegd heeft dan moet hij het beka-kelen, evenals eene hen. (Heeft hij iets gedaan, waarop hij meent te mogen wijzen, dan vertelt hij 't overal.)

Dêr scil ik aeijen yn klopje. Daar zal ik eiers in kloppen (mij eens laten gelden).

Der doocht net ien fen 't hele team; hja binne fen kweade aeijen set. Er deugt niet een van het gansche toom; zij zijn uit slechte eieren gebroed. — Het geheele gezin deugt niet; ze zijn uit een verkeerd nest; de ouders deu-gen niet.

De aeijen gean op gouden skonken. De eieren loopen op gouden beenen (zijn schaarsch en duur).

Hy het it fen aeijen makke. Hij heeft eieren gebroken (een leelijke fout begaan).

Hy slacht Sint Egbert, dy de aeijen opiet en de doppen om Gods wille joech. Hij aardt naar S. E., die de eiers opat en de doppen om niet wegschonk. — Hij geeft niets weg dan wat geen waarde heeft.

Hja habbe him op fûle aeijen set. Zij hebben hem op vuile eieren gezet (hem in een netelig zaakje be-trokken).

Hy sit op fûle aeijen. Hij zit op vuile eieren. — Zijne zaak of bezitting is zeer met schulden bezwaard.

Hy komt mei 't sâlt as 't aei op is. Hij komt met zout als het ei op is. — Ook: *Hy komt mei aeijen nei peaske,* met eieren na paasch.

It is mei sizzen net to dwaen, sei de man, en hy iet twa snies aeijen op. Het is met zeggen niet te doen, zei de man, en hij at twee snees eiers op.

Dat aei kriget yet al hwet skyl. Dat ei krijgt nog al wat schaal. — De schijn-baar nietige zaak wordt druk bespro-ken.

It giet foart as aeijen ût 'e koer. Het gaat weg als eieren uit de mand. — Die koopwaar vindt veel aftrek.

Gjin brosser gûd as aeijen, en dêroan twiebakken. Geen brozer goedje dan eieren en daarna beschuit.

Better hjûd in aei as moarn in hin. Beter vandaag een ei dan morgen eene hen. — Beter het weinige dat zeker is, dan te wachten op het meerdere dat onzeker is.

Dat leit him gjin wynaeijen. Dat legt hem geen windeieren (brengt hem geen geringe voordeelen aan).

Ut hwet aei is hy bret? Uit welk ei is hij gebroed? — Van welke familie is hij, dat hij zich zooveel inbeeldt?

In rau aei kin men net troch de glêzen smite. Een rauw (ongekookt) ei kan men niet door de glazen werpen.

Hy docht dat ek al om syn eigen koer mei aeijen. Hij doet dat ook al om zijn eigen mand met eieren (om eigen voordeel).

Der is gjin aei onder britsen. Er is geen ei onder gebroken. (Bij 't verplaatsen van een zwaar onhandelbaar voorwerp, bv. eene kast met porselein en glas-werk.)

Dy hjar koer mei aeijen koe wol ris brekke. Die vrouw haar mand met eieren zou wel eens kunnen breken. — Van eene hoogzwangere vrouw, die over de be-ijzelde straat loopt.

Dêr scitte in aei for drinke. Daar zult ge een ei voor zuipen (— voor boeten; het zal u betaald worden gezet).

In fjirder bûter kin op fjouwer aeijen stean. Een vierde ton boter (40 kilogr.) kan op vier eieren staan. — Beproeft het maar.

It is slim wirk om in aei to skearen. Het gaat moeielijk een ei te scheren.

Hy leit syn aeijen bûten 't nêst. Hij legt zijne eieren buiten het nest (pleegt overspel).

Hwet aeijen kin hy lizze? Welke eieren kan hij leggen? — Waarin kan hij meêdoen, waarvoor is hij bruikbaar?

Hwet scoe dy syn aeisiikjen hjir wêze? Welke eieren zou die persoon hier willen zoeken (met welk doel hier komen)?

Dat is in aei mei sâlt. Dat is een ei met zout (een snedig gezegde, eene geestige satire).

Der moat in aeike yn 't nêst bliuwe. Er moet een eitje in het nest blijven — 't Is beter steeds iets in den spaarpot te houden, dan bij den dag te leven.

Op Sinte Gertrûd moat de kiwyt syn earste aei er ût, al is 't ek op in skosse iis. De kiwyt bliuwt dêrom allike wiis. Op St. Geertruid (17 Maart), moet de kievit zijn eerste ei leggen, des noods op een schots ijs. De kievit blijft daarom even wijs.

aep.

In aep bliuwt in aep al het er in rôk oan en in prûk op. Een aap blijft een aap, al gaat hij deftig gekleed.

Dêr is in aep to fangen. Daar is een aap te vangen (een voordeel te behalen).

Hy het de aep binnen. Hij heeft het behaalde voordeel in veiligheid.

De aep komt ût 'e mouwe of ût 'e sek. Het geheim lekt uit, het ware der zaak komt aan den dag.

Dat is net folle aeps. Dat is niet veel aaps (niet veel zaaks).

Min scoene der apen mei fange. Het is om er apen meê te vangen — iets bespottelijks.

Hy past dêr as de aep yn 'e posleinskast. Hij past daar als de aap in de porseleinkast (dus zeer slecht).

In aep mei syn stirt forlieze, syn kueren net. Een aap mag zijn staart verliezen, zijne kuren verliest hij niet.

Hy het syn appe wol luze. Hij heeft zijn aap wel geluisd (zijn eer en onschuld goed verdedigd).

âld. jong.

As er âld wirdt scil er him forbetterje. Als hij oud wordt, zal hij zich beteren. — Hij stelt zijne bekeering steeds uit.

Dy 't net âld wêze wol moat him jong hingje litte. Wie niet oud wil zijn, late zich jong hangen.

In âldfaem is net folle, mar in âldfeint is neat. Eene oude vrijster is niet veel, maar een oude vrijer is niets.

Ald grien, mâl grien. Oud mal bovenal.

Jonge fammen mei âlde koppen. Jonge meisjes met oude koppen. — Meisjes, die voor jong willen doorgaan, maar 't blijkbaar niet meer zijn.

Hy is fen ien Maeije sa âld net. Hij is van één Mei zoo oud niet; (een man van ondervinding). Ook: *Hy is fen ien Maeije sa wiis net wirden.* —

Edelyk, sei de wink en hie mar ien jong. Adelijk, zei de wink en had maar één jong.

Aldé foerljue hearre graech it klappen fen 'e swipe. Oude voerlieden hooren gaarne het klappen der zweep.

It wirdt dy âld net frege hwet klean aste jong dragen heste. Men zal u, als gij oud zult geworden zijn, niet vragen welke kleêren gij nog jong zijnde, gedragen hebt. — Wees dus in uwe jeugd maar nederig, vlijtig en spaarzaam.

Alde hoerren sitte ticht onder 'e preekstoel. Oude hoeren zitten 't naast bij den preekstoel (worden kwezels).

For de âlderdom binne gjin krûden woechsen. Voor den ouderdom zijn geen kruiden gewassen.

Ald en earm is bodders lean. Oud en arm is des werkmans loon.

As dy âlde slachte wirdt scil der wol smoar ût komme. Als die oude geslacht wordt (sterft), zal er wel vet uitkomen (overschieten).

Alde ljue moatte 't fen 'e tafel helje. Oude lieden moeten 't van de tafel halen (goed eten). Ook: *Alde ljue moatte 't mei de tosken helje.*

In jong wiif is in âldman's deakiste. Eene jonge vrouw is eens ouden mans doodkist (wanneer hij nl. met haar gehuwd is).

Jong nei de merke, âld nei de tsjerke. Jong naar de kermis, oud naar de kerk.

Jonge ljue, domme ljue; âlde ljue, kâlde ljue. Jonge lui, domme lui; oude lui, koude lui.

Jong by âld is hjit by kâld. Jong bij oud is heet bij koud.

Kwea âld, kwea jong, kwea woan, kwea spoun. Kwaad oud, kwaad jong, kwaad gewonnen, kwaad gesponnen.

Neat mâlder as âld mâl. Oud mal gaat bovenal.

Sok âld sok jong. Zoo de ouders, zoo de kinderen.

Ho âld is de sinne? Hoe oud is de zon? — Hoe laat is het op den dag?

âld, nij.

Alde klean moanje net. Oude kleederen manen niet (evenals fraaie nieuwe, die onbetaald zijn).

De âlde klean moatte de nije fortsjinje. De dagelijksche kleêren moeten de nieuwe verdienen.

Yn nije winkels is gjin âlde skild. In nieuwe winkels heeft men geen oude schulden. (Goed voor lieden die van borgen houden.)

Komt in nije broek oan't âld wammes, den skoerre de fitergatten ût. Komt een nieuwe broek aan het oude wambuis, dan scheuren de vetergaten uit. (Gezegd wanneer een oud man een jonge vrouw trouwt.)

Mei âld jild en âld brea slacht men grif de honger dea. Met overgespaard geld en brood stilt men den honger.

Âld hea en âlde turf is sa goed as âld jild. Oud hooi en oude turf (overjaarsch, overgespaard) is zoo goed als oud geld.

It âlde gûd moat earst oan 'e ein, sei de jonge, en liet syn heit de krûk sjouwe. Het oude goed dient het eerst afgebruikt, zei de jongen, en liet zijn vader de volle kruik dragen.

Alle âlde merken binne ût. Zie II, 244.

Gjin âlde kestanjes ût it fjûr helje. Geen oude kastanjes uit het vuur halen (geen oude grieven opperen).

Nije pikelhearringen mei âlde koppen. Men ziet aan de oogen dat een pekelharing oud is. Beweert een venter dat hij nieuwe haringen verkoopt, dan krijgt hij te hooren: Ja, 't zijn nieuwe met oude koppen.

Men moat gjin âlde planke ût 'e wân skoerre ear 't men der in nije for klear het. Men dient geen oude plank uit den wand te rukken, voor men een nieuwe in gereedheid heeft.

In healsliten tsjettel is sa goed net as in nijen. Een gebruikte ketel is minder goed dan een nieuwe.

Alde kost, ierdapels mei skieppekop. Oude kost, aardappels met schaapskop.

As 't op âld iis friest is 't gau sterk. Wanneer 't op oud ijs vriest is het spoedig sterk. — Wordt eene afgeknapte vrijerij op nieuw aangeknoopt, dan volgt het huwelijk spoedig.

It giet er ût als âld smoar. Men maakt een drukte als oud vet (dat gesmolten wordende veel geraas maakt).

It het fen âlds altyd so wêst; dy 't ride wol moat hynsder en wein ha. Het is van ouds altijd zoo geweest: wie rijden wil moet paard en wagen hebben.

Dat smakket as âlde foetsokken. Dat smaakt als oude sokken. — Men zegt dit van een drank of dunne spijs, die erg slap is of een leelijken bijsmaak heeft.

Hy het de âldste brieven. Hij heeft de oudste documenten (is een kennis van vroeger, bv. een vrijer bij een meisje).

By de rige lâns lyk as yn in aldjierspreek. Bij de rij langs als in een oudejaarsavondpreek.

In âldjierspreek en 't hûshimmeljen lykje elkoar. Een oudejaarspreek en huisschoonen gelijken elkander.

Syn wirden hingje oan elkoar as droech sân, krekt as in âldjierspreek. Zijn woorden hangen aan elkaar als droog zand, juist als eene oudejaarspreek.

Sa âld as de wei fen Jeruzelim. Zoo oud als de weg van Jeruzalem. Ook kortweg: *Sa âld as de wei*, zeer oud.

by âlds.

By âlds wieren de masters der om 'e bern, nou binne de bern er om 'e masters. Oudtijds waren de schoolmeesters er om de kinderen, thans is 't andersom.

By âlds hingen de moardners oan 't krûs, nou hinget it krûs oan 'e moardners. Oudtijds hingen de moordenaars aan het kruis, thans hangt het kruis aan de moordenaars.

Hy sprekt as de balstiennen by âlds. Hij spreekt even als de keisteenen eertijds (dus geen woord).

By âlds wier 't in great wonder as in ezel praette; nou is 't in great wonder as in ezel him stil hâldt. Oudtijds was 't een groot wonder wanneer een ezel sprak, thans wanneer een ezel zwijgt.

âldwiif.

Dat giet er troch! sei 't âldwiif en hja ried op in biezemstôk. Dat gaat er door! zeî 't oude wijf en zij reed op een bezemstok. Ook: *De jeugd moat er ût, sei 't âldwiif, en hja ried op in biezemstôk.*

Dou kinst er mei oanpiele lyk as 't âldwiif mei de hinnepiken. Gij kunt er maar voor zorgen, evenals de oude vrouw voor de jonge kuikens (waarvan de moederkip dood was).

As de âlde wiven op 't iis komme wol 't waer omslaen. Als de oude wijven op het ijs komen, wil 't weder veranderen.

De earste simmerfûgel is in âldwiif yn 'e sinne onder de hûsweach. De eerste zomervogel is eene oude vrouw bij zonneschijn onder (of tegen) den huismuur.

It giet swietwei nei de ein ta, sei 't âldwiif en hja iet fen in dimterkoeke. Het gaat zoetjes aan naar het einde, zeî de oude vrouw, toen zij van een deventerkoek at.

As in âldwiif fen tûzen wike yen yn 't hier skoert, dat docht net sear. Trekt een oud wijf van duizend weken iemand aan de haren, dat doet geen pijn.

Riden is toarstich wirk, sei 't âldwiif, en hja stie mei ien foet op 't iis. Schaatsenrijden is dorstig werk, zeî 't oude wijf en zij stond met één been op het ijs.

It is in raer ynsjuch, sei 't âldwiif, en hja bigoun to gapjen. 't Is een leelijke inkijk ('t laat zich leelijk aanzien) zeî 't oude wijf en begon te geeuwen.

It breedste is yet bynefter, sei 't âldwiif, do scoe se in panne kakke en de stâlle kaem earst. Het breedste (de hoofdzaak) volgt nog, zeî 't oude wijf, toen zou ze een pan k..... en de steel kwam 't eerst.

Sa het it sitten, sei 't âldwiif en hja paste 't ear oan 'e pispot. Zóó heeft het gezeten, zeî de oude vrouw en paste het oor aan den nachtpot.

It scil wol wer betterje earst in âldwiif biste. Het zal wel beteren voor ge een oud wijf zijt. (Tot een meisje, dat over een onbeduidend ongeluk klaagt.)

Ho stilder ho better, sei 't âldwiif en hja siet mei 't gat yn 'e brânnettels. Hoe stiller hoe beter, zeî de oude vrouw en zij zat in de brandnetels.

't Wirdt alle dagen minder, sei 't âldwiif en hja kocht sprot for hearringen. Het wordt bij den dag slechter, zeî de oude vrouw, en zij kocht sprot voor haringen.

De âlde wiven binne oan 't bêdskodsjen, de fearren stouwe der nei. De oude wijven schudden hare bedden, de veêren stuiven er nit (wanneer 't sneeuwt).

Alle dingen binne langer mogelik, sei 't âldwiif; en hja foun in wyn-aei yn 't hinnenêst. Niets is meer onmogelijk, zeî 't oude wijf, toen ze een windei in 't hoendernest vond.

Dêr 't de âlde wiven dounsje stout it. Waar de oude wijven dansen, stuift het.

In âldwiif is in koalstrûck, der sit gjin pit mear in. Een oud wijf is een koolstronk, er zit geen pit meer in.

It is briker as bryk, sei 't âldwiif en hja iet kreakelingen. Het is schever dan scheef, zeî 't oude wijf en zij at krakelingen. — *It is bryck!* (scheef, krom), het is buitensporig, dwaas, gek.

almenak.

Hy kriget in reade letter yn 't almenak. Hij krijgt een roode letter in den almanak. — Hij heeft zich verdienstelijk gemaakt, dit zal hem in 't vervolg goed doen.

Hy het in kop as in almenak. Hij heeft veel in zijn hoofd, men kan hem niets vragen of hij weet het.

Mienst dat myn holle in almenak is?
Meent ge dat mijn hoofd een almanak
is? (dat ik alles weet?) — Aan een
veelvrager.

Dat mei wol yn 't almenak. Dat dient
wel in den almanak (als iets bijzonders te worden aangeteekend).

Hy liicht as 't almenak. Hij liegt als de
almanak.

Tonei better, seit it almenak. Later beter
zegt de almanak (als hij eens mis is).

*Trinen en Grieten stean yn almenakken
en lieten.* De namen Trijn en Griet
komen veelvuldig voor in almanak-
stukjes en liedjes.

*Ik scil nou mar gjin nij almenak ha,
sei 't wiif, mines kin yet wol in jier
mei.* Ik koop nu maar geen nieuwen
almanak, zei de vrouw, ik kan 't met
de mijne nog wel een jaar doen.

*Hy is in kearel mei in kop, bibel en
almenak is er trochkrûpt.* Hij is een
schrandere vent, bijbel en almanak
kent hij door en door.

alwer-oan.

Alwer-oan libbet yette. Alweêr-aan leeft
nog. — Men moet altijd al weêr aan
het werk.

*Alwer-oan brekt mannich âld hynsder de
nekke.* Alweêr-aan breekt menig oud
paard den nek.

*Alweer-an, alweer-an dat maakt so menig
oud peerd lam.* Stadfr.

*As alwer-oan dea is ite wy spekpan-
koeken.* Als Alweêr-aan dood is, vieren
we zijn uitvaart met spekpannekoeken.
Ook: *den kinne wy rintenierje;* dan
kunnen we rentenieren gaan.

ambeld.

Hy slacht altyd op 't selde ambeld. Hij
slaat altijd op hetzelfde aambeeld. —
Hij bespreekt altijd hetzelfde onderwerp, slaat altijd denzelfden toon aan.

Dy twa slaen net op 't selde ambeld.
Die twee komen niet overeen in zienswijze en richting.

Hy slacht op in forkeard ambeld. Hij
slaat een verkeerden toon aan (bespreekt een ongewenscht onderwerp).

*Alle bigjin is swier, sei de dief en hy
stiel in ambeld.* Alle begin is zwaar,
zei de dief en stal een aambeeld.

In kop as in ambeld, zegt men van een
groot, dik, lomp menschenhoofd.

Hy sloech raer op 't ambeld. Hij sloeg
vreemd op 't aambeeld. — Hij hield
een heftige strafpreek of hekelende
toespraak.

Hy foel my hird op 't liif. Hij viel mij
hard op 't lijf (berispte mij in barre
taal), *mar ik sloech ek op 't ambeld,*
ik leverde hem stof terug.

amen.

*Dat is út! sei dominy en hy miende fen
amen.* Dat is uit! zei dominé en hij
meende amen.

Hy eamelt fen iwichheid ta amen. Hij
zeurt van eeuwigheid tot amen (zonder ophouden, tot vervelens toe).

Hy seit mar op alles ja en amen. Hij
is een jabroer.

*Min hoeft op alles gjin ja en amen to
sizzen.* Men behoeft niet alles toe te
stemmen of zich te laten welgevallen,
wat anderen zeggen of willen.

angel, angeltje.

*Hwet is in angel? In ding mei oan 't iene
ein in wjirm en oan 't oare in lui-
wammes.* Wat is een hengel? Een
ding met aan het eene einde een
worm en aan het andere een luiaard.

Hwa hest nou oan 'e angel? Wien hebt
ge thans aan het lijntje? — Welk
meisje hebt ge aan de hand?

Hy is drok oan 't angeljen. Hij is druk
aan 't hengelen (om een baantje of
eerepost — ook om de hand van een
meisje).

Dat wiif het wol slach fen angeljen.
Die vrouw is bekwaam in het hengelen (om vrijers voor hare dochters
aan te lokken).

Hy angelt mei in silveren heak. Hij
hengelt met een zilveren hoek. — Heeft
hij geen visch gevangen, dan gaat hij
ze koopen om toch iets tehuis te
brengen. Ook: iemand omkoopen om
achter een geheim of aan stemmen te
komen.

Der sit in angel. Er schuilt een angel
(een oude wrok tusschen die twee).

Se het in angel in 'e búk. (Stadfr.). Zij
heeft een angel in den buik (zij is
zwanger).

anker.

Hy leit foar 't lêste anker. Hij ligt
voor het laatste anker (is ziek en zal
wel niet herstellen).

Hy kaem op in anker oan lân. Hij kwam op een anker aan land. — Boven verwachting outkwam hij aan 't gevaar.

Hy fynt dêr gjin ankergroun. Hij vindt daar geen ankergrond (kan daar geen vasten voet verkrijgen). — *Dêr is gjin ankergroun.* Daar is geen zekerheid (ook op finantieel gebied).

Hy sit ankerfêst. Hij is stoelvast (vooral in de kroeg).

Ik scil myn anker dêr ris ûtsmite. Ik wil mijn anker daar eens uitwerpen (beproeven vasten grond te vinden, . bv. bij een meisje). — Ook: *Ik scil myn angel* (hengel) *dêr ris ûtsmite.*

Hy het hannen as in ankersmid. Hij heeft handen als een ankersmid.

apels.

De apels binne moaist as se just plôkke binne. Pas geplukt zijn de appels het mooist. — Men past dit toe op jonggeboren kinderen. ·

Keapje er apels om! Koop er appels voor. — Koop koek voor je geld! loop heen!

Mei in apel woan, mei in apel forlern. Met een appel gewonnen, met een appel verloren. — Zoo gewonnen, zoo geronnen.

It wiif bieldet as in apel op 'e potkas. Die vrouw praalt als een appel op de potkast ('t is geen mooie vrouw).

De apel falt net fier fen 'e beam. De appel valt niet ver van den boom. — Het kindt gelijkt zijnen vader.

Dat stiet as in bretten apel op in stôk. Dat staat als een gebraden appel op een stok (bespottelijk).

In apel yn 'e Maei is sa goed as in aei. Een appel in Mei is zoo goed als een ei.

Dêr komt in skip mei sûre apels oan. Daar komt een schip met zure appelen aan (er is een regenbui in aantocht). — Ook: Het kind wil gaan huilen.

Allike folle apels as parren. Evenveel appels als peren. — Van 't een zooveel als van 't ander: van alles niets.

Dy 't syn lea sparret, dy sparret gjin rottige apels. Wie zijn lichaam spaart, bespaart iets beters dan rotte appelen. — Gezegde van een luiaard.

Yn 't jier do 't de apels en parren yn 't finsterbank wâchsen. In het jaar toen de appels en peron in de vensterbank groeiden (in den langvergeten tijd).

Dy 't apels fart, dy apels yt. Wie appels vaart (per schip vervoert), eet er ook van. — De kok lijdt geen honger.

Hy moast fen in sûre apel bite. Hij moest van een zuren appel bijten (was genoodzaakt iets te doen wat hij liever niet deed).

De moaiste apels wirde foar 't finster lein. De mooiste appelen worden voor 't venster gelegd (om koopers te lokken). — Overdr. van eene vrijster gezegd.

De moaiste apels binne faek yn 't hert forrotte. De mooiste appels zijn dikwijls inwendig rot. — Menschen, die zich beminnelijk voordoen, deugen dikwijls niet.

Ik hab in apeltsje mei dy to skilen. Ik heb een appeltje met je te schillen (een zaakje met je te bespreken).

Sa folle yn tel as in rottige apel by in grienwiif. Zoo gezien als een rotte appel bij een groenvrouw.

Aprul.

Apruls-waer en heareginst, dêr is gjin steat op to meitsen. Aprilweder en de gunst van heeren zijn niet te vertrouwen.

It wiif het it Apruls-waer yn 'e holle. De vrouw heeft het Aprilweder in het hoofd (zij maakt aanstalten voor den jaarlijkschen huisschoonmaak).

In pear aprulsbuijen yn 'e kenyntsjedagen, dêr folget in griene Maeye op. Een paar Aprilsbuien (van kibbelarij of krakeel) in de eerste huwelijksdagen, daar volgt een groene Mei op.

Hy het my for Aprul. Hij houdt mij voor April (neemt een loopje met mij; handelt huichelend tegenover mij).

Ikenbeam stean stil! it is yet gjin April, ik kin my yet forhiere oan degene die ik wil. Eikeboom, sta stil! het is nog geen April, ik kan mij nog verhuren aan dengene wien ik wil. (Volksrijm.)

Aprul-forgek! hy mei gjin spek, hy kin gjin bôlle bite; hwet moat dy gek den ite? April-voor-gek! hij lust geen spek, hij kan geen wittebrood bijten; wat moet die gek dan eten? — Bij 't foppen op 1 April. Ook: *April-forgek*, *hy sit yn 'e sáltsek* (zoutzak), *hy sit yn 'e fálle, hy kriget gjin prom- en bólle.* Te Hindeloopen: *Aprul-forgek! hi mient it yet ek!*

In droege Maert, in wiete April den giet it de húsman nei syn wil. Een droge Maart, een natte April, dan gaat het den huisman naar zijn wil.

Memmedrift is in snieflok yn April. Moeders toorn (tegen haar kind) gelijkt een sneeuwvlok in April (smelt spoedig weg).

arbeidsje.

Arbeidsjen is heilich, sei de paep, dy 't minst docht is der bêst oan. Werken is heilig, zeî de paap, die er 't minst aan doet, is er 't best aan toe.

Men arbeidet sa wol for de rok as for de brok. Men werkt zoowel voor de kleeding als voor den mondkost.

Dounsjen is arbeidsjen en jild ta jaen. Dansen is werken en geld toe geven (dus groote dwaasheid).

Arbeidsje by 't bealchfol en tinne brij. Zwaar werken en schrale kost.

Dy 't arbeidet en hwet bidijt, spint in gouden tried. Die werkt en iets bespaart, spint een gouden draad.

In klontsje as in arbeidershúske. Een (zeer groot) kandijklontje als een veldarbeidershuisje (in koffie of thee).

Hy arbeidet by 't pear, lyk as de skoenmakkers. Hij werkt bij het paar als de schoenmakers. — Van iemand die tweelingen krijgt.

Dy 't him oer-arbeidet wirdt onder de galge bigraven. Die zich overwerkt (boven zijne kracht werkt), wordt onder de galg begraven.

Arbeidsjen dêr is rook noch smaek oan. Hard werken daar is geur noch smaak aan. — Gezegde van iemand die 't zich liefst gemakkelijk maakt.

Hy het tofolle for de winkels arbeide. Hij heeft te veel voor de winkels gewerkt (bordeelen bezocht).

as.

As alle assen ien as wieren, hwet scoe dat in greate as wêze, en as alle wetters ien wetter wieren, hwet scoe dat in great wetter wêze, en as dy greate as den yn dat greate wetter foel, hwet scoe dat in greate plof jaen. Waren

alle assen één as en alle waters één water, wat zou dat een groote as en een groot water zijn, en wanneer die groote as dan in dat groote water viel, wat zou dat een groote plof geven. (Zie ook II, 143). — *As*, conj. = als, indien, wanneer; *as*, subst. = as, molenas. Als conj. wordt *as* veel gebezigd bij het opwerpen van zwarigheden. Men voert hiertegen ook aan: *As de mounle gjin as koed er net mealle;* indien de molen geen as had kon hij niet malen. De zin van beide sprw. is: wanneer alles op 't ergste liep zou er geen raad toe zijn. Zoo ook van het volgende: *As de hele wráld delfoel wieren alle potsjes en pantsjes stikken.* Wanneer de geheele wereld nederviel waren alle potjes en pannetjes stuk. — *As de loft delfoel hiene wy allegearre in blauwe krage.* Wanneer de lucht (het uitspansel) neêrviel, hadden (of kregen) wij allen een blauwe kraag.

Aste tofolle sin oan dy sels heste, het nimmen sin oan dy. Als gij teveel van uzelven houdt, zal niemand van u houden.

As wy opsnijd wirde stjonke wy allegearre. Als wij geopend worden, geuren wij allen. — Niemand wane zich rein.

As 't molken roan is moat men tsjernje. Als de melk geronnen is, moet men karnen. — *As 't izer hjit is moat it smeid wirde.* Als 't ijzer heet is moet men 't smeden.

As der saun sneinen yn 'e wike komme. Als er zeven zondagen in een week komen (zal dit of dat gebeuren, dus nooit).

As de dieden sprekke binne de wirden oertallich. Als daden spreken, zijn woorden overtollig.

As 't net kin sa 't moat, den moat it sa 't kin. Kan iets niet zooals het moet, dan moet het zooals 't kan. — Men moet van den nood een deugd maken.

As immen syn sneinsklean oan het past fûkefandeljen him net. Heeft iemand zijn zondagspak aan, dan voegt fuikenledigen hem niet.

As 't spil op syn bêst is moat men ophâlde. Als 't spel op zijn best is, moet men eindigen (het zou anders verkeerd kunnen afloopen).

As 't slimste oer is bettert it wer. Als het ergste voorbij is, wordt het weêr beter. — Ook: *It moat earst op 't slimst ear 't better kin.*

As God us pleagje wol binimt er us de wysheid. Als God ons wil plagen, beneemt hij ons de wijsheid.

As min sokke mear ha wol moat min se apart bistelle. Verlangt men meer van die soort (als hij er een is), dan dient men ze afzonderlijk te bestellen. — Van een zonderling.

As min witte wol ho 't de strou smakket moat men se priuwe. Wil men weten hoe de struif smaakt, dan moet men ze proeven.

As hy de lynje passearret scil er wol fierder komme. Als hij de linie gepasseerd is (vijftig jaar oud wordt), zal hij wel langer kunnen leven. — Van een zwak persoon gezegd.

As elk op him sels past wirdt nimmen wei. Wanneer ieder op zichzelven past, geraakt niemand zoek (gaat niemand verloren).

As 't op is, is 't koaitsen dien. Als 't op is, is het koken gedaan.

As yen hwet oanbean wirdt moat men tataeste. Wordt er iets aangeboden, dan dient men toe te tasten.

As men tinkt: it kin net op, den giet it grif op. Denkt men: het kan niet op, dan gaat het zeker op.

As twa it selde dogge, dat is altyd it selde net; as de boer great mei de faem is, dat is hwet oars as dat de feint great mei hjar is. Wanneer twee hetzelfde doen, dat is altijd niet hetzelfde; kust de (gehuwde) boer zijn dienstmeid, dat is iets anders dan dat de knecht het doet.

As de mêst fen boppen komt set min in sting yn 't plak. Als de mast nedervalt, zet men een steng in zijne plaats. — Treedt een degelijk man af, dan vervult wel eens een nul zijne plaats.

As neat komt ta eat, den wyt eat neat. Als niets komt tot iets, dan weet iets niets (dan is zijn vroegere toestand hem vergeten).

As je levertraen skeikindich ontleedsje is 't kleare bare spierkreft. Als ge levertraan scheikundig ontleedt, is het enkel spierkracht.

In bult as in healkynsen. Een bochel als een eenachtstetons vaatje.

In kearel as in lânrôlle. Een kerel als een landrol (groote dikke man).

Boarsten as earren amers. Vrouwenborsten als koperen melkemmers.

In lûd as in fêrzen eark. Eene stem als een bevrozen woerd (eene heesche stem bij verkoudheid).

baerch.

De bargen binne nei de troch. De varkens zijn naar den trog (naar zij gevoederd worden; de menschen naar hunne opvoeding).

Dy de baerch ringet moat him 't gûlen treastgje. Die het varken den ring aandoet, moet zich het geschreeuw getroosten. — Wie genot of voordeel najaagt, moet zich moeite en onaangenaamheden getroosten.

Dy 't fen 'e bargen net omwrot wirde wol, moat fen 'e rûchskerne bliuwe. Wie zich van de zwijnen niet wil laten omwroeten, moet zorgen van den mesthoop te blijven.

Dat wirdt in baerch mei in gouden earizer. Dat wordt een varken met een gouden oorijzer (eene vlag op de modderschuit). — *Bargen mei gouden ringen yn 'e snút,* domme ploerten opgepronkt met goud.

Folle bargen meitse tinne drank. Veel varkens maken de spoeling dun.

Hy of hja het in fet baerch krige. De knecht of meid heeft een vet vaken gekregen (is binnentijds uit den dienst ontslagen).

Hy wol twa rêggen út in baerch snije. Hij wil twee ruggen uit een vet zwijn snijden (dubbel voordeel van een zaakje trekken). — *Ik gjin twa rêggen út in baerch snije.* Wat de een gekregen heeft, kan ik den ander niet geven.

Hy wit wol hwet er driuwt as er in baerch foar het. Hij weet wel wat hij drijft, als hij met een zwijn te doen heeft.

It komt in dea baerch op in stek net oan. Het komt een dood zwijn op geen steek aan.

In baerch kin altyd wol troch in hage komme. Een zwijn kan altijd wel door een heg ontkomen. — Men vindt licht een uitweg om zich aan iets te onttrekken.

In baerch het in sin, scoe in minske net in sin ha? Een zwijn is wel eens kieskeurig; zou een mensch het niet mogen zijn?

In grinende baerch kriget hwet, in stille rekket foarby. Een knorrend varken geeft men iets, een zwijgend vergeet men.

Kin in baerch ek mei de leppel ite? Kan een zwijn ook met een lepel eten?

Myn baerch wol net sûpe, sei de boer. Mijn zwijn wil niet zuipen, zeî de boer. *Dan mut je him maar dyaken* (diaken) *make,* zeî de stadsman.

Mindert de skeaf, de baerch dijt. Mindert het koren, het zwijn (dat er meê gemest wordt) groeit.

So wolkom as de baerch yn 'e smouzetsjerke. Zoo welkom als het varken in de jodenkerk.

Smoarge bargen dije bêst. Morsige zwijnen groeien het best. — Men past dit toe op morsige kinderen.

Allerhellingen (Allerheiligen) *de bargen* (zwijnen) *op 'e stellingen, de schapen an 'e wal, de koeien op 'e stal.* (Ameland).

As dy kearel syn kop op in baerch siet woe ik er gjin spek fen ha. Zat de kop van dien kerel (een ruigbehaarde, vieze man) op een zwijn, ik zou er geen spek van verkiezen (nl. van den kop).

As de bargen de modder op ha. Als de varkens het slijk hebben opgepeuzeld. — Des zomers, als wegen en velden droog zijn, kan men eens uit plezieren gaan.

Hja skriemt bargetriennen. Zij schreit varkenstranen (krokodillentranen, tranen met tuiten). — Zij schijnt zeer aangedaan, maar het is niet van harte.

Gjin jild gjin bargen, gjin bargen gjin spek. Zonder geld geen varkens, zonder varkens geen spek.

De brette bargen rinne hjir net mei 't mês yn 'e rech. De gebraden varkens loopen hier niet met het mes in den rug. — We zijn hier niet in Luilekkerland.

Hy gûlt as in meager baerch. Hij schreeuwt als een mager varken.

Kin in dea baerch ek bite? Kan een dood varken ook bijten (een onbeduidend, dom persoon iemand schaden)?

As de bargen mei lange strieën rinne wol 't reine. Wanneer de varkens met lange strohalmen loopen, wil 't regenen. — Rooken jongens uit lange pijpen, dan kunnen ze onpasselijk worden.

Ik mei wol in stik fen in dea baerch, dy 't seis wike op 'e dong lein het. Ik lust wel een stuk van een dood (gedood) varken, dat zes weken op de mest (vuilnis) gelegen heeft (nl. in het hok om te mesten).

Sa rjucht as in bargestirt. Zoo recht als een varkensstaart (die altijd gekruld is).

Sa ûnbrûksum as (of: *Altyd tsjinstribbelje lyk as*) *in baerch; lûkt min him oan 'e earen, hy hinget yn 't gat; lûkt min him oan 'e stirt, hy wol foarút.* Zoo onhandelbaar (of: altijd tegenstribbelen) als een varken; trekt men het aan de ooren, het wil achterwaarts; trekt men het aan den staart, het wil vooruit.

Bargen moatte net woelich wêze. Mestvarkens moeten rustig zijn (anders groeien ze niet). — Gezegd van luie rijkaards.

Bargebloed is better as adelik bloed, sei de jonge, hwent fen bargebloed makket ús mem bargemarge. Varkensbloed is beter dan adellijk bloed, zeî de jongen, want van varkensbloed maakt moeder bloedworst.

Elk hâldt syn eigen bistek, fjirdel baerch is saun siden spek. Ieder houdt zijne berekening; vierdehalve varken is zeven zijden spek.

Rjuchtút as de bargesnút. Rechtuit als de varkenssnuit. — Zonder complimenten.

Hy het in krol mear as in bargestirt. Hij heeft nog een krul meer dan een varkensstaart (hij is een verwaande pronker).

Fen boartsjen komt jamk bargebiten. Uit spel ontstaat wel eens twist (die op handtastelijkheden uitloopt).

Hy sjongt as in baerch dy 't op 'e doar litsen wirdt. Hij zingt als een varken, dat op de slachtbank wordt getrokken. — Ook: *Hy gûlt as in baerch dy 't oan 'e stirt by de ljedder ophyst wirdt.*

Op 't bil ha de bargen gjin eagen. Wie hieruit verstaat, dat op het Bildt de varkens geen oogen hebben, is gefopt.

Bargefearren fleane net. Zwijnsvederen vliegen niet. — Gezegd van iets dat men onuitvoerbaar acht.

De baerch is fet. Het varken is vet. — Is een steenen kinderspaarpot, in den vorm van een varkentje, zoo vol geworden dat er niets meer in kan, dan zegt men: *De baerch is fet, nou moat er slachte,* stuk geslagen worden (want zulk een spaarpot kan men niet openen). — Staan er toevallig eens twee brandende lampen tegelijk op tafel, dan heet het: *Kom, de baerch is fet, sa 't liket,* de spaarpot vol, nu komt het op een kleintje niet aan. Ook: *Sa hoeft it net* (dit gaat te grof) *de baerch is yet net fet.* — *Garjen en sparjen makket stiennen bargen fet.* Garen en sparen maken steenen varkens vet.

In kearel oft er ut in bargeriezel draeid is. Een kerel als of hij uit een varkensreuzel is gedraaid (een flink, welgemaakt man). — Ook ironisch.

Dy 't earst de dochter en den de mem freget, kriget de baerch by de earen. Wie eerst de dochter en dan de moeder vraagt, vat het varken bij de ooren (dus verkeerd).

In tange op in baerch. Een tang op een varken (een magere man met lange beenen op een boerenpaard).

Pleitsjen is as bargeslachtsjen, it het syn utfallen. Procedeeren is als varkensslachten, de uitslag is onzeker.

Meagere bargen jilde ek jild. Magere zwijnen zijn ook nog geld waard.

baes.

Dy 't baes is moat it witte. Die de baas is (het meest te zeggen heeft), moet beslissen.

In lyts baes is better as in great feint. Werkbaas in het klein te zijn, is beter dan knecht in het groot. — 't Kan ook anders-om zijn.

Lêst komme en earst baes. Het laatst komen en 't meest den baas spelen. — Van een jong kindje, dat der moeder handen vol werk geeft. Ook van een pas geplaatst ambtenaar, die 't den menschen lastig maakt.

Der is altyd baes boppe baes. Elke uitmunter vindt nog soms zijn meester.

Hy is baes dêr 't de biezemstok stiet. Hij is baas waar de bezemstok staat (heeft niets te bevelen).

Dat is in baes, mar hy het gjin skoatsfel foar. Dat is een baas, maar hij draagt geen schootsvel. — Een uitmunter in zijne soort, hoewel geen werkbaas.

Moarn baes! De groetenisse fen 'e baes en as de baes ek efkes by de baes komme koe. En as de baes net koe, den scoe de baes wol efkes by de baes komme, sei de baes. Moarn baes! (Volksaardigheid.)

bakke, bakker.

Min moat de bakker en de slachter ta frjeon hâlde. Men dient den bakker en den slager tot vrienden te houden (te zorgen dat men gezond blijft).

Dy de brouwer lêst, dy lêst de bakker net. Die den brouwer lust, lust den bakker niet. — Die veel bier drinkt, eet niet veel. — Ook: *Dêr 't de brouwer sit kin de bakker net sitte.* Waar de brouwer zit, kan de bakker niet zitten.

Kom moarn wer, wy bakten jister. Kom morgen terug, wij bakten gisteren; (vandaag is hier niets te halen).

It is foarhinne al bakt, dat nou krommele wirdt. Het is vroeger reeds voorbereid, wat nu wordt uitgevoerd.

As 't sa giet wird ik bakker ôf. Als 't zoo gaat, word ik bakker-af. — Als 't mij telkens tegenloopt, houd ik het niet vol.

Hy is bakker-oan. Hij is geverbaliseerd.

Dêr is honger bakker en toarst brouwer. Daar is honger bakker en dorst brouwer. — Schraalhans is daar keukenmeester.

Der bakt en brout nimmen for in oar. Niemand bakt of brouwt voor een ander. — De vruchten van zijn werk behoudt men liefst voor zich.

Pillen fen 'e bakker ha 'k ljeaver as gûd ut it apteek. Pillen van den bakker gebruik ik liever, dan medicijnen uit de apotheek.

Boate bakker bakt bêst brún brea. Bakker Bote bakt best bruin brood. (Volksaardigheid.)

De bakker is troch de oun flein. De bakker is door den oven gevlogen (bankroet gegaan).

Ik bin in weachhals en myn broer is in bakker. Ik ben een waaghals en mijn broeder is een bakker. — In 't ergste geval bekom ik altijd nog wel brood.

O oven! o oven! bak onder, bak boven! bak plat en bak rond, bak alle menschen naar den mond.

Hy het ta de bakker syn krintefet sitten. Hij heeft uit des bakkers krentenvat gesnoept. — Van iemand, vooral een kind, die tengevolge van huiduitslag zekere zweren, die men ook krenten noemt, om mond en kin heeft.

Alle bakten en brouten bislaen net allike goed. Alle baksels en brouwsels vallen niet even gelukkig uit. — Van huwelijken, enz.

Dou bist gjin bakker, wol? Gij zijt geen bakker, meen ik? — Tot een koopman, die niets wil laten afdingen; ook in den veehandel.

De bakker leit de moaiste bôllen foar 't finster. De bakker legt de mooiste brooden voor het venster.

Dat jout in goede rekken, sei de bakker, mar hy hie de rogge forgetten. Dat geeft een goede rekening, zeî de bakker, maar hij had (bij 't opmaken zijner jaarrekening) de uitgaven voor rogge vergeten.

bal.

Dy 't de bal ûtsmyt, moat ôfwachtsje ho 't er him werom kriget. Wie kaatst, moet den bal verwachten.

Hja keatse elkoar de ballen ta. Zij kaatsen elkander de ballen toe. — Schijnbaar in tweestrijd werken ze elkaar in de hand.

Hy slacht de bal mis. Hij slaat den bal mis (redeneert of oordeelt niet juist).

Dou mast him de ballen mar goed werom slaen. Gij moet hem de ballen maar flink terug slaan (zijne scherpe uitvallen, vragen of plagerijen met dezelfde munt betalen).

balke.

Dy 't oer in balke springt moat net oer in strie stroffelje. Wie over een balk springt, moet over geen stroo struikelen.

De balken scille net delfalle as jy by uzes oer 'e drompel komme. De zolderbalken zullen niet nederstorten, als gij bij ons in huis komt. — Vriendelijk verwijt aan een vriend, die ons te zelden bezoekt.

Hâld dy binnen de balken, den wirdst net sketten. Houd u in huis, dan wordt ge niet geschoten.

Hy tilt altyd oan 'e swierste ein fen 'e balke. Hij tilt steeds aan het zwaarste einde van den balk. — Hij is zeer zwaartillend van natuur.

Dat is hea oer 'e bâlke. Dat is hooi over den balk (meer dan genoeg, overdadig, vooral bij den maaltijd). *Hy hellet tofolle hea oer de balke.* Hij onderneemt te veel zaken tegelijk.

Der komme balken onder 't iis. Er komen balken onder het ijs.

barne.

Hwet my net barnt blies ik net. Wat mij niet brandt, blaas ik niet. — Wat mij niet aangaat, daar bemoei ik mij niet meê.

It barnt yn 'e piip. Het brandt in de pijp. — Het loopt met den zieke naar het einde.

It barnt op 'e neil. Het brandt op den nagel. — De zaak, het werk noodzaakt ons tot spoed.

Hy stiet twisken hingjen en barnen. Hij staat tusschen hangen en branden (in een benarden toestand).

Hy het him dêr oan barnd. Hij heeft zich daaraan gebrand (onwillens en wetens zich vergrepen tegen wet en recht).

As 't al barnt, sa barnt it wetter lykwols net. Wanneer alles brandt, dan brandt toch nog het water niet. — Ook: *As alles ôfbarnt scil de sé dôch wol oerbliuwe.* Wanneer alles verbrandt, zal de zee toch wel overblijven.

It is allegearre hingjen en barnen. Het is alles hangen en branden (vliegende haast en drukte).

beam.

Amten en posten hingje net oan 'e beam, mar oan 't kret. Ambten en posten hangen niet aan den boom, maar aan den kruiwagen.

Hy tart mar fen 'e hege beam ôf. Hij teert maar van den hoogen boom af (leeft, zonder te werken, van zijn kapitaaltje tot het is opgeteerd).

Hy sit to heech yn 'e beam. Hij zit te hoog in den boom (dus buiten mijn bereik; hij vraagt te veel geld voor zijn eigendom, dien ik wensch te koopen).

As in âld beam forplante wirdt giet er faek gau út. Wordt een oude boom verplant, dan kan hij wel eens spoedig sterven. — Toegepast op oude lieden die verhuizen.

Ho edeler beam, ho buchsumer twiich.
Hoe edeler boom, hoe buigzamer tak.

*Hja krije him mei moaije wirden net üt
de kêrsebeam.* Men krijgt hem met
mooie praatjes niet uit den kerseboom.
— Waar hij het goed heeft, blijft hij.

Min hout in beam sa lang dat er omfalt.
Men houwt een boom zoolang, tot
hij nedervalt.

Hege beammen habbe folle wynfang.
Hooge boomen vangen veel wind. —
Hooggeplaatste personen hebben veel
te verduren.

Min fangt gjin walfisken yn 'e beammen.
Men vangt geen walvisschen in de
boomen. — Grootspraak beteekent
niets.

In kearel as in beam. Een man als een
boom.

Sa 't de beam falt bliuwt er lizzen. Zoo
de boom valt, blijft hij liggen.

bean.

*As der fjouwer blêdden oan 'e roomske
beane binne, wirdt it tiid om in mid-
deisliepke to nimmen.* Hebben in het
voorjaar de roomsche boonenplanten
vier blaadjes gekregen, dan is de tijd
daar, om dagelijks een middagslaapje
te nemen.

*As 't beane om 'e kant wirdt, fljucht de
ljeafde ta 't finster üt.* Als 't boonen
om den kant (een sober maal) wordt,
vliegt de liefde 't venster uit.

*As 't beane om 'e kant is forwyt de iene
de oare.* Als 't boonen om den kant
is (schraalhans keukenmeester), beginnen man en vrouw elkaâr te beschuldigen.

*Hy het yn 'e beane wêst om eartepoellen
to siikjen.* Hij is in de boonen geweest, om erwtenpeulen te zoeken. —
Hij is in de war geweest.

Allike folle beane as poeltsjes. Evenveel
boonen als peultjes (van alles niets).

It is in bean yn 'e broutsjettel. Het is
een boon in den brouwketel (zooveel
als niets).

Hy sea ynwindich as in soad beane.
Hij kookte inwendig als een kooksel
boonen (was inwendig erg boos).

Ik hab al beane mei him iten. Ik heb
reeds boonen met hem gegeten (met
hem te doen gehad; ik ken hem bij
ondervinding).

*De beane üt it wetter binne him noch
to goed.* De boonen, uit het water gegeten, zijn voor hem (den verachte-
lijken deugniet) nog te goed.

bêd.

*To bêd is 't bêst, sei de breid en hja
waerd by de hird forgetten.* Naar bed
is het beste, zeî de bruid, en werd bij
den haard vergeten.

De siikke leit op bêd, de faeije stiet er foar.
De zieke ligt te bed, de veege staat
er voor. — De gezonde sterft wel eens
eerder dan de schijnbaar levensgevaar-
lijke.

Hy het it bêd for in oar makke. Hij
heeft het bed voor een ander gespreid
(met moeite en kosten eene zaak
tot stand gebracht, waarvan een ander
de voordeelen trekt).

Mei eigen spot nei bêd. Met eigen spot
naar bed (huwen met iemand, die men
vroeger bespot en beschimpt heeft).

Hy bitellet de hüshier mei 't âld bêdstrie.
Hij betaalt zijn huishuur met het oude
bedstroo (verlaat zijne woning zonder
de huur te betalen).

De kij komme nachts by my op bêd. De
koeien komen 's nachts bij mij in het
bed. — Dit zegt de boer, wanneer hij
niet kan slapen, omdat de beesten in
de weide gebrek aan voedsel hebben.

*Hy is mei de forkearde foet earst fen
't bêd komd.* Hij is met den verkeerden
voet voorop uit het bed gestapt (na
zijn opstaan knorrig en ontevreden).

*Ik fyn myn bêd wol, sei Sjouke pimpe-
ler en kroep yn 't baergehok.* Ik vind
mijn bed wel, zeî Sjouke de pooier,
en kroop in het varkenshok.

*Min scoene him mei in cintes bôltsje nei
bêd bringe.* Men diende hem (een
vervelende praatjesmaker) met een
cents-broodje naar bed te brengen
(evenals een lastig kind).

Ontklaei dy net ears 't nei bêd gietste.
Ontkleed u niet, voor gij naar bed
gaat. — Sta, zoolang gij leeft, uw
eigendom niet aan uwe erven af.

*Mannich-ien makket it bêd ré for in
oar en komt sels op strie to lizzen.*
Menigeen brengt voor een ander het
bed in gereedheid en komt zelf op
een strooleger terecht.

In wirch man fielt gjin hird bêd. Een
vermoeid man gevoelt geen hard bed.

II.

19

Hja leit yn 't waerm bêd. De vrouw ligt in het warme bed (kraambed).

beest.

Skild is in lilk beest. Schuld is een leelijk beest. — Niemand wil de schuld van iets dragen.

It iene beest ken 't oare. Het eene beest kent het andere. — Soort zoekt soort.

Hy is altyd 't lilke beest. Hij is altijd het leelijke beest (de zondebok).

bern.

Oan bern altyd to reitsen en skoarstiens goed to meitsen, komt nei myn forstân, heel faek net oars as inkeld by lokraek. Aan kinderen te geraken en goede schoorsteenen te maken, komt, naar mijn begrip, dikwijls enkel bij toeval.

Ryk fen bern is earmeljues sein. Een talrijk kroost is des armen zegen.

Min moat altyd oan 'e widze sjen kinne honear 't bern kakke moat. Men moet altijd aan de wieg kunnen zien, wanneer het kind behoefte heeft (steeds weten wat ons te doen staat).

Us Ljeaven Hear soarget for lytse bern en dronkene ljue. Onze Lieve Heer zorgt voor kleine kinderen en beschonken lieden (anders zouden beide veel meer ongelukken krijgen).

Dy 't in bern ûtstjûrt kriget in bern werom. Wie een kind uitzendt, krijgt een kind terug. — Gebruik bedreven lieden in uwe zaken.

't Is in gelok dat de bern by ienen komme en net by tsienen, lyk as de biggen. Het is een geluk (voor de ouders), dat de kinderen bij één tegelijk komen en niet bij tientallen, zooals de biggen.

As de berneskoen ût komme, moat it boartsjen ophâlde. Komen de kinderschoenen uit, dan is 't met het kinderspel gedaan.

Alles rêdt him sels, bihalven lytse bern en pankoeken. Alles redt zich zelf, uitgezonderd kleine kinderen en pannekoeken.

As de bern in stiemoer krije, dan krije se ek in stiefaer. Krijgen de kinderen eene (hardvochtige) stiefmoeder, dan wordt allicht de vader hardvochtig meê.

Dêr fen scille sizze de bern dy 't yn'e widze lizze. Daar zullen de zuigelingen van spreken.

Dy 't bernebrea yt, dy 't mei skande sit. Die zich door zijne kinderen moet laten onderhouden, is niet benijdenswaardig.

Hy kriget sin oan oareljues bern. Hij krijgt begeerte naar andere liedens kinderen (heeft verliefde buien). — Ook: *sin oan oareljues gûd,* eens anders eigendom. — Dit ook van dieven, dus woordspeling.

Hy soarget for de widze ear 't bern makke is. Hij zorgt voor de wieg, eer nog het kind te verwachten is.

In moai bern het wol ris in lilke namme. Een mooi kind heeft wel eens een leelijken naam.

It scil wol gean as 't mar bigjint to gean, sei Kekke, en hjar bern hie mar ien skonk. Het zal wel gaan, als 't maar begint te gaan, zei Geerte, en haar kind had maar één been.

It earste bern is 't earste gewin. Het eerste kind is het eerste gewin (voor jonggehuwden).

It earste bern komt as 't klear is, it twade op 'e tiid. Het eerste kind (na 't huwelijk), komt als 't gereed is, het tweede op tijd.

Ljeave bern, ljeave nammen. Lieve kinderen, lieve namen. — Men spreekt altijd wel van hen, die men lief heeft.

Ongelokkich de bern, dy 't witte dat de âlden jild ha. Ongelukkig de kinderen, die doordrongen zijn van het besef, dat de ouders ruimschoots geld hebben.

Bern by 't skepnetsjefol. Kinderen bij schepnetjes vol (evenals bakvisch). — Een groot aantal kinderen in een gezin.

Dêr folle bern binne smellet de eker. Waar vele kinderen zijn, versmalt de akker.

As de bern iten ha, wolle se nei hûs. Hebben de kinderen gegeten (bij familie of kennissen), dan willen ze weêr naar huis.

In goed bern dat op syn faer liket. Een goed kind dat zijnen vader gelijkt. — Ook: *Hwa scil er neijer lykje as syn faer?*

Dat is in kream sonder bern. Dat is een kraam zonder kind (een leelijk geval, eene gekke historie).

Al njunkelytsen komt it bern yn 'e klean. Al zachtjes aan komt het kind in de kleêren (de zaak in orde, Harmen in 't wambuis). — *It bern is yn'e ruften.* Het kind is ingebakerd (de zaak in orde).

Mâl moer, mâl bern. Mal moertje, mal kindje.

Bern frette alles op, bihalven hinne-kjitte en fjûrstiennen, it iene is hjarren to weak en 't oare to hird. Kinderen verorberen alles, behalve kippenmest en vuursteenen, het een is hun te week en 't ander te hard.

Hja bringe de bern op as heidens en Turken. Zij voeden hunne kinderen op als heidenen en Turken (leeren ze geen bidden en ter kerke gaan).

It is in Adams-bern. Het is een Adams-kind (een kind van het mannelijk ge-slacht). Gezegd bij de geboorte.

In bern as in blok. Een jong kind als een blok (zeer voordeelig groeiend kind).

As 't bern mar in namme het. Als het kind maar een naam heeft. — Niet op den naam, maar op het ware der zaak komt het aan.

As der so feul kynders komme mutte de wyntannen ut. (Stadfr.) Wordt het gezin talrijk, dan dient men de wijntanden te laten trekken (zich het wijndriuken te ontzeggen).

Ien âlder kin better seis bern onder-hâlde as seis bern ien âlder. Eén ouder (vader of moeder) kan beter zes kin-deren onderhouden, dan zes kinderen een ouder.

bek.

Hja het in bek as in opskoerde toffel. Zij heeft een mond als een opge-scheurde slof (kan uitstekend zwetsen en kakelen). Ook: *as in skearmês.*

It kyn in bekje geve. (Stadfr.) Het kind een bekje (kusje) geven. — Eens uit het glas proeven.

better.

Better bûge as barste. Beter te buigen dan te bersten. — Beter toe te geven dan te verongelukken.

Bêst is dy 't bêst docht. De beste is hij, die 't best handelt.

Koarte wirden en dy fêst, slute bêst. Korte woorden en die vast, sluiten het best.

De bêste tsizen habbe faek de measte maeitsen. De beste kazen hebben dik-wijls de meeste maden. — Uitstekende vernuften hebben wel eens grove zedelijke fouten.

Kalk en stien mitselt bêst. Kalk en steen metselt het best. — Bij eten voegt drinken.

In bytsje minder as yen lêst, dat bikomt yen bêst. Een weinig minder dan men lust, dat bekomt iemand het best.

Better mei de romte to rieden as mei de krapte. Met te veel kan men beter huishouden dan met te weinig.

Ik bin al oer de better helt. Ik ben reeds over de betere helft. — Het beste deel mijns levens heb ik achter den rug.

Better yntiids weromgien as kwealk foartgean. Beter intijds teruggekeerd dan den dwaalweg verder opgegaan.

Better djûr as net to krijen. Beter duur dan niet te koop.

Bisliep jo to bêste, bitink jo to bêste, biried jo to bêste. Beslaap u ten beste, bedenk u ten beste, beraad u ten beste (d. i. neem de zaak in ernstige over-weging).

Bettermeitsen stiet moaijer als bilabjen. Verbeteren is beter dan beschimpen.

It kin better fen 'e skeaf as fen 'e bân. Het kan beter van de schoof dan van den band. — Wien veel gegeven is, van dien zal veel geëischt worden.

bidde.

Der is gjin bidden tsjin al kaem Sint Piter ut 'e himel. Er is geen bidden tegen, al kwam Sint Peter uit den hemel.

Luije ljue bidde God om wirk en tankje him as se 't net krije. Luiaards bid-den God om werk en danken Hem wanneer zij 't niet krijgen.

De weesjongens scille wol for us bidde. Gezegd als men meent voor een keer het bidden voor het eten te kunnen nalaten, omdat de weesjongens dit zeker niet zullen doen.

Roggene prippert ha 'k ljeaver as 't lange gebet. Roggemeelkoek heb ik liever dan een lang gebed.

Lang bidde en koart ite, is boerepoletyk. Lang bidden en kort eten is de politiek van een boer (die werkvolk in zijn dienst heeft).

Gong ùt en bid, kom thûs en lij. Ga uit en bid, kom te huis en lijd. — Bidden alleen is niet voldoende.

Wy scille efkes efter 'e pet sjén. Wij zullen even achter de pet zien (bidden).

Wy wolle efkes stil wêze. Wij willen even stil zijn. (Als boven).

Wy wolle efkes in goed wird sizze. Wij willen even een goed woord spreken. (Als boven).

bycht.

Kwea bycht, kwea absolúsje. Oneerlijke biecht, onvoldoende absolutie.

Do 't de geuzen yn 't lân kamen hálde 't bychten op. Toen de geuzen in het land kwamen, hield het biechten op. — Antwoord aan een te vrijpostigen vrager.

bijen.

Dy 't huning ha wol moat it stekken fen 'e bijen fele kinne. Wie honig wil hebben, moet het steken der bijen kunnen verdragen.

Dêr 't bijen binne is ek huning. Waar bijen zijn is ook honig. — Waar men werkt wordt iets verdiend.

Hja komme allegearre op 'e bijekoer del. Zij komen allen op de bijenkorf los (bv. geringe lieden op een rijke in hunne familie).

bitelje.

Nau tingje en goed bitelje. Nauw dingen en goed betalen.

Yn trije terminen bitelje: nou net en den net en noait net. In drie termijnen betalen: nu niet en dan niet en nooit niet.

Neibiteljen is swier wirk. Nabetalen (oude schulden betalen) valt bezwaarlijk.

bjier.

Dyn mout is yet net ta bjier komd. Uwe mout is nog geen bier geworden (ge zijt nog niet ver gekomen).

Joukebjier is swiet bjier. Gegeven bier is lekker (omdat het den drinker niets kost).

blyn, bline.

Wy scille in stikje fen bline Douwe spylje. Wij zullen een stukje van blinden Douwe spelen (slapen gaan).

Biwiis de sinne mei de finger oan in bline, en dôch kin er 't net sjén. Wijs eenen blinde de zon met den vinger aan, hij kan toch niets zien.

Bline het in hazze fongen. De blinde heeft een haas gevangen (de onhandige bij toeval iets knaps uitgevoerd).

It is in blyn spil. Het is een blinde zaak (waaromtrent zich niets vooruit laat zien of berekenen).

Min moat faek sjênde blyn wêze en hearrende dôf. Men dient dikwijls ziende blind en hoorende doof te zijn.

It wiif driuwt bline nearring. De vrouw drijft blinde nering (pleegt overspel om geldelijk voordeel).

Sa moaijernôch, in bline boer sjucht er dôch neat fen. Zoo mooi genoeg, een blinde boer ziet er toch niets van.

It rjucht is blyn. Het recht is blind. (De rechtbanken vonnissen in het wilde: wat de eerste veroordeelde, vindt de tweede onstrafbaar).

Blinen en finen dêr wirdt men mei bidragen. Met blinden en fijnen raakt men gefopt.

De bline rekket de lirts wol. De blinde treft de lits wel eens. — Een domme doet soms bij toeval iets verstandigs.

bloed.

It bloed waerd my sûpe. Het bloed werd mij karnemelk (ik werd erg boos).

It bloed fleach my nei de holle. Het bloed steeg mij naar het hoofd. — Ik gevoelde dat ik boos werd van verontwaardiging.

It bloed krûpt dêr 't net gean kin. Het bloed kruipt waar 't niet loopen kan. — De stem des bloeds laat zich gelden.

It neiste bloed erft it goed. Stadfr.: Wie salich wil sterve, laat et naaste bloed erve.

Der is spaensk bloed oan 'e lodde. Er is spaansch bloed aan de spade. — Er is geen werk. (Werkmansgezegde).

boek, boekje.

Hy stiet dêr goed to boek. — Hy stiet dêr yn in goed boekje; (ook: yn in *goed bledtsje*). Hij staat daar gunstig aangeschreven.

Ik scil jo de boeken wol iepen lizze. Ik wil u de boeken wel openleggen (eerlijk en duidelijk alles opbiechten).

Ik scil der ris in boekje fen opdwaen. Ik wil daar eens een boekje van opendoen (verrassende bijzonderheden daaromtrent meêdeelen).

Hy kin prate krekt oft er 't út in boekje lêst. Hij kan praten alsof hij 't uit een boekje leest.

Dat stiet net yn myn boekje. Holl.: dat staat niet in mijn woordenboek.

Hou! nou gietst búten 't boekje. Nu dwaalt ge van den tekst af; ook: nu spreekt gij onbehoorlijke taal, bv. onkieschheden in een gemengd gezelschap.

It rekket yn 't forjittersboek. Het geraakt in het vergeetboek. — Van iets dat men niet behoorde te vergeten.

Folle boeken net to lêzen, kin min sa wiis wêze? Vele boeken niet te (willen) lezen, kan men op die manier wijs zijn?

boer.

De boer moat sels de leije ha. De boer moet zelf de teugels in handen hebben (niet alleen op het rijtuig, maar ook in de boerderij).

It is in boer net wys to meitsen ho 't in soldaet oan 'e kost komt. 't Is bezwaarlijk een boer te doen begrijpen, hoe een soldaat aan den kost komt.

De boer yt middeis toalve úre, de lánhearre folle letter, sa is de boer yn 't foar. De boer eet met middag, de landheer veel later, de boer is dus vooruit. (Kan de boer geen pacht betalen, hij krijgt toch alle dagen zijn middagmaal).

„Daar komt de schoonste van den lande", sei de boer do 't er de sinne (zon) opkommen seach. *„Bin ik dat?"* sei de faem. *„Dêr ha jy den in healstik búter",* daar hebt ge dan een halfstuk (= 1 kilo) boter.

Dy 't hwet wol moat er mar yntiids by wêze, sei de boer, do stied er de moarns om haelwei fiven oan 'e hals ta yn 'e feart. Die iets doen wil, moet er maar intijds meê klaar zijn, zeî de boer, toen hij 's morgens halfvijf tot aan den hals in de vaart was geraakt.

Elk syn meuch, sei de boer, en hy himmele it lyts berns iten op. Elk zijn smaak, zeî de boer, en smulde de pap van zijn klein kindje op.

Fen dy boer gjin earte! Van dien boer geen erwten! — Spreek mij daar niet van!

In bêst middel tsjin 'e múzen, sei de boer, do 't syn skoerre ôfbarnde. Een best middel tegen de muizen, zeî de boer, toen zijn schuur afbrandde.

Ik hâld net fen waerme bôllen, sei de boer, en hy iet for tsien stúren op. Ik houd niet van warme bollen, zeî de boer, en hij at voor tien stuivers op.

It is in waer dat in goed boer stjûrt syn houn der net út. Het weêr is zoo ruw dat een goede boer zijn hond niet naar buiten zendt. — Ook: *In goed boer stjûrt syn faem* (of *syn wiif*) *der net út, lit stean syn houn;* een goede boer zendt zijne dienstmeid (of zijne vrouw) niet naar buiten, veel minder zijn hond.

Lit stjerre hwet stjerre wol, sei de boer, as myn wiif mar gjin widdou wirdt. Laat sterven wat sterven wil, zeî de boer, als mijne vrouw maar geen weduwe wordt.

Sindlikheit is de haedsaek, sei de boer en fage de tafel ôf mei de skytbiezem. Zindelijkheid is de hoofdzaak, zeî de boer, en vaagde de huistafel af met den stalbezem.

Ik scil hjûd it mês by de boer op 'e tafel lizze. Ik ga vandaag het mes bij den boer op de tafel leggen. Zie I, 395.

In boer en in kwartsje kinne min skiede. Een boer en een kwartje kunnen moeielijk scheiden.

Hy is boer by nacht. Hij is boer bij nacht (melkt bij nacht eens anders koeien).

In grap is in grap, sei de boer, en hy kitele syn wiif mei de heafoarke. Een grap is een grap, zeî de boer, en kittelde zijne vrouw met de hooivork.

Ik bin altyd by 't forstân troch rekke, sei de boer; do 'k jong wier siet it yn 'e âlderdom, en nou 'k âld bin sit it yn 'e jeugd. Ik ben altijd het verstand misgeloopen, zeî de boer; toen ik jong was, zat het in den ouderdom, en nu ik oud geworden ben in de jeugd.

*Ik weagje my net op 't pompieren sou-
derke, sei de boer.* Ik waag mij niet
op 't papieren zoldertje, zeî de boer
(ik beleg mijn geld niet in staats-
papieren).

*In goed middeimiel is in skoane útfi-
ning, sei de boer.* Een goed middagmaal is eene kostelijke uitvinding, zeî
de boer.

*In boer kin for ienkear wol ris tsjin
in hear tarre, mar altyd net.* Een
boer kan voor éénmaal wel eens vertering maken als een heer, maar niet
altijd. — Men kan 't er voor een
enkelen keer wel eens afnemen. Ook
toegepast op een boer die te rijk leeft.

*Alle begjin is slim, sei de boer en hy
woe de kou oan 'e stirt yn 'e hûs lûke.*
Alle begin is moeielijk, zeî de boer,
en wilde de koe aan den staart de
deur intrekken.

*As 't hjir nou mar by bliuwt, sei de
boer, do 't er syn wiif en bern forlern hie.* Moge 't hier nu maar bij
blijven, zeî de boer, toen hij zijne
vrouw en zijn kind (door den dood)
had verloren.

*As de boeren nei tsjerke scille sizze se:
Ha 'k al duiten? En scille se nei de
merke: Ha 'k al jild?* Voor de kerk
steken de boeren kopermunt in den
zak, voor de kermis zilvergeld.

Dat binne de boer syn goezzen net. Dat
zijn de boer zijn ganzen niet. — Het
zijn voorwendsels en niet de ware
reden die gij opgeeft.

*Dy 't goed het, het ek noed, sei de boer,
do forlear er in nochteren laem.* Wie
eigendom heeft, heeft kans op schade,
zeî de boer, toen hij een pasgeboren
lam verloor.

*Der is gjin kou om 'e hals, sei Reitse-
boer, do 't er syn wiif forlern hie.*
Er is geen koe meê gemoeid, zeî boer
Reitse, toen zijne vrouw was gestorven.

De bêste boer is in boer út in boer. De
beste (bekwaamste) boer is de zoon
van een boer.

*Altyd binne de boeren dronken, altyd
binne de stedljue gek.* Altyd klieuwe
(kluiven) de stedljue bonken, altyd ite
de boeren spek.

*Kropsalaad en veterband, alles gaat naar
Engeland, koeien, schapen tegelijk; o!
wat worden de boeren rijk.* — Dit

rijmpje is ontstaan kort na 1840, in
den tijd toen de groote engelsche
stoombooten begonnen waren op Harlingen te varen, om hier allerlei vandaan te halen, waardoor de prijzen der
levensmiddelen stegen.

*Jy habbe hjir in kreep spil, lânhearre,
it skythús mei stientsjes opset en 't lid
mei koperen knieren,* zeî de boer, toen
hij, bij den landheer ten eten zijnde, de
regenbak voor het privé had aangezien.

In nijboer het elk op 'e loer. Een nieuwe
boer wordt door ieder zijner buren op
de vingers gekeken.

De boer het de okse yn 't sâlt. De boer
heeft den os in het zout. — In algemeenen zin: wij zijn toegerust voor
den winter.

De boer moat for de bûter easkje. De
boer moet den prijs zijner boter bepalen (zoo ook ieder die iets te koop
aanbiedt).

*Hy is yn 't foar as in boer dy 't in
jier hier yn 't efterst is.* Hij is den
tijd vooruit, evenals een huurboer, die
een jaar pacht ten achteren is.

Hy sit gjin boer yn 't finsterbank. Hij
zit geen boer in de vensterbank (is
niemand in den weg of tot last).

In boer mei ljurkelân en ôfstallich fé.
Een boer met mager land en onooge-
lijk vee.

bok.

Dat spant, sei de bok, en hy moast lamje.
Dat spant er, zeî de bok, toen hij
lammeren moest werpen.

Dat het de bok ús leard. Dat heeft de
bok ons geleerd. — Men zegt dit wanneer men druiveboomen snoeit, omdat bokken gaarne 't lover van sommige boomen vreten.

*Dou scilst fen 'e bok drome ast tsjin 't
heilige húske oanpisseste.* Gij zult van
den bok (duivel) droomen, als gij kerk
en geestelijkheid minachting betoont.

In âld bok mei yet wol in grien bledtsje.
Een oude bok lust nog wel een groen
blaadje. — Een oude liefhebber houdt
nog wel van jonge meisjes.

Woste in bok mei hoarnen wirde? Wilt
gij een bok met hoornen (een domkop)
worden (door niets te leeren)?

Hy het de bokkeprûk op. Hij heeft de
bokkenpruik op (is knorrig, slecht
gehumeurd).

Boeken en bokken, hofolle skeelt it? Boeken en bokken, hoeveel verschilt dit? — Boekenwroeters, geleerden, zijn wel eens zeer onbeleefd.

bolle.

Hy bigrypt der safolle fen as de bolle fen 'e noardstjer. Hij begrijpt er even zooveel van als de bul van de noordstar.

It wirdt altyd hwet, in koukeal of in bolle. Het geeft altijd iets, een koe- of stierkalf. — Het een of het ander zal er wel van terecht komen.

Hy is in rjuchte tsjûrbolle. Hij is stuursch en onhandelbaar als een stier (die in het weiland aan den tuier (lijn) vastzit).

Hy stjûrt de bolle yn 'e reak. Hij drijft den bul in den hooihoop (brengt alles in de war).

Hy rint er yn as de bolle yn 'e reak. (Hij onderneemt iets blindelings, zonder verstand en overleg.)

Hy jaget de bolle der yn. Hij jaagt den bul er in (brengt de zaak in verwarring).

Dêr 't de bollen boartsje meije de hokkelingen wol dounsje. Spelen de stieren (als kinderen), dan mogen de jarige kalveren wel dansen. — Geven de ouders zich over aan uitbundig vermaak, waarom dan ook de kinderen niet?

Hy is sa blea as in bolle. Hij is zoo bloode (schroomvallig, bescheiden) als een stier. Ironisch. — *Sa steech* (stug) *as in bolle* is gemeend.

brea.

Amme brea is swietter as memme koeke; amme poat is better as memme poat. Het brood eener min is zoeter dan de koek eener moeder; de middagpot der min bevalt beter dan die der moeder.

Dat binne liende breakes. Dat zijn geleende broodjes. — Ik denk u dien poets betaald te zetten.

De iene syn skea is de oare syn brea. De schade des eenen geeft den ander brood.

Earst lokkebrea en den stokkebrea. Eerst lokbrood, dan stokbrood. — Men wordt verlokt met gunstbewijzen, om er later voor te boeten.

Hwa brea nôch het stjert net fen honger. Wie brood genoeg heeft, sterft niet van honger.

Hy lit him de tsiis net fen 't brea ite. Hij laat zich de kaas niet van zijn brood afeten.

Iten brea is ringen forgetten. Genoten brood (ondervonden hulp of gastvrijheid) is spoedig vergeten.

Brea bidobje for de frjeonen. Brood bedelven voor de vrienden. — Brood of iets anders besparen om er vrienden meê te dienen.

Mei brea is 't better sparjen as der sonder. Met brood gaat het sparen beter dan er zonder.

Mannichien soarget for in heel brea en hy het nôch oan in stik. Menigeen zorgt voor een geheel brood en hij heeft genoeg aan een snede.

Hja het mear honger as breahonger. Zij (die meid) heeft nog anderen honger dan broodhonger.

Kleijers ha gjin need, sprekkers ha gjin brea. Klagenden hebben geen nood, pochers geen brood.

Men moat it brea earder helpe as de bern. Volgens een oud volksgeloof moet men een gesmeerd stuk brood, dat op den grond valt, eerder helpen dan een vallend kind.

Nin swierrichheid, sei de bakker, en hy makke 't brea to licht. Geen zwarigheid, zeî de bakker en maakte zijn brood te licht.

Hja skoppe my de breakoer om. Zij schoppen mij den broodkorf om (bederven mijne nering, benadeelen mij opzettelijk in mijne kostwinning).

De breakrommels stekke him. De broodkruimels steken hem (hij is weelderig, brooddronken). — Ook: *De hjouwerkerlen* (haverkorrels) *stekke him*, zinspelende op een paard, dat door goede voeding en weinig te werken dartel is geworden.

Genadebrea het hirde koarsten, dat kinne âlde minsken net bite. Genadebrood heeft harde korsten, oude menschen kunnen 't niet bijten.

Lang festjen is gjin breasparjen. Lang vasten bespaart geen brood.

Krommels is ek brea. Kruimpjes zijn ook brood; versmaad het weinige of geringe niet.

Dou hest fen 'e moarn in stik brea hawn.
Je hebt van morgen een stuk brood
gehad (zijt een broodetende profeet).
— Als iemand aan weêrvoorspelling
doet.

*Der is nin gûl sa rea of it springt for
't brea.* Er is geen guil (paard) zoo
rood of het springt voor 't brood.
(Oud Handschrift.)

breed.

*As 't net ût 'e langte kin moat it ût 'e
breedte.* Kan het niet uit de lengte,
dan moet het uit de breedte. — Ik neem
't er af, de kosten moeten zich laten
vinden.

*It breedste is yet bynefter, sei de man
en hy hie de lodde op 't skouder.* Het
breedste (het voornaamste of 't ergste) volgt nog, zeî de man en hij had
de spade op den schouder.

Dy 't breed het lit it breed hingje. Wie
't breed heeft, laat het breed hangen.

breid, brilloft.

*It is fier fen laeitsen, sei de breid, en
hja skriemde triennen als balstiennen.*
Het is ver van lachen, zeî de bruid
en schreide tranen als balsteenen.

In tsjeppe breid is ringen yn 't brat.
Eene knappe bruid is gemakkelijk fraai
aan te kleeden. — *Brat* = borat, fijne
linnen kleedingstof, vroeger in gebruik.

Hja is as in breid opstûkke. Zij is als
eene bruid uitgedost (bijzonder fraai.)

*Onwillige breiden is 't kwea dounsjen to
learen.* Aan ongewillige bruiden is moeilijk dansen te leeren.

*Wy scille 't wol skikke dat de breid in
goe skûtel kriget.* Wij zullen wel zorgen, dat de bruid een goeden schotel
krijgt (dat zij naar behooren wordt
bediend).

*By oanbarnde breiden passe klitsen as
breidssisters.* Bij oneerbare bruiden
passen onzedige meiden als geleidsters.

Hja sit dêr oft se mei de breid komd is.
Zij zit daar alsof zij tot het gevolg
eener bruid behoort (d. i. netjes gekleed
en zonder iets uit te voeren, terwijl
anderen bezig zijn).

*In breidspakje is wol ris mei rougûd
foerre.* Een bruidsgewaad is wel eens
met rouwgoed gevoerd.

*Brilloftsjen en boerkjen moatte beide ût
de romte gean.* Bruiloftvieren en boeren moet men beide onbekrompen
kunnen doen.

Fen brilloftsjen komt brilloftsjen. Bruiloftvieren heeft bruiloftvieren ten
gevolge. — Op eene bruiloft worden
dikwijls betrekkingen aangeknoopt,
die later op een huwelijk uitloopen.

In minniste brilloft, het ledigen van een
privaat.

breidsje.

Dy hoas scil ik ôfbreidsje. Die kous
zal ik afbreien. — Die zaak zal ik tot
een goed einde brengen.

Hy het it breidsjen dellein. Hij heeft
het breien neergelegd (zijn werk voor
altijd gestaakt; hij is overleden).

Dou kinst dyn breidsjen mar oprôlje.
Jij kunt je breiden maar oprollen (je
biezen pakken, maken dat je weg
komt).

Hy het neat to breidsjen of to spinnen.
Hij heeft niets te breien of te spinnen
(niets dat hem bindt, dus voor alles
den tijd).

brij.

Hy kriget rizenbrij (van berkenrijs) *mei
hjitte poffen.* Hij krijgt rijstebrij met
heete pofferts (hij wordt gegeeseld en
gebrandmerkt). — Ook: *rizenbrij mei
bret flêsk* (gebraden vleesch).

*Min kin der mei de klompen op dounsje,
sa tsjok is de brij.* Men kan er met
klompen aan op dansen, zoo dik is
de brij. — Oudtijds: *Der scoe wol in
mûnts* (monnik) *op dounsje....*

Better de bûk to barsten as de brij bidoarn.
Beter de buik gebarsten, dan de brij
bedorven (dus eten tot de schotel
ledig is).

Ik scil him ris yn 'e brij blaze. Ik wil
hem eens in zijn brij blazen (vinnig
de les lezen).

Do wie de brij opskept. Toen was de
brij opgeschept (toen was 't zaakje
klaar, er zou iets los komen).

*It is oan 'e bûk net to sjên hwa 't de
measte brij iten het.* Het is aan den
buik niet zichtbaar, wie de meeste
brij gegeten heeft (evenmin aan
iemands uiterlijk hoe verstandig, hoe
rijk, enz. hij is, ook: welke streken
hij in 't geheim heeft uitgevoerd).

As 't brij reint lizze myn skûtels altyd omkeard. Wanneer 't brij regent, liggen mijne schotels steeds 't onderste boven. — Buitengewone voordeelen loop ik altijd mis.

Dy 't jerne brij ite petearje folle fen groat. Die gaarne brij eten, praten veel van gort.

De brij is op 't hjitst as se just opskept is. De brij is 't heetst wanneer ze pas is opgeschept. — Is eene zaak nieuw, dan wekt zij de meeste belangstelling.

Dy brij is my to hjit, ik lit se stean. Die brij is mij te heet, ik laat ze staan. — Ik durf dat zaakje niet aan, ik zie er af.

De brij is op; it bêst fen 'e dei is wei. De brij is op, het beste van den dag is verloopen. — Beschimping van een klaplooper, die te laat komt.

Dat is him yn syn earste brij jown to iten. Holl. Dat is hem met den paplepel ingegeven. — Ook: *dat het er mei memmetate ynsûgd*, met de moedermelk ingezogen.

Dy 't brij ite wol moat leppelje. Wie brij wil eten, moet lepelen. — Niets zonder moeite.

Hja by de kij en hy by de brij, dat is in forkearde boerkerij. De vrouw op het vee passen en de man op den brijpot, dat is de verkeerde wereld (althans in Friesland).

Bange beane brekke as brij. Bange boonen breken als brij. — Een vreesachtig man is ras van zijn stuk te brengen.

De hispel past net op 'e brijpot. De haspel past niet op den brijpot. — Ongelijke zaken of personen passen niet bij elkaar.

brock.

Moarns yn 'e broek en jouns der wer ût. 's Morgens in den broek en 's avonds er weêr uit. — Afwisseling moet er zijn.

Broeklaepje en 't jêrn tajaen. Broeklappen en het garen toegeven (iemand van dienst zijn met kosten bovendien).

Hy is mar just onder en boppe ta de broek ût. Hij is pas onder en boven de broek uitgewassen. — Van een jongen die zich groot aanstelt.

Hy teach de bêste broek wer oan. Hij trok den besten broek weêr aan (vatte weêr moed, zette het beste beentje voor).

Hy set broek. Hij zet zich schrap, (om kracht uit te oefenen, rept zijne beenen om voorwaarts te komen).

Kloek hâldt de broek, mar al to kloek skoert de broek. Zuinig te zijn behoudt de broek, maar al te zuinig scheurt de broek. — *Kloek hâldt de broek, en dy 't sei brocht him wei;* die dit zeide verloor zijn broek; hij sprak van zuinigheid, maar had er geen verstand van.

In skelm moat swije as in broek. Een schelm moet zwijgen als een broek (doet best te zwijgen om geen bijtende toespelingen uit te lokken).

De moade moat men nei al scil 't himd boppe de broek. De mode dient men te volgen, al moet het hemd over de broek worden gedragen.

De broek sit him nau om 't gat. De broek zit hem strak om den aars (hij is gierig).

Ik hab him de broek lape. Ik heb hem de broek gelapt (uit geldverlegenheid geholpen).

Ik hab in forkearde broek oan. Ik heb een verkeerde broek aan (een broek met ledige zakken: ik heb geen geld op zak).

Ik hab him de broek fol jown. Ik heb hem (als zijn tegenpartij) de maat vol gegeven (den strijd zwaar gemaakt: bij een wedstrijd op schaatsen enz.).

In lilappe broek is better as ien mei gatten. Een gelapte broek is beter dan eene met gaten.

Greate earzen moatte wide broeken ha. Grooten, aanzienlijken hebben veel noodig.

Immen in fiter yn 'e broek stekke. Iemand een veter in de broek steken (iets vleiends zeggen).

bûk.

Koe 't rommeljen yn 'e bûk safolle bûter jaen as 't rommeljen yn 'e tsjerne, it scoe machtich op in rommeljen gean. Kon het gerommel in den buik zooveel boter geven als het gerommel in den karnton, het gerommel zou druk gaan.

De bûk fol biennen, de skette fol triennen. De buik vol beenderen, de schoot vol tranen. — Van een gevallen meisje; ook van eene ongelukkig gehuwde jonge vrouw.

In leech bûk kin kwealk de sliep fine.
Een ledige buik kan moeilijk den slaap
vinden.

*As de bûkmaker komt, dan komt de
boarstmaker ek.* Van een meisje dat
geen borsten heeft.

In bûk as in boargemaster. Een buik
als een burgemeester (een buik die
een man goed staat).

bûsse.

*Ik kin net mei de earmtakke yn 'e bûsse
komme.* Ik kan niet met den elleboog
in mijn zak komen (ik kan het onmogelijke niet). — Ook: *Ik kin my sels
net yn 'e bûsse sjên.*

*Better forsind as fortaest, foaral yn in
oarmans bûsse.* Beter zich te vergissen dan te vertasten, vooral in eens
anders zak.

Blaes dy yn 'e bûsse! Blaas in je zak!
— Loop heen! ben je mal?

*In greate steat en gjin himd om 't gat,
in hopen geweld en de bûsse plat.* Een
groote staat en geen hemd om 't g.t,
vrij wat geweld en den zak plat.

Lotsjen is bûsseplatsjen. Loterijspel
maakt de beurs plat.

bûter.

As wy ris in goed bûterjier krije, een
jaar waarin de boter buitengewoon
voordeel oplevert (zullen we ons de
weelde veroorloven van dit of dat).

It wol net bûterje; het (werk of de zaak)
wil niet boteren (niet naar wensch
gaan).

Nou scil de bûter jild jilde. Nu zal de boter
geld kosten (blijken wat de boter kan
opbrengen; de zaak zal zijn beslag
krijgen).

Dy bûter is oeral to fjûr (vuur). —
Die waar treft men overal aan; die
toestand komt overal voor.

Hja falt mei 't gat yn 'e bûter. Zij
komt op eens in overvloed. — Gezegd
van een meisje zonder geld, dat een
rijk huwelijk doet.

Der fâlle bûterdrippen. Er vallen bo-
terdroppels (zegt de boer, als 't in het
voorjaar bij zacht weder met groote
droppels regent).

Hy het altyd de bûter opfretten. Hij
heeft altijd de boter opgevreten (is
steeds de zondebok).

Ik scil de bûter ûtrane. Ik zal de boter
uitsmelten (de zaak ontleden).

*Is dat dyn bûter? Den meist dyn brea
wol droech ite.* Is dat je boter? dan
moogt ge uw brood wel droog eten.
— Is dat alles wat ge kunt aanvoeren, daar brengt ge 't zeker niet ver
meê.

*Lit ús de bûter mar opite, sa scil 't
moai waer wirde.* Laat ons bij slecht
weder maar eten en drinken, zoo zal
het mooi weêr worden.

Bûter yn 'e brij is wol myn flij. Boter
in de brij is wel mijn smaak.

*Bûter, brea, griene tsiis is goe hûs-
mannespiis.* Boter, brood, groene kaas,
is goede boerenkost.

Dêr is bûter to kjimmen. Daar is boter
te kammen. — Er is drukte aan de
hand.

Dat is in stik bûter yn 'e brij. Dat is
een stuk boter in de brij (een buitenkansje).

De bûter sit oan 'e groun. De boter
zit nabij den grond. — Van kort degelijk gras geven de koeien de vetste
melk.

Nijgears jout nije bûter. Huwt een weduwnaar een jonge vrijster, dan zegt
men: *Hy komt yn 't nijgears,* en men
verwacht dat dit „nieuwgras" nieuwe
boter zal geven, nl. huwelijksvruchten.

It is allegearre gjin reabûter. Het is
alles geen roôboter (alles geen voordeel). — Ook: *It is allegearre gjin
bûter hwet de kou skyt.*

It is bûter oan 'e galge. — Het is vruchteloos verspild. Van een verkwister aan
wien alle vermaningen en kosten ter
zijner verbetering vergeefs zijn besteed.

*Men moat alle bûter net op ien stik brea
smarre.* Men moet niet alle boter op
één boterham smeren.

*Mater! hwet is dat in stik bûter, sei 't
wâldwiif en hja foun in kat yn 'e
tsjerne.* Mater! welk een stuk boter,
zeî de woudvrouw, toen ze een kat in
de karn vond.

Sa lang my de bûter op 'e tomme raent.
Zoo lang mij de boter op den duim
smelt (d. i. zoolang ik warm ben, dus:
zoolang ik leef). — Vrouwen-eed.

*Hja miene altiden reabûter foar de spoen
to finen.* Zij meenen altijd roôboter
voor de spaan te vinden (dat het altijd
overvloed zal zijn).

Nou scille wy de bûter ris útbriede. Nu zullen we de boter eens uitbraden (vetpot hebben, 't er eens van nemen).

De bûter op 't brea skrabje dat de simmels der nei fleane. De boter op het brood schrapen, dat er de zemelen na vliegen (dus zeer dunnetjes).

As kok en bottelier kibje, den wit men hwêr 't de bûter bliuwt. Als kok en bottelier kijven, dan weet men waar de boter blijft.

Dêr is gjin bûter foar to striken. Daar is geen boter voor te strijken (geen werken tegen).

dat.

Dat foel hjir moai yn 'e fâlden. Dat viel hier mooi in de vouwen (kwam hier bijzonder wel te pas).

Dat is hwet lekkers! Dat is wat lekkers (niet veel zaaks)!

Dat hinget oan in siden tried, dat hangt aan een zijden draad (zit zwak in elkaar). — Fig. van iets dat licht in duigen kan vallen.

Dat is gjin dôve sein. Dat hebt ge geenen doove gezegd. — Dat aanvaard ik gaarne.

Dat is oare thé as sloppe kofje. Dat is andere thee dan slappe koffie (iets meer dan alledaags).

Dat is in putheak mei in amer. Dat is een puthaak met een emmer. — Schimpend gezegd van een langen mageren man met een korte dikke vrouw.

Dat is lang gjin ewangeelje. Dat is volstrekt geen evangelie (staat niet vast, is niet betrouwbaar).

Dat bringt gjin seadden oan 'e dyk. Dat brengt geen zoden aan den dijk (helpt niet huishouden).

Dat wirdt in meager beestje. Dat wordt een mager beestje (zal niet veel voordeel afwerpen).

Dat is in iwich testemint. Dat is een eeuwig testament (eene vaststaande bepaling).

. Dat is fen 't boppeste boerdtsje, van het bovenste plankje (het allerbeste, allerfijnste, allerlekkerste).

Dat is gjin smeldoek. Dat is geen smaldoek. — Gezegd van iets kostbaars en fraais, dat veel geld gekost heeft.

Dat smyt de merk del. Dat bederft de markt. — Fig. daar is iemands eer

meê bedorven; dat ontneemt het mooie aan de zaak.

Dat scil wol wer yn 'e hoas gearsakje. Dat (gerucht, die drukte) zal wel weêr in de kous nederzakken (een zacht einde nemen).

Dat pereattet as in flagge op 'e dongskûte. Dat pareert als een vlag op de modderschuit.

Dat is de hotte mei de file. Dat is de wetsteen met de vijl (twee die voor elkander berekend zijn).

Dat is in pûster, een misslag (op het dambord). — Fig. eene ergelijke mislukking, een lange neus.

de.

De biezem hinget dêr út. De bezem hangt daar uit. — Daar valt iets te vegen, er wordt steeds overvloedig opgedischt en ieder wordt er gul onthaald. — Ook: *Elk het dêr de swiete fal-yn.*

De wylde djier wirde ek wol ris tamme. De wilde dieren worden ook wel eens getemd (geweldenaars wel eens klein gemaakt).

De rûchste spoennen binne er al ôf. De ruwste spaanders zijn er reeds af. — Hij is niet meer zoo dom en onbeschaafd als hij geweest is (van een jongen of meisje uit de laagste klas).

De ondogensheid sit him yn 't gebiente, hja moat er út rotsje. De boosheid zit hem in het gebeente, zij moet er uit rotten (nl. in het graf).

De heelder is allike min as de stelder. De heler is al even slecht als de steler.

De finen binne as de bjirk mei trettsien basten. De geveinsden zijn als de berk met dertien basten (schellen), — niet gemakkelijk te doorgronden.

De bikleaune strûke scil me net útlûke. De kwijnende struik zal men niet uittrekken.

De pûskebiezems feije wol seaft, mar meitse nin feart. Pluimpjesbezems vegen wel zacht, maar maken geen spoed.

De bommel boarst los. De zwik (van het gistende vat) barst los.

De iene is de gût en de oare de flap-út. De een is de guit (hier sluwe vleier), de ander de ronde waarheidzegger. — De eerste blijft veler gunsteling, de laatste, de minst gevaarlijke, maakt zich gehaat.

De kaeijen op 'e kiste lizze. De sleutels op de kist leggen (bankroet gaan).

De forstánnige is hast nôch sein. Den verstandige is met weinig genoeg gezegd.

De wierheid het in skil lûd. De waarheid heeft een schel geluid.

De snare stiet spand. De snaar staat gespannen. — Men is met vereende krachten druk in de weêr.

De reap is yet net draeid. De koord is nog niet gedraaid (het zaakje nog niet afgedaan).

De fûke is hjir al fânle. De fuik is hier reeds geledigd. — Hier valt niets meer te halen.

De stadige drip kloarket wol in stien út. De aanhoudende drup holt wel een steen uit.

De nearring is in teare jiffer. De nering is eene teedere juffer. — Een neringdoende moet steeds op zijn hoede zijn om zijne klanten alleszins te believen.

De stoepe is dêr glêd. Der leit sjippe op 'e stoepe. De stoep is daar glad, als met zeep besmeerd. — De eene dochter na de andere trouwt daar uit het huis.

De iene kleur giet him op en de oare ôf. De eene kleur gaat hem op en de andere af. — Hij wordt beurtelings bleek en rood, van angst of ziekelijke aandoening.

De stâl is dêr for dy skrobbe. De stal is daar voor u geschrobd (er is plaats voor u bereid).

dea, dead.

De dead hâldt nin almenak. De dood houdt geen almanak (neemt geen leeftijd in aanmerking).

Forsûpe yn 'e sleat of yn 'e sê, dat is 't selde: dea is dea. Verdrinken in de sloot of in de zee, dat is 't zelfde: dood is dood.

In blinkje foar de dead. Eene opflikkering (een helder oogenblik van een zieke) kort voor den dood. — Fig. een tijd van schijnbare welvaart, kort vóór iemands financieelen val. Eig. is *in blinkje* een kortstondig zonneschijntje.

Ienmans libben en twamans dead. Eenmans leven en tweemans dood. — Een

bedrijf waarvan een persoon kan leven, maar geen twee of meer.

Immen dea sizze. Vertellen dat iemand dood is (terwijl hij nog leeft). — *Hja habbe him dea sein, nou scil er wol lang libje.* Men heeft hem dood gezegd, nu zal hij wel lang blijven leven.

It is kwea fêstjen op in oarmans dead. Het is moeilijk te vasten op eens anders dood (met uitzicht op eene erfenis).

Alheel nei 't sin scoe net goed wêze; den wie men licht gau dea. Alles naar wensch zou niet goed zijn, men zou dan wellicht spoedig moeten sterven.

Altyd siik en noait dea. Altijd ziek en nooit dood. — Van een ingebeelden zieke.

Hy scoe om in cint wol dea wolle, as er for in heale cint mar wer libben wirde koe. Hij (de gierigaard) zou om een cent willen sterven, indien hij voor een halven cent weêr levend kon worden.

Hy is dea fen Iperen, hij is bibberkoud. — Misschien eene verbastering van het holl. spreekw.: Hij is zoo koud als de dood van Yperen.

De dead is better as earmoed. De dood is beter dan armoede.

Better in koarte sykte as is langsumme dead. Beter eene korte ziekte dan een langzame dood. — Ook toegepast op een bankroet.

Dea is neat, mar dea to kommen, dat hâldt hwet yn. De dood is niets, maar tot den dood te komen, dat beteekent iets.

Hy sjucht er út as de dead op 't goezzebrief. Hij ziet er uit als de dood op het ganzenbord (zoo mager en bleek). Ook: *Hy is in deaman op 't goezzebrief,* een onbeduidend persoon.

Ho neijer oan 'e dead, ho mear sparljen. Hoe nader aan den dood, hoe meer gespartel. — Hoe nader aan den financiëelen ondergang, hoe meer vertooning van rijkdom.

Hy is syn eigen dead stoarn. Hij is langs den gewonen natuurlijken weg gestorven (niet door een ongelukkig toeval of beuls- of moordenaarshanden).

Ik scil, sei de slûge, en hy wie earder dea. Ik zal, zeî de druiloor en was eerder dood.

It is sa wier as Wopke libbet, en hy het al saun jier dea wêst. Het is zoo waar als Wopke leeft, on hij is reeds zeven jaar dood.

Men kin mei de deaden net húshâlde. Men kan met de dooden niet huishouden. — Gezegde tot verschooning eener trouwlustige weduwe.

Dat is in neil oan syn deakiste. Dat is een nagel aan zijn doodkist. — Dat grievend leed zal zijn dood verhaasten.

Nou ha wy de libbene by de deade. Nu hebben we den levende bij den doode. — Bij den man die iets bevreemdends, iets ongelooflijks of iets leelijks heeft verteld, hebben we den man die 't rechte er van moet weten, en dus opheldering kan geven.

As ik dea bin is alle wrâld mei my dea. Ben ik eens dood, dan is voor mij de geheele wereld dood.

Men moat mar witte hwa 't er dea is. Men moet maar weten, wie er dood is (uit welken hoek de wind waait).

Hy het oan 'e lytse dead ta west. Hij is aan den kleinen dood toe (bijna dood) geweest (in ziekte of ander levensgevaar geweest).

De deade is út 'e noed. De doode (overledene) is uit alle zorgen.

Dat kriget in seafte dead. Dat krijgt een zachten dood. — De zaak, die veel deed verwachten of vreezen, loopt op niets uit.

In greate steat docht mannichien de dead. Een hooge staat brengt menigeen ten val.

dei.

Sprek my dat net oan! ik hab trije dagen yn 'e stêd wenne. Maak me niets wijs! ik heb drie dagen in de stad gewoond (ik weet dus wat er in de wereld te koop is).

Men moat de dei net fen hûs stelle. Men moet den dag niet van huis stellen (de uitvoering van een plan niet tot later verschuiven, maar morgen of overmorgen of toe overgaan).

It is hjûd in hjitte dei, sei de tsjoenster, do scoe se forbarnd wirde. Het is heden een heete dag, zeî de heks, toen zou ze verbrand worden.

Wy scille ris rjuchtdei hâlde. Wij zullen eens gerechtsdag houden (zegt een vader, die besluit zijne ondeugende kinderen eens af te straffen).

Hwet se deis fortsjinje, dat nimme se jouns mei onder 'e tekken. Wat zij des daags verdienen, nemen ze des avonds meê onder den deken (door het voor den nacht op te teren).

As de dagen bigjinne to langjen beginne se to strangjen. Met het lengen der dagen komt gewoonlijk de strengste vorst. — Stadfr: *As de dagen beginne te langen begint de winter te strangen.*

As men moarns ier sjongt jout it gjin goe dei. Als men 's morgens vroeg zingt, geeft het een kwaden dag. Ook: *Dy 't moarns foar achten (vóór acht ure) sjongt, moat nei achten gûle (schreien).*

Hjûd is hjûd, mar moarn is in onbigryplike dei. Heden is heden, maar morgen is een onbegrijpelijke dag.

It is hjûd brokkedei. Het is heden brokkendag. — Roomsche schimp op het kerkelijk avondmaal der protestanten.

Hy is der oer as de wever op 'e lânsdei. Hij is er overtollig als de wever op den landdag (wordt niet veel geacht, ongaarne gezien).

't Is hjûd in dei for de prins. Het is heden een dag voor den prins (een dag waarop men niets uitvoert).

Den al wer dei in rie. Later alweêr beraadslaagd wat te doen.

Safier is 't yet gjin dei. Zoover is de dag nog niet (dáár is 't nog niet aan toe).

Hy het frij ljocht by dei. Hij heeft vrij licht bij dag (als inkomst van zeker baantje).

Der komme mear dagen nei hjûd. Er komen meer dagen na heden. — Wat gij heden doet of zegt kan u later zuur opbreken; voorzichtig dus!

Dat moat op ien dei net neamd wirde. Dat mag op éénen dag niet worden genoemd. — Die twee zaken kunnen niet met elkaar in vergelijking komen.

It is mei ûs goed dei, goed wei. Het is met ons: goeden dag en goed weg (wij zijn goede vrienden en daarmeê uit).

Nei nije wike komme er in hele boel dagen. Na de volgende week komen er vele dagen. — Er is dus tijds genoeg, zegt iemand, als hij goedvindt iets uit te stellen.

Moarns let, de hele dei let. 's Morgens laat, den geheelen dag laat. — Ook: *In lette peaske jout in lette pinkster.*

Een late paasch geeft een late pinkster. — Ook: *Hwet letter hjir, hwet
letter dêr.* Hoe later hier, hoe later
daar. — Gaat men laat op reis, men
komt laat ter bestemder plaats.

der (er), dêr (daar).

Der kiermt gjin djier as ût need. Er
kermt geen dier, dan uit nood.

Der bliuwt gjin moart forhoalen. Er
blijft geen moord verholen (geen geheim op den duur een geheim).

Der is mear gelyk als eigen. Wat op
het door u vermiste gelijkt, is daarom nog het uwe niet.

Der falt him wol ris in knoop fen 'e jas.
Er valt hem wel eens een knoop van
de jas (hij vloekt nog al eens).

*Der waerden stikken omlein — op 'e wâl
smiten.* Er werden zware stukken om-
gelegd — op den wal geworpen (bij
aardewerk). — Er werd erg gepocht —
gelogen — gescholden — harde waarheden gezegd.

Der is him in rare wjirm ôfgien. Er is
hem een leelijke worm afgegaan. — Hij
heeft eene belangrijke geldelijke schade
geleden.

Der is gjin sâlve oan to striken. Er is
geen zalf aan te smeren. — Geenerlei
middelen baten; het is den moriaan
gewasschen.

Der waerd in oar laedtsje oplitsen. Er
werd een ander laadje opengetrokken
(een minder gewenscht onderwerp dan
men verwacht had, ter tafel gebracht).

*Der papene sprek miserere is gjin abse-
lûsje.* Der papen woord miserere is
geen absolutie. (Oudt.).

Dêr is 't wêzen yn. Daar is het geweest zijn in. — Dat behoort tot het
verleden.

Dêr is safolle moster to meallen. Daar
is zooveel mosterd te malen (zooveel
drukte aan de hand).

*Dêr kinne wy wol op wachtsje, mar net
op fêstje.* Daar kunnen wij wel op wachten, maar niet vasten (omdat het zich
nog lang zal laten wachten).

Dêr is gjin bolwirkjen tsjin. Daar is
niet tegen te werken.

Dêr scille wol dûkelige (oneffene) *dammen sitte.* Daar zullen wel oneffene
geldzaken schuilen.

Dêr kinne jy mei lêze en skriuwe. Daar
kunt gij meê lezen en schrijven (allerlei gerijf van hebben). — Ook op personen toegepast.

Dêr is frijhwet heljen oan 'e klink. Er
is veel halen aan den klink (of kling?).
— Het geeft veel moeite, men ontmoet allerlei hindernissen, eer de zaak
haar beslag krijgt.

Dêr 't near is moat men 't near nimme.
Waar 't nauw steekt moet men 't nauw
nemen.

Dêr woe 'k my wol in ein om slepe litte.
Daar wil ik mij een eind om laten
sleuren (nl. om iets zeer begeerlijks).

dy.

*Dy 't earst yn 'e roef komt het karfen
plak.* Wie 't eerst in de roef (van
een veer- of trekschuit) komt, heeft
keus van plaats.

Dy 't forwol dy forwirdt it. Die te
veel wil, dien verwordt het (hij zal
niets krijgen).

Dy 't gewelt het dy brûkt it. Die de
macht in handen heeft, maakt er gebruik van (ook wel eens misbruik).

Dy twa kinne wol foar de bûgelseas.
Die twee kunnen wel voor de beugel-
sjees (zij gelijken elkander).

*Dy 't onder foarspoed ûttynt scil onder
tsjinspoed forskromfelje.* Wie onder
voorspoed uitzet (trotsch en opgebla-
zen wordt), zal onder tegenspoed ver-
schrompelen (alle geestkracht verliezen).

Dy 't onder leit komt wol ris boppe.
Wie (van een paar vechtenden) onder
ligt, komt wel eens boven. — De arme
wordt wel eens rijk, de rijke arm.

Dy 't skurf is dy skeukt. Die schurf is,
schuurt zich. — Wie zich schuldig
kent, verraadt zich licht.

*Dy 't nin skild bikenne wol het gjin
birou.* Wie geen schuld wil bekennen,
heeft geen berouw.

Dy 't alles biskikke wol biskikt neat.
Wie alles bevorderen wil, bevordert
niets.

*Dy 't him yn 't easkjen forsint sjit yn
't barren to koart.* Wie zich bij het
vragen van geld (voor zijne waar)
vergist, schiet bij het geldontvangen
te kort.

Dy 't my siikket scil my fine. Wie mij sart of tart, zal zijne partij in mij vinden.

Dy 't de namme het fen ier opstean kin net gau to lang sliepe. Wie den naam heeft van vroeg opstaan, kan niet licht te lang slapen.

Dy 't ienkear stellen het moat altyd for in dief gean. Wie eens gestolen heeft, wordt altijd voor een dief gehouden. — Ook: *Dy 't ienkear stellen het hoeft altyd net for in dief to gean.*

Dy 't ienris oan 't krebbebiten wêst het wol wer. Wie eens aan het kribbe-bijten is geweest, wil het weêr doen. — Kribbebijten is een slechte gewoonte van sommige paarden.

Dy 't misfalt wirdt misbean. Wien het tegenloopt wordt miskend.

Dy 't gau bittellet, bitellet dûbeld. Wie spoedig betaalt, betaalt dubbel.

Dy't byt het moat ophelje. Wie bijt heeft moet den hengel optrekken.

Dy dôf is, is net faei. Wie doof is, is niet veeg.

Dy is for my net to bisjitten. Die meid is voor mij buiten schot (buiten mijn bereik omdat zij te rijk is).

ding.

Alle ding het syn biskie. Bij alles voegt betamelijkheid.

Dy 't alle dingen wit bihalven syn eigen, wirdt haest forslein. Die alle dingen weet behalve zijn eigen, wordt spoedig verslagen.

Alles yn oarder en gjin ding op syn plak. Alles in orde en geen ding op zijne plaats (een wanordelijke boel).

Alle ding het syn wittenskip. Voor alles, hoe gering ook, is zekere kennis of bekwaamheid noodig.

divel.

Min giet mei yens twaën nei tjerke en komt mei yens trijen werom; den is de divel der by. Men gaat met zijn tweeën (bruid en bruidegom) naar de kerk (te trouwen) en komt met zijn drieën terug; dan is de duivel er bij gekomen.

Earst is 't: Ljeafke, kom binnen! en op 't lêst: Divel, kom er út! Eerst is 't: Liefje kom binnen! en ten laatste: Duivel, kom er uit! (van een paar jonggehuwden).

Min moat de divel earje, dat er yen gjin kwea docht. Men moet den duivel eeren, om geen kwaads van hem te ondervinden. — 't Is raadzaam met booze menschen goede vrienden te blijven.

Nou ha 'k it spil op 'e wein, sei de divel en hy kroadde in âldwiif. Nu heb ik het boedeltje op den wagen, zeî de duivel, en hij kruide een oud wijf.

Wy scille ris diveldei hâlde. Wij zullen eens duiveldag houden. — Dit zegt vader of moeder, als men meent dat de ondeugende kinderen eens afge-straft moeten worden.

Neamst my âld? De divel is âld. Noemt gij mij oud? De duivel is oud. — Ge-zegde van een bejaard persoon, die nog niet oud wil genoemd zijn.

Foar is foar en efter is ek foar, sei de divel, do siet er yn 'e bollepream. Vóór is vóór en achter is ook vóór, zeî de duivel, toen hij in een modder-schuit zat.

Elke drommel regearret syn moanne. Elke drommel regeert zijne maand. — Een blijft niet altijd aan 't bestuur, al oefent hij veel macht uit.

In bulte geraes en in bytsje wolle, sei de divel, do skearde er de bargen. Veel geschreeuw, maar weinig wol, zeî de duivel, toen schoor hij de var-kens.

In ingel yn 'e mûle en de divel yn 't hert. Een engel in den mond en de duivel in het hart. — Van een valschaard of schijnheilige.

Hja habbe de divel op 't hiem sjoen. Zij hebben den duivel op hun erf gezien. — Zij schijnen dit liefst te ontvlieden; zij gaan te veel uit.

Hy komt by de divel to bycht. Hij komt bij den duivel ter biecht (komt om hulp en raad bij iemand, die hem eer achter- dan vooruit zal helpen en slechts op eigen voordeel bedacht is).

Hird tsjin hird, sei de divel, en hy skiet tsjin 'e tonger. Hard tegen hard, zeî de duivel, en hij raasde tegen den donder.

Ik hâld my oan 't âlde, sei 't wyfke, en liet de divel wer opskilderje. Ik houd mij aan het oude, zeî het vrouwtje, en liet den duivel weêr opschilderen.

It waeit dat saun divels kinne gjin strie keare. Het waait zoo hard, dat zeven duivels geen stroohalm kunnen tegen-houden.

In mans moer, in duvel over de floer. Stadfriesch: Des mans moeder (in huis bij de jonggehuwden) is een plaag.

Yn 't jier acht do 't de divel in lytse jonge wier. In het jaar acht, toen de duivel een kleino jongen was. — Schertsend voor: zoo lang geleden dat men niet meer weet hoe lang.

Is der gjin jild den spilet de divel op 't touke. Is er geen geld, dan speelt de duivel op het touwtje (dan is de duivel los).

It sjucht er út oft de divel jonge het. Het ziet er hier uit, alsof de duivel jongen heeft geworpen (erg vuil en ontredderd).

Hy gniist as de divel troch in hagebosk, — as de spaenske divel foar 't goatgat. Hij grijnst als de duivel door een haagdoornbosch, — als de spaansche duivel voor het gootgat. — Ook: *Hy gizet* (grimlacht), *as de divel tsjin 'e sinne* of *tsjin 'e dei*, tegen de zon of den dag (hier de dageraad).

't Is in folkje fen 'e divel! sei Ulespegel, do hied er de kroade fol kikkerts. Het is een volkje van den duivel, zeî Uilenspiegel, toen hij op weg was met den kruiwagen vol kikkers.

Hy is in divel al kriget er gjin hynstefoer. Hij is een duivel, al krijgt hij geen paardenvoeder. — Van iemand die niet deugt.

As 't reint en de sinne skynt den is de divel syn moer oan 't pankoekbakken. Wanneer 't regent, terwijl de zon schijnt, is des duivels moeder aan het pannekoeken bakken.

Hy kriget in printje mei in diveltsje der op. Hij krijgt een prentje met een duiveltje er op (eene bestraffing inplaats van een eerbewijs).

De divel skyt altyd op 'e greate heap, d. i. maakt den grooten hoop gaarne grooter. — De rijken krijgen meer buitengewone voordeelen dan de armen.

Alles helpt, sei de divel en hy smiet in flie yn 'e hel. Alles helpt, zeî de duivel en wierp een vloo in de hel.

As de divel oan 't kjetting scil moat myn wiif earst yn 'e kiste, sei Okke. Zal de duivel worden geketend, dan moet mijne vrouw eerst in de kist, zeî Okke.

As men mient ús Ljeaven Hear by de holle to habben, het men jamk de divel by de foetten. Als men meent onzen Lieven Heer bij 't hoofd te hebben, heeft men dikwijls den duivel bij de voeten.

Dêr 't de divel sels net komme doar stjûrt er in áldwiif. Waar de duivel zelf niet durft te komen, zendt hij een oud wijf (eene heks).

De divel en nimmennet habbe in bulte kwea dien. De duivel en niemand hebben veel kwaads uitgevoerd. — Niemand wil de schuld van iets dragen.

Dat is iên, sei de divel en hy skopte in poep yn 'e hel. Dat is er één, zeî de duivel, en schopte een mof in de hel.

Dat is iên sonder bien, sei de divel en hy friet in slak op. Dat is er één zonder been, zeî de duivel en vrat een slak op.

Dy 't mei de divel út ien panne brij yt moat in lange leppel ha. Wie met den duivel uit één schotel brij eet, moet een langen lepel hebben.

„Divel!" is gjin flokken, de divel is net to goed om neamd to wirden. „Duivel!" is geen vloek; de naam des duivels is niet te heilig om te worden genoemd.

De deugd yn 't midden, sei de divel, en hy roan twisken twa pastoaren. De deugd in het midden, zeî de duivel, en hij liep tusschen twee geestelijken.

As de divel pastoar wirdt scilst dou koster wêze. Wanneer de duivel geestelijke wordt, zult gij koster zijn. — Gij past bij hem.

De divel het it flêsk hawn en nou komme se mei de bonken by ús Ljeaven Hear. De duivel heeft het vleesch gehad en nu komt men met de beenderen bij onzen Lieven Heer. — Den besten leeftijd lichtzinnig doorbrengen en op den ouden dag vroom worden.

Hy het de sédivel sjoen. Hij heeft den zeeduivel gezien (een afkeer van het zeevaren gekregen).

It oarde eft is divels jeft. De tweede echt (huwelijk) is een duivelsgift.

Ik wie net ingelsk, mar divelsk. Ik was niet engelachtig, maar duivelachtig (in erge mate verstoord).

De divel is sa swart net as min him neijout. De duivel is zoo zwart niet als men vertelt.

De noardewyn het de divel en de paep nei 't suden twjirre. De noordewind heeft den duivel en den paap naar het zuiden gedwarreld. — De kerkhervorming heeft bijgeloof en katholicisme naar 't zuiden gedrongen.

Dy de droes skipe het moat him oanwirk jaen. Wie den duivel ingescheept heeft, moet hem aandacht-werk geven.

As elk sines kriget het de drommel neat. Krijgt ieder het zijne, dan heeft de booze niets.

Hy het se by de rûs as de divel de mûntsen. Hij heeft ze (de ronde schijven) zoo overvloedig als de duivel de monniken.

Immen dêr 't de divel net folle part oan ha scil. Iemand, aan wien de duivel niet veel deel zal hebben (een uitstekend, edelaardig mensch).

Dy 't de divel tsjinnet het wol deiwirk. Wie den duivel dient heeft wel dagwerk. — *Dy 't mei de divel to dwaen het moat warber wêze.* Die 't met den duivel te doen heeft, moet steeds in de weer zijn.

Dy 't gjin wirk het jout de divel wirk. Iemand, die geen werk heeft (ledig loopt), geeft den duivel werk. — Ledigheid is des duivels oorkussen.

It rabbersgild, dêr 't de divel syn hannen oan ôfdroege het. Het kwaadspreekstersgild, waaraan de duivel zijne handen heeft afgedroogd.

Dat giet op in diveldead ôf. Dat gaat op een duiveldood af (kan wel op een ongeluk uitloopen). — Van iemand die zich in gevaar begeeft, hetzij lichamelijk of finantieel, met eene gewaagde onderneming.

Hjir scille de podden om hânbakje, de froasken om gûzje, de katten om slingerfestje en de deale scil er syn piis om kardsje. (De eig. bet. van *piis* (thans *pyst*) is *pees*, lat. *penis*). Hier zullen de padden de handen over ineenslaan (van verbazing), de kikvorschen om huilen, de katten om slingervasten (ter loops, in der haast even vasten) en de duivel zal er zijn staart om krabben (van welbehagen).

doar.

De stôk by de doar! de stok bij de deur. — Niet of graag; kiezen of deelen.

De doar ta! de heidens komme. De deur dicht! de heidens komen. — Weest op uw hoede! wij worden beluisterd en bespied.

Hûzjen is ponglûzjen, sei de skroar en timmere in doar. Huistimmeren is beursplunderen, zeî de snijder, toen hij een deur wat liet herstellen.

Hy kaem foar de winige doar. Hij kwam aan de winderige deur (werd onheusch afgewezen, bv. een vrijer bij een meisje). In algemeenen zin: *Hy kloppet oan in dôvemans doar;* hij klopt aan eens doovemans deur (vindt geen gehoor).

Hy hâldt altyd in efterdoar iepen. Hij houdt altijd een achterdeur open (zorgt voor een veiligheidsklep).

It giet syn doar foarby. Het gaat zijn deur voorbij. — Hij komt niet in aanmerking; dat gelukje loopt hem mis.

It leit net foar myn doar. Het ligt niet voor mijne deur (niet op mijnen weg; de zaak gaat mij niet aan).

Dat docht de doar ta. Dat doet de deur toe. — Dat zet de kroon op het werk.

Hy komt altyd mar mei de doar yn 't hûs fallen. Hij komt altijd maar met de deur in het huis vallen (zegt plompverloren en onomwonden zijne meening).

Ik wiisde him it gat fen 'e doar. Ik wees hem de opening der deur (beduidde hem kortaf, dat hij haastig mijn huis had te verlaten).

Ik ha wol bliezen heard, mar 't wier foar de smidsdoar. Ik heb wel blazen gehoord, maar 't was voor de smidsdeur (het geblaas van den blaasbalg; dus er niets ongewoons in gevonden).

Ast de pleagen ta de foardoar út jageste komme se ta de efterdoar wer yn. Jaagt men de plagen de voordeur uit, zij komen de achterdeur weêr in.

For dieven kin min doarren en finsters slute, mar for ôfsetters net. Om voor dieven veilig te zijn, kan men zijne deuren en vensters sluiten, maar voor afzetters en oplichters niet.

Ik mei gjin smoarge stokken foar myn doar lije. Ik zie ongaarne beslijkte wandelstokken (maners om geld) voor mijn deur.

Nêst de doar, bêste frjeon. De naaste buurman, de beste vriend.

Hy is sa frjeonlik as de doar fen 't rasphûs. Hij is zoo vriendelijk als de deur van het rasp- of tuchthuis.

Hy is tsjin 'e doar fen 't rasphûs oan roan. Hij is (met zijn gelaat) tegen de (dicht met ijzeren proppen beslagene) deur van het rasphuis geloopen. — Hij is pokdalig.

Hy kin fen earmoed de efterdoar niet fine. Hij kan van armoede de achterdeur (het heimelijk gemak) niet vinden.

Bûten doar bisletten is hast forgetten. Buiten de deur gesloten (een begravene) is spoedig vergeten.

dokter.

As in minske fyftich jier is moat er syn eigen dokter, syn eigen dominy en syn eigen abbekaet wêze kinne. Wanneer een mensch vijftig jaren is, moet hij zijn eigen dokter, zijn eigen dominé en zijn eigen advokaat kunnen zijn.

Seafte dokters meitse stjonkende wounen. Zachte dokters maken stinkende wonden.

It stiet faei as de dokters sizze: Gods macht is great. Het staat (met een zieke) gevaarlijk, als de dokters zeggen: Gods macht is groot.

Dyn gong is gjin doktersgong. Een loop van u is niet die van een dokter. — Doet gij een loopje meer of minder, dat kost geen geld.

Min scoe earder in dokter for de pleiters as in kok for de swiet-iters meitse. Men zal gemakkelijker een dokter voor de pleitlustigen, dan een kok voor de lekkerbekken kunnen maken.

As dokter helle wirdt is 't in ingel, mar as er om jild komt is 't in divel. Wanneer men den dokter bij een zieke haalt, is hij een engel, maar komt hij om betaling, dan is hij een duivel.

dominy.

As de foks dominy is, mei de boer syn goezzen wol neigean. Als de vos de passie preekt, boer pas op je ganzen.

In dominy dy tongert mei syn wirden, moat earst bliksemje mei syn eksimpel. Een predikant, die dondert met zijne woorden, dient vooraf te bliksemen met zijn voorbeeld.

Elk op syn plak, sei dominy, do krige er in lûs fen 'e bef en sette 'm efter 't ear. Ieder op zijne plaats, zeî dominé; toen nam hij een diertje van zijn bef en plaatste 't achter zijn oor.

Fen dwaen wirdt min wiis, sei dominy, en hy smiet jiffrou ta 't opkeamersfinster út om hjar 't fleanen to learen. Al doende leert men, zeî dominé, en wierp zijne vrouw het venster der bovenkamer uit, om haar te leeren vliegen.

Master en dominy binne broek en wammes. De schoolmeester en de dominé zijn broek en wambuis (zij behooren bij elkander).

Min sjucht de dominys net fierder as oan 'e mil ta. Men ziet de dominé's maar half (nl. als zij op den preekstoel staan; men kent ze slechts ten deele).

Sok folk moat sokke dominys ha, sei de boal, en hy waerd preker to Belem. Zulk volk moet zulke dominé's hebben, zeî de beul, en hij werd prediker te Belem.

It is mei de dominys: de bûsse ticht en de hân oan 'e hoed. Het is met de dominé's: de beurs dicht en de hand aan den hoed (beleefd maar niet mild in 't geven).

Dominys binne bidders, mar gjin jouwers. Dominé's zijn bidders maar geen gevers (houden er niet van iets weg te schenken).

Dominys binne wriuwpeallen, dêr 't kristelike fé de hûd oan rost. Dominé's zijn wrijfpalen, waar het christelijke vee de huid aan rost.

As de âlde hynsders net yn 'e himel komme, den komt ús dominy der ek net, sei Jankmoai. Komen de oude paarden niet in den hemel, dan onze dominé zeker ook niet, zeî Jankemui.

Hy woe 't allegearre wol leauwe hwet dominy sei. Hij knikte op alles toestemmend wat dominé zeide (zat in de kerk te knikkebollen).

In dominy yn 't foarmidden, nou is 't tiid fen bidden. Een dominé in het gezelschap, nu zal het tijd van bidden zijn.

Dominy seit: Us lân floeit oer fen mâlke en huning en jiffrou bakt wetterpankoeken yn oalje. Dominé zegt: ons land vloeit over van melk en honig, en zijne vrouw bakt waterpannekoeken in raapolie.

Us dominy jout in goed miel målke, mar hy skopt de amer wol ris om. Onze dominé gelijkt eene koe, die goed melk geeft, maar soms den emmer omver schopt. — Hij preekt heel mooi, maar leeft soms berispelijk.

Dominy keart jiers ienkear de pankoek om. Dominé keert de pannekoek (zijn stapeltje oude preeken) eenmaal 's jaars het onderste boven (en begint dan weêr met no. 1).

Alle dingen ha twa oanfetsels, behalven in dominyssteek en in koekpanne, de iene het trije en de oare mar ien. Alle dingen hebben twee aanvatsels, behalve een dominees-steek en een koekpan; de een heeft er drie, de andere maar een.

Us dominy en ik binne, as 't fyn útpluze wirdt, min of mear yn 'e famylje. Syn heit en myn heit wieren — heiten. En syn memme memme mem en myn heite heite moaike habbe op ien en deselde hage hjar himden hawn to druijen. (Volksaardigheid).

Dy de dominys en de frouljue tsjin him het scil faek de skinen stiette. Wie de dominé's en de vrouwen tegen zich heeft, zal dikwijls de schenen stooten.

each, eagen.

Hy sjucht tsjin syn eachs-lidden oan. Hij ziet tegen zijn oogleden aan (hij slaapt).

In pear eagen as tafelboerden. Een paar oogen als tafelborden (groote wijd opgespalkte oogen).

It ljocht sjucht him ta de eagen út as in aep út it gat. Het licht ziet hem ten oogen uit als een aap uit het g.t (hij ziet er erg dom uit).

Ik scil him dat yn 'e eagen drippe litte. Ik zal hem dat in zijne oogen laten druipen (hem er van laten lusten).

It each is 't djûrste lid. Het oog is het duurste lid.

Neat is goed yn 'e eagen. Niets is niets, maar toch goed in de oogen.

Hy sjucht mei 't iene each yn 'e Kúnder en mei 't oare yn 'e Willemstêd. Hij ziet scheel. — Ook: *Hy sjucht yn 'e nije wike,* in de volgende week.

Ik ha dêr in skean each op. Ik heb daar een schuins oog op. De zaak komt mij niet zuiver voor.

Mei wide eagen nau to sjên, kin dat net gean. Met wijdgeopende oogen nauw toe te zien, is dat niet mogelijk?

Men moat foar en efter eagen ha. Men dient vóór en achter oogen te hebben (zegt iemand die op veel en velerlei heeft toe te zien) Ook: *Min moat eagen yn 'e nekke ha.*

Nou sjucht it ding út oare eagen. Nu krijgt de zaak een ander aanzien (wanneer bv. de rechte waarheid er van aan 't licht komt).

Hwet baet my in each as ik er net mei sjên mei? Wat baat mij een oog, als ik er niet meê zien mag?

Twa eagen sjugge mear as ien. Twee oogen zien meer dan een. Het oordeel of toezicht van twee personen is beter dan van één.

Hwet it each net sjucht, dat biweecht it hert net. Wat het oog niet ziet, doet het hart niet aan.

Der binne in hele bulte heakken en eagen oan fêst. Daar zijn heel wat haken en oogen aan vast. — Wordt gezegd van allerlei kleine moeilijkheden, die iemand te bekampen heeft, om zeker doel te bereiken.

As immen lilk is binne syn eagen forgreatglêzen. Wanneer iemand toornig is, zijn zijne oogen vergrootglazen (hij beschouwt dan kleine fouten als zware zonden).

Hy het mar ien each yn 'e foarholle. Hij heeft maar één oog in zijn voorhoofd (ziet niet verder dan zijn neus lang is).

Gjin better leach as húsfrous each. Geen beter loog dan huisvrouws oog. — Het oog der vrouw houdt de kamer net.

Myn each is myn rij, sei baes, en 't skeelde mar saun foet. Mijn oog is mijn maatstaf, zei de baas (timmerman), en 't was maar zeven voet mis.

It each is greater as 't liif. Het oog is grooter dan de buik. — Hij neemt meer spijs dan hij kan eten. Stadfr.: *It oog is begeerliker as 't hart.*

De eagen sitte in minske sa yn 'e holle, dat se fen him óf sjugge. De oogen zitten den mensch zóó in het hoofd, dat zij van hem af zien.

It each sjucht altyd fen him. Het oog ziet altijd van zich af. — Men beoordeelt anderen minder toegevend dan zichzelf.

It ding mei gjin each ha. De zaak mag geen openbaarheid hebben. — Ook: *It mei gjin wird ha.*

Hy is der ùt, nei in minske-each. Hij is geborgen, naar menschen inzien. Boertend: *Hy is der ùt nei in barge-each.*

Dat past my as in fûst yn 't each, — as sâlt yn in siik each. Dat voegt mij als een vuist in 't oog, — als zout in een ziek oog.

Eagen als in falk. Oogen als een valk (vinnige, scherpziende oogen).

Nou binne wy der om gear ho me de bline de eagen ùtskoerre scil. Nu beraadslagen wij, hoe men den blinde de oogen uit zal rukken (dus over iets onnoodigs).

Sjên foar eagen is gjin gûchelspil. Wat men duidelijk ziet, is geen goochelspel.

Hy sjucht mei 't lofter-each yn 't rjuchter eachs-lok. Hij kijkt met het linkeroog in de rechter oogopening (hij ziet scheel).

It each wol sines ek ha. Het oog vraagt ook het zijne. — Het bevallige moet met het nuttige gepaard gaan.

Nou kinst dyn eagen ris forklearje. Nu kunt ge uwe oogen eens verhelderen (met de beschouwing van uw beminde).

Dat wie poeske 't each ùt. Dat was poesje 't oog uit (hij of zij achtte zich beleedigd).

Men kin yens eagen net yn 'e bûsse stekke. Men kan zijn oogen niet in den zak steken. — Wat men ziet moet men zien; wil iemand iets geheim houden, hij zorge dat het niet gezien worde.

Men moat de eagen soms mar taknipe. Men moet de oogen soms maar dichtknijpen (doen alsof men iets wat ons ergert of niet gezien moest zijn, niet ziet).

Men moat goed ùt yens eagen sjên, steeds toezien dat men niet misleid of bedrogen worde.

Hy leit mei 't fel oer 'e eagen. Hij ligt met het vel over de oogen (te slapen).

Immen foar eagen hâlde, voorkomend en dienstvaardig jegens iemand zijn (uit belangstelling in zijne toegenegenheid). — Ironisch: *Men moat yens wiif foar eagen hâlde, sei de skipper en liet hjar yn 'e line rinne.* Men moet zijne vrouw voor oogen houden, zeî de schipper, en liet haar het schip trekken (terwijl hij aan 't roer stond). — *Dou meist my wol foar eagen hâlde; ast my net hieste en dyn klean net, den moast neaken rinne.* Je dient mij wel in eer te houden; hadt ge mij niet en je kleêren niet, ge zoudt naakt moeten loopen. (Gezegd als men iemand een onbeduidenden dienst heeft bewezen).

Ik moat dy man nei de eagen sjên. Ik moet dien man naar de oogen zien (zorgen hem te vriend te houden, omdat hij mij bevoor- of benadeelen kan). — Ook: *Dy 't him sels rêdde kin hoeft nimmen nei de eagen to sjên.*

Hy jout syn eagen de kost. Hij geeft zijne oogen den kost (verlustigt zich in de beschouwing van allerlei dingen).

Ik sjuch my de eagen hast ùt 'e holle. Ik zie mij de oogen schier uit het hoofd (verwonder mij zeer over hetgeen ik zie).

Nim dyn eagen yn 'e hannen en sjuch troch de gatten. Neem je oogen in de handen en zie door de gaten. — Om zich er af te maken, als iemand klaagt dat hij niet voldoende zien kan.

Ik ha wol oare ljue onder 'e eagen sjoen ast dou ien biste. Ik ben met gewichtiger personen, dan gij er een zijt, in aanraking geweest (dus tracht me maar niet bang te maken).

Safolle net as yn myn each mei. Zooveel niet als in mijn oog mag (d.i. niets).

Oer dat bern binne in pear kweade eagen gien. Over dat kind zijn een paar kwade oogen gegaan (het is betooverd).

Hy het twa eagen op dy faem smiten. Hij heeft twee oogen op die meid geworpen (is op haar verliefd). — Woordspeling op het werpen met dobbelsteenen, bij verloting van ganzen, eenden, enz., waarbij men pleegt te zeggen: *Ik ha tsien* (of meer of minder) *eagen op in goes smiten.*

Hy gunt ùs it ljocht yn 'e eagen net. Hij misgunt ons het licht onzer oogen. — Van een hater.

It skimert him net foar 'e eagen. Het schemert hem niet voor de oogen. — Hij heeft een helder verstand.

Hja sjugge my mei ûls-eagen oan. Zij zien mij met uilenoogen aan (met nijdige, wangunstige blikken, omdat zij iets, wat ik heb verkregen, voor zich hadden begeerd).

Liddige eagen habbe folle to bisjên. Ledige oogen hebben veel te bekijken.

Immen in rêd foar de eagen draeije. Iemand een rad voor de oogen draaien (hem misleiden).

Dat is mei in heal each wol to sjên. Dat is met een half oog wel te zien ('t is duidelijk zichtbaar).

ear, earen.

Hy harket mei saun pear earen. Hij luistert met zeven paar ooren (zeer aandachtig).

Hy harket oft er him lij wetter yn 'e earen getten wirdt. Hij luistert, als wordt hem lauw water in de ooren gegoten (met gespannen aandacht en met veel genoegen).

De earen scille him yet wol ris bikôge wirde. De ooren zullen hem nog wel eens bekauwd worden. — Hij zal iets anders moeten ondervinden dan een weelderig leventje.

Hy is mar just droech efter 'e earen. Hij is pas achter de ooren opgedroogd (een kijk-in-de-wereld).

It is op ien ear nei fild. Het is op een oor na gevild (op een kleinigheid na afgedaan).

Hy is dôf foar 't ear dêr 't er net mei hearre wol. Hij is doof voor het oor, waarmeê hij niet wil hooren. — *Hy het spekswaerden* (stukken spekzwoord) *foar de earen,* hij is Oostindiesch doof.

Dou hoefst my gjin earen oan 'e kop to naeijen. Je behoeft mij geen ooren aan den kop te naaien (niet met leugens om den tuin te leiden). — Ook: *Ik lit my gjin ringen yn 'e earen naeije.*

Hy het hwet efter 'e earen. Hij heeft iets achter de ooren (bezit meer dan hij vertoont).

Dy 't oan 'e wei timmert sûzje de earen. Wie aan den weg timmert, dien suizen

de ooren (van het bedillen der voorbij-gangers).

Hja kin hjar earen skodsje dat se klappe. Zij kan hare ooren schudden, dat zij klappen (overal vrij het hoofd opsteken, omdat haar goede naam onbesmet is).

It giet him ta 't iene ear yn en ta 't oare wer ût. Het gaat hem het eene oor in en het andere weêr uit. — Hij onthoudt niet wat hem gezegd wordt.

Lytse poatten habbe ek earen. Kleine potten hebben ook ooren. — Kinderen luisteren naar de gesprekken der ouderen.

De earen sitte him nei oan 'e holle. De ooren zitten hem dicht aan zijn hoofd (hij is gierig).

Hja frette my de earen fen 'e kop. Zij eten mij de ooren van het hoofd (zij houden mij kaal: een aantal kinderen, dienstboden, werklieden).

Hy het in lûs yn 't ear rinnen. Er loopt hem een luis in het oor (hij is slecht gehumeurd).

Hy het in slinger oan 'e earen krige. Hij heeft een klap aan de ooren gekregen (een flinke erfenis).

Dy 't gjin kwea hearre wol moat syn earen stopje. Wie geen kwaadspreken wil hooren, dient zijne ooren te stoppen.

care, earlik.

Bydwaen is earlik, ôfnimmen is skelmjen. Bijvoegen is eerlijk, ontnemen is schelmerij. — Iron. gezegd, wanneer iemand, aan hetgeen hij vertelt, iets toevoegt om 't mooier te maken. — Ook: *In skelm dy der hwet ôfnimt, in knap man, dy der hwet by docht.*

Yn 'e snaebsnobbers finne moat jy djoeije en stoeije en earlik boerkje sonder lûd. In het snapsnoepers weiland (op het gebied van den liefdehandel) moet gij spelen en stoeien en eerlijk boeren zonder geluid.

Dêr 't gjin kriich is is gjin eare, sei de koster en sloech de bielden mei de bûsdoek om 'e noas. Zonder naijver geen eer te behalen, zei de koster, en sloeg de beelden met zijn zakdoek om den neus.

Hwet eare geskiedt myn dochter! hja moat fen in soldaet yn 'e kream. Welk een eer valt mijn dochter ten deel! zij moet van een soldaat in de kraam. — Te Leeuwarden: *Sy wordt fan 'en soldaat thús brocht.*

Dy 't syn eare foar 't rjucht siikje wol, komt it djûr te stean. Zoekt men zijn eer voor de rechtbank, dan komt zij duur.

Hwet is earlik? De giselpeal efkes frij. Wat is eerlijk? Den geeselpaal rakelings vrij loopen.

Hy is wol ris in earlik man foarby gien. Hij is wel eens een eerlijk man voorbij gegaan (of hij zelf een is — dat is de vraag).

Hy is earlik salang er gjin gelegenheid het. Hij is eerlijk, zoolang hij geen gelegenheid vindt (om oneerlijk te handelen).

Alle eare en glâns is der óf. Alle eer en glans is er af. — Van voorwerpen, die geschonden zijn; van personen, die zich onedel of schandelijk hebben gedragen.

Dy 't syn eare by de strjitte lâns siikket is al lêst. Die bij de buren rondloopt, om zijn eer te verdedigen, is achterop.

Hyngstetyskers en bargejeijers binne stom-earlike ljue, hja lige noait of hja binne er sels by. Paardenrossers en varkenshandelaars zijn door en door eerlijke lieden, zij liegen nooit of zij zijn er zelf bij tegenwoordig.

earm.

De earmen binne him to koart. De armen zijn hem te kort (hij is niet voldoende bemiddeld om te doen wat hij zou willen). — Ook: *De fingers binne him to koart.*

Hy het de bocht om 'e earmtakke, hij heeft de bocht om den elleboog (hij heeft wel geld, is boven Jan). — *Hy hâldt in slach om 'e earmtakke,* behoudt zich iets voor, zorgt gedekt te zijn.

Hy het to min earmslach. Hij heeft te weinig armslag (te weinig geld om zijne zaak naar behooren te drijven).

Hy forliest ljeaver in mouwe as in earm. Hij verliest liever een mouw dan een arm (nog liever in 't geheel niets).

Syn earm rikt fier. Zijn arm reikt ver (hij heeft geld, eigendommen en macht).

elk.

Elk moat syn eigen paedtsje lâns. Ieder moet zijn eigen wegje langs (het hem voorbeschikte levenslot ondergaan).

Elk is him sels de neiste. Ieder is zichzelf de naaste.

Elk het syn pop dêr 't er mei boartet. Ieder heeft zijn speelpop.

Elk moat to spar en to kloet. Ieder moet druk in de weer om het werk zoo spoedig mogelijk tot een goed einde te brengen.

faem.

Yens eare to bihâlden jout mar lêst, sei de faem, ik bin bliid dat 'k mines kwyt bin. De eer te behouden geeft maar moeite, zeî de meid, ik ben blij, dat ik de mijne kwijt ben.

In faem oft se ût 'e dyk dold is. Eene meid als uit den dijk gedolven (uitmuntende door een flinken lichaamsbouw, welgemaaktheid en eene bloeiende gezondheid). — Zoo ook: *In hynsder* (paard) *oft it ût 'e dyk dold is.*

It gemak foar de eare, sei de faem en hja siet op 't gat by 't skûtelwaskjen. Het gemak voor de eer, zeî de meid, toen ze plat op den grond zat te vatenwasschen.

Hy sjucht de fammen al nei de hakken. Hij kijkt de meisjes reeds naar de hielen. — Van een aankomend jongeling, die reeds verliefd is.

Yn in eptich faem stiket jamk in slier fen in wiif. In een net meisje schuilt dikwijls eene slordige huisvrouw.

Pisjen giet foar dounsjen (dansen) *sei de faem.* Het noodzakelijke gaat vóór het aangename.

Patsjen of ear-ofsnijen is skeel, sei de faem. Kussen en oorafsnijden maakt verschil, zeî de meid. — Zij wees haren vrijer op 't verschil tusschen vrijen en vechten.

Skande smakket swiet, sei de faem en skrabbe de sûker fen 'e rys. Schande smaakt zoet, zeî de meid, en schraapte de suiker van de rijst.

As dy faem op ôfbraek forkocht waerd, wie se frij hwet wirdich. Werd die

meid op afbraak geveild, zij zou veel
waard zijn. — Van eene kostbaar gekleede, rijk met goud versierde jongedochter.

Dy faem is forkocht, mar yet net ôflevere·
Die meid is verkocht, maar nog niet
afgeleverd (zij is verloofd). Zie ook
I, 362.

Dy faem is op 'e heechste merk. Die
meid staat op den hoogsten marktprijs
(in den schoonsten bloei harer jeugd).

Dy faem moat for in lyts pryske foart.
Die meid moet voor een klein prijsje
weg (zij is juist niet arm, maar leelijk).

Dy faem komt fen alle merken wer thús.
Die meid komt (evenals een onver-
koopbaar stuk vee), van alle markten
terug (zij bezoekt alle kermissen en
pretten maar krijgt geen vrijer). —
Ook van een dienstbode, die, waar zij
komt dienen, wordt weggezonden.

De faem is yn 'e malmounle rekke. De
(al te aanvallige) meid is in den mallemolen geraakt (door knapen van
verdacht allooi in de maling genomen).
— Ook van eene meid, die den onze-
delijken weg is opgegaan.

Dy faem is op skien pompier. Die meid
is op blank papier (staat met niemand in rekening, heeft geen vrijer
aan de hand).

Dy faem het in bulte spatten en gallen.
Die meid heeft vele gebreken. *Spatten en gallen* zijn ongemakken, die paarden aan de pooten kunnen hebben.

Dy faem is net fen strie fold. Die meid
is niet met stroo (maar met iets anders) gevuld (en alzoo niet ongevoelig
voor 't andere geslacht).

Dy faem sjucht er goed út for in tsjirmer.
Die meid ziet er nog al goed uit voor
een ziekelijk mensch. — Iron. van
een flinke gezonde meid.

Dy faem is fen 'e tosk, boven de jaren
om te trouwen; eig.: zij heeft de tanden gewisseld, evenals eene koe, die
in dit geval door vetweiders ongaarne
gekocht wordt, als zijnde te oud.

*Dat is in faem dêr 't ús Ljeaven Hear
neat oanforgetten het.* Dit is een meisje,
waaraan onze Lieve Heer niets heeft
vergeten. — Ook: *Dat is onbilekke
waer,* onbelaakte waar (een meisje
waar niets op aan te merken va.t).

*Dy faem is sa bang fen in feint as in
bidler fen in dûbelstůr.* Die meid is
zoo afkeerig van een vrijer, als een
bedelaar van een dubbeltje.

Der binne mear fammen as tsjerken. Er
zijn meer vrijsters dan kerken (dus
niemand, als hij 't niet verkiest, behoeft ongetrouwd te blijven).

*Dat is in ding dat fêst sit, sei de faem
en hja hie de feint by de noas.* Dat
is een ding, dat vast zit, zeî de meid
en zij had haar vrijer bij den neus.

*De klok skyt ûren, sei de faem, as ik
in frijer ha.* Do klok sch.. uren,
zeî de meid, als ik een vrijer bij mij heb.

*De miening bidroech de faem; hja miende
dat se de boer ha scoe en hja krige de
jonge.* De meening bedroog de dienstmeid, zij meende den boer tot haar
man te zullen krijgen en zij kreeg den
kleinen knecht. — Gebezigd als iemand
zegt: „Ik meende......."

Dy faem het in bulte wyt yn 'e eagen,
groote glinsterende oogen, 't welk
geldt voor een bewijs van manziekte.

*Hwa kin om alles tinke? sei de faem
en hja gyng sonder amers to meltsen.*
Wie kan aan alles denken? zeî de
boerenmeid, toen zij zonder emmers
uit melken was gegaan.

Dy faem het hjar ûle fleane litten. Die
meid heeft haar uil laten vliegen (haar
eer verloren).

Dy faem dêr stiet de klop op. Die meid
is achtentwintig jaar. — Vroeger, tot
op het midden der 19e eeuw, was hier
een zilvermunt van 28 stuivers (f 1.40)
in omloop, waarop, tot waarmerk, een
stempel of klop was geslagen. Hierop
zinspeelt het spreekwoord.

*Faem to wêzen, dat giet; mar jong wid-
dou: dat hâldt hwet yn.* Vrijster te
zijn, dat gaat wel, maar jong weduwe:
dat beteekent iets.

*De straffe op in gnappe kokenfaem is in
lége boddelerij.* De straf op eene bekwame keukenmeid is eene ledige
provisiekast.

*Ik hâld fen foarútgong, sei de faem, en
joech de lyndraeijersfeint in blau skine.*
Ik houd van vooruitgang, zeî de meid,
en gaf den lijndraaijersknecht een
blauwe scheen.

Der wier ris in feintsje Rinse, dy koe 't sa mâl bitinse; hy frege de faem ho 't sy it naem as hy ris by hjar kaem. Hja sei: Dat mei 'k wol lije. — Do kaem er in âld mantsje oan, dy woe ris mei hjar frije. Hja waerd sa kjel, hja roan sa fel, hja sei: Ik moat myn woartels wjudde; it onkrûd fyn dat waechst er yn. Kom hjir, myn lytse Ryn. (Dantumadeel). Er was eens een vrijer Rinse, die kon het zoo dwaas bedenken (verzinnen), hij vroeg de meid, hoe zij het nam, als hij eens bij haar kwam vrijen. Zij zeî: Dat is mij wel. Toen kwam er een oud mannetje aan, die wilde eens met haar vrijen (liefkozen). Zij werd zoo verschrikt, zij liep zoo snel, zij zeî: Ik moet mijne wortelen wieden; het onkruid fijn, dat groeit er in. Kom hier, mijn kleine Ryn.

Mei dy faem koe min wol in goarrige breid biskamje. Met die (knappe) meid zou men een ziekelijke bruid kunnen beschamen (in de schaduw stellen).

Dy faem komt al yn 't neisjên. Die meid begint rond te zien naar iemand, die haar nog zou willen vragen (zij wordt ouder).

Swiete parren en jonge fammen kinne net dûrje. Zoete peren en jonge meisjes zijn niet duurzaam.

farre.

Far ik mei jo net, den far ik mei in oar. Vaar ik met u niet, dan vaar ik met een ander. — Ik ben aan u niet gebonden.

Ik ha to lang for bottelier fearn om net te witten ho 't yn kelder en koken tagiet. Ik heb te lang voor bottelier gevaren, om niet te weten hoe het in kelder en keuken toegaat. — Ik laat mij geen knollen voor citroenen verkoopen.

Ongelokken farre mei. Ongelukken varen meê — op de zee des levens.

Hy fart mei as de greate mêst. Hij vaart meê als de groote mast.

Hy fart mei in knip yn 'e fleugel. Hij vaart met een knip in den vleugel (zit onder de pantoffel).

fear.

De swan is syn fearren allike nedich as in mosk. De zwaan behoeft zijne vederen even goed als de musch.

Hier (ook hear) en fear, haar en vederen. — Viervoetige dieren en vogelen, de bezitting van een veehouder. Overdr. ook gezegd van andere roerende goederen. — *Hy kaem dêr oan mei syn hele hier en fear,* hij kwam daar aan met alles wat hij bezat. — *Immen út syn hier en fear stiette,* iemand uit zijne bezitting verdrijven.

Hier mei hier en fear mei fear. Haar met haar en veêr met veêr. — Hazen met honden en vogels met vogels vangen. Oude jachtregel.

Hy kin út eigen fearren fleane. Hij kan uit zijn eigen vederen vliegen (met eigen geld zijne zaken drijven).

Forhannelje gjin fearren, der stout tofolle wei. Verhandel geen vederen, er stuift te veel van weg.

Hy of hja lit de moedfearren hingje. Hij of zij laat de moedvederen hangen (verliest door tegenspoed veerkracht en levensmoed).

fel.

Hy het it mâl fel oan. Hij heeft het gekke vel aan (heeft een kwaadaardige bui). — Vooral van een dronkaard, die tegen vrouw en kinderen vloekt en kijft.

Hy het it koart (kort) fel oan. Hij is slecht gehumeurd en erg kort van stof.

Immen it fel oer 'e nekke helje. Iemand het vel over den nek halen (financieel uitkleeden).

Ik bin binaud yn 't fel, benauwd tengevolge van zwoel drukkend weder.

Hy stekt yn in min fel; ook: hy sit net yn in goede hûd. Hij steekt in geen goede huid, heeft een ziekelijk lichaamsgestel.

Hja sit net allinne yn 't fel. Zij is zwanger.

Piba! sei mem en hja helle 't fel oer 'e nekke. Piep! ba! zeî moeder en haalde haar vel (hemd) over den nek.

It fel is him to near. Zijn huid is hem te strak (hij is gierig).

Elk hwet fen de stokfiskfellen. Ieder iets van de stokvischvellen (zijn deel van de versnapering).

fet (vet).

Elke beest het syn fet. Ieder dier heeft zijn vet. — Men zegt dit, wanneer iemand in zijn eten of drinken een dood insekt vindt, dat immers ook zijn voedingswaarde heeft.

Ier yn 'e weide, ier fet. Vroeg in de weide, vroeg vet.

Jaget min de fette brimzen wei, de meagere komme werom. Jaagt men de vette wespen weg, de magere krijgt men terug.

't Is altyd fet yn in oarmans skûtel. Het is altijd vet in eens anders schotel.

It fet is fen 'e tsjettel. Het vet is van den ketel (het beste is verteerd).

Dat kin de koal net fet meitse. Dat kan de kool niet vet maken. — Dat kleine voordeel helpt niet veel huishouden.

Dêr scil er net fet fen wirde. Daar zal hij niet vet van worden. — Dat zaakje, die onderneming zal hem niet rijk maken.

De koal is 't fet net wirdich. De kool is het vet (het zaakje de kosten) niet waard.

It sit er op as âld fet. Het zit er op vast als oud vet (bv. op een wagenas). — Er zit tusschen die twee eene veete, waarbij aan geen verzoening valt te denken.

In hele bulte sjeu en gjin fet. Veel jus en geen vet. — Veel nagemaakte deftigheid zonder degelijkheid.

Yn 'e okseweide fynt men net folle dy tige fet binne. In de ossenweide vindt men niet velen, die flink vet zijn. — Onder de gestudeerde lieden vindt men slechts zelden degelijk wetenschappelijke mannen.

fet (vat).

In fet jout út as 't yn het. Een vat levert op, wat het in heeft. — Iemand spreekt naar hij verstand heeft.

It is yet net yn tichte fetten. Het is nog niet in dichte vaten. — Holl.: nog niet in het vaatje, waar het zuren moet. De zaak is nog niet voor goed afgedaan.

finger.

Hy het him lilk yn 'e finger snijd. Hij heeft zich leelijk in den vinger gesneden (een nadeeligen koop gesloten).

As men sokke ljue de lytse finger jout nimme se de hele hân. Wanneer men sommige lieden den kleinen vinger aanbiedt, nemen zij de geheele hand.

Hja kin hjar man wol om 'e finger woelje. Die vrouw kan haar man wel om den vinger winden (leiden als een lam).

Dy faem binne de fingers hwet to lang — of *het lange fingers.* Die meid is diefachtig.

Hy kin — of *doar gjin finger yn 'e yeske stekke.* Hij kan of durft geen vinger in de asch te steken (zich 't geringste niet veroorloven, uit vrees voor zijne vrouw, meester, meesteres, enz.). — *Hy of hja stekt gjin finger for my yn 'e yeske,* doet niet de minste kleinigheid voor mij.

Siz dat net en hâld him de finger yn 'e mûle. Zeg hem dat niet (geen minvleiende waarheden), hem tegelijk uwen vinger in den mond houdende.

As de fingers him allike lang binne scil er him forbetterje. Wanneer eerst al zijne vingers even lang zijn, zal hij zijn leven beteren.

Elk het syn lek en brek, hwet de iene oan 'e greate tean het, dat het de oare oan 'e lytse finger. Ieder heeft zijne gebreken; wat de een aan den grooten teen heeft, dat heeft de ander aan den kleinen vinger.

As men yn 'e freamdte is moat men de finger ris yn 'e groun stekke en dêr oan rûke yn hwet lân men is. Is men in den vreemde, dan dient men den vinger eens in den grond te steken, om daar aan te ruiken, in welk land men is.

Hâld dy kearel de finger út 'e mûle. Hou dien man uwen vinger uit den mond (doe geene zaken met hem, hij zoude u afzetten).

Alde ljue en bern moat men troch de fingers sjên. Oude lieden en kinderen moet men door de vingers zien (iets toegeven).

Ik kin oan elke finger wol iên krije, sei de faem. Ik kan aan elken vinger wel een (vrijer, eig. een trouwring) krijgen, zeî de meid.

Hy sjucht my altyd op 'e fingers. Hij kijkt mij altijd op de vingers (let steeds nauw op al mijn doen en laten).

fyoele.

Dat is djûre brânje, sei de man, en lei in fyoele op 't fjûr. Dat is dure brandstof, zeî de man, en legde een viool op het vuur.

Houliken dy foar de fyoele klonken wirde doge net. Huwelijken die vóór de viool (bij kermispret) geklonken worden deugen niet.

Hwa het dat op 'e fyoele spyljen heard? Wie heeft dat op de viool hooren spelen (van zoo iets geks of buitensporigs ooit gehoord)?

It miskearret altyd oan 't ien of 't oar, sa net oan 'e fyoele, den oan 'e strykstok. Het hapert altijd aan het een of het ander, zoo niet aan de viool, dan aan den strijkstok.

Men kin wol in fyoele tsjin in beam oan stikken slaen. Men kan gemakkelijk een viool tegen een boom in stukken slaan. — Iets goeds te bederven; iets uit te voeren, waartoe moed noch kracht wordt vereischt, kan ieder.

fisk, fiskje.

Deade fisken kin men bêst fange. Doode visschen kan men 't gemakkelijkst vangen. — Sommigen hebben 't volk liever dom dan andersom.

Yn 't ein fen 'e fûke fangt men de fisk. In het einde der fuik vangt men de visch. — Bij het sluiten der rekening komt men aan zijn geld.

Iis en fis mut men bruke as 't er is. (Stadfr.) Een ijsbaan kan men niet maken wanneer men wil en versche visch is er niet altijd te bekomen.

Potmarge is heechlânners (hooglanders) fisk. Bewoners van hooggelegen streken, waar geen water is, eten gort met rozijnen voor visch.

Dou hest it greatste gelyk op 'e fiskmerk, alle skylfiskkoppen kinne 't tsjûgje. Gij hebt het grootste gelijk op de vischmarkt, alle schelvischkoppen kunnen 't getuigen. — Ook: *Dou hest it greatste gelyk op 'e fiskmerk as 't er allinne biste;* als gij er alleen zijt.

Dat is fiskjen efter 't net. Dat is visschen achter het net (vergeefsche moeite omdat het to laat is).

Hy het in fin mear as in bears. Hij heeft een vin meer dan een baars. — Hij kan een potje breken, in hem wordt veel door de vingers gezien, wat in anderen wordt afgekeurd.

Rop gjin hearring earst se yn 't net heste. Roep geen haring voor gij ze in het net hebt.

Dochters en deade bleijen moat men net lang biwarje. Dochters en doode brasems (visch) moet men niet lang bewaren.

Der rint wol ris in germ onder 'e bleijen. Er wordt wel eens een germ (gemeene visch) onder de brasems gevonden. — Onder de kinderen van een braaf gezin komt soms een deugniet voor.

Dêr giet ien mei bleijen hinne. Daar gaat iemand met brasems heen. — Spottend voor: naar den pastoor te biechten.

Hy flaeit as in fisker. Hij vleit als een visscher (met zijn lokaas).

Hy fisket yn forbean wetter. Hij vischt in verboden water (loopt bij slechte vrouwen, pleegt overspel).

fjûr.

As dat oan 'e gong komt is 't: „Mannen, skik ût!" sei 't âld wiif, en hja sette in fjûr oan fen twa turven en in klinkertstien. Komt dat aan 't branden, dan is het: „Mannen schikt terug!" zeî de oude vrouw, toen zij een vuur aanlegde van twee turven en een baksteen.

Dy 't him ienris barnd het mijt it fjûr. Wie zich eens gebrand heeft, mijdt het vuur.

Dy tichtst by 't fjûr sit waermt him bêst. Die 't naast bij het vuur zit, warmt zich het best.

Hy sit twisken 't fjûr en de briedpanne. Hij zit tusschen het vuur en de braadpan (zeer in verlegenheid). Ook: *Hy sit twisken twa fjûrren yn 'e yeske,* tusschen twee vuren in de asch.

It is slim pankoekbakken sonder fjûr of fet. 't Is moeilijk koeken bakken zonder vuur of vet.

Lytse lôge, greate fjûrren. Kleine vlam, groote vuren. — Kleine oorzaken, groote gevolgen.

Dy 't fjûr neist is barnt him earst.
Die 't naast aan het vuur is, brandt
zich het eerst.

Binne jimme om fjûr komd? Zijt gij om
vuur gekomen? — Is 't u om twist-
zoeken te doen?

Dy 't fjûr bihoeft siikket yn 'e yeske.
Die vuur behoeft, zoekt in de asch.

Hy het in hele boel izer yn 't fjûr. Hij
heeft veel ijzer in het vuur (allerlei
zaakjes te beredderen).

*Fen in lyts fonkje komt wol ris in great
fjûr.* Van een klein vonkje komt wel
eens een groot vuur. — Kleine oorzaken, groote gevolgen.

It fjûr wirdt him nei oan 'e teannen lein.
Het vuur wordt hem na aan de teenen
gelegd. — Hij wordt in 't nauw gebracht.

fleane.

Better der troch to fleanen as to krûpen.
Beter er door gevlogen dan gekropen
(nl. door gevaar en moeilijkheden).

Flean ris sonder fearren! Vlieg eens
zonder vederen! — Doe eens wat
zonder geld.

*Hwet men heger fljucht, hwet men leger
saeit.* Hoe hooger men vliegt, hoe lager
men daalt.

*It skeelt him mar oan 'e wjukken, oars
koed er wol fleane.* Het ontbreekt
hem (den snoever) slechts aan het
allernoodzakelijkste (geld, verstand),
anders zou hij veel kunnen.

It docht him sa nij as fleanen. Hij is
er zoo wars van als van vliegen.

Lit dat syn feart mar fleane. Laat dat
zijn vaart maar vliegen (maar loopen
zoo 't wil).

Dêr is flecht op 'e kooi. Daar is vlucht
op de kooi. — Er komen veel vrijers
aan huis.

*De ekster fljucht sa fier net of de stirt
moat lykwol folgje.* De ekster vliegt
zoover niet, of zijn staart moet steeds
volgen. — Niemand kan zijne lasten
en plichten ontgaan.

*In earn fljucht sa heech net of hy komt
wer op 'e groun toldnne.* Een arend
vliegt zoo hoog niet, of hij komt weêr
op de aarde terecht.

Hinne rinne en werom fleane. Er heen
(snel) loopen en terug vliegen (zoo
vlug mogelijk heen en terug).

*Hja binne der net nei roan, mar nei
flein om earm to wirden.* Zij zijn er
niet naar geloopen, maar gevlogen,
om (met een verkwistend leven) arm
te worden. — Ook van een meisje:
Hja is der net nei roan mar nei flein.
Zij heeft al het mogelijke gedaan, om
aan een man te komen, en is nu eene
ongelukkige moeder, hetzij gehuwd of
ongehuwd.

*Min kin in stien wol yn 'e loft smite,
mar dêr leart er gjin fleanen fen.* Men
kan een steen wel in de lucht werpen, maar daar leert hij geen vliegen
van.

Flean dou trijeris yn 't roun! Vlieg
jij driemaal in 't rond! — Loop naar
de maan!

flêsk, bien, bonke.

*Dy 't flêsk net biskriemt, dy biskriemt
de bonken.* Die het vleesch niet beweent, beweent de beenderen. — Beweent men 't verlies van een nabestaande aanvankelijk niet, later zal
men wellicht de zwaarte van 't verlies gevoelen.

*De biennen wirde wol ris mear biklage
ast flêsk.* De beenderen worden wel
eens meer betreurd dan het vleesch.
— Een man betreurt wel eens den
dood eener brave vrouw eerst recht
van harte, wanneer hij hertrouwd is.

*De ondogensheit sit him yn 't gebiente,
it moat der ût rotsje.* Het kwaad zit
hem in het gebeente, het moet er uit
rotten (nl. in het graf).

*Hy wit net hwet flêsk er yn 'e kûpe
het.* Hij weet niet welk vleesch hij
in de kuip heeft. Hij kent zijn eigen
volk (bedienden, huisgenooten) niet.
— Ook: *Min moat mar witte hwet
flêsk min yn 'e kûpe het,* met wat
volk men te doen heeft.

*Hwet neijer oan 'e bonke hwet swiet-
ter flêsk.* Hoe nader aan het been,
hoe lekkerder vleesch. — Hoe zwaarder gewonnen, hoe aangenamer de
winst.

Hy rint op skobberbonk. Hij is er op
uit om bij vrienden en bekenden het

middagmaal te beloopen. — *Skobje* = schranzen; *bonk* = been. Een hond, rondloopende om ergens een been te vinden, loopt dus op schobberbonk.

Hy flammet as in flêsktsjettel. Hij walmt als een vleeschketel (van warmte, enz.).

foet.

Net mei twa foetten yn ien hoas. Niet met twee beenen in één kous. — Geen twee zaken tegelijk doen.

Hy leit mei de foetten yn 't east. Hij ligt met de voeten in het oosten (nl. op het kerkhof). — Ook: *Hy leit mei kâlde foetten.*

Hja is net wirdich dat se de foetten by him onderstekke scil. Zij is niet waardig zijne vrouw te worden.

Min kin 't oan 'e foetten fiele dat it ligens binne. Men gevoelt het aan de voeten, dat het gelogen is.

Min moat gjin gears onder yens foetten waechse litte. Men moet geen gras onder zijne voeten laten groeien (niet stil staan of zitten).

As âlde ljue dounsje komt alles fen 'e groun bihalven de foetten. Als oude lieden dansen, komt alles van den grond, uitgezonderd de voeten.

Hy het my in doarn ût 'e foet litsen. Hij heeft mij een doorn uit den voet getrokken (een gewichtigen dienst bewezen).

Hy kin wol ût de foetleasten komme. Hij kan wel uit zijne voetstappen komen (is vlug in het loopen).

Min moat foar yens foetten sjên. Men moet vóór zijne voeten zien (voorzichtig zijn).

Hâld dy foet, sa seitte wol dounsjen leare. Houd dien voet, zoo zult ge goed dansen leeren.

Net mei de foetten yn 'e sek rinne. Niet als met de voeten in een zak loopen (maar vlug zich heen en weér bewegen).

Stek dyn foetten net fierder as de tekkens lang binne. Steek de voeten niet verder, dan de dekens lang zijn.

It spant om de foetten onder 't liif to hâlden. Het valt moeielijk om de beenen onder 't lijf te houden (zich staande te houden op zijne plaats in

de maatschappij). — Ook: zoo gezond te blijven, dat men niet bedlegerig wordt.

Dat het foetten krige. Dat heeft voeten gekregen (schijnt op den loop gegaan te zijn, is vermoedelijk gestolen).

Berint de weazige foet eat, de yeskige neat. Verkrijgt de slijkerige voet iets, de asschige niets.

De frou het in bongel oan 'e foet. De vrouw heeft een blok aan 't been (een klein kind te verzorgen, kan alzoo niet naar verkiezing uitgaan).

It bêste foetsje moat foar. Het beste beentje moet voor (we moeten 't zaakje op de beste wijze trachten te schikken).

Dat giet sa fier as 't foetten het. Dat gaat zoover als het voeten heeft. — Kan 't niet meer, dan houdt het op.

Ik stean op kâlde foetten. Ik sta op koude voeten. — Ik bezit niets.

Mei twa foetten yn ien hoas. Met twee voeten in één kous. — Het gaat achteruit (bv. met een ziekelijk persoon): *Hy sit mei twa foetten yn ien hoas,* hij zit in verlegenheid.

Hy het him by 't foetsje krije litten. Hij heeft zich bij het voetje laten nemen (zich te veel geld voor iets laten afnemen).

Dat het foetten yn 't gat. Dat heeft voeten in den grond (of in de aarde).

In man mei in forkeard foet. Een man met een wanschapen voet (de duivel).

Hy libbet op in greate foet. Hij leeft op een grooten voet. — Ironisch van iemand die buitengewoon groote voeten heeft en bovendien lompe schoenen draagt.

Dat spil is ta foetten ût gien. Die zaak is ten voeten uit gegaan (te niet geloopen).

It is de hele wráld net as min ris in wiet foet kriget. Het is de geheele wereld niet (geen doodzonde), als men eens een natten voet krijgt (voor een enkelen keer eens beschonken is).

Min moat de foet by de kûle hâlde. Men behoort den voet bij den kuil te houden (met bedaard overleg op zijne zaken passen). Ook: *de foet by de miet* (meetstreep) *hâlde.*

Min kin op ien foet net gean. Men kan op éénen voet niet loopen. — Heeft men één borrel genomen, dan moet de tweede er bij. (Drinkebroers gezegde.) — Oudt.: *Der giet gjin krie op ien bien.* Er loopt geen kraai op één poot.

Dy 't op syn eigen foetten gean kin is frij fen kroadersjild to jaen. Wie op zijn eigen voeten kan loopen heeft geen kruiersloon te betalen.

Dyn foetten scille dy net ôfdrage. Uwe voeten zullen u niet afdragen. (Oud Handschrift).

Hâld it plat fen 'e foetten onder, sa fâlst net. Houd het plat der voeten beneden, dan valt gij niet. — Fig.: sta vast in je schoenen.

Hy giet op frijersfoetten. Hij gaat op vrijersvoeten (is nog ongehuwd).

Hy smyt my dwerse kneppels foar 'e foetten. Hij werpt mij knuppels dwars voor de voeten. — Hij dwarsboomt mij.

Dy tsjin 'e stroom op wol rekket onder 'e foetten. Wie tegen een volksstroom op wil werken, geraakt onder den voet.

Wie er saun foet onder ierde, hy wie net to fier ut 'e wei. Ware hij zeven voet onder den grond (dood en begraven) hij ware niet te ver weggestopt (niemand zou het betreuren).

foks.

Hy wol de foks net bite. Hij wil de vos niet bijten.

Hy gniist as in pinksterfoks. Hij grijnst als een pinkstervos.

In foks lit him net gau fange. Een vos laat zich niet gemakkelijk vangen (een leeperd zich niet licht snappen).

Liepe foksen wirde ek wol fongen. Listige vossen worden ook wel gevangen.

Dat de ezels net witte scille de foksen hjar wol sizze. Wat de ezels niet weten, zullen de vossen hun wel aan 't verstand brengen.

freegje.

Dat wiif freget yen it himd fen 't gat. Die vrouw vraagt iemand het hemd van 't lijf (is zeer onbescheiden in het vragen).

Fen freegjen wirdt min wiis. Van vragen wordt men wijs.

Freegjen stiet frij en 't wegerjen stiet er by. Het vragen staat vrij en het weigeren staat or bij.

frjeon.

Men lient yens frjeon, men moannet yens fijand. Men leent zijn vriend, men maant zijn vijand.

Allemans frjeon, nimmens frjeon. Allemans vriend, niemands vriend.

Allemans frjeon, allemans gek. Allemans vriend, allemans gek.

As men op reis giet moat men de frjeonen yn 'e bûsse ha. Wanneer men op reis gaat, dient men de vrienden (geld) in den zak te hebben.

Libje as frjeonen en rekkenje as fijannen. Leven als vrienden, rekenen als vijanden. — Bij 't rekenen tegenover elkander geen inschikkelijkheid.

In âld frjeon is in greate skat. Een oude vriend is een groote schat.

In goe frjeon is in wite raven. Een goed vriend is een witte raaf.

frominsk.

In frominsk· as in lôge. Een vrouwspersoon als een vuurvlam (een meisje of jonge vrouw, blozend van gezondheid en welgemaakt van leden). — Ook: *In frominsk as in leelje*, als een lelie (bloem).

In frominsk as in stins (kasteel). Groot, forsch en sterk vrouwspersoon.

Hy het noait in oar frominske oanroerd as syn mem. Hij heeft nooit een andere vrouw aangeraakt dan zijne moeder. (Van een droogstoppel.)

frouljue.

Gjin mâlder gûd as frouljue, min kin der net mei oer en min kin der net bûten. Geen vreemder goedje dan het vrouwvolk: men kan er niet meê over den weg en evenmin er zonder.

Hy het gjin frouljuesflêsk oan him. Hij heeft geen vrouwenvleesch aan zich (laat in het geheel geen trek naar het schoone geslacht blijken). — Van sommige meisjes zegt men: *Hja het de romt fen mânljuesflêsk oan hjar.* Zij heeft overvloedig mansvleesch aan zich (verraadt haren trek naar 't andere geslacht wat heel duidelijk).

Kofmansfrouwen binne buurtfrouwen. (Stadfr.) Vrouwen van kofschippers zijn gaarne bij de straat (zij hebben geen man te bedienen).

Loopfrouwen en koopfrouwen binne gien hûsfrouwen. (Stadfr.) Vrouwen die veel op straat loopen en in fraaie winkels gaan, zijn geen goede huisvrouwen.

In hûsfrou mei in forwielen tonge nimt folle. Eene huisvrouw met eene fluweelen tong (die van smullen houdt) behoeft veel.

Hy het net folle sliep om 'e frouljue britsen. Hij heeft niet veel nachtrust aan het vrouwvolk opgeofferd (is nooit of slechts zelden uit vrijen geweest).

fûgel.

Min moat gjin fûgels oer 't net fleane litte. Men moet geen vogels over het net laten vliegen (geen gunstige kansen laten glippen).

Dat is in fûgel mei in bek. Dat is een vogel met een snavel (iemand vinnig in het spreken, tegen wien niet ieder redeneeren kan, allerminst wanneer 't eene vrouw is).

Earst in kau en den in fûgel. Eerst eene kooi en dan een vogel. — Eerst een woning (zaak of betrekking) en dan eene vrouw.

It is in minne fûgel, dy 't syn eigen nêst bismoarket. Het is een slechte vogel, die zijn eigen nest bevuilt. — Het is leelijk van eigen echtgenoot en kinderen kwaad te spreken.

Jonge fûgels habbe weake nêbben. Jonge vogels hebben zachte nebben.

Sonder wjukken kin in fûgel net fleane. Zonder vlerken kan een vogel niet vliegen.

It is in inkelde (zeldzame) *fûgel dy der fljuecht* (vliegt); een voordeeltje dat slechts zelden voorkomt.

Moaije fearren meitse moaije fûgels. Fraaie vederen maken fraaie vogels. — De kleederen maken den man.

Better yn 'e fûgelsang as yn 'e heareklang. Beter in het vogelgezang dan in het heerengedruisch. — Beter in het veld dan in de stad. — Oudt.: *Better yn 'e fûgle sang as yn 'e herren klang.* Beter vrij dan in boeien.

Hwet fûgel scil der nou flapt wirde? Welke vogel denkt men nu te vangen? '— Wat wordt er nu ondernomen met het oog op winst?

Min sjucht oan 'e fearren wol hwet fûgel it is. Men ziet wel aan de vederen welk een vogel het is.

Dat fûgeltsje scil 't nêst wol hast ûtfleane. Dat vogeltje zal welhaast het nest uitvliegen (het meisje zal wel spoedig gaan trouwen).

Min moat wol ris in tielling ûtstjûre om in einefûgel to fangen. Men moet wel eens een taling uitzenden om een eendvogel te vangen (een weinig opofferen om veel te verkrijgen). — Ook: *In spjirring ûtsmite om in kabbeljau to fangen.*

Fûgels fen ien fear fleane graech togearre. Vogels van eenerlei veêren vliegen gaarne tezamen.

Lytse fûgels, lytse nêsten. Kleine vogels, kleine nesten.

Hy moat jimmer sjên hwêr 't de fûgels fleane. Hij moet onophoudelijk zien waar de vogels vliegen (heeft geen ijver en aandacht bij zijn werk).

Dy 't gjin goes krije kin moat him mei in einefûgel tofreden stelle. Die geen gans kan verkrijgen, moet zich met een eendvogel tevreden stellen.

Elk hâldt syn eigen protter for in lyster. Ieder houdt zijn eigen spreeuw voor een lijster.

Bynei sjit min gjin fûgels. Bijna schiet men geen vogels.

Eltse fûgel tsjottert nei 't syn bek is. Ieder vogel kakelt naar hij gebekt is.

Better finken to ploaitsen as liddich to sitten. Beter vinken te plukken, dan ledig te zitten.

Al to let, sei de ekster en hie de bout yn 'e ears. Al te laat, zeî de ekster, en had den pijl in den aars.

Twa mosken yn ien flap. Twee musschen in één val. — Twee vliegen in een klap.

Kwyt wie Hantsje de mosk. Kwijt was Hansje de musch. — De vogel was gevlogen.

fûke.

Elk set syn fûken to wetter. Ieder zet zijne fuiken te water (beproeft iets om voordeel te behalen).

As 't tij forrint moat me de fûkestokken forsette. Verloopt het getij, dan moet men de fuikstokken verzetten. — Holl.: als 't getij verloopt verzet men de bakens.

Hy rint yn 'e fûke. Hij loopt in de fuik. — Holl.: Hij loopt in den val.

Hy sit yn 'e fûke. Hij zit in de fuik (heeft zich laten vangen door list en misleiding).

galge.

De galge foarby stelle. De galg voorbij stelen (met het noodige overleg, om niet te worden ingepakt).

Ho tichter by de galge, ho mear dieven. Hoe nader bij de galg, hoe meer dieven.

It wirdt ho langer ho minder, sei de ka, do 't de galgen ôfbritsen waerden. Het wordt hoe langer hoe slechter, zeî de kraai, toen de galgen werden afgebroken.

Hy sjucht er ût oft er fen 'e galge fallen is. Hij ziet er uit alsof hij van de galg is gevallen (mager en ziekelijk).

Dit is dyn galgemiel. Dit is uw galgemaal. — Gezegd tot een dienstbode, die gaat trouwen en dan in het diensthuis den laatsten maaltijd gebruikt.

Der binne better oan 'e galge fordroege as hy ien is. Beteren dan hij er een is, zijn aan de galg verdroogd (hij is door en door slecht).

gapje.

Dy 't aldewiidst gappet rekket wol ris foarby. Wie het wijdste gaapt (de meeste drukte maakt) wordt wel eens achteruit gezet.

Dat gappet as in oun. Dat gaapt als een oven (is zoo duidelijk als het kan).

Min kin tsjin in oun net gapje. Tegen een oven kan men niet gapen. — Wat onmogelijk is houdt op, een arme kan tegen een rijke niet wedijveren.

It gappet wider as 't byt. Het gaapt meer dan het bijt. Het schijnt meer dan het is.

Elk moat gapje scil er bite. Men moet gapen om te kunnen bijten.

Hy gappet as in âldroek dy 't efter 'e siken is. Hij gaapt als een oude kraai, die achter adem is.

Gûlen en gabjen sette nin merk. Schreeuwen en bluffen bepalen geen marktprijs (of zetten geen waarmerk op iets).

gat.

Dy 't alle gatten stopje scil moat in bulte sân ha. Wie alle gaten zal stoppen, dient veel zand te hebben.

Dat is by de gatten heel of ticht, bij de gaten dicht. — Van een voorwerp, vooral kleedingstuk, dat gaten heeft waar ze niet moeten zijn.

Hy het gjin sittend gat. Hij kan niet lang aaneen stil zitten (is van eene bewegelijke natuur).

Dat smyt it gat sa heech net. Dat loopt niet hoog in de kosten; dat behoeft men om de kosten niet na te laten.

Hja smyt it gat sa heech wol as hy. De bruid bezit ruim zooveel geld als de bruidegom. — 't Zinspeelt op een paard dat van weelderigheid opspringt.

It giet for jimme allen, sei de paep en lapte 't yn syn gat. Het gaat voor u allen, zeî de paep en hapte 't binnen. (Protestantsche schimp op het gebruik van den wijn bij de mis.)

Dy swolm is sa glei as in prottergat. Dat ettergezwel staat zoo spekachtig glanzend als het aarsje van een pas uitgekomen spreeuwtje.

Dat is in holder sonder gat. Dat is een horsel zonder achterdeel (een onevenredig gevormd voorwerp, bv. een groot boerenwoonhuis met een zeer kleine schuur er achter).

It is krekt ofst dou diggelfjûr yn 't gat heste. Gij schijnt rust noch duur te hebben. — Gezegd tot iemand die driftig verlangt ergens heen te gaan. (*Diggelfjûr* is het St. Elmsvuur en het licht van den glimworm).

Krûp net yn in gat dêrst net wer ût komme kinste. Kruip niet in een gat, waar ge niet weêr uit kunt komen. — Onderneem niets boven uw vermogen.

Pine yn 'e holle, is net folle, mar pine yn 't gat, dat is hwet. Pijn in 't hoofd, is niet veel, maar pijn in 't g.t, dat beteekent iets.

Hy blaest út in heech gat. Hij blaast uit een hoog gat (slaat een hoogen toon aan).

Better út in heech gat blaesd as de múle barnd. Beter hard geblazen dan den mond verbrand.

Hja het altyd de dief oan 't gat hingjen. Zij meent altijd door anderen bestolen te zijn.

Lichtgatte memmen meitse swiergatte bern. Vlugge moeders maken luie dochters (en omgekeerd). — Is de moeder steeds vlug bij het werk, dan kunnen de dochters 't zich wat gemakkelijk maken.

Der is my gjin karre oan 't gat boun. Er is mij geen kar aangebonden (ik kan vlug over den weg).

Gjinien kin my in fear fen 't gat blase. Niemand kan mij onder schot krijgen. — Ik ben gedekt voor mijne vervolgers (in vele gevallen schuldeischers).

Hy is net forrotte; hy sjucht troch in planke, as er mar in gat yn is. Ver-slijt hem niet voor onnoozel, hij ziet door een plank, als er maar een gat in is. — Ook: *Hy is net forrotte al stjonkt* (stinkt) *er hwet.*

Hy hinget yn 't gat. Hij aarzelt.

It is in lape bisiden 't gat. Het is een lap ter zijde van het gat gezet (een fout, eene domheid, iets wat iemand tot oneer verstrekt).

Immen efter 'e rech (rug) *by 't gat op-helje* (op te zetten). Iemand in zijne afwezigheid bekwaadspreken.

Hy is foar ien gat net to fangen. Hij laat zich voor één gat niet vangen. — Hij is een looze vos.

Dat skiep moat mar mei 't gat yn 'e hichte (hoogte). Dat schaap moet maar worden geslacht. — Het wordt dan met het achterdeel omhoog aan den kromstok gehangen.

Dy widdou rint (loopt) *mei in striewisp op 't gat.* Die weduwe stelt zich te koop. — Heeft men iets, dat men van de hand wil doen, bv. een gebruikten wagen, ploeg, kar of ook eenig voor-

werp van anderen aard, men plaatst het buitenshuis en hecht er een bosje stroo (*striewisp*) aan, ten teeken dat men het wenscht te verkoopen. Een timmerman of wagenmaker bezigt hiervoor een grooten dikken hout-spaander. Zegt men van eene jonge weduwe, dat zij met een *striewisp* loopt, dan beteekent dit: zij laat met hare kleeding, houding enz. duidelijk blijken, dat zij trouwlustig is.

Dat wirdt in roede ta syn eigen gat. Het kwaad of nadeel dat hij een ander had toegedacht, komt op hemzelven terug.

De lytse binne der net om de greate yn 't gat to krúpen. De kleinen zijn er niet, om voor de grooten te kruipen. — Ook: *'t Is goed dat de lytse de greate net yn 'e bússe hoeft to krúpen.*

Hy sjucht oft er mei 't gat yn 'e foarke sit. Hij kijkt (pijnlijk, akelig, naargeestig), of hij met het achterdeel in de (mest-) vork zit.

Ho heger in aep kladdert, ho better min syn neaken gat sjucht. Hoe hooger een aap klimt, hoe beter men zijn kaal achterdeel ziet.

Dy 't gat barnt moat op blierren sitte. Die zich het achterdeel brandt (zich aan uitspattingen overgeeft) moet op de blaren zitten (de gevolgen ondervinden).

As de roede fen 't gat is, is 't slaen for-getten. Zoodra de roede is opgehe-ven, is de kastijding vergeten (en de zondaar gaat weêr zijn ouden gang).

Hja praet oft se gjin fel om 't gat het. Van een vrouw of meid, die wat al te naïf in een gezelschap onkiesche dingen bespreekt.

Dy 't gjin fear fen 't gat blieze kin, docht 't greatste wird. Een kale jon-ker voert het hoogste woord.

Hja ha gjin neilen om hjar gat to klau-wen. Zij hebben geen nagels om zich te krabben (zijn doodarm, maar ma-ken heel wat vertooning).

Hy het it gat omsmiten. Hij heeft zijne partij verlaten en zich bij de tegen-partij gevoegd.

Allinkende wei makket in djip gat yn 'e stien. De gestadige drup holt den steen.

As se by dy iten en dronken ha rosse se by 't foartgean it gat oan 'e stile fen 'e doar. Na door u onthaald te zijn, schurken ze zich bij 't heengaan aan den deurpost (dit is de dank van klaploopers).

Ik sjuch dy in gat yn 'e kop. Ik zie u een gat in 't hoofd (groot gevaar in uwe waaghalzerij). — Ook: van eene gewaagde financieele onderneming.

Dat is by 't gat ôf. Dat is op het naadje af.

Hy sjucht de boel ris troch 't gat. Hij beschouwt den boel door een kijkgat (bespionneert de zaak).

It iene gat mei 't oare damje. Een gat graven om er een ander meê te dempen. — Een nieuwe schuld maken, om er een oude meê af te doen.

It ding sit op 't gat. De zaak zit op 't achterst (is in stilstand, door ongewenschte belemmering). — *De merk sit op 't gat,* de markt (de handel in 't een of ander) staat stil, er is geen aanvraag.

Min moat witte op hwet gat min sit. Men dient te weten hoe zijne zaken staan.

Hy het it gat er ut skoerd. Hij heeft zich op niet flinke wijze aan de zaak onttrokken. — *De feint miende dat er trouwe scoe, mar de faem het it gat er út skoerd,* de meid heeft hem bedankt.

Hy scil in raer gat yngean. Eig.: hij zal in de gevangenis terecht komen; fig.: het zal leelijk met hem afloopen.

Ik scil dy in gat boarje dêrst yet net ien heste. Ik denk je een gat te boren, waar gij nog geen hebt (eene kool te stoven die je slecht zal bekomen).

Yn myn jonge jierren wie 't bek ta en gat iepen, nou is 't gat ta en bek iepen. In mijne jeugd reed ik op schaatsen tegen den wind in met gesloten mond; thans moet ik, wanneer ik mij schrap zet, den mond open hebben.

Dat wynt my yn 't gat om. Dat werkt mij in 't achterdeel om. — Dat verontrust mij, ik heb daar geen vrede meê.

As hy op in lange turf stean giet kin er wol in âldbaerch yn 't gat sjên. Gaat hij op een lange turf staan, dan kan hij wel een oud varken in het achterste kijken. — Bespotting van een klein persoontje.

As der him in skeet dwers foar 't gat sit rint er al nei dokter. Bij de geringste ongesteldheid, die hij meent te gevoelen, raadpleegt hij den geneesheer.

In greate steat en 't gat bleat. Een hooge staat bij verborgen armoede.

Better in earlike lape as in skandlik gat. Beter een eerlijke lap (op een kleed), dan een schandelijk gat er in.

Elk moat syn eigen gat mar klauwe. Ieder moet zich maar uit zijn eigen moeilijkheden redden, zoo goed hij kan.

gean.

It giet twisken de mesken troch. Het gaat tusschen de mazen door. — Van kleine gelduitgaven, die men niet telt; ook van lekkers, waarvan men af en toe eens snoept. — Ook: *It giet twisken hoastjen en snuven* (hoesten en snuiven) *troch.*

It giet mar: lok, hwet jouste. Het gaat maar: geluk, wat geef je. — Op goed geluk af.

It giet hjit fen 'e roaster. Het gaat heet van den rooster (zoo vlug mogelijk).

Hy giet er oan 'e hoasbânnen ta troch. Hij gaat er tot aan de kousenbanden toe door (leeft zeer verkwistend en wild).

Dêr 't min for útgiet moat min yen ek for klaeije. Waar men voor uitgaat, moet men zich voor kleeden. — Wat men op zich neemt moet men kunnen volbrengen. Trekt men partij voor iets, dan moet men steeds bereid zijn het te verdedigen.

It giet op 't rammeljen fen 'e pels oan. Het gaat op 't rammelen van de pels af (op goed geluk af). — De *pels* is het benedengedeelte der vrouwenkleeding, de gezamenlijke rokken, waarop voorheen aan de eene zijde de beugeltasch met het zakgeld en aan de andere het zilveren bras werd gedragen. Zie I, 383, 384.

It giet út as in eintsje kears. Het gaat uit als een eindje kaars. — 't Loopt flauw af.

It giet oer de brede fjirtsiene. Het gaat over de breede veertien. — Men teert altijd maar alsof 't niet op kan. Eene

II.   21

fjirtsiene is een stuk land van veertien pondematen. De Breede-veertien is een zandbank in zee tusschen Nederland en Engeland.

gears.

Gears en noat waechst er mear as wy wirdich binne. Gras en graan groeit er meer dan wij waard zijn.

Ontgiet my de wâl, sa hâld ik my oan 't flotgears. Ontglipt mij de wal, dan houd ik mij aan het vlotgras. — *Dy 't forsûpt hâldt him oan 'e flotgearzen.* Ziet men zijn val tegemoet, men grijpt allerlei redmiddelen aan.

Wy moatte der gjin gears oer waechse litte. We moeten er geen gras over laten groeien (de zaak maar dadelijk aanpakken).

Dêr is 't gears al oer woechsen. Daar is het gras reeds over gewassen (dat is in vergetelheid).

Sa hwet by hea en by gears. Te hooi en te gras (zoo nu en dan).

Hy is yn 't nijgears. Hij weidt in het nieuwgras, hij smaakt genot, hetzij geestelijk of lichamelijk.

Maertegears komt net yn 'e skûrre. Maartegras (gras dat in Maart groeit) komt niet in de schuur (er komt niets van terecht).

gek, gekheid.

De gekken moat min gjin heal-ôfdien wirk sjên litte. Men late den gekken geen onvoltooid werk zien (zij zouden er op schimpen).

As in minske gek wirdt komt it him earst yn 'e holle oan. Wanneer iemand gek wordt, begint het in zijn hoofd.

Men moat tiid ha om gek to wirden. Om gek te worden, heeft men tijd noodig.

Hy het gjin gefaer fen gek-wirden. Bij hem bestaat geen gevaar dat hij gek zal worden (omdat hij 't reeds is).

Better dronken as gek. Beter dronken dan gek (omdat het eerste spoediger geneest).

Gekkeljue's kuren, wizeljues dwaen. Voeren wijze lieden dwaasheden uit, dan worden deze wel eens als wijsheden geroemd.

Gekheid is gekheid, mar fjûr yn 'e broek is gjin gekheid. Gekheid is gekheid, maar vuur in den broek is geen gekheid.

Allemans gek het gjin brek. Allemans gek heeft geen gebrek. — Wie kruipend en vleiend zich de nukken van iedereen laat welgevallen, behoeft geen gebrek te lijden.

Dy 't hwet op syn kape het moat net yn in gekkehûs komme. Die zich schuldig kent aan grove misslagen, moet in geen gekkenhuis komen (de gekken zouden hem zijn kwaad verwijten).

gelok.

Hy het mear gelok as syn eigen. Hij is boven verwachting gelukkig, zonder zijn eigen toedoen.

Ho slimmer slok, ho better lok. Hoe erger deugniet, hoe meer stoffelijk geluk hij heeft.

Dêr 't gelok wêze wol, dêr komt it, al stiet men der earsling nei ta. Waar het geluk zijn wil, daar komt het, al staat iemand er met den rug naar toe gekeerd.

geloof.

Hy het in hounegeloof, it flêsk ljeaver as de bonken. Hij heeft een hondengeloof, liever vleesch dan beenderen.

Hy het in kannegraus-geloof, as 't falt is 't stikken. Zijn geloof is van 't zelfde baksel als keulsche kruiken en kannen (*kannegraus-gûd*), als 't valt is 't in stukken.

Hy is staversk kattelyk, staverensch katholiek. — Hij behoort tot geenerlei kerkgenootschap, heeft geen geloof.

Heech het trije toerren en seis geloven. Het dorp Heeg heeft drie torens en zes gelooven (nl. in het godsdienstige).

Hy is troch de jarregoate helle. Hij is door de giergoot gehaald (van geloof veranderd, tot een ander kerkgenootschap overgegaan). — Spottend gezegd vooral wanneer iemand tengevolge 't huwelijk van kerkgeloof verandert.

Twie geloven op ien peul (peluw) *dat is ien te feul.* (Stadfr.) Een gemengd huwelijk is niet raadzaam. — Ook: *Twie geloven op ien kussen, daer slaapt de duvel tussen.*

In goed geloof en in koarken siel. Een goed geloof en een kurken ziel (niet zwaar op de hand).

De roomske papen binne fan de durel geskapen. Zij komme niet in 'e hemel, maar in 'e hel, dat wete ze wel.

Geuzen met spitse neuzen, met spitse kin, daer zit de duvel in.

Grifformeerd is grif verkeerd, roomsgesind geheel verblind, remonstrant de pest van 't land, maar mennist dat is 't wist' (het zekerste).

As de mennisten ris wisten wat se misten, se souwen loopen bij hele hoopen om hunne kinders te laten doopen.

Romeinen negen, daer binne de mennisten met verlegen.

De seinbrief fen Jakobus is 't minniste ewangeelje.

Hy is hwet minnistich ütfallen of: *üt minnist laech.* Hij is ietwat mennistig uitgevallen, of: van menniste afkomst (hij houdt van zoetigheden).

Wy moatte kristlik 'en minnistlik mei elkoar omgean. Wij moeten christelijk en mennistelijk (eerlijk) met elkander omgaan.·

Net fjuchtsje, net swearje, net regearje. Niet vechten, niet zweren, niet regeeren (oude menniste spreuk).

gjin.

Gjin ljocht sa skel of der is kaed by. Geen licht zoo helder, of er is schaduw bij.

Gjinien het syn eigen meitser wêst. Niemand is zijn eigen maker geweest (de welgemaakte zoo min als de mismaakte).

Gjin ding mei haest as flieën fange. Geen ding met haast, dan vlooien vangen.

Gjin fiven en seizen! Geene vijven en zessen. — Geene onnoodige fraaiigheden of drukte.

goed, kwea.

Iendrachtigen ta goed binne sterker as iendrachtigen ta 't kweade. Eendrachtigen ten goede zijn sterker dan eendrachtigen ten kwade.

De goede forgrypt him, de kweade fortaest him. De goede begaat een fout, de kwade een misdaad.

Ho kweaër skalk, ho better lok. Hoe kwader schelm, hoe beter fortuin.

Alle goede dingen komme oerlangsum en de kweade mei in stuit. Alle goede dingen komen langzaam, de kwade onverhoeds.

Alle goede dingen bistean yn trijen. Alle goede dingen bestaan in drie.

Better in goe blik as in kwea daelder. Beter een echte blikken munt dan een valschen daalder. Beter een armen deugdzamen jongen tot man, dan een rijken losbol.

Büten froed, binnen goed: altyd goed. Buitens huis geen vijandschap, in huis geen twist: alles wel.

De kweaden moat min tajaen, dat se yen gjin kwea dwaen. De goeden lit min rinne omdat se goed binne. Jegens de kwaden dient men toegevend te zijn, opdat zij ons geen kwaad doen. De goeden laat men loopen omdat zij goed zijn.

Goed bjier is net kwea. Goed bier is niet kwaad (dit spreekt als een boek). — Zoo ook: *Gjin better libben as in goed libben.*

Hy is goed sa lang him gjin kwea met. Hij is goed, zoolang hem geen kwaads ontmoet (dus niet onvoorwaardelijk).

Is in bytsje goed, folle is net kwea. Is een weinig goed, veel is niet te verwerpen (bv. geld).

Hy skaet der üt as de münts üt de goede dagen. Hij scheidt er uit, als de monnik uit zijn goede dagen.

Oanbeane tsjinsten binne selden goed. Aangeboden diensten worden zelden dankbaar aanvaard. ·

Goeddwaen wirdt mei stank leane. Weldoen wordt met ondank beloond. — Ook: *Ik krij stank for tank.*

De goedwillige scil me net to fier firdyje. Den welwillende mag men niet te ver zenden (zijne goedheid niet misbruiken).

Giet it goed, den ha se 't allegearre dien, giet it tsjoed, den kriget ien man it op 'e kop. Slaagt eene onderneming, dan wil ieder de eer daarvan hebben; mislukt zij, dan krijgt één man de schuld.

In goed bigjin is de helte fen 't wirk. Een goed begin is de helft van het werk.

It wrâldske goed, is ebbe en floed. Het wereldsche goed is eb en vloed.

Hy docht goed noch kwea, hy komt yn gjin tsjerke en yn gjin hoerrehûs. Hij doet goed noch kwaad, hij bezoekt kerk noch bordeel.

As 't goeddwaen net goed dien wirdt, den docht it kwea. Wordt weldoen niet goed gedaan, dan werkt het ten kwade.

Yn goede dagen bliuwt de kweade kwea; yn kweade dagen bliuwt de goede goed. In goede dagen blijft de kwade kwaad; in kwade dagen blijft de goede goed.

Better as goed kin 't net. Beter dan goed kan het niet (dus dat is voldoende).

It is noait net better as goed. Men maakt het werk nooit zoo knap, dat het bijzonder geprezen wordt (zeggen dienstbaren en werklieden).

Al to goed is in oarmans gek. Al te goedaardig is men eens anders gek.

Min moat in forkearden for in goeden bitelje. Men moet een slechten voor goed betalen (bv. een slechten werkman of dienstbode die goed wordt beloond).

As 't immen goed giet het er altyd kweaginders. Als 't iemand wel gaat, heeft hij altijd kwaadgunners (benijders).

Kweanammen stichtsje gjin goeds. Kwade namen werken geen goeds uit. — *Immen in kweanamme jaen,* iemand in opspraak brengen.

Doch my goed, ik doch dy kwea, is 't âlde sizzen. Het is van ouds bekend, dat weldaden dikwijls met ondank worden beloond.

Myn ja is sa goed as dyn né. Mijn ja is zoo goed als uw neen. — Ik heb evenveel of even weinig grond voor mijn beweren als gij voor 't uwe.

Maendagsspoed gaet selden goed. Dingsdags snel gaet de hele week wel. (Stadfr.)

Ik sit goed, sei lânhearre, en hy siet by de boerinne to frijen. Ik zit goed, zeî de landheer, toen hij met de boerin zat te liefkozen.

Allike folle is goed te delen. Ieder evenveel deelt gemakkelijk.

Twisken mâl en froed wint men it measte goed. Tusschen mal en vroed behaalt men het meeste voordeel.

As 't goed is moat it ek goed wêze, dan geen eischen of aanmerkingen meer.

Mandegoed skandegoed. Mandeelig eigendom baart schade en schande.

goud.

It wirdt in gouden kjetting of in izeren. Het wordt een gouden ketting of een ijzeren (dubbel voordeel of dubbele schade).

Gjin goud sonder skûm. Geen goud zonder schuim (niets zonder gebreken).

Hja wolle elkoar de gouden flieën ôffange. Zij willen elkaar de gouden vlooien afvangen (elkaar geld aftroggelen).

It is goud, dat de goudsmids doar foarby dragen is. Het is goud dat voorbij des goudsmids deur is gedragen (valsch goud).

It fetsoen is djûr, binammen by de goudsmid. Het fatsoen is duur, vooral bij den goudsmid.

It is nou ús gouden ure. Het is thans ons gouden uur (de tijd om voor ons belang in de weer te zijn; dien moeten we niet verwaarloozen).

great, lyts.

Great fen rie, lyts fen die. Groot van raad, klein van daad. — Anderen weet hij raad te geven, maar zichzelven niet te helpen.

Hy slacht in great swé. Hij slaat een groot zwad (leeft rijk en voornaam). — Een maaier, die een groot zwad slaat, moet sterk zijn om het te kunnen volhouden.

Lyts yn 't great en great yn 't lyts. Wie nauwlettend is op kleinigheden, is wel eens slordig op groote zaken.

Twa lytskes makket ien great, hwa 't dat net achtet wirdt gau bleat. Twee kleintjes maken een groote, wie dit niet acht wordt spoedig arm. — Ook: *Twa botsens is in stûr, dy dat net achtet wint net oer.*

Dêr 't de bigryp great is, dêr is de frjeonskip lyts. Waar men hoog van zichzelven denkt, is geen ware vriendschap.

Hwet is in bytsje skild op sa 'n greate bult? Wat is een weinig schuld op zulk een grooten hoop? — Taal der lichtzinnigheid.

De greate mear komt nooit fol. De groote meer wordt nooit gevuld (de zucht naar meer nooit verzadigd).

De greatste haest is de greatste feart net. De grootste haast is de meeste spoed niet.

Great fen moede, lyts fen goede, it swird yn 'e hân, is 't wapen fen Gelderlân. Gezegde van Grooten Pier.

In lytse luijichheit in great fortriet. Eene kleine gemakzucht, een groot verdriet. — Door zich eene kleine moeite te besparen, haalt men zich wel eene grootere op den hals.

As lytse ljue net liep binne en greate net lui, den binne se net folmakke. Als kleine personen niet loos zijn en groote niet lui, dan zijn ze niet volmaakt.

't Is goed dat greate ljue net kwea binne en lytse net sterk, oars barden der folle mear ongelokken. Het is goed dat groote (forschgebouwde) menschen niet kwaadaardig zijn en kleine niet sterk, anders gebeurden er veel meer ongelukken.

Lytse tsjéven hinget min, de greate lit min rinne. Kleine dieven hangt men, de groote laat men loopen.

In great krûs, in lyts Onsefader. Het kruis wat groot slaan en het Vaderonze wat kort maken (om maar vlug aan 't eten te komen).

Hwet de greaten misdogge moatte de lytsen bilije. Wat de aanzienlijken misdrijven moeten de geringeren bezuren.

Dat byt wie him to great, dat koed er net bigaffelje. Die brok was hem te groot, hij kon ze niet overgapen. — Ook: *Min moat gjin greater stik nimme as min bigapje kin.*

Dy gave is to great, sei de grytman fen 'e Geast, do 't er in dea fôlle yn 'e seine krige. Die gave is te groot, zeî de grietman van Rinsumageest, toen hij een dood veulen in de vischzegen kreeg.

As de greaten mei dy dien ha, den kenne se dy net mear. Hebben de grooten (aanzienlijken) u niet meer noodig, dan kennen zij u niet meer.

grêf.

De grêvewei rint oer flues en klei. De weg naar het graf loopt over rouwfloers en klagen.

Der rint ien oer myn grêf. Er loopt iemand over mijn graf. — Gezegd wanneer men een lichte rilling gevoelt.

habbe.

Habben is habben en krijen is kinst. Hebben is hebben en iets te verkrijgen is kunst.

't Is better to habben as to krijen. Het is beter iets te hebben, dan het nog te zullen krijgen.

Ien hab-ik is better as tûzen hie-ik. Eén heb-ik is beter dan duizend had-ik. — Eén gulden dien men heeft, is beter dan duizend, die men gehad heeft.

Hy is in habbende-gek. Ook: *It is him altyd om habben to dwaen.* Hij spitst zich steeds op hebben (inpalmen).

It giet om 't habben en krijen. Het gaat om het hebben en krijgen (om het mijn en dijn).

Hja woene de wylde en de njuete habbe. Zij wilden de wilde en de tamme (vogels) hebben (dus liefst alles).

hakke.

Hy slacht op 'e hakken. Hij slaat op de hakken (is onafhankelijk en vrij).

It het neat om 'e hakken. 't Heeft niets om de hakken (niets te beduiden).

De frou giet de faem op hakken en teannen nei. De vrouw gaat haar dienstmeid op hakken en teenen na (bespiedt haar in alles).

Hja nimt in ding foar de teannen op en set it efter 'e hakken wer del. Zij neemt iets vóór hare teenen op en zet het achter hare hakken weêr neêr. — Van eene slordige ordelooze huisvrouw of dienstmeid.

Hja litte jo de hakken sjên. Zij laten u de hakken zien (willen niets meer van u weten).

Hy nimt de silen op 'e hakken. Hij neemt de zelen op de hakken. — Van een paard dat hollen gaat, zoodat de trekzelen hem op de hielen slaan. Overdr. in den zin van: hij pakt zijn biezen.

De moed sit him yn 'e hakken. De moed is hem in de schoenen gezonken.

Hja sitte him efter 'e hakken. De schuldeischers maken 't hem lastig. — Ook: de politie zoekt hem.

hâlde.

Dou hâldst altyd dyn ein fêst, lyk as alle mâlle ljue. Gij houdt altijd uw einde vast (uwe bewering vol) evenals alle dwaze lieden.

Foarsichtigens hâldt it âld poslein heel. Voorzichtigheid behoedt het oude porselein voor breken.

Hy hâldt goed streek. Hij houdt zich goed in den streek (nl. op schaatsen). — Fig. hij gedraagt zich zoo 't behoort). Ook: *Hy makket in goed streek,* leeft en werkt prijzenswaardig.

Hy het him taei hâlden. Hij heeft zich volhardend gedragen (om het gevaar te overwinnen, den strijd te volvoeren).

Bile en blok is yet bihâlden. Bijl en blok is nog behouden (man en vrouw leven nog, er kunnen meer kinderen komen). — Gezegd als er een meisje geboren is, terwijl een jongen gewenscht was of omgekeerd.

Hy hâldt de iene Maeije ût 'e oare. Hij houdt de eene Mei uit den anderen (zorgt met iederen Mei zijne geldzaken in orde te maken).

Hy wol my oan 't lyntsje hâlde. Hij wil mij aan het lijntje houden (voortdurend voordeel van mij trekken).

Nei in hâlder komt in spjâlder. Na een houder komt een spouwer (na eenen spaarzame een verkwister).

Ik hâld myn ein fêst al stean 'k neaken op 'e dyk. Ik houd mijn beginsel vast, al sta ik naakt op den dijk.

Hy wit fen hâld noch boei. Hij weet van rechts noch links (is een domoor).

Hy kin gjin weide hâlde. De koe wil niet in de weide blijven. — Fig. van een dienstbode, die dikwijls, zelfs binnen het jaar, van dienst verandert.

hâls.

Wy meije de stôk wol yn 'e hâls stekke. We dienen den stok wel in den hals te steken (omdat we toch niets te eten hebben). — *Wy moatte skrippe om de stôk ût 'e hâls to kearen,* werken om een bestaan te vinden.

Dêr waeide my neat yn 'e hâls. Er waaide mij daar niets in den hals (ik werd er onthaald op niets).

De man is 't haed, mar 't wiif is de hâls. De man is het hoofd, maar de vrouw de hals (die het hoofd draait naar goedvinden).

It is my op hâls en kiel forbean. Letterl. Het is mij verboden op verbeurte van hals en keel.

't Is better hâlze as krabbe; beter ten halve gekeerd dan geheel gedwaald.

Hy het my de hâls fol leagen. Hij heeft mij heel wat voorgelogen.

Alle ding wirdt in wenst, it hingjen oan 'e hâls ek. Alles wordt eene gewoonte, het hangen aan den hals ook.

De onbisoarge byt makket de hâls wyt. Een onbezorgd leven doet iemand er welgedaan uitzien.

Dat is de hâls. Dat is de uiterste prijs, dien ik voor iets kan bieden, of: zal kunnen maken.

Hy kriget it rak om 'e hâls. Hij krijgt het rek (of raam) om den hals (alleen van alles de schuld of schade).

Hy droomde fen gouden bergen en waerd mei de honger yn 'e hâls to wekker. Hij droomde van gouden bergen en ontwaakte met den honger in den hals.

hân.

As jy gjin hân ha kinn' jy gjin fûst meitse. Zonder hand kunt gij geen vuist maken (zonder de noodige middelen niets uitvoeren).

Dy 't heft yn 'e hannen het dy snijt. Die het hecht in handen heeft, die snijdt. — Wie de macht heeft maakt er gebruik (ook wel misbruik) van.

Dy bitellet het it heft yn 'e hân. Die betaalt (wat hij schuldig is) heeft het hecht in handen (is onafhankelijk).

Ik hab it heft yn 'e hannen. Ik hâld it heft yn 'e hannen. Ik ben in staat mij te handhaven en zal dit ook.

Ik bin yn hâlders, eig. *hâldende hân.* Ik ben in de houdende hand (heb geld onder mij, dat ik niet zal afgeven, eer partij aan zijne verplichting heeft voldaan).

In bernehân is gau stoppe. Een kinderhand is spoedig gevuld. — Een kind stelt zich met weinig tevreden.

De winnende hân is myld. De winnende hand (de hand des voorspoeds) is mild.

Ha 'k de rjuchterhân bitelle, 'den bin 'k de lofterhân wer skildich. Heb ik de rechterhand betaald, dan ben ik aan de linkerhand weêr iets schuldig. — Van den een leenen om den ander te voldoen.

De iene hân moat de oare waskje. De eene hand moet de andere wasschen (menschen elkander helpen).

Min kin gjin gleaun izer oan 'e hânnen daeije. Men kan geen gloeiend ijzer aan de handen verdragen.

Hja kin hjar trouwe hannen net hâlde. Zij weet hare handen niet getrouw te houden. — Van een dienstbare, die in haren dienst het stelen van kleinigheden niet kan laten.

Hy het syn hannen de salichheid beloofd. Hij heeft zijne handen de zaligheid toegezegd (wil liefst niet meer werken). — Ook: *Hy jout syn hannen hjeljoun;* heiligen avond, de avondrust.

Hy hâldt de hân op 'e rêch. Hij houdt de hand op den rug (laat zich omkoopen). — Ook: *Hy lit him de hannen stopje,* laat zich iets in de hand stoppen (om te zwijgen).

Min kin gjin izer mei hânnen brekke. Men kan geen ijzer met handen breken. — Men kan niet alle hindernissen zoo maar wegruimen.

Min moat de hân net twisken de bast en de beam stekke. Men moet de hand niet tusschen den bast en den boom steken (zich niet mengen in geschillen tusschen man en vrouw).

Hy het de mûle yn 'e beide hannen. Hij heeft den mond in beide handen, is te voorbarig in het spreken. — Van een kind of dienstbode gezegd.

Hy lit de hannen slop hingje. Hij laat de handen slap hangen (doet en beproeft niet alles wat hij kan).

Mei lége hannen is 't kwea hauken fangen. Met ledige (ongevulde) handen is 't moeielijk haviken te vangen.

Lit it kin mar hingje en doch 't mei de hannen. Laat je kin maar hangen en doe 't met je handen. — Woordspelend antwoord aan iemand, die zegt: *Ik kin net,* ik kan niet.

It stekt sa nau net as in hânfol spjelden. Het steekt niet zoo nauw als een handvol spelden.

Hy stiet altyd mei omkearde hannen. Hij staat altijd met omgekeerde handen (is een onhandige lomperd bij al zijn werk).

Ik wol de iene hân der net om yn 'e oare lizze. Ik wil de eene hand daarom niet in de andere leggen. — Het is mij volkomen onverschillig.

Hy is alheel mei hannen omkeard. Hij is geheel met handen omgekeerd (veranderd van zienswijze omtrent — en van houding tegenover eene zaak).

Hja het twa rjuchterhannen oan 't liif. Zij heeft twee rechterhanden aan haar lijf (is bijzonder handig in al haar doen).

Folle hannen meitse licht wirk, mar 't is de divel yn 'e itenpanne. Vele handen maken 't werk gemakkelijk, maar 't is de duivel in den spijsschotel.

Hy wol my wol op 'e hannen drage. Hij wil mij wel op de handen dragen (mij gaarne alle mogelijke liefdediensten bewijzen).

Myn hân scil yette joun dyn halsbân wêze, sei de wyldsjitter tsjin 'e reger. Mijne hand zal hedenavond nog uw halsband zijn, zeî de wildschutter tegen den reiger.

Dy 't op 'e skeaf bliuwt ervet mei twa hannen. Die op de korenschoof (in de zaak, het bedrijf des erflaters) blijft, erft dubbel.

Hja draecht it mei de waerme hân oer. Zij draagt het met de warme hand over (zij haast zich het pasgehoorde nieuwtje aan een ander meê te deelen).

It brekt him by de hannen ôf. Het breekt hem bij de handen af. — Zijne berekening wordt door de uitkomst beschaamd.

De bek frij en de hannen thús. De mond vrij en de handen tehuis. — Vrijheid in 't spreken, maar geen handtastelijkheden.

hangizer; hânizer.

It is in hângizer om oan te gean. Het is een hangijzer om aan te vatten (eene benarde zaak waarbij iets op het spel staat). — Toen men nog geen kookkachels kende, was het hangijzer een onmisbaar keukengereedschap voor burger en boer. Het bestond uit een vierkanten rooster, waaraan een groot hengsel. Het werd boven het haardvuur gehangen en men kon er een pot of pan op plaatsen om iets te koken, te braden of te bakken. Moest het met wat er op stond van het vuur worden genomen, dan was het nog al iets om het zóó aan te vatten dat er geen ongeluk kon gebeuren. — Edoch de geleerden zeggen, het spreekwoord is afkomstig uit den tijd der godsoordeelen en bedoelde oorspronkelijk een „handijzer", een gloeiend ijzer, dat met de bloote hand moest worden aangevat.

hear.

Ayn wera macket Hera. (Oudfr.) Eigen grond maakt heer. — Dit gezegde beteekende oudtijds, dat ieder, die op zijn eigen grond woonde, den naam „heer" kon voeren.

As in feint in feint het, den het in hear twa. Als een knecht een knecht heeft, heeft een heer twee. — Als ge meent één knecht te hebben, hebt gij er twee, wanneer uw knecht zich laat dienen door een ander.

Dêr binne sa 'n bult hearen oan 't nigen, sei de froask, en de eide gyng oer him hinne. Daar maken zooveel heeren mij neigend hun kompliment, zei de kikvorsch, toen de eg hem over 't lijf ging.

Dêr 't de hearen ride stout de moude; dêr 't de bidlers dounsje stouwe de lapen. Waar de heeren rijden, stuift het zand, waar de bedelaars dansen, stuiven de lappen. — 't Is best zich op een afstand van beide te houden.

Greate hearen sitte oan 'e kant fen 'e skûtel, dêr 't de greatste bears leit. Groote heeren zitten aan die zijde der schotel, waar de grootste baars ligt.

Greate hearen ha lange earmen (of *fingers*). Groote heeren hebben lange armen (of vingers). (De macht der grooten reikt ver).

Hearesonde boereleed. (Oudholl.) Der groote heeren zonde, der ondersaten wonde.

Strange hearen regearje net lang. Strenge heeren regeeren niet lang. — Strenge winters duren niet lang.

Hwa 't lyts forsmaedt wirdt it great net hear. Wie 't kleine versmaadt, wordt het groote geen meester.

Nije hearen, nije wetten. Nieuwe bestuurders (maken gaarne) nieuwe regels (en bepalingen).

De wettermounle is de twade lânhearre. De watermolen is de tweede landheer. — Het drooghouden der landerijen kost den boer veel geld.

heech.

As in dwergmanke op in hege wier stiet het er in hege foetskammel. Wanneer een dwergmannetje op een hooge wier staat, heeft hij een hooge voetbank.

Hy set in heech krop. Hij zet een hoogen krop. — Hij is hoogmoedig.

Hy hyst it seil to heech. Hij trekt het zeil te hoog (leeft te rijk). — Ook: *Hy set it seil heger as de mêst.*

Dy 't folle omheech sjucht stiet syn teannen. Wie veel omhoog ziet, stoot zijne teenen.

Hwet heger ried, hwet leger yn 't bêd. Hoe hooger raad, hoe lager in het bed. — Hoe aanzienlijker de raadgever, hoe meer achteruitgang.

Der binne wol heger bergen daeld. Er zijn wel hooger bergen gedaald (wel grooter geldbezitters arm geworden). — Ook: *Bergen wirde dalen en dalen wirde bergen.* Rijken worden wel eens arm en armen wel eens rijk.

De heechste klieuwers en de djipste swemmers bliuwe earst. De hoogste klimmers en de diepste zwemmers verongelukken 't eerst.

Gemienlik saeije se leech, dy 't sa heech wolle. Gewoonlijk dalen zij laag, die zoo bijzonder hoog willen.

Min moat de skonken net al to heech optille. Men moet de voeten (of beenen) niet te hoog optillen. — Men moet niet overmoedig worden.

De krêbbe hinget dèr heech. De krib (voederbak) hangt daar hoog. — Schraalhans is daar keukenmeester.

heiligen.

Alle heiligen moatte hjar waechs habbe. Alle heiligen moeten hun was hebben. — Bewijs ieder de eer, die hem toekomt.

De heiligen komme om 't waechs. De heiligen komen om het was. Het is de tijd van betalen.

hel.

Dy 't yn 'e hel wend is wyt fen 'e himel neat. Wie aan de hel gewoon is, weet van den hemel niets. — Wie aan het slechte gewoon is, denkt aan het betere niet.

Forrek yn 'e moalpûde, den komst bi- · poeijere yn 'e hel. Stik in den meelzak, dan komt ge bepoeierd in de hel. (Verwensching.)

Dat ha 'k foar de helsdoarren wei helle. Dat heb ik voor de heldeuren vandaan gehaald (met veel moeite, onder hevigen tegenstand heb ik dat verkregen).

De helsdoarren komme iepen. De heldeuren worden geopend (nl. wanneer een helleveeg begint te kijven en te razen).

It is in flie yn 'e hel. Het is een vloo in de hel (zooveel als niets).

helpe.

Hy helpt net as bûten syn skea. Hij helpt niet, als hij denkt er iets bij te zullen inschieten (liefst heeft hij er wat voordeel van).

Dy 't net tofreden is, is net to helpen. Wie niet tevreden is, is niet te helpen.

helter.

Hy het it helter ûtstrûpt. Hij heeft het halster afgetrokken (zijn dienst of zijn werk binnentijds verlaten).

Hja habbe him it helter ûtstrûpt. Ze hebben hem het halster afgetrokken (schuldeischers hebben hem arm gemaakt).

hert.

Byn 't dy om 'e knibbels, sa slacht it dy net om 't hert. Bind het om uwe knieën, dan slaat het je niet om het hart (nl. uw ingebeeld leed).

Ho heger hert, ho leger siel. Hoe hooger hart, hoe lager ziel.

Yt gjin herteflêsk. Eet geen hertevleesch (of: hartevleesch). — Eene woordspeling, die wil zeggen: bevoordeel u niet ten koste van het vleesch en bloed der arbeiders door hen te karig voor hun werk te betalen.

It hert sit him tsjin 'e kiel oan. Het hart zit hem tegen de keel. — Hij is groothartig.

Min moat alle herten by yens eigen nimme, den is min gau thús. (Ook: *gau omkomd,* spoedig rondgekomen). Beoordeel alle harten naar uw eigen, dan is men spoedig thuis (heeft men 't juiste standpunt).

In skelm wit hwet in skelm om 't hert is. Een schelm weet hoe een schelm denkt (hij verraadt zich wel eens door een ander verdacht te maken). — Die geen kwaad doet, denkt geen kwaad.

Hja makket fen hjar hert gjin moardkûle. Zij maakt van haar hart geen moordkuil (houdt hare gedachten en geheimen niet voor zich). — Voor *moardkûle* ook *smoarpanne* = doofpot.

It hert is net gerêst ear 't yn onrêst sit. Het hart is niet gerust, voor het in onrust zit. — Gezegd van een onberaden huwelijk.

Der foel my in stien fen 't hert. Er viel mij een steen van het hart. — Ik werd van eene groote ongerustheid ontheven.

Hy krige my by 't hert. Hij pakte mij bij 't hart (hij wist mij zoo te vleien, dat ik zijn verlangen inwilligde).

Immen it hert ût it liif tingje. Iemand (van wien men iets koopen wil) het hart uit het lijf dingen (onbehoorlijk bedingen).

It hert ût it liif koarje, aanhoudend zwaar braken zonder veel over te geven.

Dêr 't hert fol fen is dêr rint de mûle fen oer. Waar 't hart vol van is daar loopt de mond van over (men spreekt er gaarne van).

Bjier en barmhertichheit sloegen him om 't hert. Bier en barmhartigheid sloegen hem om het hart (hij werd tot medelijden bewogen). — Oudt. *'t Bjier en barmhertichheit kamen gear.*

It hert sloech him as in lammestirt. Het hart sloeg hem als een lammerstaart (van angst, vrees, aandoening).

Dat moat syn hert mar ophelje. Dat moet zijn hart maar ophalen (maar loopen zoo 't wil, ik kan er niets aan doen).

hy.

Hy leit de line mooi om 't hea. Hij legt de lijn mooi om 't hooi. — *Hy wit de line wol om 'e reak to skearen.* Hij weet de lijn wel om den hooibult te slingeren. — Hij weet heel netjes te vleien, te schikken en te plooien, om zijn doel te bereiken. Ook van een vrijer om 't jawoord van zijn meisje.

Hy het onder 'e krokkedil troch wést. Hij is onder den krokodil door geweest (hij is een groot sluiker).

Hy skinst it hof de figebeam. Hij schenkt het hof den vijgeboom. — Hij laat het hof zijn achterdeel zien, neemt afscheid van het hof. (G. Japiks.)

Hy sloech him oer de flealje. Hij sloeg hem over den vlegel (gaf een bits antwoord op zijn vriendelijk woord).

Hy is oer gjin strie to krijen. Hij is over geen stroo te bewegen (is onverzettelijk). — *Hy kin oer gjin strie komme.* Hij kan niets over 't hoofd zien of inschikken.

Hy het de piip út. Hij heeft de pijp uitgerookt. — Hij is afgetobd, afgeleefd; ook: arm geworden.

Hy draecht ljeaver de lins as it tsjel. Hij draagt liever de luns dan het wiel. — Hij is lui.

Hy is taei to melken. Hij is niet gemakkelijk te melken (laat zich niet licht geld afpraten).

Hy het net folle spyn op 'e ribben. Hij heeft niet veel vet op de ribben (is schraal bij kas).

Hy is in bytsje rudich. Hij is een weinig schurftig (heeft geen vrijmoedigheid zich in gezelschap te vertoonen omdat hij geen vrij geweten heeft).

Hy kin al dat lekkers net forneare. Hij kan al dat lekkers (eerbewijzen, voorspoed, enz.) niet verduwen ('t maakt hem gek).

Hy springt om 'e stûke. Hij springt om de korenschoven (wordt schraal bedeeld, terwijl anderen volop krijgen).

Hy het syn sneins-oartsen forsnobbe. Hij heeft zijn zondagsoortje versnoept (zijne krachten verspeeld in losbandigheid).

Hy wol de midden en de beide einen ha. Hij wil het midden en de beide einden hebben (dus alles).

Hy wol fiif fearn for in jellen ha. Hij begeert vijf vierdels voor een el (dus meer dan hem toekomt).

Hy moat wer fen A ôf bigjinne. Hij moet weêr van A af (geheel van nieuws aan) beginnen.

Hy wol al tofolle fjild bislaen. Hij wil te veel veld in beslag nemen (meer zaken doen dan hij kan uitvoeren en volhouden).

Hy is dêr mei to héle en to heale. Hij is daar wel eenigszins meê geholpen, maar niet voldoende.

Hy kin net koart om 'e hoeke. Hij weet geen korte wending te maken (kan niets kort en goed afdoen).

Hy het stive knokkels. Hij heeft stijve vingergewrichten. — Het geld wil hem niet uit de vingers.

Hy is yn 'e wol ferwe. Hij is in de wol geverwd. — Het zit hem door en door, bv. zijn geloof, zijne schraapzucht of eenige andere ondeugd.

Hy sit yn 'e pikel. Hij zit in de pekel (in ongelegenheid).

Hy kin him wol frij pleitsje. Hij kan zich wel vrij pleiten (de onjuistheid bewijzen van wat hem ten last wordt gelegd).

Hy moat mei de poartteam riden wirde. Hij moet met den stijven teugel worden gereden. — De *poartteam* is een kneltoom, afzonderlijk voor onhandelbare paarden.

Hy smookt dêr in forkearde (ook *in smoarge*) *piip mei.* Hij rookt daar een verkeerde of vuile pijp meê (beloopt schade met die onderneming).

Hy set it op in seaft sin. Hij zet het op een zachten zin. — Hij laat de zaak voorloopig rusten.

Hy moat mar yn 't sop bikoaitse (ook *bikoelje* of *bisûrje*). Hij moet maar in het sop bekoelen. — Hij moet met zijne driftige ontevredenheid maar van zelf tot bedaardheid komen.

Hy het nocht oan onnocht. Hij schept vermaak in onedel vermaak (bv. drinken, twisten, vechten).

Hy het wjirmen. Hij heeft ingewandswormen. — Fig.: hij is ongerust, niet op zijn gemak; ook: hij heeft een knagend geweten.

Hy is dêr oatis en toatis. Hij is de vleiende gedienstige gunsteling van dien persoon of die familie.

Hy is in stop op in oaljekanne. Hij is een stop voor een oliekan. — Van een klein persoon, of een aankomenden knaap, die te voorbarig is. Ook: *hy is in kannestop.*

Hy moat yn 't onderbaeitsje bliuwe. Hij dient in de onderkleeding te blijven. — Van een paard, dat, goed gevleesd zijnde, onhandelbaar wordt en daarom maar door hard werken mager moet worden gehouden. Overdr. van iemand die de weelde niet kan dragen.

Hy mient dat er to dam is. Hij meent het damspel gewonnen te hebben (dat hij boven Jan is).

Hy is net bang fen Sinteklaes. Hij laat zich niet bang praten, allerminst door geestelijken. Bang voor St. Nicolaas (geheimzinnig wezen) te zijn is kinderachtig.

Hy dobbelt er om. Van een gevaarlijken zieke: 't is twijfelachtig of hij 't gevaar zal te boven komen. Ook: *Hy scil in hirde dobbel ha.*

Hy leit de lap er op. Hij dient een ander klappen toe.

Hy is út 'e want yn 'e tomme (duim der mof) *komd,* van hooger staat tot lager gekomen.

Hy kin net útspylje. Hij kan niet uitspelen (de uitgaven niet met de ontvangsten dekken).

Hy wol fen stront waechs koaije. Hij meent uit drek (keisteenen) was (goud) te kunnen maken.

Hy is goed to wekker. Hij is zeer goed wakker (wel uitgeslapen).

Hy wol nin wol drage. Hij wil geen wol (zich niet wel) gedragen (niet deugen). — Schapen, die de wol laten vallen, deugen niet.

Hy is twisken hingjen en wierjen. Hij is tusschen hangen en verweeren (nog jong en onervaren, een aankomend jongeling). — Oudtijds liet men een gehangene aan de galg *to wierjen* (luchten) hangen tot het overschot er afviel.

Hy het alles nei de letter. Hij heeft alles naar de letter (naar den eisch in orde en op zijne plaats).

Hy is oan legerwâl, aan lagerwal (in armoede vervallen). *Hy het gjin legerwâl.* Hij is voldoende gewaarborgd tegen armoede en gebrek.

Hy fiert my yn 't leech. Hij duwt mij in de laagte (brengt mij in ongelegenheid).

Hy het net folle om 'e latten. Hij heeft niet veel om zijn geraamte (hij is mager). Ook: dun gekleed.

Hy het in hopen sok. Hij heeft veel zog (is veeleischend en nauwgezet op kleinigheden).

Hy het in heleboel innen en oën. Hij heeft vele ennen en oën (aanmerkingen, eischen, vragen enz., met veelvuldig gebruik van het lidw. *en* en den uitroep *o!*).

Hy stekt my in speake yn 't tsjil. Hij steekt mij een spaak in het wiel. — Hij dwarsboomt mij.

Hy kin wol mei de sjerpkwast omgean. Hij weet de stroopkwast wel te hanteeren (is een pluimstrijker).

Hy krûpt yn 'e skulp. Hij kruipt in de schelp (de geweldenaar wordt bang).

Hy hâldt him efter 'e skêrm. Hij houdt zich achter de schermen (neemt wel deel aan het werk, maar niet openlijk).

Hy het in skoer yn 'e âldhoed krige. De vrek heeft een scheur in zijn ouden hoed gekregen (eene belangrijke geldelijke schade geleden).

Hy is ynfrettende gjirich. Hij is invretend gierig (invretend als bijtend vocht).

Hy berget syn frommens mei de sneinsklean yn 't kammenet. Hij bergt zijne vroomheid met de zondagskleéren in de kast. — In de week is hij een deugniet.

Hy het de kniper op 't stirt krige. De toegang is hem daar voor goed opgezegd. Heeft men last van een vreemden hond, men zet hem een knijper op den staart; hij loopt dan jankende weg om nooit terug te komen.

Hy is mei in swevelstok oanstitsen. Hij is met een zwavelstok aan te steken (opvliegend en spoedig op te winden).

Hy kin 't slaen fen 'e swipe wol útstean. Hij kan de slagen der zweep wel doorstaan. — Hij laat zich door niets van zijn stuk brengen.

Hy scil my net foar de swipe ha. Ik wensch zijn dienaar niet te zijn.

Hy stipt om 'e kant. Hij wil niet recht op het doel aan.

Hy is in hondertentweintig splintersiikker. Hij is een honderdtwintig splinterzoeker (een vitter en bediller eerste soort).

Hy is op memmeskette net opbrocht. Hij is op moeders schoot niet opgevoed. — Hij heeft de wereld gezien.

Hy is onder de rûken. Hij is onder de kraaien. — Hij verkeert in bekrompen omstandigheden.

Hy lit alles mar rûze en waeije. Hij laat alles maar ruischen en waaien. — Hij laat Gods water over Gods akker loopen.

Hy is yn 'e fisel. Hij is in den vijzel (onder geneeskundige behandeling).

Hy kin wol in kanne troch in glês smite. Hij kan wel een kan door een glas gooien. — Of hij knap is!

Hy slacht bûden mei earkéssens. Hij slaat builen met oorkussens.

Hy tsjinnet net yn 't wâld, dy 't hoiljen net lije mei. Hij past niet in het woud, wien 't huilen (der wilde dieren) niet bevalt.

Hy biklage him as de earrebarre de kikkert. Hij beklaagde hem als de ooievaar den kikvorsch.

Hy springt as in kenyn for in braspinning. Hij springt als een konijn voor een braspenning.

Hy is troch pokken en mûzels hinne. Hij heeft gepokt en gemazeld (dus de grootste zwarigheden achter den rug).

Hy is sa fluch as in skytbij, as in oar fâlt het hy lang al lein. Hij is zoo vlug als een drekvlieg, wanneer een ander valt ligt hij reeds lang. — Ook: *Sa fluch as in skytbij yn 'e winter.*

Hy smachtet er nei as de iel nei de dauwe. Hij smacht er naar als een paling naar den dauw.

Hy is sa meager, dat er wol mei de keninen troch de traeljes frette kin. Hij is zoo mager, dat hij wel met de konijnen door de traliën kan vreten. — Ook: *Sa meager dat er wol efter in reid skûlje kin,* dat hij zich wel achter een riethalm kan verschuilen.

Hy skript him de neilen fen 'e teannen. Hij ijvert zich de nagels van de teenen (doet zijn uiterste best).

Hij kin dûke noch swimme. Hij kan duiken noch zwemmen. — Hij weet zich nergens naar te schikken of door te redden.

Hy is oan 'e wirtelein. Hij is aan het worteleinde. — Hij heeft zijn kapitaaltje verspeeld.

Hy is to reaps-ein. Hij is aan het einde van de reep. — Hij heeft alles op.

Hy is op skrabbers-ein. Hij is op het schrapers-einde. — Hij heeft zijn geld en goed opgemaakt en moet nu alles samenschrapen, om nog iets te hebben.

Hy lûkt oan 't luije lyntsje. Hij trekt aan het luie lijntje. — Hij werkt liefst niet veel.

Hy lit it op 'e rimen driuwe. Hij laat het schuitje op de riemen drijven (laat roosje zorgen).

Hy wol dêr in ribbe út snije. Hij wil daar een rib uitsnijden (een buitengewoon voordeel uit halen).

Hy wirdt sa prize dat it wol lekjen hjitte kin. Hij wordt zoo geprezen, dat het wel laken mag heeten.

Hy het de rosjokte. Hij heeft de rosjeukte (verraadt een sterke neiging tot hekelen of vitten).

Hy dolt rare stikken út 'e dyk. Hij graaft grove stukken uit den dijk (spreekt barre, ruwe taal).

Hy is noatfêst. Hij is nootvast (zooals een voorzanger in de kerk behoort te zijn). — Hij is beginselvast, niet van zijn stuk te brengen.

Hy is net soun oan 'e lever. Hij is niet gezond aan de lever (niet vrij van kwade bedoelingen, niet zuiver van beginsel, niet vrij van bijgeloof, enz.). — Ook: niet volkomen vrij van het kwaad dat men hem ten last legt.

Hy is fen 't laech. Hij is van 't soort. — Iemand van verdachte afkomst, uit eene familie van toovenaars, fielten, bedriegers, enz.

Hy het de papegaei sketten. Hij heeft den papegaai geschoten (een leelijke fout begaan, bv. eene meid bezwangerd). — Ook: om haar geld eene leelijke vrouw getrouwd, die hem het leven verbittert.

Hy het de tûn yn 't sied. Hij heeft zijn tuintje in het zaad (zijne jonge vrouw [soms bruid] is in gezegende omstandigheden).

Hy leit fen ien slach net. Hij ligt van eenen slag niet. — Hij laat zich niet spoedig ontmoedigen, men komt niet gemakkelijk van hem af.

Hy byt yn 't stiel. Hij bijt in het staal (spreekt een krachtigen vloek uit).

Hy nimt my for heal fracht mei. Hij neemt mij voor halve vracht meê (ziet mij niet voor vol aan).

Hy het de pikbál yn. Hij heeft den pikbal in (is kwijnende aan een inwendig ongemak, dat hij zich op den hals heeft gehaald met losbandigheid, hardrijden, enz.). — Fig. gezegd van iemand, wiens geldelijke toestand door tegenspoed kwijnende is.

Een balletje pik, omhuld met een dikke laag vet, of ook maar gestopt in een centsbroodje, laat men een hond inslokken om hem langzaam maar zeker te doen verkwijnen. Dit is 't werk van kwaadwilligen, vooral toegeschreven aan landloopers, die 't op de wachthonden der boeren gemunt hebben.

Hy het in slag mei de moalpûde hawn. Hij heeft een slag met den meelzak gehad (een slag van den molen weg).

Hy het wol pilen op 'e koker. Hij heeft wel pijlen op den koker. — Hij is kundig en welbespraakt, weet zich alzoo in een redetwist goed te verdedigen.

Hy spilet op 'e koker. Hij speelt op den koker (de keel). — Hij vaart heftig uit, laat zich luide hooren. Ook van een schreeuwend kind.

Hy tocht him sels alwiis en dôch roan 't spil yn tiis. Hij waande zich zelf alwijs en toch liep de zaak in de war.

Hy snijt him yn syn eigen knyft. Hij wondt zich met zijn eigen mes (door te verregaande hebzucht behaalt hij schade).

Hy scil de koekût net wer roppen hearre. Hij zal den koekoek niet weêr hooren roepen (het voorjaar niet beleven). — Van iemand die sukkelend is.

Hy wynt der gjin doekjes om. — Hij windt er geene doekjes om.

Hy seit net oars as him ynjown is. Hij zegt maar wat hem op 't hart ligt.

Hy slacht er mei de stompe bile yn. Hij slaat er met den stompen bijl in (valt met ruwe lompe woorden uit).

Hy wirdt troch 't rib foerre. Hij wordt door de ruif gevoederd (karig bedeeld). — Hij is mager.

Hy is op fjouweren bislein. Hij is op vieren beslagen (toegerust met verstand en bekwaamheid).

Hy het dêr de blêdden fen. Hij trekt er de bladeren van (heeft het vruchtgebruik eener nalatenschap).

Hy het fûrring yn syn baeitsje. Hij heeft voering in zijn jas. — Hij heeft geld.

Hy sit rûch yn 't bird. Hij zit ruig in den baard. — Hij is rijk.

Hy is goed rûch op 'e side. Hij is wel ruig op zijde. — Hij heeft wel geld op zak.

Hy scil dêr gjin smoar by sette. Hij zal daar geen smeer bij zetten (er niet vetter [rijker] van worden).

Hy kin in oar sines net hâlde litte. Hij kan een ander het zijne niet laten houden. — Hij is ietwat diefachtig.

Hy komt net op 'e tiid oer 'e brêgge. Hij komt niet op tijd over den brug. — Hij betaalt niet op tijd.

Hy stekt dêr in spoentsje mei onder. Hij steekt daar een spaandertje meê onder (stookt het twistvuurtje wat aan).

Hy wol de kanten der ôf bite. Hij wil de randen er af bijten (het werk niet flink aanpakken, maar wel den schijn aannemen alsof hij werkt).

Hy skriuwt mei dûbeld kryt. Hij schrijft met dubbel krijt (dat twee streepjes tegelijk maakt). Zie I, 404. — Hij laat zich duur betalen.

Hy ken 't krûd net. Hij kent het kruid niet. — Hij begrijpt niet met welk volk hij te doen heeft.

Hy is op 'e stirt trape. Hij is op den staart getrapt. — Holl.: op zijn teentjes getrapt.

Hy kriget fen 't stegerjen allike folle as fen 't mitseljen. Hij wordt voor 't steigerplaatsen (bijwerk) gelijk betaald als voor 't metselen (hoofdwerk). — Hij rekent per uur.

Hy jout skeppe en leppe wer. Hij geeft schup en spade terug (bedankt er voor langer hard te werken; zijne stoffelijke omstandigheden zijn verbeterd).

Hy scil de bot gâlje. Hij zal de bot gallen (zal of moet het werk verrichten, waar anderen tegen opzien).

Hy grynt foar de folle trôch. Hij knort voor den vollen trog. — Hij is ontevreden bij overvloed.

Hy is sterk boppe de schouders. Hij is sterk boven de schouders. — Hij is een snoever, die zijn moed en kracht in den mond heeft.

Hy sprekt balstiennen oan twa. Hij pocht keisteenen in twee. — Hij zwetst dat er de straatsteenen van splijten.

Hy kin 't wol strânje. Hij kan het wel stranden. — Hij is een vermogend man.

Hy sit op 't strân. Hij zit op het strand (in geldelijke verlegenheid).

Hy is mei bekken bihinge. Hij is met bekken (monden) behangen. — Hij kan praten als Brugman.

Hy reisget op 'e kleasters. Hij reist op de kloosters (zoekt al reizende bij familie en kennissen kost en nachtverblijf te bekomen).

Hy het dêr gjin rûk oan. Hij heeft daar geen reuk aan. — Hij is er niet voor berekend, niet tegen opgewassen.

Hy het it ryk allinne. Hij heeft het rijk alleen (is geheel alleen meester in huis of in eene zaak).

Hy is in dûbeldjerre. Hij is een ei met dubbelen dooier (forschgebouwd en sterk voor twee). — Ook: een deugniet van de eerste grootte.

Hy wit mear as twa dy 't neat witte. Hij weet meer dan twee, die niets weten.

Hy het bidlers-lea. Hij heeft bedelaarsledematen (alle kleederen passen hem).

Hy is yn syn bou. Hij is in zijn bouwland (in zijn schik). — Holl. Hij is in zijn knollentuin.

Hy is net fen jister. Hij is niet van gisteren. — Hij is een man van ervaring.

Hy groeit yn in oarmans fortriet. Eens anders verdriet is hem welbehagelijk.

Hy aerdet dêr as in snoek op 'e heasouder. Hij gevoelt zich daar tehuis als een snoek op den hooizolder.

Hy het in nuvere rolle spile. Hij heeft een vreemde rol gespeeld (een leelijk verleden achter zich).

Hy is mei de muntmaster yn 'e pleit. Hij is met den muntmeester in proces. — Hij zit in geldverlegenheid.

Hy het syn krûd forsketten. Hij heeft zijn kruit verschoten. — Hij is zijne beste krachten kwijt.

Hy het net op sykheljen past. Hij heeft het ademhalen veronachtzaamd (hij is overleden). Ook: *Hy het it gat ta knypt.*

Hy komt by 't krapper ein. Hij wordt karig bedeeld (krijgt niet wat hem toekomt).

Hy is stringkitelich. Dit wordt gezegd van een paard dat het kittelen der trekzeelen (stringen) aan zijne zijden niet kan verdragen. Overdrachtelijk van iemand die lichtgeraakt is.

Hy docht dat net ût haet of nyd, mar om eigen prefyt. Hij doet dat niet uit haat of nijd (eig.: evenmin uit vriendschap als uit haat) maar om eigen voordeel (nl. wanneer hij zich bijzonder dienstvaardig betoont jegens iemand, van wien hij hoopt te plukken).

Hy het my yn 'e nekke skopt; in den nek gezien (erg duur laten betalen).

Hy het my to fiter. Hij fopt mij, stelt mij te leur, laat mij er in loopen.

Hy formakket him as de moskjes yn 't sân. Hij vermaakt zich als de musschen in het zand. — Hij baadt zich in genot.

Ky smookt as in ridder. Hij rookt als een ridder.

Hy swit as in hazze. Hij zweet als een haas (die door de honden gebeten is). — Gezegd van iemand, die in een gevecht een bloedenden kop heeft gekregen.

Hy is in almis. Hij is een ongelukskind (iemand wien alles mislukt).

Hy scil dêr net rom fen sopje. Hij zal daar geen vette soep van eten (niet veel voordeel meê behalen).

Hy is stil en bistindich mei de knepen ynwindich. Hij is stil en ingetogen, maar niet zoo droog en koel als hij schijnt. — Ook: *Hy het de knepen yn 'e mouwe.* Hij zit vol streken, maar houdt zich leuk. Dit ook van een valschaard.

Hy is al abt ear 't er to kleaster komt. Hij is reeds abt, eer hij in het klooster komt.

Hy sloech fjouwer kearels njuggen earmen ôf. Hij sloeg vier kerels negen armen af. — Hij is een snoever.

Hy is in reed yn 't foar. Hij is een rit voor (bij een harddraverij of wedstrijd op schaatsen). — Fig.: hij heeft iets op anderen vooruit. — Ook: *Hy is yn 'e foarkâns,* zijne kans staat beter dan die van anderen.

Hy stiet op 'e dûbbelde kâns. Hij heeft dubbel kans.

Hy het de kost yn 't gasthûs. Hij heeft den kost in het gasthuis (een lekker leventje zonder veel werk).

Hy waerd dêr op syn festje spuid. Hem werd daar op zijn vest gespuwd. — Men zei hem heftig de waarheid in zijn gezicht.

Hy is goed by syn sûpe en stût. Hij lust zijn nat en droog (is gezond en welgemoed). Zie I, 306.

Hy rûkt nei de lodde. Hij riekt naar de spade (is ziekelijk en zwak en zal wel niet lang meer kunnen leven).

Hy kin nin tûlen forstean. Hij kan geen scherts verdragen.

Hy snijt omstikken, dat de sydstikken der nei fleane. Hij snijdt groote stukken, dat er kleine na vliegen. — Hij spreekt dikke woorden of vertelt kolossale leugens.

Hy makket syn plak goed skien. Hij maakt zijne plaats goed schoon (doet zijn plicht zoo 't behoort).

Hy is dwaender en litter. Hij is doener en later (heeft het beheer eener zaak of huishouding).

Hy mei it wirk net rûke. Hij kan het werk niet ruiken; hij is zoo afkeerig van werken, dat hij aan de geur er van reeds te veel heeft.

Hy het in broer oan 't wirk forlern. Hij is zoo afkeerig van werken, alsof zijn broeder er aan gestorven ware.

Hy makket fen in skeet in tongerslach. Hij maakt van een veest een donderslag (van eene kleinigheid vreeslijk veel ophef).

Hy kin linich oer de wjuk draeije. Hij weet bandig te zwenken als een vogel in de lucht. — Holl.: de huik naar den wind hangen.

Hy het dêr de rook fen krige. Hij heeft daar de lucht van weg (iets van de zaak vernomen).

Hy det wol, mar dijt net. Hij doet wel zijn best, maar 't gedijt niet. — Hij komt niet vooruit.

Hy kin syn brief net lêze. Hij kan zijn brief niet lezen (zijne taak niet volvoeren).

Hy het it efter 'e kiezzen. Hij heeft het achter de kiezen (begrijpt de zaak).

Hy is gjin loerreman. Hij is geen weeke kaas (laat zich niet in de luiers leggen).

Hy lit him wol liede, mar net twinge. Hij laat zich wel leiden, maar niet dwingen.

Hy slacht er mei de koarte kloet twisken. Hij slaat er met den korten kloet tusschen (maakt kort en goed een einde aan den twist).

Hy is bang fen syn eigen skaed. Hij is bevreesd voor zijn eigen schaduw. — Hij ducht gevaar waar 't niet bestaat, hetzij door schuldbesef of door gebrek aan zelfvertrouwen.

Hy falt yn 'e lijte. Hij valt in de luwte (zijne heftigheid bedaart, als . een snelzeilend schip, dat op eens in de luwte van huizen of boomen komt).

Hy mei earst hjar hird wol ris rikjen sjên. Hij dient eerst haar haard wel eens to zien rooken — Hij kent het meisje waarop hij verliefd is niet genoeg.

Hy is 't oanbarnsel fen 'e poatstrou net wirdich. Hij is het aanbrandsel van de potjestruif niet waard (hij deugt voor niets goeds).

Hy rekkent nei him ta. Hij rekent naar zich toe (te veel in eigen voordeel).

Hy is yn 'e lytse loege. Hij is tijdelijk hulpbehoevend (door onvoorziene omstandigheden).

Hy het it linnen op 'e bleek. Hij heeft het linnengoed op de bleek (draagt een wit voorhemd, wat men van hem niet veel gewoon is).

Hy is yn blâns en glâns. Hij is in balans en glans (in goeden doen en volkomen gezond).

Hy is moarnich of moarnsk. Hij heeft de morgenziekte (is erg knorrig kort na zijn opstaan).

Hy kin 't paed wol waerm hâlde. Hij kan het pad wel warm houden (zoo dikwijls komt hij hier aangeloopen).

Hy is hjar foarby komd, heeft haar vleiend overgehaald tot iets verkeerds (hij heeft haar verleid).

Hy het foar bidden yn 't brea biten. Hij heeft vóór bidden in het brood gebeten (vóór het huwelijk zijne bruid bezwangerd).

Hy is sa stil as in bêdpisser. Hij is zoo stil als een bedpisser (maakt niet veel praatjes, omdat hij iets op zijn geweten heeft).

Hy giet nei beppekelder. Hij gaat verloren (geldelijk of lichamelijk).

Hy fynt dêr gjin bien yn. Hij vindt daar geen been (tegenzin of bezwaar) in.

Hy sit yn earnskloeren. Hij zit in arendsklauwen (in de macht van deurwaarders, enz.).

Hy wit net op hwet earsbil er sitte scil. Hij weet niet op welk aarsbil hij zal zitten (is verlegen hoe de zaak aan te pakken).

Hy skyt troch in faeije ears. Hij speelt een gevaarlijk spel (het redmiddel dat hij aangrijpt is bedenkelijk).

Hy sit twisken twa heabulten to kakken en is yet forlegen om in earswisk. Hij zit tusschen twee hoopen hooi te k..... en is nog verlegen om een aarswisch.

Hy spilet op 'e klompen. Hij speelt op de klompen (is ongemanierd aan 't uitvaren).

Hy is der sa eang fen as de roeken fen in sjamme. Hij is er zoo bevreesd voor als de kraaien voor een vogelverschrikker, d. i. in 't geheel niet.

hier.

Krol hier, krol sin, krol wêzen sit er yn. Krul haar, krul zin, krul wezen zit er in. — Ook: *Krolle hierren, krolle sinnen.*

Immen nei 't hier fiele. Iemand naar het haar voelen (met hem plukharen).

Pak mar ta, mar my net yn 't hier. Pak màar toe, maar niet in mijn haar. — Gezegd om iemand tot eten aan te moedigen.

Op in hier ôf kin min gjin mophoun weage. Op een haar af kan men geen mopshond wegen. — Op een kleinigheid mag men niet zien.

Dêr is hier oan 'n knikkert. Daar is haar aan den knikker (daar zit geld).

Ik hab him it hier ris útkjimd. Ik heb hem de haren eens uitgekamd. — Eig.: hem mijne vingers in de haren gezet; overdr.: hem harde waarheden gezegd.

Min moat it hier mar goed út 'e eagen strike. Men dient de haren wel goed uit de oogen te strijken (uit zijn oogen te zien).

Dat hier is al dea, dat de bûter plige gear to hâlden. De man is reeds dood, die de zaak pleegde in stand te houden.

Syn hier krollet as in trekskippers-mêst. Zijn haar krult als de mast eener trekschuit.

It rout him safolle as er hierren op 'e holle het. Het berouwt hem zooveel als hij haren op het hoofd heeft.

hin.

In hin is 't sin, mar gjin gewin. Kippen houdt men voor liefhebberij, niet om voordeel.

Dy him sels forkromlet wirdt fen 'e hinnen opfretten. Wie zichzelven verkruimt, wordt door de kippen opgevreten.

Hy wynt om as in aeisiik hin. Hij loopt heen en weêr als een eierzieke kip (die haar ei niet weet kwijt te raken).

Kwea hinnen dy 't hjar aeijen ûtlizze en thûs to iten gean. Slechte hoenders, die hare eieren buitenaf leggen en tehuis komen eten. — Fig.: van overspelers.

De wiiste hinnen lizze de aeijen wol ris bûten 't nêst. De wijste hennen leggen de eiers wel eens buiten 't nest. — Neuswijze nufjes verliezen wel eens haar eer.

Hy byt op 'e tosken as in dea hin op 'e loarte. Hij bijt op zijn tanden als een doode kip op een drol.

Hy slacht er yn om as malle Jan yn 'e hinnen. Hij slaat er in rond als malle Jan in de kippen. — Hij werkt met ijver zonder overleg en verstand.

Sa nijsgjirrich as in hin mei in glêzen gat. Zoo lichtgeraakt en onhandelbaar als een kip met een glazen achterdeel.

Hy scil yet yn 'e hinnekjitte fordrinze. Hij zal nog in den kippendrek verzuipen. — Hij krijgt door zijne lompheid allerlei ongelukjes.

Dy 't fen „tsjoe!" seit mient de hinnen allegearre. Wie tsjoe! roept meent alle hoenders (en niemand moet meenen dat hij iets vóór heeft). — Tjoe! roept men om hoenders weg te jagen.

Hja sit boppe op 'e heap lyk as de hinnen. Die (slordige vrouw) zit op een vuilen rommel, als de kippen op den mesthoop.

Wy gean jouns mei de hinnen op 'e beam. Wij gaan 's avonds met de kippen op stok (dus vroegtijdig). — Werkmansgezegde.

Goenacht mei elkoar! sei de mird en stoep yn 't hinnehok. Goedennacht met elkander, zeî de bunsing, en stapte het kippenhok in.

De hinnen leijen goed, mar hja ha de aeijen opfretten. De kippen legden goed, maar hebben de eieren opgevreten. — Die lieden hebben wel geld verdiend of gewonnen, maar niets nagelaten.

Hy het dêr in meltse hin oan. Dat is voor hem een eierleggende kip (een zaakje waarvan hij aanhoudend voordeel trekt).

hynsder, hyngst.

In skurf hynsder freest de roskaem. Een schurft paard vreest de roskam. — Ook: *Dy 't glêd oer 'e hûd is* (een goed geweten heeft) *freest de roskaem net.*

In hynsder mei fjouwer poaten stroffelt wol ris. Een paard, al staat het op vier pooten, struikelt wel eens.

Wite hynsders stiet it wâlterjen net goed. Voor witte paarden voegt het niet, zich in het slijk te wentelen.

In hynsder dat ienkear op 'e rin wêst het kin dat gau ris wer lappe. Een paard, dat eens aan 't hollen is geweest, kan het licht eens weêr doen.

De bêste hynsders fynt min op 'e stâl. De beste paarden vindt men op stal (niet op de markt). — De deugdzaamste meisjes vindt men in 't ouderlijk huis, niet op de kermis.

De hynsders fet en de man meager. De paarden vet, de man mager. — Overdreven liefhebberij voor fraaie paarden kan iemand verarmen.

Dy it sterkste hynsder het kin hirdst foarút komme. Wie het sterkste paard heeft, kan het snelst vooruit komen. — Wie 't meeste geld heeft, is er 't best aan toe.

It hynsder het moanne-eagen. Het paard heeft maan-oogen, zijn gezicht gaat met de maan op en af (een ziekelijkheid).

Dêr kin in blyn hynsder gjin skea dwaen. Daar kan een blind paard geen schade aanrichten (omdat er niets van waarde in huis is).

Hy slacht de hynsders earsling foar de wein. Hij spant de paarden averechts voor den wagen (onderneemt of bestuurt zijne zaken verkeerd).

Hâld it hynsder by de stirt. Houd het paard bij den staart. — Strijd voor uw goed recht zoo lang ge kunt; geeft ge 't eenmaal op, dan is 't verloren.

Hy boun it deade hynsder fêst. Hij bond het doode paard vast (nam voorzorgen toen het te laat was).

II.

22

Dy de hyngst krije wol smyt him net mei de team foar 'e holle. Wie den hengst wil grijpen, slaat hem niet met den toom voor.den kop.

Min kin gjin rinnende hyngst bislaen. Men kan geen loopenden hengst de hoeven beslaan.

Hyngsteflêsk is djûr flêsk. Paarde-vleesch is duur vleesch. — Paarden veel te gebruiken en daarbij goedge-vleesd te houden, kost veel geld.

Hynsders jouwe tinne målke. Paarden geven dunne melk (brengen niets op; een boer houde dus niet meer dan noodzakelijk is).

It hynsder scil de stål wol fine. Het paard zal den stal wel vinden. — De zaak komt vanzelf terecht.

It giet sa gau as in mophoun in hynsder opfrette kin. Het gaat zoo vlug als een mopshond een paard kan opvreten.

In wyld hynsder is gjin fjild to wegerjen. Een wild paard kan men geen veld weigeren (maar moet men uit den weg gaan). — Doldriftige menschen moet men niet tegenstaan.

Dy 't in hynsder minne wol en fyoelespylje moat hwet yn 'e broek ha. Wie een paard wil mennen en de viool bespelen moet iets in de broek hebben (de noodige bekwaamheid bezitten).

It giet sa hird efterút as in hynsder en wein ride kin. Het gaat zoo hard achteruit (in het financieele) als een paard-en-wagen rijden kan.

In hynsder yn 'e stap hellet in hird-draver wol yn. Een paard in den stap haalt een harddraver wel in.

Lien dyn hynsder oan in bidler en hy fljucht er mei út in fjouweren. Leen uw paard aan een schooier en hij gaat er meê galoppeeren (maakt misbruik van uwe vriendelijkheid).

Min rekket wol oan in lam hyngst al keapet min him net. Men geraakt wel aan een lammen hengst, al koopt men er geen.

Wite hynsders habbe in bulte struijen nedich. Witte paarden behoeven veel stalstrooisel. — Pronkzieke vrouwen kosten veel geld.

It is in hynstefölle. Het is een hengst-veulen (een schadelijke zaak).

Honger hjit makket rie hynstebeane swiet. Honger maakt rauwe paardenboonen zoet.

Hwet mienste dat ik út in hynstekop peteårje? Wat denkt ge, dat ik uit een paardekop spreek? (Dat het maar praatjes zijn, die ik opdisch?) — *Hy kin 't net út in hynstekop sûge.* Hij kan het niet uit een paardekop zuigen, het moet uit zijn eigen hoofd komen (een vers, fraai opstel, enz.).

In koarts as in hynsder. Een koorts als een paard (een hevige koude koorts).

In weak hynsder moat min mei in seafte team stjûre. Een paard met een wee-ken (zachten) bek, moet men met den zachten teugel leiden (en zacht-aardige menschen niet streng be-heerschen).

It hynsder is hird yn 'e bek, het paard is hard in den bek, niet gemakkelijk te mennen. Fig. *Dy kearel is hird yn 'e bek*, die man is moeilijk van zijn stuk te brengen.

Hy socht om 't hynsder en hy siet er op. Hij zocht om het paard, terwijl hij er op zat (wanneer iemand iets zoekt dat onder zijn bereik ligt).

Stadich-oan! it is 't jong hynsder. Be-daard wat! het is het jonge rijpaard. — Schertsende aanmaning tot om-zichtigheid, vooral bij 't stoeien met een meisje.

Seis hôarnbijen is in hynsders dead. Zes hoornbijen (zekere wesp) kunnen een paard dooden. (Acht schijnbaar nietige personen of omstandigheden niet te gering).

Better in blyn hynsder as in leech helter. Beter een blind paard dan een ledig halster.

Dy 't wit hwet er wol pakt it hynsder by de team. Die weet wat hij wil, pakt het paard bij den toom.

Dou hoefst my gjin bline hynsders foar de doar te lieden. Gij behoeft mij geen blinde paarden voor de deur te leiden (niet te denken mij met leugens te kunnen misleiden).

In honger as in hynsder, — as in poep.

In jown hynsder sjucht min net yn 'e bek. Een gegeven paard ziet men niet in den bek. — Een geschenk mag men niet scherp beoordeelen. — Oudt.: *In jown gûl sjucht me net yn 'e mûl.*

It rydt noait hirder as op in liend hynsder mei eigen spoaren. Men rijdt nooit sneller dan op een geleend paard met eigen sporen.

Ik lien ljeaver myn himd ût as myn hynsder. Ik leen iemand liever mijn hemd dan mijn paard.

In Fries lient nimmen syn wiif en syn hynsder. Een Fries leent niemand zijne vrouw en zijn paard.

Malgûdhea, hyngstebrea, skieppenea, kouwedea. Malgoedhooi, paardenbrood, schapennood, koeiendood. — Het hooi van mallegoed (kwadernaat, onjer) is goed paardenvoeder, schapen houden er des noods het leven bij, maar koeien sterven er van.

De hyngst fen 'e stâl liede. De hengst van stal leiden (het mes trekken om te vechten). — Het hecht van een zakmes was vroeger gewoonlijk versierd met een paardekop, van zilver of uit hout of been gesneden. — Ook: *It rûntsje* (ruintje) *fen 'e stâl helje.*

hja.

Hja habbe noait genôch al stie de skeppe der yn. Zij hebben nooit genoeg, al stond de schup er in (in den geldhoop, om zoo maar op te scheppen).

Hja tsiere as hoantsen. Zij kijven en twisten als kemphanen.

Hja skûlje allegearre onder ien tekken. Zij spannen samen (spelen met elkander) onder één hoedje.

Hja binne mei de printebibel (ook *de soldatebibel*) *oan 'e gong.* Zij houden zich bezig met den prentbijbel; ook den soldatenbijbel (zij spelen kaart).

Hja kinne hjar eigen koarsten wol bite. Zij kunnen hunne eigene korsten wel bijten (zonder hulp van gasten en klaploopers hun niet overvloedig inkomen wel verteren).

Hja sitte op 'e doppen. Zij zitten op ledige eierschalen. — Hunne bezittingen schijnen iets, maar zijn niets.

Hja fjuchtsje as earme helten. Zij vechten als arme helden.

Hja koene ús dat wol ôf-liene en 't werombringen forjitte. Men zou ons dat

kunnen afleenen en het terugbrengen vergeten ('t ons kunnen ontstelen, nl. losse goederen buitenshuis).

Hja lûke mei in-oar oan ien line. Zij trekken samen aan één lijn (trekken partij voor elkander).

Hja binne allegearre mei 't selde sop bigetten. Zij zijn allen met hetzelfde sop overgoten. — Lieden van ééne soort.

Hja bringe neat by elkoar as fjouwer neakene billen. Zij brengen niets te zamen dan vier naakte billen. — Van een arm bruidspaar.

Hja scille de skonken by elkoar stekke. Die twee willen de beenen bij elkaar steken (gaan trouwen).

Hja roanen oft se in bonke om in oartsen hiene. Zij liepen alsof zij een been voor een oortje konden koopen.

Hja hinget er om as wiet hea om 'e skûte. Zij (het meisje) hangt er om (om haar vrijer) als nat hooi om de schuit.

Hja het it pak ûtskodde. De vrouw heeft het pak uitgeschud (eene gemakkelijke bevalling gehad).

Hja giet oft se yn kramtriedden hinget. Zij loopt, alsof zij in kramdraden hangt (als een marionet; in een gemaakte houding met gemaakte bewegingen).

Hja is yn 'e wjuk sketten. De vogel is in de vlerk geschoten. — Fig.: het meisje is bezwangerd.

Hja scil hjar mem wol thûs komme. Zij zal wel bij hare moeder tehuis komen (nl. in gezegende omstandigheden; van een dienstmeid).

Hja is sa onleech as in firt yn 'e panne. Zij is zoo onledig als de veest in de pan of den schotel (Oud Handschr.).

Hja lit hjar net maklik ride. Zij laat zich niet gemakkelijk leiden. — Zij gelijkt een paard dat niet ieder kan mennen.

Hja scil him de flieën wol ôffange. Zij zal hem de vlooien wel afvangen (eene flinke jonge vrouw, wier echtgenoot veel ouder is dan zij).

Hja sit as in swan yn 't nêst. Zij zit als een zwaan in het nest. — Van eene luie vadzige vrouw, die in de meest gemakkelijke houding op haar stoel zit. Ook`: *Hja is in briedswan,* eene broedende zwaan.

Hja babbelt as in swealtsje op in beanstok. Zij babbelt (snatert) als een zwaluw op een boonenstaak.

Hja is oan 't omfallen ta. De vrouw is aan het omvallen toe (hoog zwanger).

Hja stiet op 'e heechste trep. Zij staat op de hoogste sport. — Zij is bruid; na den trouwdag daalt zij weêr af.

Hja kin wol foar de kreammen lâns. Zij mag gerust langs de kramen gaan. — Zij ziet er knap genoeg uit om zich te vertoonen.

Hja het skammeltsjes to keap. Zij heeft schameltjes te koop. — Zij schaamt zich. Van kinderen en jonge meisjes.

Hja is sa lang fen tút dat min hjar wol helterje scoene. Zij is zoo lang van snoet (of tong; zoo praatzuchtig) dat men haar wel diende te breidelen.

Hja kin de tonge op 'e skouders hingje litte. Haar tong is zoo lang, dat zij die op haar schouder kan laten hangen. — Zij is eene klappei eerste klas.

Hja kin op in stûr draeije. Het (nuffige meisje) kan (met hare fijne voetjes) wel op een stuivertje ronddraaien.

Hja het ien onder 'e skeldoek biflapt. Zij heeft er een onder haar voorschoot beflapt (een man veroverd).

Hja het hwet onder 'e skeldoek. Zij heeft iets onder haar voorschoot (is zwanger).

Hjo het hjar doaiter op 'e tuttelpleate (Hindeloopen). Zij heeft haar dochter op de titelplaat (pronkt het meisje mooi op om vrijers te lokken).

Hja het dêr in trekplaster. Het meisje heeft daar ter plaats een trekpleister (een bemind voorwerp, waarom zij er liefst blijft wonen of anders zich er gaarne vertoont).

Hja is onder 'e hoantsen útbret. Zij is onder de kemphanen uitgebroed. — Zij is eene feeks.

Hja is in stikje gûd dat net forblikke scil. Zij is een stukje goed dat niet zal verkleuren (eene degelijke jonge vrouw of meisje).

hjit, kâld.

Hy is gau hjit en gau kâld lyk as in bliken tsjettel. Hij is ras heet en ras

weêr afgekoeld, als een blikken ketel (spoedig opgewonden vol vuur, even spoedig weêr koel en onverschillig).

Dêr wird ik hjit noch kâld fen. (Die vermaning, berisping of dreigementen; dat ernstig geval) daar trek ik mij niets van aan. — Ook: *Dat komt my net oan 'e kâlde klean.*

Hy is bang dat er him oan kâld wetter barne scil. Hij vreest zich aan koud water te zullen branden (is te schroomvallig om iets van beteekenis te ondernemen).

It is my to hjit, ik lit it stean. Het is mij te heet (te duur) ik neem het niet.

Hy is ljeaver kâld as wirch. Hij is liever koud dan vermoeid. — Hij houdt meer van luieren dan van werken.

Hy sit op hjitte koallen. Hij zit op heete kolen (in erge bezorgdheid, in pijnlijke onzekerheid).

hoanne.

As de hoanne in aei leit kraeije de hinnen. As de haan een ei legt, kraaien de kippen. — Als er een wonder gebeurt zullen er wel meer volgen.

Basiliskus-aeyen wirde fen 'e hoanne útbredt. Basiliskus-eieren worden door den haan uitgebroed. — Van hem of haar komt niets terecht.

Nei nijjier ha wy de winnende tiid, den skeelt it alle dagen in hoannestap. Na nieuwjaar hebben we den winnenden tijd, dan lengen de dagen telkens een hanenschrede.

Hy bliuwt by de hoanne. Hij blijft bij den haan (in het A-B-boek). — Hij komt niet vooruit in de wereld.

It kin gjin hoanne lije. Er kan geen haan af. — De boer heeft do hoeve zoo hoog gepacht, dat het verlies van een haan hem reeds te veel is.

Nim it my net kwea, sei de mird en biet de hoanne de kop óf. Neem het me niet kwalijk, zeî de bunsing, en hij beet den haan den kop af.

Hy forhellet him as de hoanne yn 'e waeiboaits. Hij herstelt zich als de haan in de weikuip.

Syn hoanne moat kening kraeije. Zijn haan moet koning kraaien. — Hij wil zijn wil doordrijven.

Der kraeit gjin hoanne nei. Er kraait geen haan naar. — Het loopt stilletjes af, trekt niemands aandacht.

Hy spilet de brette hoanne. Hij speelt den gebraden haan (maakt veel leven, is weerbarstig, tegenstrevend).

Hy stapt as in stoaterse hoanne op in hjit plaet. Hij stapt als een stotershaan op een heete plaat.

hoek, hoeke.

Hy sit oan 'e hoek. Hij zit aan den (visch) hoek. — Hij is getrouwd; zit in handen zijner schuldeischers, van het gerecht, enz.

Hy is 't hoekje toboppe. Hij is het hoekje (het gevaar) te boven. — Hij is er bovenop.

Hy giet de hoeke om. Hij gaat den hoek om (zal moeten sterven).

Hy is in heel stik om 'e hoeke. Hij is een geheel stuk om den hoek (een heel eind op weg om zijn doel te bereiken).

Hy komt flink út 'e hoeke. Hij komt flink voor den dag (met geld; ook om ronduit zijn meening te verkondigen).

Háld dy stil! of ik scil dy de fjouwer hoeken fen 'e keamer ris sjên litte. Houd u stil, of ik zal u de vier hoeken der kamer eens laten zien (alias u duwen en stooten van den eenen hoek der kamer naar den anderen).

holle.

De skoenmakker moat de skoen nei de foetten miette en nei de holle meitse. De schoenmaker moet de schoenen naar de voeten meten en naar het hoofd maken (rekening houden met den smaak zijner klanten).

Folle hollen, folle sinnen, sei de man en smiet in koer mei fiskkoppen omfier. Veel hoofden, veel zinnen, zei de man, en wierp een mand vol vischkoppen omver.

De holle is 't roer fen 't skip. Het hoofd is het roer van het schip. — Is dit onwel, dan mist men allen levenslust.

Ljue dy 't goud op 'e holle drage, moatte nin koper yn 't pongkje dwaen. Vrouwen, die goud op het hoofd dragen,

moeten geen kopergeld in het (kerke-) zakje doen, — zei men vroeger!

De holle waerd my kreas. Mijn gelaat werd blozend. — Ik werd een weinig boos, zoodat het bloed mij naar de wangen steeg.

Der wjukkelt him hwet oer 'e holle. Er vleugelwuift hem iets over 't hoofd. (Hij zal eerlang kunnen erven). — *Der hinget ús hwet oer 'e holle.* Er hangt ons iets boven 't hoofd. — Wij hebben iets van belang te verwachten, bv. de bevalling van de vrouw des huizes.

Dat wiif set hjar man in kroane op 'e holle. Die vrouw zet haar man een (schande) kroon op het hoofd. — Zij pleegt overspel.

Hy is glêd om 'e holle. Hij is glad om zijn hoofd (ruim voorzien van geld). — Eene warme spijs, glinsterende van vettigheid, is ook *glêd om 'e holle.*

In man mei in holle. Hied er twa den hied er ien tofolle; hied er trije, den koene wy ek ien krije. Kinderrijm.

De holle der by hâlde, is better as de holle der ôf. Het hoofd er bij houden (geen moed verliezen) is beter dan het hoofd er af.

Dêr 't immen sels net komt wirdt him de holle net wosken. Waar iemand zelf niet komt, wordt hem het hoofd niet gewasschen. — Ook: *Dêr 't immen sels net komt wirdt him de kop net klaud.*

Hy het in forkeard steed yn 'e holle. Hij heeft een kwaad plekje in het hoofd (een knorrige bui).

De wyn yn 'e holle makket faek in gek yn 'e mûle. De wijn in het hoofd maakt dikwijls een zot in den mond. — *In biroaide holle, in lêge pong.* Een berooid hoofd, een ledige beurs.

't Is better de holle to tútsjen as 't gat. Het is beter het hoofd te zoenen dan den aars (den baas te spreken dan den knecht).

houn.

In houn op syn eigen hiem fjuchtet fûl. Een hond op eigen erf vecht vinnig.

Hja habbe him foar de hounen foun. Zij hebben hem voor de honden gevonden. — Zij beschouwen hem met minachting; hij kan niets goeds doen.

As de houn komt ta heare, wit er biskie noch eare. Als een hond (lomperd) een heer wordt, kent hij bescheidenheid noch eer.

Hy is bikend as de bonte houn. Hij is bekend als de bonte hond (overal bekend).

Ik bin der sa bang fen as de houn fen bruijen. Ik ben er zoo afkeerig van, als de hond van een pak slagen.

Hwet is jild? De hounen wolle 't net ienris frette. Wat is geld? De honden willen 't zelfs niet vreten.

Hy sit op as de houn to Ljouwert. Hij zit op als de hond te Leeuwarden. — Deze hond was vroeger eigenlijk een zittende leeuw, het stadswapen vasthoudende, boven op de kaak en de geeselpaal te Leeuwarden.

Houns grime wykt for in bonke. De grimmigheid eens honds wijkt voor een been.

Hy doocht de houn yn 'e pôt net. Hij deugt den hond in den pot niet.

Hwa wol de houns holle fille? Wie wil den kop des honds villen (de gevaarlijke taak aanvaarden)?

It wis foar 't onwis, sei de man, en hy boun in dea houn de bek ta. Het zekere voor het onzekere, zeî de man, en hij bond een dooden hond den muil dicht.

Twa kwea hounen bite elkoar net. Twee kwade honden bijten elkander niet.

In goed wetterhoun freest gjin modderige sleat. Een goede waterhond vreest geen moddersloot.

It fet wol boppe driuwe, al is 't ek fen in dea houn. Het vet wil boven drijven, al is het ook van een dooden hond.

In houn by in bonke ken gjin frjeonen. Een hond bij een been kent geene vrienden.

It hier fen de houn genêst it gat dat er my biten het. Het haar van den hond geneest de wond, die hij mij gebeten heeft. — Om de katterigheid, volgende op een uitgeslapen roes, te verdrijven, neemt men een borrel.

Min fynt seaft in stôk om in houn to slaen. Men vindt gemakkelijk een stok om een hond te slaan (en evenzoo een voorwendsel, om iemand onrechtmatig te behandelen).

Der binne mear hounen as bonken. Er zijn meer honden dan beenderen. — Het getal liefhebbers of gadingmakenden is te groot.

Folle wynhounen dwaen de hazze de dead. Vele honden zijn der hazen dood.

Hy is houn yn 'e tsjerke. Hij is hond in de kerk (de verschoppeling in een gezin).

Hy rint him nei as de houn de siikke merrie. Hij loopt hem na, als de hond de zieke merrie (bv. een schuldeischer zijn schuldenaar).

Hy het de houn in halsbân om dien. Hij heeft den hond een halsband omgedaan (een ander gedwongen te doen wat deze volstrekt niet wilde).

Hy bilet wol, maar byt net. Hij blaft wel, maar bijt niet. — Hij maakt wel wat leven maar is niet gevaarlijk.

Hy is der gjin houn oer om ris hwet to jaen. Hij is er geen hond over (d. i. niet te karig en bekrompen), om eens iets te geven.

Hy sjucht op gjin hier as er in houn skeart. Hij let op geen haartje, als hij een hond scheert (neemt het niet zoo nauw [met de eerlijkheid], als hij te doen heeft met iemand, die wel betalen kan).

Hy is fen 't hountsje biten. Hij is van het hondje gebeten (licht geraakt; van Lotje getikt).

Hy is sa bang as 't hountsje. Hij is zoo vreesachtig als een kefhondje (dat bij den minsten tegenstand vlucht).

Men moat yen op 'e tiid forwarre, oars bite de hounen yen. Men moet zich op zijn tijd verweren, anders wordt men door de honden gebeten.

Hja waerden útmakke oft se foar de hounen foun wieren. Zij werden met zooveel minachting besproken, alsof zij voor de honden waren gevonden (dus door dezen versmaad).

Dêr 't de houn syn stirt leit is 't skien fage. Waar des honds staart ligt, is 't schoongevaagd.

Dy 't mei hounen omgiet kriget flieën.
Wie met honden omgaat, krijgt vlooien.

It bikomt him as de houn de woarst.
Het bekomt hem als den hond de
(gestolen) worst (waarvoor hij slagen
kreeg). — Ook: *It bekomt him as de
houn it gears-iten*, het grasvreten.

*Net om my, sei de houn, mar 't keal
is nedich dea.* Niet om mijn belang,
zeî de hond, maar 't kalf dient geslacht.

*Hearskippij fiere wol in minske graech,
dêrom het in bidler in houn.* Heerschappij voeren doet een mensch
gaarne, daarom heeft een bedelaar een
hond.

Hwet is in houn dy net bilet? Wat beteekent een hond, die niet keft?

Dauwe op 'e rein, it waer wol hounje.
Dauw op den regen, het weder wil
hondsch worden.

Hy het dêr in houn giseljen sjoen. Hij
heeft daar een hond zien geeselen. —
Het is hem daar zoo vergaan, dat hij
er niet gaarne weêr komt.

Dy 't efteroan komt bite de hounen. Wie
achterna komt, wordt door de honden
gebeten. — Zorg dus niet de laatste
te zijn.

*As 't ris op in hounjen gyng, scoe 't
der ta komme hwa 't meast mansk wie.*
Wanneer 't eens op een honden ging
(tot een wedstrijd of gevecht kwam),
zou blijken wie de knapste was.

It snijt dêr hounehier. Het sneeuwt daar
hondenhaar. — Er wordt hevig getwist
en gekeven.

Alde hounen is 't min byljen to learen.
Ouden honden is het moeilijk blaffen
te leeren.

*Der binne mear hounen dy 't Blom (ook
Blaffert) hjitte.* Er zijn meer honden
die Bloem (of: Blaf) heeten. — Gij
zijt het niet alleen die gemeend kan
zijn.

De hounen scille hast om my bylje. De
honden zullen haast om mij janken. —
Ik zal spoedig sterven.

*Dy 't mei hounen farre wol moat de teven
foarop stjûre.* Wie met honden varen
wil, moet de teven vooruit zenden. —
Ook: *Dy 't mei hounen ploeije wol
moat de teven foaryn spanne.*

De iene houn wirdt mei de oare fûl. De
eene hond wordt met den ander kwaadaardig. — De eene mensch bederft
den ander.

Hy fynt de houn yn 'e pôt. Hij vindt
den hond in den pot (om dien uit te
likken). — Hij komt, als de maaltijd is
afgeloopen en kan niets krijgen.

*It is de iene houn leed dat de oare in
bonke het.* Het is den eenen hond
leed, dat de ander een been heeft.

*Min wirdt faek meast fen yens eigen
hounen biten.* Men wordt dikwijls het
meest door zijn eigen honden gebeten.

Min fynt gjin spek yn in hounenêst.
Men vindt geen spek in een hondennest
(geen kliekje in de borrelflesch eens
drinkers).

*Min moat bylje mei de hounen dêr 't min
mei yn 't bosk is.* Men moet huilen
met de honden, waarmeê men in 't
bosch is (zich schikken naar de menschen, onder wie men verkeert).

*Negen dagen jachtig, negen weken drachtig,
negen dagen blind, dat is een honden-
of kattenkind.* (Stadfr.)

*Dat blinkt as in bifêrzene hounekeutel
yn 'e moanneskyn.* Dat blinkt als een
bevrozen hondenkeutel in den maneschijn.

Hy is sa onwennich as in houn. Hij
heeft heimwee als een hond.

Dêr 't ien houn pisset der pisje mear.
Heeft een kwaadspreker 't op u gemunt, dan volgen er meer.

*Ast in bonke op-ytste kinst tsjin in houn
rinne.* Wanneer gij een been op-eet,
kunt ge tegen een hond loopen (of
ge den wedloop zult kunnen winnen
is een andere vraag).

hout.

Dêr 't hout kappe wirdt falle spoennen.
Waar hout gehakt wordt, vallen spaanders. — Waar gewerkt wordt, is iets
te verdienen.

Der is klaphout to forsjitten. Er is klaphout te verschieten. — Er is een
nieuwtje in het dorp.

Hy slipet de houten hammer. Hij slijpt
den houten hamer. — Hij luiert, terwijl
hij behoort te werken; hij is een dagdief.

Hy docht dat op syn eigen houtsje. Hij doet dat op eigen verantwoording (zonder anderen, die er meê gemoeid zijn, te vragen of te raadplegen).

Hy is sa opmerksum as in houten klomp. Hij is zoo oplettend als een houten klomp.

Hy is in houten hispel. Hij is een houten haspel (een onbeholpen lomperd).

hûd.

Hy stiket yn in forkearde hûd. Hij steekt in een niet gave huid. — Hij heeft een ziekelijk lichaamsgestel.

Hy is skien (of *net skien*) *op 'e hûd.* Hij is zuiver (of niet zuiver) op de huid. — Hij heeft niets of wel iets op zijn geweten.

Hy het plakken op 'e hûd. Hij heeft vlekken op de huid (euveldaden op zijn geweten). — Ook: *Hy het lapen op 'e jas.*

Elk moat mei syn eigen hûd nei de looijer. Ieder moet met zijn eigen huid naar den looier (zijn eigen doen en laten verantwoorden).

hûs.

As immen in nij hûs bout, den jouwe de frjeonen de ruten. Wanneer iemand een nieuw huis bouwt, geven de vrienden de glasruiten. — Deze gewoonte bestond vroeger in Friesland en ook elders, evenals men thans nog aan jonggehuwden huisraad schenkt. Bekend is het, dat de vensterruiten oudtijds zeer klein waren, maar één huis had niet zelden verschillende personen tot gevers, daardoor was de grootte en gedaante wel eens zeer verschillend. De bouwheer, die de glazen ten geschenke ontving, liet ze beschilderen met de namen der gevers, vergezeld van zinspreuken, en waren het aanzienlijken, met de familiewapens. Zulke geschilderde glazen worden nog in museums bewaard. — Niet alleen glazen, ook wel balken werden voor een gebouw geschonken. Dan werden de namen of wapens der gevers gesneden of gebeiteld in de neuten, waarop de balken in de muren liggen. In de kanselarij te Leeuwarden moet dit nog te zien zijn. Zie I, 205.

Spotters hûskes reitse yn 'e brân. Spotters krijgen spottersloon.

Dat stiet lyk yn 't hûs. De naald van den evenaar staat rechtop in het huisje. — Het een weegt niet zwaarder dan het ander; ook figuurlijk.

Dy 't wol to pas ja sizze kin scil mei fen hûs. Die wel te pas ja weet te zeggen, mag meê van huis, d. i. op reis (hij is vertrouwd om zich onder de menschen te bewegen).

In goede gevel forsiert it hûs. Een goede gevel versiert het huis. — Fig.: een flinke neus versiert het gelaat. — Een noordfriesche schrijver zegt: „Gelijk bij een mensch de neus boven den mond staat, moet het huis een gevel boven de deur hebben, *anders is het geen friesch huis*". En verder: „Waar Friezen wonen, worden gevels gebouwd. Alzoo is de gevel het teeken van friesschen bouwtrant". [M. Nissen, de Freske Sjemstin me en Hugstiusk auerseting. (De friesche spiegel met eene hoogduitsche overzetting). Altona 1868]. — Maar gevels, zooals hij beschrijft, nl. boven de voordeur een gedeelte muur en daarboven een gedeelte dak, kennen wij in ons Friesland niet. Ik heb ze nooit gezien, dan misschien nabij de grenzen van Groningen en Drente. In het Westerkwartier van Groningen ziet men ze veel. — In het bovengedeelte muur, dat bij de Noordfriezen gevel heet, een luik waardoor men den oogst des velds naar binnen brengt, is hier evenzeer onbekend. Een gevel is hier een boven de deur rechtopgaande spitstoeloopende voormuur, evenals overal elders.

As immen in nij hûs bouwe wol moat er earst de spikers telle. Wie een huis wil bouwen, moet vooraf de spijkers tellen (zijn kas nazien).

Alde huzen binne pongluzen. Oude huizen zijn beursplukkers (kosten veel aan onderhoud).

Fier fen hûs hein by syn skea. Ver van huis, nabij zijn schade.

Ho neijer by hûs ho hirder rinne, lyk as de âlde hynsders. Hoe nader bij huis, hoe harder geloopen, evenals de oude paarden. — Tegen het einde van 't werk wordt een luiaard ijverig.

Hja scil yn 'e hûs net forskimmelje. Zij zal in huis niet beschimmelen. — Zij gaat veel uit.

In lyts dobke yn 't tjerkhof makket in greate romte yn 'e hûs. Een klein kuiltje in het kerkhof maakt een groote ledigheid (of opruiming!) in huis.

Hy kin him oan in strie stiette, dat it hele hûs davert. Hij kan zich aan een stroo stooten, dat het geheele huis davert. — Hij is lichtgeraakt en opvliegend.

Hy moast op in blauwe blês nei hûs. Hij moest op een blauwen bles naar huis (kreeg een blauwe scheen).

In hûs forkeapje mei alles hwet spikerfêst is. Een huis verkoopen met alles wat nagelvast is (wat in het huis zit vastgenageld). — Men vertelt van een man, die in groote verbolgenheid zijne vrouw met een harer ooren aan een deurpost nagelde, en toen naar de herberg ging, waar hij aan een kennis zijn huis verkocht *mei alles hwet spikerfêst wier.*

Hy hâldt it hûs by de skûrre. Hij houdt het huis bij de schuur (woont bij zijn bedrijf; fig. drijft zijne zaken zonder onnoodigen omslag of kosten).

Goedkeap is fier fen hûs. Goedkoop is ver van huis.

Min het tofolle tek op 't hûs. Men heeft te veel dak op zijn huis (te veel kinderen tot zijn last).

Mâl ût, mâl thûs. Mal uit, mal tehuis. — Zend een gek uit, gij krijgt een gek tehuis.

Hy is dêr sa thûs as de mol yn 'e toer. Hij gevoelt zich daar tehuis als de mol in den toren.

De siele ûtfenhûs stjûre. De ziel van huis zenden. — Een slaapje nemen.

Alde huzen stean de stoarm troch en falle by stil waer om. Oude huizen staan den storm door en storten bij kalm weder in. — Oude lieden staan soms eene ernstige ziekte door en sterven later zonder erge ongesteldheid.

As dat âld skythûs omfalt scil der hwet komme to stienskienmeitsen. Wanneer die oude bouwval instort, zal er wat te doen komen met steenschoonmaken. — Als die oude rijke vrek sterft, krijgen de erfgenamen wat te verdeelen.

ien.

Dat is ien ût it hêle hout. Dat is iemand uit een geheel hout (een man uit één stuk).

Dat is yet ien: hwa wit it? Dat is nog iemand: wie weet het? — Het laat zich nog niet vooruit zien, wat van hem worden zal.

Der is ien fen syn fiif op 'e kuijer. Er is een zijner vijf (zinnen) op den loop. — Hij is (of schijnt) niet wel bij 't hoofd. Ook: *Der is ien (fen syn fiif) to blomkesiikjen,* uit bloempjes zoeken. Ook: *Hij mist ien fen 'e fiif.*

Dat is ien, as jy sokke mear ha wolle moatte jy se apart bistelle. Dat is er een (zooals niet dagelijks voorkomen); verlangt gij er meer van, dan dient ge ze afzonderlijk te bestellen. — Gezegd van een zonderling.

Twa tsjin ien is moardsjen. Twee tegen één is moorden.

Dat is ien, sokke het min gjin trettsien yn in dezyn. Dat is een, zoo heeft men er geen dertien in een dozijn (een zonderling).

Dêr 't ien op fâlt, dêr falle se allegearre op. Wordt iets of iemand door één geprezen of gelaakt, hij vindt spoedig vele volgelingen.

Ien dy 't altyd mei de stikel om rint. Iemand die altijd de stekelband om heeft (steeds scherp en bijtend in zijn spreken is).

Ien soan en dy bidoarn. Eén zoon en die bedorven (door de apenliefde der ouders).

iis.

Min moat net onbislein op 't iis komme. Men moet niet onbeslagen op het ijs komen (voldoende toegerust zijn voor wat men begint).

Dêr reitse 'k mei yn 't iis. Daar zak ik meê door 't ijs (kom ik meê in ongelegenheid).

It is skerp en hevel, sei Richel, en hy friet iis. Het is een schaarsche tijd, zeî R. en hij at ijs.

Hy fart foart as skou-iis. Hij werkt door als schuif-ijs (drijfijs). — Langzaam maar zeker werkt hij door, op zijn doel aan. — *Hy is in iisskouwer,* iemand die met vasten wil doorwerkt.

ik.

Ik bin skien oan 'e heak. Ik ben schoon aan den haak. — Mijn voorraad levensmiddelen is op.

Ik hab him syn sneins-oartsen jown. Ik heb hem zijn zondags-oortje gegeven (hem de laagheid zijner handelwijze eens ernstig onder 't oog gebracht).

Ik fordom it sa wyt as sûpe. Ik zweer het af zoo wit als karnemelk.

Ik moat ris witte ho 't de foarke yn 'e stâlle sit. Ik moet eens vernemen hoe de vork in den steel zit (hoe 't met de zaak geschapen staat).

Ik bin mei alles tofreden, sei in erfgenaem. Ik wil mij met „alles" tevreden stellen, zeî een erfgenaam.

Ik woe ljeaver! Ik wou liever (ik weet niet wat), dan wat mij wordt voorgesteld. Voluit: *Ik woe ljeaver dat ik ryk wie, en dou op trij' botsens nei. — Ik woe ljeaver dat ik stau as in yeskpot,* dat ik stoof als een aschpot.

Ik bin net fen 'e roeken op 'e dyk skiten. Ik ben niet door de kraaien op den dijk geworpen. — Denk niet dat ik een sul ben.

Ik scil dêr in skoatteltsje foar strike. Ik zal daar een grendeltje voor schuiven. — Ook: *Ik scil dêr in boerdtsje foar skutte* (een schotje voor schieten).

Ik moat it tige ûtskroarje. Ik moet het zeer zuinig overleggen (evenals een snijder (*skroar*), die uit een ietwat te kleine lap een kleedingstuk moet maken).

Ik scil 't near der op lizze. Ik zal dat werk verijdelen, de uitvoering van het plan voorkomen. — Bij publieken verkoop kan iemand het recht hebben dit te verhinderen, het *near* (Oudfr. *niar*) er op te leggen. In de steden zegt men wel: *It né* (neen) *der op legge.*

Ik kin dy wol tsienkear yn 't roun. Ik ben wel tienmaal zoo vlug en handig in mijn werk als gij. — Ook van geslepenheid tegenover domheid.

Ik wol ris poalshichte nimme. Ik wil eens op de hoogte der zaak trachten te komen.

Ik nim dat for myn siel. Ik neem dat voor mijne ziel (verantwoording).

Ik mei him net sykjen hearre. Ik mag hem niet hooren ademhalen (kan hem niet luchten).

Ik bin ta sokke fonken net wend. Ik ben aan zulke vonken niet gewoon.

Ik bin Lutersk. Ik ben Lutersch (mijn zakgeld is op).

Ik ha dy kearel yn 'e mot. Ik vertrouw dien man niet. — *Ik ha dat spil yn 'e mot.* Ik zie dat zaakje door, begrijp er de bedoeling van.

Ik scil him ris ût 'e leage waskje. Ik wil hem eens uit de loog wasschen (harde, bittere waarheden zeggen). — Ook: *Ik scil him it leksum ris lêze,* de les lezen.

Ik kin 't ût 'e stiennen net skoerre. (Geld heb ik niet en) uit de straatsteenen kan ik het niet trekken (dus betalen is mij onmogelijk).

Ik scil der kût of hjerring fen habbe. Ik zal er kuit of haring van hebben (zoo niet veel, dan toch iets).

Ik scil dy neef hjitte. Ik zal je neef noemen (mijne vuisten doen gevoelen).

Ik kin alle nêsten net waerm hâlde. Ik kan alle nesten niet warm houden (niet overal komen waar men mij roept of gaarne ziet).

Ik scil hjir de drompel net swart wâdsje. Ik zal hier den drempel niet zwart loopen (het u niet lastig maken met mijne bezoeken).

Ik bin net lekker, mar 'k mei wol hwet goed smakket. Ik ben geen lekkerbek, maar 'k lust wel wat goed smaakt.

Ik bin droech; eig. niet melkgevend, fig.: 'k heb geen geld op zak. — Ook: *Ik sit op 'e droechte,* ik heb geen geld in kas.

Ik woe wol rintenierje, mar 't ontbrekt my oan 't ridskip. Ik wenschte wel te rentenieren, maar het ontbreekt mij aan het gereedschap.

Ik kin der wol op wachtsje, maar net op féstje. Ik kan daar wel op wachten, maar niet op vasten. (Ik wil dus al wachtende mijne belangen behartigen.)

Ik wol de silverlingen net fortsjinje. Ik wil de zilverlingen niet verdienen (mij niet laten gebruiken [voor geld of om gunst] om iets onedels uit te voeren).

Ik fiel groun. Ik voel grond, d. i. ben verzadigd (bij den maaltijd).

Ik ha 't wol faker tongerjen heard. Ik heb het wel vaker hooren donderen. — Ik ben voor geen kleintje vervaard.

Ik bin net fen sâlt, ik scil net forpikelje. Ik ben niet van zout, ik zal niet verpekelen (wanneer ik een poosje in den regen loop).

Ik wol myn parren net fen in oar bitomkje litte. Ik wil mijne peren niet door anderen laten beduimelen. — Gezegde van een kermisvrijer, die niet duldt dat een ander zijn meisje kust.

Dou en ikke moatte elkoar hwet skikke, sei de kikkert tjin de oaijefaer. Gij en ik moeten 't mekaar niet lastig maken, zeî de kikker tot den ooievaar.

in.

In boel strie, in lichte kerl. Veel stroo, een lichte korrel. — Veel vertooning, weinig degelijkheid.

In ekster kin 't hippeljen net litte. Een ekster kan het huppelen niet laten. — De aangeboren natuur verloochent zich niet.

In mingelen bokse en in pegel bil. Een mengel (liter) broekspijp en een pegel (¼ liter) bil. — Een wijde broek om een mager onderstel.

In lantearne sonder ljocht. Een lantaarn zonder licht (een ledige flesch). — Ook: iets of iemand, die met zijne schaduw mij verhindert goed te zien.

In amtener draecht in wyt klaed. Een ambtenaar draagt een wit kleed (moet nauwlettend op zijn plicht zijn).

In seid wird is nin dien diede. Eene toezegging is nog geen daad. — Spreken is geen doen.

In bytsje to let is folle to let. Een weinig te laat is veel te laat.

In kniesd reid heart me net foart to brekken. Een gekneusd riet behoort men niet geheel te breken. — Vergel. Matth. XII, 20.

In oar docht de gruten en hja de fortuten. Een ander maakt de complimenten, en zij doet het werk. — Moge een ander zich met praatjes er af maken, zij is steeds ijverig zonder veel praats. Van een werkzame vrouw of meid.

it.

It wol net skiivje. De schijven loopen niet vlot. — De zaak wil niet losloopen.

It lottet forkeard ût. Het loot verkeerd uit. — De uitkomst is volstrekt niet naar wensch.

It moat mar der onder of der boppe. Een waagstuk; alles verliezen of alles winnen.

It is altyd gjin Maeijejoun. Het is altijd geen kermis.

It giet my troch ieren en sinen. Het gaat mij door aderen en zenuwen. — Het grijpt mij aan.

It ûthingboerd liket gâns, mar dêr is 't ynwindige net nei. Uitwendig schijnen die menschen heel wat te zijn, maar zij beteekenen niet veel.

It is dêr altyd: skep op en lit koelje. Het is daar altijd: Schep op en laat koelen. — Er wordt maar opgedischt en er worden gasten onthaald, alsof 't geen geld kost.

It giet as 't slydjaget. Het gaat als een sledevaart (over vlak ijs, vlot en snel).

It tsjokke sit onder yn 'e amer. Het dikke (pittige) zit onder in den emmer. Fig. voor: het geestige van de grap komt niet sterk uit (bij 't hooren van een flauwe ui).

It spil stiet yn syn kreft. Het spel, (het werk) staat in zijn kracht (is zoo geregeld dat het naar eisch kan worden uitgevoerd).

It wirk is for de dommen. Het werken is voor de dommen. — Wie leep is behoeft niet te werken.

It wirdt yn 'e dôfpot stoppe. Het wordt in den doofpot gestopt (doodgezwegen). — Van eene zaak, die geen licht kan verdragen.

It iene skeint it oare net. Het eene schendt het andere niet. — ('t Is beide even mooi — of leelijk!). Ook van personen.

It iene komt wol ris fen 't oare yn 'e kream. Het een komt wel eens van het ander in de kraam. — Het een is een noodzakelijk gevolg van het andere.

It is skrabjen om 'e kant. Het is schrapen om den kant (een schrale maaltijd). — Ook: *It is skrabjen om 'e bek.*

It wirdt oan 'e heap garre. Het wordt aan den hoop gegaard. — Die menschen leven zuinig en zijn spaarzaam.

It beart mear as 't byt. Het raast meer dan het bijt (is niet van zoo veel beteekenis als het schijnt).

It himd is neijer as de rôk. Het hemd is nader dan de rok. — Familieleden gaan vóór vrienden.

It mot komt yn 'e brjitten. Het turfgruis komt tusschen de kluiten. — Groote verwaande jongens komen in het gezelschap van, en gedragen zich als volwassenen.

It geriif is better as de pronk. Wat gemakkelijk en gerijfelijk is, verdient de voorkeur boven wat fraai staat, maar lastig is.

It beart as in firt op 'e bonge. Het raast als een veest op een blaas vol wind.

It minste rap en rút jout it measte spil út. Het laagste gepeupel maakt het meeste geschreeuw.

It lytste aes het it measte geraes. Het nietigste gebroedsel maakt het meeste geraas.

It nimt in hele bulte rûchte. Het vordert veel stalstrooisel. — Fig.: dat zaakje vordert vele uitgaven.

It bern is yn 'e ruften. Het kind is in de luren. — De zaak heeft zijn beslag.

It is mistich yn 't kammenet. Het is mistig in de geldkast. — Er is geen geld te zien.

It falt yn in saed sonder boaijem. Het valt in een put zonder bodem (het geld aan een verkwister besteed).

It scil dy sûr opbrekke. Het zal u zuur opbreken. (Gij zult bittere vruchten oogsten van uw doen.)

It loaije swit moat er út. Het luie zweet moet er uit. (De gemakzuchtige moet eens werken dat hij zweet.)

It measte wirk is by de groun en 't klimmen net forbean. Het meeste werk is bij den grond en het klimmen niet verboden. — Troost voor kleine personen.

It bird sit him yn 'e kiel. De baard zit hem in de keel (zegt men van een aankomend jongeling, wiens stem begint te veranderen).

It is in tsjustere preek. Het is eene duistere preek (een raadselachtige zaak, onoplosbaar vraagstuk). — Ook: een persoon van wien men nooit hoogte heeft.

It wirk lael op in oar moar. Het werk lag op een anderen grond (de zaak was anders gesteld).

It eint hwet hirder as in slak krûpe kin. Het vordert harder dan een slak kan kruipen (doch niet veel).

It kin net troch de mesken. Het kan niet door de mazen. — 't Is onbillijk, onbetamelijk, niet te vergoelijken.

It spil is op rôllen. De zaak (het werk) is aan den gang.

It is in makke mouwe. Het is 'een in stilte beraamd plannetje.

It is heljoun. Het is heiligenavond (het dagwerk is gedaan). *Hy kriget heljoun.* Hij wordt uit het werk gezonden (afgedankt).

It scil wol bidrage, sei de skroar en hy hie de mouwe yn 't bûsgat set. Het zal met dragen wel terecht trekken, zeî de snijder, toen hij bij vergissing een mouw in het zakgat had gezet.

ite, iten.

Ik woe ljeaver mei kjar ite as mei kjar fjuchtsje. Ik zou met haar (een boos wijf) liever willen eten dan vechten.

Mannich-ien wol net adamje, mar wol lekker ite en sliepe. Menigeen wil niet adammen (werken), maar wel lekker eten en slapen.

Hy het letters iten. Hij heeft letters gegeten. — Hij heeft veel gelezen en weet daarvan onderhoudend te vertellen.

Hy yt fen 't great ieslok. Hij eet van de groote ruif (de staatsruif). — *Ies-lok:* van de hooimijt afgestoken gedeelte, zooveel men voor een stal vee in eenen dag behoeft. — Ook: *Hy yt fen 't great heablok.*

Sparjende moat men yen wol sêd ite. Al sparende moet men zijn bekomst wel eten. — Spaarzaamheid ontaarde niet in gierigheid.

Djûr iten for Mûntsomme bargen. Duur eten voor Monnikooms varkens.

De iene wit net hwet er ite scil, de oare wit net hwet er ite wol. De een weet niet hoe aan 't noodzakelijkste voedsel te komen, de ander weet uit kieskeurigheid niet wat hij eten wil.

Twa kinne mear as ien, al is 't ek yn 't pankoek-iten. Twee kunnen meer dan één, zelfs in het eten van pannekoeken.

Wy moatte earst ris in healsek sâlt mei elkoar op-iten ha. We moeten eerst eens een halven zak zout samen hebben opgegeten (voor wij elkaâr goed zullen kennen).

Hy yt mei lange tosken. Hij eet met lange tanden (met tegenzin eene kost die hem niet mondt).

Machtich fret fûl. Hoe meer dischgenooten, hoe ijveriger men eet.

Foarby mei neat er ta, dat is twa gerjuchten en gjin omslach. Voorbij (van eten) met niets als toespijs, dat is twee gerechten zonder veel drukte.

Hy yt dat er swit en arbeidet dat er kâld wirdt. Hij eet dat hij zweet en wordt koud bij zijn werk.

Hy is hwet mear as: kom yn en yt hwet. Hij is iets meer dan: Kom binnen en gebruik iets (een voornaam persoon).

Ite moat min, sei de dief, al wieren alle beammen galgen. Eten moet er zijn, zei de dief, al waren alle boomen galgen.

De ravens scille dy gjin iten bringe. De raven zullen u geen eten brengen (dus werken moet gij).

Ite hwet min mei en lije hwet min kin. Eten wat men lust en lijden wat men kan. — Het leven genieten en zich schikken in zijn lot.

In man oer boart, in iter minder. Een man over boord, een eter minder.

Itende gasten en dragende gasten. Gasten van de geringe klasse, die bij meergegoede familieleden komen eten, en dan gaarne nog wat eetwaren als geschenk meê naar huis brengen.

Ik bin 't sa ba as hie 'k it mei leppels iten. Het staat mij tegen, als had ik het met lepels gegeten (als ware ik oververzadigd).

It giet mar snij-yn en yt-op. Het gaat maar snijd-in en eet-op. — Men eet en drinkt maar onbezorgd.

Hwêr yt min dat mei, mei leppels of mei foarken? Waar eet men dat meê, met lepels of met vorken? (vraagt een boer op het hooren van een voor hem onverstaanbaar woord of gezegde).

Min moat noait safolle ite of min moat altyd yet boppe sêd foar allemans doar in pankoek op-ite kinne. Men moet nooit zooveel eten, of men moet altijd nog boven verzadiging voor allemans deur (de kerkdeur) een pannekoek kunnen op-eten.

Dy 't him net sêd yt scil him ek net sêd slikje. Wie zich met eten niet verzadigd heeft, zal het met likken ook niet kunnen doen.

Foroaring fen spize docht iten. Verandering van spijs doet eten.

Iten en drinken hâldt siele en lichem by elkoar. Eten en drinken houdt ziel en lichaam samen.

Min moat him 't iten koaije en yn 'e mûle stekke, en den spant it yet dat er gapje wol. Men moet hem alles in zijn eigen belang zoo gemakkelijk mogelijk maken en nog blijft hij onverschillig.

Koal is kost en koartmoes is iten. Kool is kost en kortmoes (zeer fijngehakte witte kool) is eten.

De tafel is gedekt, de heeren zijn gezeten. Waar weêrga is de kok? Waar drommel blijft het eten?

De iene yt swiete rizenbrij, de oare keallesûpen lij. De iene yt beane ût 't wetter wei, de oare wit net hwet er mei. De iene giet yn sydne klean, de oare nei de lappen flean. De iene pronket, sûpt en set, en de oare neat to bikken het. De een eet lekkere rijstebrij, de ander gebruikt als de kalveren karnemelk, wat lauw gemaakt. De een eet boonen uit het water, de ander weet niet wat hem lust. De een gaat gekleed in zijde, den ander vliegen de lappen na. De een pronkt en zwelgt en brast, de ander heeft niets te eten.

Die soent sonder lust, die drinkt sonder dust (dorst), die eet sonder honger, die sterft so feul te jonger.

Soldatekost is in koalsblêd mei achtentachtich putsfollen wetter, en dêr in kears fen seizen yn raend; den eagelt it sop. Soldatenkost is een koolblad met achtentachtig put-emmers vol water en daarin een vetkaars van zes in een pond gesmolten; dan drijven er oogjes op de soep.

Hy het tofolle nacht-iters. Hij heeft te veel nacht-eters (renten te betalen).

Ite hwet bekje lêst. Eten wat het verwende mondje lust.

In leffert dy syn eigen wirden op-ite moat. Een lafaard die zijn eigen woorden moet op-eten (herroepen).

izer.

As 't izer hjit is moat it smeid wirde. Als 't ijzer heet is moet het worden gesmeed.

Hy het in hele bulte izer yn 't fjûr. Hij heeft veel ijzer in het vuur (allerlei werk of zaken tegelijk onder handen). — *Der is izer yn 't fjûr*, er is ijzer in het vuur (haast bij het werk).

Dat is in kearel fen izer en stiel. Dat is een man van ijzer en staal. — Een geharde man met een sterk lichaamsgestel.

Hy het de izeren sylbeage oan. Hij heeft het ijzeren gareel aan (moet altijd door zwaar werken).

Dy jonge moat mei izeren hânskoen oanpakt wirde. Die jongen moet met ijzeren handschoenen worden aangepakt (met gestrengheid worden behandeld).

Ik scil jo helpe, sei de smid en hy hie koalen noch izer. Ik zal u helpen, zeî de smid, en hij had... (Dit kan worden verstaan: kolen noch ijzer, en ook: *koal en nôch izer* = kool en genoeg ijzer.)

jaen.

Hy jout net folle saffraen for in dûbeltsje. Hij geeft niet veel saffraan voor een dubbeltje. — Hij is gierig.

Hwa ringen jout is haestigh bidragen. Wie spoedig geeft, wordt licht bedrogen.

God jout elts kjeld nei 't er klean het. God geeft een ieder koude naar hij kleêren heeft (kracht naar kruis).

Dy 't lêste kriget moat it earste wer jaen. Wie het laatste ontvangt, moet het eerst weêr geven. — Wie bv. op een chocoladepartijtje, het laatste uit den ketel krijgt, moet het eerst weêr trakteeren.

Doe der wat waer te geven had ik wel nichten en neven, mar nou 't it geven is gedaen, sien my de nichten en neven niet aen. Stadfr.

De kaert is forjown. De kaart is vergeven. — De zaak is bedorven.

Min moat jaen dat min jouwer bliuwe kin. Men moet zoo geven, dat men gever kan blijven (zich niet arm geven).

Dy 't fen jowne stikken ha moat soppet net rom. Wie van gegeven stukken (liefdegaven) leven moet, heeft geen overvloed. — Oudt.: *Beane stikken binne gau op.* Afgebeden (gebedelde) stukken zijn spoedig opgeteerd.

As de karige bigjint to jaen en de bleaë to slaen, sa wite se nin kearen. Begint de gierige te geven en de bloode to slaen, dan kennen ze geen maat.

Min moat yen net tofolle yn 'e slingertokken jaen. Men moet zich niet te veel in de slingertakken begeven (zich zooveel mogelijk buiten geschillen van anderen houden). *Slingertakken* zijn lange dunne over den weg hangende boomtakken.

jier.

Saun jier boddet min om ien goed jier. Men heeft, altijd werkende, pas om de zeven jaar een recht voordeelig jaar.

De earste tachtich jier binne de bêste. De eerste tachtig jaren zijn de beste (van eens menschen leeftijd).

It sprekwird is wol âld, mar wier, dat in slonske mear forslonzet as in pronkster yn in jier. Het spreekwoord is wel oud, doch waar, dat eene slordige vrouw meer verwaarloost dan een pronkster in een jaar verspilt.

Hy het my 't nijjier ôfwoun. Hij heeft mij het nieuwjaar afgewonnen (is mij met het nieuwjaarswenschen vóór geweest). Fig.: Het voordeeltje dat ik dacht te behalen, heeft hij mij voor den neus weggepakt.

In bouman fen ien jier en saun jier allike wiis. Een landbouwer van een jaar en zeven jaar (die één en die zeven jaar boerde), beide even wijs.

Kloekwêzen en rijwêzen, dat skeelt mar try'botsens yn 't jier. Zuinig te zijn of kwistig, dat verschilt slechts anderhalven stuiver in het jaar. — Taal der lichtzinnigheid.

Bliezende jierren habbe willen en nochten.
Blazende jaren (jeugdige jaren van opgewondenheid) hebben vermaken en genoegens.

Dy 't mei tweintich jier net moai is, mei tritich jier net sterk, mei fjirtich jier net wiis en mei fyftich jier net ryk, dy wirdt syn libben lang neat. Wie op zijn twintigste jaar niet mooi is, op zijn dertigste niet sterk, op zijn veertigste niet wijs en op zijn vijftigste niet rijk, daar komt nooit iets goeds van.

jild.

Lyk jild, lyk jeld en like stân is yn in boask de bêste bân. Gelijk geld, gelijke ouderdom, gelijke stand, zijn in een huwelijk de beste band.

Jild jout frjeonen. Geld geeft vrienden.

Goede waer, fijâns jild. Goede waar trekt vijands geld.

Better it jild as de man fordronken. Beter het geld dan de man verdronken. — Dronkaards bluf.

Ha jy mear jild as ik? Yt den mar mei twa leppels. Hebt gij meer geld dan ik? Eet dan maar met twee lepels.

Ryksdaelders! om se to krijen bin 't balstiennen; om se kwyt te wirden bin 't fearren. Rijksdaalders te bemachtigen gaat zeer moeilijk, ze kwijt te geraken veel te gemakkelijk.

Dy 't witte wol ho djûr it jild is moat in goune liene. Die wil weten hoe duur het geld is, moet een gulden leenen.

Ein miette, ein jild. Einde maat, einde geld. — Ik betaal niet meer dan ik ontvang. — Ook: *Kear miette, kear jild,* is 't geld op, dan is 't rijkelijk teren gedaan.

Hy stjonkt fen jild as de divel fen sitroen. Hij riekt naar geld, als de duivel naar citroen. — Hij is platzak.

Hy sjucht it jild mei kouwe-eagen. Hij ziet het geld met koeie-oogen, (d. i. hij beschouwt den geldhoop voor veel grooter dan hij is). Zie II, 268.

Skyt konsjinsje! sei froedsman, as 't jild kostet. Weg conscientie, zeî vroedsman, als 't geld kost.

Dêr is gjin jild for slein. Daar is geen geld voor geslagen. — Zulke buitensporige uitgaven zijn op den duur niet te bestrijden.

Tiid forspylje is jild forspylje. Tijd verspillen is geld verspillen.

As 't jild hwet smoarch is, it wirdt dóch net onder 'e noas hâlden. Moge 't geld wat vuil zijn, men houdt het toch niet onder den neus (men neemt het zoo maar aan).

Ald jild, âld spek, âlde turf, âld hea komt immen wol to stea. Oud geld, oud spek, oude turf, oud hooi komt iemand wel te pas. — Oud, d. i. overgespaard geld bewaarden zuinige lieden vroeger achter het linnengoed in de kast. Dat men oud, overjaarsch gerookt spek en voor meer dan eenen winter turf in voorraad had was geene zeldzaamheid. Overjaarsch hooi in de schuur kwam toen ook meer voor dan thans. — Ook: *Ald jild, âld hea, goe turf, goe brea; lyk to Maeije, kin hy klaeije wiif en bern nei syn sin.*

Better kwea jild as gjin jild. Beter kwaad geld (uitstaand geld zonder voldoenden waarborg) dan geen geld.

De iene kin mear mei de pong as de oare mei 't jild. De een kan meer met den buidel dan de ander met het geld. — Sommigen komen met weinig of geen bedrijfkapitaal verder dan anderen met veel geld.

Hja meitse hwet for 't jild, sei 't âld-wiif, do seach se in ezel. Ze maken wat voor 't geld, zeî 't oude wijf, toen ze een ezel zag.

Hânderttûzen goune, en in kroadtsjefol lytsjild, en in briefke der by: as 't op is mear helje — of: en Amsterdam ta 'n bûtenpleats. Honderdduizend gulden en een kruiwagentje vol kleingeld, met een briefje er bij: als 't op is meer halen — of: en Amsterdam voor buitenplaats (Boertige wensch).

Yens eigen flêsk en bloed is mear as jild en goed. De stem des bloeds is sterker (behoort het althans te zijn) dan geldelijk belang.

Jild to winnen is mear nocht as jild to ervjen. Geld te winnen (door eigen vlijt en beleid) is aangenamer dan geld te erven.

Hier om hier as der gjin jild wier. Haar om haar (paard om paard, koe om koe, enz., zoo handelde men) toen er geen geld was.

Ik ha jild genôch al libje 'k gjin ûre mear. Ik heb geld genoeg al leef ik geen uur meer (armelui's humor).

Jong sonder skild, âld sonder jild. Wie zich jong niet in schulden steekt om zaken te doen, zal oud geen geld bezitten.

Lien gjin jild oan greate hearen; hwent den mast mei de hoed yn 'e hân om yntressen komme. Leen geen geld aan groote heeren, ge zoudt dan in onderdanige houding de rente moeten ontvangen.

Hy rekkent: nul ik hâld it lytsjild en trije cinten for 't fanke. Hij rekent: nul ik houd het kleingeld en drie centen voor 't meisje (dus zeer in zijn eigen voordeel). — Hiervoor ook: *Hy rekkent nei him ta,* naar zich toe.

Hy rint mei timmermans-jild yn 'e bûsse. Hij loop met timmermans-geld in den zak. — Hij laat zijn huis, dat er haveloos uitziet, niet herstellen, uit zuinigheid.

Ik sjuch op gjin hondert goune, sei de man, en hy seach yn 't lege jildlaedtsje. Ik zie op geen honderd gulden, zeî de man, die in het ledige geldlaadje zag.

In dûbeltsje kin fier rôlje, as 't op 'e kant komt. Een dubbeltje kan ver rollen, wanneer 't op den rand komt te staan. — Kleine oorzaken, groote gevolgen.

Men scoene him in oartsen to biwarjen jaen, in botsen is er net tabitrouwd. Men zou hem een oortje te bewaren geven, een halve stuiver is hem niet toevertrouwd. — Hij is een zeer onbeduidend persoon.

For neifleagen kriget it hoarnwiif gjin jild. Voor naweeën ontvangt de vroedvrouw geen betaling.

Merkegong, jild yn 'e pong. Marktgang, geld in de beurs. — Tegen marktprijs zijne waren verkoopen en met het geld in den zak tehuis komen, is op den duur voor den boer beter dan te wachten op hooger marktprijs.

It jild jout in Leffert moed, in Olfert oansjên en in Jobbe forstân. Het geld geeft een lafaard moed, een lomperd aanzien en een sul verstand.

Ré jild en neaken fel, dat tinget snel. Gereed geld en een naakte huid dingen nauw.

Mannichien het tofolle jild, mar nimmen het genôch. Menigeen heeft te veel geld, maar niemand heeft genoeg.

Jild is 't béste oanlûkers-gud. Geld is het beste aantrekkings-middel. — *Oanlûkers-gûd,* middel om vrijers te lokken, alias minnedrank.

Jild is de keapman syn ridskip. Geld is het gereedschap eens koopmans.

Hy past op pinning-sechstsien. Hij past op de stuivers. — Een stuiver had vroeger zestien penningen.

Dat binne liende pinningen. Dat is geleend geld. — Wat ik van u ondervond, denk ik je te eeniger tijd betaald te zetten.

As in ryksdaelder britsen is, den is er gau forsille. Is een rijksdaelder gebroken (verwisseld in kleingeld), dan is hij spoedig uitgegeven.

Jild ûtjaen en net ynbarre, dat bisnijt him sels. Geld uitgeven en niet ontvangen, dat werkt zich vast.

Hy is sa hjit op jild as de divel op 'e siel. Hij is zoo tuk op geld, als de duivel op de ziel.

Myn frjeonen pleagje my mear as myn jild. Ik heb meer overlast van vrienden dan van geld.

Het dy man jild? Né, it jild het him. Heeft die man geld? Neen, het geld heeft hem. — Hij is de slaaf van zijn geld.

De grappen binne 't jild wirdich! De grappen zijn het geld waard. — Holl.: Die grap is onbetaalbaar!

Dy 't jild het kin jild winne, sei de lânhearre en hy strûpte de boer 't fel oer 'e nekke. Wie geld heeft, kan geld winnen, zeî de landheer, en stroopte den boer het vel over den nek (maakte den man arm).

Maeije komt mei blommen mar net mei jild. Mei komt met bloemen, maar niet met geld. — Dit geldt vooral voor den bouwboer, die in het voorjaar vele uitgaven heeft en geen inkomsten.

Min moat de iene bitelje en de oare jild jaen. Men moet den een betalen en den ander geld geven. Het is 't zelfde bij wien men gaat, het kost altijd geld.

As 't skip mei jild oankomt scille wy fen alles keapje; mar 't slimste is: fen 'e goune ienentweintich stûren fracht. Als het schip met geld aankomt, zullen we allerlei gaan koopen (wat we nu moeten ontberen), maar een leelijk geval is het, dat iedere gulden eenentwintig stuivers vracht kost. — Ook: *As 't jild ta de skoarstien yn reint,* den schoorsteen in regent.

It jild wirdt dêr by amerfollen ta de doar yn smiten. Het geld wordt daar met emmersvol de deur ingeworpen (daar wordt veel geld gewonnen).

As de man it jild er by pongfollen ynbringt smyt it wiif it er by skepfollen wer ût. Brengt de man het geld met buidels vol in huis, de vrouw werpt het er met schuppen vol weêr uit. (Van eene verkwistende huisvrouw.)

Twa skeissens is in oartsen, twa oartsens is in botsen, twa botsens is in stûr; dy dat net wit dy wint net oer. Twee duiten is een oortje, twee oortjes is een batse, twee batses is een stuiver, wie dat niet weet, wint niet over.

Strykjild is wol ris stropjild. Strijkgeld is wel eens stropgeld. — Schrijft iemand bij een openlijken verkoop van onroerend goed alleen om het strijkgeld (de premie) te verkrijgen, en hij wordt tegen zijne bedoeling kooper van een pand, dat hem niet voegt, dan heeft hij zich verhangen, de premie is dan stropgeld.

As min de stêdden by boelgûd forkeapje, scil dat wol moai stûrjild opbringe. Gaat men de steden in zeer kleine onderdeelen openlijk verkoopen, dat zal mooi (veel) stuivergeld kunnen opbrengen. — Koopt iemand iets in een boelgoed (Zie I, 175), dan betaalt hij boven de geboden som 5 %ₒ voor de kosten; *fen de goune in stûr* (van den gulden een stuiver). Dit opgeld noemt men stuivergeld.

It jild waechst my net op 'e rêch. Het geld wast mij niet op den rug (ik dien er zuinig bij te zijn).

Jild to weak lizze. Geld te weeken leggen (in een onderneminkje steken om er winst meê te doen).

II.

It jild moat rôlje oars bigjint it to skimmeljen. Het geld moet rollen (in omloop worden gebracht), anders gaat het schimmelen.

It jild is de as dêr 't alles om draeit. Het geld is de as, waarom alles draait.

It jild is der sa tsjok as groat, mar ik ha 't net. Het geld is er zoo overvloedig als gort, maar *ik* heb het niet.

Fen jildlienen scil nimmen fet stippe. Van geld uit te leenen zal niemand vetpot hebben.

Hondert goune is in lange rige. Honderd gulden is een lange rij (men heeft het niet spoedig bijeen en moet niet te haastig bereid zijn het uit te geven).

Ik ha nôch fen dyn spyt, jou my nou hwet fen dyn jild. Ik heb van je bijtende woorden genoeg, geef me nu wat van je geld.

Elk wol graech yn 'e himel en elk siikket meast nei jild. Ieder wil gaarne in den hemel en ieder zoekt het meest naar geld.

It is in forgarre stûr. Het is een vergaderde stuiver (sommetje gelds, dat men ongemerkt bijeen heeft gekregen).

jong.

Jong flêsk is edel. Jong vleesch is edel. — Gezegd wanneer een vrijer een piepjong meisje gaat bezoeken, of een man op gevorderden leeftijd een jong meisje trouwt.

De jongste bidler moat de koer drage. De jongste bedelaar moet de mand dragen.

jonge.

As jonges en famkes sin oan elkoar krije, den krije se ek sin oan hjar sels. Als jongens en meisjes verliefd beginnen te worden, dan worden ze ook behaagziek.

Dy jonge het gjin breatosken. Die knaap heeft geen broodtanden (wil geen brood eten).

Dy jonge is wol ris hwet lui, mar by de brijpanne net. Die knaap is soms wel wat lui, maar bij den brijschotel niet.

Ik kin dy jonge net yn 'e stokken hâlde. Ik kan dien jongen niet in de stokken (eig. het gareel) houden. De stokken, de armen van het raam, waarin een paard voor het rijtuig loopt.

23

*Elk yn syn fak, sei de jonge tsjin do-
miny, jy bidde en ik mollefalmeitse.*
De knaap zat mollenvallen te maken,
toen de predikant op wandeling hem
vroeg of hij wel kon bidden. 't Antwoord was ontkennend en toen hierop
eene berisping van den geestelijke
volgde, vroeg de knaap: „Kunt gij wel
mollenvallen maken, dominé?" — Natuurlijk niet. — „Welnu, ieder in zijn
vak, gij bidden en ik mollenvallen
maken."

*It is sa 't fâlt, sei de jonge, do 't syn
beppe oan 't pankoekbakken wier.*
Grootmoeder vroeg hem of hij belust
was op den pannekoek dien zij bezig was
te bakken. Hij zeî: „Dat is al naar
't valt." Hij zag een drup aan grootjes
nous; viel deze buiten de pan, dan zou
hij gaarne den koek opsmullen; in 't
omgekeerde geval niet.

*Fen praet komt praet, sei de jonge, ús
mem het in nije leadder kocht.* Deze
jongeling, voor 't eerst uit vrijen zul-
lende gaan, maakte zich bezorgd, hoe
hij met de huisgenooten van het meisje
het gesprek zou levendig houden. Zijne
moeder zeî: „Dat komt wel terecht;
van praten komt praten; vertel maar:
Mijne moeder heeft een nieuwe ladder
gekocht." Toen nu de vrijer ter plaats
waar hij wilde zijn op den stoel zat,
was 't eerste wat hij zeî: „Van praten
komt praten, mijne moeder heeft een
nieuwe ladder gekocht."

*Dêr foel hwet to djirheinen, sei de jonge,
do 't er dominy oer Noachs arke
preekjen hearde.* Daar viel wat te stal-
reinigen, zeî de knaap, toen hij den
dominé over Noachs ark hoorde prediken.

*Dat scil net wer barre, sei de jonge, dat
ús mem stjert en ik er net by bin.*
Het zal niet weêr gebeuren, zeî de
knaap, dat mijne moeder sterft, terwijl
ik er niet bij ben.

*Ik stean yn birie hwet ik fen myn jonge
meitse scil, in hounnegiseler of in
dominy.* Ik sta in beraad wat van mijn
jongen te maken, een kerkdeurwachter
of een dominé.

*Heit slacht mem, mem slacht my en ik
slaen de houn, sei de jonge, sa dogge
wy alle trije hwet.* Vader slaat moeder,
moeder slaat mij en ik sla den hond,
zeî de knaap; zoo doen wij allen iets.

*It is in spil yn 't wyld, sei de jonge,
en hy spile 't Onsefader op 'e fyoele.*
Het is een spel in 't wilde, zeî de
knaap, en speelde 't Onzevader op de
viool.

*Om mar foart to gean, sei de jonge,
scil ik de brij mar opite wyls 't mem
bidt.* Om spoed te bevorderen, zeî de
knaap, wil ik de brij maar op-eten
terwijl moeder bidt.

*Ba boffert! sei de jonge en hy wie propte
sêd.* Tulband staat mij tegen, zeî de
knaap, toen hij er opgepropt van verzadigd was.

*It is in loopke, sei de jonge, en hy hie
syn moer by 't tou.* Het is een loopje
(grapje), zeî de knaap en leidde zijne
moeder aan het touw.

*'t Is net fier mis, sei de jonge; hy scoe
in houn mei in stien slaen en hy rekke
syn stiemoar.* 't Is niet ver gemist,
zeî de knaap; hij wierp met een steen
naar een hond en trof zijn stiefmoeder.

In jonge as in top. Een knaap zonder
gebreken (gezegd als hij nog klein is).

*It wisse foar 't onwisse, sei de jonge en
hy roan troch de sleat.* Het zekere
voor het onzekere, zeî de knaap, en
hij liep door de sloot.

Kak.

*Hy stiet yn bistân oft er kakke scil of
pisje.* Hij staat in beraad of hij ....
(is besluiteloos).

*Hwet in kak! sei Sikke, sa 'n lyts
plankje oan 'e hikke.* Welk een bezorgdheid om een nietig zaakje!

*For in oartsen siik en for in botsen kak,
dat is for seis duiten mei elkoar.*
Voor een oortje ziek en voor een
halven stuiver onnoodige zorg, dat is
voor zes duiten tezamen. (Bespotting van een ingebeelden zieke.)

kat.

*Sa wolkom as de kat yn 'e molkenkea-
mer.* Zoo welkom als de kat in den
melkkelder.

Hy is sa glêd as de fisker syn kat. Zoo
glanzend en weldoorvoed als des visschers kat.

Sjongen is de fleur fen 't libben, seijen de katten, do wieren se midden yn 'e nacht oan 'e gong. Zingen is de vreugde van 't leven, zeiden de katten; toen waren ze in 't midden van den nacht er mee aan den gang.

As de boarre fen hûs is, den is de kat siik. Wanneer de kater van huis is, is de kat ziek.

Lit ús de kat ris ût 'e beam sjên. Laat ons de kat eens uit den boom zien (ongemerkt opletten, hoe die zaak geschapen staat).

It scil my ris binije ho 't dy kat ût 'e beam fâlle scil. Het zal mij benieuwen, hoe die kat uit den boom zal vallen (hoe dat zaakje zal afloopen).

Al hwet fen katten komt wol mûzje. 't Wil al muizen, wat van katten komt.

Hy is sa plezierich as in nêstfol jong' katten. Hij is zoo pleizierig als een nest vol jonge katten.

Wen er dy mar oan poeske, sei de bakker, en hy wiske mei de kat de oun ût. Gewen er je maar aan, poesje, zeî de bakker, en hij gebruikte de kat voor ovenwisscher.

Hy is forwend as in stoppelkatsje. Hij is verwend als een stoppelkatje. — Een jonge kat, geboren in den nazomer, in den stoppeltijd, is teerder dan een voorjaarskat en wordt daardoor licht verwend.

As de kat fen hûs is stekt de mûs de stirt omheech. Wanneer de kat van huis is steekt de muis de staart omhoog. — Is de vrouw van huis, de meid speelt de baas.

As de katten mûzje binne se stil. Als de katten muizen zijn ze stil (een liefkoozend paar maakt geen leven).

As de kat ût is, is de boarre sels. Als de kat uit is, is de kater zelf, (alleenheerscher). Dit ziet er hoofdzakelijk op, dat kinderen in huis niet meê mogen praten.

De loft stiet oft er katten spuije wol. De lucht staat alsof zij katten wil spuwen, (d. i. naar zwaar onweder).

Dat liket er nei as de kat nei de sauntsjerre. Het gelijkt er naar als de kat naar de zevenster.

Dat dy de kat net kriget! Dat u de poes niet pakt! — Toegevoegd aan een

neuswijs nufje, dat wat erg kieskeurig in alles is.

De kat scil net mei myn mage foart geän. De kat zal niet met mijn maag weg loopen (want er is niets in). — Gezegd wanneer men na drukke bezigheid naar eten verlangt.

Dou kinst net mei my omboartsje lyk as de kat mei de mûs. Gij kunt niet met mij spelen zooals de kat met een gevangen muis doet. — Ik verkies uw speelbal niet te zijn.

De earste winst is kattewinst. Het eerste gewin eener pas begonnen zaak glijdt iemand door de vingers; hij moet het rekenen als voor de kat.

Hy is kat en houn by mynhear. Hij is kat en hond bij (de gedienstige geest voor) den mijnheer (van het dorp of der gemeente).

Dy 't mei in boarre yn 'e sek rint kin wol miene dat it in kat is. Die met een kater in den zak loopt, mag wel meenen dat het een kat is. — Iemand kan wel meenen dat zijn uil een valk is.

Dat is lang gjin kat-aei. Dat is volstrekt geen kattedrol (schat het maar niet te gering). — Dikwijls ironisch. — *Dat is ek al in wakker kat-aei.* Maak er maar niet zooveel drukte over, het is immers niets.

Hy komt werom lyk as de kat fen Romen; dy sei miaeu. Hij komt terug als de kat van Rome, die zeî miaauw. — Als weetniet ging hij uit en kwam als weetniet terug.

Hy fâlt fen wysheid om, lyk as Salemons kat, dy de nekke briek. Hij valt van wijsheid om, evenals Salomo's kat, die den nek brak.

In kat kin 't slinen net litte. Eene kat kan het snoepen niet laten. — Fig. toegepast op een vrouwenliefhebber.

Hwet men de kat mear aeit, hwet se de stirt heger stekt. Hoe meer men de kat streelt, hoe hooger zij haar staart steekt.

Hy smyt de kat yn 't jêrn. Hij werpt de kat in het garen (brengt door tegenstreven verwarring in het plan).

Hy is oerkomd as Akk'moais kat. Hij is in 't kwaad verhard als Akkemoeis kat.

Dêr ha wy de pop, sei pastoarske, en hja helle de kat ût 'e tsjerne. Daar hebben we de pop, zeî de dominé's-vrouw en haalde de kat uit de karn.

Der kin gjin kat strûpt wirde of hy moat er by to poathâlden. Er kan geen kat worden gevild of hij moet er bij zijn om de pooten vast te houden (bij allerlei zaakjes moet hij tegenwoordig zijn).

Dêr de kat ienkear in mûs fong wol se wer komme. Waar de kat eens een muis ving, wil zij terugkomen.

Fen jaen stjert de smids kat. Van geven sterft des smids kat. — Een ander zegt: *Dêr kin myn kat net fen libje:* van hetgeen mij om niet gegeven wordt, kan mijne kat niet leven.

By jountiid binne alle katten grau. Bij avond zijn alle katten grauw (dan hindert het niet al is de meid wat leelijk).

Hy rint der omhinne as in kat om 'e hjitte brij. Hij loopt er omheen, als een kat om een schotel heete brij. — Hij durft de zaak niet flink aan te pakken, tast niet door.

Hy mei net in sêdde kat sjên. Hij kan geen verzadigde kat zien (is zoo gierig en afgunstig, dat hij een mensch het noodige misgunt).

In swarte kat, in wite kou, in bolstirt hin, den giet it de hûsman nei syn sin. Een zwarte kat, een witte koe, een stompstaart-hen, daarmeê gaat het den huisman naar zijn zin. — Deze drie dieren brengen geluk aan.

Yen formynje is sleau, mar in kat yn 'e sek keapje is dom. Zich te vergissen (bij 't bieden van geld voor iets), is onbedacht, maar iets te koopen zonder het te zien, is dom.

Ik hie 't ljeaver mei hjar to dwaen as mei in razene kat. Ik had liever met haar (een knappe meid) te doen, dan met een razende kat.

Stjûrt me de kat nei Ingelân, hja seit miau as se werom komt. Zendt men de kat naar Engeland, zij zegt miauw als zij terug komt.

keal.

In keal is 't dy in keal kop het. Een kalf is hij, die een kaal hoofd heeft. —

't Is woordspeling: *keal* beteekent *kalf* en ook *kaal.* Dus is 't letterl.: kaal is hij, die een kaal hoofd heeft.

In kou op in keal tajaen. Eene koe op een kalf toegeven (een slechten koop doen).

It keal is greater as de kou. Het kalf is grooter dan de koe. — De kosten bedragen meer dan de zaak waard is.

It komt fen 't hounewinskjen net, dat de keallen stjerre. Van het wenschen der honden sterven de kalveren niet. — Afgunst kan niemand schaden.

Mei in drinskeal is 't seaft to weagjen. Met een verzopen kalf is 't licht te wagen (daar kan men in geen geval veel bij verliezen).

Neiste bûr sibste frjeon, as 't keal yn 'e groppe leit. Naaste buur dierbaarste vriend, als 't kalf in de grup ligt.

Sonder wetter kin gjin keal forsûpe. Zonder water kan geen kalf verdrinken. — Niets gebeurt van zelf.

Sint Jutmis, as de keallen op 't iis dounsje. St. Jutmis, als de kalveren op 't ijs dansen (d. i. nooit). — Sint Jutmis is een denkbeeldige heilige, niet in den almanak voorkomende.

As min de mêste keallen omhinget is hjar dead neiby. Als men de gemeste kalveren de kransen omhangt is hun dood nabij.

Hy waechst nei de groun lyk as de keallestirten. Hij groeit benedenwaarts, evenals de kalverstaarten. — Gezegd van iemand, die op gevorderden leeftijd voorover begint te loopen.

In boer makket fen in keal in kou; in skipper fen in kou in keal. Het kalf van den boer wordt (na een poos voor niets gevoed te zijn), eene koe, die voordeel afwerpt. Het schip des schippers kost veel aan onderhoud en neemt toch steeds af in waarde.

Hy komt as 't keal yn 'e groppe leit. Hij komt als het kalf in de grup ligt (dus te laat, om het ongeluk te helpen voorkomen).

As de keallen op 't iis dounsje, tsjernet min gjin reabûter. Wanneer de kalvers op 't ijs dansen, karnt men geen roôboter. — Men dient de omstandigheden in aanmerking te nemen.

De keallen kamen út it hok. De kalvers
kwamen uit het hok. — Er werden
iemand onverhoeds harde waarheden
gezegd.

Dêr 't ik it keal byn scil 't stean bliuwe.
Waar ik het kalf bind, moet het blijven staan. — Mijn woord is mijn wet.

Dat is in bollekeal. Dat is een bullekalf (een nadeelige koop).

Dêr dounsje keallen om 't hea. Daar
dansen kalvers om het hooi. — Er
wordt hevig getwist en gekeven, n.l.
in een gezin.

*Der komme sawol keallefellen as kou-
wehûden oan 'e merk.* Er komen zoowel kalfsvellen als koeiehuiden ter
markt. — De dood spaart jong noch
oud.

It bêste keal út it hok moat net foarbij.
Het beste kalf in het hok (het troetel-
kind des huizes) moet niet worden
misdeeld.

*Der dounsje wol oare bisten sonder spyl-
man, as hokkelingen en keallen.* Er
dansen wel andere beesten zonder muzikant, dan hoklingen en kalvers.

Dy 't in kou keapet het it keal ta. Die
eene (drachtige) koe koopt, heeft het
kalf toe. — Die eene weduwe huwt,
heeft haar kind toe; ook: die eene
bezwangerde meid trouwt.

De dobbe damje as 't kealtsje forsûpt is.
Den put dempen als 't kalf verdronken is.

It is kealsabjen: Het is kalverzabben. —
Gezegd van alles wat zoowat laf toegaat. Een jong nog tandeloos kalf wil
aan alles zuigen.

As 't wol, den kealje de oksen. Als
alles meêloopt, brengen zelfs ossen
kalveren ter wereld.

keap, keapje.

Luije merke, luije keapers. Een slappe,
lage marktprijs, trage koopers.

*Do 't keapjen yn 'e moade kaem wier 't
jaen út.* Toen het koopen in gebruik
kwam, was het met geven gedaan. —
Antwoord aan iemand die iets, wat
overal te koop is, te geef verlangt.

It is keapjen om jaen. Het is als te
geef (zoo goedkoop).

*Min kin him forkeapje en ôfleverje wyls
't er der sels by is.* Men kan hem
verkoopen en afleveren, terwijl hij er
zelf bij is. — Hij is een sul.

Hy is yn 'e heinste keap. Hij staat
tegenover zijn partij in de slechtste
conditie (in het ongelukkigste geval).

Groat en dimp brekke de keap. Parel-
ziekte (bij een rund) en aamborstig-
heid (bij een paard), verbreken den
(over zulk een dier gesloten) koop.

Dêr is gjin nê to keap. Daar is geen
„neen" te koop. — Alles is in dien
winkel te koop.

In keap is in keap, sei de faem. Een
koop is een koop, zeî de meid (toen
haar verloofde, ontdekkende dat zij
kreupel was, daarom van haar af
wilde zijn).

Hwet foarby is keapje gjin kreammers.
Wat voorbij is, koopen geen kramers
(baat niet meer).

De keap nimt de hier wei. De koop
doet de huur vervallen. — Dit zegt
eene dienstmeid, die zich ergens heeft
verhuurd en intusschen gelegenheid
krijgt voor een huwelijk, dat haar lijkt.

kleaun.

It is in kleaun dy 't him sels ontwynt.
Het is een kluwen, dat zichzelf ont-
windt (eene zaak die zich zelf oplost,
een kwestie van tijd).

Hja het de kleaun by 't ein. Zij heeft
het kluwen bij het einde gevat. — Zij
begrijpt haar werk en kent haar plicht.

De kleaun is ôfroan. Het kluwen is
afgeloopen. — De zaak is aan het
einde.

Sa sit dy kleaun yn 't tiis. Zoo zit het
kluwen in de war (zulk een ingewik-
keld zaakje is dat).

kleije.

Dêr net kleid wirdt is gjin rjucht. Waar
niet geklaagd wordt, is geen recht.

Kleije as in mird. Klagen als een bunsing.

Hja scil hjar goede dagen wol ris bikleije.
Zij zal hare goede dagen (van vroeger) wel eens beklagen (met weemoed
er aan denken). — Van eene jonge
vrouw, die ongelukkig gehuwd is. Ook
van iemand die door zijne lichtzinnigheid arm is geworden.

Kleijers ha gjin need en sprekkers ha gjin brea. Klagers hebben geen nood en pochers geen brood.

Ik scoe dy wol bikleije mar ik ha der gjin tiid ta. Ik zou je wel beklagen, maar ik heb er geen tijd voor. — Eig.: het is de moeite niet waard.

Hy is mei de kleisykte oanhelle. Hij is klaagzuchtig. — *Kleisykte* is eig. het klauwzeer der koeien, maar kan ook klaagziekte beteekenen.

klok.

Hjar klokken klinke. Hunne klokken harmonieeren. — Hunne woorden komen met elkander overeen.

It is him mei de klok talet. Zijn geld is hem met de (dood)klok toegeluid, (hij heeft het geërfd).

Hy het de klok lieden heard, mar wit net hwêr 't de bingel hinget. Hij heeft de klok hooren luiden, maar weet niet waar de klepel hangt. — Hij weet iets van de zaak, maar 't rechte niet.

It beart as skoerde klokken. Het harmonieert als gescheurde klokken. — Van twee, die steeds in twist samenleven.

Mei lytse klokken is 't haest gearlied let. Met kleine klokken is licht een bijeenkomst saamgeluid.

As hy hwet wit den hinget er 't oan 'e greate klok. Als hij iets te weten komt, hangt hij 't aan de groote klok (maakt het overal bekend). — Ook: *Hy hinget it net oan 'e greate klok,* hij is geheimhoudend.

Hy wol de greate klok liede. Hij wil de groote klok luiden (bij alles den meester spelen).

As de klok in bytsje slacht moatte wy nei hûs. Als de klok een weinigje slaat (na middernacht) moeten we naar huis, zegt men in eene gezellige bijeenkomst.

knikke.

It is knikken efter 'e miet. Het is knikkeren achter de meetstreep (visschen achter het net).

Net om 'e knikkerts, mar om 't spil. Niet om het voordeel, maar om het spel (de eer).

Hy knikt wis. Hy is in wisse knikker. Hij is zeer geoefend in het knikker-

spel. — Fig. een degelijk, voor zijne taak voldoende berekend, man.

koeke.

't Is allegearre koeke fen ién daei. Het is alles koek van één en 't zelfde deeg. — 't Is alles één potnat.

Ik wol alles net for swiete koeke op-ite. Ik wil niet alles voor zoete koek opeten. — Ik laat mij niet alles welgevallen.

Hy is sa goed als koeke. Hij is zoo goedaardig als koek (zeer goedaardig).

Hy het my in koekje bakt. Hij heeft mij een poets gespeeld. — *It het fennacht in koekje bakt.* Het heeft vannacht sterk gevrozen.

kokhalzje.

Dêr scil er kokhalzjen oan krije. Dat zal hem moeite en inspanning kosten. — *Kokhalzjen* is in eig. zin: iets met moeite en tegenzin door de keel werken, inslikken. Ten tijde der godsoordeelen bezigde men o.a. eene proef, die hierin bestond, dat men den verdachte of beschuldigde een stuk gerstebrood of kaas gaf te slikken. Gelukte het hem den brok binnen te krijgen, dan hield men hem voor onschuldig, zoo niet, dan werd hij schuldig verklaard. Het laat zich denken, dat er bij gelegenheid van zulk eene proefneming wel eens gezegd werd: *Dêr scil er kokhalzjen oan krije.*

komme.

Hy komt efteroan as 't trêdde laem. Hij komt achterna als het derde lam. — Heeft een schaap drie lammeren, dan groeit gewoonlijk een er van minder voordeelig, omdat dit door de twee anderen zooveel mogelijk van het jadder wordt geweerd.

Let kommen is ek kommen. Laat komen is ook komen. — Ook: *Better let as net.*

Nou komme de poppen oan 't dounsjen. Nu komen de poppen aan den dans. — Nu barst de strijd los.

De stêdljue sjugge ús fen fierren al kommen. De stedelingen zien (op marktdagen) ons in de verte reeds komen (zeggen de boeren — om ons te plukken).

Jy scille der geande wol eardernôch komme. Gij zult er te voet wel vroeg genoeg komen. — Haast je maar niet, gij zult met uw verkwistend leven wel spoedig genoeg arm zijn.

Hy komt dêr net sonder kleanskoerren ôf. Hij komt daar niet zonder gescheurde kleederen af. — Hij krijgt schade van die zaak.

Dy hwet komt, dy komt hwet. Wien iets toekomt, behoort het te ontvangen.

Hy het ris in pak bruijen hawn om 't er to ier kaem. Hij heeft eens een pak slagen gehad, omdat hij te vroeg kwam (daarom komt hij nu altijd te laat).

Ik moat him op 'e lije side oankomme. Ik moet hem op de luwe zijde aankomen (met vriendelijke praatjes trachten te winnen voor mijn doel).

Min kin altyd ta saeijen komme. 't Is best te beginnen met rijke meisjes het hof te maken, willen die je niet dan kunt ge nog altijd tot lager rang afdalen. — *Saeije* = op de lucht drijvende nederdalen, zooals vogels doen.

Der kamen fiif forgees en twa seagen der nei. Daar kwamen vijf (vingers) te vergeefs en twee (oogen) keken er naar. — Toegevoegd aan iomand, die iets tracht te grijpen dat hem wordt belet.

Hy het er altyd wêst of hy scil der komme. Hij is er altijd geweest of zal er komen. — Hij is een ongeluk.

Kom ik hjûd net, den kom ik moarn. Kom ik vandaag niet, dan kom ik morgen. — Van een sammelaar, die nooit met iets gereed komt en altijd tijds genoeg heeft.

Dit komt my ek net wer oer, sei de dief, do 't er ophinge wirde scoe. Dit zal mij zeker niet weêr overkomen, zeî de dief, toen hij gehangen zou worden.

Elk moat mei syn eigen pak to merke komme. Ieder moet zijn eigen pakje dragen; of: voor zijn eigen zonden boeten.

Wie er foar syn faer komd, hy hie syn moer wol krige. Ware hij zijnen vader slechts vóór geweest, hij had zijn moeder wel gekregen (tot vrouw?).

kop.

As dy de kop kroes stiet, kom den net oan 't hof. Zijt ge te fier om te kun-

nen vleien en kruipen, kom dan maar niet aan 't hof.

Dou kinst wol mei de kop tsjin 'e mûrre oan rinne, mar den stuitest werom. Gij kunt wel met het hoofd tegen den muur loopen, doch dan stuit gij terug. — Zich koppig tegen de overmacht of het onvermijdelijke te verzetten, loopt op eigen nadeel uit.

Al gean 'k op 'e kop stean, der scil neat ût myn bûssen fâlle. Al ga ik op het hoofd staan, er zal niets uit mijn zak vallen. — Ik ben platzak.

Hy het de skamte de kop ôfbiten. Hij heeft de schaamte den kop afgebeten. — Hij weet van geen schaamte meer.

In spjeld het ek in kop. Een speld heeft ook een kop. — Een klein kind kan ook weerbarstig zijn; een klein nietig manneke wil zich ook wel eens laten gelden.

Dat rint op 'e kop yn 'e flotgearzen. Dat (schip) loopt met den kop in het vlotgras. — Dat zaakje loopt vast.

Hy het hwet yn syn kop! Hij heeft veel in zijn hoofd (n. l. verstand). — Maar een snaak voegt er bij: *dat rotsje wol,* dat geschiktheid heeft om te verrotten.

In kop as in amer. Een hoofd als een emmer, een dik opgezet hoofd. — Ook: *In kop as in bolle,* als een stier.

Ast de kop kwyt rekkeste mast nei Noarwein to plankedragen. Als je den kop kwijt geraakt, moet je naar Noorwegen te plankendragen. — Men zegt, dat daar mannen zonder kop dienst doen als plankendragers. Twee hunner sjouwen een stapeltje planken zoo maar op den afgesneden hals en de schouders.

Ik lit my net op 'e kop sitte. Ik laat mij niet voor sul houden. — Iemand op den kop zitten, plagen, tergen, lastig vallen.

Hja stekke de kop yn ien sek. Zij steken den kop in éénen zak (maken gemeene zaak).

Hy kin gjin kop of gjin holle heel hâlde. Hij kan geen hoofd heel houden. — Hij wordt zoo geplaagd, getergd of bespot, dat hij niet weet waar zijn hoofd staat.

Hy slacht spikers mei koppen. Hij slaat spijkers met koppen (spreekt flinke woorden op hun pas). — *Hy slacht de spiker op 'e kop;* hij spreekt een woord dat treft, noemt de zaak bij den waren naam.

De kop is him gjin jelne lang. Het hoofd is hem geen el lang. — Hij kan niet veel tegenspraak verdragen.

De kop is him oranje. Hij is dol van woede, 't zij met of zonder dronkenschap.

Dêr sit in fryske kop op. Daar zit een friesche kop op. — Hij is iemand, die zich niet laat dwingen of van zijn stuk brengen.

Hy het dûbeld fel foar de kop. Hij heeft dubbel vel voor het hoofd. — Hij is brutaal en schaamteloos.

Men sjucht immen wol foar de kop, mar net yn 't krop. Men ziet iemand van buiten, niet van binnen.

In moaije kop op 't roer fen in poatskip. Van een meisje of vrouw, die geen schoonheid is. — Op het roer van een potschip, waarmeê men rondvaart om grof en fijn aardewerk enz. te verkoopen, prijkt wel eens het uit hout gesneden hoofd eener Turkin, zeer bont geschilderd met schrille kleuren. — Nog in de eerste helft der negentiende eeuw hadden de beurtschippers in Friesland, — ook al waren zij protestants, — een uit hout gesneden vrouwekop op het roer. Deze was de beschermheilige van het schip.

Hy smyt de kop yn 'e nekke. Hij werpt den kop in den nek (wordt zoo maar op eens baloorig en onhandelbaar).

Hy het in stikelbaerch op 'e kop. Hij heeft een stekelvarken op den kop (is knorrig en kijfzuchtig).

kou.

Hja kinne in kou wol in fûgeltsje neame; wy sizze 't is in beest. Laten ze eene koe een vogeltje noemen, wij zeggen het is een beest.

It is de kou forgetten dat se in keal wêst het. Het is de koe vergeten, dat zij een kalf is geweest.

In goed kou het wol ris in ondogens keal. Een goede koe heeft wel eens een ondeugend kalf.

It hea op en de kou dea. Het hooi op en de koe dood (dus: rondgekomen en daarmeê afgedaan). — De man is juist gestorven, toen zijn boeltje op was.

Yn Oktober ite de kij mei fiif bekken. In October vreten de koeien met vijf bekken (zij vertrappen, omdat de grond van den regen doorweekt is, meer gras dan zij opvreten).

Min jout gjin kij mei hoarnen wei. Koeien met hoornen (iets goeds, wat men zelf best kan gebruiken) geeft men niet weg.

Min melkt de kij troch de bek. Men melkt de koeien door den bek. — Men moet ze goed voederen, wil men er goed melk van trekken.

Oan 'e greatens leit it net, oars koe in kou wol in hazze fange. Aan de grootheid (des lichaams) ligt het niet, anders zou eene koe een haas kunnen vangen. — *Bitelje as de kou in hazze fangt.* Betalen als de koe een haas vangt, d. i. nooit.

Plat en sunich binne ût de tiid do 't de kou Bartele hiet. Eenvoudig en spaarzaam zijn uit den tijd, toen de koe Bartel heette (den langvergeten ouden tijd).

Der wirdt gjin kou bont neamd of der is in wyt hier oan. Er wordt geen koe bont genoemd, of er is een wit haartje aan.

It is goed dat nitelige kij koarte hoarnen habbe. 't Is goed, dat kwaadaardige koeien korte hoornen hebben (en kwaadaardige menschen niet veel macht).

As de kij bauje wit min wol hwêr 't oan skeelt. Hollen de koeien (het weiland) op en neêr, dan weet men wel waar 't aan hapert (dat de horsels haar kwellen).

Der groeit neat oan 'e kij as stirt en hoarnen. Er groeit niets aan de koeien, dan staart en hoornen (n.l. als er bij aanhoudende droogte gebrek aan gras is in de weide).

As 't net dije wol bliuwe de kij meager al rinne se oan 'e bealch ta yn 't gears. Als 't niet gedijen wil, blijven de koeien mager, al loopen ze tot den buik in het gras.

Bûrljue's kij jaen greate miellen, al binne de amers oan 'e neilen ta wan.

Der buren koeien geven (meent men) veel melk, al zijn de emmers bij lange na niet vol.

Dy kou het de pong om 'e hâls. Die melkkoe draagt den geldzak aan den hals (werpt goede voordeelen af).

Der komt soms wol oarloch twisken de kou en de brims. Er komt wel eens oorlog tusschen de koe en de wesp.

Hy is sa fluch (ook *sa lustich*) *as in fûgeltsje dat kou hjit.* Hij is zoo vlug (ook: zoo vroolijk) als een vogeltje dat koe heet.

Wachtsje dy for in kou fen foaren, for in hynsder fen efteren en for de fine ljue oan alle kanten. Wacht u voor eene koe van voren, voor een paard van achteren en voor de fijne kwezels van rondom.

Min kin fen in rier safolle net bigearje as fen in âld kou. Men kan van een vaars zooveel (melk) niet verwachten als van eene bejaarde koe.

Ik lit my net fen 'e kij op-ite, den yt ik ljeaver de kij op. Ik laat mij niet door de koeien op-eten, dan at ik liever de koeien op (zegt een boer als het veevoeder schaarsch en veel te duur is).

Hjir komme wy yn ús kouwefinnen. Hier komen wij in onze veeweiden. — Hier gevoelen wij ons tehuis.

Altyd it âlde kouwepaedtsje lâns. Altijd weêr langs het oude koeiepadje. — Nooit van de eens aangenomen gewoonte afgeweken. Ook: *it âlde tsjernpaed lâns.*

For myn poatstrou en brij krij ik de mâlke fen fjirtich kij. Voor mijne potjestruf en brij (dagelijksche mondbehoefte) verbruik ik de melk van veertig koeien. In den nawinter, als de meeste koeien droog staan, tegen het kalven, melkt de boer zoo weinig, dat hij het met zijn gezin wel op kan gebruiken.

Hy melkt de swarte kou. Hij melkt de zwarte koe. — Hij doet water in de melk, die hij verkoopt.

It is sa onmogelik as in kou prate kin. Het is even onmogelijk als dat eene koe kan spreken.

Hy is gjin kou, hy kin wol lige. Hij is geene koe, denk maar niet dat hij niet liegen kan.

Hy pakt de kou by de hoarnen. Hij pakt de koe bij de hoornen. — Hij vat de zaak moedig en flink aan.

Dat is in kou mei skiepperibben. Dat is eene koe met schapenribben. — Dat is een ding van geringe waarde met veel vertooning.

Hy hellet âlde kij út 'e sleat. Hij haalt oude koeien uit de sloot. — Hij brengt oude vergeten geschillen weêr in herinnering.

De kouwestirten hingje my de hâls út, ook: *wol in jelne de hâls út.* De koeiestaarten hangen mij den hals uit, ook: wel een el den hals uit. — Gezegde van een boer, die van de boerderij zijn bekomst heeft, of van een veehandelaar, als de markt tegenloopt en hij geld verliest.

Yn Fryslân meltse se de kij alle úren. In Friesland melkt men de koeien (niet ieder uur, maar) aan alle (vier) uiers.

Syn kou is melts. Zijne koe is melk. — Zijn zaakje is winstgevend. — *Hy hâldt syn kou melts.* Hij zorgt dat zijn zaakje winstgevend blijft.

In kou by de klei forkeapje. Eene koe bij den klauw verkoopen en wel zoo dat als de eerste klauw wordt gerekend op een halven cent, de tweede op een cent, de derde op twee, de vierde op vier cent, en men zoo vervolgens altijd verdubbelt, dan komt de zestiende klauw (meer heeft het beest niet) op f 163.84 — en de geheele som op f 327.67⁵. — Eene oude volksaardigheid.

kroade.

Hy kin syn eigen kroade net kroadsje. Hij kan zijn eigen kruiwagen niet kruien. — Zonder hulp kan hij zijne zaken niet klaren.

Hy wirdt foar de kroade riden. Hij wordt voor den kruiwagen gereden. — Men neemt een loopje met hem.

Hy het it sin yet op 'e kroade. De vrijer heeft zijn zin nog op den kruiwagen (nog geen keus gedaan, maar wil gaarne met alle knappe meisjes liefkozen).

Ik lit my net foar de kroade ride. Ik laat mij niet voor mal houden.

Hy kin syn kroadtsje (ook *syn slydtsje* = sleetje) *der wol by skouwe.* Hij weet er zijn karretje wel bij te schuiven (zijn belang wel te behartigen).

Sonder kret lokt it net. Zonder kruiwagen gelukt het niet (om aan een baantje te komen).

krús.

It sit foar 't krús. Het zit voor 't kruis (n.l. als de verlossing eener koe niet wil vlotten). Fig.: als eene moeielijke hindernis het werk vertraagt. — Ook: *It keallet swier*, het kalft zwaar.

Krúst him! komt foart efter hosanna! Kruist hem! komt spoedig na hosanna!

Abússen binne krússen. Vergissingen zijn lastig.

kwea.

Hy priisget him sels, hy het kwea neibúrren. Hij prijst zichzelf, hij heeft kwade naburen.

De kweade rieder en de kweade dieder scille mei gelikense pine pinige wirde. De kwade raadgever en de uitvoerder van het kwaad zullen gelijkelijk gestraft worden.

In kwea namme rint foart as diggelfjûr. Een kwade naam verspreidt zich als een loopend vuurtje.

Dat sit op in kwea moer (moederschroef). Dat zit niet veilig vast, de zaak is niet gezond.

Hja het in kwea stiemoer hawn. Zij heeft een kwade stiefmoeder gehad; zij wordt door 't lot stiefmoederlijk bedeeld, het loopt haar steeds tegen.

Hy heart noch sjucht gjin kwea. Hij hoort of ziet geen kwaad. — Hij is zeer goedaardig en vredelievend.

Hy wit fen 'e prins gjin kwea, hij is onnoozel in het geval. Ook: *Hy wit fen God gjin kwea*, kent zich onschuldig tegenover den prins — of God.

Op in kwea wird scil min nin antwird jaen. Kwade woorden dient men niet te beantwoorden.

By de skoarstienherne is 't net kweast. Bij den schoorsteenhoek is 't niet het kwaadste. — Wie 't naast bij het vuur zit, warmt zich het best.

Kwea búrren de hel op ierde. Kwade buren, de hel op aarde.

Dyst dou kwea dien heste trou dy net. Hwa 't dy kwea dien het, forjou dy net. Dien gij kwaad hebt gedaan, vertrouw dien niet. Wie u kwaad heeft gedaan, vergeef dien niet.

Hja het it kwea bihâlden. Zij heeft het kwaad behouden (is erg kieskeurig op kleeding en opschik, enz.). — Ook: *Hja het it swiid behâlden.*

It is in kwea kriich, dêr 't min skea fen het. Het is eene verkeerde eerzucht of fierheid, waarvan men schade krijgt.

Dy 't kwea nimt is in dief. Wie op een kwade wijze iets neemt, is een dief. — Eene aardigheid op het gezegde: *Nim 't net kwea*, duid het niet ten kwade.

Foarst dy kwea makkest is in goede sliep in bêst ding. Voor gij u boos maakt, is een goede slaap zeer heilzaam.

It is in kwea paed, dat min net faker as ienris gean kin. Het is een kwaad pad, dat men slechts eenmaal gaan kan (b.v. naar de galg).

laedtsje.

Der waerd in oar laedtsje op litsen. Er werd een ander laadje opengetrokken. — Een ander, niet verwacht en ongewenscht onderwerp werd ter sprake gebracht.

Dat is stryk yn 't laedtsje. Dat is „strijk in het laadje". — Dat is zuivere winst; ook: winst waarop men niet gerekend had.

Hy sit oan 't laedtsje. Hij zit aan het geldlaadje, (heeft bij een of ander bestuur eene betrekking, die hem goede voordeelen afwerpt). — *De ljue dy 't oan 't laedtsje sitte passe earst op hjar sels.*

lacitse.

Dy 't him sels kitelje kin, kin laeitse hwennear 't er wol. Wie zichzelf kan kittelen, kan lachen wanneer hij verkiest. — De onafhankelijke is vrij in zijn doen.

It iene laket om 't oare. Holl. het een vloekt tegen 't ander. (Van wansmakelijke pronk of versiering).

Hy laket krekt as de stedljue skrieme.
Hij lacht evenals de stedelingen
schreien.

Dat rymt as laeitsen en skriemen. Dat
rijmt als lachen en schreien, 't rijmt
slecht.

Hy laket as in mird. Hij lacht (grijnst)
als een bunsing (volstrekt niet vriendelijk).

*Hy laket om 'e tosken, dat de kiezzen
der efter sitte.* Hij lacht om de tanden, dat de kiezen er achter zitten. —
Hij lacht zonder te weten waarom.

Laeitsen en giizjen is faek mar biizjen.
Lachen en ginnegappen is meest maar
gekheid. — Ernst is beter.

Min kin nin hûs mei laeitsen ophâlde.
Men kan geen huis met lachen staande
houden.

*Min scoene yen de bûsse ûtskoerre fen
't laeitsen.* Men moet zich de zakken
uitrukken van het lachen.

*Min moat laeitse al hien min gjin laeit-
sen yn 't sin.* Men moet lachen al
dacht men aan niets minder (zoo bespottelijk is de zaak).

lampe.

*Hy is sa meager dat min him mei de
lampe troch-ljochtsje kin.* Hij is zoo
mager, dat men hem met de lamp'
kan doorlichten.

*As de boer gjin oalje het (geen olie
heeft) den pisset er yn 'e lampe.* Men
moet zich weten te redden.

Hy sloech my de lampe ût. Hij sloeg
mij de lamp uit. — Hij kwam mij
voor in het behalen van een voordeeltje, of in 't koopen van iets, dat
ik gaarne had.

*Dy 't oalje yn 'e lampe het kin him
altyd rêdde.* Wie olie in de lamp
heeft, is altijd klaar. — Een man met
een gezond hoofd weet zich altijd te
redden.

Ik hab him yn 'e lampe. Ik heb hem
in de lamp (in 't oog). — Ik denk
niet gunstig over hem, 'k vertrouw
hem niet.

*De lampe barnt sa slûch krekt oft er
in wever om 'e doar strunt.* De lamp
brandt zoo flauw, alsof er een wever
rondom het huis sluipt.

*Hy fljucht er om hinne as in mich om
'e lampe.* Hij vliegt er omheen (rondom zijn ongeluk, zijn ondergang), als
de vlieg om de lamp.

Der fleane in hopen onbitocht yn 'e lampe.
Er vliegen velen onbedacht in de
lamp. — Meest van onberaden huwelijken.

lân.

Der is gjin lân mei him to bisilen. Er
is geen land met hem te bezeilen. —
Hij is onhandelbaar.

Ho lichter lân, ho snoader folk. Hoe
lichter land (schraler bodem), hoe
vernuftiger volk.

*Ik ken him, ik ha wetter en lân mei
him bisocht.* Ik ken dien snaak, ik
heb allerlei ondervinding van hem.

Mei ien sê oan lân. Met één zee aan
land. — Den geheelen nacht doorslapen
zonder eens wakker te worden.

Hy lit Gods wyn oer Gods lân waeije. Hij
laat Gods wind over Gods land waaien,
Gods water over Gods akker loopen.

Sa leit it lân net. Zoo ligt het land
niet. — Zoo gunstig staan de zaken
niet; zoo zijn we niet overeen gekomen; zoo komt ge niet van mij af.

*As de sê net biboud waerd koe 't lân
net bistean.* Werd de zee niet bebouwd (bevaren), het land zou niet
kunnen bestaan.

*Ast dou it lân net biskytste, biskyt it
lân dy.* Indien gij uwe landerijen niet
bemest, zullen zij u foppen.

*Lûdroppers for 't lân en de prins krite
hjar sels yn 'e sliep lyk as de bern-
tsjes yn 'e widze.* Politieke schreeu-
wers krijten evenals de zuigelingen
in de wieg, zichzelf in slaap.

Elk wol it lân regearje en dokterje.
Ieder wil het land helpen regeeren
en geneeskunst uitoefenen.

It scil op dyn lân waeije. Holl: Het
zal op je dak waaien.

*Dêr 't myn skoarstien bêst rikket is
myn faderlân.* Waar mijn schoorsteen
het beste rookt, daar is mijn vaderland.

In profeet wirdt yn syn faderlân net eard.
Een profeet wordt in zijn vaderland niet
geëerd. — Ook: *Der is nin profeet yn
syn lân forheven.*

Dat is lân dêr 't de ljurken net boppe sjonge wolle. . Dat weiland is zoo slecht, dat de leeuwrikken er niet boven willen zingen. — Ook: *Lân dêr 't de ljurken net op skite wolle.*

It lân stiet to sûp en to byt. Het weiland staat om er in te bijten (n.l. wanneer 't in 't voorjaar bezet met heerlijk gras het rundvee wacht).

De Harnser boargers binne yn 't lân, nou komt er onwaar. De zeevogels, iron. Harlinger burgers, zijn in het land, nu komt er slecht weder. Zie II, 247.

lang.

As de preek langer dûrret as in ûre, den komt de divel yn 'e tsjerke. Duurt de preek langer dan een uur, dan komt de duivel in de kerk.

Meitse dei en wei allike lang. Maak dag en weg even lang. — Neem voor uw dagtaak niet meer werk dan gij in eenen dag af kunt.

De dei is gjin wike lang. De dag is geen week lang (dus spoed u wat).

De langste leppel oan myn kant. De langste lepel aan mijne zijde. — Voor mij het beste deel.

Dat scil wol langer oanhâlde as trije dagen en in moarnskoft. Het zal zeker langer duren dan drie dagen en een morgenuur.

It is allike lang as 't breed is. Het is even lang als breed. — Het is 't zelfde van welken kant men de zaak beschouwt.

It dûrret sa lang net as in reamtsjernt. Het duurt zoo lang niet als roomkarnen.

Lang boargjen is gjin kwytskeldsjen. Lang borgen is geen kwijtschelden (onthoud uw dag maar).

In relaas sa lang as moarn de hele dei. Een relaas zoo lang als morgen de geheele dag (een vervelend relaas).

Lange gasten, stjonkende gasten. Langblijvende gasten, stinkende gasten.

Mei lange stappen en de rûge bile. Met veel beweging bij het werk, maar zonder overleg.

Hja tsiere om 'e langste ein. Zij twisten om het langste einde (om het mijn en dijn). — Ook: *Hja fjuchtsje om*

'e lege doppen. Zij twisten omdat alles op is, om eene nalatenschap, waarvan niets overschiet.

It skeelt hjar net oan 'e langte, mar oan 'e roundte. Die meid heeft te veel lengte (om mooi te kunnen heeten) en te weinig rondte (geld).

Hy sit der ien lang en twa breed. Hij zit daar één lang en twee breed (in zijne volle lengte en breedte, lui en gemakkelijk).

lape.

Myn tonge is gjin seemslearen lape. Mijne tong is geen zeemsleeren lap. — Ik lust ook wel iets anders dan de allergrofste kost.

Hja smite de lappen by elkoar. Zij gooien de lappen samen. — Zij gaan trouwen.

Fen ien lape toarnd. Uit een en dezelfde lap getornd. — Kinderen van hetzelfde bed.

It is in skeadlik lape; to lyts ta 'n dwcil en to great ta in skûteldoek. Het is een schadelijke lap, te groot voor een dweil en te klein voor een vaatdoek.

Lit ús de lape mar skoerre. Laat ons de lap maar scheuren (het verschil tusschen eisch en bod splitsen). — Veehandelaarsterm.

Hy is in wollen lape, dêr 't se mei omtrolje kinne sa 't se wolle. Hij is een wollen lap (eén goedaardige sul), waarmeê men kan frommelen zoo men wil.

Hja het lappen op 'e klean. De (weduwe) heeft lappen op de kleéren (kinderen tot haar last).

lea.

It leit my forkeard op 'e lea. Het ligt mij verkeerd op de leden. — Ik heb een ongunstig voorgevoel omtrent die zaak.

Ik hâld my de lea wirch. Lett.: Ik zit in eene gedwongene vermoeiende houding; fig.: Ik houd mij het hart vast, vrees het ergste van het gevaar dat ik zie.

leare.

Min leart sa lang as min libbet. Men leert zoolang men leeft.

Min moat leare mei skea en mei skande. Men moet leeren met schade en schande, door ondervinding wijzer worden.

Alle ding stiet to learen bihalven bûksprekken. Alles kan men leeren behalve buikspraak (dit is een aangeboren kunst).

Ik scil him opsitten leare. Ik zal hem opzitten leeren (hem klein weten te krijgen, hem leeren, als een hondje op te zitten en pootjes te geven).

Hy scil omstean leare. Hij zal leeren anders-om te staan. — Hij zal zich moeten gewennen aan eene veel minder aangename leefwijze dan aan welke hij gewoon is.

Ongelearde meanders fine in hopen stiennen en skytbulten. Ongeoefende maaiers vinden veel steenen en drekbulten· (oneffenheden) op het maaiveld.

lekken.

Hy kriget fen 't selde lekken in jas. Hij krijgt van hetzelfde laken een jas (dezelfde straf als zijn maat).

Dat lekken het gjin ien kleur. Die twee stukken laken hebben niet dezelfde kleur. — Die twee personen zijn van uitéénloopende richting. Ook van een gemengd huwelijk.

Hy is sa linich as lekken. Hij is zoo lenig als laken. — Hij is vlug en rap van leden; overdr. zeer gedienstig, vriendelijk en voorkomend. Ook: *Sa linich as in lape.*

lêst, earst.

De lêste slik heint it boerd. De laatste lik reinigt het bord. — Wie 't laatst in den schotel is, moet dien uitlikken.

Dy 't lêste kriget moat it earste wer jaen. Wie (in een gezelschap, waar koffie, chocolade of zoo iets geschonken wordt) het laatste uit kan of ketel krijgt, behoort de eerste te zijn, die na dezen het gezelschap onthaalt.

Dy 't earst komt, dy 't earst mealt. Wie 't eerst (met zijn koren aan den molen) komt, wordt het eerst bediend.

De lêste leadtsjes weage swierst. De laatste loodjes wegen het zwaarst.

Hy giet op syn lêste pear skonken. Hij loopt op zijn laatste paar beenen. — Hij wordt een dag ouder, is in den avond zijns levens.

Earst is meast en lêst is bêst. Wie 't eerst komt (b.v. op een partijtje) krijgt het meeste, wie 't laatst komt het beste.

libben, libje.

Wy libje mar ienkear en dat is nou. Wij leven slechts éénmaal, en dat is op dit oogenblik.

Hwet kibbet dat libbet. Wat kijft dat leeft. — Als eene vrouw kijft, bewijst zij dat zij nog springlevend is.

Dy 't goed wilsterje wol moat mar libben op 'e wieu ha. Wie met vrucht wil wilsteren (vogelvangen), moet levende lokvogels hebben. — Ook: *Dy 't wilsters fange wol moat fluitsje kinne.* Wie vogels wil vangen, moet kunnen fluiten.

Hy snijt de ljue yn 't libben. Hij snijdt de menschen in 't leven (zoodat het hun pijn doet (laat zich ter dege duur betalen).

Libje fen 'e rinten sa lang as 't kaptael op is. Leven van de renten tot zoolang dat het kapitaal op is (werkeloos leven, zonder iets van beteekenis te bezitten).

It libbet allegearre, mar 't libbet ongelyk. Niet ieder geniet het leven in gelijke mate.

Hy het in libben as in prins. Hij heeft een leven als een prins (een best en zorgeloos leven). Ook: *In heareneintsje-libben*, een leven als een heer.

Hy libbet as God yn Frankryk. Hij leeft vroolijk en zorgeloos, zonder veel te bezitten.

Hja libje as de okse for de bile. Zij leven als de os voor den bijl (bij den dag, zonder zorg voor de toekomst).

Dy 't folle het scil folle litte; dy 't langst libbet scil 't allegearre bisitte. Die veel bezit, zal veel moeten achterlaten; die 't langste leeft, zal alles bezitten.

Hy het in libben as smoarge beane. Hij heeft een leven als smerige (vette) boonen (een lui en lekker leven). — Ook: *in libben as in lûs op in sear holle.*

Hy wit fen foaren pas dat er efter libbet. Hij weet vóór pas dat hij achter leeft. — Hij is een sul.

Hy het it libben op in boerdtsje. Hij heeft het leven op een bordje (een aangenaam rustig leven).

Syn libben hinget oan in siden tried. Zijn leven hangt aan een zijden draad.

Hy is libben op 'e tried. Hij is levendig op den draad (opgeruimd, levenslustig).

Hy libbet fen in keallegearske. Hij leeft van een kalvergrasje. — Hij leeft van weinig, verteert niet veel.

Leedstokken libje lang. Lijders (verstootelingen, naar wiens dood men verlangt) leven lang.

Hy kin ta libjen noch ta stjerren komme. Hij kan tot leven noch tot sterven komen, hij sukkelt aan een slepende kwaal.

liet.

Nou scil 't in oar liet wirde. Nu zal het een ander lied worden. — Nu zult ge iets minder aangenaams moeten ondervinden. Ook: *Nou giet der in oare wize op 't liet.*

Men moat sjonge sa 't yn 't liet stiet. Men moet zingen zooals in 't lied staat (de zaak naar waarheid bespreken).

Dêr scil ik jimme in lietsje fen sjonge. Daar zal ik jelui eens een liedje van zingen (een tafereeltje van ophangen).

Alwer it âlde lietsje of de âlde sang. Alweêr dezelfde jammerklacht, die we reeds dikwijls hoorden.

lige.

Lige dat it by de tsjerkelaeijen delrôllet. Liegen, dat het langs het kerkdak nederrolt. — Van een prediker, die, naar men meent, een leugenleer verkondigt.

As ik liich, den liich ik yn kommisje. Is het geen waarheid wat ik vertel, dan lieg ik voor rekening van een ander (die 't mij voor waarheid heeft verteld).

Fen hearren en sizzen liicht min 't meast. Van hooren zeggen liegt men het meest.

As ligen syn minste wirk wie, den wie er grif in knappe kearel. Ware liegen zijn slechtste werk, hij zou zeker een zeer bekwaam man zijn.

Ast liichste, hwet dochst den? Den sparrest de wierheid. Als ge liegt, wat doe je dan? Dan spaart ge de waarheid.

Hy liicht dat de nekke him rikket. Hij liegt, dat hem de nek rookt.

Hy liicht as in wachter. Hij liegt als de wachters (bij het graf van Jezus).

Hy is yn syn earste ligen net smoard. As er yn syn earste ligen smoard wier, den hie er lang al dea wêst. Hij is in zijn eerste leugen niet gestikt; ware hij in zijn eerste leugen gestikt, hij zou reeds lang dood zijn.

Hy kin lige, dat er sels mient dat it wierheid is. Hij kan (zoo fraai) liegen, dat hij (ten slotte) zelf meent dat het waarheid is.

Hy kin better lige als fleane. Hij kan beter liegen dan vliegen.

Hy liicht my de hâls fol. Hij liegt mij den hals vol. — Hij stapelt de eene leugen op de ander, om mij de zaak anders voor te stellen dan zij is.

Hy is ongelokkich yn 't wiersizzen. Hij is ongelukkig in het waarzeggen (waarheidspreken); — het mislukt hem dikwijls.

Lige dat men 't hearre kin, dat is 't bêste mar. Handtastelijk liegen is maar het beste. — Ook: *lige dat min 't fiele en taeste kin.*

liif.

Dêr habbe se poppen fen yn 't liif. Daar hebben zij poppen van in 't lijf (groote verwachtingen van, b.v. van een veelbelovend zoontje of bijzonder mooi dochtertje).

De klean barne my oan 't liif. De kleêren branden mij aan het lijf. — Ik maak mij angstig, haastig of driftig om eene zaak van belang.

De skossen sitte him yn 't liif. De ijsschotsen zitten hem in het lijf. — Hij is zwaar verkouden tengevolge van 't ijsvermaak.

In liif as in hjerstkeal. Een buik als een herfstkalf (dikke buik tengevolge onmatig drinken). — *In lichem as in tromme* is een door ziekelijkheid opgezette buik.

Hy is der mei liif en siele foar. Hij is met hart en ziel de zaak toegedaan

Ik hab al pine yn 't liif. Ik heb reeds
buikpijn. — Ik ben ongerust, bezorgd
over deze of gene zaak.

Dat is in hele ribbe yn 't liif. Dat is
een heele rib in het lijf (een stevige
steun, vooral met het oog op geldelijk
inkomen).

Hy het it dêr danich mei op 't liif.
Dat trekt bijzonder zijne aandacht. —
Hij denkt en spreekt er veel over.

*Sok gûd ha 'k ljeaver yn 'e skoen as yn
't liif.* Zulk goedje heb ik liever in
de schoenen dan in de maag. — Van
slappen, niet welsmakenden drank of
dunne spijs.

Hja rinne my op 't liif om jild, enz.
enz. Zij komen mij lastig vallen om
geld enz. enz.

lije.

*Lije as min het en lije as min net het,
den is 't altyd lijen.* Gebrek lijden
als men niets heeft en sober leven
terwijl men iets heeft, dan is 't altijd
lijden. — Taal van werklieden, die
steeds opmaken wat zij verdienen.

Lije as winterkoarn op 't fjild. Lijden
als winterkoren op het veld. — Bij
een schralen kost veel koude en ongemakken doorstaan.

Lije as in putheak. Lijden als een puthaak, waarmee men dagelijks water
put uit een holle put of gracht.

*It lijen scil oangean, sei Hesselom, en hy
scoe for de trêdde kear minnist wirde.*
Het lijden zal beginnen, zeî Hessel-
oom, en hij zou ten derdemaal mennist worden.

It earme lijen biggint wer. Het arme
lijden vangt weêr aan. — Van alles
wat onaangenaam en onvermijdelijk is.

Hy is in lijer fen syn kaptael. Hij is
een lijder van zijn kapitaal (bij rijkdom ongelukkig, ook door zijne gierigheid).

lyk.

*Lyk siikket lyk, mar ongelikense fine
elkoar.* Gelijk zoekt gelijk, maar onge-
lijkenden vinden elkander.

Lyk út en thús. Gelijk uit en tehuis. —
Niets gewonnen en niets verloren; de
voordeelen dekken de kosten, meer
niets.

ljeafde.

*Alde ljeafde rusket net al leit it saun
jier yn 'e goate.* Oude liefde roest
niet, al ligt zij zeven jaar in de goot.

*As de ellinde oer 'e drompel komt giet
de ljeafde op 'e rin.* Wanneer de
ellende over den drempel komt, gaat
de liefde op den loop.

Ljeavje dou de kat, den hest de stirt ta.
Liefkoos jij de kat, dan heb je den
staart toe. — Bits antwoord van een
meisje, als een vrijer haar „lief" noemt.

Ljeafde en blaf forklappe hjar sels.
Liefde en erwtensoep met aardappelen
verraden zich zelf (het laatste door
den geur).

De ljeafde ta de neiste biggint by yen sels.
De liefde tot den naaste begint bij
iemand zelf.

ljue.

*De ljue meije my net lije, mar ik meitse
't er nei, sei Ulespegel.* De menschen
houden niet van me, zeî Uilenspiegel,
maar 't is mijn eigen schuld.

It folk komt by de ljue. Het volk komt
bij de lieden (bij elkander passend
volk komt toevallig in elkanders gezelschap). — Ook: *It folk wol by de ljue
wêze,* menschen komen gaarne waar
menschen zijn.

Stadich by de ljue en nâl om 't hoekje.
Ingetogen bij de menschen, in 't geniep
een snaak die een kansje durft te wagen.

Mâlle ljue, mâlle lietten. Malle lieden,
malle liederen (vreugde).

*Ljue fen ienderlei effearen kinne net by
elkoar forkeare.* Lieden van eenerlei
affaire (concurrenten) kunnen niet
met elkander omgaan.

lûs.

*Dy 't in oar kjimme wol moat sels nin
lûs ha.* Wie een ander wil kammen
(hekelen), moet zelf zuiver zijn.

Hy is sa faei as in lûs op 'e kaem. Hij
verkeert in gevaar, als een luis op de
kam. — Faei = veeg.

Ik hab dêr in lûs fen yn 't ear. Ik
heb daar een luis van in het oor (iets
gemerkt van de zaak, die men geheim
wil houden).

It eint as in lûs op in tarre prezinning. Het vordert als een luis op een geteerde presenning (dus zeer langzaam).

Min het it slimmer mei de niten as mei de luzen. Kleine ambtenaartjes maken 't den menschen dikwijls lastiger dan hooger geplaatsten.

Min kin in lûs net mear binimme as 't libben. Men kan een luis niets ontnemen dan haar leven. — Van een armen drommel is niets te halen.

Syn jas is sa keal dat er gjin lûs skrep op hâlde kin. Zijn jas is zoo kaal, dat geen luis er zich op schrap kan zetten.

Hy het in lûs yn 't ear rinnen. Hij heeft een luis in zijn oor loopende. — Hij heeft iets in den zin.

Alle luzen bite my. Alle luizen bijten mij. — Mijne minderen plagen mij.

Hja doocht sels net en wit elts de luzen op 'e klean oan to wizen. Zij deugt zelf niet en weet ieder de luizen op zijne kleêren aan te wijzen. — Van een kwaadspreekster.

It spul het luzen. De zaak is niet gezond, niet in den haak.

Hy is ût 'e luzen. Hij is van ongedierte gezuiverd. — Hij is er bovenop, uit zijne netelige omstandigheden verlost. Ook: iets fatsoenlijker: *Hy is ût 'e niten* (neten).

Better in lûs yn 'e koal as alheel neat. Beter een luis in de kool, dan in 't geheel geen (vleesch of spek).

Sa laf as luzen. Van spijs of drank, die niet zouteloos moeten zijn. — Ook: *praetsjes sa laf as luzen*, erg flauwe praatjes.

Min scoene him wol in lûs op 'e bûk knippe kinne. Op zijn (ronde gespannen) buik zou men een luis kunnen knippen.

In lege pong is in lûs op dyn baeitsje. Met een ledige beurs wordt gij geschuwd als iemand met luizen op zijn kleed.

Bidlers bitelje mei luzen. Bedelaars betalen met luizen.

mage.

It leit my dwers yn 'e mage. Het ligt mij overdwars in de maag. — Die spijs bekomt mij niet wel; fig.: ik heb daar verdriet, ergernis, naberouw van.

Syn mage is mei stientsjes opset. Zijne maag is met muurtegeltjes opgezet. — Hij heeft een zeer gezonde maag.

De mage hinget my op 'e side. Mijne maag hangt op zij (slap; ik heb veel trek in eten).

Hy het in mage as in boeretsjerntsjettel. Hij heeft een maag als een boerenkarnketel. — Hij kan alles verteren.

Myn mage is in poepeknapsek, ik trieu er alles yn gear. Mijn maag is een moffenknapzak, ik stop er alles in.

mâlke.

Hja het in pear goede molkenkeamers. Zij heeft een paar goede melkkamers (welgevulde borsten eener zogende vrouw). — Eig. is de *molkenkeamer* de melkkamer of kelder in een boerenhuis.

Hy het altyd hwet yn 'e mâlke to krommeljen. Hij heeft altijd iets in de melk te kruimen (iets aan te merken, te vragen en te klagen).

Hja lûkt de mâlke op. De (koe) trekt bij 't melken de melk op (laat de melk niet schieten). — Fig. van iemand, die zich terugtrekt van eene gedane belofte of toezegging.

In mingeltsje mâlke is gau forpegele. Een niet groote voorraad melk is in kleine hoeveelheden spoedig opgebruikt. — Mingelen, oude vochtmaat = 1 liter; pégel ¼ mingelen.

Hy moat ris yn lije mâlke to week om hwet ût to tinen. Hij dient in lauwe melk te week gezet, om wat uit te dijen. — Van iemand die zeer mager is.

man.

De beam great, de man dead. De boom groot, de man dood. — Bereikt men 't einddoel van zijn wenschen en streven, dan is men afgeleefd.

De man dy de poat britsen het is altyd to siik. De man die den pot gebroken heeft, is altijd ver te zoeken.

Ho greater twang, ho lytser man. Hoe grooter tiran (voor zijn minderen) hoe kruipender lafaard (voor zijn meerderen).

Ik ha der neat op tsjin dat it tsjuster is, sei de man, mar den moat der ek yet by komme dat min neat sjên kin. Ik heb er niets tegen dat het duister is, zeî de man, maar dan moet er ook nog bij komen, dat men niets zien kan.

In man as de klasjes fen Dokkum, fol meilijen, mar hy jout neat. Een man als de classis van Dokkum, vol medelijden, maar hij geeft niets.

It eint as de man yn 'e moanne. Het vordert als de man in de maan (die altijd op dezelfde plaats blijft).

Min kin 't net ris witte hwêr 't de iel rint, sei de man en sette de fûke yn 'e goate. Men kan niet weten waar de paling zwemt, zeî de man, en zette de fuik in de goot.

't Is in aerdichheid! sei de man en hy stiek in libbene pod yn 'e bûsse, dy woed er yn in kau ha. 't Is voor de aardigheid, zeî de man, die een levende pad in den zak stak, om die in een kooitje te zetten.

Min kin alle dagen gjin kniesear wêze, sei de man, en hy smiet in duit to grabbel. Men kan niet alle dagen een kniesoor zijn, zeî de man, toen hij een duit te grabbel wierp.

Mannen, broeders! sei Paulus, en 't wieren allegearre âlde wiven; 't waren allen oude wijven.

Myn foet stiet onder allemans tafel. Mijn voet staat onder ieders tafel. — Ik ben afhankelijk van allerlei menschen, wegens mijne kostwinning.

As 't fortún is teugen de man, dan is er gyn helpen an. (Stadfr.)

Hy is in hird man op in weak tsiis. Hij is een hard man op een weeke kaas (een zwak persoon die niet veel kan uitvoeren).

Hy is in strieën man. Hij is een strooien man (iemand zonder moed of veerkracht).

As alles omkomd is (zijn beslag heeft) *is de man wei,* trekt de man (dien men hebben moet) zich terug.

It nedichste moat earst, sei de man en hy bruide syn jonge. Het noodzakelijkste moet men 't eerst afdoen, zeî de man, en gaf zijn zoon een pak slagen.

In bigien man docht selden goed keappenskip. Een medelijdend man (die vreest partij te zullen benadeelen) doet zelden goeden koophandel.

Alle bytsjes helpe, sei de man en hy friet in mich op. Alle beetjes helpen, zeî de man, en hij at een mug op.

Alle bytsjes helpe, sei de man en hy pisse yn 'e sé. Alle beetjes helpen, zeî de man, en hij p.... in de zee.

Better hwet as neat, sei de man en hy hie in kikkert yn 'e fûke. Beter iets dan niets, zeî de man, toen hij een kikvorsch in de fuik had gevangen.

Better in earme man as in rike heit. Beter een armen man (echtgenoot) te hebben dan een rijken vader.

De trêdde man bringt it praet oan. De derde persoon maakt het gesprek levendig (als twee samen zitten zonder veel te spreken).

De man oan 'e swik en de boaden baes. De man aan den zwier en het dienstvolk meester in huis.

De wráld is rûch, dy 't him net rêdde kin is slûch, sei de man, do wie er oan 't slatten mei de koekpanne. De wereld is ruig; wie zich niet weet te redden is een druiloor, zeî de man, toen hij de sloot uitdiepte met de koekepan.

De man dea de boete dea. De man dood, de boete (die hem was opgelegd) vernietigd.

Dy man kin mei gjinien yn 't span ride. Die man kan het met niemand vinden, met niemand over den weg.

Dêr is gjin ein oan! sei de man en hy hie in hoep om 'e hâls. Daar is geen einde aan te zien, zeî de man, en hij had een hoepel om den hals.

Ik wol myn eigen man wêze, sei de boerefeint, dêrom troude er. Ik wil mijn eigen meester zijn, zeî de boerenknecht, daarom ging hij trouwen.

Hwet alleman seit wol jern wier wêze. Wat iedereen zegt, wordt licht geloofd.

Nei 't de man is is syn kreft. Naar den man is zijne kracht. — Men mag niet van ieder evenveel vergen.

As de man in bern wirdt komt er krystnacht yn 'e widze. Kwijt een man zich niet als man, dan wordt hij bedreigd, dat hij in den kerstnacht zal worden gewiegd.

As de mânljue foart binne is 't rom om 'e hird, den kinne wy beane briede. Wanneer de mannen van huis zijn, is er ruimte om den haard, dan kunnen wij boonen braden.

It is mantsje, pas op! Het is mannetje pas op! — Let op alles of 't loopt mis.

In man sonder frou is in himd sonder mou. (Stadfr.)

Der earnet nimmen better as de man sels. Niemand handhaaft beter de orde dan de man zelf. — Ook: *Der giet neat foar sels,* of: *Der ploeget nimmen better as de man sels.*

Der is in goed man oan e' pûster. Er staat een stevig man aan den blaasbalg. Gezegd bij sterken wind.

It is koel en brodzich, sei de man en hy roan mei bleate foetten op 't iis. Het is koel en broeiig, zeî de man en liep blootvoets op het ijs.

Fen neat ta eat is allemans fortriet. Van niets tot iets is allemans verdriet.

In man in man, in wird in wird. Een man een man, een woord een woord.

As de kniper op 'e skine komt binne der net folle dy 't in man ûtmeitse. Als het gevaar ernstig dreigt, verliezen velen den moed.

It is in donker foarûtsjuch, sei de man, do hied er in swart baerch by de stirt. Het is een donker vooruitzicht, zeî de man, toen had hij een zwart varken bij den staart.

In earmmans stûr is mar in botsen. Eens armen mans stuiver is maar 2½ cents (omdat hij minder voordeelig kan inkoopen dan de rijke).

It roait iggen noch seamen, sei de man, do siet er midden yn 'e bollepream to skiten. Het raakt randen noch zoomen, zeî de man, toen zat hij midden in de modderschuit.

In dôf man mei nin rjuchter wêze. Een dove man mag geen rechter zijn.

In man op him sels, een zonderling, die slechts weinig met menschen omgaat. — *In man for him sels,* een zelfzuchtig onmeêdoogend man.

man, wiif.

Alles mei miet, sei de man en hy sloech syn wiif mei de jellenstok. Alles met mate, zeî de man, en hij sloeg zijne vrouw met de ellemaat.

Man en wiif binne ien, mar hja moatte oeral for twa bitelje. Man en vrouw zijn één, maar ze moeten overal voor twee betalen. — Ook: *yn 't trekskip moatte se twa plakken ha en for twa bitelje;* in de trekschuit moeten zij twee plaatsen hebben en betalen.

Ruten ût! sei Joris, en hy smiet syn wiif troch de glêzen. Ruiten uit! zeî Joris, en wierp zijne vrouw door de glazen.

Sa drok as in mansmoer; saun snoaren yn 'e kream en sels gjin man. Met drukte overladen als een mansmoeder, die zeven schoondochters in 't kraambed had en zelf geen man.

Dêr het de bakker syn wiif troch jage. Daar heeft de bakker zijn wijf door gejaagd. — Gezegd als het wittebrood zoo gerezen is, dat men, het in stukken snijdende, er van binnen kleine holligheden in vindt.

Hark! in keppel gies, sei de man, en 't wier wivedei. Hoor! een troep ganzen, zeî de man, en 't was vrouwendag (kraamvisite). Zie I, 216.

De man is 't haed, mar 't wiif is de hals, dy draeit de holle sa 't se wol. Is de man het hoofd, de vrouw is de hals, die naar welgevallen het hoofd draait.

Forsinnen is mogelik, sei de man tsjin syn wiif, do 't se seach dat er de faem patte. Vergissen is mogelijk, zeî de man tot zijne vrouw, toen zij zag dat hij de meid kuste.

Akke is fen 'e man ôf, nou kin se 't stip koaitse sa 't se 't ite wol. Akke is van haar man gescheiden, nu mag zij de saus koken, zooals zij ze verkiest te eten.

Nou komt er hwet! sei de man en hy smiet syn wiif by de treppen del. Nu komt er iets, zeî de man, en wierp zijne vrouw de trap af.

master.

It folk is sa soun dat it skande is, sei master Jan. Het volk is zoo gezond dat het schande is, zeî meester Jan (de geneesheer).

It kin in master misse, mar in brodler gauwer. Het kan een meester missen, maar een knoeier lichter.

Hy slacht for master op. Hij speelt den meester (is aanmatigend en doordrijvend).

Al to tige, sei master Oege, en hy barde in goune for in botsen. Al te overvloedig, zeî meester Oege, toen hij een gulden inplaats van een halfstuiverstuk ontving.

Koal is kost, sei master, do seach er yn 'e pasterijetûn. Kool is kost, zeî meester, toen zag hij in den pastorietuin.

Wy freezje de heelmaster boppe de sjucht. Wij vreezen den heelmeester meer dan de ziekte (den tuchtmeester meer dan het kwaad).

Hy kin de fiif wirden masterlyk jaen. Hij kan de vijf woorden meesterlijk geven.

Hy is syn master to ier ontroan. Hij is zijnen meester te vroeg ontloopen. — Hij is niet voldoende bedreven in zijn werk, heeft te weinig geleerd.

mês.

Syn mês snijt oan twa kanten. Zijn mes snijdt aan twee zijden. — Hij heeft van twee zijden voordeel, b.v. een notaris, die van kooper en verkooper beide trekt.

Wy scille dêr gjin mêssen om lûke. Wij zullen er geen messen om trekken. — Wij willen over dat zaakje maar niet twisten.

Alle stoaterse (12.5 cents) mêssen snije net. Alle goedkoope messen snijden niet. — Van onbeduidende snoevers is niet veel te verwachten.

In goed Fries lûkt it mês twaris. Een rechte Fries trekt het mes (dreigt) tweemaal. — Maakt dit zijn vijand niet gedwee, dan pakt hij aan.

Min moat altyd mar mei 't mês dwers yn 'e bek stean. Men moet altijd maar met het mes dwars in den mond staan (met kracht zich handhaven om niet benadeeld te worden).

Hy kin 't net litte al stiet him 't mês op 'e kiel. Hij kan (zijne slechte gewoonte) niet nalaten al stond hem het mes op de keel.

Dat mês is sa stomp dat er in hekse op nei Keulen ride kin. Dat mes is zoo bot, dat er een heks op naar Keulen kan rijden.

Hy rint mei 't mês yn 'e rech. Hij loopt met het mes in den rug. — Het beest is zoo vet, dat het elken dag geslacht kan worden. Fig. van iemand, zóó met schulden bezwaard, dat hij gevaar loopt door de schuldeischers te worden uitgekleed.

Hy snijt de ljue dy 't er onder 't mês kriget. Hij snijdt de menschen die hij onder 't mes krijgt (laat zijne diensten grof betalen).

Siker sonk! houten bonk! trije gleaune mêssen troch myn eigen kiel. Zeker waar! houten been! drie gloeiende messen door mijn eigen keel! — Kindereed. Zoo ook: *Sonde! heilich! brân!* Zonde! heilig! brand!

It iene mês hâldt it oare yn 'e skeef. Holl: het eene zwaard houdt het andere in de scheede.

Hy het it mês oan 'e bâlke hinge. Hij heeft het mes aan den balk gehangen (om een ander tot vechten uit te dagen).

mich.

Hwet is in mich dy net gonzet? Wat is een mug, die niet gonst?

Ik slaen neat óf as miggen. Ik sla niets af dan vliegen. — Ik weiger niets, wat mij wordt aangeboden, als 't maar iets goeds is.

Meagere miggen bite fûlst. Magere muggen bijten 't felst. — Schraalbezoldige ambtenaren willen gaarne den boeren en burgers iets van 't lijf halen.

Miggen tsjinje by winich waer gjin hea to fieren. Muggen dienen bij winderig weêr geen hooi te vervoeren. — Zwakke lieden moeten zich niet wagen aan allerlei werk en in allerlei weêr.

Twa miggen yn ien flap. Twee vliegen in één klap.

De meagerste miggen ha 't maeste gegûns. De magerste vliegen maken 't meeste gegons. — Onbeduidende lieden maken het meeste lawaai.

Mei sjerp kin min better miggen fange as mei yettich. Met stroop kan men beter vliegen vangen dan met azijn.

min.

Min moat de tsjin net to fier sette.
(Wil men over eene sloot springen),
dan moet men den polsstok niet te
ver zetten. — *Tsjin* = tegen, de afstand
waar men tegen op moet springen. —
*As min de tsjin to fier set, kin min
de pols net ûtljeppe,* den sprong niet
uitvoeren.

*Min scoene him nimme en smyt him yn
'e loft, dat er fen honger stoar er 't
er wer del kaem.* Men diende (dien
fielt) te nemen en de lucht in te werpen, zoo hoog, dat hij verhongerde
voor hij weêr beneden kwam.

Min kin him net bêst yn 't leger bitrappe.
Men kan dien man moeilijk tehuis
treffen.

*Min moat de loarte by de skienne ein
oanpakke.* Men dient den drol bij zijn
schoon einde aan te pakken.

Min moat yens eigen glêzen net ynslaen.
Men moet zijn eigen glazen niet in-
werpen (zijn eigen nadeel niet bewerken).

*Min moat net fierder springe as de pols
lang is.* Men moet niet verder springen dan de polsstok toelaat.

Min kin op alle oasten de bile net sette.
Men kan op alle oesten den bijl niet
zetten (alle kleine fouten niet wraken).

Min moat de stietten witte to heinen.
Men moet de stooten weten op te
vangen.

*Min seit folle dat min net leaut; min
leaut folle dat min net seit.* Men zegt
veel dat men niet gelooft; men gelooft
veel dat men niet zegt.

*Min moat ienris keatsje. Better ier
keatte as let.* Men moet eenmaal
kooten (zich uitdartelen), beter dit
in de jeugd gedaan dan later. Zie
I, 360.

*Min kin net fen 'e groun ôf op 'e sou-
der stappe.* Men kan niet van den
grond af op den zolder stappen.

*Min kin de hotte wol siede dat it sop
goed is.* Men kan een wetsteen wel
zoo koken en toebereiden dat het sop
goed is. — Ook: *Min kin fen balstiennen wol sop siede.*

*Min ken in ezel ek wol oars as oan 't
lûd.* Men kent een ezel ook wel anders
dan aan zijne stem.

*Min kardet for de jokte, mar 't smerten
komt efternei.* Men krabt zich voor
de jeukte, maar later doet het pijn.

minske.

*In minske moat ek soargje for de dei
dy 't er net bilibbet.* Een mensch behoort ook te zorgen voor den dag,
dien hij niet beleeft.

Eigen skild pleaget in minske meast.
Eigen schuld plaagt een mensch het
meest.

*Der is gjin snoader gûd as minsken en
dêroan de Wâldsjers.* Er is geen vernuftiger goedje dan menschen, en
daaraan de Woudlieden (zeggen de
friesche kleibewoners).

In minske is gjin ierdapel. Een mensch
is geen aardappel. — Hij heeft meer
behoeften, ook aan genot.

*In minske allinne is in sniebal yn 'e
sinne.* Een alleen levend persoon is
een sneeuwbal in den zonneschijn.

*Hy is nimmen skildich as de minsken;
de gies moanje him net.* Hij is niemand iets schuldig, dan den menschen;
de ganzen manen hem niet.

*In minske kin trijekear sêd, springsêd,
sutersêd en propsêd.* Een mensch kan
op drieërlei wijze verzadigd zijn:
springzat, ruiterzat, en propzat. —
Anderen zeggen: *kropsêd, tropsêd en
boppesêd,* kropzat, tropzat en bovenzat.

Hy het to nacht by in soun minske wekke.
Hij heeft van nacht bij een gezond
mensch gewaakt. — Hij is uit vrijen
geweest.

*Min wol graech ingel hjitte, mar min
is minske.* Men wil gaarne voor een
engel doorgaan, maar men is (en blijft)
mensch.

*Min moat soms heal divel heal minske
wêze.* Men moet soms half duivel half
mensch zijn (om zich naar eisch te
handhaven en niet te worden beetgenomen, b.v. in den koophandel).

Dat minske is' oan twa stikken fallen.
Dat mensch (die vrouw of meid) is in
tweeën gevallen (zij is bevallen).

In minske moat folle lije of ier stjerre.
Een mensch moet veel lijden of vroeg
sterven.

In bytsje bryk is minske-lyk, mar al to bryk is skandelyk. Een weinig scheef is menschelijk, maar al te scheef (of krom) gelijkt naar schande.

In minske sin is in minskelibben. Eens menschen zin is eens menschen leven.

Sokke minsken, dêr sit net folle binnenst yn. Hardvochtige, schraapzuchtige menschen hebben gevoel noch geweten.

Twa dingen moat min ta wenne: bjuster buijich waer en onbiskofte minsken. Aan twee dingen moet men gewennen: erg buiig weêr en onbeschofte menschen.

Wy moatte de minsken mar brûke sa 't se binne, hwent wy kinne se net krije sa 't se wêze moatte. Wij moeten de menschen maar gebruiken zooals ze zijn, want we kunnen ze toch niet krijgen zooals ze behoorden te wezen.

Der binne mear apen onder 'e minsken as minsken onder 'e apen. Er zijn meer apen onder de menschen, dan menschen onder de apen.

In minske kin him al mei in bytsje formeitse, sei 't bidlers-wiif, do hie se in stik bôlle mei salm. Een mensch kan zich toch met weinig vergenoegen, zeî de bedelares; toen gebruikte ze een snede wittebrood met zalm.

Dûbeld en dwers genôch is yet net genôch for in minske. Dubbel en nog eens dubbel genoeg is nog niet genoeg voor den (zelfzuchtigen) mensch.

Hy scil 't net oan hikspeallen fortelle, salang der minsken binne. Hij zal het (nieuws dat hij weet) niet aan hekpalen vertellen, zoolang er menschen zijn. — Van iemand die geen nieuwtje voor zich kan houden.

Dy dokter kin in minske iepen en ticht meitse. Die dokter kan een mensch open en dicht maken (kent het menschelijk lichaam door en door).

De wrâld is goed als de minsken mar goed binne. De wereld is goed, als de menschen maar goed zijn.

De minsken binne nei 't waer. De menschen zijn naar aanleiding der weêrsgesteldheid blij- of zwaarmoedig, goed of slecht gehumeurd.

De minsken komme net allyk en kinne net allyk weireisgje. De menschen komen niet gelijk in de wereld en kunnen er niet gelijk uit gaan.

Elke minske het in sin; de iene het sin oan 'e moer, de oare oan 'e dochter, sa komme se beide oan 'e man. Ieder zijn smaak; de een verlieft op de moeder, de ander op de dochter, zoo komen beide aan den man.

Elke minske syn sin, sei beppe en hja iet plattekoeken. Ieder mensch zijn zin, zeî grootmoe, en zij at plattekoeken, knapkoek.

Hwet in minske ienkear bihage het, mei him net wer mishaegje. Wat een mensch eenmaal behaagd heeft, mag hem niet weêr mishagen.

Hja is in dûbeld minske, as se mar gearteard is. Zij is een dubbel mensch, wanneer ze saamgevouwen is. — Schertsend van eene vrouw of meisje, wier bekwaamheid overdreven geprezen wordt. — Ook: *Hy is dûbeld goed as er mar gearteard is.*

moai.

Allyk as in oar is net moai; oars as in oar, dat is moai. Alles evenzoo te hebben en te doen als anderen is niet mooi; anders dan anderen, dat is mooi.

Is 't net moai, it is dôch wol aerdich. Is het niet fraai, het is toch wel aardig. — Meest (ook wel schimpend) van liefhebberijwerk, knutsel-, teeken-, borduurwerk, een vers, enz.

De boer het syn wiif (of dochter) moai makke. De boer heeft zijne vrouw (of dochter) mooi gemaakt (wanneer hij haar heeft gekroond met een breed gouden oorijzer).

Hy of hja is sa moai as in minske. Hij of zij is zoo mooi als een mensch (bijzonder mooi opgedirkt). — Van iemand die fraaier gekleed voor den dag komt dan gewoonlijk.

Op is moai, sei Bart, mar krap sêd is minder moai. Op is mooi, zeî B., maar schaars verzadigd is minder mooi.

Moatten is twang en twang is moai. Moeten is dwang en dwang is mooi. — *Twang* beteekent ook netjes, keurig; *twang yn 'e pronk*, als door een ringetje gehaald. Oorspronkelijk misschien: nauwsluitend.

Hy past op dat er de moaije man bliuwt. Hij zorgt er voor den mooien man te blijven (zich niet gehaat te maken; hij laat anderen de kastanjes uit het vuur halen).

Dêr kinne we lang moai mei wêze. Daar kunnen we lang meê in de pronk zijn (meê opgescheept zitten; b.v. een lichamelijk ongemak, een ongewenscht bezoek, enz.).

Hja is sa moai oft se ût in kofferke lêzen is. Zij is zoo netjes opgeschikt alsof zij uit een koffertje is gezocht.

Altyd moai is net moai. Altijd fraai gekleed te gaan (zonder veel uit te voeren) is niet mooi.

Dy 't moai wêze wol moat pine ûtstean. Wie mooi wil zijn moet pijn doorstaan. — Fraaie kleeding en opschik zijn wel eens knellend. Ook: die moet bloeden, geld uitgeven.

De moaiste wiggen wirde foar 't finster lein. De mooiste weggen worden (door den bakker) voor het venster gelegd.

Moaije beane rôlje as earte. Mooie boonen rollen als erwten.

In moai petret as er troch in stikken rût sjucht. Een fraai portret, wanneer hij door eene gebrokene vensterruit kijkt. — Schimpend van iemand (man of vrouw) die niet schoon van gelaat is.

Op moaije biloften wirde nin kwitânsjes jown. Op fraaie beloften worden geene kwitantiën afgegeven.

mûle.

Hy het soarch dat de mûle sa lang net mei kin as 't gat. Hij vreest dat de mond eerder versleten zal zijn dan het overige. — Hij spreekt slechts weinig.

Ho doarste 't yn 'e mûle nimme? Hoe durft ge zoo iets te zeggen?

Better wol to bliezen as de mûle barnd. Beter hard geblazen dan den mond gebrand.

Der is hjar gjin spinreach foar de mûle woechsen. Er is haar geen spinrag voor den mond gewassen. — Zij is welbespraakt.

De mûle giet dy as in telder it efterst. Je mond beweegt zich als het achterdeel van een telganger (paard).

Hja is hjar mem ût 'e mûle stapt. Zij is haar moeder uit den mond gestapt (het evenbeeld harer moeder).

Al sietst yn syn mûle to skoenlapjen, den koest him yet net forstean. Al zat je in zijn mond te schoenlappen, je zoudt hem nog niet verstaan. — Van iemand die een ongewoon dialect spreekt.

Dou sprekst ût twa mûlen en dou hest mar ien. Gij spreekt uit twee monden, en hebt maar een. — Gij zijt dubbelhartig en spreekt uw ware meening niet uit.

Dy twa sprekke ût ien mûle. Die twee spreken uit eenen mond (staan beide 't zelfde beginsel voor).

Scoe de mûle sprekke dêr de hals om lije moat? Zou de mond zoo spreken, dat de hals het moest ontgelden?

De mûle docht it wol ris dat de ears slaen kriget. De mond is wel eens oorzaak dat het lichaam gekastijd wordt.

De mûle is hjar net biklomme. De mond is die vrouw of meid niet bekleumd (door koude verstijfd).

Dy 't alleman de mûle stopje scil moat in bulte brij ha. Die alleman den mond zal stoppen, moet veel brij hebben.

De mage scil wol tinke dat de mûle him ophinge het. De maag zal gaan denken, dat de mond zich heeft opgehangen (als men in lang niet gegeten heeft).

Folle praten makket de mûle wirch. Veel praten vermoeit den mond. — Men kan er door in moeilijkheden komen.

Hy het altyd de mûle yn 'e beide hannen. Hij heeft altijd den mond in beide handen. — Hij is voorbarig in het spreken.

Hy praet mei de mûle dêr 't er mei brij-yt. Hij praat met den mond, waarmeê hij brij eet. — Hij is een praatjesmaker.

Hy het de mûle forgetten. Hij heeft vergeten den mond meê te brengen. — Gezegd van iemand, die in een gezelschap weinig of niets spreekt, blijkbaar uit blooheid of onbeholpenheid.

It leit him yn 'e mûle. Het ligt hem in den mond. — Hij weet de dingen mooi te bespreken, maar is geen man van handelen. Ook: *It leit him foar yn 'e mûle,* hij bespreekt dat onderwerp nog al dikwijls, maar dat is alles.

In jown gûle sjucht me net yn 'e mûle. Een gegeven paard ziet men niet in den bek.

Hy kriget gjin genôch ear 't er de mûle fol modder het. De geldschraper zal nooit genoeg krijgen eer hij den mond vol aarde heeft (in het graf). — *Nei in deel jierren* (na een korter of langer tijdsverloop) *lizze wy allegearre mei dè mûle fol modder.*

De mûle hinget hjar yn 'e slinger. De mond hangt haar in den slinger. — Zij is zeer rap van mond, een babbelkous.

Dêr scille de ljue tige de mûle oer spiele. Daar zullen de menschen (de kwaadsprekers) duchtig den mond over spoelen (een afkeurend oordeel uitspreken).

Mei in wiete mûle stekt it bêst oan. Met een natten mond (onder 't gebruik van een slokje) steekt men 't lekkerst de pijp op.

Dou meist de mûle wol ris ûtspiele. Je dient je mond wel eens uit te spoelen. — Tot iemand die (vooral in bijzijn van vrouwen of meisjes) vuile praat uitstoot.

It spant om de mûle iepen to hâlden. Het geeft moeite om den mond open te houden (den kost te winnen).

mûs.

Dat is in mûs yn 'e moalpûde. Dat is een muis in den meelzak. — Een kind met veel te grooten hoed of muts.

De mûs yn 'e moalkiste mient dat er de mounler sels is. De muis in de meelkist meent dat zij de molenaar zelf is.

Dêr hab ik in mûske fen piipjen heard. Daar heb ik een muisje van hooren piepen. — Ik heb er iets van vernomen, maar 't is nog geheim.

Mûzen dy 't sa ier piipje, dêr wol op in dei de kat wol ris mei wei gean. Muizen, die zoo vroeg piepen, daar kan op een goeden dag de kat wel meê wegloopen,

Noait is er in mûs onder in heabult dea rekke. Nooit is er een muis onder een hoop hooi verpletterd.

As hy lilk wirdt is der yet gjin dea mûs bang. Als hij (een onbeduidend persoon) boos wordt, is er nog geen doode muis in angst.

De mûzen lizze dêr dea foar de spine. De muizen liggen er dood voor de spijskast. — Het is daar schraaltjes.

Hy sjucht troch njuggen mûzegatten. Hij ziet door negen muizengaten. — Hij is zeer nauwlettend.

As de bergen kealje wolle, den wirdt it keal in mûs. Als de bergen willen kalven, wordt het kalf een muis.

Hy is sa glêd as in pipermûs. Holl.: zoo kaal als een kerkmuis (geldeloos).

Dêr binne in bulte spynmûzen. Er zijn daar vele muizen die op de spinde azen (kinderen in het gezin, die gaarne eten).

mûtse.

Hy docht er mar in smeet mei de mûtse nei. Hij doet er maar een worp met de muts naar. — Hij raadt er maar in den blinde op los, zonder iets van de zaak te weten. Ook: *Hy slacht er mar in slach nei.*

It is sa fêst as in mûtse mei saun kielbânnen. Het is zoo vast als een muts met zeven keelbanden.

Hja het hwet onder 'e mûtse. Zij (die vrouw of meid) heeft iets onder de muts (is zwanger).

Hja kriget it onwaer onder 'e mûtse. Zij krijgt het onweder onder de muts (hare bevalling is in aantocht).

Hy het him yn 'e mûtse lûke litten. Hij heeft zich de muts over de oogen laten trekken (zich laten beetnemen).

Hja smiet him de mûtse ta. Zij wierp hem haar muts toe (gaf hem een kus).

Dêr is gjin smiten mei de mûtse nei! Daar is geen gooien met de muts naar! — Uitroep van verbazing.

Hy het in swiere mûtse op. Hij heeft een zware muts op (is bezorgd, ongerust over het een of ander).

Hy scil dêr dé sliepmûtse wol op krije. Hij zal daar (waar hij thans woont)

de slaapmuts wel op krijgen, moeten sterven. Meest van een predikant of schoolmeester voor wien geen uitzicht bestaat op een andere standplaats.

nacht.

It blinkt as in turffet by nacht. Het blinkt als een turfvat bij nacht.

It is nacht yn 'e nane. Het is nacht in de wieg. — De zaak staat duister.

It is binaud as 't by nacht komt. Het is benauwend als het bij nacht komt. — Schertsend gezegd van iets dat volstrekt niet erg is.

naeije.

Hja naeit mei in gleaune nille en in barnende tried. Zij naait met een gloeienden naald en een brandenden draad (zeer slordig en onsterk).

Sa 't knipt is moat it ek naeid wirde. Zooals het gesneden is, moet het worden genaaid. — Zooals het plan gemaakt is, moet het worden uitgevoerd.

Dat naeit oer in forkearde latte. Dat naait over een verkeerde lat (bij 't rietdekken); dat wordt verkeerd gedaan.

nij.

Nije tidingen en ferske leugens. Nieuwe tijdingen en versche leugens (brengt iemand meê die van eene reis terug komt).

Nije biezems feije skien. Nieuwe bezems vegen schoon.

Hy miende dat de pels nij wier. Hij meende dat de pels nieuw was. — Hij meende welkom te zullen zijn en hoopte tamelijk zeker op de bevrediging zijner wenschen. Gezegd als iemand het tegendeel ondervindt.

Nij gears is rij gears. Nieuw (zomer-) gras is niet zeer degelijk.

noas.

Dou siikkest mei de noas. Je zoekt met den neus.

Hy sjucht skean by de noas lâns. Hij kijkt schuins langs zijn neus (bedremmeld, teleurgesteld).

Immen hwet om 'e noas wriuwe. Iemand iets (onwelriekends) om den neus strijken (hem in bedekte termen iets onaangenaams zeggen, van iets beschuldigen).

Ik lit my gjin twaris by de noas krije. Ik laat mij geen twee maal bij den neus nemen.

Forsiz neat as dyn noas óf to biten. Zweer niets af dan je neus af te bijten.

Dy 't him sels yn 'e noas byt skeint syn oansicht. Wie zichzelf in den neus bijt, schendt zijn aangezicht. — Oudt: *Byt my de noas net óf! myn oansicht scoe skeind wirde.*

Hja is sa stjûrsk, dat er gjin mich op hjar noas bankje kin. Zij is zoo stuursch, dat geen vlieg het op haar neus kan uithouden.

Hy kriget it lid oer 'e noas, of leit mei 't lid oer 'e noas. Hij zal het deksel (der doodkist) over den neus krijgen of ligt met het deksel over den neus.

It is wol oan 'e noas to sjên dat de moer gjin einefûgel wêst het. Het is wel aan den neus (eener flinke meid b.v.) te zien, dat de moeder geen eendvogel is geweest.

It fel sit hem strak oer 'e noas. De huid zit hem strak over den neus. — Hij is gierig.

Dou kinst wol miene dat syn noas koeke is en alle dagen in jelne waechst. Je kunt wel meenen dat je neus koek is en elken dag een el groeit.

Dy 't onderst út 'e kanne ha wol, kriget it lid wol ris op 'e noas. Wie 't onderst uit de kan wil hebben, krijgt wel eens het deksel op den neus. — Wie al te begeerig is op winst, krijgt soms schade.

Hy moat in kaem op 'e noas ha. Hij dient een kam op den neus te hebben (beteugeld te worden als een weêrspannig paard in den noodstal).

Hy scoe earst gjin noas hawn ha, mar hy het it dôch yet in lytsen krige. Aanvankelijk was hem geen neus toegedacht, maar hij heeft toch nog een kleintje gekregen. — Van iemand, die een grooten neus heeft. — Ook: *Hy het net efter 'e doar stien, do 't de noazen omdeeld waerden.*

Hy sjucht net fjirder as syn noas lang is. Hij ziet niet verder dan zijn neus reikt. — Hij heeft geen doorzicht.

Myn âlde noas rûkt wol hwet. Mijn
onde neus ruikt wel iets. — Ik verneem wel dat er iets gaande is.

Ik ha 't wol yn 'e noas. Ik heb het
wel in den neus. — Ik begrijp wel
wat men in den zin heeft.

Ik ha dat net yn 'e noas. Ik denk dit
of dat niet te doen (toe te staan of
te laten doorgaan).

*Dy 't gjin houten noas het kin mar
rûke.* Wie geen houten neus heeft,
kan maar ruiken (n.l. als er steken
onder water worden gegeven).

Myn noas giet to gast. Mijn neus gaat
te gast (bij het vernemen der geuren
van lekkere spijzen).

Hy moat rounom op 'e noas bij. Hij
moet overal met den neus bij (bij
alles wat voorkomt een kijkje nemen).

Hy krige in noas fen in jelne lang. Hij
kreeg een neus van een el lang (hij
stootte den neus).

*Min hoeft in oar alles net oan 'e noas
to hingjen.* Men behoeft anderen niet
alles aan den neus te hangen (niet
alles te vertellen wat men weet).

*Rjucht-ût en krûm-om, den stiet je de
noas net.* Recht-uit en krom-om, dan
stoot je den neus niet.

nút.

Hy giet nei Gichem om nije nuten. Hij
gaat naar Gichem (denkbeeldig land)
om nieuwe noten. — Hetzelfde als:
hij gaat om zeep.

Dat jout nuten to kreakjen. Dat geeft
noten te kraken; daar zijn moeilijkheden aan vast. — *Dêr wirde nuten
kreake.* Daar wordt hevig getwist.

Dy de nút ite wol moat se kreakje. Wie
de noot wil eten, moet haar kraken.

oarloch.

*It is hjar skild net dat de oarloch sa
lang dûrret.* Het is haar schuld niet,
dat de oorlog zoo lang duurt (d.i. dat
zij zoo lang ongetrouwd blijft). —
Van een meisje dat niet meer jong,
maar blijkbaar wel trouwlustig is, doch
geen aanzoek krijgt.

*Dy 't neat skele kin is goed yn 'e oar-
loch.* Wie onverschillig is (dus ook
omtrent zijn leven) is geschikt in den
oorlog.

Hja meitse in oarlochslibben. Zij maken
een oorlogsleven (leven als een oordeel).

*Min forliest safolle oan 'e lonte as min
mei de oarloch wint.* Men verliest
zooveel aan de lont, als men met den
oorlog wint.

ongelok.

In ongelok leit soms op in lyts plakje.
Een ongeluk ligt soms op een klein
plekje (ontstaat wel uit eene geringe
oorzaak).

It iene ongelok forwachtet it oare net.
Het eene ongeluk wacht het andere
niet af.

*Ongelokken en twieljen komme selden
allinne.* Ongelukken en tweelingen
komen zelden alleen.

personen.

*Mei 't heechliet fen Salemon útgean en
mei de klaechliederen fen Jeremyas
thús komme.* Vroolijk en lustig uitgaan, arm en berooid terug komen.

*Mei gemak sei Goffe Roorda, en hy krige
in fûst yn 't each.* Met gemak, zei
G. R., en hij kreeg een vuist in 't oog.

*Min kin for altyd net soargje, sei baes
Fetse, do 't er tynge krige, dat de nije
oun, dy 't er krektsa for de bakker
opmitsele hie, ynfallen wie.* Men kan
voor altijd niet zorgen, zeî baas Fetse
(de metselaar), toen hem bericht werd,
dat de pas door hem opgemetselde
bak-oven was ingestort.

*Dou pleagest my mear as de drommel
Jop.* Gij plaagt mij meer dan de
duivel Job. — Ge maakt het mij erg
lastig.

*Straf moat er wêze, sei gleaune Wiltsje,
en hy iet de berns iten op.* Straf moet
er zijn, zeî gloeiende Wiltje, en at het
eten zijner kinderen op.

*Sa kin 't ris gean, sei Freark, en hy
kaem op hoasfoetlingen fen 't iis.* Zoo
kan het eens gaan, zeî Frits, toen hij
op de kousen langs het ijs had geloopen.

Séla! sei Davyt en hy naem in bitterke.
Sela! zeî David en hij nam een bittertje.

*Hy is koppich en balearich, lyk as Jan
Edzes, dy woe gjin brij ite, do 't er
dea wie.* Hij is koppig en baloorig

als Jan Edzes, die wou geen brij eten, toen hij dood was.

Stinnen is 't heale wirk, sei Ulespegel. Steunen is 't halve werk, zeî Uilenspiegel. — Men zegt dat Uilenspiegel, toen hij dit gezegde van een slootgraver hoorde, op den wal ging zitten steunen en aan het einde van den dag het halve loon vorderde.

Ik ken him wol út tûzen Drinten. Ik ken (of herken) hem wel onder duizend Drenten. — Hierin ligt eene aardigheid. Niet alleen de tweebeenige Drentenaren, maar ook de kleine zwarte drentsche schapen noemt men in Friesland altijd *Drinten.*

Bitrou gjin doopte Joad en gjin bisneine Kristen. Vertrouw geen gedoopten jood en geen besneden christen.

Blauwe Fedde stiet om 'e doars-herne. Blauwe Fedde (de dood) staat om den hoek der deur.

Doch njuggen-endnjuggentich kear goed, mei de hondertste krigest de flok op 'e hals, sei Jonker Ipe. Doe negenennegentig maal goed, met de honderdste krijgt ge den vloek op den hals, zeî Jhr. Epo Sjuck van Burmania (die de rechterhand was van den frieschen stadhouder Willem IV, doch na diens dood miskend werd).

't Is in boeltsje! sei Roeltsje, myn dochter wol de man net ha. Het is een boeltje! zeî Roeltje, mijne dochter wil haar man niet hebben.

Dat is troffen, sei Tyske Flips, en hy hie syn wiif yn 'e toatebel. Dat is getroffen, zeî T. F., en hij had zijne vrouw in de totebel.

Hwet is 't in boel mei Baeije! tachtich pillen ynnomd en yet gjin trochgong. Wat staat het erg met Baukje; zij nam tachtig pillen in en heeft nog geen ontlasting. — *Hwet is 't in boel mei Baeije! it potsje stikken en de mâlke wei,* het potje stuk en de melk weg.

Hjir Hantsje, disse jonge scil dines wol wêze, sei de kreamheinster. As jy it sizze, Hike, scil 't sa wol wêze, sei Hantsje — trije wike nei syn troudei. Ziehier, Hans, deze jongen zal de uwe wel zijn, zeî de baker. Als gij het zegt zal 't wel waar zijn, zeî Hans, — drie weken na zijn huwelijk.

Dat is dêr oan ta, sei Age Jaeijes, en hy mende de wein yn 'e sleat. Dat is tot daar aan toe, zeî A. J., en mende den wagen in de sloot.

Dat is my neat to fet, sei Sjoerdom, do 't er syn prûk yn 't sop bisea. Dit is mij niets te vet, zeî Sjoerd-oom, toen hij zijne pruik in de soep bekookte.

Hy wit him der by to foegjen as bollebakkers Jan. Hij weet er zich bij te schikken als bakkers Jan. — Deze Jan was een snaaksche bakkersknecht, die zich eens liet gebruiken als gewaanden zieke om een testament te maken ten huize van een rijkaard, die in een andere kamer op sterven lag en zijn nicht, die tegen zijn zin was getrouwd, niets wilde laten erven. Jan maakte haar tot universeel erfgenaam, behalve dat aan bollebakkers Jan duizend gulden werd gelegateerd. Zoo was het nu eigenlijk niet gemeend, maar het testament was wettig en men diende Jan te ontzien.

It is yet al goed dat de lytse de greate net yn 'e bûsse hoeve to krûpen, sei 't lytse geuske. Het is nog al goed, dat de kleinen de grooten niet in den zak behoeven te kruipen, zeî het kleine geusje. — Upko van Burmania droeg bij zijne tijdgenooten den naam van *it lytse geuske,* omdat hij klein van persoon was en een groote rol speelde in de beweging der kerkhervorming.

In goed Fries het gjin ongelok of hy het er in gelok by. Een goede Fries heeft geen ongeluk, of hij heeft er een geluk bij.

In goed Fries is altyd forkâlden. Een goede Fries is altijd verkouden.

In goed Fries biedt de helt. Een goede Fries biedt de helft. — Gezegd als iemand, die iets te verkoopen heeft, daarvoor veel te hoogen prijs vraagt.

Moar Ok wachtet it lok ta de skoarstien yn. Moeder Ok verwacht het geluk den schoorsteen in. — Zij hoopt op zegen zonder zich in te spannen. — Ook: *Aldmoar Ok kôket it lok ta de skoarstien út,* kookt het geluk ter schoorsteen uit; zij smult te veel.

Maikmoai wirdt helle. Maaikemoei wordt gehaald — een duivelbanner bij een betooverd kind.

Miggeltsjemoai is mei him dwaende. Het kwaad geweten verontrust hem.

Hy is in Piter Aldehou; hy stiet sa fêst as de Aldehou. Een man uit één stuk. Zie I, 111.

Lit üs elkoar gjin Lütsen neame. Laten wij elkaar geen Luitsen noemen. — Laat ons openhartig met elkander omgaan.

Mear smoar! sei bline Piter, en hy hie in gat yn 'e panne. Meer vet! zeî blinde Pieter, en zijn bord was lek.

Min onderfynt al hwet! Sei Wytse Boates, en syn wiif hie 't sinewetter yn 'e hakke. Men ondervindt nog al iets, zeî W. B, toen zijne vrouw het peeswater in de hiel had.

Mei goed folk is 't goe dwaen, sei de koster, en teach üs Ljeave frou de rôk üt. Met goed volk is 't goed te doen hebben, zeî de koster, en trok O. L. Vrouw haar rok uit.

Min kin wol ienris tsjin in hear tarre, sei Jelke, en kocht in pikelhearring. Eénmaal kan men wel tegen een heer vertering maken, zeî J., en kocht een pekelharing.

Moarn ek ite, sei Douwe Bouwes. Morgen ook eten, zeî D. B. — Maakt men vandaag alles op, dan heeft men morgen niets.

Salemons wysheid en Simsons kreft (kracht). — Gezegd van iemand, die zich veel inbeeldt.

Sa goed as Geartsjemoai, hja kocht in groubôlle en iet him sels op. Zoo goedgeefs als Geertjemui; zij kocht een brood en at het zelf op.

Hy is in Roble Joukes, hy hakket er nuver yn om. Hij is een onbesuisde man, die steeds te ruw en voortvarend, zonder bezadigd overleg te werk gaat.

Hark, hark! sei dôre Japik, der rint in müs op hoasfoetlingen de souder lâns. Hoort, hoort! zeî dove Japik, er loopt een muis op haar kousen over den zolder.

Bonifacius hie ek in liefje, sei de pryster fen Balk. Bonifacius had ook een minnares, zeî de priester van Balk (die te intiem met zijn huishoudster omging).

Binne myn skiep al wer nei de raem? zei dominy Jellema. Zijn mijn schapen al weder naar den ram? zeî dominé

J. — Deze predikant te Makkinga was bij velen zijner gemeentenaren niet gewild; zij gingen liever op een naburig dorp onder het gehoor van dominé Ram.

Dat hy net yn 'e holle het, dat het er op 'e rêch, sei master Salemon fen Skernegoutum. Wat hij niet in het hoofd heeft, dat heeft hij op den rug; (n.l. de hooggerugde, niet zeer snuggere predikant van het dorp).

Dat ha jy woan (gewonnen) boargemaster, sei Jan Gelfs. Deze Jan Gerlofs dong naar een stadspost en ging toen met den burgemeester een weddingschap aan om honderd gulden, dat hij den post *niet* zou krijgen. En de burgemeester werd winnaar.

Hy ropt fen „hearring" foar Sint Jan. Hij roept van haringen vóór Sint Jan (24 Juni, dus te vroeg). — Hij is te voorbarig in het spreken. Ook: *Rop nin „hearring" earst se yn 't net heste.* Roep geen haringen voor gij ze in het net hebt.

As 't sakkrement komt op Sint Jan, o wé dan! Valt de H. Sacramentsdag in op St. Jan, dan zal 't er treurig uitzien.

Wolle jimme goede rapen ite, dan moatte jim de tiid fen Sint Lourens wite. Wie goede knollen wil eten, dient den tijd van Sint Lourens te weten.

Sint Piters dei, den griennet de wei, den keallet de kou, den bakt min strou, den leit de hin, den giet it de hüsman nei syn sin. Sint Pietersdag, dan groent de weg, dan kalft de koe, dan bakt men pannekoeken, dan legt de hen, dan gaat het den huisman naar zijn zin.

Sint Japik komt it op 'e âlde rammen oan. Omstreeks Sint Jacob (25 Juli) pleegt men de geweide rammen, die eerst als fokrammen hebben gediend, te slachten. Vgl. I, 293.

As 't allinne de addytsje is, den wier 't in moaije deade; mar dy substraksje en dy dewyzje! den rint it yn 'e gebrekken, sei Wytse Foppes. (Zie I, 88). — Wanneer 't alleen de optelling is (n.l. bij 't aanvaarden eener erfenis), dan ware het een mooie doode, maar door die aftrekking en die deeling loopt het in de breuken. — It is in moaije ook: *in bliere deade* — of: *hy is moai bistoarn*, zegt men wanneer het lijk met een zachten glimlach op het gelaat in de kist ligt, zie II, 243; fig. wanneer hij mooi wat heeft nagelaten. — Men spreekt ook van *in wyndeade*, een wijndoode, wanneer de erfenis zoo is dat er een goed glas wijn op staan kan. Valt er niets te erven, dan is het *in waeideade*, een weidoode; dan mag men wei drinken, als men 't verkiest.

De ginst for de gave, sei Lubbert Lykles en hy joech de prins twa nuten. De gunst voor de gift, zeî Lubbert Lykles (Lycklama), en hij schonk den prins twee noten.

Deugd allinne makket wiere adel, sei Lykle Eabeles. Deugd alleen maakt ware adel, zeî Lijckle Æbeles Lycklama à Nijeholt (die leefde in het begin der 16e eeuw).

Sje sa! sei moai Anke, dêr bin 'k for in klinkert wer ôf. Zie zoo! zeî mooi Anneke (toen zij zekere zonde gebiecht had), daar ben ik voor een klinkert (oude munt van 18 stuivers) weêr af.

In kearel as Karst, en Karst wie in kearel as in onderdoar, hy sprong oer in strie oft neat wie. Een kerel als Kerst, en Kerst was een kerel als een onderdeur, hij sprong over een stroo of 't niets was.

Drusus spikere se de hoed op 'e holle, dy him net earden. Drusus spijkerde hen, die hem niet eerden, den hoed op het hoofd vast.

De Friezen binne hearen, het keizer Karel sein. De Friezen zijn heeren, heeft keizer Karel gezegd. Zie I, 111.

Dat wist Jan Hindriks yn sechstienhonderttweintich wol. Dat wist Jan Hendriks in 1620 wel. — Dit wordt iemand toegevoegd, die iets komt vertellen wat iedereen reeds wist. Jan Hendriks was een wis- en sterrekundige.

De Friezen habbe yn ien nacht in brêgge lein (brug gelegd). Voor de Friezen neme men hier het vriezen, de wintervorst, en de brug is het ijs. — Vriest het met aanhoudenden oostenwind, dan zegt men: *De Eastfriezen binne yn 't lân;* de Oostfriezen zijn in het land.

De hikken binne forhinge, sei Jarich Hottinga, earst wier ik, en nou is myn wiif baes. De hekken zijn verhangen, zeî J. H., eerst was ik en nu is mijne vrouw de baas.

Hja binne er ût roan as Lot ût Soadom. Zij zijn er uitgeloopen als Lot uit Sodom. — Meest gezegd van lieden, die eene woning hebben verlaten in zeer slordigen staat.

Better to draeijen as to tommeljen, sei Sjoukebaes. Beter te draaien dan te vallen, zeî Sjoukebaas.

Better is better, sei Styn en hja struide sûker oer de sjerp. Beter is beter, zeî Stijn, en zij strooide suiker over de stroop.

It scil wol komme, sei Doeke, mar hy moast it yet helje. Het zal wel komen, zeî D., maar moest het nog halen.

In peal mei in prikke is in Wâldmans hikke. Een paal met een dunnen stok is een Woudmans hek. — Op den frieschen zandgrond, waar veel houtgewas is, maakt een boer soms een landhek van palen en stokken, zooals ze gegroeid zijn. De kleiboer steekt daar den draak meê.

In iwich bargehok, sei Jaijer, en 't briek de oare deis. Een eeuwig varkenshok, zeî J., en het brak den volgenden dag.

Ik scil meitse dat 'k foart kom, sei Klaes, en hinge him op. Ik wil maken dat ik weg kom, zeî K., en hing zich op.

Al hwet Willem hjit komt raer oan 't ein. Al wat Willem heet heeft een noodlottig uiteinde. — Dit sprw. ontstond in 1711, toen prins Jan Willem Friso was verdronken. Men herinnerde zich daarbij onderscheidene Willems uit het huis van Oranje en uit het grafelijk tijdvak, die noodlottig waren omgekomen.

As de Hollânners fen Kenau blaze, den blaze de Friezen fen Bauk. Roemen de Hollanders op Kenau Hasselaar, dan roemen de Friezen op Bauk (de echtgenoote van den Schieringer edelman Doeke Hemmema, welke vrouw in 1496, bij afwezigheid haars echtgenoots, de Vetkoopers en Groningers, die hare stins belegerden, tot driemalen toe, met slechts twintig man afsloeg).

Billert en Wab, Koster en Lolk, 't is ien folk. Siger en Ded op ien bêd. 't Is al één rommelzootje.

Cam het mei Noach yn 'e arke wêst. Cham is met Noach in de ark geweest. — Zinspelend werd dit toegepast op het overoude friesche geslacht van Cammingha. Van een voorwerp, in zijne soort zeer oud, zegt men nog: *Dat het mei Noach yn 'e arke wêst.*

Ik bin 't onrêst kwyt, sei Japik; hy hie syn klok forkocht en syn wiif weijage. Ik ben mijn onrust kwijt, zeî Japik; hij had zijn huisklok verkocht en zijne vrouw weggejaagd.

It is Jan Brieltsjes goud. Het is valsch goud (genoemd naar zekeren Jan Brieltjes, die valsch geld maakte). — Ook: *Grinzer goud*, Groninger goud. — Toen het dragen van oorijzers ook in Groningerland algemeen was, had men ze daar veel meer dan in Friesland van nagemaakt goud.

Jimme scille yet ris fen heechmoed forgean, sei de pastoor, do Tryn Plof mei nije klompen oan yn 'e tsjerke kaem. Jelui zult nog van hoogmoed vergaan, zeî de pastoor, toen Trijn Plof met nieuwe klompen aan ter kerk kwam.

It is kuit! sei baes Hearre, en hy hie gjin. Het is kuit (larie) zeî baas Herre en hij had geen kuiten.

Dat skaedt Jupiter mei syn bliksemskacht, sei jonker Frans. Dat scheide Jupiter met zijn bliksemschicht, zeî jonker F. — Wanneer er vroeger tusschen boeren en jagers verschil ontstond over de uitgestrektheid van het veld, waarop gejaagd werd, dan dronk men gewoonlijk het zaakje af met een glas jenever: dit heette bij die gelegenheid de bliksemschicht van Jupiter.

Klopje mei Jeremyashannen. Kloppen met Jeremiashanden (bulderend, ook klagend uitvaren).

De lêst moat er út, sei Wobbelmoai, en hja sprong op krukken. De last moet er uit (de zorg moet van 't hart), zeî Wobbelmoei, en zij sprong op krukken.

In Hollânner seit meer às er wit, in Fries minder. Een Hollander zegt meer, een Fries minder dan hij weet.

It boekje mei, sei Graafsma. Het kerkboek meê, zeî Graafsma (een katechiseermeester, die voor heel geleerd doorging en altijd zijn kerkboek bij zich had, als hij een prediker ging hooren, dien hij verdacht hield van onzuiverheid in de leer).

Heljen en bringen kostet jild, sei Tryn; hja hie trettsien bern hawn en dêr saun fen op 't tsjerkhôf brocht. Halen en brengen kost geld, zeî Trijn; zij had dertien kinderen gehad en zeven daarvan op het kerkhof moeten brengen.

Hja binne sa great as houten Teunis en de grytman, dy fochten de moarns saunkear foar iten. Zij zijn zoo eendrachtig als houten Teunis en de grietman, die vochten zevenmaal des morgens vóór het eten.

Al reek! sei hear Rienk. Alles rook! zeî heer Rienk (niets van beteekenis).

Haestige Marten wie in trekskipper. Haastige Marten was een trekschipper. — De mansnaam Marten wordt in 't Landfr. gelijk uitgesproken als het ww. *moatten* = moeten. — Men zegt ook: *Moatten-om sit er efter.* Het moeten (de noodzakelijkheid) zit er achter. Ook: *Moatten is in strang hear.* Moeten is een streng heer.

To mar! sei Sjoerd, moarn ha wy wer neat. Toe maar (doe je best, met eten) zeî S., morgen hebben we weêr niets.

Hy siikket om Paulus mês. Hij zoekt naar Paulus' mes (naar iets wat niet te vinden is).

Hy is sa geleard as de latynske hear Aern, dy 't A-Bie koe. Hij is zoo geleerd als de latijnsche heer Aern, die 't A-B kende. — Op een dommen pastoor te Wyns.

Hy is Bauke, of *Bauke binnen.* Hij heeft den buit binnen. — Hij is Bauke beteekende vroeger ook: Hij is dood.

Sa nijsgjirrich as Aechje fen Inkhuzen. Zoo nieuwsgierig als Aachtje van Enkhuizen (zeer nieuwsgierig).

Hja stjûrden my fen Herodes nei Pilatus. Zij zonden mij van Herodes naar Pilatus (lieten mij van den een naar den ander loopen, zonder dat ik er meê geholpen werd).

Hy het nin lyk sint Skerne Wibe dead.
Hij heeft sedert den dood van Scherne
Wybe zijns gelijke niet (deze was een
man als hij, maar anders niemand).

*Al njunkelytsen komt Piter yn 'e broek
en Harmen yn 't wammes.* Al van
lieverlede komt Pieter in den broek
en Harmen in het wambuis.

*Alles moat in ein ha, sei Okke, en hy
biet in kreakeling troch.* Alles moet
een einde hebben, zeî Okke, en beet
een krakeling door.

*Mei Moazes en de profeten is min oeral
klear.* Met Mozes en de profeten
(geld) komt men overal klaar.

Dat is in greaten Rodger yn 'e helge.
Dat is een groote Rodger (hoofd-
personaadje) in de heiligenprent (een
heele bram). — Men zegt het nog te
Warns, zie I, 49.

Hy sit er op as Meile op 'e sûch (zeug).
Hij zit lomp en leelijk, b.v. te paard.

It is Piter ût en Piter thús. Zoo als
Pieter uitging komt hij tehuis. — Er
is bij de onderneming niets gewonnen
en niets verloren. Ook: *Lyk ût en thús.*

*Harke siet op 'e tsjerke, hy harke sa
lang dat him 't ien ear ôffoel.* Harke
zat op de kerk, hij hoorde (luisterde)
zoo lang, dat hem een oor afviel. —
Woordspeling, beschimping van luis-
tervinken.

*As ik in kearel wier, sei Berber, hwet
scoe 'k den sûpe, do dronk se in romer-
fol anys op.* Ware 'k een man, zeî
Barber, wat zou 'k dan pooien, toen
dronk ze een romer anijs uit.

*Ik woe dat ik dêr oan hinge, sei Sjamme,
do seach er in keppel gies fleanen.*
Ik wenschte daaraan te hangen, zeî
Sjamme, toen hij een troep ganzen
zag vliegen.

pyk.

Dat pykje sit lang yn 'e dop. Dat kui-
kentje zit lang in den dop. — De
volvoering van dat plan, de uitslag
dier zaak, laat lang op zich wachten.
— Ook: *It pykje sit yet heal yn 'e
dop.* De zaak is nog maar ten halve
afgedaan, men weet er 't rechte nog
niet van.

It jongste pyk ût it nêst. Het jongste
kuiken uit het nest (het jongste kind
des huizes).

Hy is mar just ût 'e dop. Hij is pas uit
den dop (nog een piepjong kuiken). —
Van een nog baardeloos jongeling.
Ook: *Hy is yet yn 't poddehier;* pad-
denhaar, het eerste dons der pasgeboren jonge vogels.

pikelhearring.

*Twisken twa stjonkende pikelhearringen
is net folle onderskie.* Tusschen twee
stinkende pekelharingen (twee deugnieten) is geen groot verschil.

Hy set in boarst as in pikelhearring.
Hij zet eene borst als een pekelharing
(hij wil een trotsche houding aannemen,
maar heeft er den slag niet van).

Hy het in lûd as in pikelhearring. Hij
heeft eene stem als een pekelharing.

piper.

*Dy 't folle piper het, dy piperje syn
beane.* Die veel peper heeft, pepere
zijne boonen.

De brune piper is de béste. De bruine
peper is de beste. — Gezegd om eene
bruin-oogige te vleien.

planke.

Hy is de planke mis. Hij is de loopplank misgeloopen. — Hij dwaalt, of
schiet een bok.

Hy lûkt de planke ôf. Hij trekt de
loopplank terug (belet dus alle toena-
dering, wil van geen onderhandeling
meer weten).

Sa ticht as in planke. Zoo dicht (en
stevig) als een plank.

pleagen.

*Do 't de plichten ût wieren kamen de
pleagen oan.* Toen de plichten (eig.
wat placht te zijn) uit waren kwamen
de plagen aan. — Antwoord aan iemand
die zegt: *It plichte* (placht) zus en
zoo, te zijn — veel beter dan thans.

*Wieren der gjin sonden, der wieren gjin
pleagen.* Waren er geen zonden, er
waren geen plagen.

poat.

Hy giet op syn efterste poaten stean.
Hij gaat op zijn achterste pooten
staan. — Hij toont zich weêrspannig,
biedt iemand zijn hoofd.

Hy moat poat-oan. Hij moet poot-aan (d.i. werken).

Hy kin op syn poat sûge. Hij mag op zijn poot zuigen. — Hij krijgt niets te eten of te drinken.

„Kom, hazze, slikje my de poat !" — sa giet it net. „Kom, haas, lik mij den poot!" — zoo gemakkelijk gaat het niet. (De hazewind moet zich inspannen om den haas te vangen).

poat, pôt.

As de poat ienris stjonkt, den stjonkt er altyd. Stinkt de pot eens, dan stinkt hij altijd. — Wie eenmaal in een slechten reuk staat, kan 't niet gemakkelijk goed maken.

Hy kin dêr in potsje brekke. Hij mag daar een potje breken (kan het niet spoedig bederven).

Dat is in rare poat iten, een leelijke potnat, een mensch met onaangename hebbelijkheden.

Hja prottelt as in poat mei earte. Zij pruttelt als een pot met erwten (die zachtjes kookt). — Zij zeurt aanhoudend over alles.

De pôt forwyt de tsjettel dat er swart is, en hja binne beide net skien. De pot verwijt den ketel dat hij zwart is, en beide zijn ze niet schoon.

Hy fortart de pot. Hij verteert den pot (wordt het kind van de rekening).

De poat is oanbarnd. De pot is aangebrand (de meid is zwanger).

Lytse potten rinne gau oer. Kleine potten loopen spoedig over. — Kleine verstanden zijn lichtgeraakt en opvliegend.

Oeral fynt min britsene potten. Overal vindt men gebroken potten (ontmoet men iets wat niet is zoo 't behoort).

Potskrabbers komme net yn 'e himel. Potschrapers komen niet in den hemel (n.l. de werktuigen waarmeê men potten schrabt).

Lij net! de pôt hâldt fiif mingelen. Lijd niet, de pot houdt vijf mengel (er is dus voorraad).

Dêr syn poat wâlt, dêr syn kravel falt. Waar zijn pot walmt en zijn uitwerpsel valt, daar heeft hij zijne rechten en plichten. (Oud.)

Ik hâld my oan Otsje; der is nin sa briken potsje of der past wol in lid ta. Ik houd mij aan Otje, er is geen potje zoo scheef of er is wel een passend deksel voor. — Ook: *Der is gjin pôt sa bryk of der is in deksel lyk.* Er is geen pot zoo scheef of er past een deksel op.

Die 't in wedenaar mint, die 't potten en pannen vindt. (Stadfr.) — Trouwt een meisje met een weduwnaar, zij vindt de huishouding in gereedheid.

pod.

Min kin in pod sa lang wol traepje, dat er kwat. Men kan een padde wel zoo lang trappen, dat zij berst (een geduldige wel zoo lang tergen, dat hij driftig wordt).

Dy jiffer blinkt as in pod by nacht. Die juffer blinkt als een padde bij nacht (zij is volstrekt geen schoonheid).

Hy forkomt er op as in pod op 'e kluten. Het gaat hem vooruit in de wereld, maar! als een pad op de kleikluiten. — *It eint as in pod op 'e kluten.* Het vordert als een padde op de kleikluiten. — Ook: als een padde in den maneschijn.

Figen to peaske en podden yn 'e maei. Vijgen op paasch en padden in Mei (beide ontijdig).

Spij, pod, fen my! Heilich krús oan my. Spuw, padde, van mij af! Het heilige kruis heb ik aan mij. — Denkelijk eene spook- of duivelbezwering.

poep.

Poepen, poepen binne n't djûr, fiif-entweintich for in stûr, hondert for in oartsen, dêr rinne de bern mei to boartsjen. Poepen, poepen zijn niet duur, vijfentwintig voor een stuiver, honderd voor een oortje. Daar loopen de kinderen meê spelen. — Kinderrijm.

Hy is fen poepe-aeijen ûtbret. Hij is van duitsche (althans van geen friesche) afkomst.

Ik ha sa'n honger as in poep. Ik heb een honger als een mof.

Nou kin'k tsjin in hongerich poep wol festje. Nu kan ik tegen een hongerigen mof wel vasten (zegt iemand die pas goed gegeten heeft).

Op Jan poeps plak sitte. Achteraf op de minste plaats zitten (in een gezelschap, in de kerk, enz.)

Nou ha wy de poepemars. Nu hebben we den poepenmarsch (wanneer eenige wandelaars wegens de smalheid van het voetpad genoodzaakt zijn achter elkander te loopen). — Ook: *Nou ha wy in joadske bigrafenisse.*

Elk syn smaek, sei de poep en hij iet figen mei moster. Ieder zijn smaak, zeî de mof en at vijgen met mosterd. — Ook: *Hy iet figen for 'e toarst.*

De poep forseach him yn 'e moanneskyn; hy miende dat it in pikelhearring wier, en 't wier in pod, dy 't er opfriet. De mof verkeek zich in den maneschijn; hij meende een pekelharing op te peuzelen en 't was een pad.

Et sitzt der wol in, man's wol der nich oet, sei de poep, do hied er de bibel opfretten. De mof had den bijbel opgevreten om zich voor de catechisatie te bekwamen, maar toen 't er toe kwam, wist hij nog niets.

Ik woe wol dat 'k thús wie, sei de poep, do 't er ophinge wirde scoe en frege waerd oft er ek yet in bigear hie. Ik wenschte wel thuis te zijn, zeî de mof toen hij gehangen zou worden en gevraagd werd of hij soms nog eene begeerte had.

Hy het in konsjinsje as in poepehoas. Hij heeft een geweten zoo rekbaar als een wollen moffenkous.

Wen de poep hier komt in 't land, o! hy is soo'n nobele kwant; hy licht syn hoed, hy strykt syn foet, hy is foor alle mensen goed. Maar wen hy komt tot hooger staat, hy is foor alle mensen kwaad; hy licht geen hoed, hy strykt geen foet: de duvel doe de poepen goed.

Ik kin wol oargelje, mar net fingerje, sei de poep. Ik kan wel orgelen, maar niet vingeren, zeî de mof (het orgel wel geluid doen geven, maar geen melodie maken).

pomp, pompe.

Rin nei de pomp en sûp wetter! Loop naar de pomp en zuip water! — Loop naar de maan!

Pompe of forsûpe! pompen of verzuipen! — Al het mogelijke doen of verloren gaan.

Hy moat mei pompen boppe wetter bliuwe. Hij moet met pompen boven water blijven. — Met geneesmiddelen en doelmatig voedsel moet hij zijn zwak lichaam op de been houden, met kunstmiddelen zijne achteruitgaande zaak slepende houden.

Hâld dy mar dom, den bist frij fen pompen. Houd je maar dom, dan ben je vrij van pompen. — Zoek maar voorwendsels om aan het werk te ontkomen.

Hy wit fen wize noch pompstok. Hij kent de zangwijze niet en weet aan den pompstok staande geen maat te houden. — Hij is voor niets bruikbaar. Op een groot schip pompt men op de maat en zingt er wel eens bij. — Ook: *Ik wit fen ûre noch pompstok,* ik weet op geen uur na hoe laat het is.

pong.

Elk moat mei de pong to rie gean. Ieder dient met zijne beurs te rade te gaan.

Hy hâldt de knoop op 'e pong. Hij houdt de knoop op den buidel (is afkeerig van gelduitgeven).

In lege pong moannet bêst. Een ledige beurs maant het best. — Iemand, die geldeloos is, klopt bij zijne schuldenaars aan.

Frijers habbe gjin bân op 'e pong. Vrijers hebben geen gesloten beurs (als ze 't meisje kunnen believen).

Dy 't net donget dy 't net ponget. Wie zijn land niet bemest, krijgt geen geld in de beurs.

Hy het de kramp in 'e pong. Hij heeft geldgebrek.

Ik bitelje mei de pong, dy 't fen 'e frucht dwaen moat kin net libje. Ik betaal (de landhuur) uit mijn buidel; wie 't (na een slechten oogst) van de opbrengst der vruchten doen moet, kan niet leven.

De iene toppet, de oare klaut krekt sa lang as de pong hwet jout. De een plukt (palmt in), de ander tast in de beurs zoolang er wat in is (om uit te geven).

In folle pong in rom hert. Een gevulde beurs, een opgeruimd gemoed.

Hy fynt de rekken onder yn 'e pong. Hij vindt de slotsom zijner rekening onder in den geldzak. — Is hij onbeschroomd in 't uitgeven, dan schiet hij in 't einde te kort.

Hy rekkent mei de pong. Hij houdt geen boek, maar leeft van zijne ontvangsten en wat er ten slotte overblijft is voor zijn leverancier, huisheer of geldschieter (niet zelden te weinig).

As er syn pong yn 'e wyn op smyt scil er net fier fleane. Als hij zijn buidel tegen den wind werpt, zal deze niet vervliegen (omdat er weinig of niets in is).

It giet út pake pong. Het gaat uit grootvaders beurs (voor rekening van rijk, provincie, gemeente of kerk).

Dêr myn pong op giet, dêr rikt myn skoarstien. Waar mijne beurs open gaat, daar rookt mijn schoorsteen.

praet, prate.

Dy 't folle praet moat folle wier meitse. Wie veel spreekt, moet veel kunnen bewijzen.

Dy 't onder 'e skoarstien sit (of stiet) het frij praten. Wie onder den schoorsteen zit (of staat) mag vrij-uit zijn meening zeggen. — Toen men nog de ouderwetsche wijde schoorsteenen had, was het hoekje van den haard eene eereplaats.

It moat in goed prater wêze, dy 't in stilswijer forbetterje scil. Het moet een goede spreker zijn, die 't een zwijger verbeteren kan.

Praten is neat, mar dwaen is in diny. Praten is niets, doen is het ware.

Syn moarnspraet en jounspraet komme net oerien. Wat hij 's morgens zegt, spreekt hij 's avonds tegen. — Hij is geen man uit één stuk.

As der in prater is moat er ek in harker wêze. Heeft men een prater (bezoeker), dan moet er ook een hoorder zijn (die zich met hem onderhoudt).

Dêr 't neat fen oan is komt ek gjin praet fen. Waar niets van waar is, daar zal geen spraak van komen.

Toalve fiifstûrstikken en syn praet makket krekt trije goune. Twaalf kwartjes en zijn gepraat maken juist drie gulden.

In oar fen 'e stoel prate en der sels op sitten gean, dat is de kinst. Een ander van den stoel praten en zelf er op gaan zitten, dat is de kunst.

Hy praet ear 't him de tosken útwoechsen binne. Hij spreekt eer zijne tanden volwassen zijn (wil meêpraten over iets, waarvoor hij nog veel te jong is).

Hy is net op 'e mûle fallen, do 't tiid wier om praten te learen. Hij is niet op den mond gevallen, toen zijn tijd er was om praten te leeren.

Dat binne praetjes dêr 't de lommert gjin jild op jout. Dat zijn praatjes waarop de lombard geen geld schiet (nietswaardige praatjes).

Prate mei de mûle en de hannen thús hâlde. Praten met den mond en de handen tehuis (wel een praatje, maar geen vrijpostigheid). — Een meisje tot een verliefden knaap.

In praters-ûre is gau om. Onder druk gepraat snelt een uur spoedig heen.

Min kin alles sonder praten net sizze. Men kan alles zonder spreken niet zeggen. — Eig.: men moet niet alles zeggen wat men weet.

prikke.

Wy moatte mar ris prikken yn 't wirk sette, pogingen aanwenden (om iets te bekomen of te bevorderen), — *Sa steane de prikken nou yn 't wirk.* Zóó staat het nu met het werk (of de zaak).

Syn prikke is nou fol. Zijn kerfstok is nu vol. Zie I, 399.

Hja foel fen 'e prikke; ook: *Hja foel fen 't stokje.* Zij viel van het stokje; spottend voor: zij viel in zwijm (als een vogeltje, dat in de kooi op het stokje zittende bezwijmt en er af valt).

rêch, rich.

It spil leit op 'e rêch. De zaak ligt op den rug (is in verval).

De rêch is him al britsen. De rug is hem reeds gebroken. — Hij kan zijne zaak niet meer naar eisch drijven.

Ik lit dat mar stil by de rêch delglide. Ik laat dat maar stilletjes bij den rug neêrglijden (het zaakje maar doodbloeden).

II.

25

Hy wirdt dêr om op 'e rêch oansjoen.
Hij wordt (om zeker gevalletje) op
den rug aangezien (niet meer zoo geacht als vroeger).

In rêch as in barte, een breede forschgebouwde rug.

Hy kin 't wol rêgje, wel met den rug
dragen. — Hij is rijk genoeg om belangrijke sommen aan iets te besteden; ook: om wel eens schade van
eenige beteekenis te kunnen lijden.

Hy is stiif yn 'e rêch. Hij is stevig in
den rug (heeft veel geld). — Ook:
Hy is in man mei in rêch. — Ook:
Hy het in slach yn 'e rêch, loopt flink
rechtop met ingetrokken rug. Fig. Hij
is een man van geld.

*Hy het in lantearne op 'e rêch en rint
sels yn 't tsjuster.* Hij draagt een
lantaarn op den rug en loopt zelf in
het duister.

*As min tofolle knieren yn 'e rêch het
wirdt min slop.* Wanneer men te veel
scharnieren in den rug heeft, wordt
men slap. — Door te veel kruipende
onderdanigheid en vleizucht verliest
men zijne degelijkheid.

*Ik hab in brêde rêch, dêr kin folle op
ôfstuitsje.* Ik heb een breeden rug,
daar kan veel op afstooten. — Ik ben
wel gewoon, dat men mij veel te laste
legt. Ik ben een zondebok.

Ich of rich? Snede of rug? (van een
mes.) — Om een geschil of zaakje te
beslissen werpt men een mes op en
laat iemand raden of het met de snede
of met den rug naar boven zal vallen.

Hy kriget in waerme rêch. Hij verkrijgt
een warmen rug (ondergaat eene
geeseling). — Hetzelfde als: *Hy kriget
rizenbrij mei bret flesk. Rizenbrij* (eig.
rijstebrij) zinspeelt op het rijs (Fr.
riis) der geeselroede.

rein, reine.

As 't reint drippe de uizen. Als 't regent, druipen de daken. — Als er
overvloed is, krijgen de armen ook wat.
Vgl. I, 194, 195.

Hwat de iene bireint kin de oare bidrippe.
Wat den een beregent, kan den an-
der bedruipen. — Die staat, zie toe
dat hij niet valle.

It reint oft it mei amers delsmiten wirdt.
Het regent dat het giet.

*Ik scil dêr komme al reint it ek pjuk-
stokken.* Ik zal daar verschijnen al
regent het prikstokken (niets zal mij
terughouden).

Noarder rein is in gebet sonder ein. Regen uit het noorden kan lang duren.

Stourein makket wiet. Stofregen maakt
nat. — Vele kleintjes maken een
groote.

*Mei stourein en fine ljue wirdt min
bidragen.* Met stofregen en fijne kwezels raakt men bedrogen (omdat men
zich er niet voor hoedt).

*Hie 'k witten dat it moandei reine scoe,
sei de boer, den hie 'k snein myn hea
ynhelle.* Had ik geweten, dat het
maandag zou regenen, zeî de boer,
ik had zondag mijn hooi binnen gehaald.

Dat kin him ontreine noch ontwaeije.
Regen en wind kan hem dat niet ontnemen (nl. een vast inkomen).

*As 't op 'e jonge sieddingen reint, den
reint it dûkaten.* Regent het op de
jonge zaaiingen, dan regent het dukaten.

Ho hirder it reint, ho hirder it eint.
Hoe harder het regent, hoe vlugger
het vordert.

Hy is krekt foar de rein thús komd.
Hij is juist voor den regen tehuis gekomen (vóór het gevaar in veiligheid).

It reint krekt as 't om jild to dwaen is.
Het regent alsof 't om geld te doen is.

Hy hâldt oan as stofrein. Hij houdt vol
als stofregen (is een onuitputtelijke
praatvaar). — Ook van een langwij-
ligen prediker.

*Ik ha ljeaver dat my de swaerd op 'e holle
skrokket den tofolle rein.* Ik heb liever dat mij de huid op mijn hoofd
verdort, dan te veel regen.

*Seis dagen yn 'e wike rein is net fol-
dwaende, sneins in tongerbui moat er
yet by.* Zes dagen in de week regen
is niet voldoende, op zondag een donderbui moet er nog bij (zegt men
schertsend in de hooggelegen zandstreken, waar de landerijen veel regen
behoeven).

*De rime moat mei trije dagen fen 'e
beammen, mei rein of wyn of sinneskyn.* De rijp moet ('s winters) in
drie dagen van de boomen, met regen
of wind of zonneschijn.

Dauwe op 'e rein jout in beskiten ein.
Dauw na den regen geeft een ongewenscht einde.

rekken.

*Dy 't in oar de rekken makket sjit
sels yn folle to koart.* Wie eens
anders rekening wil opmaken, schiet
zelf in veel te kort. — Wie een ander
te voorbarig beoordeelt, vergeet op
zichzelven te letten.

*Effene rekkens en dy hwet faek, dat is
in bêste saek.* Vereffende rekeningen
en die wat dikwijls, dat is een schoone
zaak. (Want: *Koarte rekkens jouwe
lange frjeonen,* korte rekeningen geven lange vrienden.)

rie, rieder.

De rieder is net better as de dieder. De
kwade raadgever is niet beter dan hij,
die 't kwaad uitvoert.

*Mûntsen habbe folle rie, hwet de iene
net wit dat wit de oare.* Monniken
zijn nooit teneinde raad; wat de een
niet weet, dat weet de ander.

Rieders binne nin dieders. Goede raad-
gevers zijn dikwijls afkeerig van handelen en helpen.

*Rie foar die, sei de rêdmaker en kapte
'm by ongelok yn 'e finger.* Raad voor
daad, zeî de radenmaker, en kapte bij
ongeluk in zijn vinger.

ryk (koninkrijk; het huisgezin).

Sa'n ryk kin net bistean. Zulk eene
huishouding kan niet bestaan, waar
man en vrouw beide niet op de zaken
passen.

It is dêr in fordeeld ryk, een verdeeld
rijk, een gezin waarin steeds tweedracht
heerscht.

ryk, earm.

De boask yn 't lyk is beide even ryk.
Een huwelijk in 't gelijk is beide even
rijk.

*Goed en bloed en jeld allyk, dat is bet-
ter as earm en ryk.* Goed en bloed
en onderdom gelijk, is beter dan arm
en rijk (n.l. bij een huwelijk).

*Earm libje om ryk to stjerren is gekke-
ljues dwaen.* Armoedig leven om rijk
te kunnen sterven, is het werk van
dwazen.

Goedryk, bloedryk. Rijk in goed, rijk in
bloed. — Bij den rijke laten zich zelfs
de allerverste neven gelden.

Jouns lyk is moarns ryk. Wie 's avonds
zonder schulden naar bed gaat, staat
'smorgens rijk op.

Koart ryk, koart earm. Kort rijk, kort
arm. — Wordt iemand in korten tijd
rijk, dan kan hij allicht ook spoedig
weêr arm worden.

Ryk yn 'e widze, earm yn 't grêf. Rijk
geboren, arm gestorven.

Hy is sliepende ryk wirden. Tengevolge
van gunstige omstandigheden, niet
door eigen vlijt of overleg is hij rijk
geworden.

*Sa ryk as de keizer op 'e dyk, eig.
neaken op 'e dyk.* Zoo rijk als de
keizer naakt op den dijk — dus arm.

*Altyd mei 't ryk op 'e dyk, dat hâldt
net lyk.* Altijd met zijn rijkdom op
den weg, dat houdt geen steek.

Hy rekkent him ryk en telt him earm.
In zijne verbeelding maakt hij groote
winsten, maar telt hij zijn geld, dan
schiet hij te kort.

Hy wit syn eigen rikens gjin ein. Hij
weet van zijn eigen rijkdom het einde
niet (weet slechts bij benadering hoe
rijk hij is).

*In earme mem dekt waermer as in rike
heit.* Eene arme moeder koestert warmer dan een rijke vader.

In fêst ynkommen, in fêste earmoed.
Een vast inkomen een vaste armoede
(zeggen ondergeschikte ambtenaars).

*As ús Ljeaven Hear him mar for earm-
wirden biwarret, hy scil him sels wol
for rykwirden biwarje.* Behoedt onze
Lieve Heer (den verkwister) slechts
voor arm worden, voor rijk worden
zal hij zichzelven wel bewaren.

*Fjouwer bern, twa jonges en twa fam-
kes, is in rikeljues winsk.* Vier kinderen, twee jongens en twee meisjes,
is rijkelui's-wensch.

*Mei skelden en razen scil nimmen syn
broer ryk meitse.* Met schelden en
razen zal niemand zijn broeder rijk
maken (veel minder zichzelf).

Sillich mei er him preekje — net ryk.
Hij moge zich zalig prediken — niet
rijk. — Van een prediker met een
sober inkomen.

*Koene de riken de earmen op-ite, hja
scoene se net yn skien wetter skite.*
Konden de rijken de armen op-eten,
zij zouden ze niet in schoon water
uitwerpen.

*Rikeljues sykten en earmeljues pankoe-
ken rûke fier.* Rijkelui's ziekten en
armelui's pannekoeken rieken ver.

*As min alles foarût wisten wie rykwir-
den gjin kinst.* Wist men alles vooruit, rijk worden ware geen kunst.

*Earm of dea: ik wol my om 'e kar net
hingje litte.* Arm of dood: ik wil mij
om de keus niet laten hangen. — Ik
vind het een niet begeerlijker dan het
andere.

rinne.

Karkjen is better as rinnen. Op een
ruwe kar te rijden, is beter dan te
loopen. — Iets is beter dan niets.

*Hy rint oft him de skonken yn 'e knoop
sitte.* Hij loopt alsof zijne beenen aan
elkaar geknoopt zitten (hij loopt langzaam uit loomheid).

*Hirdrinders en sunichrinders komme op
't lèst yn ien herberge tolânne.* Zij die
hard en zij die langzaam loopen, komen ten slotte in een en dezelfde
herberg terecht. — Die herberg heet
„het graf".

Hirdrinders binne dearinders. Hard-
loopers zijn doodloopers.

Dat rint my ût it roer. Het schip
loopt mij uit het roer (dat werk, die
zaak gaat mijne [ook finantieele]
krachten te boven).

Dy 't in oar jaget moat sels ek rinne.
Wie een ander voortdrijft, moet zelf
ook loopen.

Der rint my tofolle mot om 'e teannen.
Er loopt mij te veel stof om de teenen. — Hier zijn te veel getuigen
(vooral kinderen) om te doen of te
zeggen wat ik wensch. Ook: *Der binne
tofolle pannen op het dak.*

Der rinne tofolle drompelmaeijers. Er
komen daar te veel klaploopers aan
huis.

Hy rint mei de sjerpkwast. Hij loopt
met de stroopkwast (hij is een flik-
flooier).

Der rint in streekje troch mei him. Er
loopt een streepje door met hem (hij
is niet al te wel bij 't hoofd).

Dat rint oer in helebulte skiven. Dat
loopt over vele schijven. — Er is veel
aan vast om die zaak tot een goed
einde te brengen.

Hy het de hjouwer forroan. Hij heeft
de haver verloopen. — De moed en
kracht zijn er uit. Eig.: een oud paard,
fig.: een afgeleefd man, die vroeger
sterk en levenslustig was.

*As de miette fen ongerjuchtichheit fol
is rint er oer.* Wanneer de maat van
ongerechtigheid vol is, loopt zij over.

Hy rint my it hûs fen 't steed. Hij loopt
mij het huis van zijne plaats. — Hij
komt mij dikwijls lastig vallen met
zijne bezoeken.

It rint yn 'e pompieren. Het loopt in
't oog, het wordt te buitensporig.

Hy rint mei mounltsjes. Hij loopt met
molentjes. — Hij schijnt een slag van
den molen weg te hebben.

Hy rint oft er stellen het. Hij loopt
alsof hij gestolen heeft (met veel haast).

Hy rint onder 'e stôk op. Hij loopt
tegen den (opgeheven) stok in. —
Al wordt hij bar en onvriendelijk ontvangen, hij staakt toch zijne bezoeken niet. Meest van een zgn. fatsoen-
lijken bedelaar.

*It hirdrinnen is my forleard, ik lear
nou sunich rinnen.* Het hardloopen
heb ik afgeleerd, ik leer nu langzaam
te loopen (zegt een oud man, die zich
minder vlug gevoelt dan vroeger).

Ik rin mei de liere om. Ik loop met
het draaiorgel rond. — Ik ben werkeloos.

Ik wol net oan 'e liedbân rinne. Ik wil
niet aan den leiband loopen (als een
kind).

Immen oer 'e skiif rinne litte, iemand
van de ra laten loopen (hem bekwaadspreken).

Hy rint op 'e frije slik. Hij loopt op
den vrijen lik. — Hij is een klaplooper.

De pikel is him net ontroan. De pekel
is hem niet ontloopen. — Hij is geen
flauwert, maar een degelijk man.

Dat moat yn 't reid rinne. Dat moet
in het riet loopen (als een schip, dat
onhandig bestuurd wordt).

It *rint op 'e non.* De zaak loopt averechts, geheel verkeerd; eig. op den kop. — De *non* is het kopje op den werptol der jongens.

rjucht, rjuchter.

Doch alles hwet rjucht is, sels tsjinoer in houn. Doe alles wat recht is, zelfs tegenover een hond.

It rjucht is blyn. De gerechtigheid is blind.

Nimmen mei syn eigen rjuchter wêze. Niemand mag zichzelven recht verschaffen. — Ook: *Nimmen mei rjuchter wêze yn syn eigen saek.*

Ondersiikjen is 't neiste rjucht. Verkeert men in het onzekere omtrent eene zaak, dan is onderzoeken het beste wat men doen kan.

De degen it measte rjucht. De degen het meeste recht. — Het recht van den sterkste geldt.

Rjucht moat rjucht wêze al scil de onderste stien boppe. Het recht moet worden gehandhaafd, al moet de onderste steen boven.

Rjuchtsje genedig sa mogge jy 't lang dwaen. Wie genadig recht spreekt, zal het lang mogen doen.

Dêr 't neat is forliest de keizer syn rjucht. Waar niets is te halen, verliest zelfs de keizer zijn recht.

rôt.

In âld rôt yn 'e stap. Een oude rat in den val. — Een oude leeperd gefopt.

Hy is in âld rôt. Hij is een oude rat.

Alde rotten litte hjar net maklik fange. Oude ratten laten zich moeilijk vangen.

Ik bin net bang fen in dea rôt. Ik ben niet bang voor een doode rat (niet bevreesd voor een kleinigheid).

Min fangt ek wol ris in mird yn in rottefâlle. Men vangt wel eens een bunsing in een rattenval. — Een leeperd wordt soms ook gefopt.

Hy het de rotten yn 'e doas. Hij is zijn kapitaaltje ongemerkt kwijt geraakt, alsof de ratten 't hebben verslonden.

Ha jy fochten tsjin de rôt? Hebt gij gevochten tegen de rat? — Vraag aan iemand, die een bekrabd gezicht heeft.

Hwêr nou op ta? sei de rôt dy 't yn 'e fâlle siet. Waar nu op los? zei de rat, die in den val zat.

rûch.

Hy giet er rûch yn lâns. Hij is niet net in zijn werk; *hy is in rûchhouwer,* ruwhouwer, lompe werker. — Ook: hij is onbeschroomd in 't gelduitgeven, maakt grove verteringen.

In rûge birekkening. Eene ruwe berekening.

Ik bliuw ljeafst twisken twa rûge wâllen. Ik blijf het liefst tusschen twee met watergewas begroeide wallen (zegt een schipper die zich niet gaarne op groote plassen waagt).

sa.

Hy is wolkom as de earste snein yn 'e feste. Hij is zoo welkom als de eerste zondag in de vasten.

Sa sljucht as in stoater. Woordspeling. Een stooter is een voormalige munt van 2½ stuiver. *Sljucht* beteekent effen, vlak, en ook als in Oudholl. *slecht:* onnoozel, onwijs, gek. *Sljucht as in stoater* is dus eig. vlak en effen als een afgesleten muntstuk, maar de bedoeling is: gek. — *Gekke stoater!* noemt men nog dikwijls (niet kwaadmeenend) een kind of jong meisje, dat uitgelaten vroolijk of aanvallig is.

Sa lilk as in toerre. Zoo boos als een tor (zeer boos).

Sa nidich as in spin. Grimmig als een spin (inwendig boos).

Sa wyt as in hage. Zoo wit als een bloeiende meidoorn *(hagebeam).* — Vooral gezegd van zuiver wit linnengoed.

Sa goed as bôlle en sa seaft as potstrou. Zoo goedaardig als wittebrood en zoo zacht als potstruif. — Door en door goedaardig.

Syn onthâld is sa lek as in teams. Zijn geheugen is zoo lek als een zeef. — Ook: *sa lek as in trachter.*

Sa freamd yn Jeruzelim as 't gûl yn 'e needstal. Zoo vreemd in Jeruzalem, als een eenjarig paard in den noodstal.

Sa âld as de wei fen Romen. Zoo oud als de weg van Rome.

Sa oprjucht as in hoech-izer. Zoo oprecht als een hoefijzer.

Sa bislipe as in houten klomp. Zoo beschaafd als een holsblok.

Sa bitter as gálle — as roet. Zoo bitter als gal — als roet.

Sa blank as sulver. Zoo blank als zilver.

Sa blau as laei. Zoo blauw als lei.

Sa bleek as pisse. (Van vocht dat niet bleek moet zijn).

Sa bleek as in skylfisk — as kalk — as in wytling. Zoo bleek (van gelaat) als een schelvisch — als kalk — als een bedlaken.

Sa bliid as in ingel — as in protter. Zoo verblijd als een engel — als een spreeuw.

Sa bont as in ekster. Zoo bont als een ekster.

Sa bot as in kou. Zoo bot (lomp) als eene koe.

Sa breed as in barte. Zoo breed als een dubbele loopplank.

Sa bros as aeijen. Zoo broos als eiers. — *Sa bros oft se op in terp woechsen binne,* — alsof ze op een terp zijn gegroeid. Schertsend van goudsche pijpen. Vgl. I, 198.

Sa brún as piper. Zoo bruin als peper.

Sa bryk as in hispel — as in kroade — as in putheak. Zoo scheef als een haspel — als een kruiwagen — als een puthaak.

Sa dea as in loarte — as in pier. Zoo dood als een drol — als een pier.

Sa djúr as rottekrûd. Zoo duur als rattenkruid.

Sa dom as in baerch — as 't efterein fen in baerch — as in ezel — in keal — in kou — in okse — in beest.

Sa deilis as honnen en katten. Zoo tweedrachtig als honden en katten.

Sa dryst as in bear. Zoo driest (brutaal, onbeschaamd) als een beer.

Sa droech as hop — as koark — as rys. Zoo droog als hop — kurk — rijst.

Sa earlik as goud. Zoo eerlijk als goud.

Sa earm as Jop — as in lûs — in mier — in sweal. Zoo arm als Job — als een luis — een mier — een zwaluw.

Sa fris as in nút. Zoo frisch als een walnoot.

Sa falsk as in njirre. Zoo valsch als een adder.

Sa from as appelsmots. Zoo vroom (onschuldig) als appelmoes.

Sa fet as daei — as modder — as in slak. Zoo vet als deeg — als modder — als een slak.

Sa fyn as reach. Zoo fijn als rag.

Sa fol as in aei — in eamelers-nést. Zoo vol als een ei — een mierennest.

Sa fêst as in múrre — as in dyk. Zoo vast als een muur — een dijk.

Sa fúl as in foarke — as in kat. Zoo vinnig als een vork — een kat.

Sa gallich as in pod. Zoo gallig als een padde.

Sa giel as saffraen — as in term. Zoo geel als saffraan — als een darm. — Van linnengoed dat zuiver wit behoort te zijn.

Sa gjirch as de pest. Zoo gierig als de pest.

Sa glei as spek. Zoo glad (onbehagelijk, vetachtig, glimmend) als spek.

Sa glêd as in ekkel — in iel — in klontsje — sjippe. Zoo glad als een eikel — een aal — een kandijklontje — zeep. *Sa glêd* (glimmend) *as in wilster* (pluvier) noemt men een dier dat glimt van welgedaanheid.

Sa goed as er heech is. Zoo goedaardig als hij hoog is.

Sa greatsk (ook *sa pronksk*) *as in pau.* Zoo trotsch (ook zoo pronkzuchtig als een pauw.

Sa grien as gears. Zoo groen als gras (ook van verliefdheid).

Sa grou as tou. Zoo grof (van draad) als touw.

Sa grou as in pod — in tyk — hjerstkeal. Zoo dik als een pad — een schapenluis — herfstkalf.

Sa geef as kryt. Zoo gaaf als krijt.

Sa helder as glês. Zoo helder als glas.

Sa hird as in bikkel — in bonke — as glès — as in spiker — as stiel — as in stien. Zoo hard als een bikkel — een been — als glas — een spijker — staal — steen.

Sa hjit as in holder — as fjûr. Zoo hitzig als een horsel; zoo heet als vuur.

Sa hoeden as in skjirkert, zoo behoedzaam als een kraai.

Sa iepen as spek. Zoo open als spek (van een opene wond of zweer).

Sa jachtich as in teef. Zoo driftig als een teef.

Sa jaloersk as de divel. Zoo jaloersch als de duivel.

Sa kâld as in froask — as iis — in kikkert — in skylfisk — in stien. Zoo koud als een vorsch — als ijs — als een kikker — een schelvisch — een steen (kan een mensch zijn).

Sa kâld as pikel — as roet. Zoo koud als pekel — als roet (kan het weder zijn).

Sa keal as in lûs — in sweal. Zoo kaal als een luis — een zwaluw. — Ook toegepast op geldeloosheid.

Sa kibich as in witten hin. Zoo net (snoeperig) opgeschikt als een gespikkelde kip.

Sa krebintich |as in kroade. Zoo krukkig als een kruiwagen.

Sa kreas as in krúsbei. Zoo zuiver, netjes als een kruisbes.

Sa krigel as in bij. Zoo volhardend, ijverig als een bij.

Sa kloek as in ierdwjirm. Zoo zuinig als een aardworm.

Sa klear as in klontsje. Zoo helder als een kandijklontje (ook overdrachtelijk).

Sa loai as in baerch. Zoo lui als een varken.

Sa licht as in fear. Zoo licht als een veder.

Sa larderich as in kat = katterig.

Sa lilk as in baerch — as in tiger. Zoo boos als een varken, als een tijger.

Sa meager as barnhout, — as in prikke, — in latte — in stôk, — in range. Zoo mager als brandhout, — een dorre tak — een lat, — een stok, — een rank.

Sa mak as in hin — in skiep. Zoo tam als een kip — een schaap.

Sa mâl as in beest — in toerre. Zoo kwaad als een beest — een tor.

Sa min as strie. Zoo zwak als stroo.

Sa machtich as mieren. Zoo talrijk als de mieren.

Sa nitelich as in bolle. Zoo kwaadaardig als een stier.

Sa njuet as in dou. Zoo tam en goedig als een duif.

Sa read as bloed — as in krael — as jarre. Zoo rood als bloed — als een koraal — als gier. — 't Laatste is vuilrood.

Sa rêd as wetter. Zoo vlug als water.

Sa roppig as in houn. Zoo gulzig als een hond.

Sa roun as in tromme. Zoo rond als een trom.

Sa rûch as in bear — as in doffert. Zoo ruig als een beer — als een doffer.

Sa rudich as in pod. Zoo schurftig als een pad.

Sa seaft as side. Zoo zacht als zijde.

Sa sâlt als brein — as pikel. Zoo zout als brem — als pekel.

Sa siik as in houn. Zoo ziek als een hond.

Sa skien as sulver. Zoo rein als zilver.

Sa skier as in mird. Zoo onbehagelijk grijs als een bunsing (in 't laatste zomerhaar).

Sa sindlik of sa skien as de brân. Zoo zindelijk of zoo rein als een brand.

Sa sleau as potstrou. Zoo flauw (laf openhartig) als potjestruif. — Ook: *sa slûch* (slaapzuchtig) *as poatstrou.*

Sa slieprich as in ûle — as in poep. Zoo slaperig als een uil — als een mof.

Sa sljucht as in pin. Zoo effen en glad als een pen.

Sa slûch as in baerch. Zoo loom en vadzig als een zwijn.

Sa snoad as roet. Zoo vernuftig als roet.

Sa sêd as spuid spek. Er van oververzadigd als van gespuwd spek.

Sa smoarch as in tjirk. Zoo vuil als een tureluur (vogel).

Sa stiif as in peal — as in putheak.
Zoo stijf als een paal, als een puthaak.

Sa steech as in bolle. Zoo stug als een
stier.

Sa stom en dôf as in stien. Zoo stom
en doof als een steen.

Sa sterk as in bear. Zoo sterk als een
beer (kan een mensch zijn).

Sa sterk as izer. Zoo sterk als ijzer
(kunnen allerlei dingen zijn).

Sa taei as in mird. Zoo taai (van leven)
als een bunsing (kan een mensch zijn).

Sa taei as hier — as in ielshûd. Zoo
taai als haar — als een aalhuid (kunnen allerlei dingen zijn).

Sa ticht as lever. Zoo dicht, vast als
lever.

Sa ticht as in kanne — in pôt. Zoo
dicht (zonder gaten) als een kan —
een pot. — Iron.: *sa ticht as in gatsjepanne,* doorzijgpan. — Toegepast op
iemand die niets kan verzwijgen.

Sa tin as flut. Zoo dun als water.

Sa tin as in flues. Zoo dun als een vlies.

Sa tsjok as prot. Zoo dik als meelkoek.
(van brij, pap enz.).

*Sa tsjok as in bollehûd — as soallear, —
as in planke.* Zoo dik als een stie-
renhuid — als zoolleder, — als een
plank. — Van geweven stoffen, leder,
papier, enz.

Sa toar as heide. Zoo dor als heide.

Sa wach as in hountsje. Zoo waakzaam
als een hondje.

Sa weak as bûter — as brij. Zoo week
als boter — als brij. ·

Sa wyt as kalk — as kryt — snie — sûpe.
Zoo wit als kalk — krijt — sneeuw —
karnemelk.

Sa wyld as in ka. Zoo wild als een kraai.

Sa wiet as in dweil — in kat. Zoo nat
als een dweil — als een kat.

sâlt.

Sa sâlt ha 'k it nooit iten. Zoo zout
heb ik het nooit gegeten (zoo buitensporig nooit gehoord).

Dat binne bokkens mei sâlt. Dat zijn
bokkings met zout. — Scherpe toespelingen, steken onder water.

Hy is yn 't sâlt bibiten. Hij is met zout
doortrokken (een man van ervaring).

*Sâlt en sûr krinkt de natûr. — Sâlt en
sûr, dêr kin 'k net oer, mar swiet en
fet, dat let my net.* Zout en zuur,
daar kan ik niet tegen, maar zoet en
vet hindert mij niet.

sang, sjonge.

Hy kin de sang net ûtsjonge. Hij kan het
gezang niet ten einde zingen. — Fig.:
Hij schiet geld te kort om tot een
goed einde te brengen wat hij begonnen is. — Ook: *Net to heech ynsette*
(niet op te groote schaal aangevangen),
den kinste 't net ûtsjonge.

Hy het in bulte noaten op 'e sang. Hij
heeft vele noten op zijn zang. — Hij
is veeleischend en heeft veel aan te
merken.

Ik sjong gjin twa sangen for ien duit.
Ik zing geen twee liedjes voor één duit.
— Ik ben ongenegen tweemaal ach-
tereen hetzelfde te vertellen.

*Hja kin sjonge dat de nachtegael is der
mar in beest by.* Zij kan zóó zingen,
dat de nachtegaal er slechts een beest
bij is.

*Wy kinne wol tagelyk sjonge, mar net
tagelyk prate.* Wij kunnen wel gezamenlijk zingen, maar spreken moeten we een voor een.

*Alle lofsangen nimme in ein, de 119de
psalm ek.* Alle lofzangen nemen een
einde, de 119e psalm zelfs ook.

sé.

Bitelje as de sé droech is. Betalen als
de zee droog is (nooit).

Dat wasket de sé dy net ôf. Dat wascht
de zee je niet af. — Daar kom je
niet vrij van, nl. iets te doen, vooral
te betalen, waarvan men afkeerig is.

It jout op as de sé. Het levert op als
de zee (overvloedig veel).

Ik bin 't rûzjen fen 'e sé al wend. Ik
ben het ruischen der zee reeds gewoon (dus niet dadelijk vervaard).

Hy is séballich. Hij is afkeerig van de
zee. — Hij heeft van het zeevaren
zijn bekomst.

*Hy ropt al fen hearringen as se yet yn
'e sé binne.* Hij roept reeds van haringen als zij nog in de zee zwemmen.

Dy 't earst oer sê fearn is wier in weachhals. Die 't eerst over zee gevaren is, was een waaghals.

sear.

Hy komt my op 't sear. Hij tast mij op eene gevoelige plek (beleedigt mij).

Dat docht my sear. Lett. dat doet mij pijn, fig. dat grieft mij, ik acht mij daardoor miskend of beleedigd.

Dêr sit yet in âld sear. Daar zit nog eene oude wonde = veete.

In nije hou yn 't sear. Een nieuwe houw in de wond. — Nieuwe herinnering aan het leed, dat reeds bijna vergeten was.

Twa houwen yn 't sear. Dubbel leed, dubbele grief.

In plaster op 't sear. Een pleister op de wond.

Nimmen hinket oan in oarmans sear. Niemand hinkt aan eens anders leed.

segen.

Hy lit syn segen der oer gean. Hij laat zijn zegen er over gaan (beschouwt iets met het oog eens kenners om het te beoordeelen).

Hy bigjint to segenjen. Hij begint te zegenen (eig.: hij spreekt met luid gevloek zijne afkeuring uit).

Dêr kin gjin segen op rêste. Op zulk eene onedele handelwijs kan geen zegen rusten. — Ook: *Dêr liket gjin segen op to rêsten,* of: *It liket wol dat de flok* (vloek) *er op leit.* (Van iets dat steeds met tegenspoed te kampen heeft. Ook ironisch).

Segen jaen; zegen geven (een koop sluiten bij handslag, in den veehandel). — *My tocht, jy moasten my segen jaen.* — *Jy moatte mear biede, oars krije jy gjin segen.* — *Nou, den yet in ryksdaelder.* — *Kom, hâld de hân mar op, segen der mei!* — Me dunkt, je moest me zegen geven. — Je moet meer bieden of je krijgt geen zegen. — Nu, dan nog een rijksdaalder. — Kom, houd je hand maar op (met een fermen slag): zegen er meê!

Om segen to habben liet de boer alear in kou sonder tosken onder syn bisten rinne. Op hoop van zegen liet de boer weleer een tandelooze koe onder zijne runderen weiden. (Het tandelooze dier behoefde zeer zeker afzonderlijke verpleging; misschien hield men dit voor eene liefdadigheid, waarop zegen kon worden verwacht.)

Oudt. *seyne. God seyn' de weart en 't from laech.* God zegene den waard en het vrome gezelschap. — Groet bij 't binnenkomen in eene herberg. (In de eerste helft der 18e eeuw nog bekend.) — Een zegen (vischnet) heet nog *seine.* — Tot heden is in sommige streken van Friesland *in omsittend laech* een gezellig kringetje in de herberg. Voorheen dronk men dan voor gezamenlijke rekening uit een groot glas, dat men rond liet gaan. — 't Gebeurde ook dat ten slotte één voor het geheele *laech* (het gelag) betaalde, uit mildheid of omdat de anderen verklaarden platzak te zijn.

seil, sile.

Wol 't net sile, den moat it driuwe. Wil het niet zeilen, dan moet het drijven. — Loopt de handel tegen, dan is het beter weinig dan veel er aan te doen.

Altyd oer ien bâch sile, dat giet net. Altijd over een en denzelfden boeg zeilen, dat gaat niet.

Hy set alle seilen der by. Hij zet alle zeilen bij (doet al het mogelijke om zijn doel te bereiken).

Dêr kin me net op to seil gean. Daar kan men geen koers naar richten. — Het is te onzeker.

Hy is flau op 't roer. Hij is flauw op het roer. — Hij komt niet voor zijne meening uit. Ook: traag in het benaarstigen.

Boppe 't sân de heale reis. Boven het zand de halve reis. — Van Harlingen naar Amsterdam varende, zegt men, als de Middengronden gepasseerd zijn, dat de halve reis is volbracht.

Bramseilskoelte het nin kluffok brek. Bramzeilskoelte behoeft geen kluiffok. — Wie zichzelf kan redden, behoeft geen hulp.

It rint my út it roer. Het (schip) loopt mij uit het roer. — Mijne krachten schieten te kort, om het naar eisch te besturen; mijn geldelijk vermogen is ontoereikend om de zaak verder voort te zetten.

Min moat in each yn 't seil hâlde. Men moet een oog in het zeil houden. — *Dy skipper het in each yn 't seil,* zegt men schimpend als er een gat in het zeil is.

It sylt net rom; it sylt krap. Het zeilt met moeite. — Men heeft met moeite nauwelijks een bestaan.

Dat hoekje toboppe, den alle rekken sile. Zijn we dat hoekje (bocht, daar in · de vaart) te boven, dan kunnen we alle rakken zeilen. — Nog eene zwarigheid overwonnen, dan zijn we boven Jan.

Hy sylt net djip. Hij zeilt niet diep. — Hij is niet zeer degelijk in kennis en verstand.

Nou moat de wever ùs helpe; doek foar de mêst! Nu moet de wever ons helpen; doek voor den mast! (zet zeilen bij).

Hy yyng mei in opstritsen seil dêr hinne. Hij ging met een opgewonden hoofd, in drift, daar op los.

As 't net sile wol moat min lewearje. Wil het niet zeilen, dan moet men laveeren (zich naar de omstandigheden schikken).

Wol 't net oer stjûrboard sile, den moat it oer bakboard. Wil het over stuurboord niet zeilen, dan moet het over bakboord.

Onder in steand seil is 't maklik kloetsjen. Onder een staand zeil (bij zachten wind) is het gemakkelijk met de kloet te werken. — Heeft men uit een vast inkomen gedeeltelijk zijn bestaan, dan wint men 't andere gemakkelijk.

Better in lape seil as gjin seil. Beter een gelapt zeil dan geen.

Blokken en skiven nin brek. Blokken en schijven geen gebrek. — Helpers en handlangers genoeg.

By de flotgearzen lâns. Bij het vlotgras, (bij het walletje) langs.

Dat rint ùt 'e liken. De zaak gaat uit zijn verband (loopt verkeerd). — De *liken* = de touwen, die om de zeilen genaaid zijn tot zoom. — Fig. kan een mensch *ùt 'e liken* zijn door overspanning.

sek.

Dy 't rint mei de koer dy het hwet oer; dy 't rint mei de sek dy het hwet brek. Wie met een mand loopt venten, heeft iets te missen; wie met een zak loopt bedelen heeft aan iets gebrek.

Folle wirden folle nin sek. Vele woorden vullen geen zak. — Ook: *Lûd sprekken folt gjin sekken.*

Kom mei in sek om sappe. Kom met een zak om sap (of ander vocht.) — Tot een onhandigen lomperd.

Min bynt wol sekken ear 't se fol binne. Men bindt wel zakken dicht, eer ze vol zijn. — Men staakt den maaltijd wel, al is de maag nog niet opgepropt vol.

Min kin yen better omkeare yn in sek as yn in pûde. Men kan zich beter omwenden in een zak dan in een peperhuisje. — Men moet de wereld in, niet tehuis blijven.

In hopen yn 'e bek, in bytsje yn 'e sek. Veel gezwets en grootspraak, arm aan geld en verstand.

Ik hab ùt de forkearde sek siedde. Ik heb uit den verkeerden zak gezaaid (zegt een landbouwer als hij veldvruchten heeft verbouwd, die, als zij verkocht moeten worden, laag in prijs zijn, terwijl andere, die hij niet verbouwd heeft, hoog staan).

Hy moat altyd de lêste man de sek opjaen. Hij moet altijd den laatsten man helpen den zak op den rug te nemen. Fig.: — Hij is in een gezelschap zoo stoelvast, dat hij altijd de laatste is.

Hy kin de pipen net yn 'e sek hâlde. Hij kan de pijpen niet in den zak houden. — Hij kan zich niet bedwingen om zijne guiterijen in de mouw te houden.

sile (trekzeel, gareel).

Hy moat altyd in swiere sile lûke. Hij heeft altijd een zwaar gareel te trekken. — Hij moet steeds hard werken.

Hy is yn alle silen mak. Hij is in alle tuig bereden (van een paard, fig.: van iemand, die in velerlei zaken geschikt en bekwaam is).

De sylbeage past him. Het gareel past hem, hij is een bekwaam en ijverig werkman.

De sylbeage knypt him. Het gareel knelt hem. — Hij is afkeerig van werken.

sinne.

Ik mei de sinne wol yn 't wetter skinen sjên. Ik zie wel gaarne de zon in het water schijnen (dat anderen gelukkig zijn).

Do wist er wol ho 't de sinne op gyng.
Toen wist hij wel hoe de zon opging.
— Toen begreep hij de zaak.

Ik ha de skyn ljeaver as de sinne. Ik heb den schijn liever dan de zon.

Ho âld is de sinne? Hoe oud is de zon?
— Welk uur van den dag is het.

Wachtsje jimme for noardewyn en al te gleije sinneskyn. Wacht u voor noordenwind en al te fellen zonneschijn. — Verkeer met geringen en aanzienlijken als het zijn moet, maar met beide niet te gemeenzaam.

De sinne skynt op 'e skoarstien. De zon schijnt op den schoorsteen (het staat er gelukkig voor). — *De sinne skynt op 'e skûtelbank* (schaprade). Man en vrouw, die wel eens twisten, zijn bijzonder lief tegen elkaâr.

Hy forgiet as stof yn 'e sinne. Hij kwijnt weg als stof in de zonnehitte.

De riizjende sinne wirdt oanbean, de siigjende skout min. De rijzende zon aanbidt men, de dalende schuwt men.

As de sinne is yn 't nêst binne de luije ljue op 't bêst. Als de zon is in haar nest, zijn de luie lieden op hun best.

sitte.

Wy sitte net yn in oar syn blomtûn. Wij zitten niet in eens anders bloementuin (spreken geen kwaad van een ander).

Wy sitte yn ûs eigen koaltûn. Wij zitten op eigen grondgebied (en hebben alzoo vrijheid van spreken en handelen).

Sit op! dy 't mei wol. Neem plaats op den wagen, wie meê wil rijden. — Fig.: Wie meê wil doen, voege zich er bij.

Hy sit yn 'e skûrsek. Hij zit in den schuurzak, in moeilijkheid, hetzij lichamelijk of geldelijk.

Myn bûrman sit yn myn druven. Mijn buurman steelt van mijn druiveboom (zoekt mij heimelijk te benadeelen, mijne klanten [als handwerksman, koopman of neringdoende] tot zich te lokken).

Dat bliuwt yen net yn 'e klean sitten. Dat blijft iemand niet in de kleêren

zitten. — De onaangename gevolgen kunnen langdurig zijn, b.v. van eene bekleuming, een nat pak; fig. een belangrijke geldelijke schade.

sjên.

Ik moat ris sjên ho 't dy foarke yn 'e stâlle sit. Ik wil eens gaan zien, hoe die vork in den steel zit (hoe 't met dat zaakje geschapen staat).

Ik sjuch it swirk wol driuwen. Ik zie het zwerk wel drijven. — Er is een bui in aantocht; fig.: er zal iets komen, waarop ik niet gesteld ben.

Ik sjuch dêr spook yn. Ik zie gevaar in die zaak. — Ik onthoud er mij van, of onttrek er mij aan.

Hy sjucht troch in pijlekkense brul. Hij ziet door een pijlakenschen bril (beschouwt en beoordeelt iets verkeerd, hetzij in werkelijkheid of figuurlijk).

Ik mei wol sjên dat it mâl giet, as 'k er sels mar gjin skea fen ha. Ik zie wel gaarne eens iets buitensporigs, indien 'k er zelf maar geen schade bij lijd.

Hy sjucht as in sûre apel yn 'e yettich. Hij kijkt als een zure appel in azijn (erg zuur).

Hy sjucht as in ûle. Hij ziet als een uil (norsch). — Ook: *Hy sjucht as in twinterbolle,* als een tweejarige stier.

Hy sjucht as in katûle dy 't op in waerme stove syn belidenisse docht. Hij ziet als een katuil, die op een warme stoof belijdenis (des geloofs) aflegt.

Hy sjucht as in doarwaerder, dy 't min op syn jierdei forsûpe wol. Hij kijkt als een deurwaarder, dien men op zijn verjaardag wil verzuipen.

Hy sjucht oft er de pacht fen yettich het. Hij ziet, alsof hij de pacht van azijn heeft. — Hij ziet erg zuur.

Hy sjucht oft er ien op het en de oare der troch nimme scil. Hij ziet, alsof hij er één op heeft en aan een tweede denkt te beginnen. — Hij ziet erg stuursch.

Hy sjucht as in skylfisk op 't strân. Hij kijkt als een schelvisch op het strand (zeer verlegen).

Dy 't sjucht dat er op 'e dwaelwei is en den werom keart, het in goede reis dien. Die ziet dat hij op den dwaalweg is en dan terugkeert, heeft een goede reis gedaan.

Hy bisjucht him sels fen binnen. Hij bekijkt zichzelf van binnen. — Hij zit met gebogen hoofd te sluimeren.

Wy scille ris sjên hwa 't de blankste billen het. Wij zullen zien wie de blankste billen heeft (den kampstrijd zal winnen).

As 'k dy kearel sjuch, den hoef ik gjin spuidrank. Wanneer ik dien (walgelijken) kerel zie, behoef ik geen braakmiddel.

Hy kin mear sjên as him goed is. Hij kan meer zien dan hem goed is (nl. nachtverschijningen).

Bitrou, mar sjên oan hwa. Wees niet wantrouwend, maar zie toe wien gij vertrouwt.

Elk kin sjên, mar net beskiedenlyk sjên. Iedereen kan zien, maar niet allen zien duidelijk, (hebben niet dezelfde gave van opmerking of berekening).

Lek en brek by de rûs fen in oar en dy sels foarby sjên. Vele gebreken in een ander en uzelf voorbij zien.

Hy het yn 'e spegel sjoen. Hij heeft in den spiegel gezien (het zaakje onderzocht en 't is hem niet meêgevallen).

Hy is to lui om nei de sinne to sjên. Hij is te lui om naar de zon te kijken (het hoofd op te heffen).

Dy 't net sjên wol moat de eagen ta knipe. Wie zich niet ergeren wil moet zich van de menschenwereld afzonderen.

Ha jy him sjoen fen foaren, sjuch him ek fen efteren. Hebt gij hem gezien van voren, zie hem ook van achteren. — Gij kent hem nog niet genoeg.

Hwet min net sjucht hindert yen net. Wat men niet ziet, geeft geen ergernis.

Ik sjuch him ljeaver fen efteren as fen foaren. Ik sjuch him ljeaver gean as kommen. Ik zie hem liever van achteren dan van voren, liever gaan dan komen. — Ik lucht hem niet.

Hearren en sjên scoe yen forgean. Hooren en zien zou iemand worden benomen (door het leven dat er gemaakt wordt).

Hy sjucht bergen yn 'e loft. Hij ziet bergen (kasteelen) in de lucht.

Hy lit it sjên sa 't de eker it opjout. Hij laat het zien, zooals de akker het oplevert. — Hij zegt onomwonden zijn meening. Ook: *Hy seit it mar sa 't yn 'e wrâld woechsen is*, ongekunsteld.

Min moat altyd sjên oft min foar in strjitte of foar in steech stiet. Men heeft steeds toe te zien of men voor een straat dan wel voor een steeg staat (rekening houden met de toestanden).

skea.

Der is gjin skea of der is skimp by. Beloopt iemand schade, dan wordt hij nog op den koop toe beschimpt.

De skea moat foar de bate ût. Men moet eerst de schade, dan de voordeelen berekenen. — Ook: Men moet zich eerst uitgaven getroosten, wil men voordeel behalen.

skiep.

As de hikke fen 'e daem is rinne de skiep yn 't wyld. Als het hek van den dam is, loopen de schapen in het wilde.

As ien skiep blettert, den bletterje se allegearre. Als één schaap blaat, dan blaten ze allen.

Der kinne in bulte makke skiep yn ien hok. Er kunnen vele makke schapen in één hok. — Dikwijls voegt men hierbij: *Yet mear wylde, hwent dy springe op elkoar.* Nog meer wilde, want die springen boven op elkaâr.

In sliepende wolf rint gjin skiep yn 'e mûl. Een slapenden wolf loopt geen schaap in den mond.

Ien rudich skiep makket folle. Eén schurft schaap maakt vele.

Keppelde skiep forsûpe earst. Gekoppelde schapen zijn 't gevaarlijkst om te verdrinken. — Jongelieden, te streng opgevoed, kunnen 't minst de verleiding weêrstaan.

It rattelt as in skieppekeutel yn 'e sliepmûtse. Het ratelt als een schapendrol in een slaapmuts.

Hy sjucht as in skieppetyk dy 't syn moer bjuster is. Hij kijkt (zoo verlegen) als een schapenluis, die haar moeder niet weet te vinden.

Min skeart de skiep nei 't se wol ha. Men scheert de schapen naar zij wol hebben. — Men laat de menschen betalen naar zij vermogend zijn.

Dou komste as 't skiep skeard is. Gij komt (helpen) als het schaap geschoren (het werk gedaan) is.

It komt him oan as 't âld skiep it skiten. De aandrang tot iets overvalt hem als een oud schaap de aandrang tot ontlasting.

De skiepkes binne him ontdreaun. De schaapjes zijn hem ontdreven. — Van een kind, dat, moêgespeeld, slaperig wordt; of van een dronkaard, die na 't maken van veel leven in slaap valt. Ook van een losbol, die, arm geworden, ingetogen leeft. Eindelijk van een grijsaard, in wien alle levenslust is gedoofd.

Hy is in wouter of in skiep. Hij is een pleeglam of een schaap (in elk geval een goedbloed).

skine.

Min kin foarôf net witte hwet yen foar 'e skinen komme scil. Iemand kan vooraf niet weten, wat hem voor de schenen zal komen (wat hem zal ontmoeten).

Der is my folle foar 'e skinen sprongen. Er is mij veel voor de schenen gesprongen. — Ik heb vele moeilijkheden moeten bekampen.

Ik scil him dat ris foar 'e skinen smite. Ik zal hem dat (die zwarigheid) eens voor de schenen werpen (in den weg leggen; die tegenwerping eens maken).

It barnt yet net op 'e skinen. Het brandt nog niet op de schenen. — Het is nog niet zoo heel erg.

skip, skipper.

Ik scil ris nei 't lek lústerje, seit de skipper, as er op 't ear lizzen giet om in knipperke to nimmen. Ik wil eens gaan luisteren waar het schip lek is, zegt de schipper, als hij op zijn oor gaat liggen om een slaapje te nemen.

Alle frachtkes lichte, sei de skipper, en hy smiet syn wiif oer boat. Alle vrachtjes lichten, zeî de schipper, en hij wierp zijne vrouw over boord.

Mâlle skippen, dy 't oer gjin ien fen beide bûgen sile wolle. Leelijke schepen, die over geen boeg willen zeilen.

Set net mear tuug op as 't skip drage kin. Zet niet meer tuigage op, dan het schip kan dragen.

As 't skip fen 'e helling giet, moat it ek in namme ha. Wanneer het schip te water gaat, moet het een naam hebben (zoo ook alle andere dingen, die men gereed maakt of onderneemt).

In skip as in gedachten. Een schip als een ideaal. — Een uitstekend degelijk en fraai schip.

Hy is altyd mei 't lêste skip oan wal. Hij is altijd met het schip aan wal. — Hij is steeds de laatste, die tehuis komt of ergens verschijnt.

As de boaijem ditsen is kriget it skip de lêst wol. Als de bodem gedekt is, krijgt het schip den last wel.

Hy is in swak skip. Hij is zwak van lichaam.

It lêste skip moat ek fracht ha. Het laatste schip moet ook vracht hebben. — Wij kunnen niet allen even vroegtijdig gereed zijn.

Hy leit er in skippersknoop op. Hij legt er een schippersknoop op (bevestigt zijn gezegde met een schippersvloek).

De slimste pleagen for in skipper binne in lek skip en in lilk wiif. De ergste plagen eens schippers zijn een lek schip en een kwaad wijf.

Trije is skippers rjucht en ien for de feint. Drie is schippers-recht en één voor den knecht. — In vroegeren tijd werd o.a. ook van tabak die uit Holland in Friesland kwam, belasting geheven; maar ieder schipper mocht voor eigen gebruik drie ponden aan boord hebben en één voor den knecht. Deze vier ponden waren vrij.

Skippers skoftsje net as se sile kinne. Schippers houden geen rusttijd, als zij een goeden wind hebben om te zeilen.

Bêst biteard, sei skipper Watse, it skip forlern en 't easfet bihâlden. Best afgeloopen, zeî schipper W., het schip verloren en het hoosvat behouden.

Dat skip het tofolle walhout. Dat schip heeft te veel walhout. — De luie schipper ligt te veel aan den wal, wanneer het tijd van varen is.

Der bliuwt folle twisken wâl en skip. Er blijft veel tusschen den wal en het schip. — Veel komt niet aan den rechten eigenaar.

De wâl keart it skip. De wal keert het schip. — Is 't geld op, dan kan men niets meer uitvoeren.

Ik sit yn 't skipke en ik moat mei farre. Ik zit in het scheepje en ik moet meê varen (aan mijne omstandigheden kan ik mij niet ontworstelen).

De mage is 't roer fen 't skip. De maag is het roer van het schip (het lichaam). — Ook: *De holle* (het hoofd) *is 't roer fen 't skip.*

Wy scille ris skienskip meitse. Wij zullen eens schoonschip maken (opruiming houden, ons van veel onbruikbaars en overtolligs ontdoen). Ook van purgeeren.

In great skip het in bult sok. Een groot schip heeft veel zog. — Voorname lieden hebben vele ingebeelde behoeften.

Better it skip wei as de man. Beter het schip dan de man verloren.

skjirre.

Hy het my yn 'e skjirre hawn. Hij heeft mij tusschen de schaar (beet) gehad, (mij grof laten betalen).

Ik scil oppasse dat er my net yn 'e skjirre kriget. Ik zal zorgen dat hij mij niet tusschen de schaar krijgt (om mij kaal te scheren).

As 'k him ris yn 'e skjirre krij, scil 'k him net sparje. Krijg ik eens gelegenheid om hem te plukken, ik zal hem niet sparen.

Dat frommis het in bek as in skjirre. Dat vrouwmensch is zeer vinnig in haar spreken.

It is allegearre mei de skjirre biknipt. Het is alles met de schaar beknipt. — De concurrentie is zoo sterk, dat er haast geen bestaan is te vinden.

skoech, skoenmaker.

Better in weazige skoech as in yeskige tean. Beter de schoenen beslijkt, dan de teenen met asch bestoven.

Dat is in skoech dy 't my past. Dat is een schoen die mij past. — Die uitval trek ik mij aan.

Elk wit sels bêst hwêr 't him de skoech twingt. Ieder weet zelf het best, waar hem de schoen knelt.

Hâld dyn spyt by dy en smar dyn skoen der mei. Houd uw spijt bij u, smeer uwe schoenen er meê.

Hy siikket om heite skoech. Hij zoekt naar zijn vaders schoen. — Hij tracht zijns vaders voetspoor te volgen.

Hy reisget op 't skoenmakers-weintsje. Hij reist op het schoenmakers-wagentje (te voet, geschoeid met laarzen of schoenen).

Dy dounsje scil het mear fen dwaen as in pear skoen. Wie dansen wil heeft meer noodig dan een paar schoenen.

Hy wol my de soallen wol út de skoen tsjinje. Hij wil mij de zolen wel uit de schoenen dienen. — Hij is zeer welwillend jegens mij.

Min moat soms de onskamele skoen oantsjên. Men moet soms de schoenen der onbeschaamdheid aantrekken. — Ook: *De dryste skoen oantsjên.*

Hy tsjucht de mâlle skoen oan. Hij trekt de leelijke schoenen aan, viert zijn kwade luim bot.

Skoenmakers-wiif in lape skoech. De schoenmakersvrouw draagt gelapte schoenen. — Men bedient zijne klanten eerder dan zichzelf.

Syn âlde skoen witte 't wol. Zijne oude schoenen weten het wel. — Al veinst hij het niet te weten, hij wist het reeds lang.

Min moat net mei hoazzen en skoen oer yen hinne gean litte. Men moet anderen niet met kousen en schoenen aan over zich laten loopen (niet alle onrecht en onbillijkheid geduldig verdragen).

Ik hab him in pear nije skoen jown. Ik heb hem een paar nieuwe schoenen gegeven (uit mijn dienst ontslagen).

Skriuw dat mar onder dyn skoechsoallen. Schrijf die (schuldvordering) maar onder je schoenzolen (die krijg je toch nooit betaald).

Hy wol mei twa foetten tagelyk yn ien skoech. Hij wil met twee voeten tegelijk in één schoen (twee dingen doen met de kosten die voor één noodig zijn).

Hy het syn âlde skoen wer oantein. Hij heeft zijne oude schoenen weêr aangetrokken. — Hij is weêr tot zijn oude kwaad vervallen.

Hy is op sleepskoen rekke. Hij is op slofschoenen geraakt (arm geworden).

Men moat mar fêst yn 'e skoen stean. Men moet maar vast in de schoenen staan (zich schrap zetten, standvastig zijn).

Ik stean moarns al ier yn 'e skoen. Ik ben 's morgens reeds vroeg in de schoenen (in de weer).

Ik woe net graech yn dy man syn skoen stean. Ik zou niet gaarne in diens schoenen staan (in de plaats van dien man treden).

Hy stiet midden yn 'e skoen. Hij staat midden in de schoenen. — Hij is een sul.

Dy âlde skoen ite kin en wer nije kakke, kin hast ryk wirde. Die oude schoenen kan eten en dan weêr nieuwe lossen, zal spoedig rijk kunnen zijn.

Min moat gjin âlde skoen weismite ear 't min nije het. Men moet geen oude schoenen wegwerpen, voor men nieuwe heeft.

Twaris fiif is tsien, nul ik hâld er ien, sei de skoenmaker, en do sei de feint: Ast dou fen nul ien hâlde kinste, hâld dat den ek mar, en hy smiet de baes it smarselkântsje nei de kop. — De schoenmaker kreeg ruzie met zijn knecht en besloot dadelijk met den man af te rekenen. Hij nam de lei en begon: „Tweemaal vijf is tien, nul ik houd er één." Waarop de knecht zeî: „Als jij van nul één kunt houden, houd dat dan ook maar!" en wierp den baas het smeerselkannetje naar het hoofd.

skonken.

Skonken fen seis en acht. Beenen van zes en acht, (flinke stevige beenen). — Misschien zinspelend op vetkaarsen van zes en acht (in een pond); dit waren nog al dikke.

Earmen en skonken as skûrrestilen. Armen en beenen als schuurbalken. (Toegeschreven aan een groot forschgebouwd vrouwspersoon).

Dy twa scille de skonken by elkoar stekke. Dat paar zal de beenen bij elkander steken (zal gaan trouwen).

slent.

Hy fâlt mei de hele wâl yn 'e sleat. Hij valt met den geheelen wal in de sloot. — Hij zegt plompweg zijne meening.

Hy helpt my fen 'e wâl ôf yn 'e sleat. Mijn (valsche of onbekwame) helper werkt mij veel meer achter- dan vooruit.

Men kin net oer twa sleatten tagelyk springe. Men kan niet over twee slooten tegelijk springen.

Hy het wol ris ût in sleat dronken dêr 't in Hollânner yn pisse hie. Hij heeft wel eens uit een sloot gedronken waarin een Hollander had gep… (en spreekt nu Hollandsch, meent hij).

Droechfoets oer 'e sleat. Droogvoets over de sloot. — De uitgaven der onderneming staan met de ontvangsten gelijk. De winst is niets. Ook: *Skien ût en thûs*, zonder schade uit en weêr tehuis.

smoar.

It set nin smoar. Het zet geen reuzel.— De zaak gedijt niet.

Hy het frijhwet smoar nei 't er in beest is. Hij is veel te trotsch voor iemand die zoo weinig beteekent.

It is behâlden smoar. Het is behouden smeer. — Als men iets ontvangt of kan behouden, wat men verloren achtte, of waarop men niet rekende.

Hy is 't slachtsjen net wirdich omdat er gjin smoar yn sit. Hij is het slachten niet waard omdat er geen vet in hem zit. — Zijne schuldeischers laten hem ongemoeid, omdat er niets van hem te halen is.

snie.

Snie yn 'e weake modder jout froast. Valt er sneeuw terwijl de grond week is, dit voorspelt vorst. — Ook: *Snie yn 't slyk jout yn trije dagen in fêste dyk.*

Fen snie het min trijeris lêst: as 't falt, as 't der leit en as 't weiteit. Van sneeuw heeft men driemaal last: als zij valt, als zij op den grond ligt en als zij wegdooit.

snije.

Hy moat fen 'e konsjinsje snijd wirde. Hij dient van de conscientie te worden gesneden (n.l. iemand die eene zaak aanvaardt, waarbij een nauwgezet geweten misplaatst is).

Hy snijt út heel lear. Hij snijdt uit heel leder. — Hij schenkt klaren wijn.

spek.

Dy 't sels net oan 't spek komme kin gunt in oar faek de swaerden net. Wie zelf niet aan het spek kan komen, misgunt dikwijls een ander het zwoord.

Hy rint for spek en brea mei. Hij loopt voor spek en brood meê. — Hij wil ook meêdoen, maar is overtollig.

It spek is út 'e wirtels. Het spek is uit de wortels. — Er is niets meer uit te halen; het vet is van den ketel.

Ik sit hjir bêst, sei poes, en hja siet op 't spek. Ik zit hier heel best, zeî poes, en zij zat op het spek.

It is waer as spek, min kin der álde wiven mei fet meste. Het is weder als spek; men kan er oude wijven meê vet mesten. (Lekker weder.)

It is waer as spek, min sjucht gjin joad op 'e wei, lit stean in kristenminske. Het is weder als spek, men ziet geen jood op den weg, veel minder een christenmensch. (Leelijk weder.)

It is waer as spek, mar sa fet net. Het is weder als spek, maar niet zoo vet. (Onaangenaam weder.)

Spek oan spinnen. Spek voor het spinnen. — Waar als werkloon.

Spek-satter, jild-satter en den noch ris spek-satter. De drie wenschen van een frieschen polderwerker. *Satter,* genoeg, volop (geen friesch woord).

As de rôt op 't spek boun wirdt, wol er 't net frette. Wanneer de rat op het spek wordt gebonden, wil ze 't niet vreten.

Dat is gjin spek for dyn bek. Dit is geen kost voor uwen mond. — Daar moogt gij niet aan komen, b.v. een mooi rijk meisje.

Hy hoeft gjin tsjokker spek to bigearjen. Hij behoeft geen dikker spek te verlangen. — Hij heeft een goed leven.

Hja wrotte hjar sels der út as de maeitsen út it spek. Zij werken zichzelf er uit als de maden uit het spek. — Door te ver gedreven zelfzucht bewerken zij hun eigen schade.

Hy scil wol goed spek ha, veel spek opleveren. — Van een mestvarken dat rijp is voor den slager. Fig.: hij zal zeker veel geld nalaten. Van een ouden rijkaard, die altijd spaarzaam is geweest.

It brekt him op as trang spek. Het breekt hem op als ranzig spek. — Het bekomt hem slecht. — Ook in overdrachtelijken zin.

Hy is een hele spekkeaper. Hij is een heele spekkooper. — Hij is een man van beteekenis, naar 't schijnt.

spinne.

Hja spint tofolle loopjêrn. Zij spint te veel loopgaren. — Zij is te veel op de been en te weinig bij haar huiswerk.

Hy wol 't er fyn út spinne. Hij wil het er fijn uit spinnen (het meest mogelijke voordeel behalen, vooral door zuinigheid).

Hy scil dêr gjin side mei bespinne. Hij zal daar geene zijde bij spinnen (geen voordeel meê behalen).

Wy kinne allegearre net spinne, al hiene wy 't flaechs om neat. Wij kunnen niet allen spinnen, al hadden we 't vlas om niet.

Wol bigoun is haest spoun. Wel begonnen is haast gesponnen. — Verstandig ondernomen loopt eene zaak spoedig en goed af.

It spoun dêr hird jêrn. Men spon daar hard garen. — Er was daar hevige twist. Ook: *It spint gjin goed jêrn mei dy twa,* zij harmonieeren niet.

Ik ha myn spinnen ôf. Ik heb mijn spinnen afgedaan (mijne taak volbracht).

Hja kin fiif reaven út in poun spinne. Zij kan vijf bundels uit een pond spinnen. — Die vrouw is zuinig en berekenend en verricht daardoor wonderen. Een *reaf* (Stadfr. roof) is een bundel wollen garen, (grof sajet) die $1/4$ pond ($1/8$ kilo) behoort te wegen. Ook spottend van eene vrouw, die zich veel op hare zuinigheid en knapheid laat voorstaan.

steden en plaatsen.

Dou scoest hjir de stêd forriede. Gij zoudt hier de stad verraden. — Gij overrompelt ons; gij berokkent ons onverhoeds iets onaangenaams.

Goereis, Dokkum! Snits is ek in stêd.
Goede reis, Dokkum! Sneek is ook
eene stad. — (Ga jij maar heen! we
zijn niet om je verlegen).

*Hy het in stimme as 't klokkespil fen
Dokkum.* Hij heeft eene stem als het
klokkenspel van Dokkum (dat nooit
heeft bestaan).

Hy is net fen Jousenbûrren. Hij houdt
niet van geven. Woordsp. op het gehucht Jousenburen in Leeuwarderadeel.

Hy is to Utkerken komd. Hij is te Uit-
kerken aangekomen. — Hij heeft zijn
kapitaaltje verspeeld.

*Hy moat nei de Boalserterbrêgge of de
Dokkumer hegebrêgge om for in botsen eftertocht.* (Ook: *om in nije sûch-
lape* [zuiglap, tong], als het tabakrooken niet vlotten wil). — *Hy het gjin
eftertocht.* Hij is achteloos, onoplettend,
onnadenkend en moet het middel ter
opscherping van zijn denkkracht gaan
halen bij de Bolswarderbrug (over de
Harlinger trekvaart) of de Klaarkamp-
ster brug over de Dokkumer Ee.

It is Bozumer miette. Het is Bozumer
maat (eene volle overloopende maat).

*It fet wol altyd boppe driuwe, bihalven
yn 'e Potmarge.* De grooten willen
altijd den boventoon hebben, maar in
het water zinken ze. — De *Potmarge* is
de naam van een vaarwater bij Leeuwarden; ook van gekookte gort met
rozijnen of pruimen, waar het vet
doorheen gewerkt is.

In warreboel as Molkwar. Een warboel
als Molkwerum. — In het oude Molkwerum waren de huizen zoo wanordelijk
vóór en naast elkander geplaatst, dat
het dorp den naam kreeg van „het
friesche doolhof".

*Dy 't winskje wol dogge 't op 'e hege
wier fen Goaingea, den kriget min
helte mear as oars earne.* Die wenschen wil, doe het op de hooge wier
van Goënga, dan verkrijgt hij eens
zooveel als ergens anders. — Zoo ook
op de duinen van Ameland.

Dy fen Mindersgea sealje ier en ride let.
Die van Minnertsga zadelen vroeg en
rijden laat. Zie ook I, 126.

*De skipper fen Bakhuzen scoe in paep
helje en kaem thús mei in aep.* Verwacht niet te veel.

*De forwielen lape, de rynske tape en
de hege steat meitse Fryslân bleat.*
Pronkzucht, zwelgerij en hoogmoed
maken Friesland arm (zeide men reeds
voor eeuwen, evenals thans nog).

De hêle feeljekant om. Den geheelen
Veluwkant om. — Reis over land uit
Friesland naar Amsterdam. Overdr.:
een omreis, niet langs den kortsten weg.

Efkes op hoasfoetlingen nei Balk. Eventjes op de kousen (zonder schoeisel)
naar Balk. — Een middagdutje doen.

Hy is apart lyk as de firdgumer toer.
Hij is een zonderling. — Het dorp Fird-
gum heeft een toren zonder kerk en
geen aaneengesloten buurt. De toren
staat alzoo geheel alleen. — Ook:
Hy is apart as de Aldehou.

*Hy is sa wiis as 't stêdshûs fen Bremen,
dat foel fen wysheid om.* Hij is zoo
wijs als 't stadhuis van Bremen, dat
van wijsheid omviel.

Hy is fen Kleef. Woordsp.: Het geld
kleeft hem aan de vingers; hij is gierig.

*Hy is bûten 't gebet lyk as de pream-
skouwer fen Langwar do 't er yn dominys beantsjes skiten hie.* Hij is buiten
het gebed, evenals de schuitevoerder
van Langweer, die dominees tuinboo-
nen had bemorst.

It is waer as to Wartene. Het is weder
als te Wartena. — Het oude stedeke
Wartena, thans een klein dorp, werd
in 1220 door zware stormen en hooge
watervloeden verwoest.

*Stelle en swietekau ite is de wille fen
't Amelân.* Stelen en zoetigheid eten
is het genot van Ameland.

Staveren moat men yn Staveren siikje.
Staveren moet men in Staveren zoeken.
— Men wane niet het elders te zullen
vinden, want het oude rijke Staveren
bestaat niet meer.

Rin nei de Ryp op sleeptoffels! Loop
naar Dronrijp op sleepsloffen! — (Zie I,
293). Ben je mal? Loop naar de maan!

*Summa summarum, fen Pinjum nei
Arum.* (Volksaardigheid.)

Sljucht en rjucht as dy fen Boalsert.
Slecht en recht als die van Bolsward,
(was de spreuk van den friesschen dichter Gijsbert Jacobs, maar het gezegde
moet in zijnen tijd en ook reeds veel
vroeger spreekwoordelijk geweest zijn).

II.

Bolsward was voorheen, vooral ten tijde der Schieringers en Vetkoopers, onder de friesche steden hoog in aanzien en hare burgers stonden, naar 't schijnt, gunstig bekend wegens hun eenvoud en rechtschapenheid. — In de volkstaal nog: *Sljucht en rjucht as Sjoerd Piters syn foarbroek* = vóórbroek.

To Eagum, trije stappen fen 'e toer is 't midden fen 'e wråld, dy 't dat net leauwe wol moat it mar bimiette. Te Aegum, drie stappen van den toren, is het midden der wereld; wie dit niet gelooven wil ga het maar meten.

Wier leit tichte by Beltsum. Wier = waar, waarheid. Speling op den naam van het dorp Wier, bij Berlikum in Menaldumadeel.

Gau leit tichte by Snits. Gau = spoedig, vlug, rap. Speling op den naam van het dorp Gauw, in Wymbritseradeel, bij Sneek.

Hy slacht er mei de Wierumer stôk yn. Hij slaat er met den Wierumer stok in, onbesuisd.

Hy is in Drachtster, dy 't mear úthinget as 't lije kin. Hij is een Drachtenaar, die hooger staat voert dan zijne middelen toelaten.

Aken en Keulen binne net yn ien dei boud. Aken en Keulen zijn niet in één dag gebouwd.

Hy sjucht oft er 't yn Keulen tongerjen heart. Hij ziet, alsof hij 't in Keulen hoort donderen. — Hij ziet verbaasd, onthutst.

Hy kin Aken en Keulen wol op en Hamboarch er by; ook: *Hy kin Hommerts en de Ryp wol op en de Smellebrêgge der by.* Hij is een veelvraat. Hommerts en Jutrijp zijn van ouds rijke dorpen geweest; Smallebrugge is een dorp met 21 inwoners.

To Keulen skrobje se de strjitten mei åldekloanje (verbastering van eau de cologne). Te Keulen schrobt men de straten met Keulsch water.

It giet by Spannum om. Het gaat bij Spannum om (het spant er). — Speling op den naam van het dorp Spannum, in Hennaarderadeel.

Hy is fen Knyphuzen. Hij is een knijperd, gierigaard.

Heech oan en Smellebrêgge net bisile kinne. Hoog aanhouden en de laagte niet kunnen bezeilen. — Rijk leven en ten slotte geen eenvoudig inkomen meer kunnen hebben. Speling op de namen der dorpen Heeg en Smallebrugge in Wymbritseradeel.

Hy is oan 'e poarte fen Utert ta. Hij is tot voor de poort van Uitert (Utrecht) gekomen (nagenoeg arm). — Ook: *Fen Follenhoven* (Vollenhove) *nei Utert, dat giet maklik, mar fen Utert nei Follenhoven, dat wol net sa bêst.* Van rijk arm te worden gaat gemakkelijk, 't omgekeerde gaat moeilijk.

De Wålden is fen hålden. De Wouden is van houden. — Op den schralen zandgrond zijn de boeren over 't algemeen zuiniger dan op de vette klei.

Hy is fordwaeld lyk as de mosk yn Spanjen. Hij is verdwaald als de musch in Spanje.

Boargers fen Sleat, stean op! it is dei. De hoarn is fol skyt en de rattel is wei; de koster is gek en de toer is mål. Ik wyt net hwet ik roppe sal. Een nachtwacht te Sloten, dien men, toen hij sliep, terwijl hij behoorde te waken, een poets had gespeeld, riep, toen hij dit ontdekt had: „Burgers van Sloten, staat op! het is dag. De hoorn is vol drek en de ratel te zoek; de koster is gek en de toren is mal. Ik weet niet wat ik roepen zal.

Alarum, alarum! de bromme komt fen Starum. Starum leit so fier yn 't wêst; Mekurren ys in stunknêst; Kooldum ys in endepuel; Waerkum het in stumpe tuer. De Wiske leit er twiske. Hynlepen spant de kroan fan alle stedden en dorpen skoan. — Alarm, alarm! het gebrom komt van Staveren. Staveren ligt zoo ver in 't west; Molkwerum is een stinknest; Koudum is een eendepoel; Workum heeft een stompen toren. De Wiske (een huis) ligt er tusschen. Hindeloopen spant de kroon van alle steden en dorpen schoon.

To Toppenhuzen dêr fange se de luzen en to Twellingea dêr knipt min se dea. Toppenhuzen is Oppenhuizen en Twellingea Uitwellingerga; beide dorpen in Wymbritseradeel. — *In bleat gat is 't wâpen fen Toppenhuzen.*

De Winamer katten jeije de Millumer rotten troch de Harnser kloksgatten. De Wijnaldumer katten jagen de Midlumer ratten door de Harlinger kloksgaten (galmgaten in een klokketoren).

Ik wenje hjir op 'e hege droege klaei; ik krij oars neat as sûre sûpe en waei. Ik gong wer nei de Wâlden, dêr kin ik greate stikken hiel hâlde; dêr krije wy troch in dei greate stikken spek en ljirre mei. Ik woon hier op den hoogen drogen kleigrond; ik krijg anders niet te drinken dan zure karnemelk en hui. Ik ga weêr naar de Wouden; daar kan ik groote geldstukken besparen; daar krijgen wij elken dag groote stukken spek en rookvleesch toe.

Fêder, der leit 'en soldêt in 't wêter; geef mei 'en hêk, den sal 'k 'em der út hêle. — Gezegde om het bespottelijke van het Harlinger stadsdialect te doen uitkomen. In het oud-Leeuwardsch was het: *Faaider, der leit 'en soldaait in 't waaiter; geef my 'en haaik, dan sal 'k 'em der út haaile.* — De oude Leeuwarders zeiden ook: *En potse met 'en tûtse, dan hê je gyn lepeltse nodich;* een potje met een tuitje, dan heb je geen lepeltje noodig. — Nog zijn er te Leeuwarden wel arme lieden die „gyn skunen an 'e fûten" hebben. — Te Hindeloopen, zegt men, werd eens door den stadsroeper bekend gemaakt: *Dyntere kaaike to kaaip, bi de hêle, de hale en de faandele.* Deventer koek te koop, bij den geheelen, den halven en den vierden.

De Kollumer luden prate fan suden en wuden. De Bûrumer kollen spreke fan sollen en wollen. — Te Kollum spreekt men een Stadfriesch dialect, te Burum een plat Groningerlandsch.

Ameland, schamel land, hooge dunen en wit zand. De koeien sch . . . . . er den brand; is dat geen goedkoop Ameland? — Op Ameland zoeken des zomers arme menschen de gedroogde koemest van het veld, voor haardbrand. In vroeger eeuwen, toen men de waarde van den mest niet kende, was dit gebruik algemeen.

Nessumer kat het jongen had, 'en grize met 'en grauwe, de eene had 'en tippel op 'e steert, de andere kon niet mauwe.

Nessumer katten vliege bij de latten; vangt 'en muus, steek 'em in 'e bús, braad 'em in 'e pan, eet er lekker ran.

Burefyk (inwoner van het gehucht Buren op Ameland) *zat op 'e dyk, zat op 'e dam; alle kraaien pikke er van.*

Hollum is et buttervat, Ballum is et stuufgat.

Hollum met syn hooge toren, Ballum het (heeft) *syn naam verloren* (Ballum was oudtijds de hoofdplaats van Ameland). *Nes is de hoofdstad, Buren is 'en moddergat.*

Hanen en bal yn 'e Wâlden to Earskernis. Een denkbeeldig dorp, waar men zegt dat snoevers en pochers, die van niets tot iets zijn gekomen, tehuis behooren.

De Wetterlânners kamen der ek by. Er werden tranen gestort. Eig. zijn de Waterlanders de bewoners van Frieslands laagste gedeelte, met vele meren, poelen en stroomen.

Hy is op 'e dúntse hei. Hij is op de heî in de duinen. — Hij is te zoek, niemand weet waar hij zit.

Flokken en swarren is 't wapen fen Molkwarren. Vloeken en zweren is het wapen van Molkwerum.

Biste fen trillehei? Ropste dyn wird werom? Zijt ge van trillehei? Roept gij uw woord terug?

Dat is sa âld as de wei fen Jeruzelim; Dat is zoo oud als de weg van Jeruzalem (zeer oud). — Van zaken, niet van personen).

De lytse bern komme út de Ferwoallinger beam, zegt men te Workum. De kleine kinderen komen uit den Ferwoudener boom (den boom te Ferwoude nabij Workum).

It scil wol Grouster ierde (aarde) *wirde.* Mijn graf zal wel te Grouw zijn (of waar men anders moge wonen). — Gezegd als iemand denkt te zullen sterven en begraven worden waar hij thans woont.

By de Brol (te Leeuwarden) *yn 'e blauwe brul is blauwe baei te keap.* — Aardigheid, om eenige malen na elkander vlug, zonder hapering uit te spreken. Zoo ook: *De Blijere blije brijklok.*

Njuggen-entnjuggentich frjentsjerter ljeapeujukken. Negenennegentig franeker kievitsvlerken. (Schibboleth.)

Wi binne Wâldtsjers, Ja, Wâldtsjers binne wi; wi drage skoen mei gaspen, de linten hingje er bi. Schimp op de bewoners van het noordelijkste gedeelte der friesche Woudstreken, waar men zegt: *bi, di, hi, mi, wi,* voor: *by, dy, hy, my, wy,* (spr. bij, dij, hij, mij, wij), zooals in 't overige Friesland, behalve te Hindeloopen en op Schiermonnikoog.

Kom eksteur, set alle finsters mar iepen, den kin de divel mei him weifleane, sei de grytman fen Ferwert. — H. H. v. Knijff, grietman van Ferwerderadeel (1729—1770) had een boerenknecht in verhoor genomen, beschuldigd van een meisje te hebben verleid en haar niet willende trouwen. Ook voor den grietman bleef hij de schuld ontkennen, maar mijnheer zeî: *Ik sjuch wol datst my tofoaren liichste,* ik zie wel dat gij mij wat voorliegt, kom executeur (politiedienaar) zet alle vensters maar open, dan kan de duivel met hem wegvliegen. Waarop de vent riep: *O né, mynhear! ik ha't al dien,* ik heb het kwaad wel bedreven. *Dat wist ik wol,* zeî mijnheer, *jimme moatte mar gau trouwe,* jelui moet maar spoedig trouwen gaan.

Bomke boppe! sei de boargemaster fen Frjentsjertsjingreef Maurits. Bomke (?) boven! zei de burgemeester van Franeker tot graaf Maurits van Nassau, die in 1664 door Franeker trekkende, door het breken eener brug in de stad, met een gedeelte van zijn gevolg te water geraakte en toen niet zonder levensgevaar was.

Sterkedrank. Dronkenschap.

Hy het it net fen hearren en sizzen, hy het de baes sels spritsen. Hij heeft het niet van hooren zeggen, maar den baas zelf gesproken. — Hij is flink dronken.

Hy het de geast fen Tsjitskemoai. Hij heeft den geest van Tjitskemui (eene kroeghouderes). — Hij is dronken.

Tsjitskemoai forkocht stopjern troch de trachter, stopgaren door den trechter = jenever.

Hy is earmsterk. Hij is armsterk (spierkrachtig in den arm om een vol glas op te heffen en naar binnen te wippen).

Hy het in bok oan 't tou. Hij loopt alsof hij een bok aan een touw heeft. — Hij is in kennelijken staat van dronkenschap.

Hy sjucht de stjerloft for in eartsou oan en de moanne for in skieppentsiis. Hij ziet den sterrenhemel aan voor een erwtenzeef en de maan voor een schapenkaas. — Hij is erg beschonken.

Hy het de koarts yn 'e teannen. Hij heeft de koorts in de teenen (is dronken).

Hy het striene skonken. Hij heeft strooien (dus zwakke) beenen. — Als boven. Ook van iemand die op schaatsen den geeuwhonger krijgt.

Hwet immen dronken docht moat er nochteren ontjilde. Wat iemand in dronkenschap doet, moet hij ontnuchterd bezuren.

Hy het it flêsk yn 'e pikel. Hij heeft het vleesch in de pekel (is beschonken).

As hy in stûr yn 'e bûsse het, den het er for in dûbeltsje toarst. Heeft hij een stuiver in den zak, dan heeft hij voor een dubbeltje dorst (naar jenever).

Alles komt torjuchte bihalven de forsûpte dûbeltsjes. Alles komt terecht, behalve de verzopen dubbeltjes. — *Of dou mast de kastleins dochter trouwe.* Of je moet des kasteleins dochter trouwen.

Der forsûpe mear yn 'e romer as yn 'e sé. Er verzuipen meer in het jeneverglas dan in de zee.

De kastlein is yn 'e tapkast forsûpt. De kastelein heeft zoo overvloedig zichzelven uit de tapkast bediend, dat hij op de flesch is gegaan, of ook: een totale dronkaard is geworden.

Hy is sels apteker, hy het it for in bytsje. Hij is zelf apotheker, hij heeft de medicamenten goedkoop. — Van een kastelein die veel drinkt.

Hy leit yn 'e kromhouten. Hij ligt in de kromhouten (slaapt zijn roes uit).

Hy het in stik lead op 'e holle. Hij heeft een stuk lood op het hoofd (is topzwaar, is dronken).

Hy het in stik yn 'e krage. Hij heeft een stuk in zijn kraag (hals). — Hij is dronken. Bij verkorting: *Hy het in stik yn. Hy het in stik yn as in Switser.*

Hy is oanbarnd fen 't lange sitten.
Door lang (in de herberg) te zitten,
is hij aangebrand (dronken geworden).

Hy het in forkearde (of *goede*) *drank
oer him.* Hij is in beschonken toestand
kwaad- of goedaardig. — Ook: *Hy
het in plezierige drank oer him.*

In sliepmûtske nimme. Een slaapmutsje
nemen (een borrel tegen den tijd van
het naar bed gaan). — *It hert ris kjel
meitse.* Het hart eens doen schrikken
(door 't nemen van een borrel).

*Hy is sa dronken dat er de Aldehou
for in ûtpluzer oansjucht.* Hij is zoo
beschonken dat hij de Oldehovetoren
voor een pijpuithaler beschouwt.

Hy het in sneetsje yn 't ear. Hij heeft
een sneedje in zijn oor. — Hij is een
weinig beschonken.

Hy miet de kastlein nei. Hij meet den
kastelein na (eig.: het vocht dat de
kastelein hem toemat; door het weêr
uit te braken).

Hy het him aerdich to pakken. Hij heeft
hem behoorlijk te pakken. — Hij is
flink beschonken.

Hy sjucht oft er barnd koarn iten het.
Hij ziet, alsof hij gebrand koren gegeten (jenever gedronken) heeft.

Hy stapt oer 'e foet. Hij stapt met zijn
eenen voet over den anderen (omdat
hij beschonken is).

Hy praet mei in slach yn 'e tonge. Zijne
spraak is ietwat belemmerd (door de
uitwerking van gebruikte borrels).

Hy het tofolle ballêst ynnomd. Hij heeft
te veel ballast (borreltjes) ingeladen.

Hy het de kanne yn 'e kop. Hij heeft
de bierkan in zijn hoofd. — Het bier
heeft hem bedwelmd.

Hy is oer syn bjier. Dit wordt nog gezegd al heeft de beschonkene geen
bier gedronken. Stadfr.: *Hij is over
syn theewater.*

Hy hâldt him oan heger boart. Hij
houdt zich aan hooger boord (om
vallende niet in het water terecht te
komen, want hij is topzwaar).

*In drinker siikket in klinker, mar in
fraet is eigenbaet.* Een drinker zoekt
een klinker (een makker), maar een
vraat behoudt lieft alles voor zich.

Dronkene mûle sprekt hertengroun. De
mond eens dronkaards spreekt uit 's
harten grond. — Ook: *Dronkene ljue
en lytse bern sizze sa 't se tinke.*
Dronken lieden en kleine kinderen
spreken zooals zij denken. Ook: *In
dronken man leit it hert op 'e tonge.*

In hapke oer 'e team. Eig. het paard
bij korte rust een weinig gras laten
vreten met den toom in den bek. Fig.:
ter loops bij het werk een slokje nemen.

Hy kriget it neilet. Hij krijgt het na-
gelui (zijn afscheidsklokkengelui, hij
wordt begraven). — Fig.: van een
dronkaard, die op een handvoertuig
tehuis wordt gebracht en dan ook wel
een lijk wordt genoemd.

Hy het rumoerpillen ynnomd. Hij heeft
rumoerpillen ingenomen. — Hij is zeer
rumoerig, tengevolge 't gebruik van
borrels.

*Hy is sa dronken dat er gjin prut sizze
kin.* Hij is zoo dronken dat hij niet
„prut" kan zeggen.

*De kûper is in sûper en syn wiif is in
fretter; is dat better?* De kuiper is
een zuiper en zijne vrouw is een smul-
ster; is dat beter?

De divel het yn 'e jenever pisse. De
duivel heeft in de jenever gep.st.

In goed séman kin wol ris wiet wirde.
Een goed zeeman kan wel eens nat
worden (een flink man wel eens
beschonken). — Ook: *In goed séman
kriget wol ris in wiet seil.*

Hy het to djip syld. Hij heeft te diep
gezeild. — Hij is nat geworden (beschonken).

Hy rint mei in wiet seil. Hij loopt met
een nat zeil. — Hij heeft zich be-
dronken.

Hy het spraekwetter hawn. Hij heeft
spraakwater gebruikt (een borrel gedronken en is daardoor praatsch).

Hy sûpt mar for 't faderlân wei. Hij
drinkt alsof het voor 't vaderland gaat
(op 's lands kosten).

Hy het in lêst mei in boppelêst. Een
last met een bovenlast heeft een schip,
dat met turf, hooi, enz. tamelijk hoog
boven boord is opgeladen; fig. iemand
die zoozeer beschonken is, dat hij zich
met moeite staande houdt.

Hy spuit net yn 'e jenever. Hij spuwt niet in den jenever (daarvoor lust hij hem te gaarne).

Hy sjucht twa for ien. Hij ziet dubbel.

Omnis bonis odor lucri est, *sei in óf-sette dominy en hy lêge in huske for in slok,* hij ledigde een privaat voor een borrel.

Hy is sa dronken as in ûle — as in keal — as in dweil — as in slet — as in kakstoel. — Sa dronken dat er gjin dei sjên kin. Zoo dronken als een uil — een kalf — een dweil — een slet — een kinderstoel — zoo dronken dat hij niet zien kan.

stien.

Dat moat sinke as in stien. Dat moet zinken als een steen; die zaak of huishouding wordt zoo onverstandig en geldverspillend beheerd, dat haar ondergang is te voorzien.

In stien kin allinne gjin moal mealle. Een steen alleen kan geen meel malen. — Met vereenigde krachten moet men werken.

Ik hâld myn string fêst al scil de onderste stien boppe. Ik sta op mijn stuk al moet ook de onderste steen (van het gebouw) boven.

De stien dêr 't in oar him oan stiet moat min ùt 'e wei lizze. De steen waaraan een ander zich stoot, moet men uit den weg leggen.

Hy klaget stien en bien. Hij klaagt steen en been, heeft veel te klagen.

Ik bin sa kâld as in stien, door en door koud.

In skoall'master moat netbreidsjen en stienseagjen leare, sei min alear. Een schoolmeester moet netbreien en steenzagen leeren, zeî men weleer (om zich te oefenen in geduld).

stjerre.

Dêr 't de kok fen honger stjert en de skinker fen toarst, dêr is 't net rom. Waar de kok van honger sterf en de bottelier van dorst is geen overvloed.

Hy sjucht as in skylfisk yn 't stjerren. Hij kijkt als schelvisch, die op sterven ligt.

Hy het syn stjerren dêr oan dien. Hij heeft zijn sterven er aan gedaan (is aan de gevolgen er van overleden). Ook: *Dou scilst dyn stjerren der net oan dwaen!* gij zult er niet van sterven.

Hy het tofolle om to stjerren en to min om to libjen. Hij heeft te veel om van honger te sterven, te weinig om behoorlijk van te leven.

Alden moatte stjerre, jongen kinne stjerre. Ouden moeten sterven, jongen kunnen sterven.

Al hwet siik is stjert net. Al wat ziek is, sterft niet. — Een bedorven zaak kan soms wel herstellen.

't Is better in bidler to stjerren as to libjen as in bidler. Het is beter bedelaar te sterven, dan te leven als een bedelaar.

As hja steande stjert scil se folle kostje moatte fen omstietten. Als zij staande sterft, zal ze veel moeten kosten voor 't omverstooten. — Van een zeer eigenzinnig veeleischend mensch gezegd.

Dy 't gjin kwea bilibje wol moat ier stjerre. Wie geen kwaad wil beleven, moet vroeg sterven.

Hwa fen driigjen stjert scil min mei firten biliede. Wie van dreigen sterft, zal men met veesten beluiden.

stoel.

Hy sit yn 'e twangstoel. Hij zit in den dwangstoel. — Hij leeft op gedwongen voet, beperkt door omstandigheden.

Hja binne to stoel en to bank. Zij zijn te stoel en ter bank. — Zij zijn op de plaats hunner bestemming ingericht zoo het behoort.

Dy 't op 'e stoel sit hâldt him oan 'e speaken. Die op den stoel zit, houdt zich aan de spaken (zorgt er voor zijne plaats te kunnen behouden).

Set in froask op 'e stoel, hy ljeapt wer yn de poel. Zet de kikvorsch op een stoel, hij springt weêr in den poel.

Immen op 't stoeltsje sette. Iemand op zijn stoeltje zetten (hem zoo naar den zin praten dat hij bijzonder in zijn nopjes is).

swart.

Hy het my swart makke by myn folk.
Hij heeft veel leelijks van mij verteld
aan mijne bloedverwanten.

Hy leit op in swarte namme, hij staat
slecht ter naam en faam.

Hy is swart yn 'e mûle. Hij is zwart in
den mond (brutaal en hatelijk in zijn
spreken).

Us dominy is yn 't swarte gild. Onze
predikant is in het zwarte gild (lid van
de synode der hervormde kerk).

Swart en brûn dat giet er mei. Zwart
en bruin verdient de voorkeur. — Zwarte
en bruine paarden vallen bij de friesche
boeren het meest in den smaak.

Swart op wyt, dat is prefyt. Schrifte-
lijk bewijs eener schuld of overeenkomst, voorkomt twist en kosten.

*Skriuw dat mei swart kryt yn 'e skoar-
stien.* Schrijf dat met zwart krijt in
den schoorsteen (laat het voor altijd
vergeten zijn).

taei.

Dat wirdt in taeije sneed. Dat zal een
taaie snede zijn (een moeilijk werk).

Hy is taei foar 'e sneed, taai om te snijden. — Hij laat zich niet gemakkelijk
geld afpraten. — Ook: *Hy is taei
foar 't gat.*

Ik ha dêr in taeije mier oan. Ik heb
daar erg het land aan.

tiid.

De tiid hâldt nin skoft. De tijd houdt
geen verpoozing.

Elk is syn tiid nedich en loaikerts foaral.
Ieder heeft zijn tijd noodig en de luiaards vooral.

*Keapje 't yn 'e tiid en brûk it yn 'e
need.* Koop iets wanneer 't wordt
aangeboden (voor billijken prijs) en
gebruik het als ge 't noodig hebt (en
't soms niet te koopen is).

Tiden habbe wertiden. Tijden hebben
tegentijden. — Voorspoed en tegenspoed wisselen elkander af.

Tiidgenôch kaem to let. Tijds genoeg
kwam te laat.

Hy is net op 'e tiid ôfdreage. Hij is niet
intijds geoefend (in de school der
ondervinding).

Min moat de tiden brûke sa 't se binne.
Men moet zich naar tijdsomstandigheden schikken.

*Der komt in tiid nei disse tiid en dy
hjit smertekern.* Er komt een tijd na
dezen tijd en die heet smartgevoel.
— Een lichtzinnig leven heeft smarte-
lijke gevolgen. Ook: *De smertlikanen*
(smarten) *komme der nei.*

Hy is ût 'e tiid. Hij is uit den tijd
(overleden). — Ook: *Hy is ût syn lijen*,
na veel doorgestaan lijden (zielsver-
driet of lichaamssmart) overleden.

Komt tiid, komt ried. Komt de tijd
(voor het een of ander) dan komt er
ook raad.

Elk fisket op syn tij. Ieder vischt op
zijn getij (houdt rekening met de omstandigheden om zijn voordeel te doen).

Alle tijen binnen net allike heech. Alle
getijden (van vloed) zijn niet even
hoog. — Het gaat niet altijd even voorspoedig.

tingje.

Hwet min der ôf tinget is earst bitelle.
Wat men (op den prijs eener koopwaar)
afdingt, is 't eerst betaald.

Ik set net for tingjen. Ik heb op mijne
waren vaste prijzen, waar niets valt
af te dingen.

*As de rjuchter easket: in feans-jier
sitte, — den lit er yet wol ris hwet
ôftingje.* Is des rechters eisch: drie
maanden gevangenisstraf, dan laat hij
nog wel eens iets afdingen.

Immen nei de ljirre (lett. zijn zitvleesch)
tingje; iemand kranig aanvallen; eig.
hem bevechten met scherpe wapens;
fig. hem aan boord klampen met een
eisch of verzoek. — *In faem nei de
ljirre tingje,* met een huwelijks-aanzoek.

tosk, tosken.

Hy sit mei de mûle fol tosken. Hij zit
met den mond vol tanden (spreekt
geen woord).

De tosken jûkje my. De tanden jeuken
mij. — Ik gevoel sterken aandrang om
eens kras mijn meening te zeggen.

Hja heine alles op 'e tosken. Zij (kinderen en dienstboden) vangen alles op
wat in huis besproken wordt; luisteren
er soms naar met half geopenden mond.

As dat klear komt dogge üs de tosken net mear sear. Als dat gereed komt pijnigen ons de tanden niet meer. — Wij beleven dat niet.

Hy wol my op 'e tosken nimme. Hij wil mij op de tanden nemen. — Hij tracht mij te misleiden teneinde het mijne in te palmen.

Min moat sokke snaken soms de tosken ris sjên litte. Listige bedriegers moet men soms de tanden eens laten zien (hun toonen dat men zich weet te handhaven).

Hy het gjin hier op 'e tosken. Hij heeft geen haar op de tanden (geen moed om zich te handhaven).

tou.

Der komt altyd wol ris in kinkel yn 't tou. Er komt altijd wel eens een kronkel in het touw. — De vrede tusschen man en vrouw wordt wel eens een weinig verstoord.

Hy hinget oan in rottich tou. Hij hangt aan een rottend touw. — Hij zal haast bankroet moeten gaan.

Ik lit my oan gjin strie bine sa lang der tou is. Ik laat mij aan geen stroo binden, zoo lang er touw is (door geen zwarigheden hinderen, zoo lang ze niet onoverkomelijk zijn).

Oan in rottich tou moat min net to hird lûke (niet te hard trekken). Van het zwakke moet men niet te veel vergen.

Dat kinne gjin touwen hâlde. Daar zijn geen krachten voor berekend. — Die zaak moet fout loopen.

It stiet yet oan 't hoarntou. Het hapert nog aan het hoorntouw. — Het koebeest is in zooverre verkocht, dat kooper en verkooper het nog oneens zijn wie van hun beiden het hoorntouw (waaraan het dier geleid moet worden) zal betalen. (Eene aardigheid in den veehandel.)

It hûs hinget yn touwen. Het huis hangt in touwen (is zóó in rep en roer door levenmakerij van kinderen of anderen, dat men niet weet waar zijn hoofd staat).

tromme.

Der is hwet op 'e tromme. Er wordt iets bij trommelslag bekend gemaakt. — Fig.: van een nieuwtje, dat algemeen besproken wordt.

Dou hoefst der gjin tromme fen to slaen. Ik wol 't net op 'e tromme ha.* Gij zult mij genoegen doen door de zaak niet ruchtbaar te maken.

Dy ljue binne op 'e tromme. Die menschen zijn in opspraak (het onderwerp der algemeene kwaadsprekerij).

Dy 't kûpje wol moat gjin tromme slaen litte. Wie staatkundige plannen smeedt, moet daar geen gerucht van maken.

Hy stiet by syn wird as de hazze by de tromme. Hij staat bij zijn woord, als de haas bij de trom.

trouwen.

Wotte sa wotte. Dêr heste de knotte. Wotte 't net dwaen, sa kinst him yn trije dagen wer jaen; of: Wotte it nitte, sa kinste 't litte. Wilt ge zoo wilt ge. Daar heb je den knoopdoek. Wilt ge het niet doen (hem niet aanvaarden) dan kunt ge hem met drie dagen terug geven — of: wilt ge het niet zoo kunt ge 't laten. — Toespraak bij 't aanbieden van den trouwpenning in vroeger tijd. Zie I, 205.

De polderjonges trouwe oer de putheak. De polderarbeiders trouwen over den puthaak, zegt men. Twee hunner, reeds op jaren, houden het werktuig ieder bij een einde vast, bruidegom en bruid springen er over en 't huwelijk is gesloten.

De bidlers trouwe onder 'e skoarstien yn 't bidlers-ketier, onder den schoorsteen in een bedelaarslogement.

Dat is in pearke for 't mosterstip. Dat is een bruidspaartje voor de mosterdsaus (het zal sober moeten leven, heeft armoede en gebrek in het vooruitzicht). Stadfr.: *Sy komme in 't gild van de gelapte kousen.*

Mei 't trouwen komt de doar fen bikommernisse iepen. Met het trouwen komt de deur van bekommernis open.

De ljeafde is blyn, mar in poas nei 't trouwen falle de skilen fen 'e eagen. De liefde is blind, maar eene poos na het trouwen vallen de schellen van de oogen.

Trouwen is gjin ienminske-wirk. Trouwen is geen werk voor één persoon, men kan het dus niet altijd wanneer men wil.

Better to trouwen as to barnen, sei de pastoar fen Ysbrechtum, en hy joech de geboaden hwet to let oan. Beter te trouwen dan te branden, zeî de dominé van Ysbrechtum, toen hij wat te laat tot het trouwen overging.

Dy 't priizge wirde wol moat stjerre, dy 't lekke wirde wol moat trouwe. Wie geprezen wil zijn, moet sterven; wie gelaakt wil worden moet trouwen.

Dy trout kriget in bongel oan 'e foet. Die trouwt krijgt een blok aan 't been.

Hy wol mei de smids dochter trouwe. Hij wil met de smidsdochter trouwen (zich aan het aanbeeld verbinden, het grofsmeden gaan leeren).

Trouwen en bargeslachtsjen het syn útfallen. Trouwen en varkensslachten valt niet altijd naar verwachting uit.

Sa binne wy net troud. Zóó zijn wij niet getrouwd (niet overeengekomen). — Op die voorwaarden heb ik de zaak niet aanvaard.

Ik scil 't net wer dwaen, sei de âldfeint, do 't him moeide, dat er jong net troud wier. Ik zal het niet weêr doen, zeî de oude vrijer, toen 't hem speet, dat hij jong niet getrouwd was.

Hjar amme mei net gear. Hun adem mag niet samensmelten. — Zij mogen mekaar niet trouwen.

tsjerke.

Al is de tsjerke great, de pryster sjongt lykwol net mear of lûder as er mei. Al is de kerk groot, de priester zingt toch niet meer en luider dan hij kan.

Alde tsjerken habbe tsjustere glêsfinsters. Oude kerken hebben duistere (verweerde) vensterglazen. — Oude lieden hebben een zwak gezicht.

Hwet is 't onderskie twisken in protter en in dominy? De protter biskyt de tsjerke fen bûten en dominy fen binnen. Welk onderscheid bestaat er tusschen een spreeuw en een dominé? De spreeuw bemorst de kerk van buiten en er binnen in bedot de dominé de gemeente.

Hy is fêst in trouwe tsjerkgonger, hy lit altyd de doar op stean. Hij schijnt wel een getrouwe kerkganger te zijn, hij laat altijd de deur open.

Ienris yn 'e tsjerke en twaris der om. Voor velen is 't hetzelfde of zij eenmaal ter kerk gaan of tweemaal er om heen loopen.

It komt fen 'e tsjerkeweach. Het komt van den kerkmuur. (Van een nietswaardig nieuwtje. Zie I, 174).

Min moat wol ris in dou oer 'e tsjerke fleane litte. Men moet wel eens een duif over de kerk laten vliegen (niet altijd op zijn uiterste recht staan).

Tsjerke-en-toer moat midden yn 't doarp bliuwe. Kerk-en-toren moeten midden in het dorp blijven. — De een moet niet benadeeld worden ten bate van den ander. Zie II, 104.

De foarsten dogge dat de efterste net yn 'e tsjerke meije. De voorsten doen het, dat de achtersten niet in de kerk kunnen.

De koegel is troch 'e tsjerke. De kogel is door de kerk. — De zaak is geschied, er kome van wat er van komen kan.

Dêr 't ús Ljeavenhear in tsjerke het, dêr het de divel in kapelle. Waar onze Lieveheer eene kerk heeft, daar heeft de duivel een kapel. — In de nabijheid eener kerk is dikwijls een herberg.

Dy 't neat skele kin skyt yn 'e tsjerke. Wie voor alles onverschillig is bevuilt de kerk.

Hy forlakt de goaden en skyt yn 'e tsjerke. Hij bedriegt de goden en bevuilt de kerk; hij is een fijne bedrieger.

turf.

As 't mot yn 'e brietten komt meije de turven wol op 'e rin gean. Als het mot in de kluiten komt, mogen de turven wel op den loop gaan. — Als melkmuilen den boventoon krijgen, doen bejaarden best·zich terug te trekken. Zie ook II, 234.

Twa brietten for in turf. Twee kluiten voor een turf. — Twee jongens voor een man.

Min hoeft gjin turf yn 't fean to bringen. Men behoeft geen turf in het veen te brengen. — Waar voorraad genoeg is, behoeft men niets te schenken.

Yn 't fean komt it op gjin turf oan. Men ziet in het veen op geen turf.

ûle.

Biroerd bislein, sei de ûle en hy seach syn jongen. Leelijk uitgevallen, zeî de uil, toen zij haar jongen bekeek. — Ook: *Dit liket neat to moai, sei de ûle, do 't er syn jongen biseach.* Dit komt mij niet zeer mooi voor, zeî de uil, toen zij hare pas-uitgebroede jongen bekeek.

De ûle wol op 'e boarre net. De uil durft den kater niet aan. — Gezegd van twee machtigen, die, hoewel elkander vijandig, toch elkaar ontzien.

Elk mient dat syn ûle in falk is. Elk meent zijn uil een valk te zijn.

Dat scoe in ûle syn jongen net tadrage. Dat zou een uil haar jongen niet toewenschen. — *Immen in hate tadrage,* haatdragend zijn. — *Immen in hert tadrage,* genegenheid voor hem koesteren. *Scoe in moer hjar bern gjin hert tadrage?* Zou eene moeder hare kinderen niet van harte genegen zijn? — *Dou draechst my gjin hert ta,* zegt het meisje als haar vrijer blijken geeft van koelheid.

De wirden binne goed, sei de ûle en seach yn 'e souter. De woorden zijn goed, zeî de uil, en keek in het psalmboek.

De ûle en de boarre habbe nin allike great lok. De uil en de kater hebben niet evenveel geluk.

waeije.

Oan 't waeijen fen 'e flagge to sjën is 't yet al hwet. Naar het waaien der vlag (het uiterlijk voorkomen) te oordeelen, beteekenen die menschen nog al iets.

Hja litte de flagge frijhwet waaije. Zij laten de vlag flink wapperen. — Zij leven nog al voornaam.

Der is my gâns oer 'e holle waeid. Er is mij veel over het hoofd gewaaid (ik heb in mijn leven veel ondervonden).

Ast hird waeit lije de greatste huzen meast. Als het hard waait, lijden de grootste huizen het meest.

By myn bûrman het it fennacht hird waeid. Bij mijn buurman heeft het vannacht hard gewaaid (zijne vrouw is bevallen). Dit *hird waeijen* zinspeelt op de *fleagen* = vlagen (hier weeën).

It is hjar fen 'e noardewyn net oanwaeid. Het is haar met den noordenwind niet aangewaaid. — Van eene meid die, zwanger zijnde, verklaart niet te weten vanwaar.

Waeije dat it rikket — dat it stjonkt. Waaien dat het rookt — dat het stinkt.

waer (weder).

As de bui oer is, is 't moai waer. Is de bui over, dan is 't mooi weêr. — Heeft de vrouw uitgekeven, dan is zij dubbel goed. — Ook: *Hwet is 't nou moai waer! pas op, dat er gjin tongergoat* (stortregen met donder) *op komt.*

It is waer as side. Het is weder als zijde (zacht weder).

Hwet scil dér nei komme as rein of moai waer? Wat is daarna te verwachten dan regen of fraai weder?

It is altyd gjin moai waer en foar de wyn. Het is altijd geen mooi weêr en voor den wind.

Sok freeds-waer, sok sneins-waer. Zoo het weder op vrijdag, zoo ook op zondag.

't Is goed waer om in erfskip to parten. 't Is geschikt weder om een erfenis te verdeelen (wanneer 't nl. zoo erg slecht is, dat men den geheelen dag in huis moet blijven).

Hy rekket yn tsjok waer. Hij komt in dik (mistig) weder (in ongelegenheid).

Nou ha wy 't waer yet net hawn. Nu is de onweêrsbui nog niet over. — Wij zullen nog meer onaangenaams beleven.

Hinne en wer as 't waer. Wispelturig (ook van karakter) als het weder.

As min yn 't waer is, is 't sa kwea net as 't binne liket. Is men in het ruwe weêr, dan is 't zoo kwaad niet als 't binnenshuis schijnt. — Overdr.: van rampen en moeilijkheden.

Hy spilet moai waer fen in oar syn jild. Hij speelt mooi weêr (leeft rijkelijk) van eens anders geld.

Hy stie dér oft er fen 't waer slein wier. Hij stond daar als door den bliksem getroffen.

It is gjin waer. Het is geen weder (zegt men van zeer slecht, voor alles onbruikbaar weder). — *To Dokkum ha se ienkear yn trije dagen gjin waer hawn.*

It kin mâl as 't er goed op wierret. Het kan vreemd gaan als 't er recht op weêrt (de omstandigheden samenwerken).

Der stie in onwaer op. Er barstte een onweder los. — Er ontstond een hevige twist; er volgde een harde berisping met vloeken en gekijf.

De fjouwer freden yn Februwaerje wize 't waer oan for 't jier. Sa 't waer op 'e earste freed is scil sahwet de hele maityd wêze. Oan 't waer fen 'e twade freed kin me witte ho 't de simmer wêze scil, en sa dogge de trêdde en fjirde freed oanwizing for de hjerst en de winter. — De vier vrijdagen in Februari wijzen het weder aan voor het geheele jaar. Zooals het is op den eersten vrijdag zal het ongeveer gedurende 't voorjaar zijn. Het weder des tweeden vrijdags laat ons zien hoe de zomer zal zijn, en evenzoo doen de derde en vierde vrijdag aanwijzing voor den herfst en den winter.

waer (koopwaar).

Dy de waer lekket makket er gading oan. Wie de waar laakt, maakt er gading aan. — Fig.: toegepast op een vrijer, die minachtend van een meisje spreekt.

Elke waer is nei syn jild. Iedere waar is naar den prijs (minder of beter).

Goede waer priisget him sels. Goede waar prijst zich zelf. — Goede wijn behoeft geen krans.

wâl.

Hy stekt de hoarnen yn 'e wâl. Hij steekt de hoornen in den wal. — Hij dwarsboomt de zaak.

Hy hinget tsjin 'e wâl oan. Hij hangt tegen den wal aan (als een bouwvallig schip waarmeê men zich niet op 't ruime vaarwater vertrouwt). — Hij is ziekelijk en kan niet tot herstel komen. Fig. toegepast op iemands financieelen toestand. — *Hy klaut wer by de wâl op,* herstelt zich weêr. Ook toegepast op beide.

Hy kloettet by 't wâltsje lâns. Hij schuift (zijn schip) met den kloet bij 't walletje langs (moet zich steeds behelpen en zuinig zijn om rond te komen). — Ook: *It is kloetsjen by de wâl lâns,* het inkomen is niet overvloedig. Ook: *by de flotgearzen* (het vlotgras) *lâns.*

Hy giet midden yn 'e sleat lâns en yt fen beide wâllen. Hij kiest geen partij, maar tracht van beide partijen voordeel te trekken, evenals eene koe, die, midden in de sloot loopende, van de beide wallen vreet.

Immens wâl ophâlde. Iemands wal ophouden. — Altijd het beste van iemand spreken, al heeft hij grove fouten en slechte gewoonten.

Baeksters ite fen alle wâllen. Bakers eten van alle wallen. — Zij laten zich goed betalen, smullen meê van het vele lekkers, dat er voorkomt en ontvangen fooien van de bezoeksters der kraamvrouw.

wei.

Wotte gean in lokkich wei, bid God earst, sa giet er mei. Wilt gij gaan een gelukkigen weg, bid God eerst, dan gaat hij meê.

Frijen, pleitsjen en errjen stean for gjin weazige wei. Vrijen, pleiten en erven ontzien geen slijkerigen weg.

Koart op 'e wei en lang yn 'e herberge. Op den weg zich spoeden en in de herberg lang blijven zitten.

Dat giet op in sânwei. Dat loopt op een zandweg (vordert slechts langzaam).

Dat moat de hege wei mar op. Dat moet den koninklijken weg (van het recht) maar op.

Dy 't mei 't reau ûtgiet is mei syn fijand op 'e wei. Wie met rijtuig op reis gaat, is met zijn vijand op den weg.

Ik kin der gjin wei mei hinne. Ik weet er geen raad meê.

Ik libje him yn 'e wei. Ik leef hem in den weg. — Hij verlangt naar mijn einde.

As de wei sa leit moat min soks ha. Wanneer de weg (der Voorzienigheid) alzoo ligt, moet men zulks (met berusting) ondergaan.

wein.

Dy 't nei in gouden wein stiet, haest kriget er in gouden lins. Wie naar een gouden wagen staat, wellicht krijgt hij een gouden luns.

In flie foar in haeiwein. Eene vloo voor een hooiwagen. — Een nietig persoon voor een werk, dat hem veel te zwaar is.

Nije weinen kreakje altyd. Nieuwe wagens kraken altijd. — Jonggehuwden krakeelen nog al eens.

Kreakjende weinen dûrje langst. Krakende wagens duren het langst.

Folle rydt min op in wein. Veel rijdt men op een wagen. — Gezegd als er van veel geen spraak kan of mag zijn.

Der rint gjin wein sa seaft of hy stiet wol ris. Geen wagen loopt zoo zacht of hij stoot wel eens. — De vrede tusschen man en vrouw wordt wel eens een weinig verstoord.

In wrak tsjil yn 'e wein makket altyd it measte gerattel. Een onvast wiel in den wagen maakt het meeste geratel. — Onedele karakters bezorgen de meeste onrust.

Dy wein rint to hird. Die wagen loopt te hard. — Die zaak wordt met te weinig bezadigdheid doorgedreven.

It giet sa hird efterút as in hynsder en wein ride kin. De zaak gaat zoo snel den kreeftengang als een paard-en-wagen kan rijden.

Hy scil de wein yn 'e weage menne. Hij zal den wagen aan den wand mennen (den boel in de war sturen).

Min wirdt mear fen dongkarren oerriden as fen koetsweinen. Men wordt meer door mestkarren, dan door deftige rijtuigen overreden. — Lagere ambtenaren maken 't iemand soms lastiger dan de hooger geplaatsten.

De wein leit yn 'e firde, der falle folle wirden. De wagen ligt in de groeve, er vallen vele woorden. — Een ongeluk, als 't gebeurd is, geeft aanleiding tot krakeel.

't Is better dat de wein giet as dat er stiet. Beter de zaak gaande gehouden, dan stil te laten staan.

Biste mâl, den maste fen 'e wein. Ben je dol, dan moet ge van den wagen (het gezelschap verlaten).

Foerljue dy 't gjin wyn of bjier meije moatte net op 'e wein mar op 't rêd sitte. Voerlieden die geen wijn of bier lusten, moeten niet op den wagen maar op het rad zitten.

wet.

Dou mast de wetten hjir fine, mar net meitse. Gij moet de wetten hier vinden, maar niet maken. — Tot een betweterig nieuweling in een dorp, gezelschap of huishouding.

It is in stielen wet. Het is een stalen wet (een stévaste gewoonte).

Ik hab er de wet fen. Ik verkies dat niet te doen of niet meer te doen.

Dou hoefst hjir de wetten net te stellen; gij hebt hier volstrekt geen recht op het meesterschap.

Hy is onder en boppe de wet. Hij is onder en boven de wet; — men neemt het met hem zoo nauw niet; hij wordt niet recht voor vol aangezien.

wetter.

Hy het faker mei dat wetter foar 'e dokter wêst. Hij is meer met dat water voor den dokter geweest (heeft in dat werk ervaring opgedaan).

Lit hjar mar rinne! hja wit hjar for wetter en fjûr to mijen. Wees gerust! zij weet zich voor water en vuur te hoeden. — Zij is vertrouwd om alleen te loopen. (Van een flinke meid gezegd).

It wetter rint altyd gjin ien wei út. Stroomend water houdt niet altijd dezelfde richting. — Man en vrouw leven niet altijd eensgezind.

Dy 't nei de kindige wei freget wiist min yn 't wetter. Die naar den bekenden weg vraagt, wijst men het water.

De jeugd fordrinkt jamk ear 't se wetter sjoen het. De jeugd verongelukt niet zelden, eer de strijd des levens is begonnen.

It roer moat yn 't wetter bliuwe. Het roer (van het schip) moet in het water blijven. — Men moet voet bij stuk houden.

Hy is sa falsk as skom op 't wetter. Hij is zoo valsch (van karakter) als schuim op het water. — Ook: *sa falsk as 't wetter djip is.*

Wy habbe 't hôlste wetter hawn. Wij hebben het holste water gehad (zijn het grootste gevaar te boven).

Stille wetters habbe djippe grounen. Stille waters hebben diepe gronden.

Stille wetters stjonke. Stille waters stinken.

*Hy is biwarre as in heechlâns kou yn
't wetter.* Eene koe uit hooge water-
looze streken, kan in een waterrijk
oord licht verongelukken.

Der binne winterspjelden (ijsnaaldjes)
yn 't wetter, het water is prikkelend
koud.

Dat slût as in douk op 't wetterfet. Dat
sluit als een deuvik op het watervat.
— Dat is zeer juist geredeneerd. (Ook
ironisch.)

As de bergen kealje dounset it wetter.
Wanneer de bergen kalven (baren),
danst het water. — Een groote beweging heeft een grooten nasleep.

Dèr is wetter onder 'e kyl. Daar is water onder de kiel (ruimte om flink te
zeilen). — Fig.: daar zit geld.

*De krûke giet sa lang to wetter dat er
de hals brekt.* De kruik gaat zoo lang
te water tot zij den hals breekt.

Wy scille hwet gleaun wetter ha. Wij
zullen wat gloeiend water gaan gebruiken (een kopje thee gaan drinken).

Driuwe twisken wetter en wyn. Drijven
tusschen water en wind (beneden de
oppervlakte van het water, zonder naar
den grond te zinken. — Fig. van iemand
dien men een slijmgast pleegt te noemen).

Griente is oars neat as wetter en wyn.
Groenten zijn niets dan water en wind
(zeggen friesche landlieden, die voor
't meerendeel niet van groenten houden).

Hy sit of komt my yn 't farwetter. Hij
komt in mijn vaarwater (benadeelt
mij in mijne zaken).

wy.

Wy scille hjir it groat gau gear krije.
Wij zullen hier de gort spoedig gaar
krijgen. — Het laat zich aanzien, dat
wij hier twist zullen krijgen.

Wy scille de ribben hwet skoarje. Wij
zullen de ribben wat gaan stutten
(nl. met eten).

Wy scille Maeije meitse. Wij zullen Mei
maken (verhuisdag houden). — Dit
zegt een baas of vrouw tot een dienstbode, dien men binnenstijds wil ontslaan. De dienstboden zeggen het, als
zij binnenstijds willen vertrekken.

Wy litte hjarren yn 'e mist stean. Wij
laten hen in de mist staan (verder
ongemoeid, links liggen).

Wy ha hwet foar 'e stjuwn. Wij hebben iets voor den steven (in vooruitzicht).

*Wy scille de glêdde stoepe mei sân bi-
struije.* Wij zullen de gladde (beijzelde)
stoep met zand bestrooien; — fig.: de
met boter gesmeerde beschuit met
suiker bestrooien.

widze.

*It komt altyd goed, sei de man, do 't er
nei stêd scoe om in widze to keapjen,
mar onderweis yn 't skip it jild for-
dobbele. Do 't er wer thûs kaem wier
't bern dea.* Het komt altijd wel goed,
zei de man, die, naar de stad reizende
om een wieg te koopen, onderweg in
de schuit zijn geld verspeelde. Toen
hij weêr thuis kwam was het kind dood.

Hy is net yn 'e widze smoard. Hij is
niet in de wieg gestikt. — Spottend van
iemand, die een hoogen ouderdom
bereikt.

*Hy het tofolle fen widzjen koste om sa
forlern to gean.* Hij heeft te veel van
wiegen gekost om zóó te verongelukken.

It bern is stil salang der widze wirdt.
Het kind is rustig zoolang het gewiegd
wordt.

Hy moat mei de bril om 't widzetou siikje.
Hij moet met den bril op naar het
wiegetouw zoeken (nl. een oud man,
die een jonge vrouw getrouwd heeft).

wiif.

*As 't wiif fen 'e baen is, is 't stjûr ût
de hûshâlding.* Is de vrouw van den
vloer, dan ontbreekt het bestuur in
de huishouding. — *As 't wiif is fen
'e flier is yn 'e hûs gjin tier.* Moet
de vrouw wegens ongesteldheid het
bed houden, dan is het huiselijk genoegen bedorven.

*Alle bytsjes helpe, sei 't wiif, en hja
treau it skip oan mei de stopnidle.*
Alle beetjes helpen, zeî de vrouw,
terwijl ze 't schip voortduwde met een
stopnaald. Oudt.: *hja roege mei nillen,*
gebruikte naalden voor roeiriemen. —
Zie II, 156.

*Elk in bokse, sei 't wiif en hja naem
de hêle broek.* Ieder eene der pijpen,
zeî de vrouw en nam de geheele broek.

Fart myn man for skipper, sei 't wiif, den far ik for stjûrman. Vaart mijn man voor schipper, zeî de vrouw, dan vaar ik voor stuurman. — De man moge kapitein heeten, de vrouw draait het roer.

Gelyk heste, sei de man tsjin 't wiif, mar swije scitte. Gelijk heb je, zeî de man tot zijn vrouw, maar zwijgen zult ge.

Dêr 't âlde wiwen dounsje, der stout it. Waar oude vrouwen dansen, daar stuift het.

In kwea wiif is in min stik hûsrie. Een kwade vrouw is een leelijk huismeubel.

Dat wiif het hjar man de tsien geboaden yn 'e troanje set. Die vrouw heeft haar man de tien geboden in zijn tronie gegrift (hem met hare vingers in 't gelaat gekrabd).

Hy kin mei syn wiif frij oer 'e fiskmerk gean. Hij kan met zijne vrouw gerust over de vischmarkt gaan. — Hij mag haar overal laten zien.

Ik reitse 't yn 't lid lyk as 't wiif de wirtel. Ik tref het in 't lid evenals de vrouw den wortel. — Een wortel (peen) heeft geen lid.

Karige wiwen nolk to keamer. Karige wijven gaan gaarne met u ten dans (om op brandewijn getrakteerd te worden).

Min scoene dat wiif mei gjin tange oantaeste — mei de tange gjin iten jaen. Men zou die vrouw met de tang niet willen aanvatten — met de tang geen eten toereiken (omdat zij vreeselijk vuil is). — *Gean dêr mar net sitten, hwent den kom je er net allinne wer wei.* Neem daar maar geen plaats, want dan komt ge er niet alleen weêr vandaan. (Dan krijgt ge ongedierte).

Man en wiif is ien liif en twa fretsekken. Man en vrouw zijn één, met twee magen.

Manshân boppe, sei 't wiif, en ik yn 't bûterfet. Aan den man het bestuur der boerderij, zeî de vrouw, maar ik zorg voor de boterbereiding.

In wiif dat fen jildtellen en fliejeijen hâldt, is in bêst hûshâldster. Eene vrouw, die van geldtellen en vlooienvangen houdt, is eene beste huishoudster (spaarzaam en zindelijk).

Dat wiif kin stikken noch dea. Die vrouw kan in stukken noch dood. — Van eene sterke vrouw die veel werk doet zonder dat het haar hindert.

By dat wyfke skûlet hwet. Bij die vrouw schuilt iets. — Zij is in gezegende omstandigheden.

Dat wyfke draecht glêsposlein. Dat vrouwtje draagt glasporselein (zij is zwanger). — Dus voorzichtig wat!

Dat wyfke bigjint al moai to pronkjen. Dat vrouwtje begint reeds fraai te pronken (hare zwangerschap wordt zichtbaar).

Maeije, Maeije! de ljipkes kraeije en alles wirdt grien. Dy 't yet gjin wiif het, dy siikket nou ien. Mei, Mei! de kievitten kraaien en alles wordt groen. Wie nog geen vrouw heeft, zoeke er nu een.

Dêr 't wiif goed hûshâldt, dêr waechst spek oan 'e balke. Waar de vrouw goed huishoudt, daar groeit spek aan den balk.

Better wol stoarn as wiif en bern fordoarn. Beter wel gestorven dan vrouw en kinderen bedorven.

Dat wiif het in tût dat me er wol in broek yn spiele kin, een mond zoo groot dat men er wel een broek in kan spoelen.

In wiif dat de bek op 'e team het is in wonder. Eene vrouw, die haar mond in toom weet te houden, is een wonder.

In hantwirk is 't bêste erfpoarsje, sei de smid, en sette syn wiif oan 'e pûster. Een handwerk is de beste erfenis, zeî de smid, en zette zijne vrouw aan den blaasbalg.

Hy is stêdskyn fen 't wiif. Hij is onder curatele zijner vrouw.

In earm wiif kin yen allike folle pleagje as in ryk, sei de boer, dêrom nim ik mar in ryk. Eene arme vrouw kan een man evenveel plagen als een rijke, zeî de boer, daarom neem ik maar eene rijke.

Dat wyfke net kjel meitse! dou scoest hjar it jong ta de bûse ût jeije. Dat vrouwtje niet doen schrikken! gij zoudt haar een abortus kunnen veroorzaken. Ook: *Dêr scoe in ierripe* (vroegrijpe) *fen komme kinne.* Eene vrouw bij wie het gevaar niet bestaat zegt schertsend (onder vrouwen): *Fy! sok kjelmeitsen, jimme scoene yen it jong ta de bûse ût jeije.*

Dat wyfke kin net mear allinne rinne ; zij kan niet meer alleen loopen (omdat zij een tweede bij zich draagt).

Aste 't wiif de pong jouste, jou hjar den de broek ek mar. Vertrouwt ge aan de vrouw de beurs, geef haar dan de broek ook maar (dan ben je de heerschappij toch kwijt).

As de kwea wiven ontbiten habbe wirdt it moai waer. Als de kwade wijven ontbeten hebben, wordt het mooi weêr (nl. in huis; zij worden dan rustig).

Ik spylje op 't oargel en myn wiif trapet de pûster. Ik bespeel het orgel en mijne vrouw trapt de blaasbalg.

Der is gjin wiif sa ryk of hja is in kou allyk. Er is geen vrouw zoo rijk of zij is een koe gelijk.

Dêr 't wiif in slier is dijt de hûshâlding net. Waar de vrouw een sloerie is, gedijt de huishouding niet.

Snjeuns moat min de wiven ût 'e wei gean. Zaterdags is 't best, de vrouwen niet in den weg te loopen.

Snjeuntojouns is 't myn tiid fen djierheinen, sei ,'t wiif. Zaterdagsavonds houd ik eene doortastende reiniging (nl. het verschoonen der kinderen) zeide de vrouw. — *Djierheinen,* den stalgrup reinigen.

De wite wiven fleane. De witte wijven (sneeuwvlokken) vliegen. Ook: *De wite bijen fleane.*

wyn (wind).

Min moat witte ût hwet hoeke de wyn waeit. Men moet weten uit welken hoek de wind waait (altijd de noodige omzichtigheid in acht nemen).

Hy het gâns wyn yn 'e swipe. Hij heeft veel wind in den zweep. — Hij is een windmaker.

As de wyn omrint moat min de mounle kruije. Als de wind omloopt, moet men den molen kruien. — Er moet rekening worden gehouden met de tijdsomstandigheden.

Hja het gâns wyn yn 'e pels. Zij heeft veel wind in de rokken. — Zij maakt bij 't loopen veel beweging met hare kleeding. (Dit geldt voor een bewijs van luchthartigheid.)

As 't foar de wyn giet is elk in hirdrider. Vóór den wind is ieder snelrijder (op schaatsen). — Loopt alles meê, dan kan ieder knap zijn.

Dy 't op 'e wyn en de frouljue tiidget is 't boekje bjuster. Wie op den wind en de vrouwen staat maakt, geraakt van de wijs.

Dat is in rek yn 'e wyn. Dat is een rak tegen den wind (eene verhindering, eene teleurstelling, een tijdelijke tegenspoed).

Is 't tsjin 'e wyn, sa helje it seil yn. Is het tegenwind, zoo haal het zeil binnen.

Hy kriget de wyn fen foaren. Hij krijgt den wind van voren. — Hij wordt op scherpe verwijten onthaald.

Min het de wyn net yn 'e mouwe. Men heeft den wind niet in de mouw (niet in zijn macht).

Oars neat as wyn en fearren. Enkel wind en vederen. — Praatjes en drukte zonder eenige waarde.

Sa lang as wyn waeit, hoanne kraeit, beam riket en stôk stiket scil de keap stean. Zoolang de wind waait, haan kraait, boom reikt en de stok stevig blijft, zal de koop staan. — De koop staat eeuwig vast.

De mounle stiet net to wyn. De molen staat niet naar den wind. — Gezegd als een kind niet wil eten.

Hy wol wol healwyn sile. Hij wil wel halfwind zeilen. — Hij is nog al inschikkelijk.

Dy 't farket kriget wol ris in yn-'e-wyns rek. Die vaart, krijgt wel eens een rukje tegenwind. — Ieder ondervindt in het leven wel eens wat tegenspoed.

Min moat it seil nei de wyn hingje litte. Holl.: Men moet de huik naar den wind laten hangen.

It stjonkt wol saun fekken onder 'e wyn. Het riekt wel zeven vakken beneden den wind (voor den wind af). — Anderen zeggen: *It stjonkt saun milen boppe de wyn,* zeven mijlen tegen den wind in; — het geurt zeer ver.

wiis.

As hy yet net wiis is scil er 't ek net wirde. Indien hij (na zooveel ongeluk ten gevolge zijner dwaasheid ondervonden te hebben) nu nog niet wijs is, wordt hij 't ook niet.

Málle ljue is gjin ding tsjinniger as wysheid. Dwaze lieden schuwen niets zoozeer dan wijsheid.

Ien gek freget mear as saun wizen biantwirdsje kinne. Eén gek vraagt meer dan zeven wijzen kunnen beantwoorden.

De wizen komme út it easten. De wijzen komen uit het oosten. — Men zegt dit met toespeling op Matth. II, 1, als er in den winter wilde ganzen uit het oosten komen aanvliegen.

wirk.

Der is gjin minder wirk as neatdwaen. Er is geen leelijker werk dan niets doen.

De tarieding is 't heale wirk. De toebereidselen zijn dikwijls de helft van het werk.

Dien wirk is nochlik rêsten. Na afgedaan werk is het genoegelijk rusten.

Hja jout it wirk in slinger oan 'e earen. Zij (de vrouw of meid) geeft haar werk een klap aan de ooren. — Zij maakt er zich wat al te gemakkelijk af.

wrâld.

As de wrâld alfolmakke is ha wy dien. Wanneer de wereld geheel volmaakt is, valt er voor ons niets meer te doen (en kunnen we dus heengaan of zijn we reeds lang heengegaan).

Offâllen is yn 'e wrâld. Het tegenvallen is in de wereld. — Teleurstellingen brengt het leven meê.

De wrâld is net razen makke. De wereld is niet razende gemaakt (doch met bedaard overleg; maak dus maar niet zulk een dollen haast).

De wrâld is op 't heechst. De wereld is op het hoogste. — Er gebeuren nooitgehoorde dingen. — Ook: *De wrâld rint op 't lêst.* Wij komen in het laatste der dagen.

Der is romte yn 'e wrâld om elkoar mis to rinnen. De wereld is ruim genoeg om elkaar niet te ontmoeten. — (Van twee die in onmin leven).

De wrâld is gjin protters-aei. De wereld is geen spreeuwenei. — Er is ruimte genoeg; vindt iemand het ergens te benepen, hij behoeft zich daarom niet van kant te maken.

De wrâld is uzes mei elkoar. De wereld behoort ons gezamenlijk.

Stank for tank, sa giet it yn 'e wrâld. — Ook: *Stank is wrâlds-lean.* Ondank is 's werelds loon.

De wrâld is in eamelers-nêst. De wereld is een mierennest.

Hy sjucht de wrâld for in doedelsek oan. Hij beschouwt de wereld voor een doedelzak. — Hij begrijpt de wereld niet, uit gebrek aan ervaring. Ook: zijn gezicht is beneveld door drankgebruik.

Hy sjucht de wrâld for in flinterhúske oan. Hij beschouwt de wereld voor een stuk speelgoed. — Hij meent dat het leven spelen is.

De wrâld is in Janklassenspul. De wereld is een poppenkast (waarbij de geheime drijfveeren en de man, die de poppen laat spreken en handelen, onzichtbaar blijven).

Goeddwaen, kin dat tank ligean, den wol hast de wrâld forgean. De wereld loopt op 't einde, als weldoen met ware dankbaarheid beloond wordt.

It giet ongelyk yn 'e wrâld, de iene fljucht er troch en de oare moat er troch krûpe. Het gaat verschillend in de wereld: de een vliegt er door, de ander moet er door kruipen.

Dy de wrâld mei gewelt winne wol is der net efter. Wie de wereld met geweld wil winnen, is niet achter het geheim.

De onskamele het de treddepart fen 'e wrâld. De onbeschaamde heeft het derdedeel der wereld. — Ook: *De drysten habbe de wrâld.*

Nalezing.

Alheel op syn alve-entritichst. Geheel op zijn elfendertigst; volkomen in orde zoo 't behoort. — De Staten van Friesland bestonden vroeger uit afgevaardigden der elf steden en der dertig grietenijen; waren die allen bijeen, dan was de vergadering op haar elfendertigst.

Alle wierheid wol net sein wêze. Alles wat waar is, wil niet gezegd zijn.

Alle geasten moat me net leauwe. Gelooft niet een iegelijken geest.

Alle earmoed kin me net stopje. In alle armoede kan men niet voorzien.

Alles hwet los en fêst is kin hy ha. Alles wat los en vast is kan hij hebben. — Hij is niet te verzadigen.

Alles hwet liket is noch net wier. Schijn bedriegt.

Al petearreste mei ingelske tongen. Al spreekt gij met engelsche (engelen-) tongen (het baat u niet).

Alle keapers binne gjin kenders. Alle koopers zijn geen kenners.

Al koe hy preekje as Brugman, sa leaude 'k him net. Al kon hij prediken als Brugman, ik geloofde hem niet.

Al binne de klean skoerd, it hert is lykwol heel. Al zijn de kleederen gescheurd, het hart is ongeschonden. — Arm maar eerlijk.

Altyd freegje rike ljue ho 't de earmen oan 't goed komme. Altijd vragen rijke lui, hoe armen aan aardsche goederen komen.

Altyd bûter yn 'e brij, sei mâlle Gerben, en reamme se er boppe ôf, en krige elke reis slikkers ta. Altijd boter in de brij, zeî malle Gerben, en roomde ze er boven af en kreeg telkens likkers toe.

As myn broek in piperesek is. Als mijn broek een pijperszak (doedelzak) is.

As de kou dûnsk is sjucht se 't hier fen 'e bolle net oan. Als de koe driftig is, let zij niet op de haarkleur van den stier.

As 't jo wol giet, tink den ek ris om ús. Als het u wel gaat, denk dan ook eens aan ons.

As alleman it wyt scil ik it ek wol komme to witen. Als alleman het weet, zal ik het ook wel te weten komen.

As de bern bern bigjinne to meitsen meije de âlden wol utskiede. Als de kinderen beginnen kinderen te verwekken, dienen de ouders er meê uit te scheiden.

As de kweade net bet mei sa biedt er Gods heiligen goen dei. Als de booze niets beters weet te doen, groet hij Gods heiligen. (Oudt.)

Acht is mear as njuggen. Acht is meer dan negen. — Acht te geven op zijne zaken is het voornaamste.

Al sa wol hjir bychte as onder 'e galge. Beter hier gebiecht dan onder de galg.

As in ding op 't heechst is moat it keare, bûge of barste. Wanneer eene zaak het hoogste toppunt heeft bereikt, moet zij keeren, buigen of bersten.

As ik dit win en 't heilich lân, sa scil ik ridder stjerre. Wanneer ik dit win en het heilige land, zal ik ridder sterven.

As de stoppels bleat komme krije in hopen ljue de stoppelgoarre. In den tijd van den korenoogst krijgen velen eene lichte ongesteldheid.

As de switgatten iepen stean moat min yen hoedsje for bifingen. Als de zweetporiën open staan, moet men zich hoeden voor bekleuming.

Allegearre sopbonkjes. Altemaal soepbeentjes. — Niet veel zaaks.

Alle hout is gjin timmerhout, en alle meisjes zijn niet geschikt om goede huisvrouwen te worden.

Oudfr. *As di striid is leyd so daunset di breid.* Als de strijd is beslecht, danst de bruid.

As 't slimst oer is bettert it wer. Als 't ergste voorbij is, komt er beterschap. — Ook: *It moat earst op 't slimst ear 't better kin.*

As 't lok boppe ús riist moatte wy gean dêr 't ús wiist. Als het geluk boven ons verrijst, moeten wij gaan waarheen het ons wijst.

Bettermeitsen stiet moaijer as bilabjen. Beter doen staat mooier dan beschimpen.

Boargjen is gjin skinzjen. Borgen is geen schenken.

Bliid út en bliid thús. Verheugd uitgegaan en verheugd dat men weêr tehuis is.

27

Byljen is gjin biten. Keffen is geen bijten. — Stoor u niet aan een snoever.

Biste sechstich? Ben je zestig? — Is je
verstand in de war?

Bûrljues-leed draecht maklik. Burenleed
is licht te dragen.

By de klanten lâns to ribbeklopjen. Bij
de klanten rond om geld los te krijgen.

*Bealch, stean by! ik scil dy net wer
lêstich wêze.* Maag, houd je kras! ik
zal je niet weêr lastig vallen. — Ont-
boezeming van een veelvraat.

Bûterplakken yn 'e hoazzen. Botervlek-
ken (gaten) in de kousen.

*Better in arbeider dy 't syn eigen brea
yt, as in boer dy 't libbet op kredyt.*
Beter een werkman, die zijn eigen
brood kan eten, dan een boer die op
krediet leeft.

By 't folk is de nearring, sei de bline.
Bij het volk is de nering, zeî de blinde.

Better in goefrjeon biskiten as de man sels.
Beter een goeden vriend bedrogen dan
de man zelf.

*Biskytste dy sels fen freugde, sa heste
in mâlle ears.* Bedrijt gij u zelf van
vreugde, zoo hebt gij een leelijken aars.

*Boazema raem dreau nea skiep of 't
wier kol of laem.* Bozema's ram be-
sprong geen schaap of het was onbe-
vrucht of bevrucht.

Dat scoe me immen wol leare al wie er dea.
Dat zou men iemand wel leeren al was
hij dood.

Oudfr. *Dat eagt neen stal, dat me dette
tojenst da onthetage.* Het staat niet
goed (is niet mannelijk) dat men handelt tegen zijne belofte.

*Dat scil net skean al scil himmel en
ierde forgean.* Dat zal niet geschieden, al zullen hemel en aarde vergaan.

Dat het er gjin hânwetter by. Dat heeft
er geen handwater bij (kan er niet bij
in vergelijking komen).

Dat giet of tommelt oer 'e kop. Dat gaat
of tuimelt over den kop. — Daar wordt
100 % op gewonnen.

Dat is ien ût tûzen. Dat is er een uit
duizend (een uitmunter).

Dat is tûzen om trettsien. Dat is duizend om dertien (honderd tegen een).

Dat skoert net ût. Dat zal niet los
scheuren. — Fig.: dat is logisch juist.

Dat rêst roastet. Dat rust, dat roest. —
Ook: *Rêst makket roaste,* rust maakt
roest.

Dat is skearing en ynslach, schering en
inslag.

Dat net is (of *wêst is)* kin komme. Wat
niet is (of geweest is) kan komen.

Dat leit him gjin deade niten. Dat legt
hem geen doode neten (maar iets
vrijwat beters).

Dat het in rokje ût tein. Dat heeft een
rokje uitgetrokken (zeggen vrouwen,
wanneer iets dat buitengewoon vervuild
was, doortastend werd gereinigd).

Dat docht my de weelde net. Ik doe dat
niet uit weelde (maar uit noodzaak).

Dat is 't oanskrabsel. Dat is het na-
schraapsel (het laatste beslag uit den
pot). — Gezegd als een niet meer jong
echtpaar, na eene tusschenpoos van
jaren, nog een kind krijgt.

*De bêste noaten komme altyd troch de
winter.* De beste (te veld staande)
granen komen altijd door den winter.

De forhirde forliest allinken skirden.
Het hardste (steengebak) verliest van
tijd tot tijd schilfers. — Ook de sterkste
neemt af in krachten.

De plasse mealt him. Zijn bovenkamer
is in de war. — Ook: *It skeelt him yn
'e plasse.* De *plasse* is eig. de schedel.

De beide einen kinne elkoar net rikke.
De beide einden kunnen elkander niet
bereiken (het tegoed de schulden niet
dekken).

De wenst is de twade natuer. De gewoonte is de tweede natuur.

De kjeld moat ris fen 'e loft. De koude
moet eens van de lucht. — De geschillen moeten geslecht, de moeilijkheden
weggeruimd.

De biis priket him altyd. De guit prik-
kelt hem altijd. — Hij is steeds geneigd
iets guitigs te zeggen of uit te voeren.

De snare mar goed mei hars strike. De
snaar maar goed met hars strijken (u
maar flink voor het werk toerusten).

*De lytse smeule op de greaten en dôch
steane se allegearre nei greatheid.* De
kleinen smalen op de grooten en toch
staan allen naar grootheid.

De hounen scille 't noch útbylje host dou my bihânnelste. De honden zullen 't nog uitblaffen, hoe (schandelijk) gij mij behandelt.

De reak is opstâlle. De hooirook (hoop hooi) is opgezet. — De zaak is in zooverre gereed.

De bek nei de byt. Wat men heeft eet men op, hetzij overvloedig of schaars.

De húsljue binne as de kearsen, hwet min se faker snút hwet se ljochter barne. De huislieden zijn als kaarsen; hoe meer men ze snuit, hoe lichter zij branden.

De boeren tsjinne me wol to sizzen oft de siikken faei binne of net, den hoefden hja der gjin kosten mear om to dwaen. Men diende den boeren wel te zeggen of de zieken gevaarlijk zijn of niet, dan behoefden ze geen vergeefsche kosten te maken. (Schimp op der boeren gierigheid?)

De stêdljue sizze sekreet, de boeren sizze kakhús en as 't al omkomt is 't in winkel fen pompier en loarten. De stadslui zeggen sekreet, de boeren zeggen kakhuis en 't is ten slotte maar een winkel van papier en drollen.

De jeld en de jeugd komme net oerien. Ouderdom en jeugd komen niet overeen.

De greate fisken ite de lytse. De groote visschen eten de kleinen.

Der siikt nimmen in oar yn 'e oun of hy is der sels út stoun. Er zoekt niemand een ander in den oven, of hij is er zelf uit gestoven.

Der múzje nin katten ear 't se jongen ha. Er muizen geen katten eer ze jongen hebben.

Dêr 't rom is mei min 't rom nimme. Waar ruimte (ook overvloed) is, mag men er gebruik van maken.

Dêr sit kerl en stok yn. Daar zit korrel en stok (pit en kracht) in. — Van iets voedzaams.

Dêr is al in boel sâlve op forgriemd. Daar is al veel zalf (vruchteloos) op versmeerd, — geld aan vermorst.

Dêr scil er wol tsjinoan prúste. Daar zal hij wel tegenaan proesten (zeer tegenop zien). — Ook: *der tsjinoan skytskoarje* (schoorvoetend staan) of *neadearskje* (noodaarzen).

Dêr kin 'k neat mei opjeije. Daar kan ik niets meê opjagen (niets meê doen).

Dêr is de slytmot yn; ook de razene mot. Daar is de slijtmot — de razende mot in. (Van kleederen die door slijting breken).

Dêr 't yen de doar faek mei 't gat tasluten wirdt (waar men ons ongaarne ziet) *dêr is 't net jamke rom,* daar is geen overvloed.

Der moat in skandekker wêze. Er moet een schandedekker zijn (die zich bv. laat bekoopen om een bezwangerde meid te trouwen).

Der wedden ienris twa en de iene forlear it. Er wedden eens twee en een hunner verloor.

Dêr 't neat is nimme saun wapene ruters neat. Waar niets is, nemen zelfs zeven gewapende ruiters niets weg.

Dêr kom ik oan stoatskaevjen. Daar kom ik aangeloopen. — *De stoaten* zijn de vooreinden der schoenzolen. *De stoaten skaevje,* schaven op straat of weg.

Dy 't me nea mei goe wirden eart, dat me dêr ek net mei forkeart. Wien men (achter den rug) nooit met goede woorden eert, met hem hebbe men ook geen omgang.

Dy 't lytse bern habbe bihoeve gjin gekken. Wie kleine kinderen hebben, behoeven geen gekken (hebben geen behoefte aan grappenmakers).

Dy fûgel foroaret alheel fen fear. Die vogel krijgt geheel andere vederen. De man verandert van kleur (richting).

Dy 't nearne wêze wol kin nearne komme. Wie nergens wil wezen (aan niets meê doen), zal nergens kunnen komen.

Dy 't de brul om 'e hals het sjucht er ek troch. Die de bril om den hals heeft, ziet er ook door.

Dy 't de roerpin het moat it stjur hâlde. Die de roerpin in handen heeft, moet het bestuur houden.

Dy 't folle pillen ynnimme wirde faek biskiten. Wie veel pillen innemen, vinden zich dikwijls bedrogen.

Dy 't arbeidsje kin hoeft net to biddeljen. Die werken kan, behoeft niet te bedelen.

*Dy 't nin bûter op 't brea barre mei
moat it droech ite.* Die geen boter op
zijn brood kan hebben, moet het droog
eten.

*Dy 't him jong net to-wacht nimt moat
it âld bisûrje.* Wie zich jong niet in
acht neemt, moet het oud bezuren.

Dy 't it rokje past tsjucht it oan. Wien
het rokje past, trekke het aan.

Dy 't in gat het siikket in sit. Wie
wenscht te zitten, zoeke zelf maar iets
om er op te zitten.

*Dy 't wilsters fange wol moat fluitsje
kinne.* Wie pluvieren wil vangen, moet
kunnen fluiten.

Domme ljue winne gjin lân oer. Domme
lieden winnen geen land over.

*Dou bist ek al in earrebarre dy 't ût it
nêst fallen is.* Gij zijt ook al een
ooievaar, die buiten 't nest gevallen
is (niet veel bijzonders). Zie II, 268.

Dou mast nei myn pipen dounsje. Gij
moet naar mijne pijpen dansen (aan
mijn bevel of verlangen gehoorzamen).

*Dou bist gjin tel, dus minder as in tal-
hout.* Gij wordt niet geteld en zijt
dus minder dan een telhout.

Earmoede siikket list. Armoede zoekt list.

Effen is slim treffen. Effen is moeilijk
te treffen.

Elk syn bar is net te faek. Elk op zijne
beurt (aan het werk) is niet te vaak.

Elk moat sines ha. Ieder moet het zijne
hebben. *Elk moat syn tal ha.* Ieder
moet zijn getal (kinderen) krijgen;
(dit is voorbeschikking).

Earst: byt yn en den: skyt yn. Eerst
smoorlijk verliefd en dan afkeer en
verachting.

Elk moat syn eigen bûksmiette witte.
Ieder dient zijn eigen buiksmaat te
weten (maat weten in het eten).

Eart wirdt wol ris wer foer. Het afgedankte overblijfsel van veevoeder wordt
nog genuttigd als er gebrek komt.
— Een meisje, vreezende, vergeten te
worden, wil een vroeger afgewezen
vrijer nog wel eens goedgunstig zijn.

*Elk het genôch oan syn eigen tûn to
wjudden.* Ieder heeft genoeg aan zijn
eigen tuin te wieden.

Eangst is net to boeten. Angst is niet
te genezen.

Foardwaen leart neidwaen. Voordoen
leert nadoen (ten kwade en ten goede).

Fierôf socht en tichteby to finen. In de
verte gezocht, wat nabij is te vinden.

*Fen rykdom is de rjuchte miette: frede
to hâlden yn 'e hûs en op 'e strjitte.*
Van rijkdom is de rechte maat: vrede
te houden in huis en op straat.

*Fen hondert eden net ien to hâlden mak-
ket in falsk ein.* Van honderd eeden
niet een te houden, geeft een valsch
einde.

*Fen bûten napelske rokken, fen binnen
spaenske pokken.* Uitwendig deftig en
fraai, inwendig bedorven en leelijk.

Finen is ek wol ris stellen. Vinden is
ook wel eens stelen.

Flokwirden binne gjin kanonskoegels.
Vloekwoorden zijn geen kanonskogels
(voor gevloek zijn we niet vervaard).

Fen ûtstellen komt ôfstellen. Van uitstel
komt afstel.

Fen luiterjen kin de skoarstien net rikke.
Van luieren kan de schoorsteen niet
rooken.

Fen eat ta neat is allemans fortriet.
Van iets tot niets is allemans verdriet.

Fen alles is hinnestront. Van alles is
kippendrek.

Gjin goed jild by kwea jild lizze. Geen
meer kosten maken voor iets dat reeds
te veel gekost heeft, of voor 't innen
eener schuld als er niets te halen is.

Gjin né sizze as 't ja mienste. Zeg geen
neen, terwijl gij ja meent (wanneer
u iets goeds wordt aangeboden).

Gjin tynge goe tynge. Geen tijding goede
tijding. — Friesche landlieden houden
niet veel van briefschrijven.

Great onjrucht moat min mei macht keare.
Groot onrecht dient men met geweld
te keer te gaan.

Goede foarwerden brekke alle striid.
Goede voorwaarden beslechten allen
strijd (krakeel).

*Gods barmhertichheid en papegjirgens
dûrje yn iwichheid.* Gods barmhartigheid en der papen gierigheid duren
in eeuwigheid.

Genôch leit op 't tsjerkhof. Genoeg ligt op het kerkhof. — Genoeg krijgt de hebzuchtige niet, voor hij dood is

Gûl oan goarre, treant oan toarre. Merrie om hengst, hommel om tor. — De een is niet veel beter dan de ander.

Hân biedt soen. De hand ter verzoening wordt aangeboden.

Hwa bliuwt onskildich as 't foldwaende is immen to bitiigjen? Wie blijft onschuldig wanneer het voldoende is iemand te betichten?

Hest wol ris in erfskip mei him part? Hebt gij wel eens eene erfenis met hem gedeeld? — Dit doende zoudt ge hem eerst recht leeren kennen.

Hwêr bist dou fendinne? Waar ben jij vandaan? — Wat beeldt gij u in met uwe verwaandheid?

Hwet min mear yn 'e smoargens omriert hwet it mear stjonkt. Hoe meer men in de vuilnis roert, hoe meer ze stinkt.

Hwet binnen 'e poarte is dêr moat de stêd mei riede. Wat binnen de poort is, daar moet de stad raad voor schaffen. — Gezegd als men goed gegeten heeft.

Hwet swierst is moat swierst weage. Wat het zwaarste is, moet het zwaarste wegen.

Hwet min net birikke kin moat min stean litte. Het onbereikbare moet men laten staan. — Ook: *Hwet ús net barre mei* (wat we niet kunnen betalen) *moatte wy stean litte.*

Hwet ik net bifetsje kin is for my net iepenbiere. Wat ik niet bevatten (begrijpen) kan, is voor mij niet geopenbaard.

Hwêr scil hy syn tabernakel opslaen? Waar zal hij zijn tabernakel opslaan? — Waar denkt hij zich te vestigen?

Hâld dy mar stimmich, in goe boask mei dy net misse. Houd u maar vroed, een goed huwelijk zal u niet ontgaan.

Hy is foar 't forstân great. Hij is volwassen, maar nog niet verstandig.

Hy lit him yn in droege sleat forsûpe. Hij laat zich in een droge sloot verdrinken. — Hij mist veerkracht om zich uit zijn toestand op te heffen.

Hy het it net al oer 'e holle. Hij heeft het net reeds over 't hoofd (kan het ongeluk niet meer ontkomen).

Hy hâldt him oft er nearne wêzen het. Hij houdt zich, alsof hij nergens geweest is (van niets weet).

Hy siet mei reade earen. Hij zat met roode ooren (beschaamd).

Hy sliept as in dea poep. Hij slaapt als een doode mof.

Hy het de goaden oan 't stik. Hij heeft de goden aan het stuk (de aanzienlijken op zijn hand).

Hy spilet dôve Japik. Hij speelt dooven Jacob (houdt zich doof).

Hy moat syn bizen pakke. Hij moet zijne biezen pakken (zijne matten oprollen, maken dat hij weg komt).

Hy harket mei noas en earen ta. Hij luistert met neus en ooren dicht (is zeer onoplettend).

Hy sjucht oft er foarken to keap het. Hij kijkt alsof hij vorken te koop heeft (zeer stuursch).

Hy scil him de krûn lûzje. Hij zal hem de kruin luizen (van zijn geld af helpen).

Hy rint er oer as de hoanne oer 'e koallen. Hij loopt er over als de haan over vuurkolen.

Hy stiet mei de hannen yn 't hier. Hij staat met de handen in het haar (is met den boel verlegen).

Hy makket dat er út 'e rook komt. Hij zorgt dat hij uit den reuk komt (pakt zich weg).

Hy kriget de flok op 'e hals. Hij krijgt de vloek op den hals (alleen de schuld van het ongeval).

Hy kin onthâlde fen toalve ûre ôf ont middei ta. Hij kan onthouden van twaalf uur tot middag (is zeer kort van memorie).

Hy is in tsjûrbolle. Hij is een tuierstier, — die in de weide aan een tuier (lange lijn) vastzit en gewoonlijk zeer norsch (niet zelden kwaadaardig) is.

Hy makket syn eigen nearring staf. Hij bederft zijn eigen nering.

Hy het in swynsholle. Hij heeft een hoofd zoo groot als een zwijnshoofd, (waarin dus veel verstand kan zitten).

Hy spout in swevelstok yn achten. Hij splijt een zwavelstok in achten. — Dit deden ten tijde der ouderwetsche zwavelstokken uiterst zuinige lieden.

Hy is alheel splinternij. Hij is geheel splinternieuw (bijzonder in zijn nopjes).

Hy moat hoepslein wirde. Hij dient in hoepels te worden geslagen (omdat hij tot berstens toe trotsch is).

Hy wol my hwet op 'e mouwe spjeldsje. Hij wil mij iets op den mouw spelden (iets wijsmaken dat niet waar is).

Hy biedt my to spot. Hij biedt bespottelijk weinig voor mijne koopwaar.

Hy kin wol in stietsje ûtstean. Hij kan wel een stootje verdragen (heeft geld genoeg om wat schade te kunnen lijden). — Ook: hij kan wel wat scherts verdragen.

Hy set it jild op 'e kant. Hij zet de groote geldstukken op den kant (in een doosje, om ze te sparen).

Hy stapt wol ris oer 'e string. Hij stapt wel eens (als een wild paard) over het trektuig (houdt niet altijd voet bij stuk).

Hy wol nin strie yn twaën lûke. Hij wil geen stroohalm in tweeën trekken (is zeer lui).

Hy stekt syn hannen to fier ût. Hij steekt zijne handen te ver uit. — Hij vergrijpt zich aan eens anders eigendom.

Hy is in freamde ein yn 't bit. Hij is een vreemde eend in de byt (een vreemdeling in het gezelschap).

Hy nimt frijhwet op syn skouders. Hij neemt veel op zijne schouders (voor zijne verantwoording).

Hy spuit fjûr en flamme. Hij spuwt vuur en vlam (laat zich heftig afkeurend uit over iets waar hij sterk tegen is).

Hy kin net ût 'e âlde stap. Hij kan (evenals een oud paard) niet uit den ouden stap (uit vaste gewoonten).

Hy stiet alwer mei yn 't swé. Hij staat alweêr meê in het zwad (ijverig aan zijn werk).

Hy is 't spoar bjuster. Hij is buiten het spoor (van de wijs).

Hy nimt my de reamme fen 'e aden. Hij neemt mij de room van de melkmolden (pakt mijne voordeelen weg).

Hy is yn 't bosk opbrocht. Hij is in het bosch opgevoed (ruw en onbeschaafd).

Hy byt nimmen as er sliept. Hij bijt niemand als hij slaapt. — Ook: *Hy byt nimmen al is er swart.*

Hy het er in foarntsje ôf stritsen. Hij heeft er een vorentje (voordeeltje) opgehaald.

Hja is by de pinken. Die (vrouw of meid) is bij de hand.

Hjar kat het net kwealk mûze. Hare kat heeft niet kwaad gemuisd (zij heeft goede voordeelen behaald).

Hie ik nou ûs âld merjes bealch. Had ik nu den buik onzer oude merrie (bv. bij een smulpartij, om veel te kunnen eten).

Hwet de âlden sjonge, dat piipje de jonge. Wat de ouden zingen dat piepen de jongen (kinderen praten als hunne ouders, bv. bij 't beoordeelen van iets).

Hwet hy onthjit dat hâldt er. Wat hij belooft dat (be)houdt hij.

Hwet ik mear ljuen, hwet er steger holle kriget. Hoe meer ik vlei en smeek, hoe stijfhoofdiger hij wordt.

Hwet binne ûs Mins en ik twa geasten! ûs koperen dôfpot is mear bitroud as wy mei ûs beiden. Wat zijn mijne zuster en ik toch twee geesten! onze koperen doofpot is beter te vertrouwen dan wij met ons beiden.

Hâld hwet en jou hwet, sa kinste jaende bliuwe. Hou wat en geef wat, zoo kunt gij gevende blijven.

Hja feije hjar om 'e mûle en gean den hinne: ho scoe ik it winne? Zij vegen zich (na gegeten te hebben) den mond en gaan dan heen; hoe zou ik op die manier het noodige kunnen winnen?

Ho nei mienste my op 't kjêssen to binen? Hoe nauw denkt gij mij op het kussen te binden (in uwe macht te krijgen)?

Ho 't de sinne mear op 'e kjitte skynt, ho mear se stjonkt. Hoe meer de zon op den drek schijnt, hoe meer deze stinkt.

Hy is sa bileefd as in koarre; zoo beleefd als een kettinghond.

Oudfr.: *Hok swird maest slacht di wirdt hjoeddeis maest acht.* Het zwaard dat het meeste slaat, wordt hedendaags het meest geacht.

Hy moat in takke tobck. Hij moet een tak achterwaarts (op zijn nommer worden gezet). — Ook: *Hy moat de to-beksetter oan ha;* toestel waarmeê een paard in den noodstal wordt gebreideld.

Hy kin syn pols wol útljeppe. Hij kan zijn pols wel uitspringen (is voor zijne taak berekend, ook geldelijk).

Hy het syn siele útfenhús stjûrd. Hij heeft zijn ziel uit logeeren gezonden (is een slaapje gaan nemen).

Hy het al hwet takken (jaarringen) *op 'e hoarnen.* Hij is niet jong meer. — De hoornen eener koe groeien ieder jaar zooveel dat er een nieuwe ring (*tak*) ontstaat.

Hy is der ondertroch. Hij is er onderdoor (heeft iets verkocht voor te weinig of gekocht voor te veel).

Hy is op 'e tean trape. Hij is op zijn teentjes getrapt (acht zich beleedigd).

Hy het syn brân oan 'e wân. Hij heeft zijn strijdzwaard aan den wand gehangen. — Fig.: zijne zaken aan kant gedaan en leeft nu stil.

Hja waerd ús onder hannen wei. De lijderes bezwijmde, terwijl wij bezig waren haar te verplegen.

Hja habbe de kop earst makke en do binne se op 't lêst yn 'e mederjalen to koart sketten. Zij hebben den kop het eerst gemaakt en toen schoten ze ten slotte materialen te kort. — Van een klein persoon met een groot hoofd.

Hja skite allegearre yn ien poat en drage 't mei elkoar út. Zij spelen samen onder één hoed.

Ho bonter ho wylder, sei de soldaet en skeat yn 'e njuete einen. Hoe bonter hoe wilder, zeî de soldaat en schoot in de tamme eenden (voorgevende dat hij ze voor wilde hield).

Hjûd rea, moarn dea. Heden rood, morgen dood.

In minske wirdt nooit trochleard. Een mensch wordt nooit doorgeleerd.

In stikelbosk onder 'e anjelieren. Een doornstruik onder de anjelieren. — Een gering persoon onder voorname lieden.

In gnappe kearel het er al wêst as in oar komme scil. Een flink man is er reeds geweest als een ander zal komen.

In skroar dy 't gjin knoop op 'e tried docht het in stek forlern. Een kleêrmaker, die geen knoop in den draad legt, heeft een steek verloren.

In sûr bigjin moat dy net ôfstegerje. Een zuur (moeilijk) begin moet u niet afschrikken.

In gulke bynge is dochs in bynge (Oudfr.). Een fraai sekreet is toch een sekreet.

Ien wrigge is kwea, twa binne yet folle kweaër. Eén booze geest is kwaad, twee zijn nog veel kwader.

In houn is 't dy 't in houn forkeapet. Een hond is hij, die een hond verkoopt.

In freamde hoanne op 'e matte. Een vreemde haan op de mat (een minnaar bij eene getrouwde vrouw).

In minske is er slim oan ta dy 't in houn ta foargonger het. Iemand die een hond tot leidsman heeft, is er slecht aan toe. — Eig. een blindeman; fig. iemand met een verkeerden raadgever.

In holle fol gest fordraeit op 't lêst. Een hoofd vol gist (valsche verbeelding) geraakt in de war.

In kikkert yn 'e amer. Iemand die de *mâlkstap* (melkdragersstap) niet kent, kan geen twee emmers met vocht aan een juk dragen, zonder dat het vocht sterk aan het scholperen komt. Dan, zegt men, heeft hij er een kikvorsch in, die er uit wil springen.

Yn alle saken is in hwêrom en in dêrom. In alle zaken is een waarom en een daarom.

Ik smyt it yn appèl, sei de gút, minder as nou kin 't dôch net. Ik ga in hooger beroep, zei de guit, slechter dan het nu is, kan het toch niet.

Ik wit wol yn hwet nêst ast dou útbret biste. Ik weet wel in welk nest gij zijt uitgebroed (van wat soort ge zijt).

Ik moat altyd mei oksen ploeije. Ik moet altijd met ossen ploegen.

Ik fordom it sa wyt as sûpe! Ik zweer het af zoo wit als karnemelk.

Ik hab in pong dy 't gjin jild hâlde wol. Mijn buidel wil geen geld houden. — Doe ik er iets in, 't is er spoedig weêr uit.

Ik wol 't baitsje der net om lûke. Ik wil mijn wambuis er niet om uittrekken (er geen moeite voor doen).

Ik scil yèt mei dyn skrinkels parren fen 'e beam slaen. Ik zal nog met uwe schenkels peren van den boom slaan. — Uitboezeming van haat en wraakzucht.

Ik hab dyn jelne to faek metten. Ik heb uw el te dikwijls gemeten (teveel naar uwen raad gedaan).

Ik scil dy wol sizze fen in hyngst dy 't hirder troait. Ik zal u wel vertellen van een hengst die sneller loopt. — Beteugel uwe grootspraak.

Ik scil wol sa ier komme as de lêste. Ik zal wel zoo vroeg komen als de laatste.

Ik scil der gjin tarring oer sette. Ik zal er mij niet zoo bezorgd over maken, dat ik de tering krijg.

Ik scoe my sels wol oantaeste. Ik zou wel handen aan mij zelven slaan (zoo ergert mij de zaak).

Ik wol net minder wêze as myn wird. Ik wil mijn woord gestand doen.

Ik mei wynsk wirde of rynsk, mar raensk wird ik nooit. Ik mag eens scheef (ietwat beschonken) worden of een goedgeefsche bui krijgen, maar stapelgek word ik nooit.

Immen it mannewaer (manuaal) opsizze. Iemand duchtig de les lezen. — Ook: *Immen it leksum lêze.*

Immen oer 'e hikkel helje. Iemand over den hekel halen (scherp berispen in zijne afwezigheid of in geschrift.)

Immen de hân boppe de holle hâlde. Iemand (zegenend) de hand boven het hoofd houden (hem steunen in zijne bekrompen omstandigheden.)

In widdous-klaed is lang, der wirdt gau ris op trape. Een weduwenkleed is lang, er wordt dikwijls op getrapt.

't Is oft ik in glêdde iel by de stirt hab. Het is alsof ik een gladde aal bij den staart heb. — Wat ik goed in handen meen te hebben, ontglipt mij.

Is de iene traech, de oare is graech. Is de een traag (in het nemen van een besluit) een ander is er vlug meê gereed (er zijn liefhebbers genoeg). — Ook troostwoord voor een vrijer, die een blauwtje liep.

Oudfr. *Is dyn fyen hird, jou hem sweete wird.* Is uw vijand hard, geef hem zoete woorden.

It kin fen ien kant net komme. Het kan van ééne zijde niet komen. — Er moet wederzijdsche welwillendheid zijn.

It wirdt him as in lekken oer 'e holle smiten. Het wordt hem als een beddelaken over het hoofd geworpen (b.v. eene plotselinge ongesteldheid; ook de geestelijke bekeering).

It kin better fen 'e skeaf as fen 'e bân. Het kan beter van de schoof dan van den band der schoof (beter van den rijke dan van den arme).

It is my om 'e hannen gearteard. Het is mij om de handen saamgevallen (zeer tegen mijne verwachting mislukt).

It giet by de slinger. Het wordt veel te haastig en onoplettend gedaan.

Oudt. *It sjongen dat God bihage, dèrmei wirdt de divel forjage.* Met het godewelbehagelijk (geestelijk) gezang wordt de duivel verjaagd.

It himd is yen neijer as 't wammis. Holl.: Het hemd is nader dan de rok.

It keal het syn moer al foun. Het kalf heeft zijne moeder wel gevonden. — Het zaakje is in orde gekomen.

It is gjin deawoune. Het is geen doodwond (geen onherstelbaar ongeluk).

It is in boel mei in bijboel. Het is een meer dan beroerde (of gekke) boel.

It is sa wis as de bank. Het is zoo zeker (betrouwbaar) als de (nederlandsche) bank.

It hoarntsje is kniesd. Het (zachte) hoorntje (van het jonge rund) is gekneusd. — De lichtgeraakte acht zich beleedigd.

It giet net rjucht hân foar foet. Het gaat niet zuiver eerlijk toe.

It moai waer is op. Het mooie weder is op (nu krijgen we slecht). — Fig. De vriendschap is veranderd in vijandschap; de gunsteling is in ongenade vervallen.

It rjucht is for dem wekjende en net for den sliepende. (Oudfr.) Het recht is voor den wakende (die zich handhaaft) en niet voor den slapende (dommelaar).

Jong het er 't forsein, âld scil er 't wer bigearje. Jong heeft hij het afgezworen, oud zal hij het weér verlangen.

Just, master! just in foet te koart. Juist, meester! juist een voet te kort.

Koed er minsken frette, hy brûkte de iene for flêsk en de oare for brea. Kon hij (de hardvochtige vrek) menschen vreten, hij gebruikte den een voor vleesch en den ander voor brood.

Kjitte, sei Koene en slikke Hauk om 'e kerne. (Oud). Drek, zeî Koen en likte Hauk den aars.

Kliuwje dy keat. Bekluif dat been. — Pak dat zaakje eens aan.

Kom ik oer 'e houn, den kom ik oer 'e stirt. Kom ik over den hond dan kom ik ook wel over den staart. — Kom ik klaar met de groote kosten eener zaak, dan ook wel met de kleine.

Koarje net earst wé biste. Maak u niet bezorgd, zoolang er geen reden voor bestaan.

Lit de deaden rêste. Laat de dooden rusten. — Spreek van de dooden geen kwaad.

Lit it feantsje alheel net lizze. Laat het vaantje (vaandel) niet voor goed liggen. — Verlies den moed niet geheel.

Langsum giet wis. Langzaam gaat zeker.

Lânsman skânsman. Landsman schandeman. — Een profeet in zijn vaderland.

Lûd sjongen en hird rinnen komt net goed oerien. Hardop zingen en snel loopen kunnen moeilijk samen gaan.

Lit se soargje dy 't ús boargje. Laat hen zorgen, die ons borgen (wij zorgen niet).

Lyts onderwyn makket folle rêsten. Een kleine omslag, een rustig leven.

Ljeaver brekke as bûge. Liever breken (sterven) dan bukken.

Meagerens is gjin lammens. Magerheid is geen onherstelbaar ongemak. — Ook: *Wirgens* (vermoeidheid) *is gjin lammens.*

Myn pinne is myn ploech en eide. Mijne pen is mijn ploeg en eg (mijn middel van bestaan).

Min moat op 'e need sjên, net op 'e deugd. Men behoort op den nood te letten, niet op de deugd (nl. bij 't uitoefenen van liefdadigheid). — Oud-mennist gezegde.

Min moat by de tried lâns. Men moet bij den draad langs (evenals metselaars) om wanorde te voorkomen.

Min moat lichtsje en swierje kinne. Men moet kunnen lichten en zwaren (het niet altijd zoo nauw nemen).

Min moat soms hwet yn 'e weachskeal sette. Men moet soms iets in de waagschaal (of weegschaal) zetten (iets wagen op hoop van gewin).

Min kin yen sa nau net wachtsje of min wirdt faek fen 'e bizen bidragen. Men kan zoo behoedzaam niet zijn of men wordt soms door snaken bedrogen.

Min moat gjin slieprige hounen wekker meitse. Men dient geen slapende (wacht)honden te wekken, wil men iets uitvoeren buiten anderen om.

Min moat him hwet heine en slaen. Men moet tegenover hem wat nemen en geven (zich wat naar zijne luimen schikken). — *Heine en slaen*, een bal opvangen of terugslaan, al naar men 't best acht.

Mis is wer. Mis is nogmaals. — Mislukt eene eerste poging, daarom niet dadelijk den moed verloren.

Moarns ier yn 'e koelte sa bite dy de brimzen net. 's Morgens vroeg in de koele buitenlucht, dan steken u de hommels niet.

Myn onderdanen wolle net om 't lyk. Mijne beenen (of voeten) weigeren den dienst.

Mannen fen Boksum, dat wieren mannen. Mannen van Boxum, dat waren mannen.

Mannen by âlds skieten keutels as dompen, mar hja hiene er in goe menear by: hja frieten se net op. Mannen bij ouds losten drollen als dompen, maar zij hadden er een goede manier bij: zij vraten ze niet op.

Mei dy mûle maste mûzen fean. Met dien mond moet gij muizen vangen.

Me komt net op hoazzen en skoen yn 'e himel. Men komt niet op kousen en schoenen in den hemel.

Moat ik 't net wite, sa wol ik 't net wite. Wat ik niet behoor te weten, wil ik ook niet weten.

Nije wearden binne faek nuvere earlik. Nieuwe waarden zijn dikwijls bijzonder eerlijk.

Nimmen is forbean. Woordspeling; 't kan zijn: nemen (stelen) is verboden — en: niemand is verboden.

Oudfr. *Noaswize Kryn, almans fyn.* Neuswijze Krijn, allemans vijand.

Oudfr. *Neat meer sidse dan da wirken bilidse.* Niets meer zeggen dan de werken kunnen bekrachtigen.

Neat wêze en neat lykje, dat is allegearre neat. Niets zijn en niets schijnen, dat is heelemaal niets.

Net gûle ear 't min slein wirdt. Niet schreeuwen voor men geslagen wordt.

Net sa haestich! wy scille net ût to swyljen. Niet zoo haastig! wij zullen niet uit zwelen gaan (we zijn niet in den drukken tijd van het jaar).

Nid bit allit, nyd byt altyd. Nijd bijt altijd. Randschrift eener medalje van 1602.

Nin spin sonder min. Geen spin zonder min.

Nou binne de rapen gear. Nu zijn de rapen gaar. — Tot zoover zijn we gereed en kunnen verder voortgaan. Ook: *Nou is de brij opskept.*

Nou kaem de moart ût. Nu kwam het geheim (of 't ware van de zaak) aan den dag.

O, alle Joaden (Joden)! Verbastering van: *O, alle goaden!* (goden, heiligen). Lichte vloek.

Om skilden wirdt nimmen hinge. Om (geld)schulden wordt niemand gehangen.

Omtrint is yet mar heal. Bijna is nog maar half.

Onkrûd forgiet net. Onkruid vergaat niet. — Gezegd wanneer een waaghals of deugniet aan een of ander grooter of kleiner gevaar ontkomt.

Onwente jout blierren. Ongewoonte is smartelijk. — Iemand die niet gewoon is met zware en harde gereedschappen te werken, krijgt, wanneer hij het doet, blaren in de handen.

Oanbeane tsjinsten binne selden goed. Aangeboden diensten worden zelden in dank aangenomen.

Op brike hakken to dounsjen, dat scil forkeard ûtfalle. Op scheve hielen te dansen, zal verkeerd uitvallen.

Op redens sjucht me gjin luije ljue. Op schaatsen ziet men geen luiaards.

Op in skip moat mar ien greate mêst wêze. Op een schip dient slechts één groote mast te zijn.

Rin nei de galge! den fâlle dy gjin pannen op 'e kop. Loop naar de galg! dan vallen u geen dakpannen op het hoofd.

Rop nin hei! earst oer biste. Juich niet, voor gij 't gevaar te boven zijt.

Scil ik dy ris in ljirrebak jaen? Wil ik je eens een beschuit met rookvleesch geven? — Wordt dit aangenomen, dan neemt men iemands onderkaken tusschen de beide handen en nijpt ze gevoelig. 't Is eene fopperij.

Sin en wille kin folle tille. Zin en wil getroosten zich veel.

Syn wirkier is britsen. Zijn werkader is gebroken. — Hij is verzwakt naar lichaam en geest.

Slynders binne gjin bynders. Snoepsters zijn geen bindsters. — Vrouwen die snoepen, leggen geen goeden band om de huishouding.

Sneinsfortriet. Zondagsverdriet. — Een klein mannetje en een lange vrouw maken 's zondags, als zij gaan wandelen, geen fraai figuur. *Dêr is hy mei syn sneinsfortriet* schimpt men dan.

Springfet en tommefet. Een rund is *springfet* als het, schoon ver van mager, nog wel springen kan. Het is *tommefet* (flink vet) als men overal in het lichaam met den duim een kuil kan duwen, die bij 't terugtrekken van den duim dadelijk verdwijnt.

Oudfr. *Sok brour, sok soster, sok tzark, sok coster.* Zoo de broeder zoo de zuster, zoo de kerk zoo de koster.

Spijers binne dijers. Jonge kinderen die veel spuwen (van het zog) groeien voordeelig.

Stilswijen seit ja. Zwijgen is zooveel als toestemmen. — Oudfr.: *Hicaso swiget dy jout konsent.*

Sûpe wirdt boarch for waei. Karnemelk stelt zich borg voor hui. — De een is niet solider dan de ander.

Swier woan, licht fortard. Zwaar gewonnen, licht verteerd. — Wat de ouders met moeite bespaarden, verteren de kinderen lichtzinnig.

Swiersettigens jout grize hierren. Zwaarmoedigheid geeft grijze haren.

Skrilje net foar 't it blêd sipe het. Schrik niet eer het blad geritseld heeft (voor ge weet wat er gebeurd is).

Seafte hannen meitse stjonkende wounen. Zachte handen maken stinkende wonden.

Skik jimme! skande ditsen! Maakt vrede! zand er over!

Sûkje dêr 't is en dêr 't net is. Zoeken (naar iets wat zoek geraakt is) waar 't is en waar 't niet is.

Smyt dat mar net sa fier. Verwerp of verwensch dat maar niet zoo ver (misschien denkt gij spoedig er wel anders over). — Ook: *Smyt it net fierder as 't hoeft,* niet verder dan noodig is (ge zoudt het nog eens weêr terug moeten zoeken).

Stiemoer, strontmoer. Stiefmoeder, drekmoeder.

Taskinen en onderfinen, dat skeelt folle. Toeschijnen en ondervinden, dat verschilt veel.

Tink net, dat ik ût in goes-aei ûtbret bin. Meen niet dat ik uit een ganzenei ben voortgekomen. — Ik ben geen domoor.

Togearre dijen is woldijen. Doen man en vrouw gezamenlijk hun best, het zal hun welgaan.

Tuike, tuike spylje. Zoete broodjes bakken (om in de gunst te blijven). — *Tuike* is de vleinaam eener koe, die bij 't melken zacht moet worden be-handeld; bij barsch geschreeuw houdt zij licht de melk op.

Twa stelle; de iene wirdt ryk, de oare wirdt hinge; is dat nou lyk? Twee stelen; de een wordt rijk, de ander wordt gehangen; is dat nu recht?

Us Ljeaven Hear het al rare kostgongers, zegt men bij het zien van haveloos gekleede landloopers. — Ook als men wilden van de ruwste soort op een prent ziet afgebeeld, enz.

Wachtsje jimme for dy 't fen God teikene binne. Wacht u voor de geteekenden.

Wachtsje hwet! jim men het ek hwet nei dy wachte. Wacht wat (niet zoo haastig)! je moeder heeft ook wat op jou gewacht.

Wol sit op 'e biezemstok. Het willen zit op den bezemstok. — Wie niet wil zal men met den stok mores leeren. — Ook: *Wiltsje* (mansnaam) *stiet efter 'e door.* Die niet wil, wordt achter de deur gezet.

It wiif het de bak omkeard. De vrouw heeft den bak omgekeerd (een abortus gekregen).

Hy het dat kocht for grypsteheal stûr. Hij heeft dat gekocht voor grijpstehalve stuiver (hij heeft het gegrepen, weggepakt, gestolen).

Kealleflesk kin gjin pikel forneare. Kalfsvleesch kan geen pekel verdragen (kinderen moeten geen sterkendrank gebruiken).

Der is mar ien Dokkum, mar Dokkumers fynt min oeral. Er is maar één Dokkum, maar Dokkumers vindt men overal.

REGISTER.

De gewone cijfers verwijzen naar de bladzijden van het eerste deel;
de **vette** cijfers naar die van het tweede deel.

———

PLAATSING DER PLATEN

IN HET EERSTE DEEL:

IN HET TWEEDE DEEL:

A.º 1766

BRANDEWIJNSKOP.

"BEHOEFTE AAN EEN LIJKKLEED"

Uit Friesland's

VOLKSLEVEN

van

VROEGER EN LATER

Volksoverleveringen,
Volksgebruiken, Volksvertellingen,
Volksbegrippen.

Bijeengebracht door

WALING DYKSTRA.

Lith. Emrik & Binger.

UITGAVE VAN HUGO SURINGAR - LEEUWARDEN.

UIT FRIESLAND'S

VOLKSLEVEN

VAN VROEGER EN LATER.

VOLKSOVERLEVERINGEN,
VOLKSGEBRUIKEN. VOLKSVERTELLINGEN,
VOLKSBEGRIPPEN.

BIJEENGEBRACHT DOOR

WALING DYKSTRA.

Tweede Aflevering.

LEEUWARDEN.
HUGO SURINGAR.
1892.

HUGO SURINGAR, te Leeuwarden, stelt algemeen verkrijgbaar:

MOLIÈRE IN HET FRIESCH OVERGEBRACHT

DOOR

WALING DYKSTRA.

LE MÉDÉCIN MALGRÉ LUI. TARTUFFE.

VRIJ BEWERKT ALS:

De Skearbaes Dokter. **Oebele Glûper.**

Blyspel mei Sang, Blyspil,

in trye bidrjuwen. yn fiif bidrjuwen.

f „.75. Oarde druk.

f „.80.

In een bericht bij den tweeden druk van Oebele Glûper zegt Waling Dykstra o. a.: ·

Het was in den zomer van 1875, toen ik door het lezen van van Zeggelen's nederlandsche vertaling van den *Tartuffe* op het denkbeeld kwam dit stuk in het friesch te bewerken. Hiervoor had ik het oorspronkelijke van Molière niet noodig, omdat mijn doel niet was eene zooveel mogelijk getrouwe vertaling van het blijspel te geven. Voor zulk een werk was ik ook onbevoegd omdat ik geen fransch heb geleerd. Ik woonde in mijne jeugd op een eenvoudig dorp, en was bestemd om broodbakker te worden, eene bestemming die weinig met mijne neiging strookte. Nu had ik in die dagen, even zoo goed als voor andere liefhebberijstudie, wel tijd kunnen vinden om mij in de fransche taal te oefenen, maar een aangeboren afkeer voor alles wat fransch was — mode, zeden, taal — hield mij daarvan terug. In dezen afkeer werd ik versterkt door het lezen der minachtende bewoordingen waarin mannen als Bilderdijk en J. H. Halbertsma zich over het fransch uitlieten. Deze taalgeleerden bevestigden mij in de meening, dat mijn eenvoudig, bij velen veracht en veronachtzaamd friesch, veel schooner taal is dan „de taal van basterdklanken, 't afschuwlijk fransch, alleen den duivel waard, dat met zijn aapgegrijns zich meester maakt van de aard." (*) Later heb ik wel leeren inzien, dat

wereld komt, maar toen is er van 't franschleeren toch niet meer gekomen.

Ook meen ik wel eens te hebben ontdekt, dat iemand door veel hedendaagsch hollandsch(!) te lezen zich bijna zooveel fransch kan eigen maken als menig beschaafd mensch van de school heeft overgehouden. Hoe dit zij, ik had mij in deze omstandigheid reeds lang leeren schikken, ongeveer als iemand die het gebruik van een zijner zintuigen ontbeert, toen een afgetreden hulponderwijzer, natuurlijk met acte voor 't fransch, in de hollandsche tooneelwereld kwam bekend maken, dat ik geen fransch had geleerd. Toen mij dit werd medegedeeld viel het me waarlijk als koud water op het lijf. . . . .

Men zal slechts de hoofdtrekken van Molière's Tartuffe terug vinden. Mijn stuk speelt niet in de parijsche groote wereld der zeventiende eeuw, maar op het friesche platteland in den tegenwoordigen tijd.

Mijn friesche Tartuffe heb ik Oebele Glûper genoemd, naar aanleiding eener vertelling die vóór nagenoeg 40 jaren in een friesch almanak verscheen, onder den titel van „Oebele Glûper fen 'e Falom." De Valom is een gehucht in Dantumadeel. — Oebele wordt in dat stukje voorgesteld als de kleplooper, die op de gastvrijheid van vrome boerenvrouwen aast maar ook bij herhaling wordt ontmaskerd . . . .

Oebele Glûper behoort tot het geslacht der waermmielrinders = warmmaalloopers. Zoo noemen wij in Friesland zekere rondzwervende kwezels, die bij goedgeloovige boeren en vrome weduwen den kost oploopen, met het uitspreken van lange gebeden en het voeren van diepzinnige godsdienstige gesprekken. Deze lieden zijn er thans niet meer zoo talrijk als in vroeger jaren. Ook de rechtzinnige boeren worden wijzer. — Oebele is een zeer gewone friesche mansnaam. De toenaam Glûper beteekent gluiperd, sluwaard.

Tjalke Pau, mijn friesche Orgon, is een welgesteld rentenier op een aanzienlijk dorp. Hij is *boer* geweest en met dezen titel wordt hij nog steeds aangesproken. In Friesland is „boer" een eernaam. Het hoofd eener friesche boerderij zou er voor bedanken door zijne onderhoorigen „baas" te worden genoemd, gelijk in Holland gebruik is. Tjalke is in het godsdienstige rechtzinnig gereformeerd, volkomen te goeder trouw, zonder zelfzuchtige berekening. Hij stelt er eene eer in geldelijken steun te verleenen aan alles wat bevorderlijk kan zijn aan de belangen van hetgeen naar zijne overtuiging „de goede zaak" is. Oebele Glûper begrijpt met wien hij te doen heeft en trekt daar partij van. Hij heeft Tjalke geheel voor zich en zijne voorgewend vrome bedoelingen weten in te nemen. Tjalke kan niet begrijpen, dat iemand die altijd den naam des Heeren in den mond heeft, innig-gemoedelijke gebeden uitspreekt en al zijn gesprekken doorspekt met aanhalingen uit de Schrift, — een bedrieger kan zijn van de verachtelijkste soort. Zulk een verregaand misbruik van het heilige is voor iemand met een oprecht gemoed als Tjalke ten eenenmale ondenkbaar. Daarom valt het ook zoo moeielijk den man de schellen van de oogen te nemen.

De rollen van Elmire en Dorine heb ik vereenigd. Sibbel, de meidhuishoudster van Tjalke Pau, is geslepen, spraakzaam, vastberaden en — eerlijk. Dat zij tegenover haren „boer"

verraadt, kan misschien elders vreemd schijnen: wie het friesche volksleven kent zal er niets onnatuurlijks in vinden. Sibbel beijvert zich om Tjalke te waarschuwen en te behoeden voor de strikken die hem door den schijnheiligen bedrieger worden gespannen. Een der voornaamste drijfveeren harer handelingen is de bezorgdheid voor het lot van Gelske (Mariane), de onervaren jeugdige dochter van Tjalke, die door haren vader aan Oebele Glûper zal worden opgeofferd en zich te zwak gevoelt om aan dat treurige lot te ontkomen. Om haar doel te bereiken leent Sibbel zich voor eene rol tegenover Oebele, waartoe vele friesche landmeisjes bezwaarlijk zouden over te halen zijn. Dat eene getrouwde friesche vrouw van onbesproken zedelijkheid zich voor zulk een rol zoude leenen, kan ik mij onmogelijk voorstellen. Friezen zijn geen Franschen en landlieden geen fijnbeschaafde menschen der groote wereld. Daarom is Tjalke Pau weduwnaar en was er voor eene rol als die van Elmire in mijn stuk geene plaats. Flipot kon ik ook missen.

Reitse Friezema (Cléante), de schoonbroeder van Tjalke en toeziende voogd over diens kinderen, vertegenwoordigt in het stuk de vrijzinnige richting op godsdienstig gebied. Hij, de verstandige, bezadigde man, doet zijn best om Tjalke van dwaling te overtuigen, als deze met Oebele Glûper dweept. Hij zegt Oebele harde waarheden, toont aan dat diens vroomheid, hoe oprecht in schijn, — althans in het oog van Tjalke — van onzuiver gehalte is, en werkt mede aan de ontmaskering van den huichelaar. . . . .

Hollandsche letterkundigen en tooneelisten hebben, boven verwachting, aan deze vertolking hunne aandacht geschonken, en ten behoeve van lezers, die niet voldoende met de friesche taal vertrouwd mochten zijn, is een verklarend lijstje van woorden en zegswijzen aan den tweeden druk van Oebele Glûper

UIT FRIESLAND'S
VOLKSLEVEN
VAN VROEGER EN LATER.

VOLKSOVERLEVERINGEN,
VOLKSGEBRUIKEN, VOLKSVERTELLINGEN,
VOLKSBEGRIPPEN

BIJEENGEBRACHT DOOR

WALING DYKSTRA.

Veertiende Aflevering.

LEEUWARDEN,
HUGO SURINGAR.

Uitgave van HUGO SURINGAR te Leeuwarden.

Friesland en de Friezen.

GIDS VOOR REIZENDEN,

DOOR

Mr. A. J. ANDREAE, Mr. J. G. v. BLOM J.Gz., G. COLMJON,
WALING DIJKSTRA, D. HANSMA, H. DE JONG, M. E. v. D. MEULEN,
S. K. SIPMA, JOHAN WINKLER en anderen.

Met 22 plaatjes. In linnen bandje *f* 1.90.

In tegenstelling met de meeste dergelijke gidsen verschaft het boekje ook op zich zelf eene aangename lectuur. *Haarl. Ct.*

Interessante schetsen, waarin het karakter van 't volk en het land flink is geteekend. Tal van bizonderheden komen er in voor, die men elders te vergeefs zoekt. *Vaderland.*

Menig tafereeltje mag gerust wedijveren met de keurige schetsen van Havard en de Amicis.
Niet enkel aan te bevelen aan hen die Friesland bezoeken, maar ook aan ieder die van aangename lectuur houdt. *Handelsblad.*

Een handig en net uitgevoerd boekje. Het is een degelijke gids voor reizigers, in prettigen vorm gesteld, het wetenswaardigste van deze, zelfs in ons vaderland nog te weinig gekende, streek en haar bewoners aanwijzende. De plaatjes maken het tot een aardig *souvenir*. Het is bewerkt door de gunstigst bekende *friske* schrijvers. *Nieuws v. d. Dag.*

Reeds meer dan één noemde het een „onmisbare Friesche Bädeker." *Leeuw. Ct.*

Wij gelooven, dat de kennismaking met *Friesland en de Friezen* velen, die zich volkomen thuis gevoelen in Zwitserland en aan den Rijn, maar vreemdelingen zijn in het schoone en rijke Friesland, zal opwekken, een uitstapje te maken naar het noorden van ons vaderland. *Standaard.*

Suringar's Friesland is eene prettige reisgids, die wel de noodzakelijke mededeelingen van hôtels en dergelijken niet vergeet, maar tevens een zeer leesbaar, alleraangenaamst boek is. *Steenwijker Ct.*

Een alleraardigst boekje. Men vindt allerlei bizonderheden saamgebracht omtrent zeedijken, friesche paarden, harddravers, plaatselijke schimpnamen, volksbijgeloof volksoverleveringen, en aardige schetsjes geteekend van eene harddraverij op een dorp, een boerenbruiloft, een boerenbegrafenis, een Sneeker zeilwedstrijd enz. *Gids.*

UIT FRIESLAND'S
VOLKSLEVEN
VAN VROEGER EN LATER.

VOLKSOVERLEVERINGEN,
VOLKSGEBRUIKEN, VOLKSVERTELLINGEN,
VOLKSBEGRIPPEN

BIJEENGEBRACHT DOOR

WALING DYKSTRA.

Eerste Deel.

LEEUWARDEN,
HUGO SURINGAR.

UIT
FRIESLAND'S
VOLKSLEVEN,

DOOR

WALING DYKSTRA.

I

LEEUWARDEN,
SURINGAR.

Milton Keynes UK
Ingram Content Group UK Ltd.
UKHW030743170724
445742UK00007B/306